제 3 판

경찰법연구

서정범 · 김연태 · 이기춘

세창출판사

이 도서의 국립중앙도서관 출판시도서목록(CIP)은 e-CIP 홈페이지(http://www.nl.go.kr/ecip)에서 이용하실 수 있습니다. (CIP제어번호: CIP2018025177)

제3판 머리말

전판의 머리말에서 밝힌 바와 같이 공저자들은 본서가 경찰법이론의 전모를 보여 주며, 깊이와 넓이를 모두 갖춘 실질적인 경찰법교과서로서의 역할을 수행할 수 있기를 바라는 마음으로 본서를 출간하였다. 그러나 2012년에 본서의 제2판을 출간한 때로부터 6년의 시간이 흐른 지금, 본서는 더 이상 그러한 기능을 수행할 수 없게 되었음을 자인한다. 이는 경찰법의 대상이 되는 사회현상이 실로 급변하고 있으며, 그러한 사회현상을 바라보는 학문적 시각 또한 날로 변화와 발전을 거듭하고 있기 때문이다. 이에 그러한 변화를 반영하기 위한 공저자들의 학문적 노력을 집대성하여 개정판(제3판)을 출간하기에 이르렀다.

제3판을 출간함에 있어 공저자들은 다음과 같은 것에 주안점을 두었는데, 이것은 금번에 출간하는 제3판이 전판에 비하여 갖는 장점 내지 전판과의 차별성을 의미한다.

첫째, 지난 시간동안 공저자들이 발표한 논문 가운데 독자들의 경찰법이론에 대한 이해를 돕기에 적절한 글들을 엄선하여 새로이 본문에 반영하였다. 특히 이번 제3판에는 경찰법의 개별적 문제점들에 대한 서술 이외에 경찰법의 이론적 체계에 관한 통시적 고찰 또한 포함되어 있는바, 이러한 노력은 독자들이 경찰법(이론)을 거시적으로 조망할 수 있게 할 것이라고 확신한다.

둘째, 제2판까지는 공저자들이 공통의 주제에 대한 학문적 관심을 갖고 글을 발표한 경우, 특히 공저자의 입장이 상이한 경우에는 독자의 이해에 혼선을 가져오는 것을 피하기 위하여 본문에 삽입하는 것을 가능한 피하였다. 그러나 이처럼 입장을 달리하는 글들이야말로 학문적 다양성을 잘 보여 주는 것이라고 생각되어 (논의가 지나치게 중복되지 않는 한도에서) 모두 본문에 반영하였다.

셋째, 오래전 발표한 글 중 사회현상의 변화로 인하여 더 이상 논의의 대상이 되기 곤란한 글은 과감히 삭제하였으며, 법령과 관련하여서는 2018년 8월 현재를 기준으로 개정 내지 제정된 부분을 전면적으로 반영하였다. 참고문헌 또한 근래의 문헌을 반영하는 등의 작업을 하였는바, 이러한 작업을 통하여 본서의 완성도는 한층 업그레이드되었다고 생각한다.

제3판의 출간은 실로 많은 분들의 헌신적인 도움이 있었기에 가능하였다. 먼저 새로운 경찰법현상에 대한 다양한 시각을 제시해 주어 공저자들의 안목을 넓혀 주시고, 동학자로서 같은 길을 걸어가고 계신 이 땅의 경찰법학자분들에게 감사의 말씀을 드린다. 또한 작금의 어려운 출판사정하에서도 공저자들의 제3판 출간에 대한 요구를 흔쾌히 받아들여 공저자들이 독자들에 대한 약속을 지킬 수 있도록 하여 준 세창출판사의 이방원 사장님에게도 감사의 말씀을 전한다. 그리고 유난히도 더웠던 여름, 700여 쪽에 이르는 방대한 양의 개정판 출간작업에 진력하여 주신 세창출판사 편집부 직원들에게도 감사의 말씀을 전한다. 이분들의 헌신적 조력이 없었다면 개정판이 이러한 형태로 출간될 수 없었음을 강조하며, 다시 한 번 감사의 뜻을 표한다.

마지막으로 본서의 내용을 계속하여 보완·확충하여 본서가 향후에도 경찰법이론의 현주소를 독자들에게 전방위적으로 제시할 수 있도록 진력할 것을 약속드리면서 제3판 출간의 변에 대하기로 한다.

2018년 8월

공 저 자

머 리 말

국가의 필요적 근본기능으로 이해되어 온 경찰행정은 오래 전부터 국가행정의 중심으로 자리매김하여 왔으며, 그를 대상으로 하는 경찰법이론 역시 행정법학에서 중핵적 지위를 차지하여 왔다. 한편 20세기 들어 사회국가의 등장에 따라 국가관에 변화가 일어나고 그로 인하여 행정작용의 축이 '주는 행정'으로 이전되면서 경찰행정이 갖는 의미도 점차 반감되게 되었던 것이 사실이다. 그러나 독일 연방헌법재판소의 인구조사판결의 영향으로 정보의 자기결정권을 둘러싼 문제가 중요 이슈로 등장하면서 경찰법이론은 다시금 전면적으로 각광을 받게 되었으며, 더욱이 Altlasten 등과 같은 환경문제의 법적 해결을 위하여서는 사실상 경찰법이론이 가장 유용하게 기능할 수 있다는 점이 인식되면서 경찰법이론은 Renaissance시대를 맞이하게 되었다. 다만 이처럼 경찰법이론이 행정법이론체계에 있어 주도적 지위를 회복하고 그 중요성이 강조됨에도 불구하고 우리나라의 경우 아직까지는 경찰법이론의 전모를 상세히 소개하고 있는 경찰법교과서가 거의 없다고 할 수 있는 실정인바, 이것이 공저자들이 본서를 출간하게 된 배경이다.

공저자들은 모두 일찍부터 경찰법에 관심을 가져왔던 학자들로 각자의 소속대학에서 경찰법을 강의하고 있으며, 또한 독자적으로 경찰법교과서의 집필과 출간을 계획하여 왔었다. 그러나 경찰법과 관련된 새로운 문제들의 끊임없는 등장과 그를 바라보는 시각의 변화 내지 발전으로 인하여 경찰법이론이 깊이와 폭을 더해가게 된 오늘날, 혼자의 노력만으로 깊이와 넓이를 갖춘 경찰법교과서를 출간하기에는 많은 어려움이 따른다는 것을 자각하게 되었다. 그리하여 각자의 역량을 모아 경찰법교과서로 기능할 수 있는 교재의 출간을 시도하게 되었는바, 이것이 본서가 공저의 형태를 취하게 된 결정적 이유이다. 다만 본서가 비록 공저의 형태로 출간되기는 하지만 공저자들이 경찰법의 골격을 이루는 이론에 대한 문제의식과 이론적 경향을 상당수 같이하는 관계로 (물론 용어 등 세부적인 면에서는 약간의 차이가 있을 수 있다) 독자들로 하여금 이론적 방향성을 잃게 하지는 않을 것이란 점을 분명히 하고자 한다.

본서는 공저자들이 그 동안 각종 학술지를 통하여 발표한 경찰법관련 논문을 집대성한 것으로 경찰법이론의 핵심적 테마를 중점적으로 서술하는 방식을 취하고 있다(다만 발표논문의 내용 중 다른 글과 중복되거나 발표된 이후의 학설을 반영하지 못한 부분에 대해서는 약간의 개고를 행하였음을 밝혀 둔다). 또한 이미 발표한 논문만으로는 경찰법이론의 전모를 밝히는 데 한계가 있다고 판단하여 몇몇 주제에 대하여는 본서의 출간에 맞추어 새로이 집필을 하였다. 그리고 이러한 작업을 통하여 본서가 단순히 발표논문을 모아 놓은 수준을 넘어서 깊이와 넓이를 갖춘 사실상의 경찰법교과서로 기능할 수 있도록 최대한 배려하였다. 모쪼록 본서가 독자들의 경찰법이론의 이해를 높이는 데 조금이나마 기여할 수 있기를 바랄 뿐이다.

본서의 출간은 많은 분들의 도움이 있었기 때문에 가능하였다. 특히 공저자들의 고려대학교 법과대학 은사로서 공저자들의 경찰법에 대한 관심을 불러일으키고 기본적 방향을 제시하여 주신 김남진 교수님께 이 자리를 빌려 지면상으로나마 무한한 감사와 존경의 뜻을 전한다. 또한 본서의 출간을 흔쾌히 받아들여 준 세창출판사의 이방원 사장님과 어려운 편집작업을 통하여 본서의 완성도를 높여 준 세창출판사 편집부 직원들에게 고마움을 표하고자 한다. 끝으로 본서의 내용을 계속하여 보완·확충해 나갈 것을 약속드리면서 출간의 변에 대하기로 한다.

2009년 2월

공 저 자

차 례

[제 1 편] 경찰행정법의 기초이론

제1장 경찰작용의 Paradigm Shift – 사법경찰에서 행정경찰로

제2장 경찰권발동의 규율원리로서의 헌법

제5장 경찰행정법의 새로운 이론적 체계 구축

[제 2 편] 경찰권발동의 근거

제1장 경찰권발동의 근거 —개괄적 수권조항을 중심으로—

제2장 독일경찰질서법상 개괄적 수권조항 또는 경찰일반조항의 고찰과 시사점의 도출

[제 3 편] 경찰권발동의 요건

제2장 경찰법에 있어서의 공공의 질서의 개념 – 성도덕에 관한 실증적 사례분석을 토대로 하여

제3장 경찰법상 공공의 질서개념의 재설정에 관한 연구

[제 4 편] 경찰권발동의 대상

제2장 경찰책임의 귀속원리로서의 원인야기(Verursachung)

제3장 경찰법상 의도적 간접원인제공자 개념의 무용론

제4장 독일경찰법상 상태책임의 근거 및 제한에 관한 고찰 — 2000년 2월 16일자 독일연방헌법재판소의 판결을 소재로 하여

제5장 상태책임의 한계에 관한 고찰 — 이른바 연계원칙의 종언(終焉)?

第6장 다수의 경찰책임자에 관한 법적 문제

第7장 다수의 경찰질서책임자이론의 역사적 개관 및 선택재량지도원칙에 관한 연구

제8장 경찰책임의 승계

제9장 비책임자에 대한 경찰권발동

[제 5 편] 경찰권의 발동의 정도

제1장 경찰의 불개입에 대한 구제수단 ― 경찰개입청구권을 중심으로

제2장 경찰비례의 원칙

[제 6 편] 경찰작용법

제1장 경찰의 행위형식으로서의 경찰상의 행정행위와 경찰명령 ― 양자의 구분을 중심으로

제3장 경찰관의 무기사용의 요건 및 한계

제4장 경찰비용의 국민에의 전가가능성에 관한 법적 고찰

제3판

경찰법 연구

Police Law

제 1 편

경찰행정법의
기초이론

제1편

개관

제1편은 공저자들이 본서를 통하여 제시하고자 하는 경찰행정법이론의 효과적 이해를 도모하기 위한 경찰행정법의 기초이론을 제공하는 것을 그 내용으로 하는바, 그 구체적 내용은 다음과 같다.

먼저 제1장에서는 사법경찰작용 위주의 사고패턴을 지양하고 행정경찰작용의 필요성 내지 유용성을 인식하는 방향으로 경찰작용의 패러다임이 변화되어야 한다는 인식하에, 행정경찰작용 일반에 관한 개괄적 고찰을 행한다. 이러한 일련의 작업은 경찰행정법의 이론적 독자성구축을 위한 전제를 이룬다.

다음으로 제2장에서는 경찰행정법이 행정법의 일부를 구성한다는 점, 따라서 경찰권을 발동함에 있어서도 헌법이 그에 관한 규율원리로 기능한다는 점을 명확하게 적시한다. 그리고 이를 토대로 하여 헌법이 경찰행정법의 이론에 있어 과연 어떻게 구체적으로 기능하는지를 탐구하고자 한다.

그리고 제3장과 제4장에서는 경찰의 개념에 관한 논의를 다룬다. 우선 제3장에서는 경찰행정법의 대상이 되는 (전통적 의미의) 경찰의 개념이 어떠한 역사적 과정을 발전되어 왔는지에 대한 역사적 고찰을 행한다. 그리고 이러한 논의를 기초로 하여 제4장에서는 오늘날 통용되고 있는 경찰의 개념을 설명하고, 그의 문제점을 적시해 보고자 한다. 아울러 그러한 문제점을 고려하여 새로운 경찰개념을 모색해 보기로 한다.

마지막으로 제5장에서는 오늘날까지 우리나라 경찰행정법(학)을 지배하고 있는 전통적 경찰행정법의 이론적 체계가 갖고 있는 문제점을 역사적, 이론적 관점에서 적시한다. 한편 이러한 전통적 경찰행정법의 이론적 체계는 어느 한 부분이 아니라 전방위적으로 심대한 문제를 갖고 있으므로 최소한도로도 유지될 수 없다. 따라서 경찰행정법의 이론적 체계 자체를 전면적으로 재구축할 것이 요망되는데, 제5장에서 시론적으로나마 공저자(특히, 서정범)가 구상하는 경찰행정법의 새로운 이론적 체계를 제시한다.

* 다만 제5장의 내용은 경찰행정법 전반에 대한 이해가 선행되어야 효과적으로 이해할 수 있는 측면이 많다. 따라서 경찰행정법을 처음으로 공부하는 초학자들이라면, 이 부분은 경찰행정법의 이론 전반에 대한 이해가 있은 후에 읽어 볼 것을 권한다.

제 1 편

제 1 장 경찰작용의 Paradigm Shift — 사법경찰에서 행정경찰로

Ⅰ. 들어가며 — 문제의 제기

경찰은 그 직접적 목적을 기준으로 행정경찰과 사법경찰로 구분되는바, 이는 이들 2작용이 경찰작용의 2가지 중심축을 형성하고 있다는 것을 의미한다. 그런데 최근까지도 경찰작용의 중점은 이 2가지 작용 중 사법경찰에 두어져 왔다고 할 수 있으며,[1] 현장에서 근무하는 경찰관들의 사고 내지 그에 따른 행동양식 역시 다분히 사법경찰 위주로 이루어져 온 측면이 있는 것이 사실이다. 그리하여 경찰작용의 또 다른 한 축을 이루고 있는, 아니 어쩌면 경찰작용의 본령이라고 할 수 있는 행정경찰작용은 상당기간 동안 우리의 머릿속에서 지워져 있었다고 할 수 있다. 그러나 최근 들어 사법경찰작용을 통한 문제해결에 한계가 있음이 인식되면서 행정경찰작용에 대한 관심이 증폭되고 있으며, 또한 여러 가지 관점에서 행정경찰작용에 대한 재조명이 이루어지고 있다.[2] 이하에서는 이러한 문제를 다음과 같은 순서로 고찰해 보고자 한다.

---

1) 예컨대 주폭(酒暴)문제에 관한 논의 또한 사법경찰적 차원에 중점을 두어 행해진 바 있는데, 이러한 경향은 문성도, "주취자에 대한 경찰조치의 실태와 문제점," 경찰법연구, 제7권 제2호, 3쪽 아래; 최준혁, "주취자문제에 관한 형사소송법적 쟁점," 경찰법연구, 제7권 제2호, 94면 아래; 김호기, "주폭에 대한 형사법적 규제," 주폭척결 정책발전 대심포지엄 자료집(2012.9.4), 27면 아래; 김태명, "주취범죄자처벌 및 재범방지에 관한 형사정책적 제언," 주폭척결 정책발전 대심포지엄 자료집(2012.9.4), 115쪽 아래 등의 문헌에 잘 나타나 있다. 한편 주폭에 대한 행정경찰적 측면에서의 접근에 관하여는 서정범, "주폭에 대한 경찰행정법적 평가와 제언," 주폭척결 정책발전 대심포지엄 자료집(2012.9.4), 65쪽 아래 참조.

먼저 행정경찰과 사법경찰, 특히 양자의 구별필요성에 관하여 알아본 다음(II. 행정경찰과 사법경찰), 행정경찰은 과연 어떠한 작용을 행하는가를 일별해 보기로 한다(III. 행정경찰의 임무 및 IV. 위험의 개념적 요소). 그리고 마지막으로 경찰이 앞으로 어떠한 방향으로 나아가야 할 것인지를 밝히는 것으로 결론에 대하고자 한다(V. 결어 – 경찰작용의 Paradigm Shift).

II. 행정경찰과 사법경찰

1. 의 의

행정경찰과 사법경찰의 개념 및 양자의 구분이 우리나라에서 행하여져 온 것은 매우 오래된 일로서, 이미 유길준이 자신의 저서 『서유견문』(1895)에서 다음과 같은 서술을 통하여 양자의 구분에 관한 것을 잘 지적한 바 있다:

“경찰제도를 두 가지로 구별해 보면 첫째는 행정경찰이요, 둘째는 사법경찰이다. 행정경찰은 적당한 조치를 취해서 재앙과 피해를 미연에 방지하여 국민들로 하여금 죄를 짓지 않도록 한다. 사법경찰은 이미 죄지은 범인을 수색하거나 체포해서 국민들의 환난을 제거하는 일을 한다. … 비유 하나를 들어보자. 어떤 사람이 남의 집 울타리를 넘어가려고 할 때 이를 막는 것은 행정경찰이고, 그가 한 발이라도 울타리 위로 넘어가면 무고히 남의 집에 침입하는 잡범이니 사법경찰의 직분에 귀속되며 형법의 처단을 받게 된다. 그러므로 사실은 행정경찰과 사법경찰이 표리관계를 이루는 셈이다.”[3]

---

2) 이러한 논의의 발단을 우리는 다음과 같은 경찰총수의 말 속에서 찾아볼 수 있다.
“우리는 그동안 형사법적 틀에 갇혀 진정한 경찰의 역할을 깨닫지 못하고 정체성의 혼돈을 겪어 왔습니다. 피해를 당할 위험이 있는데도 (형법상의) 죄가 되지 않으면 조치를 못한다는 판단에 현장에서 속수무책인 경우가 많았습니다.” – 2011년 8월 30일 조현오 경찰청장.
“그동안 경찰은 범죄가 있어야 개입한다는 형사법적 사고의 틀에 갇혀 소극적으로 대응했다” – 2011년 11월 15일 조현오 경찰청장. 부산청 경찰관간담회.

3) 유길준, 『서유견문』, 交詢社, 1895. 허경진(역), 『서유견문: 조선지식인 유길준 – 서양을 번역하다』, 서해문집, 2005, 293쪽.

유길준의 서술에서도 나타나듯이 종래 사법경찰은 범죄의 수사, 피의자의 체포 등을 목적으로 하는 (형사사법)작용을 말하는 것으로 이해되어 왔으며, 행정경찰은 행정작용의 일부로서의 경찰, 즉 공공의 안녕 또는 질서에 대한 위험방지작용을 말하는 것으로 이해되어 왔다. 그런데 이러한 정의를 보게 되면 무슨 이유에서 본래 사법작용인 범죄의 수사, 피의자의 체포와 같은 직무를 행정(경찰)기관이 담당하고 있는 것인가? 라는 의문이 발생하게 되는바, 그 이유는 이들 작용을 현실적으로 수행할 능력이 있는 국가기관이 사실상 경찰조직밖에는 없다는 것에서 찾을 수 있다. 그리고 이러한 현상은 구체적인 점에서 어느 정도의 차이가 있을지는 모르지만, 세계 각국의 공통된 현상이다. 따라서 행정경찰과 사법경찰을 구분하여 왔다는 사실, 그 하나만으로 경찰의 수사권발동에 대하여 의문을 제기하는 것은 전혀 받아들일 수 없는 논증이라고 할 수 있다.

2. 행정경찰과 사법경찰의 구분

(1) 구분의 실익

행정경찰과 사법경찰의 구분은 독일과 프랑스로 대표되는 대륙법계의 산물인데, 이들 국가의 경우 양자를 구분하는 가장 커다란 실익은 재판관할의 문제와 관련있다. 즉, 행정경찰작용은 행정작용이므로 행정법원의 관할에 속하지만, 사법경찰작용은 일반법원의 관할에 속한다는 점에서 양자를 구분할 실익이 있는 것이다.

그렇다면 양 작용 모두 일반법원의 관할에 속하는 우리나라의 경우 양자를 구분할 실익은 어디에서 찾아볼 수 있겠는가? 이는 행정경찰은 행정법규(내지 법원리)의 적용을 받으며, 사법경찰은 형사법(내지 형사법원리)의 적용을 받는다는 것, 즉 양자에 적용될 법규(내지 법원리)가 전혀 다르다는 것에서 찾아볼 수 있다.[4)]

---

4) 한편 경찰의 입장에서만 바라보게 되면 사법경찰작용의 경우 그를 행함에 있어 검찰의 지휘가능성 여부에 대한 계속적 논란의 소용돌이 속에 있게 되지만, 행정경찰작용의 경우라면 그것이 경찰 고유의 작용이므로 시원적으로 검찰의 지휘가능성이 배제되게 되는 면이 있다는 점에서도 그 구분의 의미를 찾아볼 수 있다.

(2) 구분의 곤란성

행정경찰작용과 사법경찰작용의 구분, 나아가 어떠한 경찰작용이 실제로 행하여지는 경우 그것의 성질을 어떻게 이해할 것인가의 문제는 때로 많은 어려움을 제공한다. 이 경우 전술한 바와 같이 당해 경찰작용이 행정경찰작용과 사법경찰작용 중 어떤 성질을 갖는지에 따라 그 경찰작용에 적용될 법원칙이 결정되므로, 경찰작용의 성질을 규명하는 것은 단순히 이론적 의미를 넘어서 실제로 중요한 의미를 갖게 된다. 이러한 구분 내지 성질규명의 문제는 특히 하나의 경찰작용이 2가지의 성질을 모두 가지는 것으로 이해될 수 있는 경우에 있어 그 의미가 증대된다고 할 수 있는데, 이하에서는 이 문제를 실증적 사례를 통하여 논해 보기로 한다.

▌사례 1▐ 서울市 시청사에서 시장 A의 주재로 대형음악당 건설을 논의하기 위한 회의가 열렸는데, 이러한 서울시의 계획에 반대하는 집단이 그 회의에 참석하기 위하여 회의장에 들어왔다. A의 퇴거 요청에도 불구하고 이들 집단이 회의장을 떠나지 않자, A는 경찰에게 그들을 끌어내어 신원을 확인할 것을 요청하면서 그와 동시에 그들을 형법상의 주거침입죄로 고소하였다. 이에 경찰이 출동하여 그들을 경찰서로 압송하였다.[5]

사례 1의 경우처럼 범죄행위가 막 발생하였거나 범죄행위가 행하여진 후에도 공공의 안녕 또는 질서에 대한 위험이 여전히 계속되고 있는 경우에는 사법경찰작용과 행정경찰작용이 공존하는 측면이 있다. 즉, 사례 1의 경우에는 한편으로는 주거침입죄에 대한 수사라는 사법경찰작용의 성질을, 다른 한편으로는 회의진행에 대한 계속적 장해의 방지 ―공공의 안녕 또는 질서에 대한 위험방지― 라는 행정경찰작용의 성질을 가진다. 이처럼 하나의 경찰작용이 이중적 기능을 가진 경우에는 그 경찰작용의 성격을 그중 어느 하나로 규정지어야 하는바, 이는 경찰이 그의 작용을 행정경찰작용에 관한 규정과 사법경찰작용에 관한 규정에 동시에 근거하여 행할 수는 없기 때문이다.[6] 그렇다면 문

---

5) 이 사례는 Knemeyer, 서정범(역), 『경찰법사례연습 ―독일이론을 중심으로―』, Book Plus, 2006, 173쪽에 제시된 사례를 우리의 현실에 맞게 변형시킨 것이다.

6) 이러한 결론은 '법적 근거의 단일성과 쟁송수단의 단일성'이란 요구로부터 나오는 것이다.

제는 구체적으로 행하여진 경찰작용의 성질을 어떻게 규정할 것인가? 라는 것에 귀착될 것이다. 생각건대 경찰작용의 성질을 규정짓기 위해서는 먼저 당해 경찰작용이 어떤 것을 목적으로 하는 것인지가 심사되어야 할 것이다. 그리고 이 경우 당해 경찰작용이 어떤 것을 목적으로 하는 것인지를 판단함에 있어서는 그 사안의 '전체적인 인상(Gesamteindruck)'이 기준이 된다. 이는 정상적인 판단에 따를 때 통상인(通常人)에게 그 사안이 어떻게 보이는지가 기준이 된다는 의미이다.[7] 그리고 끝으로 그러한 판단에 따르는 경우에도 당해 경찰작용이 2가지 모두를 목적으로 한다고 이해된다면 전체적인 측면에서 보아 경찰작용의 중점이 객관적으로 어디에 놓여 있는지, 즉 경찰작용의 목적 중 어느 것이 객관적으로 우선하는지가 기준이 된다 ─ 이른바 중점이론(重點理論, Schwerpunkttheorie).[8] 지금까지의 논의를 바탕으로 결론을 내려 보면 다음과 같이 된다:

첫째, 범죄행위에 대한 예방적 대처가 문제가 되는 경우: 예방적 행정경찰작용.

둘째, 범죄행위가 종료되고, 그 밖의 위험이 존재하지 않고 범인이 체포되어야 하는 경우: 진압적 사법경찰작용.

셋째, 범죄행위가 막 행해지고 있거나 범죄 이후에도 위험이 계속되고 있는 경우: 그 경찰작용의 목적을 기준으로 구분.

마지막으로 진압적 목적과 예방적 목적이 공존하는 경우: 重點理論에 따라 해결.

위의 해결방안을 전제로 사례 1에 대하여 나름대로의 결론을 내려보면, 경찰작용의 중점이 범죄수사의 영역에 놓여 있는 것으로 생각된다. 왜냐하면 이 경우에 있어서 경찰은 시장 A의 고소에 기하여 개입한 것이기 때문이다.[9]

---

7) Drews/Wacke/Vogel/Martens, Gefahrenabwehr, 9. Aufl., 1986, S.139; Knemeyer, Polizei- und Ordnungsrecht, 11. Aufl., 2007, Rn.122.

8) Drews/Wacke/Vogel/Martens, a.a.O., S.139; BayVG, BayVBl. 1986, 337; BayVBl. 1975, 708.

9) 중점이론에 따른 판단은 필연적으로 논자에 따라 어느 정도 다른 결론이 나올 수 있다. 따라서 이하의 서술은 필자의 개인적 생각에 불과함을 밝혀 둔다.

3. 양자의 구분에 대한 인식결여에서 오는 문제점

행정경찰과 사법경찰의 구분은 단순히 이론적으로 의미를 가질 뿐만 아니라 실무적으로도 중요한 의미를 갖는바, 이는 행정경찰과 사법경찰의 구분에 대한 인식의 결여는 경찰이 실제로 마주치게 되는 사안에 대한 올바른 대처를 불가능하게 만드는 측면이 있기 때문이다. 즉, 행정경찰과 사법경찰의 구분에 대한 인식이 결여되어 있는 경우 경찰이 개입할 수 있는 상황임에도 불구하고 개입을 하지 않게 되거나, 개입은 하였지만 상황에 대한 적확한 대처가 이루어지지 못하게 되는 경우가 있다. 나아가 양자의 구분은 경찰이 궁극적으로 추구하여야 할 방향성과도 밀접한 관련이 있는바, 이하에서는 이들 문제를 실증적 사례를 통하여 논해 보기로 한다.

▌사례 2▐ 27세의 여성 B는 자신을 스토킹하는 남성 M으로 인해 정신적 고통을 겪어 왔던바, 근래에 들어서는 M은 자신을 만나주지 않으면 자신이 어떠한 일을 벌일지 자신도 모르겠다는 등의 발언도 서슴지 않고 있다. 그런데 어느 날 M이 B의 집 앞에 나타나서 전화로 다시 그러한 협박성의 말을 하게 되자, 공포에 질린 B는 경찰에 도움을 요청하는 전화를 하게 되고, 이에 근거하여 경찰관 P가 현장에 출동하게 되었다. 현장에 출동한 P는 어떠한 방식으로 이러한 상황에 대처할 수 있겠는가?

사례 2의 경우 사법경찰적 대응에 시종하게 되면 사례에 제시된 것만으로 형법상의 협박죄의 구성요건을 충족시킨다고 판단하기에는 미흡한 면이 있으므로 현행범체포 등이 여의치 않은 면이 있다.[10] 따라서 이러한 경우에는 행정경찰적 차원에서의 경찰조치(보호조치 등)를 고려해 볼 수 있다. 다만 사례에 제시된 경우 현장에 출동한 경찰관 P가 경찰관직무집행법 제4조에 따른 보호조치를 행할 수는 없음을 유의하여야 한다. 왜냐하면 경찰관직무집행법 제4조

---

10) 물론 사례에 제시된 것만으로도 협박죄의 구성요건을 충분히 충족시키고 있다고 생각할 수도 있겠지만, 이런 정도의 사정으로 현행범체포를 하였을 때 M이 현행범체포의 위법성 여하를 다투어 오는 경우에 야기될 문제점을 생각해보면 적어도 사례에 제시된 상황이 협박죄의 구성요건을 충족시키고 있다고 단언하기는 생각보다 쉽지 않음을 인정할 수 있을 것이다.

의 보호조치규정(특히 제1항)[11]에 따르면 우리나라의 경우 동법상의 보호조치는 정신착란자나 주취자, 자살을 시도하는 사람, 미아·병자·부상자 등과 같이 보호를 필요로 하는 자, 즉 구호대상자를 위해서만 행하여질 수 있다. 그런데 오늘날 —경찰(행정)법적으로나 실무상으로나— 진정으로 보호조치가 취하여질 필요가 있는 경우로 논의되어야 할 것은 예컨대 스토커, 가정폭력의 성향이 있는 자, 아동성범죄자 등으로부터 그 대상이 되는 자들을 보호하기 위한 보호조치, 즉 범죄행위나 중대한 위험을 초래할 행위가 행해지는 것을 저지하기 위한 보호조치가 요구되는 경우일 것이다. 이러한 사정을 고려하여 독일의 경우 보호조치에는 ① 보호조치의 대상이 되는 자 자신의 생명과 신체의 보호를 위한 보호조치(Schutzgewahrsam: 협의의 보호조치)와 ② 범죄행위나 중대한 위험을 초래하는 질서위반행위가 목전에 행해지거나 계속되는 것을 저지하기 위한 보호조치(Sicherheitsgewahrsam, Verhütungsgewahrsam 혹은 Unterbindungsgewahrsam: 제지를 위한 보호조치)의 2종류가 있을 수 있음이 인정되어 왔으며, 실제로 그들의 실정법에도 이들 2종류의 보호조치가 명문으로 규정되어 있다.[12] 그러나

---

11) 경찰관직무집행법 제4조 제①항: 경찰관은 수상한 행동이나 그 밖의 주위 사정을 합리적으로 판단해 볼 때 다음 각 호의 어느 하나에 해당하는 것이 명백하고 응급구호가 필요하다고 믿을 만한 상당한 이유가 있는 사람(이하 "구호대상자"라 한다)을 발견하였을 때에는 보건의료기관이나 공공구호기관에 긴급구호를 요청하거나 경찰관서에 보호하는 등 적절한 조치를 할 수 있다.
  1. 정신착란을 일으키거나 술에 취하여 자신 또는 다른 사람의 생명·신체·재산에 위해를 끼칠 우려가 있는 사람
  2. 자살을 시도하는 사람
  3. 미아, 병자, 부상자 등으로서 적당한 보호자가 없으며 응급구호가 필요하다고 인정되는 사람. 다만, 본인이 구호를 거절하는 경우는 제외한다.

12) 보호조치에 관한 독일의 통일경찰법모범초안(MEPolG)상의 주요규정을 소개하면 다음과 같다. 아울러 독일에서의 보호조치에 관한 자세한 내용에 관하여는 이성용, "주취자보호에 관한 법적 검토," 경찰법연구, 제7권 제2호, 40쪽 아래 참조.
  독일의 통일경찰법모범초안(MEPolG) 제13조(보호조치): ① 경찰은 다음 각호의 경우에 보호조치를 취할 수 있다.
  1. 특히 자유로운 의사결정이 배제되어 있거나 혹은 타인의 원조를 필요로 하는 상태에 있는 자를 생명 또는 신체에 대한 위험으로부터 보호하기 위하여 필요한 때
  2. 범죄행위나 중대한 위험을 초래하는 질서위반행위가 목전에 행해지거나 계속되는 것을 저지하기 위하여 필요한 때
  제14조(법관의 결정): ① 제9조 제2항 제3문, 제11조 제3항 혹은 제13조에 근거하여 사람을 구금한 경우에 경찰은 지체없이 자유박탈의 허용성과 계속성에 대한 법관의 결정을 받아야

우리나라의 경우 2번째 유형의 보호조치에 대해서는 명문의 규정이 존재하지 아니한다. 물론 우리나라에서도 이러한 독일의 입법례 등을 참조로 하여 경찰관직무집행법 제4조에 기존의 구호대상자를 위한 보호조치 이외에 2번째 유형의 보호조치의 도입이 주장된 바 있지만 실제로 입법에 반영되지는 못하였다. 당시 이른바 제지를 위한 보호조치제도의 도입필요성 내지 가능성에 대한 부정론의 가장 중요한 논거로 기능하였던 것은 "보호조치는 인신(人身)에 대한 구속을 수반하므로 법관이 발부한 영장이 필요하다"는 주장인데, 이러한 주장이야말로 행정경찰과 사법경찰의 구분에 대한 잘못된 인식 내지 몰이해에서 비롯된 것이라고밖에는 할 수 없다. 환언하면 부정론은 전술한 2번째 유형의 보호조치가 형사사법작용이라는 인식하에 논의를 전개하고 있는데, 여기에 결정적 오류가 존재하는 것이다. 생각건대 이 경우의 보호조치는 범죄수사와 피의자체포라는 형사사법작용이 아니라 경찰'행정작용'으로서 행정상 즉시강제의 성질을 향유하는 것이며, 따라서 영장주의(令狀主義)와 관련된 문제는 행정상 즉시강제와 영장주의의 관계에 관한 행정법상의 일반적 논의에 따라 해결하면 될 문제이다. 그런데 행정상 즉시강제에의 영장주의의 적용여부의 문제에 관하여는 「영장주의는 행정상 즉시강제에도 당연히 적용된다. 다만 목전에 급박한 장해를 제거하기 위한 경우로서 성질상 법관의 영장을 사전에 구할 수 없는 경우나 범죄수사와 관계없는 즉시강제에 대해서는 법관의 영장을 요하지 않으며 신분증 등 증표의 제시로써 족하다」고 하는 절충설이 압도적 다수설이며,[13] 이러한 견해는 이미 헌법재판소에 의해서도 타당한 것으로 받아들여지고 있다.[14] 따라서 결론적으로 말하건대, 행정경찰과 사법경찰의 구분에 대한

한다. 법관의 결정이 경찰조치의 근거가 소멸된 이후에야 비로소 행해질 것이라는 것이 인정될 수 있는 경우에는 법관의 결정을 요하지 않는다.

제16조(자유박탈의 기간): 다음 각호의 경우 구금된 자는 석방되어야 한다.

1. 경찰의 보호조치의 근거가 소멸한 경우
2. 계속적인 자유박탈이 법관의 결정에 의하여 허용되지 않는 것으로 판명된 경우
3. 어떠한 경우에도 법관이 다른 법률에 근거하여 그의 계속을 사전에 명하지 않는 한 늦어도 다음날 자정까지는.

13) 김남진/김연태, 『행정법 II』, 제14판, 법문사, 2010, 495쪽 등.

14) "영장주의가 행정상 즉시강제에도 적용되는지에 관하여는 논란이 있으나, 행정상 즉시강제는 상대방의 임의이행을 기다릴 시간적 여유가 없을 때 하명 없이 바로 실력을 행사하는 것으로서, 그 본질상 급박성을 요건으로 하고 있어 법관의 영장을 기다려서는 그 목적

올바른 이해를 전제로 하게 되면 전술한 2번째 유형의 보호조치를 입법화하는 것에는 적어도 이론상으로는 아무런 장해가 없다고 할 것이다.

▌사례 3▐ 서울시는 용산역 일대를 재개발하기로 결정하였으며, 동 재개발사업의 실시를 위하여서는 해당 구역 내의 상가건물에 대한 철거가 요구되고 있다. 이에 서울시는 상가건물에 대한 철거명령을 발하였던바, 현재 상가에서 상점을 운영하고 있는 상인들은 금전적 보상 내지 영업지이전과 관련된 문제에 대한 불만을 이유로 철거명령에 응하지 않고 있다. 이에 서울시는 재개발사업의 원활한 시행을 위하여 행정대집행법에 근거하여 해당 상가건물의 강제철거에 나서게 되었는바, 상인들은 인간띠를 형성하고 상가건물에의 출입을 막고 있다. 서울시의 요청에 근거하여 현장에 출동한 경찰은 상인들을 강제로 끌어내고 대집행의 실행에 들어갈 수 있겠는가?

위의 사례 3의 경우 경찰은 행정경찰작용의 방식으로도, 또한 사법경찰작용의 방식으로도 움직일 수 있다. 즉, 사례 3의 경우 행정상의 대집행의 실행수단으로서의 물리력 행사(행정경찰적 작용)를 통하거나 인간띠를 형성하고 있는 철거민들을 공무집행방해죄로 의율함으로써(사법경찰적 작용) 대처할 수 있다. 물론 이 가운데 어떠한 작용에 의하는 것이 법이론상 상대적으로 문제가 적고, 국민과의 마찰을 최소화하며 경찰의 목적을 달성할 수 있는 것이라고 단언하기는 쉽지 않은 것이 사실이다. 다만 적어도 행정경찰적 작용에 의하는 것이 위와 같은 효과를 가져오기에 적합한 경우가 있을 수 있음은 부인할 수 없다.

Ⅲ. 행정경찰의 임무

행정경찰은 공공의 안녕 또는 질서에 대한 위험방지를 그의 임무로 하는바, 이러한 행정경찰의 임무를 올바르게 이해하기 위하여서 행정경찰의 임무

을 달성할 수 없다고 할 것이므로, 원칙적으로 영장주의가 적용되지 않는다고 보아야 할 것이다"라고 판시한 헌재결 2002.10.31, 2000헌가12 참조.

를 정의함에 있어 핵심적 개념인 공공의 안녕, 공공의 질서 및 위험의 개념에 대한 이해가 절대적으로 필요하다고 할 수 있는바, 이하에서 이를 약술하기로 한다.

1. 공공의 안녕

공공의 안녕(öffentliche Sicherheit)이란 "개인의 생명 · 신체(건강) · 명예 · 자유와 재산과 같은 개인적 법익과 객관적인 성문의 법질서, 국가의 존속 · 국가 및 그 밖의 공권력주체의 제도 및 행사와 같은 국가적 법익이 아무런 장해도 받지 않고 있는 상태"를 의미한다.[15)]

2. 공공의 질서

공공의 질서(öffentliche Ordnung)란 그때 그때의 지배적인 윤리 · 가치관에 따를 때 그를 준수하는 것이 인간의 원만한 공동생활을 위한 불가결의 전제조건이라고 간주되는, 공중 속에서 인간의 행위에 대한 불문규율의 총체를 의미한다.

사례 4 미로(迷路) 속에서 모형 레이저빔 총으로 경찰관을 사살하고, 다른 경찰관들의 추적을 피해 미로를 탈출하는 Off-Line상의 게임장이 우후죽순으로 생겨나기 시작하였다. 한편 상당수의 사람들이 동 게임이 사람의 생명을 놀이의 수단으로 삼고 있을 뿐만 아니라, 경찰관의 사살을 통하여 공권력을 부정하는 인식의 증대를 가져오는 문제점이 있음을 지적하고 있다. 이러한 주장을 근거로 경찰이 동 게임업주에 대해 영업정지를 명할 수 있는가?

공공의 안녕의 개념의 필요성 나아가 동 개념이 갖는 중요성에 대하여 거의 이론(異論)이 없는 것에 반하여 공공의 질서의 개념의 필요성, 즉 공공의 질서라는 보호이익의 정당성에 대하여는 여러 가지 측면에서 문제가 제기되고

---

15) 공공의 안녕의 개념에 관하여 보다 자세한 것은 서정범, "경찰법에 있어서 공공의 안녕의 개념," 공법학연구, 제9권 제2호(2008), 331쪽 아래 참조.

있다.[16] 그 결과 공공의 질서의 개념에 근거한 경찰권발동을 인정할 수 있는지 여부에 대하여 부정시하는 견해가 유력해지고 있음은 주목을 요한다.[17] 독일의 경우 이러한 문제점을 고려하여 경찰의 직무규범과 권한규범을 정립함에 있어 공공의 질서라는 보호이익을 포기하는 주도 나타나고 있는 실정이다.[18]

사례 4의 경우 공공의 질서개념에 근거한 경찰권발동을 부정하게 되면 경찰이 영업정지를 명할 수 없을 것이며, 공공의 질서개념에 근거한 경찰권발동을 인정하는 경우에는 그러한 영업을 행하는 것이 지배적인 가치관에 따를 때 부정시되는지 여부에 따라 상이한 결론이 도출되게 될 것이다.

3. 위 험

(1) 개관 — 위험, 리스크, 잔존리스크

일상생활의 경험칙상 어떤 상황으로부터 무엇인가 좋지 않은 일이 생겨날 것 같을 때 우리는 그러한 상황을 '위험'이라고 표현하여 왔으며, 그 한도에서 일상적 용어례로서의 위험은 그 개념의 윤곽이 어느 정도는 확정적이라고 하여도 과언이 아니다. 그런데 우리가 당연히 알고 있다고 생각하여 왔던 '위험'이라는 개념을 학문적으로 고찰하여 보면 그러한 '위험'이라는 개념에는 다분히 이질적인 여러 상황이 모두 포함되어 있음을 알 수 있다. 그리하여 학자들은 우리가 일상에서 사용하는 위험이란 개념을 그것의 정도 내지 그 정도에 따른 국가의 대처 필요성 또는 대처방안이란 측면에 착안하여 다음과 같이 셋으로 구분하여 왔는바, 그것이 곧 위험(Gefahr)[19], 리스크(Risiko), 잔존리스크

---

16) 공공의 질서의 개념의 문제점 내지 무의미성에 대한 지금까지의 논의를 사실적 관점, 사회과학적 관점 그리고 법학적 관점에서 체계적으로 집대성한 것으로는 vgl. Gusy, Polizei- und Ordnungsrecht, 7. Aufl., 2009, Rn.99.

17) Hill, Abschied von der öffentlichen Ordnung im Polizei- und Ordnungsrecht, DVBl. 1985, 88 ff.; Erbel, Der Streit um öffentliche Ordnung als polizeirechtliches Schutzgut, DVBl. 1972, 475 ff.(481).; Martens, Wandlungen im Recht der Gefahrenabwehr, DÖV 1982, 89 ff.(91); 이성용, "독일경찰법상 공공의 질서개념의 국내법적 수용," 경찰학연구, 제12권 제2호, 21쪽; 김남진/김연태, 앞의 책, 273쪽 등.

18) 대표적 예로는 브레멘 경찰법 제1조 제1항(§1 Abs.1 Brem.PolG), 노르트라인-베스트팔렌 경찰법 제1조 제1항(§1 Abs.1 PolG NW) 및 자를란트 경찰법 제1조 제1항(§1 Abs.1 SPolG) 등을 들 수 있다.

(Restrisiko)이다 — 이른바 3단계모델.[20]

이러한 3단계모델에서 위험개념이 —비록 그 내용에 있어 여전히 해석을 요하는 면은 있지만— 학문적으로 정립되어 있는 것에 반하여 리스크는 그러한 정도의 개념정립조차 제대로 되어 있지 않은 실정이다. 즉, 리스크에 대하여는 '수학적으로 보아 사건이 발생할 개연성' 또는 '사건의 실현을 통해 기대되는 손해의 정도와 사건에 특징적인 발생개연성(Eintrittswahrscheinlichkeit)[21]의 산물'이라는 정도의 설명이 행해지고 있을 뿐이다.[22] 그리고 리스크는 그 예측이 불가능에 가까울 정도로 불확실하다는 것, 그리하여 발생개연성이 영(Zero)에 가깝다는 것을 그 본질적 특성으로 한다. 그렇다면 이처럼 발생개연성이 Zero에 가까운데도 불구하고 리스크를 문제 삼아 그에 대한 대비를 논하는 이유는 무엇일까? 그것은 비록 발생개연성은 영에 가깝지만 만일 그것이 현실화되어 발생하는 경우 그로 인한 피해는 가히 재난이라고 불릴 정도로 무한대이기 때문이다. 이처럼 리스크의 경우 발생하는 경우 무한대의 재난이 되기 때문에 극히 미미한 발생개연성조차도 무시할 수 없는 특수한 문제를 야기하는 바, 이를 이른바 '영-무한대-딜레마(Zero-Infinity-Dilemma)'라고 부른다.

한편 잔존리스크는 법적으로 요청된 안정수준을 충족하고 있는, 그리하여 법적으로 허용된 리스크를 의미한다.[23] 즉, 자동차나 항공기처럼 인간생활을 위하여 필요불가결한 것이고, 그 때문에 그러한 과학기술의 이용 자체를 전반

---

19) 여기서의 위험에 해당하는 것에 대하여 '위해(危害)'라는 용어를 사용하는 경우도 있지만(류지태/박종수, 『행정법신론』, 박영사, 2009, 941쪽), 위험이란 용어가 더 일반적으로 사용되고 있는 사정을 감안하여 여기에서는 위험이라는 용어를 사용하기로 하겠다. 한편 '위해'라는 표현은 종종 위험과 장해(障害, Störung)을 포괄하는 개념으로 사용되기도 한다.

20) 우리가 일상생활에서 사용하는 위험을 이처럼 위험, 리스크, 잔존리스크의 셋으로 분류하는 이른바 '3단계모델'은 독일의 경찰법이론에 기초하고 있는바, 이러한 3단계모델에 관하여 자세한 것은 Reich, Gefahr, Risiko, Restrisiko Das Vorsorgeprinzip am Beispiel des Immissionschutzrechts, 1989; Breuer, Anlagensicherheit und Störfälle Vergleichende Risikobewertung im Atom- und Immissionschutzrecht, NVwZ 1990, 211 ff.; 김남진, "위험의 방지와 리스크의 사전배려," 고시계, 2008.3, 50쪽 아래.

21) 여기서 말하는 사건의 발생개연성의 의미, 그리고 그 단계에 관하여 자세한 것은 vgl. http://de.wikipedia.0rg/wiki/M%C3%B6glichkeit.

22) 이러한 설명에 관하여는 Krause, Das Risiko und Restrisiko im Gefahrstoffracht, NVwZ 2009, 497 ff.

23) Breuer, a.a.O., 213 f.

적으로 금지할 수 없는 리스크를 말한다. 한편 잔존리스크를 이렇게 이해하는 한 그것은 사회적으로 타당한 것으로서 국민들에 의하여 받아들여져야 한다는 결론에 달하게 된다.

이처럼 위험, 리스크, 잔존리스크를 구분하는 경우 그에 따라 국가의 대응 또한 달라지게 되는바, 먼저 잔존리스크는 법적으로 허용된 리스크이므로 국가가 그에 법적으로 대처할 필요성이 전혀 없다. 즉 잔존리스크는 법적 규율 대상이 아니다. 이에 반해 위험과 리스크는 그에 대하여 국가가 법적으로 대처하여야 할 필요성이 있다는 점에서 공통된다. 그러나 그 경우에도 국가적 대처방식에 있어서는 차이가 있게 되어 위험에 대해서는 위험방지를, 리스크에 대해서는 사전배려(사전대비)[24]를 하게 된다. 이상의 설명을 토대로 위험, 리스크, 잔존리스크의 관계를 도표화하면 다음과 같다.

위험(Gefahr)	충분한 개연성	위험방지
리스크(Risiko)	단순한 개연성	사전배려(사전대비)
잔존리스크(Restrisiko)	가능성	법적 규율대상이 아님

(2) 위험의 개념

(구체적) 위험의 존재가 경찰작용의 전제조건을 이루고 있기 때문에 (구체적) 위험의 개념은 경찰법이론의 중핵을 이루고 있으며 이에 대한 올바른 이해가 선행되어야만 경찰법에 대한 체계적 이해가 가능하다고 할 것인바, (구체적) 위험은 종래 "어떤 사실의 정상적인 진행을 방치하게 되면, 가까운 장래에 어떤 상태 또는 행위가 공공의 안녕 혹은 질서에 손해를 가져올 충분한 개연성이 있는 경우"를 말하는 것으로 이해되어 왔다.[25] 이하에서는 (구체적) 위험

---

24) 종래 리스크에 대해서는 사전배려라는 말이 많이 사용되어 왔으나, 리스크와 배려라는 단어의 연관성이 상대적으로 결여되어 있음을 지적하면서 '사전대비'라는 용어를 사용할 것이 주장되기도 한다. 문병효, "독일의 원자력법제," 원자력에너지의 리스크관리법제, 2011 행정법이론실무학회/ICR센터 공동학술대회 발표자료, 5쪽 아래.

25) 대표적인 설명례로는 vgl. Drews/Wacke/Vogel/Martens, Gefahrenabwehr, a.a.O., S.220; Gusy, a.a.O., Rn.108; BVerwGE 45, 51(57); OVG Münster, DVBl. 1980, 1009(1010). 한편 독일의 경우 이러한 (구체적) 위험개념은 —그 표현에 있어 약간의 차이가 존재하기는 하

의 개념에 대한 이해를 도모하기 위하여 그의 개념적 요소를 항을 바꾸어 분설하기로 한다.

Ⅳ. 위험의 개념적 요소[26)]

1. 손 해

손해(損害, Schaden)란 외부적 영향 혹은 공공의 질서의 개념에 속하는 불문의 사회규범 위반에 의한 현존하는 법익의 객관적 감손을 의미하는바,[27)] 손해는 예견되는 침해가 일정한 강도(强度)에 달했을 때, 즉 공공의 안녕 혹은 질서에 대한 법익이 '현저하게' 침해된 경우에 존재한다.[28)] 또한 보호법익의 감손은 현존하는 이익에 관해 발생하여야 하며, 기대이익은 현존하는 이익에 포함되지 않는다.

지만— 각주의 경찰법에 명문으로 규정되어 있기도 한다. 예컨대 브레멘 경찰법(BremPoliG) 제2조 제3항; 니이더작센 「공공의 안녕과 질서에 관한 법률」(NdS.SOG) 제2조 제1호a; 작센-안할트 「공공의 안녕과 질서에 관한 법률」(LSASOG) 제3조 제3호a 등 참조.

26) 이하에서 설명하는 위험의 개념적 요소는 전통적인 위험개념에 기초한 것임을 밝혀둔다. 한편 근래에 경찰의 새로운 행위형식으로 등장하고 있는 이른바 '무작위적 신원확인조치(無作爲的 身元確認措置, Schleierfahndung)'이나 '정보와 관련된 영역에서의 사전권한(die informationelle Vorfeldbefugnisse)' 등과 관련하여 전통적인 위험개념이 문제에 봉착하고 있는바, 이러한 사정에 관하여 자세한 것은 서정범/박병욱, "경찰법상의 위험개념의 변화에 관한 법적 고찰 — 전통적 위험개념의 작별(?)," 안암법학 제36호, 2011, 91쪽 아래 참조.

27) Schenke, Polizei- und Ordnungsrecht, 6. Aufl., 2009, Rn.69, 이처럼 위험의 개념에 있어서는 법익의 감손이 필연적으로 요구되는바, 이로부터 경찰은 이익과 가치의 증진에 관한 — 특히 복리증진의 조치에 관한— 권한을 갖지 못한다는 결론이 당연히 도출된다. 따라서 경찰은 노숙(露宿, Obdachlosigkeit)의 상태로부터 노숙자들을 보호하기 위하여서만 강제적인 주거배정을 할 수 있고, 이미 주거를 갖고 있는 자들에게 보다 나은 주거를 제공하기 위하여 강제적인 주거배정을 할 수는 없다.

28) 이처럼 손해의 개념과 관련하여 법익침해가 현저해야 할 것을 강조하는 것이 독일학계의 일반적 경향으로 보여지는바, 이러한 점을 특히 강조하고 있는 것으로는 Jarass, BImSchG, 6. Aufl., 2005, § 3 Rn.26; Kutscheidt, in: Landmann/Rohmer, Umweltrecht, Bd. I, 2005, § 3 Rn.10a.

2. 손해발생의 충분한 개연성(蓋然性)

(구체적) 위험은 실제로 혹은 적어도 경찰이 작용을 행하는 시점을 기준으로 사실상태와 법상태를 합리적으로 판단할 때 가까운 장래에 손해가 발생할 '충분한 개연성(hinreichende Wahrscheinlichkeit)'이 있을 것을 전제로 한다. 따라서 단순한 추정 내지 약간의 가능성이 있는 것만으로는 충분하지 않다. 그러나 이것이 손해의 발생이 절대적으로 확실할 것을 요구하는 것은 아니다. 결국 손해발생의 개연성은 손해발생의 확실성과 단순한 가능성 사이의 광범위한 중간영역이라고 할 수 있다:

약간의 가능성	〈	충분한 개연성	〈	확실성
(Möglichkeit)	〈	(hinreichende Wahrscheinlichkeit)	〈	(Sicherlichkeit)

(1) 요구되는 개연성의 정도

위험개념의 핵심을 이루는 손해발생의 충분한 개연성이 있는지 여부를 판단함에 있어서는 어떠한 법익에 대한 손해가 발생할 염려가 있는가 하는 것이 중요한 의미를 갖는다. 즉, (구체적) 위험의 존재가 인정되기 위하여 요구되는 개연성의 정도는 위협받는 법익의 가치가 중요하면 중요할수록, 그리고 그러한 법익에 대한 예상손해가 크면 클수록 더 적어진다.[29)]

(2) 가까운 장래에 손해가 발생할 개연성

(구체적) 위험이 존재한다고 하기 위하여서는 가까운 장래(in naher Zukunft)에 손해가 발생할 개연성이 존재할 것이 요구되므로 먼 훗날의 어떤 시점에 이르러야 비로소 손해가 발생할 개연성이 있는 것만으로는 (구체적) 위험이 존재한다고 할 수 없다. 이와 관련하여서 고찰을 요하는 것은 독일에서 '양돈업

---

29) 독일의 경우 이러한 내용을 '반비례의 법칙(Regel der umgekehrten Proportinalität)', 혹은 Je-Desto-Formel이라는 이름으로 설명하고 있다. 이러한 용어례에 관하여는 vgl. Götz, Allgemeines Polizei- und Ordnungsrecht, 14. Aufl., 2008, §6 Rn.7; Schröder, Verwaltungsrechtsdogmatik im Wandel, 2007, S.96.

자사건(Schweinmästerfall)'[30]을 둘러싸고 본격적으로 논의되기 시작한 이른바 '잠재적 위험(潛在的 危險, latente Gefahr)'의 관념이다.

(3) 객관적인 위험상황

(구체적) 위험의 개념정의에서 쉽게 알 수 있는 것처럼 (구체적) 위험의 존재여부에 대한 판단은 예측에 근거하는바, 그 예측에 있어서는 '사전적(事前的, ex ante)', 즉 경찰이 개입하는 시점에서의 사실상태와 인식가능성이 기준이 된다. 이처럼 (구체적) 위험에 대한 판단이 사전적 예측에 근거하는 결과 경찰의 판단과 다른 결과가 발생하기도 하는 것은 필연적 현상이라고 할 수 있으며, 이로 인하여 다음과 같은 문제가 발생하게 된다: 경찰은 그 개입시점에서 제반 사실상태를 고려하여 (구체적) 위험이 존재한다고 판단하였는데 경찰의 사전적 예측과 달리 실제로는 손해가 발생할 염려가 없었다는 것, 즉 (구체적) 위험이 존재하지 않았었다는 것이 사후적으로 밝혀진 경우에 경찰의 개입이 적법한 것이 될 수 있는가? 생각건대 사전적 예측에 기한 판단은 불확실성으로 특징지어지기 마련이므로 사전적으로 행해져야만 하는 경찰의 위험예측의 정확성에 대하여 사후적으로 밝혀진 사실에 근거하여 의문을 제기하는 것은 그 자체가 모순이다. 따라서 경찰이 개입하는 시점에서 상황을 정당하게 평가하여 (구체적) 위험이 존재한다고 판단하였다면 설혹 (구체적) 위험이 존재하지 않았었다는 것이 사후적으로 밝혀지거나, 사건의 전개가 시간의 흐름에 따라 경찰이 예측한 것과 달리 진행된다고 하더라도 경찰이 (구체적) 위험의 존재를 전제로 개입한 것은 위법하지 않다고 할 것이다.

(구체적) 위험의 존재 여부에 대한 판단이 사전적 예측에 근거한다고 하는 것을 내용으로 하는 (구체적) 위험의 개념에 대한 올바른 이해는 경찰실무적으로도 상당히 중요한 의미를 갖는다고 생각되는바, 불심검문의 예를 들어 이 문제를 설명해보기로 하겠다. 경찰관직무집행법 제3조에 따르면 경찰관은 수상한 행동이나 그 밖의 주위사정을 합리적으로 판단하여 볼 때 어떠한 죄를 (범하였거나) 범하려 하고 있다고 의심할 만한 상당한 이유가 있는 사람을 정

---

30) Vgl. OVG Münster, OVGE 11, 250 ff.

지시켜 질문할 수 있도록 규정하고 있으며, 실제로도 경찰관은 동 조항에 근거하여 불심검문을 행하고 있다. 그런데 불심검문과 관련하여 시민단체들이 제기하는 의혹 내지 문제의 대다수는 경찰이 불심검문을 행하였지만 실제로 불심검문을 당한 자는 어떠한 죄도 범하려 하고 있지 않았다는 것, 따라서 경찰관이 무고한 시민에 대한 불심검문을 행하였으므로 당해 불심검문이 위법하다는 것이다. 그러나 이러한 시민단체들의 지적은 경찰법상 학문적으로 이미 확립된 (구체적) 위험의 개념에 대한 몰이해를 그대로 드러내는 것으로서 오랜 기간에 걸쳐 학설과 판례를 통하여 발전되어 온 학문적 성과를 무위로 돌리는 것이다. 단언컨대 경찰이 제반사정을 합리적으로 고려하여 (구체적) 위험의 존재를 긍정하였다면[31] 설사 사후적으로 위험하지 않았었다는 것이 밝혀진다고 하여도,[32] (구체적) 위험의 존재를 전제로 한 경찰의 조치는 완전히 적법한 것이다.

Ⅴ. 결어 — 경찰작용의 Paradigm Shift

경찰이 경찰활동의 2개 중심축을 이루고 있는 행정경찰작용과 사법경찰작용 중에서 사법경찰작용 위주로 움직여 온 경향이 있었으며, 그러한 경향이 때로는 경찰이 처한 치안환경에 효율적으로 대처하는 것을 곤란케 하여 온 것이 사실이다. 그리고 그러한 경향에 대한 반성으로 경찰의 본래의 책무인 '공공의 안녕 또는 질서의 유지'를 위한 경찰작용, 즉 행정경찰작용적 시각에 입각한 경찰활동의 중요성에 대한 관심이 실무와 이론 양측면에서 공히 높아지고 있는 것 또한 주지의 사실이다. 그러나 이러한 경향의 대두 및 그에 대한 관심이 사법경찰작용의 중요성을 무시하는 방향으로 진행되어서는 아니 된다. 사법경찰작용을 통해 범죄로부터 이 사회를 온전히 지켜내어 이 사회의 건전성을 확보하는 것은 아무리 강조해도 중요하지 않다고 할 수 있는 또 하나의

31) 즉, 경찰관이 수상한 거동 기타 주위사정을 합리적으로 판단하여 어떠한 죄를 범하려 하고 있다고 의심할 만한 상당한 이유가 있다고 판단하였다면.

32) 즉, 실제로 불심검문을 당한 자는 어떠한 죄도 범하려 하고 있지 않았다는 것이 사후적으로 밝혀진 경우에도.

법가치인 것이다. 다시 말해 사법경찰작용 그리고 그것이 수행하여 왔던 기능의 중요성이 부정되어서는 아니 되며, 필자 또한 사법경찰작용이 담당하여 왔던 기능에 커다란 의미를 부여하고 있다. 이 글을 통하여 필자는 단지 지나치게 사법경찰작용 위주로 흘러왔던 과거의 경찰활동이 갖는 한계성을 재인식할 필요성, 나아가 행정경찰작용이 오늘날의 새로운 치안환경에 적응하는 데 유용한 수단이 될 수 있음을 인식할 필요성을 강조하고자 할 뿐이다. 예방(행정경찰작용)과 진압(사법경찰작용)은 결코 포기할 수 없는 경찰의 2대 책무이다. 모쪼록 이러한 2가지 경찰작용에 대한 올바른 이해를 통하여 경찰활동이 균형적으로 발전하여 나아가기를 바랄 뿐이다. (서정범)*

* 이 글, "경찰작용의 Paradigm Shift —사법경찰에서 행정경찰로—"는 경찰학연구 제12권 제4호에 게재되었던 글을 기초로 하여 재구성한 것이다.

제 1 편

제 2 장 경찰권발동의 규율원리로서의 헌법

Ⅰ. 들어가며

헌법과 행정법의 관계를 이해함에 있어 오랫동안 독일 공법학계를 지배하여 왔던 명제는 O. Mayer의 “헌법은 사라져도 행정법은 남아 있다(Verfassungsrecht vergeht, Verwaltungsrecht besteht)”라는 것이었다.[1] 그런데 이러한 O. Mayer의 명제에 대한 의문을 전제로 하여 F. Werner는 1959년에 “구체화된 헌법으로서의 행정법(Verwaltungsrecht als konkretisiertes Verfassungsrecht)”이라는 논문[2]을 발표하여 행정법이 헌법의 집행법으로서의 성격[3]을 갖는다는 것을 강조하였던 바, 이는 헌법과 행정법과의 관계에 대한 인식에 근본적 전환을 가져온 것으로 평가되고 있다.[4] 그리고 오늘날은 이러한 F. Werner의 입장이 오히려 지배

---

1) O. Mayer, Deutsches Verwaltungsrecht Ⅰ, 3. Aufl., 1920, Vorwort.

2) F. Werner, Verwaltungsrecht als konkretisiertes Verfassungsrecht, DVBl. 1959, 527 ff.

3) 이는 행정법만이 헌법의 집행법으로서의 성격을 갖는다는 것을 의미하는 것은 아니며, 헌법이 국가의 기본법인 점을 고려할 때 (행정법뿐만 아니라) 모든 법이 헌법의 집행법으로서의 성격을 갖지만 행정법이 그러한 성격을 다른 법에 비해 상대적으로 많이 갖는다는 것을 의미할 뿐이다. 이러한 점에 관하여는 김남진/김연태, 『행정법 Ⅰ』, 법문사, 2010, 27쪽 아래 참조.

4) 이처럼 O. Mayer와 F. Werner는 (적어도 표현상의 어구만을 놓고 보면) 헌법과 행정법의 관계에 대한 인식방법을 달리하였던 것으로 보인다. 그러나 이에 대하여 O. Mayer는 단지 헌법의 정치성과 행정법의 기술성을 표현한 것이라면, F. Werner는 헌법과 행정법의 규범상 단계구조를 표현한 것이므로 양자가 반드시 충돌되는 것이라고 말하기는 어렵다고 이해하는 입장도 있다[홍정선, 『행정법원론(상)』, 박영사, 2009, 39쪽].

적 사고의 지위를 점하고 있다고 할 수 있다. 한편 이처럼 행정법이 헌법의 집행법 내지 구체화법의 성격을 갖는다는 것은 결국 행정법의 해석·적용 및 이론전개에 있어 행정법은 헌법으로부터 자유로울 수 없다는 것, 즉 행정법은 헌법의 기본원리에 구속을 받는다는 것을 의미한다.[5] 이러한 사정은 행정법의 일부분을 형성하고 있는 경찰(행정)법의 경우에도 마찬가지라고 할 수 있는바, 이하에서는 이러한 인식에 근거하여 '경찰권발동의 규율원리로서의 헌법'의 문제를 다음과 같은 순서로 고찰해 보고자 한다. 즉, 먼저 헌법이 경찰권발동의 규율원리로서 기능한다는 것은 무엇을 의미하며, 독일과 우리나라의 헌법재판소의 결정에 나타난 실증적 사례를 토대로 헌법이 경찰권발동 및 경찰법의 내용에 어떠한 형태로 영향을 미칠 수 있는지를 간략히 알아보기로 한다(II. 경찰권발동의 규율원리로서의 헌법). 다음으로 경찰권발동의 근거, 요건, 대상 및 정도에 관한 경찰법이론의 전개에 있어 헌법이 미치는 영향을 구체적으로 고찰해 본 후(III. 경찰법의 이론적 전개와 헌법), 끝으로 경찰법(체계)의 구축에 있어 헌법원리를 충실히 구현하기 위하여는 어떠한 내용이 경찰법(체계)에 담겨져야 하는지의 문제를 다루어 보기로 하겠다(IV. 경찰법체계의 구축과 헌법).

II. 경찰권발동의 규율원리로서의 헌법

1. 의 의

헌법이 경찰권발동의 규율원리로서 기능한다는 것은 헌법이 경찰권발동의 근거가 됨과 동시에 경찰권발동의 한계를 이룬다는 것을 의미한다. 따라서 경찰권을 발동함에 있어 경찰은 헌법과 법률에 구속을 받아야 하며, 헌법상의 원리를 고려하여야만 한다.

---

5) 행정법의 일반원칙으로 열거되는 비례의 원칙, 신뢰보호의 원칙, 평등의 원칙, 부당결부금지의 원칙 등이 직접적 또는 간접적으로 헌법에 기초하고 있음은 이러한 사정을 웅변으로 잘 보여주고 있다.

2. 헌법의 경찰권발동에 대한 영향 – 실증적 사례를 통한 고찰

헌법 및 헌법원리가 경찰권발동에 영향을 미치게 되는 경우는 그 수를 헤아리는 것 자체가 의미 없을 정도로 많다. 다만 여기서는 독일과 우리나라의 헌법재판소 결정을 통하여 구체적으로 문제가 되었던 대표적 예를 하나씩 들어 보는 선에서 논의를 맺고자 한다.[6)]

(1) 헌법재판소의 야간집회판결

"누구든지 해가 뜨기 전이나 해가 진 후에는 옥외집회 또는 시위를 하여서는 아니 된다. 다만, 집회의 성격상 부득이하여 주최자가 질서유지인을 두고 미리 신고한 경우에는 관할경찰관서장은 질서유지를 위한 조건을 붙여 해가 뜨기 전이나 해가 진 후에도 옥외집회를 허용할 수 있다"고 규정하고 있었던 구 「집회 및 시위에 관한 법률」 제10조의 위헌성 여부에 관하여는 오랫동안 다툼이 있어 왔다. 이와 관련하여 헌법재판소는 초기에는 그의 합헌성을 긍정하는 입장을 취하여 오다가,[7)] 2009년 9월 24일의 헌법불합치결정을 통하여 그

---

6) 이하의 설명에서 드러나는 것처럼 헌법 및 헌법원리에 입각한 헌법재판소의 결정은 경찰법의 이론적 전개에 많은 영향을 미치는바, 독일에서 (특히 정보와 관련하여) 헌법재판소의 결정과 경찰법과의 관계에 관한 최근의 논의에 관하여 자세한 것은 vgl. Möstl, Das Bundesverfassungsgericht und das Polizeirecht, DVBl. 2010, 808 ff.

7) "일반적으로 야간의 옥외집회·시위는 주간의 옥외집회·시위보다 질서유지가 어렵고 따라서 그만큼 공공의 안녕질서에 해를 끼칠 개연성이 높으며, 심리학적으로도 야간에는 주간보다 자극에 민감하고 흥분하기 쉬워서 집회 및 시위가 본래의 목적과 궤도를 이탈하여 난폭화할 우려가 있고, 또 불순세력의 개입이 용이하며 이를 단속하기가 어려운 점 등 여러 가지의 특성이 있다. … 이와 같이 야간의 옥외집회·시위라는 특수한 상황조건으로 인하여 기본권 제한입법의 목적원리가 강화될 수밖에 없는 논리적 측면에서, 현행 집시법 제10조가 과거처럼 어떠한 경우에도 야간의 옥외집회·시위를 일률적으로 금지하지 아니하고 (구 집시법 제6조 참조) 집회의 성격상 부득이한 경우에는 일정한 조건을 붙여 일출시간 전, 일몰시간 후의 옥외집회를 허용할 수 있는 단서규정을 두고 있는 점, 이 단서규정에 따른 야간옥외집회의 허용 여부는 헌법이념 및 조리상 관할 경찰관서장의 편의재량사항이 아니고 기속재량사항이라고 해석되는 점, 학문·예술·체육·종교·의식·친목·오락 등에 관한 집회에는 이러한 금지규정이 적용되지 않을 뿐만 아니라(집시법 제13조) 야간이라도 옥내집회는 일반적으로 허용되는 점 등을 고려할 때, 야간의 옥외집회·시위의 금지에 관한 집시법 제10조의 규정이 집회의 자유의 본질적 내용을 침해한 것이라고는 볼 수 없다"고 판시한 헌재결 1994. 4. 28, 91헌바14 참조.

의 위헌성을 인정하기에 이르렀다.[8)] 그리고 2010년 6월 30일까지 개정입법이 이루어지지 못하여 현재 동 조항은 더 이상 효력을 발하지 못하고 있다.

(2) 독일 연방헌법재판소의 인구조사판결

독일의 경우 1983년 12월 15일의 연방헌법재판소의 인구조사판결(人口調査判決, Volkszählungsurteil)[9)]이 있기 전까지는 "경찰에 의한 개인관련정보의 수집과 처리는 침해적 활동이 아니므로 경찰은 위험방지와 범죄수사를 위한 정보의 수집·처리를 직무규범(Aufgabenzuweisungsnorm)에만 근거하여서도 행할 수 있다"고 하는 것이 일반적으로 승인되어 있었다.[10)] 그러나 인구조사판결에서 독일 연방헌법재판소가 "개인관련정보의 수집·처리는 '정보의 자기결정권(Das Grundrecht auf informationelle Selbstbestimmung)'[11)]에 대한 침해를 가져오므로 그를 위하여는 형식적 법률에 의한 법적 근거가 필요하다"고 함으로써 개인관련정보의 수집·처리를 위하여서는 반드시 별도의 권한규범(Befugnisnorm)에 근거하여야 한다는 것이 인정되기에 이르렀다. 문제는 인구조사판결에 담겨져 있는 연방헌법재판소의 요구가 과연 경찰법의 영역에서도 그대로 타당할 수 있는지에 관한 것인데,[12)] 독일의 경우 인구조사판결은 (통계목적의 정보수집과 처리의 영역을 넘어서서) 모든 공행정작용의 영역에서 준수되어야 할 원칙을 내포하고 있으며,[13)] 특히 공공의 안녕 또는 질서유지와 관련하여 중요한 의미를 갖는

---

8) 실제로 헌법재판관들의 의견은 단순위헌 5인, 헌법불합치 2인, 합헌 2인으로 갈리었으나, 전체로서 헌법불합치결정이 행하여지게 되었다. 그 구체적 경위와 헌법재판관들의 세부적 의견에 대하여는 헌재결 2009.9.24, 2008헌가25 참조.

9) BVerfGE 65, 1 ff. 한편 인구조사판결의 경위에 대하여 자세한 것은 김일환, "개인정보보호법제의 정비에 관한 연구," 한국법제연구원, 1997, 78쪽 아래 참조.

10) 물론 인구조사판결 이전에도 법적 강제와 함께 시행되는 정보의 수집(수색 등)은 권한규범에 근거하여서만 행해질 수 있었다(Götz, Allgemeines Polizei- und Ordnungsrecht, 14. Aufl., 2008, § 7 Rn.9).

11) '정보의 자기결정'이란 표현은 Steinmüller에 의하여 처음으로 사용되기 시작하였으며(vgl. Steinmüller, Grundfragen des Datenschutzes, BT-Drucks, IV/3826, 88), 이후 다른 학자들에 의해서도 받아들여지는 등(Schwan, Datenschutz, Vorbehalt des Gesetzes und Freiheitsgrundrechte, VerwArch. 1975, 120 ff.) 인구조사판결 이전에도 이미 사용되고 있었다.

12) 이러한 문제가 논의되는 이유는 인구조사판결의 직접적 대상은 1982년 3월 25일에 독일 연방의회를 통과한 인구조사법(Volkszählungesetz)이었기 때문이다.

13) Hufen, Das Volkszählungsurteil des Bundesverfassungsgerichts und das Grund- recht auf

원칙들을 포함하고 있다는 것[14]이 긍정된 바 있다. 따라서 정보의 자기결정권은 아무런 제한 없이 경찰법영역에도 적용된다고 보고 있다.[15]

한편 인구조사판결 이후 종래의 경찰법상의 개괄적 수권조항(일반조항, Generalklausel)이 경찰에 의한 개인관련정보수집 및 처리에 대한 활동의 근거규정으로 불충분하다는 판단 아래 「통일경찰모법초안에 대한 보충안」(VEMEPolG)의 작업이 행해졌고,[16] 동 보충안에 기초하여 각 주의 경찰법률들은 경찰에 의한 정보수집과 처리에 관한 사항을 명확히 규정하게 되었다.

III. 경찰법의 이론적 전개와 헌법

경찰에 의한 경찰권발동이 있는 경우 그의 적법성 여하는 다음과 같은 관점에서 단계적으로 검토해 볼 것이 요구된다. 즉, 먼저 경찰권발동의 법적 근거가 존재하는지 여부를 검토하여야 한다. 그 다음으로 경찰권발동의 전제조건이 충족되어 있는지 여부, 특히 개괄적 수권조항에 근거한 경찰권발동의 요건으로서 공공의 안녕 또는 질서에 대한 위험이 존재하는지 여부를 살펴 보아야 한다. 이어 경찰권발동의 요건이 갖추어져 있는 경우라면 과연 경찰권발동의 대상은 올바르게 선택되어졌는지를 검토한 후, 끝으로 이러한 경찰권발동이 필요한 정도를 넘어서서 행사되지는 않았는지를 검토하여야 한다.

한편 이러한 검토과정에서 무엇보다도 먼저 고려되어야 하고, 또한 모든 판단의 기준이 되어야 하는 것이 바로 헌법 및 헌법원리라고 할 수 있다. 이하에서는 경찰권발동의 근거, 요건, 대상 및 정도에 관한 논의에 있어 헌법 및 헌법원리가 어떻게 기능하고 있는지의 문제를 일별해 보기로 하겠다.

---

informationelle Selbstbestimmung, JZ 1984, 1072(1075).

14) Kowalczyk, Datenschutz im Polizeirecht, 1989, S.1.

15) Knemeyer, Datenerhebung und Datenverarbeitung im Polizeirecht, NVwZ 1998, 193(196).

16) 동 개정초안에 규정된 경찰에 의한 개인관련정보의 수집·처리에 관한 내용에 관하여는 볼프 R. 쉔케, 서정범(역), 『독일경찰법론』, 세창출판사, 2008, 315쪽 아래 참조.

1. 경찰권발동의 근거

헌법상의 법치국가의 원리, 특히 그 요소로서의 법률유보의 원칙은 경찰이 경찰권을 발동하기 위하여는 반드시 법률에 —권한규범형태의[17]— 근거가 있을 것을 요구하고 있다. 그리고 이와 관련하여서는 개괄적 수권조항(또는 일반조항)에만 근거하여 경찰권을 발동할 수 있는지 여부가 다투어져 왔던바, 긍정시하는 견해가 점차적으로 많은 지지를 받고 있는 것으로 보인다.[18]

한편 이처럼 개괄적 수권조항에만 근거한 경찰권발동을 인정하는 것에 대하여는 그것이 법치국가원리에 따른 '명확성의 원칙(Bestimmtheitsgrundsatz)'에 반한다는 헌법적 의문이 끊임없이 반복하여 제기되어 왔으나, 독일의 경우 그러한 주장은 설득력이 없는 것으로 간주되고 있다. 그리고 그 이유로는 학설과 판례를 통하여 개괄적 수권조항에 근거한 경찰권발동의 요건 및 한계에 관한 내용이 잘 발달되어 왔다는 것, 즉 개괄적 수권조항에 근거한 경찰권발동의 윤곽이 뚜렷하다는 것이 들어져 왔다.[19] 또한 수권의 내용이 명확하여야 한다는 것이 수권의 내용, 목적 및 범위가 반드시 수권법률의 조문으로부터 '명시

---

17) 경찰이 경찰권을 발동하기 위해서는 직무규범(Aufgabennorm)에 별도의 특별한 권한규범(Befugnisnorm)이 필요하다. 물론 "경찰이 대외적 활동을 하기 위해서는 직무규범 외에 별도의 권한규범을 필요로 함이 원칙이지만, 직무규범에만 근거하여 활동할 수 있는 경우를 완전히 배제할 수는 없다"는 견해(김남진, "경찰권발동의 조건과 대상," 고시계, 1982. 7, 95쪽 참조)가 제시된 바 있기는 하지만 —그러한 주장이 있게 된 배경을 배제하고 논하는 한— 적어도 문언 그대로의 내용은 받아들이기 곤란하다고 생각된다.

18) 심지어 근래에 들어서는 학설상 논의의 중점이 (개괄적 수권조항에만 근거한 경찰권발동을 인정하는 것을 전제로) 현행법상 과연 어떠한 규정을 개괄적 수권조항으로 볼 수 있는가?라는 문제로 이행하고 있다고도 볼 수 있다. 그리고 이 문제에 관하여는 현재 ① 경찰관직무집행법 제2조, 특히 제7호를 개괄적 수권조항으로 보는 견해(김남진/김연태, 『행정법 II』, 법문사, 2010, 268쪽; 김성수, 『개별행정법』, 법문사, 2001, 460쪽 등), ② 경찰관직무집행법 제5조 제1항을 개괄적 수권조항으로 보는 견해(홍준형, "경찰통합법에 관한 연구," 치안연구소 연구보고서, 1997, 96쪽 아래; 이기춘, "위험방지를 위한 협력의무로서 경찰책임의 귀속에 관한 연구," 고려대학교 박사학위논문, 2002, 42쪽 등) ③ 경찰관직무집행법 제2조 제5호·제5조 제1항·제6조를 개괄적 수권조항으로 보는 견해(박정훈, "사권보호를 위한 경찰권발동의 연구," 치안연구소 연구보고서, 2001, 22쪽 아래) 등이 주장되고 있다.

19) Schenke, Polizei- und Ordnungsrecht, 6. Aufl., 2009, Rn.49; Würtenberger/Heckmann, Polizeirecht in Baden-Württemberg, 6. Aufl., 2005, Rn.398.

적으로(ausdrücklich)' 밝혀져야만 하는 것은 아니며, 그것들이 전체 법률의 해석을 통하여 발견될 수 있는 것만으로도 그 같은 명확성의 원칙을 충족시키기에 충분하다[20]는 것 또한 이유로 열거될 수 있을 것이다.[21]

2. 경찰권발동의 요건

경찰권은 공공의 안녕 또는 질서에 대한 위험이 존재하는 경우에만 발동될 수 있는바, 이 경우 경찰권발동의 요건을 구성하고 있는 공공의 안녕, 공공의 질서 및 위험의 개념을 이해함에 있어서도 헌법 및 헌법원리가 고려되어야 한다.

(1) 공공의 안녕

공공의 안녕이란 종래 "개인의 생명 · 신체(건강) · 명예 · 자유 · 재산과 같은 주관적 권리와 법익, 객관적인 성문의 법질서, 국가의 존속 · 국가 및 그 밖의 공권력주체의 제도 및 행사가 아무런 장해도 받고 있지 않은 상태"를 의미하는 것으로 이해되어 왔는바, 여기서의 객관적인 성문의 법질서에 헌법이 속한다는 것은 의문의 여지가 없다. 따라서 헌법에 위반하게 되면 공공의 안녕을 해치는 것이 되고, 이는 당연히 경찰권발동의 요건을 충족하는 것이 된다.

(2) 공공의 질서

공공의 질서란 "그때그때의 지배적인 (헌법상의 가치척도에 따른) 윤리관 · 가치관에 따를 때 그를 준수하는 것이 인간의 원만한 공동생활을 위한 불가결의 전제조건이라고 간주되는, 공중 속에서 인간의 행위에 대한 불문규율의 총체"를 말한다. 한편 이러한 공공의 질서라는 보호이익의 정당성, 즉 공공의 질서에 대한 위험의 존재를 이유로 경찰권이 발동될 수 있는지에 대하여는 사실

---

20) BVerfGE 8, 274 ff.; VGH Mannheim, NVwZ 1988, 166.

21) 다만 이러한 독일에서의 설명이 우리나라의 경우에도 그대로 타당할 수 있는 것인지는 조금 더 면밀한 검토를 요한다고 할 것인바, 이는 우리나라의 경우 개괄적 수권조항에만 근거한 경찰권발동을 인정할 수 있는지 여부 자체가 오랫동안 다투어져 왔기 때문에 개괄적 수권조항에 근거하여 경찰권을 발동하는 경우에 있어서의 요건, 한계 등과 관련된 내용이 독일의 경우처럼 충분히 발달하지 못하였다는 것에 기인한다.

적 관점에서(과도한 규율의 문제), 사회과학적 관점에서(불가능의 문제), 그리고 법학적 관점에서(위헌의 문제) 비판이 행하여져 왔는바,[22] 이 중에서 '경찰권발동의 규율원리로서의 헌법'이란 이 글의 주제와 관련하여 주목을 요하는 것은 법학적 관점에서의 비판에 관한 것이다. 즉, 공공의 질서의 개념은 그러한 질서의 존재의 확인을 위한 기준이 명확히 확인되지 않으므로 헌법상 요구되는 명확성이 결여되어 있으며, 그 결과 존재가 불분명한 규범에 근거한 경찰권발동을 인정하게 되는 결과 헌법상의 법치국가원리에 반한다는 점이 지적되고 있다.[23] 이러한 문제점은 지금까지 어떠한 국가기관도(행정청이든 법원이든) 실제로 존재하는 가치척도를 경험적으로 확인하지 않은 경우에 극명하게 드러난다. 그리고 만일 그러한 경우에 필요한 가치판단을 경찰 스스로 행한다면, 그것은 민주주의적 정당성을 결할 뿐만 아니라 예측가능성 또한 결여되는 문제에 직면하게 된다.[24] 그리고 독일의 경우 이러한 점이 고려되어 Bremen과 몇몇 주에서 경찰의 직무를 규정함에 있어 공공의 질서를 삭제하기도 하였다.

그러나 이러한 사정만을 가지고 경찰권발동의 요건으로서의 공공의 질서의 개념이 헌법에 반하는 것으로서 포기되어야 한다고 단언하는 것은 문제가 있다. 즉, 공공의 질서에 대한 가치판단을 경찰이 행하는 경우에 있어서도 경찰이 공공의 질서의 척도가 되는 가치관을 스스로 형성하거나 고유의 판단기준을 개발하는 것이 아니라 단지 헌법상의 가치질서를 고려하여 그를 확인할 뿐이라는 것에 유의하여야 한다. 또한 그에 대한 판단에 있어 경찰의 판단여지는 인정되지 않으며, 따라서 사후적으로 전면적으로 법원의 통제에 따르도록 되어 있음을 고려하면 그러한 문제는 최소화될 수 있으리라고 생각한다. 더욱이 공공의 질서의 개념이 갖는 유용성[25]을 고려할 때 그를 포기하기에 앞

---

22) 이러한 비판에 관하여 자세한 것은 vgl. Gusy, Polizei- und Ordnungsrecht, 7. Aufl., 2009, Rn.99.

23) 김남진/김연태, 행정법 II, 271쪽; Denninger, in: Lisken/Denninger, Handbuch des Polizeirechts, 4. Aufl., 2007, E Rn.36: Drews/Wacke/Vogel/Martens, Gefahrenabwehr, 9. Aufl., 1986, S.246; Hill, Abschied von der öffentlichen Ordnung im Poizei- und Ordnungsrecht?, DVBl. 1985, 88(91 f.); Peine, Öffentliche Ordnung als polizei- rechtliches Schutzgut, DV 1979, 25(30 ff.).

24) Gusy, a.a.O., Rn.101.

25) 새로운 유형의 위험이어서 형법이나 행정법규가 그를 규율하지 않고 있는 위험에 대한 대처는 사실상 공공의 질서의 개념에 의존하는 것만이 유일한 방법이라는 점을 고려할 때

서 먼저 공공의 질서의 개념에 헌법합치적인 의미부여가 가능한 것인지, 그리고 그것이 경찰실무에 있어서 합헌성을 확보하는 것으로 이어질 수 있는지, 나아가 그것이 가능하다면 그 방법은 어떠한 것이 있을지를 먼저 판단해 보아야 한다고 생각된다. 한편 이와 관련하여 Erbel이 공공의 질서라는 개념 내지 보호이익의 정당성을 헌법상의 사회국가의 원리와 자유권의 내재적 한계를 이루고 있는 도덕률(道德律, Sittengesetz)에서 찾고 있음은 주목을 요한다.[26]

(3) **위 험**[27]

경찰권을 발동하기 위한 요건으로서의 구체적 위험이란 종래 "현재의 상황을 그대로 방치하여 두면 가까운 장래에 손해가 발생할 충분한 개연성이 있는 상태"를 의미하는 것으로 이해되어 왔다. 그런데 근래에 들어 이러한 전통적인 위험개념에 따라서는 설명이 불가능한 현상, 즉 구체적 위험이 존재하지 않음에도 불구하고 경찰권이 발동되는 경우가 나타나게 되었는바, 그 대표적 예로는 국경지역에서의 '사건무관계, 의심무관련 신원확인조치(Schleierfahndung, 이하 무작위적 신원확인조치라고 함)'이나 공항에서의 안전검색과 이른바 '온라인 수색(Online-Durchsuchung)'[28]을 들 수 있다. 그리고 이러한 사정으로 인하여 전통적인 구체적 위험개념의 포기 내지 약화가 논의되고 있는 실정이다.[29]

즉, 독일의 연방헌법재판소가 온라인 수색판결에서 (전통적인) 구체적 위험의 존재를 판단하는 기준의 하나였던 '가까운 장래(in naeherer Zukunkft)'라는 요소를 일응 포기한 것으로 해석할 수 있는 여지를 주면서, 가까운 장래라는 요소 대신에 '예견가능한 시간 내에' 또는 '머지않아(in absehbarer Zeit)'라는 요소가

공공의 질서의 개념의 유용성은 포기될 수 없는 측면을 갖고 있다(Vgl. Knemeyer, Poizei- und Ordnungsrecht, 11. Aufl., 2007, Rn.104).

26) 이에 관하여 자세한 것은 vgl. Erbel, Der Streit um die "öffentliche Ordnung" als polizeirechtliches Schutzgut, DVBl. 1972, 475(478 f.).

27) 구체적 위험 개념의 변화 내지 그의 헌법적 정당성에 관하여 보다 자세한 것은 본서 249쪽 아래 참조.

28) 온라인 수색에 관한 일반적 논의에 관하여는 박병욱, "경찰상 온라인 수색의 법률적 문제," 경찰법연구, 제7권 제1호(2009), 82쪽 아래 참조.

29) 이러한 문제에 관한 독일에서의 논의 전반에 관하여는 vgl. Kugelmann, Der polizeiliche Gefahrenbegriff in Gefahr, DÖV 2003, 781 ff.; Pils, Zum Wandel des Gefahrenbegriffs im Polizeirecht, DÖV 2008, 941 ff.

강조되어 구체적 위험개념이 약화되는 추세에 있다.[30] 그리고 학설상으로는 이처럼 예견가능한 시간 내에 손해가 발생할 염려가 있으면 전통적인 구체적 위험 개념에 어느 정도 부합하는 것으로 보는 견해가 유력하며,[31] 독일의 많은 주의 경찰법에는 이러한 약화된 구체적 위험개념이 명문으로 규정되고 있다.[32] 또한 바이에른 주의 헌법재판소는 신원확인조치에 관한 바이에른 경찰법규정[33]에 대하여 동 규정의 전체적인 목적이나 취지에 비추어 볼 때 신원확인조치의 대상자를 충분히 특정할 수 있음을 이유로 그의 합헌성을 인정하면서, 한걸음 더 나아가 "기본권의 제한은 위험의 사전배려(Gefahrenvorsorge)를 위해서도 허용되어야 하며, 경찰의 신원확인조치의 대상자가 법적으로 특정가능하다면 그러한 조치의 시행을 위하여 '구체적 위험' 개념이 필요불가결한 것은 아니다"라고 판시한 바 있다.[34] 한편 이러한 구체적 위험 개념의 해체 내지 약화로 인하여 국민의 자유와 사회의 안전 사이에 신뢰성 있고 균형적인 조화를 보장할 수 있었던 전통적 경찰법개념의 법치국가적 윤곽이 부분적으로 사라져버렸으며, 그 결과 기본적으로 모든 사람에 대하여 가능한 위험진단을 제한할 수 있었던 적합한 헌법적 통제기준이 일정부분 상실되었음을 지적하는 견해가 유력하다.[35]

오늘날 전통적인 구체적 위험 개념이 약화되고 그로 인하여 적합한 헌법적 통제기준이 상실되어 간다는 것은 의문의 여지없이 타당하다. 그러나 그것

---

30) Vgl. BVerfGE 120, 274, 328.

31) Vgl. Hong, Rechtliche Bedeugung des Verwaltungsakts und Grenzen staatlicher Informationseingriffe — Die Entscheidung des BVerfG zum Bayerischen Versammlungsgesetz, NJW 2009, 1458(1460); Poscher, Eingriffsschwelle im Recht der inneren Sicherheit : Ihr System im Licht der neueren Verfassungsrechts- sprechung, Die Verwaltung 41(2008), 345(358).

32) 예컨대 § 2 Nr.3 a BremPolG, § 2 Nr.1 a Nds.SOG usw.

33) Art.13 Abs.1 Nr.5 BayPAG.

34) BayVerfGH, Entscheidung vom 28.3.2003 = DVBl 2003, 861; 정훈, "경찰상 위험개념의 법치국가적 · 기본권보장적 기능," 공법연구, 제34집 제2호, 2005, 407쪽. 한편 이처럼 구체적 위험이 경찰상 조치의 조건으로서 반드시 필수적으로 고려되지 않는다고 하게 되면, 구체적 위험개념을 전제로 하는 경찰책임자 및 비책임자의 개념 또한 의미를 잃게 되는바, 이러한 문제에 관하여 보다 자세한 것은 본서 266쪽 아래 참조.

35) Vgl. Schoch, Abschied vom Polizeirecht, Der Staat 43(2004), 369; Hoffmann-Riem, Freiheit und Sicherheit, ZRP 2002, 497(499 f.).

을 지적하는 것에서 논의를 끝내어서는 곤란하며, 오히려 전통적 위험개념이 약화 내지 일정부분 붕괴되더라도 결코 합리적인 기준 없이 국가가 개인의 기본권을 침해하여서는 아니 된다는 것이 강조되어야 할 것이다. 즉, —굳이 전통적인 구체적 위험 개념에 의존하지 않더라도— 보호를 필요로 하는 법익에 대한 위험과 그를 야기한 것으로 인정되는 개인간에 충분한 관련성이 인정되지 않는다면 개인의 기본권이 경찰권발동으로 인하여 부당하게 제한을 받아서는 아니 될 것이다.[36] 또한 경찰관련 입법에 있어서 상황변화에 따른 새로운 안전조치를 법적으로 구상하는 경우에 그러한 조치의 타당성에 대하여 평가가능하고 국민이 수긍할 수 있는 구체적 법기준을 제시할 것이 입법자들에게 요구된다.

3. 경찰권발동의 대상

경찰권발동의 요건이 갖추어진 경우에 대두되는 경찰법적 문제는 누구에게 경찰권을 발동하여야 하는 것인바, 우리나라의 경우 이 문제는 일반적으로 경찰책임의 원칙이란 제하에서 논의되고 있다. 경찰책임의 원칙과 관련하여 특히 헌법적 고려가 요청되는 것은 다음의 2가지 문제이다.

(1) 상태책임의 범위[37]

상태책임의 범위와 관련하여 종래의 통설적 입장은 상태책임자는 물건으로부터 발생하는 위험에 대하여 그 원인 여하를 불문하고(즉, 자신의 행위, 제3자의 행위, 고권력주체의 행위, 자연현상 및 돌발적 사건 등) 언제나 완전히 책임을 진다는 것이었다.[38] 이는 결국 상태책임의 범위는 물건의 가치와 책임질 비용

---

36) 동지(同旨): Trute, Rechtssprechungsanalyse-Gefahr und Praevention in der Rechtssprechung zum Polizei- und Ordnungsrecht, Die Verwaltung 36(2003), 519.

37) 상태책임의 범위 내지 한계에 관한 문제에 관하여 자세한 것은 본서 347쪽 아래, 377쪽 아래 참조.

38) 독일의 대표적 경찰법교과서(Drews/Wacke/Vogel/Martens, Gefahrenabwehr, 9. Aufl., 1986, S.320 f.)에는 이를 "상태책임의 성립에 있어서는 경찰위반의 상태가 어떠한 방식으로 발생하였는지는 중요하지 않다. 따라서 어떠한 위험도 상태택임으로부터 분리될 수 없으며, 그를 공중의 위험이라고 간주하여서도 아니된다"라고 서술하고 있다. 한편 국내의 학자들 가운데 이와 같은 입장에 가장 철저한 것으로는 홍정선교수를 들 수 있는데, 홍정선 교수는 이처럼 상태책임의 범위가 사실상 무제한적이게 되는 이유로 위험이나 장해를 예방·제거

간의 관계를 고려함이 없이 원칙적으로 무제한이라는 것을 의미하는바, 이러한 견해는 그의 논거를 '재산권의 사회적 구속성'(헌법 제23조 제2항)에서 찾고 있다. 즉, 물건으로부터 생기는 이익을 향유하는 소유권자는 그 물건의 사용으로 인하여 발생하는 불이익 또한 스스로 부담할 것이 요구되며, 그 손해가 공중에게 부과되어서는 안된다는 것이다.[39] 우리나라의 헌법재판소 역시 타인에게 임대한 자기 소유의 토지 위에 폐기물이 방치된 경우 당해 토지의 소유자에게도 폐기물에 대한 적정처리를 명할 수 있도록 한 「건설폐기물의 재활용촉진에 관한 법률」 제45조 제1항에 대한 헌법소원에 있어 근본적으로 이러한 입장에 따르고 있는 것으로 보인다.[40]

한편 근래에는 이러한 종래의 통설적 견해와 달리 상태책임의 범위를 제한하려고 하는 견해가 유력하게 대두되고 있는바, 이러한 논의는 "자신(물건의 지배자로서의 속성)과 관련되지 않은, 즉 공중과 관련된 위험영역(전쟁, 현대의 대량교통)에서 발생하는 위험까지 소유자에게 부담시키는 것은 타당하지 않다"고 하여 상태책임의 범위가 제한될 수 있음에 대한 헌법적 근거를 최초로 제

하여 공공의 안녕과 질서를 도모하려는 것이 경찰개념이 핵심이라는 것을 들고 있다[홍정선, 『행정법원론(하)』, 박영사, 2009, 440쪽 아래]. 한편 상태책임은 위험이 누구에 의하여 야기되었는지 또는 상태책임자의 고의·과실여부를 불문하고 인정된다고 설명하고 있는 김동희 교수 또한 근본적으로 이러한 입장에 서 있는 것으로 보인다(김동희, 『행정법 II』, 박영사, 2009, 216쪽).

39) Würtenberger/Heckmann, a.a.O., Rn.439.

40) "폐기물의 발생을 억제하고 발생한 폐기물을 적정하게 처리하여 환경보전과 국민생활의 질적 향상을 도모하려는 이 사건 법률조항들의 입법목적은 정당하고, 직접적인 오염원인자 이외에 폐기물이 방치된 토지의 소유자에게도 폐기물 처리책임을 확장하여 인정하는 것은 위와 같은 입법 목적을 달성하는 데에 효과적인 방법이다. 나아가 이 사건 법률조항들로 인한 토지소유자의 책임은 보충적인 처리책임인데, 만일 방치폐기물에 대한 책임을 직접적 원인제공자에게만 한정하고 그 외의 경우에는 항상 국가나 지방자치단체가 이를 부담한다면, 폐기물의 방치가 조장되거나 폐기물의 처리가 적시에 이행되기 어려울 수 있으며, 무엇보다 폐기물 방치에 아무런 원인도 제공하지 않은 일반 국민들에게 막대한 비용을 떠안기게 되는 불합리한 결과를 초래하게 된다. 한편 관계법령은 방치폐기물처리 이행보증제도를 마련하여 폐기물처리업자가 방치한 폐기물에 대한 1차적 처리를 담당하게 하고 있다. 또한 이 사건 법률조항들로 인하여 토지소유자들이 입게 되는 불이익보다는 이로 인하여 얻게 될 환경보전이라는 공익이 훨씬 크다. 그렇다면 이 사건 심판대상 조항들이 재산권을 지나치게 제한하여 헌법에 위배되는 것으로 볼 수는 없다"고 판시한 헌재결 2010. 5. 27. 2007헌바53 참조.

시한 Friauf로부터 비롯된 것으로 이해되고 있다.[41] 그리고 독일의 연방헌법재판소 역시 독일기본법 제14조의 재산권보장과 비례의 원칙이란 관점을 고려할 때 토지소유자의 상태책임이 제한될 수 있는 가능성이 있음을 인정하였다.[42]

이상의 논의에서 보듯이 상태책임의 범위에 관하여는 그의 무제한성을 인정해 왔던 종래의 통설과 그에 대한 반론으로 그의 제한을 인정하고자 하는 견해 모두 헌법에서 그 근거를 찾고 있다. 따라서 이 문제에 관한 한 어느 견해에 따르는 것이 헌법(원리)에 충실한 것이라고 단언할 수는 없으며, 어느 입장에 따르든 헌법적 가치가 충실히 반영될 수 있도록 노력을 경주하여 문제점을 최소화하여야 할 것이다.

(2) 다수의 경찰책임자에 관한 법적 문제

경찰책임의 귀속원리를 고려하여 판단해 보아도 다수의 경찰책임자가 존재하는 경우에 경찰이 누구에게 경찰권을 발동할 것인가의 문제는 원칙적으로 경찰의 (선택)재량에 맡겨져 있다고 할 수 있다. 다만 이 경우의 (선택)재량도 일정한 법적 구속을 받으며, 따라서 법원은 이 경우 재량권행사에 하자가 있었는지 여부를 심사할 수 있다. 그리고 그 경우에 적용될 재량권 행사의 기준으로는 원인을 야기한 정도,[43] 원인제공의 時點,[44] 행위책임과 상태책임의 경합시 행위책임의 우선,[45] 이른바 이중책임자(二重責任者, Doppelstörer)의 우선,[46] 급부능력,[47] (보충적으로) 경찰책임자의 고의·과실 등이 들어져 왔다.[48] 그러나

---

41) Vgl. Friauf, Zur Problematik des Rechtsgrundes und der Grenzen der polizeilichen Zustandshaftung, in: FS Wacke, 1972, 293(297).

42) Vgl. BVerfGE 102, 1 ff. 이 결정에 관하여 상세한 것은 vgl. Klüppel. Zustandsstörerhaftung bei der Altlastensanierung, Jura 2001, 26 ff.; 본서 366쪽 아래, 387쪽 아래.

43) OVG Münster, DVBl. 1973, 924 ff.

44) VG Bad. Württ., DVBl. 1950, 475 ff.

45) OVG Rheinland-Pfalz, DÖV 1990, 844 ff.

46) OVG Berlin, NJW 1953, 198 ff.

47) OVG Münster, DVBl. 1973, 24 ff.

48) 다만 Knemeyer는 학설과 판례에 의하여 발전되어 온 아래와 같은 다양한 재량권 행사의 기준을 비례의 원칙이란 하나의 관점으로 파악하려고 하였다. 환언하면, 판례에 의해 정립되어 온 그 같은 원칙들은 단지 비례의 원칙의 적용례에 불과하다는 것이다. Vgl. Knemeyer, Der Schutz der Allgemeinheit und der individuellen Rechte durch die polizei- und ordnungsrechtlichen Handlungsvollmachten der Exekutive, in: VVDStRL 35, 223(248).

오늘날은 이러한 (선택)재량행사의 기준들은 단지 하나의 지침에 불과하며 엄격히 적용되어야 할 법원칙이라고 볼 수는 없다는 점이 강조되는 추세에 있다.

그렇다면 과연 다수의 경찰책임자간의 선택을 하여야 할 때, 무엇을 기준으로 할 것인가? 생각건대 경찰이 공공의 안녕 또는 질서에 대한 위험의 방지를 그의 목적으로 하는 점을 고려할 때 다수의 경찰책임자 중 누구에게 경찰권을 발동하는 것이 위험을 '가장 효과적이고 신속하게' 제거할 수 있는지를 우선적으로 고려하여야 할 것이다 —위험방지의 효율성의 원칙—. 그러나 위험방지의 효율성만을 강조하게 되면 자칫 경찰법이란 특수한 영역에서의 목적달성에 시종하여 헌법(원리)에 배치되는 결과를 초래할 수도 있는바, 이러한 사정을 고려할 때 위험방지의 효율성 여하는 헌법에 기초한 '비례의 원칙'을 고려하여 판단하여야 한다는 점이 강조되고 있다. 이렇게 볼 때, 비례의 원칙은 전술한 위험방지의 효율성을 보완하는 기능을 한다고 할 수 있다.[49]

4. 경찰권발동의 정도

경찰권발동의 적법성 여부를 판단할 때 마지막으로 고려하여야 될 문제는 바로 경찰권발동의 정도에 관한 것인바, 이를 판단함에 있어서는 무엇보다도 (경찰)비례의 원칙의 준수 여부가 결정적 기준을 이룬다. 다만 (경찰)비례의 원칙은 이미 수없이 다루어져 온 테마이므로 여기서는 그 내용을 간략하게 소개하는 정도에 그치도록 한다.

(1) 의의 및 근거

(경찰)비례의 원칙이란 (경찰)행정청이 실현하고자 하는 목적과 그 목적달성을 위한 수단 사이에는 합리적인 비례관계가 유지되어야 한다는 것을 말하는바, 이를 과잉금지의 원칙(Grundsatz der Übermaßverbot)이라고도 한다.[50] 한편 (경찰)비례의 원칙은 법치국가의 원리와 기본권 자체의 본질로부터 파생된 것으

49) Möller/Wilhelm, Allgemeines Polizei- und Ordnungsrecht, 5. Aufl., 2009, Rn.141.

50) 이러한 비례의 원칙과 일견 유사한 면이 있지만 구분을 요하는 것으로는 보충성의 원칙(Subsidiaritätsprinzip), 이익형량(Güterabwägung), 수인가능성의 원칙(Zumutbarkeitsgrundsatz) 등이 있는바, 이러한 내용에 관하여 자세한 것은 본서 509쪽 아래 참조.

로 법치국가의 원리를 채택하고 있는 나라에서는 헌법차원의 법원칙으로서의 성질과 효력을 갖는다.[51] 따라서 우리나라에서도 헌법적 차원의 법원칙으로의 비례의 원칙의 존재는 승인될 필요가 있으며, 그의 법적 근거 역시 우선적으로 헌법에서 찾아보아야 한다. 이 경우 「국민의 모든 권리와 자유는 … 필요한 경우에 한하여 법률로써 제한할 수 있으며 …」라고 규정하고 있는 헌법 제37조 제2항가 바로 (경찰) 비례의 원칙의 근거조항으로 기능할 수 있을 것이다.

(2) 적용영역

(경찰)비례의 원칙은 원래 경찰법에서 발전하였지만 오늘날에는 행정의 전체 활동영역, 나아가서 입법활동 자체에도 적용된다고 이해되고 있다.[52] 그러나 경찰작용이 본래 국민의 자연법적 의무를 전제로 하고 또한 임기응변의 조치를 포함하는 성질을 갖고 있기 때문에 경찰권이 발동될 경우 및 정도에 관하여 법률의 규정이 명확하지 않은 경우가 많은 점을 고려할 때 (경찰)비례의 원칙의 적용은 여전히 경찰작용과 관련하여 특히 중요한 의미를 갖는다.

(3) 내 용

(경찰)비례의 원칙은 경찰에 의한 모든 조치에 적용되는 다음과 같은 3가지의 요소, 즉 적합성의 원칙(Grundsatz der Geeignetheit), 필요성의 원칙(Grundsatz der Erforderlichkeit, 최소침해의 원칙) 및 협의의 비례의 원칙(Grundsatz der Verhältnismäßigkeit i.e.S., 상당성의 원칙)으로 이루어져 있다. 이하에서는 비례의 원칙의 요소를 이루고 있는 이들 원칙을 간략하게 소개하기로 한다.

먼저 적합성의 원칙이란 경찰이 사용하는 수단은 공공의 안녕 또는 질서에 대한 위험을 방지하기에 적합하여야만 한다는 것을 말하는바, 이 경우 경찰이 사용하는 수단이 공공의 안녕 또는 질서에 대한 위험을 완전히 제거할 가능성이 있을 것까지 요구되지는 않으며, 위험을 감소시킬 수 있는 것으로

---

51) Bullinger, Das Ermessen der öffentlichen Verwaltung, JZ 1984, 1001 ff.; Drews/Wacke/Vogel/Martens, a.a.O., S.390; 한편 비례의 원칙이 헌법차원의 법원칙이라는 것에 대해서는 의문이 제기된 적도 있으나(Vgl. Peters, Die Verfassungsmäßigkeit der Beförderung von Massengütern im Fernverkehr auf der Straße, 1954, S.12 ff.) 받아들이기 곤란하다.

52) Vgl. BVerfGE 15, 226(234); 17, 232(234); BVerwGE 5, 50.(59); 26. 305(309).

충분하다.[53] 이러한 적합성의 원칙에 위배되어 허용될 수 없는 것으로는 경찰의 직무수행에 적합하지 않거나 무용(無用)한 조치, 사실적으로 또는 법적으로 불가능한 조치를 들 수 있다.

다음으로 필요성의 원칙이란 경찰의 조치는 설정된 목적을 위해 필요한 것 이상으로 행해져서는 안 된다는 것, 즉 경찰목적을 달성할 수 있고 또한 그 목적달성에 적합한 다수의 조치가 있는 경우에는 경찰은 그 중에서 공중과 경찰권 발동의 대상이 되는 자에게 가장 적은 피해를 줄 것이라고 예견되는 조치를 선택하여야만 한다는 것을 말한다. 이런 의미에서 필요성의 원칙을 최소침해의 원칙(Grundsatz des geringsten Eingriffs)이라고도 하는바, 동 원칙의 충족 여부에 대한 판단은 조치의 방법, 기간의 계속(Dauer) 및 대상 등의 관점을 고려하여 행하여야 한다. 한편 최소침해의 원칙에서 파생되는 당연한 법원리로서 경찰책임자 등에 의한 '대체수단의 제공(Angebot des Austauschmittels)'을 인정하고 있는데, 이는 경찰책임자는 경찰에 의하여 자신에게 부과된 위험방지를 위한 수단 대신에 다른 수단을 사용하여 줄 것을 청구할 수 있다는 것을 내용으로 한다.

그리고 협의의 비례의 원칙이란 어떤 조치가 경찰목적의 실현에 적합하고 필요한 경우라고 하더라도 그 조치를 취함에 따른 불이익이 그것에 의해 초래되는 이익보다 큰 경우에는 그 조치를 취해서는 안 된다는 것을 말한다.[54]

Ⅳ. 경찰법체계의 구축과 헌법

지금까지 경찰법의 이론적 전개과정에서 헌법 및 헌법원리가 어떻게 기능하고 있는지를 살펴보았다. 이하에서는 헌법 및 헌법원리에 배치됨이 없이 경찰법의 체계를 구축하고 발전시키기 위하여는 어떠한 노력이 행하여져야 하는

53) Knemeyer, a.a.O., 243.

54) (경찰)비례의 원칙의 내용을 이루는 이들 원칙들은 양자택일적으로 적용되는 것이 아니라 서로 중첩적으로(kumulative) 적용되는 것이라고 할 것인바, 이들 원칙 상호간의 관계에 관하여는 본서, 433, 435쪽 참조. 한편 이들 원칙을 고려하여도 여전히 법률상 허용되는 다수의 조치가 남아 있다면, 경찰은 의무적합적 재량에 따라 이들 중에서 어떤 것을 선택할 수 있을 것이다[Vgl. OVG Münster, NJW 1980, 2210(2211)].

가의 문제를 —정책적, 사실적 차원의 노력은 일단 배제하고— 경찰(행정)법적 차원에서, 특히 경찰법을 새로이 제정 내지 개정하는 형태로 정비하는 경우 그 안에 어떠한 내용이 담겨져야 할 것인지라는 관점에서 일별해 보기로 한다.[55]

1. 경찰권발동의 근거규정의 정비

헌법상의 법치국가의 원리는 경찰권발동이 법률에 근거할 것을 요구하는 바, 이와 관련하여서는 다음과 같은 것에 유의하여야 한다.

(1) 직무규범의 정비

경찰권발동이 적법하기 위하여는 그것이 조직법적 근거(즉, 직무규범)에 근거하여 행해져야 한다. 이는 적어도 경찰의 직무범위 내에 속하지 않는 일을 경찰이 할 수 없음을 고려할 때 자명한 것이라고 할 수 있다. 다만 그를 입법화함에 있어서는 그간에 이루어진 경찰법이론의 발전과 오늘날의 시대상황을 고려할 것이 요구된다.[56] 이와 관련하여 "경찰은 공공의 안녕 또는 질서에 대한 위험을 방지하는 것을 그의 직무로 한다. 경찰은 이러한 직무의 범위 내에서 범죄행위에 대한 수사를 하기 위한 준비를 하고 범죄행위를 예방하여야 하며(범죄행위에 대한 예방적 대처, vorbeugende Bekämpfung von Straftaten), 장래의 위험을 방지하기 위한 준비를 하여야 한다(위험방지의 준비, Vorbereitung auf die Gefahrenabwehr)"라고 규정하고 있는 독일의 「통일경찰법모범초안에 대한 보충안」 제1조는 많은 참고가 될 것이다.

(2) 권한규범의 정비

경찰권발동이 적법하기 위하여는 전술한 조직법적 근거 외에 다시 작용법적 근거(즉, 권한규범)를 필요로 하는바, 이를 입법화함에 있어서는 특히 다음과

55) 여기서의 논의는 헌법상의 제 원리의 구현을 위하여 반드시 필요하다고 생각되는 것들에 대하여만 간략히 언급하기로 한다.

56) 이처럼 경찰의 직무범위를 획정함에 있어 주의를 기울여야 하는 이유는 이렇게 정하여진 경찰의 직무범위가 곧 우리나라에서의 형식적 의미의 경찰개념의 범주를 형성하게 되기 때문이다.

같은 2가지의 문제를 고려할 것이 요구된다.

첫째, 개괄적 수권조항에 근거한 경찰권발동을 인정하여야 할 필요성과 그를 인정하는 것이 헌법상의 법치국가의 원리에 모순되지 않음을 고려할 때 개괄적 수권조항의 도입이 요구된다. 아울러 개괄적 수권조항의 개별적 수권조항(특별조항, Spezialermächtigung)에 대한 보충성(Subsidiarität)[57] 또한 명시적으로 규율할 필요성이 있다. 이 경우 역시 "경찰은 제9조 내지 제24조[58]가 경찰의 권한을 특별히 규율하지 않는 한, 구체적인 경우에 존재하는 공공의 안녕 또는 질서에 대한 위험을 방지하기 위하여 필요한 조치를 취할 수 있다"고 규정하고 있는 독일의 「통일경찰법모범초안에 대한 보충안」 제8조 제1항이 참고가 될 수 있다.

둘째, 개별적 수권조항의 정비 내지 확충이 요구되는바, 이는 (개괄적 수권조항의 합헌성을 인정하는 경우에도) 헌법상 법치국가원리의 내용을 이루는 명확성의 원칙은 개별적 수권조항을 통하여 보다 효율적으로 확보될 수 있기 때문이다.[59] 한편 이러한 개별적 수권조항의 정비에 있어서는 무엇보다도 우리나라의 현행 경찰관직무집행법에 제도 자체가 규정되어 있지 않은 것, 특히 정보처리에 관한 규정들의 도입가능성이 고려되어야 한다. 독일의 통일경찰법모범초안에 대한 보충안이 정보처리와 관련하여 제8a조 이하에서 11개의 조문을 갖고 상세히 규정하고 있음은 이와 관련하여 시사하는 바 크다고 생각한다. 아울러 우리나라의 현행 경찰관직무집행법에 제도 자체가 규정되어 있기는 하나 다소 미흡하거나 애매한 규정 역시 차제에 보충·정비할 것 또한 요구된다.

2. 경찰권발동에 관한 원칙의 법정화(法定化)

우리나라의 학설에서 종래 경찰권발동의 조리상의 한계로 설명되어 온 원

57) 개괄적 수권조항의 보충성의 문제에 관하여는 vgl. Gintzel, Die Generalklausel und die Spezialermächtigungen im Polizeirecht, Diss. Münster, 1965.

58) 독일의 통일경찰법모범초안에 대한 보충안 제8조 제1항에 규정되어 있는 제9조 내지 제24조가 바로 개별적 수권조항들이다.

59) 이것이 독일의 통일경찰법모범초안에 대한 보충안이 제8조 제1항에서 개괄적 수권조항을 갖고 있으면서도, 제9조 내지 제24조에 이르는 많은 개별적 수권조항을 갖고 있는 이유이기도 하다.

칙들, 특히 경찰권발동의 대상을 규율하는 경찰책임의 원칙과 경찰권발동의 정도를 규율하는 경찰비례의 원칙은 헌법에서 (적어도 간접적인) 근거를 발견할 수 있는 것으로 헌법차원의 법원칙이라고도 설명되기도 한다. 그러나 경찰권 발동의 적법성 여하를 둘러싸고 벌어지는 제 문제를 해결하고 무의미한 논의의 증폭을 막기 위하여는 역시 그들 원칙을 분명하게 경찰법에서 명문으로 규정하는 것이 바람직하다. 독일의 통일경찰법모범초안에 대한 보충안은 제2조에서 (경찰)비례의 원칙의 내용을 상세하게 규정하고 있으며, 제4조와 제5조에서 경찰책임의 원칙의 핵심적 내용을 이루는 행위책임과 상태책임을 규율하고 있다. 또한 제6조에서는 경찰책임의 원칙에 대한 예외로서 비책임자에 대한 조치에 대하여서까지도 규율하고 있는바, 이들 조항들은 우리나라에서의 입법과정에도 많은 참고가 될 수 있을 것이라고 생각된다.

3. 손실보상규정의 설치

헌법상 법치국가의 원리는 동 원리가 지켜지지 않아 국민에게 손해나 손실이 발생하였을 때 그에 대한 행정상 손해배상이나 행정상 손실보상을 통한 구제가 이루어짐으로써 궁극적으로 실현된다고 할 수 있다. 이 가운데 행정상 손해배상에 관하여는 일반법으로서의 국가배상법이 존재하며, 위법한 경찰권발동으로 인하여 국민에게 손해가 발생하면 그에 따른 행정상 손해배상이 행해지고 있다. 이에 반하여 행정상 손실보상에 관하여는 일반법이 존재하지 않음으로 인하여 개별법에 손실보상규정이 존재하지 않는 경우 행정상 손실보상을 통한 구제는 사실상 이루어지기 곤란하다. 따라서 적법한 경찰권발동으로 인해 국민에게 발생한 특별한 희생에 대하여도 경찰(행정)법에 손실보상규정이 존재하지 않게 되면 행정상 손실보상을 통한 구제가 불가능해지게 되고, 헌법상 법치국가원리는 중대한 위기에 처하게 된다. 따라서 경찰(행정)법에 반드시 손실보상규정이 마련되어야만 하는바, 경찰관직무집행법 제11조의2는 경찰관의 적법한 직무집행으로 손실을 입은 자에 대하여 정당한 보상을 하여야 한다는 것을 명확히 규정하고 있다.

V. 맺으며

경찰은 공공의 안녕 또는 질서에 대한 위험방지를 그의 임무로 하며 이러한 경찰의 위험방지기능은 국가존립의 기초를 이루고 있다고 할 수 있다.[60] 그러나 다른 한편 경찰작용이 권력적 작용을 주된 수단으로 사용함으로 인하여 국민의 권리를 침해할 소지가 높으며, 이로 인하여 국민들이 경찰(작용)에 대한 강력한 거부감을 갖고 있는 것 또한 부정할 수 없는 현실이다. 그리고 이처럼 다분히 상반되는 2개의 시각은 양자 모두 결코 경시되어서는 안 될 중요한 의미를 갖고 있다. 따라서 이들 중 어느 하나만을 강조한 나머지 다른 시각을 전면적으로 배제하는 것은 문제가 있으며, 양자의 시각이 합리적으로 조화를 이루도록 하는 것이 가장 바람직하다고 할 수 있다. 그렇다면 문제는 어떤 원리 내지 기준을 갖고 양자의 조화를 도모할 것인가에 있다고 할 것인바, 다음과 같은 것을 결론으로 제시해보고자 한다.

먼저 경찰은 경찰권을 발동함에 있어 (전술한 바와 같은) 경찰권발동의 근거, 요건, 대상, 정도를 지배하고 있는 헌법 및 헌법원리를 준수하여야 한다. 다음으로 국민은 경찰권발동이 그러한 헌법 및 헌법원리를 준수하여 행해진 경우라면 구체적인 경우에 있어 경찰의 조치가 자신의 의사에 반하여 자신에게 불이익이 발생하는 경우라 할지라도[61] 그를 수인하여야 한다. 모쪼록 경찰권발동을 둘러싼 쌍방 당사자인 경찰과 국민 양자의 이러한 노력을 통하여 경찰권발동에 관한 불필요한 갈등이 해소되기를 바라며 글을 맺고자 한다. 헌법 및 헌법원리가 지배하는 경찰권발동과 그를 수인하는 국민의식의 태동을 꿈꾸며 … (서정범/박병욱)*

---

60) Jellinek는 이런 사정을 "그것 없이는 국가를 생각할 수조차 없는 권한이 존재하는바, 경찰이 이에 속한다"라고 기술하고 있다. Vgl. Jellinek, Verwaltungsrecht, 3. Aufl., 1931 (Neudruck, 1966), S.427.

61) 독일의 통일경찰법모범초안에 대한 보충안 제7조는 "이 법률에 근거하여 생명과 신체의 불가침성에 대한 기본권, 개인의 자유와 주거의 불가침성이 제한될 수 있다"고 규정하여 경찰권발동으로 인하여 기본권침해가 있을 수 있음을 분명히 하고 있다.

* 이 글, "경찰권발동의 규율원리로서의 헌법"은 공법학연구 제11권 제4호에 게재되었던 글임.

제 1 편

제 3 장 경찰개념의 역사적 발전

Ⅰ. 들어가며

국가사회의 질서는 사회체계의 구성부분간의 자율적인 합의(Concensus)와 통제에 따라 이루어져야 함이 원칙이다. 그러나 그것이 여의치 못한 경우에는 권위 있는 통치권력에 의한 질서유지의 수단이 강구되어야 할 것인바, 그러한 수단이 바로 경찰이다. 한편 종래 일반적으로 경찰이라고 하면, 그것은 공공의 안녕 또는 질서[1]에 대한 위험의 방지 및 이미 발생한 장해의 제거를 목적으로 하는 모든 국가적 활동을 의미한다고 이해되어져 왔다. 즉, 경찰은 본질적으로 공공의 안녕 또는 질서에 대한 위험방지를 그의 임무로 하는바,[2] 이러한 경찰의 위험방지의 기능은 모든 국가에 있어 필요적 근본기능이라고 표현되고 있다.[3]

1) 경찰작용의 보호법익으로 예전에는 공공의 평온(öffentliche Ruhe)이 열거되기도 하였으나 오늘날 공공의 평온은 독자적인 보호법익으로서의 기능을 더 이상 갖지 못하게 되었으며, 따라서 오늘날에는 경찰의 보호법익은 공공의 안녕과 질서에 국한되게 되었다(이러한 설명에 관하여 자세한 것은 vgl. Schloer, Die Begriffe der öffentlichen Sicherheit und Ordnung, BayVBl. 1991, 257 ff.

2) Vogel과 Martens가 경찰법의 고전이라고 일컬어지는 Drews/Wacke의 '일반경찰법(Allgemeines Polizeirecht)'이란 책의 신판의 제목을 위험방지(Gefahrenabwehr: Drews/Wacke/Vogel/Martens, Gefahrenabwehr, 9. Aufl., 1986)라고 한 것도 이 같은 사정에 기인한 것이라고 할 수 있다(Knemeyer, Polizei- und Ordnungsrecht, 9. Aufl., 2002, Rn. 1).

3) Wolff, Die Gestaltung des Polizei- und Ordnungsrechts in der britischen Besatzungszone, VVDStRL 9, 134 ff.(156). 한편 Jellinek는 이런 사정을 "그것 없이는 국가를 생각할 수조차

한편 '경찰'이란 용어 자체는 오래 전부터 사용되어 왔음에도 불구하고 경찰개념의 내용은 여러 세기에 걸쳐 변모를 거듭하여 왔다. 즉, 경찰개념의 내용은 추상적·선험적으로 확정되는 고정적인 것이 아니고, ―오랜 기원을 가진 법률개념이 통상 그러하듯― 역사의 흐름에 따른 국가의 기능과 본질에 대한 이해나 헌법상황의 변화에 따라 많은 변천을 겪어 온 것이 사실이다.[4] 특히 경찰(법)개념의 발전사에는 경찰국가로부터 법치국가로의 발전이 잘 반영되어 있으며, 법을 통한 국가권력의 약화에 대한 모델이 제시되어 있다. 따라서 오늘날의 경찰의 개념과 내용을 올바르게 이해하기 위하여서는 먼저 '경찰'이란 명칭이 부여되어 있는 국가작용이 시대에 따라 어떻게 변천하여 왔는지의 문제, 즉 경찰법사에 대한 인식이 불가피하다. 한편 이와 같은 논의는 우리나라에서 경찰개념이 어떻게 발전되어 왔는지에 대한 고찰을 요하는 것이지만, 갑오경장 이후에 도입된[5] (서구의) 근대적 의미의 경찰개념[6]이 현재 우리나라의 경찰법이론을 지배하는 점을 고려하여 이하의 경찰개념의 발전사에 대한 고찰은 서구에서의 경찰개념의 발전사를 주된 내용으로 하고 있음을 밝혀 둔다.

없는 권한이 존재하는바, 경찰이 이에 속한다"라고 기술하고 있다[Jellinek, Verwaltungsrecht, 3. Aufl., 1931(Neudruck, 1966), S.427].

4) 경찰개념의 발전·변화에 관하여 자세한 것은 vgl. Knemeyer, Polizeibegriffe in Gesetzen des 15 bis 18 Jahrhunderten, AöR 92, 153 ff.; Lüdtke, Von der Tätigen Verfassung zur Abwehr von Störern, Staat 20, 201 ff.; Maier, Die ältere deutsche Staats- und Verwaltungslehre, 2. Aufl., 1980; Preu, Polizeibegriff und Staats- zwecklehre, 1983; Harnischmacher/Semerak, Deutsches Polizeigeschichte, 1986.

5) 우리나라의 경우 근대적 의미의 경찰제도는 1894년 7월의 신관제(新官制)에 의하여 포도청이 폐지되고, 내무아문(內務衙門) 소속하에 경무청이 신설되면서 시행된 것으로 설명되고 있다(김남진/김연태, 『행정법II』, 2007, 법문사, 256쪽; 이현희, 『한국경찰사』, 1973년, 26쪽). 그러나 경찰이란 용어 자체가 우리나라에서 처음으로 사용된 것은 그보다 앞선 1886년 10월 3일자 승정원일기에서이다(승정원일기 고종 23년 10월 초3일자에는 "前 同知 박기종을 부산항 경찰관에 차하함"이라고 되어 있다).

6) 여기서 근대적 의미의 경찰이란 경찰조직에 경찰이란 공식적인 명칭이 부여되고, 적어도 법치주의에 입각하여 모든 경찰활동이 법령에 근거하여 행해지는 경찰을 의미한다(박범래, 『한국경찰사』, 경찰대학, 1990, 123쪽).

II. 절대국가 이전의 경찰의 개념

1. 경찰의 어원

경찰이란 단어의 기초어가 되는 polizein이란 단어는 이미 호머(Homeros)의 일리아드에 등장하였으며, 그것은 '정주(定住)를 위하여 성을 쌓는 것'을 의미하였다고 하는 견해도 주장된 바 있으나,[7] 일반적으로 경찰이란 단어는 그의 어원을 '도시국가의 헌법' 및 질서 있는 공동사회를 의미하던 그리스어의 *πολιτεια*에 두고 있다고 이해되고 있다.[8] 한편 이와 같은 것을 내용으로 하는 그리스어의 *πολιτεια*는 로마인들이 그리스 문화와 접하게 되면서 로마어에는 politia로 받아들여졌으며,[9] 로마어의 politia는 '공화국의 헌법과 그를 지지하는 행정활동 전체'를 의미하는 것이었다.[10] 또한 politia라는 단어는 중세에도 계속해서 사용되었다.[11]

---

7) Zobel, Polizei, Geschichte und Bedeutungswandel des Wortes und seiner Zusammensetzung, Diss. München, 1952. 한편 인간이 집단생활을 처음 시작했을 때에는 타인의 침해로부터 개인의 생명·신체·재산의 보호를 무엇보다도 중요하게 생각하였으며, 경찰의 개념은 원시사회에 있어서의 이 같은 자기방위의 사상에 그의 기원을 두고 있다는 점을 고려할 때(川西 誠, 『판례행정작용법론』, 평론사, 昭和 46년, 11쪽), 이 같은 Zobel의 지적은 일응 타당성이 있다고 생각된다.

8) Ruder/Schmitt, Polizeirecht Baden-Württemberg, 6. Aufl., 2005, Rn. 1; 김남진/김연태, 앞의 책, 255쪽. 한편 경찰이란 단어가 그리스어의 *πολιτεια*라는 명사(名詞)로부터 유래되었다는 견해에 대하여는 반론도 제기되어 있는바, "사고에 의하여 창조되는 명사보다 선행하기 때문에, 모든 단어는 동사로부터 시작되는 것으로 보아야 한다"라는 견해를 그 대표적 예로 들 수 있다(von Unruh, Polizei als Tätigkeit der leistenden Verwaltung, DVBl. 1972, 469).

9) 이러한 *πολιτεια*나 politia는 정치를 의미하는 Politik의 어근이 되었다(Kugelmann, Polizei- und Ordnungsrecht, 2006, S.23; Gusy, Polizeirecht, 4. Aufl., 2000, Rn. 4).

10) Ruder/Schmitt, a.a.O., Rn. 1.

11) 다만 教父 암브로지우스(Ambrosius)가 politia를 '국가의 질서'를 나타내는 의미로 사용한 것에 반하여, 그의 제자인 아우구스티누스(Augustinus)는 politia를 '신의 제국에 있어서의 질서'를 나타내기 위하여 사용한 것에서 볼 수 있는 것처럼 politia라는 단어가 갖는 구체적 의미에 대한 이해에 있어서는 차이가 존재하였었다. 이러한 사정에 관하여 자세한 것은 vgl. von Unruh, a.a.O., 469.

2. 각국에서의 사용례

(1) 영미법계 국가

경찰을 나타내는 'policye'라는 단어가 영어권에서 처음 사용된 것은 1386년의 초오서(Chaucer)의 「캔터베리이야기」에서였으며, 이것이 공적으로 사용된 것은 부르군드에서 필립공(公)이 발한 1432년의 명령에서였다.[12] 그러나 근대적 의미의 경찰개념이 영국에 도입된 것은 18세기에 유럽대륙으로부터 Police라는 단어가 수입되면서부터라고 이해되고 있으며, 해양경찰법(Marine Police Act)의 제정과 더불어 본격적인 경찰의 발전이 행해지게 되었다고 한다.[13]

(2) 대륙법계 국가

프랑스에서는 14세기에 ius politia(경찰권)이론이 등장하는바, 동 이론에 따르면 영주는 ―자구행위(自救行爲), 특히 사투(私鬪, Fehden)[14]의 억제를 위하여― 공동체의 원만한 질서를 보호할 권리와 의무를 갖고, 그를 위해 불가결한 조치를 ius politia에 근거하여 취할 수 있었다. 이러한 사정에 기초하여 14세기에 있어서 경찰의 개념은 프랑스어의 la police라는 단어에 의하여 대표되었는데, 그것은 처음에는 국가목적 또는 국가작용의 의미로, 나중에는 공동체의 질서있는 상태의 의미로 이해되어 왔다.[15]

한편 15세기 후반에는 독일에서도 경찰의 개념이 나타나게 되는바, 그 최초의 증거로서는 1476년의 Würzburg 주교령(主敎令)과 1492년의 Nürnberg법을 들 수 있다. 그리고 이러한 경찰의 개념은 1530년에 제정된 제국경찰법(Reichspolizeiordnung)[16] 및 많은 란트의 경찰법에서 확고하게 받아들여지게 되

12) von Unruh, a.a.O., 469.

13) 박주선, 영국의 사법경찰제도, in: 법무부, "각국의 사법경찰제도," 법무자료, 제98집, 1988, 554쪽. 한편 영국 경찰의 근본적 구조에 관하여 자세한 것은 vgl. Leigh, *Police Powers in England and Wales*, 2nd Edition, 1985, p.5.

14) ius politia 이론이 정립되기 이전의 중세의 자력구제체계인 私鬪에 대해서는 Brunner (Land und Herrschaft, 5. Aufl., 1965)가 자세히 설명하고 있는데, Hobbes는 이 같은 전국가적(前國家的) 상황을 그의 저서인 리바이어던에서 '만인에 대한 만인의 투쟁'(a war … of every man against everyman)이라고 묘사한 바 있다.

15) Vgl. 한태연, 『행정법학(하)』, 단기 4293년, 법문사, 26쪽.

16) 동법은 1495년에 보름스(Worms) 제국회의가 의결한 영구평화령이 제국법의 경찰입법(권)

는바, 이러한 법규상에서 경찰(gute Policey)은 '공동체의 질서 있는 상태' 또는 '공동체의 질서 있는 상태를 유지하기 위한 모든 활동'을 의미하였다.[17] 다만 이 시대까지는 공법과 사법의 구별이나 국가활동의 분화가 행해지지 못하였으며, 그 결과 이 시대의 경찰개념에는 오늘날 경제행정의 영역에 속하는 사항들(독점, 관세, 도량형, 가격 등)과 종교, 도덕도 포함되었으며, 나아가서 오늘날 순수하게 사법적으로 규율되는 영역(계약법, 후견법, 부동산법, 상속법 등)까지도 포함되어 있었다.[18]

Ⅲ. 절대국가시대의 경찰의 개념

1. 절대국가시대 초기의 경찰의 개념

18세기의 절대국가[19]에서 발달한 경찰학[20](Polizeiwissenschaft)은 공동체의 질서 있는 상태를 유지하고 회복하기 위하여는 구체적인 경우 무엇이 필요한

에 대한 기초를 제공한 후 1530년에 아우구스부르크 제국회의에서 제정된 것인바(1548년과 1577년에 개정), 제국경찰법에 관하여 자세한 것은 vgl. Segall, Geschichte und Strafrecht der Reichs- polizeiordnungen von 1530, 1548 und 1577, 1974, passim.

17) 한편 이 시기의 학설은 경찰이란 용어를 법규상의 그것보다 넓은 의미, 즉 '국가와 도시 및 그의 헌법'을 포괄하는 의미로 사용하고 있었다(Maier, a.a.O., S.98 ff.).

18) Götz, Allgemeines Polizei- und Ordnungsrecht, 13. Aufl., 2001, Rn. 6; Knemeyer, a.a.O., Rn. 2.

19) 경찰법의 영역에 있어서 절대국가는 경찰국가(Polizeistaat)라고도 불린다(Vgl. Schenke, Polizei- und Ordnungsrecht, in: Steiner, Besonderes Verwaltungsrecht, 6. Aufl., 1999, Rn. 2; Schmitt, Besonderes Verwaltungsrecht II, 11. Aufl., 2007, Rn. 3). 한편 이러한 경찰국가는 볼테르에 의해 대표되는 계몽적 전제주의를 그 이념으로 하는 것인바, 루이 14세의 "짐은 곧 국가이다"(L'Etat c'est moi) 또는 프리드리히대왕의 "국왕은 국가의 제1의 忠僕이다"라는 말은 경찰국가의 이념의 일면을 잘 나타내고 있다(田上 穰治, 『新版 警察法』, 有斐閣, 平成 元年, 4쪽).

20) 경찰학(Polizeiwissenschaft)이란 용어는 독일의 관방학자인 Justi의 저서인 『경찰학원리』(Grundsätze der Polizeiwissenschaft)에서 등장하였다. 다만 이 시기의 경찰학은 절대국가에 있어서 국가목적의 실천에 필요한 절대주의국가권력을 기초지우는 학문으로 성립된 것으로서, 오늘날의 사회적 법치국가에 있어서의 경찰학(Police Science)과는 그 원류를 달리하며, 양자간에는 적용범위 · 목적 · 내용 등에 있어 현격한 차이가 존재한다(이운주, 『경찰학개론』, 1990, 경찰대학, 49쪽).

가에 관한 이론적 체계를 확립하는 것을 그의 목적으로 하였는바,[21] 경찰학에 의하여 최초로 시도된 이 같은 이론적 체계화는 우선 광범위하게 이해되어져 온 경찰로부터 개별적인 국가활동의 분리를 가져오게 된다. 즉, 우선 경찰로부터 외무행정 · 재무행정 및 군사행정이 분리되었고, 이어서 통치의 개념이 독립한 후에, 끝으로 사법(행정)이 경찰로부터 독립하기에 이르렀으며,[22] 그 결과 경찰의 범위는 일단 양적으로는 축소되었다고 할 수 있다. 그러나 경찰의 범위 내지 권한은 질적으로는 오히려 강화되어 경찰개념에 포함되는 국가의 활동은 공공복리의 증진에까지 확장되게 되었으며,[23] 따라서 절대국가시대에 있어서 경찰은 '모든 臣民의 공공복리의 증진(Wohlfahrtspflege)[24]을 위한 권한을 포함한 내무행정[25]의 전 영역'을 의미하였었다.[26]

그 결과 절대국가시대에 있어서 경찰은 사실상 아무런 제한을 받지 않는 군주의 행정수단으로 전락하고 말았다. 즉, 절대국가시대에 있어서 군주는 공공복리의 증진을 위하여 자기 마음대로 행동하고 신민의 사회생활 전체를 규율하며, 또한 자신의 명령을 강제권력(특히 형벌권)을 갖고 집행할 수 있는 거의 무제한의 권력, 즉 ius politiae(경찰권)을 갖고 있었는바, 따라서 이 시대의 경찰개념의 특징은 아무런 법적 제한을 받지 않는 경찰의 효력영역이 인정되었다는 것에서 찾을 수 있다.[27] 그리고 이러한 사정으로 인하여 이 시대에 있

21) Knemeyer, a.a.O., Rn. 3. 한편 경찰학이 갖는 이러한 목적에 착안하여 Sonnenfels는 경찰학을 '국가의 내적 안녕의 기초가 되고, 그를 유지하기 위한 원칙에 관한 학문'이라고 정의한 바 있다(Josef v. Sonnenfels, Grundsätze der Polizey, Handlung und Finanz, Bd. 1, 5. Aufl., 1787, S.20, 51, 60 ff. Würtenberger/Heckmann, Polizeirecht in Baden- Württemberg, 6. Aufl., 2005, Rn. 5에서 재인용).

22) Vgl. Ruder/Schmitt, a.a.O., Rn. 2; Schenke, a.a.O., Rn. 2. 한편 사법작용이 경찰에서 분리된 것은 1648년의 베스트팔렌(Westfalen)조약에 의한 것이었다(田上 穰治, 앞의 책, 4쪽).

23) Drews/Wacke/Vogel/Martens, a.a.O., S.4.

24) 다만 이 시대의 공공복리의 증진에 관한 이해는 오늘날의 사회정책적인 목적으로서의 그것과는 아무런 관련이 없으며, 그것은 단지 신민의 거의 모든 생활영역에 대한 절대군주의 광범위한 규율가능성을 보장하기 위한 것이었음을 유의하여야만 한다(Vgl. Möller/Wilhelm, Allgemeines Polizei- und Ordnungsrecht, 2. Aufl., 1990, S.2).

25) 이 시대의 내무행정은 臣民의 크리스트교적인 경건한 생활 · 건강 · 예의 · 생계 및 부(富)를 포함하는 것이었다(Vgl. Justius C. Dithmar, Einleitung in die ökonomischen, Policey- und Cameralwissenschaften, 1.Aufl., 1731, Abt. 4 § 4. Ruder/Schmitt, a.a.O., Rn. 3에서 재인용).

26) Drews/Wacke/Vogel/Martens, a.a.O., S.3; Götz, a.a.O., Rn. 7; Knemeyer, a.a.O., Rn. 3.

어서 경찰은 마치 '만능(萬能)의 대명사'(eine Art Generaltitel für alles Mögliche)처럼 생각되었다.

2. 프로이센 일반란트법의 제정으로 인한 경찰개념의 변화

전술한 바와 같이 절대국가시대에 있어 군주에게 포괄적인 경찰권을 인정한 것에 대하여 C. Wolff는 "우매한 신민들은 그들의 권리와 재산을 인식할 수 없다"고 하여 그의 정당성을 인정한 바 있다.[28] 그러나 국가의 자유로운 침해권능을 위험방지의 영역에만 국한시키려고 한 계몽주의사상가들은 이러한 광의의 경찰개념과 그에 상응하는 군주의 경찰권에 대하여 반론을 제기하였으며, 이러한 계몽주의사상의 영향을 받은 괴팅겐(Göttingen)의 국법학자 J. S. Pütter는 "교양 있는 국민은 더 이상 국가의, 즉 경찰의 후견에 의하여 강제받아서는 안 되며, 따라서 경찰의 고유한 직무는 복지증진에 대한 배려가 아니라 장래의 악행을 방지하는 것이다"라고 주장하여,[29] 절대적 군주권력 ―특히 경찰권력― 의 축소를 제창하였다. 또한 Pütter의 제자이었던 Svarez 역시 1791년의 강연에서 "국가는 복지, 편안함, 미적 가치, 또는 그와 유사한 부수적 이익을 증진시키는 것에 관하여 갖는 권한보다 공공의 장해 또는 위험을 방지하기 위한 것에 관하여 더 강력한 권한을 가진다"고 설명한 바 있다.[30] 그리고 이러한 사고는 Svarez에 의하여 1794년의 프로이센 일반란트법(Pr.ALR) 제2장 제17절 제10조에 명문으로 규정되기에 이르렀는바, 동조는 복리증진과 위험방지를 명백히 구분하는 것을 전제로 "공공의 평온, 안녕과 질서를 유지하고, 공중 또는 개개의 구성원에 대한 현존하는 위험을 방지하기에 적합한 조직이 경찰이다"라는 것을 그 내용으로 한다.[31] 즉, 결국 프로이센 일반란트법에 의하

27) 이런 사정에 관하여 자세한 것은 vgl. Drews/Wacke/Vogel/Martens, a.a.O., S.3 f.; Götz, a.a.O., Rn. 7.

28) Wolff/Bachof, Verwaltungsrecht III, 4. Aufl., 1978, S.3.

29) Johann S. Pütter, Institutiones juris publici Germanci, 1770, S.330 ff.(Schmidt, a.a.O., Rn. 4에서 재인용).

30) Conrad/Kleinheyer, Vorträge über Recht und Staat von Carl Gottlieb Svarez, 1960, S.487(Pieroth/Schlink/Kniesel, Polizei- und Ordnungsrecht, 4. Aufl., 2007, S.3에서 재인용).

31) 이러한 사정에 관하여 자세한 것은 vgl. Hattenhauer, Allgemeines Landrecht für die preußischen Statten, 3. Aufl., 1996, S.626; Pappermann, Preußisches Allgemeines Landrecht,

여 복리증진을 위한 경찰의 강제권한은 배척되게 되었다.[32] 다만 동조가 '법원으로부터'라는 章하에 위치하고 있는 사실에 비추어 볼 때, 동조는 직접적으로 경찰의 직무로부터 복리증진의 배제를 내용으로 하는 것이 아니라, 사실상으로는 일반재판권으로부터 경찰재판권의 분리를 의미하는 것으로 보아야 할 것이다.[33]

3. 절대국가시대 초기의 경찰개념으로의 회귀

훔볼트, 칸트 등이 프로이센 일반란트법에 담겨져 있는 경찰의 개념을 강력히 지지했음에도 불구하고, 경찰의 강제권한을 공공의 안녕 또는 질서에 대한 위험방지에 국한시키는 것을 내용으로 하는 프로이센 일반란트법이라는 진보적 법규는 오래 유지되지 못하였고, 실무적으로는 1931년의 프로이센 경찰행정법이 제정될 때까지 100여년 동안 완전히 잊혀졌다. 이는 무엇보다도 프랑스혁명 사상에 대한 보수적인 공무원계급의 두려움과 정치적 복구가 존재하던 19세기 전반의 보수반동기간 중에 제정되어, 복리경찰적 경찰개념의 부활을 가져온 일련의 법규들 때문이었다.[34] 즉, 1795년과 1797년의 프로이센 복무규정과 1802년의 프로이센 행정명령(Pr.VO)에 의하여 경찰의 업무를 공공의 안녕

1972. 한편 1794년의 프로이센 일반란트법(Pr.ALR) 제2장 제17절 제10조는 거의 100년 뒤에서야 프로이센 상급행정법원의 크로이쯔베르크판결을 통해 경찰권력을 위험방지에 국한시키고 복리증진을 위한 국가적 활동을 경찰개념에서 제외시키는 근거로 받아들여지게 되었다.

32) Maier, a.a.O., S.204 ff. 경찰의 개념에서 복리증진이 탈락되어 가는 이러한 과정을 '제1차 탈경찰화'(Entpolizeilichung)라고 한다. 독일의 경찰법에서 탈경찰화는 세 번에 걸쳐 이루어지는 것으로 설명되고 있는바, 제2차 탈경찰화는 2차대전 이후 영국과 미국의 점령지역이었던 바이에른 등에서 경찰행정청과 일반질서행정청의 구분을 전제로 양자가 모두 위험방지를 위하여 활동하는 과정에서 경찰권한의 축소를 가져오게 된 과정을 의미한다. 한편 제3차 탈경찰화는 1990년대 이래 위험방지의 영역에서 국가가 경찰권을 독점하던 것이 깨어지고 종래 경찰의 직무로 간주되어 오던 영역의 일부가 사인에 의해 행사되게 되어가는 과정, 즉 이른바 경찰의 민영화(또는 私化, Privatisierung)를 말하는바(이상의 논의에 관하여는 Knemeyer, a.a.O., Rn. 6, 10, 16), 경찰의 민영화에 관하여 자세한 것은 vgl. Sung Yong Lee, Die Privatisierung der Inneren Sicherheit durch das Bewachungs- gewerbe, Diss. 2007.

33) Götz, a.a.O., Rn. 11; Preu, a.a.O., S.274 ff.

34) Drews/Wacke/Vogel/Martens, a.a.O., S.5.

또는 질서에 대한 위험방지에만 국한시킨 프로이센 일반란트법(Pr.ALR) 제2장 제17절 제10조의 법적 효력이 명시적으로 폐지되기에 이르렀다. 그 후 1808년의 「프로이센 지방관청, 경찰관청 및 재무관청의 정비에 관한 명령」 제3조는 지방경찰관청인 지방장관이 공공의 평온, 안녕 또는 질서에 대한 위험방지뿐만 아니라 공공복리의 증진 및 고양에 대해서도 권한을 갖는다고 규정한 바 있으며,[35] 1850년의 프로이센 경찰행정법을 제정할 당시의 정부의 설명도 경찰의 영역이 거의 무제한적이라는 것, 즉 경찰의 영역이 소극적인 공공의 안녕 또는 질서의 유지에 국한되는 것이 아니라는 것을 분명히 하였다.[36] 결국 이러한 일련의 과정을 통하여 경찰의 개념은 다시 절대국가시대 초기의 경찰개념으로 회귀하기에 이르게 되었다.

Ⅳ. 자유주의적 법치국가시대의 경찰의 개념

정치적으로 자유주의적·시민적 법치국가가 성립됨에 따라서 비로소 경찰권은 정치적으로도 제한을 받게 되었다. 이에 따라 경찰의 개념도 다시 축소되어 경찰권의 발동은 소극적인 질서유지에 국한되기에 이르렀다. 이러한 경향은 남부독일의 경우 경찰에게 질서위반상태의 발생을 방지할 권한이 있다는 취지의 규정이 경찰형법전에 규정되는 방식으로 나타났던 반면[37] 프로이센의 경우 먼저 판례를 통하여 뚜렷하게 나타나게 되었던바, 이하에서는 자유주의적 법치국가시대의 경찰의 개념의 성립과정을 프로이센을 중심으로 서술하기로 하겠다.

35) Vgl. Drews, Preußisches Polizeirecht, 1. Aufl., 1927, S.3(Pieroth/Schlink/Kniesel, a.a.O., S.4에서 재인용).

36) 이 같은 사정에 관하여는 vgl. Rosin, Das Polizeiverordnungsrecht in Preußen, 2. Aufl., 1985, S.312.

37) 이러한 과정에 관하여 상세한 것은 vgl. Götz, a.a.O., Rn. 13; Ruder/Schmitt, a.a.O., Rn. 6.

1. 크로이츠베르크(Kreuzberg) 판결

전술한 바와 같이 자유주의적 법치국가시대에 들어서면서 경찰의 개념은 절대주의국가시대의 경찰의 개념과 달리 (다시) 소극적인 질서유지에 국한되게 되는바, 이와 같은 변화의 전환점을 형성한 것이 바로 1882년 6월 14일 프로이센 상급행정법원(Pr.OVG)의 크로이츠베르크(Kreuzberg) 판결[38]이다. 이하에서는 동 판결의 내용 및 그 의의에 대하여 알아보기로 한다.

(1) 사 안

크로이츠베르크 판결에서는 베를린 외곽의 Kreuzberg에 있는 전승기념비 주위의 건축구역에서는 기념비 하단에서 도시와 그 주위를 조망하는 것이 방해받지 않고, 또 도시에서 전승기념비를 전망하는 것이 침해받지 않는 정도의 고도 내에서만 건축이 허용된다고 한 1879년의 베를린 경찰국장의 경찰명령에 근거하여, 그 지역 내에서 (주거용의 4층) 건축물의 건축허가의 발급을 거절한 것이 문제가 되었었다.

(2) 주문 및 이유

이에 대하여 프로이센 상급행정법원은 "프로이센 일반란트법 제2장 제17절 제10조에 따를 때 경찰은 위험방지의 권한만을 가지며, 미적인 이익을 추구할 권한은 없기 때문에 Kreuzberg에 있는 해방전쟁(Befreiungskrieg)[39]에서의 전승기념비에 대한 조망을 해치지 않게 하기 위하여 도로상의 건축물의 고도를 제한하는 경찰명령은 무효이다"[40]라고 판시하였다. 한편 Kreuzberg판결에 있어서 프로이센 상급행정법원은 프로이센 일반란트법 제2장 제17절 제10조가

---

38) Pr.OVGE 9, 353 ff.(Neudruck, DVBl. 1985, 219 ff.) 한편 이러한 경찰개념의 변화가 입법에 의해서가 아니라 법원의 판결을 통해서 이루어진 것은 경찰권력에 대한 법치국가적 측면에서의 통제를 위해 설치된 행정법원의 직무가 확인되었다는 것을 의미한다(Götz, a.a.O., Rn. 12).

39) 유럽 여러 나라가 동맹하여 나폴레옹 체제를 타파한 전쟁을 말하는바, 해방전쟁이란 이름은 독일의 라인동맹이 붕괴하여 각국이 모두 나폴레옹의 군사지배로부터 벗어났다는 사실 때문에 붙여지게 되었다. 자유전쟁(Freiheitskriege)이라고도 한다.

40) Pr.OVGE 9, 353 ff.(373).

그 후의 입법을 통하여 폐지되었음에도 불구하고 예전처럼 통용되는 법이라는 것에 근거하여 판결을 행하였던바, 그러한 논거는 적어도 법률적으로는 유지될 수 없는 것이라고 생각된다.[41]

(3) 판결의 의의

크로이츠베르크(Kreuzberg) 판결이 갖는 의의와 관련하여서는 동 판결을 통하여 경찰의 개념이 공공의 안녕 또는 질서의 유지에 국한되게 되었다는 점을 강조하는 것이 일반적이다. 그러나 동 판결을 단순히 법원이 공공복리의 증진을 위한 경찰의 개입을 거절한 것으로 이해하여서는 아니 되며, 오히려 동 판결이 갖는 의의는 공공복리의 증진을 위한 경찰의 개입은 구체적인 특별법의 수권에 근거하여야만 한다는 것을 명백히 하였다는 것에 찾아야 할 것이다.[42]

또한 동 판결은 경찰의 개념을 자유주의적 법치국가의 원리와 합치되게 해석하였다는 점에서 헌법합치적 해석의 신기원을 연 판결로도 이해되고 있다.[43]

2. 프로이센 경찰행정법(Pr.PVG)[44] 제14조

크로이츠베르크판결 이후에 프로이센 상급행정법원은 프로이센 일반란트법 제2장 제17절 제10조에 근거한 경찰법의 체계를 완성시키고자 노력하였는데, 그런 노력의 결과는 결국 입법을 통해 법전 속에 받아들여지게 되었다. 한편 이러한 입장을 반영한 대표적 입법례로는 "경찰행정청은 공공의 안녕과 질서를 위협하는 위험으로부터 공중 및 개인을 보호하기 위하여 실정법의 범

---

41) 동지: Friauf, in: Schmidt-Aßmann, Besonderes Verwaltungsrecht, 11. Aufl., 1999, S.208; Götz, a.a.O., Rn, 11.

42) 동지: Erichsen, Der Schutz der Allgemeinheit und der individuellen Rechte durch die polizei- und ordnungsrechtlichen Handlungsvollmachten, in: VVDStRL 35, 172 ff.(178); Weyreuther, Eigentum, öffentliche Ordnung und Baupolizei, 1973, S.22 ff.

43) Götz, a.a.O., Rn. 12. 한편 동 판결이 갖는 현대적 의미 등에 관하여 보다 자세한 것은 vgl. Schrödter, Vom Kreuzberg-Urteil zur Bauregelsordnung, DVBl. 1975, 846 ff.; Rott, 100 Jahre, Kreuzberg-Urteil des Pr.OVG, NVwZ 1982, 364 ff.

44) 프로이센 경찰행정법에 관하여 보다 자세한 것은 vgl. Götz, Vor 60 Jahren Preußisches Polizeiverwaltungsgesetz, JuS 1991, 805 f.

위 내에서 의무적합적 재량에 따라 필요한 조치를 취하여야만 한다"고 규정하였던 1931년의 프로이센 경찰행정법(Pr.PVG) 제14조를 들 수 있다.[45] 이러한 프로이센에서의 경찰법이론의 발전의 결과는 그 후 다른 란트들에서도 받아들여졌으며, 2차대전 이후의 각 란트의 입법에 기준이 되었다.

V. 사회적 법치국가시대의 경찰의 개념

전술한 것처럼 경찰개념의 내용은 추상적·선험적으로 확정된 것이 아니라 그때 그때의 사회발전의 상태, 특히 국가관이나 헌법상황에 따라 변화하는 것이다. 즉, 19세기에 지배적이었던 자유주의적 국가관에 따르면 국가의 임무는 원칙적으로 내외의 적으로부터 안전을 보장하는 것에 국한되어 있었으므로 위험방지를 임무로 하는 경찰이 국가의 가장 중요한 기능이었다.[46] 이에 반해 오늘날의 사회적 법치국가[47]는 단순한 위험방지만으로는 만족하지 않는다. 오히려 사회적 법치국가는 사회적 경제적 발전을 적극적으로 형성하여야 할 사회국가적 의무를 지며, 이에 따라서 급부국가(Leistungsstaat)로 발전하게 되었다.[48] 한편 이러한 국가기능의 발전을 고려하여서 양자를 하나의 제도로 파악하려는 시도가 행해진 바 있는데, "경찰행정과 급부행정을 구분하는 것은 정당하지 않으며, 이는 공공의 안녕 또는 질서의 유지는 급부행정의 전제조건이기 때문이다"라는 설명이 그러한 입장을 대변한다.[49] 한편 이러한 입장은 내부적

45) 동조는 이른바 개괄적 수권조항(Generalklausel)의 전형으로서 향후 경찰법이론의 발전에 중요한 초석으로서 기능하게 되었다(Tettinger/Erbguth, Besonderes Verwaltungs- recht, 8. Aufl., 2005, Rn. 384). 한편 개괄적 수권조항에 관하여 자세한 것은 서정범, "경찰권발동의 근거 —개괄적 수권조항을 중심으로—," 중앙법학, 제8집 제1호, 165쪽 이하 참조.

46) v. Humboldt, Ideen zu einem Versuch, die Grenzen der Wirksamkeit des Staates zu bestimmen, 1793(Neuausgabe 1962).

47) 우리나라의 헌법상의 국가는 법치국가일 뿐만 아니라 사회국가이다. 이는 독일의 경우도 마찬가지인데, 독일에서는 이와 같은 헌법상의 양 결단을 같은 차원의 것으로 보고 있다(Hesse, Grundzüge des Verfassungsrechts der Bundesrepublik Deutschland, 15. Aufl., 1985, S.79 ff.; K. Stern, Das Staatsrecht der Bundesrepublik Deutschland, Bd. 1, 1977, S.676).

48) W. Martens und P. Häberle, Grundrechte im Leistungsstaat, VVDStRL 30, 7 ff.; VVDStRL 30, 43 ff.

49) Loschelder, Die Wahrung der öffentlichen Sicherheit und Ordnung in ihrem Verhältnis zur

으로는 다시 공공복리의 증진이라고 하는 적극목적을 위한 권력작용을 경찰의 개념 속에 포함시키는 견해[50]와 공공의 안녕 또는 질서의 유지기능을 급부행정에 포함시키는 견해[51]로 나누어진다. 물론 오늘날의 사회적 법치국가에 있어서 경찰행정과 급부행정을 엄격히 구분하는 것은 매우 어렵기 때문에 이 같은 견해도 나름대로의 타당성을 갖지만, 경찰행정과 급부행정 간에 근본적 성격이나 그에 적용될 법원칙에 있어 차이가 존재한다는 것은 인정해야 할 것이므로 그 같은 입장을 받아들일 수는 없다.[52]

한편 오늘날의 급부국가의 가장 중요한 영역, 즉 사회국가의 특색을 보여주는 행정은 위험의 사전배려(Gefahrenvorsorge)[53]로 표현될 수 있다. 이는 대공황 같은 것의 결과는 경찰에 의하여 억제될 수 없으므로 국가는 위험의 성립을 장기간에 걸쳐 예방할 과제가 있다는 것에 기인한다. 이러한 사정으로 인하여 오늘날의 사회적 법치국가에서 있어서는 경찰에 의한 위험의 방지는 국가기능의 범위 내에서 (예전에 누렸던) 지배적인 지위를 점차 상실해 가고 있는 것은 사실이다. 그러나 국민은 공공의 안녕 또는 질서가 유지되는 상태하에서만 비로소 자신의 기본권을 실질적으로 행사할 수 있고, 또한 사회국가의 혜택을 향유할 수 있기 때문에[54] 공공의 안녕 또는 질서에 대한 위험방지는 오늘날의 사회적 법치국가에 있어서도 여전히 필수불가결한 국가의 과제라 할 것이다. 따라서 경찰의 개념을 정립하여 다른 국가작용(특히 급부행정)과의 구분을 행할 필요성은 엄존한다고 할 것인바, 전술한 국가관의 변화를 고려할 때 오늘날의 사회적 법치국가에 있어서의 경찰은 "사회공공의 안녕 또는 질서에 대한 위험을 방지하기 위하여, 또는 위험의 사전배려를 위하여 개인에게 명령·강제하여 그의 자연적 자유를 제한하는 작용"이라고 정의되고 있다.[55]

Leistungsverwaltung, DVBl. 1957, 819 ff.(819). 동지: von Unruh, a.a.O., 469 ff.

50) 土屋 正三, "給付行政の 主體としての警察," 警察研究, 1979. 12.

51) Becker, Verwaltung und Verwaltungsrechtsprechung, in: VVDStRL 14, 109 ff.

52) 동지: Drews/Wacke/Vogel/Martens, a.a.O., S.41.

53) 위험의 사전배려의 개념 및 그것과 위험방지와의 구분에 관하여는 vgl. Ossenbühl, Vorsorge als Rechtsprinzip im Gesundheits-, Arbeits- und Umweltschutz, NVwZ 1986, 161 ff.(162 f.); Erichsen, a.a.O., 227 f.

54) 즉, 효과적인 공공의 안녕 혹은 질서에 대한 위험의 방지는 동시에 헌법상의 기본권의 실현을 보장하는 기능을 갖는다고 할 수 있다(Vgl. Ossenbühl, Kernenergie im Spiegel des Verfassungsrechts, DÖV 1981, 1ff.(4f.); Drews/Wacke/Vogel/Martens, a.a.O., S.2.

VI. 맺으며

오랜 역사를 가진 다수의 개념들이 그러하듯이 경찰의 개념 역시 시대상황과 국가관에 따른 변화를 겪어 왔다는 것을 알 수 있다. 따라서 경찰의 개념을 이해함에 있어서도 필연적으로 오늘날의 시대상황과 국가관을 고려할 것이 요구되는바, "경찰은 공공의 안녕 또는 질서에 대한 위험을 방지하는 것을 그의 직무로 한다. 경찰은 이러한 직무의 범위 내에서 범죄행위에 대한 수사를 하기 위한 준비를 하고 범죄행위를 예방하여야 하며(범죄행위에 대한 예방적 대처, vorbeugende Bekämpfung von Straftaten), 장래의 위험을 방지하기 위한 준비를 하여야 한다(위험방지의 준비, Vorbereitung auf die Gefahrenabwehr)"라고 규정하고 있는 독일의 통일경찰법모범초안에 대한 보충안[56] 제1조는 오늘날의 사회가 경찰에 대해 갖고 있는 시대적 요청을 잘 반영하고 있는 탁월한 입법례라고 생각한다. 즉, 동조는 경찰의 개념을 이미 발생한 위험의 방지에 국한시키지 않고 위험방지를 위한 사전준비적 활동에까지 확대시킴으로써 사회적 법치국가시대의 새로운 시대적 요청인 위험의 사전배려를 경찰의 개념에 포함시키고 있다는 점, 그리고 범죄가 발생한 이후에 그에 대한 수사와 피의자체포는 사법경찰의 영역이지만 범죄행위에 대한 예방적 차원에서의 대처활동은 경찰의 개념에 포함되어질 수 있다는 점을 잘 지적하고 있다는 점에서 커다란 의미를 갖는다고 생각한다. 독일의 통일경찰법모범초안에 대한 보충안 제1조의 내용은 우리나라에서의 경찰의 개념을 이해함에 있어서도 충분히 고려할 만한 가치가 있다고 생각하며, 이러한 진보된 경찰의 개념을 도입하는 것이 경찰의

---

55) 물론 이러한 경찰개념 역시 오늘날의 경찰법이론의 발전을 충분히 반영하지 못하고 있는 문제점을 안고 있는바, 이러한 문제에 관하여 보다 자세한 것은 본서 제4장 경찰(행정)법의 대상으로서의 경찰의 개념 부분 참조.

56) 1983. 12. 15.의 독일 연방헌법재판소의 인구조사판결은 내무장관회의가 경찰의 정보수집과 처리를 위한 특별규정에 의하여 1977. 11. 25.에 마련되었던 통일경찰법모범초안의 내용을 보충할 것을 결정하게 되는 결정적 계기를 제공하였다. 그리하여 통일경찰법모범초안을 보충하는 이른바 補充案(Ergänzungsentwurf, 1983. 6. 12.)이 정립되게 되었는바, 이 보충안은 특히 경찰이 예방적 차원에서 정보를 수집·처리하는 것에 관한 광범위한 특별규정을 두고 있으며, 이러한 내용은 각 란트의 개별 경찰법에 속속 받아들여지고 있는 실정이다.

개념에 대한 오해에서 비롯된다고 생각되는 소모적이고 불필요한 논의가 지양되고, 경찰법이론에 대한 전반적 재검토가 학계와 실무차원에서 이루어지는 계기가 될 수 있으리라고 생각된다. (서정범)*

---

* 이 글, "경찰개념의 역사적 발전"은 중앙법학, 제9집 제3호에 게재되었던 글임.

제 1 편

제 4 장 경찰(행정)법의 대상으로서의 경찰의 개념

Ⅰ. 들어가며 — 경찰개념의 정립필요성 및 경찰개념의 다양성

경찰(행정)법은 '경찰'에 관한 법이다. 따라서 경찰(행정)법을 올바르게 이해하기 위하여서는 무엇보다도 그의 대상인 경찰의 개념을 적확하게 이해하고 있어야 한다. 경찰이라는 의미가 논자에 따라 다양하게 사용되어 그것이 의미하는 바가 무엇인지가 불분명하고, 그러한 현상이 경찰법학의 발전 자체에 장해로 기능할 정도에 이르게 된 오늘날의 사정을 고려하면 경찰의 개념을 적확하게 이해할 필요성은 쉽게 인정될 수 있을 것이다. 특히 경찰(행정)법의 대상을 이루는 행정경찰을 (경찰행정법이론에 따를 때 학문적으로 경찰의 개념에 포섭되지도 않는) 사법경찰과 혼동함으로써 야기되는 문제점[1]은 경찰(행정)법학의 체계 내지 발전을 가로막는 가장 큰 장해라고 생각된다. 이에 경찰(행정)법의 학문적 체계를 위해서는 무엇보다도 그의 대상인 경찰의 개념을 명확히 할 필요가 있다고 생각된다.

한편 오늘날 경찰의 사실상의 직무범위인 공공의 안녕 또는 질서에 대한 위험방지와 그러한 과제를 수행하도록 조직되어진 기구로서의 경찰(행정청)은 더 이상 일치하지 않는다. 이러한 현상은 위험방지의 직무가 더 이상 경찰(행정청)에게만 맡겨져 있는 것이 아니라 그 밖의 다른 행정청에게도 맡겨져 있으

1) 불심검문 등과 관련하여 경찰법학자들의 입장[김택수/성홍재, "불심검문의 실효성확보와 인권보호의 조화방안," 한국경찰법학회 제28차 학술회의(2008) 발표요지, 69쪽 이하]과 다른 견해를 표하는 형사법학자들이 바로 이러한 함정에 빠져 있다고 생각한다.

며,[2] 경찰(행정청)의 직무가 위험방지에 국한되지 않고 그를 넘어서 다른 기능에까지 확대되어 있다는 것에 근거한다.[3] 그 결과 오늘날의 경찰법의 내용을 이해하기 위하여서는 이하에서 설명하는 3가지 측면의 경찰개념, 즉 실질적 의미의 경찰, 형식적 의미의 경찰, 제도적 의미의 경찰을 분명하게 구분하여야 하는바,[4] 이러한 여러 가지 경찰의 개념을 구분하는 것은 단지 용어의 의미를 분명히 하는 것 이상의 의미를 갖는다. 즉, 이러한 구분은 경찰과 질서행정청 간의 권한을 획정하고, 경찰과 질서행정청이 개입하기 위한 실질적 전제조건을 확정하고, 법률해석에 영향을 미치는 등 법이론적으로나 실무적으로 중요한 의미를 갖는 것이다.[5] 다만 학문적으로는 3가지의 경찰개념 중에서 실질적 의미의 경찰개념에 더 중요한 의미가 부여된다. 즉, 오늘날의 경찰(행정)법학은 공공의 안녕 또는 질서에 대한 위험의 방지에 기여하는 국가적 활동 전체를 포함하는 실질적 의미의 경찰개념에 근거하고 있다고 할 수 있다.[6]

---

2) 이처럼 위험방지의 직무를 경찰행정청 이외의 다른 행정청(질서행정청이라고도 함)도 담당하고 있는 체계를 '분리체계(Trennungssystem)'라고 하는바(예: 독일의 바이에른, 노르트라인-베스트팔렌 등), 우리나라도 이에 따르고 있다. 이에 반하여 위험방지의 직무를 프로이센의 예에 따라서 단일의 경찰행정청에게만 맡기고 있는 경우도 있는데(예: 독일의 바덴-뷔르템베르크, 라인란트팔츠, 브레멘 등), 이 같은 체계를 단일체계(Einheitssystem) 또는 '경찰행정청체계'(Polizeibehördensystem)라고 한다. 이러한 사정에 관해 자세한 것은 vgl. Drews/Wacke/Vogel/Martens, Gefahrenabwehr, 9. Aufl., 1986, S.33 f.; Ruder/Schmitt, Polizeirecht Baden-Württemberg, 6. Aufl., 2005, Rn. 15.

3) Drews/Wacke/Vogel/Martens, a.a.O., S.33.

4) 오늘날 독일의 경우 경찰의 개념을 정의함에 있어서는 이처럼 실질적 의미의 경찰, 형식적 의미의 경찰, 조직적 의미의 경찰로 구분하여 설명하는 것이 일반적이며(Knemeyer, Polizei- und Ordnungsrecht, 9. Aufl., 2002, Rn. 24 ff.; Kugelmann, Allgemeines Polizei- und Ordnungsrecht, 2006, S.29 f.; Tettinger/Erbguth, Besonderes Verwaltungsrecht, 8. Aufl., 2005, Rn. 386; Ruder/Schmitt, a.a.O., Rn. 17 ff.), 우리나라의 경우 역시 그러한 설명방법을 취하는 학자가 늘어나고 있는 실정이다[예컨대 김성수, 『개별행정법』, 법문사, 2004, 451쪽 이하; 홍정선, 『행정법원론(하)』, 2008, 박영사, 342쪽 이하; 석종현, "경찰(Polizei)의 개념," 월간고시, 1984. 4, 51쪽 이하 등]. 한편 경찰의 개념과 관련하여 공공의 안전과 질서유지를 목적으로 하는 일반적 경찰작용으로서의 보안경찰을 의미하는 협의의 경찰과 보안경찰 이외에 부문별 개별행정의 영역별로 특별한 행정목적의 달성을 위하여 행하는 행정경찰을 포함하는 광의의 경찰을 구분하여 설명하는 입장 또한 존재하는바, 이에 관하여는 한견우, 『현대 행정법강의』, 신영사, 2008, 754쪽 이하 참조.

5) 실질적 의미의 경찰, 형식적 의미의 경찰, 제도적 의미의 경찰의 구분이 갖는 이러한 의미에 관하여는 vgl. Schoch, Grundfälle zum Polizei- und Ordnungsrecht, JuS 1994, 391(393).

Ⅱ. 제도적(조직적) 의미의 경찰

제도적 의미의 경찰(Polizei im institutionellen Sinn) 개념을 규정함에 있어서는 전적으로 그 작용을 담당하는 행정청이 경찰행정청인지 여부가 결정적 기준이 되는바, 결국 제도적으로 경찰이라고 불리는 조직영역에 속하는 모든 행정기관이 제도적 의미의 경찰에 해당한다.[7] 이러한 제도적 의미의 경찰을 조직적 의미의 경찰(Polizei im organisatorischen Sinn)이라고도 한다.

제도적 의미의 경찰의 범위는 경찰의 조직에 관하여 규정하고 있는 경찰법 제2조에 의하여 정해진다. 즉, 동조는 "① 치안에 관한 사무를 관장하게 하기 위하여 행정안전부장관소속으로 경찰청을 둔다. ② 경찰청의 사무를 지역적으로 분담하여 수행하게 하기 위하여 특별시장·광역시장 및 도지사소속으로 지방경찰청을 두고, 지방경찰청장소속으로 경찰서를 둔다"라고 규정하고 있는 바, 이에 따르면 경찰청, 지방경찰청, 경찰서가 제도적 의미의 경찰에 해당하게 된다. 한편 2006년 7월부터 「제주특별자치도 설치 및 국제자유화도시 조성을 위한 특별법」이 시행되고 있는바, 동법에 의해 설치된 제주특별자치도의 자치경찰조직 또한 제도적 의미의 경찰에 해당하는 것으로 볼 수 있다.[8] 한편 위험방지와 관련된 일을 하기는 하지만 민간경비원(sog. Schwarzer Sheriff)을 고용하고 있는 민간경비업체는 여기서 말하는 제도적 의미의 경찰에 해당하지 않는다.

---

6) Martens, Wandlungen im Recht der Gefahrenabwehr, DÖV 1982, 89(92).

7) 제도적 의미의 경찰과 후술하는 형식적 의미의 경찰을 동일한 개념으로 사용하는 학자도 있는바, 그러한 설명방법에 관하여는 박균성, 『행정법강의』, 박영사, 2008, 1219쪽; 박윤흔, 『최신 행정법강의(하)』, 박영사, 2004, 302쪽 참조.

8) 독일의 경우 각 란트의 경찰조직 간에는 그 명칭 등에 있어 상당한 차이가 있지만 계층적 구조를 취하며 4단계의 조직[예컨대 바이에른의 경우에는 Polizeistationen(지구대), Polizeiinspektionen(경찰지서), Polizeidirektionen(경찰서), Polizeipräsidien(경찰청)으로 되어 있음]으로 구성되어 있는 것이 일반적이다. 이러한 내용과 기타 바이에른의 제도적 의미의 경찰에 관하여 상세한 것은 vgl. Knemeyer, a.a.O., Rn. 26.

Ⅲ. 형식적 의미의 경찰

1. 형식적 의미의 경찰의 개념

형식적 의미의 경찰은 입법자에 의해 경찰의 직무로 규정되어 있는 것, 즉 제도적 의미의 경찰이 행하는 모든 행정작용을 의미한다. 환언하면 형식적 의미의 경찰이란 그때그때의 실정법상 명시적으로 경찰이라고 표현되어 있는 행정기관(즉, 보통경찰기관)이 관장하는 모든 행정작용을 의미하며, 그 작용의 성질 여하를 불문한다.[9] 따라서 형식적 의미의 경찰의 범위를 어떻게 규정할 것인지의 문제는 전적으로 그 나라의 입법정책에 속하는 문제라고 할 수 있다. 우리나라의 경우 경찰관의 직무집행에 관한 실질적 일반법이라고 볼 수 있는 경찰관직무집행법 제2조는 경찰관의 직무의 범위를 ① 국민의 생명·신체 및 재산의 보호, ② 범죄의 예방·진압 및 수사, ③ 범죄피해자 보호 ④ 경비·주요 인사(人士) 경호 및 대간첩·대테러작전수행, ⑤ 치안정보의 수집·작성 및 배포, ⑥ 교통 단속과 교통 위해의 방지, ⑦ 외국정부기관 및 국제기구와의 국제협력, ⑧ 그밖에 공공의 안녕과 질서 유지로 규정하고 있는바, 이것이 우리나라에서의 형식적 의미의 경찰개념에 해당한다.[10]

2. 실질적 의미의 경찰개념과의 관계

형식적 의미의 경찰개념은 실질적 의미의 경찰개념에 비해 어떤 의미에서는 넓고, 어떤 의미에서는 좁다. 즉, 실질적 의미의 경찰은 공공의 안녕 또는 질서의 유지작용(보안경찰) 외에 위생·산업 등에 관한 질서유지작용(협의의 행

9) 이러한 형식적 의미의 경찰개념이 필요하게 된 배경은 제도적 의미의 경찰이 위험방지임무 이외에 법규상 부여된 그 밖의 다른 행정활동도 수행하고 있다는 점에서 찾을 수 있다(홍정선, 앞의 책, 344쪽).

10) 현행 경찰관직무집행법 규정을 분석하면 형식적 의미의 경찰개념은 '공공의 안녕 또는 질서에 대한 위험방지'와 '범죄수사'를 2개의 축으로 하고 있다고 할 수 있는바, 이러한 사정은 독일의 경우도 마찬가지이며, 경찰이 수행하는 이러한 2가지 직무를 경찰의 '이중적 기능(Doppelfunktion)'이라고 부르기도 한다.

정경찰)까지 포함하고 있는 것에 대해, 경찰관직무집행법이 위생·산업 등에 관한 질서유지작용을 경찰기관의 권한으로 규정하지 않고 타 행정기관의 권한으로 하고 있는 결과[11] 형식적 의미의 경찰에는 협의의 행정경찰이 포함되지 않게 되었다. 따라서 이러한 면에서는 형식적 의미의 경찰개념은 실질적 의미의 경찰개념보다 좁다. 이에 반하여 경찰관직무집행법에 따르면 형식적 의미의 경찰에는 범죄수사 등의 사법작용(司法作用)이 포함되게 되는바, 이 점에서 형식적 의미의 경찰개념은 실질적 의미의 경찰개념보다 넓다.[12] 따라서 형식적 의미의 경찰을 실질적 의미의 경찰개념으로 표현되고 있는 행정기능의 일부분에 불과한 것으로 보는 견해[13]는 받아들일 수 없다.[14] 이상의 논의를 바탕으로 할 때 형식적 의미의 경찰개념과 실질적 의미의 경찰개념과의 관계는 다음과 같이 이해할 수 있다: 형식적 의미의 경찰개념과 실질적 의미의 경찰개념은 언제나 일치하는 것은 아니며, 양자는 '부분적으로 중첩하는' 2개의 영역을 형성하고 있다.[15] 한편 이는 다음과 같은 것을 의미한다.

첫째, 제도적 의미의 경찰이 공공의 안녕 또는 질서에 대한 위험방지라는 실질적 의미의 경찰작용을 행하는 경우에는 양자가 일치한다.

둘째, 제도적 의미의 경찰이 공공의 안녕 또는 질서에 대한 위험방지라는 직무 이외에 다른 직무(특히 범죄행위에 대한 수사)를 담당하거나(순수한 형식적 의미의 경찰활동), 이와 반대로 제도적 의미의 경찰에 속하지 않는 행정기관이 공공의 안녕 또는 질서에 대한 위험방지라는 직무를 행하는 경우(순수한 실질

11) 따라서 경찰관은 유흥음식점 등에서 행하여지는 公安風俗을 해할 우려가 있는 행위(나체쇼 등)를 방지하기 위하여 당해 영업소에 출입할 수 없으며, 그것은 식품위생법에 의한 식품위생감시원 등의 직무에 속한다[법무 810-106 24(1972. 5. 10.) 내무부에 대한 법무부의 해석]. 동 해석에 대하여 보다 자세한 것은 박윤흔, 앞의 책, 303쪽 이하 참조.

12) 김남진/김연태, 『행정법II』, 법문사, 2008, 246쪽. 이와 같은 점은 독일의 학자에 의해서도 강조되고 있으며(Knemeyer, a.a.O., Rn. 25), 그들의 경찰법(제2조 제1항)이 "경찰은 개인의 생명·신체 및 재산의 보호를 임무로 하고, 범죄의 예방·진압 및 수사, 피의자의 체포, 교통의 단속 그 밖의 공공의 안녕과 질서의 유지에 해당되는 것을 모두 그의 책무로 한다"고 규정하고 있는 일본에서도 학자들에 의해 지적된 바 있다[田中 二郎, 『新版 行政法(下)』, 弘文堂, 平成 3年, 31쪽; 杉村章 三郎·山內 夫(編), 『精解 行政法(下)』, 光文書院, 昭和 50年, 295쪽].

13) Götz, Allgemeines Polizei- und Ordnungsrecht, 13. Aufl., 2001, Rn. 18.

14) 동지: Knemeyer, a.a.O., Rn. 25.

15) Friauf, in: Schmidt-Aßmann, Besonderes Verwaltungsrecht, 11. Aufl., 1999, Rn. 12.

적 의미의 경찰활동)에는 양자는 일치하지 않게 된다.[16)]

Ⅳ. 실질적 의미의 경찰

1. (전통적인) 실질적 의미의 경찰개념

국가의 다른 행정작용과 구분되는 의미의 실질적 의미의 경찰은 그 작용을 담당하는 행정기관 여하에 관계없이 행정작용의 성질(즉, 행정작용의 목적이나 내용)을 표준으로 하여 학문적 의미에서 정립된 개념을 말하는바,[17)] 종래 실질적 의미의 경찰이란 "공공의 안녕 또는 질서에 대한 위험을 방지하기 위하여 일반통치권에 기하여 국민에게 명령·강제함으로써 국민의 자연적 자유를 제한하는 작용"이라고 정의되어 왔다. 한편 이러한 실질적 의미의 경찰개념과 관련하여서는 오늘날에도 실질적 의미의 경찰 개념 자체가 필요한지에 대해서 의문이 제기되고 있으며,[18)] 또한 실질적 의미의 경찰 개념의 존재의의를

---

16) Drews/Wacke/Vogel/Martens, a.a.O., S.33.

17) 이러한 실질적 의미의 경찰개념은 고정적인 것이 아니고 국가의 기능과 본질에 대한 이해나 헌법상황의 변화에 따라 많은 변천을 겪어 왔는바, 이러한 경찰개념의 역사적 변천에 관하여 자세한 것은 서정범, "경찰개념의 역사적 발전에 관한 고찰," 중앙법학 제9집 제3호(2007), 129쪽 이하 참조. 한편 실질적 의미의 경찰개념은 오늘날에도 여전히 끊임없이 진화하고 있는바, 이러한 진화과정, 그리고 그 종착역으로서의 21세기의 협조적 법치주의하에서의 경찰개념 등에 관하여 자세한 것은 김성수, 앞의 책, 453쪽 이하 참조.

18) "오늘날 입법이나 행정실무의 경우뿐만 아니라 정책적으로도 경찰은 국가조직체계의 일부분으로서, 따라서 제도적-조직적으로 이해되고 있으며, 그것은 전통적인 실질적 의미의 경찰개념과는 그 개념적 구조에 있어 전혀 그 차원을 달리한다"는 점을 강조하면서 실질적 의미의 경찰개념은 극복되었고 틀린 것이다라는 Götz의 설명(vgl. Götz, a.a.O., Rn. 20)이나 특별법에 의하여 경찰의 직무가 위험방지의 영역을 넘어서서 확대되는 측면과 위험방지업무의 일부가 경찰이 아닌 다른 행정청에게 이양되면서 경찰권한의 축소를 가져오는 측면을 지적하면서 경찰개념의 중심이 "실질적 의미의 경찰개념으로부터 형식적 의미의 경찰개념으로 이전"되고 있음을 강조하는 Gusy의 설명(vgl. Gusy, Polizeirecht, 4. Aufl., 2000, Rn. 9) 등이 이러한 입장을 대표한다고 볼 것이다. 한편 이러한 Götz의 설명을 비판하면서 오늘날에도 실질적 의미의 경찰개념을 유지할 필요성이 있음을 역설하는 견해도 나타나고 있는바, 그에 관하여는 vgl. Pieroth/Schlink/Kniesel, Polizei- und Ordnungsrecht, 4. Aufl., 2007, § 1 Rn. 28; Schoch, in: Schmidt-Aßmann, Besonderes Verwaltungsrecht, 13. Aufl., 2005, Rn. 7.

인정하지만 전통적인 실질적 의미의 경찰 개념은 오늘날의 현실에 비추어 볼 때 그대로 유지되기 어려운 문제를 안고 있다는 것이 지적되기도 한다(후술 참조). 또한 용어와 관련하여서도 새로운 시도가 행해지고 있는 것이 사실이다. 다만 적어도 실질적 의미의 경찰 개념 자체의 무용성(無用性)을 지적하는 견해는 받아들일 수 없으며, 종래의 실질적 의미의 경찰개념에 대한 문제의식 내지 새로운 용어례 등 역시 아직까지는 학문적으로 일반화되어 정착된 것이 아니라고 판단되어 여기서는 일단 종래의 용어례 내지 설명방법에 따라 실질적 의미의 경찰개념을 설명하고자 한다. 이처럼 종래의 설명방법에 따라 실질적 의미의 경찰의 관념을 고찰하는 경우, 그를 목적 · 수단 · 내용 · 권력의 기초라는 4가지 측면으로 나누어 고찰하는 것이 실질적 의미의 경찰개념의 보다 정확한 이해에 도움이 된다고 판단되므로 이하에서는 실질적 의미의 경찰개념을 목적 · 수단 · 내용 · 권력의 기초라는 4가지 측면으로 나누어 분설하기로 한다.

(1) 경찰의 목적

경찰은 공공의 안녕 또는 질서에 대한 위험[19]을 방지하고 장해[20]를 제거하는 것을 목적으로 한다. 여기에서 공공의 안녕(öffentliche Sicherheit)이라고 함은 개인의 생명 · 신체(건강) · 명예 · 자유와 재산과 같은 개인적 법익과 객관적인 성문의 법질서, 국가의 존속 · 국가 및 그 밖의 공권력주체의 제도 및 행사와 같은 국가적 법익이 아무런 장해도 받지 않고 있는 상태를 의미한다.[21] 또한 공공의 질서(öffentliche Ordnung)란 그때그때의 지배적인 윤리관 · 가치관에 따

19) 위험(Gefahr)은 경찰법이론에 있어서 가장 핵심적 개념의 하나인데, 그것은 "객관적으로 예견되는 사실의 정상적인 진행을 방치하게 되면 어떤 상태 혹은 행위가 공공의 안녕 혹은 질서에 손해를 가져올 충분한 개연성이 있는 경우"를 말한다. 한편 위험의 개념에 관하여 보다 자세한 것은 vgl. 이기춘, "경찰질서법상 위험개념 및 표현위험과 위험의 의심," 공법연구 제31집 제4호(2003), 362쪽 이하; 김세규, "경찰법상 위험의 의미 —독일의 논의를 중심으로—," 공법연구, 제31집 제3호(2003), 603쪽 이하; 정훈, "경찰상 위험개념의 법치국가적 · 기본권보장적 기능," 공법연구, 제34집 제2호(2005), 397쪽 이하; 김성태, 『위험방지작용의 이해』, 홍익대학교출판부, 2007, 9쪽 이하.

20) 여기서 장해(Störung)란 위험이 실현되었을 때, 즉 현존하는 법익에 대한 감손 혹은 공공의 질서에 포함되는 사회규범에 대한 침해가 발생하여 계속되고 있는 상태를 말한다.

21) 공공의 안녕의 개념에 관하여 보다 자세한 것은 서정범, "경찰법에 있어서 공공의 안녕의 개념," 공법학연구, 제9권 제2호(2008), 331쪽 이하 참조.

를 때 그를 준수하는 것이 인간의 원만한 공동생활을 위한 불가결의 전제조건이라고 간주되는, 공중 속에서 인간의 행위에 대한 불문규율의 총체를 의미한다.[22] 한편 과거 외국의 법제에서는 경찰의 목적을 나타내는 개념으로 여기서의 공공의 안녕과 공공의 질서라는 개념 이외에 공공의 '평온(Ruhe)'의 개념이 사용된 바 있지만(프로이센 일반란트법 제2장 제17절 제10조), 오늘날은 공공의 평온에 특별한 의미를 부여하여 그를 경찰의 목적을 나타내는 독자적 개념으로 사용하는 경우는 거의 없으며, 공공의 평온은 공공의 안녕 또는 질서의 개념에 포함되는 것으로 이해되고 있다.[23] 한편 경찰이 이처럼 공공의 안녕 또는 질서의 유지를 그의 목적으로 한다는 점에 착안할 때 경찰과 구분하여야 할 개념은 다음과 같다.

첫째, 목적을 기준으로 한 행정의 분류에 따를 때, 경찰은 사회공공의 안녕 또는 질서의 유지를 목적으로 하는 사회목적적 행정이다(경찰의 사회목적성). 경찰의 이 같은 목적에 비추어볼 때, 같은 명령·강제작용이라고 하여도 그 목적을 달리하는 작용인 국가목적적 작용들은 경찰과 구별된다. 즉, 국가의 존립 그 자체를 목적으로 하는 국방[24]이나 외교, 그리고 국가가 필요한 재력취득을 주된 목적으로 하는 재정[25] 등은 실질적 의미의 경찰이 아니다.

둘째, 경찰은 '소극적으로' 사회공공의 안녕 또는 질서의 유지를 목적으로 한다(경찰의 소극목적성).[26] 따라서 경찰권은 이와 같은 소극적인 목적을 위해서

---

22) 공공의 질서의 개념에 관하여 보다 자세한 것은 서정범, "경찰법에 있어서 공공의 질서의 개념," 경찰학연구, 제8호(2005), 8쪽 이하 참조.

23) 田上 穰治, 『警察法(新版)』, 有斐閣, 平成 元年, 31쪽; 杉村章 三郞·山內 一夫, 앞의 책, 297쪽.

24) 즉, 군사작용에 부수하여 군조직 내부질서를 유지하는 군사경찰은 실질적 의미의 경찰이 아니다. 다만 군경찰기관이 군법(軍法)의 적용을 받는 군인·군무원 또는 군사에 관련된 일반경찰작용을 담당하는 경우 그 범위 안에서는 실질적 의미의 경찰에 해당한다고 볼 수 있음이 강조되기도 한다(박윤흔, 앞의 책, 307쪽 참조).

25) 따라서 관세법에 근거하여 세관직원이 직권을 행사하는 경우에 있어 그를 관세경찰이라고 부르기도 하지만, 그는 실질적 의미의 경찰에 해당하지 아니한다.

26) 경찰의 개념이 이렇게 소극적으로 사회공공의 안녕 또는 질서의 유지에 국한되게 된 것은 1882년 프로이센상급행정법원의 크로이츠베르크(Kreuzberg)판결의 영향으로 이해할 수 있는바, 동 판결에 관하여 자세한 것은 vgl. Pr. OVGE 9, 353 ff.; Schrödter, Vom Kreuzberg-Urteil zur Bauregelsordnung, DVBl. 1975, 846 ff.; Rott, 100 Jahre, Kreuzberg-Urteil des Pr.OVG, NVwZ 1982, 364 f.; Walther, "Kreuzberg-Urteil," JA 1997, 287 ff.

만 발동될 수 있으며, 그를 초월하여 적극적으로 공공복리의 증진을 위하여서 경찰권이 발동되었다면 그것은 한계를 일탈한 위법한 작용이라고 할 것이다.[27] 이런 점에서 경찰은 같은 사회목적적 작용인 복리행정, 그 중에서도 특히 명령·강제를 그의 수단으로 하는 공용부담 및 규제행정[28]과 구별된다. 한편, 경찰의 목적을 이처럼 '소극적으로' 파악하는 통설적 견해(소극목적설)에 대하여는 반대의 견해도 제기된 바 있다. 즉, 경찰이 소극적으로 공공의 안녕 또는 질서의 유지를 목적으로 한다는 견해는 단지 역사적 의의가 있을 뿐이며, 현대행정의 적극성을 고려할 때 경찰은 적극적으로 공공복리의 증진을 위한 행위를 할 수도 있다는 것이다(적극목적설).[29] 생각건대 경찰의 목적을 어떻게 이해할 것인가에 관해서는 양자 중 어떤 관념이 학문상의 개념으로서 행정작용을 보다 유효하게 파악하고 체계를 수립할 수 있는가를 기준으로 판단하여야 할 것인바, 이러한 견지에서 판단컨대 통설인 소극목적설이 타당하다고 할 수 있다. 물론 경찰작용은 많은 국가작용 중의 하나에 지나지 않으므로 오늘날과 같이 다양한 국가작용이 요청되는 시대에 있어서는 종래의 경찰개념에 의문을 제기하는 것도 당연하다고 할 수 있지만,[30] 전술한 것과 같은 이유에서 본서에서는 종래의 입장을 유지하기로 하겠다.

끝으로 경찰은 사회공공의 안녕 또는 질서의 유지를 '직접적인' 목적으로 하는바, 이 점에서 사법작용(司法作用)과 구별된다. 즉, 민사사법작용은 개인 상호간의 법률관계에 관한 법적 질서의 유지를 직접 목적으로 하는 점에서 경찰과 구별되며, 형사사법작용은 과거의 범죄에 대한 응보·교정적 제재로서의 형벌을 과하는 것을 직접 목적으로 하는 점에서 경찰과 구별된다.[31] 예컨대 영

---

27) 이처럼 경찰의 목적을 소극적으로 사회공공의 안녕·질서의 유지에 국한시키는 것은 경찰권의 자의적인 행사를 억제하여 그 남용을 방지하는 효과를 가져온다고 설명되고 있다(박윤흔, 앞의 책, 306쪽 이하).

28) 경찰과 규제행정과의 구분에 관해 자세한 것은 vgl. 田中 二郎, 앞의 책, 35쪽 이하; 박윤흔, 앞의 책, 308쪽.

29) 柳瀨 良幹, 『行政法教科書』, 183쪽; 美濃部 達吉, 『行政法 I』, 岩波書店, 174쪽. 한편 美濃部 교수는 그의 구체적 예로 시가지의 미관증진을 목적으로 하는 건축제한과 미관지구의 설정을 들고 있다. 熊本 信夫, "警察の概念," in: 成田 頼明, 『行政法의 爭點』, 有斐閣, 昭和 55年, 234쪽에서 재인용.

30) 이런 사정을 고려하려 경찰개념의 재구성을 논하는 입장도 있는바, 이에 관하여는 vgl. 熊本 信夫, 앞의 글, 237쪽.

업행위를 하는 자가 부정행위를 하는 경우에 경찰이 영업허가를 철회하는 것은 마치 과거의 행위에 대하여서 제재를 과하는 형사사법작용처럼 보이기도 하지만, 그러나 이 경우에는 그 부정행위를 한 자가 영업을 계속하는 것이 사회공공의 안녕 또는 질서에 대한 위험이 되기 때문에 그를 금지하는 것이 영업허가취소의 직접적인 목적이므로 형사사법작용은 될 수 없다.[32]

(2) 경찰의 수단

경찰은 권력으로 국민에게 명령·강제하는 권력적 작용으로서 구체적으로는 경찰명령(Polizeiverordnung)·경찰처분(polizeiverfügung)[33]·경찰허가·경찰강제 등을 그의 수단으로 하는바,[34] 이 점에서 비권력적 작용인 급부행정과 구별된다. 여기서 '명령'이란 경찰명령 또는 그에 근거한 행정행위에 의하여 국민에게 작위·부작위·급부·수인의무를 명하여 그의 자연적 자유를 제한하거나(경찰처분), 경찰목적을 위하여 정하여진 일반적·상대적 금지를 구체적인 경우에 해제하여 주는 것(경찰허가)을 총칭한다. 또한 '강제'라 함은 상대방의 의사에 반하여 실력으로써 사실상의 일정한 상태를 실현하는 작용을 말한다.[35]

한편 실질적 의미의 경찰개념을 이처럼 권력작용으로 구성하는 것은 경찰작용의 성질로 보아 당연한 것으로 여겨져 왔는바, 이는 대등당사자간의 법률

---

31) 형사작용이 형벌을 수단으로 한다는 점에 착안하여 경찰과 형사작용을 '수단'을 기준으로 구분하는 견해도 있다(김남진/김연태, 앞의 책, 248쪽).

32) 한편 이처럼 경찰과 형사사법작용은 그 직접적 목적을 달리하는 점에서 구별되어야 하지만 일정한 범위에서는 양자는 밀접한 관련성을 가지기도 한다. 즉, ① 경찰의무위반행위에 대하여 법규에 벌칙으로 형벌이 규정되어 있는 경우가 있는데 이 경우 형벌을 과하는 형사작용은 경찰의무이행을 담보하기 위한 보조적 수단이 되고 있는 것이며, ② 피의자에 대한 수사나 체포를 행하는 사법경찰작용은 성질상 형사작용이나 우리나라의 경우 보통경찰기관이 이를 담당하고 있는 것이다(이에 관하여는 김동희, 『행정법II』, 박영사, 2008, 188쪽; 박윤흔, 앞의 책, 309쪽 참조).

33) 여기서 경찰명령이라고 함은 경찰목적을 위하여 발하여진 법규명령을 말하며, 경찰처분이라고 함은 행정행위를 통하여 국민에게 작위·부작위·급부·수인의 의무를 명하는 것을 말한다.

34) 이러한 수단의 권력성에 대하여는 목적의 소극성과 더불어 전통적인 경찰개념의 근간을 이루어 경찰법의 체계를 지탱해 온 요소라고 평가되고 있다(김철용, 『행정법II』, 박영사, 2008, 244쪽).

35) 田中 二郞, 앞의 책, 34쪽; 杉村章 三郞·山內 一夫, 앞의 책, 298쪽.

관계에서와 마찬가지의 법적 수단에 의해서는 공공의 안녕 또는 질서의 유지를 도모하는 것이 현실적으로 곤란하다고 생각하여 왔기 때문이다.[36] 그러나 오늘날에는 행정지도, 비권력적 행정조사, 교육이나 홍보 등과 같은 비권력적 작용[37]을 통한 경찰작용이 많이 행하여지고 있는 것이 사실이며, 그 비중이 점차 확대되어 가고 있는 실정이다.[38] 이러한 사정을 고려하면 경찰이 권력으로 국민에게 명령·강제하는 작용이라는 것은 경찰작용이 반드시 권력적 수단에 의해서 이루어진다는 것을 뜻하는 것이 아니라, 권력적 수단을 주된 요소로 하는 것이 경찰의 특색을 이룬다는 것을 의미하는 것으로 보아야 할 것이다.[39]

(3) 경찰의 내용

경찰은 개인의 자연적 자유를 제한하는 작용이다.[40] 여기서 자연적 자유란 법률상 개인의 자유에 맡겨진 범위 내에서 각자가 자신의 신체 및 정신력을 자유롭게 발휘하여 자기가 지배하는 물건을 자유로이 관리·처분 및 이용할 수 있음을 의미한다.[41] 경찰은 이 같은 자연적 자유, 즉 사실상 어떤 일을 하거나 하지 않는 자유를 대상으로 그를 제한하거나 또는 그 제한을 해제해주는 작용이라는 점에서, 법률적 능력을 대상으로 하여 권리·능력 기타 포괄적 법률관계를 발생·변경 또는 소멸시키는 행위인 형성적 행위와 구별된

---

36) 小高 剛, 『行政法各論』, 有斐閣, 平成 2年, 6쪽; 김동희, 앞의 책, 188쪽. 이러한 점을 강조하여 "경찰기관이 준법률행위적 행정행위 또는 비권력작용에 의하여 행한 질서유지작용은 경찰행정으로 보기 어렵다"고 설명하는 견해[田上 穰治, 앞의 책, 37쪽; 석종현, 『일반행정법(하)』, 삼영사, 2005, 280쪽]도 있으나 받아들이기 곤란하다(동지: 박윤흔, 앞의 책, 310쪽. 아울러 그 이유에 관하여는 이하의 설명 참조).

37) 경찰이 고압가스안전관리법에 근거하여 고압가스취급장에 대해 교육을 실시하는 경우 등이 그 예가 될 수 있을 것이다.

38) 이처럼 비권력적 작용을 통한 경찰작용이 행해지게 되는 이유에 대하여는 "법률의 일률적인 집행에 의하여서는 행정수요에 적확하게 대응할 수 없는 경우가 많기 때문이다"라는 설명이 행해지고 있다(小高 剛, 앞의 책, 6쪽).

39) 동지: 김남진/김연태, 앞의 책, 248쪽.

40) 이와 관련하여 경찰작용이 갖는 자연적 자유에 대한 제한적 측면 그 자체를 경찰의 목적으로 이해해서는 안 된다는 점이 강조되기도 하는바, 이는 경찰은 시민의 자유를 침해하는 위험·장해를 방지·제거하기 위한 도구이지 국민의 자유를 제한하기 위한 도구는 아니라는 인식에 기초하고 있다고 볼 수 있다(장태주, 『행정법개론』, 현암사, 2006, 1061쪽).

41) 田中 二郎, 앞의 책, 34쪽; 杉村章 三郎·山內 一夫, 앞의 책, 298쪽 등.

다.[42] 그러나 경찰이 자연적 자유를 대상으로 하는 작용이라고 하는 것이 결코 경찰이 법률적 능력과 전혀 관계없다는 의미는 아니다. 이는 법률적 능력은 자연적 자유를 그 존립의 기초로 하기 때문이다. 즉, 자연적 자유가 제한되는 경우에는 법률적 능력도 영향을 받게 되는 예가 적지 않은 것이다.[43] 다만 이처럼 경찰작용이 그의 간접적 효과로서 법률적 효과의 발생·변경·소멸을 가져오는 경우도 있다고 하더라도, 권리(또는 능력) 그 자체를 변동시키는 것 또는 법률적 행위의 효력을 제한하는 것 그 자체를 목적으로 하는 작용과는 구별되어야 한다.

(4) 경찰의 권력적 기초

경찰은 일반통치권에 기초를 둔 작용이다. 이처럼 경찰권은 일반통치권에 근거하고 있는 점에서 소위 포괄적 특별권력에 근거하여 명령·강제하는 작용, 예컨대 국회의 질서를 유지하기 위하여 의장이 행하는 명령·강제작용인 의원경찰(議院警察)이나 법정의 질서를 유지하기 위하여 재판장이 행하는 명령·강제작용인 법정경찰(法廷警察)과는 구별된다.[44]

또한 경찰은 국가의 일반통치권에 의한 작용이므로, 국가의 일반통치권에 복종하는 자는 자연인·법인, 내국인·외국인을 막론하고 경찰권에 복종하여야 한다. 한편 경찰이 다른 행정기관 내지 행정주체에 대하여 경찰권을 발동할 수 있는지의 문제를 여기서 설명하는 경찰의 권력적 기초와 관련하여 논하는 경우가 있는데,[45] 이는 고권력주체의 경찰책임[46]에 관한 문제로서 별론하는

42) 예컨대 불량식품의 판매를 금지하는 경찰조치는 단지 불량식품의 '판매'라는 행위를 하지 못하게 할 뿐이지, 그러한 금지에 위반하여 불량식품의 판매가 이루어졌을 때 그 판매라는 법률상 행위의 효력을 당연히 무효로 만들지는 않는다.

43) 경찰상의 철거하명에 따른 건물철거로 인하여 건물에 대한 소유권이 소멸되거나(박윤흔, 앞의 책, 311쪽), 유해식품이 폐기됨으로써 그 물건에 대한 소유권이 소멸하는 경우(김남진/김연태, 앞의 책, 248쪽) 등이 그 좋은 예가 될 것이다.

44) 김남진/김연태, 앞의 책, 249쪽. 한편 실질적 의미의 경찰과 의원경찰 및 법정경찰을 목적의 측면에서 구분하는 견해[김도창, 『일반행정법론(하)』, 청운사, 1990, 316쪽]도 있었으나, 실질적 의미의 경찰개념을 목적·수단·내용·권력의 기초라는 측면으로 나누어 설명하는 경우 역시 권력의 기초라는 측면에서 구분하는 것이 타당하다고 생각한다.

45) 김동희, 앞의 책, 189쪽; 김철용, 앞의 책, 244쪽; 박윤흔, 앞의 책, 312쪽.

46) 고권력주체의 경찰책임의 문제에 관한 논의 전반에 관하여 상세한 것은 vgl. Rudolf, Polizei gegen Hoheitsträger, 1965; Schrameyer, Die Polizeipflichtigkeit von Hoheitsträgern,

것이 타당하다고 생각하므로 여기서는 설명을 약하기로 한다.

2. (전통적인) 실질적 의미의 경찰개념의 문제점

전술한 바와 같은 실질적 의미의 경찰개념에 관한 종래의 설명방법에 대하여는 근래에 들어 여러 가지 관점에서 문제점이 지적되고 있으며, 그에 따라 실질적 의미의 경찰개념을 새로이 정립하려고 하는 시도가 나타나고 있는바, 이하에서는 이들 논의에 대하여 간단히 살펴보고자 한다.[47]

(1) 수단/내용 중심의 경찰개념의 문제점

종래의 경찰개념은 주로 경찰의 활동형태(즉, 수단)와 내용에 착안하여 정립된 것으로 경찰이 국민에게 명령·강제하여 국민의 자유를 제한한다는 점을 주된 요소로 설명하고 있다. 그러나 이러한 종래의 경찰개념은 경찰의 자유제한적 측면에 치중한 나머지 경찰의 본래의 임무가 어디까지나 개인을 '보호'하는 것에 있음을 간과하고 있는 문제점이 있다.[48] 즉, 경찰은 개인의 권리나 자유를 제한하는 작용이 아니라 그것을 보호해 주는 작용으로 이해되어야 할 것인바, Wolff/Bachof는 이러한 사정을 일찍이 "법치국가에 있어서의 경찰은 국민의 자유를 제한하기 위한 도구가 아니라, 국민의 자유를 침해하는 위험 및 장해의 방지·제거를 통하여 국민의 자유를 유지하는 법적 도구이다. 그러므로 그것은 약화되어서는 안 되며, 강화되어야 한다"라고 적확하게 지적한 바 있다.[49]

1971; Wagner, Die Polizeipflicht von Hoheitsträgern, 1971; Schultes, Die Polizeipflicht von Hoheitsträgern, 1984; Scholz, Zur Polizeipflicht von Hoheitsträgern, DVBl, 1968, 732 ff.; Gebhard, Polizeipflichtigkeit der Hoheitsträger, DÖV 1986, 545 ff.; Wallerath/Strätker, ZUstandshaftung von Hoheitsträgern und zivilrechtlicher Eigentumsbegriff im Ordnungsrecht, JuS 1999, 127 ff.; Britz, Abschied vom Grundsatz fehlender Polizeipflicht von Hoheitsträgern?, DÖV 2002, 891 ff.; Schoch, Polzeipflichtigkeit von Hoheitsträgern, Jura 2005, 324 ff.

47) 전통적인 실질적 의미의 경찰개념의 문제점 내지 그에 기초한 실질적 의미의 경찰개념의 재정립과 관련하여서는 경찰의 '소극목적성'을 부정하는 입장에 관한 설명도 행하여져야 할 것이나, 경찰의 '소극목적성'을 부정하는 것은 받아들일 수 없다고 생각되어(그 이유에 관하여는 전통적인 실질적 의미의 경찰개념에 관한 전술 참조) 여기서는 설명을 약하기로 하겠다.

48) 김남진/김연태, 앞의 책, 247쪽.

그리고 이러한 입장에 따라 경찰을 그의 본래의 임무 내지 기능에 중점을 두어 경찰을 '공공의 안녕 또는 질서를 위협하는 위험으로부터 공중과 개인을 보호하는 데 기여하는 국가적 활동'이라고 정의하는 견해가 나타나고 있다.[50] 일본의 경우에도 오늘날 '국민의 자유와 권리의 옹호자'로서의 경찰이 강조되고 있는바, 이 또한 여기서의 논의와 그 궤를 같이하는 것이라도 생각된다.[51]

(2) 권력독점사상에 근거한 경찰개념의 문제점

공공의 안녕 또는 질서에 대한 위험방지를 임무로 하는 경찰작용은 20세기 중반까지만 하여도 권력독점(Gewaltmonopol)사상에 근거하여 조직법적 의미의 경찰에 의하여 독점적으로 수행되어 왔으며, 종래의 경찰개념 역시 권력독점의 사상을 바탕으로 경찰작용의 주체는 국가라는 것을 전제로 하고 있다. 그러나 이러한 경찰권행사의 국가독점현상은 20세기 후반부터 위험방지작용이 민간경비업체에 의하여 광범위하게 행해지게 되면서 심각한 변화의 국면을 맞이하게 되었다. 즉, 범죄행위나 그 밖의 생명 · 건강 · 재산 등에 대한 위협으로부터 경찰이 국민의 안전을 보호해 줄 것이라는 국민들의 기대가 사실상 의미를 잃어가면서 위험방지라는 국가적 과제의 수행에 있어 민간이 점차적으로 중요한 역할을 수행하게 된 것이다. 그리고 그 결과 경찰(내지 그의 과제로서의 위험방지)의 민영화가 광범위하고 신속하게 행해지고 있는바,[52] 이는 모든 국민

---

49) Wolff/Bachof, Verwaltungsrecht III, 4. Aufl., 1978, S.16.

50) Friauf, a.a.O., S.209. 종래의 실질적 의미의 경찰개념이 권력적 측면만을 강조하고 있음을 지적하면서 실질적 의미의 경찰을 "공공의 안녕과 질서에 대한 위험을 방지하고 장해를 제거하는 작용"이라고 정의하는 견해(정하중, 『행정법각론』, 법문사, 2005, 223쪽) 또한 같은 인식에 기초하고 있는 것으로 보인다.

51) 이러한 일본에서의 논의에 관하여 상세한 것은 田村 正博, 『警察行政法の基本的な考え方』, 立花書房, 平成 14년, 1쪽 이하.

52) 실제로 우리나라의 경우 2005년 현재 2515개의 민간경비업체에서 122,327명이 일하고 있다(2006 경찰백서, 183면, 다만 전체매출규모에 대하여는 정확한 통계가 없다). 한편 독일의 경우 2003년 현재 약 3000개에 이르는 민간경비업체에서 145,000명이 넘는 사람들이 일하고 있으며, 민간경비업계 전체매출규모는 약 40억 유로에 달하고 있는 실정이라고 하는바, 이러한 사정에 관하여는 vgl. Würtenberger/Heckmann, Polizeirecht in Baden-Württemberg, 6. Aufl., 2005, S.17. 한편 경찰의 민영화(또는 私化, Privatisierung)에 관한 보다 자세한 논의에 관하여는 vgl. Sung Yong Lee, Die Privatiesierung der Inneren Sicherheit durch das Bewachungs- gewerbe, Diss. 2007.

을 국가가 균등하게 그리고 충분하게 보호하는 것이 점점 힘들게 되고 있다는 것을 분명히 보여주고 있다고 할 것이다. 또한 21세기의 이른바 협조적 행정국가(kooperativer Verwaltungsstaat)의 발전과정에서 '경찰과 민간 간의 협력'(Police-Private-Partnership)[53]이 경찰과제의 수행에 있어 새로운 모델로 제시되고 있기도 한다.[54] 그리고 이처럼 오늘날 실질적 의미의 경찰작용에 해당하는 작용의 상당수가 민간차원에서 이루어지고 있음을 고려할 때, "공공의 안녕 또는 질서에 대한 위험을 방지하기 위하여 일반통치권에 기하여 국민에게 명령·강제함으로써 국민의 자연적 자유를 제한하는 작용"이라고 정의되어 온 종래의 경찰의 개념이 그대로 유지되기는 곤란하다고 할 것이다.

(3) 용어상의 문제점

독일·일본 등 과거에 경찰권이 강대했던 나라들에서는 제2차 세계대전 이후에 경찰의 기능이 축소되어 종래에 (실질적 의미의) 경찰의 권한영역에 속해 있었던 광범위한 영역이 탈경찰화(Entpolizeilichung)[55]되었고, 그 한도에서 공공의 안녕 또는 질서에 대한 위험방지의 임무가 대폭 일반행정기관에 이전되었다. 이런 현상을 직시하여 종래 사용되어 오던 용어를 바꾸어야 한다는 점이 지적되기도 하는바, 실질적 의미의 경찰을 '감시행정(Überwachungsverwaltung)'이라 하고, 그 중에서 조직법상의 경찰이 담당하고 있는 것만을 경찰이란 용어를 사용하면서, 타 행정기관이 관장하는 실질적 의미의 경찰을 질서유지행정(Ordnungsverwaltung)이라고 부르고 있는 Wolff/Bachof가 그 대표적 예에 해당

---

53) 독일의 경우 '경찰과 민간 간의 협력'(Police-Private-Partnership)에 관한 많은 연구가 축적되어 있는바 대표적인 것으로는 Stober, Police-Private-Partnership aus juristisher Sicht, DÖV 2000, 261 ff.

54) 그리고 이처럼 '경찰의 민영화' 내지 '경찰과 민간 간의 협력'이 문제되는 오늘날에는 경찰작용의 국가독점사상에서 벗어나 민간과의 협력을 통하여 위험방지라는 경찰의 직무를 효율적으로 수행하기 위한 방안의 모색이 시급하다고 할 수 있다.

55) 이 같은 탈경찰화는 특히 영국과 미국의 점령지역에서 먼저 행해졌는바, 이런 사정에 관하여 자세한 것은 vgl. Wolff, Die Gestaltung des Polizei- und Ordungsrechts insbesondere in der britischen Besatzungszone, in: VVDStRL 9, 134 ff.; Gönnenwein, Die Gestaltung des Polizei- und Ordnungsrechts in den Ländern der amerikanischen und französischen Besatzungszone, in: VVDStRRL 9 (1952), 181 ff. 한편 독일경찰법에서 탈경찰화는 세 번에 걸쳐 이루어진 것으로 설명되고 있는바, 이러한 내용에 대하여 자세한 것은 vgl. Knemeyer, a.a.O., Rn. 6, 10, 16.

한다.[56] 결국 Wolff/Bachof식의 용어례에 따르게 되면 경찰이 담당하는 작용만을 경찰이라고 부르게 될 것이므로 실질적 의미의 경찰개념은 사실상 그 의미를 잃어버리게 될 것이다.[57]

V. 맺으며 — 실질적 의미의 경찰개념의 재정립에 붙여

경찰법학의 근간을 이루어 왔던 실질적 의미의 경찰개념에 대하여는 전술한 바와 같이 그 용어에서부터 내용에 이르기까지 여러 가지 측면에서 문제점이 제시되어 왔으며, 그러한 문제제기는 틀림없이 타당한 측면을 안고 있다. 또한 이른바 탈경찰화를 이유로 하여 경찰법학의 중심이 실질적 의미의 경찰개념으로부터 형식적 의미의 경찰개념으로 전이되었음을 지적하면서 실질적 의미의 경찰개념의 무용성을 주장하는 견해까지 나타나고 있는 것이 오늘날의 실정이다. 그러나 실질적 의미의 경찰개념을 포기하는 것은 지금까지의 경찰법학의 학문적 발전을 무위로 돌리는 결과를 초래한다는 점에서 적어도 아직까지는 받아들이기 곤란하다고 생각한다. 이에 반하여 실질적 의미의 경찰개념의 존치필요성은 인정하지만 오늘날의 상황변화로 인하여 동 개념을 그대로 유지하는 것은 여러 가지 면에서 문제점을 안고 있다는 지적은 충분히 설득력을 갖고 있다고 생각한다. 사정이 그렇다고 할 때, 그렇다면 실질적 의미의 경찰개념을 어떻게 재정립할 것인가의 문제만 남게 된다고 할 것인바, 전술한 전통적인 실질적 의미의 경찰개념에 대한 비판론을 고려할 때 일단 실질적 의미의 경찰을 "공공의 안녕 또는 질서에 대한 위험을 방지하고 장해를 제거하거나, 위험에 대한 사전배려를 통하여 공중과 개인을 보호하는 활동"이라고 정의할 것을 제안하며,[58] 결론에 대하기로 한다. (서정범)

---

56) Wolff/Bachof, a.a.O., S.26 f.

57) 실질적 의미의 경찰개념의 무용성을 주장하는 Götz가 바로 이러한 사고에 기초하고 있는 것으로 보인다.

58) 이러한 정의는 경찰의 본무(本務)가 공공의 안녕 또는 질서에 대한 위험으로부터 공중과 개인을 보호하는 활동이라는 것과, 공공의 안녕 또는 질서에 대한 위험방지가 민간부문에서도 이루어지고 있음을 고려한 것이다.

제 1 편

제 5 장 경찰행정법의 새로운 이론적 체계 구축

Ⅰ. 들어가며

경찰은 본질적으로 공공의 안녕 또는 질서에 대한 위험방지를 그 임무로 하는바, 이러한 경찰의 위험방지기능은 '모든 국가에 있어 필요적 근본기능'이라고 할 수 있다.[1] 이런 사정은 경찰행정법이 행정법각론의 여러 영역 가운데 가장 먼저 이론적 체계를 갖추어 발전하는 기초를 제공하였으며, 오늘날에도 경찰행정법은 행정법각론 중 가장 중요한 영역의 하나로 다루어지고 있다.[2] 그런데 오래된 모든 법개념이나 법이론이 그러하듯이 경찰행정법이론 역시 근래에 들어 변화와 발전을 거듭하고 있는바, 이처럼 경찰행정법이론에 변화가 일어나게 된 가장 커다란 이유는 난민, 테러, 돈세탁 및 정보처리 등과 같이 오늘날의 세계가 마주하게 된 각종의 문제 내지 해결방안을 전통적인 경찰행정법이론으로는 설명할 수 없게 된 것에서 찾을 수 있다. 또한 국가관이나 경찰권력에 대한 인식 자체에 근본적인 변화가 일어나면서 종래의 이론적 체계와는 그 내용을 전혀 달리하는 경찰행정법적 도그마가 새로이 구축되고 있으

---

1) Wolff, Die Gestaltung des Polizei- und Ordnungsrechts in der britischen Besatzungszone, VVDStRL 9, 134 ff.(156). 한편 Jellinek는 이러한 경찰의 기능을 "그것 없이는 국가를 생각할 수조차 없는 권한이 존재하는바, 경찰이 이에 속한다"라고 표현한 바 있다(Jellinek, Verwaltungsrecht, 3. Aufl., 1931(Neudruck, 1966), S.427).

2) 경찰행정법이론이 체계적으로 잘 발전되어 있는 독일의 모든 법과대학에서 경찰행정법이 행정법각론과 별도의 강의로 개설되고, 사실상 거의 모든 법과대학 학생들이 그를 수강하고 있다는 사실은 이러한 사정을 잘 보여주고 있다.

며, 이러한 현상은 그 정도에 차이가 있을 뿐 오늘날 거의 모든 국가에서 공통적으로 찾아볼 수 있다.

그런데 눈을 돌려 우리나라 경찰행정법(학)의 현실을 바라보면 전술한 바와 같은 경찰행정법(학)의 세계적 발전추세를 전혀 따라가지 못하고 있는데, 필자는 그 가장 커다란 이유를 아직까지도 다나카 지로(田中二郎)가 ―일본의 메이지 헌법 하에서 시작된 논의를 기초로 하여― 체계화한 경찰행정법이론을 금과옥조처럼 되뇌이며 답습하고 있는 것에서 찾을 수 있다고 생각한다. 田中二郎의 경찰행정법이론은 실질적 의미의 경찰개념과 경찰권의 (조리상의) 한계를 그 핵심으로 하는바, 이러한 田中二郎의 이론은 단지 역사적 의의를 가질 뿐 오늘날의 시각에서 바라보면 전혀 유지될 수 없는 것으로 생각된다. 무엇보다도 이러한 점은 田中二郎의 이론이 태동한 일본의 많은 학자들에 의해 오래전부터 지적되어 왔다. 그러나 아이러니하게도 우리나라의 (경찰)행정법학계에서는 아직도 그의 이론에 입각한 설명이 행해지고 있는바, 이러한 田中二郎의 경찰행정법이론에 따른 설명이 우리나라의 경찰행정법(학)의 발전에 가장 커다란 걸림돌이 되고 있다.

이러한 시각에 기초하여 필자는 이하에서 다음과 같은 순서로 논의를 전개해 보고자 한다. 즉, 먼저 田中二郎의 이론의 출발점을 이루는 그의 실질적 의미의 경찰개념의 허구성을 지적하고, 동 개념을 재정립하기 위한 시론을 전개한다(II. 실질적 의미의 경찰개념의 재정립). 다음으로 田中二郎가 경찰권의 한계로 설명하는 대부분의 원칙들은 오늘날 사실상 특별히 거론할 필요조차 없는 것이 되어 버렸다는 점을 지적하고, 오늘날의 관점에서 볼 때 강조되어야 할 원칙에 관하여 언급하고자 한다(III. 전통적 경찰권의 한계이론의 무용성). 한편 우리나라 경찰행정법(학)의 후진성을 가져온 또 하나의 원인은 개괄적 수권조항을 부정해 왔던 것에서 찾을 수 있다고 생각하는바, 이런 점을 고려하여 개괄적 수권조항을 둘러싼 몇 가지 논의에 관하여 언급해 두고자 한다(IV. 개괄적 수권조항의 문제).[3] 이어서 경찰행정법의 범위를 획정하는 것과 관련된 2가

3) 개괄적 수권조항에 관한 논의는 어찌 보면 불필요한 면이 있는데, 그 이유는 다음과 같은 2가지 면에서 찾을 수 있다. 이는 개괄적 수권조항의 도입 자체를 부정하는 입장에서는 개괄적 수권조항의 부재가 전혀 문제될 것이 없으며, 반대로 개괄적 수권조항의 필요성을

지의 문제, 즉 (1) 전통적으로 행해온 행정경찰과 사법경찰의 구분이 과연 오늘날에도 의미가 있으며 양자를 앞으로도 구분하여야 하는지의 문제와 (2) 경찰행정법의 대상이 되는 경찰의 범위에 조직법상 경찰기관이 아닌 행정기관이 행하는 경찰작용을 포함시킬 것인가의 문제를 다루고자 한다[V. 여론(餘論) — 경찰행정법의 범위의 획정].[4] 그리고 끝으로 전술한 논의에 입각하여 경찰행정법학의 체계를 재정립하기 위한 이론적 테두리를 나름대로 제시해 보고자 한다[VI. 맺으며 — 새로운 경찰행정법(학)의 체계구축].

II. 실질적 의미의 경찰개념의 재정립

실질적 의미의 경찰개념(이하 '경찰개념'이라고 한다)은 경찰행정법에 관한 모든 논의의 출발점을 이루는바, 종래의 경찰개념은 주로 경찰의 활동형태(즉, 수단)과 내용에 착안하여 경찰이 국민에게 "명령·강제하여" "국민의 자유를 제한한다"는 점을 강조하여 왔다. 그러나 이러한 종래의 경찰개념은 논리적으로 너무도 많은 모순을 안고 있을 뿐만 아니라, 오늘날의 사회현실에 비추어볼 때 현실적합성을 현저히 결하고 있다. 그리고 궁극적으로는 경찰과 관련된 제반 논의의 출발점을 잘못 제시함으로써 경찰행정법학의 체계적 발전을 저해하는 요소로 기능하여 왔다. 이러한 사정 때문에 실질적 의미의 경찰개념을 새로이 정립하여야 할 필요성이 이미 여러 학자들에 의하여 지적되어 왔는바, 이하에서 종래의 경찰개념이 갖고 있던 문제점을 고찰하고 그를 통하여 경찰행정법의 토대를 구축하기에 적합한 새로운 경찰개념을 도출해 보고자

인정하고 우리나라의 경찰관직무집행법 등에서 그를 찾아볼 수 있다고 하는 입장에 따르면 이미 개괄적 수권조항이 존재하므로 그의 부재의 문제점을 논할 실익이 없기 때문이다. 그럼에도 불구하고 필자가 이 문제를 거론하는 것은 개괄적 수권조항의 필요성에 대한 주의를 다시금 환기시키고자 함이다.

4) 경찰행정법의 범위를 획정하는 문제는 어쩌면 경찰행정법의 이론적 체계구축에 있어 제일 먼저 논해져야 할 것이다. 그럼에도 불구하고 행정경찰과 사법경찰의 구분 및 경찰행정법의 대상의 문제를 이 글의 말미에서 여론으로 다루는 이유는, 이들 문제는 우리나라 경찰행정법(학)의 발전을 저해하는 요소라기보다는 우리나라 경찰행정법(학)의 체계를 새로이 구축함에 있어 고려해야 할 요소의 성격이 강하기 때문이다.

한다.[5)]

1. 경찰작용, 과연 국민의 자유를 제한하는 것인가?

田中二郎의 이론에 기초한 종래의 경찰행정법학은 경찰의 개념을 정의함에 있어 경찰의 자유제한적 측면에 치중한 나머지 경찰의 본래의 임무가 어디까지나 개인을 '보호'하는 것에 있음을 간과하고 있다.[6)] 즉, 종래의 경찰개념은 경찰이 공공의 안녕과 질서의 유지를 위하여 경찰권발동의 대상이 되는 국민의 자유를 제한하는 면[7)]만을 지나치게 강조한 나머지 공공의 안녕 또는 질서유지를 위한 경찰작용이 공공의 안녕 또는 질서유지 그 자체를 목적으로 하는 것이 아니라, 궁극적으로 국민의 자유와 권리의 보호를 위한 것이라는 점을 간과하고 있다.[8)]

결론적으로 경찰은 개인의 권리나 자유를 제한하는 작용이 아니라 그것을 보호해 주는 작용으로 이해되어야 할 것인바,[9)] Wolff/Bachof는 이러한 사정을 일찍이 "법치국가에 있어서의 경찰은 국민의 자유를 제한하기 위한 도구가 아니라, 국민의 자유를 침해하는 위험 및 장해의 방지·제거를 통하여 국민의 자유를 유지하는 법적 도구이다. 그러므로 그것은 약화되어서는 안 되며, 강화되어야 한다"라고 적확하게 지적한 바 있다.[10)] 독일의 경우 경찰행정법학계에서 이러한 사고가 받아들여져, 경찰을 "공공의 안녕 혹은 질서를 위협하는 위험으로부터 공중과 개인을 보호하는 데 기여하는 모든 국가적 활동"이라고 정

---

5) 실질적 의미의 경찰개념의 재정립과 관련하여서는 경찰의 '소극목적성'을 부정하는 입장에 관한 설명도 행하여져야 할 것이나, 경찰의 '소극목적성'을 부정하는 것은 받아들일 수 없다고 생각되어 여기에서는 상세한 논의(이에 관하여는 본서 64쪽 이하 참조)를 생략한다.

6) 김남진·김연태, 행정법 II, 법문사, 2015, 273쪽.

7) 물론 경찰이 국민에게 명령강제하는 수단을 택함으로써 국민의 권리와 자유를 제한하는 경우가 있다. 그러나 이처럼 국민의 권리와 자유를 제한하는 경우에도 그것은 선량한 일반 대다수의 국민을 대상으로 하는 것이 아니라, 공공의 안녕과 질서에 대한 위해를 초래하는 극소수의 국민, 즉 경찰책임자를 대상으로 할 뿐이다. 이러한 점을 명시적으로 지적하고 있는 것으로는 한견우, 현대행정법신론 2, 세창출판사, 2016, 373쪽과 378쪽.

8) 한견우, 앞의 책, 373-374쪽.

9) 경찰관직무집행법 제1조 역시 경찰관의 직무수행이 "국민의 자유와 권리를 보호하는 것"이란 점을 분명히 하고 있다.

10) Wolff/Bachof, Verwaltungsrecht III, 4. Aufl., 1978, S.16.

의되고 있다.[11]

이러한 점은 국내의 학자들에 의해서도 인정되어 가는 추세에 있으며, 그 결과 전통적인 경찰개념에서 벗어나 경찰을 그의 본래의 임무 내지 기능에 중점을 두어 정의하고자 하는 견해가 나타나고 있다.[12] 한편 일본의 경우에도 오늘날 '국민의 자유와 권리의 옹호자'로서의 경찰이 강조되고 있는바,[13] 이 또한 여기서의 논의와 그 궤를 같이하는 것이라고 생각된다.[14]

2. 경찰작용, 과연 권력적 작용을 그 본질로 하는 것인가?

(1) 권력적 경찰개념의 허구성

시민적 법치국가에 있어서의 경찰개념에 입각하고 있는 전통적 경찰행정법학은 경찰이 위해방지를 위하여 주로 국민에게 명령·강제하는 수단을 택해왔음에 착안하여 공공의 안녕 또는 질서유지를 위한 '권력적인 명령·강제작용'만을 경찰로 이해하였다. 그리고 이는 경찰작용의 성질로 보아 당연한 것으로 여겨졌는바, 왜냐하면 대등당사자 간의 법률관계에서와 마찬가지의 법적 수단, 즉 비권력적 수단에 의해서는 경찰작용이 추구하는 공공의 안녕 또는 질서유지를 도모하는 것이 현실적으로 곤란하다고 생각하였기 때문이다.[15] 그리고 이러한 인식에 기초하여 "경찰기관이 비권력작용에 의하여 행하는 질서유지작용은 경찰행정으로 보기 어렵다"라는 견해 또한 존재하였다.[16]

---

11) Schenke, Polizei- und Ordnungsrecht, 8. Aufl., 2013, S.4; Martens, Wandlungen im Recht der Gefahrenabwehr, DÖV 1982, 89 (92).

12) 종래의 실질적 의미의 경찰개념이 권력적 측면만을 강조하고 있음을 지적하면서 실질적 의미의 경찰을 "공공의 안녕과 질서에 대한 위험을 방지하고 장해를 제거하는 작용"이라고 정의하는 견해(정하중, 행정법개론, 법문사 2016, 1099쪽) 등이 이러한 인식에 기초하고 있는 것으로 보인다.

13) 일본의 경우 일반국민들 또한 경찰이 권리의 옹호자라는 인식을 갖고 있는바, 이러한 점은 昭和 49년과 52년에 NHK와 교토대학이 행한 설문조사를 통하여 밝혀진 바 있다. 위의 설문조사에 대하여 보다 자세한 것은 田村正博, 警察行政法の基本的な考え方, 立花書房, 2002, 1쪽 이하, 61쪽 이하 참조.

14) 이러한 일본에서의 논의에 관하여 상세한 것은 田村正博, 警察行政法の基本的な考え方, 立花書房, 2002, 1쪽 이하.

15) 小高 剛, 行政法各論, 有斐閣, 1990, 6쪽; 김동희, 행정법 II, 법문사, 2016, 195쪽.

16) 田上穰治, 警察法(新版), 有斐閣, 1989, 37쪽; 석종현/송동수, 일반행정법(하), 삼영사, 2010,

그러나 이러한 권력적 경찰개념은 다음과 같은 이유에서 더 이상 유지되기 곤란한 것으로 보인다. 즉,

첫째, 오늘날 위해방지를 위한 경찰작용은 (명령과 강제와 같은 권력적 수단뿐만 아니라) 재해를 당한 사람 등에 대한 각종의 보호조치, 행정지도, 비권력적 행정조사, 교통교육이나 범죄예방홍보 등과 같은 비권력적 수단을 통하여 행하여지고 있는 것이 사실이며, 그 비중이 점차 확대되어 가고 있는 실정이다.[17] 그리고 이런 점을 고려할 때 종래의 경찰개념은 명령·강제라는 수단을 강조한 나머지 실제로 행해지는 경찰작용 중 상당부분을 차지하는 비권력적 작용을 경찰행정법의 규율대상인 경찰의 개념에서 제외시키는 우를 범하고 있다고 할 수 있다.[18]

둘째, 경찰실무에 있어서도 경찰작용을 전적으로 권력작용으로 이해하여서는 아니 되며, 경찰작용을 공공재(公共財)로 인식하여야 한다는 점이 강조되고 있다. 그리고 이러한 인식변화는 '봉사경찰' 내지 '서비스경찰'적 측면을 강조하는 현상을 가져왔는데, 이런 점을 고려할 때 권력적 경찰개념은 오늘날의 현실과도 부합되지 않는다고 할 것이다.[19]

끝으로 권력적 경찰개념은 국가와 국민 간의 관계를 명령과 복종을 전제로 하는 권력적 관계로 이해하는 것에 기초하고 있는바, 이러한 사고는 오늘날의 국가관, 즉 민주주의적 헌법구조를 바탕으로 하는 현대국가의 모습과는 합치되기 어려운 점이 있다.

303쪽.

17) 정하중, 앞의 책, 1099쪽. 한편 이처럼 비권력적 작용을 통한 경찰작용이 행해지게 되는 이유에 대하여는 "법률의 일률적인 집행에 의하여서는 행정수요에 적확하게 대응할 수 없는 경우가 많기 때문이다"라고 설명하고 있다(小高 剛, 앞의 책, 6쪽).

18) 이런 점에 착안하여 경찰수단의 권력성의 문제는 —경찰의 개념과 관련하여 논할 것이 아니라— 경찰의 행위형식론에서 다루는 것이 보다 논리적이라는 것을 강조하는 견해도 있다(홍정선, 경찰행정법, 2010, 박영사, 30쪽).

19) 이러한 점에 관하여 인식을 같이하고 있는 것으로는 최영규, "한국경찰행정법의 역사와 과제," 경찰행정법의 현재와 미래(행정법이론실무학회 제235회 정기학술발표회자료집), 2016, 19쪽.

(2) 권력독점사상에 근거한 경찰개념의 문제점

종래의 권력적 경찰개념은 국가만이 경찰작용의 주체가 될 수 있다는 권력독점(Gewaltmonopol) 사상을 그 전제로 하는 것인데, 이러한 권력독점사상에 근거한 경찰개념은 경찰작용이 조직법적 의미의 경찰에 의하여 독점적으로 수행되던 20세기 중반까지만 하여도 일면 타당성을 갖고 있었다. 그러나 이러한 경찰권행사의 국가독점사상 내지 현상은 오늘날 더 이상 유지될 수 없게 되었는바, 그 원인은 다음과 같은 것에서 찾을 수 있다.

첫째, 범죄행위나 그 밖의 생명 · 건강 · 재산 등에 대한 위협으로부터 경찰이 국민의 안전을 보호해 줄 것이라는 국민들의 기대가 사실상 의미를 잃어가면서 20세기 후반부터 민간경비업체에 의한 위험방지작용이 광범위하게 행해지고 있다는 것이다. 이처럼 경찰 내지 그 과제로서의 위험방지의 민영화가 이루어지고 있다는 사실은 경찰작용에 있어서도 민간이 점차적으로 중요한 역할을 수행하게 되었다는 것,[20] 나아가 권력독점사상에 입각한 경찰개념이 더 이상 설 자리를 잃게 되었다는 것을 의미한다.

둘째, 21세기의 이른바 협조적 행정국가(kooperativer Verwaltungsstaat)의 발전과정에서 경찰과제 수행의 새로운 모델로 등장한 '경찰과 민간 간의 협력(Police- Private-Partnership)'[21] 또한 권력독점사상에 입각한 경찰개념이 유지되기 곤란한 이유가 된다.

---

20) 실제로 우리나라의 경우 2005년 현재 2515개의 민간경비업체에서 122,327명이 일하고 있다(2006 경찰백서, 183면, 다만 전체매출규모에 대하여는 정확한 통계가 없다). 한편 독일의 경우 2003년에 벌써 3000개에 이르는 민간경비업체에서 145,000명이 넘는 사람들이 일하고 있었으며, 민간경비업계 전체매출규모는 약 40억 유로였다. 이러한 사정에 관하여는 vgl. Würtenberger/Heckmann, Polizeirecht in Baden-Württemberg, 6. Aufl., 2005, S.17. 한편 경찰의 민영화(또는 私化, Privatisierung)에 관한 보다 자세한 논의에 관하여는 vgl. Sung Yong Lee, Die Privatiesierung der Inneren Sicherheit durch das Bewachungsgewerbe, Diss. 2007.

21) 독일의 경우 '경찰과 민간간의 협력'(Police-Private-Partnership)에 관한 많은 연구가 축적되어 있는바 대표적인 것으로는 Stober, Police-Private-Partnership aus juristisher Sicht, DÖV 2000, 261 ff. 한편 국가기관과 민간의 협력을 통한 행정의 수행은 경찰작용에 국한된 문제가 아니라 국가작용 전반에 걸쳐 나타나는 현상인데, 이러한 현상에 관한 총합적 이해에 관하여는 Mayer-Hohmann/Riemenschneider/Weihrauch, Public Private Partnership, 2. Aufl., 2008.

3. 소 결

이상의 논의에서 보듯이 경찰작용의 수단 내지 내용에 착안하여 실질적 의미의 경찰을 "공공의 안녕 혹은 질서에 대한 위험을 방지하기 위하여 일반통치권에 기하여 국민에게 명령·강제함으로써 국민의 자연적 자유를 제한하는 작용"이라고 정의해 왔던 종래의 실질적 의미의 경찰 개념은 더 이상 유지될 수 없다.

그렇다면 오늘날의 현상 내지 경찰행정법이론을 고려할 때 실질적 의미의 경찰개념은 어떻게 정립되어야 하는가? 전술한 논의를 고려할 때 실질적 의미의 경찰개념을 새로이 정립함에 있어서는 다음과 같은 2가지의 측면을 고려하여야만 한다. 즉, 경찰작용의 본질적 내용은 국민의 자연적 자유를 제한하는 것이 아니라 오히려 자유를 보호하는 것이란 점, 그리고 경찰작용의 권력적 측면 내지 권력독점사상을 전제로 하는 경찰개념은 지양되어야 한다는 점이 고려되어야 한다. 그리고 이에 기초하여 필자는 실질적 의미의 경찰을 "공공의 안녕 또는 질서에 대한 위험을 방지하고 장해를 제거하거나, 위험에 대한 사전배려를 통하여 공중과 개인을 보호하는 활동"이라고 정의할 것을 제안한다.[22)]

III. 전통적 경찰권의 한계이론의 무용성[23)]

1. 전통적인 경찰권의 한계이론

전통적인 경찰행정법(학)은 그 대부분을 메이지(明治) 헌법하에서 시작된

---

22) 이러한 실질적 의미의 경찰에 대한 정의는 위험(Gefahr)과 장해(Störung)의 구분 및 사전배려(Gefahrenvorsorge)에 대한 이해를 전제로 하는바, 이러한 문제에 대하여는 상론을 약하기로 한다.

23) 전통적 경찰권의 한계이론의 문제점에 관한 이하의 논의는 주로 일본에서의 이론전개를 그 토대로 하고 있음을 밝혀 두기로 한다. 그 이유는 우리나라에서는 아직까지 이러한 문제에 관하여 학문적 고찰이 거의 행해지지 않았다는 것, 그리고 독일의 경우 우리나라와 일본을 지배했던 田中二郞류의 경찰권의 한계이론은 아예 존재하지 않았다는 것에서 찾을 수 있다.

논의를 기초로 하여 田中二郞가 체계화한 '경찰권의 한계'에 관한 논의에 할애하면서, 경찰권의 조리상의 한계로 경찰소극의 원칙, 경찰공공의 원칙, 경찰책임의 원칙 및 경찰비례의 원칙이라는 4가지의 원칙[24]을 열거하여 왔다 그리고 이들 원칙을 경찰작용에 경찰행정법의 특유한 법원칙으로 설명하면서, 모든 경찰작용에 그대로 적용되는 것으로 설명하여 왔다.[25]

그러나 이하에서 보듯이 이러한 전통적인 경찰권의 한계이론은 여러 가지 면에서 문제점을 안고 있는데, 그렇다면 이러한 (이론적 근거도 내용도 불명확한) 경찰권의 한계론이 오랫동안 학계를 지배하여 왔던 이유는 무엇일까? 그것은 아마도 과거의 권위 있는 학설에 대해서는 그 근거를 따지지 않고 추종하는 것이 학문적 미덕이라고 생각하는 경향이 학계를 지배하고 있었던 점, 또는 헌법상의 원칙이나 법의 일반원칙에 발생하는 한계와 동일한 내용이 포함되어 있어서 마치 타당성이 있는 듯한 착각을 불러일으켰다는 점 등을 들 수 있다.[26]

2. 전통적인 경찰권의 한계이론에 대한 비판

전술한 바와 같은 경찰권의 한계론에 대하여는 일찍이 스기무라 도시마사(杉村敏正)에 의해 "법치주의가 철저해짐에 따라 (경찰)비례의 원칙 이외에는 경찰권의 한계에 관한 다른 원칙들은 그 의미를 상실했다"라는 지적이 있었으며,[27] 1980년대에 들어서면서 역사적 논의에 기초한 상세한 비판이 행해지기 시작했다.[28] 그리고 이러한 논의를 발전적으로 계승하여 전통적인 경찰권의

24) 종래 경찰권의 조리상의 한계로 설명되어 온 이들 4가지 원칙은 그들 개개의 원칙마다 너무도 많은 내용을 담고 있으므로 상세한 설명은 약하기로 한다.

25) 이러한 田中二郞의 경찰권의 한계론은 아직까지도 우리나라의 행정법학계에서 통용되고 있는데, 田中二郞의 이론을 따르고 있다고 볼 수 있는 것으로는 정하중, 앞의 책, 1119쪽 이하; 박균성, 앞의 책, 1228쪽 이하.

26) 이하의 논의에 관하여는 田村正博, 全訂 警察行政法概說, 2011, 70쪽 이하.

27) 杉村敏正, 憲法・行政法からみた警察權の理論的限界, 戒能通孝 編, 警察權, 岩派書店, 1960; 田村正博, 警察行政法理論と社會安全政策論の展開, in: 大澤秀介・佐久間修・荻野徹 編, 社會の安全と法, 立花書房, 2013, 7쪽에서 재인용.

28) 關根謙一, 警察の概警察と任務(二), 警學 34卷 4号. in: 大澤秀介・佐久間修・荻野徹 編, 社會の安全と法, 立花書房, 2013, 7쪽에서 재인용; 成田頼命, 社會安全法政策, 警察政策 1卷

한계이론에 대하여 체계적이고 통렬한 비판을 행한 것은 다무라 마사히로(田村正博)[29]인데, 그의 비판론은 다음과 같은 것을 그 내용으로 한다: 즉,

첫째, 경찰소극의 원칙은 경찰의 개념과 동어반복으로서 무의미하다는 것이 명백하다.

둘째, 경찰공공의 원칙은 경찰이 공공의 안녕 또는 질서를 유지하는 것을 목적으로 하는 작용인 이상 그 목적달성과 관계없는 개인적 사생활에 개입하여서는 아니 된다는 당연한 것을 그 내용으로 하는바, 따라서 법률에 의해 부여된 권한의 목적외 행사 금지의 원칙에 지나지 않는다.

셋째, 경찰책임의 원칙의 경우 경찰권행사의 대상을 누구로 할 것인지의 문제는 법률에 의해 정해지는 것이므로, 이 원칙은 기본적으로는 입법정책의 문제라고 할 수 있다.

넷째, 경찰비례의 원칙 또한 그 본질은 기본권에 대한 제약은 필요한 최소한도 내에 그쳐야 한다는 헌법상의 원칙이며, 경찰행정뿐만 아니라 모든 행정에 모두 적용되는 것이다.[30]

이러한 田村正博의 전통적인 경찰권의 한계론에 대한 비판은 田中二郎의 이론이 갖고 있던 권위에 대한 명백한 도전이었던바,[31] 오늘날은 이러한 비판

1号, 13쪽.

29) 田村正博는 경찰관으로 출발하여 일본 경찰대학교장을 거쳐 현재 교토산업대학 법학부 교수로 재직중이다. 그는 일본에서의 피해자대책에 관한 논의의 초석을 닦았으며, 초대 경찰정책연구센터소장으로서 사회안전정책론을 창설했다. 뿐만 아니라 개인보호를 위한 경찰권행사라는 관점에 입각한 새로운 경찰행정법이론을 제창하기도 하였다. 이로 인하여 일본의 학계에서는 그를 일본경찰법의 이론적 토대를 새로이 구축하여 일본경찰법이론의 발전에 획기적 전기를 가져온 인물로 평가하고 있다.

30) 전통적인 경찰권의 한계론에 관한 田村正博의 이러한 비판은 田村正博 경찰행정법학의 핵심을 이루는 것인데, 그의 비판론에 관하여 자세한 것은 田村正博, 全訂 警察行政法概說, 2011, 65쪽, 70쪽 이하 참조. 다만 田村正博는 이미 警察行政法概說 초판(1989)에서 이러한 비판론에 입각한 논의를 전개했었다는 것을 언급해 두기로 한다. 한편 전통적 경찰권의 한계이론에 대한 비판론을 포함한 田村正博의 경찰행정법학에 관한 문제 전반에 관하여는 小山 剛, 田村警察行政法學 - 憲法學の視點から, in: 大澤秀介・佐久間修・荻野徹 編, 社會の安全と法, 立花書房, 2013, 21쪽 이하 참조.

31) 이러한 田村正博의 도전은 마치 오토 마이어(O. Mayer)의 "헌법은 사라져도 행정법은 남아있다"라는 명제가 지배하던 시절에 행정법을 구체화된 헌법으로 파악할 것을 주창하여 오토 마이어의 권위에 도전하였던 F. Werner의 그것에 비견할 수 있는 일본 경찰행정법

론을 지지하는 입장이 늘어가고 있다. 즉, 후지타 도기야스(藤田宙靖) 등은 田村正博의 비판론의 이론적 타당성을 승인한다는 것을 명백히 밝힌 바 있으며,[32] 다카기 히카루(高木光) 또한 일부 이견을 제시하기는 하지만 "기본적으로 田村正博를 지지한다"라는 설명을 하고 있다.[33] 또한 경찰권의 한계론에 대한 분명한 입장을 표하고 있지는 않지만, 전통적인 경찰권의 한계론의 내용을 이루는 경찰소극의 원칙이나 경찰공공의 원칙 및 경찰책임의 원칙에 관하여는 아무런 설명을 하지 않으면서 경찰작용의 기본원칙으로 비례의 원칙만을 설명하고 있는 미야타 사부히로(宮田三郎)[34] 역시 같은 입장으로 분류할 수 있을 것이다.

3. 경찰권의 한계이론의 재구축

전통적인 경찰권의 한계이론은 경찰국가에서 자유주의적 법치국가[35]로 진화하는 과정에서 당시의 시대적 요청과 조건 속에서 형성되었고, 이것에 학문적 의미의 경찰의 개념이 결부되면서 확립된 이론으로 오랫동안 학계의 지배적 이론으로 자리 잡고 있었다. 그러나 田村正博 등의 비판에서 볼 수 있는 것처럼 전통적 경찰권의 한계이론은 실로 많은 문제점을 갖고 있으며, 따라서 그대로 유지될 수 없음은 자명하다. 그러나 이와 같은 비판이 경찰권의 한계이론 자체가 무용하다는 의미는 아니다.[36] 전통적인 경찰권의 한계이론에서

학계의 일대사건이었다고 할 수 있다.

32) 藤田宙靖, 21世紀の社會の安全と警察活動, 警察政策 4巻 1号 in: 大澤秀介・佐久間修・荻野徹 編, 社會の安全と法, 立花書房, 2013, 7쪽에서 재인용.

33) 高木光, 警察行政法の現代的位置つけ, in: 警察行政の新たなる展開(上巻), 東京法令出版, 2001. 大澤秀介・佐久間修・荻野徹 編, 社會の安全と法, 立花書房, 2013, 7쪽에서 재인용.

34) 宮田三郎(미야타 사부로우), 한귄현 역, 日本警察法, 법제연구원, 2002, 61쪽 이하.

35) 자유주의적 법치국가는 국가의 목적이 안전보장이라는 소극목적에 국한되고, 경찰의 침해권한이 구체적 위험의 방지에 한정되는 것을 그 특징으로 하는바, 이같은 자유주의적 법치국가의 특징에 관하여 상세한 것은 vgl. Möstl, Die staatliche Garantie für die öffentliche Sicherheit und Ordnung, 2002, S.10.

36) 독일에서의 경찰법이론의 발전을 토대로 한 경찰권의 한계론은 규범적 역할을 하는 것으로 무용한 것이 아니라는 점을 강조하고 있는 것으로는 須藤洋子, 日獨警察法理論の相違 - 警察權の限界論に對する批判に応えて, 立教法學 80号. in: 大澤秀介・佐久間修・荻野徹 編, 社會の安全と法, 立花書房, 2013, 8쪽에서 재인용.

설명되는 원칙들 중에는 헌법상 원칙 내지 그로부터 도출되는 요청으로서 오늘날에도 여전히 규범적 의미를 가지는 것이 적지 않다.[37] 이런 점을 고려하면 결국 田村正博 등의 비판의 요체는 전통적인 경찰권의 한계이론에서 설명되는 원칙들을 경찰권의 고유한 한계, 나아가 조리상의 한계로서 불문법원리로까지 주장하면 안 된다는 것이다. 즉, 전통적인 경찰권의 한계이론과 같이 이론적 근거도 의미도 불명확한 것에 기초하여 경찰권의 한계를 논하여서는 아니 되며, 그 근거와 내용이 명확한 새로운 이론을 구축해야 한다는 것을 의미한다.

전통적인 경찰권의 한계이론에 대한 비판이 비판을 위한 비판의 수준에 머무르지 않으려면, 전통적 이론이 경찰권의 한계로 제시하였던 제 원칙(경찰소극의 원칙, 경찰공공의 원칙 및 경찰책임의 원칙)을 대체하는 새로운 한계이론을 대안으로서 제시하여야 한다. 그러나 전통적 경찰권의 한계이론의 문제점을 지적하는 학자들의 대부분도 그를 대체하는 새로운 한계이론을 체계적으로 제시하지는 못하고 있는 것이 현실이다. 이와 관련하여 경찰권발동의 한계에 관한 나름대로의 새로운 틀을 제시하고 있는 학자로는 田村正博을 들 수 있는바, 田村正博이 제시하고 있는 경찰권의 한계이론은 다음과 같다.[38] 즉, 田村正博은 먼저 (1) 법치주의에 기인한 한계를 들면서 그의 구체적 내용으로 '법에 규정되지 않은 강제활동의 금지', '다른 목적을 달성하기 위한 권한행사의 금지' 등을 들고 있다. 다음으로 그는 (2) 인권존중주의에 기인한 한계를 들면서, 그를 다시 일반적 한계와 개인의 사적 생활 및 영역에 대한 한계로 구분하여 설명하고 있다. 그리고 일반적 한계의 구체적 내용으로 '필요성이 없는 권한행사의 금지'와 '인권을 제한하는 정도가 낮은 수단의 선택' 등을 제시하고 있으며,[39] 개인의 사적 생활 및 영역에 대한 한계의 구체적 내용으로는 사적 생

37) 이러한 점은 田村正博 스스로 전통적인 경찰권의 한계이론의 내용을 이루고 있던 비례의 원칙, 경찰책임의 원칙 및 민사불개입의 문제를 상세히 설명하고 있다는 점에서도 잘 나타난다(田村正博, 全訂 警察行政法概説, 45쪽 이하, 47쪽, 64쪽 이하, 67쪽 이하).

38) 이하의 설명에 관하여는 田村正博, 全訂 警察行政法概説, 2011, 71쪽 이하.

39) 다만 田村正博가 제시하고 있는 '필요성이 없는 권한행사의 금지'와 '인권을 제한하는 정도가 낮은 수단의 선택'은 전통적 경찰권의 한계론에서 언급되어 온 경찰비례의 원칙의 내용과 일치하는 면이 있다. 즉, 필요성이 없는 권한행사의 금지는 경찰비례의 원칙 중 '적합성의 원칙'과, 인권을 제한하는 정도가 낮은 수단의 선택은 '필요성의 원칙'의 다른 표현에

활의 존중, 사주거(私住居)의 존중을 들고 있다.[40] 그리고 마지막으로 (3) 그 밖의 한계로서 조직법상의 한계[41]와 사회적 상당성의 한계[42]를 열거하고 있다.

Ⅳ. 개괄적 수권조항(Generalklausel)의 문제

독일이 (적어도 이론적 체계에 있어서는) 경찰행정법학이 잘 발전되어 있는 나라라는 점은 부정할 수 없는 사실인데, 이처럼 독일에서 경찰행정법학이 발전할 수 있었던 것에 결정적 역할을 한 것은 개괄적 수권조항이었다.[43] 즉, 오늘날의 경찰행정법학의 기초를 이루고 있는 실질적 의미의 경찰개념 및 그의 요소를 이루고 있는 공공의 안녕, 공공의 질서 및 위험 등과 같은 개념의 성립과 발전은 실로 개괄적 수권조항에 힘입은 바 크다. 그런데 우리나라의 경우 종래 개괄적 수권조항 및 그에 근거한 경찰권발동에 대해 부정적 시각이 존재하였으며,[44] 이러한 시각이야말로 경찰행정법학의 발전에 걸림돌이 되어 왔다. 그러나 근래에 들어서는 개괄적 수권조항의 필요성 자체를 부정하는 견해는 거의 찾아볼 수 없는 실정이며,[45] 단지 현행 경찰관직무집행법상 개괄적 수권조항으로 볼 수 있는 규정이 있는지 여부를 둘러싸고 긍정설[46]과 부정설

불과한 것으로 보인다.

40) 사적 생활의 존중, 사주거(私住居)의 존중은 종래 경찰공공의 원칙의 내용으로 설명되어 오던 사생활불가침의 원칙 및 사주소불가침의 원칙과 그 궤를 같이한다고 할 수 있다.

41) 여기서 조직법적 한계란 "경찰에게 법률에 의해 일정한 임무가 부여되어 있으므로, 경찰은 그 목적 범위 외의 활동을 행하여서는 아니 된다"는 것을 의미한다.

42) 사회적 상당성의 한계란 "국민이 상당하다고 인식하는 범위, 즉 사회적 상당성이 있다고 인정되는 정도를 넘어서서는 안 된다"는 것을 의미한다.

43) 개괄적 수권조항의 이러한 역할에 대하여는 정하중, 앞의 책, 1107쪽.

44) 오늘날에도 여전히 그러한 입장에 따르는 견해가 존재하는바, 대표적인 것으로는 박윤흔/정형근, 최신행정법강의, 2009, 박영사, 313쪽.

45) 개괄적 수권조항 및 그에 근거한 경찰권발동을 인정하여야 할 필요성에 관하여는 여러 학자들이 다양한 논의를 전개하고 있으므로, 여기에서는 상론을 약하기로 한다.

46) 긍정설은 다시 ① 경찰관직무집행법 제2조 제7호를 개괄적 수권조항으로 보는 견해(김남진/김연태, 앞의 책, 260쪽; 류지태/박종수, 『행정법신론』, 박영사, 2016, 1026쪽 이하 등) ② 경찰관직무집행법 제5조 제1항을 개괄적 수권조항으로 보는 견해(이기우, "경찰작용법의 체계," 수사연구, 1990.2, 98쪽; 홍준형, "경찰통합법에 관한 연구," 치안연구소연구보고서, 1997, 196쪽 이하; 이기춘, "위험방지를 위한 협력의무로서 경찰책임의 귀속에 관한 연구,"

(입법필요설)[47]의 대립이 있을 뿐이다. 개괄적 수권조항의 필요성 내지 도입을 긍정적으로 보는 견해들은 그 입론의 기초를 독일에서의 논의에서 찾는 것이 일반적인데, 그러한 독일에서의 논의는 우리나라에도 그대로 타당하며, 따라서 개괄적 수권조항의 도입 자체를 부정시할 필요는 전혀 없다고 생각된다.

다만 개괄적 수권조항의 도입필요성을 긍정하는 입장에 대하여는 우리나라와 독일의 법상태 및 현실에 대한 비교법적 차원에서의 고찰을 통하여 조심스런 반론이 제기되고 있음은 주목을 요한다. 그 가운데 "개괄적 수권조항을 인정함으로 인하여 발생할 수 있는 경찰권남용의 가능성을 배제하기 위한 법이론이 학설과 판례를 통하여 잘 정립되어 있는 독일과 달리, 우리나라의 경우 경찰실무와 경찰관의 의식수준이 그러한 정도에 미치지 못하고 있는 면이 있으므로 그러한 확신이 설 때까지는 개괄적 수권조항을 도입하는 우를 범해서는 안 될 것이다"라는 설명은 틀림없이 경청할 만하다.[48] 그러나 이러한 견해는 단지 현시점에서 고려할 요소를 지적한 것일 뿐, 경찰행정법학의 이론적 체계를 근본적으로 새로이 구축함에 있어서 개괄적 수권조항에 입각한 논의의 전개를 전면적으로 부정하는 것으로 볼 수는 없다고 생각한다.

고려대학교 박사학위논문, 2002, 42쪽 등) 및 ③ 경찰관직무집행법 제2조 제7호 · 제5조 제1항 · 제6조를 개괄적 수권조항으로 보는 견해(박정훈, "사권보호를 위한 경찰권발동의 연구 —경찰공공의 원칙에 대한 비판적 검토—, 치안연구소 연구보고서, 2001, 22쪽 이하) ④ 경찰관직무집행법 제2조 제7호와 결합된 동법 제5조 제1항 제3호를 개괄적 수권조항으로 보는 견해(손재영, 『경찰법』, 박영사, 2016, 117쪽) 등으로 세분해 볼 수 있다. 한편 이들 학설의 구체적 내용과 문제점 등에 대한 자세한 논의에 관하여는 본서 102쪽 이하 참조.

47) 입법필요설은 긍정설이 개괄적 수권조항으로 볼 수 있다고 주장하는 경찰관직무집행법 제2조 제7호, 제5조, 제6조 등은 모두 개괄적 수권조항으로 보기 곤란하며, 따라서 별도의 입법조치를 통하여 개괄적 수권조항을 마련하여야 한다는 것을 그 내용으로 한다. 이러한 입장에 따르고 있는 것으로는 정하중, 앞의 책, 1108쪽; 홍정선, 『행정법원론』, 2016, 박영사, 458쪽; 박균성, 『행정법강의』, 박영사, 2016, 1216쪽.

48) 최영규, 앞의 글, 21쪽.

Ⅴ. 여론(餘論) — 경찰행정법의 범위의 획정

1. 행정경찰과 사법경찰의 구분에 관한 문제[49)]

경찰작용은 그 목적을 기준으로 공공의 안녕 또는 질서에 대한 위험을 방지하여 국민을 보호하는 작용인 행정경찰과 범죄수사와 피의자체포를 목적으로 하는 사법경찰로 구분할 수 있다. 주지하는 바와 같이 이러한 행정경찰과 사법경찰의 구분은 프랑스에 그 기원을 두고 있으며,[50)] 독일 또한 양자의 구분을 전제로 하여 경찰행정법학을 발전시켜 왔다. 한편 이처럼 양자를 구분할 필요성은[51)] 행정경찰작용에 대하여는 경찰관직무집행법이 적용되는 것에 반하여 사법경찰작용에 대하여는 형사소송법이 적용되며(적용법규의 문제), 행정경찰의 지휘권은 궁극적으로 경찰청장에게 있는 것에 반하여 사법경찰의 지휘권은 검사에게 있다(지휘권한의 소재)는 것에서 찾을 수 있다. 또한 행정경찰작용은 구체적 위험의 존재를 그 요건으로 하는 것에 반하여 사법경찰작용은 충분한 범죄혐의의 존재를 그 요건으로 하며(경찰작용의 요건), 행정경찰작용에 대한 권리구제절차는 행정소송에 의하는 것에 반하여 사법경찰작용에 대한 권리구제절차는 형사소송에 의한다(관할법원 및 소송의 유형)[52)]는 점에서도 양자를 구별

---

49) 행정경찰과 사법경찰에 관한 전방위적 고찰을 통하여 양자의 개념, 관계, 구분 등 행정경찰과 사법경찰을 둘러싼 여러 문제에 대한 총합적 이해의 증진에 도움이 되는 것으로는 이진수, "행정경찰과 사법경찰 —경찰의 확대집중경향과 이에 대한 법치주의적 견제의 관점에서—," 경찰행정법의 현재와 미래(행정법이론실무학회 제235회 정기학술발표회자료집), 2016, 25쪽 이하.

50) 프랑스에서의 행정경찰과 사법경찰의 구분 및 그를 전제로 한 프랑스의 행정경찰에 관하여는 이미 많은 선행연구가 행하여졌는바, 대표적 논문으로는 강지은, "공생발전을 위한 경찰의 임무 — 프랑스의 행정경찰법제와 그 시사점," 법학논고, 제42호(2013), 69쪽 이하; 박재현, "프랑스의 행정경찰에 관한 연구," 법학연구 제27권 제1호(2016), 377쪽 이하; 오승규, "프랑스 행정경찰 개념의 역사적 변천과 시사점," 경찰법연구, 제14권 제1호(2016), 235쪽 이하. 한편 프랑스의 행정경찰을 주제로 한 단행본도 출간되어 있는바, 이승민, 『프랑스의 행정경찰』, 경인문화사, 2014.

51) 행정경찰과 사법경찰을 구분할 필요성에 관한 일반적 논의에 관하여는 손재영, 앞의 책, 9쪽 이하 참조.

52) 행정경찰과 사법경찰의 구별실익으로 '법원의 관할'에 차이가 있음을 강조하는 것으로는

할 실익이 존재한다. 이 밖에도 행정경찰작용에 대한 배상책임의 인정과 사법경찰작용에 의하여 발생한 손해에 대한 배상책임의 인정에도 차이가 있을 수 있다는 점(배상책임의 인정)이 양자의 구별실익으로 열거되기도 한다.[53)]

우리나라는 일본을 매개로 독일법체계를 받아들인 연유로 종래 행정경찰과 사법경찰을 개념적으로 구분하여 왔으며,[54)] 이러한 구분을 전제로 사법경찰은 형사사법작용의 일부이므로 실질적 의미의 경찰작용에 해당하지 않는 것으로 보아 왔다.[55)]다만 조직상으로는 양자를 엄격히 구별하지 않고 보통경찰기관이 양자를 아울러 관장하고 있음으로 인하여 개념과 현실이 정확히 일치하지는 않는 모습이 나타나고 있다. 따라서 경찰행정법학의 체계를 전반적으로 검토하는 경우 —특히 영미법계 국가들이 양자를 구별하지 않고 사법경찰사무를 일반경찰기관의 고유사무로 이해하고 있다는 점을 비교법적으로 고찰할 때— 과연 행정경찰과 사법경찰을 앞으로도 계속하여 구분하여야만 하는 것인지에 대하여도 심층적으로 다루어야 할 것이다.[56)] 다만 본고는 (아직까지 학계의 주류를 이루고 있는) 행정경찰과 사법경찰의 구분을 전제로 하여, 행정경

박재현, 앞의 글, 382쪽.

53) 이러한 점을 강조하는 것으로는 강지은, 앞의 글, 82쪽 이하.

54) 우리나라에서 행정경찰과 사법경찰의 개념이 확립되고 양자를 구분한 것은 오래전의 일인데, 유길준이 그의 『서유견문』(1895)에서 이미 그러한 점을 잘 지적한 바 있다. 유길준의 행정경찰과 사법경찰에 관한 설명에 관하여는 본서 4쪽 참조.

55) 이처럼 보통경찰기관이 사법경찰작용까지 담당하는 이유에 대하여는 "사법경찰은 본래 '형사사법작용' 내지 '법원의 형사사법작용의 보조활동'의 성격을 갖는 것이지만, 이를 공공의 안녕 질서의 유지를 담당하는 기관에 맡기는 것이 편리하기 때문이다"라고 설명되고 있다. 대표적인 것으로는 홍정선, 앞의 책, 31쪽; 정하중, 앞의 책, 1100쪽; 김남진/김연태, 앞의 책, 218쪽.

56) 이런 점에서 "영미와 같이 행정경찰과 사법경찰의 구별을 배제하고 경찰의 내용을 위해방지작용과 수사작용을 포함하는 것으로 보아 양자에 관한 법규와 법원리의 총체를 경찰법이라고 명명하는 것도 생각해봄 직하다"라는 서술(최영규, 앞의 글, 18쪽)은 가히 '혁명적 발상'이라고 할 수 있다. 그러나 "만일 행정경찰과 사법경찰의 구별을 배제하는 것이 경찰기관의 구성원인·경찰공무원의 입장에서도 또 국민의 입장에서도 더 알기 쉽고 편리하다면, 양자의 구별을 반드시 고수하여야만 할 것은 아니다"라는 주장(최영규, 앞의 글 18쪽)은 경청할 필요가 있다. 필자 역시 국민이 발 뻗고 편안히 살 수 있는 데 도움이 되기만 한다면 양자를 반드시 엄중히 구별하여야 할 필요는 없다는 생각을 갖고 있으며, 형법학자들과 함께 「사회안전과 법센터」를 만들어서 그러한 생각을 실천에 옮기고 있다.

찰을 대상으로 하는 경찰행정법학의 체계를 재구성하는 것을 그 고찰대상으로 삼고 있으므로 이 문제에 관하여는 더 이상의 상론은 생략하기로 한다.

2. 경찰행정법의 대상 — 협의의 행정경찰의 포함 여부

행정경찰을 대상으로 하는 경찰행정법체계의 구축에 있어 또 한 가지 고려하여야 할 것은 경찰행정법학의 대상을 제도적 의미의 경찰에 의한 경찰작용에 국한시킬 것인가? 아니면 일반행정기관이 그 고유한 업무수행과정에서 발생하는 위해를 방지하는 작용(즉, 협의의 행정경찰작용)까지 포함하는 것으로 볼 것인가?의 문제이다. 이 문제에 관하여 우리나라의 경찰행정법이론은 협의의 행정경찰을 포함한 광의의 경찰을 경찰행정법의 대상으로 보아 왔으며, 그 이유로는 비록 그를 행하는 기관은 다르다고 하더라도 같은 성격을 가진 작용(위험방지)에는 같은 법규정과 원리, 즉 경찰행정법적 규정과 원리가 적용되어야 한다는 것이 들어졌다.

그러나 일반행정기관이 담당하는 영역에는 그에 특유한 실정법규와 법원리가 완비되어 가는 오늘날에도 제도적 의미의 경찰에 적용되는 법규와 법원리를 그들 영역에 적용할 필요성이 있는 것인지, 즉 일반행정기관이 행하는 작용에 대해서까지 '경찰'이라는 이름을 붙여 경찰행정법의 대상으로 보아야 하는지의 문제에 대하여는 진지하게 고민할 필요가 있다고 생각한다.

VI. 맺으며 — 새로운 경찰행정법(학)의 체계구축

실질적 의미의 경찰개념과 경찰권의 (조리상의) 한계론을 핵심으로 하는 田中二郎의 경찰행정법이론이 많은 오류를 안고 있음에도 불구하고 그의 이론을 무비판적으로 받아들인 것이 우리나라 경찰행정법의 체계적 발전에 결정적 장해가 되었음은 전술한 바와 같다. 이는 田中二郎의 이론을 극복하고 우리나라 경찰행정법의 체계를 올바로 구축할 필요성이 그만큼 크다는 것을 의미하는데, 우리나라의 경우 아직까지는 —단편적인 문제점을 지적한 것은 별론으로 하고— 이러한 문제에 근원적으로 접근한 선행연구는 없는 것으로 보인다.[57]

따라서 이하에서는 필자가 생각하는 경찰행정법체계를 제시해 보기로 하겠다.

1. 실질적 의미의 경찰개념의 재정립

경찰행정법이론은 그의 대상을 이루는 실질적 의미의 경찰개념에서 출발하는바, 적어도 '권력성'이나 '국민의 자유와 권리에 대한 침해'를 전제로 하는 개념정의는 피하여야 한다. 오늘날의 경찰행정법의 변화 내지 발전을 고려할 때, 실질적 의미의 경찰은 "공공의 안녕 또는 질서에 대한 위험을 방지하고 장해를 제거하거나, 위험에 대한 사전배려를 통하여 공중과 개인을 보호하는 활동"이라고 정의하는 것이 타당하다고 생각한다.

2. 이른바 '4개의 기둥이론'의 제안

경찰행정법이론은 결국 어떠한 경우에 경찰의 활동이 적법한 것으로서 승인될 수 있는 것인가 탐구하는 것에 관한 것인데, 이와 관련하여 경찰권발동의 근거, 요건, 대상, 정도로 이루어진 '4개의 기둥이론'을 제안한다. 동 이론은 경찰권발동의 근거, 요건, 대상, 정도라는 4가지 관점에서 요구되는 원칙이 모두 준수되었을 때 비로소 경찰활동이 적법한 것으로 평가받을 수 있다는 것을 요체로 하는바, 그 구체적 내용은 다음과 같다. 즉,

(1) 먼저 경찰권의 발동은 법률에 근거한 것이어야 한다. 이와 관련하여 더 이상 개괄적 수권조항에 근거한 경찰권발동을 부정시하는 것은 지양되어야 한다. 특히 개괄적 수권조항에 근거한 경찰권발동을 인정하게 되면 필연적으로 경찰권의 남용이란 결과를 초래하게 될 것이라는 우려는 더 이상 할 필요가 없다. 개별적 수권조항이 완비되어 가고 있다는 사실 및 개괄적 수권조항의 ―개별적 수권조항(Spezialermächtigung)에 대한― 보충성 등을 고려할 때, 그

57) 우리나라와 달리 일본에서는 田村正博를 필두로 하여 종래의 경찰행정법이론의 문제점에 대한 인식을 토대로 경찰행정법이론의 새로운 구축을 논하는 연구결과가 발표되고 있는데, 대표적인 것으로는 荻野徹, 新しい「警察法學」の構想, 關根謙一 外, 講座 警察法 第一卷, 立花書房, 2014, 5쪽 이하.

러한 우려는 문자 그대로 기우에 불과한 것이다.

(2) 경찰권은 그를 발동하기 위한 요건을 갖추어야 한다. 개별적 수권조항에 근거하여 경찰권을 발동하는 경우라면 개별 법률이 정하는 요건을 구비하였는지 여부를 판단하는 것으로 충분하며, 그러한 판단과 관련하여 경찰행정법 고유의 법이론이 정립될 가능성이 존재하지 않는다. 그러나 개괄적 수권조항에 근거하여 경찰권을 발동하는 경우에는 '공공의 안녕 또는 질서에 대한 위험'의 존재 여부를 판단하여야 하는데, 공공의 안녕이나 공공의 질서 그리고 위험 등의 개념은 불확정적 요소를 안고 있어 그의 해석을 둘러싼 경찰행정법 고유의 법이론이 성립되게 된다.

(3) 경찰권발동의 요건이 갖추어졌다면 다음으로 고려하여야 할 것은 경찰권을 누구에게 발동하여야 경찰활동이 적법한 것이 될 수 있는가의 문제인데, 경찰권은 경찰권발동의 대상이 되기에 적합한 지위에 있는 자(경찰책임자)에게 발동되어야 한다. 개별적 수권조항에 근거하여 경찰권을 발동하는 경우라면 개별 법률에 그 대상자가 규정되어 있으므로 경찰권발동의 대상을 정하기 위한 이론은 필요가 없다고 해도 과언이 아니다. 그러나 개괄적 수권조항에 근거하여 경찰권을 발동하는 경우에는 경찰권발동의 대상자의 획정과 관련하여 예컨대 행위책임과 상태책임의 구분, 행위책임의 귀속, 상태책임의 한계, 다수의 경찰책임자의 문제, 경찰긴급권 등과 같은 문제가 발생하며 그를 해결하기 위한 경찰행정법이론이 성립되게 된다.

(4) 경찰권을 발동하기 위한 요건이 갖추어지고 경찰권이 경찰책임자에게 발하여졌다는 것만으로 경찰권발동의 적법성이 확보되는 것은 아니며, 이 경우에도 경찰권 발동이 적법하다고 하기 위하여는 비례의 원칙에 따른 요구가 충족되어야 한다. 한편 경찰권발동의 정도를 획정하는 비례의 원칙은 전술한 경찰권발동의 요건과 경찰권발동의 대상을 획정하기 위한 논의와 달리, 개괄적 수권조항에 근거한 경찰권발동의 경우는 물론이고 개별적 수권조항에 근거하여 경찰권을 발동하는 경우에도 적용되는 원칙이라는 점을 주의하여야 한다.

3. 경찰비용의 문제

경찰행정법의 이론적 체계를 구축함에 있어 간과하여서는 아니 되는 또

하나의 중요한 문제는 경찰비용의 문제, 즉 공공의 안녕 또는 질서에 대한 위험을 방지하기 위해 소요된 비용을 누가 부담하여야 하는가? 라는 것이다. 다만 우리나라의 경우 이 문제에 대해서는 종래 논의 자체가 사실상 전무했으며, 그 결과 논의의 출발점인 경찰비용의 개념조차 확연히 정립되어 있지 않은 실정이다. 다만 다행스럽게도 2000년대 들어서면서 경찰비용을 국민에게 전가시키는 것의 타당성 등에 관한 연구논문이 발표되기 시작하였으며,[58] 최근에는 경찰비용 문제를 전반적으로 다루고 있는 단행본도 출간되고 있다.[59] 다만 여기서는 이러한 선행연구를 토대로 이 문제에 대한 논의가 보다 활발해질 필요가 있다는 것을 지적하는 수준에서 논의를 맺고자 한다. (서정범)*

58) 경찰비용과 관련하여 근자에 발표된 연구논문으로는 이성용, "경찰책임자의 비용상환에 관한 연구," 경찰학연구, 제8권 제1호(2008), 59쪽 이하; 김형훈, "허위신고비용의 징수," 제5회 경찰법이론실무포럼 학술세미나 발표요지, 2014.11; 서정범, "경찰비용의 국민에의 전가 가능성에 관한 법적 고찰," 홍익법학, 제15권 제4호, 499쪽 이하.

59) 서정범, 경찰비용법, 도서출판 탑, 2012; 김형훈, 경찰비용법 ―경찰법의 완성으로서―, 좋은 땅, 2013.

* 이 글, "경찰행정법의 새로운 이론적 체계 구축"은 홍익법학 18권 1호에 게재된 글을 기초로 하여 재구성한 글이다.

제 2 편

경찰권발동의 근거

제2편

개 관

행정법의 기본원리인 법치행정의 원리는 법률우위의 원칙과 법률유보의 원칙을 핵심적 내용으로 하는바, 여기서 법률유보의 원칙이라고 함은 행정권을 발동하기 위하여서는 법률에 근거가 있어야 한다는 것을 의미한다. 한편 법률우위의 원칙이 행정의 모든 영역에서 예외없이 적용되는 것과 달리 법률유보원칙의 적용범위에 대하여는 학설이 나뉘어져 있으나, 적어도 국민의 기본권을 침해하는 행정활동의 경우에 동 원칙이 적용된다는 것에 대해서는 학설이 완전히 일치되어 있다. 따라서 경찰권의 발동이 국민의 기본권을 침해하는 경우 그를 위해서는 반드시 법률에 근거가 있어야 하는바, 그러한 근거가 될 수 있는 것으로는 개별적 수권조항(Spezialermächtigung)과 개괄적 수권조항(Generalklausel)이 있다. 이 경우 경찰이 개별적 수권조항에 근거하여 경찰권을 발동할 수 있는 것에 대하여는 이론(異論)이 없다. 이에 반하여 경찰이 개괄적 수권조항에 근거하여 경찰권을 발동할 수 있는지에 대하여는 종래 학설의 대립이 있어 왔다.

이러한 이론적 경향을 고려하여 제2편은 개괄적 수권조항을 둘러싼 논의를 집대성하고 있는바, 그 내용은 다음과 같다. 즉,

먼저 제1장에서는 개괄적 수권조항에 근거한 경찰권발동을 인정할 수 있는지 여부에 대한 논의를 행한 후, 그를 인정하는 경우 과연 우리나라의 경찰관직무집행법상의 어떠한 조항을 개괄적 수권조항으로 볼 수 있는지를 둘러싼 학설의 대립을 상세히 설명하고 있다.

한편 이러한 논의는 우리나라의 경찰관직무집행법에는 전형적인 개괄적 수권조항이라고 볼 수 있는 조항이 없는 사정에 기인한다고 할 수 있다. 이에 제2장에서는 개괄적 수권조항의 전형으로 간주되고 있는 독일 경찰법상의 개괄적 수권조항의 내용과 그에 대한 논의를 상세하게 탐구하고, 그러한 독일에서의 논의가 우리에게 가져다 주는 시사점을 일별해 보기로 한다.

제 2 편

제 1 장 경찰권발동의 근거 — 개괄적 수권조항을 중심으로

Ⅰ. 들어가며

경찰행정은 침해행정의 전형으로서 경찰의 조치는 국민의 권리를 침해하게 되며, 따라서 모든 경찰의 조치는 침해유보로서의 법률유보의 원칙에 따라 법적 근거를 필요로 한다.[1] 이 경우 경찰권의 근거를 부여하는 법은 국회에 의해 제정된 형식적 법률을 원칙으로 하며, 법률에서 구체적으로 범위를 정하여 위임한 경우에는 예외적으로 행정입법(대통령령 · 총리령 · 부령 등)의 형식으로

1) 법률유보원칙의 적용범위에 관하여는 학설의 대립이 있는바, 독일의 연방헌법재판소는 국민과 직접적으로 관련 있는 모든 중요한(wesentlich) 문제에 대한 결정은 입법자에게 맡겨져 있으며, 따라서 행정은 국민의 자유와 평등의 영역과 중요한 관련이 있는 행위에 대해서만 법률에 근거하면 된다(BVerfsGE 34, 165 ff.; 41, 251 ff.; 58, 257 ff.)고 하여 '본질사항유보설'을 제시한 바 있으며, 우리의 헌법재판소 역시 본질사항유보설에 따르고 있는 것으로 새겨진다(이하의 참조판례 참조): 한편 이 같은 본질사항유보설에 대한 비판으로 주목할 만한 것으로는 vgl. Wilke, Zeugnisreform als Erziehungsreform, 1980, S.34 ff.

참조판례: "오늘날 법률유보원칙은 단순히 행정작용이 법률에 근거를 두기만 하면 충분한 것이 아니라, 국가공동체와 그 구성원에게 기본적이고도 중요한 의미를 갖는 영역, 특히 국민의 기본권실현과 관련된 영역에 있어서는 국민의 대표자인 입법자가 그 본질적 사항에 대해서 스스로 결정하여야 한다는 요구까지 내포하고 있다(의회유보원칙). 그런데 텔레비전방송수신료는 대다수 국민의 재산권 보장의 측면이나 한국방송공사에게 보장된 방송자유의 측면에서 국민의 기본권실현에 관련된 영역에 속하고, 수신료금액의 결정은 납부의무자의 범위 등과 함께 수신료에 관한 본질적인 중요한 사항이므로 국회가 스스로 행하여야 하는 사항에 속하는 것임에도 불구하고 한국방송공사법 제36조 제1항에서 국회의 결정이나 관여를 배제한 채 한국방송공사로 하여금 수신료금액을 결정해서 문화관광부장관의 승인을 얻도록 한 것은 법률유보원칙에 위반된다"(헌재결 1999. 5. 27, 98헌바70).

도 경찰권의 근거를 정할 수 있다.2)

이하에서는 이러한 경찰권발동의 근거에 관한 문제를 다음과 같은 순서로 고찰하고자 한다. 즉, ① 먼저 경찰권발동의 근거가 되는 규범은 어떠한 규범형태로 존재하여야 하는지의 문제를 고찰한 후, ② 다음으로 그것이 권한규범을 의미한다고 할 때 경찰권발동의 근거가 되는 권한규범의 유형에는 어떠한 것이 있는지를 살펴보기로 한다. 그런 연후에 ③ 권한규범의 유형 중 개괄적 수권조항의 문제를 그의 인정여부와 현행법체계하에서 어떤 규정을 개괄적 수권조항으로 볼 수 있는가의 문제를 중심으로 학설과 판례를 통해 상세히 고찰한 후, ④ 끝으로 개별적 수권조항과 개괄적 수권조항의 관계에 관하여 간략히 언급하기로 하겠다.

II. 직무규범과 권한규범의 구분

1. 문제의 의의

먼저 경찰권발동의 근거와 관련하여서는 경찰이 경찰권을 발동하기 위해서는 직무규범(Aufgabennorm)의 존재로 충분한 것인지, 아니면 경찰권을 발동하기 위하여서는 그와 같은 직무규범 외에 별도의 특별한 권한규범(Befugnisnorm)이 필요한 것인지가 문제가 된다.3)

---

2) 일본의 학자들은 경찰권은 의회가 제정한 법률에 근거하여서만 발동될 수 있다고 하면서도, 예외적으로 법규명령·조례에 근거한 경찰권의 발동을 인정하고 있다(小高 剛, 『行政法各論』, 有斐閣, 平成 2年, 17항 등). 또한 독일에서도 경찰권의 발동은 반드시 국회에 의해 제정되는 형식적 의미의 법률에 근거할 필요는 없으며, 모든 실체적인 법규범에 근거하는 것으로 충분하다고 한다. 이는 법률하위의 법규들도 궁극적으로는 형식적 의미의 법률에 근거한다는 것을 그의 이론적 기초로 한다(Vgl. Möller/Wilhelm, Allgemeines Verwaltungsrecht, 2. Aufl., 1990, S.18).

3) 물론 경찰의 조치가 국민의 권리영역을 침해하지 않는 경우에는 직무규범에만 근거하여서도 활동할 수 있다고 하여야 할 것이므로(Knemeyer, Polizei- und Ordnungsrecht, 9. Aufl., 2002, S.77) 이러한 문제는 주로 경찰이 권력적 수단으로 국민의 권리영역을 침해하는 경우에 발생한다.

2. 학 설

(1) 독일의 경우

독일의 경우에는 공공의 안녕 또는 질서에 대한 위험방지의 직무를 경찰에게 부여하고 있는 통일경찰법모범초안에 대한 보충안(VEMEPolG)[4] 제1조 제1항을 직무규범, 경찰은 의무적합적 재량에 따라 필요한 조치를 취한다고 규정하고 있는 동 초안 제8조를 권한규범으로 보아 직무규범과 권한규범의 구분을 인정하면서, 이러한 양자의 구분을 전제로 하여 경찰권을 발동하기 위하여서는 직무규범 외에 별도의 특별한 권한규범이 필요하다는 것이 긍정되어 왔다.[5]

다만 오늘날에는 이와 같은 설명에 대한 異論이 없는 관계로 독일의 경우 직무규범과 권한규범의 구분이 갖는 의의에 관해서는 거의 논해지지 않고 있는 실정이라고 한다.[6]

(2) 우리나라의 경우

우리나라의 경우 이 문제에 관하여는 ① 조직규범은 당해 행정청 내지 그 구성원인 공무원의 권한을 일반적·포괄적으로 규정하는 것이 보통이며, 행정청의 활동에는 조직규범 외에 구체적인 작용을 위한 수권을 요하게 하는 데에 법률유보원칙의 의의가 있다는 것에 근거하여 경찰권을 발동하기 위하여서는 특별한 권한규범이 필요하다는 견해[7]와 ② 경찰이 대외적 활동을 하기 위해서는 조직법 또는 직무규범 외에 별도의 권한규범을 필요로 함이 원칙이지만,

---

4) '통일경찰법모범초안에 대한 보충안'은 종래의 통일경찰법모범초안(MEPolG)을 개정하기 위한 것인바, 이처럼 통일경찰법모범초안의 내용을 보충/개정할 것을 결정하게 된 결정적 계기를 제공한 것은 1983. 12. 25.의 독일 연방헌법재판소의 인구조사판결(BVerfGE 65, 1 ff.)이었다. 한편 동 판결이 갖는 의미에 관하여 보다 자세한 것은 김연태, "치안정보의 효율적인 관리방안에 대한 연구," 치안연구소 연구보고서, 2000, 17쪽 이하 참조.

5) Drews/Wacke/Vogel/Martens, Gefarenabwehr, 9. Aufl., 1986, S.129; Tettinger, Besonderes Verwaltungsrecht/1, 6. Aufl., 2001, S.82; VGH München, NVwZ 1983, 550 usw.

6) Franz L. Knemeyer, Der Schutz der Allgemeinheit und der individuellen Rechte durch die polizei- und ordnungsrechtlichen Handlungsvollmachten der Exekutive, in: VVDStRL 35, 222 ff.(227).

7) 박윤흔, 『최신행정법강의(하)』, 2004, 324쪽.

직무규범에만 근거하여 활동할 수 있는 경우를 완전히 배제할 수는 없다는 견해[8]의 대립이 그것이다.

3. 결 어

생각건대 행정법의 일반원리로서 법치행정의 원리(특히 법률유보의 원칙)가 행정권을 발동하기 위하여 직무규범 이외에 권한규범에 근거할 것을 요구한다는 점을 고려할 때 전자의 견해가 법치국가의 원리에 요청에 충실한 것임은 의문의 여지가 없다고 할 것이다.

Ⅲ. 경찰권발동의 법적 근거의 형태

경찰권발동의 법적 근거로 권한규범의 존재가 요구된다고 할 때, 그 형태로는 개괄적 수권조항과 개별적 수권조항을 생각할 수 있는바, 독일의 각 Land에서는 예로부터 개괄적 수권조항과 개별적 수권조항이 병렬적으로 적용되어 왔으며, 개괄적 수권조항에 중점이 놓여져 왔다.

1. 개별적 수권조항(특별조항, Spezialermächtigung)

개별적 수권조항이란 후술하는 개괄적 수권조항 이외의 일체의 경찰법상의 수권조항을 말하는바, 경찰관직무집행법 제3조(불심검문) 이하부터 제10조의 4(무기사용)까지의 규정이 대표적 예이다.[9] 경찰권발동에 관한 개별적 수권조항 중 경찰관직무집행법 제3조 이하의 규정은 특별한 의미를 갖는바, 이는 실질적 의미의 경찰작용 가운데 전형적·표준적 직무행위에 해당하는 것들이 그곳에 모여 있기 때문이다. 독일의 각 Land의 경찰법들 역시 이에 상당하는 규정들을 갖고 있는바, 학자들은 이들 조항에 의거한 경찰작용이 경찰의 전

---

8) 김남진, "경찰권발동의 조건과 대상," 고시계, 1982. 7, 95쪽.

9) 다만 후술하는 바와 같이 제5조 제1항, 제6조에 대하여는 그들 조항을 개괄적 수권조항으로 보아야 한다는 견해가 유력하다.

형적인 직무행위라는 점에 착안하여, 그들 경찰작용을 '표준적 직무조치(Standardmaßnahme)'라 부르고 있다.[10]

2. 개괄적 수권조항(일반조항, Generalklausel)

개괄적 수권조항이란 경찰권발동의 근거를 포괄적으로 규정하는 것을 말하는바, 개괄적 수권조항의 전형으로서는 "경찰행정청은 현행법의 범위 안에서 공공의 안녕 또는 질서를 위협하는 위험으로부터 공중 또는 개인을 보호하기 위하여 의무적합적 재량에 따라 필요한 조치를 취하여야만 한다"라고 규정하였던 1931년의 프로이센 경찰행정법(Pr.PVG) 제14조 제1항[11]의 전통을 이어받아 "경찰은 공공의 안녕 또는 질서에 대한 위험을 방지하기 위하여 필요한 조치를 취할 수 있다"고 규정했던 통일경찰법모범초안(MEPolG) 제8조를 들 수 있다.

3. 구분의 실익

개별적 수권조항에 의거하여 경찰권을 발동하는 경우에 있어서의 한계는 일차적으로 개개조항의 해석을 통하여 얻어질 수 있으며, 개괄적 수권조항에 의거하여 경찰권을 발동하는 경우에 있어서 적용되는 법원칙이 포괄적으로 적용되지는 않는다. 즉, 개별적 수권조항에 의거한 경찰권발동의 경우에도 그의 발동요건의 존부에 관한 판단여지 · 발동(여부)에 관한 재량이 문제될 수 있지만, 그 문제는 판단여지 및 재량의 올바른 이해를 통해 해결될 수 있는 것이지 개괄적 수권조항에 의거한 경찰권발동에 있어서와 같이 제 법원칙이 포괄

---

10) Drews/Wacke/Vogel/Martens, a.a.O., S.131; Friauf, Polizei- und Ordnungsrecht, in: Schmidt-Aßmann, Besonderes Verwaltungsrecht, 11. Aufl., S.172: Schenke, Polizei- und Ordnungsrecht, in: Steiner, Besonderes Verwaltungsrecht, S.212.

11) 이와 같은 프로이센 경찰행정법(Pr.PVG) 제14조 제1항은 오랫동안 개괄적 수권조항의 고전적 규정으로 간주되어 왔으며, 최근의 법률들도 내용상의 본질적인 차이는 없다. 따라서 독일의 경우 동 조항에 대한 학설과 판례는 오늘날도 여전히 중요한 의미를 갖는다고 한다. 다만, 형식적 관점에서 볼 때 프로이센 경찰행정법(Pr.PVG) 제14조 제1항이 직무규범과 권한규범을 함께 규정하고 있었던 것에 반하여, 최근의 법률들은 그 양자를 엄격하게 구분하고 있다는 점에서는 차이가 있다(Wolff/Bachof, Verwaltungsrecht III, 4. Aufl., 1978, S.47).

적으로 적용되는 것은 아니다. 여기에 바로 경찰권발동의 요건 등을 논함에 있어 개괄적 수권조항에 의하는 경우와 개별적 수권조항에 의하는 경우를 나누는 실익이 있는 것이다.

Ⅳ. 개괄적 수권조항의 문제

1. 개괄적 수권조항의 인정여부

(1) 문제의 의의

개별적 수권조항에 근거하여 경찰권을 발동할 수 있음은 의문의 여지가 없다. 이에 반하여 경찰법의 영역에서 '개괄적 수권조항'의 존재를 인정할 수 있는지, 즉 개괄적 수권조항에만 근거하여 경찰권을 발동할 수 있는지가 다투어지고 있다.

(2) 학 설

1) 부정설

경찰작용의 분야가 법률유보의 본령이었음을 근거로 하여 경찰권을 발동하기 위하여서는 개괄적 수권조항의 존재만으로는 불충분하다는 견해이다. 즉, 법률유보의 원칙상 경찰권을 발동하기 위하여서는 개별적인 작용법에 의한 구체적인 법적 수권을 필요로 한다는 견해이다.[12)]

2) 긍정설

개괄적 수권조항의 필요성을 긍정하는 견해로 그 논거로는 다음과 같은 것이 열거되고 있다. 즉,

㈎ 기술혁신과 사회상황·가치관의 변화를 고려할 때, 발생이 가능한 모든 위험상태 등을 법률에 포함시키고, 그에 적당한 결과를 결부시키는 것이 불가능하다.

---

12) 김동희, 『행정법II』, 2004, 198쪽; 최영규, 『경찰행정법』, 2004, 168쪽; 박윤흔, 앞의 책, 324쪽 등.

(나) 개괄적 수권조항의 내용을 이루는 불확정 법개념(공공의 안녕, 질서, 위험 등)은 학설과 판례에 의하여 상세하게 정해질 수 있으므로, 개괄적 수권조항의 내용·목적 및 범위가 충분히 특정될 수 있다.

(다) 개괄적 수권조항에 근거하여 경찰권을 발동하는 경우에 적용될 법원칙(우리나라에서 말해지고 있는 경찰권의 조리상의 한계)이 충분히 발달되어 있다.

(라) 개괄적 수권조항의 확대해석, 그에 근거한 경찰권 남용 등은 사법심사의 대상이 된다.[13]

(3) 판 례

개괄적 수권조항에 근거한 경찰권발동을 긍정하는 입장에서는 자신들의 견해를 뒷받침하는 판결례로 경찰이 창고를 주택으로 개축하는 것을 단속한 것이 문제가 되었던 사건에 관한 다음의 판례를 들고 있다: "청원경찰법 제3조는 청원경찰은 청원주와 배치된 기관, 시설 및 사업장 등의 구역을 관할하는 경찰서장의 감독을 받아 그 경비구역 내에 한하여 경찰관직무집행법에 의한 직무를 행한다고 정하고 있고, 한편 경찰관직무집행법 제2조에 의하면 경찰관은 범죄의 예방진압 및 수사, 경비·요인경호 및 대간첩작전수행, 치안정보의 수집·작성 및 배포, 교통의 단속과 위해의 방지, 기타 공공의 안녕과 질서의 유지 등을 그 직무의무로 하고 있는 터이므로 경상남도 양산군 도시과 단속요원으로 근무하고 있는 청원경찰관인 공소외 김창성 및 이성주가 … 허가 없이 창고를 주택으로 개축하는 것을 단속한 것은 그들의 정당한 직무집행에 속한다고 할 것이므로 이를 폭력으로 방해한 판시 소위를 공무집행방해죄로 다스린 원심조치는 정당하고 이에 소론과 같은 위법이 있다고 할 수 없다."[14]

(4) 결 어

개괄적 수권조항은 '공공의 안녕 또는 질서에 대한 위험'이라고 하는, 일견 막연하고 포괄적인 요건하에 경찰권을 발동할 수 있게 함으로써 경찰권 발동이 남용될 소지를 제공하고 있다. 그러나 후술하는 것처럼 개괄적 수권조항

---

13) 김남진/김연태, 『행정법II』, 2004, 261쪽 이하; 김재호, 『경찰권의 근거』, 1999. 6, 7쪽 이하; 남승길, "경찰관직무집행법," 공법연구, 제25집 제3호(1997), 91쪽 이하.

14) 대판 1986. 1. 28, 85도2488.

은 어디까지나 제2차적 · 보충적으로만 적용되며, 또한 긍정설이 정당하게 지적하고 있는 것처럼 학설과 판례에 의하여 개괄적 수권조항의 내용 · 목적 · 범위가 충분히 상세화되고 그의 의미도 분명해졌다. 더욱이 개괄적 수권조항이란 용어가 법적 용어로 확립되었음을 고려할 때 동 개념의 적용을 주저할 필요는 없다고 생각된다. 따라서 불확정 법개념을 사용하고 있는 개괄적 수권조항에 근거하여 경찰권을 발동하는 것이 법치국가의 원칙, 특히 법률유보의 원칙에 반한다고 간주하는 것은 타당하지 못하다고 생각한다.

한편 오늘날에는 거의 모든 법률이 많든 적든 간에 소위 표준적 직무조치를 행할 수권을 하고 있기 때문에 추상성을 갖는 개괄적 수권조항이 법치국가적 요청을 충족시킬 수 있는지 여부에 관한 논의 자체가 의미가 없다고 볼 수도 있으나, 입법보다 앞서가는 기술의 진보 · 사회의 변화 및 위험발생상황의 다양성 등을 고려할 때 경찰상의 개괄적 수권조항이 포기될 수는 없다고 하여야 할 것이다.

2. 우리나라에서의 개괄적 수권조항

전술한 설명에 따라 개괄적 수권조항의 필요성을 인정하는 경우, 다음으로 문제가 되는 것은 그렇다면 우리나라의 현행법하에서 과연 어떠한 규정을 개괄적 수권조항으로 볼 것인가에 관한 것인바, 이에 관하여는 다음과 같은 견해가 제시되고 있다.

(1) 경찰관직무집행법 제2조를 개괄적 수권조항으로 보는 견해

경찰관직무집행법 제2조,[15] 특히 제7호를 우리나라에서의 개괄적 수권조항의 대표적 예로 드는 견해[16]인바, 그 논거로는 전기한 바와 같은 개괄적 수권조항의 필요성과 독일의 경우 프로이센 일반란트법(Pr.ALR)상의 직무규범에서

15) 우리나라의 경찰관직무집행법 제2조는 ① 국민의 생명 · 신체 및 재산의 보호, ② 범죄의 예방 · 진압 및 수사, ③ 범죄피해자 보호, ④ 경비 · 주요 인사(人士)경호 및 대간첩 · 대테러작전수행, ⑤ 치안정보의 수집 · 작성 및 배포, ⑥ 교통 단속과 교통 위해(危害)의 방지, ⑦ 외국 정부기관 및 국제기구와의 국제협력, ⑧ 그 밖에 공공의 안녕과 질서 유지를 경찰(관)의 직무범위로 규정하고 있다.

16) 김남진/김연태, 앞의 책, 260쪽; 김성수, 『개별행정법』, 2001, 460쪽 등.

개괄적 수권조항이 도출되기도 하였다는 역사적 측면이 들어지고 있다.[17] 또한 이 같은 견해는 전기한 대법원판례(대판 1986. 1. 28, 85도2488)를 이러한 자신들의 입장을 받아들인 것으로 이해하고 있다. 즉, 동 판례에서 대법원은 경찰작용에 관하여 사실상 일반법적 지위를 갖고 있는 경찰관직무집행법에 경찰관이 불법적인 건축행위를 단속할 수 있다는 조항이 없음에도 불구하고[18] 경찰관직무집행법 제2조를 경찰권발동의 수권조항으로 보았다는 것이다.

한편 동 판결이 갖는 의의를 경찰관직무집행법 제2조가 단순한 직무규범인지, 아니면 권한규범으로서의 성격도 갖는지가 분명하지 않은 상황에서 대법원이 동조를 권한규범적 성질을 아울러 갖는 것으로 보았다는 것에서 찾는 입장도 있었다.[19]

(2) 경찰관직무집행법 제5조 제1항을 개괄적 수권조항으로 보는 견해

"경찰관은 사람의 생명 또는 신체에 위해를 끼치거나 재산에 중대한 손해를 끼칠 우려가 있는 천재, 사변, 인공구조물의 파손이나 붕괴, 교통사고, 위험물의 폭발, 위험한 동물 등의 출현, 극도의 혼잡 그 밖의 위험한 사태가 있을 때에는 다음의 조치를 할 수 있다"고 규정하고 있는 경찰관직무집행법 제5조 제1항을 우리나라에서의 개괄적 수권조항으로 보는 견해이다.[20] 이러한 견해는 무엇보다도 경찰관직무집행법 제5조 제1항이 경찰권발동의 요건으로 '그밖의 위험한 사태'와 같은 포괄적인 용어를 사용하고 있을 뿐 아니라, 제3호에서 그러한 요건이 갖추어져 있는 경우에 '위해를 방지하기 위하여 필요하다고 인정되는 조치'를 취할 수 있다고 하여 경찰이 취할 수 있는 조치를 특정하고 있지 않다는 것을 주된 논거로 한다.

다만 경찰관직무집행법 제5조 제1항을 독일식의 완벽한 개괄적 수권조항

---

17) 특히 후자의 논거에 관하여는 정하중, "독일경찰법의 체계와 한국경찰관직무집행법의 개선방향(상)," 사법행정 1994. 2, 10쪽 이하 참조.

18) 현행법상 건축행위에 대한 단속을 취할 수 있는 권한은 시장 또는 군수와 같은 일반행정기관에게 부여되어 있다.

19) 김남진, "경찰권발동의 개괄적수권조항," 법률신문, 제1798호, 11쪽; 이명구, "경찰권발동의 근거와 범위," 고시연구, 1986. 5, 173쪽.

20) 이기우, "경찰작용법의 체계," 수사연구, 1990. 2, 98쪽; 홍준형, "경찰통합법에 관한 연구," 치안연구소연구보고서, 1997, 196쪽 이하; 이기춘, "위험방지를 위한 협력의무로서 경찰책임의 귀속에 관한 연구," 고려대학교 박사학위논문, 2002, 42쪽.

으로 보는 것을 곤란케 하는 요소가 있는바, 이는 위 조항이 공공의 안녕 또는 질서라는 보호법익을 망라적으로 규율하고 있지 못하다는 점에 기인한다. 즉, 경찰이 보호대상으로 하는 공공의 안녕이라는 보호법익은 개인적 법익(개인의 생명 · 자유 · 재산 등)뿐만 아니라 사회적 법익(객관적인 성문의 법질서) 및 국가적 법익(국가의 제도 · 기능)이 침해받지 않고 있는 상태를 의미하는바,[21] 동 조항은 '사람의 생명 또는 신체에 위해를 끼치거나 재산에 중대한 손해를 끼칠 우려가 있는' 경우에만 경찰권발동을 인정함으로써 결과적으로 경찰권발동을 개인적 법익에 대한 위험에만 국한시키고 있다는 것이 동 조항을 개괄적 수권조항으로 보는 것에 걸림돌로 기능하고 있는 것이다.

한편 이 같은 경찰권발동의 요건규정에 있어서의 공백이라는 문제점은 누구보다도 이러한 견해를 주장하는 학자들 스스로가 잘 인식하고 있으며, 그 같은 인식에 기초하여 현재 개인적 법익에 대한 위험의 존재가 인정되는 때에 위해를 방지하기 위하여 필요하다고 인정되는 조치에 대한 수권규정을 사회적 법익이나 국가적 법익에 대한 위험이 존재하는 경우에도 유추할 수 있다는 주장이 나타나고 있는 실정이다.[22]

(3) 경찰관직무집행법 제2조 제7호 · 제5조 제1항 · 제6조를 개괄적 수권조항으로 보는 견해

개인적 법익에 대한 위험의 존재가 인정되는 때에 위해를 방지학 위하여 필요하다고 인정되는 조치에 대한 수권규정(경찰관직무집행법 제5조 제1항)이 개괄적 수권조항의 성격을 갖는 점은 인정하지만 동 규정을 사회적 법익이나 국가적 법익에 대한 위험이 존재하는 경우에도 유추적용할 수는 없다는 인식에 기초하여 사회적 법익이나 국가적 법익에 대한 위험이 존재하는 경우에는 그러한 원인을 제공하는 행위가 ① 범죄를 구성할 가능성과 결부되는 경우에는 경찰관직무집행법 제6조[23]를 또 하나의 개괄적 수권조항으로 보면서, ② 범죄

21) 공공의 안녕의 개념에 관하여 자세한 것은 서정범, "경찰권발동에 관한 연구," 고려대학교 박사학위논문, 1992, 30쪽 이하 참조.

22) 이기우, 앞의 글, 98쪽; 홍준형, 앞의 글, 197쪽; 이기춘, 앞의 글, 43쪽.

23) 경찰관직무집행법 제6조는 "경찰관은 범죄행위가 목전(目前)에 행하여지려고 하고 있다고 인정될 때에는 이를 예방하기 위하여 관계인에게 필요한 경고를 하고, 그 행위로 인하여 사람의 생명 · 신체에 위해를 미치거나 재산에 중대한 손해를 끼칠 우려가 있는 긴급한 경

를 구성할 가능성이 없는 경우에는 불가피하게 경찰관직무집행법 제2조 제7호를 종국적 의미의 개괄적 수권조항으로 보는 견해이다.

이러한 견해는 위의 설명방식에 착안하여 경찰관직무집행법 제2조 제7호를 제1의 개괄적 수권조항, 동법 제5조 제1항을 제2의 개괄적 수권조항, 동법 제6조를 제3의 개괄적 수권조항이라고 명명하고 있다.[24]

(4) 입법필요설

개괄적 수권조항의 필요성은 인정하지만 현행법상 개괄적 수권조항은 인정되지 아니하며, 따라서 입법적으로 권한규범의 성격을 갖는 개괄적 수권조항을 두어 개괄적 수권조항이 필요한 현실에 대응하는 것이 요청된다는 견해이다.[25]

다만 근본적으로는 이러한 입장에 따르면서도 "현행 경찰관직무집행법상의 개별적 수권조항들은 경찰상의 위험에 해당하는 대부분의 경우를 포괄하고 있으며, 특히 제5조 제1항은 다른 규정에서 규정하고 있지 않은 대부분의 공백상태를 상당부분 규율하고 있어서 실무상 개괄조항의 필요성이 그리 큰 것은 아니다"라는 설명을 덧붙여서 사실상 개괄적 수권조항의 필요성에 대하여 부정적 시각을 나타내고 있는 견해도 있음을 부기해 두기로 한다.[26]

(5) 결어(사견)

우선 경찰관직무집행법 제2조 제7호를 개괄적 수권조항으로 보는 견해에는 찬동할 수 없다. 왜냐하면 경찰권을 발동하기 위해서는 법적 근거를 요한다고 할 때, 그 법적 근거는 단순한 직무규범을 의미하는 것이 아니라 권한규범을 의미하는 것인데 경찰관직무집행법 제2조는 근본적으로 직무규범의 성격을 갖는다고 이해되기 때문이다. 아울러 독일의 프로이센 시대에 직무규범으로부터 권한규범을 도출하였었다는 역사적 배경을 경찰관직무집행법 제2조 제

우에는 그 행위를 제지할 수 있다"고 규정하고 있다.

24) 박정훈, "사권보호를 위한 경찰권발동의 연구 —경찰공공의 원칙에 대한 비판적 검토—," 치안연구소 연구보고서, 2001, 22쪽 이하.

25) 김연태, 『행정법사례연습』, 2004, 728쪽; 홍정선, 『행정법원론(하)』, 2004, 351쪽 등.

26) 김동희, 앞의 책, 199쪽.

5호를 개괄적 수권조항으로 보는 유일한 근거로 원용할 수는 없다는 것을 밝혀 두기로 한다.[27)]

경찰관직무집행법 제2조 제7호 · 제5조 제1항 · 제6조를 개괄적 수권조항으로 보는 견해 또한 받아들이기 곤란한 면이 있다. 물론 이러한 견해가 경찰관직무집행법 제5조 제1항을 개괄적 수권조항으로 보는 견해가 갖고 있는 문제점에 효과적으로 대처하는 방안의 하나가 될 수 있다는 점은 인정하지만, 경찰관직무집행법 제2조 제7호를 종국적 의미의 개괄적 수권조항으로 보고 있는 점에서 전술한 경찰관직무집행법 제2조 제7호를 개괄적 수권조항으로 보는 견해에 대한 비판이 그대로 타당할 수 있다. 아울러 이러한 입장을 취하는 학자가 경찰관직무집행법 제2조 제7호를 제1의 개괄적 수권조항, 동법 제5조 제1항을 제2의 개괄적 수권조항, 동법 제6조를 제3의 개괄적 수권조항이라고 명명하고 있는 것과 관련하여 제1/제2/제3의 개괄적 수권조항이란 용어례 자체가 개괄적 수권조항이란 의미와 완전히 부합하기 어려운 면이 있다는 사실을 지적하여 두기로 한다.

마지막으로 개괄적 수권조항의 필요성을 긍정하면서도 우리나라의 경우 현행법상 그 예를 찾아볼 수 없으며, 따라서 입법적으로 개괄적 수권조항을 조속히 마련하여 개괄적 수권조항의 부존재로 인한 문제점에 대처하여야 한다는 견해에도 찬동할 수 없다. 이는 현행법상 개괄적 수권조항을 인정하지 않게 되면 (실질적 의미의 경찰작용을 행하는) 경찰기관이 취하는 조치 중 개별적 수권조항에 근거하지 않는 많은 조치를 모두 탈법의 영역에 방치하는 결과가 되어 버리기 때문이다.

결론적으로 현행법 체계하에서는 독일식의 적확한 의미의 개괄적 수권조항은 존재하지 않는 것으로 생각된다. 그러나 그렇다고 하여 우리나라의 현행법하에서 개괄적 수권조항이 없다라는 선에서 논의를 그치는 것은 바람직한 해결방법이 아니며, 무엇보다도 경찰의 많은 조치를 더 이상 법적 근거조차 없는 탈법의 영역에 머무르게 할 수도 없는 것이다. 따라서 현행법하에서 개괄적 수권조항으로 볼 수 있는 조항을 찾아서 경찰의 활동에 근거를 제공하

27) 같은 맥락에서 "경찰은 국민의 생명 · 신체 및 재산의 보호와 범죄의 예방 · 진압 및 수사, 치안정보의 수집, 교통의 단속 기타 공공의 안녕과 질서유지를 그 임무로 한다"고 규정하고 있는 경찰법 제3조를 개괄적 수권조항으로 보는 견해 또한 받아들일 수 없음은 자명하다.

여야 할 것인바, 이 같은 인식에 바탕을 둘 때 (상대적으로) 경찰관직무집행법 제5조 제1항을 개괄적 수권조항으로 보고, 그 경우에 노정되는 사회적 또는 국가적 법익에 대한 위험에의 대처곤란성이란 문제점은 개인적 법익에 대한 위험의 존재가 인정되는 때에 위해를 방지하기 위하여 필요하다고 인정되는 조치에 대한 수권규정을 사회적 법익이나 국가적 법익에 대한 위험이 존재하는 경우에 유추하는 방법으로 해결하는 것이 가장 바람직한 방법이라고 생각한다.[28]

3. 개괄적 수권조항의 한계 — 명확성의 요청

한편 법치국가의 원칙으로부터 경찰상의 개괄적 수권을 위한 최소한의 요청이 도출될 수 있는데, 그것은 수권의 내용이 명확하여야 한다는 것이다. 그러나 여기서 수권의 내용이 명확하여야 한다는 것은 수권의 내용·목적과 범위가 반드시 수권법률의 조문으로부터 명시적으로(ausdrücklich) 밝혀져야만 한다는 것은 아니며, 그것들이 전체 법률의 해석을 통하여 발견될 수 있는 것으로 충분하다.[29] 한편 수권의 목적·내용 및 범위를 분명하게 밝히기 위하여서는 타 법률과의 의미관계와 법률규정 전체가 추구하는 목적을 고려하여야 한다고 한다.

V. 개괄적 수권조항과 개별적 수권조항과의 관계 — 개괄적 수권조항의 보충성[30]

1. 개 설

전술한 것처럼 경찰권에 근거하여 개인의 권리를 침해하기 위하여서는 법

---

28) 경찰관직무집행법 제5조 제1항을 보는 필자의 견해를 전면적으로 부정하지는 않지만 그것만을 개괄적 수권조항으로 보는 것은 곤란하며, 경찰관직무집행법 제2조 제7호와 결합한 동법 제5조 제1항을 개괄적 수권조항으로 보아야 한다는 견해[손재영, "경찰법상의 개괄적 수권조항," 『법학논고』 제31집(2009), 523쪽 이하]도 있음을 첨언해 두기로 한다.

29) BVerfGE 8, 274 ff.; VGH Mannheim, NVwZ 1988, 166.

30) 개괄적 수권조항의 보충성의 문제에 관하여는 vgl. Gintzel, Die Generalklausel und die

적 근거가 있음이 필요하다. 경찰법의 영역에서는 개괄적 수권조항, 경찰법상의 개별적 수권조항 및 경찰관계법 이외의 법률상의 개별적 수권조항이 그와 같은 법적 근거가 될 수 있는바, 이들이 경합하는 경우에는 '특별법우선의 원칙'(lex specialis derogat legi generali)에 따라 언제나 개별적 수권조항이 개괄적 수권조항에 우선하여 적용된다. 따라서 경찰법상의 개괄적 수권조항은 개별적 수권조항이 존재하지 않을 때, 그 한도에서만 적용되는데 이를 개괄적 수권조항의 보충성이라고 한다. 즉, 개별적 수권조항이 개괄적 수권조항에 비하여 적용에 있어 우위(Anwendungsvorrang)를 누린다. 환언하면, 개괄적 수권조항은 예외적으로 다음과 같은 경우에 단지 '보충적'으로만 적용된다.

① 관련 개별적 수권조항이 (명시적/묵시적) 특별히 그의 적용을 허용한 때,[31]

② 개별적 수권조항이 관련된 사안에 있어서 경찰이 개입하기 위한 요건과 허용되는 조치를 남김없이 규율하고 있지 못한 경우,

③ 개괄적 수권조항이 구체적인 경우를 내용상 분명하게 파악하거나, 일정한 경우를 규율하기 위하여서는 개괄적 수권조항에 의존하는 것이 불가피할 때가 바로 그것이다.

2. 개괄적 수권조항의 '이중적 보충성(doppelte Subsidiarität)'

(1) 비경찰법적 규율에 대한 보충성

예로부터 일정한 영역에서의 위험방지는 비경찰법적 규정에 의하여 규범화되어 그와 관련된 행정과제가 다른 행정청에게 할당되어 있었다. 그로 인하여 이와 같은 영역은 탈경찰화(Entpolizeilichung)되기에 이르렀는바, 이들 영역이 문제가 되는 경우에는 경찰은 원칙적으로 개입할 수 없다. 그러나 원래 권한 있는 행정청이 적시에 개입할 수 없고, 목전에 급박한 위험을 방지하기 위하여 긴급한 조치가 필요불가결한 경우에는 경찰행정청도 예외적으로 탈경찰화된 영역에서 활동할 수 있다.[32]

Spezialermächtigungen im Polizeirecht, Diss. Münster, 1965.

31) Vgl. Lüneburg OVGE 11, 408 ff.

32) Friauf, a.a.O., S.121.

(2) 경찰관계법률에 대한 보충성

개괄적 수권조항의 경찰관계법률상의 개별적 수권조항(특히 그것이 소위 표준적 직무조치로 존재하는 경우에)에 대한 보충성은 "질서행정청은 그를 위하여 발하여진 특별한 법률과 법규명령에 의하여 위험방지의 직무를 수행한다. 법률규정이 결여되어 있거나, 있어도 종국적인 규율을 행하지 않고 있는 경우에는 질서행정청은 이 법에 의하여 필요한 조치를 취한다"라고 규정하고 있는 노르트라인-베스트팔렌 질서행정청법(NW OBG) 제1조 제2항에 잘 나타나 있다. 한편 여기에서의 특별한 법률은 경찰-질서법의 일부를 형성하고 있는바, 그 한도에서 이를 '경찰내부적 보충성'이라고 할 수 있다.

(3) 이중적 보충성

이상에서 설명한 것처럼 개괄적 수권조항은 비경찰법적 규율에 대하여서, 또 경찰법상의 개별적 수권조항에 대하여서도 보충성을 갖는바, 이를 '이중적 보충성'이라고 한다. 이상의 설명을 도표화하면 다음과 같다.

▌개괄적 수권조항과 개별적 수권조항과의 관계

개별적 수권조항	1. 경찰법 이외의 법률	적용순위 ↓
	2. 경찰관계법률 (소위 표준적 직무조치)	
개괄적 수권조항	3. 경찰상의 개괄적 수권조항	

(서정범)*

* 이 글, "경찰권발동의 근거 —개괄적 수권조항을 중심으로"는 중앙법학 제8집 제1호에 게재되었던 글임.

제 2 장 독일경찰질서법상 개괄적 수권조항 또는 경찰일반조항의 고찰과 시사점의 도출

Ⅰ. 서 론

법치국가원리에 따른 법률우위 및 법률유보의 원칙, 직무규범과 권능규범의 분리원칙(Trennung von Aufgaben- und Befugnisnorm),[1] 특별법우선의 원칙 등에 따라, 독일 경찰질서행정법은 개별/전문적인 위험방지소재들에 관한 특수경찰법(식품위생법 등 각종 영업법, 연방임밋시온방지법 등 각종 환경법, 도로교통법, 건축질서법, 소방법, 매장 및 화장법 등등)[2]이 제일 먼저 적용되고, 집행경찰활동과 관련하여 전형적인 사안들을 대상으로 적용되는 표준조치들(Standardmaßnahmen)에 관한 16개 주 경찰법률들의 수권규정들이 적용된다[3].

그리고 나서 각 주의 경찰질서법률들은 기존 실정법률에 근거가 없는 상태에서 발생한 신종의 구체적 위험상황에서 경찰보호이익의 방어를 위하여 필요한 "새롭고 비전형적인(neu, atypisch)" 조치를 취할 수 있도록 경찰질서기관들에게 명시적으로 수권하는 규정들을 두고 있다.[4] 이를 경찰질서법상 개괄적

1) 이를 확인하는 최근의 대표적 문헌으로 교수자격취득논문(Habilitationsschrift)인 Wißmann, Hinnerk, Generalklauseln — Verwaltungsbefugnisse zwischen Gesetzmäßigkeit und offenen Normen —, Mohr Siebeck, 2008, S. 214 f. 참조.

2) 이에 대해서는 Ennuschat, Jörg/Ibler, Martin/Remmert, Barbara, Öffentliches Recht in Baden-Württemberg — Kommunalrecht / Allgemeines Polizeirecht / Öffentliches Baurecht, C.H.Beck, 2014, Rn. 54, S. 125-126.

3) Wehr, Matthias, Examens-Repetitorium Polizeirecht — Allgemeines Gefahrenabwehrrecht, 3. Aufl., C.F.Müller, 2015, Rn. 329 f., S. 103 참조.

수권조항 혹은 경찰일반조항(앞으로 '개괄적 수권조항'이라고 부른다)이라고 부른다. 앞의 특수경찰법(혹은 질서행정법), 표준조치수권규범이 없으면 적용되는 최후의, 보충적인 조항이다. 그리고 이 규정의 불확정법개념 요건들에 대해서는 판단여지가 인정되지 않고, 전면적 사법심사의 대상이 된다.[5]

위의 내용은 경찰행정법을 공부한 일반전문가들도 알고 있는 내용이다. 그런데 독일 경찰법과 그 영향권 안에 있는 대륙법계 경찰법률에 이러한 조항이 있다는 것을 근거로, 우리나라 지배적 학설은 벌써 수십 년간 입법자들이 명시적으로 도입하지도 않은 개괄적 수권조항이 경찰관직무집행법에 존재한다고 주장하거나, 또한 어느 조항(제2조 제7호, 제5조 1항 등)이 그에 해당하는지 등에 관하여 논의해 왔다. 그러나 여전히 우리나라에서 경찰질서법상 개괄적 수권조항 논쟁은 계속되고 있다. 그리고 흥미로운 점은 최근 독일에서도 이 논의가 계속되고 있다는 사실이다.[6]

결론을 미리 밝히자면, 개괄적 수권조항의 의미나 기능을 고려할 때 우리 경찰법제에의 도입이 요청된다. 하지만 그 출발국인 독일 경찰법상 개괄적 수권조항의 현황, 그 기능, 의의, 법치국가적 한계로서 보호이익-위험-책임-보상법제에 관한 독일학설/판례를 고찰할 필요성이 확인되는데, 필자는 이미 십수 년 동안 여러 논문들을 통해 이미 개별요소들(특히 위험-공공의 질서개념-책임-보상)에 관한 독일의 법리를 비판적으로 검토해 왔다. 그 목표는 우리나라 경찰법상 개괄적 수권조항의 도입 실현과 합리적 기반 위에 정착함에 있었다.

이 논문에서는 이미 검토해 놓은 것에서 더 나아가, 독일의 개괄적 수권

---

4) '비전형적 위험상황(atypische Gefahrensituationen)'과 개괄적 수권조항에 대하여 Schenke, Wolf-Rüdiger, Polizei- und Ordnungsrecht, 8. Aufl., C.F.Müller Verlag, 2013, §3, Rn. 49, S. 23.

5) Schenke, a.a.O., Rn. 51 f., S. 25-26 참고.

6) Wißmann, a.a.O., 특히 S. 187 ff. 참고. 더 최근에 이 주제와 직접적으로 관련된 박사학위취득논문인 Schucht, Carsten, Generalklausel und Standardmaßnahme — Ein Beitrag zur Bestimmung der Reichweite des Befugnistyps Generalklausel bei nicht typisierten (Standard-)Maßnahmen am Beispiel von Platzweisung, körperlicher Untersuchung, Verbringungsgewahrsam und Meldeauflage —, Richard Boorberg Verlag, 2014 참조, 이 논문의 저자인 Schucht 박사는 Oliver Lepsius 교수의 지도를 받았고, 제2심사자는 Markus Möstl 교수이다. 이 두 교수 모두 최근 독일의 경찰/질서/안전법계를 이끄는 분들이라고 할 수 있고, 또한 위 논문은 Dirk Heckmann과 Thomas Würtenberger 교수가 책임발간자인 내적 안전법시리즈(Schriften zum Recht der Inneren Sicherheit)의 제16호로 발간된 것임을 밝힌다.

조항 자체의 성립과정을 역사적 관점과 법치국가원리에 따른 시각으로 정리하여, 장래에 우리나라 경찰관직무집행법, 개별 질서행정법률들의 일반조항 논의를 재정립하는 데 유익한 시사점을 도출해 보고자 한다.

II. 독일 실정경찰법제상 개괄적 수권조항 또는 경찰일반조항의 관찰

독일에는 현재 16개의 주(Land)가 존재하고, 경찰법은 주의 전속적 입법관할에 있기 때문에 16개의 경찰법률들이 존재한다. 역사적으로는 직무규범과 권능규범[7]의 분리원칙이 정착되기 이전 1794년 「프로이센일반란트법(ALR)」 제10조 II 17의 직무규정이 개괄적 수권조항의 기원으로 간주되고 있고,[8] 1931년 「프로이센경찰행정법(PrPVG)」 제14조 제1항이 현대적 개괄적 수권조항의 출발점이라고 한다. 그리고 2차 대전 이후 연방체제에서 서독의 각 주들의 경찰법이 제정되고 나서, 각 주 경찰법의 모델이 될 통일경찰법모범초안(MEPolG)이 만들어졌다. 이 초안을 모델로 삼아 서독 주 경찰법률들이 개정을 하였고, 동·서독 통일 후 새로 편입된 과거 동독 지역 주들이 경찰법률들을 제정하였다. 이하에서는 1794년 「프로이센일반란트법」 제10조 II 17 직무조항, 1931년 「프로이센경찰행정법」 제14조, 「통일경찰법모범초안」 제8조, 대표적인 주들(바덴-뷔르템베르크, 바이에른, 베를린, 브레멘, 함부르크, 노르트라인-베스트팔렌, 동독이었던 작센-안할트와 쉴레스비히-홀슈타인)의 경찰법률들에 있는 개괄적 수권조항을 관찰하기로 한다.[9]

---

7) 우리나라 경찰법 문헌에서는 보통 직무규범과 '권한규범'의 분리라는 용어가 많이 사용된다. 'Befugnisnorm'을 '권한규범'이라고 번역함에 기인한 것인데, 이는 잘못된 용어법이라고 생각한다. 권한은 직무의 경계나 범위를 고려한 개념으로서 이에 해당하는 독일어는 'Kompetenz'이고, 기본권제한(Grundrechtseingriff)의 정당성이라는 힘을 의미하는 것이 'Befugnis'라고 생각하기에 '권능'이라는 용어를 필자는 과거부터 사용해 왔고, 이하에서도 그렇게 사용할 것이다.

8) Schenke, a.a.O., § 3, Rn. 48, S. 22.

9) 이 주들의 선택은 1차로 Schucht, a.a.O., S. 42 ff.를 참고하였고, 필자가 추가한 것은 브레멘 주와 작센-안할트 주이다. 이를 추가한 이유는 아래 검토 및 평가부분에서 밝힐 것이고, 각 주 경찰법률은 구글검색을 통해 해당 주 공식기관에서 확인하여 다운로드 받은 가

■ 1794. 2. 5. 「프로이센일반란트법(PrALR)」 제10조 II 17

공공의 평온(öffentliche Ruhe), 안녕과 질서의 유지를 위하여 그리고 일반공중이나 개별구성원에게 동일하게 임박한 위험의 방지를 위하여 필요한 조치를 취하는 것이 경찰의 직무이다.

■ 1931. 6. 1. 「프로이센경찰행정법(PrPVG)」 제14조 제1항

제14조 ① 경찰관청은 실정법률의 범주 안에서 의무적합적 재량에 따라 공공의 안녕이나 질서에 우려되는 위험을 일반공중이나 개인으로부터 방지하기 위하여 필요한 조치를 취하여야 한다.
② 그 밖에 경찰관청은 법률에 의해 그에게 특별히 위임되어 있는 직무를 수행하여야 한다.

■ 1977. 11. 25. 「연방과 주들의 통일경찰법모범초안(MEPolG)」 제8조

제8조 ① 경찰은 제9조에서 제24조[10)]가 경찰의 권능을 특별히 규정하지 않는 한도에서 공공의 안녕이나 질서에 대한 개별사안에서 존재하는 위험을 방지하기 위하여 필요한 조치를 취할 수 있다.
② 다른 법률에 의해 경찰에게 부여되어 있는(제1조 제4항) 직무를 수행하기 위하여 경찰은 그에 규정된 권능을 갖는다. 그러한 규정이 경찰의 권능을 규율하지 않는 한, 경찰은 이 법률에 따라 부여되는 권능을 갖는다.

■ 「바덴-뷔르템베르크경찰법(BWPolG)」 제1조 직무조항과 결합된 제3조[11)]

제1장 경찰의 법 – 제1절 경찰의 직무(Aufgaben)

제1조(일반) ① 경찰은 공익을 위하여 필요한 경우에 한하여 공공의 안녕이나 질

장 최신법률들을 직접 번역하였음을 밝힌다.

10) 1986. 3. 12. 「연방과 주들의 통일경찰법모범초안 개정안(Vorentwurf zur Änderung des Musterentwurfs eines einheitlichen Polizeigesetes des Bundes und der Länder v. 12. 3. 1986)」에 따르면 "제8a조부터 제24조"라고 되어 있다.

11) 바덴-뷔르템베르크경찰법 부분에서 후술하겠지만, 제3조가 개괄적 수권조항인데, 그 구성요건 중 '직무수행을 위하여'를 통하여 공공의 안녕, 질서, 위험 요건을 준용하는 형태라고 이해하면 된다.

서에 우려되는 위험을 개인과 공동체로부터 방지하고 공공의 안녕이나 질서에 발생한 장해를 제거할 직무를 가진다. 경찰은 특히 헌법합치적 질서와 국민의 권리가 장애 없이 행사될 수 있도록 보장하여야 한다.

② 또한 경찰은 다른 법규정에 의하여 위임받은 직무를 수행하여야 한다.

제1장 – 제2절 경찰의 조치(Maßnahmen) – 제1부 일반

제3조(경찰의 조치) 경찰은 법적 한계 안에서 직무수행을 위하여 의무적합적 재량에 따라 필요하다고 간주되는 조치를 취하여야 한다.

■ 「바이에른경찰직무법(BayPAG)」 제11조 제1항, 제2항

제1절 경찰의 권능(Befugnisse)

제11조 (일반적 권능[Allgemeines Befugnisse]) ① 경찰은 개별사안에 존재하는 공공의 안녕이나 질서에 대한 위험을 방지하기 위해 필요한 조치를 취할 수 있다. 단 제12조에서 제48조까지의 규정들이 경찰의 권능으로 특별히 규정하고 있지 않은 경우에 한한다.

② (1문) 경찰은 제1항에 의한 다음 각호의 1을 위해 필요한 경우에 조치를 취할 수 있다.

1. 범죄, 질서위반행위나 헌법적대적 행위를 예방하거나 중단시킴.
2. 1호의 행위에 의해 야기된 상태를 제거함.
3. 인간의 생명, 건강이나 자유 또는 그 유지가 공익을 위해 필요해 보이는 물건을 위협하거나 침해하는 위험을 방지하거나 장해를 제거함.

(2문) 이 법률에 따른 범죄는 형법의 구성요건을 실현한 위법한 행위이다. (3문) 이 법률에 따른 질서위반행위는 질서위반행위 구성요건을 실현한 위법한 행위이다. (4문) 위 1문 1호에 따른 헌법적대적 행위란 범죄나 질서위반행위를 실현하지 않는, 독일연방공화국이나 그 주들의 헌법합치적 질서를 위헌적 방법으로 교란하거나 변화시키는 행위를 말한다.

■ 「브레멘경찰법(BremPolG)」 제10조 제1항[12)]

제2절 권능 – 제1부 경찰의 일반적 · 특별한 권능

제10조 (일반적 권능) ① 경찰은 제11조에서 제35조가 경찰의 권능을 특별히 규정하지 않는 한도에서, 개별사안에서 존재하는 공공의 안녕에 대하여 위험을 방지하기 위하여 필요한 조치를 취할 수 있다.

■ 「함부르크공공안녕질서법(HambSOG)」 제3조 제1항

제2장 위험방지를 위한 조치 – 제1절 일반규정

제3조 (직무) ① 행정관청은 그 사무범위 안에서 의무적합적 재량에 따라 개별사안에서 일반공중이나 개인의 보호를 위하여, 공공의 안녕이나 질서에 대하여 임박한 위험을 방지하거나 공공의 안녕이나 질서에 대한 장해를 제거하기 위하여 필요한 조치(위험방지조치)를 취한다.
② 관할 행정관청 이외에 다음 각 호의 기관은 급박한 조치(unaufschiebbare Maßnahmen)를 취할 수 있다: a) 모든 위험방지사안에서 집행경찰(Vollzugspolizei).

■ 「노르트라인-베스트팔렌경찰법(NRWPolG)」 제8조 제1항

제8조 (일반적 권능, 개념정의) ① 경찰은 제9조에서 제46조가 경찰의 권능을 특별히 규정하지 않는 한도에서, 공공의 안녕이나 질서에 대한 구체적 위험을 방지하기 위해 필요한 조치를 취할 수 있다.

■ 「작센-안할트 주 공공안녕질서법(LSASOG)」 제13조

제2장 일반적 · 특별한 권능

제13조 (일반적 권능) 안전관청과 경찰은 제2장 이하의 규정들이 안전관청과 경찰의 권능을 특별히 규정하지 않는 한도에서 위험을 방지하기 위해 필요한 조치를 취할 수 있다.

12) 브레멘경찰법의 가장 큰 특징은 '공공의 질서'가 없다는 점이다. 이에 관해서는 아래에서 후술한다.

■「쉴레스비히-홀슈타인 주 일반행정법(SchlHLVwG)」 제174조

제174조 (일반원칙) 질서관청과 경찰은 실정법률의 범주 안에서 의무적합적 재량에 따라 공공의 안녕[13]에 우려되는 위험을 일반공중이나 개인으로부터 방어하기 위하여 필요한 조치를 취하여야 한다.

제176조 (행정행위[처분]) ① 개인의 권리를 침해하는 위험방지조치로서 행정행위는 —이하의 규정들, 특별법률들, 공공의 안녕·질서에 관한 법규명령이 경찰·질서관청의 권능을 특별히 규율하지 않는 한— 다음 각호의 경우에만 허용된다.

1. 공공의 안녕에 대한 장해의 제거를 위하여 필요한 경우.
2. 개별사례에 공공의 안녕에 대한 현존하는 위험을 방지하기 위하여 필요한 경우.

Ⅲ. 독일의 법제역사상 대표적인 개괄적 수권조항들의 분석과 평가

1. 「프로이센일반란트법(PrALR)」 제10조 II 17

1794. 2. 5.의 프로이센일반란트법 제10조 II 17은 오늘날 독일 경찰법상 개괄적 수권조항의 효시가 된 규정이다. 이 조항은 북독일국가들이 개괄적 수권시스템(System der Generalermächtigung) 또는 개괄적 수권원칙(Generalermächtigungsprinzip)을 채용하도록 만든 계기를 만들어 주었다.[14]

이 조항의 특징을 정리하면, ① 권능규범과 직무규범의 분리원칙이 확립되지 않은 상태에서 명시적 권능조항이 아니라 경찰의 직무조항이었다는 점, ② 현대 모든 독일경찰법이 채용하지 않는 공공의 평온이란 보호이익을 두고 있었다는 점, ③ 현대적 보호이익인 공공의 안녕과 공공의 질서는 '유지(Erhaltung)'의 대상이고 그 외에 일반공중이나 개별 국민이 임박한 위험의 방지

13) 이 법의 특징도 브레멘경찰법과 같이, 공공의 질서 요건이 보이지 않는다는 점이다.
14) Schucht, a.a.O., S. 45.

(Abwehr) 대상이었다는 점이다. 그러나 현대적으로 공공의 안녕과 질서에 대한 위험의 방지라고 이해함으로써 그 유지와 위험방지는 동치시켜도 큰 문제가 없다고 한다.[15]

위 ①은 19세기 현대 법치국가원리에 근거한 법률유보원칙에 따른 직무규범과 권능규범의 분리원칙이 탄생하기 이전임을 고려해야 한다. 이 조항은 본래는 순수한 직무규범이었지만, 동시에 권능규범으로 간주되었다고 할 수 있다.[16] 하지만 직무규범에 의해 경찰공권력에 의한 기본권제한의 권능도출을 정당화한다는 생각은 목적에서 수단을 도출함[17]을 정당화했던 전근대적 경찰국가 시대사조와 동일한 것이다.[18] 오토 마이어도 그의 「독일행정법」 제1판(1895)에서 경찰국가의 산물이라고 언명한 바 있다.[19] 현대 법치국가적 관점에서 독일만이 아니라 우리나라에서도 이러한 논리는 이미 극복되어 수용할 수 없다는 것은 자명하다.

②의 '공공의 평온(öffentliche Ruhe)'이란 공공의 안녕과 질서의 요청에 부합되는 상태라고 정의되었던 경찰보호이익 중 하나였는데,[20] 아래 1931년 프로이센경찰행정법(PrPVG) 제14조 제1항에서조차 이미 그동안의 일치된 학설과 판례의 영향으로 인해 제거되었다.[21] 공공의 안녕과 질서라는 보호이익의 포괄성, 불명확성도 문제인데, 공공의 안녕과 질서에 대한 위해의 제거라는 소극적 목적실현을 초과하여, 그 상태의 '완성'까지 경찰공권력행사의 보호목적이 된다는

---

15) Heuer, Hartmut, Die Generalklausel des Preußischen Polizeirechts von 1875 bis zum Polizeiverwaltungsgesetz von 1931, Verlag Peter Lang GmbH, 1988, S. 52 f. 참고.

16) Pieroth, Bodo/Schlink, Bernhard/Kniesel, Michael, Polizei- und Ordnungsrecht – mit Versammlungsrecht –, 8. Auflage, C.H.Beck, 2014, § 1, Rn. 11, S. 5("Ursprünglich war § 10 II 17 ALR eine Amts- oder Aufgabenumschreibung gewesen."). 여기서 프로이센고등행정재판소도 이 직무조항에서 권능규범을 함께 인정했다고 한다.

17) Pieroth/Schlink/Kniesel, a.a.O., § 1, Rn. 4, S. 2("Schluss vom Zweck auf die Mittel").

18) 현대 법치국가에서 직무규범에서 권능규범 도출은 허용될 수 없음을 공식화한 대표적 문헌으로 Schoch, Friedrich, Polizei- und Ordnungsrecht, in: Schoch, Besonderes Verwaltungsrecht, De Gruyter Verlag, 2013, 2. Kap., Rn. 36, S. 146.

19) Mayer, Otto, Deutsches Verwaltungsrecht, Bd. 1, 1895, S. 283 f., Fn. 20. 이는 Pieroth/Schlink/Kniesel, a.a.O., § 1, Rn. 12, S. 6에서 인용한 것임.

20) Drews/Wacke/Vogel/Martens, Gefahrenabwehr, 9. Aufl., Carl Heymanns Verlag, 1986, S. 232("ein den Forderungen der öffentlichen Sicherheit und Ordnung entsprechender Zustand").

21) Drews/Wacke/Vogel/Martens, a.a.O., S. 232.

것은 너무나 위험한 일이고, 현대적 경찰보호이익 중 하나로 생각할 필요는 없다.

③ 이 조항을 통해 18세기 말 위험방지(Gefahrenabwehr)가 경찰직무의 목적임이 밝혀져 있다는 점이 매우 선진적이었다고 할 수 있고, 그로 인해 이 조항이 역사적으로 상징적 중요성을 가진다고 평가되는 것이다.[22] 하지만 실질적인 현대 경찰법상 개괄적 수권조항의 선구는 아래 1931년 프로이센경찰행정법 제14조 제1항이다.

2. 「프로이센경찰행정법(PrPVG)」 제14조 제1항

1931. 6. 1.에 제정된 프로이센경찰행정법은 현대 독일 실정경찰법률들과 일반경찰법 법리의 출발모델이었고 현대 독일공법의 대발명품 중 하나인 비례성원칙[23]의 실정법상 근거이기도 했다. 그래서 독일 현대 경찰법의 아버지이자 대사건으로 평가되기도 한다.[24] 이 법률의 제정은 프로이센고등행정재판소의 공훈이고, 더 깊이 들어가면 경찰법의 부동의 권위자였던 Bill Drews[25]의 노력에 기인한 결과라고 보는 것이 지배적이다.[26]

동 법률은 (1) 경찰공권력의 주체(제1장 제1조[27]), (2) 경찰관청조직(제2장 제

---

22) Schucht, a.a.O., S. 48.

23) 경찰법문헌에서 독일의 비례성원칙은 프로이센고등행정재판소의 작품으로서 강조되고 있다. Pieroth/Schlink/Kniesel, a.a.O., § 1, Rn. 13, S. 6이 대표적이다. 여기서 그들은 "(프로이센)고등행정재판소의 판결은 경찰국가와의 작별신호였다. … 프랑스인들은 바스티유감옥을 무너뜨렸지만, 독일인들은 행정재판소제도와 비례성원칙을 발명하였다."라고 적고 있다.

24) Naas, Stefan, Die Entstehung des Preußischen Polizeiverwaltungsgesetz von 1931－Ein Beitrag zur Geschichte des Polizeirechts in der Weimarer Republik -, Mohr Siebeck, 2003, S. 1, 2.

25) 1921년부터 1937년 사망 전년도까지 동 재판소의 장이었던 Drews는 바로 독일 최고 권위 경찰법문헌인 Drews/Wacke/Vogel/Martens, Gefahrenabwehr, 9. Aufl., 1986의 최초 저술자이다. 이 책은 1986년 Wolfgang Martens가 서거한 후 절판되었음에도 불구하고 지금까지도 경찰법기본서로 독일 경찰법학, 판례, 경찰실무뿐만 아니라 일본, 우리 경찰법학에서까지 지배적으로 인용되는 문헌임은 주지의 사실이다.

26) Naas, a.a.O., 17 ff., 116 ff. 참조.

27) "경찰은 국가사무이다(Die Polizei ist Angelegenheit des Staates)". 이에 대해서는 Naas, a.a.O., S. 64 ff. 참고.

2조-제8조), (3) 경찰감독청(제3장 제9조-제13조), (4) 경찰관청의 직무(제4장 제14조-제17조), (5) 경찰책임자로서 경찰의무자(제5장 제18조-제21조), (6) 경찰관청의 지역관할(제6장 제22조-제23조), (7) 경찰법규명령(제7장 제24조-제39조), (8) 경찰처분(제8장 제40조-제54조), (9) 경찰관청의 강제수단(제9장 제57조), (10) 경찰관청의 기타 명령(제10장 제58조), (11) 경찰에 의한 형사처분(제11장 제59조-제69조), (12) 경찰명령으로 인한 손해배상청구권(제12장 제70조-제73조), (13) 경과규정 및 부칙으로서 종결규정(제13장 제74조-제84조)으로 구성되어 있었다.[28][29]

1956년 Trubel의 프로이센경찰행정법 주석서에 의하면 이 법 제14조 제1항의 주된 구성요소는, ① '공공의 안녕이나 질서' ② '위험을 방지하기 위함', ③ '의무적합적 재량(pflichtmäßiges Ermessen)'에 따름, ④ '필요한 조치'를 취하여야 함이다.

위 요소들을 보다 그 시대에 가까운 시각으로 보기 위해 Trubel의 1956년 주석서의 관점을 통해 살펴보기로 한다.

① '공공의 안녕과 질서'에서 첫째로, '공공의(öffentlich)'는 경찰직무가 개념상 공익보호에 제한됨을 의미한다는 것인데, 이는 현대적으로 경찰공공의 원칙으로 이어지며 예외적으로 사권보호를 위해서도 경찰력이 투입될 수 있다고 한다.[30] 둘째, 법익과 성문법질서를 포용하는 '공공의 안녕' 개념, 셋째로 공동체 다수가 불가결하게 여기는 사회가치관 및 윤리규범의 총체를 의미하는 '공

28) 프로이센경찰행정법에 대한 과거 주석서인 Trubel, Hans, Das Preußische Polizeiverwaltungsgesetz vom 1. 6. 1931 — nebst Ausführungsbestimmungen und anderen Vorschriften und Verewaltungsanordnungen, 5. Aufl., Verlag Deutsche Polizei GmbH, 1956, S. 5 참고. 이 책은 훗날 Scheer/Trubel 공저로 제6판이 1961년 출판되었고, 위 Naas에 의해 인용되기도 한 책의 원저자이다(Naas, a.a.O., S. 3, Fn. 9 참고).

29) 이 법률 자체를 전체적으로 번역한 문헌으로는 김성수, "1931년 프로이센경찰행정법에 대한 연구(1) —그 개관 및 조문내용을 중심으로—," 경찰법연구 제3권 제1호, 한국경찰법학회, 2005, 174쪽 이하; 동인, 동 연구(2), 경찰법연구 제4권 제1호, 한국경찰법학회, 2006, 204쪽 이하; 동인, 동 연구(3), 경찰법연구 제6권 제1호, 한국경찰법학회, 2008, 234쪽 이하가 있다. 이 논문은 최초 연구(1)에서 동 법률의 의의를 Drews/Wacke/Vogel/Martens, Gefahrenabwehr, 9. Aufl., 1986을 기초로 개관하고 난 뒤(178쪽, 각주16), 각 조문을 번역한 것이고, 조문마다의 주석은 존재하지 않는다. 그래도 그 역사적 관점의 시대적 의의는 크다고 보며, 특히 이 법률의 명시적 일반수권조항을 강조한 것도 의의가 크다. 동인, 위 연구(1), 178쪽, 179-180쪽.

30) Trubel, a.a.O., S. 42-43.

공의 질서' 개념도 지금의 독일, 한국 경찰법에서의 개념과 큰 차이가 없다.[31]

② 프로이센고등행정재판소에 따르면, 위험은 합리적 재량에 따를 때 손해발생이 근접한 시점에 개연성을 가지고 예상될 수 있는 상태를 의미한다고 한다.[32] 이는 독일 일반경찰법학이 경찰공권력의 남용가능성을 막기 위해 만든 '구체적 위험' 요건법리를 이미 보여주고 있으며, 더 나아가 효과적 위험방지를 위해 위험의 '외관'이 있을 때에도 개입권능을 인정한다고 하여 외관상 위험(Anscheinsgefahr) 법리의 기초도 확인되고 있다.[33]

③ 의무적합적 재량은 경찰법상 편의주의(Opportunitätsprinzip)[34]를 표현한 것이다. 이에 의하면 경찰은 모든 경찰위반상태와 행위에 대하여 개입할 의무를 부담하는 것이 아니라 경찰의 개입이 모든 고려될 수 있는 공사익의 사정을 하자 없이 합리적으로 고려('재량')하여 합목적적이고 필요한 것인지 여부를 심사하여야 한다.[35] 이는 현대 경찰법학의 설명과 큰 차이가 없다.

④ '필요한' 조치에서 필요성은 가장 최소한의 부담을 주는 수단이 선택되어야 한다는 의미에서 현대 행정법의 비례성원칙의 부분원칙 중 필요성원칙 혹은 최소침해원칙과 동일하게 이해되고 있다.[36]

그런데, 여기서 유의해야 할 것은, 이 조항은 문구상 서술어를 "… 조치를 취하여야 한다"라고 규정하였다는 점이다. 사실 이 조항을 바로 개괄적 수권조항이라고 하려면 재량조치는 법효과에 관한 것으로서 "조치를 취할 수 있다"라는 가능규정(Kann-Vorschrift)이거나 아니면 "조치를 취할 권능이 있다(ist … berechtigt)"는 권능부여규정으로 구성됨이 통상적이다.

그런데 이 조항은 "… 조치를 취하여야 한다"라고 하여 '직무'적으로 규정

31) 공공의 안녕 개념에 대해서는 대표적으로 서정범, "경찰법에 있어서의 공공의 안녕의 개념," 공법학연구 제9권 제2호, 한국비교공법학회, 2008, 331-352쪽; 공공의 질서 개념에 대해서는 대표적으로 이기춘, "독일경찰질서법상 공공의 질서개념에 관한 논쟁의 개관과 평가," 토지공법연구 제30집, 한국토지공법학회, 2006, 369-394쪽 참고.

32) PrOVGE 90, 295. Trubel, a.a.O., S. 42에서 인용함.

33) Trubel, a.a.O., S. 42.

34) 프로이센경찰행정법과 편의주의에 대해서는 Naas, a.a.O., S. 315 ff. 참고. 또한 독일 경찰법의 편의주의(Opportunitätsprinzip)에 대한 최근의 대표적 문헌으로는 Wehr, a.a.O., S. 343 ff. 참고.

35) Trubel, a.a.O., S. 41.

36) 프로이센경찰행정법과 비례성원칙에 대해서는 Naas, a.a.O., S. 300 ff. 참고.

된 것이다. 그런데 앞의 프로이센일반란트법(PrALR)의 직무조항과는 달리 '재량'에 따름을 명기하여 이것을 개괄적 수권조항으로 간주할 수 있다는 것이 지배적 견해이다.[37] 즉 이 조항은 직무규정인 동시에 권능규범으로서 개괄적 수권조항이라고 간주되어 왔다.[38]

⑤ 개괄적 수권조항인 제14조 제1항은 현대 독일경찰법률의 그것보다 상대적으로 더 중요하다. 왜냐하면 오늘날 독일경찰법의 표준조치들은 10개 조치에까지 이르렀는데,[39] 이 프로이센경찰행정법 당시에는 보호조치, 가택출입, 강제소환의 세 가지 표준조치뿐이었기 때문이다. 이후 표준조치가 확대되어 개괄적 수권조항의 기능수행은 약화되었다.[40]

⑥ 부언하자면, 이 조항 이외에, 제8장에 있는 경찰처분의 근거조항인 제41조[41]도 개괄적 수권조항으로 간주하는 견해도 있다.[42] 그러나 이 제41조는 개괄적 수권조항인 제14조 제1항에 근거한 '경찰처분(polizeiliche Verfügung)'에만 적용되는 규정이므로 행위형식상 완전한 개괄적 수권조항이라고 보기는 어렵다.[43] 하지만 제41조는 제14조를 —경찰처분에 한정하여— 확대 · 보충하는 규정이다. 아래 각주의 제41조 규정문장에서 보듯이, 동 조항은 제1항에서 '장해(Störung)'의 제거를 포함시키고 있고, 제2항에서 '필요성원칙'의 구체화와 경찰처분수범자의 '대체수단선택권' 부여를 규정하고 있는 점에서 그러하다.

⑦ 경찰의무자(제5장 제18조-제21조)를 규정하여 경찰책임법리를 명시하였

---

37) 대표적으로 Pieroth/Schlink/Kniesel, a.a.O., § 1, Rn. 18, S. 8.

38) 대표적으로 Drews/Wacke/Vogel/Martens, a.a.O., S. 11.

39) 정보처리 등 정보조치, 신원확인), 감식조치(Erkennungsdienstliche Maßnahmen), 소환, 퇴거명령, 보호조치, 신체수색, 물건수색, 가택출입 및 수색, 영치와 압류 등이 그것이다.

40) Schucht, a.a.O., S. 50.

41) 프로이센경찰행정법(PrPVG) 제41조 ① 경찰처분은, 그것이 경찰법규명령이나 특별법률에 근거하여 발령되는 것이 아닌 한, 그것이 공공의 안녕이나 질서에 장해(Störung)나 개별사건에서 공공의 안녕이나 질서에 대하여 임박한 위험을 방지하기 위하여 필요한 경우에만 효력을 가진다.
② 공공의 안녕이나 질서에 대한 장해의 제거나 경찰위험의 효과적 방지를 위하여 다수의 수단이 문제될 경우에, 경찰청은 이 수단 중 하나를 선택하는 것으로 족하다. 이때 가능하면 관련자와 일반공중에게 가장 적은 침해를 가하는 수단을 선택하여야 한다. 신청에 따라 관련자에게는 그에 의해 제공된, 동일하게 효과적으로 위험을 방지할 수 있는 다른 수단을 적용함이 허용된다. …

42) Heuer, a.a.O., S. 5.

43) Heuer, a.a.O., S. 4, 특히 Fn. 3 참고.

다. 행위책임과 상태책임을 포함한 경찰책임원칙규정을 두었고(제18조), 별도로 행위책임(제19조), 상태책임(제20조), 비책임자에 대한 조치가능성(제21조)을 규정하였다. 그리고 제13장에서 손해배상과 간접적 비용상환청구규정 등 구제청구규정을 두었다.

결론적으로 개괄적 수권조항과 함께 그에 근거한 경찰공권력행사의 남용가능성 통제를 위하여 비례원칙, 위험법리, 경찰책임, 구제의 실정법상 토대도 함께 마련된 것이라고 평가할 수 있다. 바로 이 점이 중요하다.

3. 1977. 11. 25. 「연방과 주들의 통일경찰법모범초안(MEPolG)」 제8조

이 「연방과 주들의 통일경찰법모범초안(이하 '모범초안'이라고 함)」의 기원은 1972년 독일연방내무부 컨퍼런스에서 진행된 「독일국내안전프로그램(Programm für die innere Sicherheit)」이며, 여기서 당시 서독의 각 주마다 제각기 발전되던 경찰법률들을 올바른 방향으로 이끌겠다는 목적이 추구되었다. 주 경계를 넘는 경찰력투입의 필요성이 자주 발생하였는데, 각각 다른 내용의 경찰법률들이 장애물이 되었다는 진단 때문이었다.[44]

이 모범초안의 특징을 설명하면, ① 경찰의 직무와 권능을 엄격하게 분리하였다. 경찰의 직무규범은 제1조에서 규정하고,[45] 권능규범은 제8조 이하에서 규정하였는데, 특히 개괄적 수권조항은 제8조이다. 직무규범과 권능규범을 함께 제14조 제1항에서 담은 프로이센경찰행정법의 태도에서 벗어남으로써, 드디어 이 분리원칙에 관한 논쟁이 종결되었다.

---

44) Schucht, a.a.O., S. 60 참고.

45) 서정범, 『경찰법 사례연구 —독일이론을 중심으로—』, 도서출판 고시연구원, 2003, 169쪽에서 다음을 옮긴 것임. 모범초안(MEPolG) 제1조 ① 경찰은 공공의 안녕 혹은 질서에 대한 위험을 방지하는 것을 그의 직무로 한다. 경찰은 이러한 직무의 범위 내에서 범죄행위에 대한 수사를 하기 위한 준비를 하고 범죄행위를 예방하여야 하며, 장래의 위험을 방지할 수 있기 위한 준비를 하여야 한다.
② 법원에 의한 권리구제가 적시에 행해질 수 없고, 경찰의 개입 없이는 사인의 권리의 실현이 불가능하거나 현저히 곤란한 경우에는 경찰은 이 법률에 따라 사권의 보호를 행한다.
③ 경찰은 다른 행정청에 대한 집행원조를 행한다.
④ 경찰은 다른 법규에 의해 경찰에게 위임된 직무를 수행하여야 한다.

그리고 ② 비례성원칙을 명시하여(제2조), 적합성 및 필요성원칙(제1항), 상당성원칙(제2항), 시간적 의미의 비례원칙(제3항)을 규정하였다.

③ 재량과 수단의 선택(제3조)에서, 의무적합적 재량행사의 원칙(제1항), 대체수단선택이 가능함(제2항)을 규정하였다.

④ 경찰책임에 관하여, 행위책임(제4조), 상태책임(제5조), 조치의 직접시행(제5조의a), 경찰긴급상태에서의 비책임자에 대한 조치가능성(제6조)을 규정하여, 프로이센경찰행정법과 달라진 것은 제5a조 조치의 직접시행(unmittelbare Ausführung) 정도이다.[46] 이 조항은, 경찰은 경찰책임자에 대한 조치가 불가능하거나 곤란할 경우 바로 비책임자에 대한 조치로 갈 것이 아니라 스스로의 직접시행을 통해 위해제거를 하라는 명령의 규정이다.

⑤ 제8조 제1항 단서는 표준조치들이 개괄적 수권조항보다 우선적용됨을 명시하였다. 이에 따라 일반조항의 보충적용원칙이 확인되어, 특별수권이 없는 경우에만 개괄적 수권조항에 근거한 경찰개입이 가능함을 분명히 했다. 이에 편승하여, 1977년 이 모범초안의 핵심은 개괄적 수권조항이 아니라, 이제 제9조부터 제24조까지 규정된 9개의 표준조치들이 되었다는 평가가 행해지고 있다.[47]

그리고 이러한 평가를 한 학자는 표준조치들은 다시 (1) 완결된 구성요건 표준조치, (2) 제한적 일반조항의 표준조치, (3) 일반구성요건들의 표준조치, (4) (바이에른 주의) 부분적 일반조항, (5) 무제한적 일반조항으로 구분하고 있다.[48]

이 구분의 특징은 첫째, 본래적 의미의 개괄적 수권조항(제8조 제1항)도 무제한적 일반조항으로서 표준조치 중 하나에 포함시켜 이해한다는 점이다. 둘째, 요건상 개방성의 차이를 단계화하였다. 이 구분을 자세히 보는 것은 별도로 연구되어야 한다. 단, 여기서 이 구분법리를 옮겨 본 것은, 우리나라 경찰관직무집행법에 명시적인 무제한적 일반조항은 없고 표준조치들만이 존재하는

---

46) 이에 대해서는 서정범(역), 『독일경찰법론』, 세창출판사, 1999, 260쪽 이하를 참조.

47) Schucht, a.a.O., S. 61, 특히 Fn. 126. 신원확인(제9조), 감식조치(제10조), 소환(제11조), 퇴거명령(제12조), 보호조치(제13조-제16조), 인신수색(제17조), 물건수색(제18조), 가택출입과 수색(제19조-제20조), 영치 등(제21-제24조). 이에 대하여 최근 유력한 문헌으로 Wißmann, a.a.O., S. 217 f.(개별영역에 특수한 일반조항); 서정범, 위의 책, 174-185쪽 참고.

48) Schucht, a.a.O., S. 62.

데, 그중에는 제5조, 제6조와 같은 제한적이나마 일반조항이라고 할 수 있는 규정들이 존재하기 때문이다. 이에 대해서는 후술한다.

⑥ 마지막으로 개괄적 수권조항 그 자체인 제8조 제1항은 너무나 간략하다는 점이다. 하지만 개괄적 수권조항의 기본요건인 보호이익으로서 공공의 안녕과 질서, 상황요건인 위험과 장해 개념은 과거 그대로이고, 그 법리가 더 치밀하게 발전되었다. 특히 공공의 질서에 대한 비판적 견해가 점점 더 유력해졌고, 위험법리는 위험의 의심, 외관상 위험, 오상위험 또는 잠재적 위험 법리 등으로 발전되었다.[49] 그리고 경찰법상 책임법리와 배상 및 보상에 관한 손해전보제도가 보다 구체적으로 규율되었고, 그에 따른 법리도 훨씬 더 정치하게 발전되었다. 이러한 점이 우리나라의 경찰관직무집행법(이하 '경직법'이라고 한다)과 가장 큰 차이점이다.

마지막으로 이 모범초안 제정 이후 「대체초안(AEPolG)」이 있었다가 무산되고, 1983. 12. 15. 독일연방헌법재판소의 인구조사판결로 인해 경찰의 정보수집과 처리규정이 도입되어야 한다는 내무장관회의의 결정이 계기가 되어, 정보수집 및 처리규정이 도입된 1986. 3. 12. 「보충초안(Ergänzungsentwurf)」이 발표되었고, 이를 통해 각 주의 경찰법률들이 이를 모델삼아 정보규정들을 도입하고 있다.[50]

4. 바덴-뷔르템베르크경찰법(BWPolG) 제3조

과거 프로이센에 대한 강력한 경쟁상대들이었던 서남독일의 바덴(Baden)과 뷔르템베르크(Württemberg)와 동남부 대표적 주인 바이에른(Bayern)은 남독일의 대표적인 주들로서, 남독일특별수권시스템(süddeutsches System der Spezialermächtigung) 또는 특별수권원칙(Spezialermächtigungsprinzip)[51]이라고도 불리웠던 특별규율시스템[52]이 관철되었던 주들이었다.

---

49) 이에 대해서는 서정범(역), 위의 책, 39쪽 이하; 이기춘, "경찰질서법상 위험개념 및 표현위험과 위험의 의심 –독일경찰법학의 위험개념 검토를 중심으로–," 공법연구 제31권 제4호, 한국공법학회, 2003, 363-392쪽 참조.

50) 서정범, 경찰법 사례연구, 앞의 책, 169쪽, 특히 각주 1 참고.

51) Schucht, a.a.O., S. 45-46.

52) Drews/Wacke/Vogel/Martens, a.a.O., S. 7.

이러한 남독일의 특별수권시스템을 잘 보여준 예는 경찰형법전(Polizeistrafgesetz)의 제정이다.[53] 1861년 바이에른경찰형법전, 1863년 바덴경찰형법전, 1871년 뷔르템베르크경찰형법전이 그것이다.[54] 이 법률들은 처벌규정으로서 금지규정 및 경범죄처벌규정을 두고 있었고, 또한 구성요건으로 제한된 처벌법규명령의 수권규범 즉 소위 백지수권조항으로 구성되었다.[55] 그러나 프로이센식인 즉 북독일 일반조항시스템은 이 주들에서 발견되지 않는다.

뷔르템베르크에서는 명시적으로 특별규정을 찾지 못한 상태에서 개별조치를 취하기 위하여 일부학설은 관습법으로 근거짓든지,[56] 또한 일부학설은 모든 공동체에 근거하는 '기본규범'이라는 불문법으로 근거지었다는 내용이 확인된다.[57]

그러나 1863. 10. 31. 바덴경찰형법전은 제30조 제1항[58]에서 경찰의 개별조치들의 권능부여 근거가 될 수 있는 개괄적 수권조항으로 해석되는 내용을 규정하였다고 한다.[59] 어쨌든 대세적으로는 개괄적 수권에 따른 경찰권발동에 대한 회의적 태도로 인하여, 프로이센일반란트법 식의 성문의 개괄적 수권조항모델이 남독일에 자리 잡기에는 시간이 흘러가야 했다.

제2차 세계대전 후[60] 바덴-뷔르템베르크 주는 1955년 경찰법(BWPolG)을 제정하면서, 위 법제소개부분에서 언급한 현행 경찰법 제1조 및 제3조와 거의 동일한 규정을 도입하였고, 이로써 직무규범과 권능규범의 구분은 이 주에서도 관철된 것이라고 보인다. 그런데 처음에는 직무조항으로부터 일반조항을

53) Ruder, Karl-Heinz/Schmitt, Steffan, Polizeirecht Baden-Württemberg, 7. Aufl., Verlag Nomos, 2011, Rn. 6, S. 34.

54) Zeitler, Stefan/Trurnit, Christoph, Polizeirecht für Baden-Württemberg, 3. Aufl., Verlag W. Kohlhammer, 2014, Rn. 16, S. 4; Drews/Wacke/Vogel/Martens, a.a.O., S. 7.

55) Pieroth/Schlink/Kniesel, a.a.O., § 1, Rn. 14, S. 6 f.

56) Drews/Wacke/Vogel/Martens, a.a.O., § 1, S. 8 참고.

57) Schucht, a.a.O., S. 47.

58) "현대 법전의 규정들 외에 경찰관청에게는, 형사법원의 소추와는 무관하게 그 관할 내에서 위법 및 질서위반상태를 제거하고 그 발생과 계속을 저지할 권능이 유보된다". Ruder/Schmitt, a.a.O., Rn. 8, S. 37; Drews/Wacke/Vogel/Martens, a.a.O., S. 7-8에서 참고.

59) Götz, Volkmar, Allgemeines Polizei- und Ordnungsrecht — Ein Studienbuch —, 15., neu bearbeitete Auflage, C.H.Beck, 2013, § 2, Rn. 9, S. 9.

60) 1945년 전후 이 주의 경찰법 발전에 대해서는 특히 이 주 경찰법주석서인 Ruder/Schmitt, a.a.O., Rn. 10 ff., S. 38 ff.; Zeitler/Trurnit, a.a.O., Rn. 31 ff., S. 8 ff. 참고.

도출하는 이론의 영향이 여전했는지 제1조 직무조항이 경찰일반조항이고 제3조는 경찰활동의 유형과 방법에 관한 규율이라고 이해되었다. 그 직무조항에서 공공의 안녕과 질서가 보호이익으로 승인되었고, 위험방지/장해제거라는 경찰조치의 목적을 담고 있었기 때문이라고 생각된다.

하지만 1968. 1. 16. 개정 경찰법이 공포된 이후 제1조는 그대로 직무조항이고, 제1조의 보호이익, 위험 등 일반조항요소가 보충되어 결합된 제3조[61]가 개괄적 수권규범임이 관철되었다. 최종적으로 1975. 7. 2. 「경찰형법전의 폐지를 위한 법률」을 통해 동 법률이 폐지되어 드디어 "남독일 법전통과의 작별"이 이루어졌다고 평가되고 있다.[62] 여기서 그 전통이란 첫째 특별수권시스템이고, 둘째 경찰형법전을 통해 경찰행정법이 운용되었던 것을 의미한다.

5. 바이에른경찰직무법(BayPAG) 제11조 제1항, 제2항

위에서 본 바와 같이 바이에른도 바이마르공화국 이전 자유법치국가 시대에 특별수권시스템의 국가였고 경찰형법전으로 경찰법근거를 만들던 국가였다. 그러나 특히 바이에른 경찰실무는 경찰의 제한조치를 위한 개괄적 수권규범이 존재한다는 것으로부터 출발했다고 한다. 여기에 주목해야 한다. 우리 경직법 상황과 비슷하기 때문이다.

특히 바이에른 경찰실무는 1871년 프로이센의 독일 통일 이후 프로이센일반란트법(PrALR)의 제10조 II 17 즉 직무규범을 통한 개괄적 수권조항을 가진 프로이센을 부럽게 바라보았고, 바이에른 주의 일반조항 옹호자들은 프로이센 일반란트법의 위 조항을 관습법이라고 근거짓든지 전(前) 헌법적 법의 계속적 효력을 근거로 바이에른에서도 일반조항의 근거를 만들고자 하였다고 한다.[63]

시간이 흘러 1871년의 바이에른경찰형법전은 1956. 11. 17. 바이에른형법/시행령을 통해 폐지되었다. 그러나 특별수권원칙 또는 그 시스템은 쉽게 포기되지 않았고, 특별수권이 일반수권보다 우위에 있고, 더 강한 법치국가적 안전

61) "경찰은 법적 한계 안에서 직무수행을 위하여 의무적합적 재량에 따라 볼 때 필요한 조치를 취하여야 한다."

62) Schucht, a.a.O., S. 54.

63) 이에 대해서는 Schucht, a.a.O., S. 46-47 참고.

장치라고 간주되었다. 심지어 개괄적 수권조항은 법치국가원리의 위반이라는 평가로 인해 코너에 몰리기까지 했다고 한다.[64)]

그보다 먼저 1954. 10. 16. 제정된 바이에른경찰직무법(BayPAG) 제5조 제2항은 범죄나 과태료부과대상 위법행위의 예방, 헌법적대적 행위의 예방이나 중단, 자유, 재산 등에 대한 위험방지 등을 위하여 행위/상태책임자에게 조치를 취할 수 있다는 규정을 두었다.[65)] 이를 두고 부분적 혹은 부진정한 일반조항(partielle- oder unechte Generalklausel)이라고 분석하기도 하였다. 즉 무제한적 수권조항인 개괄적 수권조항과 달리 요건측면에서 전형적 일반조항 요건(공공의 안녕과 질서, 구체적 위험)을 규정한 것이 아니라 요건을 보다 명확하게 특별히 규정해 놓고 법효과측면에서 광범위한 재량을 부여하는 형태이다. 그래서 이를 제한적 일반조항이라고도 한다.[66)]

이 법은 무제한적 개괄적 수권조항 없이 이렇게 제한된 일반조항으로 만족함에서 더 나아가, 제14조부터 제37조까지에 광범위한 목록의 표준조치권능 규정을 도입하였다. 따라서 경찰직무법 제정 이후에도 바이에른 주는 여전히 특별수권시스템 주였고, 이러한 입법태도는 종국적이고 불가침이고 바이에른안전법의 업적이라고까지 강조되었다고 한다.[67)]

그런데 바이에른 주도 상황이 바뀌었다. 앞에서 본 1977년 모범초안(MEPolG)이 발표된 후 1978. 8. 24.에 바이에른 주가 모범초안을 수용했고, 개괄적 수권조항도 그에 포함되었다. 즉 위 법제검토에서 보듯이 바이에른경찰직무법 제11조는 '일반적 권능'의 제목으로 제1항에서 개괄적 수권조항을 규정하

---

64) Schucht, a.a.O., S. 55, 특히 Fn. 80, 82 참고.

65) "그 밖에 경찰은 다음 각호의 1을 위해서만 사람이나 물건의 책임자의 의지에 반하여 그 사람이나 물건에 대하여 조치를 취할 수 있다.

1. 처벌이 예정된 행위를 예방하기 위하여,
2. 처벌이나 질서위반행위로서 과태료가 예정된 행위를 중단시키기 위하여,
3. 1.호와 2.호의 경우 외에
   a) 헌법적대적 행위를 예방하거나 중단시키기 위하여,
   b) 인간생활을 위협하는 위험을 방지하기 위하여,
   c) 인간의 불가침성, 자유, 재산, 점유를 위협하거나 침해하는 위험을 방지하기 위하여 또는 장해를 제거하기 위하여. 단 이것은 공익을 위하여 필요해 보이는 경우에 한한다."

66) Schucht, a.a.O., S. 56.

67) Samper, BayVBl. 1974, 545 (546). 이는 Schucht, a.a.O., S. 56, Fn. 88에서 인용한 것임.

였다. 그런데 위 구 경찰직무법 제5조 제2항의 특별구성요건에 따른 부분적 혹은 제한적 일반조항은 없어지지 않고 지금도 제11조 제2항에 남아 있다. 과거 이 부분적 일반조항이 사실 효과적으로 기능을 수행해서 개괄적 수권조항의 필요성에 의문을 품던 견해가 강력했기 때문이라고 생각된다. 어쨌든 개괄적 수권조항이 도입된 이유는 과거 제5조 제2항, 현 제11조 제2항이 '공공의 질서'에 대한 위험발생 시 개입권능을 담지 못했으므로 무제한적 일반조항 즉 개괄적 수권조항이 확대된 것이다.

결론적으로 독일의 현대경찰법에서도 '공공의 질서'의 보호이익으로서 인정할 것인지의 문제는 바이에른에서도 동일하고, 공공의 질서에 대한 위험의 방지사례는 극히 사소하고 드문 일이라고 보면, 이러한 바이에른경찰직무법의 개괄적 수권조항 도입은 사실상 상징적 의미를 가질 뿐이며, 단지 일반수권시스템 옹호자들에 대한 양보 정도라고 평가할 수 있다고 한다.[68] 여전히 바이에른에서는 제11조 제1항 단서의 특별수권규범으로서 표준조치들(제12에서 제48조)이 중요하다. 오히려 현실적으로는 이 표준조치들의 제한적 일반조항성격의 수권조항들의 연구가 필요하고, 미래의 과제이다. 이 점이 우리 경직법의 발전을 위해 바이에른경찰직무법에 필자의 관심이 많이 가는 이유이다.

6. 노르트라인-베스트팔렌경찰법(NRWPolG) 제8조 제1항

프로이센경찰행정법의 상속자라고 할 수 있는 경찰법률이다. 이 주의 입법자는 2차 대전 이후 새로운 경찰법 창제를 포기하고 1931년 프로이센경찰행정법의 효력을 계속 유지하여, 1953. 8. 11. 오직 경찰관청 조직과 관할규정만을 법률로 제정하였다. 따라서 프로이센경찰행정법 제14조 제1항이 개괄적 수권조항으로 기능하였다. 1969. 7. 8.이 되어서야 프로이센경찰행정법이 폐지되었고, 실체적 경찰법을 제정하여 그 안에 권능규범을 도입하였고, 그때 바이에른경찰직무법을 참고하였다고 한다.[69]

이제 동법의 개괄적 수권조항은 불가결한 권능규범이 되었다. 그러나 다수의 표준조치권능규정을 도입함으로써 북독일의 일반조항시스템 내지 원칙의

68) Schucht, a.a.O., S. 63.

69) Knemeyer, DÖV 1975, 34 (35). 이것은 Schucht, a.a.O., S. 58에서 인용한 것임.

주에서 오히려 특별수권시스템 주인 바이에른경찰직무법에 접근하였다. 따라서 직무규범과 권능규범의 엄격한 분리도 확인되었다.

그 후 특이한 일은 이 주 경찰법률의 일반조항에서 '공공의 질서'가 삭제되었다는 점이다. 이 보호이익 요건개념은 사회가치관의 변화를 차단하고 소수자의 의견을 다수가 윤리규범이라는 미명으로 진압하려는 의도를 가졌던 개념이라고 계속 비판을 받았고, 1978년 통일경찰법수정초안(AEPolG)에서도 삭제된 바 있었다. 그러한 이 공공의 질서개념을 드디어 브레멘(Bremen)이 1983년에 삭제하였고, 자를란트(Saarland)와 노르트라인-베스트팔렌(Nordrhein-Westfalen) 주는 1989년, 쉴레스비히-홀슈타인(Schlewig-Holstein) 주는 1992년, 니더작센(Niedersachsen) 주는 1994년에 그 비판을 수용하여 이 개념을 삭제하였다.[70)]

그러나 이들 중 브레멘과 쉴레스비히-홀슈타인 주만 그 태도를 유지하고 나머지 세 주들은 공공의 질서를 복귀시키는 태도로 돌아섰다. 자를란트 주는 2001. 10. 25.에, 니더작센 주는 2003. 12. 11.에, 노르트라인-베스트팔렌 주는 2010. 2. 9.에, 공공의 질서에 대한 위험방지를 위해 필요한 경찰공권력을 발동할 수 있는 경찰법제로 되돌아갔다.

7. 그 밖의 주 경찰법률들의 개괄적 수권조항

위 법제검토에서 확인되듯이 「브레멘경찰법(BremPolG)」[71)] 제10조 제1항과 「쉴레스비히-홀슈타인 주 일반행정법(SchlHLVwG)」 제174조는 '공공의 질서' 개념을 개괄적 수권조항에서 삭제하는 태도를 고수하고 있다는 점에서 강력한 특징이 발견된다.[72)] 특히 쉴레스비히-홀슈타인 주는 주의 일반행정법(Landverwaltungsgesetz)에서 규정하는 특징을 갖는다.[73)] 더 나아가 동법 제174조가 일반원칙으로서 개괄적 수권의 취지를 담고 있다면, 제176조는 행정행위를 함에 있어서 다시 일반조항적 규정을 하고 있다. 이것은 위에서 본 프로이센경찰행

70) Götz, a.a.O., § 5, Rn. 30, S. 39.

71) 브레멘경찰법에 대하여 일반적으로는 Pieroth/Schlink/Kniesel, a.a.O., § 3, Rn. 17-18, S. 47-48 참조.

72) 공공의 질서와 경찰법상 일반조항의 관계에 대해서는 Wißmann, a.a.O., S. 220 f. 참조.

73) 쉴레스비히-홀슈타인주 일반행정법에 대하여 일반적으로는 Pieroth/Schlink/Kniesel, a.a.O., § 3, Rn. 37-38, S. 54-55 참조.

정법 제14조(형식은 '직무'조항이지만 실질은 '개괄적 수권조항')와 제41조(경찰처분)의 관계와 유사한 짝의 규정이라고 할 수 있다.

그리고 베를린이나 바덴-뷔르템베르크 주가 1970년대 중반에 모범초안(MEPolG)을 수용하여 개정한 데 반해 「함부르크공공안녕질서법(HambSOG)」[74]은 1991년에 와서야 이 초안을 도입하여 수정하였다. 그리고 1966년 도입된 제3조 제1항은 직무조항이란 타이틀로 개괄적 수권조항을 규율하는 1931년의 프로이센경찰행정법을 고수하는 형태를 여전히 취하고 있어서 특별사례로 취급되고 있다.

「작센-안할트 주 공공안녕질서법(LSA SOG)」 제13조는 다른 주와 유사한 일반권능규정을 둔 것에는 특징이 없으나, 일반조항의 각 개념에 대한 개념정의 규정(예, 구체적 위험 개념)을 두고 있다는 것에서 특징을 찾을 수 있다.

Ⅳ. 한국경찰법 특히 경찰관직무집행법에 대한 시사점

1. 직무규범과 권능규범의 분리원칙의 정당성

약 200여 년 전 개괄적 수권조항의 효시라는 1794년의 프로이센일반란트법(PrALR) 제10조 II 17과 현대 경찰법의 모태라는 1931년 제14조 제1항 모두 직무규범과 권능규범이 분리되지 않은 상태에서 그동안의 학설과 판례를 통해 개괄적 수권조항으로 평가되어 실무에서 실제로 이에 근거하여 경찰의 개입이 이루어졌다.

그러나 독일 경찰법제의 발전이 이루어지면서 현재에는 권능규정인 개괄적 수권조항과 표준조치권능규정들은 직무규정과 분리되는 것이 규범원칙이 되었고, 이는 헌법상 법치국가원리와 그에 따른 법률유보원칙에 의해 근거지어지고 있다. 자유, 재산 등 기본권에 대한 제한(Eingriff)은 직무규정에 의해 정당화될 수 없다. 결론적으로 이제 직무규범과 권능규범의 분리는 위험방지직

74) 함부르크공공안녕질서법에 대하여 일반적으로는 Pieroth/Schlink/Kniesel, a.a.O., § 3, Rn. 19, S. 48 참조.

무의 법치국가적 완성을 위한 최소한도의 스탠다드이고, 이제 직무로부터 권능을 끌어내는 것은 불허된다.[75)]

이러한 관점에서 볼 때 우리나라 경직법 제2조 제7호 직무규정이 동시에 기본권제한을 위한 권능규범으로서 개괄적 수권조항이라는 견해가 우리나라 경찰법학계의 유력한 견해 중 하나라고 여러 교과서에서 기술되고 있는 것은 큰 문제이다.[76)]

더 나아가, 보다 발전된 형태의 학설인 경직법 제5조 제1항 제3호와 결합된 제2조 제7호가 개괄적 수권조항이라는 견해[77)]도 사실상 최종적 · 보충적으로는 직무조항을 결합시키는 것이므로 함께 비판될 수 있다.[78)] 더욱이 이 견해는 앞에서 직무규범과 권능규범의 분리가 요청된다는 의견을 제시하였으면서도, 독일의 바덴-뷔르템베르크경찰법의 사례를 근거로 들고 있는데, 엄연히 동법의 개괄적 수권조항은 제3조이다. 제3조에서 제1조 직무규정에 있는 공공의 안녕과 질서에 대한 위험의 방지 부분을 입법기술상 반복하지 않기 위하여 결합해서 근거라고 하고 있는 것이지, 직무와의 결합이 불가피해서가 아니다.[79)]

따라서 이렇게 직무규정에서 권능규범을 도출하는 관점을 채용하는 것은 공법의 대표격인 경찰행정법의 법치국가적 발전을 역전시키는 일이다. 이는 우리나라 헌법 제37조 제2항에 따른 법률유보원칙에 비추어 보아도 수용될 수 없다.[80)] 더욱이 위에서 남독일 국가 특히 바이에른 주에서 프로이센을 우려러 봤던 일부의 견해가 채용했던 관습법 혹은 기본규범이란 불문법논리도 우리의 전통이 아니므로 받아들일 수 없다. 이것을 받아들이는 것은 헌법에 근거한

---

75) Schoch, a.a.O., 2. Kap., Rn. 37, S. 146. 우리나라 문헌으로 대표적으로는 홍정선, 『경찰행정법』, 제2판, 박영사, 2010, 284-285쪽; 동인, 『기본행정법』, 박영사, 2013, 157-158쪽; 문병효, "경찰권발동의 근거와 한계에 관한 소고(小考)," 강원법학 제48호, 강원대비교법연구소, 2016, 281쪽; 손재영, 『경찰법』, 제3판, 박영사, 2016, 53-54쪽 참고.

76) 대표적 최근 문헌으로 류지태/박종수, 『행정법신론』, 박영사, 제15판, 2011, 976쪽 참고.

77) 손재영, 『경찰법』, 제3판, 박영사, 2016, 116-117쪽.

78) 동지의 견해로 문병효, 앞의 논문, 282쪽.

79) Wißmann, a.a.O., S. 217, 특히 127이 그러한 표현을 쓰는 문헌인데, 제3조만이 바덴-뷔르템베르크경찰법의 개괄적 수권조항이라고 주장하는 견해도 유력하다. Gusy가 그러하다고 한다. Schucht, a.a.O., S. 54, 특히 각주 76 참고.

80) 경직법 제2조 제7호 직무조항으로부터 개괄적 수권조항 도출을 반대하는 견해로 대표적으로 정형근, 『행정법』, 제6판, 피앤씨미디어, 2018, 841쪽; 김재광, 『경찰관직무집행법』, 도서출판 학림, 2012, 42쪽.

행정법상 기본원칙들을 다시 '조리(條理)'라고 불렀던 시대로 회귀하는 것과 별반 다르지 않다.

2. 바이에른경찰직무법의 역사로부터의 시사점

남독일의 전통인 특별수권시스템 혹은 특별수권원칙이 우리나라의 입법시스템, 헌법과 친화적이라고 할 수 있다. 바이에른은 전술한 바와 같이 통일경찰법모범초안이 나오고 그것을 반영한 개괄적 수권조항이 도입된 1978년 이전까지 특별수권을 중시하는 전통을 이어왔고, 개괄적 수권조항이 도입된 후 지금까지도 여전히 표준조치들이 강조되는 혼합시스템(Mischsystem)을 구축하였다. 1861년 바이에른경찰형법전으로부터 경찰법의 법제화가 시작되어 계속 특별수권원칙을 고수하다가 100여 년이 흐른 뒤에야 ―전술한 바대로― 사실상 상징적인 의미로만 개괄적 수권조항을 제11조 제1항에 도입한 바이에른 주의 입법역사는 우리나라 경직법에도 큰 참고가 될 것이라고 본다. 결론적으로 오히려 훨씬 빈도가 높은 표준조치규정들의 부분적 또는 제한적 일반조항들의 법치국가적 해석척도의 발전이 필요하다고 본다. 불완전하게나마 표준조치들을 가지고 있는 우리 경직법에서 경청해야 할 부분이다.

3. 개괄적 수권조항의 도입이냐 불필요함인가?

독일의 개괄적 수권조항의 3대 요건인 공공의 안녕과 질서라는 보호이익요건, 위험요건, 책임요건은 바로 독일 경찰법학, 법제가 헌법상 법치국가원리, 기본권보호를 위해 만들어 놓은 경찰공권력행사의 통제장치이다. 특히 아직도 공공의 질서 개념은 독일 경찰법학과 입법례에서 보듯이 계속 논쟁 중이고, 위험 개념도 외관상 위험, 위험의 의심, 제1차적 차원에서의 위험과 제2차적 차원에서의 위험과 관련된 주관설과 객관설의 대립 등이 아직 대세적으로 정리되었다고 보기 어렵고, 경찰법상 책임개념도 실질적 경찰의무, 다수책임자 중 선택문제, 추가적 경찰책임자 등에 관한 독일의 지배적 법리가 우리 경찰법학과 법제에 정착되어 있다고 보기 어렵다.

더 나아가 우리 경직법은 너무나 효과적 위험방지/장해제거목적을 불균형적으로 강하게 추구하는 법이다. 그에 대한 이의제기절차, 손해배상 등 구제절차 등이 마련되어 있지 않기 때문이다. 그리고 전술한 대로 직무조항에서 권능규범 도출하기로 개괄적 수권조항의 존재를 도출하자고 하는 것은 경찰청의 권력비대화 우려만을 키울 뿐이다. 수십 년 동안 개괄적 수권조항 논의가 국회에서 집중 논의되지 못한 근본적 이유이다. 바이에른 주가 100여 년 기다린 것을 금과옥조로 삼아서 우리도 심도 있는 논의 후에 도입을 기획할 계기가 필요하다.

최종적으로 경찰법상 개괄적 수권조항은 드물게 발생하는 사례들로 인해 양적 측면으로는 그 중요성이 미미하지만, 경찰법제 전체적으로 볼 때 상징적인 구조적 중요성을 갖고 있다. 그리고 보충기능을 할 개괄적 수권조항이 있어야 국민과 국가의 안전을 보장할 수 있으므로,[81] 바이에른 주처럼 꼼꼼히 다툴 것은 다투고, 제한적 일반조항인 우리 경직법 표준조치규정들(특히 제4조-제7조)의 헌법합치적 해석을 위한 노력을 경주하며 기다려야 한다.[82] 최후보충적 경찰수권이자 동시에 경찰공권력의 통제척도가 될 개괄적 수권조항은 미래에 분명히 입법되어야 한다.[83]

V. 결 론

본문에서 강조한 것을 재확인하는 것으로 결론을 갈음한다. 직무조항에서 권능규범으로서 개괄적 수권조항을 도출하는 것은 경찰법의 발전을 100여 년 전으로 되돌리는 일이므로, 더 이상 논의되어서는 곤란하다. 그리고 현재 우리나라 경직법에 제5조, 제6조, 제7조 등의 부분적 일반조항성격의 권능규범들의 해석노력이 먼저이다. 이는 앞으로 필자의 연구과제이기도 하다. 더 나아가 해방이후 현상적으로 보면 우리나라 입법시스템은 그 옳고 그름 자체를 별론으로 하고 특별수권시스템이라고 할 수 있기 때문에, 독일 남독일 주들의 경찰

---

81) Schucht, a.a.O., S. 68-69, 87 참고.
82) 이러한 노력의 일환으로 보이는 대표적 최근 논문으로 이성용, 경직법상 경찰수권 규정체계의 입법적 개선, 경찰법연구 제14권 제1호, 한국경찰법학회, 2016, 261쪽 참조.
83) 홍정선, 앞의 책, 285쪽.

법전통인 특별수권시스템의 진행과정에 관심이 간다. 특히 그중에서 바이에른주의 경찰법발전역사를 보면 우리 경직법의 발전과정이 어때야 할지 예측된다고 할 수 있다. 물론 개괄적 수권조항의 도입필요성은 확실히 인정되므로, 앞으로 각 부분요건인 공공의 안녕, 질서 개념의 재정립, 위험개념의 설득, 경찰법상 책임의 정당화, 각종 이의제도 및 구제제도의 도입을 통해, 국민의 안전, 국민의 기본권의 제한, 그 제한의 한계, 그 한계의 한계논의가 시간을 두고 재검토되어 장래 도입될 개괄적 수권조항의 기능이 설득력을 가지길 희망한다.

(이기춘)*

---

* 이 글은 이기춘 "독일경찰질서법상 개괄적 수권조항 또는 경찰일반조항의 고찰과 시사점의 도출," 법학연구 제59권 제1호(2018. 2)에 게재된 것임.

제 3 편

경찰권발동의 요건

제3편

개관

경찰은 공공의 안녕 또는 질서에 대한 위험을 방지하는 것을 그의 책무로 한다. 이는 "공공의 안녕 또는 질서에 대한 위험"의 존재가 경찰권을 발동하기 위한 요건(전제조건)을 이룬다는 것을 의미한다. 제3편에서는 이러한 문제를 경찰권발동의 요건이란 제하에서 상세하게 다루고 있다. 즉, 제3편은 경찰권 발동의 요건을 구성하고 있는 핵심적 개념인 공공의 안녕, 공공의 질서 및 위험에 관한 논의를 그 내용으로 하고 있는 것이다.

제3편의 구체적 내용은 다음과 같다.

경찰은 공공의 안녕과 질서를 그 보호법익으로 하고 있는바, 제1장은 이 가운데에서 공공의 안녕의 개념을 다루고 있다. 공공의 안녕은 종래 "개인의 생명 · 신체(건강) · 명예 · 자유 · 재산과 같은 주관적 권리와 법익, 객관적인 성문의 법질서, 국가의 존속 · 국가 및 그 밖의 공권력주체의 제도 및 행사가 아무런 장해도 받고 있지 않은 상태"를 의미하는 것으로 이해되어 왔다.

다음으로 제2장과 제3장은 공공의 질서에 관하여 실로 상세한 논의를 전개하고 있다. 공공의 질서는 종래 "그때 그때의 지배적인 (헌법상의 가치척도에 따른) 윤리관 · 가치관에 따를 때 그를 준수하는 것이 인간의 원만한 공동생활을 위한 불가결의 전제조건이라고 간주되는, 공중 속에서 인간의 행위에 대한 불문규율의 총체"를 의미하는 것으로 이해되어 왔다. 한편 공공의 질서와 관련하여서는 과연 공공의 질서의 개념에 입각하여 경찰권을 발동하는 것이 긍정될 수 있는지 여부에 관한 학설과 판례의 대립이 심각한데, 제2장은 이러한 문제에 대한 학설과 판례의 입장을 상세히 소개하고 있다. 그리고 이러한 논의를 바탕으로 하여 제3장에서는 공공의 질서의 개념을 재설정하고자 하는 시도를 행하고 있다.

마지막으로 제4장과 5장은 (구체적) 위험을 둘러싼 문제를 다루고 있다. 먼저 제4장은 (구체적) 위험의 개념을 전제로 하여 (구체적) 위험에 관한 논의를 전개하고 있는바, 종래 (구체적) 위험이란 "어떤 사실의 정상적인 진행을 방치하게 되면, 가까운 장래에 어떤 상태 또는 행위가 공공의 안녕 또는 질서에 손해를 가져올 충분한 개연성이 있는 경우"를 의미하는 것으로 이해되어 왔다. 한편 제4장은 위험의 개념 이외에도 동 개념의 발전과정과 (구체적) 위험의 존재 여부가 다투어지는 한계상황에 대한 논의까지도 소개하여 위험개념의 전방위적 고찰을 도모하고 있다. 그런데 9 · 11 테러를 기점으로 하여 전통적인 (구체적) 위험개념에 커다란 변화가 일어나기 시작했으며, 이러한 사정을 학자들은 "위험의 개념이 위험에 빠졌다"라는 식으로 표현하고 있는 실정이다. 제5장은 바로 이러한 문제, 즉 (구체적) 위험개념의 약화 내지 종언의 문제를 다룬다. 아울러 이러한 위험개념의 변화가 헌법과도 조화를 이룰 수 있는 것인지에 대하여도 상세하게 고찰하고 있다.

제 3 편

제 1 장 경찰법에 있어서의 공공의 안녕의 개념

Ⅰ. 들어가며

경찰은 무엇보다도 공공의 안녕에 대한 위험의 방지를 그의 직무로 한다.[1] 한편 경찰의 개입을 허용하는 또 하나의 위험상황은 공공의 질서[2]에 대한 위험인바, 양자 중에서 공공의 안녕에 대한 위험의 방지가 양적으로나 질적으로나 훨씬 더 중요한 것으로 이해되고 있다.[3] 결국 경찰은 공공의 안녕 또는 공공의 질서에 대한 위험방지를 그의 임무로 하는 것이므로 경찰법의 기본내용을 올바르게 이해하기 위하여서는 경찰에 의하여 보호될 법익인 공공의 안녕과 공공의 질서의 개념에 대한 이해가 필연적으로 요구되는바,[4] 이하에서는 이 중에서 공공의 안녕의 개념에 대해 고찰해보고자 한다.

지배적인 견해에 따를 때 공공의 안녕이란 "개인의 생명 · 신체(건강) · 명

1) Knemeyer, Polizei und Ordnungsrecht, 9. Aufl., 2002, Rn. 100. 즉, 경찰에 의하여 방지되어야 할 위험은 공공의 안녕에 포함되는 법익에 대한 위험이어야 하는바, 이 같은 사정을 명시하고 있는 예로는 vgl. BVerfGE 69, 315 ff.(352).

2) 경찰법에서의 공공의 질서의 개념에 관하여 자세한 것은 서정범, "경찰법에 있어서의 공공의 질서의 개념," 경찰학연구, 제8호, 2006, 8쪽 이하 참조.

3) Kugelmann, Polizei- und Ordnungsrecht, 2006, 4. Kap. Rn. 22.

4) 한편 이처럼 경찰에 의하여 보호될 법익을 확정짓는 것은 ① 국가의 조직체계 내에서, 환언하면 다른 행정청에 대한 관계에 있어 경찰행정청의 권한범위를 획정하는 결과를 가져오며, ② 국민과의 관계에 있어서는 경찰의 개입을 가능케 하고 경찰권을 제한하는 결과를 가져온다는 점에서 경찰법의 이론전개에 있어서도 중요한 의미를 갖는바, 이러한 사정에 관하여 자세한 것은 vgl. Gusy, Polizeirecht, 4. Aufl., 2000, Rn. 81.

예 · 자유 · 재산과 같은 주관적 권리와 법익, 객관적인 성문의 법질서, 국가의 존속 · 국가 및 그 밖의 공권력주체의 제도 및 행사가 아무런 장해도 받고 있지 않은 상태"를 의미하는 것으로 이해되고 있다.[5] 또한 독일의 일부 란트에서는 이러한 공공의 안녕의 개념을 실정법에 명문으로 규정하고 있기도 한데,[6] 이러한 규정들은 "공공의 안녕의 유지란 위험이 생물 또는 무생물의 상태나 현상에 기인하든 또는 인간의 작위 · 부작위, 특히 공 · 사법규범의 파괴행위에 기인하든 간에, 국가 또는 그의 제도의 존속과 개인의 생명 · 건강 · 자유 · 재산 · 명예를 위협하는 손해의 보호를 말한다"라고 규정했던 프로이센 경찰행정법 제14조 제1항에 대한 해석[7]을 현대화한 것으로 이해할 수 있다.[8] 이러한 논의를 바탕으로 할 때 결국 공공의 안녕의 개념은 ① 개인의 주관적 권리와 법익, ② 객관적인 법질서, ③ 국가의 존속과 국가 및 그 밖의 공권력주체의 제도와 행사와 같은 3가지 요소들로 구성되어 있다고 할 수 있는바, 이와 관련하여 많은 경우에 있어서 이들 3가지 보호법익이 중첩된다는 점을 유의할 필요가 있다. 즉, 예컨대 신체에 대한 상해가 있게 되면 개인의 주관적 법익의 불가침성만이 문제되는 것이 아니라 객관적 법질서의 불가침성도 문제가 된다. 왜냐하면 이 경우에 있어 상해를 가하는 행위자는 형법 제257조의 상해죄의 구성요건을 충족하게 되기 때문이다.[9]

---

5) Klein, Zur Auslegung des Rechtsbegriffs der öffentlichen Sicherheit und Ordnung, DVBl. 1971, 233 ff.(235 f.); VGH Mannheim, NVwZ 2001, 1299 usw. 한편 이 같은 공공의 안녕의 개념은 불확정 법개념이지만 전 범위에 걸쳐서 법원의 심사의 대상이 되며, 경찰행정청은 그의 적용에 있어 아무런 판단여지도 갖지 못한다는 점을 주의하여야 한다(홍정선, "경찰권의 법적 근거로서 일반조항 – 독일의 경우를 중심으로," in: 『공법이론의 현대적 과제』(방산 구병삭박사 정년기념논문집, 박영사, 1991, 733쪽).

6) 공공의 안녕의 개념을 실정법에 최초로 규정한 것은 브레멘이었으며(§ 2 Nr. 2 BremPolG), 그 후 § 54 Nr. 1 ThürOBG, § 3 Nr. 1 SOG LSA 등에도 거의 동일한 내용의 규정되기에 이르렀다. 다만 브레멘 경찰법의 경우 객관적인 법질서가 공공의 안녕의 개념에 대한 입법적 정의에 있어 가장 앞에 규정되어 있다는 점에서 그 특징을 찾을 수 있는바, 이는 오늘날 국가의 입법이 워낙 상세한 영역까지 빠짐없이 규정하고 있음으로 인해 개인적 법익이 거의 예외 없이 법규범에 의하여 보호되고 있다는 사실과 부합하는 면이 있다(이러한 설명에 관하여는 vgl. Ruder/Schmitt, Polizeirecht Baden-Württemberg, 6. Aufl., Rn. 230).

7) Franzen, Lehrkommentar zum Polizeiverwaltungsgesetz, Bd. 1, Greifswald 1932/34, S.80 f.

8) Drews/Wacke/Vogel/Martens, Gefahrenabwehr, 9. Aufl., 1986, S.232.

9) 이처럼 공공의 안녕의 개념적 요소를 이루는 3가지 보호법익이 중첩되기도 하는 사정은 역사적 고찰을 요한다고 하는바, 특히 이러한 문제에 관한 독일에서의 자세한 논의에 관하여

이하에서 공공의 안녕의 개념을 구성하고 있는 제 요소의 내용에 대하여 상세히 고찰해 보기로 하겠다.

II. 개인의 주관적 권리와 법익

1. 의 의

공공의 안녕의 보호법익의 첫 번째 요소로 개인의 주관적 권리와 법익을 들 수 있는바, 이처럼 개인의 주관적 권리와 법익이 공공의 안녕의 일부를 형성하고 있다는 사실은 경찰은 공중에 대한 위험뿐만 아니라 개인에 대한 위험도 방지하여야 한다는 것을 의미한다.10) 여기서 개인의 주관적 권리와 법익이란 인간의 작위·부작위, 동물, 자연현상에 의하여 위협을 받는 개인적 이익(예: 생명·건강·자유·재산·명예 등)을 말한다.11) 헌법상의 기본권, 특히 제3자에 의한 침해로부터 보호되어야 할 기본권(예컨대, 집회의 자유, 선거권 등) 또한 여기서의 개인적 이익에 속하는 것이므로 그 역시 위험방지를 임무로 하는 경찰활동의 중요한 보호영역에 속한다.

한편 개인의 주관적 권리와 법익을 이해함에 있어서는 이를 공법에 의하여 인정되는 법익만을 의미하는 것으로 보아 좁게 보는 견해12)도 있으나 사법에 의하여 보호되는 법익 역시 포함되는 것으로 보아 넓게 이해하는 것이 타당하다고 생각한다.13) 종래 개인의 주관적 권리와 법익의 내용으로 설명되어져 왔던 것으로는 다음과 같은 것이 있다.

는 vgl. Pieroth/Schlink/Kniesel, Polizei- und Ordnungsrecht, 4. Aufl., 2007, § 8, Rn. 5.

10) Martens, Der Schutz des einzelnen im Polizei- und Ordnungsrecht, DÖV 1976, 457 ff.(458).

11) Möller/Wilhelm, Allgemeines Polizei- und Ordnungsrecht, 2. Aufl., 1990, S.21.

12) Gusy, a.a.O., Rn. 92.

13) 동지: Kugelmann, a.a.O., Rn. 25; Götz, Allgemeines Polizei- und Ordnungsrecht, 13. Aufl., 2001, Rn. 93.

(1) 생 명

인간의 생명이야말로 헌법질서 내에서 지고의 가치를 가지며, 따라서 그의 보호가 공공의 안녕의 중요한 보호법익에 포함됨은 의문의 여지가 없다.

(2) 건 강

오늘날 현대적인 생활방식에 뒤따르는 수많은 위험(예: 악취, 소음, 각종의 Immission)으로부터 인간의 건강을 보호하는 것이 공공의 안녕과 관련하여 점차 중요한 의미를 갖게 되었다.[14] 따라서 수없이 많은 법률들이 개인의 건강을 그의 보호법익으로 규정하고 있지만, 건강에 대한 위험은 단지 (개괄적 수권조항의 존재를 긍정하는 입장에 따르는 경우에는) 개괄적 수권조항에만 근거해서도 제거될 수 있는 경우가 많다.[15]

(3) 자 유

기본권의 행사에 아무런 장해가 없는 상태를 개인의 자유, 즉 여기서의 공공의 안녕의 보호법익으로 볼 수 있는지가 문제가 되는데, 이 경우에는 기본권이 사인인 제3자(의 활동)에 대한 방어권을 국민에게 어느 정도까지 부여하는지가 결정적 기준이 될 것이다.[16] 생각건대, 기본권[17]의 행사에 아무런 장해가 없는 상태는 공공의 안녕의 보호법익이라고 하여야 할 것이며,[18] 함부르

---

14) 따라서 소음 등이 건강에 미치는 유해한 영향에 대한 의학적 연구가 요구되기에 이르렀는바, 통상 소음치가 65 DB에 이르게 되면 건강이 위협을 받게 되며, 이 경우 관계인이 소음의 영향을 인식하였는지 여부는 불문한다고 한다[Forschungsbericht des Wirtschafts- und Verkehrsministers NRW in der Zeitschrift Kamph den Lärm, Mitteilungen des DAL 1956, S.14. A. Wiethaup, Die Lärmbekämpfung in rechtlicher Sicht, DVBl. 1959, 240 ff.(240)에서 재인용].

15) 개괄적 수권조항에 근거한 개인의 건강에 대한 위험방지조치가 문제되었던 대표적 사례에 관하여는 다음의 사례들을 참조할 것: ① 개가 보도를 더럽힘으로써 건강이 위협을 받는 것이 문제가 되었던 OLG Karlsruhe, NJW 1984, 502 ff.; ② 인근주민의 건강보호를 위하여 다이옥신으로 오염된 토지에 대한 객토명령이 문제되었던 VGH Mannheim, NVwZ 1990, 781 ff.

16) Möller/Wilhelm, a.a.O., S.21.

17) 여기서의 기본권은 그 성질상 제3자에 의해 침해될 수 있는 기본권을 의미한다.

18) Klein, Grundrechtliche Schutzpflicht des Staates, NJW 1989, 1633 ff.(1634); Drews/Wacke/Vogel/Martens, a.a.O., S.235.

크 상급행정법원(OVG Hamburg) 역시 대학생들에 의하여 강의실이 폐쇄되어 독일기본법 제12조의 학습장소선택의 자유의 행사에 장해가 발생한 것이 문제가 되었던 사건에서 강의에 참가하게 해줄 것을 대학의 행정당국에게 청구할 학생의 권리를 인정한 바 있다.[19] 이로부터 경찰은 국민의 기본권의 아무런 장해 없는 행사의 보장을 그의 직무로 한다는 결론이 도출된다.[20]

(4) 재 산

개인의 재산 또한 공공의 안녕의 보호법익이라고 할 것인바,[21] 여기서 개인의 재산이란 법질서에 의하여 보장되는 물권적·채권적 청구권을 포함한 자연인과 법인의 금전적 가치 있는 이익의 총체를 뜻한다.[22]

2. 제 한

개인의 주관적 권리와 법익의 보호를 위한 경찰의 개입은 다음과 같은 방식으로 제한을 받는다.

(1) 보충성의 원칙(Subsidiaritätsprinzip)

사법상의 권리의 보호와 사인간의 법적 분쟁의 해결은 원칙적으로 경찰의 직무에 속하지 않는다. 따라서 경찰은 법원에 의한 보호가 적시에 행하여질 수 없고 경찰의 개입이 없이는 그 권리의 실현이 불가능하거나 현저하게 곤란한 경우에만 사법상의 권리와 이익을 보호할 권한을 갖게 되는바, 이를 보충성의 원칙이라고 한다.[23] 이처럼 경찰이 사법상의 권리 등을 보호함에 있어 보충성의 원칙이 적용된다는 것은 가장 신속한 민사소송상의 권리구제(예: 가

---

19) Vgl. OVG Hamburg, NJW 1977, 1254 f.

20) Reiff/Wöhrle/Wolf, Polizeigesetz für Baden-Württemberg, Kommentar, 3. Aufl., 1984, § 1. Rn. 74. Drews/Wacke/Vogel/Martens, S.235에서 재인용.

21) 개인의 재산을 공공의 안녕의 보호법익이라는 것에 대하여는 의문이 제기되어 있는바, 그에 관하여는 vgl. Gusy, a.a.O., Rn. 88.

22) Drews/Wacke/Vogel/Martens, a.a.O., S.235.

23) Pr.OVGE 77, 333 ff.(337); OVG Münster, DÖV 1968, 697. 한편 보충성의 원칙은 결국 경찰의 활동영역에 대한 장벽으로 기능하게 되는바, 이러한 의미의 보충성의 원칙을 독일의 통일경찰법모범초안은 제1조 제2항에서 명문으로 규정하고 있다.

처분 또는 가압류)보다도 경찰에 의한 보호가 신속한 경우에만 경찰이 사권의 보호를 위하여 개입할 수 있다는 것을 의미한다. 따라서 긴급히 자동차를 운행해야 하는 토지소유권자의 차고의 출구를 다른 승용차가 가로막고 있는 경우에 토지소유권자가 자신의 권리를 민법적으로 구제받기 어렵다면 경찰은 그 승용차를 견인할 수 있다.[24] 또한 임차료의 지불을 연체하고 있는 임차인이 자신의 재산을 가지고 도주하려고 하는 경우에 임대인이 자력구제를 행할 수 없는 경우라면 경찰이 개입할 수 있을 것이다.[25] 한편 사법상의 권리와 법익에 대한 위험의 방지에 있어서 보충성의 원칙은 그 위험이 전적으로 사법에 반하는 것이고, 따라서 사법상의 청구권의 행사와 민사소송에 의하여서 제거될 수 있을 때에만 적용된다. 이에 대하여 사법상의 권리와 법익이 동시에 공법에 의해서도 보호되고 있는 경우에는,[26] 사권의 보호를 위한 경찰의 개입은 더 이상 보충적이지 않다.[27]

한편 경찰이 사권의 보호를 위하여 개입하기 위하여는 권리자의 신청(또는 적어도 동의)이 있어야 한다는 견해 또한 유력하며,[28] 또한 주장되는 청구는 증명되어야 할 것이 강조되기도 한다.[29] 따라서 경찰이 사권의 보호를 위하여 개입하는 경우에는 전술한 요건이 모두 충족되었는지를 심사하여야 하며, 경찰이 개입하는 시점에 그들 요건 중에서 어느 것 하나라도 결여되어 있으면 경찰은 그의 권한을 유월하여 위법하게 행동한 것이 된다.[30] 그러나 이와 같

---

24) Vgl. VG Freiburg, DVBl. 1979, 745. 다만 이 같은 경우를 사인이 다른 사인의 재산권 등을 침해하는 것으로 보아, 경찰에 의한 자동차의 견인을 부인하는 견해도 있다(Vgl. Steckert, Zulässigkeit und Kosten polizeilich veranlaßter Abschleppmaßnahmen von verkehrswidrig abgestellten Kraftfahrzeugen, DVBl. 1971, 243 f.; AG Heidelberg, NJW 1977, 1541 f.).

25) 독일의 경찰법교과서에는 채무자의 주소 등을 알 수 없어 그의 채권을 법원을 통하여 실현할 수 없는 사법상의 채권자가 도피중인 채무자를 우연히 도로상에서 만난 경우 현장에 있는 경찰관은 채권자의 요구에 응하여, 그렇지 않으면 알 수 없는 채무자의 주소를 확인할 권한이 있음을 같은 맥락에서 인정하고 있다(Götz, a.a.O., Rn. 100).

26) 많은 형벌규범은 사권의 보호를 그 근거로 하고 있으며, 행정법규 역시 (사법과는 완전히 별도의) 건강, 생명, 재산의 보호에 관하여 규정하고 있다.

27) Götz, a.a.O., Rn. 96.

28) Pieroth/Schlink/Kniesel, a.a.O., Rn. 47. 한편 독일의 일부 란트는 이를 명문으로 규정하고 있기도 하다(Vgl. § 2 Abs. 2 PolG BW; HessSOG § 1 Abs. 3; SächsPolG § 2 Abs. 2).

29) Vgl. OVG Münster, DÖV 1968, 697.

30) Drews/Wacke/Vogel/Martens, a.a.O., S.238.

은 요건이 충족된 경우라 하더라도 경찰은 증명된 청구를 종국적으로 규율할 수는 없고, 단지 권리의 보호를 위한 '잠정적인' 조치를 취할 수 있을 뿐이다.[31] 즉, 경찰의 조치는 권한 있는 일반법원이 정상적으로 활동할 수 있을 때까지, 사권의 보호를 위하여 절대적으로 필요한 것에 국한된다.[32] 이상의 설명을 토대로 하면 결국 사권의 보호를 위한 경찰개입의 가능성 여부는 다음과 같이 도표화할 수 있을 것이다.

▌사권의 보호

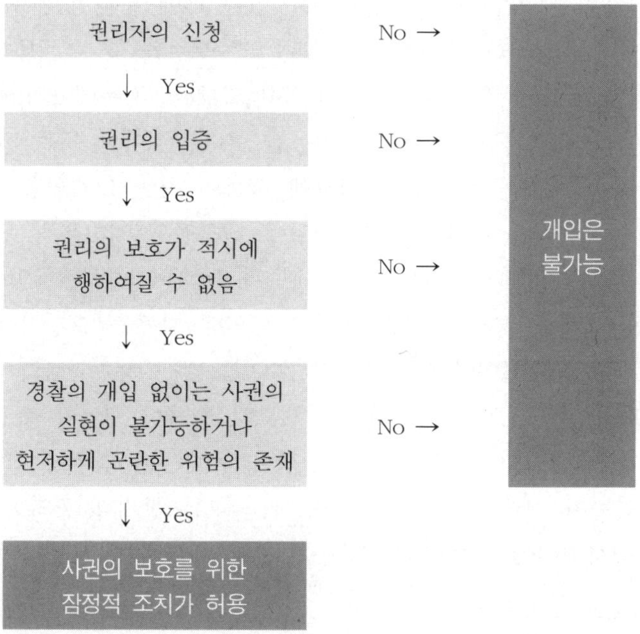

(2) **자초위해**(自招危害, Selbstgefährdung)

예컨대 맹수의 사육, 과도한 음주, 자동차경주에의 참여, 번지점프, 행글라이딩, 등산, 흡연[33] 등의 경우에서 볼 수 있는 것처럼 개인은 사회적으로 상당

31) Vgl. Martens, a.a.O., 459; Götz, a.a.O., Rn. 94.

32) Drews/Wacke/Vogel/Martens, a.a.O., S.239.

33) 지하철 계단에서의 흡연금지에 관하여는 vgl. BGH, NJW 1981, 569.

한 위험을 무릅쓰면서 자신의 법익에 위해를 가할 수 있는데, 이로 인하여 발생한 위험을 자초위해라고 한다. 생각건대 전적으로 자기 자신에 대한 위험을 가져올 뿐인 행위(자초위해)를 저지하기 위하여 기본권으로 보호되는 일반적인 행위의 자유를 침해하는 것, 즉 경찰이 개입하는 것은 원칙적으로 허용될 수 없다.[34] 이는 개인이 자신의 법익에 스스로 위해를 가할 수 있다는 것도 일반적인 행위의 자유(Handlungsfreiheit)의 표현으로서, 헌법이 보호하고 있는 자유의 영역을 인정하여야 한다는 사고에 기초한다. 물론 이러한 자기결정의 자유는 그것이 스스로 위해를 가하는 개인의 자유로운 의사에 기한 것일 때에만, 즉 위험이 존재한다는 것을 개인이 인식하고 있을 때에만 인정될 수 있다. 따라서 스스로 위해를 가하는 개인이 자유로운 의사결정을 할 수 없는 정신상태에 있어서 그러한 위험의 존재를 인식하지 못하고 있는 경우에까지(예: 유아, 정신병자, 만취자, 마약중독자) 자기결정의 자유를 존중하여야만 하는 것은 아니다. 따라서 그러한 경우에는 관계인의 의사에 반하여 경찰이 개입할 것이 요구된다.[35] 한편 자초위해에 대한 경찰의 개입이 원칙적으로 허용될 수 없다는 것을 '공공과의 관련성(Öffentlichkeitsbezug)'이란 관점에서 설명하는 견해 또한 유력한바, 이러한 견해는 경찰에 의한 개인적 법익의 보호는 그것이 반드시 공공의 이익과 관련성이 있어야만 행하여질 수 있는데[36] 자초위해의 경우에는 그로 인한 위험방지에 공익이 결여되어 있으므로 경찰이 개입할 수 없다는 점을 강조한다.[37] 즉, 개인적 법익에 대한 위험이 존재하는 경우에 경찰의 개입이 허용될 수 있는지 여부를 판단하기 위해서는 그를 방지할 공익이 존재하는지의 여부가 심사되어야 하는바,[38] 적어도 단지 개인의 속성으로 인한 개인적

34) 동지: PrOVGE 39, 390 ff.; Martens, a.a.O., 459; Schwabe, Der Schutz des Menschen vor sich selbst, JZ 1998, 66 ff. 특히 자발적 노숙의 문제에 관하여는 vgl. VGH BW, NVwZ-RR 1995, 328.

35) Pr.OVGE, 39, 390 ff.(392). Pieroth/Schlink/Kniesel, a.a.O., Rn. 29.

36) 이러한 설명은 경찰에 의한 개인적 법익의 보호는 (적어도 우선적으로는) 관계인의 사익을 위하여 행하여지는 것이 아니라는 것을 그 논거로 한다(vgl. BGH, DVBl. 1975, 579 ff.).

37) Schoch, Polizei- und Ordnungsrecht, in: Schmidt-Aßmann, Besonderes Ver- waltungsrecht, 13. Aufl., 2005, Rn. 74.; Tettinger/Erbguth, Besonderes Verwaltungs- recht, 8. Aufl., 2005, Rn. 448.

38) 개인적 법익에 대한 위험이 존재하는 경우 그를 방지할 공익이 존재하는지 여부가 논의되는 것과 달리, 객관적 법질서나 국가의 제도 및 행사라는 보호영역에 대한 위험이 문제

법익에 대한 위험을 방지하는 것은 일반적으로 공익을 위한 것이라고 볼 수 없으므로 경찰의 개입이 허용될 수 없다는 것이다.[39] 그러나 이처럼 경찰에 의한 개인적 법익의 보호에 공익이 존재하여야 한다는 요청을 경찰이 개입하기 위한 추가적 요건으로 이해할 필요는 없다고 생각된다. 왜냐하면 민주적 법치국가에 있어 공공의 안녕에 대한 위험이 존재하면 위험방지에 대한 공익도 (언제나) 아울러 존재한다고 하여야 할 것이기 때문이다.[40]

그러나 이에 반하여 자초위해에 의하여 제3자의 법익이 침해될 위험에 처하게 되는 경우, 즉 자초위해가 공중이나 제3자에 대한 파급효(Ausstrahlungswirkung)를 갖는 경우에는 공공의 안녕에 대한 위험이 존재하며, 따라서 그에 대한 경찰의 개입이 정당화될 수 있다.[41] 공중이나 제3자에 대한 파급효를 가짐으로 인하여 경찰의 개입이 정당화되는 자초위해의 예로는 종래 동물조련시나 자동차경주시에 관중을 보호하기 위한 조치, 질병에 걸려 있어 그로 인하여 전염병발생의 위험이 있는 자가 하천에서 수영을 하는 경우, 경찰의 수색작업을 곤란케 하는 경우, 단독가옥의 위험한 상태가 방문객에게 위험을 가하는 경우 등이 열거되어 왔다.[42]

이상의 논의를 바탕으로 할 때 결국 자초위해는 스스로 위해를 가하는 개인이 실제로 자유로운 의사결정을 할 수 있는 상태에 있고, 그로 인하여 제3자의 법익이 침해될 위험이 존재하지 않을 것을 전제로 하여서만 일반적인 행위의 자유의 표현으로서 인정될 수 있다고 할 것이다. ① 보덴 호수에서 가장 위험한 곳(Teufeltisch)에서의 스쿠버다이빙의 금지,[43] ② 청소년의 대마초 흡입

되는 경우에는 그를 방지할 공익이 인정된다는 것에 대해서는 논의의 여지가 없다.

39) 이에 반하여 불특정 다수인의 개인적 법익이 위협을 받거나 개인이 자신의 개성과 무관하게 공중의 대표자로서 위협을 받고 있는 경우에는 위험방지에 대한 공익이 언제나 존재한다고 할 것이다.

40) 동지: Knemeyer, Der Schutz der Allgemeinheit und der individuellen Rechte durch die polizei- und ordnungsrechtlichen Handlungsvollmachten der Exekutive, in: VVDStRL 35(1977), 221 ff.(233); Frotscher, Der Schutz der Allgemeinheit und der individuellen Rechte durch die Polizei- und Ordnungsrecht, DVBl. 1976, 695 ff.(698).

41) BGH VerwRspr. 5, 319 f.ö Drews/Wacke/Vogel/Martens, a.a.O., S.230; Tettinger/ Erbguth, a.a.O., Rn. 448.

42) Würtenberger/Heckmann, Polizeirecht in Baden-Württemberg, 6. Aufl., 2005, Rn. 401; Gotz, a.a.O., Rn. 108.

43) Vgl. VGH BW, NJW 1998, 2235.

금지,[44] ③ 오토바이 운전자의 헬멧착용의무[45] 등에 관한 독일의 판례는 이 문제의 이해에 많은 도움을 줄 수 있을 것이다.

(3) 자살시도에의 경찰의 개입가능성에 관한 특수문제[46]

자초위해와 관련하여 가장 문제시되고 있는 것은 자살시도의 경우에 경찰이 개입할 필요성이 있는지 여부에 관한 것이다. 물론 앞에서의 논의를 고려할 때 자살시도가 동시에 제3자에게 위험을 가하는 경우라면(예: 자살을 위하여 가스조절밸브를 열어놓은 경우) 당연히 경찰의 개입이 긍정되어야 할 것이다. 이에 반하여 자살시도가 비밀리에 행하여지는 경우에도 경찰이 개입할 수 있는가의 문제에 관하여는 논의가 있다. 즉, ① 생명이라는 고차원의 법익을 고려할 때 자살이 비밀리에 행하여지는 경우에도 자살시도 그 자체를 공공의 안녕에 대한 위험으로 보아야 하며, 따라서 경찰은 자살시도에 대하여 일반적인 개입의무를 갖는다는 견해[47]와 ② 개인은 자신의 책임하에 일정한 행위를 할 결정권(여기서는 자살권)을 갖는다는 것을 고려하여 경찰은 자살의 시도가 공중이 보는 앞에서 행해질 때에만 개입할 수 있다는 견해[48]가 대립하고 있다.

생각건대 자기 자신의 책임 있는 결정에 근거하여 자초위해를 행하는 시민을 경찰이 강제적으로 보호하는 것은 자유주의적인 인간상(人間象)에 배치되는 면이 있으나, 목전에 급박한 자살시도에 대하여는 경찰실무상 그와 달리 판단되어져야 할 것이다. 즉, 적어도 자살을 인격의 발현이라고 할 수는 없으며, 따라서 자신의 생명에 대한 처분권을 의미하는 자살을 할 권리가 헌법상의 자유로운 인격발현의 권리로부터 도출된다고 볼 수는 없다고 하여야 한다. 이는 자살시도를 행하는 자가 심리적으로 극히 비정상적인 상태에 있거나 극도의 절망감에 빠져 있기 때문에 자살에 대한 자유롭고 자주적인 결정이 있었

---

44) Vgl. BVerfGE 90, 145 ff.(184).

45) Vgl. BVerfGE 59, 275 ff.

46) 이 문제에 관한 전반적 논의에 관하여는 vgl. Fink, Selbstbestimmung und Selbsttötung, 1992; Hillberger, Der Schutz des Menschen vor sich selbst, 1992.

47) BGHSt. 6, 147 f.; BayVerfGH, NJW 1989, 1790; Drews/Wacke/Vogel/Martens, a.a.O., S.230; Götz, a.a.O., Rn. 109; Kugelmann, a.a.O., Rn. 54; Pieroth/Schlink/ Kniesel, a.a.O., Rn. 31.

48) Tettinger/Erbguth, a.a.O., Rn. 449.

다고 보기 어렵다는 것을 고려하여야 하기 때문이다. 또한 구체적 경우에 있어서 경찰은 분신자살을 행하는 자 또는 손에 독약을 들고 있는 환자가 그러한 행위에 앞서 자유롭고 자주적인 결정을 하였는지 여부를 판단할 수 없는 경우가 대부분이라는 사정 또한 이 문제의 고찰에 있어 고려하여야 한다.[49] 마지막으로 낙태와 관련된 사건에서 "자궁 내에서 자라고 있는 태아도 헌법이 보호하는 독립한 법익이며, 태아의 생명보호는 임신의 전 기간 동안 원칙적으로 산모의 자기결정권에 우선한다. 태아를 보호할 국가의 의무는 …"이라고 하여 생명에 대한 국가의 일반적인 보호의무를 인정한 바 있는 독일 연방헌법재판소의 결정[50] 또한 자살에 대한 경찰의 개입을 인정하는 논거로 기능할 수 있을 것이다. 한편 사망의 결과를 가져올 고도의 개연성이 있는 자초위해의 경우 역시 자살시도와 동일시하여야 한다. 따라서 독버섯을 먹는 것이 치사의 결과를 가져올 수 있음에도 불구하고 자신이 개발한 독버섯의 해독제의 효과를 입증하기 위하여서 아마추어 연구자가 독버섯을 먹는 것을 경찰이 저지한 것은 정당하다고 볼 수 있다.

같은 이유에서 불치의 병에 걸린 환자에 대한 적극적 안락사(aktive Sterbehilfe)도 자살기도의 경우와 마찬가지로 공공의 안녕에 대한 위험이라고 하여야 할 것이다. 독일의 칼스루헤 행정법원 역시 1983년의 교통사고로 인하여 단지 머리와 입과 혀만 움직일 수 있게 된 원고가 안락사를 시켜 줄 것을 요구한 사건에서 "경찰은 인간의 죽음을 저지할 권한이 있으며, 그 한도에서는 기본법 제2조 제1항에 의한 제한도 받지 않으며 특히 그들 조문으로부터 제3자에 의한 안락사의 시술을 청구할 권리가 도출되지는 않는다"라고 판시하여 적극적 안락사에 대한 경찰의 개입의무를 긍정한 바 있다.[51] 다만 소극적 안락사(passive Sterbehilfe)[52]는 적극적 안락사와는 달리 판단되어야 할 것이다. 즉, 소

49) Denninger, in: Lisken/Denninger, Handbuch des Polizeirechts, 3. Aufl., 2001, E. Rn. 22.

50) BVerfGE 39, 1 ff.(40). 동지판례: 유괴당한 인간의 생명보호와 관련하여 "국가는 기본법 제2조 제2항에 근거하여 생명을 보호할 의무, 특히 제3자에 의한 위법한 침해로부터 생명을 보호할 의무를 가진다"고 판시한 BVerfGE 46, 160 ff.(162).

51) VG Karlsruhe, NJW 1988, 1536. 반대의 견해로는 vgl. von Mutius, JK 89, GG Art. 21/17 a.

52) 여기서 소극적 안락사란 의학적으로 생명연장조치를 포기하는 것, 예컨대 생명을 유지시켜주는 기구를 떼어내는 것을 말한다.

극적 안락사는 법적으로 중요한 환자의 의사결정의 대상이 될 수 있다고 보아야 할 것이며, 따라서 경찰의 개입의무를 인정하기 곤란하다.[53]

Ⅲ. 객관적 법질서

1. 의 의

객관적 법질서의 보호 또한 위험방지의 직무에 속하는바, 이 한도에서 객관적 법질서는 공공의 안녕의 구성요소를 이룬다고 할 수 있다.[54] 다만 이처럼 전체로서의 객관적 법질서를 공공의 안녕의 구성요소로 보는 지배적 견해에 대하여는 "경찰의 직무인 위험방지는 법익을 보호하는 것이지, 법규범을 보호하는 것은 아니므로 법질서에 대한 불가침은 공공의 안녕의 보호이익이 아니다"라는 비판[55]이 행해지기도 한다. 그러나 국가적 공동체 내에서 인간의 공동생활의 질서와 형성에 관한 입법기관의 구속적 의사는 법규범 전체에 나타나며, 그 결과 법규범은 그 자체로서 국가의 제도라고 할 것이므로 법규범을 위반한 자는 국가의 의사를 부정한 것이고, 그 결과 공공의 안녕에 대한 위험을 가져오게 된다는 점을 고려할 때 전체로서의 객관적 법질서는 공공의 안녕의 구성요소로 보는 것이 타당하다고 생각된다.[56] 다만 명령과 금지를 내용으로 하는 (공법)규범은 동시에 공공의 안녕의 보호법익인 타 법익의 보호를 목적으로 하기 때문에, 공공의 안녕의 포섭과정에 있어서의 결론에는 양 견해

---

53) Vgl. BGH, NJW 1995, 204. 소극적 안락사에 대한 우리나라의 법원의 입장에 관하여는 대판 2009. 5. 21, 2009다17417 참조.

54) 이처럼 객관적 법질서의 불가침성이 공공의 안녕의 보호법익에 속한다는 것은 경찰법이 경찰법 이외의 법질서에 의존하고 있다는 사실을 잘 보여주는 것이라고 할 것이다. 이러한 사정에 관하여는 Kirchhof, Sicherungsauftrag und Handlungsvollmachten der Polizei, DÖV 1976, 449 ff.

55) Olidiges, Polizeirecht, in: Grimm/Papier, Nordrheinwestfälisches Staats- und Verwaltungsrecht, 1986, S.252.

56) 동지: Drews/Wacke/Vogel/Martens, a.a.O., S.236. 한편 공공의 안녕의 개념에 객관적 법질서가 포함됨을 명문으로 규정하고 있는 입법례도 있는바, 브레멘 경찰행정법(Brem. PolG) 제2조 제2호가 그 대표적 예에 해당한다.

간에 사실상 아무런 차이가 없다고 볼 수 있다.

2. 객관적 법질서를 구성하고 있는 중요규범

여기서의 객관적 법질서에는 원칙적으로 모든 성문의 법규범이 속하므로[57] 성문의 법규범에 위반하는 행위는 곧 공공의 안녕을 침해하며, 따라서 그에 대한 경찰의 개입을 정당화시킨다는 것은 의문의 여지가 없게 된다. 이는 권한 있는 기관에 의하여 제정된 성문의 법규범은 국가의 중요한 요소를 이루고 있으므로 성문의 법규범에 위반하는 행위는 국가의 의사(Staatswillen)를 부정하는 결과를 초래하게 된다는 사고에 기초하고 있다.[58] 한편 여기서의 성문의 법규범은 헌법, 법률, 법규명령 및 조례를 포괄하지만,[59] 단순한 행정규칙은 여기서의 성문의 법규범에 속하지 않는다.[60] 또한 모든 성문의 법규범에는 공법규범뿐만 아니라 사법규범도 포함되기는 하지만,[61] 경찰은 무엇보다도 공법규범에 위반하는 행위가 행해질 위험을 방지하는 것을 그의 임무로 한다는 것을 유의하여야 한다.[62] 따라서 공법규범에 위반하는 행위는 곧 공공의 안녕을 침해하는 것이 된다.

한편 공공의 안녕의 보호법익은 객관적 법질서가 아니라 객관적 법질서가 침해받지 않고 있는 상태, 즉 객관적 법질서의 '불가침성(Unverletzlichkeit)'이라는 점을 유의하여야 한다. 따라서 수많은 규범 가운데 특히 개인에 대한 명령·금지를 내용으로 하는 규범, 즉 개인에게 특정한 행위의 의무를 과하고 있는

57) 성문의 모든 법규범, 즉 객관적 법질서가 공공의 안녕의 일부를 형성하고 있다는 사실은 인간의 거의 모든 생활영역이 상당한 정도로 법에 의하여 규율되고 있다는 사실에 비추어 볼 때, 실제로 중요한 의미를 갖는다고 할 수 있다.

58) Würtenberger/Heckmann, a.a.O., Rn. 406.

59) Schmidt, Besonderes Verwaltungsrecht II, 11. Aufl., 2007, Rn. 630. 한편 독일의 경우에는 여기서의 성문법규범에 유럽법(Europarecht)도 포함된다는 것이 강조되기도 한다(이러한 사정에 관하여는 vgl. Lindner, JuS 2005, 302).

60) Reichert/Röber, Polizeirecht. 3. Aufl., 1988, S.90.

61) Lindner, a.a.O., 302; Ruder/Schmitt, a.a.O., Rn. 234.

62) 이는 사권의 보호는 그것이 법원에 의하여서는 적시에 행해질 수 없고, 경찰의 개입 없이는 사권의 실현이 불가능하거나 현저히 곤란한 경우에만 경찰의 직무가 된다는 점에서 그 이유를 찾을 수 있다.

규범만이 경찰법적으로 중요한 의미를 갖는다.[63] 그리고 개인이 그러한 규범에 규정된 의무에 위반할 때에만 객관적 법질서가 침해되고, 경찰이 개입할 권한을 갖게 된다. 개인의 작위 또는 부작위 등에 의한 침해(가능성)가 경찰법적으로 중요한 의미를 갖는 규범으로는 다음과 같은 것이 있다.

(1) 형 법

공공의 안녕의 유지를 위한 경찰의 활동 중에서 특히 중요한 영역이 형법질서에의 충돌을 방지하는 것임을 고려할 때, 객관적으로 형법상의 구성요건을 충족하는 모든 행위가 공공의 안녕을 해치게 된다는 것은 의문의 여지가 없다. 즉, 형법규범에 위반하게 되면 언제나 공공의 안녕에 대한 위험이 존재한다고 할 것이며, 경찰은 그에 개입할 수 있게 된다. 물론 예외적으로 정당방위나 긴급피난과 같은 정당화사유가 존재하는 경우에는 객관적 법질서에 대한 침해가 존재하지 않는 것이 되어 공공의 안녕을 해치지 않게 되는 경우가 있다. 이에 반하여 범죄성립의 주관적 요건(고의, 과실)이 충족되어야만 경찰이 개입할 수 있는 것은 아니며,[64] 또한 친고죄의 경우에도 고소가 있어야만 경찰이 개입할 수 있는 것도 아니다.[65] 그러나 이처럼 범죄행위로부터 전체 법질서를 보호하는 경우에도 보충성의 원칙에 의한 제한을 받으므로 경찰은 범죄행위의 제지가 다른 행정청 또는 법원의 권한에 속하지 않는 경우에만 보충적으로 개입할 수 있게 됨을 유의하여야 한다.[66] 또한 형법상의 범죄의 구성요건은 기본권보장이라는 측면을 고려하여 엄격하게 해석되어야 하며, 따라서 경찰의 개입권한이 기본권에 의해 제한받을 수 있다.[67]

---

63) Schmidt, a.a.O., Rn. 630; VGH Mannheim, NVwZ 1994, 1233.

64) 왜냐하면 주관적 요건인 고의나 과실의 결여는 공공의 안녕에 위협을 가하는 행위의 가벌성을 배제하는 것이지, 그러한 행위의 결과의 위법성을 배제하는 것이 아니기 때문이다 (Pieroth/Schlink/Kniesel, a.a.O,, Rn. 12).

65) BVerwG, NJW 1992, 1008(1009); Drews/Wacke/Vogel/Martens, a.a.O., S.236; Götz, a.a.O., Rn. 97; Kugelmann, a.a.O., Rn. 33; Tettinger/Erbguth, a.a.O., Rn. 446 f.

66) Drews/Wacke/Vogel/Martens, a.a.O., S.237.

67) 독일의 경우 이러한 문제는 타인의 종교적 신념이나 가치관을 모욕하는 것을 범죄로 규정하고 있는 독일 형법 제166조에 위반함을 이유로 코믹 록 "Maria-Syndrom"의 상연을 중지시킨 경찰처분을 둘러싸고 논의되었다고 하는바, 이에 관하여 자세한 것은 vgl. OVG Rh-Pf, GewArch. 1977, 145; Micker, Das "Maria-Syndrom," NWVBl. 2002, 404 ff.;

한편 형법은 외국에서 행해진 범죄행위에 대하여도 적용되도록 되어 있으므로(형법 제5조 이하 참조) 외국에서 행해지려고 하는 범죄행위를 대한민국 내에서 저지하는 것이 가능하다면 그 또한 경찰의 직무에 속하는 것이 된다. 따라서 경찰은 대한민국의 경찰이 권한을 갖지 못하는 외국에서 행해진다는 이유만으로 위험을 방지하지 말아야 하는 것이 아니다.[68]

(2) 행정법규범

행정법규범 중 특히 명령규범 또는 금지규범에 위반하게 되면 공공의 안녕에 대한 장해가 존재하는 것이고, 따라서 그에 대한 경찰권발동이 가능하다는 점은 의문의 여지가 없다. 이에 반하여 행정법상의 절차규정이나 형식규정 또는 행정상 강제집행에 관한 규정을 위반하는 것만으로도 공공의 안녕에 대한 침해가 존재한다고 볼 수 있는지의 문제에 대해서는 논란이 있는바, 이들 규정들은 행정과 그 기관의 행위를 규율하는 것이고, 일반국민의 행위로 인하여 침해될 수 있는 것이 아니라는 점을 논거로 하여 부정시하는 견해가 일반적이다.[69] 또한 행정법규위반이 공공의 안녕에 대한 장해라고 하기 위한 전제조건으로 '행정법규가 명령 또는 금지를 그 내용으로 하여야 한다'는 것을 강조하게 되면 역시 부정적 입장에 따르게 될 것이다.[70]

(3) 경찰명령이나 지방자치단체의 조례

경찰명령(Polizeiverordnung)[71]이나 지방자치단체의 조례도 명령이나 금지를 내용으로 하므로 그에 위반하게 되는 경우 경찰처분(Polizeiverfügung)[72]에 의하

Würtenberger/Heckmann, a.a.O., Rn. 405. 또한 경찰개입권한의 기본권에의 구속의 문제에 관하여 일반적인 것은 vgl. Götz, a.a.O., Rn. 323 ff.

68) 외국에서의 범죄행위에 대한 경찰의 개입, 특히 공공의 안녕에 대한 위험의 존재를 전제로 한 개입의 문제에 관하여 자세한 것은 vgl. Breucker, Transnationale polizeiliche Gewaltprävention, 2003, S.207 ff.

69) Pieroth/Schlink/Kniesel, a.a.O., Rn. 15.

70) Vgl. Schmidt, a.a.O., Rn. 632.

71) 여기서 경찰명령이란 경찰행정청이 그의 직무를 수행하기 위하여 발한 법규명령을 말한다.

72) 여기서 경찰처분이란 경찰상의 행정행위 가운데 상대방에게 의무를 부과하거나 불이익을 과하는 것을 말한다.

여 제거될 수 있는 공공의 안녕에 대한 장해가 존재하는 것이 된다.

Ⅳ. 국가의 존속, 국가 및 그 밖의 공권력주체의 제도 등

1. 국가의 존속, 그의 제도 및 행사의 내용

끝으로 국가의 존속, 국가 및 그 밖의 공권력주체의 제도, 그리고 국가적 행사 또한 공공의 안녕의 중요한 요소를 이룬다. 따라서 경찰은 이와 같은 보호법익을 침해하는 범죄행위(내란 · 외환 · 법치국가에 대한 위해 등)를 예방적으로 저지함으로써 공공의 안녕을 보호할 수 있다.[73] 물론 이처럼 국가와 그의 제도 등의 보호를 공공의 안녕의 구성요소로 보는 경우 국가의 보호를 위하여 개인의 권리를 침해하는 결과를 가져오게 됨으로써 자칫 반민주적인 관헌국가적(obrigkeitsstaatlich) 사고의 부활을 초래하게 될 위험은 있다. 그러나 그러한 위험은 국가와 그의 제도 등에 대한 보호는 법률로 규율되는 정도를 넘어서서까지 행해지지 않도록 함으로써 제거될 수 있다고 생각되므로, 이를 공공의 안녕의 구성요소로 보는 것은 별다른 문제는 없다고 생각된다.[74] 한편 국가의 존속 등에 대한 침해에 있어서는 그것이 국가의 조직고권(Organisationshoheit)과 관련된 것이므로, 그에 대한 침해가 있다고 볼 수 있는지 여부가 문제되는 경우에는 적극적으로 해석할 것이 요구된다. 이하에서 이들 요소에 대하여 상설하기로 한다.

(1) 국가의 존속

국가의 존속이란 영토의 불가침성과 국가의 정치적 독립성을 의미한다.[75] 다만 개인으로서의 국민이 국가의 존속을 위협할 가능성은 사실상 극히 제한되어 있는 것이 사실이다. 또한 합헌적 질서[76]도 공공의 안녕의 보호법익을

---

73) Drews/Wacke/Vogel/Martens, a.a.O., S.233.

74) 동지: Kugelmann, a.a.O., Rn. 36.

75) Drews/Wacke/Vogel/Martens, a.a.O., S.236; Pieroth/Schlink/Kniesel, a.a.O., §8, Rn. 34.

76) 여기에서 '합헌적 질서'란 그것이 없는 민주주의는 상상조차 할 수 없을 정도로 민주주의

이루는바, 이러한 합헌적 질서에는 권력분립의 원칙, 법치행정의 원리, 법원의 독립성과 같은 헌법상의 중요한 법원칙이 포함된다.[77]

(2) 국가의 제도

국가의 제도와 그의 기능은 그의 정상적인 활동을 위협하는 위법한 행위로부터 보호받아야 한다. 따라서 경찰은 외부의 장해로부터 국가제도의 합법적 운영을 보장할 권한을 가지며, 이 경우 외부의 장해가 형법상의 구성요건을 충족하는지의 여부는 불문한다.[78] 한편 여기에서의 국가제도에는 의회, 정부, 법원, 행정청,[79] 대사, 영사, 영조물 등이 이에 속한다. 또한 국가의 제도에는 전술한 협의의 국가의 제도 외에 소위 집합적 법익(kollektive Rechtsgüter)이 포함되는바, 여기서 집합적 법익이란 (공중과의 관련하에) 국가적으로 조직된 공동체에서의 생활을 고려할 때 그의 보호가 요구되는 법익을 말한다.[80] 집합적 법익은 그 정의에서 볼 수 있듯이 개인적 보호이익의 단순한 합계와는 구분되며,[81] 국가적 공동생활의 기준(Standard)과도 구분된다. 한편 집합적 법익의 예로는 수도의 공급,[82] 오염된 토지의 인인보호[83] 및 자연경관의 보호[84] 등이 들어지고 있다.

의 본질을 형성하고 있는 것, 즉 헌법과 자유민주적 기본질서를 의미한다(Reichert/Röber, a.a.O., S.90).

77) Ruder/Schmitt, a.a.O., Rn. 231.

78) Drews/Wacke/Vogel/Martens, a.a.O., S.233; Schmidt, a.a.O:, Rn. 636.

79) 여기서의 행정청에는 경찰-질서행정청 자체도 포함된다(Reichert/Röber, a.a.O., S.90). 따라서 미신고시위에의 참가자가 다른 시위대를 효과적으로 배치할 의도로써 경찰서 앞에서 경찰의 투입행위에 대한 망을 보았다면, 그의 행위는 경찰의 기능을 해하는 것으로서 공공의 안녕에 반하는 것이 된다(Vgl. OVG Münster, DVBl. 1979, 733).

80) BVerwG, DVBl. 1974, 297 ff.; VGH Mannheim, BWVPr. 1986, 256 f. 집합적 법익의 문제에 대하여 보다 자세한 것은 vgl. Enders, Der praktische Fall — Öffentliches Recht: Die Störende Beflaggung, JuS 1977, 539 ff.

81) Knemeyer, a.a.O., Rn. 100.

82) Vgl. BVerwG, DÖV 1974, 207; BVerfGE 58, 300, 339 ff.

83) Vgl. VGH Mannheim, VBlBW 1990, 347.

84) Vgl. VGH Mannheim, BWVPr. 1986, 256f.; VGH Mannheim, NVwZ 1988, 166. 자연경관이란 보호목적에 위반하는 것이 공공의 안녕에 대한 위험의 존재를 긍정하게 된다는 것에 대해 비판적 입장으로는 vgl. Wolf/Stephan, Polizeigesetz für Baden-Württemberg, 5. Aufl., 1999, § 1 Rn. 60.

이와 관련하여 과속단속(Radarkontrolle)이 행해지고 있다는 것을 다른 운전자에게 알려주는 것을 공공의 안녕을 해하는 것으로 볼 수 있는지 여부, 즉 경찰이 그에 개입할 수 있는지 여부의 문제가 다투어지고 있다.[85] 이 문제에 관하여는 현재 ① 과속단속을 미리 알려주는 것은 과속단속을 행하는 경찰기관의 정상적인 기능수행을 저해하는 것이므로 공공의 안녕을 해하는 것으로 볼 수 있다는 견해[86]와 ② 그러한 표지가 오히려 운전자들에게 법규준수에 대한 주의를 환기시키는 교육적 효과 내지 일반예방적 효과를 가지고 있는 측면이 있다는 점, 그리고 오늘날 많은 경우에 있어 경찰 스스로도 과속단속이 행해지고 있다는 것을 각종 표지판, 신문, 라디오방송 등을 통해 알려주고 있는 점을 고려할 때 공공의 안녕을 해하는 것으로 볼 수 없다는 견해[87]가 대립하고 있다. 이러한 논의는 우리나라의 경우 자동차 안에 설치된 네비게이션을 통하여 특정지점에서의 과속단속을 알려주는 서비스에 대한 단속이 가능한지와 관련하여 실무적으로 갖는 의미가 크다고 생각된다.[88]

(3) 국가적 행사

국가적 행사란 국가와 그 밖의 공권력주체가 행하는 각종의 행위를 포괄하는바,[89] 국가주최의 만찬, 국빈방문, 국장(國葬), 관공서의 일반공개행사, 군대의 기동훈련, 선서 등이 이에 속한다.[90]

---

85) 이러한 문제는 독일에서 자동차 운전자가 길가에 적법하게 주차된 자동차 위에 "주의, 500M 전방 과속단속중"이라고 적힌 표지판을 설치한 것을 둘러싸고 논의되기 시작하였다.

86) OVG Münster, NJW 1997, 1596; Denninger, a.a.O., Rn. 16; Drews/Wacke/Vogel/Martens, a.a.O., S.234; Schmidt, a.a.O., Rn. 636; Tettinger/Erbguth, a.a.O., Rn. 444.

87) Gusy, a.a.O., Rn. 85; Kugelmann, a.a.O., Rn. 47; Pieroth/Schlink/Kniesel, a.a.O,, §8, Rn. 42; Schenk, Polizei- und Ordnungsrecht, 4. Aufl., 2005, Rn. 60.

88) 다만 독일의 경우는 이 문제에 관한 한 논의의 실익이 없다고 볼 수 있는바, 이는 독일의 도로교통법 시행령 제23조 제1b항이 과속단속 등이 행해지고 있다는 것을 알려주는 장치(Radarwarngeräte)를 자동차 안에 설치하는 것을 금지하고 있기 때문이다.

89) Schoch, a.a.O., Rn. 75.

90) Pieroth/Schlink/Kniesel, a.a.O,, §8, Rn. 34; Ruder/Schmitt, a.a.O., Rn. 232.

2. 제한 – 기본권과의 관계

개인이 자신의 기본권을 적법하게 행사하는 경우라면, 설혹 그로 인하여 국가 등의 기능 또는 행사에 위험의 문제가 발생하는 경우라 할지라도 경찰이 개입할 수는 없다. 이는 특히 국가제도와 국가기관에 대한 비판의 경우에 있어 문제되는데, 법치국가적 헌법하에서 국가제도와 국가기관에 대한 비판은 공공의 안녕과는 아무런 관련이 없다. 이는 그와 같은 비판의 자유는 일반적인 의사표현의 자유의 일부를 이루고, 따라서 헌법상의 표현의 자유에 의하여 보장되기 때문이다.[91] 한편 헌법상의 표현의 자유는 외국에서의 사건에 대한 비판도 보호하는바, 따라서 타국의 정책에 반대하는 시위에 의하여 야기된 외교관계상의 부담은 개괄적 수권조항에 근거하여 저지될 수 없다.[92] 그러나 표현의 자유에 의하여 국가적 기관에 대한 자의적인 물리력의 행사, 즉 사람이나 물건에 대한 폭력행사, 불법점거까지 정당화되는 것이 아님은 자명하다.[93]

3. 여론(餘論) – 공법상의 가택권 등과의 관계

의회, 정부, 법원, 행정청 등은 자신의 기능의 수행에 대한 장해를 방지하기 위한 '고유의 권한'을 갖고 있는데, 이것과 경찰이 그들의 적법한 활동에 대한 위법한 장해로부터 그를 보호하는 것과는 구분되어야 한다.[94] 의회 등의 그러한 고유의 권한은 공법상의 가택권(家宅權, Hausrecht)과 공법상의 질서권(秩序權, Ordnungsgewalt)의 형식으로 존재한다.

(1) 의 의

공법상의 가택권이란 원만한 행정활동을 보장하기 위하여 행정재산인 공용건물에의 출입과 그곳에서의 체재를 규율하는 권한을 말하는바,[95] 그것은

91) Götz, a.a.O., Rn. 118; Schenke, a.a.O., Rn. 61.

92) Drews/Wacke/Vogel/Martens, a.a.O., S.234.

93) Götz, a.a.O., Rn. 118; Schenke, a.a.O., Rn. 61.

94) Götz, a.a.O., Rn. 119.

95) Ruder/Schmitt, a.a.O., Rn. 232a; Götz, a.a.O., Rn. 119. 독일의 경우 이러한 의미의 가택권행사에 관한 많은 판례가 축적되어 있다[대표적 사례인 국립국장을 위한 가택권에 관하

공물의 공용지정(Widmung)에 의하여 발생하며 공물의 공법상의 지배권자가 행사한다.[96] 한편 공법상의 질서권은 공영조물의 자유로운 이용과 공적 행사의 원만한 진행에 대한 장해의 제거에 기여하는 것으로,[97] 그것은 고권적 영조물 권력과 공적 행사의 주관자의 지휘권(Leitungsgewalt)의 구성요소를 이룬다.

한편 행정청이 가택권이나 질서권을 행사하는 경우 행정청은 경찰권한을 가진 경찰행정청으로서 활동하는 것이 아니며, 경찰행정청에게 행정청의 가택권이나 질서권을 보호할 직무가 있을 뿐이다. 따라서 경찰은 단지 행정청의 요구가 있는 경우 행정응원의 방식으로만 활동할 수 있을 뿐이다.[98]

(2) 질서권과 가택권의 관계

질서권에는 단지 출입권한이 있고, 실제로 출입이 허용된 이용자 또는 참가자만이 복종하는 반면 가택권은 원래 그 개념상 단지 국외자(局外者, Außerstehende) 또는 방문객에 대한 것이라는 점을 고려할 때, 질서권과 가택권은 결국 수범자의 범위를 기준으로 구분된다는 것이 지배적 견해이다. 그러나 이에 대하여는 가택권이 수범자의 범위에 의한 제한을 받지는 않으며, 단지 질서권의 행사가 고려될 때에는 그 한도에서는 질서권이 가택권에 우선할 뿐이라는 반론 또한 유력하다.[99] (서정범)*

여는 vgl. VG Frankfurt, NJW 1988, 1424; 원내(院內)에서의 단식투쟁에 있어서의 가택권에 관하여는 vgl. BerlVerfGH , NJW 1996, 2567].

96) Knemeyer, Öffentilch-Rechtliches Hausrecht und Ordnungsgewalt, DÖV 1970, 596 ff.(597 f.).

97) Götz, a.a.O., Rn. 119; Reichert/Röber, a.a.O., S.90.

98) Götz, a.a.O., Rn. 121; Ruder/Schmitt, a.a.O., Rn. 232a.

99) Götz, a.a.O., Rn. 119.

* 이 글, "경찰법에 있어서의 공공의 안녕의 개념"은 공법학연구, 제9권 제2호에 게재되었던 글임.

제 2 장 경찰법에 있어서의 공공의 질서의 개념 – 성도덕에 관한 실증적 사례분석을 토대로 하여

Ⅰ. 들어가며

전통적인 유교논리가 사회의 근간을 이루어왔던 우리나라의 경우 공공연한 장소에서 성(性)을 논하는 것 자체가 금기시될 정도로 성에 관한 한 상당히 보수적인 가치관이 지배하여 왔던 것이 사실이다. 그러나 성개방을 표방하는 서구문화의 유입, 그리고 그 전파성에 있어 상상을 초월하는 매스미디어의 영향으로 성(性)에 관한 전통적 가치관은 거의 파괴되었다고 할 수 있을 정도의 변혁을 겪게 되었으며, 그 결과 최근 10여 년간 성풍속에 있어서는 실로 커다란 변화가 있게 되었다. 즉 Peep-Show, 스와핑(Swapping), 유리방/전화방영업, 섹시댄스 경연대회 등처럼 불과 몇 년 전만 해도 상상조차 할 수 없었던 행위들이 공중 속에서 행해지고 있는 것이다.

이와 관련하여 그 같은 행위에 대한 경찰의 개입이 인정될 수 있는지 여부가 문제되는바, 이 문제를 고찰함에 있어서는 우선 이들 행위가 워낙 새로운 유형의 것인 관계로 이를 직접적으로 규율하는 법규가 없는 경우가 많다는 점과 따라서 이들 행위에 대한 경찰의 개입은 이른바 개괄적 수권조항(Generalermächtigung)에 근거하여야 한다는 점을 인식하여야 할 것이다. 다음으로 개괄적 수권조항에 근거하여 경찰권을 발동하기 위하여는 공공의 안녕 또는 질서에 대한 위험이 존재하여야 하는바, 이들 행위가 성문법규에의 위반이 문제가 아닌 관계로 결국 경찰은 공공의 질서에 대한 위험을 이유로 개입할 수밖에 없다는 것을 인식하여야 한다.

이 같은 점을 고려하여 본서에서는 먼저 현행법체계하에서 개괄적 수권조항을 인정할 수 있는지(있다면 어떤 조항을 개괄적 수권조항으로 볼 수 있는지)를 살펴본 후, 공공의 질서의 개념에 관하여 고찰하기로 한다. 그리고 공공의 질서개념을 논함에 있어서는 ① 공공의 질서의 개념, ② 공공의 질서개념의 존재의의, ③ 공공의 질서개념의 적용영역 ―특히 성풍속을 중심으로― 의 순으로 고찰하기로 한다.

II. 개괄적 수권조항의 문제

1. 개설 ― 직무규범과 권한규범의 구분

(1) 문제의 의의

경찰행정은 침해행정의 전형으로서 경찰의 조치는 국민의 권리를 침해하게 되며, 따라서 모든 경찰의 조치는 법률유보의 원칙에 따라 법적 근거를 필요로 한다.[1] 이 경우 경찰이 경찰권을 발동하기 위해서는 직무규범(Aufgabennorm)의 존재로 충분한 것인지, 아니면 경찰권을 발동하기 위하여서는 그와 같은 직무규범 외에 별도의 특별한 권한규범(Befugnisnorm)이 필요한 것인지가 문제가 된다.

(2) 학 설

독일의 경우 통일경찰법모범초안에 대한 보충안(VEMEPolG)[2] 제1조 제1항

---

1) 법률유보원칙의 적용범위에 관하여는 학설의 대립이 있는바, 독일의 연방헌법재판소는 국민과 직접적으로 관련 있는 모든 중요한(wesentlich) 문제에 대한 결정은 입법자에게 맡겨져 있으며, 따라서 행정은 국민의 자유와 평등의 영역과 중요한 관련이 있는 행위에 대해서만 법률에 근거하면 된다(BVerfsGE 34, 165 ff.; 41, 251 ff.; 58, 257 ff.)고 하여 '본질사항유보설'을 제시한 바 있으며, 우리의 헌법재판소 역시 본질사항유보설에 따르고 있는 것으로 새겨진다(텔레비전방송수신료에 대한 헌재결 1999. 5. 27, 98헌바70 참조): 한편 이 같은 본질사항유보설에 대한 비판으로 주목할 만한 것으로는 vgl. Wilke, Zeugnisreform als Erziehungsreform, 1980, S.34 ff.

2) 「통일경찰법모범초안에 대한 보충안」은 종래의 통일경찰법모범초안(MEPolG)을 개정하기 위한 것인바, 이처럼 통일경찰법모범초안의 내용을 보충/개정할 것을 결정하게 된 결정적 계

을 직무규범, 경찰은 의무적합적 재량에 따라 필요한 조치를 취한다고 규정하고 있는 동 보충안 제8조를 권한규범으로 보아 직무규범과 권한규범의 구분을 인정하면서, 이러한 양자의 구분을 전제로 하여 경찰권을 발동하기 위하여서는 직무규범 외에 별도의 특별한 권한규범이 필요하다는 것이 긍정되어 왔다.[3] 이에 반하여 우리나라의 경우에는 ① 행정청의 활동에는 조직규범 외에 구체적인 작용을 위한 수권을 요하게 하는 데에 법률유보원칙의 의의가 있다는 것에 근거하여 경찰권을 발동하기 위하여서는 특별한 권한규범이 필요하다는 견해[4]와 ② 경찰이 대외적 활동을 하기 위해서는 조직법 또는 직무규범 외에 별도의 권한규범을 필요로 함이 원칙이지만, 직무규범에만 근거하여 활동할 수 있는 경우를 완전히 배제할 수는 없다는 견해[5]의 대립이 있었다.

생각건대 행정법의 일반원리로서 법치행정의 원리(특히 법률유보의 원칙)가 행정권을 발동하기 위하여 직무규범 이외에 권한규범에 근거할 것을 요구한다는 점을 고려할 때 전자의 견해가 법치국가의 원리에 요청에 충실한 것임은 의문의 여지가 없다고 할 것이다.

2. 경찰권발동의 법적 근거의 형태

경찰권발동의 법적 근거로 권한규범의 존재가 요구된다고 할 때, 그 형태로는 개괄적 수권조항과 개별적 수권조항을 생각할 수 있다. 여기서 개별적 수권조항(특별조항, Spezialermächtigung)이란 후술하는 개괄적 수권조항 이외의 일

기를 제공한 것은 1983. 12. 25.의 독일 연방헌법재판소의 인구조사판결(BVerfGE 65, 1 ff.)이었다. 한편 동 판결이 갖는 의미에 관하여 보다 자세한 것은 김연태, "치안정보의 효율적인 관리방안에 대한 연구," 치안연구소 연구보고서, 2000, 17쪽 이하 참조.

3) Drews/Wacke/Vogel/Martens, Gefarenabwehr, 9. Aufl., 1986, S.129; Tettinger, Polizei- und Ordnungsrecht, in: ders., Besonderes Verwaltungsrecht/1, 6. Aufl., 2001, Rn. 291; VGH München, NVwZ 1983, 550 usw. 다만 오늘날에는 이와 같은 설명에 대한 異論이 없는 관계로 독일의 경우 직무규범과 권한규범의 구분이 갖는 의의에 관해서는 거의 논해지지 않고 있는 실정이라고 한다(Knemeyer, Der Schutz der Allgemeinheit und der individuellen Rechte durch die polizei- und ordnungsrechtlichen Handlungs- vollmachten der Exekutive, in: VVDStRL 35, 222 ff.).

4) 박윤흔, 『최신행정법강의(하)』, 2004, 324쪽.

5) 김남진, "경찰권발동의 조건과 대상," 고시계, 1982. 7, 95쪽.

체의 경찰법상의 수권조항을 말하며,[6] 개괄적 수권조항(일반조항, Generalklausel)이란 경찰권발동의 근거를 포괄적으로 규정하는 것을 말한다. 개괄적 수권조항의 전형으로서는 "경찰행정청은 현행법의 범위 안에서 공공의 안녕 또는 질서를 위협하는 위험으로부터 공중 또는 개인을 보호하기 위하여 의무적합적 재량에 따라 필요한 조치를 취하여야만 한다"라고 규정하였던 1931년의 프로이센 경찰행정법(Pr.PVG) 제14조 제1항의 전통을 이어받아 "경찰은 공공의 안녕 또는 질서에 대한 위험을 방지하기 위하여 필요한 조치를 취할 수 있다"고 규정한 통일경찰법모범초안에 대한 보충안(VEMEPolG) 제8조를 들 수 있다.

3. 개괄적 수권조항의 문제

(1) 개괄적 수권조항의 인정여부

개별적 수권조항에 근거하여 경찰권을 발동할 수 있음은 의문의 여지가 없다. 이에 반하여 경찰법의 영역에서 '개괄적 수권조항'의 존재를 인정할 수 있는지(즉 개괄적 수권조항에만 근거하여 경찰권을 발동할 수 있는지)가 다투어지고 있는바, 이에 관하여는 경찰작용의 분야가 법률유보의 본령이었음을 근거로 하여 경찰권을 발동하기 위하여서는 개괄적 수권조항의 존재만으로는 불충분하다는 견해와[7] 개괄적 수권조항의 필요성을 긍정하는 견해[8]의 대립이 있다.

생각건대 개괄적 수권조항은 '공공의 안녕 또는 질서에 대한 위험'이라고 하는, 일견 막연하고 포괄적인 요건하에 경찰권을 발동할 수 있게 함으로써 경찰권 발동이 남용될 소지를 제공하고 있다. 그러나 후술하는 것처럼 개괄적 수권조항은 어디까지나 제2차적·보충적으로만 적용되며, 또한 긍정설이 정당하게 지적하고 있는 것처럼 학설과 판례에 의하여 개괄적 수권조항의 내용·목적·범위가 충분히 상세화되고 그의 의미도 분명해졌다. 더욱이 개괄적 수권조항이란 용어가 법적 용어로 확립되었음을 고려할 때 동 개념의 적용을 주

6) 경찰관직무집행법 제3조(불심검문) 이하 제10조의4(무기사용)의 규정이 대표적 예이다.
7) 김동희, 『행정법II』, 2004, 198쪽; 최영규, 『경찰행정법』, 2004, 168쪽; 박윤흔, 앞의 책, 324쪽 등.
8) 김남진/김연태, 『행정법II』, 2004, 261쪽 이하; 김재호, 『경찰권의 근거』, 1999. 6, 7쪽 이하; 남승길, "경찰관직무집행법," 공법연구, 제25집 제3호(1997), 91쪽 이하.

저할 필요는 없다고 생각된다.

(2) 우리나라에서의 개괄적 수권조항

개괄적 수권조항의 필요성을 인정하는 경우, 다음으로 문제가 되는 것은 그렇다면 우리나라의 현행법하에서 과연 어떠한 규정을 개괄적 수권조항으로 볼 것인가에 관한 것이다. 이와 관련하여서는 ① 경찰관직무집행법 제2조(특히 제7호)를 개괄적 수권조항으로 보는 견해,[9] ② 경찰관직무집행법 제5조 제1항을 개괄적 수권조항으로 보는 견해,[10] ③ 경찰관직무집행법 제2조 제6호 · 제5조 제1항 · 제6조를 개괄적 수권조항으로 보는 견해[11] 및 ④ 입법필요설[12] 등이 주장되고 있다.[13] 생각건대 현행법 체계하에서는 독일식의 적확한 의미의 개괄적 수권조항은 존재하지 않는 것으로 생각된다. 그러나 그렇다고 하여 우리나라의 현행법하에서 개괄적 수권조항이 없다라는 선에서 논의를 그치는 것은 바람직한 해결방법이 아니며, 무엇보다도 경찰의 많은 조치를 더 이상 법적 근거조차 없는 탈법의 영역에 머무르게 할 수도 없는 것이다. 따라서 현행법하에서 개괄적 수권조항으로 볼 수 있는 조항을 찾아서 경찰의 활동에 근거를 제공하여야 할 것인바, 이 같은 인식에 바탕을 둘 때 (상대적으로) 경찰관직무집행법 제5조 제1항을 개괄적 수권조항으로 보고, 그 경우에 노정되는 사회적 또는 국가적 법익에 대한 위험에의 대처곤란성이란 문제점은 개인적 법익에 대한 위험의 존재가 인정되는 때에 위해방지상 필요하다고 인정되는 조치에 대한 수권규정을 사회적 법익이나 국가적 법익에 대한 위험이 존재하는 경우에 유추하는 방법으로 해결하는 것이 가장 바람직한 방법이라고 생각한다.

---

9) 김남진/김연태, 앞의 책, 260쪽; 김성수, 『개별행정법』, 2001, 460쪽 등.

10) 이기우, "경찰작용법의 체계," 수사연구, 1990. 2, 98쪽; 홍준형, "경찰통합법에 관한 연구," 치안연구소연구보고서, 1997, 196쪽 이하; 이기춘, "위험방지를 위한 협력의무로서 경찰책임의 귀속에 관한 연구," 고려대학교 박사학위논문, 2002, 42쪽.

11) 이러한 견해는 위의 설명방식에 착안하여 경찰관직무집행법 제2조 제6호를 제1의 개괄적 수권조항, 동법 제5조 제1항을 제2의 개괄적 수권조항, 동법 제6조를 제3의 개괄적 수권조항이라고 명명하고 있다. 박정훈, "사권보호를 위한 경찰권발동의 연구 —경찰공공의 원칙에 대한 비판적 검토—," 치안연구소 연구보고서, 2001, 22쪽 이하.

12) 김연태, 『행정법사례연습』, 2004, 728쪽; 홍정선, 『행정법원론(하)』, 2004, 351쪽 등.

13) 이들 학설의 구체적 내용에 관하여는 본서 제2편 제1장 경찰권발동의 근거 — 개괄적 수권조항을 중심으로 부분 참조.

Ⅲ. 공공의 질서의 개념

1. 서 – 공공의 안녕과의 관계

경찰권발동의 근거로서 공공의 안녕/공공의 질서라는 개념을 규정하는 경우 법률은 양자를 '또는(oder)' 또는 '와(und)'라는 표현을 사용하여 결합시키고 있는바, 이로부터 공공의 질서와 공공의 안녕과의 관계를 어떻게 이해할 것인가 하는 문제가 발생하게 된다. 독일의 경우 공공의 안녕과 질서를 –법률의 문구가 어떻게 되어 있는지와 상관없이– 동일한 내용을 가진 단일개념으로 이해하는 견해[14]도 존재하기는 하나, 오늘날은 양 개념은 부가적으로(additiv/kumulativ) 적용되는 것이 아니라 양자택일적으로(alternativ) 적용되어야 하는 것으로 보는 것이 지배적 견해이다.[15] 이는 결국 개괄적 수권조항에 근거하여 경찰권을 발동하기 위하여서는 단지 공공의 안녕 '또는' 공공의 질서에 대한 위험이 존재하는 것으로 충분하다는 결론에 달하게 된다. 다만 실제로는 양자가 동일한 가치를 갖고 병존하는 것이 아니라 공공의 안녕이 관련없을 때에서야 비로소 공공의 질서에 대한 심사가 행해진다.

2. 공공의 질서의 개념

(1) 공공의 질서의 개념

공공의 질서란 '그때 그때의 지배적인 (헌법상의 가치척도에 따른) 윤리관·가치관에 따를 때 그를 준수하는 것이 인간의 원만한 공동생활을 위한 불가결의 전제조건이라고 간주되는, 공중 속에서 인간의 행위에 대한 불문규율의 총

---

14) Berner/Köhler, Polizeiaufgabengesetz, 15. Aufl., 1998, Art. 2 Rn. 8.

15) Gusy, Polizeirecht, 4. Aufl., 2000, Rn. 98; Honnacker/Beinhofer, Polizeiaufgaben- gesetz, 17. Aufl., 1999, Art. 2 Anm. 2; Schmidbauer/Steiner/Roese, Kommentar zum Bayerischen Polizeiaufgabengesetz, 1999, Art. 11 Rn. 73; Schloer, Die Begriffe der öffentlichen Sicherheit und Ordnung im bayerischen Polizei- und Sicherheitsrecht, BayVBl. 1991, 257 ff. 특히 '또는'(oder)과 '와'(und)의 의미에 대한 언어학적 접근에 관하여 자세한 것은 vgl. Schloer, a.a.O., 257 ff.

체'를 의미하는바,[16] 동 개념은 그 개념의 충족여부를 사회적인 가치판단, 이른바 사회규범에 의존하고 있다는 점에 특색이 있다.[17] 한편 동 개념에의 해당여부는 주관적으로 결정되고, 따라서 상이한 결론에 도달하기도 하는데, 이 같은 사정을 잘 나타내 주는 것이 소위 서바이벌게임(Laserdrome)[18]에 관한 판례이다. 즉 살인행위를 시뮬레이션한 서바이벌게임에 대하여 뮌스터 상급행정법원(OVG Münster)이 시뮬레이션된 살인행위를 통하여 오락을 제공하려고 하였다는 것을 이유로 공공의 질서에 반하는 것으로 본 것[19]과 달리 뮌헨 상급행정법원은 공공의 질서에 반하지 않는 것으로 보았던 것이다.[20]

전술한 공공의 질서의 개념에 기초할 때 공공의 질서에 위반함을 이유로 하여 경찰권을 발동하기 위한 전제조건이 갖추어져 있는지 여부의 판단은 다음과 같은 순서로 행하여지게 된다: 즉, ① 경찰위반이라고 판단되어져야 할 구체적 행위와 관련하여 (실정법규 이외에) 사회규범이 존재하는가? ② 이러한 사회규범이 질서 있는 공동생활을 위하여 필요불가결한 것인가? ③ 구체적인 행위가 사회규범에 위반하는가?[21]

---

16) Drews/Wacke/Vogel/Martens, a.a.O., S.245; Friauf, Polizeirecht, in: Schmidt- Aßmann, Besonderes Verwaltungsrecht, 11. Aufl., 1999, Rn. 39; Götz, Allgemeines Polizei- und Ordnungsrecht, 13. Aufl., 2001, Rn. 122; Schenke, Das Polizei- und Ordnungsrecht, in: Steiner, Besonderes Verwaltungsrecht, 6. Aufl., 1999, Rn. 40; Tettinger, a.a.O., Rn. 305; Würtenberger/Heckmann/Riggert, Polizeirecht in Baden- Württemberg, 3. Aufl., 1997, Rn. 277; Pr.OVGE 91, 139 ff.(140); OVG Münster, DVBl. 1957, 876 ff. 등. 한편 Vogel은 이와 달리 공공의 질서를 그의 준수가 지역공동체의 내부적 평화를 위한 필요불가결의 전제조건이 되는 불문규범이라고 하였는데(Vogel, FS für Wacke, 1972, S.375 ff.) Schloer는 공공의 질서를 이처럼 이해하는 것이 더 타당하다고 평가하고 있다(Vgl. Scholler/Schloer, Grundzüg des Polizei- und Ordnungsrechts in der BRD, 4. Aufl., 1993, S.67).

17) 공공의 질서의 개념에서 볼 수 있는 바와 같이 그 개념의 충족여부를 다른 징표에 의존하고 있는 개념을 의존개념(Verweisungsbegriff)이라고 한다.

18) 서바이벌게임의 공공의 질서에의 합치여부의 문제에 관하여 자세한 것은 vgl. Heckmann, Der praktische Fall — Öffentliches Recht: Laserdrom und öffentliche Ordnung, JuS 1999, 986 ff.

19) OVG Münster, DÖV 1995, 1004. 동지의 판례로는 vgl. VG Neustadt, GewArch 1994, 236; OVG Koblenz, NVwZ-RR, 1995, 30 f.

20) VGH München, GewArch 1994, 332/GewArch 1994, 376.

21) 이러한 설명에 관하여는 vgl. Gusy, a.a.O., Rn. 98.

(2) 공공의 질서개념의 구성요소

공공의 질서의 개념은 다음과 같은 것을 그의 요소로 한다.

1) 공중 속에서의 행위

공공의 질서는 '공중 속에서의 개인의 외부적 행위'를 전제조건으로 한다. 따라서 그의 대상은 단지 행위 또는 상태일 뿐이며, 신념 · 사상 · 견해 · 의도 등은 그것이 외부에 표시되지 않는 한, 공공의 질서의 대상은 되지 않는다.[22] 또한 사법의 영역에서 발생하는 사건은 여기서의 공공의 질서와는 아무런 관련이 없다.[23]

2) 불문(不文)의 행위규율

불문의 행위규율만이 공공의 질서에 속하므로 여기의 행위규율에서는 국가가 규정한 법규범이 문제가 되는 것이 아니라 공동체의 가치관에 근거한 사회규범이 문제가 된다.[24] 따라서 성문의 법규범이 문제가 되는 경우에는 공공의 안녕이 관련될 뿐이다.[25] 이처럼 공공의 질서라는 규율은 규범성(Normcharakter)이 결여되어 있으므로 공공의 질서라는 규율은 시민에게 권리를 부여하거나 의무를 부과할 수 없다. 즉, 어느 누구라도 경찰법에 근거하여 다른 사람에게 공공의 질서가 요구하는 바를 준수할 것을 청구하지 못한다.[26]

한편 불문의 행위규율 가운데에서도 그의 준수가 인간의 원만한 공동생활을 위하여 불가결한 것으로 간주되는 행위규율만이 공공의 질서개념을 충족시킨다. 이 점에서, 단순한 부담과 기대가능성이 없는 공동체에 대한 침해가 구

---

22) Drews/Wacke/Vogel/Martens, a.a.O., S.248; Gusy, a.a.O., Rn. 98.

23) Drews/Wacke/Vogel/Martens, a.a.O., S.248; Würtenberger/Heckmann/Riggert, a.a.O., Rn. 277.

24) Drews/Wacke/Vogel/Martens, a.a.O., S.248; Friauf, a.a.O., Rn.40; Götz, a.a.O., Rn. 122; Schenke, a.a.O., Rn. 40; Scholler/Schloer, a.a.O., S.67; Franßen, Der Einfluß des Verfassungsrechts auf die Auslegung der polizei- und ordnungsrechtlichen Generalklausel, in: Verwaltungsrecht zwischen Freiheit, Teilhabe und Bindung(25 Jahre Bundesverwaltungsgericht), 1978, S.201 ff.(204 ff.).

25) 이는 만약 공공의 질서가 법규범의 성격을 갖는다면 그에의 충돌은 이미 법질서(따라서 공공의 안녕)를 해치는 것이 되기 때문이다.

26) Friauf, a.a.O., Rn. 40; 석종현, "경찰의 위해방지책무," 고시계, 1984. 4, 126쪽.

분된다.[27)]

3) 지배적 가치관

다음으로 전술한 가치관이 명백히 지배적인 다수의 국민에 의해 받아들여져야 하는바, 그 같은 다수의 존재가 분명하게 밝혀질 수 없다면 공공의 질서는 위협을 받는 것이 아니다. 따라서 특정한 문제에 관하여 상당수의 소수가 다른 가치관을 갖고 있다면, 공공의 질서에 대한 침해의 문제는 발생하지는 않는다.[28)] 결국 경찰은 공동체에 있어서의 지배적인 가치관이 무엇인지를 발견하여야 하는데, 이를 위하여서는 사회조사(Sozialforschung)의 방법이 사용될 수 있다.[29)] 독일에서 행해진 사회조사에서는 공공의 질서란 개념의 구성요소로서의 지배적 견해에 해당하는 것으로 판례, 개인적인 가치평가, 생활 또는 직업상의 경험, 법규범 등이 제시되었다.[30)] 다만 지배적인 가치관의 발견과 관련하여 여론조사의 방법에 의하여 발견되는 다수인의 가치관은 경찰법적으로는 중요한 것이 못 될 수 있는바, 이는 긴급한 개입이 요구되는 경찰작용에 있어서는 그러한 방법은 실효성이 결여되어 있기 때문이다.[31)]

한편 이와 관련하여서는 경찰은 어떠한 경우에도 공공의 질서의 척도가 되는 가치관을 스스로 형성하거나 경찰 고유의 판단기준을 개발하여서는 아니 되며, 단지 확인하여야 할 뿐이라는 것을 유의하여야 한다. 따라서 어떤 특수문제에 대한 지배적인 견해가 분명하지 않아 다투어지고 있는 경우에는, 경찰은 그것을 증거불충분(non liquet)의 상태에 남겨두어야 한다. 즉, 이 경우에 경찰은 공공의 질서의 이름하에 개입하여서는 아니 되며,[32)] 그러한 문제를 실정법으로 규율할 권한을 입법자에게 유보하여야 한다.

---

27) Drews/Wacke/Vogel/Martens, a.a.O., S.248.

28) Drews/Wacke/Vogel/Martens, a.a.O., S.248; Friauf, a.a.O., Rn. 43.

29) 이와 같은 사회조사에 있어서는 질문, 행동의 관찰, 서류 등의 내용분석이 중요시된다(Vgl. Sturz/Wagner, Soziologie, Eine Einführung für Angehörige der öffentlichen Verwaltung, 1980, S.163).

30) Vgl. Prümm, Die öffentliche Ordnung, der polizeilichen Generalklausel in Theorie und Praxis, DVP 1983, 125 ff.

31) Schmidbauer/Steiner/Roese, a.a.O., Art. 11 Rn.. 77.

32) Friauf, a.a.O., Rn. 43.

3. 공공의 질서개념의 가변성

공공의 질서의 개념의 구성요소를 이루는 그때그때의 지배적인 가치관/윤리관에 따를 때 그의 준수가 요구되는 불문의 규율은 정적인 것이 아니라 시간의 흐름에 따라 변화하며, 또한 장소에 따라 다를 수도 있다.

(1) 시간적 구속성(Zeitbedingtheit)

1) 전체로서 공공의 질서를 형성하고 있는 가치관은 정적인 것이 아니어서 시간의 흐름에 따라 변화하는 가변적인 성격을 갖는바, 이를 공공의 질서개념의 시간적 구속성이라고도 한다. 독일의 경우 1880년 이전에는 공중 속에서 담배를 피우는 것이 공공의 질서에 반하는 것이었으나 도로에 쓰레기를 버리는 것은 공공의 질서에 반하지 않는 것이었다는 보고서는 이러한 사정을 잘 나타내준다고 할 것이다.[33] 그 밖에도 독일에서는 가슴 등이 노출된 옷(Dekolletés)을 공공의 장소에서 입는 것이 1936년에는 공공의 질서에 반하는 것이었으나 1946년 이후에는 반하지 않는 것이 되었다든지, 토플리스 차림의 해수욕이 더 이상은 개괄적 수권조항에 근거한 경찰권 발동의 근거로 간주될 수 없다는 것 등은 시간의 흐름에 따른 가치관의 변화의 좋은 예가 될 것이다.

한편 이 같은 가치관의 변화는 자동적으로 이루어지는 것은 아니며, 오히려 현행법 안에 구체화되어 있다. 즉, 공공의 질서도 궁극적으로는 법에 의하여 보호되는 것이므로 실정법에 저촉되는 가치는 공공의 질서의 구성요소가 될 수 없다. 그러한 의미에서 공공의 질서의 가치척도는 우선 현행헌법에서 찾아야 할 것이다.[34]

2) 또한 오늘날에도 공공의 질서의 가치판단은 구체적인 때(상황)에 따라서 다를 수 있다. 즉, 비키니를 입는 것이 사육제(謝肉祭) 기간 중에는 문제될 것이 없으나, 종교적 예식이 진행되는 동안에는 참석자의 감정을 상하게 할 가능성이 있으며, 그 결과 공공의 질서에 반하게 될 수 있다.[35]

---

33) Wagner, Kommentar zum Polizeigesetz von NW, 1987, § 1, Rn. 60.

34) Friauf, a.a.O., Rn. 43.

35) 이러한 설명에 관하여는 Schmidbauer/Steiner/Roese, a.a.O., Art. 11 Rn. 75.

(2) 장소적 구속성

공공의 질서를 형성하고 있는 사회규범은 지역에 따라서 다를 수도 있다. 예컨대, 창녀촌은 대도시의 환락가에서는 일상적인 것으로서 그다지 장해를 가져오지 않지만 농촌에서는 주민의 평온을 해치어 공공의 질서에 대한 장해가 될 수도 있는바, 이는 지역에 따른 가치관의 상이성을 잘 나타내고 있다고 할 것이다. 다만 교통의 발전, 전자동화, 신문 · 잡지 · 영화 텔레비전과 같은 대중매체의 영향으로 (특히 도시와 농촌 간의) 상이한 지역적 가치관이 점차적으로 같아져 가는 것을 간과할 수는 없을 것이다.[36]

한편 이 같은 장소적 구속성의 문제는 동일한 지방자치단체 내에서도 존재할 수 있는바, 폭력적 영화의 선전에 대한 가치판단이 환락가에서와 유치원 주변구역에서가 달라질 수 있다는 것이 그 예가 된다.[37] 그러나 지역적 견해가 국가 전체에 존재하는 하나의 질서에 대한 현존의 가치관과 일치하지 않는 경우에는, 그것은 어떤 행위가 공공의 질서의 요청에 일치하는지의 여부를 판단하는 기준이 될 수 없다.

4. 공공의 질서와 기본권과의 관계

누군가가 자신의 기본권을 행사하였다면, 그는 공공의 질서를 침해하는 것이 아니다. 따라서 경찰은 헌법상의 예술의 자유에 의하여 보호되는 영화의 상영을 공공의 질서에 대한 위험을 이유로 금지할 수 없으며,[38] 헌법상의 집회의 자유에 의하여 보장되는 평화적 집회를 공공의 질서에 반한다고 하여 금지시킬 수 없다.[39] 물론 기본권이 어느 정도의 영역까지 미치는지는 언제나

---

36) Drews/Wacke/Vogel/Martens, a.a.O., S.249.

37) 이러한 설명에 관하여는 Schmidbauer/Steiner/Roese, a.a.O., Art. 11 Rn. 76.

38) Vgl. BVerwGE 1, 303 ff. 이 사건에서는 Sünderin이란 영화가 기독교적 사고를 가진 Emsland의 주민의 종교적 감정과 도덕관에 배치됨을 이유로 질서행정청이 영화관에서의 상영을 금지시킨 것이 문제가 되었는데, 독일의 연방행정법원은 "자유분방한 행위를 묘사하고 있지만, 묘사된 사건에서 자신의 입장을 밝히지 않고 있는 영화는 일반적으로 예술작품이다. 기본법 제5조 제3항이 보장하고 있는 예술의 자유는 그의 행사가 다른 기본권을 침해하거나, 국가적 공동체의 존속을 위하여 필수불가결한 법익을 위협하는 경우에만 제한을 받으며, 그 외에는 경찰상의 개괄적 수권조항에 따른 제한을 받지 아니한다"고 판시하였다.

심사되어야 하며, 기본권의 행사에도 헌법에 따른 제한이 행해질 수 있다는 것은 인정되어야 할 것이다.

Ⅳ. 공공의 질서의 개념의 존재의의

1. 문제의 의의

경찰관련입법의 증대에 따른 입법의 완비(Perfektionierung), 도덕관의 자유화 등으로 인하여 공공의 질서라는 보호이익의 전통적인 적용영역이 현저하게 축소되고 있음은 주지의 사실이다. 그리고 이러한 사실에 기초하여 개괄적 수권조항의 범위 내에서 가치관과 불문의 규율의 보호를 내용으로 한다고 이해되어 온 전통적인 공공의 질서의 개념에 대하여 "종전과 같은 공공의 질서의 개념은 포기될 수 있으며, 그 결과 공공의 안녕과 공공의 질서의 엄격한 개념상의 구분은 포기되어져야 하고, 양 개념은 하나로 간주되어야 한다"[40]라는 비판이 행해지고 있으며, 심지어 단지 질서규범에만 근거하여 경찰이 개입하는 경우는 눈을 씻고 찾아봐도 없을 정도이다,[41] 또는 공공의 질서라는 보호이익은 오늘날 거의 완전히 사라졌다[42]라는 표현까지 보이고 있다. 실제로 독일의 경우 브레멘 경찰법 제1조 제1항/노르트라인-베스트팔렌 경찰법 제1조 제1항/자르란트 경찰법 제1조 제1항[43]은 이런 비판을 고려하여 직무규범과 권한규범에서 법공동체에 있어서 포기할 수 없는 가치관의 총체개념으로서의 공공의 질

---

39) 집회의 자유와 경찰과의 관계에 관하여는 vgl. Klein, Zur Auslegung des Rechts- begriffs der öffentlichen Sicherheit und Ordnung, DVBl. 1971, 233 ff.

40) Hill, Abschied von der öffentlichen Ordnung im Polizei- und Ordnungsrecht, DVBl. 1985, 88 ff. 한편 이 같은 입장에 따르게 되면 공공의 질서에만 근거한 경찰의 개입은 허용될 수 없게 된다.

41) Erbel, Der Streit um öffentliche Ordnung als polizeirechtliches Schutzgut, DVBl. 1972, 475 ff.(481).

42) Martens, Wandlungen im Rechtder Gefahrenabwehr, DÖV 1982, 89 ff.(91); Olidiges, Polizeirecht, in: Grimm/Papier, Nordrhein-Westfälisches Staats- und Verwaltungsrecht, S.253.

43) 동조는 "경찰은 공공의 안녕에 대한 위험을 방지함을 그의 직무로 한다"라고 규정하고 있다.

서라는 보호이익을 포기하고 있다.[44)]

그렇다면 오늘날 공공의 질서의 개념은 더 이상 존재가치를 상실한 것인가? 이하에서는 이 문제를 ① 공공의 질서개념에 대한 비판론과 ② 비판론에도 불구하고 동 개념이 존치되어야 할 필요성으로 나누어 상설해 보기로 한다.

2. 공공의 질서개념에 대한 비판

공공의 질서라는 개념, 즉 공공의 질서라는 보호이익의 정당성에 대하여는 다음과 같은 3가지 관점에서의 비판이 행해지고 있다.[45)]

(1) 사실적 관점에서 — 과도한 규율의 문제

오늘날 공공의 질서에 대한 위험에 대해 경찰이 개입할 필요성은 거의 존재하지 않는다. 이는 오늘날 인간의 생활관계의 대부분이 개별법규에 의하여 규율되고 있다는 사정, 즉 이전에 공공의 질서의 개념에 속하던 많은 경우가 법적 규율의 대상이 된다는 사정에 기초한다.[46)] 환언하면 경범죄처벌법이나 「가정의례에 관한 법률」 등에 의하여 국민의 세세한 활동까지 규율되고 있는 우리의 현실을 고려할 때, 공공의 안녕조항에 의하여 포섭되지 않음으로 인하여 공공의 질서조항이 적용될 여지가 거의 없어지게 되었다는 것이다.[47)]

(2) 사회과학적 관점에서 — 불가능의 문제

공공의 질서라는 개념은 실정법에 규정되어 있지 않은 사회적 가치관을 고려하고 있다는 점,[48)] 즉 실제로 확인되기 곤란한 가치관을 통하여 헌법적으

---

44) 이러한 사정, 특히 브레멘과 노르트라인-베스트팔렌 경찰법에서의 공공의 질서의 개념의 포기에 관하여 보다 자세한 것은 vgl. Alberts, Das neue Bremische Polizeigesetz, NVwZ 1983, 585 ff.

45) 이하에서 보는 공공의 질서개념에 대한 비판적 사고의 체계화는 Gusy 교수의 이론에 따른 것임을 밝혀둔다(vgl. Gusy, a.a.O., Rn. 101).

46) Würtenberger/Heckmann/Riggert, a.a.O., Rn. 277; Denninger, Polizei in der freiheitlichen Demokratie, 1968, S.22 ff.; 이 같은 사정을 고려하여 공공의 질서의 개념은 장래에 있어 그 의미를 점차 잃어가게 될 것이라고 설명하는 견해도 보인다(Scholler/Schloer, a.a.O., S.68).

47) 김남진, "경찰권발동의 요건과 효과," 고시연구, 1984. 7, 33쪽.

로 보장되는 기본권(행위의 자유)에 대한 제한을 가져온다는 점에서 문제점을 안고 있다.

더욱이 다른 생각이나 행동을 받아들일 것이 요구되는 다원적 민주주의국가에서 그의 준수가 공동생활의 필수불가결한 전제조건이라고 간주되는 단일의 가치관이 더 이상 존재하기 어려운 관계로 상이한 가치관이 존재할 수밖에 없다. 이 경우 법률에 사회적 유해성(Sozialschädlichkeit)의 한계가 확실히 규정되어 있지 않는 한 상이한 가치관의 존재 역시 인용되어야 할 것이므로[49] 다원적 국가에서 어떠한 기본권을 공공의 질서의 구성요소로 볼 것인가는 그때 그때의 다수의 가치관에 근거하여야 할 뿐만 아니라 소수의 가치관에도 근거하여야 한다. 그리고 이처럼 사회규범과 가치관의 다양성이 헌법적으로 보장된다면, 국가라고 하여 단일의 가치관을 강제할 수는 없는 것이다. 그렇다면 공공의 질서라는 경찰법상의 보호이익의 실현은 법적으로 불가능하다.

(3) 법학적 관점에서 — 위헌의 문제

공공의 질서의 개념은 그러한 질서의 존재의 확인을 위한 기준이 명확히 확인되지 않으므로 헌법상 요구되는 명확성이 결여되어 있으며, 그 결과 공공의 질서의 개념은 법치주의에 반한다는 점이 지적되고 있다.[50] 이러한 문제는 지금까지 어떠한 행정청도 또한 어떠한 법원도 실제로 존재하는 가치척도를 경험적으로 확인하지 않은 경우에 분명히 드러나는바, 그 같은 경우에 필요한 가치판단을 권한 있는 국가기관(일반적으로 경찰) 스스로가 행한다면, 그것은 민주주의적 정당성을 결할 뿐만 아니라, 특히 예측가능성 또한 결여된다는 문제점에 봉착하게 된다.[51]

48) Denninger, a.a.O., S.31.; Scholler/Schloer, a.a.O., S.68.

49) Scholler/Broß, Grundzüges des Polizei und Ordnungsrecht in der BRD, 3. Aufl., 1982, S.117 ff.

50) Denninger, in: Lisken/Denninger, Handbuch des Polizeirechts, 2. Aufl., 1995, E Rn. 26: Drews/Wacke/Vogel/Martens, a.a.O., S.246; Achterberg, Öffentliche Ordnung im pluralistischen Staat, in: FS für Scupin, 1973, 9 ff.; Peine, Öffentliche Ordnung als polizeirechtliches Schutzgut, DV 1979, 25 ff.(30 ff.).

51) Gusy, a.a.O., Rn. 101.

3. 결어 – 공공의 질서의 개념의 존재의의

전술한 바와 같은 공공의 질서개념에 대한 비판은 충분히 고려할 만한 가치가 있다. 그러나 그러한 사정만으로 공공의 질서 개념을 포기하는 것은 너무 성급한 일이라고 생각되는바, 이는 일정한 위기상황을 규율하기 위하여는 공공의 안녕이라는 보호이익 외에 공공의 질서의 개념에 의존하는 것이 여전히 불가피하다는 사고에 기초한다. 오늘날에도 공공의 질서개념의 존재를 인정하여야 할 필요성의 구체적인 논거로는 다음과 같은 것이 열거되고 있다.

(1) 공공의 질서의 개념은 우선 (그것이 새로운 유형의 위험이기 때문에) 위험방지가 문제되지만 그에 대해 아직까지는 형법 또는 질서위반법이 규율하지 않는 영역(예컨대 입법자가 충분히 신속하게 대처할 수 없는 환경법에서의 급격한 변화의 요청)에서 유지될 수 있다. 즉 입법자가 입법을 하기 전에는 공공의 질서의 개념에 의존하는 것만이 새로운 유형의 위험에 대처할 수 있다.[52] 독일의 뮌스터 상급행정법원이 극우주의자들이 독일 제3제국의 깃발을 나치즘의 고양을 위한 상징으로서 사용하는 것을(예컨대 촛불행진을 행할 때 전쟁의 상징으로 사용되는 경우) 공공의 질서에 반하는 것으로 판시한 것은[53] 그의 좋은 예가 될 것이다.

(2) 공공의 안녕에 대한 장해는 아니지만 사회적으로 수인될 수 없는 장해(예: 건강에 대한 위험은 아니지만 일반적인 가치관에 따를 때 수인가능한 정도를 넘어서는 소음) 또는 무분별한 행동이나 안하무인적 행동 또한 기술적·사회적 변화를 고려할 때 저지되어야 한다.[54]

(3) 끝으로 공공의 질서의 개념은 법치국가적 관점에서도 아무런 문제가 없다. 왜냐하면 공공의 질서는 전술한 바와 같은 기준에 따라 구체적인 경우에 있어서 충분히 특정되어질 수 있으며, 그의 기초도 궁극적으로는 헌법상의 가치질서에서 찾을 수 있기 때문이다.

---

52) Knemeyer, a.a.O., Rn. 104.

53) Vgl. OVG Münster, 1994, 966.

54) Wolff/Bachof, Verwaltungsrecht, 4. Aufl., 1978, S.51; Knemeyer, a.a.O., Rn. 104.

V. 공공의 질서개념의 적용영역 — 성풍속을 중심으로

1. 서 — 문제의 의의

공공의 질서가 문제가 되었던 많은 영역들이 오늘날에는 거의 예외 없이 법규범에 의하여 규율되게 됨으로써 실제로 공공의 질서의 개념이 적용되는 영역이 상당히 축소되었음은 전술한 바와 같다. 다만 성개방풍조에 기초한 일련의 행위들(Peep-Show 등)과 관련하여서는 여전히 공공의 질서의 개념이 논의될 가치가 있는바,[55] 이는 이들 행위에 대하여 사회 일각에서 규제의 필요성이 역설되고 있음에도 불구하고 그에 대한 실정법적 규율이 충분하지 못한 것에 기인한다. 즉, 이들 행위에 대하여 경찰이 어떠한 형태로든 개입하기 위하여서는 (실정법에 특별한 규율이 없으므로) 공공의 질서에 대한 위험이 존재한다는 것을 근거로 할 수밖에 없다. 다만 어떤 행위가 공공의 질서에 반하는지의 여부를 판단함에 있어서는 그때그때의 지배적인 윤리관·가치관이 기준이 되므로 그들 행위를 공공의 질서에 반한다는 관점에 입각하여 규율하기 위하여서는 현시점에서의 우리나라 사람들의 지배적인 가치관에 대한 실증적 연구가 필요하다고 할 것이다. 그러나 우리나라의 경우 그와 같은 연구가 아직 제대로 행하여진 바 없으며, 또한 그와 같은 사고에 입각한 법원의 판례도 없는 듯하므로 이하에서는 제한된 범위 내에서나마 행해졌던 설문조사[56]를 토대로 그들 행위에 대한 경찰의 개입가능성을 간략하게나마 논해보기로 한다.

---

55) 이러한 면을 고려할 때 오늘날 공공의 질서의 개념에 관한 논의가 성풍속을 통하여 르네상스를 맞이하였다고 할 수 있다.

56) 여기서의 설문조사는 2004학년도 제1학기 국립경찰대학 4학년의 경찰행정법강좌의 진행과정에서 수강생들에게 레포트로 부여되었던 것인바, 이하에서 제시되는 구체적인 수치는 그들 레포트를 기초로 한 것이다. 의미 있는 레포트를 위하여 노력을 아끼지 않았던 수강생들에 지면상으로나마 감사의 뜻을 전한다.

2. 공공의 질서개념에의 위반 여부가 문제시되는 사례

(1) 핍쇼(Peep-Show)

1) 외국의 경우

독일의 연방행정법원은 Peep-Show를 선량한 사회풍속에 위반하는 것으로 간주하였는바,[57] 이는 Peep-Show가 관람의 대상이 되는 여인의 품위를 떨어뜨리고 그녀의 인간으로서의 존엄[58]을 해한다는 것을 논거로 하는 것이었다. 한편 이 같은 연방행정법원의 판결에 대하여는 '관람의 대상이 되는 여성이 그에 동의하였으므로 인간의 존엄에 포함된 자기결정의 자유를 고려할 때 그를 보호하는 것은 정당화되기 어렵다'[59] 또는 '자신의 존엄에 대한 자기결정의 자유를 갖고 있는 자의 존엄을 보호할 국가의 의무를 인정하는 것은 인간존엄의 불가침을 규정하고 있는 기본법 제1조와 일치하지 않는 강제를 행하는 결과가 된다'[60]는 것을 골자로 하는 많은 학설상의 비판이 제기되고 있다. 그리고 이러한 비판론을 받아들여 뮌헨 행정법원(VG München)은 그를 사회적으로 수인될 수 있는 영역으로 보았던 것이다.[61]

한편 네덜란드의 경우 핍쇼사업장을 대법원이 유흥업소가 아닌 극장으로 간주하는 판결을 행하였는바,[62] 이러한 판결 역시 핍쇼가 사회적으로 수인될 수 있는 영역에 속한다는 것을 기초로 한 것이라고 생각된다.

---

57) Vgl. BVerwGE 64, 74 ff.

58) 독일연방행정법원은 인간의 존엄은 개인이 객체로 평가절하될 때에 침해받게 된다고 하였는바[BVerwGE 64, 274 ff.(278)], 이것은 독일의 연방헌법재판소의 '객체공식(Objektformel, vgl. BVerfGE 9, 89 ff.; 27, 1 ff.; 57, 250 ff.)'에 근거한 것이다. 한편 이 같은 것을 내용으로 하는 객체공식에 대한 비판에 관하여는 vgl. Discher, Die Peep-Show-Urteil des BVerwG, JuS 1991, 642 ff.(644).

59) Schenke, a.a.O., Rn. 45.

60) Gern, Menschenwürde und gute Sitten, NJW 1983, 1985 f.; Hoerster, Zur Bedeutung des Prinzips der Menschenwürde, JuS 1983, 93 ff.; Vgl. Höfling, Menschenwürde und gute Sitten, NJW 1983, 952 ff.

61) Vgl. VGH München, NVwZ 1983, 175. 동지판례: OVG Münster, NJW 1997, 1180 f.

62) 동 판결 및 그 배경에 관하여 보다 자세한 것은 http://www.hankyung.com/news/app/newsview.php?aid=2008120752441&intype=1 참조.

2) 우리나라의 경우

극히 소수(43명, 남자 26명/여자 17명)를 대상을 한 것이기는 하나 인터넷상에서 Peep-Show에 대한 설문조사의 결과는 Peep-Show 자체가 사회질서에 반한다고 하는 의견이 29명(67%)에 달하고 있음을 보여주고 있다. 다만 Peep-Show가 사회질서에 반한다고 하면서도 그에 대한 경찰권발동에 대해서는 59%인 17명이 경찰권발동의 대상으로 삼기에는 적합하지 않다고 응답하였음은 특이할 만하다. 아울러 남성보다는 여성이 Peep-Show에 대해서 더 부정적 견해를 나타내고 있다는 점도 주목을 요하는 조사결과로 보여진다.

(2) 스와핑(Swapping)

스와핑(Swapping), 즉 파트너를 바꾸어서 행하는 섹스가 사회적 이슈가 된 적이 있으며, 여러 가지 측면에서 긍정적 견해[63]와 부정적 견해[64]가 개진된 바 있다. 그러나 (적어도 아직까지는) 우리나라의 경우 스와핑은 건전한 성도덕을 해치는 것으로, 즉 공공의 질서에 반하는 것으로 보여진다.

특히 www.happycampus.com상에서 20대 남녀 137명(남자 70명/여자 67명)을 대상으로 한 설문조사 결과 역시 이러한 견해를 뒷받침하고 있는바, 동 조사에서는 응답자 중 89.1%에 해당하는 122명이 스와핑에 대한 반대입장을 밝힌 바 있다.[65]

(3) 섹시댄스 경연대회

섹시댄스 경연대회가 나이트클럽의 새로운 이벤트유형의 하나로 자리잡아 가던 2003년 10월 선정적인 댄스경연대회를 개최한 나이트클럽대표에 대하여 징역6월/집행유예 2년이 선고되면서[66] 섹시댄스 경연대회의 허용성 여부가 논란이 되기 시작하였다. 위의 사례의 경우에 있어서 법원이 인정하였듯이 이것이 형법상의 공연음란죄의 구성요건을 충족한다고 볼 수 있다면 공공의 안녕

63) 긍정적 견해는 무엇보다도 성인남녀에게는 스스로 섹스의 방식을 결정할 수 있는 '성적 자기결정권'이 인정된다는 것을 논거로 한다.

64) 부정적 견해는 스와핑이 정상적인 부부관계의 붕괴를 가져온다는 것을 주된 논거로 한다.

65) 스와핑에 대하여는 2011년에도 유사한 사례연구가 행하여졌는바, 응답자의 81.7%가 여전히 공공의 질서에 반하는 것으로 답하고 있다.

66) 주간한국 2003년 10월 29일자 참조.

에 반하는 것이 되어 당연히 경찰권발동의 대상이 될 수 있지만, 현실적으로 이를 공연음란죄로 의율하기 어렵다면 공공의 질서에 반하는지 여부가 문제될 수 있을 것이다. 이 문제 역시 긍정적 견해[67]와 부정적 견해[68]의 대립이 있으나 섹시댄스경연대회가 공공의 질서에 반하지는 않는다고 생각된다.

www.happycampus.com상에서 90명(남자 57명, 여자 33명)을 대상으로 한 설문조사 결과 역시 이 같은 사고에 대한 전거가 될 수 있을 것인바, 위의 설문조사에서 섹시댄스경연대회에 대하여 적극적으로 부정적인 입장을 표시한 사람은 42%(38명)에 그쳤으며, 긍정적 내지 가치중립적 입장을 표시한 사람이 58%(52명)에 달하였다.

(4) 음란전화채팅서비스

음란전화채팅서비스의 문제와 관련하여 www.happycampus.com상에서 120명의 남성을 대상으로 행한 설문조사의 결과 80%(96명)가 음란전화채팅서비스에 대한 단속필요성을 긍정하였다.

(5) 기 타

구체적인 설문조사를 하지는 못하였지만 독일에서 종래 다루어져 왔던 것으로는 전술한 것 이외에도 다음과 같은 것이 있다.

① Damen-Schlamm-Catch-Oben-Ohne(진흙 속에서 토플리스 차림으로 하는 여자레슬링)는 공공의 질서에 반한다.[69]

② 여자권투(또는 레슬링)는 이전에는 공공의 질서에 반하는 것으로 간주되었었으나,[70] 최근의 판례는 단지 성인만의 출입이 가능하다면 심지어 토플리스 차림의 것도 허용된다고 하고 있다.[71]

---

67) 젊은 층의 경우 섹시댄스 경연대회 자체를 하나의 성인문화로 받아들이는 경향이 짙어지고 있다.

68) 성의 상품화를 가져오게 된다는 것을 이 같은 입장의 주요논거로 들 수 있다.

69) Vgl. VGH München, BayVBl. 1984, 152.

70) Vgl. Pr.OVGE 91, 139 ff.

71) Vgl. VG Karlsruhe, Gew.Arch. 1978, 163; VG Gelsenkirchen, Gew.Arch. 1978, 164.

3. 결 어

지난 수십 년 동안 성생활에 관한 사회적 인식은 꾸준히 그리고 극심하게 변화해 왔으며, 오늘날에는 성생활은 인간생활의 근본기능으로 파악되고 있다. 이와 같은 성도덕의 변화는 공공의 질서의 개념의 적용에 있어서도 정당하게 받아들여져서, 이전의 가치관에 따르면 공공의 질서에 반하는 것으로서 경찰이 개입할 수 있던 많은 행위들이 더 이상 비난의 대상이 되지 않게 되었다. 단언컨대, 성적 금기는 거의 없어졌다고 할 수 있다. 그리고 이 같은 성개방풍조 내지 성의 자유화를 강조하는 사고가 지배하는 오늘날의 세태를 고려할 때 Peep-Show 등에 대하여 경찰상의 개괄적 수권조항에 근거하여 경찰권을 발동하는 것, 특히 공공의 질서에 반하는 것을 이유로 하여 경찰권을 발동하는 것은 사실상 인정되기 곤란한 면이 있다. 따라서 청소년보호를 위한 관점에서의 개입 정도가 인정될 수 있을 것인바, 이와 관련하여서는 우리보다도 더 성에 대해 개방적 사고를 갖고 있는 독일의 경우에도 유치원이나 학교 주변에서의 매춘에 대한 경찰의 개입을 허용하고 있는 것[72]이 참고가 될 수 있을 것이다. (서정범)*

---

72) Vgl. VGH Bad-Württ. VBlBW 1984, 178; Hess VGH, DÖV 1984, 521.

* 이 글, "경찰법에 있어서의 공공의 질서의 개념"은 경찰학연구, 제8호에 게재되었던 글임.

제 3 편

제 3 장 경찰법상 공공의 질서개념의 재설정에 관한 연구

Ⅰ. 서 론

경찰법의 세계에서 '공공의 질서(öffentliche Ordnung)' 개념은 1794년 프로이센일반란트법(PrALR) 제10조 II 17 경찰직무조항에 성문화되었다. 이 개념은 다시 현대 독일 경찰법의 전범(典範)이 된 1931년 프로이센경찰행정법(PrPVG) 제14조 제1항[1]의 보호이익으로 실정법제에 자리매김하였다. 그 영향은 일본을 거쳐 우리나라에까지 이어져 오고 있다. 이 개념을 정의한다면 "공동체가 원활하게 유지되기 위하여 불가결하게 보호되어야 할, 다수가 인정하는 불문의 행동규칙(ungeschriebene Verhaltensregeln)"[2]을 말하고, 짧게는 그러한 사회윤리규범이라고 할 수 있다.[3]

1) "경찰관청은 현행 법률의 범위 안에서 일반공중이나 개인으로부터 공공의 안녕이나 질서에 위협을 가하는 위험을 방지하기 위해 의무적합적 재량에 따라 필요한 조치를 취하여야 한다." 여기에서 주목할 점은 첫째, "공공의 평온"이 보호이익목록에서 사라졌고, 둘째 "법률의 범위 안에서"라 하여 성문법적 한계와, "의무적합적 재량에 따라 필요한"이라 하여 하자 없는 재량행사 특히 비례성원칙의 한계를 최초로 강조한 성문경찰법이라는 점이다. 셋째, 역사적으로는 프로이센일반란트법 제10조 II 17이 개괄적 수권조항의 기원이라고는 하지만, 이 조항이 실질적으로 최초 규정이다.

2) Schenke, Wolf-Rüdiger, Polizei- und Ordnungsrecht, 8. Aufl., C.F.Müller Verlag, 2013, § 3, Rn. 63, S. 34 참고.

3) Drews, Bill/Wacke, Gerhard/Vogel, Klaus/Martens, Wolfgang, Gefahrenabwehr ― Allgemeines Polizeirecht (Ordnungsrecht) des Bundes und der Länder ―, 9., völlig neubearbeitete Auflage, Carl Heymanns Verlag KG, 1986. S. 245.

이미 밝혀진 바에 따르면, 공공의 질서는 성문의 법질서로 총칭할 수 있는 공공의 안녕(öffentliche Sicherheit)과 상대개념이고, 공공의 안녕이 경찰질서기관에 의해 보호되어야 할 개별 성문법규범들의 지시구성요건(Verweisungs-tatbestand)[4]이라면, 공공의 질서개념은 그것이 아니라 공공의 안녕의 후보선수 역할을 하는 보충적 포용개념으로 기능해 왔고(Reserve- und Auffangfunktion),[5] 양자는 서로 양립하여 구분되어 왔다.[6]

그런데 이 공공의 질서에 관한 개념논쟁은 이제 세기(世紀)를 건너 21세기인 현재까지 독일과 우리나라에서 계속되고 있다. 20세기 후반 독일 경찰법학 문헌들과 판례들의 일부에서는 '불필요한', '진부한', '의미를 잃어버린' 개념이라는 측이 발견되는가 하면, 또 다른 쪽에서는 여전히 '포기할 수 없는', '여전히 활용되는', '더 높아진 위상의', '아직도 유용한' 개념이라는 평가도 이루어지고 있고[7], 심지어 공공의 질서론의 르네상스가 도래했다는 제목의 유력한 논문[8]이 발표되기도 하였다.

그 논쟁의 핵심에는 바로 경찰법상 개괄적 수권조항의 문제가 있다. 이미 개괄적 수권조항을 가지고 있는 독일 각 주(Land)들의 경찰법률들에 대하여 독일의 유력학자들은 계속 법치국가원리, 그에 따른 법률유보원칙과 본질성이론,

---

4) Baudewin, Christian, Der Schutz der öffentlichen Ordnung im Versammlungsrecht, 2., aktualisierte und erweiterte Auflage, Peter Lang Verlag, 2014, Rn. 17, S. 46. 이와 달리 공공의 질서도 지시개념이라는 문헌으로 Gusy, Christoph, Polizei- und Ordnungsrecht, 9. Aufl., Verlag Mohr Siebeck, 2014, Rn. 97, S. 48.

5) Erbel, Günter, Öffentliche Sicherheit und Ordnung, DVBl 2001, 1714 (1718). 여기서 Erbel은 "리저브수권(Reserveermächtigung)"이라고 한다. 이 중 후보선수역할 즉 리저브기능을 강조하는 최신 문헌으로 Baudewin, a.a.O., Rn. 32, S. 50; Schucht, Carsten, Generalklausel und Standardmaßnahme — Ein Beitrag zur Bestimmung der Reichweite des Befugnistyps Generalklausel bei nicht typisierten (Standard-)Maßnahmen am Beispiel von Platzweisung, körperlicher Untersuchung, Verbringungsgewahrsam und Meldeauflage —, Richard Boorberg Verlag, 2014. S. 87; Schoch, Friedrich, Polizei- und Ordnungsrecht, in: Schoch, Besonderes Verwaltungsrecht, De Gruyter Verlag, 2013, Rn. 129, S. 184 참조.

6) 이러한 공공의 안녕과 질서 양 개념의 기능에 대해서는 대표적으로 Waechter, Kay, NVwZ 1997, S. 729 ff. 참조.

7) 이에 대해서는 Baudewin, a.a.O., S. 41, 특히 각주 1, 2 참고.

8) Störmer, Rainer, Renaissance der öffentlichen Ordnung?, Die Verwaltung(DV), 1997, S. 233 ff. 이 논문은 앞의 Waechter의 논문과 함께 경찰보호이익 특히 공공의 질서에 관한 논쟁을 비판적으로 고찰한 대표적 논문으로 인용되고 있다.

명확성원칙과 민주주의원리와의 충돌로 인한 문제점을 주장해 왔고, 급기야 각 주행정법원과 연방행정법원마저도 전통적 공공의 질서 개념론에서 탈피하여 공공의 질서는 '불문'의 사회규범 혹은 윤리규범이 아니라 우리의 헌법에 해당하는 독일기본법의 가치척도 혹은 가치질서에 합치하는 범주 내의 경찰보호이익이라고 판시한 바 있다.[9]

더 나아가 후술하듯이 Hill과 Götz와 같은 일부 유력학자들은 공공의 질서의 개념재정립 필요성까지 주장했던 바 있었고,[10] 심지어 독일의 브레멘과 쉴레스비히-홀슈타인 주 경찰법은 공공의 질서를 경찰직무조항과 개괄적 수권조항의 보호이익에서 배제하여 현재에까지 이르고 있다.

위의 내용 즉 독일에서의 공공의 질서의 고전적 개념론, 비판론과 옹호론, 그에 따른 경찰직무상 보호이익으로서의 인정여부 등 기본적인 논점은 이미 우리나라에서도 많은 조명을 받은 바 있다.[11] 이와 달리 이 논문의 연구목표는 20세기 독일 경찰법의 전통적 지배론의 재확인이 아니라, 첫째 21세기 현대 독일 경찰법문헌에서의 이 개념에 관한 최근의 논의를 관찰하고, 둘째 우리나라 경찰법학자들의 이 개념에 관한 선행연구물들의 핵심을 분석하여, 마지막으로 우리나라 법제 특히 경찰관직무집행법상 직무조항 즉 동법 제2조 제7호에서 공공의 질서개념의 재정립 필요성과 대안을 입법론적으로 제시해 보는 것이다.

---

9) 독일경찰법상 '공공의 질서'에 관한 논쟁과 평가를 역사적 관점에서 제시했던 논문으로 이기춘, "독일경찰질서법상 공공의 질서개념에 관한 논쟁의 개관과 평가," 토지공법연구 제30집, 한국토지공법학회, 2006, 369-394쪽.

10) 이기춘, 위의 논문, 379쪽 참고.

11) 이에 관한 한국경찰법학자들의 대표적 문헌만 소개하면, 서정범, "경찰법에 있어서의 공공의 질서의 개념 —성도덕에 관한 실증적 사례분석을 토대로 하여—," 경찰학연구 제8호, 경찰대학교, 2005, 8-33쪽; 서정범, "경찰법에 있어서의 공공의 안녕의 개념," 공법학연구 제9권 제2호, 한국비교공법학회, 2008, 331-352쪽; 손재영, "경찰법상의 보호법익," 법학논고 제36집, 경북대법학연구소, 2011, 303-328; 이기춘, 앞의 논문; 이성용, "독일 경찰법상 공공의 질서개념의 국내법적 수용," 경찰학연구, 제12권 제2호, 경찰대학교, 2012, 3-26쪽 등이 있다.

II. 현행 독일경찰법제와 경찰법학상 현대적 공공의 질서 논의

1. 현행 독일경찰법제상 공공의 질서

현재 독일경찰법률은 16개가 존재한다. 경찰법은 주(Land) 입법관할이기 때문에 16개 주마다 경찰법률이 제각기 존재한다. 1945년 2차 세계대전 이후 경찰법의 연혁은 별론으로 하고, 현재 16개 주 경찰법률 중 14개 법률은 공공의 질서를 경찰직무조항[12]과 개괄적 수권조항의 보호이익으로 삼고 있다. 이 개념에 관한 다수설은 과거의 고전적 이해를 계속 유지하고 있는 것으로 보인다. 그것은 이 개념을 법률 안에서 개념정의하고 있는 「작센-안할트 주 공공의 안녕과 질서에 관한 법률(LSASOG, 이하 '작센-안할트 주 공공안녕질서법'이라 함)[13]」 제3조 제2호[14]를 보면 알 수 있다.

이 14개 주 경찰법률들은 모두 1977년 「연방과 주의 통일경찰법모범초안(MEPolG)」의 입장과 합치된다. 그리고 인구조사판결 이후 정보기본권제한조치를 위한 수권규정모델을 포함한 1986년 모범초안보충안(Ergänzungsentwurf)에서도 그것은 변함이 없었다.

---

12) 노르트라인-베스트팔렌경찰법(NRWPolG) 제1조 제1항 1문; 바덴-뷔르템베르크경찰법(BWPolG) 제1조 제1항 1문; 바이에른경찰직무법(BayPAG) 제2조 제1항; 베를린일반공공안녕질서법(BerlASOG) 제1조 제1항 1문; 브란덴부르크경찰법(BbgPolG) 제1조 제1항 1문; 함부르크공공안녕질서법(HHSOG) 제3조 제1항; 헤센공공안녕질서법(HeSOG) 제1조 제1항 1문; 메클렌부르크-포어폼메른공공안녕질서법(MVSOG) 제1조 제1항; 니더작센공공안녕질서법(NdsSOG) 제1조 제1항과 제2조 제1항; 라인란트-팔츠경찰질서청법(RPPOG) 제1조 제1항 1문; 자를란트경찰법(SlPolG) 제1조 제2항; 작센경찰법(SachsPolG) 제1조 제1항; 작센-안할트공공안녕질서법(LSASOG) 제1조 제1항 1문과 제3조 3호 a); 튀링엔경찰직무법(ThürPAG) 제2조 제1항 1문. 이러한 독일 경찰법상 공공의 질서 입법례에 대해서는 대표적으로 Gusy, Christoph, Polizei- und Ordnungsrecht, 9. Aufl., Verlag Mohr Siebeck, 2014, Rn. 96, S. 47, 특히 Fn. 60에서 참고한 것임. 그 외에 독일연방경찰법(BPolG) 제3조 제1항, 독일집회법(VersG) 제15조 제1항 및 독일결사법(VereinsG) 제14조 제1항에서의 공공의 질서도 참고.

13) Gesetz über die öffentliche Sicherheit und Ordnung des Landes Sachsen-Anhalt(SOG LSA). 2013. 10. 17. 시행법률을 참고하였다.

14) 공공의 질서: "그 준수가 그때마다 지배적 견해에 따를 때 정돈된 국민공동생활의 불가결한 전제조건으로 간주될, 일반공중 안에서 개인의 행동을 위한 헌법합치적 질서의 범위 안의 불문규칙들의 총체".

그런데 그사이 1978년 「연방과 주 통일경찰법수정초안(AEPolG)」에서 공공의 질서 보호이익은 처음으로 제거되었다. 동 초안 제10조 제2항에 규정된 개괄적 수권조항은 공공의 안녕의 보호를 위한 개입만을 허용하였다. 이 수정초안의 이유서에는, 경찰의 직무는 "입법자에 의해 보호되지 않는 사회의 단순한 인습이나 가치관을 '높은 손으로부터(von hoher Hand)' 보전하는 것이 아니고, 혹은 다수와 다른 소수자가치관을 억압하는 데 있는 것이 아니다"라는 것이 확인된다고 한다.[15]

그리고 브레멘경찰법(BremPolG)은 1983년에, 통독 이후 편입된 쉴레스비히-홀슈타인 주의 일반행정법(Schleswig-Holstein LVwG)은 경찰직무조항과 개괄적 수권조항에서 공공의 질서를 삭제하고 지금까지 그 태도를 유지하고 있다. 그 사이 노르트라인-베스트팔렌경찰법(NRWPolG), 자를란트경찰법(SPolG), 니더작센 공공안녕질서법(Nds. SOG)은 브레멘과 쉴레스비히-홀슈타인 주와 동일하게 공공의 질서 개념을 경찰직무조항과 개괄적 수권조항에서 삭제하였다가 다시 복귀시킨 바 있다. 삭제경험을 갖는 이 주들이 동기로 삼았던 것은 사회의 변화를 차단하는 것은 경찰의 직무가 될 수 없다는 —후술할— Denninger의 견해였다고 한다.[16]

2. 독일 연방헌법재판소와 연방행정법원의 판례

공공의 질서 개념론이 위 법제연혁에서도 보듯이 각종 비난을 받아 온 것이 바탕을 이루어, 2001. 3. 24.에 독일연방헌법재판소(BVerfG)가 공공의 질서에 대하여 판시한 바 있다.[17] 이 판례의 핵심내용을 아래와 같이 옮겨 본다.[18]

> 공공의 질서에 근거한 기본권제한은 다음의 경우들에만 허용된다:
> ① 법률에 흠이 존재하고, ② 그 흠결은 입법자의 입법계획과 달리 방치된 것이며 문제에 관한 인식수준의 박약으로 말미암아 아직 법적 규율이 이루어지지 않

15) Schucht, a.a.O., S. 65.
16) 이 공공의 질서 법제화 과정에 대하여 상세한 것은 Schucht, a.a.O., S. 65-66 참고.
17) BVerfGE 111, 147, 154 ff.; BVerfG, NJW 2001, 2069, 2071; BVerfG, NJW 2072, 2074; BVerfG, NVwZ 2004, 90, 91. Gusy, a.a.O., Rn. 100, S. 50, Fn. 75에서 옮김.
18) Gusy가 정리한 것을 옮긴 것이다. ders., a.a.O., Rn. 100, S. 50.

은 것이며, 단 ③ "공공의 질서"에 근거하여 개별사안에서 계획된 행정과 사법의 조치가 기본권규준의 범주 안에서 행해진 것이어야 하고, ④ 그 흠결보충이 법적 용기 관들에 의하여 인식될 수 있는 헌법과 법률의 가치에 반하지 않아야 한다.

이 독일연방헌법재판소 판례의 특징은 독일집회법 제15조의 공공의 질서 개념에 관한 판례라는 것이다. 그 내용을 분석하면, 첫째로 공공의 안녕과 공공의 질서는 서로 양립하는, 즉 양자택일적(alternativ) 개념이며, 둘째로 공공의 질서는 법률적 규율 밖의 보호이익으로서 리저브기능을 가짐을 강조하고 있고, 셋째로 기본권의 한계 내에서 헌법과 법률의 가치에 반하면 안 되는 개념이라는 것이다.

더 나아가 공공의 질서를 이유로 한 금지처분의 적법 여부가 문제된, 레이저건에 의한 살인모의게임(Laserdrom-Spiel) 사안에서, 2001. 10. 24. 독일연방행정법원의 판례[19]는 공공의 질서의 보호이익요건으로서의 정당성을 과거의 단순한 다수인의 사회윤리규범이라는 것에서 벗어나서, 인간의 존엄 등 헌법인 독일기본법상 근본적 가치관념(grundlegende Wertvorstellungen)으로 근거지어야 하는 개념으로 판시한 바 있다. 이러한 한도에서 공공의 질서 규정은 명확성원칙에 모순되지 않는다고 하였다. 이 판례는 아래에서 다시 후술한다.

3. 현대 독일경찰법학 대표학자들의 공공의 질서에 관한 견해들

20세기 대표학자들의 공공의 질서에 관한 논쟁에 대해서는 선행연구 논문들[20]로 갈음하고, 여기에서는 21세기에 들어와 주목할 대표적 경찰법문헌들의 내용을 고찰해 볼 것이다.

(1) 공공의 질서 개념 옹호론 – 제1설

공공의 질서 개념에 관하여 20세기 후반부터 많은 인용을 받은 문헌은

19) BVerwGE 115, 189 = NVwZ 2002, 598 ff. 참고. 이 판례에 대해서는 이기춘, 앞의 논문, 382쪽 이하 참조.

20) 대표적으로 이기춘, 앞의 논문, 371쪽 이하 참조. 이 논문은 이 개념논쟁을 역사적으로 1931년 프로이센경찰행정법 이전의 논의, 그 이후 1980년대까지의 논의, 1990년대 이후 21세기 초까지의 논의로 나누어 살펴보고 있다.

1972년, 2001년에 발간된 Günter Erbel의 두 논문들[21]과 Herrmann Hill의 1985년 논문이다.[22] Erbel은 명확성원칙 문제, 다원주의적 민주주의에서의 문제들을 일단 수용하고, 이에 관한 아래 Denninger등의 비판론에 대하여 반론을 제기하면서, 공공의 질서 위반에 근거한 개괄적 수권조항에 따른 경찰조치의 정당성을 사회국가원리에 근거하여 설명한 것으로 유명하다.

그리고 Hill은 반대론자인 Denninger의 견해를 언급하면서 살피겠지만, 전통적 옹호론은 명확성원칙과 법집행의 예측가능성을 담보할 수 없다는 비판이 있고, 헌법적 합의로 승인된 가치결단으로 축소해서 이해하는 한정합헌적 해석이 불가피하다는 견해를 주장한 것으로 유명하다. 이 견해는 바로 위 독일 연방행정법원과 연방헌법재판소의 2001년 판결들에서 기초가 되었음을 알 수 있다. 이 두 학자의 문헌들에 관한 고찰은 선행연구물을 참조하고,[23] 이 논문에서는 21세기 현재 경찰법에 자리매김하는 문헌들의 연구가 중심이 된다.

1) Schoch

전통적 견해를 현대적 관점에서 고수하는 대표적 현대 경찰법학자는 프라이부르크 대학교수인 Friedrich Schoch[24]이다. Schmidt-Aßmann의 특별행정법을 이어받은 그는, 그 책의 경찰행정법부분에서 공공의 질서 개념을 설명하고 있다.[25]

Schoch는 공공의 질서 개념은 위험방지법의 존재근거라는 생각을 갖고 있다. 그는 이 개념이 갖는 리저브기능, 즉 보충적 보호이익의 포용개념이라는 기능을 포기할 수 없다고 본다. 그러나 1970-80년대 Denninger, Götz 등에 의한 개념비판론, Hill의 한정해석론의 영향을 받아, 공공의 질서 개념을 적극적으로 사용하여 허용되어야 할 소수자들의 기본권 행사가 저지되는 일이 없어

---

21) Erbel, Günter, Der Streit um die "öffentliche Ordnung" als polizeirechtliches Schutzgut, DVBl. 1972, S. 475 ff.; ders., Öffentliche Sicherheit und Ordnung, DVBl 2001, S. 1714 ff.

22) Hill, Hermann, Abschied von der öffentlichen Ordnung im Polizei- und Ordnungsrecht?, DVBl. 1985, S. 88 ff.

23) 이기춘, 앞의 논문, 374-375쪽(Hill의 견해설명), 375-379쪽(Erbel의 견해설명) 참조할 것.

24) https://www.jura.uni-freiburg.de/de/institute/ioeffr4/personen/schoch 여기에서 Schoch의 이력을 확인할 수 있다. 대표적 경력은 2006-2007년 독일국법학자협회의 회장(Vorsitzender der Vereinigung der Deutschen Staatsrechtslehrer)이다.

25) Schoch, a.a.O., Rn. 132, S. 186.

야 함을 강조하고 있다. 이것은 공공의 질서개념 비판에 대한 재반론자로서 가장 많이 인용되는 Günter Erbel의 영향을 받은 것으로도 보인다.[26)]

또한 Schoch는 공공의 질서에 대한 위험의 방지를 위하여 관할 질서관청이 개괄적 수권조항에 근거하여 행한 케사르살인모의게임(Laserdrom-Spiel)의 영업금지처분에 대하여 공공의 질서 개념을 실정헌법적 가치척도(verfassungsrechtliche Wertmaßstäbe)로 근거짓는 독일연방행정법원의 판결[27)]과 그 밖의 지방행정법원들의 개별판례들을 비판하고 있다. 이 판례들은 살인모의게임은 인간의 생명권을 경시하는 영업이며, 이는 인간의 존엄, 생명권 및 신체불가침권, 국가의 공권력독점이 헌법적 가치척도로서 그 위반이 공공의 질서 위반으로 인정된다는 것이며, 정상적 국민공동생활의 불가결한 전제조건에 관한 지배적 관념들은 헌법인 기본법의 가치척도들에 의해 형성된다는 것을 판시근거로 삼았다. 그러나 Schoch는 이러한 2001년 연방행정법원 판결에 따른 헌법에 근거한 가치결단을 원용하는 것은 그 불안정성과 함께, 헌법에 근거하게 됨으로써 공공의 안녕과 구분할 수 없게 됨을 비판하고 있다.

즉 Schoch의 결론은, 공공의 질서 개념의 본체는 유지되어야 하며, 헌법적 가치결단, 가치척도의 원용은 불가능하며, 전통적 개념에 대한 비난을 고려하여 설문조사, 판례, 행정실무, 전문가의견 등 경험적 사실연구를 통한 보호되어야 할 사회규범의 확인을 필수불가결한 작업으로 본 것이다.

2) Gusy

현존하는 독일경찰법학 대가 중 하나인 Christoph Gusy는 공공의 질서 개념을 정의하면서 2001년 위 연방행정법원에 의해 행해진 독일기본법의 가치내용에 합치되는 윤리적 · 사회적 가치관의 원용태도를 인용하고 있다.[28)]

Gusy는 일단 이 개념의 비판론을 세 가지로 정리하면서,[29)] ① 실용적 관점에서 불필요하다는 비판에 대하여, 그는 이 개념의 적용사례들은 대부분 이

26) Hill, Götz의 반대론은 373-375쪽 참조. 또한 Erbel의 옹호적 재반론에 대해서는 이기춘, 앞의 논문, 375-379쪽 참고.

27) BVerwGE 115, 189. 이 연방행정법원의 판례에 대해서는 이기춘, 앞의 논문, 383-384쪽 참고.

28) Gusy, a.a.O., Rn. 96, S. 47.

29) Gusy, a.a.O., Rn. 99, S. 49.

미 성문법제에 의해 규율되고 있어서 큰 의미가 없다고 하여 수용하고 있다. ② 헌법이론적 관점 즉 다원주의 및 소수자보호사상에 입각하여 이 개념은 보호가 불가능한 것이라는 비판을 인용하고 있고, 일리 있는 것으로 받아들이는 것으로 보인다. ③ 실정헌법적 관점에서 공공의 질서의 개념요소인 단일한 도덕관념을 현실화할 수도 없고 개별사례마다 확정할 수도 없기 때문에 명확성원칙 위반에 따른 위헌문제를 거론하고 있고, 행정관청이 법률대체적 결정권을 행사하는 것은 민주적 정당성의 문제가 있다는 비판을 언급하고 있다.

그러면서 Gusy는 결론적으로 공공의 질서는 공공의 안녕과 비교하여 보충적 개념임을 강조하고, 더 나아가 공공의 질서는 어쨌든 경찰질서관청의 긴급권한(Notkompetenz)을 근거지으며 단 그리 심각하지 않은 잠정적 조치수단을 정당화할 수 있을 뿐이라고 하였다. 그리고 이 개념을 통한 사례해결은 그리 중요한 문제가 아니기 때문에, 오히려 규범적 차원에서 정치적·사회적 폐해를 극복하는 일은 1차적으로 공동체생활형성의 자격을 가진 입법자의 몫임을 피력하고 있다.[30]

즉 Gusy는 실용적 관점, 헌법이론적 관점, 실정헌법적 관점의 문제들을 직시하여 입법자의 몫을 강조하면서도, 긴급상황에 대비하기 위하여 공공의 안녕 개념에 보충적인 공공의 질서 개념의 필요성을 고수하는 입장을 보여주었다. 실제적으로 이에 근거한 위험방지조치는 그리 발생하지 않을 것이기 때문에 큰 문제가 되지 않을 것이라는 태도를 보여준 것이다.

위의 Schoch와 Gusy의 견해 즉 민주적 정당성, 명확성원칙과의 모순가능성을 반영하지만 기존 공공의 질서 개념의 핵심은 그대로 유지하는 태도가 현재 독일경찰법학의 다수설인 것으로 보인다.

3) Schenke

Wolf-Rüdiger Schenke는 독일연방 헌법재판소와 연방행정법원과 같이 헌법적 가치질서, 인간의 존엄을 들어서 공공의 질서를 근거짓는 것은 공공의 안녕과 구분을 하지 못하게 하며, 그러한 가치의 보호는 경찰질서관청이 아니라 입법자의 책무라고 한다. 그는 고전적인 불문의 행위규칙의 보호는 바로 경찰

30) Gusy, a.a.O., Rn. 100, S. 50 마지막 단락 참고.

법의 평화보장기능(Friedensfunktion)에 근거하고, 또한 그 근거가 독일기본법 제13조 제7항, 제35조 제2항 1문에 존재한다고 하면서 옹호론을 펴고 있다.[31]

(2) 헌법적 가치질서에 부합되는 공공의 질서 개념론 – 제2설

1) Möstl

최근 유력해지고 있는 경찰법학자들의 태도를 본다. 처음으로 최근 유력한 경찰질서법, 안전법학자로 자리매김하고 있는 Markus Möstl은 그의 2002년 하빌리타치온(Habilitation)에서 공공의 질서는 공공의 안녕으로 커버되지 않는 영역만에 관련되므로 공공의 안녕 개념보다 후순위 개념이며, 불문의 사회규범이라는 것도 불명확하며, 충분한 법제화로 인한 실제적 중요성의 축소, 헌법적 정당성의 의문 등으로 인해 완전한 의미상실도 우려된다고 하였다.[32]

그러나 그는 이 개념을 유지되어야 할 개념으로 본다. 그는 공공의 질서 개념을 위 독일연방행정법원, 헌법재판소의 판결처럼 '헌법'에서 근거를 찾는다. 국가는 헌법에 기초한 "내부평화보장의 사명(Auftrag zur Sicherung des inneren Friedens)"을 갖는다는 점이 공공의 질서가 단념되어서는 안 되는 이유라고 한다.[33] 폭력이 없고, 평화롭게 상호신뢰하며 공존하는 사회공동체에서의 공동생활의 목적을 위한 헌법적 보호명령이라고 한다.[34] 그는 이 개념을 재정립하여 성문적·불문적 평화질서의 보호라는 기본사상과 연결시킨다.

Möstl 견해의 특징은 ① 유력한 비판설의 논거인, 과거 전통적 공공의 질서 개념의 헌법적 문제점(민주주의적 규범정립원칙 위반, 법치국가적 명확성원칙, 다원주의사회에서의 소수자보호)[35]을 직시하여 수용하고, ② 단 법령상 규율이 닿지 못한 새로운 유형의 위험상황에 대비하는 것은 국가의 평화보장의무, 즉 안전의무에 근거하는 것이고 이것은 헌법에 의해 정당화된다는 것이다. ③ 따

31) Schenke, a.a.O., § 3, Rn. 65, S. 35.

32) Möstl, Markus, Die staatliche Garantie für die öffentliche Sicherheit und Ordnung, Verlag Mohr Siebeck, 2002, S. 139.

33) Möstl, a.a.O., S. 141. 앞에서 본 대로 Schenke, a.a.O., § 3, Rn. 65, S. 35에서 쉔케도 경찰법의 평화기능의 관점을 제시하고 있다.

34) Möstl, a.a.O., S. 142. 영국에서는 '보통법'의 세계로 설명된다고 한다. 여왕의 평화침해를 근거로 영국경찰은 위험방지조치를 취할 수 있다는 태도이다. Ders., a.a.O., S. 143. 이 Möstl의 견해를 보여주는 문헌으로 이기춘, 앞의 논문, 390쪽 참고.

35) Möstl, a.a.O., S. 139.

라서 Möstl의 생각은 아래에서 보게 될 Götz의 생각, 즉 공공의 안녕과 질서는 특별히 구분되는 개념이 아니라 모두 헌법질서 내에서 보호되어야 할 이익을 경찰직무, 개괄적 수권조항의 보호이익으로 삼는 태도를 보여준다. 이러한 공공의 질서에 의한 평화보장의무의 사례로 미국의 무관용경찰활동(Zero-Tolerance-Policing), 독일의 2000년대 초반 극우주의시위에 대한 중단조치를 들고 있다.[36]

결론적으로 그는 공공의 질서란 보호이익은 불가결한 포용구성요건(Auffangtatbestand)이며, 엄격하고 헌법합치적으로 적용된다면 언제든 명확성원칙을 포함한 법률유보원칙 등 헌법적으로도 문제가 없다는 견해를 밝힌 바 있다. Möstl은 2001년 독일연방행정법원과 연방헌법재판소의 합헌적 해석 입장을 옹호한 것으로 보인다. 이에 따르면 공공의 안녕과 질서는 적어도 보호되어야 할 규범 차원에서는 큰 차이가 없어지고 있다.

2) Wehr

Matthias Wehr의 공공의 질서 개념에 관한 입장을 확인한다.[37] Wehr는 공공의 질서 개념을 정의하면서 그 핵심요소인 공동체유지에 불가결한 풍속(Sitte)과 도덕(Moral)을 그대로 유지하며, 동 개념의 리저브(후보선수)기능과, 민주법치국가에서 구속력 있는 행동규칙을 공식화하는 것은 1차적으로 입법자의 몫임을 강조하는 것은 위 Schoch와 Gusy 등 옹호학자들의 견해들과 기본적인 궤를 같이한다.

그러나 그는 개념정의부터 위에서 본 독일연방행정법원, 독일연방헌법재판소가 취한 태도를 수용한 점에 큰 차이가 있다. 그는 독일헌법인 기본법의 가치결단(Wertentscheidungen)과 합치될 수 있어야 공공의 질서에 대한 위험방지 조치 즉 개괄적 수권조항에 근거한 조치가 적법해짐을 밝혔다. 이 점이 위 Schoch, Gusy, Schenke와 큰 차이점이고, Möstl과 일치한다.

이 Wehr와 더불어 21세기에 들어와 유력하게 자리매김하고 있는 젊은 경찰법학자들의 공통점은 헌법의 가치결단과의 합치가능성을 공공의 질서 개념

---

36) Möstl, a.a.O., S. 140-141. 무관용경찰활동 사례의 언급은 이기춘, 앞의 논문, 391쪽 참고.

37) Wehr, Matthias, Examens-Repetitorium Polizeirecht — Allgemeines Gefahrenabwehrrecht —, 3. Aufl., Verlag C.F.Müller, 2015, § 2, Rn. 60 ff., S. 22 ff.

의 전제로 삼고 있다는 점이다. 즉 이 유력한 최근학자들은 이 개념의 유지를 옹호하되, 과거 "공동체 다수인이 사회유지를 위해 불가결하다고 생각하는 사회·윤리규범"이라는 것에서 "헌법적 가치결단으로 정당화될 수 있는 사회규범"을 공공의 질서라고 접근하고 있다. 최근에는 오히려 이 측면이 공공의 질서론의 중심이라고 볼 수 있다.

3) Poscher

프라이부르크 대학교수인 Ralf Poscher는 Kingreen 교수와 함께 아래에서 볼 유명한 Pieroth/Schlink/Kniesel, 「Polizei- und Ordnungsrecht」라는 3인 공저의 공동계승자이다. 공공의 질서에 근거한 경찰개입에 극히 소극적인 Michael Kniesel의 입장을 명시적으로 반영하고 있는 3인 공저서의 입장과 약간 방향을 달리하여, 최근 Poscher는 뷔르템베르거의 기념논문집에 개인적으로 입장을 밝힌 바 있다.[38]

---

38) Poscher, Ralf, Öffentliche Ordnung und Grundgesetz — Zur verfassungsrechtlichen Einhegung eines rechtsstaatlichen Risikos —, in: Heckmann, Dirk/Schenke, Ralf P./Sydow, Gerhard (Hrsg.), Verfassungsstaatlichkeit im Wandel, FS für Würtenbeger, Thomas, 2013, S. 1044-1045. "공공의 질서는 경찰법과 법조실무에서 매우 하위의 역할을 수행한다. 사회의 가치척도의 다원화와 함께 이것은 한편으로 법질서의 포괄적인 성문화가 광범위하게 모든 사회본질적 영역을 규율하기 때문이다. 또 다른 한편으로 이것은 독일기본법이 공공의 질서와 매칭시키는 관계로부터 도출된다. 법률우위원칙, 의회유보와 명확성원칙 등 실정헌법의 규준들은 공공의 질서에 여지를 인정하지 않는다. 공공의 질서는 헌법적 사유들에 기초하여 예측되지 않은, 유형화가 곤란한 혹은 사회적으로 그리 중요하지 않은 현상들을 위한 리저브기능에 제한되고 있다. 더 나아가 공동체사회는 사회규범들을 헌법적 기속으로부터 자유롭게 발전시킬 수 있지만 독일기본법의 실체적 규준들도 만족시키는 사회규범들만이 공공의 질서 보호이익 안에 수용될 수 있음을 통하여 그 의미가 더욱 축소되고 있다. 이러한 규준들을 통해 공공의 질서는 실정헌법적으로 커버되기 때문에, 법치국가적 행정법을 위한 개척자들에 의해 이미 독일제국시대에 주장되었던 국가제도의 법치국가적 리스크들(rechtsstaatliche Risiken des Instituts)을 통제하기 위하여 공공의 질서 개념은 제거될 필요도 없고 그 헌법화도 불필요하다.

공공의 질서와 독일기본법의 관계의 고찰은 한 가지를 더 보여준다. 법철학에서는 20세기 마지막 25여 년 간 논쟁의 자리를 차지한 비법규범들(außerrechtliche Normen)의 —특히 도덕규범들의— 법(das Recht)을 위한 중요성 논쟁이 지배적이었다. 그 한 측은 법의 도덕규범으로부터의 독립성을 강조한 반면에, 다른 한 측은 도덕규범의 법에 대한 다면적 영향력을 열심히 입증한 바 있다. 공공의 질서와 독일기본법의 관계에 대한 고찰에서 확인되는 것은, 왜곡된 문제제기가 광범위하게 관건이 되고 있다는 점이다. 오히려 공공의 질서의

Poscher는 역시 헌법의 규준, 헌법의 근본이념을 전제로 한 공공의 질서개념이므로 굳이 제거가 필요하지 않고 별도로 독일연방행정법원, 연방헌법재판소의 판례와 그에 따른 학설들처럼 헌법화시킬 필요조차 없다고 본다. 결론적으로 그는 법치국가적 리스크의 완전한 통제가능성의 확보를 위하여 공공의 질서 개념의 필요성을 긍정한다. 그러나 그의 주장의 실질을 들여다보면, 헌법적 규준을 전제로 한다는 점에서 공공의 안녕 외에 별도로 이 보호이익 개념을 인정할 특별한 실익이 없다는 것으로도 읽힌다. 따라서 Poscher는 긍정설 학자 중 가장 소극적 태도를 보여준다고 하겠다.

4) Baudewin

마지막으로 2014년도 「집회법에서 공공의 질서의 보호」라는 제목의 저자 Christian Baudewin은 질서 개념의 유지를 옹호한다.[39] 그는 역시 새로운, 비전

사례에서 분명해지는 것은 법이 명시적으로 공동체사회의 규범을 법 안으로 편입시키는 경우에, 그 편입은 항상 법의 기준들에 따라 사회규범들을 선택하고 변형시키는 법의 조건들을 위해서만 이루어진다는 점이다. 그래서 공공의 질서와 같은 구성요건징표들은 한편으로는 비법규범들이 법에 대한 영향력을 가진다는 주제를 위하여 언급되고, 다른 한편으로는 사회규범들이 법 안으로 진입할 경우에 그 사회규범들은 자신의 성격을 변화시키고 법의 규준에 적응하게 되어 이제 사회규범이나 법규범들이 문제되는지에 관한 논쟁은 거의 불필요해 보인다. 비법규범들이 법 안에 포함되면, 그로부터 무엇이든 영향을 받게 된다. 비법규범들은 형식적으로 법 안에서 변화가 이루어지게 될 뿐만 아니라, 내용적으로도 변형(Transformation)되기도 한다. 법은 마이다스 왕(König Midas)과 유사한 성질을 가진다: 법이 건드리는 모든 것은 그 형식(Form) 즉 겉모습만이 아니라 그 본질도(Substanz) 법으로 바뀌게 된다."

39) Baudewin, Christian, Der Schutz öffentlichen Ordnung im Versammlungsrecht, 2. Aufl., Peter Lang Verlag, 2014, Rn. 727, S. 307. "국가와 국민은 공공의 질서를 필요로 한다. 첫째로 공공의 질서는 특정 (반)사회적, 정신병리학적(사이코패스적) 혹은 인간경멸적 행태유형을 중단시키는 의미를 가진다.

둘째로, 이 보호이익은 새로운 혹은 비전형적인 위험상황 즉 입법자에 의해 예측되지 않은 그리고 지금까지 법제화되지 않은 위험상황에 대한 대처를 위한 (공공의 안녕에 비해) 권리제한의 후보수단(Eingriffsreserve)으로 기능한다. 이 위험상황들이 권리제한조치와 결합되면, 그것은 법률유보원칙으로 인해 수권근거를 필요로 한다. 이러한 흠결은 '공공의 질서'에 의해 보완되는데, 오랫동안 이 개념은 각종 사례들과 구체화작업으로 인하여 신빙성 있는 윤곽을 가지게 되었다. 세 번째로, 공공의 안녕을 침해하는 행위인 경멸행위는 공공의 질서에 대한 위반으로 간주될 수 있다. 그러나 나치즘의 단순한 찬양이나 경멸로는 안 된다. 공공의 질서에 대하여 제시되는 실정헌법적 그리고 법정책적 유보들은 이때 작용하지 않는다.

형적 위험상황에 대한 대처필요성을 위하여 공공의 질서에 후보선수기능으로서의 의미를 강조한 것이다. 특히 21세기 극우주의집회에 대한 독일 법원들의 태도를 정리하면서, 공공의 질서위반을 엄격하게 판단하여야 한다는 것도 잊지 않고 제시하고 있다. 결론으로 공공의 질서 개념은 유지될 가능성이 남아 있지만, 극우주의집회 등 집회의 금지조치의 요건으로서 기능은 거의 인정되기 힘듬을 동시에 보여주고 있다.

(3) 공공의 질서 개념 반대론 혹은 불필요론 – 제3설

고전적 공공의 질서 개념을 비판한 것으로 가장 많은 횟수의 인용을 받는 문헌은 Störmer와 Waechter의 1997년 두 논문이다.[40] 이들의 비판론은 이미 우리 문헌에서도 글감으로 삼아져 많이 인용된 바 있다. 본 연구는 현재에 포인트를 잡는 것이므로 이들의 검토는 선행연구에 맡긴다.[41]

1) Denninger

가장 유명한 비판론자로서 과거부터 인용되어 온 독일경찰법학자는 Erhard Denninger이다. 그는 1970년대 전후부터 시민의 정치활동영역에서 경찰개입을 위해 이 개념은 적합하지 않다고 하였고, 경찰보호이익으로서 공공의 질서를 적용하는 것은 혁명의 공포로 민감해져 있던 시절인 "후기 절대주의시

공공의 질서란 보호이익은 극단주의집회에 대한 만병통치약이 아니다. 타당한 것은, 시민은 집회법상 핵심에 있고 – 때로는 방해물이 된다. 하지만 모든 불쾌한 행위가 공공의 질서의 적용하에서 금지될 수는 없다. 오히려 행정관청은 실정헌법적으로 규정된 집회금지를 보통 집회가 비평화적이거나 무장한 채 행해지거나 공공의 안녕에 위반되는 경우에만 발령할 수 있다. 이것은 독일기본법의 반나치경향이나 "방어적 민주주의원칙(Prinzip der wehrhaften Demokratie)"를 거론하면서 금지될 수 없는 극우주의집회에 대해서도 마찬가지이다. 독일의 위신(Ansehen)도 역시 공공의 질서란 보호이익에 귀속될 수 없다. 사회를 변화시키는 것은 법원의 임무도 아니고 간접적으로 외국의 임무도 아니다. 그것은 독일 스스로의 것이다. 극단주의에 대한 결정적 대처도 동일하다. 그 대처가 민주적 의사형성을 위해 모든 시민들에게 기본적인 기본권이 억압되는 방향으로 나아가서는 아니 된다. 사회적 필요성과 실정헌법적 불가결함은 엄격하게 서로 구분되어야 한다."

40) Störmer, Rainer, Renaissance der öffentlichen Ordnung?, Die Verwaltung(DV), 1997, S. 233 ff.; Waechter, Kay, Die Schutzgüter des Polizeirechts, NVwZ 1997, S. 729 ff..

41) 대표적으로 서정범, "경찰법에 있어서의 공공의 질서의 개념 –성도덕에 관한 실증적 사례분석을 토대로 하여–," 경찰학연구 제8호, 경찰대학교, 2005, 8쪽 이하 참조.

대의 '진압경찰(Niederhaltungspolizei)'의 계속"을 의미하는 것이라고 했으며, 입법자에 의해 규율되지 않은 사회의 단순한 인습과 가치관을 '높은 손'에 의해 보전하는 것인 경찰직무가 될 수 없다고도 하였고, 다수자들과 다른 소수자들의 가치관을 억압하는 것도 경찰직무가 될 수 없다고 했다고 한다.[42] 그는 「경찰법편람(Handbuch des Polizeirechts)」에서 공공의 질서 개념의 존립정당성에 관하여 직접 언급하고 있다.[43]

> 자유를 제한할 수 있는 '경찰의무(Polizeipflicht)'를 근거짓는 척도로서 공공의 질서는 ① 공공의 안녕과 분명히 구분할 수 있는 내용을 가져야 하고, ② 헌법적으로 문제가 없어야 하며, ③ 실제적으로 중요한 유지필요성이 인정될 때에만 유지될 수 있다.[44]

그런데 그동안 거의 모든 생활영역이 법제화되어 거의 모든 공공의 질서 사례영역이 극히 감소되었고(①에 대한 견해), 자유-다원주의와 민주주의원리에 따른 문제가 있으며(②에 대한 견해), ③ 중요한 생활영역의 규율은 입법자의 몫이라면서(③에 대한 견해), 그 유지필요성을 비판하고 있다.

그리고 위에서 잠깐 본 Herrmann Hill은 1985년 과거 공공질서론과의 작별이 타당한지를 논한 논문[45]에서 공공의 질서 개념의 새로운 합헌적 해석론(실정헌법적 가치결단의 제한적 조정권을 경찰/질서행정 측에 부여하는 개념으로 공공

---

42) Denninger, Erhard, Polizei in der freiheitlichen Demokratie, 1968, 25 ff.; ders., Polizei und demokratische Politik, JZ 1970, 145 (148 f.). 이것은 Schucht, a.a.O., S. 65에서 인용한 것임. 특히 Denninger는 "영주의 영속적 배려를 신뢰하여 자신의 직무를 평온하고 성실하게 수행하는 것과 공적 사무와 관계에 간섭하지 않는 것은 모든 국민의 불가결한 의무이다."라고 "후기 절대주의시대의 '진압경찰'의 원칙"을 설명하고 있다.

43) Denninger, Erhard, Polizeiaufgaben, in: Lisken, Hans/Denninger, Erhard, Handbuch des Polizeirechts, 5. Aufl., C. H. Beck. Verlag, 2012, Kap. D., Rn. 35 ff., S. 199 ff.에서 참고함.

44) Denninger, a.a.O., Rn. 35, S. 199.

45) Hill, a.a.O., 88 (96). 이는 Denninger, a.a.O., Rn. 37, S. 201, Fn. 44에서 인용함. Hill의 견해에 대해서는 이기춘, 앞의 논문, 374-375쪽 참조. 여기서 "Götz는 공공의 질서를 법에 의해 정립되고 보호되는 질서라고 이해하여 공공의 안녕과 질서가 일체인 것으로 파악하였던 반면, Hill은 공공의 안녕 안에 있던 헌법적 가치결단 내지 가치질서 부분만을 공공의 질서로 개념짓고자 한 것에서 차이점이 있다."

의 질서를 새로이 해석하여 비판론에서 벗어남)을 제안하였다. 위에서 본 대로 2001년도 독일연방행정법원, 연방헌법재판소가 취한 헌법적 가치결단과의 합치 가능성을 공공의 질서 개념의 유지조건으로 삼은 태도가 바로 Hill의 이 제안에서 비롯된 것이라고 볼 수 있다.

그런데 Denninger는 이러한 Hill의 견해는, 충돌하는 기본권영역과 관련되는 한, 이러한 해석은 '공공의 안녕' 보호에 관한 의무적합적 재량행사에 속하는 것이라고 냉정하게 판단하였다.[46] 즉 Denninger는 위 "① 공공의 안녕과 분명히 구분되어야 한다"라는 공공의 질서 개념정당성 조건에 위반됨을 보인 것이고, 또한 2001년 독일연방행정법원, 연방헌법재판소의 입장을 한꺼번에 비판하고 있다.[47] 즉 경찰보호이익은 공공의 안녕으로 족하다는 말이다.

2) Götz

Volkmar Götz는 가장 대표적인 공공의 질서 개념 비판론자이다. Götz의 견해에 대해서는 이미 많이 밝혀진 바 있다.[48] 그래서 간략히 그의 비판론을 정리하면, ① 첫째, 국민 다수가 구속력 있다고 긍정하는 사회규범을 승인하는 개념이기 때문에 이런 사회규범이 모든 사람에게 구속력을 미친다는 것은 입법자의 몫을 이 개념으로 탈취하는 것이 되며, ② 둘째, 이 개념은 "법적으로 정립된 공공의 질서"로 해석되는 한도에서 유지되며 따라서 이 개념은 공공의 안녕과 내용적으로 결합된 것이라 한다.[49] Götz의 견해는 아래 개념재정립론에서 다시 언급한다.

---

46) Denninger, a.a.O., Rn. 37, S. 201.

47) 또한 Denninger는 공공의 질서 개념과 유사한 풍속개념을 아래와 같이 언급한다. 또한 기본법 제2조 제1항의 자유로운 인격발현의 한계인 다른 풍속법률(Sittengesetz)에서 사용되고 있는 '풍속(Sitte)' 개념해석에서 유사한 문제가 발생한다는 것은 맞다. 그때그때마다 풍속개념의 내용결정을 위하여 중요한 것은 —1957년 독일연방헌법재판소가 확인한 것처럼 [BVerfGE 6, 389 (434 f.)]— "판사의 개인적 풍속감정"이 주된 척도가 될 수 없음은 물론 개별 국민일부의 의견도, 경찰청의 의견도 그 척도가 될 수는 없다. 200여 년의 윤리학편람이나 도덕신학서의 지혜를 원용하는 것도 역시 도움이 되지 않는다. … "공공의 질서" 개념을 포기할 수 있는지 아닌지 상관없이 경찰은 종교, 예술, 풍속 혹은 '애국심'의 모든 문제에서 소극적 자세를 견지해야 한다.

48) 이에 대해서는 이기춘, 앞의 논문, 374쪽 참조.

49) 이기춘, 앞의 논문, 374쪽에서 인용함.

3) Pieroth/Schlink/Kniesel

이 3인 공저자들의 경찰질서법은 이제 2014년 제8판부터 레겐스부르크 대학교수인 Thorsten Kingreen과 프라이부르크 대학교수인 Ralf Poscher에 의해 계속 이어지고 있다. 본래 이 책은 3인 공저시절 제7판까지 공공의 질서의 보호이익성에 매우 비판적인 입장을 취하고 있었던 저서였다. 특히 Michael Kniesel이 극우주의집회와 공공의 질서의 문제를 다룬 과거 문헌에서 그런 태도를 보여주었다.[50] 현재도 그러하다.[51]

---

50) Ders., Die Versammlungs- und Demonstrationsfreiheit – Aktuelle höchstrichterliche Rechtsprechung zu Art. 8 GG, NJW 1996, 2606 (2608); ders., Versammlungs- und Demonstrationsfreiheit – Entwicklung des Versammlungsrechts seit 1996, NJW 2000, 2857 (2864). 참고로 Kniesel은 Lisken/Denninger의 「Handbuch des Polizeirechts」의 집회법 분야 대표저자이다. 앞의 NJW, 2000, 2857 (2864)에서는 그는, "수 년 전부터 바로 집회법에서 공공의 질서의 르네상스라는 말이 오가고 있는데, 극우주의 활동들과 관련하여 이 보호이익을 추구하는 법원의 경향은 제로(0)로 향하고 있다. 바이마르고등행정법원(OVG Weimar)과 슈투트가르트행정법원(VG Stuttgart)만이 명백히 공공의 질서를 심사를 했으나, 공공의 질서 위반의 문제는 자세히 거론되지 않거나 불확실한 상태이다. 왜냐하면 공공의 안녕에 대한 위험이 긍정되었기 때문이다. 공공의 질서는 집회법에서 보호이익으로서 폐기될 수 있다. 그밖에 금지되지 않은 정당에 대한 어떤 조치가 공공의 질서를 통하여 행해진다면 그것은 정당의 특권과 연방헌법재판소의 결정특권을 형해화하게 될 것이다."라고 한 바 있다.

51) Pieroth/Schlink/Kniesel, a.a.O., § 8, Rn. 46 ff., S. 134 ff.에서 참고. "현대적 판례들과 일부 주 경찰법률(위 작센-안할트 주[LSASOG])의 개념정의와 학설에 따른 공공의 질서의 개념은, ① '헌법'과 조화될 수 있는 사회규범이고("합헌적 질서의 범주 안에서"), ② 특정지역에서 지배적인 즉 민주적 다수관념에 의할 때, ③ 정상적 공동체생활을 위해 불가결하여야 한다. 그런데 이 사회규범, 국민다수의 관념 등은 경찰, 질서관청, 이를 통제하는 법원의 가치관이 아니라 설문조사(Demoskopie) 등 사실확인의 방법을 통해 이루어져야 하는데, 그렇게 조치가 이루어진 적이 없었고, 오히려 법적용기관들은 자신의 가치관을 사회규범이나 다수견해라고 하여 표출하였다. 공동체생활을 위한 불가결성 역시 마찬가지였다. 이러한 법규범으로부터 벗어난 가치는 필연적으로 공공의 질서 개념을 이데올로기적으로 취약한 것으로 내몰게 된다. … 독일기본법의 자유민주적 법치국가는 이러한 사회규범 즉 법 밖의 규범(außerrechtliche Normen)과 어울리지 않는다. 시민의 자유는 기본권적 법률유보원칙에 따라 오직 의회의 정당성 있는 법을 통해서만 제한될 수 있다. 심지어 공공의 질서에 근거한 경찰질서법적 조치가 기본권을 제한할 수 있는 강도를 고려할 때, 의회유보사항이다. 독일연방헌법재판소는 20여 년 전 경찰일반조항을 –법치국가적 명확성에 관한 한– 문제가 없는 것으로(unbedenklich) 선고한 바 있다. 그러나 이 결정에 따르면 독일연방헌법재판소는 본질성이론을 펼친 바 있는데, 이에 의하면 입법자는 기본권영역에서 본질적 결정을 스스로 하여야 하며, 이때 결정의 본질성은 기본권과의 관련강도로써 평가된다고 하였

이 3인 공저의 공공의 질서에 관한 의견을 정리하면, 공공의 안녕 개념으로 충분하다는 것이다. 그 근거로 ① 첫째, 공동체생활의 불가결한 전제조건인 사회규범이 무엇인지는 사실적으로 확인되어야 하는데, 설문조사를 통해 그것을 확인하는 일도 실제로는 없고 또한 그런 시간적 여유도 없는 때가 보통임을 들고 있고, 또한 이데올로기논쟁에 취약해진다는 점을 든다. ② 둘째, 이미 많은 문헌에서 기본적 문제점으로 밝혀지고 있는 법률유보원칙, 그 이론인 본질성이론, 의회유보론 등의 문제, 그리고 민주주의원리와 관련하여 소수자보호의 문제, 특히 경찰질서관청이 도덕옹호자, 풍속감시자의 역할자가 되어서는

다. 또한 기본권은 소수자보호에 기여하는 것이고, 문화적, 종교적, 윤리적 다원민주주의 사회에서 다수는 그의 사회규범을 가지고 소수를 강제해서는 아니 되고 경찰질서관청이 도덕옹호자(Moralapostel), 풍속감시자(Sittenwächter) 역할을 해서는 아니 된다.

또한 공공의 질서의 법실제적 필요성도 의문시된다. 과거 공공의 질서가 가졌던 흠 있는 법정립의 보완기능은 현대의 광범위하고 촘촘한 모든 생활영역들의 규범화로 인해 사라져 버렸다. 여기서 특히 의미 있는 것은 질서위반행위법(OWiG) 제118조 제1항인데, 이에 의하면 "일반공중을 불편하게 하거나 위태롭게 하고 공공의 질서를 침해하는 극히 부당한 행위를 저지른 사람이 질서위반행위자이다." 여기서도 공공의 질서가 규정되어 있는데, 이 요건은 다수의 다른 요건들에 의해 제한되고 구체화된다. 이 조항은 공공의 안녕(öffentliche Sicherheit)에 포함되는 것이다.

현대 법상황에 대하여 언급하면서, 비록 경찰개괄적 수권조항의 일부요소인 공공의 질서의 위헌성에 관한 좋은 근거들이 언급되고 있음에도 불구하고, 다수설은 여전히 이 개념을 고수하고 있다. 그들이 시사하는 것을 보면, 독일기본법 제13조 제7항, 제35조 제2항, 국내법률들로서 집회법 제15조 제1항, 영업법 제71a조, 접객업법(GastG) 제19조, 외국인체류법 제55조 제1항, 질서위반법 제118조, 국제법으로서 EU노동조약(AEUV), 유럽인권협약(EMRK) 제8조 제2항, 제9조 제2항, 제10조 제2항, 제11조 제2항 등이 공공의 질서의 리저브(후보선수)기능에서부터 출발하고 있으며, 이 공공의 질서는 입법자의 법제화 없이 새로운 유형의 위험들에 대처할 수 있기 위해서도 단념할 수 없다고 한다.

물론 동시에 공공의 질서에 근거함을 엄격하게 제한하는 실무가 학자들에 의해 옹호되고 있다. 특히 입법자가 가령 형법전으로부터 법규범으로써 사회규범을 도출하도록 하는 경우에 사회규범을 원용하는 것은 배제된다. 또한 법률우위원칙에 따라 그러한 입법자의 결정이 공공의 질서 개념을 통해 형해화되어서는 아니 된다.

판례에서도 공공의 질서는 실정의 법(geltendes Recht)으로서 수용되고 있다. 하지만 최근에 국민공동체의 정상적 생활을 위해 불가결한 전제조건에 관한 지배적 관념을 위해서는 사회규범이 아니라 독일기본법의 가치척도들(Wertmaßstäbe des Grundgesetzes)이 근거로 제시되고 있다. 특히 기본법 제1조 제1항에 따른 인간존엄성의 보호는 집회와 행사들이 공공의 질서에 대한 위반이라고 평가되곤 한다. 그러나 공공의 질서 보호이익은 인간존엄성 원용을 통해 얻는 것이 아무것도 없다. 왜냐하면 인간존엄성에 대한 위반의 경우 이미 공공의 안녕 보호이익이 그에 해당되기 때문이다."

안 됨을 주장하고 있다. ③ 셋째, 광범위하고 촘촘한 법제화의 망으로 인해 공공의 안녕이란 보호이익으로 충분하고, 특히 최근 판례의 헌법적 가치척도를 제시하는 신경향으로 인해 그것은 더욱 강화되었다는 입장이다.

4) Wißmann

2008년 자신의 하빌리타치온을 「일반조항(Generalklauseln)」이란 저서로 낸 Hinnerk Wißmann은 공공의 질서를 언급하고 있다.[52] 그는 "(앞의 독일연방헌법재판소, 연방행정법원이 취한 입장인) 인간존엄성의 위반은 공공의 안녕의 위반이다. 왜냐하면 규범적인 핵심출발점인 법질서가 무시되는 것이기 때문이다. … 그러나 법이 위태로와지는 정도에 이르지 않으면, 자유주의국가는 대담하고, 불편을 끼치는 행동들을 감수하여야 한다."라고 하여 공공의 안녕 개념으로 충

52) Wißmann, Hinnerk, Generalklauseln — Verwaltungsbefugnisse zwischen Gesetzmäßigkeit und offenen Normen —, Verlag Mohr Siebeck, 2008, S. 220 f. "공공의 질서는 순수한 실체법적 개념이며 공공의 안녕 같은 지시구성요건(Verweisungstatbestand)이 아니다. 따라서 다수인들의 가치관이라는 것이 그때그때 확인될 수 없고 확인되고 있지도 않다는 비판은 설득력이 없다. 이에 부합된 의제(Fikitonen)는 규범적 법의 근거가 아니고 경험적으로 이해될 수도 없다. 그러나 법에 의한 통제와 별도로 병존하는 질서통제(Ordnungskontrolle)라는 것이 기본권의 자유관념과 합치될 수 없을 것이라는 비판론의 논거는 타당하다. 이러한 점에서도 전체 법질서를 보호이익으로 평가절상하는 것은 기타 자유제한을 위한 불가결한 한계를 의미한다. 독일기본법의 헌법실무는 법적 자유의 그리고 근거제시가 필요한 합리성모델과 법률의 독점에 관하여 결단을 해 놓았다; 이 시스템 안에서 용이함과 탄력성이 추구되는 것이지 법률시스템을 미루어 둔 채 그래서는 아니 된다. 한편으로 2차적으로 적용되는 보호이익 "공공의 질서"를 원칙적으로 승인하면서, 다른 한편으로 인간존엄성과 공공의 질서를 결합하고자 한 판례의 태도는 소극적 입장을 더욱 강화시킨다. 즉 인간존엄성의 위반은 공공의 안녕의 위반이다. 왜냐하면 규범적인 핵심출발점인 법질서가 무시되는 것이기 때문이다. 물론 각 개별법에 따라 이 보호임무의 변환이 필요하다. 그러나 법이 위태로와지는 정도에 이르지 않으면, 자유주의국가는 대담하고, 불편을 끼치는 행동들을 감수하여야 한다. —가시적인 대안도 없이 극우주의시위에 대하여 헌법국가의(그리고 연방헌법재판소의) 무용함과 순진함에 관한 절망 안에서 역사적으로 인식된 헌법합의정신의 퇴각로(Rückzugsort des historisch bewußten Verfassungskonsens)로서 공공의 질서를 자리매김시키고자 한— 뮌스터고등행정법원(OVG Münster)의 판례는 설득력이 없다. 연방헌법재판소가 그 판결을 영속적으로 폐기시킨 것은 타당하다. 즉 (물론 역사적으로도 평가될 수 있고 중시될 수 있는) 인간존엄성과 같은 보호법익의 위태로움과의 관계와 자유의 불편함은 감수되어야 한다. 전체적으로 법질서의 불가침성은 원칙적으로 포괄적인, 경찰에게 포괄적인 조치권한을 주는 한계 있는 보호이익이며, 그것은 동시에 공적 생활의 바람직한 표출형태에 관한 자신의 척도들을 전개하는 것을 저지한다."

분하고, 사회소수자들의 주장에서 야기되는 어느 정도 불편함을 감수해야 한다는 사회다수자들의 관용적 태도를 요청하고 있다.

5) Rauer

구체적으로 집회의 자유와 공공의 질서의 관계를 논한 Leif Rauer는 2010년 저서[53]에서 다수자들의 의견이 법률로 인정된 과정 바깥에서 소수자들의 헌법으로 보장된 자유를 제한하는 것은 허용될 수 없다는 이유로 공공의 질서를 통한 커뮤니케이션 기본권의 제한에 반대하고 있다.[54]

집회법에서 공공의 질서 특히 극우주의집회와 관련하여 공공의 질서 개념을 논한 Baudewin과 대응시킬 의도로 위 Rauer의 견해를 살펴보았다. Rauer는 일단 법률 밖에서 다수자의 의견으로 기본권을 제한하는 것은 민주주의의 문제가 있고, 특히 커뮤니케이션 기본권의 제한근거로 공공의 질서를 원용함은 부당함을 밝혔다.

4. 소 결

공공의 질서에 관한 최근 문헌들을 살펴보았다. 그 결과 공공의 질서 개념 옹호론과 반대론으로 구분됨을 알았다. 하지만 옹호론이 독일경찰법학에서 다수설이라고 하지만, 고전적 사회규범을 보호이익으로 한다는 공공의 질서

---

53) Rauer, Leif, Rechtliche Maßnahmen gegen rechtsextremistische Versammlungen, Verlag Peter Lang, 2010, S. 94 ff., 특히 S. 114. 이 책은 2009년 박사학위논문을 발간한 것이다. Ders., a.a.O., Vorwort(서론)에서 참고.

54) "민주주의에서 결단(Entscheidungen)은 다수결원칙으로 행해진다. 이러한 결단에 선행한 과정(Prozess)는 헌법에 따라 가결된 법률을 초과한 제한으로부터 자유로워야 한다. 다수자가 법률 밖에서 이러한 한계를 설정하게 되면, 그러한 결단에는 민주적 정당성이 흠결된다. 이러한 과정을 그와 같은 침해로부터 확보하는 것이 기본권의 임무이다. 기본권은 그 자유여지를 보장함으로써 이러한 과정의 개방성을 보증한다. 다수의 의견에 비판적 입장을 취하는 것의 보호를 얻어내는 것이 바로 기본권의 의미이자 목적이다. 모든 사람이 항상 다수의 견해를 공유해야 한다면, 기본권은 필요하지 않다. 따라서 다수자의 의견이 헌법에 의해 보장된 소수자의 자유를 제한하는 것은 허용되지 않는다. 커뮤니케이션 기본권(Kommunikationsgrundrechte)에 의해 보호되고 공공의 안녕에 대한 위험을 의미하지 않는 어떤 행동은 공공의 질서에 대한 위험도 되지 않는다. 따라서 공공의 질서는 커뮤니케이션 기본권들의 제한을 위해 적합하지 않다."

개념론은 20세기부터 다수견해를 지탱해 온 대가들만이 이에 따르고 있다. 오히려 21세기에 들어와 등장한 2001년 독일연방헌법재판소와 독일연방행정법원에 의한 한정적 합헌해석 즉 인간존엄성 등 실정헌법적 가치척도에 의해 정당화될 수 있는 한도에서만 공공의 질서 개념이 유지될 수 있다는 견해가 앞에서 보듯이 이미 1985년 Hill에 의해 주장된 뒤, 유력소장학자들인 Möstl, Wehr 교수들에 의해 주장되고 있다. 즉 그들은 고전적 공공의 질서 개념은 법치국가원리와 법률유보/우위원칙, 명확성원칙, 다원적 민주주의, 실제적 확인의 곤란함 등의 비판을 받아 극복되고, 이제 헌법합치성 있는 공공의 질서 개념을 유지하여야 한다는 주장을 펼치고 있다.

이에 대하여 반대설 주장자들은 공공의 질서에 대한 위반 즉 공동체사회 다수자의 도덕/윤리관 등 사회규범 위반을 이유로 개괄적 수권조항을 통한 경찰개입을 정당화하는 것은 소수자보호에 큰 문제가 있음을 강조하였다. 더 나아가 2001년 이후 독일판례들의 신경향 즉 헌법합치적 공공의 질서 개념은 공공의 안녕과 구분이 모호해진다는 비판을 가한다. 결론적으로 총체적 객관적 법질서를 의미하는 공공의 안녕 개념이 경찰직무상 보호되어야 할 이익으로 충분하다는 것이 위 Denninger, Götz, Pieroth/Schlink/Kniesel, Wißmann 등의 공통된 견해였다. 그리고 필자는 Poscher를 옹호론자로 넣었지만, 사실 반대론자에 넣어도 큰 무리가 없을 정도로 공공의 안녕과의 구분가능성을 소극적으로 보는 학자이다.

그리고 2001년 전후가 “공공의 질서의 르네상스”란 말이 공식화되도록 한 독일연방헌법재판소의 극우주의시위금지사건, 독일연방행정법원의 레이저건살인모의게임사건의 판례들 모두 공공의 질서 개념을 유지하되, 헌법질서 안에서 인정되어야 할 개념으로 한정한 바 있다. 그런데도 Schoch 등 대표학자와 보수적 다수설은 아직도 1931년 프로이센경찰행정법 시대의 공공의 질서 개념에서 크게 벗어나지 못하였다. 그리고 그들은 헌법적 가치척도를 공공의 질서와 연결시키는 것은 불안정함을 가져오기 때문에 받아들일 수 없다고까지 한다. 그러나 독일 일부 주 경찰법률, 판례들과 최근 유력소장학자들 다수가 헌법적 가치척도에 한정하는 공공의 질서 개념을 지지하고 있는 경향은 이제 자리를 잡은 것으로 보인다.

위의 독일 법제, 판례, 학설상 논쟁을 검토한 결과, 시사되는 바를 정리하면 다음과 같다.

① 첫째, 우리 행정법학에서 비례성원칙, 신뢰보호원칙 등 기본원칙들의 근거를 과거 조리(條理)에서 가져온 것으로 부른 것을 이제 모두 헌법상 법치국가원리, 법적 안정성원리, 평등원칙 등 헌법적 근거로 대체시킨 것과 대응해서 보면 이해가 쉽게 될 것이다. 법화(Verrechtlichung)되지 않은 것을 법적 보호이익으로 삼아 경찰이 국민의 기본권을 제한할 수 있다는 것은 헌법에 근거한 현대 법치국가론, 민주국가론의 발전과 반대방향으로 가는 길이다. 앞에서 Poscher의 견해에 관심이 가는 것은 그 이유이다.

② 위 21세기 공공의 질서 개념논쟁을 옹호론과 반대론 2가지로 분류하였지만, 엄밀히 말하자면 세 가지 견해로도 나눌 수 있다. 고전적 개념옹호론(제1설), 합헌적 한정해석을 통한 개념유지론(제2설), 공공의 질서 개념의 독자성부정론(제3설)이 그것인데, 제1설은 그동안의 비판론에 따라 더 이상 따를 수 없고, 제2설을 따를 것인가 제3설을 따를 것인가만 남는다. 결론적으로 법적 개념으로서는 제2설을 취하는 독일의 현 유력소장학자들(Möstl의 평화보호임무론, Wehr, Poscher의 리스크의 법치국가적 통제론)의 한정적 옹호론도 인정하는 것처럼, 공공의 안녕이란 보호이익만으로도 충분한 것이 된다.

그러나 제2설을 취하는 한정적 옹호론자들은 입법자의 몫인 중요생활영역의 법제화가 이루어진 규범영역의 불가침성을 공공의 안녕으로 커버한다. 그리고 법제화되어 보호되지는 않으나 즉 입법자에 의해 아직 예측되지 않은, 그동안의 경험으로 유형화할 수 없는 신종의 위험상황이면서 인간의 생명권, 존엄성을 부정하거나 크게 훼손한 사례[55] 또는 나치즘을 부정하는 독일기본법의 가치질서를 위반하는 정도에 이르지 않는 극우주의집회나 시위행진을 공공의 질서 위반으로 간주하여 이루어진 경찰개입을 부적법하다고 본 사례(앞의 독일헌법재판소의 극우주의시위사례) 등이 공공의 질서와 관련된 사례가 될 것이다.

③ 그러나 이와 같은 독일연방법원판례들과 그것을 옹호하는 최근 유력소장학자들의 제2설이 발전적 법리로서 매력이 있지만, 고전경찰법학의 공공질서

---

55) 앞의 독일연방행정법원의 케사르게임(Quesar-Spiel) 등 레이저건 살인모의게임장 영업금지처분사건이 사례이다.

론을 버릴 수 없어서 취한 견해로 보인다. 필자가 독일경찰법학자라면 독일 고전경찰법학이 만든 '공공의 질서론'은 제1설이든 제2설이든 그 독자적 중요성은 사라졌다고 보아야 한다. 과거 필자는 이러한 제2설을 취한 바 있으나, 이제 독일의 고전적 공공질서론의 유지론이나 현대적 옹호론에도 모두 반대한다. 법치국가원리와 다원적 민주주의, 소수자보호에 반하는 경찰개입이 가능하다는 혼동과 오해만 가져올 뿐 얻는 이익이 없다.

따라서 독일 경찰법제, 법리의 세계에서라면 기존의 "공공의 안녕(öffentliche Sicherheit)"이란 보호이익 요건으로 모든 사례의 설명이 가능하다. 그리고 법질서가 위태로워지는 경우가 아니라면, 어느 정도의 대담함, 불편함이나 불쾌감 등은 감수되어야 한다는 Wißmann의 언급이 타당하다.

독일의 논의를 위와 같이 자세히 살펴본 이유는 바로 우리나라 경찰법에 개괄적 수권조항 도입논의를 할 때 필요하기 때문이다. 과거의 공공의 질서론이 개괄적 수권조항 도입에 가장 큰 장애물이었다. 아래에서는 우리나라 법제, 법학에서의 공공질서론을 살펴보고, 사견을 밝히고자 한다.

Ⅲ. 우리나라 경찰법제와 경찰법학에서의 공공의 질서론

1. 질서의 일반적 의미

사전적 의미로서 '질서(秩序)'란 "혼란 없이 순조롭게 이루어지게 하는 사물의 순서나 차례"라고 한다. 보다 간단히 하자면, "바르고 가지런한 것"을 의미하는 단어이다. 우리나라 법제에서 이 사전적 의미대로 쓰이는 사례로는 「집회 및 시위에 관한 법률」(이하 '집시법'이라 함) 제2조 제4호 '질서유지인'에서 '질서'를 들 수 있다.

이 논문에서 관심의 대상이 되는 이 말의 독일어 표현은 'Ordnung'으로 동사 'ordnen'에서 온 것으로, "(순서 바르게) 배열하다, 정리하다, 정돈하다"[56]란

56) 네이버사전(http://dedic.naver.com/#/search?query=ordnen) 참고. 2018. 2. 11. 방문.

출발의미를 가진다. 'Ordnung' 자체의 뜻은, "1. 정돈된 상태, 2. 한 사회 안의 특정 규칙의 준수, 3. 특정 규범에 기초한 그리고 국가에 의한 입법 등을 통해 실현되고 통제된 공적 생활의 규율, 4. 법률" 등의 뜻을 포함한다고 한다.[57] 영미의 'order'와 사전적으로는 큰 차이가 없다.[58] 'Ordnung'은 특히 행정법에서 '질서행정'에서의 '질서'라고 번역되어, 보안경찰적 의미의 경찰의 행정인 '경찰행정' 이외에 '협의의 행정경찰' 즉 비경찰기관에 의한 공권력 발동을 통해 공공의 안녕과 질서에 위한 위험방지활동으로서의 '질서행정'으로도 사용되고 있다.

참고로 질서개념과 유사한 용어로 함께 자주 쓰이는 말인 '안녕'과 '풍속' 개념을 본다. '안녕(安寧)'은 사전적으로 "아무 탈 없이 편안함"이라고 한다. 이 안녕개념은 사전상 독일어로는 'Ruhe'가 적합하다. 하지만 독일경찰법의 'Sicherheit'을 '안녕'이라고 번역하고 있고, 오히려 'Ruhe'는 '평온'이라고 번역하여 사용되고 있다. 그러나 용어상으로 'Sicherheit'는 이중적으로 '안전'이라고 번역되어 공안에 대한 리스크나 위해의 제거가 실현된 상태나 그것을 지향하는 광의의 목적개념으로도 사용되고 있다. '안전국가(Sicherheitsstaat)'라고 할 때 '안전'이 그것이다.

'풍속'은 사전적으로는 "1. 옛날부터 그 사회에 전해 오는 생활 전반에 걸친 습관 따위를 이르는 말. 2. 그 시대의 유행과 습관 따위를 이르는 말"을 뜻한다. 독일어로는 'Sitte(n)'라고 한다. 그러나 법적으로는 '풍속경찰'적 의미로 발전되었다. '풍속경찰'이란 "윤락 행위, 도박 따위와 같이 풍속을 어지럽히는 행위를 예방하고 단속하는 경찰"[59]이라고 하는데, 여기서 '풍속(風俗)'은 사회생활 전반에 오랫동안 지켜 온 사회규범으로서, 법률적으로는 「풍속영업의 규제에 관한 법률」에 따를 때 주로 성풍속, 도박과 게임풍속이 주로 그 대상이

57) 온라인 두덴사전(https://www.duden.de/rechtschreibung/Ordnung) 참고. 2011. 2. 11. 방문.

58) 온라인 옥스퍼드사전(https://en.oxforddictionaries.com/definition/order) 참고. 2018. 2. 11. 방문. 여기에서 'order'의 1.의 뜻은 "특정 순서, 패턴, 방법에 따른 사람이나 물건들 사이의 정돈이나 배열/배치를 말하며, 그 하위 뜻으로 1.1. 모든 일이 정확한 혹은 적합한 위치에 있는 상태, 1.2. 공공생활을 규율하는 법과 규칙이 준수되고 권위가 지켜지고 있는 상태 등"이라고 한다.

59) 네이버사전(http://krdic.naver.com/search.nhn?query=%ED%92%8D%EC%86%8D&kind=all) 참고. 2018. 2. 11. 방문.

된다.[60] 우리나라에서 이 규제는 경찰기관인 경찰청의 임무이다.

2. 우리나라의 실정경찰법과 각종 질서법률

우리나라에서 공공의 안녕, 질서, 풍속 개념을 규정하는 대표적 법률은 아래와 같다.[61]

- 「경찰법」 제3조 제7호
- 「경찰관직무집행법」(이하 '경직법'이라 함) 제1조, 제2조 제7호
- 「집회 및 시위에 관한 법률」(이하 '집시법'이라 함) 제1조, 제5조 제1항 제2호, 제8조 제1항
- 「소방기본법」 제1조, 제16조의2
- 「질서위반행위규제법」 제1조, 제2조
- 「공중위생관리법」 제4조 제7항과 제20조 제2항 3호
- 「식품위생법」 제22조 제1항, 제43조
- 「풍속영업의 규제에 관한 법률」(이하 '풍속영업규제법'이라 함) 제1조, 제2조

먼저 본 연구의 관심대상인 경찰법과 경직법을 살펴본다. 경찰법은 국가경찰의 기본조직 및 직무범위를 규율하는 전형적인 조직법률이다. 이 법 제3조는 국가경찰의 임무를 정하고 있는데, 이 조항 제7호에서 "그 밖의 공공의 안녕과 질서유지"를 규정하고 있다. 이 규정은 경직법 제2조 제7호 "그 밖에 공공의 안녕과 질서 유지" 직무규정과 같은 의미라고 할 수 있다. 이 규정의 해석에 대해서는 아래 우리 경찰법학에서의 공공의 질서론에서 후술하기로 한다.

또한 우리 집시법 제1조는 목적에서 집회 및 시위의 권리 보장과 공공의 안녕질서가 적절히 조화를 이루도록 하고 있고, 제5조 제1항 제2호는 금지되는 집회의 한 유형으로 "집단적인 폭행, 협박, 손괴, 방화 등으로 '공공의 안녕

60) 풍속영업 규제법제에 대해서는 강동욱, 이호용, "풍속영업의 개념과 효율적인 규제방안 연구," 치안연구소연구보고서 2003-09, 치안연구소, 2003. 12. 참조.

61) 아래 이외의 입법례에 대해서는 최영규, "경찰의 개념과 경찰법의 범위," 행정법연구, 제25호, 2009, 행정법이론실무학회, 357-360쪽, 특히 360쪽, 각주 27 참조.

질서'에 직접적인 위협을 가할 것이 명백한 집회 또는 시위"를 규정하고 있고, 동법 제8조 제1항 제1호는 이에 해당하는 집회 및 시위에 대하여 금지통고를 할 수 있다고 규정하고 있다. 여기서 집시법을 다루는 우리 헌법학계의 문헌에 따르면, '공공의 안녕질서'는 불확정개념인데, 이 판단 시 자의적 해석으로 나아갈 우려가 있고 집시법상 신고제가 사전허가제로 변질될 우려가 있음을 경고하고, 엄격한 해석과 이익형량을 하여 이 규정이 적용되어야 한다고 지적하고 있다.[62] 여기서 '공공의 안녕질서'에 대한 개념정의는 이루어지지 않고 있다. 이 개념은 일반경찰법 법리가 제시하는 바에 따르는 것이며, 독일 경찰법제 학계, 판례, 실무에서도 인정된다.[63] 어쨌든 그 불명확성의 위험이 경고되고 있는 것은 우리와 독일 집시법 학계에서 공통되고 있다.[64]

그리고 소방기본법 제1조(목적)와 제16조의2(소방지원활동)에서 각각 '공공의 안녕 및 질서 유지'와 '공공의 안녕질서 유지'가 규정되고 있는데, 이것도 일반경찰법에서의 논의로 충전되는 개념이라고 할 수 있다.

더 나아가 질서위반행위규제법은 "'질서위반행위'란 법률(조례 포함)상의 의무를 위반하여 과태료를 부과하는 행위를 말한다"라고 규정하고 있다. 이 규정은 문언상 분명하게 질서위반이란 '법률(조례 포함)'상 의무 위반임을 밝히고 있다. 사회다수가 인정하는 비법적인 사회윤리규범의 위반이라는 의미로 해석될 수 없는 규정이다. 이러한 태도는 식품위생법, 공중위생관리법에서 말하는 "'영업질서'의 유지"에서 '영업질서'에 대해서도 같은 평가를 할 수 있다. 즉 주로 영업행위와 관련되는 이 법률들에서 '질서'란 각 법률이 예정한 법 테두리 내에서의 정상적인 영업활동과 관련되는 것이지, 사회다수인의 가치관에 관련된 개념이라고 할 수 없다.

마지막으로 어려운 문제는 '풍속' 개념이다. 식품위생법상 제한적 일반조

62) 이희훈, 『집회의 자유와 집시법』, 경인문화사, 2009, 173-175쪽 참고.

63) 이에 대한 예시문헌으로 위에서 본 Baudewin의 책(ders., a.a.O., S. 41 ff.에서 일반경찰법학에서 공공의 질서 개념의 논쟁을 먼저 논하고, 특히 S. 172 ff.에서 집회의 금지와 공공의 질서를 서술하고 있다)과 Rauer의 책(ders., a.a.O., S. 94 ff. 이하에서 집회금지처분과 공공의 질서를 논하고 있고, 상술한 대로 집회의 자유 제한을 위한 요건으로 '공공의 질서' 개념의 원용을 비판하고 있다. S. 114 참고).

64) 독일 집회법에 대해서는 서정범(역), 『바이에른 집회법』(Alfred Scheidler, Bayerisches Versammlungsgesetz), 세창출판사, 2010, 특히 71쪽 참조.

항(eingeschränkte Generalklausel)에 해당하는 제43조(영업 제한)에서 '선량한 풍속 유지'가 규정되어 있으며, 더 나아가 풍속영업규제법은 선량한 풍속을 해칠 수 있는 '풍속영업'을 구체화하여 각종 규제를 가하고 있다. 여기서 '풍속'에 대하여 개념정의하는 규정은 살펴볼 수 없다. 이 '풍속' 개념은 형량개념으로서 단순한 사회다수의 풍속관념으로 채워질 수 있는 것이 아니며, 건전한 사회다수인의 도덕관념이 필수적이지만, 경찰기관이 어떤 법적 규제를 가하기 위해서는 그 초과 여부를 사회소수자의 자유범위와 꼭 관련시켜서 무게저울질 끝에 엄격하게 판단하여야 할 개념임은 분명하다. 앞의 Poscher가 언급하였듯이, 이 '선량한 풍속(gute Sitte)' 개념은 사회다수인의 가치관념과 무관한 것이 아니지만, 법제화가 된 이상 법 취지에 의해 향도되고 변신되어야 할 개념으로서 단순한 판단대상이 아니라, 소수자보호라는 헌법정신과 각종 풍속규제법률의 규제한도를 고려하여 형량되어야 할 가치개념이다.

이러한 요구는 명확성원칙에 관한 것으로서, 그래서 풍속영업규제법이란 별도 특별경찰수권법률이 제정된 것이며, 더욱이 '풍속영업'을 구체화하기 위하여 동법 제2조에서 해당 영업을 열거하고 있고, 포괄적으로 제7호에서 대통령령으로 위임하여 정하고 있다.

본 연구의 관심의 대상은 포괄적인 경찰직무규정, 더 나아가 장래 도입될 수 있는 경찰법상 개괄적 수권조항에서의 '공공의 질서' 개념 논의와는 별도의 논쟁상황에 들어가 있는 것이다. 따라서 이 풍속개념이 법률에 규정되어 있음을 이유로 공공의 질서 개념도 같은 논의의 평면에 있음을 전제하는 견해[65]에 대해서는 의문을 제기한다. 그 의문에 더하여, 사회의 변화를 경찰기관이 그때마다 차단하는 길을 포괄적으로 열어두는 것이 과연 타당한가라는 질문을 던지고 싶다.

일단 결론적으로 우리나라 법제 안에서 '공공의 질서'는 거의 '공공의 안녕'과 개념짝으로 결합되어 다니는 경우와 아니면 '질서' 홀로 독자적으로 규정되는 경우가 대부분이다. 공공의 안녕이 독자적으로 보호이익이 되는 경우는 찾아보기 힘들다. 이렇게 볼 때 결론에서 후술하겠지만, 독일의 보호이익론에

65) 손재영, "경찰법상의 보호법익," 법학논고 제36집, 경북대법학연구원, 2011, 321쪽 이하, 특히 323쪽 참조.

서 벗어난다면, 독일과 달리 우리 법제는 '공공의 질서'가 독일식 '공공의 안녕'의 의미를 담고 있는 그릇이 아닐까 한다.

3. 우리 경찰법학과 판례에서의 공공의 질서론

우리나라 일반경찰법학에서 공공의 질서에 관하여 전문적으로 논의된 문헌 중 최초는 서정범 교수의 논문이라고 할 수 있다. 과거부터 행정법교과서의 각론 중 경찰행정법 영역에서의 논의는 대체로 앞에서 본 고전적 공공의 질서개념정의로 채워지고 있었고, 그것은 최근에도 여전하다.[66)]

1) 개념옹호론

서정범 교수는 2005년 논문에서 일단 공공의 안녕과 질서 개념을 결합개념으로 보는 견해가 독일에 존재하지만, 지배적 견해는 양자택일적(alternativ) 개념으로 이해하고 있다고 한다.[67)] 이것은 위 독일연방행정법원, 헌법재판소 판례 내용에서도 확인한 바 있다. 그리고 먼저 공공의 질서 개념은 헌법, 기본권을 고려하여 엄격하게 해석되어야 함을 살피고 나서, 앞에서 본 Gusy 교수의 견해를 분석하여 공공의 질서 개념에 관한 기본적 비판논점들을 제시하고 있다. 최종적으로 서정범 교수는 고전적 공공의 질서 개념이 갖고 있는 비판논거들의 타당성을 수용하고, 그 근거를 궁극적으로 헌법상 가치질서에서 찾음으로써 독일 연방행정법원과 헌법재판소의 판례 입장(위에서 본 독일의 제2설)을 취하고 있다.

그리고 손재영 교수는 2011년 경찰보호이익을 논하는 논문에서, 공공의 질서 개념의 유지를 옹호하고 있다. 그는 앞에서 잠깐 언급한 대로, "공공의 질서 위반을 이유로 한 경찰개입을 허용하지 않는 견해는 너무 나아간 견해로서, 사회적·윤리적 가치관은 이것이 법률에 규정될 때에만 구속력을 갖는다는

66) 김재광, 『경찰관직무집행법』, 도서출판 학림, 2012, 35-36쪽(비판설을 검토하고 있으나, 기본적으로는 고전적 공공질서론을 옹호하고 있다); 류지태, 박종수, 『행정법신론』, 제15판, 박영사, 2011, 979쪽; 박균성, 김재광, 『경찰행정법』, 박영사, 제3판, 175쪽; 정형근, 『행정법』, 제6판, 피앤시미디어, 2018, 838쪽; 홍정선, 『경찰행정법』, 제2판, 박영사, 2010, 18-20쪽(역시 비판론을 고려하고 있지만, 고전적 지배설을 옹호하는 견해로 보인다) 등 참조.

67) 서정범, "경찰법에 있어서의 공공의 질서의 개념," 경찰학연구 제8호, 경찰대학, 15쪽.

점을 그 논거로 삼고 있지만, 입법자는 종종 사회적·윤리적 가치관에 따라 법률을 제정한다는 사실을 간과하고 있기 때문이다."라고 하여 개념 비판론에 대하여 논리적 모순이라는 반론을 펼치고 있다.[68] 그 사례로 「풍속영업규제법」을 거론하고 있다.

이에 대한 재반론은 바로 위에서 펼친 바 있으나, 다시 한 번 언급하면 중요한 생활영역 즉 소수자를 포함한 국민 개개인의 권리의무에 중요한 생활영역을 규율하는 것은 입법자의 몫이며, 입법자가 당연히 사회적·윤리적 가치관을 고려하여 법제화하는 순간 그렇게 보호되는 이익은 단순한 공동체 다수인의 사회규범인 '공공의 질서'가 아니라 '공공의 안녕'의 보호대상이 되는 것이다. 입법자의 그 법제화과정에서 형량과정을 거치게 되며, 다시 경찰기관, 사법기관에 의해 적용되고 통제되면서 또 한 번의 엄격한 형량과정이라는 '법'의 과정을 거치게 된다. 그런데 고전적 '공공의 질서' 개념에 따르게 되면 전자의 형량과정이 빠지게 되고, 그래서 이 개념이 법률유보원칙, 명확성원칙, 소수자보호의 다원적 민주주의원리에 반한다는 비판을 받게 되는 것이다.

2) 개념반대론

고전적 공공의 질서 개념에 대해서는 공공의 안녕과 질서를 결합개념으로 간주하고, 양자를 '안전' 개념으로 묶을 수 있으며, 결과적으로 「법익과 법질서」를 의미하는 것으로 해석함이 타당하다는 의견이 제시된 바 있다.[69]

독일식 고전적 공공의 질서 개념에 대한 가장 큰 비판론은 김남진·김연태 교수의 문헌에서 찾을 수 있다.[70] 오늘날 법제의 광범위한 정비로 인해 공공의 질서 개념이 적용될 사례는 거의 찾아볼 수 없고, 동 개념의 가변성과 불확정성으로 인한 국민의 예측불가능함을 들고 있으며, 이 개념에 기초한 경찰개입은 그 적법성과 정당성의 시비만을 촉발시킬 수 있으므로 경찰상 보호이익에서 제외되어야 한다는 주장을 펼치고 있다.

그리고 위 주장은 최영규 교수의 논문에서도 인용되어 옹호되고 있다.[71]

---

68) 손재영, "경찰법상의 보호법익," 법학논고 제36집, 경북대법학연구원, 2011, 323쪽.

69) 박정훈, 정초영, "사권보호를 위한 경찰권 발동에 관한 연구 —경찰공공의 원칙에 대한 비판적 검토—," 치안연구소연구보고서 2001-05, 치안연구소, 2001, 25-26쪽.

70) 김남진, 김연태, 『행정법 II』, 법문사, 2013, 278-279쪽.

이에 더하여 최영규 교수는, 19세기 독일의 상황과 달리 현재는 독일이나 우리나라나 법제가 거의 완비되어 있으며, 아직도 입법자의 규율대상이 되지 않는 영역은 사회의 자율에 맡기고 있는 것이 입법자의 의도이며, 이에 기초한 경찰권 발동의 예측불가능함과 남용의 우려 때문에 법치국가적 위험성을 우려하고 있고, 마지막으로 우리나라 실정법제상 공공의 안녕과 질서는 거의 결합되어 사용되고 있고, 헌법 제37조 제2항과 경직법 제1조도 포괄적으로 '질서유지'로 표현하고 있음을 근거로 하여 양자는 '단일개념'이고 법규범에 의하여 보호되는 국가적·사회적 및 개인적 법익의 총체를 의미하는 것으로 이해되어야 한다고 주장하고 있다. 매우 날카로운 지적이라고 할 수 있다.

마지막으로 이 공공의 질서 개념에 대하여 최근에 가장 강력한 비판론을 제시한 문헌이 있다. 이성용 교수는 이 개념을 우리 경직법에 도입함을 반대하고 있다. 그는 다원주의, 소수자보호라는 민주주의 원리하에서 지배적 가치관 확정문제, 개괄적 수권조항 도입 시 공공의 질서 개념의 불명확성으로 인한 명확성원칙 위배가능성, 독일에서의 논의사례의 대부분은 공권력집행기관으로서 경직법을 적용하는 경찰기관이 아니라 협의의 행정관청 즉 질서관청이라는 것 등을 논거로 이 개념의 도입을 비판하고 있다. 그의 결론에서의 언급이 정확하다. "다원화된 가치존중의 르네상스의 도래를 공공의 질서의 르네상스로 오인하는 우를 범해서는 안 된다."

3) 우리나라 헌법재판소 판례

우리나라 헌재는 과거 2002년 전기통신사업법 제53조 등 위헌확인결정에서 문제의 조항을 위헌으로 판시한 바 있다.[72] 이 판례에 따르면 일반경찰법

71) 최영규, "경찰의 개념과 경찰법의 범위," 행정법연구 제25호, 2009, 행정법이론실무학회, 357-360쪽, 특히 359-360쪽, 각주 18 참조.

72) 헌재 2002. 6. 27. 99헌마480(전기통신사업법 제53조 등 위헌확인). "여기서의 "공공의 안녕질서"는 위 헌법 제37조 제2항의 "국가의 안전보장·질서유지"와, "미풍양속"은 헌법 제21조 제4항의 "공중도덕이나 사회윤리"와 비교하여 볼 때 동어반복이라 해도 좋을 정도로 전혀 구체화되어 있지 아니하다. 이처럼, "공공의 안녕질서," "미풍양속"은 매우 추상적인 개념이어서 어떠한 표현행위가 과연 "공공의 안녕질서"나 "미풍양속"을 해하는 것인지, 아닌지에 관한 판단은 사람마다의 가치관, 윤리관에 따라 크게 달라질 수밖에 없고, 법집행자의 통상적 해석을 통하여 그 의미내용을 객관적으로 확정하기도 어렵다." 이 판례에 따른 명확성원칙과 공공의 질서 개념의 관계에 대해서는 이기춘, "경찰재량수권규범의 명확성통제에

도 아닌 전기통신사업법의 이 일반조항이 명확성원칙에 반하여 위헌판정이 내려진 것인데, 우리나라 경직법상 직무조항이자 개괄적 수권조항의 규범력까지 많은 학자들에 의해 인정되고 있는 제2조 제7호의 '공공의 안녕과 질서 유지'에서 '질서' 개념을 독일식 고전적 공공질서론으로 이해한다는 것이 헌재사건화되면 위헌으로 판정될 것은 자명할 것이다.

Ⅳ. 결론 ― 독일식 공공의 질서 개념에서의 탈피와 한국입법상 현대적 의미의 재설정

필자는 과거에 공동체 다수가 원만한 사회유지를 위해 불가결하다고 인정하는 비법규범적 사회윤리규범의 보호라는 공공의 질서 개념을 반대하고, 발전된 인간의 존엄성, 기본권 등 헌법적 가치질서에 의해 근거지어지는 공공의 질서 개념의 유지를 옹호한 바 있다(위 옹호론 제2설). 특히 Möstl이 제시한 현대적 법치국가에서 법흠결의 리스크를 보완하는 임무 즉 평화보장의 임무를 국가가 부담하여야 한다는 사상이 주된 논거였다.

그러나 과거부터 비판론으로 제시되어 오던 명확성원칙 충돌문제, 다원주의사회와 소수자보호를 전제하는 민주주의원리, 현실적으로 다수인이 인정하는 사회윤리규범의 확인곤란함 등의 문제는 별론으로 하고, 현대 21세기에 들어와 여전히 이 개념에 관하여 논쟁을 벌이는 문헌들에 입각해서 볼 때, 독일에서 공공질서론의 적용사례로 제시되는 모든 사례는 헌법과 각종 법령에 따라 보호되는 이익으로서 기존의 '공공의 안녕' 개념으로 충분히 포섭될 뿐만 아니라, 경찰공권력 집행기관인 경찰이 사회의 변화를 항상 감시하고 차단할 가능성을 보유하는 것은 너무나 남용가능성이 크다는 생각에서 입장을 반대론으로 선회하였다.

더 나아가 앞의 우리나라 개념반대론 일부[73]에서 이미 그 논의의 기초가 마련되었다 시피, 우리나라 경찰질서법제 특히 경직법상 공공의 안녕과 질서 개념은 결합개념, 단일개념으로 이해되어야 한다. 독일 경찰법학의 대가인

관한 고찰," 법학연구 제21권 제2호, 충북대법학연구소, 2010, 138쪽 이하 참조.

73) 박정훈, 정초영, 앞의 보고서, 26쪽; 최영규, 앞의 논문, 360쪽.

Volkmar Götz도 과거 1993년도 자신의 「일반경찰질서법」 제11판에서 그러한 뜻을 분명히 밝힌 바 있다.[74)]

이제 위 고전적 독일식 공공의 질서 개념은 경찰보호이익에서 배제되어야 한다는 반대설(위 독일의 제3설과 우리나라 반대론)에서 더 나아가, 우리의 일부 견해와 독일의 Götz가 과거에 주장한 바와 같이, 우리나라 경찰관직무집행법상 공공의 안녕과 질서는 '질적으로' 객관적 법질서를 뜻하는 결합개념이고, 굳이 구분하자면 전자인 공공의 안녕은 법령에서 직접적으로 보호되는 개별법익과 개별법령의 지시개념이고, 후자인 질서는 후보선수(Reseve)가 아닌 주전선수(Main Player)로서 상위개념이고 포용개념으로서 헌법, 헌법의 가치질서를 포함하는 전체 법질서를 뜻한다는 의미로 재탄생되어야 한다. (이기춘)*

74) Götz, Volkmar, Allgemeines Polizei- und Ordnungsrecht, 11. Aufl., Vandenhoeck & Ruprecht, 1993, Rn. 109, S. 61(헌법합치적 해석을 통해 "공공의 질서"개념은 법치국가원리를 침해하는 문호가 될 수 없다. 이는 "공공의 질서"에 대한 위험이나 장해가 있다고 할 때 문제되고 있는 행위 중에 개인의 권리, 법익, 자유행사 혹은 국가 및 기타 고권주체소속 기관의 권한행사가 구체적으로 침해되고 있는지 여부가 심사될 때에(만) 보장되는 것으로 보인다. 이러한 합리적 심사가 불합리하게 다수의 질서관념에 근거하는 것을 대신하여야 한다. 결론적으로 "안전(Sicherheit)"과 "질서(Ordnung)"를 엄격하게 개념적으로 구분하는 것 또한 단념되어야 하며 양자는 단일한 것으로 관찰되어야 할 것이며, 또한 현행법률들이 양 개념짝을 "그리고" 또는 "혹은"이라는 용어로 결합시키고 있는지와 무관하다고 보아야 할 것이다. "공공의 질서"는 법적으로 정립되고 법적으로 보호된 질서(die rechtlich gesetzte und die rechtlich geschützte Ordnung)라고 이해되어야 한다).

* 이 글, "경찰법상 공공의 질서개념의 재설정에 관한 연구"는 공법학연구 제19권 제1호에 게재되었던 글임.

제 3 편

제 4 장 경찰질서법상 위험개념 및 표현위험과 위험의 의심 – 독일경찰법학의 위험개념 검토를 중심으로

Ⅰ. 서 론

다소간 불확실한 사실관계를 기초로 하여 법적인 결정을 내려야 하는 문제는 모든 법영역의 법적용 과정 중에서 나타나는 일반적 현상이며, 그 이유는 인간의 인식능력이 제한되어 있다는 것 때문일 것이다. 2000년대 초 전 세계가 중증 급성호흡기증후군(SARS, 일명 사스)의 공포에 휩싸인 때가 있었다. 이에 따라 타인에 대한 전염을 우려하여 그 당시 우리 보건당국은 중국에서 귀국한 사스 의심자에 대하여 강제격리에 응할 것을 요구하였다. 그런데 문제는 사스(SARS)라는 감염병[1]은 당시 「전염병예방법」(현, 「감염병의 예방 및 관리에 관한 법률」에 해당함)상으로는 신종의 4군 전염병(현재 '감염병')에 해당하여, 동법에 따르면 1군 전염병에 대해서만 보건원에서 정하는 의료기관으로 강제격리 조치를 할 수 있도록 되어 있어서 실정법상으로는 근거가 없는 것이었다(당시 「전염병예방법」 제2조 제1항 4호, 제29조 참조).[2] 전염병이 당시 전염병예방법으로

---

1) 최근 논문에 따르면 2015년 중동호흡기증후군(MERS), 최근의 조류인플루엔자(AI)와 같은 감염병사례가 위험론, 위험의심론의 사례로 제시되고 있다. 김성태, "危險에 대한 疑心과 危險與否의 確認.," 행정법연구 제51권, 행정법이론실무학회, 2017, 158쪽 각주 2 참조.

2) 실제로 격리조치에 불응하는 자에 대한 강제의 근거가 없어서 격리를 요구하는 국립보건원과 요청을 받은 서울시 간에 마찰이 생겼다고 한다(중앙일보 2003. 4. 25, 6쪽 참조). 이 이후 국립보건원은 검역법의 시행규칙을 개정하여 대처하겠다는 발표(사스환자는 치료시까지, 의심환자는 잠복기간인 10일간의 강제격리)를 하였다. 이러한 사정을 계기로 개정된 (구) 「전염병예방법」(2003.8.6. 시행)은 제4군 전염병환자에게도 격리수용조치를 허용하는

는 신종의 4군 전염병에 해당하여 1군 전염병에 대해서만 보건원에서 정하는 의료기관으로 강제격리조치를 할 수 있도록 되어 있어 엄격히 보면 실정법상으로는 근거가 없는 것이었다(당시 전염병예방법 제2조 제1항 4호, 제29조 참조).[3] 이러한 사례에서 일단 경찰권발동의 근거로서 경찰법상 개괄적 수권조항의 인정필요성을 지적할 수 있고, 또한 이러한 의심자들의 격리 후 조사결과 유사한 증상이었을 뿐이라는 점이 밝혀질 경우 과연 개괄적 수권조항에서 말하는 위험요건에 해당하는 것이 아니어서 그에 기초한 조치가 위법으로 평가되어야 하는지의 문제(이른바 "표현위험" 또는 "외관상 위험"의 법문제)가 등장하게 된다.

이와 같은 사례들을 위하여 일반경찰질서법상 마련된 개괄적 수권조항에 따른 조치의 핵심요건으로서 경찰권발동의 법치국가적 한계 내지 통제의 기초를 의미하는 경찰위험과 경찰책임이 과연 불확실성에 개방적인 주관적 개념일 수 있는지가 문제되어 왔다. 이러한 의문을 해결하기 위하여 독일의 학설 및 판례는 위험의 외관과 관련된 표현위험(表見危險)과 오상위험(誤想危險), 위험의 의심, 잠정적 성격의 위험존재확인조치 및 책임자확인조치, 사전적 관점과 사후적 관점, 경찰권발동의 제1차적 차원과 제2차적 차원 등과 같은 경찰법개념들을 수십 년 동안 무수하게 쏟아냈다. 이로 인해 위험방지법의 방향설정 자체가 곤란해질 지경이 되었다.

다양한 위험요소에 노출되어 있는 화학기업, 원자력산업 등이 사회기반이 되고 있는 현대사회에서 위험방지관청들은 불확실한 위험상황에 직면하는 경우가 많기 때문에 이에 대처하기 위한 경찰의 조치에 관한 효과성이나 합목적성 요청을 들어 정당화하는 데 이용된 도구들이 위와 같은 경찰법개념들이다. 그러나 항상 남용가능성을 가지고 있는 개괄적 수권조항에 대해서는 행정의 법률적합성원칙이 반대편에서 갈등요소로 작용하고 있다.

것으로 명시하였다. 현 「감염병의 예방 및 관리에 관한 법률」(2018. 3. 27. 시행) 제42조(감염병에 관한 강제처분) 참조.

3) 실제로 격리조치에 불응하는 자에 대한 강제의 근거가 없어서 격리를 요구하는 국립보건원과 요청을 받은 서울시 간에 마찰이 생기고 있다고 한다(중앙일보 2003. 4. 25, 6쪽 참조). 이 이후 국립보건원은 검역법의 시행규칙을 개정하여 대처하겠다는 발표(사스환자는 치료시까지, 의심환자는 잠복기간인 10일간의 강제격리)를 하였다. 이러한 사정을 계기로 개정된 전염병예방법(2003년 8월 6일자 시행)은 제4군 전염병환자에게도 격리수용조치를 허용하는 것으로 명시하였다. 현(2011년) 전염병예방법 제29조 제3항 참조.

경찰질서행정에서의 위험에 대해서는 2001년 9·11 테러사태 이후 많은 논문이 발표되었다.[4] 계속 경찰법학자들의 관심은 그대로 유지되었고,[5] 최근

---

4) 9·11테러 이후 독일경찰법에서와 같이 2000년대 초반 위험에 대한 경찰법학적 재검토 또는 새로운 논의가 시작되었다. 특히 김성태, "독일경찰법 임무규범에서의 새로운 개념에 관한 고찰," 행정법연구, 제8호, 행정법이론실무학회, 2002, 267쪽 이하; 동인, "예방적 경찰작용에서의 추상적 위험·구체적 위험," 행정법연구, 제9호, 행정법이론실무학회, 2003, 251쪽 이하; 동인, "위험방지조치와 구체적 위험(예방적 경찰조치에 대한 법원판례에서의 구체적 위험과 관련하여)," 법학연구, 제5권, 홍익대법학연구소, 2003, 67쪽 이하; 김세규, "경찰법상의 위험의 의미 —독일의 논의를 중심으로—," 공법연구, 제31집 제3호, 2003, 603쪽 이하; 이기춘, "경찰질서법상 위험개념 및 표현위험과 위험의 의심 —독일경찰법학의 위험개념 검토를 중심으로—," 공법연구, 제31집 제4호, 2003, 363쪽 이하. 국내학회 학술대회에서 범죄리스크에 대한 협력국가론을 피력한 Pitschas, Rainer, "협력적 국가와 경찰법 — 국내안전보호를 위한 위해방지와 범죄예방의 과제(Polizeirecht im Kooperativen Staat — Der Schutz innerer Sicherheit Zwischen Gefahrenabwehr und Kriminalpraventiver Risikovorsorge)," 법학연구, 제12권 제4호, 연세대법학연구소, 2002, 215쪽 이하 참고. 그리고 외관상 위험과 위험의 의심의 논의에 관한 Schönke, Rüdiger, 손재영(역)·신봉기(토론), Anscheinsgefahr und Gefahrenverdacht im Recht der öffentlichen Sicherheit (Polizeirecht), 토지공법연구, 제32집, 2006, 5쪽 이하 참고.

5) 특히 2009년 전후 위험의 법치국가적 경찰권제한기능을 강조하는 논문(대표적으로 이하 정훈 교수의 논문), 테러 등 조직적 강력범죄에 대한 위험문제의 논문들(대표적으로 이하 서정범·박병욱, 손재영, 이성용 교수의 논문)과 특히 외관상 위험 또는 표현위험개념의 이해를 기초로 한 위험의 주관적 자리매김을 확인하는 논문들이 등장하고 있다. 경찰의 정보수집과 관련하여 이 경향은 더욱 강화될 것으로 예상된다. 구형근, "경찰법상 위험개념," 한국콘텐츠학회논문지 제7권 제4호, 2007, 178-183쪽; 동인, "예방적 경찰작용으로서 위험방지에 관한 연구 — 경찰법상 위험의 의미와 일반적 수권조항을 중심으로," 토지공법연구 44집, 2009, 331-354쪽; 동인, "독일경찰법상 외관상 위험과 위험의 혐의," 법학논총(조선대법연) 제17권 제1호, 2010, 521-542쪽; 동인, "경찰법상 구체적 위험과 예방경찰적 정보수집활동의 관계," 토지공법연구 제67집, 2014, 131-154쪽; 김진혁, "국내외 테러동향 및 향후 대응방안," 한국경찰학회보, 제8호, 2004, 27쪽 이하; 김학경, 이성용, "경찰의 메르스 자가격리 무단이탈자 위치추적에 대한 비판적 고찰," 경찰법연구 제13권 제2호, 2015, 25-49쪽; 박병욱, "경찰상 온라인수색의 법률적 문제 — 2008.02.27 독일연방헌법재판소 판결을 중심으로," 경찰법연구, 제7권 제1호, 2009, 82쪽 이하; 서정범·박병욱, "경찰법상의 위험개념의 변화에 관한 법적 고찰 —전통적 위험개념의 작별(?)—," 안암법학, 제36호, 2011, 91쪽 이하; 손재영, "경찰의 사전대비활동," 공법학연구, 제11권 제2호, 2010, 289쪽 이하; 이상해(현, 이상학), "자유와 안전간의 조화와 긴장관계 — 전통적 법치국가로부터 테러위협에 대응한 예방국가로의 전환과 관련하여," 토지공법연구, 제42집, 2008, 651쪽 이하; 이성용, "강력범죄예방을 위한 경찰활동의 쟁점 분석," 한국공안행정학회보, 제36호, 2009, 167쪽 이하; 정훈, "경찰상 위험개념의 법치국가적·기본권보장적 기능," 공법연구, 제34집 제2호, 2005, 392쪽 이하 참고.

에도 계속 등장하고 있다.

경찰질서행정에서의 위험에 대해서는 근 10년 이래로 우리나라에서도 제법 많은 논문이 발표되었다.[6] 2001년 9·11 테러사태에 대응하여 독일과 일본, 우리나라 모두에서 그러한 모습이 등장한다. 그 논의의 범주는 일반경찰법과 테러 등 조직범죄·강력범죄에 대한 대처 등에서 환경법, 보건·위생법, 기술안전법 등으로 확대되고 있는 상황에서, 독일, 일본, 우리나라 모두 위험에 관한 법학적 토론은 계속 진행 중이며, 또 그래야 한다.[7] 이런 상황에서 본 논문에서는 개괄조항에 따른 권리제약조치와 실질적 경찰개념 및 경찰직무의 핵심요건인 위험이 불확실한 사실관계와 조우할 때 어떻게 이해되어야 하며 특히 위험개념을 중심으로 발전된 독일 경찰법학의 창조개념들이 효과적 위험방지요청에 과연 도움이 되는 것인지에 대하여 파악해 보고자 한다.

II. 경찰권 발동시 불확실한 사실관계의 유형

1. 위험의 존재에 관하여 불확실한 경우

(1) 사례유형

위험(Gefahr)[8]이라는 경찰권발동의 요건은 예측과 진단측면의 불확실성을 모두 갖는 개념이며 이것은 어떤 시민을 경찰질서법상 협력의무자로 삼을 것인가의 불확실성으로 연결된다. 예컨대 현재 영업 중인 디스코텍에 폭발물을 설치하였다고 익명으로 위협전화를 걸어온 경우를[9] 위험판단시 사전적 관점

---

6) 주 4)에서 소개한 논문들이 발표된 이후에도 위험에 대한 경찰법학자들의 관심은 계속되었고, 그 결과 주 5)에서 소개한 많은 논문이 발표되었다.

7) Wolff, Hans Julius/Bachof, Otto/Stober, Rolf, Verwaltungsrecht. Bd.II, 2000, Rn. 8-11, S.6-8.

8) 「Gefahr」를 '위해'라고 번역하여 사용하는 견해가 있으나[류지태/박종수, 『행정법신론』, 제15판, 2011, 979쪽; 同人, "행정법에 있어서의 위험(Risiko)의 개념," 고시계 1991. 10, 110쪽; 김성수, 『개별행정법』, 2001, 465쪽 참조], 이미 손해가 현실화된 경우를 표현하는 「Störung(장해)」와의 관계를 생각하여 '위험'이라고 표현한다. 김남진/김연태, 『행정법 II』, 제15판, 2011, 273쪽 참고.

9) 독일의 실제사례이다. OLG Stuttgart, NJW 1992, 1396 f.

(ex-ante-Sicht)[10]에 따라 관찰하면, 폭탄이 실제 존재하였는지 확인될 수 없고 (위험의 불확실성) 그 결과 영업주가 당시 상태책임자로 확정될 수 있는 자였는지도 불확실하다(책임의 불확실성). 그러나 조사결과 그것은 허위의 위협전화일 뿐이었다는 것이 사후에 판명된 경우 그 결과만 놓고 보면 객관적으로 손해발생가능성은 존재하지 않았으며 또한 영업주도 실제로는 상태책임자로서 경찰의무가 귀속될 사람이 아니었다. 이러한 사례를 위하여 형성된 경찰법개념이 표현위험(表見危險) 또는 외관상 위험(Anscheinsgefahr)[11]과 위험의 의심(Gefahrenverdacht)[12]이며, 이러한 경우 과잉금지원칙을 근거로 잠정적 성격의 위험존재확인조치만이 정당화될 수 있으며 종국적 조치는 배제된다고 하여 왔다.

참고로, '표현위험'이라는 굳이 일본식 표현처럼 보이는 용어를 사용하는 이유를 밝힌다. 'Anscheinsgefahr'라는 독일어를 많은 학자들처럼 "외관상 위험"이라고 번역하면, 겉으로는 위험이 있는 것처럼 보이지만 실제로는 위험이 없다는 인상을 주기 때문에 문제가 있다. 이 경찰법용어가 사용되는 사례는 아래 주관설에 따르면 진정한 위험이 존재하는 경우이기 때문에, 'Anschein'이라는 독일용어를 우리 민사법 전체에서 확고하게 사용하고 있는 '表見'으로 번역하여 본 것이다. 민법에서 '표현대리(表見代理)'는 독일어인 'Anscheinsvollmacht'에서 온 것이며, 민사소송법에서 일응의 입증 내지 추정(prima-facie-Beweis)을 의미하는 'Anscheinsbeweis'를 '표현증명(表見證明)'[13]이라고 부르고

10) 위험현장의 경찰공무원의 합리적 판단을 강조하는 것으로 위험판단에 관한 독일의 지배설이 취하는 관점이다. 위험상황이 종료된 후 결과를 놓고 판단하는 입장인 사후적 관점에 반대되는 의미이다.

11) 이를 '유사위험'이라고 표현하는 견해도 존재한다[정하중, "독일경찰법의 체계와 한국 경찰관직무집행법의 개선방향 (상)," 사법행정, 1994. 2, 16쪽]. 우리나라의 학자들은 이 용어를 '외관상 위험'(대표적으로 서정범, "경찰권발동에 관한 연구," 고려대학교박사학위논문, 1992, 60쪽; 홍정선, 『경찰행정법』, 제2판, 2010, 24쪽) 내지 '외관적 위해'(김성수, 『개별행정법』, 2002, 467쪽)이라고 부르고 있다.

12) 'Gefahrenverdacht'라는 용어를 우리 문헌에서는 '위험의 혐의'[김남진, "경찰상의 위험과 위험의 혐의 등," 고시연구, 2001. 9, 87쪽; 류지태/박종수, 『행정법신론』, 제15판, 2011, 190쪽(가행정행위 부분)] 또는 '위험에 대한 의심'[정하중, 사법행정(앞의 글), 1994. 2, 16쪽]이라고 사용되고 있는데, 형사소송법에서 체포사유로 범죄혐의를 쓰고 있는 것과 구분하고자 한다는 점과 우리 실정법[구 전염병예방법(현 감염병 예방 및 관리에 관한 법률) 등]에 의심이라는 용어가 사용되고 있다는 점을 들어 앞으로 "위험의 의심"이라고 표현한다.

13) 호문혁, 『민사소송법』, 제2판, 2002, 414쪽 특히 각주 28 참조.

있다.

(2) 개괄적 수권조항에 있어서 위험의 기능과 경찰책임과의 관계

독일 프로이센고등행정재판소에 의한 크로이츠전승기념비판결(이른바 'Kreuzberg-Urteil') 이래로 독일경찰법학·실무가 정립해온 실질적 경찰개념[14]에 따르면, 개괄적 수권조항의 제1요건인 위험은 단순한 손해발생가능성이나 리스크 내지 위험성(Risiko)으로 만족할 수 없는 '충분한 개연성(hinreichende Wahrscheinlichkeit)'을 가지는 구체적인 것이어야 한다.[15] 이러한 구체적 위험개념은 경찰조치의 법치국가적 한계 및 통제기능을 갖는다. 위험은 명확성원칙과 충돌가능성이 큰 개괄조항의 요건이므로 경찰재량권의 통제라는 관점 하에서 이해되어야 하기 때문이다.[16]

---

14) 오늘날의 산업사회의 발전으로 인하여 실질적 경찰개념은 그 의미를 상실하고 있다는 경향을 보여주는 문헌으로 Erichsen, Hans-Uwe, Der Schutz der Allgemeinheit und der individuellen Rechte durch die polizei- und ordungsrechtlichen Handlungs- vollmachten der Exkutive, VVDStRL 35 (1977), 172, 182; Spießhofer, Birgit, Der Störer im allgemeinen und im Sonderpolizeirecht, 1989, S.2.

15) 이 구체적 위험개념의 문제에 대한 문헌으로 서정범/박병욱, "경찰법상 위험개념의 변화에 관한 법적 고찰 —전통적 위험개념의 작별(?)—," 안암법학, 제36호, 2011, 91쪽 이하 참고.

16) 그러나 위험(Gefahr)에 대한 논의는 2000년대 전후 과거 구체적 위험개념의 전통을 비판적으로 검토하고 리스크사회에서 리스크의 방향설정(Risikobesteuerung)과 특히 범죄리스크에 대한 사전대비(kriminalpräventive Risikovorsorge)의 문제를 어떻게 자리매김시킬지에 집중되고 있다. Albers, Marion, Die Determination polizeilicher Tätigkeit in den Bereichen der Straftatenverhütung und der Verfolgungsvorsorge, 2001; Bäuerle, Prävention und Repression im Kompetenzgefüge des Grundgesetzes, Polize-heute 2005, S.150 ff.; Denninger, Erhard, Verfassungsschutz, Polizei und die Bekämpfung der Organisierten Kriminalität, KritV 1994; S.232 ff.; ders., Schleierfahndung im Rechtsstaat?, in: FS für E. Stein, 2002, S.15 ff.; ders., Freiheit durch Sicherheit?, KJ 2002, S.467 ff.; ders., Verfassungsrechtliche Grenzen des Lauschens, ZRP 2004, S.101 ff.; Di Fabio, Udo, Gefahr Vorsorge, Risiko — Die Gefahrenabwehr unter dem Einfluß des Vorsorgeprinzips, Jura 1996, S.566 ff.; Frankenberg, Kritik des Bekämpfungsrechts, KJ 2005, S.370 ff.; Gusy, Christoph, Rasterfahndung nach Polizeirecht?, KritV 2002, S.474 ff.; Hassemer, Winfried, Zum Spannungsverhältnis von Freiheit und Sicherheit, Vorgänge Nr. 159, 2002, S.13 ff.; Hoffmann-Riem, Wolfgang, Freiheit und Sicherheit, ZRP 2002, S.497 ff.; Horn, Hans-Detlef, Sicherheit durch vorbeugende Verbrechensbekämpfung, in: Horn, (Hrsg.), Recht im Pluralismus, FS für Walter Schmitt Glaeser zum 70. Geburtstag, 2003, S.435 ff.; Jaeckel, Liv, Gefahrenabwehr

이러한 경찰위험과 위험방지조치의 수범자를 확정하는 문제인 경찰책임은 양자 모두 위험방지조치의 요건적 성격을 갖고 있지만,[17] 상호병렬적 요건은 아니다. 즉 개괄조항의 전제조건으로서 공공의 안전에 포괄되는 법익 내지 법질서에 대한 구체적 위험이 충족된 이후에야 비로소 경찰조치의 인적 방향성을 결정하는 문제인 경찰책임요건에의 포섭여부가 문제된다.[18] 따라서서 경찰위험과 경찰책임 양자는 책임이 존재하지 않더라도 위험은 존재할 수 있지만 위험이 존재하지 않으면 책임은 판단될 여지가 전혀 존재하지 않는다는 단계관계(Stufenverhältnis)를 형성하고 있다(책임요건의 위험요건에의 종속).[19] 실무상 위험요건이 충족되어 있는지가 불확실한 경우에 경찰책임자가 존재하고 있고 필요성이 인정된다고 하여 경찰재량조치를 내린다면 경찰책임원칙이나 효과에 관

---

und Risikodogmatik — Moderne Technologien im Spiegel des Verwaltungsrechts, 2010; Kniesel, Michael, Vorbeugende Bekämpfung von Straftaten um neuen Polizeirecht — Gefahrenabwehr oder Strafverfolgung?, ZRP 1989, 329; Kugelmann, Dieter, Der polizeiliche Gefahrbegriff in Gefahr?, DÖV 2003, S.781 ff.; ders., Polizei- und Ordnungsrecht, 2. A., 2011, Rn.161 ff., S.113 ff.; Leisner, Anna, Die polizeiliche Gefahr zwischen Eintritts-wahrscheinlichkeit und Schaden- shöhe, DÖV 2002, 326 ff.; Lepsius, Oliver, Freiheit, Sicherheit und Terror: Die Rechtslage in Deutschland, Leviathan 32 1/2004, S.64 ff.; Möllers, Christoph, Polizeikontrollen ohne Gefahrenverdacht, NVwZ 2000, S.382 ff.; Möstl, Markus, Die staatliche Garantie für die öffentliche Sicherheit und Ordnung, 2002, S. 162 ff.; ders., Die neue dogmatische Gestalt des Polizeirechts, DVBl. 2007, S. 581 ff.; Müller, Alfred, Der Abschied von der konktreten Gefahr als polizeirechtliche Eingriffsbefugniß, StV 1995, S.602 ff.; Pitschas, Rainer, Polizeirecht im kooperativen Staat — Der Schutz innerer Sicherheit zwischen Gefahrenabwehr und kriminal- präventiver Risikovorsorge, in: R. Pitschas, (Hrsg.), Kriminalprävention und "Neues Polizeirecht," 2002, S. 241 ff.; Poscher, Ralf, Eingriffsschwelle im Recht der inneren Sicherheit: Ihr System im Lichte der neueren Verfassungsrechts- sprechung, Die Verwaltung 41, 2008, S.345 ff.; Schoch, Friedrich, Abschied vom Polizeirecht des liberalen Rechtsstaats? — vom Kreuzbergurteil des preussischen Oberverwaltungs- gerichts zu den Terrorismusbekämpfungsgesetzen unserer Tage, Der Staat (2004), S.347 ff.; Waechter, Kay, Die aktuelle Siuation des Polizeirechts, JZ 2002, S.854 ff. 등 참고.

17) 경찰책임의 요건적 성격에 대해서는 Götz, Volkmar, Allgemeines Polizei- und Ordnungsrecht, 14. Aufl., 2008, S.66. Rn.2; Frenz, Walter, Das Verursacherprinzip im öffentlichen Recht, 1997, S.27-28.

18) 이기춘, "위험방지를 위한 협력의무로서 경찰책임의 귀속에 관한 연구," 고려대학교박사학위논문, 2003. 2, 15쪽.

19) Poscher, Ralf, Gefahrenabwehr, 1999, S.20.

한 과잉금지원칙을 살펴볼 필요도 없이 위법하게 된다. (구체적) 위험요건의 중요성에 대해서는 다른 언급이 필요 없다.

(3) 위험방지와 위험의 사전배려 간의 관계

경찰권 발동의 시점을 지배하는 합목적성 내지 효과성원리(Effektivitätsprinzip)는 그때 그때 관련되는 보호이익에 대한 신속하고, 효과적이며, 지속적인 위험방지요청에 부합되는 방향설정을 요구하며 이는 국가기관에 대한 헌법적 명령이다.[20] 현장의 경찰공무원들에게 사실관계가 완전히 확인될 때까지 대기하여야 한다는 것은 기대하기 어렵다. 왜냐하면 위험에 관련된 모든 사실관계는 만족스럽게 확실히 해명되기도 어려울뿐더러 된다고 하여도 그때에 가서는 위험이 이미 실현되어 그 이후의 위험방지조치는 별 효과가 없는 것이 될 것이기 때문이다. 그러므로 위험, 책임, 위험방지 기여능력이라는 경찰법의 개념들은 경직된 것으로 이해되어서는 아니 되며 언제나 불확실성을 고려하여 유연하게 해석되어야 할 것이다. 그래서 최근 조명을 받고 있는 것이 위험의 전단계론(Vorfeld der Gefahren)이다.[21]

그러나 반대로 구체적 위험을 요구하는 실질적 경찰개념을 취함으로써, 위험방지를 목적으로 하는 일반 경찰질서법이 특별 법령에 따른 근거를 요하는 위험의 사전배려 내지 예방단계(Gefahrenvorsorge oder -vermeidung)에까지 영

---

20) 효과성원리(Effektivitätsprinzip)의 헌법원리적 성격에 대해서는 이기춘, 위의 박사학위논문, 232쪽 아래 참조.

21) 이러한 위험의 전단계에 관한 문헌으로 대표적으로 Dieter Kugelmann, Der polizeiliche Gefahrenbegriff in Gefahr? — Anforderungen an die Voraussetzungen polizeilicher Eingriffsbefugnisse, DÖV 2003, S. 781 ff.; 박병욱, 황문규, “위험예방을 위한 경찰법과 범죄진압을 위한 형사법의 목적·수단상 몇 가지 차이점,” 형사정책연구, 2012, 199-231쪽; 백상진, “현대사회에서 경찰법상 전통적 위험개념의 한계와 현대적 위험예방의 정당성에 관한 연구,” 한국경찰학회보 제54호, 2015, 135-164쪽; 손재영, “경찰의 사전대비활동,” 공법학연구 제11권 제2호, 2010, 289-312쪽; 이기춘, “깨어진 창이론(Broken-Window-Theory)과 무관용경찰활동(Zero-Tolerance-Policing)의 경찰법적 문제점에 관한 고찰,” 토지공법연구 제34집, 2006, 167-191쪽; 이상학, “최근 경찰법상의 변화와 주요 쟁점,” 법학논고 제46집, 2014, 165-192쪽; 이성용, “강력범죄예방을 위한 경찰활동의 쟁점 분석,” 한국공안행정학회보 제18권 제3호, 2009, 168-196쪽; Kugelmann, Dieter(저), 서정범, 박병욱(역), 『쿠겔만의 독일경찰법』, 2015, 44쪽 이하, 특히 범죄행위에 대한 예방적 대처를 위한 위험의 전단계조치에 대해서는 156쪽 이하 참고.

향을 미쳐서는 안 된다는 경찰재량의 법치국가적 한계를 잊어서는 아니 된다.[22] 따라서 양 관점을 어떻게 조화시킬 것인지도 논문의 목적이 된다.

2. 경찰책임자의 존재에 관하여 불확실한 경우

위험의 존재에 관한 불확실성은 존재하지 않으나 경찰책임의 귀속대상이 불분명한 경우가 있을 수 있다. 따라서 누가 구체적 위험의 귀속자가 되는지 또는 개괄조항에 따른 위험방지조치의 수명자(受命者)로서 누가 우선적으로 고려되어야 할 것인지에 관하여 확실하지 못한 경우가 있다. 예를 들어 지하수에서 시민의 생명이나 건강침해가 우려되는 유독물질이 일부 검출된 경우 인근 토지들 중에서 어떤 것으로부터 비롯되었는지를 지금 당장 밝혀내기가 어려운 경우가 있다. 이때는 행위책임자 내지 상태책임자가 누가 될 것인지에 관하여 불확실성이 존재한다. 이러한 경우를 위하여 형성된 개념이 表見(행위·상태)책임자, 외관야기책임자, 책임자의 의심 등이다.

3. 경찰조치수범자의 위험방지기여능력에 관하여 불확실한 경우

위험의 존재나 위험방지의무의 귀속주체, 즉 경찰책임자는 충분히 확인될 수 있으나 경찰책임자의 위험대처능력이 불분명하여 경찰권발동의 성과와 관련해서 불확실성이 존재하는 경우이다. 이것은 사실 경찰책임자확정문제와 직접적으로 관련되는 문제이다. 과잉금지원칙의 한 내용인 적합성원칙과 효과성원리의 반영으로 경찰책임의 1차적인 귀속전제조건은 인과관계나 고의·과실이 아니며, 경찰법상 책임의 본질은 협력의무이고, 그 귀속기준은 협력능력 내지 수단의 보유, 더 정확히 말하면 위험대처능력 내지 수단(Gegenmittel)의 보유라는 것이 밝혀지고 있는 상황에서 이 문제는 중요한 의미를 갖는다.[23] 경찰책임자와 위험대처수단의 적합성에 관한 불확실성문제는 위험의 불확실성에

22) 위험방지와 위험의 사전배려 간의 관계를 특히 환경법과 관련하여 논의하는 학자로 Schink, Alexander, VerwArch 82 (1991), S.367. 또한 국내문헌으로 정훈, "경찰상 위험개념의 법치국가적·기본권보장적 기능," 공법연구, 제34집 제2호, 2005, 397쪽 이하 참고.

23) 이에 대해서는 이기춘, 위의 박사학위논문, 246쪽 아래 참조.

관한 법리를 전용하는 것이 지배적이므로 아래에서는 위험개념을 중심으로 고찰한다.

III. 위험개념에 관한 논쟁

1. 도 입

현재 일반적으로 통용되는 위험개념의 지배적 정의를 보면, “사건이 아무런 저지를 받음이 없이 계속될 때 공공의 안녕 및 질서에 포함되는 보호이익의 침해로 나아갈 것이 담당공무원에게 ‘충분히 개연적인(hinreichend wahrscheinlich)’ 상황이 존재하는 경우”에 인정되는 것이라고 한다.[24] 특히 개괄적 수권조항에 따른 조치의 요건으로 요구되는 구체적 위험이란 “구체적인 사안에서 실제로 또는 일반적으로 사전적 관점에서 경찰공무원의 합리적 판단에 따를 때 매우 가까운 장래에 손해가 발생할 충분한 개연성이 있는 상태”를 의미한다고 한다.[25] 이때 핵심이 되는 “충분한 개연성”이라는 것이 무엇을 의미하는지에 대하여 자세한 논의가 그 동안 이루어지지 않았었다.[26] 그 사정은 우리나라 경찰법학에서도 별 차이가 없다. 위해제거조치를 취하는 공무원의 개연성에 관한 주관적이고 합리적인 판단을 신뢰 및 강조하여 위험을 상대화[소위 위험의 주관화경향(Subjektivierung)]시키는 이러한 주관적 개념정의가 자리잡히기까지의 독일경찰법의 역사적 전개과정을 중심으로 살펴본다.

---

24) 대표적으로 Martens, Wolfgang, in: Drews/Wacke/Vogel/Martens, Gefahrenabwehr, 1986, 9. Aufl., S.223; 최근 문헌으로 Kugelmann, Dieter, Polizei- und Ordnungsrecht, 2. Aufl., 2011, Rn. 96 f., S.95 f.(Kugelmann은 “위험은 경찰보호이익에 대한 손해발생의 충분한 개연성이다(Gefahr ist die hinreichende Wahrscheinlichkeit des Schadenseintritts für ein polizeiliches Schutzgut)”라고 하면서 연방행정법판례(BVerwGE 45, 51 (57))를 인용한다). 우리 문헌으로는 대표적으로 김성태, “위험에 대한 의심과 위험여부의 확인,” 행정법연구 제51호, 161쪽 참조.

25) Schenke, Rüdiger, Polizei- und Ordnungsrecht, 3. Aufl., 2004, Rn. 69, S.35; Gusy, Christoph, Polizei- und Ordnungsrecht, 8. Aufl., 2011, Rn.108, S.54.

26) 이것은 손해발생에 대한 단순한 가능성과 확실성 사이에 존재하는 광범위한 중간영역 정도로 설명되고 있었다. 서정범, 위의 박사학위논문, 58쪽 참조.

2. 주관설

(1) 프로이센고등행정재판소(PrOVG)의 판례

후술하는 바와 같이 동 재판소는 개괄적 수권조항의 요건을 사후에 관찰된 사실을 가지고 객관적으로 이해하였고 이것이 기본방침이었다.[27] 그러나 경찰공무원의 회피불가능한 동기의 착오에 기하여 위험을 인정한 표현위험(Anscheinsgefahr) 상황 내지 위험존재에 관해 불확실함을 공무원 스스로 알고 있는 경우에 관한 위험의 의심(Gefahrenverdacht)과 관련된 상황을 객관적으로만 이해하지 않고 그 노선에서 이탈한 판례 몇 가지가 있었다. 방화벽판결사례(Brandmauer-Fall)[28]에서 동 재판소는 방화벽의 견고한 지지조치를 요구했던 처분의 타당성을 확인하면서, "사후에 이 방화벽이 원래 견고했던 것으로 판명되었다는 사정은 본질적인 의미를 가질 수 없기 때문에 객관적으로 이 벽이 견고하다는 것에 관한 확실성(Gewißheit)은 얻을 수 없었다"고 판결하였다. 그리고 위험판단의 주관화를 옹호하는 학자들에 의하여 가장 많이 인용되는 가구운반차압류판결사례(Möbelwagen-Fall)[29]에서는, "(잠정적이 아닌) 종국적 조치를 취

---

27) 프로이센고등행정재판소의 판례의 경향에 대해서는 Poscher, Ralf, Gefahrenabwehr, 1999, 30쪽 아래 참고.

28) PrOVG, PrVBl. 32, 119-121. 1910년경에 이웃의 두 가옥이 붕괴된 이후 가옥소유권자에게 방화벽을 견고하게 할 의무를 부과한 사례이다. 이러한 처분시 붕괴된 가옥들의 잔해로 인해 문제된 방화벽에 접근이 불가능하여 그 견고함을 나타내는 안전율(Statik)이 전문가에 의해 심사될 수 없어서 위험사례인지가 해명될 수 없었다. 일단 신속하게 방화벽을 견고하게 하는 조치를 취하게 하고 나서 전문가에게 감정을 의뢰하여 보니 이것은 그 당시나 현재나 붕괴될 위험이 없었다는 것이 판명되었다. 즉 객관적으로 어떠한 시점에서도 손해발생가능성은 존재하지 않았던 것이다.

29) PrOVGE 77, 333 ff. 방화벽사건보다 12년 뒤에 문제되었던 이 사건은 한 부인이 집에서 재산적 가치 있는 물건들을 가구운반차에 싣도록 하는 것을 본 남편이 자신의 재산관리권이 침해되고 있는 것으로 간주하며 시작된 것이다. 민사법원에 대한 가명령(einstweilige Anordnung) 신청이 재산이 가구운반차에 모두 실리기 전에 법원에 도착할 수 없을 것이라는 점을 예상하여 경찰에게 도움을 요청한바 동 차량은 법원의 결정이 있을 때까지 압류되었다. 이 사건은 경찰처분의 적법성을 위하여 그 부인의 위법한 행위가 사실상 존재하였는지 아니면 경찰이 주관적으로 위험의 존재에 관하여 확신하는 것으로 족한지에 대하여 집중적으로 다루고 있다. 또한 굇츠(Götz)가 자신의 과거 일반경찰질서법책에서 —현재 14판에서는 삭제되어 있다(14. Aufl., 2008, Rn. 38 f., S.44 f.)— 이 판례를 강조하고 있었다 [ders., Allgemeines Polizei- und Ordnungsrecht, 11. Aufl., 1993, Rn. 127, S.69-70].

하는 경우에, 동 고등행정재판소가 줄곧 유지해온 객관성원칙이 조건 없이 적용된다. 그러나 경찰이 사실관계를 의무적합적으로 해명하기 위하여 또는 경찰의 개입전제조건이 충족된 것으로 입증된 경우에 행해질 위험제거를 위해 필요한 준비조치를 취할 수 있도록 하기 위하여 단지 잠정적으로만 조치를 취하여야 하는 경우에는 다른 원칙이 적용된다. … 위험의 외관을 일으킨 종국적인 명령을 발령하는 경우에, 상황이 사실상 경찰법상 위험을 내포하고 있는지 여부가 즉시 인식될 수 없는 경우에 경찰은 그 해명에 필요한 조사를 명하여야 한다.[30] … 이와 같은 사건의 전개과정을 경찰위험이 사실상 존재하는지 아니면 존재하지 않는지가 명확해질 때까지 지연시킬 권한이 경찰에게는 존재한다"고 판결하면서 이러한 예외는 효과적 위험방지라는 경찰질서법상 불가결한 효과성원칙을 통해 정당화되는 것이라고 한다.[31]

즉 이러한 두 판례의 경향에서 확인할 수 있는 것은, 경찰이 위험의 존재에 관한 불확실성(Unsicherheit)을 완전히 해명할 수 없는 경우에 경찰법의 객관적 성격은 상대화된다는 점이다.[32] 따라서 위험의 가능성에 관하여 경찰공무원이 주관적으로 신뢰하고 있다면 일정한 제약조치는 정당화되는 것으로 판단한다. 하지만 그러한 조치는 잠정적 조치에 그쳐야 함을 분명하게 한다. 잠정적 조치에 그쳐야 한다는 내용에 대해서는 후술하기로 하고, 어쨌든 이러한 예외현상을 받아들이고 있음은 불가피하게 한계를 가질 수밖에 없는 인간의 진단 및 인식능력을 고려한 것이라고 볼 수 있다.

그러나 프로이센고등행정재판소 시대에는 원칙적으로 경찰법의 객관적 성격을 지도방침으로 고수하고 있었으며, 위험의 의심사례[33]에서 부분적으로 등장하는 객관성도그마의 제한은 효과성원리를 근거로 한 잠정적 조치와 위험의 존재확인을 위한 사전적 처분이라는 개념을 통해 단지 예외적인 임시방편적 해결책(Ad-hoc-Lösung)으로서만 요청되고 있었을 뿐이다. 위험이 특정된 주관적 인식수준에 기초하여 판단될 필요가 있는 것은 아닌지에 대한 일반적 고찰은

30) 독일경찰질서법의 용어인 "위험존재확인조치(Gefahrerforschungseingriff)"를 말하고 있다.
31) PrOVGE 77, 333, 338. 동 재판소는 손실보상청구권문제에 관해서는 침묵하고 있다.
32) Poscher, a.a.O., S.42.
33) 판결이유에는 '위험의 외관'이라고 표현되고 있으나, 위 두 판례 모두 실제는 위험의 의심사례이다.

충분하지 않았고 여전히 위험을 객관적으로 이해하고 있었다.

(2) 연방통상법원(BGH)의 판례

동 법원에 의한 1952년도의 한 판례는 한 자동차운전자의 손실보상청구권에 관한 사례로서 연방공화국 이래 최초로 위험개념을 언급하는 사건이었다. 「자동차이용에 관한 법규명령」에 위반하여 야간에 자가용을 음주한 상태로 이용하고 있었는지(이른바 'Vergnügungsfahrt'의 여부)를 완전히 해명할 수 없었던 상태에서 이루어진 경찰의 면허증압류조치로 인하여 그 수명자였던 운전자가 사후에 보상청구를 하여 왔을 때 동 법원은 이 조치를 적법한 것으로 간주하였다.[34]

이 판결은 오늘날과 같은 표현위험과 위험의 의심이라는 개념들의 구분에 따른 것이 아니며, 위험을 근거지우는 사실에 대하여 착오를 일으킨 것이 아니라 단지 사실관계가 불확실한 경우와 관련되는 것이었다. 즉 법원은 위험의 외관이라는 용어를 사용하고 있지만 이 사건은 위험의 의심(Gefahrenverdacht)사례이다.

이 판결에서는 두 가지 점이 주목된다. 하나는 위험의 의심은 외관상 위태로워지는 것처럼 보이는 직접적인 보호법익에 대해서는 위험이 아닐 수도 있지만, 그러한 의심이나 외관 자체가 공공의 안녕·질서에 대한 위험이라고 간주한 점이다.[35] 즉 유책하게 위험의 의심을 불러일으킨 것 자체가 공동체의 질서생활규칙을 위반한 것이라고 본 것이다. 이러한 입장은 위험의 의심 자체를 개괄적 수권조항의 위험요건으로 간주할 수 있는 주관화의 결과를 가져오며, 따라서 동 사례에서는 잠정적 위험확인조치에 그쳐야 한다는 프로이센고등행정재판소 시대에 형성된 법리를 초과하여 이제는 종국적 조치도 가능하다

---

34) BGHZ 5, 145 (1952); BGH, DVBl. 1954, 813. 참고로 손실보상이 문제되기 때문에 행정사건임에도 불구하고 연방통상법원에서 문제되었던 것이다.

35) 이러한 내용은 현대적 독일경찰법문헌에서도 발견된다. 특히 Würtenberger, Thomas, Ordnungsrecht, in: Achterberg/Püttner/Würtenberger, Besonderes Verwaltungsrecht, 2. Aufl., 2000, Rn. 197-198, S.448-449[현실적으로는 위험이 아닐 수 있는 상황을 위하여 즉 장난경보사건이나 살인을 저지르는 공포영화를 보여주는 TV의 볼륨을 너무 크게 한 경우 등에 있어서 경찰력이 투입될 때 국가기관의 기능원활성(Funktionsfähigkeit)이 떨어진다는 것을 근거로 들고 있다].

는 것으로까지 나아갈 수 있는 계기를 제공하고 있다.

또 하나의 주목되는 점은, 동 법원이 손실보상청구권에 관한 법리도 주관화하고 있다는 점이다. 프로이센경찰행정법 시대에는 제70조에서 비책임자(Nichtstörer)에게는 과실과 무관하게 손실보상청구권을 인정한 반면에 연방통상법원은 위험의 의심이 관련된 이 사례에서 경찰조치의 상대방이 그 의심을 고의·과실로 야기하지 않았던 경우에만 보상청구권을 인정하고자 하였기 때문이다. 따라서 위험요건을 주관적으로 판단하는 것만이 아니라 경찰책임에 밀접하게 관련된 손실보상청구권의 인정여부에 관한 판단에도 귀책사유라는 주관적 관점을 도입하고 있다.[36]

(3) 연방행정법원(BVerwG)의 판례[37]

독일연방행정법원은 구 연방감염병예방법(BSeuchG) 제10조 제1항에서 감염병의 위험과 의심을 함께 규정하고 있는 것을 보면[38] 입법자는 이미 의심이 있다는 것으로부터 위험을 인정하고 있다고 해석하고 있다.[39] 이 판례는 전염병예방법이라는 특별법의 요건을 해석하고 있는 것이기는 하지만, 어쨌든 양 개념 모두 위험개념 속에 포섭시킬 수 있다는 것이 분명하다고 간주하였다. 이로부터 위험의 의심사례에서 내려지는 조치는 더 이상 잠정적 조치에 국한

---

36) 경찰책임자 ―비용부담의무부담― 손실보상의 부정(Entschädigungslosigkeit)이라는 독일경찰법의 연계원칙(Konnexitätsprinzip)과 그 연계성의 절연을 강조한 문헌으로 이기춘, "독일경찰법상 상태책임의 근거 및 제한에 관한 고찰 ―2000년 2월 16일날 독일연방헌법재판소의 판결을 소재로 하여―," 토지공법연구, 제18집, 한국토지공법학회 2003, 405쪽 이하 (특히 418쪽에서 독일의 Griesbeck의 그 주장을 옮겨 연계원칙 파괴의 타당성을 주장한다) 참조. 이는 최근에 상태책임의 제한과 관련하여 다시 강조되고 있다. 서정범, "상태책임의 한계에 관한 고찰 ―이른바 연계원칙의 종언(終焉)―," 토지공법연구, 제48집, 2010, 479쪽 이하.

37) BVerwGE 7, 257, 262; 12, 87, 93-96; 39, 190, 193-197 등 참조.

38) 이는 우리나라 「감염병의 예방 및 관리에 관한 법률」의 태도와도 일치한다. 즉 과거 "전염병예방법"을 개정한 현 "감염병의 예방 및 관리에 관한 법률"(2011. 6. 7 공포, 동년 12. 8 시행) 제46조(건강진단 및 예방접종 등의 조치 ― "감염병 발생지역에 거주하는 사람 또는 그 지역에 출입하는 사람으로서 감염병에 감염되었을 것으로 '의심'되는 사람," "감염병환자 등과 접촉하여 감염병에 감염되었을 것으로 의심되는 사람") 등에서 감염병 감염의 의심에 관한 규정을 두고 있다. 구 전염병예방법 중 대표적으로는 제37조(제1군전염병환자에 대한 방역조치), 제38조(소독조치) 등 참고.

39) BVerwGE 39, 190, 193.

될 필요가 없다는 결론을 도출한다. 즉 위험을 주관화하여 이해하면 경찰이 어떠한 조치를 취할 수 있는가는 더 이상 구성요건측면이 아니라 법적 효과측면과 관련되는 다른 문제라고 한다.[40] 프로이센고등행정재판소 시대에 위험의 의심이라는 것은 위험과는 별도로 이해되는 것이었고 이에 대해서는 잠정적 조치만이 허용되었었다. 즉 잠정적 조치 아니면 종국적 조치가 허용되는지 문제는 우선 구성요건 차원에서 취급되었다. 그러나 독일연방행정법원의 이러한 견해에 따르게 되면 어떤 조치를 내리는가는 법적 효과의 비례성 문제가 될 뿐이다. 즉 동 법원은 위험개념을 주관화하고 있으며 프로이센고등행정재판소 시절의 지도방침이었던 객관적 위험개념으로부터 이탈하고 있다.

(4) 학설에 의한 주관적 위험개념의 체계화

1) 위험개념의 주관화양상은 경찰법의 객관적 성격이라는 대명제 아래 극히 예외적 현상으로 취급되어 왔다. 이에 대하여 호프만 리엠(Hoffmann-Riem)이라는 학자가 1972년도 한 기념논문집에서 위험개념의 주관화를 위한 첫 번째 이론적 매개시도를 행하였으며,[41] 이 견해는 현재까지 지배적 견해가 되었고,[42] 우리나라 경찰행정법문헌에도 직·간접적 영향을 미치고 있다.[43] 호프만 리엠은 이 논문의 서론에서 경찰의 일상업무에서 위험은 위험의 의심 내지 외관과 결부되어 등장하는 경우가 많으며, 경찰책임도 이러한 의심 내지 외관의 야기와 관련 지워져 판단되고 있고, 이에 대응하기 위한 제약조치를 정당화하기 위한 시도들은 그 비판자들에게 경찰이 법치국가적 기속의 그물망에서 빠

---

40) BVerwGE, 39, 190, 195.

41) Hoffmann-Riem, Wolfgang, "Anscheingefahr" und "Anscheinverursachung" im Polizeirecht, in: Festschrift für Gerhard Wacke(Hrsg.), zum 70. Geburtstag, 1972, S.327 ff.

42) 이에 따르는 대표적인 견해로 Martens, a.a.O.("Gefahrenabwehr"), S.223; Schenke, a.a.O., Rn.69, 80 f. S.35, 41 f.; Denninger, Erhard, Polizeiaufgaben, in: Lisken, Hans/Denninger, Erhard, Handbuch des Polizeirechts, 4. Aufl., 2007, Rn. 46 f., S.319 f.; Schoch, Friedrich, Grundfälle zum Polizei- und Ordnungsrecht, JuS 1994, 667, 668; Würtenberger/Heckmann/Riggert, Polizeirecht in Baden-Württemberg, 3. Aufl., 1997, Rn. 278 ff. S.128 ff. 등 참조.

43) 대표적으로 홍정선, 『경찰행정법』, 제2판, 2010, 24쪽("경찰의 판단시점을 기준으로 의무에 합당하게 올바른 판단을 할 때에 피해발생이 논리필연적이라고 판단되면, 외관상 위험을 방지하기 위한 경찰의 개입은 적법하다"에서 '올바른 판단'이 주관적 요소를 고려한 것이다).

져나갈 수 있는 구멍을 열심히 찾는 것으로 비춰질 수 있기 때문에 '외관'이나 '의심'이라는 용어사용이 정당화될 수 있는 영역을 구성하여야 한다고 지적하고 있다. 어쨌든 그는 위험의 외관이 있는 경우와 의심이 있는 경우를 모두 표현위험(또는 외관상 위험) 개념 안에 포함시키고 결론적으로 "표현위험은 경찰수권규범상 진정한(echt) 경찰위험이다"라고 언명하고 있다.[44]

그는 미래의 사실에 관한 예측(Prognose)에 따른 개연성판단과 과거 및 현재의 사실에 관한 진단(Diagnose)에 따른 개연성판단을 구별한다. 그리고 표현위험(또는 외관상 위험) 개념을 위해 의미 있는 것은 후자인 진단적 개연성판단이며, "법질서 안에서 사실은 ―현존하고 있는 것이 아니라― 입증된 것(Bewiesensein)이어야 법적으로 중요하게 취급된다. 입증사실은 ―민사소송법이 분명히 하고 있으며 행정절차에도 받아들여지고 있는― 증거평가권자의 '확신(Überzeugung)'과 결합된다[자유심증주의 내지 증거평가자유의 원칙(Grundsatz der freien Beweiswürdigung)].[45] 이러한 확신은 개연성 판단에 기초할 수밖에 없으며 특정 정도의 개연성은 진실로 간주된다. 즉 개연성입증이 진실의 증명이다. 그러나 개연성의 입증은 다시 경험칙(經驗則)에 의존한다"라고 하여 요건사실관계의 확인과정이 개연성판단과 결합된다는 점에서는 소송절차에서나 행정절차에서나 별 차이가 없다고 한다. 하지만 경찰에 의한 사실확인은 시간적 압박에 처해 있는 상황이라는 특수성을 내포한 직무수행과 관련되는 점에서 완전입증(Vollbeweis)[46]을 요구하는 법원과는 달리 상대적으로 완화된 개연성 정도(niedrigerer Wahrscheinlichkeitsgrad)로 족하다는 점에서 구별된다고 한다[이른바 "충분한(hinreichend)" 개연성].

그리고 위협을 받고 있는 보호법익의 서열, 예상되는 침해의 정도 및 경찰이 선택하는 수단의 강도 등이 척도가 되어 경찰의 활동영역 내부에서 다시

---

44) Hoffmann-Riem, a.a.O., S.331.

45) 독일행정절차법상 증거평가자유의 원칙 내지 자유심증주의에 대해서는 Stelkens/Kallerhoff, in: Stelkens/Bonk/Sachs, Verwaltungsverfahrensgesetz, 5. Aufl., 1998, Rn. 14 ff., S.546; Kopp/Ramsauer, Verwaltungsverfahrensgesetz, 7. Aufl., 2000, Rn. 3, S.396. 민사소송법영역에서의 자유심증주의에 대해서는 호문혁, 『민사소송법』, 2판, 2002, 396쪽 아래(특히 412쪽 아래) 참조.

46) 충분한 것으로 만족할 수 없는 고도의 개연성에 대한 믿음이라고 표현된다. 호문혁, 위의 책, 412쪽 참조.

요구되는 개연성정도는 차별화된다고 한다.[47] 따라서 현재 활용가능한 데이터에 기초하여 행해지는 진단이 사후적 관점에서 잘못된 것으로 판명된다고 하여 바로 위법해지는 것은 아니다. 또한 표현위험(또는 외관상 위험)도 경찰법상 진정한 위험이라면 경찰기관은 잠정적 조치에 제한되지 않는다.[48] 호프만 리엠이 체계화한 바 있는 사전적 관점(ex-ante-Sicht) 즉 위험상황 종료 이후의 관점(ex-post-Sicht)이 아니라 현장의 합리적 판단을 기준으로 삼는 견해는 연방행정법원 및 각 주 행정법원과 현재 독일과 우리나라 경찰행정법문헌에도 수용되었다.[49]

2) 위험의 의심을 포함하는 표현위험을 진정한 위험이라고 본 견해에서 한 걸음 더 나아가, 마르텐스(Martens)는 70년대 중반에 오늘날 사용되고 있는 용어인 표현위험(Anscheinsgefahr, 또는 외관상 위험)과 위험의 의심(Gefahrenverdacht)을 서로 구분되는 독립적인 법도그마틱적 개념으로 처음 설정하였다. 그는 일단 "객관적" 위험이라는 말을 하고 있지만, 그의 객관적 위험이라는 표현은 단지 개별적 공무원의 주관적 관념만이 척도가 되는 것이 아니라 이상적으로 평가되는 평균적 공무원, 즉 적절한 능력을 갖추고 분별력이 있으며 전문성을 갖춘 공무담당자(fähiger, besonnener und sachkundiger Amtswalter)의 현장의 판단이 중요한 기준이 된다고 한다.[50] 즉 이것은 앞의 호프만 리엠의 규범적-주관적

---

47) Hoffmann-Riem, a.a.O., S.331. 이러한 개연성정도의 가변성은 비례원칙의 표현이라고 주장하는 견해로 Wüttenberger, a.a.O., Rn. 191, S.446.

48) Hoffmann-Riem, a.a.O., S.335.

49) BVerwGE 45, 51, 58(소위 "Dutschke-Urteil": "수권규정상의 '위험'은 소위 표현위험 사례에서도 존재한다"); 49, 36, 42(소위 "Schahbesuch-Urteil": 동 법원은 이란의 왕 '샤'(Schah)의 방문을 계기로 한 시위금지에 관한 판결에서 이란인들의 정치적 활동에 관한 연방내무청장관의 잘못된 정보제공에 기초하여 내린 시위금지명령을 적법한 것으로 간주하였다. 그 이유는 이러한 처분은 발령시점에 존재한 행정관청의 인식수준에 의거하여 판단되어야 하기 때문이라고 한다); OVG Münster, NJW 1980, 138, 139(소위 "Eckensteher- Urteil": "경찰질서법상 사실상 존재하는 위험과 소위 표현위험은 동일시되어야 한다"). 이러한 독일판례에 대해서는 Poscher, a.a.O., S.58 참고. 대표적 문헌으로는 Martens, a.a.O.("Gefahrenabwehr"), S.223 ff. 우리나라 문헌으로는 김남진, "경찰상의 위험과 위험의 혐의 등," 고시연구 2001. 9, 87쪽 아래; 류지태, 고시계, 1991. 10, 111쪽 등 참조.

50) Martens, a.a.O.("Gefahrenabwehr"), S.223. 국가배상청구권의 요건 설명 중 '과실의 객관화'를 떠올리면 될 것이다.

개연성개념[51]을 수용한 것이므로 여기서 강조되고 있는 위험개념의 주관화경향에서 벗어난 것이 아님을 주의하여야 한다.

또한 그는 개연성판단시 우려되는 손해의 크기가 클수록, 그 결과가 심각할수록 특히 고가치의 법익보호가 현안이 되고 있을수록 개괄적 수권조항에 의거한 조치를 위해 요구되는 개연성정도는 낮아지는 역비례관계(Je-desto-Formel)에 비추어볼 때 손해발생의 예측에는 가치형량이 필요하며 생명·건강 등 고가치의 법익이 위태로워지는 경우에 요청되는 개연성정도의 감축은 헌법적으로 명령되는 것이라고 하여 이러한 국가의 보호사명(Schutzauftrag)으로부터 위험개념은 상대화[52]되며 결과적으로 경찰법률관계는 이제 양극관계에서 삼각관계로 변화되고 있다고 하였으며,[53] 이는 전적으로 타당한 지적이다.

이전까지는 행정관청이 위험의 사실적 존재에 관한 확신에 착오를 일으켜 개입을 한 것인지(表見危險 또는 외관상 위험의 경우) 아니면 행정관청이 위험이 손해로 나아갈 것이 가능하거나 개연적이기는 하지만 사실관계와 경험칙에 비추어볼 때 불확실하며 스스로 그러한 불확실성을 알고 있는 경우인지(危險의 疑心의 경우)를 체계적으로 구별하지 않았었다. 마르텐스가 최초로 양자를 구별하면서 일단 행정관청의 정당화될 수 없는 사실인정, 즉 충분한 정보나 근거자료 없이 공무원의 개인적인 억측이나 가정적 판단 내지 제3자의 유책한 위험외관야기에서 비롯된 오상위험(Putativgefahr oder Scheingefahr)을 위험개념에서 제거해냈다.[54] 그리고 표현위험은 사전적 판단관점과 규범적-주관적 개연성개념에 비추어볼 때 경찰법상 진정한 위험임을 확인한다. 따라서 이에 기초한 조치는 적법하고, 사실관계가 사후에 해명되면 가능한 한도에서 이미 취해진 조치는 철회되어야 하며 이는 비례원칙의 자명한 결론이라고 한다.

---

51) Hoffmann-Riem, a.a.O., S.339.

52) 소위 "Relativierung der Gefahr". 이에 대해서는 Ossenbühl, Fritz, Der polizeiliche Ermessens- und Beurteilungsspielraum, DÖV 1976, 463, 466도 참고["위험과 개연성개념의 상대화는 경찰이 위해제거를 위하여 제약조치를 하는 데 목적이 되는 보호법익의 서열(Rang)과 가치(Wert)에 따라 결정된다"].

53) Martens, a.a.O.("Gefahrenabwehr"), S.224(소위 "Wandel vom bipolaren zum trigonalen Polizeirechtsverhältnis"); ders., DÖV 1982, 89, 96.

54) Martens, a.a.O.(Gefahrenabwehr), S.225-227. 이를 '허구위험'이라고 부르는 학자도 있다. 김성수, 『개별행정법』, 2001, 467쪽 참조.

그리고 위험의 의심사례에서 어떠한 조치가 허용되는지는 비례원칙에 따라 결정된다고 한다. 따라서 동 원칙에 따라 사실관계의 해명을 위한 잠정적 조치(예, 오염원의 확인을 위한 토지의 시추명령, 위험의 의심이 가는 물건의 부분수거조치)가 허용되지만 만약 의심이 이러한 수단으로 확인되지 않고 의심이 존속하는 경우에 중대한 법익 특히 생명이나 건강과 같은 이익이 위태로워질 우려가 있고 최소침해원칙(필요성원칙)에 반하지 않는 한 개연성정도의 가변성을 근거로 잠정적 성격을 초과하는 종국적 조치(예, 생필품의 폐기)도 적법하다고 한다.[55] 이와 같은 마르텐스의 견해는 전술한 바 있는 위험요건과 법효과부분을 분리하고자 한 독일연방행정법원의 견해와 궤를 같이 하는 것이라고 볼 수 있다. 어쨌든 양 개념을 구별하는 그의 견해는 ―자신의 의지와는 상관없이― 위험의 의심이 존재할 때에는 표현위험 사례와는 달리 잠정적 사안해명과 그에 따른 수인의무만이 허용된다는 견해를 위한 기초를 제공하였다는 점은 분명하다.

3) 1980년대 초반에 가치평가관점을 도입하여 위험개념, 특히 개연성개념의 주관적 이해의 필요성을 이론적으로 설명한 견해들이 등장하였다. 한센딕스(Hansen-Dix), 쉬나이더(Schneider), 다른스테트(Darnstädt), 넬(Nell) 등에 의하여 위험방지법은 이론적 측면에서 심화되었다.[56] 이들은 앞서 본 손해발생의 예측과 개연성판단이 척도가 된다는 점에 대해서는 호프만 리엠(Hoffmann- Riem)의 위 견해와 동일하지만 개연성에 관한 과학적, 수학적 이론들을 분석하면서 개연성은 불가결하게 주관적 관념임을 밝힘으로써 그의 견해를 뛰어넘었다. 즉 일정한 사실관계는 객관적으로는 현재나 과거에 존재하였든지 아니면 부정되든지 제3의 형태는 존재하지 않으며(tertium non datur), 이에 대한 모든 개연성판단은 주관적 확신만을 대상으로 할 수 있을 뿐이라는 점에 대해 일치된 견해를 보여준다. 따라서 위험개념을 통해 요구되는 개연성판단은 주관적인

---

55) Martens, a.a.O.(Gefahrenabwehr), S.227.

56) Hansen-Dix, Frauke, Gefahr im Polizeirecht, im Ordnungsrecht und im technischen Sicherheitsrecht, 1982, 특히 S.66-68; Schneider, Otmar, Grundsätzliche Überlegungen zur polizeilichen Gefahr, DVBl. 1980, S.406-409; Darnstädt, Thomas, Gefahrenabwehr und Gefahrenvorsorge, 1983; Nell, Ernst Ludwig, Wahrscheinlich- keitsurteile in juristischen Ent- scheidungen, 1983. 이들의 위험에 관련된 논의에 대해서는 Poscher, a.a.O., S.59-60 참고.

것이며 이에 기초하여 위험개념 자체도 주관적인 것이 된다고 한다. 위험개념이 필연적으로 주관적인 것이라면 표현위험(表見危險)과 위험의 의심은 위험개념 자체의 불가결한 요소가 될 뿐이므로, 양 개념을 위험과 별도로 구별하지 않게 된다. 즉 표현위험은 개연성이라는 것이 이미 주관적인 평가를 통해서만 판단될 뿐이라는 점에서,[57] 위험의 의심은 사실상 객관적인 위험상황이라고 언급될 수 있는 경우보다 손해발생과 관련하여 상대적으로 적은 주관적 확신만이 존재할 뿐이라는 점에서[58] 그러하다고 한다. 그러므로 이들에게 있어서 엄격하게 사후적 관점에서 판단되는 객관적 위험개념은 위험방지법상 합목적성 내지 효과적 법익보호와 충돌할 수밖에 없다는 것이 전제되고 있으며 이러한 위험은 과학이론적으로 볼 때 경찰권발동시에 파악이 불가능하다고 보는 것이다.

4) 시기적으로는 이들보다 앞서 위험방지법의 보다 광범위한 주관화를 시도하였지만 현재 지배설화 되지는 않은 오센뷜(Ossenbühl)의 견해가 있다.[59] 그는 기본적으로 개별적인 사례와 관련하여 위험과 개연성개념은 상대화된다고 하여 호프만 리엠에 의한 사전적 관점에 기초한 규범적-주관적 위험개념을 받아들이고 있다.[60] 이것은 위험방지법이 필연적으로 갖게 되는 상황구속적 성격 때문이라고 한다. 즉 "모든 위험방지결정은 사전에 규범화하기가 곤란한 상황결정(Situationsentscheidung)"이며 "위험방지법은 필연적으로 완전히 일반화될 수 없고 구조적으로 개별사례마다의 사정에 개방적일 수밖에 없다"고 한다.[61] 그러나 이러한 자명한 논리는 법치국가원리와 긴장관계에 있을 수밖에 없다는 것을 확인하고 있다. 즉 "행정이 시민의 권리를 제약하는 강도가 더해질수록 법치행정원리에 근거하여 법률에 의한 기속(gesetzliche Bindung)은 더 긴밀해진다"고 하면서 "경찰작용은 진정한 의미의 제약 내지 침해행정(Eingriffsverwaltung par exellence)으로서 조세행정과 마찬가지로 예측가능성과 평등보장을 위하여

57) Darnstädt, a.a.O., S.85-94; Nell, a.a.O., S.84.
58) Darnstädt, a.a.O., S.95-99.
59) Ossenbühl, Fritz, Der polizeiliche Ermessens- und Beurteilungsspielraum - zur Dogmatik von Gefahrenabwehrentscheidungen, DÖV 1976, S.463 ff.
60) Ossenbühl, a.a.O., S.466.
61) Ossenbühl, a.a.O., S.464.

엄격하게 경찰법에 의해 한계지워져야 한다"고 하여 앞서 본 대로 불가피하게 상황구속적 성격을 갖는 경찰법의 논리와 충돌하게 된다고 본다.[62]

하지만 Ossenbühl은 독일의 판례가 위험개념을 주관화함으로써 이러한 긴장관계를 해소코자 한 것이라고 보고 있다. 경찰에 의한 결정의 예측적, 상황구속적 성격을 고려할 때 경찰에게는 법원에 의해 사후심사될 수 없는 판단여지(Beurteilungsspielraum)가 위험개념의 적용시에 부여되어야 하며, 이와 같은 판단여지 안에서 행정결정은 최종 구속력 있는 것으로 간주되어야 하며 따라서 취소되지도 않을뿐더러 손해배상청구도 받지 않는다고 한다.[63]

그러나 이러한 오센뷜의 판단여지 관념은 위험이라는 불확정법개념의 존재에 대해서는 경찰질서관청에게 판단여지도 재량도 인정되지 않으며 이는 법치국가원리의 표현으로서 공권력에 의한 권리침해가 있을 때 권리구제절차의 문을 열어놓은 기본법 제19조 제4항의 원칙과 모순될 것이라는 점을 근거로 하여 쉔케(Schenke), 굇츠(Götz) 등과 같은 학자들에 의해 비판되고 있다.[64]

5) 마지막으로 호프만 리엠(Hoffmann-Riem), 마르텐스(Martens) 등의 견해를 수용하면서 특히 전자의 의견 중 경찰작용 내부에서도 위협되고 있는 법익의 서열, 법익에 대하여 예상되는 침해의 정도, 경찰이 선택한 수단의 강도 등에 따라 다시 상이한 개연성정도가 설정될 것이라는 언급[65]을 구체화하고 있는 뷔르텐베르거(Würtenberger)의 견해에 따르면, 집행경찰 또는 보안경찰은 현장에서 이미 보유하고 있는 정보와 자신이 개인적으로 갖고 있는 경험적 지식에 기초하여 일정한 결정을 내릴 수밖에 없지만 협의의 행정경찰 내지 질서관청

62) Ossenbühl, a.a.O., S.464.

63) Ossenbühl, a.a.O., S.467.

64) Schenke, a.a.O.(3. Aufl., 2004), Rn.51, 77, S.24, 38. 위험의 외관법리를 법치국가적 관점에서 제한적으로 이해하려고 하는 굇츠(Götz)는 당연히 "개연적으로 어떠한 상황이 손해로 발전될 수 있다는 예측은 과학적 인식이나 경험적 지식에 의거하여 행해진다. 경험칙을 잘못 인정하여 사실관계의 위험성을 착오로 잘못 인정하는 것은 행정관청의 조치를 위법하게 만든다. 통제를 받지 않는 예측이나 판단여지(Beurteilungsspielraum)를 긍정할 수는 없다"고 이전 경찰법교과서에서 주장한 바 있다[ders., Allgemeines Polizei- und Ordnungsrecht, 11. Aufl., 1993, Rn. 132, S.73; 12. Aufl., 2001, Rn. 151, S.63]. 또한 Nierhaus, Michael, DVBl. 1977, 19, 25; Tettinger, Peter, J., DVBl. 1982, 421, 426 등 참조.

65) Hoffmann-Riem, a.a.O., S.331.

은 이를 초과하여 최근의 과학·기술의 수준까지 이용하여 위험방지조치가 필요한지를 결정하여야 한다고 한다.66) 이러한 관점은 일단 시간적 측면에 작용하는 비례원칙의 반영으로서 타당하다고 본다.

3. 객관설67)

(1) 프로이센고등행정재판소 시대의 지도방침으로서 경찰법의 객관적 성격

위와 같은 주관적 의미의 위험개념이 정립되기 이전에 독일의 경찰법학설 및 프로이센고등행정재판소의 판례는 경찰법의 객관적 성격을 들어 주관적인 확신(Überzeugung), 비난가능성으로서의 책임(Schuld) 또는 과실(Verschulden) 등이 고려되는 것을 부정하였다. 이러한 경향의 일환으로 프로이센고등행정재판소의 판례에 의하면 위험요건은 객관적으로 이해되어야 하며 사실상 존재하는 것으로 확인된 경우에만 개괄조항에 따른 경찰조치는 정당화된다고 하며, 단순한 위태로움만으로 만족될 수 없는 요건임을 계속 밝혀왔다.68) 그 결과 행정소송

66) Würtenberger, a.a.O., Rn. 190, S.446.

67) 객관적 위험 개념에 대해서는 Pieroth/Schlink/Kniesel, Polizei- und Ordnungsrecht, 8. Aufl., 2014, §4, Rn. 31 ff., S.69 ff.), Poscher[ders., a.a.O.(Gefahrenabwehr), S. 125 ff.], Schoch(der., Die "Gefahr" im Polizei- und Ordnungsrecht, Jura 2003, 472 ff.) 등과 아래의 Schwabe(ders., Fürmöglichhalten und irrige Annahme von Tatbestandsmerkmalen bei Eingriffsgesetzen, in: Gedächtnisschrift für Martens, 1987, S.419 ff.)가 있다. 그리고 굇츠(Götz)도 "객관적 위험개념이 위험예측의 근거로서 주어진 상황을 요구하는 위험의 개념정의에 적합하고 또한 경찰법의 자유법치국가적 전통에 부합된다. 더 나아가 외관상 위험과 위험의심 사례의 조치에서 객관적 시각은 위험이 아닌 상황과 위험의 불가결한 한계설정을 보장하며, 대부분 객관적 시각과 주관적 시각은 일치한다."라고 언급하면서 기본적으로 객관적 위험개념을 취하고 있다(Götz., Volkmar, Allgemeines Polizeirecht, **15. Aufl., 2013, Rn. 15-16, S.43**). 주관설과 객관설의 논쟁상황에 대해서는 Gromitsaris, Athanasios, Subjektierung oder Objektivierung, im Recht der Gefahrenabwehr?, DVBl. 2005, 535 ff.; Möstl, Markus, Die staatliche Garantie für die öffentliche Sicherheit und Ordnung, 2002, S.164 ff. 참고.

68) 이러한 태도는 일반경찰질서법상 위험요건이 수행하는 법치국가원리에 따른 개괄적 수권조항의 남용가능성에 대한 제한적 기능과 법원에 의한 사법적 통제의 대상기능에서 비롯된 것이라고 볼 수 있으며 그 취지는 분명히 타당하다. 이러한 의미에서 객관적 위험개념이 경찰법의 자유주의적·법치국가적 전통과 부합된다는 Götz, a.a.O., Rn. 16, S.43 참고.

으로 문제되었을 때 경찰행정관청에 의한 조치시 사실적인 것으로 간주되었던 위험요건이 사후에 현실적으로는 존재하지 않았음이 판명되면 문제된 처분이나 조치는 취소되어야 한다고 결정을 내려왔다.[69] 이러한 판례는 학설에도 그대로 반영되었다.

이러한 경찰법의 객관적 성격을 강조하여 위험판단을 위해 객관적으로 존재하는 사실만을 기준으로 삼은 것으로 갈탄코크스판결사례(Grudekoks-Fall)[70]가 가장 많이 인용된다. 프로이센재판소 시절의 유일한 표현위험에 관한 사례라고 하는[71] 동 사건에서 동 재판소는 "개괄조항에 의거할 때 위험방지를 위한 개입권한이 발생하기 위해서는 사실상 객관적 위험이 존재하여야 한다. 단지 위태로움 내지 위험성(Gefährdung)이 인정된다는 것으로는 불충분하다. 행정소송과정 중에 사실상 존재한다고 본 위험이 현실적으로는 존재하지 않았다는 것이 판명되면, 그 위험의 방지를 위하여 발령된 처분은 취소되어야 한다. … 취소될 경찰처분의 적법성판단시에 주관적 동기(subjektives Moment)를 고려하는 것은 법률상 허용되지 않으므로 배제된다"고 하였다.[72] 이 판결은 경찰법률에서 위험이라는 요건을 요구하고 있으므로 법률기속원칙에 기해 위험의 외관에 기초한 조치를 부정하는 것으로 보인다. 그리고 이러한 노선은 이후의 판례에서 계속 확인되었다.

(2) 연방통상법원(BGH)의 판례

동 법원에 의한 1954년의 판결은 앞서 본 1952년도의 판례와 반대방향을

69) PrOVG, PrVBl. 38, 360, 361; 77, 333, 338 등 참조.

70) PrOVG, PrVBl. 38, 360 f.(1915년 4월 30일자 판결). 이 사건은 한 행정기관장이 연기를 내뿜는 갈탄코크스가 당시 쓰여지지 않고 있는 한 창고에 반출되어 저장되어 있는 사실을 파악하였다. 그는 전화로 한 화재보험회사에게 갈탄코크스의 화재위험성에 관해 문의하였는바, 그 자체로 발화될 가능성을 배제할 수 없고 창고에서 제거하는 것이 현명할 것이라는 답변을 받았다. 동 기관장으로부터 권한을 위임받은 자가 동 창고소재 토지임차인에게 그것을 24시간 이내에 제거할 것을 명하였다. 그러나 행정심판절차에서 갈탄코크스는 자체로 점화되지 않고 화재의 위험성이 없음이 밝혀졌다. 따라서 재결청은 제거처분을 위법한 것으로서 취소하였다. 이 판결은 Götz에 의해서도 강조되고 있다. ders., a.a.O., Rn. 16, S.37, Fn.78 참고.

71) Poscher, Ralf, Gefahrenverdacht, NVwZ 2001, S.141, 143.

72) PrOVG, a.a.O., S.361.

취하고 있다. 이 판례에서는 위험의 의심사례에 관련된 원칙들은 잠정적 조치에 대해서만 효력을 가지고 전쟁잔해의 붕괴우려를 착오로 인정한 데서 비롯된 철거처분을 종국적 조치라고 하여 위법한 것으로 간주하였다. 이러한 의심사례를 1952년도 판결과 같이 개괄조항상의 위험이라고 보았다면 철거처분을 위법하다고 판단하지는 않았을 것이다. 따라서 위험의 의심 자체는 위험요건에 해당한다고 보고 있지 않은 것이다. 이러한 흐름이 이후에도 계속 확인된다.[73)]

(3) 쉬바베(Schwabe)의 객관설

1950-60년대 행해진 위험개념의 주관화를 보여주는 독일 연방통상법원과 연방행정법원의 판례를 비판적으로 검토한 최초의 학자는 울레(Ule)라고 한다. 그는 전적으로 프로이센고등행정재판소 시절의 갈탄코크스(Grudekoks)사건판결의 입장을 밑바탕으로 하여 사실상 존재하는 위험요건에서 이탈하는 프로이센고등행정재판소의 판결들(방화벽사건, 가구운반차압류사건 등)과 연방통상법원, 연방행정법원의 판례를 명시적으로 비난하였다고 한다.[74)]

표현위험과 위험의 의심을 승인하는 주관화 경향을 비판하는 학자로 쉬바베(Schwabe)가 있다. 이 개념들을 위험요건과 동일시하는 것은 "모든 언어적 사용법에 따른 의미와 합리적인 개념파악방법에 위반된다. 외관상 그럴 수도 있을 것이라는 것(Scheinbare)이 어떻게 현실(das Reale)이 될 수 있는지를 납득할 수 없다"고 한다.[75)] 만약 위험보다 쉽게 구성요건상 인정되는 개념을 인정하기 위해서는 입법자가 의회에서의 논의를 통해 정책적으로 결단을 내려 '의심' 구성요건을 별도로 형성하여야 한다고 한다(법률유보원칙).[76)] 그는 이후 마르텐스

---

73) BGHZ 17, 137, 139; 20, 112, 115; BGH, NJW 1962, 252 등 참조.

74) Ule/Rasch, Polizeirecht, 1965, §14 PrPVG Anm. 2. 이에 대해서는 Poscher, a.a.O., S.54에서의 평가를 참고한 것임.

75) Schwabe, 판례평석, in: DVBl. 1982, 655. 이에 대해서는 Götz도 동일한 견해를 보여준다. ders., a.a.O., Rn. 127, S.70.

76) Schwabe, a.a.O., S.657. 우리 감염병의 예방 및 관리에 관한 법률에서 전염병감염의 의심이 있는 자들에게 일정한 제약조치를 수권하는 조항들(동법 제46조 등)과 토양환경보전법 제5조 4항에 따라 토양오염실태조사에 따라 우려기준을 넘거나 그 밖의 토양오염사고 등으로 인하여 환경부장관 또는 시·도지사가 우려기준을 넘을 가능성이 크다고 인정하는 지역에 대하여 토양정밀조사를 받도록 명할 수 있다고 규정하는 동법 제15조 제1항이 그

의 죽음을 애도하는 한 헌정논문집에서 단순한 손해발생가능성의 간주(Fürmöglichhalten)와 구성요건징표의 착오에 의한(irrig) 인정 등이 개괄조항에 따른 제약조치를 정당화할 수 있는지에 관한 주제를 일반화하여 다루면서 경찰법에서 표현위험 개념은 부인되어야 한다고 주장하였다.[77)]

그는 위험이 주관적으로 해석되는 경향에 법치국가적 우려를 들어 반대하며, 굇츠(Götz) 등에 의해 주장되고 있는 위험의 의심이 존재하는 경우에 인정되는 위험존재확인조치(Gefahrerforschungseingriff)[78)]라는 것에도 일관되게 반대한다. 즉 제약조치를 위한 개괄적 수권조항이 인정된다고 하여 동시에 그 전제조건을 해명하는 제약조치를 위한 수권도 동시에 주어지는 것은 아니라고 한다. 만약 굇츠와 같이 최소한 잠정적 해명조치와 같은 것을 개괄조항에서 쉽게 그 근거를 찾아낼 수 있다고 한다면, 형사소송법상 수사목적을 위한 각종 제약조치를 위한 구성요건들은 광범위하게 불필요한 성문화작업이 될 것이라고 한다.[79)]

쉬바베는 위험방지법 자체를 엄격하게 객관적으로 이해할 것을 주장하면서 그로 인해 효과적인 위험방지라는 목적이 그리 크게 손상되지는 않을 것이라고 본다. 외관 및 의심상황에서 이루어진 경찰조치를 위법하게 평가한다고 하여 가끔 공무원에 대한 처벌가능성이 생기는 경우는 있지만 실제적으로는 중요성이 없다고 한다.[80)] 즉 일정한 조치가 종료되기 전에 항고소송의 대상으로 될 수 있다면 장래를 향하여(ex nunc) 취소될 것이며, 위법한 처분도 적법한 행정행위와 마찬가지로 무효가 아닌 한 공정력을 가지므로 그에 의해 복종

예가 될 것이다.

77) Schwabe, Jürgen, Fürmöglichhalten und irrige Annahme von Tatbestandsmerkmalen bei Eingriffsgesetzen, in: Gedächtnisschrift für Martens, 1987, S.419 ff. 또한 ders., Die Hausarbeiter zur Anscheinsgefahr und die Nöte des Studenten S, JuS 1996, S.988 ff.

78) 바로 이 점 때문에 굇츠를 순수한 객관설 학자라고 보기 어려워 아래 절충설 학자에 편입시킨 것이다. 위험 개념의 접근에 관해서는 굇츠도 위에서 보듯이 객관설 학자에 속한다.

79) Schwabe, a.a.O., S.419, 438. 우리나라 형사소송법 제200조의 2 제1항에 따라 체포요건으로서 체포영장을 발부하기 위해서는 피의자가 죄를 범하였다고 의심할 만한 상당한 이유가 있어야 한다는 규정을 예로 생각하면 될 것이다. 여기서의 혐의는 객관적 혐의 내지 의심으로 이해되며 그 정도는 무죄의 추정을 깨뜨릴 수 있을 정도의 유죄판결에 대한 고도의 개연성 내지 충분한 범죄혐의가 있어야 함을 요구한다고 한다(이재상, 『형사소송법』, 1998, 제5판, 216쪽 참조).

80) Schwabe, a.a.O., S.440.

이 요구될 수 있다고 한다. 이러한 처분의 집행은 강제집행법을 준수할 때에는 일단 적법하며 관련자의 이의는 받아들여지지 않을 것이기 때문이라고 한다. 집행행위의 적법성을 기본처분의 적법성에 구속시키는 연계원칙(Konnexitäts-grundsatz)과 같은 것은 설득력이 없기 때문이라고 한다. 결론적으로 국가의 착오에 대한 특권(Irrtumsprivileg)은 부적절하며 이는 입법자의 의사에도 합치되지 않을 것이라고 하고서, 표현위험이나 위험의 의심에 기초한 조치를 위법하다고 하여도 그러한 조치의 효력과 행정강제집행법을 통한 강제집행가능성으로 인해 위험방지작용의 효과성요청을 이유로 주관적 견해를 취하는 지배설과 그리 다른 결과가 되지 않을 것이라고 한다.[81] 쉬바베의 견해는 위험을 객관적으로 이해할 때 나타나는 결론을 탐색하였고 타당한 결론의 도출을 위해 위험요건을 상대화시키지 않았다는 점에서 흥미롭다.

4. 절충설

(1) 굇츠(Götz)의 견해

굇츠는 전술한 바 있는 표현위험에 관한 지배적 견해에 대하여 "위험개념의 주관화의 위험과 법치국가적 통제의 심각한 축소위험"이 내장되어 있다고 언급하면서 "위험개념의 (법치국가적 의미의) 제한기능과 법원의 (사후)통제기능은 계속 보장되어야만 하고 '주관적 위험개념'으로 바뀌어나가는 경향을 무제한적으로 받아들일 수는 없다"고 하면서 주관적 위험개념을 부인할 것을 외친 바 있다.[82] 즉 위험이란 손해발생으로 나아갈 개연성을 가지고 있는 상황을 말하는 것이지 미리부터 그러한 것으로 간주되는 상황이 아니라고 한다.

그는 자신의 견해를 프로이센고등행정재판소의 기본방침이었던 위험의 객관적 성격에 맞추고 있다. 위험의 의심은 위험과 구별되어야 하며 그래야 일반경찰질서법상 제약조치의 과도한 확장우려가 불식될 수 있다고 본다. 원칙적으

81) Schwabe, a.a.O., S.440. 그러나 2차적 차원에서 손해배상이 문제될지 손실보상이 문제될지에 대해서는 차이가 생길 것이다.

82) Götz, a.a.O.(11 Aufl., 1993), Rn. 127, S.69-70. 굇츠는 특히 연방행정법원 판례 중 앞의 각주에서 언급한 바 있는 이란의 왕("샤") 방문사건판결(Schahbesuch-Urteil)에서와 같이 연방내무청의 잘못된 정보제공만을 기초로 행해진 집회의 금지라는 자유박탈이 정당화되는 상황이 이러한 위험을 보여준다고 한다.

로 구체적 위험의 존재가 불확실한 경우 시민의 이익에 대한 아무런 제약 없이 사실관계해명이 가능하다면 이것은 경찰관청의 직무로서 큰 문제가 없이 행해질 수 있으며, 단 불확실한 상황의 해명을 위한 종국적 조치가 자유권과 재산권의 제약을 불가피하게 만든다면 일단 특별법에 근거가 있어야 한다고 본다.

그러나 위험의 의심 사안의 해명과 조사를 위한 잠정적 조치, 즉 수인의무를 내용으로 하는 잠정적 성격의 위험존재확인조치(Gefahrerforschungseingriff)[83] 만은 개괄적 수권조항에 근거하여 가능하다고 한다.[84] 좀 더 구체화하면, "위험으로 간주할 수도 있는 근거자료를 가지게 된 공무원은 일단 완전한 해명이 불가능하게 되면 가명령(假命令)을 발할 수 있다. … 일반질서법 또는 수법(水法)상 개괄조항의 적용 시 이러한 위험존재확인조치는 환경보호에서 그 역할이 강조되고 있다. 어떠한 토지로부터 오염위험이 야기될 것이라는 충분한 의심이 존재하는 경우 토지소유자는 사안해명조치(Untersuchungsmaßnahmen)(예, 시추작업)를 수인하여야 한다. 판례는 이러한 방향으로 나아가고 있고 행정관청이 토지소유자에게 잠정적인 확인조치, 시추, 측정 등을 직접 행하도록 요구하는 것도 정당한 조치로 간주하는 경향에 있다"고 했었다.[85]

(2) 로쉬(Losch)의 견해

로쉬는 앞서 본 주관설을 취하게 되면 탄력적으로 운용되는 장점이 있고 위험의 의심을 최소한도의 경찰위험으로 볼 수 있게 되는 장점이 있어 보이지만, 가장 근본적인 점에 문제가 있다고 본다. 즉 이러한 논거는 위험의 예측

83) Schoch, JuS 1994, 669 참고. 직접적으로 위험의 제거에 기여하는 것이 아니라 사안의 조사와 종국적인 위험방지조치를 위한 준비에 기여하는 잠정적 조치를 말한다고 한다(서정범, 『독일경찰법론』, 1998, 51쪽). 이것을 침해행정으로서 경찰법에 도입하고자 하는 대표적인 견해로 Losch, Bernhard, Zur Dogmatik der Gefahrenerforschungsmaßnahme, DVBl. 1994, 781 ff.; 이를 신중하게 다루고 있는 학자로는 Di Fabio, Udo, Vorläufiger Verwaltungsakt bei ungewissem Sachverhalt, DÖV 1991, 629 ff. 참조. 이러한 조치에 대하여 假행정행위의 한 유형으로 받아들이는 견해로 류지태/박종수, 『행정법신론』, 제15판, 2001, 190쪽 참조.

84) 굇츠(Götz)와 같이 잠정적 성격의 가행정행위라는 법형식으로 침해권능까지 긍정하는 대표적 학자로 Losch, a.a.O.(DVBl. 1994), S.781 ff.

85) Götz, a.a.O.(11 Aufl., 1993), Rn. 130, S.72. 그는 이러한 취지를 밝히는 판례로 OVG Saarl., NuR 1986, 216; OVG Münster, NVwZ 1985, 355; VGH Mannheim, DÖV 1991, 167 등을 인용하고 있다.

을 유연화함으로써 손해발생의 개연성과 단순한 가능성 사이 또는 위험과 리스크(Risiko) 사이를 구분해온 전통적인 실질적 경찰개념을 단념하게 되는 결과가 된다고 한다. 주관설과 같이 확장해서 이해하게 되면 이중적 개연성개념을 인정하게 되며 직무관할권과 경찰조치권능의 차이를 제거하게 된다고 한다. 결론적으로 수권근거의 한계를 과도하게 확장시키게 되며 사전배려조치(vorsorgliche Maßnahme)와 혼동하게 될 것이라고 한다.[86] 그러나 위험이 의심스러운 상황에서 일정한 조치를 내려야 할 필요성을 인정하면서 급부행정과 조세행정에서 도입된 잠정적 행정행위(일명 假행정행위)라는 법형식을 위험의 확인을 위한 조치에 적용하고자 한다.[87]

그러나 괴츠와 로쉬의 이러한 견해도 위험요건을 완전히 객관적으로 이해하는 데에서 비롯된 것이라고 말하기는 어렵다. 이 견해는 프로이센고등행정재판소의 판례들을 근거로 삼고 있는데 그 시절의 판례들은 잠정적 조치와 위험존재확인조치를 동일시하지 않았음을 간과하고 있다. 즉 잠정적인 것이 아닌 위험의 존재확인만을 목적으로 하는 조치를 위한 권한도 인정하고 있는 판례가 있다는 것을 보면 그것을 알 수 있다.[88] 또한 적어도 잠정적 위험존재확인조치를 위해서는 위험요건을 주관화하고 있다. 더 나아가 괴츠는 이러한 조치에 따라 부과되는 수인의무(Duldungspflicht)의 효과를 과소평가하고 있는데, 예를 들어 수질오염위험이 현실적으로 존재하는지가 아직 확인되지 않았지만 행정관청의 측정행위를 "수인"하기 위하여 공장운영자에 대하여 현저한 금전적 손실이 따르는 생산중단이 그 내용으로서 요구된다면, 수인의무부과는 결코 언제나 완화된 수단이 아님에 틀림없다.[89] 결론적으로 그의 논리대로 한다면 이러한 강화된 제약가능성을 가진 수인조치도 잠정적 성격을 가진다면 개괄조항에 근거하여 내려질 수 있게 되는데, 앞서 언급된 바 있는 종국적 조치를 위해서는 별도의 수권조항을 요구하는 그의 원래 취지와 모순된다.

---

86) Losch, a.a.O.(DVBl. 1994), S.781, 782.

87) Losch, a.a.O.(DVBl. 1994), S.781, 783.

88) PrOVGE 15, 423, 425; 43, 414, 415. 이에 대해서는 Poscher, a.a.O., S.61 참고.

89) Schenke, Wolf-Rüdiger/Ruthig, Josef, Rechtsscheinhaftung im Polizei- und Ordungsrecht? — Zur polizeirechtlichen Verantwortlichkeit des sog. Anscheinsstörers, VerwArch 87 (1996), 330, 346. 이와 유사한 사례에 대한 검토로 김남진, 고시연구, 2001, 95-96쪽 참조.

5. 불확실성에 개방적인 위험개념의 인정과 그에 따른 표현위험 · 위험의 의심 개념의 불필요성

(1) 주관적 위험개념에 대하여

위에서 살펴본 대로 개괄적 수권조항에서 요구되는 (구체적) 위험이라는 개념에 대해서는 계속 다투어지고 있다. 이는 위험개념 자체에 대해서라기보다는 표현위험(表見危險)이나 위험의 의심개념을 어떻게 경찰법체계 내에서 자리매김시킬 것인지에 대한 논쟁의 성격이 강하다. 사회가 점점 더 기술화되어 가면서 안전이 확보되어야 할 허용된 위험물들이 점점 증대하는 데 비례하여 손해발생의 위협정도도 높아지며 이에 따라 개별시민에 대한 국가의 예방적 개입의 정당성은 점점 더 커지게 될 것이다. 이것은 위험이 존재하는지 불확실한 영역에 있어서도 경찰질서법적 보호조치의 발동시점을 점점 더 앞당기게 되는 계기가 되었으며,[90] 그 근거는 효과적인 법익보호 즉 합목적성원리가 된다. 이러한 논리에 따라 표현위험이나 위험의 의심 등의 개념이 경찰법적 개념으로 승인되었던 것이다. 고도산업사회의 모습을 보여주기 시작한 1970-80년대에 이러한 개념들이 체계화되기 시작하였다는 것은 놀라운 일이 아니다. 그러나 위험으로부터 공공의 안전보호를 지향하는 주관적 위험개념의 배경인 효과성원칙과, 항상 긴장상태에 있는 위치에 있으며 제약조치의 상대방으로서 방어자의 입장에 있게 되는 자의 이익을 지향하는 행정의 법률적합성 내지 법률유보원칙이 동시에 고려되어야 한다. 결론적으로 위험개념은 양 측면이 조화되도록 이해되어야 하며, 따라서 위험은 경찰과 보호법익, 방어이익 간의 3각관계에서 가치형량에 따라 결정되어야 한다.

일단 (구체적) 위험개념은 "어떠한 사건이 아무런 장애를 받음이 없이 진행되면 어떠한 행위나 상태가 공공의 안녕 또는 질서라는 보호이익에 대하여 손해를 일으킬 것이 적절한 능력과 분별력, 전문성을 갖춘 이상적 의미의 평균적 공무원의 사전적 관점에서 볼 때 가까운 장래에 충분히 개연적인 상태"라는 전술된 호프만 리엠(Hoffmann-Riem)과 마르텐스(Martens)의 견해에 일단 찬성한다. 즉 법관이 사후에 사법적 통제를 가하는 시점이 아니라 경찰공무원이

---

90) Kokott, Juliane, Die dogmatische Einordnung der "Störer" und "Anscheinsstörer" in einer zunehmend technisierten Gesellschaft, DVBl. 1992, 749.

일정한 조치를 결정하는 시점에 갖게 되는 사전적 관점이 척도가 되며 그것을 판단하는 자에 대한 기준은 평균적 의미의 공무원이며(소위 규범적-주관적 위험개념), 마지막으로 충분한 개연성이라는 것이 핵심요소로 부각된다.

이러한 위험개념은 이미 진단과 예측에 관한 불확실성을 내포한다. 이러한 불확실성상황은 효과적인 위험방지에 기여하게 되는 개연성이라는 징표에 의해 해결된다. 물론 개연성판단은 보호법익이 처한 상황과 방어이익에 대하여 미치는 효과의 강도 등에 따라 일률적으로 말할 수 없는 가변성을 갖는다. 이에 대하여 호프만 리엠이 각 사례마다 요구되는 개연성정도를 언어로 묘사하는 시도는 실패해 왔다고 하면서, "그때그때마다의 고정점이 개별적인 법적용과정 안에서만 결정될 수 있는 유동적 눈금(gleitende Skala)"으로 보여질 뿐이라고 하여 탄력적으로 이해되어야 함을 강조한다.[91]

즉 개연성이란 단순한 가능성으로 만족될 수도 없는 것이며 또한 100%의 확실성(Gewißheit)을 의미하는 개념도 아니다.[92] 주지하는 바와 같이 중요한 판단방법은 사례마다 관련되는 보호법익의 종류와 보호가치(Schutzwerte) 및 그에 대한 위협의 강도로서 법익의 서열이 높아질수록, 법익이 더 강하게 위협될수록 요구되는 손해발생의 개연성정도는 낮아진다. 비례원칙을 근거로 하는 이러한 결론을 뒤집으면, 미래에 발생이 우려되는 손해의 결과가 가지는 심각성이 떨어질수록 요구되는 개연성정도는 높아진다는 것이 된다.[93]

법익보호의 효과성원리와 국가의 기본권보호의무사상[94] 및 개괄적 수권조항의 위험요건판단 시 개연성결정에 대하여 고려되는 비례원칙관점에 근거하여 위험개념의 상대화를 긍정함으로써 결과적으로 불확실성에 개방적인 위험개념을 취한다면, 일단 그 동안 독일경찰법학에서 사용되어온 위험의 주관화 내지 주관적 위험개념이라는 용어의 사용은 중단되어야 한다. 현실적으로 사후에 확인된 손해발생가능성이 아니라 공무원의 주관적 확신이 기준이 된다는

---

91) Hoffmann-Riem, a.a.O., S.333.

92) Martens, in: Drews/Wacke/Vogel/Martens, a.a.O.(Gefahrenabwehr), S.223.

93) Würtenberger, a.a.O., Rn. 191, S.447. 위험판단에 대하여 헌법적 관점의 보호가치이론(Schutzwerte-Theorie)이 발전되어 왔다는 것과 위험의 르네상스 도래를 지적하는 견해로 Leisner, Anna, Die polizeiliche Gefahr zwischen Eintrittswahrscheinlichkeit und Schadenshöhe, DÖV 2002, S.326.

94) Martens, in: Drews/Wacke/Vogel/Martens, a.a.O.(Gefahrenabwehr), S.224.

점에서 위험의 주관적 성격을 언급하여 왔으나, 순수하게 주관적인 예측이 아니라 경험칙에 기한 위험요건판단의 동기가 되는 일정한 근거자료(Anhaltspunkte)가 요구된다는 점과 이상적 능력을 갖춘 평균적 공무원을 기준으로 삼는다는 점 및 민·형사소송법에서 인과관계 등 실체법적 요건을 판단하는 법관의 주관적 확신을 요한다고 하여 동 요건들을 주관적 요건이라고 하지 않는다는 점 등을 들어 행정청의 모든 주관적 판단이 위험의 존재를 긍정함에 충분한 것으로 오해될 소지가 있는 "주관적 위험개념"이라는 용어의 사용은 적절하지 않다.[95]

(2) 표현위험에 대하여

이렇게 이해되는 불확실성에 개방적인 위험개념은 결국 표현위험(表見危險)과 오상위험(誤想危險, Putativgefahr oder Scheingefahr)이라는 도그마틱적 개념을 불필요하게 만든다. 위험개념 자체가 이미 불확실성을 특징으로 하기 때문이다. 실체법상 위험개념을 위하여 중요한 작용을 하는 개연성판단은 행해지든지 아니면 행해질 수 없든지 양자택일적 성격을 갖기 때문에 역시 위험도 존재하든지 아니면 존재하지 않는 것이다. 따라서 경찰공무원이 개입시점에서 합리적으로 판단하여 —즉 이상적 능력을 갖추고 있는 평균적 의미의 공무원의 판단에 따를 때에도— 위험의 존재를 확신할 수 있었던 경우에 실제로는 손해의 발생염려가 없었다는 점이 사후에 판명된 경우인 표현위험은 진정한 구체적 위험일 뿐이며, 순수하게 주관적으로만 위험존재를 잘못 판단한 오상위험은 구체적 위험이 아니며 이에 기초한 조치는 위법하다.[96] 표현위험 상황에서 의무적합적으로 조치를 내린 경찰공무원에게는 절차법상, 직무법상 아무런 비난이 가해질 수도 없다.

특히 표현위험 개념은 위험관련사실에 대하여 담당 공무원에게 비난할 수 없는 착오(Irrtum)가 있었을 때 이러한 착오는 —비례원칙 등에 따른 경찰권발동의 한계일탈이 없다면— 일단 효과성요청이 강조되는 사전적 관점에서 개연성에 관한 주관적 확신에 기해 내려진 경찰조치의 적법성에 영향을 끼치지 않

95) 결론적으로 同旨의 문헌으로 Schenke, a.a.O.(3 Aufl., 2004), Rn. 82, S.43("주관적 위험개념은 존재하지 않는다").

96) Schenke, a.a.O., Rn. 81-82, S.42-43.

는다는 것과 사실관계의 종료 후 비용상환청구권이나 손실보상 내지 손해배상청구권이 문제되는 단계에서는 공평에 기한 사후적 관점으로 조정된다는 결과를 도출하기 위하여 만들어진 개념이다. 이것은 개괄적 수권조항상의 위험요건과 관련된 한 유형이라기보다는, 위험의 존재는 분명하지만 경찰책임자가 불확실한 경우까지 포함하는 표현책임자(Anscheinsstörer)문제와 밀접불가분한 개념이다.[97]

그리고 외관법리를 언급할 때 독일이나 우리나라 문헌[98]에서 착오라는 용어를 많이 사용하여 꼭 국가기관의 위험진단이나 예측상의 착오가 있을 때 효과성이나 합목적성에 근거하여 특권(Irrtumsprivileg)을 누리는 듯한 논리로 진행되는데 이는 문제가 있다. 즉 위험의 외관을 드러내는 동기가 존재하여 조치를 취하는 경찰공무원은 자신의 의사와 표시가 불일치한다는 것을 모르는 착오자가 아니다. 단지 의사를 형성하는 동인(動因)이 되는 외부에 드러나지 않은 동기를 불가피하게 고려하지 못하였을 뿐이다(소위 동기의 착오). 구체적 타당성을 강조하는 민법영역의 다수설에 따를 때에도 이러한 경우에는 거래의 안전이 중시되어 착오가 아니며 단지 동기의 착오가 존재할 뿐이고 의사표시의 내용으로 포함되어 있지 않으면 법률행위의 효력에 영향을 주지 않으며,[99] 형법에 있어서 구성요건사실의 착오나 위법성조각사유의 전제사실에 관한 착오에 있어서도 동기의 착오에 지나지 않는 것은 법률상 의미를 가지지 않으며 고의를 조각하지도 않는다고 한다.[100] 물론 민법과 형법의 상황은 경찰법의 외관상황과는 거리가 있으나 일단 중요한 것은 단지 동기의 착오에 불과한 경우에는 법률관계에 큰 영향을 줄 수 없다는 점이다.

따라서 경찰법상 표현위험상황이 확인절차를 거쳐 손해의 개연성이 없는 것이 판명되면 주의의무 위반 없이 사전적 관점에서 내려진 조치는 일단 적법하고 착오에 기한 소급적 취소권과 국가배상문제는 발생하지 않으나, 장래를 향해서는 위험요건의 탈락으로 인하여 지속적인 효력을 갖는 재량적 경찰질서

97) 표현책임자 내지 외관상 책임자개념에 대해서는 졸고, 앞의 각주 10의 논문, 149쪽 아래; Schenke/Ruthig, a.a.O., 330 ff.; Kokott, a.a.O., 749 ff. 참조.

98) 박정훈, "사권보호를 위한 경찰권발동의 연구 —경찰공공의 원칙에 대한 비판적 검토—," 치안연구소 연구보고서 2001-05, 37-38쪽.

99) 곽윤직, 『민법총칙』, 413-414쪽.

100) 이재상, 『형법총론』, 제4판, 2001, 169쪽, 229쪽.

처분은 철회되어야 할 것이며 손실보상과 비용상환의 문제가 발생할 것이다. 따라서 효과성요청과 사전적 관점이 지배하는 경찰권발동의 시점(경찰권발동의 제1차적 차원)과 공평부담배분요청과 이익조정을 위한 사후적 관점이 지배하는 시점(2차적 차원)은 분리취급되어야 한다.[101]

(3) 위험의 의심에 대하여

불확실성에 개방적인 위험개념을 따르게 되면 위험의 의심과 위험존재확인조치라는 개념들이 가지는 문제도 해결될 수 있다. 일반적으로 사전적 관점에서 위험이 존재한다고 판단할 정보나 근거자료를 갖고 있어서 주관적으로는 개연적으로 간주하고 있기는 하지만, 그것이 불충분하여 따라서 위험이 존재하지 않을 수도 있다는 것을 경찰공무원이 알고 있는 경우를 위험의 의심이라고 한다.[102] 이러한 위험의 의심상황은 세 가지 개념징표를 가진다. 즉 ① 담당 공무원에게 일반행정절차법상 요구되는 정도의 위험에 관한 확신이 결여되어 있다는 점, ② 그 공무원은 위험과 손해발생에 대하여 주관적으로는 개연성을 가지고 있다고 간주하고 있다는 점, ③ 그는 현재 어떠한 조치를 취하여야 하는 시간적 압박상태에 빠져 있다는 점을 특징으로 한다.[103]

원칙적으로 부담적 조치를 명하기 위해서는 독일의 일반행정절차법과 해석론을 참고한다면 공무원은 주관적으로 수권규범의 사실요건의 존재에 관해 확실성에 근접한 개연성(an Sicherheit grenzende Wahrscheinlichkeit)에 대하여 확신하고 있어야 하며 또 그것으로 족하다(증거평가자유의 원칙).[104] 그러나 경찰공무원은 절차법상 일반적으로 요구되는 이러한 확신을 얻을 때까지 기다릴 여유를 가질 수 없으며 불행한 미래가 다가오기 전에 무엇이든지 해야 한다. 이

---

101) 이러한 결론이 실제적 조화적 해결방법이라는 것에 대해서는 이기춘, 위의 박사학위논문, 308쪽 아래(특히 312쪽 아래) 참조.

102) Drews/Wacke/Vogel/Martens, a.a.O.(Gefahrenabwehr), S.226; Schenke, 앞의 각주 17, Rn. 59, S.203.

103) Poscher, Ralf, Gefahrenverdacht, NVwZ 2001, 141, 142.

104) BVerwG, NJW 1982, 1893 ("Grad mit an Sicherheit grenzender Wahr- scheinlichkeit"). 행정절차에 있어서 법적 전제조건으로서 자유심증주의 내지 증거평가자유원칙에 따르는 확신(Überzeugung)에 대해서는 Stelkens/Kallerhoff, in: Stelkens/Bonk/ Sachs, VwVfG, 5. Aufl., 1998, Rn. 20, S.549; Kopp/Ramsauer, VwVfG, 7. Aufl., 2000, Rn. 23, S.403 참조. 이들 문헌에서 이러한 원칙은 행정절차법에도 규정이 없으나 자명한 것으로 인정된다고 한다.

는 시간적 압박이라는 상황구속적 성격을 가지고 있는 위험방지법의 생래적 속성이다.[105] 조세행정 등과 같은 다른 영역에 있어서 사안의 완전한 해명은 보통 행정목적과 충돌하지 않지만 위험의 의심사례에 있어서 사안의 해명은 위험방지목적의 달성을 방해할 수 있다. 의심이 근거 있는 것인지가 밝혀지는 단계까지 기다리게 되면 경찰이 자신의 지식을 충분히 활용하기도 전에 이미 손해는 발생할 것이다.

위험의 의심이 존재하는 경우 만약 일반행정절차법에서 요구되는 정도의 확신을 요구한다면 분명 개괄조항에 따른 개입은 허용되지 않을 것이다. 그러나 이러한 결론은 분명 경찰에게 근본적으로 요청되는 효과적 법익보호명령과 모순된다.[106] 위험의 의심은 사후에 손해발생가능성이 없었다는 것으로 판명될 수도 있지만 위험이 존재하고 있는 것으로 확인될 수도 있는 것이다. 이럴 때 공무원이 아무런 행위능력을 갖고 있지 못하다면 위험이 도사리고 있을 모든 사례에서 위험방지목적은 달성될 수 없을 것이다. 위험의 의심은 항상 일어나는 일도 아니지만 그러나 결코 예외적 현상이 아니라 경찰의 일상적인 직무와 관련됨을 고려하여야 한다. 즉 위험의 의심문제는 일반적으로 요구되는 확신과 위험방지법의 위험방지목적 사이의 긴장관계 내에서 조화적으로 해결되어야 한다.

따라서 위험의 의심과 사실관계조사의 문제는 우선 절차법적 시각으로 보완하여 해결되어야 한다는 일부학자의 견해가 주목된다.[107] 위험의 의심은 사실관계해명의 어려움을 표현하는 것인데, 독일행정절차법에서 사실관계해명은 실체법이 아니라 절차법측면에서 개입관청의 의무로 규율되고 있다(동법 제24조 1항). 그러나 위험의 의심사례에서 위험방지기관에게는 행정절차법에서 요구하는 확실성에 근접한 고도의 개연성에 대한 확신 내지 합리적 의심 없는 증명을 요구할 수 없다. 시간이 허락하는 대로 보유하고 있는 인식원천을 모두 활

105) Ossenbühl, a.a.O.(DÖV 1976), 463, 466.

106) Stelkens/Bonk/Sachs, VwVfG, Rn. 21, S.549. 여기서 각각 법영역에서 어떠한 개연성척도를 전제조건으로 요구하게 되는지는 독일행정절차법 제24조와 증거평가자유원칙에 의하여 해결되지 않고, 특히 위험의 의심사례에서 경찰질서법상 위험(Gefahr)의 인정을 위한 개연성 척도는 전적으로 동 법영역의 특수성을 고려하여 도출되어야 한다고 주장된다.

107) Poscher, a.a.O., S.151 ff. 이 문헌의 존재를 시사하고 있는 학자로 김남진, 고시연구, 2001. 9, 89쪽.

용하였는데도 불구하고 완전한 확신에 다다르지 못하더라도 필요한 조치를 취할 수 있도록 허용되어야 한다. 즉 앞에서 본 호프만 리엠의 언급대로 입증정도가 완화 내지 감축(Beweismaßreduktion)되어야 한다.108) 이러한 상황은 독일의 민사소송법과 행정법원법상 가구제(假救濟, vorläufiger Rechtsschutz) 상황과 부합되며,109) 이러한 잠정적 권리구제를 위하여 독일의 행정법원법에 의하여 준용되는 독일민사소송법 제294조는 소명(疏明, Glaubhaftmachung)만을 요구하고 있으며, 이는 우리나라에서도 다르지 않다(예, 민사집행법 제279조 2항).110)

그러나 위험의 의심사례에서 위험방지관청에게 입증정도가 감축된다는 것을 승인하기 위해서는 두 가지의 문제가 해결되어야 하는데, 하나는 독일의 일반행정절차법에서 벗어나는 근거를 설명하여야 한다는 것과 두 번째는 법률유보원칙과 부딪쳐서 정당화되어야 한다는 점이다. 이에 대해서는 일반행정절차법이나 소송법에서 확실성에 근접한 개연성을 요구하고 있다고 하더라도 실체법의 규율에 의해 수정될 수 있으며 오히려 경찰법상 위험의 인정을 위한 개연성정도, 예측, 리스크판단 등은 실체법에 의하여 결정될 문제라고 한다.111) 따라서 입증정도의 감축을 위해서는 명시적인 절차법적 규율을 요하지 않고 또한 독일 행정절차법도 명시적으로 요구되는 입증의 정도를 규정해놓고 있지 않다. 이것은 위험방지에 관한 실체법의 해석으로 결정될 것이다. 따라서 앞에서 논의한 위험방지목적에 의하여 인정되는 상황구속적 성격과 구 전염병예방법(현 감염병예방 및 관리에 관한 법률)이나 토양환경보전법상 위험의 의심이

108) 호프만 리엠은 절차법상 입증정도의 감축과 위험개념의 실체법적 주관화를 동일시하였기 때문에 절차법측면을 부각시키지 않았을 뿐이다. 또한 그는 일응의 입증(prima-facie-Beweis) 내지 표현증명(Anscheinsbeweis)과의 유사성이 발견된다고 하지만 민사소송법적 경험법칙개념의 확인곤란을 들어 구별하고 있다[ders., a.a.O., 333]. 이것은 오히려 후술하는 바와 같이 우리 판례가 취하는 인과관계입증에 관한 개연성설과 오히려 궤를 같이하는 것이라고 볼 수 있다(호문혁, 『민사소송법』, 416쪽 참고).

109) Poscher, NVwZ 2001, 141, 144. 독일민사소송법(ZPO) 제920조 2항, 행정법원법(VwGO) 제123조 3항 참고.

110) 당사자가 주장하는 사실에 대해서 법관에게 일응 진실한 것으로 추측케 하는 것 또는 그렇게 하기 위하여 당사자가 증거를 제출하는 것을 말하며, 소명은 법관에게 가벼운 정도의 심증을 얻게 하는 간단한 것이기 때문에 소송절차상의 지엽적인 사항(예: 민사소송법 제73조 1항, 민사집행법 제46조 2항) 및 신속한 심리가 요망되는 경우(예: 민사집행법 제279조 2항)에 허용되는 것이라고 한다.

111) Stelkens/Bonks/Sachs, VwVfG, 5. Aufl, 1998, Rn. 21, S.549.

라는 구성요건을 우리 입법자가 두고 있는 태도가 이에 대한 해답이 될 것이라고 본다.

그리고 우리나라 대법원 판례에서도 '개연성이론'이라고 하여 공해소송에서 가해자의 가해행위, 인과관계 또는 고의 · 과실의 입증곤란을 구제하는 방법을 강구하고 있다.[112] 사후에 신중한 판단을 내릴 수 있는 여유가 보장되어 있는 소송법에서도 일부요건에 관해 이렇게 고도의 개연성을 요구하지 않고 상당한 정도의 개연성을 밝히면 입증된 것으로 해석함으로써, 공해물질배출기업에게는 간접반증이라는 불리한 부담을 주는 결과가 됨에도 불구하고 별도의 근거 없이 필요한 개연성정도를 축소시키고 있다.[113] 또한 독일경찰법의 역사적 측면을 보더라도 생명, 신체 등 중대한 법익이 위협에 처함이 개연적이라고 간주하지만 확신을 하지 못하는 위험의 의심사례에 대하여 그에 따른 조치의 유형이나 정도에 차이가 있을지 몰라도 일정한 개입조치가 허용된다는 것에 대하여 프로이센고등행정재판소 이래로 다투어진 사례도 없으며, 각 위험방지법에서 입증정도의 감축을 배제하는 규정도 찾아보기 힘들다.

따라서 각각의 상황에 따른 입증정도의 감축은 경찰의 사전적 관점에 기초하여 보호되어야 할 법익과 위험으로 인정하여 조치를 내리게 될 때 초래되는 침해의 정도와 시간적 요소를 모두 가치형량하여 결정되므로 이는 유동적인 성격을 가지며, 이것은 비례원칙에 따른 헌법적 명령이다.[114] 그리고 경찰공무원이 불확실함을 알고 있는지 여부는 중요하지 않다. 이것이 실제 입증될 수 있는 것인지는 별론으로 하고, 모든 위험존재의 판단에는 불확실성에 개방적인 개연성판단이 행해지고 입증된 것의 불확실성정도에 차이가 있을 뿐이기 때문이다. 사전적 관점에서 보유하고 있는 정보와 근거자료에 입각하여 인식될 수 있는 사정과 위험방지법에 특유한 입증정도의 감축에 따라 위험은 존재하든지 아니면 존재하지 않든지 양자택일적으로 결정될 것이므로, 위험의 의심이란 개념은 일부 위험상황을 묘사하는 표현일 뿐이며 이렇게 막연한 개념으로 얻어지는 것은 전혀 없다. 독일이나 우리 문헌에서 고도의 개연성이 아

---

112) 개연성이론에 대해서는 호문혁, 『민사소송법』, 417쪽 참조.

113) 합리성과 객관성을 잃지 않는 범위 내에서의 상당한 개연성을 요구하는 것으로 대판 1987. 3. 10, 86다카331 참조.

114) Martens, in: Drews/Wacke/Vogel/Martens, a.a.O.(Gefahrenabwehr), S.224.

니라 "충분한" 개연성을 말하고 있는 것이 이러한 이유 때문이다.

(4) 위험존재확인조치[115]에 대하여

결국 위험의 의심이라는 용어로 언급되는 많은 사례는 위험사례가 될 것이다. 즉 독일에서 위험의 의심으로 논의되는 대부분의 사례가 환경보호영역과 같이 고차원의 법익에 대한 위험의 존재가 인정될 충분한 개연성이 있는 경우이기 때문이다.[116] 위험의 의심이라는 개념을 사용하는 것은 특별한 사례유형을 특징적으로 묘사하는 것에 기여할 뿐이다.[117] 따라서 구체적 위험이 존재하게 되면 개괄적 수권조항에 기초한 필요한 제약조치가 취해질 수 있다.

독일행정절차법 제24조 1항의 직권탐지주의(Untersuchtungsgrundsatz)에 따라 사안해명의무를 가지는 위험방지관청의 해명이 실패함으로써 위험의 존재에 관하여 계속 불확실함을 가지는 사례가 있는 경우 사안이 명확해질 때까지 수인의무를 내용으로 하는 잠정적 성격의 행정행위 내지 일명 가(假)행정행위로서 위험존재확인조치에 그쳐야 한다는 견해[118]에는 따를 수 없다. 구체적 위험으로 인정될 수 있는 사례이면 과잉금지원칙에 반하지 않는 한 종국적 조치도 행해질 수 있는 것이고,[119] 위험의 의심사례에서 위험의 존재를 긍정할 수

115) 이를 "위험여부의 확인조치"라고 부르는 최근 문헌으로 김성태, "위험에 대한 의심과 위험여부의 확인," 행정법연구, 앞의 논문, 159쪽 참조.

116) 최근 소위 오염부지(Altlasten) 사례에서 주로 문제되고 있음을 보면 알 수 있다. 환경법상 위험의 외관과 혐의상황에 대하여 가장 대표적 문헌으로 Breuer, Rüdiger, Umweltschutz und Gefahrenabwehr bei Anscheins- und Verdachtslage, in: GS für Martens, 1987, S.316 ff.

117) Schink, DVBl. 1989, 1182.

118) 프로이센고등행정재판소의 판례와 Götz, a.a.O.(11. Aufl., 1993), Rn. 128 ff., S.70 ff. 참조.

119) 이는 호프만 리엠이나 마르텐스 모두 인정하고 있는 바이다. Hoffmann-Riem, a.a.O., S.335; Martens, in: Drews/Wacke/Vogel/Martens, a.a.O.(Gefahrenabwehr), S.227. 특히 호프만 리엠은 여기서 프로이센고등행정재판소(PrOVG 77, 333, 338)와 연방통상법원(BGH, DVBl. 1954, 813)에 의한 지배적 견해와 달리, "과잉금지원칙은 사안해명조치나 잠정적 확인조치에 제한할 것을 강요하지 않는다. 만약 종국적 조치만이 적합하고 필요한 것으로 입증되고 상당성까지도 긍정된다면 허용된다. 예컨대 식수취급지역 안에서 기름이 탱크로부터 유출된다면 오염된 토양의 제거만이 식수의 깨끗함을 유지하는 데 적합한 조치가 될 경우가 많을 것이다. 이러한 조치는 필요성이 인정되고 위협받고 있는 법익의 고가치서열을 고려할 때 상당성원칙에도 반하지 않는다. 또한 유조차 하나가 전복되어 있는데 경찰이 전복된 지역이 식수취급지역인지를 모르고 있다고 하더라도 앞의 상황과 마찬가지 방식으

있는 상당하게 감축된 개연성조차 충분치 않은 때 즉 경험칙에 따른 합리적 판단에 따를 때 행정청의 인식이 아직 위험이 존재하는 것을 긍정하는 것까지 정당화하지 못하는 경우에는 법률유보원칙상 특별한 법적 근거가 없는 한[120] 수인의무부과에 불과하다고 하여도 개괄적 수권조항에 따른 조치는 위법하다.[121] 사실관계를 해명하여 그것이 법요건에 포섭되는지를 확인할 의무는 위험방지관청에게 있기 때문이다. 독일행정절차법 제26조에서 말하는 단지 책무(Obliegenheit)의 성격을 갖는 협력의무라는 것을 그 근거로 들 수도 없다. 또한 관습법을 근거로 인정하는 견해[122]는 개괄조항이 권리를 제약하는 조치의 근거로 적용되기 위해서는 구체적 위험이 존재할 것을 요구하는 점을 무시하고 있는 것이다.[123] 따라서 사안이 위험으로 해명되지 않는 부담(해명비용 포함)은 위험방지관청이 져야 하는 것이지 시민이 부담할 수는 없다.

즉 급부·조세행정영역에서나 법률유보 없이 인정된다고 하는 잠정적 행정행위 내지 가행정행위[124]라는 개념은 대표적 침해행정영역인 위험방지법에서는 별 도움이 되지 않는다. 즉 위험존재확인조치는 단지 높은 불확실정도를 가지고 있는 중대한 법익에 생긴 특별한 위험상황에 대한 대처방법을 묘사한 것에 불과하다. 따라서 입증정도가 감축된 상태에서 관찰할 때 구체적 위험이 인정되는 경우에 "그 이상"의 위험이 존재하는지 확인에 대한 잠정적 협력을 요구하는 조치는 잠정성의 시간범위 안에서는 개괄조항에 따른 최선의 종국적 위험방지조치이고[125] 완화된 유형의 조치 중 하나일 뿐이며, 위험요건과는 무

로 토양은 제거되어야 한다. (위험의 혐의를 포함하는) 표현위험은 '통상적' 경찰위험과 비교할 때 이질적(aliud)인 것도 아니고 완화된 것(minus)도 아니라는 인식의 논리적 결론이다"라고 예를 들어 설명하고 있다.

120) Schink, VerwArch 82 (1991), S.367 참고.

121) Schenke, a.a.O., Rn. 88-89, S.47-48.

122) Kickartz, Ermittlungsmaßnahmen zur Gefahrenerforschung und einstweilige polizeiliche Anordnungen, 1984, S.253 ff.(Schenke, a.a.O., Rn. 88, S.47 Fn. 144에서 참고하였음).

123) Schenke, a.a.O., Rn. 88, S.47.

124) '가행정행위'에 대해서는 김남진, 『행정법의 기본문제』, 305쪽; 동인, 『행정법II』, 218쪽; 정하중, 『행정법총론』, 2003, 204-205쪽; 류지태/박종수, 『행정법신론』, 제15판, 2011, 189쪽(특히 190쪽); 홍준형, 『행정법』, 제1판, 2011, 163-164쪽 참조. 또한 Maurer, Hartmut, Allgemeines Verwaltungsrecht, 17. Aufl., 2009, § 9, Rn. 63b, S.230-232 참조.

125) 가행정행위에 대하여 잠정적 시간범위 내에서는 역시 종국적이고 최종적인 규율을 하는 행정행위라고 하여 특별하게 취급될 것을 반대하는 견해로 류지태/박종수, 『행정법신론』,

관한 경찰책임과 과잉금지원칙 특히 상당성원칙이 고려되는 법효과측면에서 논의되어야 할 문제일 뿐이다.

Ⅳ. 결 론

현행법과 같은 사스 내지 코로나바이러스 등 신종감염병 의심자에 대한 격리조치를 위한 근거규정이 마련되기 전에 1군 전염병에 '준'하여 동 조치를 취하고자 한다는 것이 동 바이러스가 문제되었을 때 국립보건원의 의견이었다. 이와 같은 경우 개괄적 수권조항의 존재를 부인하는 입장에서 법률유보원칙을 순수하게 따른다면 이러한 조치는 위법한 것이 된다. 개괄적 수권조항의 필요성과 그 존재를 긍정하고자 하는 논의가 활성화되고 있는 현 시점에서 이러한 현대적 상황이 고려되어야 할 것이며, 이와 동시에 핵심요건인 경찰위험에 관한 검토가 병행되어야 한다.

위험을 사후에 확인되는 결과를 고려하여 객관적으로 이해하고자 하는 견해는 수명자의 권리보호를 위하여 개괄적 수권조항의 남용가능성을 법치국가적 관점에서 통제하려는 것으로 보이나, 법발견과 적용의 임무는 법관들에게만 있는 것이 아니라 시간적 압박상태에서 효과적인 법익보호를 지향하여야 하는 경찰질서기관에게도 있는 것이다. 이들에게 기준이 되는 위험의 한계수위(Gefahrenschwelle)를 낮추는 작업은 더 이상 미루어져서는 아니 된다. 따라서 현재의 지배설대로 위험요건의 충족을 위해 요구되는 개연성정도를 낮추고 이를 근거 있는 것으로 본다면, 표현위험 내지 외관상 위험이라는 개념은 더 이상 법적인 결론을 특별하게 도출하는 것이 되지 않으며, 위험의 의심이라는 것도 사실관계에서 나타나는 보호법익의 유형과 그에 미치는 정도 및 위험을 인정하게 되었을 때 파급되는 효과 등을 모두 고려하여 위험으로 인정되든지 아니면 위험이 아니게 될 것이다. 따라서 경찰권발동의 시점에 합리적으로 평가하여 위험으로 인정될 수 있으면, 사후에 손해발생개연성이 없었다는 것이 판명된다고 하여 그에 따른 조치가 위법한 것으로 판단되어서는 아니 된다.

第15판, 2011, 191쪽.

그러나 마지막으로 지적하고 싶은 것은 공공의 안전을 위해 도움이 되는 것은 소 잃고 외양간 고치는 격의 사후판단이 아니라 위험의 핵심요건인 담당 공무원의 개연성판단의 기초가 되는 경험칙(Erfahrungssätze)의 올바른 형성이다. 증거조사를 포함하여 시간적 여유를 가지고 또 여러 사건에서 얻어진 지식들을 경험칙으로 이용할 수 있는 법관들에 비해 경찰공무원들은 신속하게 경험칙을 확인하여 위험판단에 적용하여야 하는 기술을 습득하여야 할 필요가 있다. 국가는 예비적으로 축적된 경험적 지식을 경찰교육을 통해 항상 최신의 수준으로 유지시킬 임무를 가지고 있다. 경찰공무원이 비과학적이며 주관적인 일상적 지식을 근거로 하거나 본능에 의존하여 개연성을 추측하여 경찰조치를 하는 것은 위법하다. 우리 경찰질서관청의 공무원들에 대한 개괄적 수권조항과 절차법적 측면에 관한 지식습득과 함께 과학적인 경험적 지식의 체계화가 동시에 이루어져야 할 것이다. 미래의 안전을 위해서이다. (이기춘)*

* 이 글은 이기춘, "경찰질서법상 위험개념 및 표현위험과 위험의 의심," 공법연구, 제31권 제4호(2003. 5.) 게재내용을 일부 수정한 것임.

제 3 편

제 5 장 경찰법상의 위험개념의 변화에 관한 법적 고찰 — 전통적 위험개념의 작별(?)

▌사례 1▐ 대한민국 국민 甲과 그의 어머니 乙은 독일에서 체코로 넘어가는 열차의 식당칸에서 식사를 하고 있었는바, 열차가 독일-체코의 국경에 이르렀을 때 독일-체코 경찰의 합동검문조가 열차의 식당칸으로 들어왔다. 그리고 독일 내지 체코 국적을 갖고 있는 것으로 보이는 서양인(백인)들에 대하여는 눈짓 미소로서 화답하며 특별한 조치를 취하지 않으면서 甲과 乙, 그리고 또 다른 흑인 남성 丙에 대하여만 신원확인을 위하여 필요하다는 것을 이유로 여권 등의 제시를 요구하였다. 독일-체코 경찰의 합동검문조의 甲, 乙, 丙에 대한 이와 같은 신원확인조치가 경찰권발동의 요건을 갖춘 적법한 것으로서 정당화될 수 있는가?[1]

▌사례 2▐ 독일의 대표적 시사잡지 Spiegel誌의 기자겸 편집자인 독일여성 K는 아프카니스탄 통상장관 F와 내연의 관계에 있으며, F는 장관으로 임명되기 전부터 지속적으로 탈레반 테러세력과 연관되어 있어 독일경찰이 요주의인물로 지정한 바 있다. 그런데 F가 독일의 아프가니스탄 주둔군 관련동향 등에 관한 정보를 K를 통하여 입수하여 탈레반 테러세력들에게 제공하고 있다는 정황이 독일경찰에 의하여 포착되었다. 이에 독일군과 정부의 주요정보가 이런 방식으로 노출됨으로써 현지의 독일군인 및 기업인들 나아가 내국에 있는 독일인의 생명 및 신체의 안위가 위협받을 수 있음을 고려하여, 독일 경찰은 '구체적 위험'이 입증되지 않았음에도 불구하고 K의 노트북 컴퓨터에 몰래 기술적으로 침입하여 이메일 및 하드

1) 이 사례는 교신저자(박병욱, 사례에서의 甲)가 독일을 방문한 모친(乙)과 함께 2006년 11월 베를린(독일)에서 프라하(체코)로 가는 열차 안에서 독일-체코 국경지역을 지나던 중 실제로 겪은 일을 기초로 하여 구성한 것이다.

디스크 내용을 수색하기에 이르렀다. 이러한 독일 경찰의 온라인 수색(Online-Durchsuchung)[2]이 적법한 것으로서 허용될 수 있는가? 또한 '구체적 위험'의 전단계에서도 경찰상의 온라인 수색이 법이론적으로 가능하다면 그에 대하여는 어떠한 (법)절차적 통제가 요구되는가?[3]

Ⅰ. 들어가며

경찰개념의 발전사를 통해서 알 수 있듯이 경찰(행정)은 국가의 모든 행정작용을 포괄하는 의미로 사용되어 왔으며, 국가의 다른 작용이 경찰로부터 분화된 이후에도 19세기까지는 국가의 모든 행정작용 가운데 중핵적 역할을 수행하여 왔다. 다만 20세기 들어와 주된 관심이 복리행정으로 이전하면서 경찰(행정)이 갖는 의미가 반감되는 면이 있었던 것이 사실이다. 그러나 20세기 후반에 잔존유해물질(殘存有害物質, Altlasten)[4]의 문제가 등장하면서 경찰법이론은

2) 온라인 수색(Online-Durchsuchung)이란 컴퓨터수색 소프트웨어를 통하여 관련정보를 전자적 방법으로 찾는 것을 말하는바, 이는 컴퓨터 이용자가 인식하지 못하는 가운데 이루어진다는 점을 그 특징으로 한다. 그리고 이러한 점 때문에 형사소송법이나 경찰법에 따라 행하여져 왔던 종래의 수색(Durchsuchung)과는 그 성질을 달리한다는 점이 일찍부터 인정되어 왔는바(Vgl. BGH, NJW 2007, 930), 이러한 온라인 수색을 둘러싼 문제 전반에 관한 자세한 논의에 대하여는 박병욱, "경찰상 온라인 수색의 법률적 문제," 경찰법연구, 제7권 제1호(2009), 82쪽 아래 참조.

3) 이 사례는 독일의 해외담당 정보기관인 연방정보국(Bundesnachrichtendienst, BND)이 사례에 제시된 바와 같은 방법으로 온라인 수색을 행한 사실이 2008년 4월 스피겔誌 등을 통해 알려진 사안을 기초로 구성한 것인바, 이러한 사례에 관하여 자세한 것은 이하의 인터넷문헌을 참조하기 바란다: http://www.spiegel.de/politik/deutschland/0,1518,548450,00. html (BND überwachte SPIEGEL – Redakteurin), http://www.heise.de/newsticker/meldung/Bundestrojaner-gegen-afghanischen-Minister-202772.html(Bundestrojaner gegen afghanischen Minister). 위 언론들에 의하면 당시 아프가니스탄 정보기관인 NDS도 당시 통상장관 F가 탈레반 세력의 스파이로 활동하고 있다는 정보를 가지고 있었다고 하며, 사건직후 독일 연방정보국장(Ernst Uhlau)이 이 사건의 경과에 대하여 공개사과를 한 바 있다고 한다.

4) 독일어의 Altlasten은 산업생산과 1, 2차 세계대전이 환경에 미치는 유해한 영향에 근거하고 있는 토양과 지하수 내의 오염물질을 말하는바, 그 의미를 적확하게 나타내는 용어가 적당하지 못한 면이 있어 종래 Altlasten이란 독일어를 그대로 사용하여 온 것이 학계의 일반적 사정이다. 다만 개인적으로는 그 의미를 고려할 때 '잔존유해물질'이라고 번역할 수 있다고 생각되어, 이 글에서는 잔존유해물질이라는 용어를 사용하기로 하겠다.

다시 중흥을 맞이하게 되었는바, 이러한 현상을 들어 혹자는 "잔존유해물질을 통하여 경찰법이론이 르네상스를 맞이하게 되었다"라고 표현하고 있다.[5)]

한편 근래에 들어 전통적인 경찰법이론에 다시 커다란 변화가 일어나게 되었는바, 그 중의 하나가 바로 경찰법이론의 중심을 이루는 '구체적 위험'개념에 관한 것이다. 경찰은 공공의 안녕 또는 질서에 대한 위험방지를 그의 임무로 하는 바, 이를 경찰작용이란 관점에서 바라보면 경찰은 공공의 안녕 또는 질서에 대한 구체적 위험[6)]이 존재하는 경우에만 경찰권을 발동할 수 있다는 의미를 갖는다. 이는 공공의 안녕 또는 질서에 대한 구체적 위험이 경찰권발동의 전제조건을 이룬다는 것을 뜻한다. 이 경우 종래 구체적 위험은 "현재의 상황을 그대로 방치하여 두면 가까운 장래에 손해가 발생할 충분한 개연성이 있는 상태"를 의미하는 것으로 이해되어 왔다. 그런데 근래에 들어 이러한 전통적인 구체적 위험개념에 따라서는 설명이 불가능한 현상이 나타나게 되었다. 즉, 전통적인 구체적 위험개념을 고수하는 한 구체적 위험이 존재한다고 할 수 없는 상황하에서 경찰권이 발동되는 경우가 나타나게 되었는바,[7)] 이에 이러한 문제점을 극복하기 위한 시도가 다양한 방법으로 나타나게 되었다. 본고는 이러한 시도를 토대로 하여 전통적 위험개념에의 작별(?)을 통한 문제해결의 전거를 나름대로 제시해 보고자 한다.

이하에서는 이를 위하여 다음과 같은 방법으로 논의를 전개해 나가기로 하겠다. 즉, 먼저 논의의 전개를 위하여 전통적인 구체적 위험개념을 간단히 설명하고(II. 전통적인 경찰법상의 구체적 위험개념), 다음으로 이러한 전통적 위험개념과 그러한 위험의 존재를 기초로 하는 경찰권발동이란 도식을 가지고는 설명할 수 없는 사례를 토대로 전통적인 구체적 위험개념 내지 그에 근거한

---

5) Vgl. Wecker, Altlasten – eine Renaissance der polizeilichen Gefahrenabwehr, NVwZ 1987, 781 f.

6) 여기서 구체적 위험이란 구체적인, 즉 시간과 장소에 따라서 확정된 또는 확정될 수 있는 상황으로부터 성립하는 위험을 말한다. 이러한 구체적 위험은 경찰명령(Polizeiverordnung, 경찰상의 법규명령이라고도 함)의 제정을 위해서는 그것만으로 충분한 추상적 위험과 구분되어야 하는바, 이 경우 추상적 위험이란 특정한 행위 또는 상태를 일반적-추상적으로 고찰했을 때 손해가 발생할 충분한 개연성이 있다는 결론에 도달하게 되는 경우에 존재한다.

7) 전통적인 구체적 위험개념에 따르면 이러한 경찰권발동은 경찰권발동의 전제조건이 존재하지도 않는 상황에서 경찰권을 발동하는 것이 되어 위법이라는 판단을 면하지 못하게 될 것이다.

경찰권발동의 문제점을 논해보고자 한다(Ⅲ. 전통적인 경찰법상 구체적 위험개념의 종언). 이 경우 이러한 문제는 다음과 같은 2가지 관점에서 접근해 볼 수 있다. 첫째, 온라인 수색판결 등에서 보는 것과 같이 전통적인 구체적 위험개념 자체에 변화가 일어나고 있다. 그리고 둘째로 9·11사례에서 볼 수 있는 것처럼 구체적 위험의 전단계(前段階, Vorfeld)[8]에서도 경찰이 움직일 수 있어야 한다는 것, 즉 위험의 사전배려(Gefahrenvorsorge)와 관련하여 일어나는 문제가 있다. 또한 이러한 위험개념의 변화는 또 하나의 전통적인 경찰법이론인 경찰책임자와 비책임자의 구분을 무의미하게 만드는 측면이 있는바, 이 점에 관하여도 언급하기로 하겠다. 한편 헌법 내지 헌법상의 제 원리가 경찰작용을 규율하는 기능을 갖고 있음을 고려할 때,[9] 이러한 위험개념의 변화 내지 약화가 과연 헌법적 시각에 입각하여 보아도 정당화될 수 있는지의 문제에 대해서도 고찰할 필요가 있는바, 이에 관하여도 간략히 고찰해보도록 하겠다(Ⅳ. 위험개념의 변화와 헌법적 정당성). 그리고 마지막으로 처음에 제시한 사례에서 과연 경찰권 발동이 적법한 것으로 받아들여질 수 있는지를 전기한 이론에 비추어 논하며 결론에 갈음하고자 한다(Ⅴ. 맺으며).

Ⅱ. 전통적인 경찰법상의 구체적 위험개념

전통적인 경찰법이론에 따르면 개괄적 수권조항[10]에 근거한 경찰의 작용은 공공의 안녕 또는 질서라는 보호이익 중 어느 하나가 구체적 위험[11]에 처

8) 구체적 위험의 전단계에 관한 법적 문제 전반에 관하여는 vgl. Kugelmann(서정범·박병욱 共譯), "위험과 위험의 전단계," 경찰활동의 국제화와 전문화(경찰대학 개교 30주년 기념 국제학술세미나 발표자료집), 2011, 168쪽 아래 참조.

9) 이처럼 헌법(내지 헌법상의 원리)이 경찰작용을 규율하는 기능을 갖는 문제에 관하여 자세한 것은 본서 1쪽 아래 참조.

10) 우리나라의 경우 아직도 개괄적 수권조항에 근거한 경찰권발동을 인정할 수 있는지 여부가 다투어지고 있는바(이 문제에 관하여는 본서 100쪽 아래 참조), 이하의 논의는 이를 인정하는 것을 전제로 하고 있음을 밝혀둔다.

11) 여기서의 위험에 해당하는 것에 대하여 '위해(危害)'라는 용어를 사용하는 경우도 있는바(류지태/박종수, 『행정법신론』, 박영사, 2009, 941쪽), 이 글에서는 위해는 위험과 장해를 포괄하는 개념으로 사용하기로 한다.

할 것을 그 전제조건으로 하는바,[12] 구체적 위험이란 종래 '어떤 사실의 정상적인 진행을 방치하게 되면, 가까운 장래에 어떤 상태 또는 행위가 공공의 안녕 또는 질서에 손해를 가져올 충분한 개연성이 있는 경우'를 말하는 것으로 이해되어 왔다.[13] 한편 독일의 경우 이러한 구체적 위험개념은 (약간의 표현상의 차이가 존재하기는 하지만) 각주의 경찰법에 명문으로 규정되어 있기도 한데,[14] 이하에서 구체적 위험의 개념적 요소를 분설하기로 한다.

1. 손 해

손해(Schaden)란 외부적 영향 또는 공공의 질서의 개념에 속하는 불문의 사회규범에의 위반에 의한 현존하는 법익의 객관적 감손을 의미하는바,[15] 손해의 개념과 관련하여 주목할 것은 다음과 같다.

첫째, 손해는 예견되는 침해가 일정한 강도에 달했을 때, 즉 공공의 안녕 또는 질서에 대한 법익이 '현저하게' 침해된 경우에 존재한다.[16] 따라서 단순한 불이익(bloße Nachteile), 부담(Belästigungen)[17] 또는 불편함(Unbequemlichkeiten)

---

12) 이와 관련하여 "시민의 주관적 권리제한을 내용으로 하지 않는 경찰활동을 위해서는 구체적 위험의 존재를 필요로 하지 않는다. 이에 해당하는 것으로 '위험에 대한 사전배려'(Gefarenvorsorge)를 들 수 있다고 하면서 순찰행위, 정보수집행위, 경찰상의 관찰행위 등을 그 예로 들 수 있다"고 설명하는 입장(류지태/박종수, 앞의 책, 942쪽)이 있는바, 경찰의 정보수집행위가 이른바 개인의 정보의 자기결정권을 침해하는 면이 있음을 고려할 때 적어도 정보수집행위를 이러한 경찰활동의 예로 열거하는 것은 적당하지 못하다고 생각한다.

13) Drews/Wacke/Vogel/Martens, Gefahrenabwehr, 9. Aufl., 1986, S.220; Gusy, Polizei- und Ordnungsrecht, 7. Aufl., 2009, Rn.108; BVerwGE 45, 51(57); OVG Münster, DVBl. 1980, 1009(1010).

14) 예컨대 브레멘 경찰법(BremPoliG) 제2조 제3항; 니이더작센 「공공의 안녕과 질서에 관한 법률」(NdS.SOG) 제2조 제1호a; 작센-안할트 「공공의 안녕과 질서에 관한 법률」(LSASOG) 제3조 제3호a 등.

15) Schenke, Polizei- und Ordnungsrecht, 6. Aufl., 2009, Rn.69, 이처럼 위험의 개념에 있어서는 법익의 감손이 필연적으로 요구되는바, 이로부터 경찰은 이익과 가치의 증진에 관한 ―특히 복리증진의 조치에 관한― 권한을 갖지 못한다는 결론이 당연히 도출된다.

16) 이처럼 손해의 개념과 관련하여 법익침해가 현저해야 할 것을 강조하는 것이 독일학계의 일반적 경향으로 보여지는바, 이러한 점을 특히 강조하고 있는 것으로는 Jarass, BImSchG, 6. Aufl., 2005, §3 Rn.26; Kutscheidt, in: Landmann/Rohmer, Umweltrecht, Bd. I, 2005, §3 Rn.10a.

은 법익의 감손이라고 볼 수 없다. 물론 이들과 손해를 구분하는 것은 상당한 어려움이 있는바, 양자의 구분에 있어서는 '정상인'의 판단이 척도가 된다. 따라서 어떠한 침해가 전적으로 관계인의 비정상적인 성질에 기인하는 경우에는, 즉 단순한 불이익이 개인의 특별한 감정으로 인해 법익의 감손을 가져오는 경우에는 여기서의 손해라 할 수 없으며, 따라서 개괄적 수권조항에 따른 경찰의 개입을 정당화시키지 못한다.[18] 한편 손해 여부가 때와 장소에 따라 달라질 수 있다는 점 또한 유의하여야 한다. 즉, 주간에는 단지 부담일 뿐인 소음이 야간에는 건강이라는 법익의 감손이 되거나, 농촌생활의 경우 일상적이라고 할 수 있는 특정한 냄새가 도시에서는 손해로서 위험원(危險源)이 될 수 있다.

둘째, 법익의 감손이 '외부적 영향'에 의해 초래되어야 한다는 것 또한 손해의 개념과 그와 관련된 위험의 개념에 있어서 본질적 요소를 이룬다. 즉, 법익의 감손이 자신의 사정에 기인하거나 일반적인 자연현상에 의하여 초래되는 경우(예: 상품의 부패)에는 그 법익에 대한 구체적 위험이 되지 못한다. 그러나 이것이 그에 의해 다른 법익이 침해되고, 그 한도에서 구체적 위험이 존재할 수 있다는 것을 배척하는 것은 아니다(부패된 물품이 팔려서 그로 인해 타인의 건강에 대한 손해를 초래할 위험이 있는 경우가 그러하다).

2. 손해발생의 충분한 개연성

구체적 위험은 실제로 또는 적어도 경찰이 작용을 행하는 시점을 기준으로 사실상태와 법상태를 합리적으로 판단할 때 가까운 장래에 손해가 발생할

---

17) 이하에서 보듯이 불이익이나 부담을 위험과 구분하는 것은 어려운 면이 있다. 다만 오늘날 독일의 경우 (특히 임미씨온방지법과 관련하여) 불이익이나 부담의 개념규정을 통하여 이들을 위험과 구분하려는 시도가 행해지고 있다. 이에 따르면 불이익은 물리적 영향력을 통하여 초래되는 '재산적 손실'(예: 소음이나 악취로 인한 토지의 가치감소)을, 부담은 인간의 육체적·정신적 평온에 대한 침해를 의미하는 것으로 이해되고 있다. 이러한 독일에서의 논의에 관하여 자세한 것은 Laubinger, "임미씨온방지법에서의 위험·불이익, 부담, 리스크," 김현준(역), 토지공법연구, 제32집(2006), 115쪽 아래 참조.

18) 다만 입법자가 특별법에서 부담 등에 그치는 경우임에도 불구하고 경찰이 그에 개입할 수 있음을 규정하고 있는 경우도 있을 수 있다.

'충분한 개연성(hinreichende Wahrscheinlichkeit)'이 있을 것을 전제로 한다. 따라서 단순한 추정 내지 약간의 가능성이 있는 것만으로는 충분하지 않다. 그러나 이것이 손해의 발생이 절대적으로 확실할 것을 요구하는 것은 아니다. 결국 손해발생의 개연성은 손해발생의 확실성과 단순한 가능성 사이의 광범위한 중간영역이라고 할 수 있다.

(1) 요구되는 개연성의 정도

구체적 위험의 존재가 인정되기 위하여 요구되는 개연성의 정도는 위협받는 법익의 가치가 중요하면 중요할수록, 그리고 그러한 법익에 대한 예상손해가 크면 클수록 더 적어진다.[19] 즉, 예컨대 생명과 신체에 대한 손해의 발생이 임박한 경우에는 별로 중요하지 않은 재산적 가치에 대한 구체적 위험이 문제가 되는 경우에 있어서와 같은 정도의 높은 손해발생의 개연성을 요하지 않는다.[20]

나아가서 구체적 위험의 존재에 대한 판단을 행함에 있어서는 경찰이 손해발생의 가능성에 대한 평가를 행하는 시점이 중요하다. 만일 임박한 손해의 발생으로 기성사실(회복할 수 없는 손해)이 야기될 염려가 있는 경우에는, 구체적 위험의 존재를 긍정함에 있어 손해발생의 약간의 개연성이 있는 것만으로도 충분하다.

(2) 가까운 장래에 손해가 발생할 개연성

개괄적 수권조항에서 말하는 구체적 위험이 존재한다고 하기 위하여서는 가까운 장래(in naher Zukunft)에 손해가 발생할 개연성이 존재할 것이 요구되므로 먼 훗날의 어떤 시점에 이르러야 비로소 손해가 발생할 개연성이 있는 것만으로는 개괄적 수권조항에서 말하는 구체적 위험이 존재한다고 할 수 없다.

---

19) 독일의 경우 이러한 내용을 '반비례의 법칙'(Regel der umgekehrten Proportinalität), 또는 Je-Desto-Formel이라는 이름으로 설명하고 있다. 이러한 용어례에 관하여는 vgl. Götz, Allgemeines Polizei- und Ordnungsrecht, 14. Aufl., 2008, § 6 Rn.7.

20) 따라서 약간의 개연성(geringe Wahrscheinlichkeit)도 충분한 개연성에 해당할 수 있는바, 결국 충분한 개연성에 해당될 수 있는지는 손상될 법익의 크기에 따라 달리 판단될 수밖에 없을 것이다(Götz, a.a.O., §6, Rn.7; Pieroth/Schlink/Kniesel, Polizei- und Ordnungsrecht, 6. Aufl., 2010, §4, Rn.6 f.).

따라서 예컨대 양돈업 또는 그 밖의 유해물질의 방출을 가져오는 영업이 주택 건축허가가 발급됨으로써 인근토지의 이용상황에 변화가 있는 경우에야 비로소 손해를 야기할 가능성이 있는 경우라면 위험이 존재하는 것이 아니다. 따라서 그 같은 상황을 성격짓기 위하여 지배적 학설이 사용하는 이른바 "잠재적 위험(latente Gefahr)"라는 용어는 단지 법상황을 모호하게 만들 뿐이다. 왜냐하면 이 경우에는 사실상 구체적 위험도, 또한 장해도 존재하지 않기 때문이다.

3. 객관적인 위험상황

구체적 위험의 존재여부에 대한 판단은 예측에 근거하는바, 그 예측에 있어서는 경찰이 개입하는 시점에서의 사실상태와 인식가능성이 기준이 된다. 즉, 구체적 위험의 존재여부에 대한 판단은 사전적(事前的, ex ante)인 것이다. 한편 이처럼 예측에 기한 판단은 손해발생의 불확실성으로 특징지어지기 마련이므로, 사전적으로 행해져야만 하는 경찰의 위험예측의 정확성에 대하여 사후적으로 밝혀진 사실에 근거하여 의문을 제기하는 것은 모순이다. 따라서 경찰이 개입하는 시점에서 상황을 정당하게 평가하였다면 사건의 전개가 시간의 흐름에 따라 예측한 것과 달리 진행된다고 하더라도 경찰이 위험의 존재를 전제로 개입한 것은 위법하지 않다.

그러나 행정청의 모든 주관적 판단이 위험의 존재를 긍정함에 충분한 것으로 간주되어서는 아니 된다. 즉, "주관적인 위험개념"은 존재하지 않는다. 따라서 위험의 존재를 판단함에 있어서는 구체적으로 작용을 행하는 공무원을 기준으로 할 것이 아니라 성실한, 합리적인 그리고 전문적 지식을 가진 공무원이 경찰작용이 행해지는 시점에서 상황을 어떻게 평가하였을 것인가가 기준이 된다.

Ⅲ. 전통적인 경찰법상 위험개념의 종언

9·11 테러를 전후하여 전세계적으로 경찰의 권한이 광범위하게 확장되는 현상이 나타나게 되었다. 이러한 경찰의 권한확장은 경찰의 정보활동과 관련

하여 더욱 뚜렷하게 나타나는바, 우리는 이 과정에서 (특히 테러와 관련하여) 경찰의 침해활동의 준거가 되었던 전통적 구체적 위험의 개념이 여러 가지 측면에서 약화되거나 그 의미를 점차 잃어가고 있는 것을 볼 수 있다.21) 나아가 근래의 경찰의 정보와 관련된 영역에서의 사전권한(die informationelle Vorfeldbefugnisse)은 더 이상 전통적인 구체적 위험(Gefahr)-경찰책임자(Störer) 개념으로는 정확하게 설명할 수 없게 되었다.22) 이러한 현상은 (테러문제뿐만 아니라) 현대사회가 가지고 있는 다양한 특성에 기인하고 있는바, 이하에서는 이러한 현대사회의 특성에 기인하여 발생한 구체적 위험개념의 변화, 그리고 그로 인하여 전통적 경찰법이론이 봉착하게 된 문제점을 살펴보도록 하겠다.

---

21) 정훈, "경찰상 위험개념의 법치국가적 · 기본권보장적 기능," 공법연구, 제34집 제2호, 2005, 397쪽 (405쪽); Kugelmann, Der Polizeiliche Gefahrenbegriff in Gefahr?, DÖV 2003, 781(785).

22) Moestl, Die neue dogmatische Gestalt des Polizeirechts - Thesen zur Integration eines modernen informationellen Vorfedlrechts in das klassische rechtsstaatliche Gefahrenabwehrrecht, DVBl 2007, S.581 ff. 한편 이러한 전통적 이론의 패러다임의 변화, 즉 반작용적인 위험방지(reagierender Gefahrenabwehr)로부터 사전행동적인 리스크배려(proaktive Risikovorsorge)에로의 변화를 긍정적으로 보는 시각[Albers, Die Determination polizeilicher Tätigkeit in den Bereichen der Straftatenverhütung und der Verfolgungsvorsorge, 2001, 348; Pitschas, Polizeirecht im kooperativen Staat — Innere Sicherheit zwischen Gefahrenabwehr und kriminalpräventiver Risikovorsorge, DÖV 2002, 221 ff.; Wächter, Die aktuelle Situation des Polizeirechts, JZ 2002, 854 ff.; Horn, Sicherheit durch vorbeugende Verbrechensbekämpfung — Der Rechtsstaat auf der Suche nach dem rechten Mass, in: Horn(Hrsg.) Recht im Pluralismus — FS für Schmitt Glaeser zum 70. Geburtstag, 2003, S.456 und 460; Welsing, Das Recht auf informationelle Selbstbestimmung im Rahmen der Terrorabwehr, 2009, S.113; Kugelmann, a.a.O, 781(789) — 특히, 독일 경찰대학원(DHPol)의 Kugelmann 교수는 동 논문의 결론 부분에서 위험개념 자체가 본래목적(Selbstzweck)이 될 수 없고 개인의 자유와 안전의 조화로운 보장 및 기본권 보호를 위한 법치국가적 수단의 하나일 뿐임을 강조하고 있다]과 전통적 경찰법(이론)의 붕괴 및 구체적 위험 개념 등에 있어 경찰법적 기준의 약화현상을 걱정하는 시각[Hoffmann-Riem, Abbau von Rechtsstaatlichkeit durch Neubau des Polizeirecht? JZ 1978, S.335 ff.; Mueller, Der Abschied von der konkreten Gefahr als polizeirechtliche Eingriffsbefugniss, StV 1995, S.602 f.; Hassemer, Zum Spannungsverhaeltnis von Freiheit und Sicherheit, vorgaenge Nr.159, 2002, S.13 f.; Denninger, Freiheit durch Sicherheit? APuZ Nr. 10-11, 2002, S.22 f.; Denninger, Freiheit durch Sicherheit? KJ 2003, S. 471 ff.; Denninger, Thesen zur "Sicherheitsarchitektur," insbesondere nach dem 11. September 2001, KritVJ 2003, S.318 f.; Lisken, Rechtsstaat — was sonst? 1996, S.148; Rachor, F. Polizeihandeln, in; Lisken/Denninger, HdbPolR, 3. Aufl. 2001, Rn.373; Moestl, a.a.O., 581(특히 584)]이 대립하고 있다.

1. 위험개념의 변화

(1) 리스크 사회의 도래로 인한 위험개념의 변화 – 판단기준의 변화

전통적인 경찰법이론은 구체적 위험의 존재 여부에 대한 판단과 관련하여 원인(행위나 상태)과 손해발생 간의 인과관계의 존재 내지 손해발생의 개연성의 판단기준으로 "일반인의 경험칙" 내지 "전문가적 식견"을 제시하여 왔다. 그러나 이러한 설명방식은 복잡한 정보기술 및 환경적 요인이 중시되는 현대 리스크 사회(Risikogesellschaft)[23]에서는 그 한계를 드러내고 있다. 즉, 어떤 상태나 행위가 경찰법상으로 구체적 위험원(危險源)인 것으로 고려된다고 할지라도 당해 사안에 대하여 아직까지 전혀 확인된 실험이나 학문적 지식이 없다면 (구체적 위험의 존재를 긍정하기 위하여 필요한) 손해발생의 충분한 개연성에 대한 판단이 그에 대한 안정성, 즉 신뢰성의 부족으로 인하여 더 이상 법적으로 지지될 수 없게 되는 문제가 발생하는 것이다.[24]

이러한 문제의 해결에 있어서는 환경법 영역에 있어서의 학문적 발전이 참고가 될 수 있다고 생각한다. 즉, 환경법의 영역에서는 기존의 일반적 경험칙만으로는 리스크진단 및 손해발생과 행위의 인과관계를 명확하게 설명할 수 없다는 점이 일찍부터 인식되어 왔으며, 그로 인하여 환경법상 리스크의 판단

23) Ulrich Beck이 현대사회를 리스크사회(Risikogesellschaft)라고 명명한 후부터[이에 관하여는 Ulrich Beck(저)/홍성태(역), 『위험사회 – 새로운 근대성을 향하여』, 새물결, 2006 참조] 사용되기 시작한 '리스크 사회'라는 용어는 오늘날 우리나라에서도 많이 사용되고 있다. 또한 Ulrich Beck은 그의 '리스크사회론'이 아직도 우리 삶에 유용하게 적용되고 있으며 그것이 더욱더 '글로벌화'함을 역설한 신작 Weltrisikogesellschaft를 발표하였는바(2007), 이에 관하여는 Ulrich Beck(저)/박미애 외(역), 『글로벌 위험사회』, 새물결, 2010 참조. 한편 여기서의 리스크와 그와 구별되는 개념으로서의 위험의 의미 내지 양자의 구분 등에 관하여 보다 자세한 것은 vgl. Reich, Gefahr, Risiko, Restrisiko Das Vor- sorgeprinzip am Beispiel des Immissionschutzrechts, 1989; 김남진, "위험의 방지와 리스크의 사전배려," 고시계, 2008. 3, 50쪽 아래; Laubinger, 앞의 글, 120쪽 아래.

24) 이런 점 때문에 전통적인 책임귀속 및 가까운 장래에 일어날 직접적인 인과관계과정에 근거를 둔 전통적 위험방지 임무 이외에도 사전배려원칙(Vorsorgeprinzip)을 매개로 한 리스크배려(Risikovorsorge)라는 복잡한 임무가 현대의 경찰법에도 등장하게 되었는바, 이러한 사정에 관하여 자세한 것은 vgl. Callies, Gewährleistung von Freiheit und Sicherheit, DVBl. 2003, 1096(1099); Di Fabio, Gefahr, Vorsorge, Risiko – Die Gefahrenabwehr unter dem Einfluß des Vorsorgeprinzips, Jura 1996, 566(568); Wahl/Appel, Prävention und Vorsorge, in: Wahl(Hrsg.), Prävention und Vorsorge, 1999, S.86.

에 있어서는 '기술수준' 또는 '학문의 수준'과 같은 불확정 법개념이 전통적인 '일반적 경험칙'을 대신하고 있다. 그리고 이러한 새로운 기준을 통해서 행해지는 리스크 진단을 근거로 국가가 환경법상 제한을 하는 것이 가능하게 되었다. 물론 이러한 환경법상의 법이론을 침해의 강도가 더 직접적이고 큰 경찰법 영역에 여과없이 그대로 적용하는 것은 문제가 있겠으나 정보와 기술의 발전으로 나타나는 현대적 상황을 고려할 때 그러한 환경법에서의 논의가 경찰법에 적용될 가능성은 긍정될 수 있다고 생각한다. 실제로 독일의 경우 이미 환경법, 기술법 등에서나 사용되던 '일반적으로 인정된 학문과 기술의 수준(der anerkannte Stand von Wissenschaft und Technik)'이라는 개념을 경찰(법)상 '구체적 위험'의 진단에 사용하고 있다. 즉, 독일의 경우 구체적 위험의 진단과 관련하여 "특정한 상황(eine Sachlage)이 손해로 발전될 수 있는 개연성이 있다고 하는 진단(Prognose)은 확인된 사실(Tatsache)로부터 논리적으로 추론되는 것이며, 그의 근거는 경험적 지식(Erfahrungswissen)이나 일반적으로 인정된 학문과 기술의 수준이다"라고 설명되고 있다.[25] 따라서 만약 인과관계가 학문적으로 밝혀지지 않고(예를 들어, 특정 물질의 발암효과에 대하여) 이러한 지식의 흠결이 일반적 경험지식을 통하여 극복될 수 없다면, 이러한 상황에 존재하는 리스크(Risiko)는 일반 경찰법상의 구체적 위험은 아닌 것이 된다.[26] 특정 종(種)의 개가 유전적으로 위험할 수 있는지 여부의 문제[27]를 학문적으로 논란의 여지가 있는 것으로 판단하여 －경찰법상의 구체적 위험이 아니라－ 입법자에 의한 리스크 평가를 필요로 하는 리스크 개념으로 보고 있는 독일의 연방행정법원의 판결[28]

25) Götz, a.a.O., §6, Rn.9; Pieroth/Schlink/Kniesel, a.a.O., §4, Rn.6. 특히 Götz는 경험적 지식, 즉 학문적으로 때로 과소평가되기도 하는 일상적 지식(Alltagswissen)이 위험진단의 중요한 근거라는 점을 강조하고 있다.

26) Götz, a.a.O., §6, Rn.9.

27) 2000년 7월 5일 니이더작센주의 「위험동물과 관련된 법규명령」은 공격성이 있다고 분류한 특정 종의 개(불테리어, 아메리칸 스태포셔 테리어, 핏불 테리어 및 이들간의 잡종)에 대하여 비영업적 소유, 품종개량, 개체증대를 금지하였다. 다만 품성테스트에 합격하면 그러한 종의 개들도 예외적으로 사적 소유가 가능하나 거세가 되어야 하고 일련번호를 부여받아야 하며 또한 이 경우에도 반드시 개입막음과 개줄을 하고서만 주인과 함께 산책할 수 있도록 했으며, 비정상적인 공격성으로 인하여 품성테스트를 합격하지 못한 개는 폐기처분된다. 그런데 위 종의 개들의 품성 테스트의 판단기준으로 동 법규명령은 '개의 행동을 통해 이 개가 개별적인 경우에 제3자에게 위험을 야기하지 않는지'를 제시하였던 것이다(Vgl. Nds. GVBl S.149).

역시 이러한 입장에 따르고 있는 것으로 보인다. 물론 이 판결은 논리적 구성에 있어 몇 가지 문제를 안고 있기는 하다.[29] 그러나 (일반 공중의 신체 및 건강의 침해를 방지하기 위하여) 개의 공격성과 관련된 위험성 내지 리스크를 진단함에 있어 환경법, 기술법상의 리스크(Risiko) 개념이 사용되어야 할지 또는 일반경찰법상의 구체적 위험개념이 사용되어야 할지의 문제에 있어 기준을 설정하는 데 많은 시사점을 제시하고 있는 것으로 판단된다.

(2) 구체적 위험 개념의 약화 – 특히 경찰의 정보침해 활동과 관련하여

오늘날에 있어 전통적인 구체적 위험 개념의 약화현상은 경찰상 정보의 침해활동에서 뚜렷이 나타난다. 예컨대 사례 2의 경우 경찰이 온라인 수색이란 방법으로 은밀하게 정보적 접근(침해)활동을 하고 있는바, –전통적 의미의 구체적 위험개념을 고수하게 되면– 이 경우 경찰이 그를 행하기 위한 전제조건으로서의 구체적 위험이 존재한다고 보기 곤란한 면이 있다. 따라서 이러한 경찰의 정보활동이 인정되기 위하여는 구체적 위험이 경찰상 정보권한의 전제조건이 아니라고 하거나, 구체적 위험개념의 변화를 받아들여 이 경우에도 구체적 위험이 존재한다고 보아야 할 것이다. 이하에서는 이러한 문제를 사례 2와 관련된 2008. 2. 28의 독일 연방헌법재판소의 판결을 중심으로 살펴보도록 하겠다.

먼저 독일 연방헌법재판소는 사례 2와 관련된 온라인수색 판결[30]에서 온라인 수색에 있어서의 위험의 진단은 구체적 위험의 발생과 관련되어 있어야 한다고 하여 구체적 위험을 온라인 수색의 전제조건으로 요구하고 있다. 한편 동 판결은 구체적 위험은 ① 개별적인 경우(Einzellfall), ② 위험이 실질적인 손

---

28) BVerwGE 116, 347 – Urteil vom 3.7.2002 – 6 CN 8. 01.

29) 이 판결이 갖고 있는 논리적 문제에 대하여는 Götz가 잘 지적하고 있는바(vgl. Götz, a.a.O., §6, Rn.10), 요약하면 다음과 같다. 첫째, 연방행정법원은 학문적으로 불명확하다는 사정을 '위험의 혐의(Gefahrenverdacht)'와 결부시키는 오류를 범하고 있다. 왜냐하면 위험의 혐의는 '불분명한 학문적 수준'에 근거하는 것이 아니라 '불분명한 사실관계'에 근거한 것이기 때문이다. 둘째, 이 문제의 경우 학문적으로 설명되지 않는 원인은 사실상 크게 중요하지 않다는 것이다. 왜냐하면 이 경우에는 동종의 많은, 높은 비율의 개가 행인 등을 물었는지가 선례 내지 경험칙으로 확인될 수 있었으므로 위험방지와 관련된 충분한 '경험칙'이 존재하고 있었기 때문이다[Vgl. BVerfGE 110, 141(160 f.); Götz, a.a.O., §22, Rn.28].

30) BVerfGE 120, 274 ff. - Grundrecht auf Computerschutz.

해로 전환될 시간적인 근접성, ③ 위험 야기자로서의 특정인과의 관련성을 필요로 한다고 적시하고 있다.[31] 독일 연방헌법재판소가 제시한 위의 세 기준은 외형적으로 보았을 때는 전통적인 구체적 위험의 개념과 큰 차이가 없어 보인다. 그러나 구체적 내용을 보게 되면 ―비록 미미하기는 하지만― 구체적 위험개념의 변화를 도모하고 있음을 알 수 있는바, 이는 다음과 같은 2가지 의미에서 그러하다.[32]

첫째, 전통적 경찰법이론에 따르는 경우 구체적 위험이 존재한다고 하기 위하여서는 '가까운 장래에(in naher Zukunft)' 손해가 발생할 개연성이 존재할 것을 요구하고 있다. 그런데 독일 연방헌법재판소는 "반드시 가까운 장래에[33] 손해의 발생이 위협되어야 하는 것이 아니라 '예견가능한 시간 내에(in absehbarer Zeit)'[34] 손해의 발생이 위협된다면 전통적인 구체적 위험의 개념에 전체적으로(allgemein) 들어맞는다"[35]는 취지의 판결을 명시적으로 하고 있다.[36] 이처럼 구체적 위험의 판단과 관련된 시간적 근접성의 기준으로서 '가까운 장래'가 아니라 '예견가능한 시간내'가 제시되는 것은[37] 전통적인 구체적 위험 개념의 전반적인 약화현상 중의 하나의 현상으로 평가될 수 있다고 보여진다.

둘째, 전통적 경찰법이론에 따를 때 구체적 위험은 손해가 발생할 '충분한

31) BVerfGE 120, 274(281).

32) 한편 위험개념의 변화와는 무관한 면이 있지만 독일 연방헌법재판소가 구체적 위험이 존재한다고 판단하기 위한 기준을 제시하고 있는 점 또한 주목할 만한 면이 있는바, 그 내용은 다음과 같다: 현대의 복잡한 정보화, 테러사회에서의 국가의 접근(온라인 수색)을 정당화하기 위한 전제조건으로 구체적 위험의 존재여부에 대한 진단은 '충분한 사실적 근거'(tats ä chliche Anhaltspunkt)를 기초로 하여야 하며, 따라서 단순한 추측이나 일반적인 경험칙은 이러한 전제조건에 해당할 수 없다. 한편 '충분한 사실적 근거'는 반드시 명백한 사실관계(bestimmte Tatsache)에 기반한 위험의 진단(Gefahrenprognose)을 통해서만 판단될 수 있다[gl. BVerfGE 120, 274(280); Vgl. BVerfGE 110, 33(61) und 113, 348(378)].

33) BVerfGE 120, 274(329); BVerwGE 45, 51(58).

34) "in absehbarer Zeit"라는 표현은 온라인 수색판결 이전에도 이미 BVerfGE 115, 320(364) = NJW 2006, 1939(Rasterfahndung) 등에서 사용되고 있었다.

35) Poscher, Eingriffsschwelle im Recht der inneren Sicherheit: Ihr System im Lichte der neueren Verfassungsrechtssprechung, Die Verwaltung 41(2008), 358.

36) BVerfGE 120, 274(328).

37) BVerwGE 45, 51(57); Drews/Wacke/Vogel/Martens, Gefahrenabwehr, 1986, S.220; Schoch, Die "Gefahr" im Polizei- und Ordnungsrecht, Jura 2003, 472.

개연성'이 있을 것을 전제로 한다. 그러나 이와 관련하여서도 약간의 변화의 징후가 나타나고 있는바, 온라인 수색과 관련하여 "고도의 보호법익(überragend wichtiges Rechtsgut)에 대한 중대한 위험(drohende Gefahr)이 개별적인 경우에 명백한 사실관계를 통해서 암시되고, 가까운 장래에 그 위험이 도래하리라고 판단된다면 '아직 충분한 개연성이 인정되지 않는 경우에도(noch nicht mit hinreichender Wahrscheinlichkeit)' 국가의 정보기술시스템을 통한 접근(침해)이 정당화될 수 있다"고 판시한 독일 연방헌법재판소의 판결[38]은 이러한 점을 잘 보여주고 있다. 물론 동 판결의 의미에 대하여는 이른바 Je-Desto-Formel[39]에 의하여 생명, 신체 등 고도의 법익에 대한 손상이 우려되는 경우에는 구체적 위험을 판단함에 있어 개연성 기준을 낮게 책정하여야 한다는 점이 고려되었다고 해석하는 것이 타당할 것이다. 그러나 판결문에서 독일 연방헌법재판소가 개연성 판단과 관련하여 직접적이고 명시적으로 '충분한 개연성이 없는 경우에도'라고 하여 부정적 표현(noch nicht)을 사용하고 있는 것은 충분한 개연성이 인정되기 직전의 단계, 즉 구체적 위험의 전단계(Vorfeld der konkreten Gefahr)에서도 온라인 수색을 법적으로 허용하였다고 해석될 여지를 남겨준다.[40] 이처럼 독일 연방헌법재판소가 전통적인 구체적 위험 개념만으로는 완벽하게 설명할 수 없는 '완화된 구체적 위험' 내지 '구체적 위험의 전단계'라는 개념을 제시하면서 이 경우에도 국가적 정보침해활동을 정당화하고 있는 것은 전통적 구체적 위험 개념의 약화현상과 관련하여 다시 한 번 생각해 볼 필요가 있다고 본다.

결론적으로 —독일 연방헌법재판소의 견해에 따르면— 사례 2의 경우 독일인 여기자와 아프가니스탄 통상장관의 정보교환활동이 독일인의 생명 및 신체에 대한 중대한 위험을 야기할 수도 있다는 점이 구체적 사실관계를 통해서

---

38) BVerfGE 120, 274(281).

39) BVerwGE 45, 51(61); 47, 31(40); 88, 348(386); 116, 347(356); BVerfGE 100, 313(392); 110, 33(60); 113, 348(386).

40) Britz, Vertraulichkeit und Integrität informationstechnischer Systeme, DÖV 2008, 411(415) — Britz는 위 논문에서 온라인 수색 판결[특히, BVerfGE 120, 274(328) = Abs.251]을 분석하면서 동 판결이 전통적으로 위험 개념에서 요구되는 충분한 개연성(hinreichende Wahrscheinlichkeit) 및 시간적인 근접성(Zeitliche Nähe)이라는 기준을 포기한 것처럼 보일 만한 인상을 남겼다고 지적하고 있다.

밝혀진다면 "완화된 구체적 위험" 내지 "위험의 전단계"에서도 여기자의 노트북에 대한 온라인 수색은 일정한 법적 절차 내에서 가능하게 될 것이다.[41]

2. 위험의 사전배려

(1) 문제의 의의

여러 사정이 복잡하게 연계되어 있는 현대적 상황에서 경찰의 책무인 위험방지(및 예방임무)를 효과적으로 수행하기 위하여서는 경찰상 '위험의 사전배려(Gefahrenvorsorge)' 활동이 요구되며, 근래에 들어 그의 중요성이 한층 부각되고 있다. 실제로 9·11 테러를 전후로 제정된 일련의 경찰관련 법률들, 특히 테러관련 법률들은 경찰의 책무가 전통적인 위험방지(Gefahrenabwehr)로부터 위험의 사전배려(Gefahrenvorsorge)로 발전하고 있음을 여실히 보여주고 있다.[42] 그런데 이러한 위험의 사전배려활동이 과연 경찰법적으로 허용될 수 있는지 등이 법적 논란의 대상이 되고 있다. 즉, 전통적 경찰법이론에 따르면 경찰상 침해활동은 구체적 위험의 존재를 그 전제조건으로 하는바,[43] 위험의 사전배려영역에서의 경찰의 활동, 특히 경찰의 정보활동이 행해지는 경우를 보게 되면 아직까지는 전통적 구체적 위험이 존재하지 않는 문제가 있는 것이다. 즉, 범죄행위 등에 대한 추상적 위험의 방지를 목적으로 하는 위험의 사전배려조치(Gefahrenvorsorgemassnahme)는 장래의 구체적 범죄행위퇴치와 장래의 구체적 위험방지를 위한 것으로 일반적으로는 아직 위험이 현재화되지 않은 상태인 구

41) 이와 같은 구체적 위험개념의 약화 내지 무용론 현상을 극복하기 위하여 온라인 수색에 대한 법적 통제로서 독일 연방헌법재판소는 온라인 수색 개념의 명확화, 침해에 대한 구체적 법적 근거의 제시, 판사에 의한 영장 통제, 독립·중립적 기구에 의한 대상자에 대한 보충적 대리로서의 강화된 사법적 통제 등을 요구하고 있다. 이에 관하여 자세한 것은 박병욱, "경찰상 온라인 수색의 법률적 문제점," 영남대학교 대학원 석사학위논문, 2009, 30-34쪽, 44-46쪽 참조.

42) 사실 이와 같은 발전은 이미 9·11 테러 훨씬 이전부터 있어 왔으며, 이러한 발전은 정보화, 기술, 지구촌사회의 변화된 범죄형태에 대한 국가적 반작용으로 이해되어 왔다(이러한 점에 관하여는 vgl. Albers, a.a.O., S.97 ff.).

43) 경찰상의 기본적인 침해조치는 기본적으로 개별적인 경우의 구체적 위험을 근거로 하여서만 가능하고, 유형화(Typisierung)가 가능한 추상적 위험의 경우에는 경찰명령(Polizeiverordnung)으로 대처할 수 있다고 보는 것이 전통적인 경찰법적 해석이다(Pieroth/Schlink/Kniesel, a.a.O., § 4, Rn.13).

체적 위험의 전단계에 놓여 있는 것이므로[44] 그의 허용성이 문제되는 것이다.

(2) 위험의 사전배려조치의 허용성

근래의 테러관련 입법(안)들은 그 제정이유에서 국제적 테러로 인한 위협이 상시화(常時化)되어 가고 있는 오늘날 위험의 전단계에서의 법적 도구의 지속적 발전이 필요하다는 점을 강조하고 있다.[45] 그리고 이들 법률들에 의해 인정된 경찰(안전)기관의 구체적 위험의 전단계에서 권한은 신원확인을 쉽게 하고, 여권과 신분증에 지문, 바이오(생체) 증명사진과 같은 생체지표를 기록하는 것을 가능하게 하였다.[46] 그런데 이러한 경찰상 권한은 전통적 구체적 위험을 가지고는 설명할 수 없는 현상이다. 이로 인하여 과연 경찰의 위험의 사전배려조치, 특히 경찰의 각종 정보활동[47]을 위하여 구체적 위험의 존재가 확인되어야 하는 것인지가 다투어지고 있다.

즉, 경찰의 은밀한 정보수집권의 확대나 안전기관 상호간의 정보교환조건의 완화, 프로파일링[48](비교검색, Rasterfahndung)을 통한 혐의자의 발견 등의 경우 구체적 위험 개념에 완전히 부합하는 상태가 존재하지 않거나 구체적 위험이 확인되지 않은 경우에도 그러한 경찰의 정보활동을 통한 기본권 침해활동을 가능한 것으로 이해하는 견해와[49] 비례원칙의 관점에서 프로파일링 기법을

44) Pieroth/Schlink/Kniesel, a.a.O., § 4, Rn.13.

45) 이러한 입법례에 관하여는 대테러방지법(Terrorismusbekampfungsgesetz)에 대한 독일 사민당, 녹색당의 입법안(BT-Drucksache 14/7386, S.1); 대테러방지법에 대한 독일 연방정부의 입법안(BT-Drucksache 14/7727, S.1) 참조.

46) 독일의 대테러방지법은 관련 법령의 변경을 통해 생체정보를 여권/주민증에 저장할 수 있는 길을 열어 주었는바, 동 규정의 도입으로 2007. 11. 1부터 독일의 일반, 관용, 외교관 여권에 내장된 RFID 칩 내에 소지인의 양쪽 엄지지문정보, 생체사진정보(동공, 미간 간격 등 특징점)가 내장되게 되었다.

47) 이러한 경찰이 정보활동의 예로는 CCTV 감시, 국경지역에서의 사건무관계, 의심무관계 신원확인조치=무작위적 신원확인조치(Schleierfahndung), 신분을 위장한 수사관(Verdeckter Erimittler)의 투입, 계획적·정기적 잠복관찰(planmässige Beobachtung) 등이 들어지고 있다(Pieroth/Schlink/Kniesel, a.a.O., § 4, Rn.13a).

48) 우리나라의 경우 프로파일링에 관하여는 형사법 내지 범죄학차원에서 많은 연구가 행해지고 있는바, 임준태, 『프로파일링』, 대영문화사, 2009 등이 그 예이다.

49) Wulff, Befugnisnormen zur vorbeugenden Verbrechensbekämpfung in den Landespolizeigesetzen, 2003, S.1 ff.; Kugelmann, Polizei- und Ordnungsrecht, 2. Aufl., 2011. 5. Kap. Rn.175. 이러한 견해들은 구체적 위험의 사전배려 동의 필요성을 강조하는 입장에서

활용한 개인정보의 수집과 이용은 침해의 중대성을 이유로 공공의 안녕에 대한 구체적 위험이 존재하는 경우에만 허용될 수 있다고 하는 견해의 대립이 있는 것이다.[50] 다만 전자의 입장에 따르는 학자들도 구체적 위험이 요구되지 않는 정보조치의 경우에는 매우 엄격하게 당해 조치의 적법성 및 비례의 원칙에의 부합여부가 심사될 것을 요구하고 있으며,[51] 후자의 견해 역시 프로파일링 기법을 활용한 개인정보의 수집과 이용을 통해 개인의 신체나 생명과 같이 특별히 높은 가치를 갖는 법익에 대한 위험이 방지되어야 하는 곳에서는 구체적 위험의 존재라는 요건에 과도한 요구사항이 세워져서는 안 된다[52]고 하고 있음을 고려할 때 경찰의 정보활동의 가능성이라는 실제에 있어서 양 견해간의 차이는 그리 크지 않은 면이 있음이 사실이다.

생각건대 예방국가에서의 기능이론하에서는 경찰의 임무의 수행을 위하여 정보활동을 통한 위험의 사전배려는 필수적이라고 할 수 있는 면이 있다. 따라서 적어도 사전배려영역에서의 경찰의 정보활동을 위하여 구체적 위험의 존재가 반드시 요구되는 것은 아니라고 할 것이며, 단지 그 경우에 있어서는 보다 엄격하게 당해 조치의 비례의 원칙에의 적합여부가 심사되어야 할 뿐이라고 생각한다. 또한 정보의 사전배려를 통한 경찰상 위험의 사전배려에 있어서는 개인정보에 있어서의 정보절약의 원칙(Gebot der Datensparsamkeit)이나 정보회피의 원칙(Gebot der Datenvermeidung) 및 헌법적인 차원에서 요구되는 목적구속(Zweckbindung)[53]의 원칙 등 정보보호의 원칙이 준수되어야만 할 것이다.[54]

주장되고 있다.

50) 손재영, "프로파일링 기법을 활용한 범죄수사와 범죄예방의 법적 문제," 토지공법연구, 제36집, 2007, 385쪽. 이러한 견해는 아직 구체적 위험이 존재하지 않는 상황에서도 당해 조치가 허용된다고 한다면, 그에 대해서는 과잉금지의 원칙에 반하는 중대한 헌법적 의문이 존재한다는 것을 주된 논거로 한다.

51) Schenke, a.a.O., Rn.10.

52) 다시 말해 연쇄테러, 연쇄살인, 연쇄성폭행범, 연쇄방화 등과 같이 중대한 인적·물적 손해가 예상되는 경우에는 손해발생의 개연성에 대한 높은 요구사항이 세워져서는 안 되며, 이처럼 특별히 높은 가치를 갖는 법익의 보호가 문제되는 곳에서는 손해발생의 개연성이 비교적 낮은 경우에도 구체적 위험이 충분히 인정될 수 있다는 것이다(손재영, 앞의 글, 385쪽; OLG Duesseldorf, NVwZ 2002, 629 f.).

53) 독일의 인구조사판결(BVerfGE 65, 1, 46) 및 전화감청판결(BVerfGE 100, 313, 360)에서는 불명확하거나 아직 명확해지지 않은 목적을 위하여 예비로(auf Vorrat) 무기명화되지 않은 개인정보를 수집하는 것은 목적구속의 원칙과 부합하지 않는다고 적시하고 있다.

결론적으로 말해 보다 심도 있는 정보의 수집, 보다 광범위한 정보처리 및 한층 더 약화된 행정관청 간의 정보교환 등은 현대사회에서의 복잡성, 정보화, 불확실성의 증가에 기인한 구체적 위험의 전단계의 활동의 강화를 통한 시스템 내재적, 필연적 결과로 보아야 할 것이다.[55]

3. 경찰책임자와 비책임자의 개념구분의 무용성(無用性)

사례 1에서 예로 제시되는 국경지역에서의 '무작위적 신원확인조치(無作爲的 身元確認措置, Schleierfahndung)',[56] 공항에서의 안전검색(Personenkontrollen) 등의 경우처럼 경찰상 침해활동이 구체적 위험을 전제함이 없이 행해지는 경우가 있다. 즉, 전통적인 경찰법(이론)에 따르면 모든 국경 통과자들을 상대로 신원확인을 하는 것은 경찰법상 침해조치의 근거가 되는 구체적 위험이 결여되어 있으므로 법이론상 인정될 수 없을 것이나, 현대적 경찰법 이론에 따르면 특정한 장소 ―예를 들어 국경에서 '30km' 이내의 열차 내― 에서 신원확인을 가능케 하는 법규정이 존재하는 한[57] 전통적 구체적 위험이 없어도 그러한 경찰상 침해활동이 허용될 수 있게 된다. 한편 이러한 현대적 경찰법이론에 따르면 종래의 경찰법이론의 근간을 이루었던 경찰책임자와 비책임자의 구분론 또

54) Schoch, Abschied vom Polizeirecht des lieberalen Rechtsstaats? ― vom Kreuzbergurteil des preussischen Oberverwaltungsgerichts zu den Terrorismus- bekämpfungsgesetzen unserer Tage, Der staat(2004), 347(354).

55) Schoch, Abschied vom Polizeirecht des lieberalen Rechtsstaats? ― vom Kreuzbergurteil des preussischen Oberverwaltungsgerichts zu den Terrorismus- bekaempfungsgesetzen unserer Tage, Der Staat 43(2004), 347(354); Trute, Die Erosion des klassischen Polizeirechts durch die staatliche Informationsvorsorge, in: GS Jean d'Heur, 1999, S.403 ff.

56) Schleierfahndung이란 범죄의 혐의나 구체적 위험의 존재가 증명되지 않은 경우에 있어서의 신원확인조치를 말하는 것이다. 이는 구체적 사정하에서 어떤 사건과의 관련성 여하를 묻지 않고(사건무관계), 또한 특별한 의심의 존재여부도 묻지 않고(의심무관련) 행해지는바, 이 점을 고려하면 Schleierfahndung은 '사건무관계, 의심무관련 신원확인조치'라고 번역할 수 있을 것 같다. 다만 이러한 용어가 지나치게 긴 듯한 인상이 짙어 본서에서는 이를 '무작위적 신원확인조치'라고 번역하기로 하겠다.

57) § 23 Abs. 1 Nr. 3 BPolG - "3. Im Grenzgebiet bis zu einer Tiefe 30 Kilometern …"; Soellner, Die Verpolizeilichung ― Grenzen, Chancen und Risiken einer neuen Sicherheitsarchitektur, 2011, S.88 參照.

한 그 의미를 잃게 되는 면이 있는바, 이하에서 이 문제를 상설하기로 한다.

(1) 경찰책임자, 비책임자 개념의 균등화

구체적 위험을 바탕으로 한 전통적 경찰법이론에 따르면 위험방지를 위한 경찰의 조치는 원칙적으로 경찰책임자에 대하여만 행해질 수 있다.[58] 즉, 원칙적으로 경찰책임자만이 위험방지를 위한 경찰의 조치(예컨대 신원확인 등)의 대상이 될 수 있으며, 이 점에서 경찰책임자와 비책임자 간에는 현저한 차이가 존재하게 된다. 그러나 오늘날의 복잡한 리스크 상황에서는 특정한 책임과 관련하여 안정적인 인과관계이론에 따라서 경찰책임이 특정 개인에게 귀속되지 않는 경우가 많으며, 이런 상황하에서는 과연 누가 경찰상 책임자인지를 밝혀내는 것이 매우 어려운 일이 된다. 따라서 이러한 사정하에서는 경찰의 (특히 위험배려를 위한) 활동은 자동적으로 비책임자를 염두에 두게 되고[59] 그 결과 비책임자에 대해서도 경찰의 조치가 취해지게 되는바, 이렇게 되면 전통적 경찰법이론에 따를 때 경찰책임자와 비책임자 사이에 존재하던 차이가 사실상 사라지게 된다. 한편 이러한 경찰책임자와 비책임자 개념의 균등화의 징조는 곳곳에서 볼 수 있는바, 국경지역에서 입국자 등을 대상으로 행해지는 무작위적 신원확인조치는 이러한 전통적인 경찰책임자, 비책임자 개념의 균등화가 나타나는 대표적 현상의 하나로 제시될 수 있을 것이다.[60] 이하에서는 무작위적 신원확인조치에 대한 독일에서의 논의를 간략히 소개하기로 한다.

(2) 무작위적 신원확인조치

독일의 경우 무작위적 신원확인조치는 1990년대 후반 이후에 연방경찰[61]

---

58) Schoch, Polizei- und Ordnungsrecht, in: Schmidt-Aßmann(Hrsg.), Besonderes Verwaltungsrecht, 12. Aufl., 2003, Rn.117 ff.; Schwetzel, Freiheit, Sicherheit, Terror, 2007, S.107 f.

59) Hoffmann-Riem, Freiheit und Sicherheit, ZRP 2002, 497(500).

59) Schwetzel, a.a.O., S.107.

61) 종래의 연방국경수비대(Bundesgrenzschutz)는 Schengen협약, 유럽연합 출범 등으로 유럽국가 내 역내 국경통제가 완화되면서 동 관청의 국경수비(Grenzschutz)임무의 의미가 기존보다 약화되면서 2005.7.1.부터 연방경찰(Bundespolizei)로 이름이 바뀌었는바, 이러한 과정에 관하여 보다 자세한 것은 김형만 외 8인 공저, 『비교경찰제도론』, 법문사, 2007, 380쪽 아래 참조. 한편 철도경찰(Bahnpolizei)은 이미 1992.4.1.에 당시의 Bundesgrenzschutz에 흡수되었다.

법(Bundespolizeigesetz)[62]과 각 주의 경찰법[63]에 도입되기 시작하였는바, 무작위적 신원확인조치에 관한 규정에서 볼 수 있는 가장 커다란 특색은 경찰상 신원확인 조치의 대상자에 특별한 제한이 없다는 점이다. 즉, 독일 연방경찰법 제22조 제1a항은 국경 등을 통과하는 자는 '누구나(jede Person)' 경찰상 신원확인 조치의 대상자가 될 수 있음을 규정하고 있다. 즉, 동 규정은 국경('제한된 장소')을 통과한다는 '행위'에 착안하여 신원확인조치를 할 수 있음을 규정하고 있는데, 전통적 경찰법이론에 따르면 그러한 '행위'만을 가지고는 국경을 통과하는 자들을 입국관련 법규를 위반함으로써 구체적 위험을 야기한 경찰책임자라고 볼 수 없으며, 또한 구체적 위험을 직접적으로 야기하지는 않았으나 엄격한 조건하에서 그 위험을 방지하기 위한 경찰상 조치의 대상이 될 수 있는 비책임자[64]라고도 단정할 수 없는 것이다. 결국 무작위적 신원확인조치 등에서는 '구체적 위험 상황과는 관련없는 개인의 행위'가 경찰조치의 대상이 되는 경찰책임자를 결정함에 있어 전제조건이 되어 가고 있는바, 이러한 현상을 Lepsius는 경찰책임(자) 개념의 탈개인화(脫個人化, Entindividualisierung)라고 부르

62) 독일의 연방경찰법(Bundespolizeigesetz, BPolG) 제22조는 「직무질문과 정보제공의무」라는 제하에 제1a항에서 "국경 내의 허가되지 않는 입국을 방지하기 위하여 연방경찰은 열차의 객실 내에서 … 국경경찰상의 경험상 또는 장소적 특성상 … 또한 국경을 통과하는 데 이용되는 항공기 내 또는 공항의 시설 내에서 … 누구나 잠시 정지시키고 직무질문을 할 수 있으며 소지하고 있는 신분증 및 국경통과증명서(여권, 비자 등)를 검사를 위하여 제시할 것을 요구할 수 있고 소지하고 있는 물건을 육안으로 확인할 수 있다"고 규정하고 있는바. 원문을 인용하면 다음과 같다:

§ 22 Befragung und Auskunftspflicht

(1a) Zur Verhinderung oder Unterbindung unerlaubter Einreise in das Bundesgebiet kann die Bundespolizei in Zügen und auf dem Gebiet der Bahnanlagen der Eisenbahnen des Bundes (§ 3), soweit auf Grund von Lageerkenntnissen oder grenzpolizeilicher Erfahrung anzunehmen ist, daß diese zur unerlaubten Einreise genutzt werden, sowie in einer dem Luftverkehr dienenden Anlage oder Einrichtung eines Verkehrsflughafens (§ 4) mit grenzüberschreitendem Verkehr jede Person kurzzeitig anhalten, befragen und verlangen, daß mitgeführte Ausweispapiere oder Grenzübertrittspapiere zur Prüfung ausgehändigt werden, sowie mitgeführte Sachen in Augenschein nehmen.

63) 무작위적 신원확인조치에 관한 규정은 독일의 각주의 경찰법에서도 발견되는바, 대표적 예로는 § 18 Abs.7 ASOG Bln; § 26 Abs.1 Nr.6 PolG BW; Art.13 Abs.1 Nr.5 BayPAG 등을 들 수 있다.

64) 비책임자에 대한 경찰권발동은 경찰책임자에 대한 경찰권발동의 경우보다 매우 엄격한 조건하에서만 허용될 수 있는바, 이에 관하여 보다 자세한 것은 378쪽 아래 참조.

고 있다.[65] 그리고 이러한 Lepsius의 진단은 위험이 더 이상 개별적인 행위자로부터 비롯되는 것이 아니라 오늘날의 테러, 컴퓨터 기술과 관련된 복잡한 위험상황으로부터 비롯된다는 인식에 기인하고 있는 것으로 이해되고 있다.[66] 다시 말해 무작위적 신원확인조치 등에서 일반적으로 수인의무를 지게 되는 경찰상 조치의 대상자는 개인적 측면에서의 조명이 행해지지 않고 익명(anonym)의 집단의 일원으로서 간주되는데, 이 경우 경찰상 조치시점에서의 대상자의 신원 그 자체나 행동은 전혀 경찰의 관심의 대상이 되지 않는다. 따라서 이 경우 전통적 경찰법에서 요구되는 대상자의 행위와 관련 법규범에서 규정해 놓은 위험상황과의 구체적 책임귀속관계는 처음부터 의미가 없는 것이 된다.[67]

이처럼 신원확인조치의 대상자가 특정되어 있지 않는다는 점 때문에 무작위적 신원확인조치에 관한 규정의 합헌성 여부에 관하여는 많은 헌법적 논란이 있어 왔지만, 그럼에도 불구하고 동 규정들은 원형 그대로 각각의 법률에 그대로 남아 있다. 또한 근래 바이에른의 헌법재판소는 무작위적 신원확인조치를 규정하고 있는 바이에른 경찰직무법(BayPAG) 제13조의 합헌성을 인정하는 결정을 행한 바 있는데, 그 이유로는 동 규정의 전체적인 목적이나 취지에 비추어 볼 때 관련되는 개인을 추론할 수 있기 때문에 경찰의 침해조치(여기서는 무작위적 신원확인조치)의 대상자를 충분히 '특정할 수 있다'는 점을 들고 있다. 나아가 바이에른 헌법재판소는 비례의 원칙이 지켜지고 경찰의 침해조치의 대상자가 법적으로 특정가능하다면 경찰이 침해조치를 취하기 위한 전제로서의 구체적 위험의 개념이 필요불가결한 것은 아니라고 판시한 바 있다.[68] 이처럼 구체적 위험이 경찰상 조치의 조건으로서 반드시 필수적으로 고려되지 않는 것이라고 한다면, 그러한 구체적 위험의 존재를 개념적 전제로 삼았던 경찰책임자 및 비책임자의 개념 내지 그를 전제로 한 양자의 구분 또한 의미가 퇴색되게 된다고 할 수 있다.[69]

---

65) Lepsius, Freiheit, Sicherheit und Terror: Die Rechtlage in Deutschland, Leviathan 32(2004), 64(82 f.)

66) Vgl. Schwetzel, a.a.O., S.108.

67) Horn, a.a.O., S.435(460 ff.).

68) Vgl. BayVerfGH, DVBl 2003, 861 = Bayerische Verwaltungsblaetter 2003, 560. 바이에른 헌법재판소의 동 결정에 관하여 보다 자세한 것은 정훈, 앞의 글, 407쪽 참조.

(3) 소 결

사례 1의 경우 甲, 乙, 丙은 모두 구체적 위험을 야기한 경찰책임자가 아니다. 또한 현장(열차의 식당칸)에 구체적 위험이 존재한다고 볼 수도 없으므로 예외적으로 경찰권발동의 대상이 되는 전통적 경찰법상의 비책임자도 아니다. 그러나 독일법에서 제시된 대로 특정 장소에서의 경찰상 정보침해활동을 수권하는 법률규정이 존재하고 해당 법적 조건이 갖추어져 있다면 독일-체코 합동 검문조의 국경에서의 신원확인은 정당화될 수 있다.

Ⅳ. 위험개념의 변화와 헌법적 정당성

전술한 바와 같이 전통적 경찰법이론의 근간을 이루었던 구체적 위험 개념의 변화 내지 붕괴는 전통적인 경찰법이론의 해체라는 문제를 가져올 정도에 이르렀는바, 이러한 현상을 Schoch는 "오늘날 '구체적 위험 개념의 약화 내지 붕괴',[70] 그리고 그에 기인한 '책임자 및 비책임자 개념의 무용성 부각' 등으로 인해 자유와 안전 사이에 신뢰성 있고 균형적인 조화를 보장할 수 있었던 전통적 경찰법개념의 법치국가적 윤곽이 부분적으로 사라져 버렸다"라고 표현하고 있다. 또한 Schoch는 이러한 인식하에 구체적 위험의 개념을 바탕으

---

69) 전술한 바와 같이 무작위적 신원확인조치의 대상자는 전통적 경찰법에서 줄기차게 말하던 (구체적 위험을 야기한) 경찰책임자도 (구체적 위험을 직접적으로 야기하지는 않았으나 일정한 법적 조건 및 법률적 수권에 의하여 구체적 위험을 제거하기 위한 경찰상 조치의 대상이 될 수 있었던) 비책임자도 아니다. 한편 구체적 위험의 전단계 영역에서의 경찰상 정보조치의 대상자가 구체적 위험개념을 전제로 하였던 전통적 의미의 경찰책임자도 비책임자도 아닌 경우가 많다는 현상은 이미 1990년대에 지적된 바 있는데, 이에 관하여는 vgl. Müller, Der Abschied von der konkreten Gefahr als polizeirechtliche Eingriffsbefugnis, StV 1995, 603(605).

70) 구체적 위험 개념의 약화 내지 붕괴현상은 일찍부터 여러 학자들에 의하여 지적되어 왔는바, 대표적인 것으로는 vgl. Trute, Die Erosion des klassischen Polizeirechts durch die staatliche Informationsvorsorge, in: GS Jean d'Heur, 1999, S.403(406 ff).; Würtenberger, Polizei- und Ordnungsrecht, in: Achterberg/Pütter/Würtenberger (Hrsg.) Besonderes Verwaltungsrecht, Band II, 2000, § 21. Rn.30; Schulze-Fielitz, Nach dem 11. September: An den Leistungsgrenzen eines verfassungsstaatlichen Polizeirecht?, in: Horn(Hrsg.) Recht im Pluralismus, Fs für Walter Schmitt Glaeser, 2003, S.407(414 ff.).

로 한 전통적 경찰법이론이 해체됨으로써 모든 사람에 대하여 가능한 위험진단을 제한할 수 있었던 적합한 헌법적 통제기준이 일정 부분 상실되었다고 보고 있는바,[71] 이러한 지적은 틀림없이 타당한 일면을 갖고 있다고 생각된다.

한편 이러한 경찰법(이론)의 현대적 상황 내지 그것이 갖고 있는 문제점을 Jakobs의 형법이론[72]이 갖고 있는 문제점과 동일시하여 비판하는 견해도 나타나고 있는바, 이하에서는 그러한 비판론이 갖고 있는 허구성에 대해 논하고자 한다. 그리고 나아가 경찰법(이론)이 직면하고 있는 전술한 바와 같은 문제점에도 불구하고 경찰법(이론)이 헌법적으로 어떻게 정당시될 수 있는지의 문제, 즉 경찰관련 법규나 경찰이 취하는 조치들이 어떤 조건하에서 헌법에 부합하게 발전할 수 있을 것인지에 대하여 논해보기로 하겠다.

1. 예방사회화(豫防社會化)에 대한 비판 ― Jakobs의 이론의 문제점을 토대로

(1) Jakobs의 시민형법과 적형법의 구분이론

Jakobs는 형법 및 형벌규정은 법질서의 확인을 그 목적으로 한다는 적극적 일반예방을 주장하면서 이른바 시민형법(市民刑法, Bürgerstrafrecht)과 적형법(敵刑法, Feindstrafrecht)의 구분이론을 제창하였는바,[73] 이러한 Jakobs의 이론은 Carl Schmitt의 '친구의 법(Freundrecht) · 적을 위한 법(Feindrecht) 이론'[74]을 이어

---

71) Schoch, Abschied vom Polizeirecht des lieberalen Rechtsstaats? ― vom Kreuzbergurteil des preussischen Oberverwaltungsgerichts zu den Terrorismus- bekämpfungsgesetzen unserer Tage, Der Staat 43(2004), 347(369); Hoffmann-Riem, Freiheit und Sicherheit im Angesicht terroristischer Anschläge, ZRP 2002, 497(499 f.)

72) Jakobs의 형법이론 전반에 관하여는 vgl. Jakobs, Norm, Person, Gesellschaft 1999, S.109 f.; ders., Bürgerstrafrecht und Feindstrafrecht, HRRS 2004, 88(91); ders., Terroristen als Personen im Recht?, ZStW 117(2005), 839 ff.; Navarrete, Freindstrafrecht: Sinnpotential und funktionale Entmythifizierung eines Begriffes, 한양대학교 법학연구소 법학논총, 제26집 제1호(2009), 199-229쪽.

73) Jakobs의 이론에 따르면 시민형법은 형법에 개인적 지위를 위임하는 것으로 범죄자에 대한 법을 말하며, 적형법은 국가에 대한 시민의 요구에 기초하는 법을 말한다고 하는바, 이러한 Jakobs의 시민형법과 적형법의 구분이론에 관하여 자세한 것은 vgl. Jakobs, Bürgerstrafrecht und Feindstrafrecht, HRRS 2004, 88 ff.

74) C. Schmitt는 정치적인 관점에서 적과 친구를 구별할 것을 제안하면서, 여기서의 적은 경쟁

받은 것으로 이해되고 있다. Jakobs는 이미 1980년대부터 중범죄에 대한 국가 차원에서의 해답을 찾으려 노력을 했고 이것이 이른바 적형법 개념으로 정리 되었는바, 이러한 그의 이론은 1980년대에 부각되었던 리스크 사회에서의 위험 예방 및 형법의 기능에 관한 논쟁에 기인한 바가 크다.[75] 그는 범죄를 중범죄와 경범죄로 구분하면서 경범죄자의 경우는 단지 사회계약(사회적 합의)으로 이루어진 공동체의 권리와 의무를 내포하는 법질서를 부분적으로(nur partiell) 해치는 것에 그치나,[76] 중범죄자는 그러한 법질서를 지속적으로 그리고 결연히(entschieden) 거부하기 때문에 중범죄자들은 스스로 시민으로 취급받을 것을 사회에 요구할 수 없다고 하였다.[77] 즉, 이 경우 국가는 사회적인 합의를 파괴한 개인을 (홉스가 말한 "만인에 대한 만인의 투쟁"의) 전국가적 자연상태(前國家的自然狀態, im vorstaatlichen Naturzustand)에서 만난 것이 되므로 국가는 그의 잘못된 행위에 대하여 비례의 원칙, 형벌의 적정한 책임의 원칙, 책임주의와 같은 법치국가적 보장을 해줄 필요가 없다는 것이다. 결론적으로, 중범죄자는 "시민"으로서 취급받을 수 없으며 단지 "적"으로서 퇴치되어야 한다는 것이 Jakobs의 생각이다.[78]

(2) Jakobs의 이론에 대한 비판과 그의 타당성

이러한 Jakobs의 이론에 대하여는 다음과 같이 두 가지 관점에서 비판이

상대나 감정적으로 증오하는 대상이 아니라 '공공의 적'(hostis)임을 강조하였다(이러한 점에 관하여는 http://uebermensch.tistory.com/149 참조). 그리고 전쟁에서의 공격자의 행위 내지 공격을 적(Feind)의 행위로 개념구성하고 이를 형사범죄화(kriminalisierung) 하는 것이 국제법에서의 정의 방법이라고 설명한다(C Schmitt, Der Begriff des Politischen, Text von 1932 mit einem Vorwort und drei Corollarien, 1963, S.26 f., 34 f. und 37). 한편 이러한 설명에 관하여는 아울러 vgl. Böckenförde, Recht, Staat, Freiheit, 1991, S. 345; Kraus, Freund und Feind im Zeitalter des kalten Krieges, in: Mehring(Hrsg.) "Carl Schmitt — Der Begriff des Politischen" — Ein kooperativer Kommentare, S.180; 칼 슈미트 저/김효전 역, 정치적인 것의 개념: 서문과 세 개의 계론을 수록한 1932년판, 법문사, 1992(역자의 말 — 칼 슈미트의 정치적인 것의 이론); 홍철기, "칼 슈미트의 정치적인 것의 개념에 대한 연구," 서울대 석사학위 논문, 2005.

75) Jakobs, Kriminalisierung im Vorfeld, ZStW 97(1985), 751, 773 ff.

76) Jakobs, Bürgerstrafrecht und Freindstrafrecht, HRRS 2004, 88 f.

77) Jakobs, Büergerstrafrecht und Freindstrafrecht, HRRS 2004, 88(92).

78) Jakobs, Büergerstrafrecht und Freindstrafrecht, HRRS 2004, 88(95).

행해져왔다. 먼저 Jakobs의 이론은 기본권 보호, 특히 개인의 사적 영역의 보호와 관련된 문제를 단지 —한 국가 내의— 시민의 관점에서만 바라보고 있는 결과 '구체적 위험을 야기한 자(Gefährder)'의 추적에 있어 기본권의 효력과 범위에 관한 헌법적 고려를 전혀 하지 못하고 있다는 비판이 행해지고 있다. 즉, Jakobs의 적대자형법은 이슬람 테러혐의자의 퇴치를 위한 조치의 헌법적 구속력을 지지하는 데 기여할 뿐이라는 비판이 그것이다. 또한 범죄예방의 관철이라는 맥락에서 시민형법으로부터 적형법으로의 전이단계를 상정하는 그의 이론을 통하여 현대 형법에서 일상적인 사회통제적 경향이 지나칠 정도로 확장이 되고 있다는 비판도 행해지고 있다.[79]

생각건대 (범죄의) 예방이 반드시 적대적인 요소를 가지고 있는 것은 아니라는 점 등을 고려할 때 Jakobs의 시민형법과 적형법의 구분이론 그 자체는 형법국가의 경계로서 개인의 사적 영역을 완전히 무시하는 측면이 있으며, 그 결과 어떤 관점에서도 헌법적으로 정당화될 수 없음은 분명하다고 할 것이다.[80] 그러나 근래에 나타나고 있는 전통적 경찰법(이론)의 붕괴현상, 즉 경찰법상 위험·책임개념의 약화(내지 붕괴)와 그로 인한 책임귀속의 확대를 비판함에 있어 그 근거로 Jakobs의 이론에 대한 비판을 그대로 원용하는 것은 정당화될 수 없다. 왜냐하면 그러한 현상은 결코 입법자가 합리적 근거도 없이 친구와 적을 다르게 취급하겠다는 인식에서 시작되는 것이 아니라,[81] 단지 여러

---

79) 이러한 비판에 관하여 보다 자세한 것은 vgl. Dencker, Gefährlichkeitsvermutung statt Tatschuld? Tendenzen der neueren Strafrechtsentwicklung, StV 1988, 262 ff.; Frehsee, Die Strafe auf dem Prüfstand, StV 1996, 222 ff.; Kempf, Strafrecht und Strafverteidigung, NJW 1997, 1729(1731); Kunz, 25 Jahre Sicherheitsdiskurs, KrimJ 31(1990), 289 ff.; Schulz, "Die Deutsche Strafrechtswissenschaft vor der Jahrhundertwende". Bericht von einer Tagung, ZStW 112(2000), 653 ff. 한편, 헌법 영역에서의 비판에 관하여는 vgl. Denninger, Der Präventions-Staat, KritJ 21(1988), 1 ff. 비슷한 취지에서 테러관련 입법의 사회통제적 경향에 대해서는 이계수/오동석/오병두, "테러대응법령과 기구에 대한 비교연구," 치안논총, 제22집, 2006, 466쪽 아래 참조.

80) 동지: Koetter, Pfade des Sicherheitsrechts, 2008, S. 327-329.

81) 즉, Jakobs의 이론이 이른바 인격책임 내지 행위자책임(Persoenlichkeits oder Täterschuld)을 전제로 하는 것은 아니다. 오늘날의 리스크사회에서도 형법도 행위형법(Tatstrafrecht)이지 행위자형법이 될 수는 없다. 다시 말해 행위자는 그가 죄를 범하였기 때문에 처벌받는 것이지, 그의 상태 때문에 처벌받는 것은 아니다. 즉, 책임판단의 대상은 구체적인 행위이며, 따라서 형사책임은 개별적 행위책임(Einzeltatschuld)의 성격을 갖는 것이다(이러한 점에

가지 사정을 원인으로 하는 불확실성의 증대[82]라는 오늘날의 정보적·기술적·문화적 상황과 복잡하게 관련되어 있다고 보아야 할 것이기 때문이다. 결국 (전통적 이론에 따른) 구체적 위험 발생의 전단계(Vorfeld)에서의 구체적 행위나 구체적 상태가 경찰조치의 대상이 될 수 있다는 점을 설명하는 과정에서 전통적인 경찰상 "구체적 위험" 개념이 일정 부분 붕괴되고 그로 인하여 "구체적 위험"을 바탕으로 한 책임자·비책임자 개념의 무용성이 대두되어 전체적인 경찰법 도그마가 일정부분 변경되어 가는 현상을 Jakob의 이론에 대한 비판론을 논거로 비판하는 것은 바람직하지 못하다고 생각된다. 다만 (전통적인) 구체적 위험 개념이나 책임자·비책임자 개념이 경찰상 정보활동 등의 경우에 약화 내지 붕괴된다고 할지라도 개인의 기본권제한에 관한 헌법적 원칙[83]은 그대로 인정되어야 하며, 나아가 더 엄격하게 적용되어야 한다는 것을 간과하여서는 아니된다.

2. 새로운 경찰법 이론에 대한 헌법적 개념구상의무

현대사회의 불확실성의 증대로 인하여 전통적인 경찰법상의 구체적 위험 개념 및 그에 기초한 경찰법이론이 약화 내지 붕괴되어가는 면이 있다고 하더라도 결코 아무런 법적 기준 없이 경찰이, 즉 국가가 개인의 자유권을 포함한 기본권을 침해하여서는 아니 된다. 즉, 개인과 보호되어야 할 법익에 대한 위험 사이에 충분한 관련성이 인정되지 않는다면 기본적으로 경찰이 경찰조치를

관하여는 이재상, 『형법총론』, 2009, 298쪽).

82) 현대사회의 특징의 하나로 불확실성의 증대를 들 수 있을 것이다. 한편 이러한 불확실성의 증대의 원인으로는 인터넷·유비쿼터스 사회에서의 정보의 증대, 문화간 교류의 확대, 문화간 네트워크화로 인한 이해 및 오해의 증가, 테러·핵·환경 등과 관련된 문제의 복잡성 등이 들어지고 있다.

83) 독일의 연방헌법재판소는 인구조사판결(BVerfGE 65, 1 ff. 한편 인구조사판결의 경위에 관하여 자세한 것은 김일환, 개인정보보호법제의 정비에 관한 연구, 한국법제연구원, 1997, 78쪽 아래 참조) 등에서 공동체의 일원으로서의 개인의 기본권도 고도의 공공의 이익(überwiegende Allgemeininteresse)을 위하여서는 '실천적 조화'(Praktischer Konkordanz)의 원칙, 법률유보의 원칙, 명확성의 원칙, 비례의 원칙 등의 엄격한 적용하에 제한될 수 있음을 인정하고 있다[Vgl. BVerfGE 4, 7(15); 8, 274(329); 27, 1(7)]; 27, 344(351 f.); 33, 303(334); 50, 290(353); 56, 37(49)].

통하여 개인의 자유권을 부당하게 제한하여서는 아니 된다.[84] 그리고 이 점이 지켜지지 않는다면 법치주의의 원칙으로부터 도출되는 불필요한 침해금지의 원칙에 위배되는 것이다. 따라서 경찰책임자(Störer)와 비책임자(Nichtstörer)간의 차이가 평준화되어[85] 아무런 기준 없이 특정인이 경찰조치의 대상자로 취급받아서는 아니 될 것이다. 이런 점 때문에 테러·안전관련 입법을 행함에 있어서 새로운 안전조치에 대하여 법적으로 개념을 구상하여 법적 평가가 가능하고 수긍할 수 있는 ―특히 경찰조치의 대상자와 관련된― 구체적 법기준을 제시할 것이 입법자에게 요구되는 것이다.

공항에서의 무작위적 신원확인조치에서 볼 수 있는 것처럼 책임귀속이 발생하지 않는 사실관계가 위험의 전단계에서 갖는 경찰권한의 위헌성을 근거짓지는 못한다.[86] 또한 온라인 수색에 있어서도 구체적 위험 개념의 약화 자체가 위험의 전단계에서 갖는 경찰권한의 위헌성을 정당화시킬 수 없다.[87] 그러나 위험의 전단계에서 갖는 경찰권한의 합헌성은 그것이 법치국가적 관점에서 볼 때 예측가능하고 통제가능한 경우에 한하여 인정될 수 있을 것인바, 그를 위하여서는 보충적인 절차적 담보가 요구된다. 그리하여 독일의 연방헌법재판소는 ―일반적으로 (개념)구상의무로 표현되는― 보충적인 절차적 요구조건을 법적으로 발전시켰는바,[88] 그에 따르면 위험의 전단계에서의 경찰의 침해권한은 ―그것이 헌법합치적 해석의 방법을 통한 것이든 또는 입법자의 당연한 법적 요구조건의 제시의 방법을 통한 것이든― 일반적으로 쉽게 상상이 가고 법적으로 구속력 있는 개념구상의 틀에 구속될 것이 요구된다.[89]

---

84) Trute, Rechtssprechungsanalyse-Gefahr und Prävention in der Rechtssprechung zum Polizei- und Ordnungsrecht, Die Verwaltung 36(2003), 501(519).

85) Vgl. LVerfG MV, DÖV 2000, 71(72).

86) SächsVerfGH, Urteil v. 10. Juli 2003 – Vf. 43-II-00 – Umdruck S.42 ff.; BayVerfGH, NVwZ 2003, 1375 ff.; Möllers, Polizeikontrollen ohne Gefahrenverdacht – Ratio und rechtliche Grenzen der neuen Vorfeldbefugnisse, NVwZ 2000, 382 ff.

87) 박병욱, "경찰상 온라인 수색의 법률적 문제점," 영남대학교 대학원 석사학위논문, 2009, 30-34쪽, 44-46쪽.

88) Vgl. BVerfGE 100, 313, 373(383); 120, 274(326).

89) Trute, Die Erosion des klassischen Polizeirechts durch die staatliche Informationsvorsorge, in: GS Jeand'Heur, 1999, S.403(410); Möllers, Polizeikontrollen ohne Gefahrenverdacht - Ratio und rechtliche Grenzen der neuen Vorfeldbefugnisse, NVwZ 2000, 382(387); Schulze-Fielitz, a.a.O., S.407(429).

V. 맺으며

구체적 위험의 전단계 또는 위험의 혐의의 단계에서의 경찰개입가능성을 인정하기 위한 전제로서 지금까지 살펴본 위험개념의 약화, 위험·책임자 개념의 무용성에 관한 논의[90]는 오늘날의 테러나 과학, 정보기술의 발전과 관련하여 특정 영역에서만 적용되는 것이다.[91] 따라서 무작위적 신원확인조치, 온라인 수색 등이 현재 실제로 행해지고 있음을 이유로 이러한 논의를 전통적 경찰법 도그마 전체에 확대해석하여 전통적 경찰법 이론을 등한시하여서는 아니 된다.

또한 사례 1의 경우에서 보듯이 국경에서의 신원검색 등과 관련하여 (경찰력의 한계로 인해 인정되는 경찰편의주의의 원칙 등을 고려한다고 하더라도) 특정인만을 경찰조치의 대상으로 삼는 것은 인권이나 평등의 원칙과 관련하여 많은 논란을 낳을 수밖에 없다는 점을 유의할 필요가 있다. 즉, 특정한 혐의점 없이 일반적인 기준에 의하여 분류하고 이를 근거로 특정인만을 경찰조치의 대상자로 삼는 것은 경찰조치의 대상자에게 낙인효과(烙印效果)[92] 및 굴욕감을 줄 수 있는 가능성이 상존하는 것이다. 이와 관련하여 하버드 대학의 연구팀이 테러리즘의 근본적 원인이 —가난이나 문맹이 아니라— '굴욕감(Demütigung)'이라는 연구결과를 내놓고 있는 것은 주목할 만하다.[93] 따라서 경찰이 현장에서 일정한 기준에 의하여 특정인에 대하여 경찰상 조치를 취하는 것은

---

90) 이러한 논의는 근대국가의 성립과 함께 발달되어온 (자유주의적) 법치국가 체제 내에서 안전에 대한 문제를 법적으로 어떻게 바라볼 것인지와 관련되어 있는바, 오늘날 이러한 논의가 새로이 행해질 수밖에 없는 이유로는 유전자기술·핵기술 및 각종 정보통신기술의 발달, 국제화 등으로 대변되는 현대의 변화된 사회상황 등이 열거될 수 있다(이러한 사정에 관하여는 정문식, "안전에 관한 기본권의 헌법상 근거와 위험심사기준," 법과 정책연구, 2007, 218쪽 참조).

91) Schwetzel, Freiheit, Sicherheit, Terror, 2007, S.112.

92) 형사정책차원에서 주로 설명되는 낙인이론(烙印理論, labeling theory)에 관하여 자세한 것은 박상기/손동권/이순래, 형사정책, 한국형사정책연구원 174쪽 아래 참조.

93) Limbach, Ist die kollektive Sicherheit der Feind der individuellen Freiheit, 2002, S. 10 f. 한편 이러한 연구결과에 관하여 보다 자세한 것은 다음의 인터넷 사이트를 참조하기 바란다: http://www.zeit.de/reden/deutsche_innenpolitik/200221_limbach_sicherheit(마지막 검색 2011. 6. 14).

설사 그것이 법적으로 정당화된다고 할지라도 가능한 한 피하여야 하며, 경찰의 이러한 언행은 그 자체로서 관련 일반적 평등법(Allgemeines Gleichbehandlungs-gesetz) 등에 의하여 법적 제재의 대상이 되는 행위임도 잊어서는 안 될 것이다.

결론적으로 전술한 특정 영역 이외의 대부분의 경찰조치영역에서는 전통적 경찰법 이론이 여전히 유효하며, 특정한 영역에서 현재의 상황에 따른 경찰상 조치는 법이론 발전의 과정에 있는 것으로서 현재로서는 엄격한 (헌)법적 통제 아래 제한적으로만 인정될 수 있다고 할 것이다. (서정범/박병욱)*

---

* 이 글, "경찰법상의 위험개념의 변화에 관한 법적 고찰"은 안암법학 제36호에 게재되었던 글임.

제 4 편

경찰권발동의 대상

제4편

개관

제4편에서는 '경찰권발동의 대상'이란 제하에 경찰책임의 문제를 전방위적(全方位的)으로 고찰한다. 제4편에서의 논의는 경찰권은 경찰책임자에게만 발동되어야 한다는 원칙(종래 우리나라에서는 이를 '경찰책임의 원칙'이라고 불러왔다)을 근간으로 하여 전개되는바, 제4편이 담고 있는 내용을 개관하면 다음과 같다.

먼저 제1장은 경찰행정법학의 고전적 테마였던 고권력주체의 경찰책임을 다루고 있는바, 이 문제와 관련하여서는 고권력주체의 경찰책임을 실질적 경찰책임과 형식적 경찰책임으로 구분하여 고찰할 것이 무엇보다도 요구된다.

경찰책임은 크게 행위책임과 상태책임으로 구분되는바, 행위책임에 관한 논의의 핵심은 행위책임의 귀속원리를 이루는 '원인야기(Verursachung)'라고 할 수 있다. 이 문제에 관한 이해가 선행되지 않으면 행위책임 전반에 대한 이해가 사실상 불가능하다고 할 수 있는바, 이러한 점을 고려하여 제2장과 제3장은 원인야기의 문제를 심도 있게 고찰하고 있다. 즉, 제2장은 '경찰책임의 귀속원리로서의 원인야기'란 제하에 원인야기에 관하여 전개되어 온 이론을 상세히 설명하고 있으며, 제3장은 특별한 문제인 '의도적 간접원인제공자 이론'에 대한 일반적 논의와 함께 동 이론의 무용성에 관한 논의를 아울러 소개한다.

한편 상태책임의 문제와 관련하여 가장 중요하고 그에 상응하여 가장 많이 논의되고 있는 것은 상태책임의 한계 내지 범위에 관한 문제라고 할 수 있는바, 제4장과 제5장은 바로 이러한 문제를 다르고 있다. 즉, 제4장은 상태책임의 범위에 관한 독일에서의 이론전개와 이 문제를 정면으로 다룬 기념비적 의미를 갖는 것으로 간주되는 독일 연방헌법재판소의 결정을 상세히 소개하고 있으며, 제5장은 그들 논의를 압축하여 소개하면서 이른바 '연계이론(連繫理論)의 부정'을 통한 새로운 해결방법을 제시하고 있다.

경찰책임과 관련하여 학자들의 관심을 많이 받아 온 특별한 문제가 있는데, '다수의 경찰책임자와 관련된 법적 문제', '경찰책임의 승계' 그리고 '비책임자에 대한 경찰권발동'이 그것이다. 제6장 이하는 이들 문제에 관한 탐구에 진력하고 있다. 즉, 먼저 제6장과 제7장은 다수의 경찰책임자의 문제를 조명하고 있다. 그리하여 제6장에서는 다수의 경찰책임자와 관련된 법적 문제에 관한 일반적 논의를 소개하고 있으며, 제7장은 특히 다수의 경찰책임자가 존재하는 경우 그들 중 누구에게 경찰권을 발동할 것인가의 문제에 천착하고 있다. 특히 이들 문제에 관한 역사적 논의와 선택재량 행사의 지도원리를 상세히 소개하고 있음은 주목할 만하다. 다음으로 제8장은 경찰책임의 승계를 둘러싼 법적 문제를 승계를 인정할 필요성으로부터 시작하여, 구체적으로 경찰책임의 승계 여부를 상세히 논하고 있다. 특히 경찰책임의 여부를 행위책임과 상태책임, 구체적 경찰책임과 추상적 경찰책임, 특정승계와 포괄승계라는 3가지 관점을 기준으로 설명하고 있다. 국내에 이와 관련된 논의는 이 글 이외에는 사실상 전무하다는 점에서 의미 있는 글이라고 생각한다. 끝으로 제9장에서는 경찰책임의 원칙에 대한 예외를 이루는 비책임자에 대한 경찰권발동의 문제를 그 전제로서의 경찰긴급권과 결부시켜 상세히 설명하고자 하였다.

제 4 편

제 1 장 고권력주체의 경찰책임

▌사례 1▌ A광역시의 인근 국유하천에서 기름막이 발견되었는바, 이러한 수질오염을 야기한 자가 누구인지는 확인되지 않고 있다. 기름막이 점차적으로 더 확산될 염려가 있는 관계로 A광역시는 우선 시 자체의 모든 행정력을 동원하여 기름막을 제거하였다. 이제 A광역시는 기름막 제거에 소요된 비용을 하천의 소유권자인 국가로부터 받아내고자 한다. A광역시의 비용상환청구권이 인정될 수 있겠는가?[1)]

▌사례 2▌ B시는 시립실내수영장을 운영하고 있으며, 시의 수영장운영에 대한 시민들의 호응은 점차 높아가고 있다. 이에 B시는 보다 많은 시민들이 수영장을 이용할 수 있도록 하기 위하여 실내수영장에 연하여 옥외수영장을 설립·운영하고 있다. 그런데 옥외수영장의 운영과정에서 발생하는 소음으로 인하여 인근 주민들의 민원이 끊이지 않고 있다. 이에 소음규제권한을 가진 행정청 C가 소음방출기준을 50dB로 정하고, B시에게 그 기준에 적합한 조치(예: 방음벽설치)를 취할 것을 명하기에 이르렀다. C행정청의 이러한 조치는 적법한 것으로 허용될 수 있는가?[2)]

---

1) 이 사례는 VGH Kassel, NVwZ-RR 1992, 624를 고려하여 만들어진 것인바, 동 사례에 관하여 보다 자세한 것은 vgl. Schmidt, Besonderes Verwaltungsrecht II, 11. Aufl., 2007, Rn. 759.

2) 이 사례는 BVerwG, DVBl. 2003, 60 ff.를 고려하여 만들어진 것인바, 동 사례에 관한 상세한 평석에 관하여는 vgl. Glöckner, Anordnungsbefugnis der Immissionschutz- behörden gegenüber kommunalen Anlagenbetreibern nach § 24 BInSchG, NVwZ 2003, 1207 ff. 이와 유사한 우리나라의 사례로는 지방자치단체의 장이 국가에게 오염토양의 정화명령을 내린 경우를 들 수 있는데, 이에 관한 상세한 설명으로는 김남진, "자지단체장의 국가에 대한 정화조치명령," 월간자치발전, 2007. 4, 68쪽 이하.

Ⅰ. 들어가며

경찰법상 공공의 안녕 또는 질서에 대한 위험방지는 위험상태에 대해 책임을 지위에 있는 자, 즉 경찰책임자에 대한 조치를 통하여 이루어지는 것이 원칙이다. 그런데 경찰법상의 공공의 안녕 또는 질서에 대한 위험은 국민 개인의 행위 또는 사소유권의 대상이 되는 물건의 상태로부터만 발생하는 것이 아니라, 국가 및 그 밖의 고권력주체(高權力主體, Hoheitsträger)[3]의 행위 또는 고권적 기능의 행사에 기여하는 물건의 상태로부터도 발생할 수 있다. 독일의 경우 고권력주체의 행위 등으로부터 경찰법상의 위험이 발생하는 예로는 주로 임미시온(Immission), 특히 학교, 비행장, 군사훈련장소로부터 나오는 소음이 많이 들어지고 있다.[4] 또한 소포우체국에서 짐을 꾸리는 작업으로 인해 밤중 내내 발생하는 소음이 야간의 평온을 해치고 그 결과 공공의 안녕의 보호법익인 인근 주민들의 건강을 해치게 되거나[5] 군대의 유류저장탱크로부터 흘러나온 기름이 지하수를 오염시키게 된 경우[6] 등에서 볼 수 있는 것처럼 실제로도 고권력주체의 행위 등으로부터 경찰법상의 위험이 발생하는 사례는 그 수를 헤아릴 수 없을 정도에 이르고 있다. 더욱이 오늘날 행정의 기능이 단순히 허가를 내주거나 감시를 행하는 수준을 넘어서 스스로 계획하고, 사회를 형성하고, 변화시키는 등 적극적 활동을 하는 방향으로 변화됨으로 인하여 고권력주체의 행위 등으로부터 경찰법상의 위험이 발생하게 되는 경우는 한층 잦아지

3) 여기서 고권력주체라고 함은 공법상의 직무를 수행하는 모든 국가기관을 말하는바, 국가와 지방자치단체 등과 같은 공행정주체와 그의 기관(특히 행정청)이 이에 해당한다. 이 경우 그들이 어떠한 조직형태를 취하여 공법상의 직무를 수행하는지, 혹은 국민에 대하여 공법적으로 활동하는지 아니면 사법적으로 활동하는지의 문제는 고권력주체성 여부를 결정함에 있어 아무런 의미를 갖지 못한다[BVerwGE 44, 351(353 f.); 47, 247(249 f.)]. 한편 독일의 경우 이와 관련하여 교회를 여기서의 고권력주체로 볼 수 있는지 여부가 문제되었던바, 부정하는 것이 지배적이다(vgl. Martens, Kirchenglocken und Polizei, in: FS Wacke, 1972, S.348 ff.). 아울러 교회의 형식적 경찰책임에 관하여 보다 자세한 논의는 vgl. Schmidt, a.a.O., Rn. 762.

4) Vgl. Götz, Allgemeines Polizei- und Ordnungsrecht, 13. Aufl., 2001, Rn. 238.

5) 이러한 사례에 관하여는 vgl. OVG Lüneburg, OVGE 12, 340 ff.

6) 이러한 사례에 관하여는 vgl. BGH DVBl. 1970, 499 ff.; BVerwG NJW 1977, 163.

고, 그 위험의 강도 또한 심화되고 있는 실정이다.[7)] 그리고 이처럼 고권력주체의 행위 또는 고권적 기능의 행사에 기여하는 물건의 상태로부터 경찰법상의 위험이 발생하는 경우에 바로 고권력주체의 경찰책임[8)]이 문제가 되는바, 이러한 고권력주체의 경찰책임에 관한 문제는 일반경찰법에 있어서 고전적인 테마이다. 그렇다면 예전부터 고권력주체의 경찰책임의 문제를 사인(자연인 또는 사법상의 법인 등)의 경찰책임과 별도로 다루었던 이유는 무엇일까? 그 이유는 무엇보다도 고권력주체에 대하여서도 위험방지법이 아무런 제한 없이 전면적으로 적용된다고 하면 고권력주체의 직무수행이 곤란해지거나 아예 불가능하게 되는 결과를 가져올 수 있기 때문에 경찰법상의 책임과 관련하여서는 사법상의 권리주체와 고권력주체를 동일하게 다룰 수가 없었다는 점[9)]에서 찾을 수 있다. 또한 권한의 문제 역시 그 이유로 들어질 수 있다. 즉, 고권력주체의 경찰책임(특히 형식적 경찰책임)이 인정된다고 하면 경찰이 다른 행정청의 권한영역에 부당하게 개입 내지 간섭하는 것이 될 수 있다는 점이 고려되었던 것이다.[10)]

한편 이와 같이 사회공공의 안녕 또는 질서에 대한 위험이 국가 등 고권력주체의 행위 또는 공공목적에 제공되어 있는 토지 등의 물건에 기인하는 경우에 있어서의 국가 등 고권력주체의 경찰책임의 문제는 실질적 경찰책임과 형식적 경찰책임의 두 가지 관점에서 검토할 필요가 있다. 즉, ① 고권력주체가 그의 직무수행에 있어 경찰관계 법령에 규정되어 있는 공공의 안녕 또는 질서의 유지를 위한 요청에 구속되는지 여부에 관한 문제(실질적 경찰책임의 문

---

7) 이러한 사정에 관하여는 vgl. Denninger, in: Lisken/Denninger, Handbuch des Polizeirehts, 3. Aufl., 2001, E Rn. 83.

8) 고권력주체의 경찰책임의 문제에 관한 논의 전반에 관하여 상세한 것은 vgl. Rudolf, Polizei gegen Hoheitsträger, 1965; Schrameyer, Die Polizeipflichtigkeit von Hoheitsträgern, 1971; Wagner, Die Polizeipflicht von Hoheitsträgern, 1971; Schultes, Die Polizeipflicht von Hoheitsträgern, 1984; Scholz, Zur Polizeipflicht von Hoheitsträgern, DVBl, 1968, 732 ff.; Gebhard, Polizeipflichtigkeit der Hoheitsträger, DÖV 1986, 545 ff.; Wallerath/Strätker, ZUstandshaftung von Hoheitsträgern und zivilrechtlicher Eigentumsbegriff im Ordnungsrecht, JuS 1999, 127 ff.; Britz, Abschied vom Grundsatz fehlender Polizeipflicht von Hoheitsträgern?, DÖV 2002, 891 ff.; Schoch, Polzeipflichtigkeit von Hoheitsträgern, Jura 2005, 324 ff.; 손재영, "고권주체의경찰책임," 환경법연구, 제30권 1호, 113쪽 이하.

9) Gusy, Polizeirecht, 5.Aufl., 2003, Rn. 138.

10) Gebhard, Polizeipflichtigkeit der Hoheitsträger, DÖV 1986, 545 ff.(546).

제)와 ② 경찰이 고권적으로 활동하는 국가 및 그 밖의 고권력주체의 기관에 대하여 위험방지를 위한 조치를 취할 수 있는지, 환언하면 행정행위의 발급 등을 통하여 개입할 수 있는 권한을 갖는지에 관한 문제(형식적 경찰책임의 문제)를 구분하여 고찰할 필요가 있는 것이다. 이처럼 양자를 (적어도 개념상으로는) 엄격하게 구분하여야 한다는 점은 널리 인정되어 왔으며,[11] 이에 따라 독일의 경우 경찰책임을 나타내는 용어 자체를 구분하여 쓰는 것이 일반적이다. 즉, 독일의 경우 경찰책임자를 나타내는 용어로 Polizeipflichtiger와 (Polizei)Störer를 사용하고 있는데, 전자는 주로 실질적 경찰책임은 있지만 형식적 경찰책임이 없어서 경찰권발동의 대상이 되지 않는 자를 의미하며, 후자는 실질적 경찰책임이 있을 뿐만 아니라 형식적 경찰책임도 있어 경찰권발동의 대상이 되는 자를 의미한다.[12]

---

11) Götz, a.a.O., Rn. 238; Knemeyer, Polizei- und Ordnungsrecht, 9. Aufl., 2002, Rn. 352; Kugelmann, Polizei- und Ordnungsrecht, 2006, 6. Kapitel, Rn. 12; Ruder/ Schmidt, Polizeirecht, 6. Aufl., 2005, Rn. 120b; BVerwGE 29, 52 ff. 박균성, 『행정법강의』, 제5판, 박영사, 2008, 1242쪽; 김성수, 『개별행정법』, 제2판, 법문사, 2004, 497쪽. 다만 김성수 교수가 실질적 경찰책임의 수정을 논하면서 "지방자치단체가 운영하는 폐기물매립장으로부터 환경오염이 유발된다 하더라도 이에 대한 경찰권발동은 일정한 한계를 가질 수밖에 없다"라고 기술하고 있는 것에 대해서는 의문을 표해두기로 한다. 왜냐하면 김성수 교수가 들고 있는 사례에서 지방자치단체에 대한 경찰권발동의 문제는 실질적 경찰책임과 형식적 경찰책임을 구분하는 경우, 그것은 이미 형식적 경찰책임에 관한 것으로 이해되어야 하기 때문이다.

12) 이러한 독일에서의 용어례에 관한 설명은 현재 독일 Mainz대학의 교수로 재직중인 Ruthig 교수와의 대화과정을 통하여 확인한 사항임을 밝혀 둔다. 아울러 주 8)에 소개한 고권력주체의 경찰책임에 관한 독일논문의 제목들 역시 이러한 사정을 잘 반영하고 있는 것으로 보인다.

II. 실질적 경찰책임

1. 원칙 – 실질적 경찰책임의 인정

행정의 법률적합성의 원칙(특히 법률우위의 원칙)이 적용되는 결과 고권력주체 역시 사인과 마찬가지로 그의 직무수행에 있어 경찰관련 법령(주로 법률이나 법규명령)에 구속을 받으며,[13] 그 한도에서 행정의 법률적합성의 원칙은 경찰관련 법령을 준수하여야 할 의무를 포괄한다고 말할 수 있다.[14] 따라서 국가 등의 고권력주체도 자신의 업무수행에 있어 공공의 안녕 또는 질서에 대한 위험이나 장해를 발생하지 않도록 활동할 책임이 있는바,[15] 이는 고권력주체의 실질적 경찰책임이 인정된다는 것을 의미한다. 그리고 이에 관한 한 사실상 이설(異說)이 거의 없는 것으로 보인다.[16] 물론 그에 대한 예외로서 법률이 명시적으로 실질적 경찰책임을 부인하고 있는 경우도 있을 수 있음은 유의하여야 한다.[17]

---

13) 독일의 경우 이와 관련하여서는 특히 연방도 각 란트의 (경찰)법에 구속을 받아야 하는 것이 강조되고 있다(Würtenberger/Heckmann, Polizeirecht in Baden-Württemberg, 6. Aufl., 2005, Rn. 490 usw.). 한편 판례 역시 같은 취지의 판결을 반복하여 행한 바 있는데, 이들 판례에 관하여는 vgl. BVerwGE 29, 52 ff.; BVerwGE 87, 181 ff.; BGH, DVBl. 1970, 499; BVerwG, DVBl. 2003, 1096(1098).

14) Möller/Wilhelm, Allgemeines Polizei- und Ordnungsrecht, 5. Aufl., 2003, Rn. 122; Gusy, a.a.O., Rn. 140; Schoch, a.a.O., 325.

15) 이러한 설명은 실질적 경찰책임의 의미에 관한 Drews/Wacke/Vogel/Martens의 설명방식(Drews/Wacke/Vogel/Martens, a.a.O., S.293)에 따른 것이다. 한편 실질적 경찰책임의 의의에 관하여는 이러한 Drews/Wacke/Vogel/Martens의 설명 이외에도 (연혁적으로 볼 때) 여러 학설이 등장하였었는바, 그 같은 학설의 구체적 내용에 관하여 자세한 것은 vgl. 이기춘, "위험방지를 위한 협력의무로서 경찰책임의 귀속에 관한 연구," 고려대학교 박사학위논문, 2002, 195쪽 이하.

16) Pieroth/Schlink/Knesel, Polizei- und Ordnungsrecht, 4. Aufl., 2007, § 5 Rn. 38; Wolff/Bachof, Verwaltungsrecht III, 4. Aufl., 1978, S.72 f.; Drews/Wacke/Vogel/Martens, a.a.O., S.294; Glöckner, a.a.O., 1207; Gusy, a.a.O., Rn. 135; Knemeyer, a.a.O., Rn. 351; BVerwGE 29, 52 ff.(58 f.); HessVGH, NVwZ 1997, 304(305).

17) 대표적 예로는 긴급자동차에 대한 특례를 규정하고 있는 도로교통법 제30조를 들 수 있는바, 도로교통법상 긴급자동차에 대한 특례에 관하여 보다 자세한 것은 vgl. 김남현, "도로교통법상 긴급자동차의 특권에 관한 연구," 경찰학연구, 제6권 제1호, 2006, 43쪽 이하.

2. 실질적 경찰책임의 상대화가능성 여부

고권력주체의 실질적 경찰책임이 법률의 명문이 규정이 없는 경우에도 면제될 수 있는지 여부가 문제되고 있는바, 이하에서 이에 관한 논의를 일별해 보기로 하겠다.

(1) 긍정설

실질적 경찰책임의 상대화가능성을 긍정하는 견해는 경찰법을 고권력주체에게 그대로 적용하는 것은 특별한 문제를 야기한다는 사실을 그의 출발점으로 한다. 즉, 공공의 안녕 또는 질서에 대한 위험이 존재하는지 여부를 판단함에 있어서는 관련된 고권력주체의 행위의 근거가 되는 공법규범도 고려되어야 하는바, 그러한 고권력주체의 행위의 근거가 되는 공법규범으로부터 문제가 되는 행위의 정당성이 특별히 인정될 수 있다는 것이다.[18] 이처럼 긍정설은 그러한 행위의 정당성이 특별히 인정되는 한도에서는 고권력주체의 경찰책임이 상대화될 수 있다(즉, 법률의 명문의 규정이 없는 경우에도 고권력주체의 경찰책임이 면제될 수 있다)고 하면서, 그 근거로서 국가(의 제도)의 기능 자체가 공공의 안녕의 보호이익이라는 점을 들고 있다.[19] 한편 긍정설은 고권력주체가 공법적으로 규율되는 행정직무를 수행함으로 인하여 공공의 안녕의 다른 보호이익이 침해되는 경우를(예: 철도의 야간 선로작업으로 인하여 인근주민의 건강이 침해되는 경우) 법익/법규범의 충돌의 문제로 파악한다. 그리하여 법익/법규범의 충돌이 있는 경우에는 관련된 고권력주체의 기능과 경찰의 위험방지에 대한 공익간의 형량이 이루어져야만 하며,[20] 그 형량의 결과에 따라 다음과 같은 결론을 도출할 수 있을 것이라고 한다: ① 공공의 안녕 또는 질서에 대

18) Drews/Wacke/Vogel/Martens, a.a.O., S.295; Götz, a.a.O., Rn. 239.

19) von Mutius, Der "Störer" im Polizei- und Ordnungsrecht, Jura 1983, 298 ff.(301 f.); Drews/Wacke/Vogel/Martens, a.a.O., S.295; Knemeyer, a.a.O., Rn. 351; Scholz, a.a.O., 732 ff.(732).

20) 박균성, 앞의 책, 1242쪽; 김성수, 앞의 책, 497쪽, 다만 고권력주체도 위험방지법에 구속을 받는 것이 원칙이기 때문에, 이 경우의 형량에 있어서는 엄격성이 요구된다는 점이 강조되고 있다[이에 관하여는 vgl. Schoch, Grundfälle zum Polizei- und Ordnungsrecht, JuS 1994, 849(852)].

한 위험방지의 필요성보다 행정제도의 기능에 우위가 두어져야만 하는 경우, 환언하면 고권력주체 자신의 기능(직무수행)에 관한 이익이 더 중요한 경우에는 고권력주체의 실질적 경찰책임이 면제될 수 있다. 따라서 고권력주체는 위험방지법의 규정을 고려할 필요 없이 그에게 주어진 공적 임무를 수행할 수 있다.[21] ② 이에 반하여 고권력주체의 기능이 그로 인하여 침해받는 이익보다 중요하지 않은 경우에는 실질적 경찰책임의 상대화 내지 제한의 문제는 발생하지 않는다.[22] 이처럼 고권력주체의 실질적 경찰책임이 관련된 법익/법규범간의 형량을 통하여 제한될 수 있다는 긍정설의 설명은 결국 이러한 문제도 비례의 원칙으로 해결하여야 한다는 것을 잘 나타내주고 있는 것으로 평가할 수 있다.

(2) 부정설

법치국가에 있어서는 모든 고권력주체는 위험방지법을 준수하여야 한다는 것, 즉 법률이 특별히 달리 규정하고 있는 경우를 제외하고는 고권력주체의 실질적 경찰책임이 면제되는 경우는 있을 수 없다고 보는 견해이다. 이러한 부정설은 법치국가의 원리에 따를 때 법률에의 구속의 문제는 결코 형량유보(Abwägungsvorbehalt)하에 놓이는 것이 아니라는 것을 주된 논거로 한다.[23] 한편 부정설은 긍정설이 설명하는 규범충돌의 문제는 사실상 의미가 별로 없다는 점을 강조하고 있는바, 이는 다음과 같이 정리할 수 있다. 즉, ① 개별법이 행정청에게 공공의 안녕 또는 질서에 위반하는 행위를 행할 권한을 부여하고 있다면 먼저 그의 법적 효력(유효성)이 검증되어야만 한다. ② 만약 특별법적으로 일반적인 위험방지법에 반하는 유효한 기준이 제공되어 있다면 더 이상 이익형량의 문제는 존재하지 않는다. 왜냐하면 그 경우에 있어서 고권력주체의 행위는 정당한 것이며 따라서 공공의 안녕 또는 질서에 대한 침해를 이유로 하는 위험방지법상의 책임이 존재하지 않기 때문이다. ③ 한편 단지 다른 고권력주체의 직무수행이 위험방지법에 어긋나는 경우에는 규범충돌이 있는 것이

21) Britz, a.a.O., 891(897).

22) Drews/Wacke/Vogel/Martens, a.a.O., S.295; Knemeyer, a.a.O., Rn. 351; Möller/Wilhelm, a.a.O., S.37 f.; Wallerath/Strätker, a.a.O., 127(130); BVerwGE 29, 52(58).

23) Würtenberger/Heckmann, a.a.O., Rn. 490.

아니라 그의 직무수행의 방식의 변화를 통하여 개별법상의 의무를 이행할 수 있을 것이고 그럼에도 불구하고 위험방지법을 준수할 수 있다.[24]

(3) 소 결

법치국가원리의 일 내용을 이루는 행정의 법률적합성의 원칙을 고려할 때 국가 등의 고권력주체도 위험방지에 관한 법령을 준수하여야 한다. 따라서 법령 스스로 특별한 예외를 규정하고 있지 않는 한 국가 등의 고권력주체는 적어도 자신의 업무수행에 있어 공공의 안녕 또는 질서에 대한 위험이나 장해를 발생하지 않도록 활동할 책임, 즉 실질적 경찰책임이 있다. 또한 긍정설이 설명하는 바와 같은 형량을 통한 고권력주체의 책임의 제한문제는 (실질적으로 그의 인정여부는 별론으로 하더라도) 형식적 경찰책임의 인정여부에 관한 논의에서 다루어야 할 과제라고 생각한다.

Ⅲ. 형식적 경찰책임

1. 문제의 의의 – 형식적 경찰책임의 인정여부

고권력주체의 실질적 경찰책임이 인정되는 경우에도 고권력주체가 그 의무를 자발적으로 이행하지 않는 경우에 경찰이 처분을 통하여 고권력주체의 경찰책임을 실현할 수 있는지의 여부, 즉 경찰상의 위험을 야기하고 있는 국가 및 그의 기관에 대하여 경찰이 경찰권을 발동하여 개입할 수 있는지 여부가 여전히 문제된다. 이것이 바로 국가 등 고권력주체의 형식적 경찰책임의 문제이다.

다만 고권력주체가 순수하게 사법적으로 활동하는 경우(예: 국유지의 관리와 같은 순수한 국고작용을 행하는 경우 등) 그로 인하여 공공의 안녕 또는 질서에 대한 위험이 발생하였다면 경찰이 행정행위 등을 통해 그에 개입할 권한을 갖는다는 것에 사실상 학설은 일치되어 있다. 이는 타 행정기관이 순수한 국

24) 여기서의 비판론에 관하여 자세한 것은 vgl. Schoch(주 8), a.a.O., 324(325).

고작용을 행하는 경우에는, 그것이 고권적 활동을 행하는 것이 아니기 때문에 타 행정기관은 아무런 특별한 지위도 향유하지 못한다는 것에 기인한다.[25] 따라서 형식적 경찰책임의 인정여부에 관한 이하의 논의는 다른 행정청이 공법적으로 활동하는 경우에 관한 것임을 주의하여야 한다.[26]

2. 부정설

(1) 의 의

특별한 법률의 수권이 없는 한 경찰은 행정행위 —그의 강제집행의 경우는 물론— 와 같은 고권적 조치를 통하여 다른 행정청의 권한영역을 침해할 수 없다는 견해이다. 환언하면 부정설은 "다른 고권력주체의 직무수행으로 인하여 공공의 안녕 또는 질서에 대한 위험이 발생하는 경우에도 경찰이 행정행위 등을 통하여 그에 개입하는 것은 허용되지 않으며, 경찰은 권한을 갖고 있는 행정청 —필요한 경우에는 해당 행정청의 상급감독청— 에 대하여 그러한 사실을 알려 개입을 유도할 수 있을 뿐이다. 따라서 고권력주체의 행위나 그가 지배하는 물건의 상태로부터 자신의 권리를 침해받은 자는 경찰에 대하여 고권력주체에 대하여 어떠한 조치를 취해 줄 것을 구하여서는 아니 되고, 위험을 야기한 고권력주체에 대하여 직접 일정한 조치를 취해 줄 것을 구하여야 한다"라는 것을 그의 내용으로 한다.[27] 이러한 부정설은 종래 독일의 학설[28]과

---

25) Schmidt, a.a.O., Rn. 761.

26) 다만 종래 고권력주체에 의하여 행해지던 행정과제의 수행이 오늘날에는 민영화를 통하여 사법형식에 의하여 수행하는 경우가 점차 증대되고 있는바, 그러한 민영화가 이루어진 영역에서는 이러한 논의가 더 이상 그 의미를 갖지 못하게 되었다. 특히 독일의 경찰법교과서에서는 이러한 사정을 우편업무나 철도사업의 민영화와 관련하여 상세히 설명하고 있는바(vgl. Götz, a.a.O., Rn. 242; Kugelmann, a.a.O., 6 Kapitel, Rn. 18), 그러한 설명은 각종 공공부문에 대한 민영화작업이 광범위하게 이루어지고 있는 우리나라에서도 그대로 통용될 수 있을 것이다.

27) Wallerath/Strätker, a.a.O., 127(130).

28) Drews/Wacke/Vogel/Martens, a.a.O., S.294; Glöckner, a.a.O., 1207; Götz, a.a.O., Rn. 238; Gusy, a.a.O., Rn. 139; Knemeyer, Rn. 352; Wallerath/Strätker, a.a.O., 127(130). 경찰은 비상시나 긴급한 경우에 있어 다른 행정청을 원조할 수는 있지만 다른 행정청이 자신의 직무범위 내에에서 활동하는 한도에서는 경찰은 그에 대하여 아무런 조치를 취할 수 없다는 점을 지적하면서 고권력주체는 경찰이 취하는 조치의 수범자가 아님을 강조하는 견해에 관

판례[29]의 주류를 형성하여 왔으며, 우리나라의 경우 또한 부정설이 다수설인 것으로 보인다.[30]

(2) 근 거

고권력주체의 형식적 경찰책임을 부정하는 견해는 다음과 같은 것을 그 논거로 제시하고 있다. 즉,

첫째, 부정설의 대표적 논거로는 실질적 경찰책임이 있는 고권력주체에 대하여 경찰이 행정행위라는 방식을 통하여 개입할 권한을 인정하게 되면 공행정주체 상호간에 권한의 충돌(Kompetenzkonflikt) 문제가 발생할 수 있다는 것이 들어진다.[31] 즉, 모든 고권력주체는 특정 영역에서의 자신의 직무를 수행할 물적 권한을 가질 뿐만 아니라 그 영역에서 공공의 안녕 또는 질서에 대한 위험이 발생한 경우 그러한 위험을 자신의 조치를 통하여 방지할 권한과 의무를 갖는바, 자신의 기능영역에서 고권력주체가 갖는 이러한 위험방지권한은 경찰의 개입을 배제시키는 효력을 갖는다. 환언하면 경찰은 다른 행정청의 권한영역에서 위험방지조치를 취할 권한이 인정되지 않는다.[32] 그럼에도 불구하고 이러한 영역에 경찰의 개입을 허용하게 되면 양 권한의 충돌을 가져오게 된다. 따라서 이러한 권한의 충돌을 피하기 위하여서는 경찰은 다른 고권력주체의 권한을 존중하여야 한다.[33] 그렇지 않다고 하면 경찰이 (부분적으로나마) 다른 고권력주체에 비하여 우위에 서게 되는 결과를 가져오게 되는바,[34] 이는 모든 행정분야는 동일한 서열과 등급을 갖는다는 행정조직법상의 기본원리에 반하는 것이 된다. 즉, 경찰이 다른 고권력주체에 대하여 명령권을 가지는 상급행정청이 될 수는 없다.[35]

하여는 vgl. Pieroth/Schlink/Knesel, a.a.O., § 9, Rn. 8.

29) Vgl. Pr.OVGE 2, 399; BVerwGE 29, 52 ff.(59); OVG Lüneburg, OVGE 12, 340; VGH Kassel, NJW 1997, 304; Hess. VGH, NVwZ 2002, 889.

30) 이관희, "경찰책임에 관한 연구," in: 『현대공법론』(상원 김이렬 교수 화갑기념논문집), 삼영사, 1989, 243쪽 등.

31) Hess VGH, NVwZ 1997, 304(305).

32) Wallerath/Strätker, a.a.O., 127(130).

33) Hess VGH, NVwZ 2002, 889, Wallerath/Strätker, a.a.O., 127(130).

34) 김성수, 앞의 책, 498쪽.

35) Glöckner, a.a.O., 1207(1208).

둘째, 독일의 경우 다른 고권력주체에 대해 경찰이 개입할 수 없다는 원칙의 논거로 행정집행법이 제시되기도 한다. 즉, 독일의 연방행정집행법 제17조는 특별한 규정이 없는 한 행정청과 공법인에 대하여는 강제수단을 사용할 수 없음을 규정하고 있는바,[36] 동 규정에 의해 다른 고권력주체에 대해 경찰이 개입할 수 없다는 원칙이 실정법적으로 명시되기에 이르렀다는 평가가 행해지고 있다.[37]

셋째, 특히 지방자치단체가 실질적 경찰책임자인 경우에는 자치단체에 대한 감독(Kommunalaufsicht)에 관한 규정이 다른 고권력주체에 대해 경찰이 개입할 수 없다는 원칙의 논거로 들어지고 있다. 즉, 지방자치단체에 대하여는 지방자치단체에 대한 감독권을 가진 행정청만이 개입할 수 있으며, 따라서 경찰에게는 지방자치단체에 대한 개입권한이 부여되지 않는다는 것이다.[38]

(3) 경찰의 고권력주체에 대한 조치가 인정되는 예외적인 경우

공공의 안녕 또는 질서의 유지가 경찰 본연의 특유한 임무라는 점을 고려할 때 고권력주체가 공공의 안녕 또는 질서에 반하는 행위를 하는 경우에도 경찰이 고권력주체에 대해 아무런 조치를 취할 수 없다는 부정설의 설명에 대해서는 의문이 제기될 수밖에 없을 것이다. 무엇보다도 부정설을 취하는 학자들 스스로 이 같은 점을 잘 인식하고 있으며, 그러한 인식에 기초하여 전술한 원칙이 무제한적으로 적용될 수 있는 원칙이 아니라는 것을 분명히 하고 있음은 주목을 요한다. 그리하여 부정설을 취하는 학자들 스스로 전술한 원칙에 대한 예외로서 경찰이 고권적 조치를 통하여 다른 행정청의 권한영역을 침해할 수 있는 경우를 인정하고 있는바, 이는 다음과 같은 3가지로 유형화할 수 있다.

첫째, 고권력주체의 사법적 작용이 문제가 되는 경우 그것이 순수한 국고작용이거나 영리경제적 활동에 해당하는 경우라면 고권력주체에 대한 경찰의 조치가 긍정될 수 있다.[39] 그러나 이에 반하여 고권력주체가 (공법적) 직무를

---

36) 같은 취지의 규정은 독일의 거의 모든 란트의 행정집행법에서도 찾아볼 수 있다. 대표적 예로는 § 22 LVwVG BW, Art. 29 IV BayVwYVG, § 17 VwVG Berl. usw.

37) Hess VGH, NVwZ 2002, 889; Hess VGH, NVwZ 1997, 304(305).

38) Hess VGH, NVwZ 2002, 889; Glöckner, a.a.O., 1207(1208).

단지 사법적 형식으로 수행하는 경우, 즉 행정사법적으로 활동하는 경우에는 경찰의 조치는 허용되지 않는다. 왜냐하면 이 경우에는 공적인 과제가 그에 대한 권한을 가진 고권력주체의 책임하에 행해지고 있으므로 공법적인 원리에 의한 규율이 요구되기 때문이다.[40]

둘째, 고권력주체에 대한 경찰의 조치가 허용되지 않는 경우는 그 조치로 인하여 다른 고권력주체에게 할당된 본래의 기능(내지 권한)이 침해되는 경우에 국한된다. 따라서 경찰의 위험방지조치가 다른 고권력주체에게 할당된 기능을 침해하지 않는 경우라면 당연히 고권력주체에 대한 경찰의 조치가 허용될 수 있을 것인바,[41] 경찰이 경찰책임 있는 고권력주체를 대신하여 (대집행의 방식으로) 먼저 위험상태를 제거한 후에 비용납부를 명하는 경우가 그 대표적 예로 들어질 수 있을 것이다.[42] 한편 Kugelmann은 부정설을 취하면서도 다른 학자들의 설명과는 그 표현방식에 있어 약간의 차이점을 보이고 있다. 즉, Kugelmann은 경찰의 다른 고권력주체에 대한 조치가 다른 고권력주체의 기능을 단지 '부차적으로만(am Rande)' 침해하는 경우에는 경찰의 위험방지조치의 가능성을 인정하고 있다.[43]

셋째, 특히 긴급을 요하는 조치가 문제되는 경우(예: 허리케인이 와서 국립

---

39) 이 문제에 관하여는 전술 참조.

40) Götz, a.a.O., Rn.. 243; Knemeyer, a.a.O., Rn. 353; Ruder/Schmidt, a.a.O., Rn. 120c; Wolff/Bachof, a.a.O., S.72; Würtenberger/Heckmannt, a.a.O., Rn. 493; OVG Münster, DVBl. 1960, 859. 이처럼 부정설을 취하는 학자들의 경우 순수한 국고작용과 행정사법적 활동을 구분하여 전자의 경우 형식적 경찰책임을 부정하고, 후자의 경우에는 그를 인정하는 것이 일반적이다.

41) Ruder/Schmidt, a.a.O., Rn. 120c.

42) 이러한 맥락에서 경찰의 고권력주체에 대한 비용납부명령을 긍정한 독일에서의 구체적 사례에 관하여 자세한 것은 vgl. BVerwG, DÖV 1999, 786; BVerwG, DVBl. 2003, 1076(1078); OVG SH, NVwZ 2000. 1196. 한편 이러한 문제를 "경찰이 실질적 경찰책임이 있는 다른 고권력주체에 대하여 (제1차적 차원에서) 행정행위 등을 통하여 명령을 발할 수는 없지만, 제2차적 차원에서 위험방지 및 제거에 소요된 비용을 청구할 수는 있다"는 형식으로 일반화시켜 설명하는 입장도 있다(vgl. Kugelmann, a.a.O., 6. Kapitel, Rn. 16).

43) Kugelmann, a.a.O., 6. Kapitel, Rn. 19. 한편 Kugelmann의 이런 설명은 사실상 고권력주체의 형식적 경찰책임을 인정하는 학자들도 경찰의 위험방지조치로 인하여 다른 고권력주체의 공법적인 직무수행이 거의 불가능할 정도에 이르는 극단적인 경우에는 경찰이 개입할 수 없음을 긍정하고 있음에 비추어볼 때 사실상 긍정설의 입장과 그 결론에 있어 크게 다르지 않다고 생각한다.

대학의 스포츠센터를 비추는 조명탑이 손상을 입어 인근 주택을 덮치게 될 위험에 직면하고 있는 경우) 역시 예외가 인정될 수 있는바, 그러한 경우에는 경찰은 적어도 그의 긴급권의 범위 내에서 다른 고권력주체에 대한 조치를 취할 수 있다.[44]

한편 이러한 예외로 설명되는 유형 중 가장 중요한 것은 경찰의 위험방지 조치가 다른 고권력주체에게 할당된 기능을 침해하지 않는 경우인데,[45] 이러한 점을 고려하면 고권력주체의 형식적 경찰책임에 관한 부정설은 결국 '다른 고권력주체가 경찰상의 위험을 야기하였다는 것을 이유로 경찰이 그에 대하여 조치를 취하는 것은 그 조치로 인하여 타 고권력주체에게 할당된 기능의 적법한 행사가 침해되지 않는 한도 내에서만 가능하다'라는 것을 내용으로 하게 된다.[46]

3. 긍정설

(1) 의 의

고권력주체의 직무수행으로 인하여 공공의 안녕 또는 질서에 대한 위험이 발생하는 경우에는 경찰이 ―강제조치를 취할 수는 없지만― 행정행위 등을 통하여 개입할 수 있다고 하여 고권력주체의 형식적 경찰책임을 인정하고자 하는 견해이다. 즉, 고권력주체의 실질적 경찰책임으로부터 위험방지를 위한 조치를 취할 경찰의 권한이 도출될 수 있다는 견해인바, 이에 따르면 위험방지를 위한 조치를 취할 권한은 원칙적으로 경찰에게 맡겨져 있다고 하게 된

44) Scheidler, Polizeipflichtigkeit von Gemeinden im Immissionschutzrecht, KommJur 2004, 281; Würtenberger/Heckmannt, a.a.O., Rn. 492; Hess. VGH, DÖV 1992, 752; BVerwG, NVwZ 2003, 346.

45) 이는 다른 고력주체가 순수하게 사법적으로 활동하는 경우의 문제는 사실상 논의의 가치를 별로 갖지 못하며, 긴급을 요하는 조치의 문제는 극히 예외적으로만 논의될 수 있을 뿐이기 때문이다.

46) "경찰처분을 발할 수 있는 것은 경우에 따라 긍정될 수 있을 것이다. 그러나 기타의 경찰조치를 통하여 국가적 기관의 적법한 권한행사를 방해하여서는 안 될 것이며, 관계기관간의 협의를 통하여 문제를 해결하여야 할 것이다"(김남진/김연태, 『행정법II』, 법문사, 2008, 268쪽)라는 설명 역시 전체적으로 이러한 입장에 따르고 있는 것으로 해석될 수 있을 것이다.

다.[47] 다만 고권력주체의 형식적 경찰책임을 긍정하는 입장에 따르고 있는 학자들 스스로도 경찰의 위험방지조치로 인하여 다른 고권력주체의 공법적인 직무수행이 거의 불가능할 정도에 이르는 극단적인 경우에는(예: 대공방위를 위한 군대의 헬리콥터운행이 야간의 평온을 해치는 경우 등), 그 한도에서 위험방지를 위한 경찰의 권한이 축소될 수 있음을 인정하고 있음은 주목할 만하다.[48]

(2) 근 거

고권력주체의 형식적 경찰책임을 인정하는 긍정설의 논거로는 종래 "국가의 고권적 기능에도 차등이 있으며 이 경우 공공의 안녕 또는 질서의 유지라는 경찰의 기능이 타 행정기관의 그것에 비해 우월적이다"[49] 또는 "고권력주체의 상급감독청이 그의 직무영역에서 위험방지권한을 적합하게 행사할 수 없는 경우가 많다"[50]는 것이 들어져 왔다. 한편 부정설의 논거가 갖고 있는 문제점들이 긍정설의 논거가 될 수 있는바, 긍정설에 따르고 있는 학자들이 부정설의 논거가 갖고 있는 문제점이라고 주장하고 있는 내용은 다음과 같이 요약해 볼 수 있다.[51]

첫째, 부정설이 논거로 제시하고 있는 권한의 충돌의 문제는 실제로는 존재하지 않는다. 즉, 경찰이 실질적 경찰책임을 실현하게 되는 경우 그것은 다른 고권력주체가 자신의 직무를 수행할 권한을 부정하는 것이 아니라 경찰법을 집행하는 것이며, 경찰법의 집행에 대하여는 경찰만이 물적 권한을 갖는다.[52] 따라서 위험방지법의 집행이 다른 고권력주체의 권한을 침해하는 것이 아니며, 그로 인하여 경찰이 다른 행정청에 비하여 우위에 서게 되는 것도 아

---

47) Britz, a.a.O., 891; Schmidt, a.a.O., Rn. 759; Schoch(Fn. 8), a.a.O., 326 ff.; Schultes, a.a.O., S.96 f.; Wagner, a.a.O., S.97 ff.

48) Vgl. Schoch(주 8), a.a.O:, 327; Schmidt, a.a.O., Rn. 760.

49) 이러한 설명은 국가의 여러 고권적 기능이 그 가치에 있어서는 상이하다는 것을 전제로 하고 있다. 그러나 국가의 여러 고권적 기능이 갖는 상이한 가치의 현실적인 측정은 실제로 용이하지 않으며, 더욱이 경찰의 목적이 타 국가기능에 비하여 언제나 우월하다고 하는 것은 문제가 있다는 점이 지적되면서 오늘날 이러한 논거하에 긍정설을 주장하는 입장은 거의 찾아보기 힘든 실정이다.

50) Vgl. BVerwG, DVBl. 2003, 60(61).

51) 이하의 논의에 관하여는 vgl. Schoch(주 8), a.a.O., 326 ff.

52) Schmidt, a.a.O., Rn. 759.

니다.

둘째, 부정설은 고권력주체에 대한 강제수단의 사용을 금하고 있는 독일의 행정집행법을 근거로 제시하고 있으나, 그들 규정의 문언이나 규정위치를 보면 동 규정은 단지 고권력주체에 대한 강제집행조치만을 금지하고 있을 뿐, 행정행위를 통한 경찰법의 집행을 금지하고 있지는 않다. 즉, 위험방지조치의 강제적 실현을 금지하고 있는 법률규정으로부터 위험방지를 위한 행정행위를 발할 권한이 인정되지 않는다는 결론을 도출하여서는 아니 된다.[53]

셋째, 부정설은 자치단체에 대한 감독에 관한 규정을 근거로 들고 있으나, 그러한 규정에 의해서는 경찰이 지방자치법상의 특별한 감독수단을 사용하는 것만이 금지되는 것이며,[54] 지방자치법이 경찰이 위험방지법상의 수단을 사용하는 것을 부정할 수 없음은 자명하다. 따라서 권한 있는 위험방지행정청의 권한이 자치단체에 대한 감독을 이유로 부정되어서는 아니 된다.

4. 소 결

고권력주체의 경찰책임, 특히 형식적 경찰책임의 인정여부에 관하여 결론을 내리기 위해서는 이 문제에 관한 역사적 고찰을 행하는 것이 필요하다고 생각된다. 즉, 고권력주체의 경찰책임에 관한 학설의 발전을 역사적으로 고찰해보면 초기 경찰법이론에 있어서는 전면적으로 부정되었다가, 그 후 실질적 경찰책임과 형식적 경찰책임의 구분이 행해지면서 실질적 경찰책임은 인정되지만 형식적 경찰책임은 부정된다라고 하는 이분적(二分的) 사고가 등장하여 오랫동안 지배적 학설로 자리매김을 하여왔다. 그러나 이러한 종래의 지배적 학설에 따르면 결국 고권력주체의 실질적 경찰책임이 인정되는 경우에도 (원칙적으로) 형식적 경찰책임은 존재하지 않는다는 결론에 달하게 되는바, 이처럼 실질적 경찰책임과 형식적 경찰책임이 일치하지 않는 현상은 법논리상으로는 명확하지 않은 면이 있다. 그리고 이러한 비판을 전제로 하여 드디어 고권력주체의 경찰책임을 전면적으로 인정하는, 즉 실질적 경찰책임뿐만 아니라 형식적 경찰책임도 인정하는 견해가 나타나기에 이른 것이다.[55] 이러한 점을 고

53) VGH BW, VBlBW 2001, 496.

54) Britz, a.a.O., 891(896).

려할 때 고권력주체의 경찰책임에 관한 이론은 부정에서 긍정하는 방향으로 흘러가고 있음을 알 수 있다.

또한 후술하는 바와 같이 구체적 문제의 해결에 있어 고권력주체의 형식적 경찰책임의 인정여부에 관한 긍정설과 부정설의 견해 차이는 그 실제에 있어 그리 크지 않으며, 단지 인정범위에 관한 약간의 차이를 보일 뿐이다. 그리고 이러한 점을 고려하면 이론의 명확성이나 역사적 발전과정을 고려할 때, 긍정설에 따라 설명하는 것이 더 효율적이라고 생각한다.

IV. 맺으며 — 결론과 사례의 해결

전술한 학설의 대립에 관한 설명에서 볼 수 있는 것처럼 고권력주체의 형식적 경찰책임의 인정여부에 관한 부정설도 예외적으로 그를 인정하여야 하는 경우를 인정하고 있으며, 긍정설 역시 예외적으로 그를 부정하여야 하는 경우를 인정하고 있다. 즉, 오늘날 고권력주체의 형식적 경찰책임을 예외 없이 긍정하거나 부정하는 입장은 사실상 존재하지 않는다고 할 수 있다.[56] 그리고 이러한 점을 고려하면 (적어도 실질적인 문제의 해결에 있어) 양 학설 중 어느 학설을 따르는지 여부에 따라 상이한 결론이 도출되는 경우는 생각보다 그리 많지 않은 것이 사실이다. 결국 고권력주체의 형식적 경찰책임의 인정여부에 관한 논의에 있어서는 긍정설과 부정설 중 어느 학설을 취하는 것이 이론적 간

55) 김철용, 『행정법 II』, 제8판, 박영사, 2008, 260쪽의 설명 역시 필자의 입장과 그 궤를 같이 하는 것이라고 생각된다.

56) 이러한 점을 고려할 때 우리나라의 일부교재에 나타나 있는 제한적 긍정설이란 용어[예컨대, 박균성, 앞의 책, 1243쪽; 홍정선, 『행정법원론(하)』, 제16판, 박영사, 2008, 428쪽]는 문제가 있다고 생각한다. 그리고 이것이 본서에 있어서 형식적 경찰책임의 인정여부에 관한 문제에 대한 학설의 소개에 있어서 고권력주체의 형식적 경찰책임을 원칙적으로 긍정하는 견해(긍정설)와 원칙적으로 부정하는 견해(부정설)로 구분하여 설명하는 방식을 취한 이유이기도 하다. 한편 홍정선 교수의 경우 고권력주체의 형식적 경찰책임의 인정여부에 관한 학설을 긍정설, 제한적 긍정설, 부정설로 나누어 설명한 후 부정설이 타당하다고 자신의 입장을 밝힌 다음에, 다시 예외적으로 형식적 경찰책임이 인정될 수 있다고 설명하고 있는바, 이러한 홍정선 교수의 입장과 제한적 긍정설 간에는 사실상 아무런 차이가 없다고 생각된다.

명성을 유지하면서 오늘날의 경찰법이론의 발전방향과 그 궤를 같이할 수 있을 것인가라는 관점에서 결론을 도출하는 것이 바람직하다고 할 것인바, 전술한 것과 같은 이유에서 긍정설을 취하는 것이 타당하다고 생각한다. 한편 긍정설에 따르는 경우 앞에서 제시한 사례에 대하여는 다음과 같은 결론을 내릴 수 있을 것이다. 즉,

사례 1의 경우 고권력주체의 형식적 경찰책임을 긍정하는 입장에 서게 되면 B광역시는 당연히 상태책임자인 국가에게 기름막제거에 소요된 비용에 대한 비용상환청구를 할 수 있게 될 것이다. 다만 사례 1의 경우에는 고권력주체의 형식적 경찰책임을 부정하는 입장에 서게 되더라도 B광역시의 비용상환청구가 인정될 수 있음을 유의하여야 한다. 이는 고권력주체의 형식적 경찰책임을 부정하는 견해 또한 그에 대한 예외로서 다른 고권력주체에게 할당된 본래의 기능 내지 권한이 침해되지 않는 경우에는 고권력주체의 형식적 경찰책임이 인정될 수 있다고 하는바, 사례 1의 경우 B광역시의 국가에 대한 비용상환청구를 인정하더라도 단지 비용부담의 문제일 뿐이므로 국가의 본래의 기능을 침해하지 않기 때문이다. 결국 사례 1의 경우 고권력주체의 형식적 경찰책임의 인정여부는 그 결론에 있어 실질적 차이를 발견하기 곤란하다.

한편 사례 2의 경우는 고권력주체의 형식적 경찰책임을 긍정하는 입장에 서는 경우에만 소음규제권한을 가진 행정청 C가 소음방출기준을 50dB로 정하고, 이 규정의 준수를 위하여 B시에게 그 기준에 적합한 조치를 취할 것을 명할 수 있다는 결론에 달하게 된다. (서정범)

제 4 편

제 2 장 경찰책임의 귀속원리로서의 원인야기 (Verursachung)

▌사례 1▌ 휴양지의 악단이 그 자체로는 아무런 문제없는 유명한 행진곡을 연주하였는데, 많은 사람들이 그 멜로디에 맞는 원래의 가사를 부르지 않고, 연주되는 멜로디에 맞추어 이른바 Borkum-Lied(反셈족적인, 인종차별적 내용을 가진 가사)를 부른다(Vgl. Pr.OVGE 80, 176 ff.).

▌사례 2▌ 여자레슬링시합을 개최하였는바, 흥분한 관중들 간에 폭력행위가 발생하였다(Vgl. VGH Karlsruhe, NJW 1949, 919 f.).

▌사례 3▌ 임대차계약의 해지를 통고하고, 후속적인 명도판결을 강제집행하는 임대인의 행위로 인하여 임차인이 무숙(無宿, Obdachlosigkeit)의 상태에 빠지게 되었다(Vgl. OVG Münster, OVGE 14, 265 ff.).

▌사례 4▌ 신문사의 쇼윈도에 자동으로 최근의 사건에 대한 사진과 그 기사가 실린 면수를 알리는 시설물이 설치되었는바, 이 시설이 행인을 쇼윈도 앞에 멈춰서게 하고, (경찰의 견해에 따를 때) 이로 인하여 교통상의 장해가 발생하였다(Vgl. Pr.OVGE 85, 270 ff.).

▌사례 5▌ 상점의 영업주가 흑인 소년을 비누로 씻겨서 하얗게 만드는 자동인형을 진열장에 설치하였는바, 진열장 앞에 군중이 모여들어 교통을 저해할 정도에 이

르렀다(Vgl. OLG Hamburg, Hans. Gerichtztg., Beibl. 1898, 93 ff.).

사례 6 처음에는 주위에 아무것도 없던 땅에서 양돈사업이 행해졌는데, 사후에 그 지역이 주거지역으로 획정되어서 양돈사업장 근처에 주택들이 건축됨으로써 양돈으로 인한 악취와 파리떼가 인근주민의 건강에 위험을 초래하게 되었다(Vgl. OVG Münster, OVGE 11, 250 ff., 소위 Schweinmäster-Fall).

사례 7 평화적인, 그리고 합법적인 집회에 대한 반대집회의 참가자들이 폭력적이고 범죄를 구성하는 행위들을 행함으로써 공공의 안녕에 대한 위험이 발생하기에 이르렀다(Vgl. VGH Mannheim, DÖV 1987, 254 ff.).

Ⅰ. 들어가며

경찰은 공공의 안녕 또는 질서에 대한 위험이나 장해를 야기한 자, 즉 경찰책임자에게만 조치를 취할 수가 있다. 이 경우 경찰책임은 법규위반 여부, 형법상의 책임능력이나 (구체적인) 고의·과실, 또는 민법상의 행위능력 등을 전제로 하는 것이 아니라 단지 위험 및 장해의 야기를 그의 전제로 할 뿐이다. 즉, 경찰책임은 그의 본질상 형법상의 책임과 달리 단순한 원인책임(Kausalhaftung)이다.[1] 그러므로 어떤 사람이 경찰책임자로 간주되기 위하여서는 그가 위험을 야기하고, 그의 행위가 위험과 인과관계가 있을 것을 전제조건으로 한다. 그런데 실제로 위험이 발생한 경우를 보게 되면, 위험은 단지 하나의 요소에 의하여 야기되는 것이 아니라 병존하는 또는 연결되어 있는 다수의 인과관계적 요소(近因과 遠因)의 결합에 의하여 야기되는 것이 보통이다.[2] 따라

1) Drews/Wacke/Vogel/Martens, Gefahrenabwehr, 9. Aufl., 1986, S.307 ff.; Friauf, in: v. Münch/Schmidt-Aßmann, Besonderes Verwaltungsrecht, 9. Aufl., 1992, S.127; Knemeyer, Polizei- und Ordnungsrecht, 7. Aufl., 1998, Rn. 245; Schenke, in: U. Steiner(Hrsg.), Besonderes Verwaltungsrecht, 5. Aufl., 1995, Rn. 154; Würtenberger/Heckmann/Riggert, Polizeirecht in Baden-Württemberg, 3. Aufl., 1997, Rn. 301 usw.

2) 예컨대, 운전사 A가 B회사가 만들고 검사권자인 C가 검사해서 통과시킨 자동차로 교통경찰관 D가 근무중인 감시초소를 피하여 과속으로 달리다가 교통체증 때문에 서 있던 E의 자동차를 받아 교통사고를 일으킨 경우에는 A~E의 행위가 모두 인과관계적 요소를 이루게

서 누가 경찰책임자인가를 결정함에 있어서는 다수의 인과관계의 요소 중에 과연 어느 것을 위험에 대한 원인으로 선택할 것인가가 문제가 된다.[3] 환언하면 어떠한 기준에 따라 행위와 결과 간의 인과관계를 결정할 것인가의 문제가 발생하는바, 그러한 기준은 추상적-논리적으로, 특히 자연과학적 법칙에 따라 발견되어질 수는 없다. 왜냐하면 경찰법상의 인과관계는 자연과학적 범주를 형성하고 있는 것이 아니라 규범적 범주를 형성하고 있기 때문이다.[4] 특히 경찰법의 영역에서 인과관계는 경찰책임자의 행위와 책임을 결합시키는 특별한 기능을 수행하므로, 그의 기준은 ―다른 법 영역에서 사용되어지는 인과관계론을 고려함이 없이― 이러한 경찰법적 기능에 알맞게 결정되어야 한다는 것이 강조되어 왔다.[5] 다만 구체적으로 어떠한 기준에 따라 경찰책임자를 결정할 것인가에 관한 명문의 규정이 존재하지 않으므로(경찰책임에 관한 명문의 규정을 갖고 있는 독일의 경우도 마찬가지이다) 이러한 문제의 해결을 위하여서는 우선 학설상 발전되어 온 인과관계이론에 의존할 수밖에 없을 것인바,[6] 지금까지 제시되어 온 학설로서는 다음과 같은 것이 있다.

되는 것이다(이와 같은 사례는 P. Kirchhof, Grundfälle zum Polizeirecht, JuS 1975, 237 ff. 에서 들어진 예를 참고한 것이다).

3) 이 같은 인과관계는 Pietzcker가 정당하게 지적하고 있는 것처럼 상태책임의 경우에도 필요하다. 왜냐하면 상태책임에서도 단지 장해가 되는, 즉 위험을 야기하고 있는 물건만이 문제가 되기 때문이다[Vgl. J. Pietzcker, Polizeirechtlich Störerbestimmung nach Pflichtwidrigkeit und Risikosphäre, DVBl. 1984, 457 ff.(458)]. 그러나 인과관계가 주로 문제가 되는 것은 역시 행위책임에서라고 할 것이므로(Hänsel, Allgemeines Polizei- und Verwaltungsrecht, in: Fritz(Hrsg.), Verwaltungsrecht, 1986, S.363), 본서에서는 이 문제를 행위책임과 관련하여 상설하는 것에 그치기로 하겠다.

4) 한편 Schenke는 특히 부작위와 관련하여서는 자연과학적 인과관계가 거론될 수 없다는 점을 강조하고 있다(Schenke, a.a.O., Rn. 154).

5) Friauf, a.a.O., S.127.

6) Scholler/Schloer, Grundzüge des Polizei- und Ordnungsrechts in der Bundesrepublik Deutschland, 4. Aufl., 1993, S.241.

II. 경찰책임의 귀속이론

1. 조건설(Bedingungstheorie)[7]

형법에서 통용되는 조건설은 그것이 없었다면 위험이 발생하지 않았을 것이라고 인정되는 '모든' 조건을 결과에 대한 법적 의미에서의 원인이 되는(kausal) 것으로 보는 견해로서, 독일제국법원의 conditio-sine-qua-non(원인 없으면 결과 없다)공식이 그의 시발점을 이룬다.[8] 그러나 조건설은 경찰법에서는 적용되기 곤란한바, 그 이유는 다음과 같다.

첫째, 형법에서는 위법성조각사유나 책임조각사유(고의·과실)에 의한 책임의 제한이 행해지지만, 경찰법에서는 그와 같은 책임의 한계를 획정하는 장치(또는 책임을 제한하는 여과장치)가 없기 때문에 조건설에 따르면 인과관계가 무한히 확대되는 결과를 가져온다.[9] 즉, 조건설에 의하여서도 몇몇 인과관계의 요소가 제거될 수는 있겠지만, 그에 의하게 되면 여전히 법정책적으로 바람직하지 않은 광범위한 책임을 인정하게 된다는 것이 경찰법에서 조건설이 통용될 수 없는 원인이 된다.[10]

둘째, 더욱이 조건설은 위험에 관련된 사람이 다수인 경우에 그들 간의 책임의 차이를 나타내지 못한다는 단점을 갖고 있다.[11]

---

7) 이 학설은 중요한 결과를 초래하는 모든 조건을 동가치적으로 파악하고 있다는 점에서 등가설(等價說, Äquivalenztheorie)이라고도 불린다.

8) Vgl. RGStE, 44, 230 ff.(234).

9) 예컨대 조건설에 따르게 되면, 화약을 제조한 자는 그가 위법하게 행동하지도 않았고 고의·과실이 없음에도 불구하고 그의 사용에 있어 발생하는 모든 사고에 대하여 원인을 야기한 자로서 경찰권발동의 대상이 되게 될 것이다(Knemeyer, a.a.O., Rn. 246). 그 밖에 이러한 관점에서 조건설의 문제점을 지적하고 있는 것으로는 Friauf, a.a.O., S.128; Scholler/Schloer, a.a.O., S.243; Wolff/Bachof, Verwaltungsrecht III, 4. Aufl., 1978, S.65.

10) Möller/Wilhelm, Allgemeines Polizei- und Ordnungsrecht, 1990, S.40.

11) Tettinger, Besonders Verwaltungsrecht, 1986, Rn. 223.

2. 상당인과관계설(Adäquanztheorie)

민법에서 지배적인 상당인과관계설[12]에 따르면, 경험법칙에 따를 때 일반적으로 발생한 것과 같은 종류의 위험이나 장해를 야기하기에 적합한 조건만이 경찰책임에 있어서의 (또는 법적 의미에서) 원인으로 고려된다.[13] 따라서 극히 이형적인 인과관계의 진행은 원인이 되지 못하는 것으로 간주된다.[14] 독일의 연방최고법원[15]에 의하여 발전된 이 이론은 이형적인, 예견될 수 없는 인과관계의 진행을 책임의 근거에서 제외시키기 때문에 다수인의 이익조절이라는 민법상의 요구에는 부응하고 있지만, 다음과 같은 이유에서 경찰법에서는 일반적으로 통용될 수 없다고 한다.

첫째, 상당인과관계설은 우선 효과적인 위험방지라는 요청을 충족시킬 수 없다. 왜냐하면 사회생활에 있어서는 인과관계의 진행에 있어 예측할 수 없는 이형적인 위험, 환언하면 조건과 결과 간의 상당성이 결여되어 있는 위험이 존재할 수도 있는바, 경찰은 그와 같은 위험을 방지하기 위하여서도 경찰권을 발동할 수 있어야 하기 때문이다.[16] 그 한도에서 상당인과관계설은 인과관계의 폭을 지나치게 좁히는 결과를 가져온다.

둘째, 경험칙에 따를 때 예측가능한 모든 결과에 대하여 경찰법상의 책임이 인정될 수는 없으므로, 상당인과관계설은 경찰책임을 너무 확대시키는 결과를 가져오기도 한다. 즉, 상당인과관계설에 따르면 사례 3의 경우 임대차계약의 해지통지를 하고 명도판결을 강제집행하는 임대인은 그가 임차인의 무숙

---

12) Vgl. Palandt, Bürgerliches Gesetzbuch, 52. Aufl., 1993, § 249, Rdnr. 59.

13) 한편 이러한 것을 내용으로 하는 상당인과관계설이 경찰법에서도 통용될 수 있다는 것이 예전부터 가끔 주장되어 왔으며(가장 근자의 것으로는 vgl. Brandner, Gefahrenerkennbarkeit und polizeiliche Verhaltensverantwortlichkeit, 1990, S.75 ff.), 경찰법률의 입법이유서가 상당인과관계설에 근거한 경우도 있었다(바이에른의 구 경찰직무법 제9조 참조).

14) Friauf, a.a.O., S.128.

15) 수문(水門)사고가 문제되었던 BGHZ 3, 261 ff. 이래 독일 연방최고법원(BGH)의 일관된 입장이다.

16) v. Mutius, Der Störer im Polizei- und Ordnungsrecht, Jura 1983, 298 ff.(304); Kloepfer, Die Verantwortlichkeit für Altlasten im öffentlichen Recht, NuR 1987, 7 ff.(9); Schoch, Grundfälle zum Polizei- und Ordnungsrecht, JuS 1992, 932; Drews/Wacke/Vogel/Martens, a.a.O., S.312; Friauf, a.a.O., S.128; Knemeyer, a.a.O., Rn. 247; Wolff/Bachof, a.a.O., S.65; Würtenberger/Heckmann/Riggert, a.a.O., Rn. 302.

의 상태에 대한 상당한 원인을 제공하였기 때문에 해약통지를 받은 임차인의 무숙의 상태에 대하여 경찰책임자로서 경찰권발동의 대상이 되어야 할 것인바, 이는 타당하지 못하다. 또한 상당인과관계설에 따르면 집으로 돌아오던 부인이 남편이 하녀와 정사를 벌이고 있는 것을 목격하고 자녀들과 함께 집을 나와서 무숙의 상태에 빠지게 된 경우에는 남편이 경찰책임자가 될 것이나,[17] 근본적으로 부인의 결정에 기인한 위험을 남편에게 귀속시키는 것은 타당하지 않다.[18]

셋째, 실제에 있어 상당성이 있는 것과 그렇지 않은 것과의 한계획정이 어려우며, 그런 판단을 위해 필요한 재량권의 행사에는 효과적인 경찰행정을 위하여 요구되는 명확성이 결여되어 있다. 한편 이처럼 구체적인 경우에 누가 경찰책임을 부담하게 되는지에 관한 상당인과관계설의 불확실성은 법치국가의 원칙에 비추어 볼 때도 문제시된다.[19]

넷째, 상당인과관계설은 주로 고의·과실에 기한 책임이 문제되는 영역에서 통용되는 것인바, 전술한 바와 같이 경찰법에서는 주관적 요소가 거의 아무런 역할도 못하기 때문에 경찰책임자를 결정함에 있어서도 적합하지 못하다.[20]

끝으로 일반적으로 일정한 결과를 초래할 것이라고 예견되는 조건만을 원인으로 보려는 상당인과관계설에 대해서는 위험을 가장 강도 있는 책임과 관련 있는 사람에게 귀속시키는 것이 문제가 되는 경찰법상의 요구를 충족시키지 못한다는 비판도 있다.[21]

이처럼 상당인과관계설에 의해서도 해결할 수 없는 경찰법상의 인과관계의 특수성을 고려하여 경찰법의 목적에 타당한 고유한 인과관계의 개념을 발전시키려는 시도가 학설·판례상 행해져 왔는바, 다음이 그것이다.

---

17) 이 같은 예에 관하여는 vgl. OVG Münster, ZMR 1955, 381; Drews/Wacke/Vogel/Martens, a.a.O., S.312; Schenke, a.a.O., Rn. 154.

18) Vgl. Drews/Wacke/Vogel/Martens, a.a.O., S.312; Schenke, a.a.O., Rn. 154. 따라서 남편은 공동생활(Lebensgemeinschaft)의 의무(독일민법 제1353조 참조)를 위반하였기 때문에 무숙의 상태에 대하여 책임이 있는 것으로 보는 Scholler/Schloer, a.a.O., S.247 f.는 타당치 못하다.

19) Drews/Wacke/Vogel/Martens, a.a.O., S.312; Möller/Wilhelm, a.a.O., S.40; Schenke, a.a.O., Rn. 88.

20) Knemeyer, a.a.O., Rn. 247.

21) Tettinger, a.a.O., Rn. 223.

3. 직접원인설(Theorie der unmittelbaren Verursachung)

(1) 내 용

독일의 학설[22]·판례[23]에 의하여 광범위한 지지를 받고 있는 직접원인설에 따르면 스스로 위험의 영역(Gefahenschwelle, od. Gefahrengrenze)에 들어가는(überschreiten) 행위, 즉 그 자체가 구체적인 위험 또는 장해를 '직접적으로' 초래하는 행위만이 경찰법상의 원인으로 고려된다.[24] 이러한 직접원인설에 따르게 되면 직접적인 원인야기자, 즉 경찰법상의 경찰책임자는 사례 1의 경우에는 인종차별적 내용을 가진 가사를 부르는 휴양객,[25] 사례 2의 경우에는 폭력을 행사하는 관중,[26] 사례 3의 경우에는 (無宿이 경찰상 위험으로 성격지워질 수 있다면) 새로운 주거를 마련해야 될 의무를 해태한 지금까지의 임차인일 뿐이다.[27] 또한 사례 7의 경우에는 위험의 영역은 평화적 집회를 폭력적으로 해산시키려는 반대집회자들의 행위에 의하여 비로소 넘어서게 될 것이다.

그러나 어떤 행위가 언제 위험 또는 장해를 직접적으로 야기하는지는 직접원인설의 정의 자체로부터 도출되어질 수가 없다. 한편, 여기서 '직접적으로'란 원인과 결과 간의 특별한 근접성을 의미하는바,[28] 이 경우 조건의 직접성은 존재론적 인식을 통해서 밝혀질 수는 없으며, 전적으로 관련사안에 대한 가치평가적 판단을 통해 밝혀져야 한다.[29] 그리고 이러한 판단을 행함에 있어서는 원인야기와 위험 간의 자연적 통일성, 그때그때의 권리보장, 법적으로 규

22) Götz, Allgemeines Polizei- und Ordnungsrecht, 11. Aufl., 1993, Rn. 192 ff.; Drews/Wacke/Vogel/Martens, a.a.O., S.313; Knemeyer, a.a.O., Rn. 248; Schenke, a.a.O., Rn. 155; Schoch, a.a.O., 932; Wolff/Bachof, a.a.O., S.66.

23) Pr.OVGE 31, 409 ff.; 103, 105 ff.(109); OVG Hamburg, DÖV 1983, 1016 f.(1017); OVG Münster, NVwZ 1985, 355 ff.(356); VGH Hessen, NJW 1986, 1829; VGH Kassel, NJW 1986, 1829 f.(1829); OVG Lüneburg, NVwZ 1988, 638 f.(639); VG Karlsruhe, NVwZ 1993, 1018 ff.(1019).

24) 한편 직접원인설은 1973. 6. 29의 라인란트팔츠경찰행정법(GVBl. 180) 제22조에 명문으로 받아들여졌었는바, 그 후 동 조항은 폐기되었다고 한다.

25) Pr.OVGE 80, 176 ff.(189).

26) VGH Karlsruhe, NJW 1949, 919 f.

27) OVG Münster, OVGE 14, 265 ff.(267).

28) Kirchhof, a.a.O., 238.

29) Papier, Rechtsgrundlagen der Altlastensanierung, NWVBl. 1989, 322 ff.(324).

정된 의무와 위험배분이 고려되어야 하며,[30] 일반적으로는 시간적으로 최후에, 독립한 의사결정에 근거하여 인과관계의 진행에 관여한 자(원인)가 판단의 기준이 될 것이다.[31]

이러한 직접원인설의 요청에 따르면 경찰위반의 결과에 대한 사소한, 단지 간접적인 조건은 경찰책임을 발생시키지 않는다.[32] 이처럼 단지 간접적인 원인을 야기한 사람을 '간접원인제공자(Veranlasser)'라고 하는바,[33] 그는 경찰책임자가 아니며, 따라서 경찰권 발동의 대상이 되지 않는다. 이와 같은 직접원인설의 요청에 대한 중요한 예외를 이루는 것이 소위 의도적 간접원인제공자(sog. Zweckveranlasser)인데,[34] 의도적 간접원인제공자이론에 따르면 그 자체로는 아무런 문제가 되지 않는 행위를 다른 사람이 공공의 안녕과 질서를 해하는 행위를 하도록 하게 할 목적으로 행하였다면, 제3자의 행위는 그에게 귀속된다.[35]

(2) 비 판

전술한 바와 같은 내용을 갖고 있는 직접원인설에 대하여는 다음과 같은 비판이 가해지고 있다.

1) 우선 시간적으로 최후에 행해진 행위를 기준으로 조건의 직접성을 인정하려는 시도는 명확하다는 장점은 있으나 다음과 같은 단점도 있다.

---

30) Würtenberger/Heckmann/Riggert, a.a.O., Rn. 303. 이 같은 점을 고려하여 직접원인설은 그 자체로는 경찰책임자의 결정에 있어 아무런 기준도 제공하지 못한다는 비판이 있다(Denninger, in: Denninger/Liske, Handbuch des Polizeirechts, 1992, E Rn. 62).

31) Friauf, a.a.O., S.128.

32) Drews/Wacke/Vogel/Martens, a.a.O., S.313; Knemeyer, a.a.O., Rn. 248.

33) W. Jellinek, Verwaltungsrecht, 3. Aufl., 1931, S.444.

34) 이에 대하여는 "자신의 행위에 의하여서 타인의 경찰위반 행위를 야기한 자, 즉 의도적 간접원인제공자는 스스로 경찰목적에 적합한 행위의 한계를 직접적으로 일탈한 것이므로 의도적 간접원인제공자이론은 직접원인설과 모순되는 것이 아니다"라는 비판이 있다(Vgl. Wolff/Bachof, a.a.O., S.66).

35) 의도적 간접원인제공자론에 관하여 자세한 것은 서정범, "경찰권발동에 관한 연구," 고려대학교박사학위논문, 1992, 86쪽 이하 참조. 그 밖에 독일에서의 논의에 관하여는 vgl. Zur Polizeipflichtigkeit des sog. Zweckveranlassers, JuS 1985, 257 ff.; Muckel, Abschied vom Zweckveranlasser, DÖV 1998, 18 ff.

(가) 시간적으로 최후에 행해진 행위만이 인과관계의 사슬에 있어서 위험의 영역을 넘어서게 되는 원인이 되는 것만은 아니다.[36)]

(나) 최후에 행해진 행위를 기준으로 하는 것은 경찰법이 달성하고자 하는 목적의 달성을 곤란케 하는 경우가 있다. 환언하면 언제나 경찰이 최후의 행위가 행해질 때까지 기다릴 수는 없는 것이며, 더욱이 최후의 행위가 행해지는 시점에서는 위험이 이미 구체화되어서 최후의 행위자에게 경찰권을 발동할 수 없거나, 과도한 희생하에서만 위험이 방지될 수 있는 경우가 있는 것이다.[37)] 예컨대 A는 암살을 기도하려는 계획하에 화학물질을 구입하였고, B는 그를 가지고 폭약을 제조하였으며, C는 도화선을 마련하였다. 또한 D는 암살장소를 물색하였고, E는 예정된 암살장소에 폭약을 매설하였으며, F는 관련된 조치를 총괄하여 지휘하였다. 그리고 끝으로 G가 점화를 했다면, G의 행위가 최종적인 행위이다. 다른 모든 행위는 그 자체로서는 점화가 있기 전까지는 위험하지 않다. 그런데 이 경우 최종적인 행위를 기준으로 하는 입장에 따라 경찰이 점화의 시점에서야 비로소 개입할 수 있다면, 효율적으로 위험방지조치를 취하는 것은 불가능하다. 또한 경찰이 예비적 행위에 대한 정보를 얻었지만, 정확한 암살시점(즉, 점화시점)을 모른다면, 결국 경찰은 위험을 방지할 수 없게 된다. 따라서 이 같은 기준은 경찰법의 목적(위험방지)을 달성하게 하기 보다는 오히려 곤란케 만드는 것이 된다.

(다) 다수의 원인야기자가 관여한 경우에는 누가 시간적으로 최후의 행위를 하였는가 하는 관점은 아무런 기준도 제시하지 못한다.[38)]

---

36) Pietzcker, a.a.O., 458.

37) 이러한 설명에 관하여는 vgl. Gusy, Polizeirecht, 3. Aufl., 1996, Rn. 267.

38) Denninger, a.a.O., Rn. 62; Pietzcker, a.a.O., 458. 한편 이처럼 직접원인설이란 기준으로는 설명하기 곤란한 사정이 존재한다는 것은 경찰책임의 귀속을 가능케 하는 수단으로서 직접원인설을 주장한 Martens 자신도 명시적으로 인정하고 있다. 즉, 예컨대 수질관리법에 위반하여 폐수를 유입시키는 다수의 기업 또는 도로상에서 교통장해를 일으키고 있는 군집의 경우처럼 다수인이 동시에 경찰책임자가 되는 수가 있는바, 이 경우에는 각 관여인 자체가 경찰책임자가 될 수 있지만, 위험은 모든 자의 행위에 의하여 비로소 야기되는 것이다(Drews/Wacke/Vogel/Martens, a.a.O., S.313).

2) 자연적 기준, 즉 최종적으로 행해진 행위를 기준으로 하는 것의 문제점이 인식되면서, 직접성이라는 개념은 더 이상 자연적으로 결정되어서는 아니 되고, "규범적으로 판단하여" 즉, 위험의 영역을 넘어들어가는지(Gefahrengrenze를 überschreiten하는지) 여부를 기준으로 결정되어야 한다는 수정이 행해졌다. 그러나 이 같은 고찰방식은 "직접성"이나 "위험의 영역"과 같은 불확정 법개념이 충분히 구체화될 수 있을 때에만 의미가 있다고 할 것인바, 과연 위험의 영역이 구체적으로 무엇을 의미하는지는 직접성의 개념에 의해서도 명확해지지 않는다.[39] 판례의 내용이 일관되지 않음도 바로 이 같은 사정에 기인한다고 생각된다.

3) 직접원인설은 고도로 기계화된 현대사회에서의 다양한 문제의 해결에 적절하지 못한 점이 지적되고 있다.[40] 특히 이른바 Altlasten의 문제(이전에 산업활동의 결과로 나타나는 토양오염 등)[41]의 해결과 관련하여 나타나는 책임의 귀속문제는, 직접성이란 기준을 구체적 사안에 따라 고찰하지 않고 일률적으로 다루는 것이 타당한 결론을 얻어내는 데 불충분하다는 것을 분명하게 해 준다.[42]

4) 직접원인설은 이른바 잠재적 위험(sog. latente Gefahr)의 문제(사례 6 참조)[43]를 해결하기에 적합하지 못하다는 비판이 있다. 그러나 Hurst가 정당하게 지적한 바와 같이 현존하는 위험만이 경찰법상의 위험이 될 수 있으므로,[44]

---

39) 결국 이러한 수정의 시도는 특정한 기준(최종적 행위)을 불확정한 기준(위험의 영역)으로 대치했을 뿐이라는 비난을 면치 못할 것이다(vgl. Gusy, a.a.O., Rn. 268; Denninger, a.a.O., Rn. 62).

40) Papier, a.a.O., 324 f.; Pietzcker, a.a.O., 458, 460-462.

41) Altlasten에 관한 국내에서의 논의에 관하는 vgl. 박상희, "폐기시설물에 의하여 오염된 토지와 지하수(Altlasten)에 대한 법적 책임," 법제연구 14호(1998), 235쪽 이하.

42) 이러한 문제에 관하여 보다 자세한 것은 vgl. Schink, Grenzen der Störerhaftung bei der Sanierung vom Altlasten, VerwArch. 82(1991), 357 ff.

43) 아울러 처음에는 아무런 건축물이 없던 곳에서 생선도매업이 행해져왔는데, 사후에 그곳이 혼합주거지역으로 지정됨에 따라 영업장이 주거지역 한가운데 놓이게 되었고, 그로 인하여 생선도매영업이 인근주민의 안면에 대한 장해를 가져온 것이 문제되었던 BVerwGE 38, 209 ff. 참조.

44) Hurst, Zur Problematik der polizeirechtlichen Handlungshaftung, AöR 83, 43 ff.(57).

위험이 잠재적인 한 그 자체만으로는 개괄적적 수권조항에서 말하는 경찰법상의 위험이 존재하지 않는다는 입장에 서게 되면[45] 이러한 비판은 의미를 잃게 될 것이다.

4. 위법원인설(Rechtswidrigkeitstheorie)

(1) 내 용

전술한 직접원인설의 결함이 위법원인설을 태동하게 하였는바, Hurst[46]의 이론에 영향을 받아 Schnur에 의하여 창시된 위법원인설은 법질서에 의하여 자신에게 주어진 법적 영역(권리영역)을 일탈하는 경우, 즉 경찰책임자에게 적용되는 법규를 침해하는 위법한 행위가 있는 경우에만 경찰법상의 인과관계의 존재를 인정한다.[47] 결국 위법원인설은 전체 법질서로부터 나오는 규범적인 요청에 근거하여 경찰책임자를 결정함으로써, 가치판단의 불명확성이라는 위험을 최소화시키려고 하는 이론인바,[48] 그 결과는 다음과 같이 요약될 수 있다.

1) 적법하게 활동하는 사람, 즉 단지 그에게 법질서상 허용되어 있는 권리를 행사하는 자는 경찰책임자가 될 수 없다.[49] 따라서 사례 3의 경우 명도

45) Schenke, a.a.O., Rn. 56.

46) Vgl. K. Hurst, a.a.O., 52 f.

47) Schnur, Probleme um den Störerbegriff im Polizeirecht, DVBl. 1962, 1 ff.(3); Erichsen, Der Schutz Allgemeinheit und der individuellen Rechte durch die polizei- und ordnungsrechtlichen Handlungsvollmachten, in: VVDStRL 35(1977), 172 ff.(201 f.); Vollmuth, Unmittelbare und rechtswidrige Verurschung als Voraussetzungen der Störerhaftung im Polizei- und Ordnungsrecht, VerwArch. Bd.68(1977), 45 ff.(52); Gantner, Verursachung und Zurechnung im Recht der Gefahrenabwehr, Diss. 1983, S.43 ff.; Denninger, a.a.O., Rn. 66; 또한 vgl. 보충적으로 위험영역이라는 관점에 의존하는 Pietzcker, a.a.O., 459 ff.; Scholler/Schloer, a.a.O., S.244 f. 한편 몇몇 학자들은 전술한 직접원인설에 입각해 있으면서도 "적법하게 행동하는 사람, 즉 단지 법에 의하여 자기에게 부여된 권한을 행사하는 사람은 설사 그의 행위로 인하여 경찰상의 위험 또는 장해가 야기된다고 하더라도 경찰책임자가 될 수 없다. 오히려 타인이 그와 같은 행위를 저지하려 할 때에는 보호되어야만 한다"라고 하여 위법원인설과 그 궤를 같이 하는 듯한 인상을 주고 있다[Vgl. V. Götz, Die Entwicklung des allgemeinen Polizei- und Ordnungsrechts (1984 bis 1987), NVwZ 1987, 858 ff.(862); Friauf, a.a.O., S.129].

48) Gantner, a.a.O., S.43 ff.

판결을 집행하는 임대인은 임차인이 그로 인하여 무숙의 상태에 빠지게 된다고 하더라도 그에 대한 경찰책임자가 아니며,[50] 또한 사례 7의 경우는 반대시위대만이 공공의 안녕에 대한 장해를 야기한 자로서 경찰책임자가 된다.[51] 또한 자신의 토지 위에 수목을 재배하여 시계(視界)에 장해를 가져온 자도 경찰책임자가 아니다.[52]

한편 이와 같은 법적 영역의 한계는 기본권, 민법상의 규범과 공법상의 인·허가[53] 등으로부터 나온다고 한다.[54]

2) 이에 반하여 형법 또는 공법상의 금지규범 또는 요구규범에 위반한 자는 자신의 권리영역을 벗어난 것으로서 위법하게 행동한 것이 되기 때문 경찰책임자가 된다.[55]

3) 한편 오늘날 위법원인설은 규범적 —즉, 가치평가적— 위험배분(normative Risikozuweisung), 즉 위험영역에 따른 귀속이란 관점에서 보충되고 있으며,[56] 이 경우 경찰책임의 결정은 의무위반이라는 관점 또는 규범적 위험배분이라는 근거 중 양자택일적으로 행해진다고 한다.[57]

(2) 비 판

1) 위법원인설은 특별한 행위규범이 존재하는 경우에는 행위규범의 수범자가 충분히 명백히 밝혀질 수 있기 때문에 유용한 이론이 될 수 있다. 그러

49) Vgl. BGH, JZ 1984, 987 ff.(990).
50) Pietzcker, a.a.O., 459; Würtenberger/Heckmann/Riggert, a.a.O., Rn. 304.
51) VGH Mannheim, DÖV 1987, 254 ff.(255); Denninger, a.a.O., Rn. 120.
52) Vgl. OVG Lüneburg, OVGE 17, 447 ff.
53) 특히 공법상 허가의 합법성효과(Legalisierungswirkung)의 관점에 관하여는 vgl. Papier, Altlasten und polizeiliche Störerhaftung, DVBl. 1985, 873 ff.(875-876); Breuer, "Altlasten" als Bewährungsprobe der polizeilichen Gefahren und des Umwelt- schutzes, JuS 1986, 359 ff.(362-263) 등. 또한 허가의 합법성효과 일반에 관하여는 vgl. Peine, Die Legalisierungswirkung, JZ 1990, 201 ff.
54) Möller/Wilheim, a.a.O., S.40.
55) Schnur, a.a.O., 3; Denninger, a.a.O., Rn. 66.
56) Pietzcker, a.a.O., 459.
57) Götz, a.a.O., 862 f.

나 실제로 다투어지고 있는 많은 예의 경우에 있어서는 그러한 특별한 행위규범이 존재하지 않는 경우가 많기 때문에, 위법원인설만으로는 어떤 행위가 언제 위법한 것이 되는가에 관하여 기준을 제공하지 못한다라는 비판이 있다.[58]

2) 위법원인설이 기준으로 삼는 위법성이란 기준은 법규위반 등을 문제삼지 않는 경찰책임의 이론과는 본래 어울리지 않는다.

3) 한편 위법원인설에 입각하고 있다고 보여지는 학자 스스로도 "위험방지법은 위험방지의 효율성이라는 원칙이 폭넓게 지배한다. 위험이 존재하는 경우에 질서행정청은 경찰책임자에 대하여 효과적인 조치를 신속하게 취할 수 있어야만 한다. 따라서 법률전문가가 아닌 집행공무원이 어떤 자에 대하여 조치를 취하기에 앞서, 문제시되는 수범자가 법질서에 의하여 그에게 허여되어 있는 범위 내에서 행동하였는지 여부를 밝혀내기 위하여 복잡한 법적 문제에 대한 고려를 해야만 한다는 것은 일견 위험방지의 효율성의 원칙과 부합하지 않는 것처럼 보인다"[59]고 지적하고 있음은 주목을 요한다.

(3) 결 어

위법원인설이 '의도적 간접원인제공자' 또는 잠재적 위험과 관련하여 나름대로의 타당성이 있음은 인정되지만,[60] 독일에서도 학설상 많은 지지를 받고 있지는 못하다. 판례 또한 기껏해야 경찰책임을 부인하기 위한 논거로서 동 이론을 채용하고 있거나,[61] 적합하지 않은 것으로서 적용을 거부하고 있다.[62] 생각건대, 위법원인설은 다른 방법으로 얻어진 결론의 근거로서, 단지 보충적으로만 적용해야 할 것이다.

58) Pietzcker, a.a.O., 459; Schenke, a.a.O., Rn. 156.
59) Scholler/Schloer, a.a.O., S.244.
60) Vgl. Breuer, a.a.O., 362.
61) Drews/Wacke/Vogel/Martens, a.a.O., S.321.
62) Vgl. 이른바 Altlasten이 문제되었던 OVG Münster, NVwZ 1985, 355 ff.(356).

5. 사회적 비상당원인설(Theorie der sozialinadäquaten Verursachung)

사회적 비상당원인설은 단지 사회적 상당성이 결여되어 있는 위험야기만이 경찰법적 의미에서 원인이 된다고 한다. 환언하면 —법적으로 규율되지 않는 행위의 경우에는— 일반적인 생활위험을 사회적으로 비상당한 방법으로 제고시킨 자가 경찰책임자가 된다는 것이다.[63] 이러한 사회적 비상당원인설은 어떤 행위가 규범에 위반하지 않은 경우에 있어서 경찰법상의 원인야기의 개념을 규정함에 있어 중요한 관점을 제공할 수 있다는 점에서 의의를 갖는다.

그러나 사회적으로 상당성이 없다라는 기준은 그것만으로 경찰법상의 원인야기 여부를 명백히 구분할 수 있기에는 종종 모호하다는 점이 문제시되며, 또한 사회적 비상당성원인설은 결론에 있어 직접원인설에 따른 결론과 다른 것이 아무것도 없다는 비판이 행해지고 있다.[64]

6. 새로운 모델 – Selmer의 유동적 원인야기개념(fließenden Verursachungsbegriff)[65]

전통적인 경찰법이론에 따르면, 구체적인 경우에 있어서 경찰책임자로 밝혀진 사람은 자신의 행위 그 자체에 대해서뿐만 아니라 자신이 야기한 모든 경찰위반의 결과에 대해서도 책임을 져야 하는 반면, 비책임자는 위험방지에 대한 아무런 협력의무도 갖지 않는다. 결국 경찰책임에 있어 중간적 영역(Zwischenzonen)은 생소한 것이다. 그러나 이러한 "전부 또는 전무"(alles oder nichts)식의 이극적 고찰방식은 헌법적 질서하에서 의문시되는 경우가 있다.[66] 그 같은 점에 착안하여 Selmer는 유동적인 원인야기개념을 창안하게 되었

63) Hurst, a.a.O., 43, 75 ff.; Gusy, a.a.O., Rn. 270.

64) 즉, 어떤 행위가 이미 경찰상의 위험의 한계를 이미 넘어선 경우에는 그것은 사회적으로 상당성이 결여되어 있는 것이라는 것이다(Schenke, a.a.O., Rn. 56).

65) 이하의 설명에 관하여는 vgl. Selmer, Der Begriff der Verursachung im allgemeinen Polizei- und Ordnungsrecht, JuS 1992, 97 ff.(101); ders., Gedanken zur polizei- rechtlichen Verantwortlichkeit, in: GS f. Martens, 1987, 483 ff.

66) 물론 이러한 사고는 책임자/비책임자의 이분법을 포기하고, 경찰법상의 원인야기 및 경찰책임자 개념이 전적으로 유동적이라는 것을 인정할 것을 전제로 한다.

는바, 그에 따르게 되면, 다음과 같은 결론에 달하게 될 것이다. 즉,

(1) 허가받은 시설의 소유자는 그의 경영으로 인해 (예측할 수 없는) 손해가 발생한 경우 위험방지법상 중요한 각종의 자료 등의 제출에 관하여서만 경찰책임자가 되는 것이지, 경찰위반의 결과(손해)를 제거할 의무는 없다.

(2) 가스누설의 염려가 있는 가스관 옆에 있는 흡연자에게 담배에 불을 붙이는 것을 금지할 수는 있지만, 예기치 않은 폭발로 인한 경찰위반의 상태(인근 가옥의 붕괴위험성)의 제거가 요구될 수는 없는 것이다.

Ⅲ. 경찰법에 고유한 귀속이론은 과연 필요한 것인가?[67]

지금까지의 논의에서 보듯 학설과 판례에 의하여 발전되어 온 전통적인 제(諸) 귀속이론은 모두 이론전개상의 문제점을 갖고 있다. 그리고 그 같은 점을 인식하여 전통적인 이론에 입각하면서 약간의 수정을 가하거나, 두 가지 이상의 이론의 조화를 도모하거나 또는 아예 새로운 이론을 제시하는 등의 변화가 일어나고 있다. 그러나 그 어떤 것도 만족할 만한 기준을 제시하지는 못하고 있으며, 이 같은 사정은 경찰법에 고유한 귀속이론은 불필요한 것이라는 사고를 낳게 한다. 그렇다면 경찰이 누구에게 경찰권을 발동하여야 하는가의 문제는 무엇을 기준으로 판단하여야 할 것인가?

1. 판단기준으로서의 비례의 원칙과 위험방지의 효율성의 원칙

경찰법학에서 경찰책임의 귀속의 문제를 다루는 모든 학자들은 등가설에 의한 인과관계는 경찰책임의 성립에 필요조건이지만 충분조건은 아니라는 것, 따라서 인과관계를 제한하는 귀속이론이 없다면 모든 위험에 있어서 경찰책임의 범위가 무한대로 확대된다는 것에 근거하고 있다. 그러나 적어도 인과관계

---

67) 이하의 논의는 Muckel, a.a.O., 21 ff.에 근거한 것임을 밝혀두기로 한다.

의 사슬의 하나를 형성하고 있는 모든 행위를 법적 의미에서 위험에 대한 원인이 되는 것으로 보아야 할 것이며, 그러한 입장을 취할 때 발생하는 문제점은 경찰권발동의 대상이 될 자를 선택하는 데 있어서도 비례의 원칙과 위험방지의 효율성이 준수되어야 한다는 것을 받아들임으로써 해결될 수 있을 것이다.

다음의 예를 가지고 이상의 논의를 구체화해 보기로 하겠다: A(수입업자)가 수입하고 과일상(B)이 판매한 바나나를 소비자인 C가 먹은 후 그 껍질을 도로상에 던져 행인들이 미끄러져 다치게 된다. 이 경우 소비자인 C의 행위뿐만 아니라 수입업자(A)나 과일상(B)의 행위 또한 위험의 원인이 된다. 그러나 그럼에도 불구하고 수입업자(A)에게 향후 수입을 하지 못하도록 하거나, 과일상(B)에게 바나나를 팔지 못하도록 할 수는 없다. 왜냐하면 양자는 소비자(C)에 대한 조치보다 효율적이기는 하지만, 의문의 여지없이 비례의 원칙에 반하기 때문이다. 즉, 바나나를 포기하여야만 하는 공중에게 발생하는 불이익이 결과와 비례관계에 있지 않기 때문이다. 따라서 이 사건의 경우에는 경찰이 그 자리에 있었다면, 경찰은 보도에 껍질을 던져서 그러한 상황을 만든 자에게 그런 짓을 하지 말도록 하게 하는 것이 비례의 원칙의 요청을 충족시키는 효율적인 위험방지조치가 된다.

2. 위험을 야기하는 행위에 대한 법적 판단

경찰책임자의 행위가 법질서와 합치하는지의 여부도 경찰행정청의 조치가 비례의 원칙에 합치하는지에 대한 판단에 영향을 미친다.[68] 그러한 문제는 경찰조치가 비례의 원칙에 합치하는지 여부를 심사를 통하여 어려움 없이 설명될 수 있다. 즉, 어떠한 행위가 법질서에 의해 보호되어짐에도 불구하고, 경찰이 개괄적 수거권조항에 근거하여 어떠한 처분을 행하였다면 경찰은 적합하지 않은 조치를 취한 것이 된다. 이를 구체적으로 설명하면 다음과 같이 될 것이다.

---

68) 이 같은 점에 착안하여 행위의 위법성 또는 적법성을 경찰책임의 귀속이론으로 변형시키려는 시도(Friauif 등)도 행해지고 있음은 전술한 바와 같다.

(1) 우선 특정한 행위에 대해 특별법이 규정하고 있는 허가를 받은 자는 그와 관련된 합법성효과에 근거할 수 있을 것이다. 즉, 그러한 경우에 허가가 존속하고 있는 한 경찰은 일반 경찰-질서법에 근거하여서는 허가권자에게 경찰조치를 취할 수 없다.

(2) 특정한 행위를 위한 특별한 허가를 갖고 있지 못한 사람은 기본권에 근거하고자 할 것이다: 예컨대 사례 1의 경우 휴양지의 악단은 예술의 자유, 사례 3의 경우 여자레슬링시합의 주최자는 영업의 자유, 사례 7의 경우 평화적 집회의 주최자는 집회의 자유, 또한 도시를 배회하는 록 가수의 경우[69]는 일반적인 행위의 자유 또는 공물의 보통사용권.

그러나 기본권이 위험방지의 목적을 가진 조치에 대한 무제한의 보호를 내용으로 하는 것은 아니라는 점을 유의하여야 할 것이다. 즉, 비례의 원칙은 이러한 기본권과 경찰행정청이 추구하는 위험방지의 목적 간에 형량을 행할 것을 요구한다.[70] 예컨대 구체적인 근거에 기초할 때 록 가수의 산책이 타인의 생명 또는 신체에 대한 위험을 가져올 수 있다고 판단되어지면, 그의 기도가 저지될 수도 있다. 이에 반해 단지 일시적인 교통장해를 가져 오는 경우라면 그 같은 조치는 허용될 수 없을 것이다.

3. 고의·과실에 기한 위험야기

경찰책임은 고의·과실과 관계없이 성립할 수 있다. 그러나 이러한 사고가 경찰권발동의 대상이 될 자를 선택함에 있어 고의·과실이란 동기가 전혀 고려되지 않아야 한다는 것을 의미하는 것은 아니다.[71] 다른 한편 고의·과실

69) 참고례: 록 가수인 R은 공연 후에 경찰에 의하여 불법 마약소지혐의를 받아 신체수색을 받은 후, 그에 대한 복수를 하기 위하여 다음날 도시를 배회한다고 공고를 하였다. 수천명의 팬이 그들의 우상인 R을 보려고 도심에 운집하여 교통혼잡이 야기될 것이 예견된다.

70) 이와 관련하여서는 공공의 안녕 혹은 질서의 보호라는 경찰의 목적 그 자체가 합헌적 질서의 구성요소를 이룬다는 것이 고려되어야 할 것이다.

71) 의도적 간접원인제공자라는 이름하에 다루어져 왔던 사건들과 관련하여 고의·과실이란 관점이 부각되어 왔음을 고려해 보라. 아울러 공공의 안녕 또는 질서에 대한 위험을 고의·과실로 야기한 자는 고의·과실 없이 위험을 야기한 다른 자에 비하여 경찰조치를 훨

을 경찰책임자의 선택에 있어 우월적 기준으로 하는 것 또한 적당하지 않다. 결국 고의·과실은 보충적인 관점의 하나로 간주되어야 할 것이다. 이런 점을 고려해 볼 때 고의·과실은 위험방지를 위한 처분이 비례의 원칙에 합당한지 여부를 심사함에 있어서 나름대로 의미를 갖는다고 할 수 있다.

따라서 전기의 예에서 록 가수가 도시를 배회함으로써 경찰에게 복수하려고 했고 그리하여 타인에 대한 위험을 용인하였다면, 그는 경찰권발동의 대상이 될 수 있을 것이다.

4. 결 어

이상과 같은 점을 고려해 볼 때 지금까지 경찰법에서 주장되어 온 경찰책임의 귀속이론은 불필요한 것이 아닌가 하는 생각을 떨치기 어렵다. 즉, 경찰권발동의 대상이 될 자를 선택함에 있어 경찰행정청에게 원칙적으로 인정되는 선택재량의 행사에 있어 위험방지의 효율성의 요청과 비례의 원칙에의 구속이 결정적 지침이 된다는 점을 고려하면, 원인야기개념을 제한적으로 해석하는 것(따라서 특정한 귀속이론)은 포기될 수 있는 것이 아닌가 하는 생각을 가져본다. (서정범)*

씬 더 잘 수인할 수 있을 것이라는 것도 이러한 설명의 논거가 될 수 있을 것이다.

* 이 글, "경찰책임의 귀속원리로서의 원인야기(Verursachung)"는 강원법학, 제10집에 게재되었던 글임.

제 3 장 경찰법상 의도적 간접원인제공자 개념의 무용론

Ⅰ. 문제의 소재

경찰위해가 존재하는 경우에 경찰기관은 자체 인력 내지 물적 수단으로 그 위해를 방지, 제거하여야 하고 그것은 경찰의 직무이다. 그러나, 행위를 통한 위해의 야기자(행위책임자) 내지 위해발생물건의 사실상 지배력보유자(상태책임자)에 대한 우선적 경찰권발동으로써 목적이 실현될 수 있다면 이러한 자들을 상대방으로 하는 경찰조치가 위해방지·제거에 가장 효과적이라는 생각을 기초로 형성된 경찰책임원칙은 우리 경찰법문헌에서 경찰권발동의 상대방 확정에 관한 경찰재량을 한계지우는 경찰법상 일반원칙의 하나로 자리매김되고 있다.[1)]

그 중에서 행위책임자를 확정하기 위하여 독일의 학설, 판례를 통해 소위 경찰법상 고유한 원인설이라고도 일컬어지는 직접원인설(Theorie der unmittelbaren Verursachung)[2)]이 발전되었는바, 이에 따르면 행위와 결과 사이의 여러 인과과정 중에서 가장 최후의 조건을 제공한 사람이 행위책임자라고 하며, 이러한

---

1) 김남진/김연태, 『행정법II』, 제22판, 2018, 301쪽 아래; 류지태/박종수, 『행정법신론』, 제15판, 2011, 1002쪽 아래; 김성수, 『개별행정법』, 2002, 496쪽 아래; 홍정선, 『행정법원론(하)』, 제26판, 2018, 470쪽 이하; 박상희/서정범, "경찰작용법제의 개선방안," 한국법제연구원 연구보고서, 1996. 12, 49쪽 아래 등 참고.

2) 상태책임자 확정시에도 직접원인설이 적용된다고 하는 독일과 우리나라의 일부견해가 있으나, 상태책임은 위해발생물건의 사실상 보유라는 구성요건징표가 확인되면 결정되는 것이고 인과관계와는 무관한 결과책임이므로 위 견해에는 반대한다.

직접성관점은 '불문'의 구성요건적 징표[3]로서 경찰권발동의 대상을 제한하고자 하는 법치국가원리에 가장 적합하고 동시에 위험방지법의 효과성 내지 효율성 명령(Effektivitäts- oder Effizienzgebot)까지도 충족하는 행위책임자확정기준으로 간주되고 있다.[4]

그러나 사실적·존재론적 인과관계이론이자 최후조건설적 의미의 직접원인설은 여러 측면에서 설득력 있는 논거를 통해 비판되었다. 즉 직접성을 형식적으로 이해하게 되면 자신의 기본권 내지 법률상 보호되는 이익을 그 보호범위 내에서 행사하는 사람도 경찰책임자가 되는 모순이 지적되었으며,[5] 또한 간접적 원인제공자 중에서도 효과적인 위해방지·제거와 위해제거에 소요된 경찰비용의 보전을 위하여 공동원인제공자로서 직접원인자와 함께 경찰권발동의 우선적 상대방으로 확정시킬 필요성이 있는 자가 있음에도 불구하고 책임자로 고려할 수 없다는 문제가 제기되었으며, 인과관계의 고리(Kausalskette)가 복합적으로 얽혀 있는 경우에 그 문제는 더욱 커진다고 한다.[6] 특히 독일경찰법상 경찰책임자(Störer)―비(경찰)책임자(Nichtstörer)[7] 이분법을 계속 유지하게 되면 위와 같은 사람에게 위험방지관청은 비용의 상환을 청구할 수 없게 되고 오히려 손실보상을 해 주어야 한다는 결론에 도달하게 된다.[8]

전자의 문제를 해결하기 위하여 위법원인설(Theorie der rechtswidrigen Verursachung)[9]이라는 규범적 가치판단을 강조하는 학설이 전개되기에 이르렀

3) 이를 보여주는 대표적 문헌으로 Schenke, Wolf Rüdiger/Ruthig, Josef, Rechts- scheinhaftung im Polizei- und Ordnungsrecht?, ―Zur polizeirechtlichen Verantwortlichkeit des sog. Anscheinsstörers―, VerwArchiv 87 (1996), 330 ff., S.338 참고.

4) 대표적으로 Götz, Volkmar, Die Entwicklung des allgemeinen Polizei- und Ordnungsrechts (1987-89), NVwZ 1990, 725 (731); Martens, in: Drews/Wacke/Vogel/Martens, Gefahrenabwehr, 9. Aufl., 1986, S.314.

5) Schnur, Roman, Probleme um den Störerbegriff im Polizeirecht, DVBl. 1962, S.1 ff.

6) Pietzcker, Jost, Polizeirechtliche Störerbestimmung nach Pflichtwidrigkeit und Risikosphäre, DVBl. 1984, 457(458-459).

7) 우리나라 교과서에서는 위해와 무관한 "제3자"의 경찰책임이라는 표제로 논의되고 있는 경우가 많으며 이것이 우리 용어법상으로 보다 정확하다(대표적으로 류지태/박종수, 『행정법신론』, 제15판, 2011, 1010쪽 아래 참고). "비(경찰)책임자"라고 하면서 경찰권발동의 상대방이 된다는 것이 오해를 불러일으킬 수 있으나, 일단 편의상 이렇게 사용한다.

8) MEPolG(통일경찰법모범초안) 제6조(비책임자에 대한 조치), 제5절(손실보상, 구상, 배상청구) 제45조(손해전보의무의 요건) 아래 참고.

9) 여기서 "위법"이라고 함은 실정법 위법으로서의 위법뿐만 아니라 헌법상, 법률상 인정되

다. 이 학설은 독일에서 발전된 민·형법상 객관적 귀속이론의 영향을 받은 것이며, 현재 직접원인설을 보완하는 이론으로서 데닝어(Denninger), 에릭센(Erichsen), 쉬누어(Schnur), 폴무트(Vollmuth) 등 다수 독일학자들에 의해 채택되고 있다.[10] 그리고 직접원인설의 문제점해소를 위하여 소위 "의도적 또는 목적적으로 타인의 경찰책임을 유발하는 자 또는 의도적 또는 목적적 간접원인제공자(Zweckveranlasser)"[11]라는 법개념에 관련된 학설이 발터 옐리네크(Walter Jellinek)라는 학자에 의해 도입되어 독일의 통설·판례가 되었을 뿐만 아니라[12] 우리나라 및 일본의 경찰법학설에도 큰 영향을 끼쳐 많은 문헌에서 소개·분석되고 있다.

쇼윈도인형사례(Schaufensterpuppe-Fall)[13]라는 독일의 프로이센고등행정법원

는 권리의 보호범위를 일탈 내지 초과한 경우를 포괄하는 것임을 주의하여야 한다. 이에 대해서는 서정범, 경찰책임의 귀속원리로서의 위험야기, in: 서정범/김연태/이기춘, 『경찰법연구』, 제1판, 2009, 196쪽 아래; 손재영, "경찰법에 있어서 위험귀속의 법리," 동아법학, 제52호, 2011, 272쪽 아래, 특히 각주 35; Olivet, Der verantwortungsbezogene Rechtswidrigkeitsbegriff im öffentlichen und bürgerlichen Recht, 1996 참고.

10) Schenke, Wolf-Rüdiger, Polizeirecht, 4. Aufl., 2008, Rn. 242, S.142, Fn. 45 참고. 객관적 귀속이론에 관한 언급으로는 Scholler, Heinrich/Schloer, Bernhard, Grundzüge des Polizei- und Ordnungsrechts in der Bundesrepublik Deutschland, 4. Aufl., 1993, S.242 참고[이들은 리스크영역론(Risikosphäre)를 가지고 위법원인설을 보완하였다. (역시 리스크배정(Risikozuweisung)의 중요성을 강조하는 것으로 Pietzcker, a.a.O.(DVBl. 1984, 457), 459; Kokott, Juliane, DVBl. 1992, 749, 751 ff. 참고)]. 객관적 귀속이론의 관점 중 하나인 위험증대원리(Risikoerhöhungsprinzip), 규범의 보호목적론 등이 직접원인설을 수정·보완한다는 것을 보여주는 문헌으로 Schenke, Wolf-Rüdiger, in: Udo Steiner (Hrsg.), Besonderes Verwaltungsrecht, 6. Aufl., 1999, Rn. 168, S.263 참고. 위법원인설의 관점을 도입하는 것으로 보이는 우리 문헌으로는 김성수, 『개별행정법』, 2002, 503쪽 참고.

11) 제1판과 이전 논문(이기춘, "警察法上 意圖的 責任誘發者概念의 無用論," 공법학연구, 제5권 제3호, 2005, 515쪽)에서 필자는 'Zweckveranlasser'를 '의도적 책임유발자'라는 용어로 번역하였으나, 여러 경찰법학자들이 사용하는 '의도적 간접원인제공자'라는 표현이 더 적합하다고 생각되어 이번 판에서 변경한다. 용어표현에 관해서는 서정범, 『독일경찰법론』, 1998, 136쪽('의도적 간접원인제공자'); 김성수, 『개별행정법』, 2001, 504쪽('책임유발자'); 홍정선, 『경찰행정법』, 제2판, 2010, 304-305쪽('목적적 원인제공자'); 홍준형, 『행정법』, 제1판, 2011, 1315쪽('목적적 동기유발자') 참고. 가장 최근의 문헌으로 손재영, 위의 논문, 270쪽['의도적(또는 목적적) 간접원인제공자'].

12) 대표적으로 Martens, a.a.O.(Gefahrenabwehr), 1986, S.314. 참고.

13) 특히 1898년 함부르크고등법원(OLG Hamburg)의 판결과 1901년의 프로이센고등행정법원(PrOVG)의 판례가 이 사례의 계기를 제공하였는바, 전자 판결의 소송물이 된 문제는 진열

시기의 여러 판례사례를 기초로[14] 창조된 이러한 도그마틱적 개념의 존재이유에 대해서는 독일에서도 목적성이라는 순수한 주관적 개념이 과연 객관적 결과제거를 목표로 하는 위험방지법에 도입가능한 것인가에 관해 계속 비판되고 있다.[15] 그러나 우리나라의 문헌은 동 개념의 독자성을 부정하는 학설의 설득력 있는 비판을 무시한 채 독일의 대표적 지배설만을 그대로 소개하고 있다. 하지만, 후술하는 바와 같이 이러한 책임귀속개념은 억지로라도 퇴출시켜야 할 구시대의 표상이라고 생각된다. 따라서 아래에서는 의도적 간접원인제공자 개념의 필요성에 관한 독일의 학설을 검토하고 나서, 현재 우리나라 경찰법이론에의 도입이 과연 가능한지 또 필요한 것인지를 현행 실정법체계에 비추어 비판적으로 살펴본 후, 餘論으로서 그 모태가 된 직접원인설 자체가 이제는 경찰법의 목적과 조화될 수 있는 방향으로 재평가되어야 하지 않겠는가라는 의문의 해결에 접근한다.

장에 자동으로 움직이는 인형(한 여인이 흑인소년을 'Sunlight'라는 비누를 가지고 하얗게 되도록 씻기는 모습을 보여주고 있었다고 한다)을 광고를 위해 설치하였는데 그 당시 이러한 광경에 신기함을 느낀 행인들과 대중교통참가자들이 구경을 하기 위해 모여들어 도로교통에 혼잡을 끼치는 상황에까지 이르렀을 때, 경찰이 많은 구경꾼을 유인하는 비누상점주인에게 위 광고행위의 중단명령 내지 철거명령을 발령함에 대하여 상점주인이 이 경찰처분의 위법함을 이유로 취소를 구한 사건에 관한 것이었다. 후자도 기묘한 재주를 부리는 여자인형을 설치하여 구경꾼들을 유혹함으로써 교통에 장애를 가져온 상점주인에게 광고의 중단을 명령한 경찰처분의 적법성에 관한 사건을 다룬 판결이다. 특히 이 판례에서 프로이센고등행정법원(PrOVG)은 기계인형을 가지고 군중의 구경하고 싶은 욕구를 자극하여 사람들로 하여금 진열장 앞에 머물러 서 있도록 한 상점주인의 의도가 인정되고 이러한 의도를 초과하여 교통소통에 장애를 줄 정도에까지 이르렀다면 여자인형의 진열은 이러한 공공의 안전침해에 대한 단순한 비본질적 동기임을 넘어 본질적인 원인(wesentliche Ursache)이 된다는 이유로 동 경찰처분의 적법성을 긍정하였다. PrOVGE 40, 216; 85, 270 등 참고. 이 사례들에 관해서는 Erbel, Günter, Forum: Zur Polizeipflichtigkeit des sog. "Zweckveranlasser," JuS 1985, S.257 (Fn. 2) 참고.

14) 위 쇼윈도광고사례(der Fall der Schaufensterwerbung)는 의도적 간접원인자 내지 책임유발자개념에 관한 리딩케이스(Leitentscheidung)라고 평가되고 있으며 대표적 교과서사례가 되어 있다. Götz, Volkmar, Allgemeines Polizei- und Ordnungsrecht, 15. Aufl., 2013, Rn.19, S.80 참고.

15) 대표적으로 Schnur, Roman, Probleme um den Störerbegriff im Polizeirecht, DVBl. 1962, 1 (7 ff.); Erbel, a.a.O., S.257 ff. 참고. 가장 최근의 비판문헌으로는 Muckel, Stefan, Abschied vom Zweckveranlasser – Zur Entbehrlichkeit einer eigenen Zurechnungstheorie im Polizei- und Ordnungsrecht, DÖV 1998, 18 ff. 참고.

II. 독일 경찰법학에서의 논쟁상황

1. 옐리네크(W. Jellinek)의 견해와 그 평가

(1) 직접원인설과 의도적 간접원인제공자개념의 창조자인 발터 옐리네크의 행위책임이론[16]은 경찰위반상태의 단순한 간접원인제공자(Veranlasser)와 우선적 경찰권발동의 대상이 되는 직접원인자(Verursacher)를 구분하는 것으로부터 출발한다. 간접원인제공자는 경찰명령의 상대방이 되지 않는 것이 위험방지법의 원칙이지만, 이러한 원칙에는 두 가지 예외가 있다고 하였다. 한 가지는 경찰긴급상태에서 협력을 해줄 민간인이 급히 필요한 때, 즉 경찰이 가지는 모든 전력을 다해도 법질서교란상태를 지배하지 못할 때에는 그를 비경찰책임자(Nichtstörer)로 간주하여 협력의무를 부과할 수 있다는 것이며,[17] 또 한 가지 예외로 타인의 경찰위반상태야기를 의도적으로 유발함으로써 "공동원인자(Mitverursacher)"가 되는 간접원인제공자는 다른 직접원인자와 마찬가지로 우선적 경찰권발동의 대상이 될 수 있다고 한다. 특히 전술한 진열장인형사례에서 모여든 군중이 교통을 방해하게 된 경우에 경찰기관은 군중을 분산시키기 위하여 경찰을 투입하는 조치나 상점주인에게 광고중단명령을 부과하는 조치 중에서 자유로운 선택권을 갖는다고 하였다.[18] 아래에서는 우선 이 개념론에 대한 비판학자로 가장 유명한 에르벨(Erbel)의 평가를 검토한다.[19]

(2) 에르벨(Erbel)의 평가

1) 위에서 발터 옐리네크가 예시한 사례와 그 이론구성에는 두 가지 모순점이 발견된다고 한다. 첫째, 옐리네크는 타인에 의한 공공의 안전이라는 경찰

16) Jellinek, Walter, Gesetz, Gesetzesanwendung und Zweckmäßigungserwägung(앞으로 'Gesetz'라고 약칭함), 1913, S.310 f.; ders., Verwaltungsrecht(앞으로 'VerwR'라고 약칭함), 3. Aufl., 1948, S.444 f. 이 문헌들에 관한 아래의 내용은 Erbel의 논문(위 각주 13 참고)에서 재인용한 것이다.

17) W. Jellinek, Gesetz, S.311; ders., VerwR, S.444.

18) W. Jellinek, VerwR, S.444.

19) Erbel, a.a.O., S.258 ff. 참고.

법보호이익에 대한 위험 내지 장해야기를 유발하려는 주관적 의도를 갖고 있는 사람을 말하면서, 동시에 다른 곳에서는 특정 대상물 내지 수단(진열장 안의 여자인형 등)이 소위 위험의 야기를 의도하고 있다는 언급을 하고 있다고 한다.[20] 그러나 대상물건은 스스로 어떠한 것도 "의도"할 수 없으며, 오히려 인간의 목적설정의 객체가 될 수 있을 뿐이다. 또한 주관적인 목적과 수단의 객관적인 목적지향성이 책임기준으로서 서로 어떻게 작용할 수 있는지도 불분명하다. 즉 이것들이 중첩적으로 존재하여야 하는가 아니면 각자가 양자택일적으로 존재하는 것으로 족한 것인가에 대하여 침묵하고 있다고 한다.[21]

그리고 옐리네크는 한편에서는 공공의 안녕·질서에 대한 교란이라는 경찰위반상태의 간접원인제공자를 경찰법상 위험야기를 의도하였을 경우에만 책임자로 삼고자 하면서,[22] 다른 곳에서는 예시사례들을 설명할 때 간접원인제공자가 공동원인자로서 경찰법상 책임자가 되기 위해서는 "사람들을 유인하여 진열장 앞에 머물러 서 있도록 하는" 것만을 지향하는 것으로 족하다[23]고 하는 점에서 두 번째의 모순점을 발견할 수 있다고 한다. 왜냐하면 후자의 의도는 영업주에 의한 모든 쇼윈도광고행위의 배후에 존재하는 목적일 것이고 교통상 위해를 가져올 지나치게 많은 군중의 집합을 야기하는 의도와 무조건 동일하다고 볼 수 없기 때문이다.

2) 더 나아가 옐리네크가 단순한 간접원인제공자와 의도적 간접원인제공자를 구별하고자 제시했던 사례들을 보면 실제로 설득력 있는 구별근거를 확인해낼 수 없다고 한다. 진열장에 군중의 눈을 유인하는 자동인형을 설치·작동시킨 자는 책임을 부담한다고 하면서, 가령 회전목마기계와 같은 물건의 소유자는 그러한 의도성이 발견되지 않아서 책임이 없다는 설명을 한다. 이러한 차별적 취급을 정당화할 차이점이 도대체 어디에 있는지를 여전히 납득할 수 없다고 한다.[24]

---

20) W. Jellinek, Gesetz, S.311.
21) Erbel, a.a.O., S.258.
22) W. Jellinek, Gesetz, S.311; ders., VerwR, S.444.
23) W. Jellinek, VerwR, S.444.
24) Erbel, a.a.O., S.259.

특히 옐리네크는 의도적 간접원인제공자를 경찰법상 책임자로 평가함에 있어서 그러한 자의 행위가 적법한 기본권행사는 아닌지, 기본권의 보호범위와의 관계는 어떠한지 등에 관한 평가가 불충분하고, 따라서 이러한 의도적 간접원인제공자가 도대체 경찰책임자인지에 관한 의문을 도외시한다는 문제점을 안고 있다고 한다.[25] 아래에서는 현대 독일경찰법학의 지배설과 독자적인 필요성을 부정하는 최근의 유력한 반대견해들을 살펴본다.

2. 논의되는 사례의 유형

논의의 편의를 위하여 독일경찰법학 교과서와 논문들에서 자주 제시되는 사례를 본다.

① 쇼윈도광고사례에서 광고업주[26]

② 정치적 행사를 거행하거나 정치적 항의의 표시로 전단을 배포함으로써 이에 반대하는 폭력적 시위[소위 "반박시위사례(Gegendemonstration-Fall)"]의 간접원인이 되는 경우[27]

③ 집회연설자가 분위기를 고조시켜 일부 참가자들이 정견을 달리하는 소수자를 폭력적으로 공격한 경우에 연설가[28]

④ 락밴드콘서트나 축구경기(Bundesliga-Fußballspielen) 등 대규모행사로 인하여 광분한 팬들이 좌석을 뜯어내는 등 장소소유자의 재산권을 침해하거나 훌

---

25) Erbel, a.a.O., S.259.

26) 앞의 각주 13의 사례참고. PrOVGE 40, 216; 85, 270; Martens, a.a.O. (Gefahrenabwehr), S.315; Götz, a.a.O., Rn. 19 f., S.80; Schenke, a.a.O., Rn. 246, S.145; Gusy, Christoph, Polizei- und Ordnungsrecht, 8. Aufl., 2011, Rn.336, S.198; Schoch, Friedrich, Grundfälle zum Polizei- und Ordnungsrecht, JuS 1994, 932 (934); Knemeyer, Franz-Ludwig, Polizei- und Ordnungsrecht, 8. Aufl., 2000, Rn. 329, S.166 등 참고.

27) Denninger, Erhard, Polizeiaufgaben, in: H. Lisken/ E. Denninger, Handbuch des Polizeirechts, Kap. D. 5. Aufl., 2012, Rn.79, S.220; Würtenberger/Heckmann/Riggert, Polizeirecht, in Baden-Würtemberg, 3. Aufl., 1997, Rn. 304, S.140; Martens, a.a.O. (Gefahrenabwehr), S.314; Pieroth, Bodo/Schlink, Bernhard/Kniesel, Michael, Polizei- und Ordnungsrecht, 8. Aufl., 2013, Rn.30, S.149; Kugelmann, Dieter, Polizeirecht, 2. Aufl., 2011, Rn. 47, S.232 등 참고.

28) Erbel, a.a.O., 257 (260, 261, 263); Götz, a.a.O., Rn.19, S.80; Schnur, a.a.O., 1 (7).

리건 등 광폭행위자들(Randalierer)이 교통방해 등 소요를 일으키는 경우 행사주최자[29)]

⑤ 주유소사례(Tankstelle-Fall)에서 주유소업주[30)]

⑥ 접객업주사례(Gastwirt-Fall)에서 접객업주[31)]

⑦ 휴양지음악대사례(Kurskapelle-Fall 또는 소위 "Borkumlied-Fall")에서 음악대[32)]

⑧ 여성권투 또는 레슬링사례(Damenringkampf-Fall)에서 주최자[33)]

---

29) Schenke, a.a.O., Rn. 246, S.145; Gusy, a.a.O., Rn.336, S.198; Pieroth/Schlink/Kniesel, a.a.O., Rn. 28, S.148-149; Lege, Joachim, Polizeieinsätze bei Fußball-Bundesligaspielen, VerwArch 89 (1998), 71 (81 ff.); Würtenberger/Heckmann/Riggert, a.a.O., Rn. 306, S.141; Schoch, a.a.O., 932 (934); Sailer, Wolfgang, Haftung für Polizeikosten in: H. Lisken/E. Denninger, Handbuch des Polizeirechts, Kap. N. 5. Aufl., 2012, Rn. 60 f., S.1385 f.; Muckel, a.a.O., 18 (19) 등 참고.

30) 26년에 걸쳐 자신의 소유토지 위에서 주유소를 운영해 온 자에게 도로관리청은 현재 증가된 주유소이용교통량 때문에 그대로 둘 수 없다고 판단하여 주유소주인에게 질서적합적 운영에 관한 기획서를 제출하지 않는다면 동 주유소를 폐쇄하겠다고 예고한 사례이다(OVG Lüneburg, OVGE 14, 396 [1958년]). 뤼네부르크 고등행정법원은 시설운영이 교통량증가로 인하여 교통상 위험을 야기하였다 하더라도 도로 위 상태가 직접적 위험원일 뿐 주유소의 운영이 그러한 원인이 아니라는 이유로 주유소주인을 책임자로 간주하지 않았다[이에 관해서는 Knemeyer, a.a.O., Rn. 327, S.165 참고]. 그러나 굇츠(Götz)는 의도적 간접원인제공자로서 의도적으로 도로 위에서의 운영을 목적으로 한다는 점을 들어 경찰법상 책임자가 될 수 있다고 한다[Götz, a.a.O., Rn. 37, S.83]. 이 사례에 관해서는 또한 Martens, a.a.O. (Gefahrenabwehr), S.314; Würtenberger/Heckmann/Riggert, a.a.O., Rn. 309, S.142; Schnur, a.a.O., 1 (6, 7) 등 참고.

31) BVerwG, DVBl. 1965, 603(손님들이 주점에서 음식을 먹고 인근 도로상에서 소음을 야기하는 데 대하여 이러한 소음은 동 접객업주의 영업과 직접적 관계가 있고 주인이 스스로 점포를 개설함으로써 직접적으로 위험을 제공한 것이기 때문에 책임을 부담한다고 하였다). 이 사례에 관해서는 또한 Martens, a.a.O.(Gefahrenabwehr), S.315; Denninger, a.a.O., Rn. 80, S.221 참고.

32) PrOVGE 80, 176 (190) [1925년][휴양지의 한 음악대(Kurskapelle)가 일반인에게 알려진 행진곡을 연주하고 있었는데, 이 멜로디에다가 수많은 휴양객들이 내용적으로 문제 있는 소위 "Borkumlied"(유태인을 배척하는 내용의 가사)를 붙여서 노래를 부른 것이 발단이 된 사례인데, 여기서 프로이센고등행정법원은 —쇼윈도사건판결과는 달리— 경찰에 의한 연주중단명령을 위법하다고 하였다]. 이에 관해서는 Martens, a.a.O.(Gefahrenabwehr), S.316; Götz, a.a.O., Rn. 22, S.80; Denniner, a.a.O., Rn.77, S.220; Schenke, a.a.O., Rn. 246, S.145; Friauf, Karl Heinrich, Polizei- und Ordnungsrecht, in: Schmidt-Aßmann, Besonderes Verwaltungsrecht, Aufl. 11, 1999, Rn. 78, S.148 등 참고.

33) VGH Karlsruhe, NJW 1949, 919; OVG Bremen, DÖV 1972, 101 ff. 이에 관해서는 Martens,

⑨ 성매매 절대차단지역 안에서 창녀들에게 매춘을 위한 공간을 제공한 임대인[34]

⑩ 사후에 제3자를 통하여 환경유해적으로 처리되도록 유도하는 산업폐기물 배출자[35]

⑪ 시위의 주최자가 집회에 의해 수반되는 도로오염행위에 관한 의도적 간접원인제공자로서 도로청소에 관한 책임을 진다는 사례[36]와 시위대가 금지된 집회를 참가하기 위해 승합차에 타고 갈 경우 승합차렌트회사(Omnibus-unternehmer)[37]

⑫ 유명 록가수의 시내산책엄포사례[38]

⑬ 비윤리적 내용의 영화를 상영하는 업자와 이러한 영화상영에 항의함으로써 교통방해나 인근주민들에 대한 소음발생 등의 위해를 야기하는 경우[39]

⑭ 비오는 날 도시의 한 인도에서 선전용전단을 배부함으로써 그것을 받아 본 다수인이 곧 구겨버려서 타인이 미끄러질 위험을 크게 만들 때 행위책임자로서 공동으로 도로청소비용의 책임을 질 수 있게 할 경우[40]

⑮ 소형 도청장치로 사용될 수 있는 기계의 판매가 문제될 경우 이용자만이 아니라 이를 이용가능케 한 사람도 행위책임자가 된다는 경우[41]

---

a.a.O.(Gefahrenabwehr), S.314; Friauf, a.a.O., Rn. 78, S.148 등 참고.

34) VGH Kassel, NVwZ 1992, 1111 (1113). 이 사건판결에서 임대인은 의도적 간접원인제공자로 간주되었다. 매춘행위를 금지하는 법령적용지역에서 매춘의 공간을 알고서 제공한 자는 공공의 안전에 대한 장해발생의 행위책임자로서 경찰법상 책임이 있다고 한다. 이 사례에 관해서는 Götz, a.a.O., Rn. 23 f., S.80 f.; ders., NVwZ 1994, 652 ff.; Friauf, a.a.O., Rn. 80, S.149; Muckel, a.a.O., 18 (19); Schoch, a.a.O., 932 (934) 등 참고.

35) Friauf, a.a.O., Rn. 80a, S.150.

36) Brohm, Demonstrationsmüll und Straßenreinigung, JZ 1989, 324 (331); BVerwG, JZ 1996, 340; Würtenberger/Heckmann/Riggert, a.a.O., Rn. 306, S.141 등 참고.

37) Kugelmann, a.a.O., Rn. 44, S.231; Schenke, a.a.O., Rn. 246, S.145.

38) 대중인기가수 한 사람이 콘서트 후 경찰에 의해 불법마약소지 혐의로 신체수색을 당하고 있는 동안에, 시내관광을 하여 대규모시위 때보다도 더 큰 위험을 초래케 하겠다고 엄포를 놓고 있는 경우라는 대표적 교과서사례이다. 이에 관해서는 Erbel, a.a.O., S.261; Muckel, a.a.O., 18 (20) 참고.

39) Schnur, a.a.O., 1 (8).

40) BVerwGE 56, 24 ff. 이에 관해서는 박상희/서정범, 위의 책, 58쪽 참고.

41) VG Sigmaringen, DÖV 1976, 570. 이에 관해서는 박상희/서정범, 위의 책, 58쪽 참고.

3. 독자성긍정설(개념필요설)

"의도적 간접원인제공자"라는 개념은 지배설인 직접원인설을 적용할 때 생기는 효과적 위험방지의 달성불능문제를 보완하기 위해 등장하였다. 그럼에도 불구하고 독일경찰법학의 압도적 다수설은 이 개념의 독자성에 큰 의문을 품지 않는다. 부분적으로 소극적으로 여기는 의견이 다수설 안에서도 발견되지만,[42] 개념의 독자성에 관한 기본입장에는 변함이 없다.

다수설에 의하면 어쨌든 직접원인설에 내재하는 가치판단적 요소(위험의 한계일탈 내지 초과)에 기초하여 경찰책임자인지가 판단되는데, 이때 간접원인제공과 위험을 최후에 가져오는 행위 사이에 의도적 관련성(주관설) 또는 전형적 관련성(객관설)이라는 긴밀한 내적 관계(enger innerer Zusammenhang)가 형성되어 이것이 경찰상 위해로 이어지면 간접적 원인제공자에게 책임이 귀속된다고 한다.[43] 이러한 긍정설 내부에서 1차적 쟁점은 배후인이 제3자의 위험야기를 주관적으로 의도하여야 하는지(주관설) 또는 그러한 위험이나 장해가 배후인에 의한 행태의 전형적이며 객관적인 결과물이라는 것으로 족한지(객관설)에 관한 문제이다.

(1) 주관설[44]

주관설은 "배후자"의 의도(Intention)에 초점을 맞춘다. 즉 사후에 타인이 경찰위반상태를 가져오는 과정을 초래할 것이라는 점을 그 배후자가 알고 의도하였는지 아니면 적어도 그것을 묵인하고 있는지를 문제삼는다.[45] 즉 의도적

---

42) Schenke, a.a.O., Rn. 245-247, S.144-146.

43) 이에 관해서는 Schoch, a.a.O., 932 (933-934); Muckel, a.a.O., 18 (19); Schenke, a.a.O., Rn. 244, S.144 참고. 류지태 교수도 같은 언급을 하고 있다. 류지태/박종수, 『행정법신론』, 제15판, 2011, 1006쪽.

44) VGH München, DVBl. 1979, 737 (738) = DÖV 1979, 569; VGH Mannheim, NVwZ 1987, 237 (238) = DVBl. 1987, 151 = DÖV 1987, 254 (255); VGH Mannheim, DÖV 1990, 346; VG Minden, NVwZ 1988, 663 (665); 문헌으로는 Friauf, a.a.O., Rn. 80['의도적으로(gezielt)' 원인을 제공하기 때문에…]; Knemeyer, a.a.O., Rn. 251 f.[결과를 초래'하고자(herbeiführen zu wollen)' 하기 때문에…]; Würtenberger, in: Achterberg/Püttner (Hrsg.), Besonderes Verwaltungsrecht II, 2. Aufl. 2000, Kap. 7, § 21, Rn. 209, S.455['의도하는(zu beabsichtigen)' 것이기 때문에…] 등 참고. 이러한 학설분류에 관해서는 Schoch, a.a.O., 932 (933 Fn. 24).

간접원인제공자에게 책임을 귀속시키는 결정적 근거를 그의 주관적 의도의 방향성 내지 내부의지의 지향목표(innere Willensrichtung)에서 발견한다.[46] 참고로, 마르텐스(Martens)는 용인적 감수(billigende Inkaufnahme)로 족하다고 보는 견해들을 주관적 의도설과 대치시킴으로써 이를 객관적 견해로 이해되어야 하는 것처럼 제시하고 있으나,[47] 형법학에서도 미필적 고의의 본질로 이해되는 의지적 요소측면의 용인 또는 감수·묵인개념은 주관적 요소라고 파악되어야 한다.[48]

하지만 주관설은 고의·과실과 같은 주관적 귀책사유를 무시하고 효과성 원리에 따라 객관적 사정을 주로 고려하는 경찰질서법원칙에 부합되지 않는다는 문제가 있다.[49] 그리고 간접원인제공자의 의도나 목적을 현장의 경찰이 인식하여 입증하기가 사실상 어렵다는 치명적 단점[50]을 가지게 된다.

(2) 객관설[51]

객관설은 이해관계 없는 제3자의 입장에서 볼 때 효과 및 책임관련성(Wirkungs- und Verantwortungszusammenhang)이 인식될 수 있는가에 초점을 둔다.[52] 즉 발생한 위험·장해가 간접원인제공의 '전형적' 결과물 내지 간접원인제공과 위험이 일반인의 경험적 시각에서 볼 때에도 당연한 일체[53]를 형성한다고 간주되면 그 위험은 "배후자"에게 귀속되어 공동원인자가 된다고 한다.[54] 주관설의 단점 때문에 최근 객관설을 취하는 견해가 많다.

어느 문헌에서나 객관설을 대표하는 학자로 평가되는 굇츠(Götz)의 견해를

45) Schoch, a.a.O., 932 (933).
46) Erbel, a.a.O., 257 (259).
47) Martens, a.a.O.(Gefahrenabwehr), S.315.
48) Schenke가 올바로 판단하고 있다. Schenke, a.a.O., Rn. 244, S.144.
49) Schoch, a.a.O., 932 (933).
50) Martens, a.a.O.(Gefahrenabwehr), S.315.
51) OVG Lüneburg, NVwZ 1988, 638 (639); Götz, a.a.O.(14. Aufl., 2008), Rn. 21, S.71; Schenke, a.a.O., Rn. 244, S.144. 이러한 분류에 관해서는 Schoch, a.a.O., 932 (933 Fn. 25). 우리나라 문헌으로 홍준형, 『행정법』, 제1판, 2011, 1315쪽 참고.
52) Schoch, a.a.O., 932 (933).
53) Martens, a.a.O.(Gefahrenabwehr), S.315-316[배후자의 행위와 결과가 가치평가적 관련성을 형성하는 "자연적 단일체 또는 자명한 일체(eine natürliche Einheit)"를 형성할 때].
54) Schenke, a.a.O., Rn. 244, S.144.

정리하면 다음과 같다. 직접원인설에서 '직접성'이라는 기준은 겉으로는 형식적으로 보이지만 실질적 가치평가기준이라고 한다. 이는 위험의 한계초과를 판단하는 기초가 되며, 보통 최후원인자가 그것을 충족할 테지만, 가치판단요소로서 긴밀한 효과 및 책임관련성이라는 의미의 직접성이 충족되어야 한다고 한다. 그런데 최후원인제공자가 아닌 간접원인제공자도 객관적 의미의 목적성이 인정되면 책임관련성이 인정되어 고유한 경찰책임자로 취급된다고 보는 것이다. 이때 책임귀속을 위해서는 경찰법 외의 개별 법질서도 고려되어야 한다고 하면서, 직접원인설의 결론이 위법원인설의 결론과 거의 일치하게 된다고 한다.[55] 또한 배후자의 행위가 결과를 객관적으로 의도하여야 하며 순수하게 주관적인 입장은 (경찰법에서) 의미가 없다고 한다. 발생한 공공의 안전에 대한 장해가 경험칙상(nach Sätzen der Erfahrung) 간접원인제공행위의 자명한 결과이고 전형적 결론이라고 할 수 있으면 경찰법상 책임을 그러한 행위자에게 귀속시킬 수 있다고 한다.[56]

이러한 객관설은 객관적 인과책임귀속을 강조함으로써 경찰법의 목적에 부응한다는 점은 인정되나, 경찰법상 책임이 지나치게 확장된다는 문제가 있다.[57] 또한 가치판단이라는 미명 아래 개별구체적 사정에 따른 결론추구방법(소위 'Kasuistik')을 취하는 것이 되어 명확성과 예측가능성이 떨어진다는 단점이 있게 된다. 물론 보는 이의 관점에 따라서는 형식적으로 보이는 직접성기준을 풍부한 내용을 가진 것으로 만듦으로써 하나의 장점으로 볼 수도 있다.

(3) 소 결

주·객관설 이외에 주관적 동기와 객관적 사정을 중첩적으로 요구하자는 견해도 있고,[58] 양자택일적으로 요구하는 견해도 있다.[59] 최근 지배설에 속한

---

55) Götz, a.a.O.(11. Aufl., 1993), Rn. 193, S.106. 위법원인설에 관해서는 졸고, "위험방지를 위한 협력의무로서 경찰책임의 귀속에 관한 연구," 고려대학교박사학위논문, 2003, 87쪽 아래 참고.

56) Götz, a.a.O.(11. Aufl., 1993), Rn. 196, S.108; ders., a.a.O.(15. Aufl., 2008), Rn.21, S.80.

57) Schoch, a.a.O., 932 (933).

58) W. Jellinek가 이러한 견해에 속한다고 볼 수 있다. 물론 그는 이러한 학설대립을 모른다. 이에 대해서는 Erbel, a.a.O., 257 (260) 참고.

59) Wolff/Bachof, Verwaltungsrecht, Ⅲ, S.66["Zweckveranlasser라고 여겨지는 사람이 위해를 일으키는 결과를 객관적으로 의도하였거나 아니면 최소한 (주관적으로) 감수(Inkaufnahme)

다는 독일문헌들을 검토할 때 객관설적 견해가 많이 발견된다. 하지만 위의 어떤 학설이든 의도적 간접원인제공자로 취급되는 사람이 자신의 주관적 권리 특히 기본권의 보호범위 내에서 활동을 하고 있는 것인지에 관한 의문을 모두 예외적으로 검토할 뿐이다. 특히 쇼윈도사건에 관해서는 이미 1960년대 초 쉬누어(Roman Schnur) 이래로 상점주인이 도로일반사용에 관한 자신의 인접주민권을 발현시킨 것일 뿐이라는 관점이 등장하였고 지배설들도 이를 많이 인용하면서도 도도한 대세의 흐름을 바꾸지는 않으려 한다.

4. 독자성부정설(개념불요설)

의도적 간접원인제공자이론의 독자성을 비판하는 학자들은 공통적으로, 문제되는 배후자(쇼윈도광고행위자, 폭력적 반박시위가 예상되는 정치적 행사주최자, 연설가, 콘서트 · 프로축구경기주최자, 주유소주인, 접객업주, 휴양지음악대, 여성권투 · 레슬링주최자, 매춘공간을 제공한 임대인 등)가 자신의 권리영역 안에서 활동하고 있다는 점을 주요 논거로 하고 있다.[60] 일단 아래에서는 위 독자성긍정설에 반대하는 부정설 학자들의 주장을 고찰한다.

(1) 적법한 권리행사측면의 소홀한 취급[61]

결정적으로 중요한 것은 위험유발자가 자신의 권리영역 내에 머물러 활동하고 있는지 아닌지 여부이지, 악의적인 의도가 개입되어 있다는 것은 경찰법에서 큰 의미를 갖지 못하며 실제사례가 있을지도 의문이다. 의도적 간접원인제공자이론의 결정적인 흠은 가령 위험한 상황을 초래할 수 있는 광고를 하고 있는 영업주 같은 사람도 자신의 권리범위 내에서 활동하고 있을 뿐이라는 점

하였을 경우 선택적으로(wahlweise) 책임을 지게 하고자 한다"].

60) Schnur, a.a.O., 1 (3, 6-7); Erbel, a.a.O., 257 (261 ff.); Muckel, a.a.O., 18 (20). 독자성부정설 내지 이 개념의 비판설에 관한 일반적 평가로 Schoch, a.a.O., 932 (934) 참고.

61) Roman Schnur 이래로 의도적 간접원인제공자이론의 비판학자와 지배설의 일부학자들에 의해서도 공통적으로 제시되는 논거이다. Schnur, a.a.O., 1 (7 ff.). 최근 Dieter Kugelmann은 적법한 권리행사를 하는 자에게 책임을 귀속시키는 것이 되어 직접원인설 자체와 합치될 수 없으므로 소극적인 입장을 취한다. ders., Polizei- und Ordnungsrecht, 2. Aufl., 2011, Rn. 45, S.231.

을 오인하고 있다는 점이다. 쉬누어(R. Schnur)의 견해[62]를 이어받은 것으로 판단되는 에르벨(G. Erbel)은 다음과 같이 설명하고 있다.[63] 영업자가 효과적인 광고행위를 하고자 하는 것은 헌법상 영업의 자유나 재산권으로서 보호되는 기본권을 행사하는 것이며, 특히 도로인접주민들의 외부접촉행위는 고양된 일반사용권의 행사이자 재산권의 일부로서 보호될 뿐만 아니라 영업권의 구성부분이 된다고 한다.[64] 그리고 이러한 쇼윈도광고행위는 도로의 특별사용행위도 아니라고 한다. 따라서 이 개념론은 이동적 의미의 교통에만 절대적 우월성을 인정하는 것이며, 보행자안전지역의 일반사용도 의사전달적 교통[65]이라는 관점을 추가하여 의사소통기본권(Kommunikationsgrundrechte)으로서 특별히 보호되어야 함에도 불구하고 이를 소홀히 다루는 것이며, 발상의 전환이 요구된다고 한다.[66]

쇼윈도광고사례 이외에 폭력행위만을 촉발시키고자 하는 의도를 가진 군중유도행위 같은 사례는 헌법상 보호되는 집회가 될 수 없으며,[67] 참가자의 폭력행위에 대하여 책임을 져야 한다. 그러나 내용적으로 큰 문제가 없는 연설을 하는 연설가는 표현의 자유에 의한 보호를 받아야 하며(사례 ③), 또한 프로이센고등행정법원이 휴양지악대판결(사례 ⑦)에서 음악대는 경찰권발동의 우

---

62) Schnur, a.a.O., 1 (5-6, 7-8) 참고.

63) Erbel, a.a.O., 257 (262).

64) 이에 관해서는 이일세, "공물의 사용관계에 관한 연구," 고려대학교박사학위취득논문, 1991, 35쪽, 92쪽 아래 참조.

65) 예, 전단이나 광고지의 배포, 안내소의 설치, 포스터의 게재, 신문의 판매, 정치적 광고에의 이용 등. 이에 대하여 자세한 것은 이일세, 앞의 논문, 56쪽 아래 참조[이일세 교수는 여기서 "의사전달적 교통" 내지 "사회적 의미의 교통"이라는 용어를 사용; 영업적 교통(geschäftlicher Verkehr)에 대해서는 57쪽; 광의의 교통개념은 58-59쪽; 인접주민의 고양된 보통사용에 대해서는 35, 92쪽 아래; 예술행위도 의사전달적 교통으로의 일종으로서 교통개념에 포섭시킴으로써 이를 보통사용에 속하는 것으로 보려는 함으로써 교통개념을 헌법에 합치되도록 넓게 해석함으로써 허가를 요하지 않는 것으로 보자는 견해를 보이고 있다].

66) Erbel, a.a.O., 257 (263).

67) Schnur, a.a.O., 1 (8). Schnur는 만약 공동의 의사표명목적이 인정되어 집회가 된다고 하여도 이 행위는 기본권의 내재적 한계요소인 도덕률(Sittengesetz)에 위반되는 것으로 파악하여 기본법 제8조에 의한 특권은 사라진다고 있는데, 전술한 바와 같이 경찰법위반목적 내지 의도를 기초로 도덕률을 언급하는 것은 경찰법과 어울리지 않는다. 아래 각주71 참조할 것.

선적 대상이 될 수 없다고 한 것은 헌법상 예술의 자유를 고려할 때 타당하다. 따라서 그 멜로디에 유대인을 배척하는 가사를 붙여서 노래를 하고 있는 청중들만이 경찰책임자가 될 뿐이라고 한다.[68] 이러한 간접원인제공자들은 비경찰책임자임이 원칙이므로 경찰긴급상태요건[69]의 충족하에서만 예외적으로 경찰권발동의 대상이 될 수 있다고 한다.[70]

(2) 긍정설의 설득력 있는 근거제시의 결여[71]

1) 첫째, 우선 전제되어야 할 것으로, 가령 공공장소에서 모욕적인 언사로 군중을 선동하고 있는 연설가(사례 ③), 선량한 풍속에 반하는[예, 질서(경범죄처벌법)위반자나 가벌적 범죄자로 평가될 수 있는] 광고행위자(사례 ①),[72] 센세이셔널한 쇼윈도광고를 하면서 필요한 허가를 얻지 않고서 추가적으로 명백하게 특별사용으로 간주되는 방법으로 人道를 이용하는 상점주인(사례 ①)[73] 등은 이미 다른 사유 때문에(위법행위를 통한 공공의 안녕 침해라는 고유한 위험야기) 스

---

68) Erbel, a.a.O., 257 (263); Muckel, a.a.O., 18 (24)(단 Muckel은 아무리 기본권이라고 하여도 절대적 보호를 향유하는 것은 아니므로 비례원칙에 따른 형량심사에는 따라야 함을 강조한다. 따라서 그는 기본권관점에서 한 걸음 더 나아가서 비례원칙심사로 의도적 간접원인제공자이론을 대체하고자 한다).

69) MEPolG 제6조[비(경찰)책임자에 대한 조치] 참고. 이런 규정이 없는 우리 경찰법에서도 비례원칙의 표현으로 보아 참고할 수 있을 것이다.

70) Erbel, a.a.O., 257 (263). 특히 쇼윈도사건에 관하여 Erbel은 최종적으로 차도로 진입하거나 보행자안전구역에서도 최후의 보루공간(가령 유모차를 끌고 가는 부녀가 지나다닐 수 있는 공간)을 차단하는 사람들만이 원인자로서 경찰책임을 지며 상응하는 퇴거명령(Platzverweisung)을 받아야 한다고 한다. 하지만 의사소통적 가치관에서 보행자의 통행을 경미하게 방해하는 것은 용인되어야 한다고 하고 있다.

71) Günter Erbel의 주된 논거이다. ders., a.a.O., 257 (260 ff.) 참고.

72) 예, 스트립쇼와 유사한 패션쇼를 쇼윈도 안에서 행하는 사례. 이러한 경우 Schnur는 기본권행사의 내재적 한계로서 '도덕률(Sittengesetz)'에 반하는 행위가 되어 "권리가 인정되지 않는 행위(Handeln ohne Recht)"라고 한다[Schnur, a.a.O., 1 (7-8)]. 그러나 도덕률에 의하여 (객관적으로 허용되는 틀 안에서) 자신의 권리를 악의를 가지고 행사하는 것이 경찰법상 금지되어야만 하는 것은 아니다. 나쁜 의도를 제재하는 것은 단지 과책성(Verschulden)을 구성요소로 하는 형법의 몫이 될 수 있을 뿐이지, 과실책임주의로부터 자유로운 경찰법의 임무는 될 수 없다. 그리고 형법 자체는 위법한 (더 나아가 범죄)행위가 언급되는 경우에만 적용될 수 있을 뿐이기 때문이다.

73) 예, 목조무대를 설치함으로써 그 위에서 관악대가 음악연주를 하고 지휘자가 쇼윈도패션쇼를 연출하는 자.

스스로 경찰책임을 부담하는 사람들이므로 문제영역에서 배제되어야 한다.[74] 즉 의도적 간접원인제공자개념은 그 스스로 경찰법익 침해행위를 하지 않는 직접원인자의 “배후자”를 경찰권발동의 대상으로 고려하기 위하여 창조된 표상이기 때문이다. 이것은 현재 독자성을 긍정하고 있는 일부학자도 공감하고 있지만,[75] 다수문헌은 이러한 사례를 엄격하게 분리해놓고 있지 않다.

2) 둘째, 마르텐스(Martens)가 주장하는 행위와 결과가 하나의 자연적 단일체 내지 자명한 일체를 형성함으로써 양자 사이에 가치판단적 연관성이 형성되고 따라서 직접적 원인성이 인정될 수 있다는 객관설의 논거에는 납득할 수 없다. 배후자로서 위험유발자가 직접원인자를 지배할 수 있을 때에나 이러한 일체를 형성할 수 있다고 할 수 있을 것일 텐데, 실제로 직접원인자들은 자기결정으로 자기책임하에 활동한 경우가 대부분이기 때문이다.[76] 따라서 쇼윈도 광고사례에서 광고행위와 구경인파들의 교통장해야기 사이에는 자명한 일체가 형성될 수 없다. 만약 그렇게 보지 않는다면 행인들은 광고영업주의 꼭두각시 인형(Marionette)과 같이 취급된다는 것이며, 헌법의 인간상과 모순된다고 한다.[77]

3) 셋째, 주관설의 주관적 의도성 또는 타인에 의한 위해야기의 감수 내지 용인은 독자적으로 경찰책임의 근거가 될 수 없다. 시내관광을 하여 혼란을 초래하겠다고 엄포를 놓는 인기가수사례(사례 ⑫)에서 동 가수의 의도성 측면만을 보면 그는 분명 지배설에 의한다면 의도적 간접원인제공자로 간주될 것이다. 그러나 경찰은 만약 그가 자신의 계획을 성공적으로 실천한다고 하더

---

74) Erbel, a.a.O., 257 (261).

75) Würtenberger/Heckmann/Riggert, a.a.O., Rn. 306, S.141. Würtenberger는 이러한 자들의 경우 오히려 위험의 공동원인자(Mitverursacher)라고 부르는 것이 보다 정확할 것이라고 한다.

76) Martens도 이러한 문제를 직시하고 있다. ders., a.a.O.(Gefahrenabwehr), S.315[“고유한 경찰책임자는 자신의 고유한 결정에 기초하여 행위를 하는 것이고 그는 무의지적(willenlos) 도구가 아니라는 점을 고려하여야 한다”]. 그러나 별 근거 없이 이러한 점 때문에 직접성 개념을 단념할 필요가 없다고 하면서, 배후자의 행위와 나타난 결과 간에 자명한 일체가 형성되면 책임이 그에게 귀속되어야 한다고 설명하고 있다.

77) Erbel, a.a.O., 257 (261).

라도 경찰책임자로 삼아서는 안 된다. 왜냐하면 가수가 시내관광을 하는 것은 자신의 공공도로의 일반사용권 내지 일반적 행동의 자유를 행사하는 것이기 때문이다.[78] 또한 위험유발자의 주관적 의도가 도대체 경찰법에 있어서 책임을 근거지우는 징표로서 승인될 수 있을 것인지도 의문시된다. 특히 효과적 위험방지를 위하여 예외적으로 허용된다고 하더라도 의도나 감수를 무엇을 기준으로 하여 판단할 것인가도 의문이다. 오히려 "정상적인" 쇼윈도광고를 하고 있는 영업주의 이익상황을 예로 보면, 그는 교통에 장애가 발생할 정도의 대규모인파가 쇄도하거나 교통정체가 일어날 것까지 원하지 않을 것이다. 더 나아가 만약 주관설의 견해를 받아들이게 되면 옥외연설을 하는 인기정치인이나 대규모시위의 참가자들도 교통방해에 대하여 의도적 간접원인제공자로서 책임을 진다고 보아야 할 것이다.[79]

(3) 경찰법상 전통적 책임귀속이론의 무용성[80]

독일연방행정법원에 의하면 위험한도의 초과를 기준으로 고려하는 직접원인설은 경찰법에서 윤곽 없는 형평책임(konturenlose Billigkeitshaftung)을 회피하기 위하여 고안된 것이라고 한다.[81] 그러나 원인설 자체의 의미를 부정하는 견해는 위법원인설의 관점으로 보완된 현대적 직접원인설이 가치평가적 관찰방법을 활용한다고는 하지만 구체적인 기준을 제공하지 못하고 있다는 비난을 하고 있다.

1) 판단결과의 예측불가능성

우선 직접성이론 자체는 가치평가적 고찰을 위한 어떠한 기준도 제공해주지 못하고 있으며, 다수의 원인자가 관련될 경우 위험발생에 누가 시간적으로 최후의 조건을 제공하였는지 파악하기도 어렵지만 그것이 왜 중요한 의미를 가지는지도 분명치 않다. 개별사례의 각 사정에 기초한 고찰방법(Kasuistik)에

78) Muckel, a.a.O., 18 (20).

79) Erbel, a.a.O., 257 (262).

80) Muckel의 주된 논거이다. Muckel, a.a.O., 18 (21).

81) BVerwG, NJW 1986, 1626 (1627); 이와 유사한 견해를 표시하는 것으로 PrOVGE 80, 176 (190).

따르면 어떠한 결론이 도출될지가 불확실하다.[82] 직접원인설은 명쾌한 도식적 기준을 제공하는 것처럼 보이지만 외관상 그럴듯한 직접성이라는 옷을 입었을 뿐이라고 한다.[83]

2) 비례원칙과의 관계

원인자범위를 가치판단에 근거하여 제한하려 하였던 기존의 원인설은 공공의 안전에 대한 위험의 효과적 방지라는 전통적인 경찰질서법의 목적과 모순된다고 한다.[84] 현행 독일경찰법규정과 해석에 결정적인 영향을 준 것은 1931년의 프로이센경찰행정법(PrPVG)인데, 이때 이미 현재와 같은 행위책임과 상태책임이 법률에서 구분되었다.[85] 그리고 직접원인설도 프로이센고등행정법원 시기에 완성된 것이다. 그러나 경찰책임자에 관한 규정을 둔 것과는 대조적으로 비례원칙의 관점은 그 당시 발전되기도 전이라 관련 규정은 존재하지 않았으며, 그 결과 경찰책임자규정의 "위험야기자" 개념이 개별구체적 사정을 형량하여 판단하는 데 필요한 연결점이 된 것이라고 한다.[86]

1945년 종전 이후에도 독일의 주들은 프로이센경찰행정법을 계속 시행하다가 스스로 경찰법을 제정하였음에도 불구하고 판례와 문헌들은 프로이센고등행정법원 시대의 원칙들을 고수하여 왔다. 새로운 법률에는 비례원칙도 명시적으로 규정되었으나 경찰법상 책임을 이해함에 있어서는 무시되었다. 따라서 비례원칙은 오늘날 모든 개별적인 경우의 사정을 형량하여 판단하는 기준으로서 경찰법률에 도입되어 있으므로 굳이 전통적 원인설과 같은 오래되고 문제가 많은 경찰법해석원칙을 고수할 필요는 없다고 한다.

비례의 원칙을 경찰책임자확정측면에 연결시킨다면, 다수의 위험야기기여자들이 모두 효과적 위험방지를 달성"할 수 있는 자"라는 것을 가정한다면 위

---

82) Denninger, a.a.O.(5. Aufl., 2012), Rn. 77, S.220. Friauf는 "독일의 판례는 종래 전통적으로 지켜온 기준을 부분적으로는 '직관적으로(intuitiv)' 발견해왔다"고 말하고 있다[ders., a.a.O., Rn. 77, S.148].

83) Muckel, a.a.O., 18 (21). 참고로 의도적 간접원인제공자의 대표적 비판학자인 Erbel은 원인설(Verursachungstheorie)에 입각한 책임귀속원리 자체에 대한 평가는 유보하고 있었다.

84) Muckel, a.a.O., 18 (22).

85) PrPVG 제18조 아래 참고.

86) Muckel, a.a.O., 18 (22).

험을 가장 적은 비용으로 제거할 수 있는 사람이 경찰권발동의 대상이 되어야 한다. 그리고 여러 위험야기기여자 중에서 선택이 문제되는 경우에 경찰법률은 선택재량을 부여하고 있으며, 이러한 선택재량행사에 있어서는 위험방지의 효과성(Effektivität)이 결정적 기준이 될 것이다. 따라서 최소침해의 원칙과 행정관청의 효과성원리에 대한 기속은 선택재량을 축소시킴으로써 고유한 귀속이론을 무용한 것으로 만든다고 한다.[87]

3) 과실의 고려가능성

과실(Verschulden)이라는 기준이 경찰책임판단에서 과연 지배설과 같이 완전히 배제되어야 할 것인지에 대해서도 의문이 표시되고 있다. 즉 광의의 비례원칙 중 한 내용인 상당성원칙의 심사단계에서 (수인)기대가능성(Zumutbarkeit)의 고려를 위해서는 이러한 기준도 판단대상이 되며, 이에 따르면 비난가능성이 없는 다른 위험야기자들보다 위험을 유책하게(schuldhaft), 즉 고의나 과실로 야기한 자에게 취하는 것이 보다 기대가능한 것이 된다고 한다.[88] 1931년의 프로이센경찰행정법(PrPVG) 제정시에 과실기준을 수용할 것인지에 대하여 논의가 있었으나, 당시 입법자들이 이것을 수용하지 않고 제정한 이후에 프로이센 고등행정법원과 그 이후의 법원들은 경찰처분의 발령요건 심사시에 이것을 아예 범주적으로 배제시켜 버렸다고 한다. 그렇다고 하여 과실이 경찰법에서 광범위한 인과관계를 제한하는 유일한 제동장치는 아니며 협의의 비례원칙에 합치되는지를 심사하는 단계에서 단지 하나의 관점으로 고려될 뿐이다.[89]

5. 평 가

먼저 최근 입지를 강화하고 있는 객관설은 예컨대 쇼윈도를 보고 싶어하는 행인들(사례 ①), 술집에서 술을 마시고 나와 도로에서 소음을 야기하는 손

---

87) Muckel, a.a.O., 18 (23).

88) Muckel, a.a.O., 18 (25).

89) Muckel은 유명한 록가수의 시내관광사례(사례 ⑫)에서 그 가수는 "인식 있는 과실(bewußte Fahrlässigkeit)"로 행동하는 것이며, 차단(명령)지역 안에서 매춘부에게 방을 임대하면 매춘에 이용하리라는 것을 알고 있음에도 불구하고 임대하는 자(사례 ⑨)는 공공의 안전에 대한 장해를 고의로 야기하는 것이라고 한다. ders., a.a.O., 18 (25).

님(사례 ⑥) 등 제3자에 의한 직접원인행위의 간접원인을 제공한 자(쇼윈도설치업주, 접객업주)의 행위와 공공의 안녕 · 질서에 대한 위험 내지 장해 사이에 하나의 목적관련성이 형성된다는 것을 근거로 그들이 사실적으로 가지고 있는 생각이나 의도와는 상관없이 위험에 대한 책임을 전가하는 것이 되어버린다. 일부 학자는 이것을 보고 의도적 간접원인제공자가 장해를 "객관적으로 의도"한 것이라고 포장하고 있는데[90] 이러한 언어가 과연 타당한지 의문이고, 또한 이러한 객관적 의도성 내지 목적성이라는 것이 "오성(悟性)"의 범주에 속하는 목적성(Finalität)과 조화를 이룰 수 있는 것인지도 의문이다.[91] 일단 원인설을 따른다면, 사실의 범주인 인과관계는 목적성이라는 오성의 범주와 구분되어야 하며 따라서 의도적 · 목적적 간접원인제공자라는 개념은 직접원인설의 논리적 귀결이 될 수 없다. 형법학에서 인과관계론을 보완하기 위해 위험증대원칙, 규범의 보호목적론 등 규범적 가치평가관점인 객관적 귀속이론[92]을 들고 나온 것을 본 따 객관적 목적성기준을 들어서 경찰책임귀속의 설득력만 높이려 했을 뿐이다.

주관설은 독자성을 부정하는 학설의 논거들에 의하여 이미 설득력을 상실하였다. 또한 타인의 공공의 안전에 대한 위험야기의 의도나 목적 내지 제3자의 경찰책임유발이라는 개념을 가지고, 형법상 공동정범의 행위지배, 간접정범의 의사지배 및 가벌적 교사행위 등과 같은 공범론적 관점과 형법상 책임귀속과 관련하여 범행시 책임능력의 동시존재원칙과의 충돌이 문제되는 원인에 있어서 자유로운 행위(actio libera in causa) 등과 같은 논리구조[93]를 도입하는 듯한 모습을 보이는 것은 범죄인에 대한 제재나 형벌의 일반 · 특별예방목적과는 무관한 경찰질서법의 목적과 합치될 수 없다.[94]

하지만, 독자성부정설 내지 개념불요설의 논지가 모두 타당하기만 한 것인지도 다시 생각해보아야 한다. 먼저 독자성부정설의 첫 번째 논거에 따르면,

---

90) Götz, a.a.O.(15. Aufl., 2013), Rn. 21, S.80.

91) 이에 관해서는 Denninger, a.a.O.(5. Aufl., 2012), Rn. 80, S.221.

92) 이에 관해서는 김일수, 『형법총론』, 제10판, 2004, 171쪽 아래 참고.

93) 형법에 있어서 이들에 관해서는 김일수, 앞의 책, 382쪽 아래(원인에 있어서 자유로운 행위); 576쪽 아래(간접정범); 628쪽 아래(야기설 등 공범의 처벌근거학설); 638쪽 아래(교사범) 참고.

94) Schenke도 동일한 생각을 갖는 것으로 보인다. ders., a.a.O.(각주 10), Rn. 160, S.258.

앞의 사례유형에서 볼 때 집회의 개최자(사례 ②)는 집회의 자유를, 휴양지음악대(사례 ⑦)는 예술의 자유를, 프로축구경기 개최자(사례 ④)는 영업의 자유를, 시내를 산보하려는 유명 록가수(사례 ⑫)는 일반적 행동의 자유를 주장하게 될 텐데, 이러한 기본권들이 위험방지목적의 경찰제약조치로부터 절대적으로 보호될 수 있는 것은 아니다. 비례의 원칙은 이 자유권들과 경찰기관이 추구하는 위험방지목적을 대치시켜 형량할 것을 요구한다. 예컨대 유명 록가수의 시내 산보행위가 히스테릭한 팬들의 열광적인 반응으로 인하여 시민의 생명이나 신체에 대한 위험이 초래될 수 있음이 그 당시 구체적 근거로 충분히 개연성을 가진다면 그의 산보는 금지되어야 한다. 하지만 단지 단시간의 교통체증으로 그칠 정도의 것이라면 금지조치는 위법하다. 쇼윈도광고업주나 프로축구경기주최자에 대해서도 마찬가지다. 영업의 자유도 헌법 제37조 제2항의 질서유지목적을 근거로 제한될 수 있는 기본권이기 때문이다. 물론 영업의 자유나 경제활동기본권보다 예술의 자유, 학문의 자유 등 정신적 기본권은 보다 강한 보호를 받는다는 점이 고려되어야 한다.[95] 어쨌든 이러한 관점은 이미 현대 경찰법문헌에서 대부분 공감[96]하고 있기 때문에 완전히 새로운 비판논거라고 볼 수 없다.

부정설의 두 번째 논거인 설득력 있는 근거제시의 부재측면에 대해서는 전적으로 동의한다. 그러나 이 논거를 제시한 에르벨(Erbel)은 의도적 간접원인제공자이론을 비판하기 위해 그에게 착안점을 제시한 쉬누어(Schnur)와 함께 간접원인제공자의 기본권측면의 소홀한 취급만을 꼬집었을 뿐 다른 대안을 제시하지 못한 한계를 안고 있었다.

세 번째 비례원칙과 경찰법의 효과성원리를 들어서 전통적 경찰책임원칙을 대체하고자 하는 견해는 위의 다른 어떤 견해보다 역사적 측면과 현대 기본권이론의 측면에서 볼 때 가장 진보적인 생각이라고 할 수 있다. 그러나 두 가지 문제점이 엿보인다. 첫 번째는 후술하는 바와 같이 직접원인설이 여전히

95) 김성수, 『개별행정법』, 2001, 504쪽.

96) Schenke, a.a.O., Rn. 246, S.145-146. 여기서 Schenke는 의도적 간접원인제공의 존재판단에 있어서 기본권을 고려한 가치평가의 문제가 중요하며, 이것은 결국 경찰책임확정에 있어서도 비례의 원칙이 중요한 의미를 갖는다는 것을 명백하게 해준다고 언급하면서 이 개념의 고유한 의미에 의문을 품고 있다. 그러나 역시 이 개념의 독자성을 완전 부인하는 의견으로까지 나아가고 있지는 않다.

독일의 경찰법문헌에서 지배적인 위치를 차지하고 있는 이유를 직시하지 못한 점이다. 즉 경찰책임자의 확정을 순수하게 규범적인 차원에서 효과성원리를 염두에 둔 비례원칙을 통한 가치판단작업을 통해 관철하려 하였고, 따라서 원인설에 입각한 고유한 경찰귀속이론의 불필요함을 강조한 것은 분명히 발전된 생각이지만, 사실적 또는 구성요건측면에서의 귀속측면의 효용가치를 너무나 경시한 점이 발견된다. 두 번째는 비례원칙이나 효과성원리에 따라 유동적 가치판단이 가능하다는 측면을 발견하였으나 그것은 하나의 모델적 사고를 던져준 것일 뿐이지 경찰책임자 내지 수범자 확정에 관련된 복잡한 사례들을 유형화하는 작업은 미해결상태로 두었다. 이러한 경찰책임자관련사례들을 실무를 위해 유형화하기 위해서는 기존의 원인설이 중요한 역할을 할 수 있는데도 인과관계문제는 더 이상 경찰책임자확정에 도움이 되지 않는다고 하여 배제해 버리는 태도를 취하고 있다. 지배설에 속하는 쉔케(Schenke)나 굇츠(Götz) 등도 기존의 직접원인설이 가졌다고 하는 고유한 의미는 많이 퇴색했다는 의견에 동감하면서도 여전히 직접성관점을 버리지 않는 태도가 더욱 궁금하다. 이러한 의문에 관한 검토는 아래 여론(餘論)부분에서 행해질 것이다.

Ⅲ. 우리 현행법체계에 따른 재검토

주지하다시피 독일의 일반경찰법률은 법률유보원칙의 일환으로 경찰권발동의 수권에 관한 일반조항(Generalklausel)과 그 경찰권발동의 상대방확정에 관한 규정을 가지고 있으며, 더 나아가 경찰기관에 의한 경찰권발동에 소요된 비용상환청구권의 근거규정과 위해원인야기와 무관함에도 불구하고 경찰권발동의 상대방이 된 자에 대한 손실보상청구권규정도 두고 있다. 그러나 우리나라 경찰작용법의 대표격인 현행 경찰관직무집행법에는 이러한 규정들이 존재하지 않는다. 이와 같은 현행 성문법상 엄청난 상위점이 있음에도 불구하고 독일의 실정법규정들의 체계적 관계를 논리적으로 유지하기 위해 구성된 독일 경찰법학의 지배적 견해[97]를 우리 경찰법문헌들은 '조리' 내지 경찰권발동의

97) 특히 경찰책임자 —비책임자 이분법을 기초로 한 "행위 · 상태책임자— 실질적 위해방지 ·

한계에 관한 일반법원칙의 하나로 도입하고 있는 상황이다.

그 중에서도 대표적 경찰법이론인 직접원인설은 우리나라 경찰법문헌에서도 거의 예외 없이 경찰법상 (행위)책임귀속이론으로 평가되고 있다.[98] 특히 '의도적 간접원인제공자 내지 타인의 책임유발자' 개념에 관한 독일의 직접원인설 옹호학자들의 설명과 관련 예시사례들도 우리 문헌을 잠식하고 있다. 예컨대 도로에서 약 선전을 함으로써 군중을 모이게 유인한 자에게는 행위책임이 귀속된다고 하며,[99] 원인제공과 구체적 위해발생 간에 객관적 상황에 비추어 긴밀한 내적 관련성을 인정할 수 있거나 목적지향성이 인정될 수 있는 경우에는 간접적 원인제공자라고 하여도 경찰책임이 귀속될 수 있을 것이라고 하면서, 진열장사례 및 후술될 휴양지음악대사례 · 대규모 시위, 스포츠나 음악행사의 주최자사례 · 인근의 교통혼잡을 불러일으킨 주유소업주사례 등을 예시하는 견해도 있고,[100] 적법한 행동으로 보이나 제3자에 의한 일정 수준 이상의 경찰상 위해를 유발시키는 자를 책임유발자라고 하면서 백화점세일기간 동안 가수와 연예인을 동원한 야외행사실시로 인해 부근일대의 교통혼잡을 가중시키는 경우 백화점업주, 행위예술이나 설치미술을 통해 다중의 집합을 불러와서 공공의 안녕 · 질서에 대한 위해를 야기시키는 경우를 예시하는 견해,[101] 직접원인이론을 취하면서 예외적으로 간접적 원인제공자라고 하여도 객관적으로 볼 때 직접적으로 위험을 가져온 것으로 판단되는 목적적 원인제공자(진열장사

제거조치의 원칙적 상대방 – 비용책임자/비(경찰)책임자 – 예외적 경찰권발동의 수명자 – 손실보상청구권발생"이라는 연계원리(Konnexitätsprinzip) 내지 비용책임은 위해방지 · 제거책임의 부속물(Annex) 또는 대용물(Surrogat)이라는 논리가 대표적이다. 이에 관해서는 Giesberts, Ludger, Die gerechte Lastenverteilung unter mehreren Störern, 1990, S.28; Schenke, a.a.O., Rn. 275, S.164 참고.

98) 대표적으로 김남진/김연태, 『행정법II』, 제22판, 2018, 302쪽; 류지태/박종수, 『행정법신론』, 제15판, 2011, 1006쪽; 김성수, 『개별행정법』, 2001, 502쪽; 홍정선, 『경찰행정법』, 제2판, 2010, 303쪽; 정하중, "경찰법상의 책임," 공법연구 제25집 제3호, 111쪽 아래; 박상희/서정범, "경찰작용법제의 개선방안," 한국법제연구원 연구보고서, 1996. 12, 57쪽 등 참고.

99) 김남진/김연태, 앞의 책, 302쪽.

100) 류지태/박종수, 위의 책, 1006-1007쪽.

101) 김성수, 앞의 책, 504쪽. 또한 위 사례에서 전자의 백화점사례가 경제활동에 관련된 것이고 후자사례는 예술이나 표현의 자유와 관련되므로 후자의 경우 신중한 경찰권발동이 요구된다고 하여 기본권의 서열관점을 도입하고 있다. 이는 기존의 설명보다는 훨씬 진보한 것이라고 여겨진다.

례를 예시)는 경찰법상 책임을 부담한다는 견해[102] 등이 있다.

위 독일의 사례들은 특별질서행정법의 수권규범이나 일반경찰법상 표준적 직무조치를 위한 개별적 수권규범이 존재하지 않거나 있어도 관할 위험방지관청의 개입 전에 긴급히 위해상황을 제거하여야 할 시간적 압박에 처한 경찰에게 그 즉시강제나 직접강제 등 강제집행근거규범이 필요하여[103] 일반조항 내지 개괄적 수권조항(Generalklausel)이 적용되어야 할 경우나 특별한 수권규범이 있어도 그것이 요건부분에 불확정법개념이 존재하는 일반조항적 성격을 가지고 있어서 수명자를 구체적으로 규정하지 않고 있는 경우에 인과관계를 요구하는 일반경찰법의 행위책임자확정규정이 적용될 사례로 구성된 것이다.

그러나 우리나라에는 개괄적 수권조항이 존재하는지에 관해서는 여전히 다투어지고 있으며,[104] 일반경찰작용법에 해당하는 경찰관직무집행법에 따른 즉시강제수권규범들[105]에서도 경찰상 위해방지·제거의무라는 형식적 경찰책임을 부담시키기 위한 구성요건적 전제조건으로서 인과관계를 요구하고 있는 것을 찾아볼 수 없다. 게다가 형법상 목적범죄규정들과 같이 추가적인 주관적 구성요건요소로서 목적성을 요구하는 위험방지법규정도 발견되지 않으며, 관련 사례들이 도로법 등 공물법이나 집시법 등 특별위험방지법에 근거하여 헌법상 기본권이론을 매개하여 설명함이 완전히 불가능한지도 의문이고 또한 의도적 간접원인제공자들이 경찰책임자가 된다고 할 때 법률효과부분에서 어떤 책임을 질 것인가와 책임을 진다고 하여도 법률유보원칙에 따라 우리 법에 이에

---

102) 홍정선, 위의 책, 304-306쪽.

103) 즉시강제, 직접강제 등 행정강제의 문제점에 관한 최근 문헌으로 박재윤, "행정집행에 관한 통일적 규율의 가능성과 한계," 공법연구, 제40집 제1호, 한국공법학회, 2011. 10, 433쪽 아래; 이기춘, "행정상 즉시강제에 관한 연구 ―즉시강제이론의 재구성 再論―," 공법연구, 제39집 제4호, 한국공법학회, 2011. 6, 289쪽 아래; 동인, "일본의 행정강제법상 쟁점에 관한 소고 ―행정강제에 관한 일본의 법제 및 학설사와 최근 쟁점경향을 중심으로―," 강원법학, 제34권, 강원대비교법학연구소, 2011. 10, 147쪽 아래 참고.

104) 권한규범과 직무규범의 차이를 강조하여 입법정책적 도입필요성은 긍정하나 현재 존재하지는 않는다는 견해로 김연태, 『행정법사례연습』, 제6판, 2010, 839쪽; 홍정선, 위의 책, 284-286쪽.

105) 특히 동법 제5조(위험발생의 방지) 제1항은 수명자로 "그 장소에 있는 자, 사물의 관리자 '기타 관계인'"을, 제6조(범죄의 예방과 제지) 제1항은 "범죄행위가 목전에 행하여지려고 하고 있다고 인정될 때에는 이를 예방하기 위하여 '관계인'에게 … 경고 … 행위를 제지할 수 있다"고 규정하고 있다.

관한 근거가 있는지도 불분명하다. 추측건대 실정법규정을 강조하는 우리나라 판례에서 독일에서 수입된 경찰책임법리의 전개를 찾아보기 힘든 이유가 바로 여기에 있다고 여겨진다.

특히 비용책임의 승계 내지 경찰허가의 취소(강학상 철회)효과의 승계 등 법효과적 의미의 책임문제는 우리 판례실무에서도 이미 다루어지고 있다. 그러나 여기서 문제되는 경찰법상 책임이라는 것은 법효과측면에서 부담하게 될 의무로서의 책임(형식적 경찰책임측면)이 아니라 그러한 의무부과의 전제조건이 되는 구성요건징표 내지 근거로서의 책임(실질적 경찰책임측면)[106]이라는 것인데(경찰법상 책임의 이중적 의미),[107] 우리나라 경찰법문헌은 이러한 구분과 후자의 의미를 소홀히 취급하고 있다.

경찰법의 규율목적은 형법에서의 제재나 속죄 또는 민법에서의 형평성에 기초한 손해전보 및 배상 또는 공평한 금전적 부담의 배분에 관한 종국적 책임의 귀속목적이 아니라는 점이 이러한 구분에 의미를 부여한다. 즉 민·형법 영역에서는 이 때문에 과거지향적 사실에 초점을 맞출 수밖에 없어서 인과관계와 고의·과실요소를 강조하는 것이 불가피하지만, 경찰질서법 또는 위험방지법은 오직 미래의 안전한 질서형성과 관련될 뿐이므로 구성요건요소로서의 경찰법상 책임은 효과지향적, 결과지향적, 미래지향적인 경찰법의 성격에 따라 효과적 위험방지결과를 가져올 수 있는 가장 적합한 능력·수단보유자를 발견하는 잣대로서 이해되어야 하며 그것으로 족하다. 따라서 경찰법상 책임의 귀속을 위하여 인과관계학설과 객관적 귀속론의 영향을 받아 규범적 가치판단을 요구하는 수정된 직접원인설을 독일의 것 그대로 도입하여야 할 필연적인 이유는 없으며, 문제만 많이 갖고 있는 의도적 간접원인제공자에 관련된 학설은 도입되어서는 아니 된다.

그리고 환경법영역에서는 정책적·경제학적 이유로 원인자에게 비용을 부담시키고 있고 국가 내지 위험방지관청이 대신 환경위해를 제거한 이후에는

---

106) 형법에서 범죄성립을 위해, 민법에서 손해배상책임의 성립을 위해 인과관계와 객관적 귀속(론)이라는 객관적 구성요건요소와 고의·과실이라는 주관적 구성요건요소를 요구하는 것에 대응하는 것이라고 이해할 수 있다.

107) Götz, a.a.O.(15. Aufl., 2013), Rn. 1-2, S.75. 여기에서 Götz는 경찰법상 책임은 경찰질서법률에서 침해적 조치를 위한 적법성요건(Rechtsmäßigkeitserfordernis)으로 정립된 것이고, 그 전제조건[Voraussetzung für (Eingriffs-)Maßnahmen]이라고 한다.

환수청구권을 인정하고 있다. 그러나 그것은 환경법에서 독특하게 발전된 원인자책임원리의 전개 때문이기도 하지만 법률유보원칙에 따라 각 실정환경법률들에서 그 근거규정을 두고 있기 때문이다. 그러나 나머지 위험방지법 특히 경찰관직무집행법은 일반조항 내지 개괄적 수권조항도 없을뿐더러 그에 근거한 조치 이후 발생한 비용의 배분에 관한 법률규정을 두고 있지도 않다. 독일의 경찰법은 비용관련규정을 두고 있으므로 이에 관한 공평한 배분의 관점(Gesichtspunkt der gerechten Lastenverteilung)이 중시되어 인과관계 등 형평성을 기하는 요소가 함께 강조될 수밖에 없지만, 위험방지의 효과성(Effektivität) 내지 효율성(Effizienz)을 1차적 목적으로 하는 경찰법의 성격에 더불어 우리 법에는 일반법으로서 금전적 부담배분에 관한 법규정도 없기 때문에[108] 법률유보의 원칙상 그러한 과거지향적 요소는 보충적으로 고려될 수 있을지는 몰라도 주된 귀속기준으로 작용할 수 없다.

따라서 상술한 독일에서의 논쟁상황이 바로 우리 실정법해석·적용에 영향을 줄 수 있다고 단정하기는 곤란하다. 오히려 이에 관한 고찰이 주는 시사점은 장차 개괄적 수권조항, 경찰권발동의 상대방규정, 비용상환규정이나 손실보상규정이 포함되리라고 예상되는 일반경찰법의 제정 내지 현 경찰관직무집행법의 개정시 고려되어야 할 요소의 한 부분을 발견할 수 있다는 점에 있다.[109] 더 나아가 직접원인설 등 인과관계이론이 그 근거규정을 가지고 있는 독일에서조차 큰 비난을 받으면서도 여전히 존속하고 있는 또 다른 이유가 무엇인지를 파악하여 경찰조치의 수명자에 관련된 현행 우리 경찰법규범의 해석

108) 행정대집행법상 비용징수명령규정(동법 제2조, 제6조)을 가지고 경찰조치에 따른 비용의 배분문제를 모두 해결할 수는 없다. 경찰법에서 비용상환명령이 문제되는 경우는 주로 대집행상황이 아니라 경찰책임자에 대한 의무부과를 통해서는 목적을 달성할 수 없거나 적시에 실현할 수 없는 경우에 위험방지관청이 의무부과 없이 직접 또는 제3자에 대한 위임을 통해 위해를 제거하는 '직접시행'의 경우일 것인데 이에 관한 비용상환근거규정이 존재하지 않는다. 더욱이 행정대집행법에서는 비용징수의 상대방으로 이미 법률상 직접 또는 법률에 의거한 행정청의 명령에 따른 의무자라는 것만 명시할 뿐 (직접)원인설에 따른 원인제공자로 이해해야 할 근거는 발견되지 않는다.

109) 경찰관직무집행법의 개정을 촉구하는 논문들 대부분이 이를 요구하고 있다. 홍준형, "경찰통합법에 관한 연구," 연구보고서 97-03, 치안연구소, 1997; 조병인, "경찰기본법정비에 관한 연구," 치안연구소연구보고서 2001-03; 장영민/박기석, "경찰관직무집행법에 관한 연구," 한국형사정책연구원, 1995; 박상희/서정범, "경찰작용법제의 개선방안," 한국법제연구원 연구보고서, 1996 등 참고.

에 도움이 되는 관점을 찾아보고자 한다.

Ⅳ. 여론 — 직접원인설의 현대적 이해

1. 직접성의 의미110)

인과관계이론의 불필요성을 강조하는 생각이 과연 직접원인설의 가치를 완전히 배제시킬 수 있는가? 독일의 경찰법률에서 행위책임귀속을 위한 구성요건으로서 '위험의 야기 내지 원인제공'을 규정하고 있는 이유를 되새겨볼 필요가 있다. 1931년 프로이센경찰행정법 제정시 독일의 입법자는 분명히 효과적 위험의 방지라는 경찰법의 목적에 따라 이해되기를 기대하였을 것이다. 그러나 행위책임에 관한 경찰법률문언111)에 기초하여 등가설, 상당인과관계설, 사회적 상당성설, 직접원인설(최후원인설) 등이 출현하고 나서, 20세기 중반 형법의 객관적 귀속이론의 영향을 받아 위법원인설, 의무위반 및 리스크영역이론, 이러한 논거들을 반영한 수정된 현대적 직접원인설 등으로 이어져 온 것이 경찰법적 원인설(Verursachungstheorie)이다. 경찰법학자들은 민·형법의 세계와 경찰법의 그것은 구별되어야 한다고 외치면서도, 스스로는 민법, 형법의 귀속이론에 얽매여 왔기 때문에 100여 년이 지났음에도 논란이 종식되지 않은

---

110) 직접원인설의 '직접성'을 설명하는 대표적 문헌으로 홍준형, 행정법, 제1판, 2011, 1315쪽. 우리나라 헌법재판소와 대법원의 환경관련 판례에서 직접원인설을 취하는 태도가 확인된다. 헌재결 2010. 5. 27, 2007헌바53 전원재판부 【건설폐기물의재활용촉진에관한법률제44조제1호등위헌소원】('직접적인 오염원인자', '직접적 원인제공자'라는 용어를 사용하고 있다);
대판 1989. 12. 22, 88누8944판결 【간접보상금부과처분취소】("환경오염방지사업에 필요한 비용의 전부 또는 일부를 부담하여야 할 의무가 있는 '원인자'는 그 사업활동으로 인하여 당해 방지사업이 시행되는 지역의 환경에 오염의 원인을 직접 야기하게 한 사업자를 의미하고"); 대판 1989. 10. 24, 88누9251판결 【간접보상금부과처분취소】("'원인자'란 모든 공해배출시설설치허가 대상업체가 당연히 그리고 무조건 포함되는 것은 아니고 당해 환경오염방지사업과 관계되는 지역에서 그 공해의 원인이 되는 사업을 행하는 자 즉 그의 사업활동으로 인하여 당해 환경오염방지사업의 원인이 되는 오염의 원인을 직접 야기하게 한 자에 한정된다고 볼 것이다").

111) MEPolG 제4조 [행위책임] 제1항: 경찰의 조치는 위험을 야기한 자에 대하여 취해져야 한다.

것이다. 즉 경찰법은 결과 내지 효과, 미래지향적인 성격을 갖는 것이라고 강조하면서도, 귀속기준은 원인 내지 과거지향적인 의사책임을 강조하는 민법, 형법의 것을 차용하여 설명하였기 때문에 모순발생은 불가피한 결과이며, 그 와중에 생겨난 개념이 의도적 간접원인제공자라는 개념이다.

이러한 상황을 극복하기 위하여 1990년대 이후 비례원칙에 따른 이익형량과 효과성원리를 바탕으로 하여 경찰책임자를 가치판단작업을 통해 확정하면 족하고 별도의 원인설은 불필요하다고 보는 독일학자들은 개괄적 수권조항에 따른 조치의 구성요건은 "공공의 안녕질서에 대한 구체적 위험"의 존재로 족하고, 상대방확정을 위한 "위험을 야기한 자"라는 행위책임자규정의 문구는 경찰법률에서 불필요하다고 비판한다. 그러나 이러한 태도는 경찰법목적에 합치되는 해석을 하지 않았기 때문에 빚어진 결론이라고 본다. 경찰법의 1차적 명제인 효과적 위험방지목적을 고려하여 위험야기자 개념을 재해석한다면 "위험의 방지 내지 장해의 제거에 기여할 수 있는 능력 내지 수단[이른바 '위해대처수단(Gegenmittel)'이라고 일컫는다[112]]을 보유하는 자로서 위험원에 가장 근접한 자"라고 이해될 수 있다. 왜냐하면 독일의 경찰법률이 단순하게 위험야기자에게 우선하여 경찰권발동을 하여야 한다고 개방적으로 규정하고 있는 태도는 그러한 자가 일반적으로 다른 제3자들보다 위해제거의 성공을 담보할 가장 효과적 위치에 있으리라는 것이 '추정'되기 때문이다.[113] 또한 민법이나 형법처럼 결과에 대한 책임의 과거지향적 귀속가능성을 강조하는 세계에서 등가설이나 원인설은 객관적 귀속이나 책임(Schuld)의 단계에서 제한될 필요성이 발견되겠으나,

112) "Gegenmittel"에 대해서는 대표적으로 Denninger, Gefahrenabwehr, in: Handbuch des Polizeirechts, 5. Aufl. 2012, Kap. D(Polizeiaufgaben), Rn.79, S.220; Schenke, a.a.O., Rn. 240, S.141["행위책임을 근거지우는 행위의무는 어떤 사람이 위험대처에 적합한 수단보유자(Inhaber eines zur Gefahrenbekämpfung geeigneten Gegenmittel)라는 사실로부터 바로 도출되는 것은 아니다."] 참고.

113) Griesbeck, Michael, Die materielle Polizeipflicht des Zustandsstörers und die Kostentragungspflicht nach unmittelbarer Ausführung und Ersatzvornahme, 1991, S.81, 90; Martensen, Jürgen, Materielle Polizeipflicht und polizeiliche Verpflichtbarkeit des Bürgers in Anscheins- und Verdachtslagen, DVBl. 1996, 286 (288). Martensen은 여기서 "국가공동체는, 위험발생시점에 위험야기자(Verursacher)가 직접적으로 위험방지의무를 (경찰처분에 의한 의무부과를 필요로 함이 없이 그 이전부터) 부담한다는 것에 의존한다. 이것은 사실관계에 더 근접해 있는 자(Sachnähere)로서 그러한 사람이 위험을 경찰행정관청보다 더 신속하고 효과적으로 방지할 수 있다는 것이 추정될 수 있다"고 한다.

경찰법에서는 그럴 필요성이 없다. 그리고 독일의 입법자는 이러한 생각을 가지고 입법정책적으로 위험야기자를 실질적 경찰책임자로 간주하여 우선적 경찰권발동의 대상이 되는 자로 선택하였을 뿐이다.[114]

과거 발터 엘리네크(W. Jellinek) 시기의 고유한 직접원인설이었던 최후조건설을 독일의 지배설이 여전히 유지하고 있는 이유도 여기에 있다고 파악된다. 또한 위 많은 사례에서 간접원인제공자들을 비책임자(Nichtstörer) 내지 위험야기와 무관한 자로 간주한다고 하여 경찰권발동이 불가능한 것이 아님을 고려하면 ―독일경찰법학자들이 그렇게 두려워하는― 경찰법의 효과적 위험방지목적 달성에 실패하는 결과가 올 것인지는 더욱 의문이다.[115] 직접원인자로서 경찰책임자보다는 엄격한 전제조건을 충족하여야 한다고 하지만 그것은 비례의 원칙에 따른 당연한 결과이다. 오히려 이들을 책임자로 삼기 위해 의도적 간접원인제공자와 같은 개념을 도입한 것은 손실보상청구권의 문제가 등장하는 것을 회피하고 사후에 경찰기관에게 소요된 위험제거비용을 시민에게 전가시키려는 '의도'가 엿보인다는 생각을 지워낼 수가 없다. 어쨌든 의도적 간접원인제공자개념은 무용하며, 독일의 원인자확정에 관한 이론은 극히 일부에 있어서만 우리나라 경찰법학에 도움이 될 뿐이다.

2. 경찰관직무집행법 제5조, 제6조의 검토[116]

따라서 우리 경찰관직무집행법 제5조(위험발생의 방지) 제1항이 수명자를 원인자로 규정하지 않고 "그 장소에 집합한 자, 그 장소에 있는 자, 사물의 관리자 기타 관계인"이라고 규정한 것도 위와 같은 직접원인설의 재평가에 따른

114) Martensen, a.a.O., 286 (288)[위험야기자의 실질적 경찰의무는 "법정책적 방향설정기능(rechtpolitische Steuerungsfunktion)"을 가질 뿐이라고 한다].

115) Schenke도 외관상 책임자에 관한 문헌에서 이러한 내용을 밝히고 있다. Schenke/Ruthig, a.a.O., S.361.

116) 양 규정을 특별히 검토하는 이유는 최근 이 두 규정이 특히 제5조가 개괄적 수권조항과 가장 유사하게 기능한다는 유력한 견해가 등장하고 있기 때문이다. 이에 관해서는 홍준형, 위의 보고서, 196쪽; 박정훈, "사권보호를 위한 경찰권발동의 연구 ―경찰공공의 원칙에 대한 비판적 검토―," 치안연구소 연구보고서 2001-05, 22쪽 아래, 특히 제5조에 관해서는 28쪽 아래(박정훈 교수는 제2조 5호를 '제1의 개괄적 수권조항', 제5조 제1항을 '제2의 개괄적 수권조항', 제6조를 '제3의 개괄적 수권조항'이라고 부르고 있다) 참고.

맥락과 동일하게 해석되어야 하며, 이 한도에서 독일의 직접원인설은 우리에게 시사하는 바가 있게 된다. 또한 "범죄행위가 목전에 행하여지려고 하고 있다고 인정될 때에는 이를 예방하기 위하여 관계인에게 … 경고 … 그 행위를 제지할 수 있다"는 동법 제6조(범죄의 예방과 제지) 제1항의 '관계인' 개념도 마찬가지로 해석되어야 한다. 그렇다면, 동법 제5조, 제6조의 '관계인'에는 직접원인자가 위험원에 가장 근접하여 있으며 효과적 위해제거능력·수단을 가지는 자로 추정될 것이므로 1차적으로 해당하게 될 것이며, 간접원인제공자라도 위험원에 근접하여 있고 동시에 제거능력을 가지고 있으면 비례원칙에 따른 다른 엄격한 상황요건이 존재할 경우(특히 행정관청의 자력으로는 긴급한 위해제거가 곤란하여야 한다) 비책임자로서 2차적으로 그 관계인에 해당하게 될 것이다. 물론 직접원인자는 위해제거에 비용이 발생하여도 자신이 감수하여야 할 것이다.

그러나 대집행이나 직접시행, 즉시강제를 통해 국가가 스스로 또는 타인에 대한 위임으로 위해를 제거하였다면, 그에 소요된 비용의 징수를 위한 특별한 법규정(예, 주·정차규정위반 차량의 견인 및 이동조치에 관한 도로교통법 제31조의 제6항)이 있거나 행정대집행법이 적용될 수 있는 경우에는 그에 따라 행정관청이 징수할 수 있겠으나 아직 경찰관직무집행법에는 비용징수근거규정이 마련되어 있지 않아서 성실히 의무를 이행한 자가 조치에 따르지 않는 자보다 불리해지는 결과를 피할 수 없다. 또한 직접원인자가 아닌 비책임자가 협조요청에 응하여 비용이 발생하였는데도 일반적인 손실보상규정이 없어서 그 보전이 곤란하므로 성실한 협력의무이행자를 불리하게 만든다. 이러한 모순해결을 위해 시급히 법정비가 요구되며, 경찰관직무집행법의 실효성제고를 위해서도 헌법 제23조 제3항의 직접적용을 통해 비책임자의 의무이행에 따른 손실은 보상되어야 한다.[117]

Ⅴ. 결 론

최근 독일에서 "의도적 간접원인제공자(Zweckveranlasser)"의 명목으로 경찰

---

117) 김연태, 『행정법사례연습』, 제6판, 2010, 871-872쪽.

법상 책임이 문제되는 경우는 주로 집회 또는 대규모행사의 주최자에게 이에 소요된 경찰비용을 청구할 수 있는가, 그러한 비용상환의 책임을 그들이 부담하여야 하는지에 관한 의문과 관련된다.[118] 입법정책적 도입론 내지 장래 제·개정될 법률규정의 해석을 위한 시사점제시를 위한 검토로서는 몰라도 우리 실정법과는 거리가 있는 독일의 현행 실정법체계를 기초로 한 해석론을 조리나 경찰행정법상 일반원칙의 한 내용으로서 의도적 간접원인제공자개념이나 올바로 이해되지 않은 직접원인설을 매개로 하여 무비판적으로 교과서에 도입하는 태도는 지양되어야 한다. 그리고 인과관계라는 사실적 측면 내지 존재론적 인식범주로서의 직접성과 규범적 기준으로서 가치판단의 대상인 직접성을 구분하는 현재의 지배적 견해는 전자의 직접성에 관련된 논리를 지키기 위해 의도적 간접원인제공자개념을 유지하고 있다. 하지만 최후원인설로 출발한 사실적 관점중심의 직접원인설이 위험의 한계초과를 기준으로 삼는 규범적 가치판단중심의 직접원인설로 변용되면서 의도적 간접원인제공자개념은 이미 지배설에서조차 논의의 의미를 상실하였다. 더 나아가 직접성은 가치판단의 대상으로 이해하기보다는 그 일은 경찰비례원칙의 구체화작업에 맡기고, 다시 독일경찰법도그마틱의 출발점으로 되돌아가서 현대적 관점으로 새롭게 이해되어야만 우리 경찰법상 책임귀속기준의 형성에 유용한 도구개념이 될 것이다. (이기춘)*

118) Lege, a.a.O., S.71 ff.; Sailer, a.a.O., Rn. 57 ff. 참고. 집회의 자유를 보장하는 독일기본법 제8조에 근거하여 이 의도적 간접원인제공자개념은 허용될 수 없다는 최근의 문헌으로 Kugelmann, a.a.O.(2. Aufl., 2011), Rn. 46, S.232. 특히 불법집회에 소요된 경찰의 인적·물적 비용을 경찰책임자들에게 상환청구할 수 있는지의 법문제를 검토한 문헌으로 이기춘, "집회의 자유와 경찰비용," 공법학연구, 제11권 제4호, 한국비교공법학회, 2010. 11, 271쪽 아래 참고.

* 이 글은 이기춘, "경찰법상 의도적 책임유발자개념의 무용론," 공법학연구, 제5권 제3호 (2004. 12.) 게재내용을 일부 수정한 것임.

제 4 편

제 4 장 독일경찰법상 상태책임의 근거 및 제한에 관한 고찰
– 2000년 2월 16일자 독일연방헌법재판소의 판결을 소재로 하여

I. 서 론

최근 증대되고 있는 개괄적 수권조항 논의와 함께 그 핵심요건인 위험(Gefahr) 개념의 완화경향으로 인하여 경찰질서법상 책임(Verantwortlichkeit)이라는 경찰조치의 수명자(Adressaten der polizeilichen Maßnahmen) 요건의 중요성은 더해가고 있다. 이러한 중요성은 우리 판례나 행정실무에서 과소평가되고 있기는 하지만,[1] 독일에서는 프로이센고등행정재판소의 판례 이래로 현재는 일반경찰질서법의 책임규정을 대상으로 한 학설, 판례가 수십 년에 걸쳐 집적되고 있으며, 이와 같은 법치국가적 한계요건에 대한 논쟁은 여전히 그치지를 않고 있다. 1980-90년대 이후 이러한 논쟁의 중심에는 물건 특히 토지의 소유권자 등이 무제한적으로 부담한다고 하는 상태책임(Zustandsverantwortlichkeit)과 공무원의 사전적 관점에 입각하여 확정된 책임자가 사후에 책임자가 아니라고 판명된 사례를 설명하기 위한 외관상 또는 표현(表現)책임자(Anscheinsstörer) 개념들이 있다. 이러한 법표상들의 근거, 귀속기준, 한계 등에 관한 법리의 체계적 논증작업이 계속되고 있으며, 이 두 개념은 전통적 경찰책임법의 도그마틱을

1) 그러나 1990년대 이후 행정법학자들에 의하여 중요성이 확인되고 있다. 경찰법상 책임에 관련된 문제제기 및 독일의 지배적인 견해를 소개하는 문헌으로 정하중, "경찰법상의 책임," 공법연구, 제25집 제3호, 1997, 109쪽 아래(상태책임에 관해서는 특히 118쪽 아래); 홍정선, "경찰의무 · 경찰책임," 고시계, 1991. 4, 117-124쪽; 同人, "경찰책임의 유형," 고시계, 1992. 6, 73-82쪽 참조.

헌법을 기초로 새롭게 수정하도록 만드는 계기를 제공하고 있다. 이 중에서 특히 상태책임의 무제한적 성격이라는 것이 환경법영역에서 크게 문제되어 왔다. 원인자라기보다는 오히려 희생자에 가까운 상태책임자의 책임을 제한하는 논리를 도출하기 위하여 독일의 경찰법학자들은 프리아우프(Friauf)의 문헌 이후 30여 년에 걸쳐 노력해 왔으며 이에 대한 결실로 확인되는 것이 아래에서 살펴볼 2000년 2월 16일자 독일연방헌법재판소의 판결이다. 그러나 이 판결로 상태책임자에 관한 모든 것이 해결된 것은 아니며, 부분적으로 타당한 시사점을 제공한 것은 분명하나 아직 전통적 법리에서 완전히 벗어나지 못한 면도 발견된다. 아래에서는 이 판결의 사실관계, 판결내용을 검토하고 이에 대한 평가를 함으로써 아직 경찰책임법리에 관한 발전된 경향을 담고 있지 못한 우리 경찰질서행정법과 환경법영역에 기여하고자 하는 것이 본 논문의 목적이다.[2)]

---

2) 독일의 Altlasten문제의 해결을 위해 1980-90년대 엄청나게 부각된 경찰법개념인 상태책임의 소개 및 분석, 특히 무제한적 성격의 독일 상태책임의 제한법리를 연구한 문헌들이 2000년대 초기부터 집중적으로 우리나라에서 나타나고 있고, 그 경향은 계속되고 있다. 왜냐하면 이 법리의 일반적 연구가 개별환경법분야에서 예컨대 토양환경보전법상 정화책임, 폐기물관리법제상 폐기물처리책임 등과 관련하여 큰 기여를 할 수 있기 때문이다. 시기적으로 대표적 우리나라와 독일의 문헌을 나열하면, 이기춘, "獨逸警察法上 狀態責任의 根據 및 制限에 관한 考察 —2000년 2월 16일날 獨逸聯邦憲法裁判所의 判決을 素材로 하여—," 토지공법연구 제18집, 2003, 405쪽 이하; 김현준, "경찰법상의 상태책임," 토지공법연구, 제22집, 2004, 363쪽 이하; 이기춘, "건설폐기물과 토지소유자의 처리책임에 관한 소고," 환경법연구, 제31권 제3호, 2009, 149쪽 이하; 서정범, "상태책임의 한계에 관한 고찰 —이른바 연계원칙의 종언(終焉)," 토지공법연구, 제48집, 2010, 479쪽 이하; 손재영, "상태책임의 귀속과 제한," 법학논고, 제33집, 경북대법학연구소, 2010, 307쪽 이하 참고. 독일문헌으로 최근 주목할 논문으로 Nitschke, Andreas, Die materielle Polizeipflicht im Sinne einer Gefahrenabwehrpflicht als verfassungsrechtliche Grundpflicht, Verlag Peter Lang, 2013 참고. 그 외에 Müllensiefen, Wolfgang, Gefahrenabwehr und Gefahrerforschung durch den Grundstückseigentümer — Eine Untersuchung über Reichweite und Grenzen der polizeilichen Zustandsverantwortlichkeit im Falle von Boden- und Gewässerbelastungen, 1997; Frenz, Walter, Grenzen öffentlich-rechtlich begründeter privater Verantwortung ohne eigenes Zutun, VerwArch 90 (1999), 208 ff.; Kränz, J., Zustands- verantwortlichkeit im Recht der Gefahrenabwehr, 2000; Giesberts, Ludger/Frank, Oliver, Sanierungsverantwortlichkeit nach BBodSchG bei Erwerb, Veräußerung und Umwandlung von Unternehmen und bei Grundstückstransaktionen, DB 2000, 505 ff.; Lepsius, Oliver, Zu den Grenzen der Zustandsverantwortlichkeit des Grund- eigentümers, JZ 2001, 22 ff.; Lepsius, Oliver, Besitz und Sachherrschaft im öffentlichen Recht, 2002; Ginzky, H., Sanierungsverantwortlichkeit nach dem BBodSchG, DVBl. 2003, 169 ff.; Mohr, H., Zur Begrenzung

II. 독일연방헌법재판소(BVerfG)의 판결내용

이 판결은 병합된 두 가지 사건에 대하여 내려진 행정법원, 고등행정법원, 연방행정법원의 판결에 관한 헌법소원에 대한 것이다. 첫 번째 사건[3]을 보면, 여자헌법소원신청인(이하 甲이라 한다)은 1982년 10월에 자신의 토지에 인접한 땅을 강제경매를 통해 취득하였다. 이 토지는 과거에 한 기업에 의해 1981년까지 토끼가죽으로 모자류를 제조하는 공장부지로 이용되었었다. 가죽의 탈지(脫脂)작업을 위해 그 기업은 당시 염화탄산수소(Chlorkohlenwasserstoffe)를 사용하였었다. 1981년에 이 기업의 재산에 대하여 파산절차가 개시되었다. 1983년 9월부터 염화탄산수소에 의해 야기된 토양과 지하수의 심각한 오염이 동 토지의 지표와 지하에서 확인되었으며, 그 오염의 원인은 모자생산시 이러한 물질을 사용한 행위임이 밝혀졌다. 주무관청은 1985년 4월과 1986년 8월의 결정을 통해 甲에게 토양과 지하수의 조사를 위한 광범위한 조치와 함께 오염물질 제거를 위한 조치를 명하였다. 甲은 1998년까지 정화작업을 위하여 110만 마르크를 지출하였다고 한다. 甲의 보고에 따르면 손해발생 시점에 동 토지의 거래가치(Verkehrswerte)는 대략 35만 마르크로 추산된다고 한다.

甲은 행정관청의 위와 같은 명령에 이의를 제기하였다. 정화의 필요성과 오염의 원인은 쟁점이 아니었기 때문에, 甲은 행정법원절차에서 주로 경찰책임자선택에 관한 행정관청의 재량결정을 쟁점으로 삼았고 기본법 제14조와 관련하여 일반적으로 상태책임의 반비례적 성격(Unverhältnismäßigkeit)을 문제삼았

---

der Zustandshaftung bei Altlasten, NVwZ 2003, 686 ff.; Wehr, Mattias, Rechtspflichten im Verfassungsstaat, 2005, 317 ff.; Huber, P./Unger, S., Grundlagen und Grenzen der Zustands- verantwortlichkeit des Grundeigentümers im Umweltrecht, VerwArch 96 (2005), 139 ff.; Franz, Georg, Die Sanierungsverantwortlichen nach dem Bundes-Bodenschutzgesetz — Voraussetzungen und Grenzen der Altlastenhaftung, 2007; Tollmann, Claus, Die umweltrechtliche Zustandsverantwortlichkeit: Rechtsgrund und Reichweite — Eine rechtsvergleichende Untersuchung unter Berücksichtigung der Zustandsverantwortlichkeit gesicherter Kreditgeber, 2007; Krieger, Stefanie Ann Anita, Die Verantwortlichkeit für die Sanierung von Altlasten und schädigen Bodenveränderungen nach dem Bundes-Bodenschutzgesetz, Nomos, 2008.

3) BVerfG, Beschluß v. 16. 2. 2000, 1 BvR 242/91.

다. 행정법원과 고등행정법원은 소송을 기각하였다. 이에 연방행정법원은 이 사건은 원칙적인 중요성[4]을 가지지 않는다는 이유로 고등행정법원(VGH)의 상고기각에 대한 이의신청[5]을 기각하였다. 이에 甲은 고등행정법원과 연방행정법원의 판결을 대상으로 하는 헌법소원을 통하여 기본법 제14조 제1항과 제2조 제1항의 위반을 주장하였다.

두 번째 사건[6]을 보면, 헌법소원청구인들(이하 乙등이라 칭함)은 광범위한 임업지역의 소유자들이다. 16헥타르에 이르는 땅 일부를 1970년 10월에 클레이사격장 설치운영조합에 임대하였다. 그때 임대료는 매년 12,792마르크로 합의되었다. 계약으로 동 조합이 사격장의 설치와 정상적인 운영에 책임을 지고, 필요한 모든 행정관청의 허가를 얻고 필수적인 보험계약을 체결할 의무를 부담하기로 하였다. 이미 1970년 8월에 사격장의 일부를 위한 건축감독청의 허가가 발령된 바 있었다. 1971년 1월에 동 조합은 15개의 투척기를 가진 사격대의 설치 및 이용과 스키트사격대 및 완전히 자동화된 투척시설을 가진 사격대 등의 설치 및 이용에 관한 안전법상의 허가를 취득하였다. 그런데 다음 해 1972년에 F市의 물공급을 위하여 물보호지역이 확정되었는바, 위 임대된 토지가 물보호지역의 보호영역 안에 전체적으로 편입되었다. 그러나 이 지역 안에 있는 수원(水源, Brunnen)에 대한 수법(水法)상의 사용승인은 이미 1966년에 발령되어 있었다.

---

4) 독일행정법원법(VwVO) 제132조 [상고의 허가(Zulassung der Revision)]

① 고등행정법원이 또는 불허가에 대한 항고에 있어서 연방행정법원이 상고를 허가하는 때에 고등행정법원의 판결(제49조 제1호) 및 제47조 제5항 제1문에 의한 결정에 대하여 소송관계인은 연방행정법원에 상고를 제기할 수 있다.

② 상고는 다음 각호의 1에 해당하는 경우에 한하여 허용된다.

1. 소송사건이 원칙적인 중요성(grundsätzliche Bedeutung)을 가지는 경우
2. 판결이 연방행정법원, 연방최고법원의 합의부 또는 연방헌법재판소의 재판과 일치하지 않으며 그러한 불일치에 관련된 경우
3. 절차흠결이 주장되고 그것이 존재하며, 재판이 그것에 관련될 수 있는 경우

③ 연방행정법원은 상고의 허가에 구속된다.

5) 소위 "Nichtzulassungsbeschwerde". 독일행정법원법(VwVO) 제133조[상고의 불허가에 대한 이의신청 내지 항고(Beschwerde bei Nichtzulassung der Revision)] 참고. 이와 관련되는 허가상고제도와 우리나라 민사소송법이 취하는 심리불속행제도에 관해서는 호문혁, 『민사소송법』, 제2판, 2002, 542쪽 아래 참조.

6) BVerfG, Beschluß v. 16. 2. 2000, 1 BvR 315/99.

그 다음 해에 필요한 허가를 받지도 않고 사격장이 확장되었다. 식수공급 문제를 우려한 F시는 1983년 동 시설에 대한 전반적 심사에 착수하였다. 1984년 8월 이후의 허가는 거부되었다. 1985년 1월에 행정관청은 건축허가와 안전법상 허가를 철회하였다. 1985년 12월 행정관청은 철회의 즉시집행(sofortige Vollziehung)을 명하였다. 이후 1987년 고등행정법원(VGH)은 상실된 乙 등의 집행정지효의 회복(VwGO §80 ⑤) 신청을 기각하였다.[7] 사격장조합과 헌법소원신청인인 乙 등간의 임대계약은 당사자들에 의해 행정관청의 사격장운영중단조치로 인해 해제되었다. 수질조사 결과, 사격표적에 함유되어 발사된 많은 양의 납덩어리들이 사격장토지에 발사되었다는 것이 밝혀졌다. 토양조사에 따르면 지하 최상층은 산화된 납만이 아니라 발사된 납덩어리에 의해 피해를 입고 있다고 하였다. 또한 납에 의한 오염은 80cm 깊이에 이르기까지 확인될 수 있었다.

이를 이유로 주무관청은 바이이른 수법(BayWG) 제68조 제3항에 의거하여 1988년 7월에 동 조합에게 20cm 깊이의 최상층 토양의 반출 및 처리를 통한 정화를 요구하였다. 그러나 1989년 1월에 동 조합의 재산에 대하여 파산절차가 개시되었다. 이에 따라 동 관청은 乙 등에게 상태책임자라는 이유로 정화명령을 내렸다. 지하수오염을 막기 위하여 정화(Sanierung)가 필요하다는 것이 이유였다. 문제된 지역에서는 동 토지의 1m 60cm 아래 지하수가 흐르며, 또한 이 지하수는 F시가 20개의 수원을 통해 매년 5,400,000㎥에 이르는 지하수를 동 도시의 식수를 위해 취수하는 깊은 지하수와 결합된 것이었다고 한다.

乙 등은 정화결정의 즉시집행명령을 다투었으나 아무런 소득이 없었다. 고등행정법원(VGH)은 집행정지효의 회복신청을 1991년 7월에 기각하였다. 이를 이유로 乙 등은 전문인력을 불러 요구받은 내용의 정화조치를 실행하였다. 정

7) 독일행정법원법 제80조: [집행정지효]

① 행정심판청구 및 취소소송은 집행정지효를 갖는다. 형성적, 확인적 행정행위 및 복효적 행정행위(제80a조)의 경우에도 마찬가지이다.

4. 공익상 또는 관계인의 중대한 이익을 위하여 행정행위를 하였거나 또는 행정심판청구에 대하여 결정하여야 하는 관청이 즉시집행(die sofortige Vollziehung)을 명한 경우 …

⑤ 본안법원은 신청에 의하여 제2항 제1호 내지 제3호의 경우에 집행정지효의 전부 또는 일부를 명할 수 있으며, 제2항 제4호의 경우에는 집행정지효의 전부 또는 일부를 회복시킬 수 있다. 신청은 취소소송을 제기하기 전에 할 수 있다. 행정행위가 재판의 시점에 이미 집행된 경우에는 법원은 집행의 취소를 명할 수 있다. 집행정지효의 회복은 담보의 제공이나 그 밖의 부담을 조건으로 할 수 있다. 그것은 또한 기한부로 할 수 있다.

화작업은 1997년에 종결되었고 전체적으로 590만 마르크가 비용으로 지출되었다고 한다. 乙 등은 정화명령의 위법성확인과 피고에게 이자를 포함하여 550만 마르크의 지불을 요구하였다. 행정법원은 소송을 기각하였다. 이에 행정법원과 고등행정법원의 판결을 다투는 乙 등의 헌법소원을 통해 기본법 제14조 제1항과 제103조 제1항의 위반이 주장되었다.

이에 대하여 독일연방헌법재판소는 甲과 乙 등이 제기한 헌법소원을 이유 있는 것으로 판단하면서 다툼의 대상이 된 법원의 판결들은 헌법소원청구인들의 기본법 제14조 제1항 1문에 따른 재산권을 침해하였으므로 취소되어야 한다고 판시하였다.[8] 이 판결의 판결이유에서 제시된 주된 내용은 ① 상태책임의 일반적 성격과 재산권보장의 목적 및 수용(Enteignung)과의 차이, ② 상태책임의 근거 내지 헌법적 정당성, ③ 상태책임의 범위제한이다. 아래에서 이러한 내용을 각각 해당되는 곳에서 고찰하기로 한다.

Ⅲ. 상태책임에 관한 전통적 법리

상태책임에 관한 전통적 독일논의에 따른다면, 모든 국민은 자신의 행위나 자신이 지배하는 물건으로부터 위험이 발생하지 않도록 유지할 의무가 있으며, 이러한 실질적 경찰책임 내지 의무라는 것으로부터 위험이나 장해가 사람의 행위에 의해서가 아니라 동산, 부동산을 포함하는 물건 자체의 성질이나 그것이 위치한 공간적 상황(Lage im Raum)으로부터 위험이 발생하는 경우에 물건의 사실상 지배권자(Inhaber der tatsächlichen Gewalt oder Sachherrschaft)로서 소유자, 점유자, 점유보조자 등에게 위험방지 및 장해제거조치를 내릴 수 있다는 내용의 상태책임이 도출된다.[9] 이러한 상태책임은 효과적이고 신속한 위험방지요청을 근거로 인정되는 것이므로, 고의·과실을 포함하는 주관적 귀책사유(Verschulden)와는 친할 수 없으며, 직접원인설에 따라 결정되는 행위책임과는 달리 인과관계의 문제가 아니라고 하는 견해[10]와 물건으로부터 위험야기에 직

8) BVerfG, JZ 2001, 37, 41, Ⅲ. 참조.

9) 프로이센경찰행정법(PreußPVG) 제20조, 통일경찰법모범초안(MEPolG) 제5조 참조. 또한 Martens, in: Drews/Wacke/Vogel/Martens, Gefahrenabwehr, 9. Aufl., 1986, S.319 ff. 참고.

접원인설이 적용된다는 견해[11]가 팽팽하게 대립한다.[12]

이 외에 상태책임을 포함하는 경찰책임에 관한 전통적 해석법리로 가장 특징적인 것은 경찰책임자와 비책임자 내지 비위해발생자(Nichtstörer)만이 존재할 뿐 양자의 혼합형태는 존재하지 않는다는 이분법칙(Dichotomie)이 존재하며, 또한 경찰책임자는 작위, 부작위, 수인을 내용으로 하는 위험방지 내지 장해제거의무를 부담하며, 그러한 의무이행에 따른 비용부담의무까지도 책임의 내용이 되고 책임자가 실제로는 희생자의 위치에 있는지를 불문하고 손실보상을 청구할 수 없다는 원칙으로까지 이어진다[연계원칙(Konnexitätsprinzip)].[13] 반대로 위험과는 무관한 제3자이지만 효과적인 법익보호를 위해 엄격한 경찰긴급상태

---

10) Kränz, J., Zustandsverantwortlichkeit im Recht der Gefahrenabwehr, 2000, S.92("물건의 상태와 위험 사이에 인과관계가 아니라 내적 관계(Immanenzverhältnis)가 존재한다"); Lepsius, Oliver, Zu den Grenzen der Zustandsverantwortlichkeit des Grundeigentümers, JZ 2001, S.22; Friauf, Polizei- und Ordnungsrecht, in: Schmidt-Aßmann, Besonderes Verwaltungsrecht, 11. Aufl., 1999, Rn. 83, S.152; Martens, a.a.O.(Gefahrenabwehr), S.318("공간에서 물건의 상태가 직접 위험을 형성한다"); Scholler, Heinrich/Schloer, Bernhard, Grundzüge des Polizei- und Ordnungsrechts in der Bundesrepublik Deutschland, Aufl. 4, 1993, S.249; 정하중, 위의 논문, 119쪽; 류지태/박종수, 『행정법신론』, 제15판, 2011, 1007쪽(상태책임 인정을 위해 별도의 행위에 의한 매개를 필수적으로 요구되지 않는다는 언급에서 확인된다) 참조. 이것은 아래에서 고찰되는 독일연방헌법재판소의 견해이기도 하다(BVerfG, JZ 2001, 37, 39).

11) 직접원인설에 따른 위험야기로서 인과관계가 행위책임자와 상태책임자에게 동일하게 요구된다는 견해로 Schenke, Wolf-Rüdiger, Polizeirecht, 3. Aufl., 2004, Rn. 268, S.160; Kugelmann, Dieter, Polizeirecht, 2. Aufl., 2011, Rn. 51, S.233; Denninger, Erhard, Polizeiaufgaben, in: H. Lisken/E. Denninger (Hrsg.), Handbuch des Polizeirechts, E, 4.Aufl., 2007, Rn.107, S.346; Götz, Volkmar, Allgemeines Polizei- und Ordnungsrecht, Aufl. 11, 1993, Rn. 191, S.105; Würtenberger/Heckmann/Riggert, Polizeirecht, in Baden-Würtemberg, Aufl. 3, 1999, Rn. 300 ff., S.138 ff.; Schoch, Friedrich, Grundfälle zum Polizei- und Ordnungsrecht, Jus 1994, 936; 홍정선, 『경찰행정법』, 제2판, 2010, 308쪽.

12) 상태책임에 직접원인설의 적용에 관한 논쟁에 관해서는 Pieroth, Bodo/Schlink, Berhard/Kniesel, Michael, Polizeirecht, 5. Aufl., 2008, Rn. 42 f., S. 155 f. 참고. 우리 문헌에서 직접원인설에 대한 일반적 설명으로 홍준형, 행정법, 제1판, 2011, 1315쪽 참고.

13) 경찰책임자의 위해제거의무, 비용부담의무, 무보상원칙(Entschädigungslosigkeit)이 함께 결합된다는 소위 연계원칙과 그 비판에 대해서는 Griesbeck, Michael, Die materielle Polizeipflicht des Zustandsstörers und die Kostentragungspflicht nach unmittelbarer Ausführung und Ersatzvornahme, 1991, S.39; Lindner, Josef Franz, Die verfassungsrechtliche Dimension der allgemeinen polizeirechtlichen Adressatenpflichten, 1997, S.9 ff. 등 참고.

요건의 충족하에서 경찰권발동의 대상이 된 비책임자는 입법자에 의해 특별한 희생을 입은 것으로 간주되어 손실보상을 청구할 수 있다. 이러한 원칙들은 여기서 문제된 독일연방헌법재판소의 판결에서도 다시 확인되고 있다.[14)]

더 나아가 동 재판소는 생활의 기반을 이루는 기본권으로서 재산권은 사적 유용성과 처분권능을 특징으로 하며 개인의 자유확보를 위한 전제로서 생활의 자기책임적 형성을 가능케 하기 위해 특별한 보호를 향유한다고 한다.[15)] 이러한 재산권과 관련되는 상태책임에 관한 법률규정 내지 이를 구체화하는 행정행위는 수용(Enteignung)과 구별된다고 한다. 상태책임에 관한 규정들은 기본법 제14조 제2항 재산권의 사회적 기속 내지 의무를 구체화하는 동조 제1항 2문에 따른 재산권의 내용과 한계를 입법자가 입법형성권의 테두리 내에서 결정함에 따라 규정된 것일 뿐이지 수용에 따른 보상을 규정하는 제3항과는 다른 것이라고 한다. 즉 특정된 공적 과제수행을 위하여 기본법 제14조 제1항 1문에 의해 보호되는 사유재산권으로서의 구체적인 법적 지위를 전부 또는 일부 박탈하는 것이 수용이라면, 상태책임규정은 일반추상적 형태로 자신의 토지로부터 발생하는 일반공중에 대한 위해를 제거할 소유권자 등의 의무를 근거지우고 있는 것이며 이는 토지재산권의 내용을 규정한 것이라고 한다.[16)] 수용과는 달리 국가가 특정 공공복리목적 실현을 위해 토지를 사용할 목적으로 간섭하는 것이 아니며, 재산권자의 처분권과 사용수익권능과 같은 재산권의 본질 자체는 아무런 영향을 받지 않는다. 그리고 여기 사례에서 문제되는 오염된 토지의 정화의무이행과 같은 것은 타인만이 아니라 자신의 이익도 될 수 있다는 점을 강조한다.[17)]

어쨌든 상태책임법리는 위험야기에 대한 기여와는 무관하게 자신의 지배물건, 특히 토지로부터 공공의 안전에 대한 위험이 발생한 경우에 그 물건의

14) BVerfG, JZ 2001, 37-38.

15) BVerfG, JZ 2001, 37, 38.

16) 수용과 상태책임과의 차이점에 대해서는 Denninger, a.a.O.,(5.Aufl., 2012), Rn.72, S.217 ["수용은 공공필요를 위하여 공권력이 사적 재산권자에게 적극적(aktiv), 공격적(offensiv)인 제약조치를 취하는 것을 전형적인 특징으로 하는 데 반해, 공공의 안전에 대한 위험방지사건에 있어서 공권력은 방어적(defensiv) 입장에서 소유권자나 물건지배권자를 단지 자신의 고유한 영역의 한계 안으로 되돌리는 것일 뿐이다"].

17) BVerfG, JZ 2001, 37, 38, 39.

지배자로 하여금 그의 금전적 이행능력의 고려 없이 자신의 비용으로 위험을 방지하도록 하고 이에 대해서는 손실보상을 보장하지 않는다는 무제한적인 내용이 되어 토지소유권자 등은 희생만을 감수하여야 하는 결과로 이어졌다.[18] 이러한 희생문제를 해결하기 위하여 상태책임을 제한하는 논의가 1970년대 이후 학설로 시작되었으며 이는 불가분적으로 책임의 근거논의로부터 시작되었다.

Ⅳ. 상태책임의 근거와 범위의 제한

1. 프로이센경찰행정법(PreußPVG) 제20조 제정 전후의 논의

독일의 프로이센고등행정재판소의 판례는 상태책임에 대하여 소유권자가 재산권을 공공복리에 적합한 상태로 유지하고 경찰보호법익을 위협하지 않도록 물건을 사용할 의무라고 표현함으로써 만족하였다고 한다.[19] 그러나 현대적인 표현인 '재산권의 공동체기속성' 개념을 사용하여 이로부터 상태책임자의 경찰의무가 도출된다고 한 판례도 있었으나 계속 유지되지 않았다고 한다.[20] 또한 경찰법을 위험방지법으로 체계화하였으며 프로이센고등행정재판소장이기도 하였던 드레브스(Bill Drews)는 1931년 프로이센경찰행정법 제정 직전인 1927년에 경찰적합상태에 대한 소유권자 등의 책임은 "소유권자 등의 물건에 대한 법적·사실적 지배권(Sachherrschaft)에 의하여 근거지워진다"고 설명한 바 있으며, 이러한 내용이 동 경찰행정법 제20조에 채택되었고 이는 현재 통일경찰법 모범초안 및 각 주의 경찰질서법에서 유지되고 있다.

---

18) 무제한적 상태책임을 보여주는 최근의 판례로 BVerwG, NVwZ 1991, 475.

19) PrOVGE 7, 348, 350 ff. 이에 대해서는 Friauf, Zur Problematik des Rechtsgrundes und der Grenzen der polizeilichen Zustandshaftung, in: Festschrift für Gerhard Wacke, (Hrsg.), 1972, 293, 297 참고.

20) PrOVGE 8, 327, 329-330("Gemeinschaftsgebundenheit"). 이에 대해서는 Friauf, a.a.O., 293, 297 참고.

2. 1950-60년대의 학설 및 판례

제2차 세계대전이 종료된 후, 재산권자 특히 토지소유권자의 경찰법상 책임은 기본법 제14조 제2항에 따른 재산권의 사회적 의무(Sozialpflichtigkeit)가 구체화된 것이며 이에 대해서는 헌법상 아무런 문제가 없다고 간주되어 왔다. 상태책임은 재산권에 내재하고 있는 권리행사의 한계라고 하며 상태책임에 의하여 자신의 재산권이 갖고 있는 한계 안으로 되돌려지는 것일 뿐이라고 한다.[21] 특히 독일의 판례는 1990년대 초반까지도 이러한 근거에 입각하여 상태책임을 부담하는 재산권자의 무제한적 책임원칙을 고수하여 왔음을 알 수 있다.[22]

이 당시 상태책임에 관한 주된 사례는 2차대전 시기에 행해진 폭격기들의 폭격으로 인해 파괴된 건물 등의 소유자들이 그 건물잔해로부터 발생하는 공공의 안전에 대한 위험에 대한 제거의무를 그들의 비용으로 부담하도록 하는 행정관청의 명령을 받으면서 문제가 되었다.[23] 예외적인 판례가 있기는 하지만,[24] 일반경찰질서법상 상태책임규정의 문언이 강조되어 이러한 희생적인 부담은 불가피한 것으로 이해되었다.

---

21) Schnur, Probleme um den Störerbegriff im Polizeirecht, DVBl. 1962, 1, 5. BVerfGE 20, 351 (356) = JZ 1967, 127(상태책임은 사회적 기속이 구체화된 것이며 특별한 법률규정 없이도 직접 기본법 제14조 제2항으로부터 도출될 수 있다는 판례); BVerwGE 12, 87 (96); H. Quaritsch, Eigentum und Polizei, DVBl. 1959, 455-459; H. J. Wolff, Verwaltungsrecht III, 1966, § 127 I a)1. 이러한 내용은 최근의 문헌에서도 확인된다. Denninger, a.a.O.(2. Aufl., 1996), Rn. 57, S.158.

22) OVG Münster, DVBl. 1964, 683; OVG Münster, DVBl. 1969, 594; BVerwG, DVBl. 1974, 297; OVG Münster, DVBl. 1979, 392; OVG Münster, NJW 1980, 956; VGH Mannheim, NuR 1985, 70; VGH Mannheim, NVwZ 1986, 325; VGH München, DVBl. 1986, 1283; VGH Kassel, UPR 1986, 437; OVG Koblenz, DVBl. 1998, 103; BVerwG, NVwZ 1991, 475 등 참고.

23) OVG Münster, 1952년 1월 31일자 판결, E 5, 185 ff.; OVG Berlin, 1953년 3월 4일자 판결, DÖV 1954, 214 ff.; OVG Lüneburg, 1952년 5월 15일자 판결, JZ 1952, 437; BVerwG, 1960년 5월 9일자 판결, E 10, 282 등 참고. 전쟁폐허사례가 상태책임제한논의의 첫 번째 계기가 되었음을 보여주는 문헌으로 정하중, 위의 논문, 117-121쪽; Würtenberger, Polizei- und Ordnungsrecht, in: Achterberg/Püttner/Würtenberger, Besonderes Verwaltungsrecht, Bd. II, 2. Aufl., 2000, Rn. 204, S.451-452.

24) VGH Freiburg, DVBl. 1953, 145 ff.; BadVGH, JZ 1953, 238 ff.

특히 크바리치(Quaritsch)는 "소유권자 내지 재산권자의 경찰의무는 기본법 제14조 제2항에서 비롯되는 재산권적 기본권과 조응(照應)되는 헌법상 국민의 기본의무(Grundpflicht)이며, 이는 물건을 공익에 반하는 형태로 사용하지 않고 물건을 일반공중을 위태롭지 않고 공공의 안녕 및 질서를 교란하지 않는 경찰 적합적 상태로 유지할 의무이다"라고 하면서, "재산권은 의무를 부담한다는 기본법 제14조 제2항의 문장은 도덕적 요청(moralischer Appell)을 발생시킬 뿐만 아니라 소유권자 등에게 개괄적 수권조항에 의하여 보호된다는 일반공중의 이익과 합치되도록 자신의 권능을 행사할 것을 명령하고 있는 것이기도 하다"라고 하여 재산권의 헌법적 한계로서 사회적 의무를 헌법상 국민이 부담하여야 할 기본의무의 하나로 설명하고 있었다.[25]

3. 1970-80년대의 대표적 학설

(1) 프리아우프(Friauf)의 견해

상태책임의 근거는 위와 같은 기본법 제14조 제2항에 따른 재산권의 사회적 한계이며 이에 따라 무제한적 상태책임을 별 다른 구체화 없이 수용하여 왔던 학설, 판례의 경향에 대하여 프리아우프는 최초로 기본법 제14조 제1항에 기초하여 근거지우고자 하였으며 이로부터 상태책임의 제한가능성을 시사하였다.[26] 그는 물건의 소유권자 내지 사실상 지배권자는 자신의 물건을 공익에 반하지 않게 사용하고 일반공중을 위협하지 않도록 유지할 기본의무를 갖는다고 하며 이러한 소유권자 등의 실질적 경찰책임은 재산권의 사회적 기속성이 발현된 것이라고 한다. 여기까지는 앞서 본 견해들과 차이가 없으나, 경찰법률 안에 상태책임규정이 적극적으로 규범화된 것은 기본법 제14조 제1항 2문에 따라 제2항의 사회적 기속성이 재산권의 내용과 한계설정권능을 가지는 입법자의 형성재량에 의하여 구체화된 것이라고 시사하였다.[27] 이러한 실정법상 상태책임규정은 기본법 제14조 제2항에 근거하여 재산권자가 감수하여야

---

25) Quaritsch, a.a.O., 455, 특히 S.458 참고.

26) Friauf, a.a.O., S.293 ff.

27) Friauf, a.a.O., S.299. 우리나라 헌법 제23조 제1항 2문과 제2항 간의 관계를 이렇게 이해하는 견해로 허영, 『한국헌법론』, 1998, 457쪽 참조.

할 제한을 분명히 한 것이고, 이는 단지 선언적인 의미만을 갖는다고 하면서, 사회윤리적인 재산권기속과 법률에 의한 재산권기속이 동시에 이루어지고 있다고 한다.[28]

프리아우프는 재산권자를 상태책임자로서 경찰처분의 상대방으로 고려하는 것 자체는 재산권보장과 충돌하지 않는다고 하여 일단 헌법합치적인 것으로 보고 있다. 그리고 물건에 대한 법적·사실적 지배권(Sachherrschaft)이 상태책임의 근거라고 보는 앞서 본 드레브스(Drews)의 견해는 상태책임의 규범적 연결점 내지 귀속기준일 뿐인 것을 법적 근거와 혼동하는 것이라고 한다.[29] 이 견해는 왜 물건의 위험영역을 지배하고 처분권을 가지는 사람이 경찰질서관청에 의하여 물건상태에 대한 책임을 지고 위해제거의무를 부담하는지를 설명해줄 수 없다고 한다.

재산권의 사회적 기속성으로부터 상태책임의 본질적인 근거를 도출한 점에서는 이전의 지배적인 학설, 판례와 유사하게 보이나, 지배적 견해가 상태책임에 관한 법률규정의 문언을 들어 위험발생물건의 지배권자들은 무제한적으로 책임을 지는 것이라고 간주한 것을 비판하고 있다. 즉 프리아우프는 재산권의 사회적 기속성 안에는 재산권의 사적 유용성 측면의 이익과 그에 상응하는 불이익 내지 부담이 결합된다는 관점이 내포되어 있다는 것을 논거로 한다(소위 이익-불이익결합의 관점).[30] 따라서 재산권의 사회적 기속성을 구체화하는 입법자의 입법형성권에도 일정한 한계가 있음을 강조하여, 이것을 너무 확대해석하여 입법자가 보상이 이루어지지 않는 사회적 제약의 범위를 너무 광범위하게 설정하는 것은 기본법 제14조 제1항 1문에 따른 사유재산권 보장의 의미를 상실시키는 것으로 본다.[31] 이러한 결과는 기본법 제14조 제2항이라는 헌법규범과 상태책임에 관한 법률규정 간의 우열관계에 비추어보아 개인적 이익과 공익의 조정이 요구되는 사회적 기속성의 범위와 내용은 헌법해석의 관

28) 기본법 제14조 제2항과 제1항 2문 사이의 상호작용(Wechselwirkung)에 대해서는 Friauf, a.a.O., S.300, Fn. 52 참고.

29) Friauf, a.a.O., S.298.

30) 이익-불이익, 효용-부담 등의 결합관점(Nutzen, Vorteil-Lasten, Nachteil- Gesichtspunkt)은 이미 오토 마이어(O. Mayer)의 경찰책임에 관한 언급에서 발견된다(ders., Deutsches Verwaltungsrecht Ⅰ, 3. Aufl., 1924, S.223).

31) Friauf, a.a.O., S.301. 허영, 『한국헌법론』, 1998, 459쪽 참고.

점에서 도출되어야 하며 법률이 헌법의 판단을 대체할 수는 없다고 한다.

그의 이익-불이익결합사상을 따르면, 재산권자 특히 소유권자가 대상물건에 대한 지배력을 가지고 있고 이로부터 이익을 수취하고 있다면 자신의 물건과 관련하여 발생한 위험제거를 위한 비용 내지 부담을 포함하는 불이익을 부담하여야 한다. 따라서 물건의 위험이 자연재해나 불가항력 등과 같은 극히 이례적인 사건(außergewöhnliche Geschehnisse)에서 비롯되었다고 하더라도 달라지는 것은 없다고 한다. 즉 자연의 일부인 토지를 개인적 목적으로 이용하는 사람은 이에 영향을 끼치는 자연현상에 대한 리스크까지도 부담한다는 것이다.

그러나 구체화된 위험의 원인이 일반공중에게 귀속되어야만 하는 사건으로 인하여 야기된 것이라면 기본법 제14조 제2항의 사회적 기속성으로부터 토지 등의 소유권자 등에게 그에 대한 비용 등 불이익에 대한 리스크를 부담하도록 하는 것은 정당화될 수 없다고 한다.[32] 이러한 경우에 속하는 예로 앞서 본 전쟁폐허사례와 함께 대중교통수단과 관련된 위험사례를 들고 있다. 특히 후자에 관심이 많은 그는 1970년대 이후 급속도로 발전된 대중교통수단으로 인하여 야기되는 각종 사고(유조차전복으로 인한 기름유출사고, 비행기추락사고, 열차전복사고)의 경우[33]에 관련 토지나 물건의 소유권자 등은 이러한 유형의 위험이 갖는 리스크를 토지의 취득이나 사용수익을 통해 인수한 바 없다고 보는 것이 형평에 맞는다고 본다. 일반공중의 이익에 제공되어 있는 영역에서 발생하는 위험에 대한 금전적 부담을 전체 납세자(Steuerzahler)가 책임지지 않고 토지소유권자 등에게 전가하는 것은 역시 공평부담배분의 관점에서 정당화될 수 없으며 법치국가에서 수인을 기대할 수 없는 결과라고 한다.

결국 기본법 제14조 제1항 2문에 따른 입법자의 형성가능성은 광범위한 것이기는 하지만 무제한적인 것이 될 수 없으며,[34] 이는 비례원칙의 고려 하

32) Friauf, a.a.O., S.302.

33) 유조차전복사고 후 기름유출로 인한 상태책임사례에 대해서는 정하중, 앞의 책(각주 1), 118쪽 참고("A의 유조차가 도로상에 전복되었고 차에서는 기름이 흘러나와 도로에 인접하고 있는 B의 토지에 스며들기 시작하여 지하수의 오염이 우려되었다. 관할 행정청은 B에게 토지에 스며드는 기름의 제거를 명하였다"). 유조차사고에 대한 독일판례로 OVG Münster, JZ 1964, 367, 368; BVerwG, DVBl. 1974, 297, 298 ff.; BGH, DVBl. 1970, 499 등 참조.

34) BVerfGE 21, 73, 82.

에서 제한되어야 한다고 본다. 만약 토지의 소유권자 등에게 공적 대중교통수단에 의해 야기된, 그들에게는 순수하게 우연적인 외부사정에 따른 위험에 대하여 책임을 입법자가 부담시키려고 한 것이라면 이러한 규율은 과잉금지원칙에 반하는 제약조치의 근거가 되며 행정관청이 상태책임규정을 이렇게 해석하는 것도 역시 위헌적 해석이 될 것으로 본다.[35] 따라서 어떤 자의 토지에서 발생한 위험의 '원인'이 일반공중의 리스크영역(Risikosphäre der Allgemeinheit)에 있는 경우에까지 상태책임은 확장되지 아니하며, 전쟁폐허사례나 유조차전복사고 등에 비견되는 사고의 결과와 관련된 경찰의무를 부담하지 않는다고 한다. 이때 토지소유권자 등의 조력이 요구된다면 그를 경찰긴급상태의 요건하에서 손실보상이 보장되는 비책임자(Nichtstörer)로서 필요한 조치의 상대방으로 삼을 수 있게 될 것이라고 한다.[36] 기본법 제14조 제1항 2문의 한계와 비례원칙을 고려하는 헌법합치적 해석의 이유는 독일의 입법자가 프로이센경찰행정법 제20조를 제정할 당시에 현재와 같은 새로운 유형의 위험을 염두에 둘 수 없었다는 데에 있다고 한다. 이 견해에 대해서는 쉔케(Schenke)가 대표적으로 따르고 있다.[37]

(2) 피이츠커(Pietzcker)의 견해

피이츠커는 1984년의 한 논문에서 프리아우프의 견해에서 리스크영역 또는 위험부담영역(Risikosphäre)과 의무위반(Pflichtwidrigkeit)의 관점을 추가시켜 경찰책임론을 보다 구체화하였다.[38] 그는 근거에 관한 학설들이 모두 불명확하

35) Friauf, a.a.O., S.303.

36) Friauf, a.a.O., S.303.

37) Schenke, a.a.O., Rn. 271-272, S.161-162. Schenke는 여기서 기본법 제14조와 그 속에 규정되어 있는 과잉금지원칙 내지 비례원칙에 따른 상태책임규정의 합헌적 해석에 기초하여 물건소유권자 등의 위험영역 외부에 있는 비정상적인 사실이 문제되고 그러한 사실이 물건을 위험한 상태로 변화시킨 경우에는 그 한도에서 상태책임은 제한되어야 한다고 주장하면서, 유조차사례, 자동차절도범이 사고를 내고 그 잔해가 도로를 차단하고 있는 사례, 자동차가 적법하게 주차되고 나서 아무도 모르게 주차금지표지판이 사후에 설치된 경우, 자연재해, 전쟁 등의 경우를 들고 있다. Schenke는 Friauf보다 분명히 상태책임제한범위를 확장되고 있다.

38) Pietzcker, Jost, Polizeiliche Störerbestimmung nach Pflichtwidrigkeit und Risikosphäre, DVBl. 1984, 457 ff.

여 개별사례에 쉽게 적용되기 곤란하다는 것을 지적하고 있다. 특히 위험발생물건에 대한 영향력행사가능성(Einwirkungsmöglichkeit) 내지 지배권보유(Innehabung der Sachherrschaft)라는 기준은 상태책임의 귀속을 위한 전제요건일 뿐이지 이 자체는 상태책임의 근거가 될 수 없으며, 이익-부담결합사상에 따른 위험부담영역의 결정이 상태책임자확정을 위한 기초로 작용할 것이라고 한다.[39] 이러한 위험부담영역은 기본법과 개별법규정들을 고려하여 법적인 가치평가 하에서 구체적 사례에서 제한되어야 할 필요가 있다고 한다.

피이츠커는 우선 아이들의 놀이터로 사용되고 있는 폐허지(Ruinengrund-stück)나 고철하치장(Schrottplatz)을 예로 들고 있다. 이러한 사례에서 토지소유자로부터 안전확보조치를 기대하는 것이 의미 있고 타당한 것으로 보이는 경우에만 위험은 폐허가 된 공터나 고철하치장으로부터 발생하는 것이라고 본다. 따라서 기대가능한 안전조치를 취하여 동 토지에 차단시설을 하여 놓았고 아무도 그 안에 있지 않다면 위험상황은 전혀 존재하지 않는다. 그러나 아이들 스스로 허락 없이 위험을 자초하여 토지소유권자의 지배영역 안으로 들어갔고 흙더미나 고철이 무너져 아이들에게 위험이 야기되었다면 울타리로 충분히 안전이 확보된 동 장소의 상황이 공동원인이 되었다고 하더라도 토지소유권자의 위험부담범위(Risikosphäre)는 제한된다고 한다. 반대로 어떤 가옥으로부터 돌이 떨어져 나와 인도 위에 위험상태를 형성해 놓았다면 가옥소유자가 비록 자신의 감독의무를 다하였다고 하더라도 상태책임자가 된다고 한다.[40] 따라서 피이츠커는 위험한 물건의 안전조치의무와 위험에 처한 제3자의 주의의무 사이의 관계를 통해 상태책임의 한계를 조정한다.

두 번째로 테러리스트들의 테러공격을 예방하기 위한 공항경영자의 안전확보의무를 사례로 들고 있다. 독일의 판례는 위법하게 행동하는 제3자가 위험을 직접적으로 야기하였지만(행위책임자) 이와 함께 공항과 같은 지역의 소유자 등을 상태책임자로 간주하여 왔다고 한다.[41] 이러한 경우 소유권자 등이 행위책임자인 테러리스트들과 함께 상태책임자로서 공동의 경찰책임자가

39) Pietzcker, a.a.O., S.462 ff.

40) Pietzcker, a.a.O., S.462.

41) VGH Mannheim, JZ 1983, 102. 문을 닫지 않은 채로 자동차를 정차시켜 놓은 데 대한 판결도 이러한 맥락에 속한다고 한다. OVG Münster, DVBl. 1973, 922; NJW 1978, 720 참조.

되는지 여부는 각 사례마다의 구체적 사정[위험한 공격행위들로 인한 위태화의 정도, 그 개연성, 물건의 취약성(Anfälligkeit), 입법자에 의한 리스크의 배분(Risikozuweisung)이 간접적으로 드러나는 특별법상의 안전확보의무 등]에 따라 개별적으로 결정될 것이라고 본다.[42] 이 견해는 숄러(Scholler)/쉴로어(Schloer)의 문헌에서도 옹호되고 있다.[43]

(3) 파피어(Papier)의 견해

파피어는 기본법 제14조 제2항과 제1항 1, 2문 간의 상호작용에 의해 상태책임이 결정된다는 위와 같은 프리아우프의 견해에 찬성하는 것으로 보이지만, 프리아우프의 견해는 일반공중(Allgemeinheit)에게 위험원인이 귀속되는 경우에 위험토지의 소유권자 등에게 필요한 경찰조치를 명하려면 비책임자로서 엄격한 경찰긴급상태(polizeilicher Notstand)의 요건을 충족하여야 하는 효과적인 위험방지요청에 반하는 결과와 함께 오히려 이들에게는 비책임자로서 손실보상을 하여야 한다는 결과가 될 것이라고 한다. 또한 피이츠커에 의한 리스크영역 또는 위험부담영역의 확정이라는 어려운 가치평가를 통해 우연적으로 손실보상청구권의 유무가 결정되는 것이 되어 형평에 반하는 가치모순이 발생하는 것을 우려한다. 따라서 이러한 결론을 피하기 위하여 파피어는 특히 1980년대 이후 촉발된 오염부지(Altlasten)사례에서 경찰법문언에 따라 희생자지위를 갖는 위험발생 토지 등 물건의 소유권자나 지배권자는 상태책임자가 되지만, 기본법 제14조를 고려하여 무제한적인 책임부과는 금지되고 따라서 비용부담의무의 발생을 피하기 위하여 실질적인 위해제거의무 자체를 부과할 수는 없고 단지 상태책임의 내용 내지 법효과부분을 수인의무2로 제한하고자 하였다. 슁크(Schink)가 대표적으로 오염부지(Altlasten)에 관한 자신의 문헌에서 동일한 의견을 피력하고 있다.[44]

---

42) Pietzcker, a.a.O., S.463.

43) Scholler/Schloer, a.a.O., S.255.

44) Papier, Altlasten und polizeiliche Störerhaftung, DVBl. 1985, 873, 878; ders., Die Verantwortlichkeit für Altlasten im öffentlichen Recht, NVwZ 1986, 256, 262; Schink, Alexander, Grenzen der Störerhaftung bei der Sanierung von Altlasten, VerwArchiv 82 (1991), 357, 378 ff.; ders., Abfallrechtliche Probleme der Sanierung von Altlasten, DVBl. 1985, 1149, 1158.

(4) 마르텐스(Martens)의 견해

마르텐스는 전술한 드레브스(Drews)의 저서 『Gefahrenabwehr』를 이어받으면서, 상태책임의 근거에 관한 서술도 그대로 따르고 있다. 즉 경찰책임의 본질적 근거는 자신의 행위나 물건으로부터 위험을 발생시켜서는 아니 된다는 실질적 경찰의무이며, 더 나아가 그 일부인 상태책임의 근거는 위험과 특별히 결합된 물건에 대하여 소유권자나 지배권자 등이 위험을 제거해낼 수 있는 사실적 영향력행사가능성을 보유하고 있다는 점이라고 한다.[45] 그는 어떠한 원인으로 경찰위반상태가 야기되었는지는 중요하지 않으며, 또한 책임자 스스로 그러한 상태를 야기하였는지 공동으로 야기하였는지도 문제삼지 않고, 특히 제3자의 물건남용행위나 자연재해, 우연 또는 불가항력 등이 물건을 위험한 상태로 나아가게 하였던 경우에도 상태책임을 부담하게 하는 데에는 문제가 없다고 한다. 즉 앞서 본 전쟁폐허사례, 유조차전복사고 등의 경우에도 문제된 토지 등 물건소유권자 등이 상태책임을 부담하는 것은 경찰법문언에 따라 당연하며, 그는 이를 경찰법의 목적인 효과성요청으로 근거지우고자 한 것으로 보인다. 하지만 마르텐스 스스로도 전쟁, 예측불가능한 자연재해, 행위책임자를 찾을 수 없거나 아무런 자력도 없는 경우의 유조차전복사례 등에 대한 상태책임이 가혹한 결과를 가져올 수 있다는 점에 대해서는 부인하지 않는다. 그러나 프리아우프나 피이츠커 등이 제시한 이례적 사건 내지 일반공중의 리스크영역 또는 위험부담영역이라는 형평성을 만족시킬 수 없는 기준을 가지고 상태책임구성요건을 목적론적으로 축소하고자 하는 견해에는 경찰법문언과 효과적 위험방지라는 경찰질서법의 목적을 들어 반대하며, 그는 일단 경찰책임단계에서는 상태책임자로 확정하고 나서 부당한 것으로 보이는 결론을 기대가능성(Zumutbarkeit) 내지 상당성(Angemessenheit)을 내용으로 하는 과잉금지원칙을 가지고 해결하고자 한다. 이렇게 되면 개별적인 경우를 각각 형량하고 차별적으로 취급하는 해결이 가능해지며 이때 경찰위반상태의 원인과 관계인의 부담정도가 모두 고려될 수 있을 것이라고 한다.[46] 수인한도(Grenze der Zumutbarkeit)를 강조하는 굇츠(Götz)와 일부 고등행정법원이 이에 따르고 있으며,[47]

---

45) Martens, a.a.O.(Gefahrenabwehr), S.293, 319.

46) Martens, a.a.O., S.320-321.

47) Götz, a.a.O.(11. Aufl., 1993), Rn. 212, S.112 (특히 유조차사고에 대하여 의무적합적인 경

후술하는 바와 같이 본 논문에서 강조될 2000년도 독일연방헌법재판소의 입장과도 맥락을 같이하는 견해이다.

4. 1990년대 전후의 새로운 학설

1980년대 형성된 위와 같은 견해들이 현재까지도 지배적인 것으로 영향력을 발휘하고 있으며 이러한 영향력은 우리나라 경찰행정법문헌에도 끼쳐지고 있다.[48] 그러나 1980년대 후반 이후 앞서 본 전쟁폐허사례와 유조차전복사례 등에서 더 나아가 특히 환경법영역에서 오염부지정화사례(Sanierung der Altlasten) 및 유독물질을 함유한 철깡통류의 불법매립사례,[49] 화학공장 내부의 사고로 인한 유독물질배출사례, 익명의 자에 의한 허위 폭발물테러신고사례, 슈투트가르트공항의 테러범사례 등이 불거져 나오면서 오히려 희생자(Opfer)나 피해자에 가까운 상태책임자의 무제한 책임문제를 더 이상 방치하여서는 안 된다는 명제 아래 전술한 견해를 헌법적 관점에서 완전히 뒤엎는 견해들이 발표되기 시작하였다.

이러한 경향을 대표적으로 확인시켜 준 학자로 그리이스벡(Griesbeck)이 있다. 그는 상태책임으로부터 비롯된 모든 문제는 재산권(Eigentum)으로부터 책임의 근거를 도출하려 하였다는 점에서 비롯되었고 또한 경찰법의 효과성원칙이 강조되는 위해제거의무와 공평부담원칙에 의해 결정될 비용부담의무 및 손실보상청구권의 판단을 연계하여 결정하는 태도, 즉 “상태책임자 – 위해제거의무부담 – 그 대용물(Surrogat)로서 비용부담의무부담 – 손실보상청구불가”라는 연계원칙(Konnexitätsprinzip)의 도입 때문에 발생한 것이라고 한다.[50] 그는 효과성

찰책임자선택재량의 행사와 과잉금지원칙의 테두리 내에서 수인한도(Zumutbarkeit)라는 관점을 통한 한계판단을 가지고 형평에 크게 반하는 결과를 회피하고자 한다); ders., a.a.O.(15. Aufl., 2013), Rn.60, S.88-89. 이에 따르는 독일판례로 VGHBW DÖV 1986, 249, 250; HessVGH, DÖV 1987, 260 등 참고. 최근 이에 속하는 문헌으로 Kugelmann, Dieter, Polizeirecht, 2. Aufl., 2011, Rn. 57, S.234-235.

48) 대표적으로 김남진/김연태, 『행정법II』, 제22판, 2018, 302쪽; 정하중, 위의 논문, 118쪽 아래; 류지태/박종수, 위의 책, 1008-1009쪽; 홍정선, 경찰행정법, 제2판, 2010, 310쪽 등 참조.

49) Hohmann, Einschränkungen der Kostentragungspflicht des Grundstückseigentümer beim Ablagern von Giftfässern, DVBl. 1984, 997 참고.

(Effektivität)이 강조되는 현장의 경찰권발동시점(제1차적 차원)에는 효과적 위험방지목적을 위해 기여할 수 있는 능력을 갖춘, 즉 드레브스(Drews)나 마르텐스(Martens)가 강조한 바 있는 물건에 대한 사실상 영향력행사가능성으로서의 위해대처능력을 갖춘 자는 위험이 구체화된 이후에 헌법상 정당화되는 국민의 기본의무(Grundpflicht)로서 협력의무(Mitwirkungspflicht)를 부담한다는 것을 근거로 제한 없이 협력의무자로서의 책임자가 되지만, 위험이 모두 종료된 이후 공평부담원칙에 따른 이익조정시점(제2차적 차원)에서 비용을 부담하여야 하는 자인지, 손실보상을 청구할 수 있는 특별한 희생자인지는 별도로 개인적 책임귀속가능성에 따라 결정되어야 한다고 한다. 따라서 한번 상태책임자로 결정되면 자신이 위해제거를 못하고 경찰질서행정기관이나 제3자가 수행한 경우 그에 소요된 비용의 부담의무로 대체되고, 희생자의 입장에 있는 자라도 손실보상을 청구할 수 없다는 위와 같은 연계원칙과 절연하고자 한 것이다. 이러한 관점은 호오만(Hohmann)[51]으로부터 비롯된 것이며, 이제는 쉬피이스호퍼(Spießhofer),[52] 기이스베르츠(Giesberts),[53] 코코트(Kokott),[54] 린트너(Lindner)[55] 등 소장신진학자들에 의하여 헌법을 근거로 하여 주장되고 있고, 주목할 접근을 한 시도라고 보인다.

---

50) Griesbeck, a.a.O., S.39, 56, 104-106 참고. 이에 대하여 Schenke는 경찰법률의 비용상환 규정과 손실보상청구권 규정문언을 들어 연계원칙을 여전히 옹호하고 있다[ders., a.a.O.(3. Aufl., 2004), Rn. 275, S.164]. 이 연계원칙의 문제점을 재차 확인한 문헌으로 김현준, "경찰법상의 상태책임," 토지공법연구, 제22집, 2004, 363쪽 이하(특히 374쪽); 서정범, "상태책임의 한계에 관한 고찰 – 이른바 연계원칙의 종언(終焉)," 토지공법연구, 제48집, 2010, 479쪽 이하 참고.

51) Hohmann, a.a.O., S.997.

52) Spießhofer, Birgit, Der Störer im allgemeinen und im Sonderpolizeirecht, 1989, S.1.

53) Giesberts, Ludger, Die gerechte Lastenverteilung unter mehreren Störern, 1991, S.25.

54) Kokott, Juliane, Die dogmatische Einordnung der Begriffe Störer und Anscheinsstörer in einer zunehmend technisierten Gesellschaft, DVBl. 1992, S.749 ff.

55) Lindner, a.a.O., S.9 ff.

5. 독일연방헌법재판소의 견해 및 평가

(1) 상태책임의 근거에 대하여

동 재판소는 상태책임의 일반적 내용에서 전술한 바와 같이 본 사례에서 경찰법률의 상태책임규정은 기본법 제14조 제1항 2문에 따라 입법자에 의하여 결정된 재산권의 내용과 한계규정이라고 한다. 따라서 연방헌법재판소의 종전 결정[56]과는 달리 더 이상 재산권의 사회적 기속성으로부터 직접 상태책임을 도출하지 아니한다. 그러면서 상태책임의 근거에 관하여 다음과 같이 설명하고 있다. "상태책임규정들의 목적은 위험야기자(Verursacher)의 책임과는 상관없이 물건의 지배자(Herrn der Sache)로서 소유권자[57]에 의해서도 효과적인 위험방지가 이루어질 수 있도록 확보하는 데 있는 것이다. 통상적으로 소유권자는 위험원(Gefahrenquelle)으로서의 물건에 영향력을 행사할 수 있는 법적·사실적 가능성(Einwirkungsmöglichkeit)을 가진다. 상태책임은 물건지배력을 통해 매개되는 위험야기물건에 대한 영향력행사가능성에서 그 정당화의 근거를 발견한다. 더 나아가 재산권자는 물건으로부터 수익을 거둔다. 이것도 물건으로부터 일반공중에 대하여 발생하는 위험의 제거의무를 재산권자에게 부담시키는 것을 정당화한다. 물적 재산권을 이용하여 경제적 이득을 수취할 가능성은, 물건으로부터 발생하는 부담, 즉 사용수익가능성과 결합되는 각종 리스크를 부담할 의무와 조응(照應)된다."[58]

따라서 재산권 자체는 물적 지배력에 대하여 기본권으로 보호되는 권리를 매개해주는 것이기는 하지만, 그러나 그 자체로서는 상태책임발생을 위한 근거가 되지 않는다고 본 것이다. 동 재판소는 이 대신에 핵심적인 연결점으로서 물적 지배력과 그것과 결합되는 영향력행사가능성 및 사용수익가능성을 시

---

56) 사회적 기속으로부터 도출하였던 대표적 결정으로 BVerfGE 20, 351 = JZ 1967, 127 참고.

57) "Eigentümer"란 용어는 헌법에서는 주로 재산권자로 번역하여 사용하나, 민법에서는 소유권자로 사용되고 있다. 주로 소유권자를 중심으로 상태책임이 논해져 왔다는 점을 감안하여 편의에 따라 "소유권자"라고 표현하고자 한다. 소유권자 외에 다른 정당한 권원자를 별도로 규정하고 있는 독일모범초안(MEPolG) 제5조 제2항 참고.

58) BVerfG, JZ 2001, 37, 38-39. "현행법상 물건의 사적 이용을 통해 얻는 이익은 재산권자 자신이 아무런 관여를 하지 않았다고 하더라도 그에게 수취되는 것과 같이, 재산권자는 위험이 자신에 의해 야기되지 않았다고 하더라도 물건으로부터의 부담도 져야만 한다."

사한 것이라고 본다. 물적 지배력기준을 취함으로써 연방헌법재판소는 다음과 같은 경찰책임자해석론에 관한 중요한 시사점을 제공할 수 있었다. 즉 "상태책임자의 책임에 있어서 위험상태의 '원인'이 어떠한 것인지 그리고 재산권자가 위험을 야기하였는지 또는 그에 대하여 과실이 있는지 여부는 중요하지 않다. 상태책임은 또한 행위책임에 대하여 보충적인 것도 아니다."[59] 동 재판소는 묵시적으로 행위책임과 상태책임의 원칙적인 양자택일성을 강조한 것이다. 따라서 상태책임의 근거는 물적 지배력에서 발견되는 것이기 때문에, 그것은 위험야기(Gefahrverursachung)를 전제로 하지 않고 따라서 행위책임과 단계적 관계내지 보충적 관계(abgestuftes oder subsidiäres Verhältnis)를 가지는 것도 아니라고 간주하였다. 행위책임과 상태책임의 연결근거는 서로 양립될 수 없는 상이한 고려에서 찾을 수 있는 것으로서, 행위책임은 위험야기에서, 상태책임은 물적 지배력에서 그 근거를 찾을 수 있다고 한 것이다. 행위책임과 상태책임을 이렇게 독립적으로 구성함으로써 동 재판소는 상태책임의 가혹함을 조정하기 위하여 인과관계관점을 도입하려는 견해와 행위책임자와 상태책임자가 모두 존재할 때 행위책임자를 먼저 고려하여야 한다는 일부 학설, 판례에서 주장되던 원칙[60]에 더 이상 따르지 않을 것임을 분명히 한 것이며 이는 효과적 위험방지라는 상태책임의 취지와 현행 독일경찰법의 규정문언을 비추어보아도 타당하다.

어쨌든 2000년도 연방헌법재판소의 결정은 전술한 프리아우프(Friauf)의 견해와 드레브스(Drews), 마르텐스(Martens)의 견해를 모두 따른 것임을 알 수 있다. 즉 이익-부담결합관계를 근거로 가져온 것은 전자에 의하여, 물건에 대한 사실적 영향력행사가능성을 근거로 설명하는 것은 후자에 의하여 도입된 것이다. 그러나 양자가 모두 상태책임의 근거로서 병존할 수 있는 것인지는 의문이다. 전자의 관점이 갖는 근거로서의 타당성에 대한 의문은 후술하기로 하고, 후자 즉 물건에 대한 사실적 영향력행사가능성은 상태책임자가 왜 공공의 안전을 위한 위해제거를 위하여 자신의 능력을 발휘하여야 하는지에 대한 답을 주는 것이 아니며 이것은 단지 상태책임의 귀속을 위한 구성요건징표일 뿐이

59) BVerfG, JZ 2001, 37, 39.

60) VGH München, BayVBl. 1979, 307; VGH Mannheim, DÖV 1991, 16; Schenke, DVBl. 1976, 740, 742-744; Kirchhof, DÖV 1976, 449, 457; Pietzcker, a.a.O., S.458, 462 등 참고.

다. 즉 위험방지의 효과성이라는 경찰질서법의 목적과 경찰책임자선택을 위한 재량행사시 고려되는 적합성원칙의 반영으로서 등장할 수밖에 없는 책임귀속의 전제조건일 뿐이다. 이에 대해서는 프리아우프가 설명한 대로 단지 상태책임귀속을 위한 연결점일 뿐인 것을 책임의 근거로 혼동하고 있다는 언급이 타당하다. 따라서 동 재판소가 이것을 상태책임귀속을 정당화시키는 근거라고 판시한 것은 부당하며 상태책임귀속을 위한 연결근거 정도로 이해되어야 할 것이다.

(2) 상태책임의 제한에 대하여

연방헌법재판소는 일단 상태책임의 전제조건충족을 위하여 위험상태의 원인이 무엇인지와 재산권자가 위험을 야기하였는지 또는 과실 내지 귀책사유가 있는지 여부는 불문한다는 것으로부터 출발하여, 특히 재산권자가 위험을 야기하지도 않았고 아무런 귀책사유도 없는 사례에서 그러한 자를 항상 엄격한 긴급상태요건의 충족 하에서 이루어진 제약조치에 따르는 불이익으로 인한 손실의 보상을 보장받는 비책임자 또는 비위해발생자(Nichtstörer)로 평가하는 것이 헌법적으로 명령되는 것은 아니라고 하여,[61] 상태책임을 제한하기 위해 위험이 이례적인 사건에 의한 것이라거나 그 원인이 제3자에게 귀속되어야 할 영역에서 비롯되었다면 물건의 소유권자는 비책임자로서 특별한 희생자로 취급되어야 한다고 프리아우프에 의하여 설명되고 있는 것과 이러한 원인을 고려할 수밖에 없는 견해에 추가하여 소유권자 등의 안전확보주의의무의 위반이 있는지, 즉 과실요소를 상태책임자확정요소로 삼는 결과가 되는 피이츠커의 견해를 취하지 않을 것임을 분명히 한 것으로 본다.[62] 공평부담원칙을 강조하는 이들의 생각[63]은 개괄적 수권조항을 근거로 경찰권을 발동하는 시점을 지

61) BVerfG, JZ 2001, 37, 39.

62) Friauf 스스로는 인과관계를 상태책임귀속을 위해서는 고려될 수 없는 것이라고 보고 있으며, Pietzcker도 과실요소를 경찰책임법의 객관적 성격에 반하는 것으로 주장하고 있는 것을 보면 아이러니하다는 생각을 갖게 한다. 앞의 각주 참고. 이들의 견해를 옹호하는 Schenke는 한 걸음 더 나아가 실제로 주관적인 과실요소가 경찰법에 영향을 끼칠 수 있다는 것을 부정할 수 없다는 견해를 피력하고 있다[Schenke/Ruthig, Rechtsscheinhaftung im Polizei- und Ordnungsrecht?, VerwArch 87 (1996), 330, 345, Fn. 54].

63) Pietzcker가 자신의 논문에서 경찰책임사례에서 발생하는 부담배분의 공평성문제를 민법영

배하는 것은 헌법상 정당화되는 효과성원칙이며, 이를 반영한 독일의 경찰법 문언에서 요구되고 있지 않은 리스크라는 불명확한 주관적 형평관점을 도입하는 결과가 되어 부당하므로, 적어도 이 부분에 있어서 보여준 동 재판소의 의견은 타당하다.

동 재판소는 일단 상태책임규정의 합헌성을 확인하면서, 목적과 관련하여 적합한, 필요한, 기대가능한 제약조치만을 허용하는 비례원칙을 고려하여 상태책임자가 과도하게 부담할 수 있는 정화비용 등에 관한 책임의 범위를 제한하고자 하였다.[64] "이러한 비용부담이 소유권자 등 재산권자에게 기대가능하지 않은 한(즉 수인한도를 초과하는 한) 정당화될 수 없다. 비례원칙 심사의 테두리 내에서 상태책임 있는 재산권자의 부담이 고려되어야 하며 관련 공익도 함께 형량되어야 한다"고 비례원칙만이 상태책임제한을 위하여 의미를 가진다고 판시하는 것을 볼 때 전술한 마르텐스(Martens), 굇츠(Götz)의 견해를 따르고 있음을 알 수 있다.

더 나아가 이들의 학설을 보다 구체화하는 형량척도 여섯 가지를 제시하고 있다. 즉 이를 정리하면, ① 상태책임의 내용인 자신의 비용을 통한 위해제거의무는 수용과 같이 미래의 사용수익권능을 박탈하는 것이 아니며, 이를 통해 재산권의 처분권능과 대상인 물건의 사용수익권능은 아무런 영향을 받지 않고, 또한 의무를 이행함으로써 일정한 부담을 받는 것은 재산권이 감수하여야 할 사회적 기속성의 결과라는 것을 고려하여야 한다. ② 기대가능성 내지 수인한도를 판정할 때에는 정화조치 등을 위하여 상태책임자가 부담할 금전적 지출비용만이 아니라 정화작업 이후의 거래가치(Verkehrswert) 상승분도 고려되어야 한다. ③ 토지에서 발생한 위해가 자연재해, 일반공중에게 귀속될 원인으로부터 또는 사용수익권 없는 제3자에 의하여 야기되었을 경우에 거래가치라는 한계를 초과하는 비용부담은 기대가능하지 못하다. 이러한 경우 정화책임은 무제한적으로 정화의무를 준수할 재산권자의 모든 부담으로 되어서는 아니 된다. 만약 그렇지 않게 된다면 그에게는 토지에 관한 물적 지배력과는 상관이 없고 자신의 책임영역을 뛰어 넘는 리스크가 과도하게 부과되는 결과가 될

역에 넘겨줄 수 없다는 언급을 하고 있는 것을 보면 알 수 있다[Pietzcker, a.a.O.(각주 35), 457, 458].

64) BVerfG, JZ 2001, 37, 39-40.

것이다.[65] ④ 토지의 거래가치에까지 이르는 정화비용부담은 토지가 의무자가 가지고 있는 재산(Vermögen)의 본질적 부분이고 가족을 포함한 자신의 사적 생활기반을 의미하는 경우에는 기대가능할 수 없다.[66] 즉 비용이 정화작업 이후 토지의 사용수익으로부터 얻어질 이득을 초과하지 않는 경우에는 기대가능한 것이 될 수 있으나, 이와 대조적으로 예컨대 경제적 상황을 고려할 때 소유자가 토지를 주택지로 더 이상 유지할 없는 경우에는 한계가 초과된다. ⑤ 그러나 예컨대 토지소유권자가 이전의 소유권자 등에 의하여 야기되었던 오염부지 상태(Altlasten)를 알고서 취득하였거나 과거에 쓰레기하치장운영을 위하여 이용되었다는 것을 감수하고 취득한 경우와 같이 이미 위험의 리스크를 알고서(bewußt) 감수하였던 경우에는 비용부담이 정화된 토지의 거래가치를 초과하는 경우라고 하여도 그 부담은 기대가능한 것이 된다. 자의(自意)로 인수된 리스크는 소유권자 등의 보호가치를 감소시키므로 소유권자 등의 보호가치 있는 이익과 공익을 형량할 때 고려되어야 하며, 이러한 자는 재산권보호를 이유로 한 상태책임의 제한을 주장하여 대항할 수 없다. 더 나아가 토지취득시 리스크상황이 인식될 수 있었거나 또는 사용수익과정 중 알 수 있었으나 소유권자 등이 과실로(fahrlässig) 무시한 경우에도 거래가치를 초과하는 비용부담이 기대가능하게 된다. 즉 수인기대가능성 판단을 위하여 과실의 정도(Grad der Fahrlässigkeit)도 중요하다. 또한 소유권자 등이 그러한 리스크로 인해 이득을 얻었는지 여부에 의해서도 영향을 받을 수 있다.[67] ⑥ 정화작업에 필요한 토지와 법적·경제적으로 전혀 관련성이 없는 재산(Vermögen)을 가지고서라도 책임을 지라는 것처럼 정화작업에 무제한적으로 책임을 지라는 것은 기대가능하지 못하지만, 정화에 필요한 토지와 관련하여 기능적 단일성을 가지는 재

65) 따라서 동 재판소는 Friauf의 견해를 기대가능성판단을 위한 한 형량척도 정도로 본다.

66) 기본권주체에게 재산법적 영역에서의 자유공간을 확보해주고 이를 통해 그에게 자기책임적인 생활형성을 가능케 하는 재산권보장의 임무를 강조하는 것이다. BVerfGE 83, 201, 208 = JZ 1991, 774 참조.

67) 따라서 수인기대가능성(Zumutbarkeit) 판단을 위해서는 惡意·過失, 과실의 정도, 손익상계 관점 등이 형량시 고려하라는 것이 된다. 그러나 이전부터 연방행정법원(BVerwG, NVwZ 1991, 475)이 위험발생가능성을 의미하는 리스크를 비난가능하게(vorwerfbar)(과실로) 모르고 한 취득행위와 알고서 감수하면서 토지를 취득한 행위를 동일시하는 것은 소유권자 등의 보호가치 있는 이익과 공익 사이의 공평한 비례적인 조정이라는 헌법적 요청을 완전히 고려하지 않는 것이라고 한다.

산의 투입을 요구하는 것은 기대가능하다. 예컨대 임·농업기업이 보유한 토지와 일체를 형성하는 본질적 기본재산의 경우이다. 그러나 이때에도 정화비용의 지출로 인해 기업의 계속 운영이 위협될 정도가 된다면, 이때는 수용(Enteignung) 정도의 부담이 아무런 손실보상 없이 토지소유권자에게 지워지는 것이 되기 때문에 비례원칙에 따른 형량시에 고려되어야 한다.[68]

결론적으로 동 재판소는 입법자가 상태책임의 한계를 직접 정하고 있지 않다면 행정관청과 법원이 상태책임과 비용의무를 근거지우는 규정들의 비례원칙을 충족하는 해석 및 적용을 통해 기본법 제14조 제1항 2문과 제2항에 따라 허용되는 정도를 초과하지 않도록 할 임무가 있음을 확인하고 있다. 특히 행정관청은 비용부담이 헌법에 근거한 기대가능성결여로 인하여 제한되어야 하는 경우이면 이에 관해 결정을 하였어야 하며, 소유권자 등은 반비례적인 과도한 비용부담명령을 받았다면 행정쟁송을 이용하여 취소를 요구하여야 한다고 한다. 제소기간을 넘어 존속력이 발생하도록 하였다면 더 이상 비용부담의 제한이나 이미 지출된 정화비용의 (일부)상환을 주장할 수 없다고 한다. 즉 소유권자는 자신의 상태책임을 구체화하는 정화명령을 감수하든지 아니면 취소청구를 할 것인지를 결정하여야 한다고 하였다.[69] 또한 이 사건을 맡았던 행정법원들도 재산권을 제약하는 행정행위의 적법성을 종국적으로 판단할 수 있기 위하여는 소유권자 등이 정화비용을 부담하는지 그리고 얼마나 부담하게 될 것인지를 파악하고 있었어야 한다고 한다.[70] 독일연방헌법재판소는 정화비용과 토지가치의 관계확인이 없었고 토지취득시 惡意者였는지 過失은 없었는지 등을 구별함이 없었다는 이유로 행정법원들의 판결들을 취소하였다.

6. 견해들의 평가 및 사견

(1) 상태책임은 사회적 기속성이 기본법 제14조 제2항에서 헌법상 기본의무로 구체화된 것이라고 하면서, 위험발생으로 인하여 초과되어 있는 재산권이 자신의 한계 안으로 되돌려지는 것일 뿐이라고 설명하는 1950-60년대의 견

68) BVerfG, JZ 2001, 37, 39-40.
69) BVerfG, JZ 2001, 37, 40.
70) BVerfGE 100, 226, 246 참고.

해는 우선 상태책임에 따른 법적 의무를 도출하기에는 “재산권은 의무를 수반한다”는 문언이 너무나 불명확하여 도대체 무엇을 위해 재산권이 의무를 부담하는지를 인식할 수 없으며 이를 위해서는 법률의 규정이 필요함을 간과하는 것이다. 또한 국가의 제약조치에 대항하는 방어권으로서 기본권 자체로부터 상태책임이 도출될 수 없으며, 따라서 재산권은 실질적 경찰책임의 한계가 될 수는 있으나 상태책임자들이 부담하는 의무의 근거가 될 수는 없다.[71] 그리고 상태책임에 의하여 제약되는 기본권은 재산권이 아니라 독일기본법으로 따지면 제2조 제1항에 따른 일반적 행동의 자유권이라는 것이 간과되고 있다.[72]

프리아우프(Friauf)와 피이츠커(Pietzcker)의 견해는 일단 전술한 바대로 행위책임과 구별되어야할 상태책임에서 소유권자 등과 일반공중 사이의 리스크영역 또는 위험부담영역이라는 주관적 형평기준을 도입하여 법률규정과 모순되는 위험의 원인과 예견가능성을 고려하고 있다는 문제점을 가지고 있다. 더 나아가 독일의 입법자가 상태책임자성격을 규정한 경찰법률(예, 모범초안 제5조 제1항)에서 소유권자 등 재산권자가 아니라 물건에 대한 사실상 지배권보유자를 책임귀속의 1차적 구성요건으로 삼은 이유를 간과하고 있다.[73] 이러한 문제점은 여기 독일연방헌법재판소의 견해도 동일하게 갖고 있다. 프로이센고등행정재판소의 견해를 이어받아 제정된 프로이센경찰행정법 제20조가 등장한 당시부터 상태책임은 소유권 등 정당한 권원을 가진 자들 말고도 현재 물건으로부터 위험을 제거해낼 수 있는 영향력행사가능성을 가진 자라면 절도범이나 그 물건으로부터 한 번도 직접 효용을 받지 않았던 가정부나 점유보조자 등도 부담하는 것으로 설명되어온 이유는 재산권 자체로는 설명할 수 없게 된다. 즉 상태책임을 규정한 독일입법자의 취지는 본래 효과적인 위험방지목적에 있었던 것이지 이 규정으로 모든 공평한 결과를 가져오도록 의도한 것이 아님을 알 수 있다. 따라서 사실상 지배권보유라는 법률구성요건은 재산권이나 소유권과는 중립적인 것임을 알 수 있으며 재산권이나 소유권은 동 요건을 판단하기 위한 연결요소 중 하나일 뿐이다.[74]

---

71) Griesbeck, a.a.O., S.69.

72) 이에 대해서는 Lepsius, Zu den Grenzen der Zustandshaftung des Grundeigentümers, JZ 2001, 22, 23.

73) Griesbeck, a.a.O., S.64.

또한 프리아우프, 피이츠커 그리고 현 독일연방헌법재판소의 견해가 상태책임의 중요한 근거로 삼고 있는 물건의 사용수익가능성(Nutzbarkeit)이나 수익 및 부담의 조응관계(Korrespondenzverhältnis von Nutzen und Lasten)라는 것은 소유권자 등 재산권자를 면책시키는 모범초안 제5조 제2항 2문과 같은 조항을 소홀히 취급하는 것이 된다. 사실상 지배권자가 소유권자 또는 다른 정당한 권원을 가진 자의 의사에 반하여 지배권을 행사하고 있는 경우에는 그들은 상태책임으로부터 면책된다. 이것은 상태책임자확정을 위하여 소유권자가 물건으로부터 사용수익을 취하여 자신의 이익을 위하여 물건을 사용할 가능성을 가지고 있었는가는 중요하지 않다는 것을 보여주는 규정이다. 또한 오랫동안 사용수익을 해왔던 소유권자는 잠시 타인으로부터 물건을 탈취당하였다면 책임을 면제받게 된다. 반면에 물건으로부터 사용수익을 취할 가능성을 가지지 못하였던 새로운 계약상 양수인은 앞으로 취하게 될 이득을 훨씬 초과할 비용에 대하여 책임을 지게 될 수 있다. 이러한 점들을 미루어볼 때 독일의 입법자들이 재산권 자체와 사회적 기속성판단에 있어서 이익-부담결합에 따른 리스크의 배분관점을 고려하여 상태책임규정을 입법한 것이 아님을 알 수 있다.

연방헌법재판소를 포함하여 독일의 전통적 견해가 모두 전제하고 있는 위해제거의무를 부담하는 자는 동시에 그 대용물로서 비용부담의무를 지며 손실보상을 부담하지 않는다는 연계원칙도 문제가 있다. 이러한 원칙에 따를 때 상태책임자가 부담하여야 할 비용은 위해제거의무자의 재산(Vermögen)과 관련될 뿐이지 재산권의 객체(Eigentumsgegenstand)인 물건과는 직접 관련이 없는 것이다.[75] 수용과의 차이점을 강조하고 있는 동 재판소도 확인하는 바와 같이, 위험의 방지를 위해 더 이상의 완화된 수단이 없는 경우에 위험을 발생시키는 재산권의 객체를 비례원칙 고려하에서 손실보상 없이 제거할 수 있다는 것은 분명하지만, 이는 경찰권발동의 대상이 된 경찰의무자의 위험방지에 적합한 행위의무와는 직접 관계가 없는 것이다.

상태책임의 내용을 수인의무로 제한하여야 한다는 파피어(Papier)의 견해는 상태책임자의 희생문제를 해결하는 것이 아니고 회피하는 것이다. 경찰법에서 책임요건은 경찰권발동의 시점에서 위해제거를 위하여 책임자의 협력활동이

74) Lepsius, a.a.O., S.23.

75) Griesbeck, a.a.O., S.65; Giesberts, a.a.O., S.50; Lepsius, a.a.O., S.23.

특히 필요한 경우에 제기되는 것임을 도외시한 견해이다. 위험방지목적달성을 위해 협력의무를 부담할 지위에 있게 되는지 여부가 중요한 것임에도 불구하고 희생문제를 해결하기 위하여 오히려 경찰책임규정의 취지를 몰각하는 주장이 되고 있다.

마르텐스, 굇츠, 독일연방헌법재판소가 취하고 있는 견해는 상태책임자확정시에 고려될 수 있는 기준은 물건의 지배권자로서 위험제거에 영향력을 끼칠 수 있는 가능성을 가지는가 유무일 뿐이고 책임자에게 과도한 비용부담으로 이어지는 결과는 상태책임문제가 아니라 경찰비례원칙의 문제로 해결되어야 한다는 것이 된다. 이 견해는 입법자, 행정관청, 법원 모두에게 기대가능성과 그것의 판단을 위하여 리스크영역의 귀속 내지 과실요소 등을 고려하도록 하고 있는바 이는 위험방지를 위한 조치를 내림에 있어 시간적 압박에 처한 경찰질서공무원들에게 불가능한 가치평가를 요구하는 것이 되며, 구체적 사례들을 그때그때마다 개별적으로 조준하는 주관적 형평성고찰에 따른 결론을 가져온다는 반론[76]에 직면할 수밖에 없다. 즉 공평의 관점을 가지고 효과적인 위험방지를 위해 적법하게 내려진 정화명령들도 모두 위법하게 만드는 결과가 된다. 이 모델은 엄밀하게 상태책임의 제한을 위한 고유한 논거라고도 볼 수 없다.

(2) 결론적으로, 상태책임자의 희생문제를 고려하는 모든 견해는 각각 문제점을 가지고 있음을 알 수 있다. 이러한 이유는 우선 재산권조항에서 상태책임의 근거를 도출하고자 한 점이고 두 번째는 전통적으로 취해온 연계원칙의 형식성에 있다. 객관적으로 확정되는 상태책임자가 부담할 의무의 내용은 위험방지를 위한 작위, 부작위, 수인의무로 제한되어야 하며, 비용부담의무는 위험이 종료된 이후에 소유권자 등이 위험요소를 알고서 토지 등을 취득하였는지, 그에 대하여 과실은 없었는지, 위험야기에 대하여 기여한 바가 있는지, 그 동안 취해온 이득상황은 어떠하였는지 등을 고려하여 개인적으로 비용을 부담하여야 하는지와 부담의 정도가 결정되어야 한다. 엄밀하게 말해서 경찰책임의 주된 내용인 전자의 의무들은 효과적 위험방지요청이라는 헌법적 명령

---

76) Griesbeck, a.a.O., S.55.

을 기초로 판단되어야 하므로, 그 근거는 재산권의 사회적 기속성이 아니라 구체적 위험이 발생한 경우 그 위험에 가장 근접하여 있는 자, 즉 위해대처능력을 가지는 자들에게 요청되는 협력의무라고 보아야 한다. 이러한 협력의무는 헌법적 목적으로 정당화되는 안전이라는 보호법익으로부터 국민의 기본의무의 하나로 인정될 수 있는 것이며,[77] 이 의무를 귀속시키기 위한 연결점으로서의 전제조건이 바로 독일경찰법률, 드레브스, 마르텐스, 독일연방헌법재판소의 결정에 등장하고 있는 사실상 지배권보유 내지 영향력행사가능성기준이다. 소유권자 등이 이러한 기준을 갖추고 있다는 것은 쉽게 추정할 수 있기 때문에 상태책임자로 많이 논의되어 왔던 것이지 그들만을 고려하여 책임의 근거, 제한논의를 하여서는 아니 된다.

그리고 여기서 문제된 사례들에서 자신의 비용을 들여서 정화작업을 하여 토양과 지하수에 대한 오염을 방지한 사람들과 이러한 협력요청에 불응한 사람들간에 형평에 반하는 가치모순이 발생해서는 아니 되기 때문에 상태책임자로 확정된 사람이라고 하여 사후에 손실보상가능성을 완전히 차단하는 법리는 인정되어서는 안 된다. 따라서 "상태책임자 – 위해제거의무 – 비용부담의무 – 손실보상불가"라는 연계원칙의 고리를 단절시켜야 위험방지의 효과성원칙과 공평부담원칙 간의 긴장관계를 해소시킬 수 있을 것이다.[78] 본 논문의 소재인 사례들에 대해서는, 甲과 乙 등은 위험에 가장 근접하여 있는 자들로서 그들이 해낼 수 있는 질서관청의 정화작업을 위한 협력요청에는 따를 의무가 있으며 그러한 명령은 적법하다. 그리고 실제 관심문제인 비용문제에 대해서는 연방헌법재판소의 기대가능성판단을 위한 여러 형량척도들을 고려하여 판단하여야 할 것이다. 그러나 비용부담의 기대가능성결여를 이유로 정화명령 자체를 위법하게 보려는 동 재판소의 의견에 그대로 따를 수는 없으며, 원인에의 기여도나 토지 취득 시의 과실 내지 악의여부, 토지의 거래가치와의 관계를 모두 형량하여 그들이 부담하여야 할 몫 이상의 부분에 대해서는 손실보상이 이루어져야 한다. 환경법상 원인자책임원칙에 있어서 상태책임자는 원인에 기여한 바가 없는 사람이기 때문에 공익을 위해 특별히 희생한 그들의 부담부분은

---

77) 이러한 협력의무의 헌법상 기본의무 성격도출에 관해서는 졸고, "위험방지를 위한 협력의무로서 경찰책임의 귀속에 관한 연구," 고려대학교박사학위논문, 2003, 207쪽 아래 참조.

78) Lindner, a.a.O., S.9-10. 동지의 견해로 서정범, 위의 논문, 479쪽 이하, 특히 492쪽 참고.

공동체부담원칙(Gemeinlastprinzip)에 따라 보상되어야 한다.

V. 결 론

현재 경찰관직무집행법 내지 각 경찰질서법의 제·개정논의가 활발히 이루어지면서 독일의 경찰책임논의가 많이 참고되고 있다. 그러나 독일에서도 행위책임자확정을 위한 인과관계이론과 더불어 상태책임자의 확정과 그 근거 및 제한에 관한 다툼이 수십 년에 걸쳐 진행되어 왔지만 현재까지 해소되고 있지 않으며, 상태책임자에게 비용부담을 포함한 무제한적 의무를 요구하는 것은 일반공중, 즉 국가가 부담하여야 할 몫을 토지의 소유권자 등에게 전가시키려는 의도가 엿보이기까지 한다. 독일의 상태책임규정을 도입하고자 하면 그 헌법적 기초에 대한 바탕논의가 전제되어야 할 것이며, 무제한적 책임 내지 연계원칙 등의 기초가 된 비용규정이나 손실보상규정을 그대로 수입해서는 안 될 것이다. 원인에 기여한 바도 없는 사람을 한번 상태책임자로 낙인을 찍어 아무런 손실보상도 없이 비용을 부담시켜서 파산에까지 이르게 되는 결과를 우리가 다시 한 번 되풀이해서는 아니 될 것이기 때문이다. 따라서 현재 독일에서 환경법영역 특히 오염부지상태(Altlasten)의 제거를 위한 비용문제를 해결하기 위하여 공적 기금마련방법을 활발하게 모색하고 있는 이유를 되새겨 볼 필요가 있다.[79] (이기춘)*

---

79) Kloepfer, Michael, Umweltrecht, 2. Aufl., 1998, § 12 Rn. 83, S.806-808 참고.

* 이 글은 이기춘, "독일경찰법상 상태책임의 근거 및 제한에 관한 고찰," 토지공법연구, 제18집(2003. 6.) 게재내용을 일부 수정한 것임.

제 4 편

제 5 장 상태책임의 한계에 관한 고찰 — 이른바 연계원칙의 종언(終焉)?

사례 1 A는 전쟁 중에 폭격으로 인하여 파괴된 가옥의 소유자인바, 그 가옥의 잔해가 공공의 안녕에 대한 위험으로 작용하고 있다. 이에 경찰행정청은 A에게 잔해제거에 소요되는 비용을 부담할 것을 명하게 되었는바, 경찰행정청의 이러한 조치는 적법한 것으로 허용될 수 있겠는가?[1)]

사례 2 정유회사의 유조차가 전복되어 흘러나온 기름으로 인하여 사고장소 부근의 농지가 오염되었을 뿐만 아니라, 농지 밑을 흐르는 지하수가 오염되어 그를 취수원으로 하는 그 지역의 수도공급에 위험이 초래하게 되었다. 이러한 사정에 기초하여 경찰행정청은 농지소유자인 B에게 당해 토지와 지하수의 오염제거를 명하기에 이르렀는바, 경찰행정청의 이러한 조치는 적법한 것으로서 허용될 수 있겠는가?[2)]

사례 3 C는 토끼가죽으로 모자를 제조하다 폐업한 기업(U)이 공장으로 사용하던 부지를 경매를 통하여 취득하였다. 그런데 토지취득 후 토끼가죽의 탈지(脫脂)작업을 위해 U가 사용하였던 염화탄산수소로 인하여 당해 토지와 지하수가 심각하게 오염되어 있음이 확인되었다. 이에 경찰행정청은 C에게 당해 토지의 토양과 지하수의 정화작업을 취할 것을 명하였는바, 경찰행정청의 이러한 조치가 적법한

---

1) 이 사례는 독일의 뮌스터 상급행정법원의 판결을 고려하여 구성된 것인바, 이 사례에 관하여 보다 자세한 것은 vgl. OVG Münster, OVGE 5, 185 ff.
2) 이 사례는 독일의 뮌스터 상급행정법원의 판결을 고려하여 구성된 것인바, 이 사례에 관하여 보다 자세한 것은 vgl. OVG Münster, OVGE 19, 101 ff.

것으로서 허용될 수 있겠는가?[3)]

Ⅰ. 들어가며

Selmer에 의해 '유동적 원인야기'(Fließende Verursachung)의 개념[4)]이 등장하기 전까지 경찰책임에 관한 논의는 근본적으로 책임자(Störer)와 비책임자(Nichtstörer)의 이분법(二分法, Dichotomie)적 사고에 기초하고 있었는바, 이러한 사고에 따르면 경찰책임의 영역에서는 책임자는 자신의 행위 또는 자신의 지배하에 있는 물건의 상태로 인하여 야기된 모든 결과에 대하여 책임을 져야 하며, 비책임자는 위험방지에 대한 어떠한 협력의무도 부담하지 않게 된다. 즉, 경찰책임의 영역에서는 오직 전부(全部, Alles) 또는 전무(全無, Nichts)라는 이극적(二極的) 고찰방식이 지배할 뿐, 중간적 영역은 존재할 수 없는 것으로 이해되어 왔던 것이다. 한편 이러한 이분적 사고는 경찰책임자의 위험방지의무 – 비용부담의무 – 무보상(無補償)의 원칙이 필연적으로 결합된다는 이른바 '연계원칙(連繫原則, Konnexitätsprinzip)'[5)]이 등장하는 배경을 이루게 되었는바, 이러한 연계원칙에 따르게 되면 다음과 같은 결론에 달하게 된다. 즉, 경찰책임자는 경찰상의 위험방지 또는 장해제거를 위한 의무를 부담하고(따라서 그 한도에서 위험방지를 위한 경찰권발동의 대상이 된다), 그러한 위험방지조치에 소요되는 비용을 모두 부담하여야 할 뿐만 아니라, 나아가서 경찰권발동으로 인하여 자신에게 재산적 손실이 발생한 경우에도 손실보상을 청구할 수 없다는 결론에 달하게 된다.[6)] 그리고 이러한 연계원칙 역시 경찰책임체계에 있어 오랫동

---

3) 이 사례는 독일연방헌법재판소의 결정을 고려하여 구성된 것인바, 이 사례에 관하여 보다 자세한 것은 vgl. BVerfGE 102, 1 ff.= BVerfG, NJW 2000, 2573.

4) 유동적 원인야기(Fließende Verursachung)의 개념에 관하여 자세한 것은 vgl. Selmer, Der Begriff der Verursachung im allgemeinen Polizei- und Ordnungsrecht, JuS 1992, 97 ff.; ders., Gedanken zur polizeirechtlichen Verantwortlichkeit, in GS f. Martens, 1987, 483 ff.

5) 연계원칙에 관하여 자세한 것은 vgl. Griesbeck, Die materielle Polizeipflicht des Zustandsstörers und die Kostentragungspflicht nach unmittelbarer Ausführung und Ersatzvornahme, 1991, S.39.

6) 이러한 논리를 비책임자에게 대하여 적용하면 비책임자는 원칙적으로 경찰권발동의 대상이 되지 않으며, 단지 예외적으로 경찰상의 긴급상태(polizeilicher Notstand)하에서 경찰권

안 정설로서의 지위를 점하여 왔던 것이 사실이다.

그러나 근래에 들어 위험방지의 의무가 있다고 하여 반드시 위험방지에 소요되는 비용을 부담하여야 할 의무가 있다고 볼 것은 아니라고 하는 주장을 통하여 연계원칙에 대하여 의문을 제기하는 입장이 나타나기 시작하였는바, 이러한 주장은 본고의 주제인 상태책임의 (실질적) 한계[7]의 문제를 해결함에 있어 유용한 관점을 제공하여 준다고 생각된다. 이하에서는 이러한 시각을 전제로 하여 상태책임의 (실질적) 한계의 문제를 다음과 같은 순서로 고찰하고자 한다. 즉, 먼저 상태책임의 한계의 문제가 논의되기 시작한 배경 및 필요성을 알아본 후(II. 문제의 의의), 다음으로 상태책임의 한계를 획정하기 위하여 제시되었던 이론들을 고찰한다. 이와 관련하여서는 특히 2000년 2월 16일의 독일 연방헌법재판소의 결정의 내용을 상세히 소개하기로 한다(III. 상태책임의 한계획정을 위한 이론의 전개). 그리고 결론으로서 연계원칙의 부정을 통하여 상태책임의 한계의 문제를 해결할 필요성과 그러한 입장에 따른 사례의 해결책을 제시해 보고자 한다(IV. 맺으며).

발동의 대상이 될 뿐이다. 한편 경찰상의 긴급상태하에서 비책임자에 경찰권이 발동됨으로 인하여 비책임자에게 재산적 손실이 발생한 경우, 그것은 특별한 희생으로 간주되어 손실보상을 청구할 수 있다는 결론에 달하게 된다.

7) 상태책임의 한계는 형식적 한계와 실질적 한계로 구분하여 고찰할 수 있다(이러한 구분을 전제로 한 것으로는 vgl. Gusy, Polizei- und Ordnungsrecht, 7. Aufl., 2009, Rn.358 f.). 그리고 이러한 구분을 전제로 하면 상태책임의 한계의 문제를 논함에 있어서는 본고에서 다루고 있는 상태책임의 실질적 한계 외에 상태책임의 형식적 한계의 문제, 즉 시효(Verjährung), 실권(Verwirkung) 및 포기(Verzicht)에 관한 문제를 아울러 다루어야 할 것이다. 다만 본고에서는 지면상의 제약 및 중점적 논의를 위하여 상태책임의 실질적 한계에 관한 문제에 국한시켜 논의를 전개하기로 하겠다. 한편 상태책임의 형식적 한계에 관하여 보다 상세한 논의에 관하여는 vgl. Ossenbühl, Verzicht, Verwirkung und Verjährung als korrektive einer polizeiliche Ewigkeitshaftung, NVwZ 1995, 547 ff.; Martensen, Die Verjährung als Grenze polizeilicher Verantwortlichkeit, NVwZ 1997, 442 ff.; Trurnit, Zur Verjährung der Sanierungsverantwortlichkeit für schädliche Bodenveränderungen und Altlasten nach dem Bundes - Bodenschutzgesetz, NVwZ 2001, 116 ff.

II. 문제의 의의 — 상태책임의 범위는 무제한인가?

어떤 물건 자체로는 아무런 위험이 없는데 그 물건이 제3자의 고의·과실에 기한 행위 또는 자연재해 등으로 인하여 경찰상 위험을 야기하게 된 경우에 있어 그 물건의 소유자 등이 그 위험한 상태에 대하여 책임을 져야 하는지 여부, 그리고 책임을 져야 한다면 어느 정도까지 져야 하는지에 관하여는 종래 많은 다툼이 있어 왔다. 이와 관련하여 종래의 지배적인 견해는 "상태책임의 성립에 있어서는 경찰위반의 상태가 어떠한 방식으로 발생하였는지는 중요하지 않다.[8] 따라서 어떠한 위험도 상태택임으로부터 분리될 수 없으며, 그를 공중의 위험이라고 간주하여서도 아니 된다"는 점을 강조하여 왔다. 환언하면 상태책임자는 물건으로부터 발생하는 위험에 대하여 그 원인 여하를 불문하고 —자신의 행위, 제3자의 행위, 고권력주체의 행위, 자연현상 및 돌발적 사건 등— 언제나 완전히 책임을 진다는 것이다.[9] 그리고 이러한 전통적 견해에 따르게 되면 사례 1의 경우 폭탄의 투하로 파괴된 가옥의 소유자 A는 그 잔해로부터 발생한 위험에 대하여 책임을 져야 하며,[10] 사례 2의 경우 유조차가 노상에서 전복되어 흘러나온 기름이 스며든 인근 토지의 소유자 B는 지하수의 오염위험에 대하여 상태책임자가 된다.[11] 또한 사례 3의 경우 토지소유자 C는 U의 기업활동으로 인한 환경유해물질에 근거한 위험(소위 잔존유해물질[12])에 대하여서도 책임을 져야 한다.[13] 이는 결국 상태책임의 범위는 물건의 가치와

---

8) Drews/Wacke/Vogel/Martens, Gefahrenabwehr, 9. Aufl., 1986, S.320 f.

9) 국내의 학자들 가운데 이와 같은 입장에 가장 철저한 것으로는 홍정선 교수를 둘 수 있는데, 홍정선 교수는 이처럼 상태책임의 범위가 사실상 무제한적이게 되는 이유로 위험이나 장해를 예방·제거하여 공공의 안녕과 질서를 도모하려는 것이 경찰개념이 핵심이라는 것을 들고 있다[홍정선, 『행정법원론(하)』, 박영사, 2009, 440쪽 아래]. 한편 상태책임은 위험이 누구에 의하여 야기되었는지 또는 상태책임자의 고의·과실여부를 불문하고 인정되다고 설명하고 있는 김동희 교수 또한 근본적으로 이러한 입장에 서 있는 것으로 보여진다(김동희, 『행정법 II』, 박영사, 2009, 216쪽).

10) Vgl. OVG Münster, OVGE 5, 185 ff.(188).

11) Vgl. OVG Münster, OVGE 19, 101 ff.(102 ff.). 동 판결에 관한 비판에 관하여는 vgl. Czychowski, Ordnungsbehörliche Maßnahmen nach Ölunfällen, DVBl. 1970, 379 ff.(384).

12) 잔존유해물질(*殘存有害物質*)은 독일어 Altlasten을 번역한 것인데, 그 의미 등에 관하여 보다 자세한 것은 본서 353쪽 아래 참조.

책임질 비용간의 관계를 고려함이 없이 원칙적으로 무제한이라는 것을 의미하는바,[14] 이러한 견해는 그의 논거를 '재산권의 사회적 구속성'(헌법 제23조 제2항)에서 찾고 있다. 즉, 물건으로부터 생기는 이익을 향유하는 소유권자는 그 물건의 사용으로 인하여 발생하는 불이익 또한 스스로 부담할 것이 요구되며, 그 손해가 공중에게 부과되어서는 안 된다는 것이다.[15]

그러나 상태책임의 범위가 원칙적으로 무제한이라는 전통적 견해에 대하여는 상태책임자가 희생자의 지위(Opferposition)에 있을 수 있다는 관점이나 또는 과잉금지의 원칙 등의 관점에서 끊임없이 반론[16]이 제기되어 왔다. 이러한 반론은 무엇보다도 상태책임자가 스스로 위험을 야기하지도 않았고 또한 사전에 그러한 문제점을 알 수도 없었음에도 불구하고 위험방지를 위하여 필요한 많은 경비를 부담하여야 한다고 하면, 그것은 구체적인 경우에 있어 매우 부당한 결과를 가져올 수 있다는 점에 착안하고 있다. 즉 상태책임의 (실질적) 한계에 관한 논의는 전기한 3가지의 사례[17]에 있어 토지나 가옥의 소유자에게 위험방지에 소요된 비용을 모두 부담시키는 것이 경우에 따라서는 과도한 것으로 타당성을 결할 수 있다는 전제하에서 출발한다고 볼 수 있다. 다만 이러한 반론이 일견에도 타당성이 있어 보임에도 불구하고 기본적으로 상태책임의 무제한성을 인정하는 견해 또한 여전히 유력한바,[18] 이러한 사정은 상태책임

---

13) Vgl. OVG Münster, DVBl. 1964, 683 ff.(684); VGH Mannheim, NVwZ 1986, 325 ff.(326).

14) 다만 이러한 전통적 견해에 따를 때에도 권한없는 제3자가 그 자체로는 아무런 위험이 없는 물건을 부정하게 사용함으로 인하여 위험이 발생한 경우에는 상태책임의 제한이 인정된다(Vgl. BVerwG, DVBl. 1986, 360 ff.).

15) Würtenberger/Heckmann, Polizeirecht in Baden-Württemberg, 6. Aufl., 2005, Rn.439. 이러한 이익-불이익결합사상은 표현을 달리할 뿐 고래로부터 존재하던 것으로 볼 수 있는바, 예컨대 인도의 성자 카비라는 "인간은 자신이 누리는 모든 쾌락에 대하여 그 고통의 대가를 지불하여야 한다"(전재성, 거지성자, 선재, 1999, 48쪽)라는 말을 통하여 이러한 사상을 표현한 바 있다.

16) 상태책임의 범위의 무제한성에 대한 많은 비판 내지 반론에 대하여는 후술 참조, 한편 이러한 문제 전반에 걸친 논의에 관하여는 vgl. Frenz, Grenzen öffentlich-rechtlich begründeter privater Verantwortung ohne eigenes Zutun, Verw. Archiv, 103, 208 ff.

17) 이들 3가지 사례는 상태책임의 (실질적) 한계가 문제되는 전형적인 사례들인바, 그것이 주로 논하여진 시점에는 차이가 있다. 즉, 2차대전 직후에는 주로 사례 1의 경우와 같은 전쟁폐허의 문제가, 1970년대에는 사례 2와 같은 대중교통수단과 관련된 문제가, 그리고 1980년대 중반을 넘어서면서부터는 사례 3과 같은 잔존유해물질의 문제가 주로 논하여졌었다.

의 범위의 한계를 인정할 것인지의 문제는 오늘날에도 학문적으로 여전히 논할 만한 충분한 가치가 있음을 웅변으로 보여주고 있다고 할 것이다. 또한 상태책임의 범위에 관한 이러한 논의는 근래에 우리나라에서 제기된 위헌법률심판에서 볼 수 있듯이[19] 학문적으로 뿐만 아니라 사실적으로도 매우 중요한 의미를 갖는다고 생각된다.

Ⅲ. 상태책임의 한계를 획정하려는 시도

전술한 바와 같이 무제한적인 상태책임을 인정하는 것은 구체적인 경우에 있어서 비례의 원칙과 같은 헌법적 요청을 고려할 때 상태책임자에게 예기치 못한 부담, 특히 과중한 경제적 손실을 초래할 염려가 있다. 이러한 사정을 고려하여 상태책임의 범위를 제한하려고 하는 시도가 행해져왔는바, Friauf의 주장이 그의 효시를 이루는 것으로 평가되고 있다.[20] 그러나 Friauf 스스로 밝히고 있는 것처럼[21] 상태책임의 범위를 제한하고자 하는 시도는 그보다 훨씬 예전부터 행해져 왔었다. 즉, 이미 프로이센 상급행정법원은 낙석과 같은 자연재해에 대하여는 소유권자가 책임을 질 필요가 없다는 취지의 판결을 행한 바 있으며,[22] O. Mayer와 같은 학자도 이러한 입장에 동조하고 있었다.[23] 또한 1950년대에도 전쟁폐허의 제거와 관련하여 상태책임을 제한하는 판결이 행해진 바 있고,[24] 그러한 판례의 입장을 긍정시하는 견해[25] 역시 제시되었던 바

---

18) 아직도 근본적으로 이러한 입장을 고수하고 있는 견해로는 vgl. Gusy, Polizeirecht, 7. Aufl., 2009, Rn.354; Pieroth/Schlink/Kniesel, Polizei- und Ordnungsrecht, 4. Aufl., 2007, Rn.70.

19) 사안은 화성시장이 폐기물처리업체인 마도기업에 대하여 폐기물처리허가취소처분을 발한 후에 방치폐기물을 처리하도록 명하였음에도 불구하고 마도기업이 이를 이행하지 않자 「건설폐기물의 재활용촉진에 관한 법률」 제45조에 근거하여 마도기업에 대하여 토지를 임대한 토지소유자에게 방치폐기물처리조치명령을 내린 것에 관한 것이다(2007헌바53 참조).

20) Lepsius, Zu den Grenzen der Zustandshaftung des Grundeigentümers, JZ 2001, 22.

21) Friauf, Zur Problematik des Rechtsgrundes und der Grenzen der polizeilichen Zustandshaftung, in: FS Wacke, 1972, 293 ff.

22) Vgl. Pr.OVGE 24, 194; 30, 213. 한편 다만 이러한 판례의 입장은 1931년의 프로이센 경찰행정법 제정 이후에는 더 이상 유지되지 못하였다.

23) Vgl. Mayer, Deutsches Verwaltungsrecht Bd. I, 3. Aufl., 1924, S.221 f.

있다. 결국 이러한 점을 고려하면 Friauf의 견해는 상태책임의 제한에 대한 '헌법적 근거'를 최초로 제시하였다는 점에서 그 의미를 찾아야 할 것으로 생각된다.

한편 상태책임의 범위를 제한하려고 하였던 이러한 시도들은 그 내용을 자세히 들여다 보게 되면 결론에 있어서의 유사성에도 불구하고 설명방법에 있어서는 상당한 이론적 차이를 보이고 있는바, 이하에서는 이들 학설의 입장을 다음과 같이 셋으로 대별하여 상세히 알아보도록 하겠다.[26)]

1. 상태책임 자체의 부정에 입각한 견해

일정한 경우에 소유권자 등의 상태책임 자체가 부정될 수 있음을 전제로 상태책임의 범위를 제한하려고 하는 견해는 Friauf에 의해 대표되는바, Friauf의 입장을 소개하면 다음과 같다.[27)] 우선 Friauf도 물건의 소유자의 상태책임은 그 물건에 대하여 소유자가 갖는 사적 유용성(Privatnützigkeit)과 관련 있으므로 소유자는 그 물건의 이용과 관련 있는 불이익에 대하여 스스로 책임을 져야 하고 그러한 손해를 공중에게 부담시켜서는 아니 된다는 것,[28)] 즉 토지소유자는 토지로부터 발생하는 위험에 대하여는 비록 그것이 극히 이례적인 범위에 속한다고 하여도 책임을 져야 하는 것이 원칙이라는 점은 인정하였다. 다만 Friauf는 "자신(물건의 지배자로서의 속성)과 관련되지 않은, 즉 공중과 관련된 위험영역(전쟁,[29)] 현대의 대량교통)에서 발생하는 위험까지 소유자에게 부담시키는

---

24) Vgl. Bad. VGH, JZ 1953, 283 ff.; NJW 1956, 76 f.

25) Jellinek, Verwaltungsrecht, 3. Aufl., Neudruck, 1966, Nachtrag, S.32.

26) 이하의 설명에 있어 3. 독일 연방헌법재판소의 견해는 근본적으로 2. 상태책임의 제한을 인정하는 견해 중 Martens의 견해와 일맥상통한다고 할 수 있다. 다만 그 내용의 중요성과 분량을 고려하여 별개의 번호하에 설명하는 방식을 취하고 있을 뿐이다.

27) 이하의 설명에 대하여는 vgl. Friauf, a.a.O., 297 ff.; Friauf, Polizei- und Ordnungs- recht, in: Schmidt-Aßmann, Besonderes Verwaltungsrecht, 11. Aufl., 1999, Rn.91 ff. 한편 우리나라의 경우 Friauf의 입장에 가장 가까운 견해를 표하고 있는 것으로는 박균성, 『행정법론(하)』, 박영사, 2009, 542쪽 아래를 들 수 있다.

28) 이러한 Friauf의 사고는 결국 이익을 누리는 자가 불이익 또한 부담하여야 한다는 것으로 요약할 수 있겠는바, 이러한 점에 착안하여 Friauf의 이러한 사상을 이익-불이익 결합사상(Vorteil-Nachteil Gesichtspunkt), 또는 이용-부담 결합사상(Nutzung-Lasten Gesichtspunkt)이라고 부르기도 한다.

것은 타당하지 않다"고 하여 상태책임의 범위가 제한될 수 있음에 대한 헌법적 근거를 최초로 제시하였다.[30] Pietzcker의 설명 역시 근본적으로는 Friauf의 입장과 그 궤를 같이 하는 것으로 볼 수 있다.[31]

한편 이러한 Friauf나 Pietzcker의 견해에 대하여는 다음과 같은 관점에서 비판이 행해지고 있다.

첫째, Friauf 등의 견해에서처럼 일정한 경우에 있어 소유권자를 비책임자로 보게 되면 경찰상의 긴급상태(polizeilicher Notstand)라고 하는 매우 제한된 조건하에서만 소유권자에게 경찰권을 발동하는 것이 허용되게 되고, 그 결과 경찰의 과제인 위험방지의 직무를 효과적으로 수행하는 것이 현저하게 곤란해지거나 불가능해진다.[32]

둘째, 상태책임을 무제한적으로 인정하는 경우 불합리한 결과를 초래하게 되어 문제시되는 예로 제시되는 경우(전쟁 등)와 같은 극히 예외적인 사건 또는 공중에 속하는 위험영역과 같은 기준은 평등의 원칙을 충족시키는 충분히 신뢰할 수 있는 기준이 되지 못한다.[33]

셋째, 특히 독일의 경우에는 통일경찰법모범초안(MEPolG) 제5조나 각 란트의 경찰법(예컨대 바덴-뷔르템베르크 경찰법 제7조 등)이 토지소유권자나 물건에 대한 사실상의 지배권자를 위험방지조치의 수범자로 규정하고 있으므로 Friauf의 견해에서처럼 일정한 경우 토지소유권자를 경찰책임자로 성격짓는 것 자체를 부정하는 차원에서 상태책임을 제한하는 것은 받아들일 수 없다는 것이 강조되고 있다.[34]

---

29) Vgl. BadVGH, DVBl. 1953, 145 ff.

30) 전쟁이나 예기치 못한 자연재해[자연재해와 관련된 상태책임에 관한 판결로는 낙석(落石)에 관한. BVerwG, NJW 1999, 231, 해일에 관한 OVG Hamburg DÖV 1983, 101, 홍수에 관한 BVerwG, JZ 1998, 903 등이 있다]와 같은 이례적인 현상이 어떤 물건을 위험한 상태에 빠지게 하는 경우에는 상태책임이 인정될 수 없다는 견해(Schenke, Polizei- und Ordnungsrecht, 5. Aufl., 2007, Rn.237; 김성수, 『개별행정법』, 법문사, 2004, 501쪽) 역시 같은 취지로 볼 수 있다

31) Pietzcker의 설명에 관하여 자세한 것은 vgl. Pietzcker, Polizeirechtliche Störerbestimmung nach Pflichtwidrigkeit und Risikosphäre, DVBl. 1984, 457 ff.

32) Drews/Wacke/Vogel/Martens, a.a.O., S.320.

33) 정하중, 『행정법각론』, 법문사, 2008, 254쪽.

34) Würtenberger/Heckmann, a.a.O., Rn.440.

2. 상태책임의 제한을 인정하는 견해

전술한 바와 같이 Friauf나 Pietzcker는 상태책임의 무제한성을 인정하는 경우 구체적 상황하에서 물건의 소유권자 등에게 수인가능한 정도를 넘어서는 부담을 초래할 수 있음을 강조한 후, 그러한 불합리성을 제거하기 위하여서는 상태책임의 성립 자체를 부정하여야 할 필요성을 역설하였다. 이에 반하여 이하의 견해들은 문제시되는 사례의 경우에 있어서도 원칙적인 상태책임의 성립에 있어 변화가 있는 것은 아니며(즉, 소유권자가 비책임자가 되는 것은 아니다), 단지 그의 실질적 경찰책임[35]이 제한될 수 있을 뿐이라는 점을 강조하고 있는바, 이하에서 그에 관해 상론하기로 한다.

(1) 상태책임의 내용을 수인의무(受忍義務)에 국한시키는 견해

Friauf 등의 견해와 달리 상태책임의 성립은 인정하면서 상태책임의 내용을 수인의무에 국한시키는 방법을 통하여 그로 인한 불합리한 결과(특히 과다한 경제적 손실)를 제거하려는 시도가 나타났는바, 그 대표적 예로는 Papier를 들 수 있다. 즉, Papier는 토지나 가옥의 소유권자의 상태책임을 인정하는 경우에도 그의 책임은 수인의무에 국한되며, 따라서 그는 위험방지에 소요된 비용을 부담할 의무는 없다고 하였다.[36] 이는 토지소유자의 책임을 그가 비록 상태책임자이기는 하지만, 대집행 비용을 부담할 의무는 없다는 방식으로 제한하려 한 Hohmann의 제안에 기초한 것이다.[37] 그러나 이러한 Papier의 견해

35) 독일의 경우 경찰책임의 문제를 실질적 경찰책임과 형식적 경찰책임의 문제로 나누어 고찰하는 것이 경찰법이론의 오랜 전통인바, 이에 관하여는 본서 228쪽 아래 참조.

36) Papier, Altlasten und polizeiliche Störerhaftung, DVBl. 1985, 873 ff.(878); ders., Die Verantwortlichkeit für Altlasten im öffentliches Recht, NVwZ 1986, 256 ff.(261). 이러한 Papier의 입장은 많은 학자들의 지지를 받기도 하였는바, 대표적인 예로는 Schink, Abfallrechtliche Probleme der Sanierung von Altlasten, DVBl. 1985, 1149 ff.(1158); ders., Wasserrechtliche Probleme der Sanierung von Altlasten, DVBl. 1986, 161 ff.(170)를 들 수 있다. 한편 Würtenberger/Heckmann은 일단 상태책임의 범위를 위험의 영역이라는 관점에서 제한하고자 하는 면에서는 Friauf의 견해와 유사한 입장을 취하면서, 그 결론에 있어서는 Papier의 예에 따라 상태책임을 수인의무에 국한시키고 있는 것으로 보인다(Würtenberger/Heckmann, a.a.O., Rn.439).

37) Vgl. Hohmann, Einschränkung der Kostentragungspflicht des Grundstückseigentümers beim Ablagern von Giftfässern, DVBl. 1984, 997 ff.(998). 다만 이러한 Hohmann식의 설명에 대

는 경찰책임의 제1차적인 측면, 즉 상태책임 그 자체를 문제로 삼고 있는 것이 아니라 단지 제2차적 측면, 즉 위험제거에 소요된 비용의 상환의무의 제한을 문제로 삼고 있을 뿐이라는 점[38]에서 문제를 안고 있다고 생각된다.

한편 이러한 점을 인식하여 경찰책임의 제1차적 측면, 즉 상태책임 자체와 관련하여 상태책임의 제한을 가하려는 시도도 나타나고 있는바, 예컨대 유조차의 사고로 기름이 흘러나와 인근 토지를 오염시켜 지하수가 오염될 염려가 있는 경우에는 토지의 소유자는 상태책임자로서 그의 토지상에서의 작업을 수인할 의무는 부담하지만 오염된 토지를 자신이 파 낼 의무는 없다는 견해가 그것이다.[39]

(2) 과잉금지의 원칙에 따른 해결을 도모하는 견해

Friauf 등의 견해와 달리 일단 제1차적 측면, 즉 경찰책임단계에서는 토지소유자 등을 상태책임자로 확정하고, 다만 그를 상태책임자로 보아 위험방지 등에 소요되는 비용을 전적으로 그에게 부담시키는 경우에 발생하는 불합리성은 기대가능성이나 상당성을 그 내용으로 하는 과잉금지원칙을 가지고 해결하고자 하는 견해가 등장하였는바, 그 대표적 논자로는 Martens를 들 수 있다.[40] 한편 잔존유해물질에 관한 2001년의 독일 연방헌법재판소의 결정 역시 근본적으로 이러한 Martens의 입장에 따르고 있는 것으로 보이는바, 이 결정의 내용이나 의미, 그리고 그에 대한 비판론 등에 관하여는 이하에서 상론하기로 한다.

하여는 경찰책임을 인정하면서 그 내용에 상응하지 않는 액수의 비용부담만을 인정하는 모순이 있으며, 또한 경찰책임을 인정하여 그 스스로 자신의 경찰책임에 상응하는 행위를 자신의 비용부담하에 행한 당사자와 비교할 때 형평에 맞지 않는 결과를 가져오게 되는 문제점이 있다(동지: 류지태/박종수, 『행정법신론』, 박영사, 2009, 970쪽).

38) 이러한 점을 잘 지적하고 있는 것으로는 vgl. Seibert, Zum Zusammenhang von Ordnungs- und Kostentragungspflicht, DVBl. 1985, 328 f.(328).

39) 이러한 논의 및 그에 대한 비판에 관하여는 vgl. Schenke, a.a.O., Rn.276.

40) Drews/Wacke/Vogel/Martens, a.a.O., S.320 f.

3. 독일 연방헌법재판소의 견해

(1) 결정의 내용

독일의 연방헌법재판소는 토지소유자는 그가 토지소유자라는 것만으로 설사 그가 위험을 야기하지도 않았고 그에 대하여 책임도 없는 경우라 하여도 상태책임자로서 그의 토지로부터 발생하는 위험을 제거하여야 할 의무가 있다는 것을 (원칙적으로) 인정하면서, 다만 —사례 3의 경우처럼 잔존유해물질이 문제되는 경우에 있어서는— 독일기본법 제14조의 재산권보장과 비례의 원칙이란 관점을 고려할 때[41] 토지소유자의 상태책임이 제한될 수 있는 가능성이 있음을 인정하였다.[42] 또한 이처럼 상태책임자에 대한 비용부담이 기대가능성의 결여로 인하여 제한받게 된다면 권한 있는 경찰행정청은 토지소유자에 대하여 어떤 조치(예컨대 사례 3의 경우에는 잔존유해물질의 제거명령)를 취함에 있어 비용부담의 한계에 관하여서도 결정을 하여야만 하며,[43] 만일 경찰행정청이 상태책임자에게 조치를 취하는 시점에서 기대가능성이 없는 이유를 행정청이 알지 못하거나 충분히 알지 못하여 비용부담에 관하여 종국적으로 결정을 할 수 없는 경우에는 경찰행정청의 조치는 비용부담에 관한 결정을 유보한 상태로 행해져야 한다.[44] 따라서 비용부담의 한계에 관하여 결정을 행함이 없이 상태책임자를 무제한적으로 끌어들이는 것은 위법하고, 따라서 그 한도에서 관계인의 쟁송에 기하여 취소될 수 있다.[45]

한편 전술한 바와 같은 상태책임의 제한은 구체적인 경우에 있어서 해석을 통하여 인정되어야 할 것인바,[46] 이와 관련하여 독일 연방헌법재판소가 스

---

41) 이 경우 무엇보다도 물건으로부터 발생하는 위험이나 부담을 짊어져야 할 공법상 의무와, 물건을 경제적으로 이용할 권리와 그 가치간의 합리적 조정이 요구됨을 강조하는 것으로는 Gusy, a.a.O., Rn.359.

42) BVerfGE 102, 1 ff. 이 결정에 관하여 상세한 것은 vgl. Klüppel. Zustands- störerhaftung bei der Altlastensanierung, Jura 2001, 26 ff.

43) 동지판례: OVGE Lüneburg, NVwZ-RR 2006, 397.

44) BVerfGE 102, 1 ff.(24).

45) Schenke, a.a.O., Rn.276; Vgl. NdsOVG, NVwZ-RR 2006, 397, 398.

46) Bickel, Grenzen der Zustandshaftung des Eigentümers für die Grundstücks- sanierung bei Altlasten, NJW 2000, 2562 ff.; Müggenborg, Zur Begrenzung der Zustandshaftung bei Altlasten, NVwZ 2000, 39 ff.

스로 형량의 기준을 제시하고 있음은 주목을 요한다. 즉, 이전까지의 독일의 판례들이 상태책임자의 비용부담과 관련하여 기대가능성이란 한계를 원칙적으로 인정하였지만[47] 그 기준을 구체화시키지 못하였던 것에 비하여 2001년의 독일 연방헌법재판소의 판례는 형량의 기준을 구체적으로 제시하고 있다는 점에서 커다란 의미를 갖는다고 할 것이다. 이하에서는 독일 연방헌법재판소가 제시하였던 형량의 기준에 관하여 상세히 논해보기로 하겠다.[48]

첫째, 무엇보다도 토지의 거래가치(Verkehrswert)가 기대가능성의 한계를 이룬다. 따라서 극단적인 경우 토지소유자는 위험방지를 위하여 토지의 거래가치 전부를 희생하여야 하는 경우도 있으나, 어떠한 경우에도 그의 거래가치를 넘어서까지 희생을 감수할 필요는 없다. 즉, 토지의 거개가치를 상회하는 비용을 토지소유자에게 부담시키는 것은 그 위험이 자연재해, 공중에 속하는 사정 또는 물건에 대한 이용권한 없는 제3자로부터 야기된 경우에는 기대가능성이 없는 것으로 보아야 한다.

둘째, 그러나 토지소유자가 그러한 위험을 인식하고 그를 감수한 경우(예컨대 토지의 취득 당시에 이미 잔존유해물질이 존재한다는 것을 인식하고 있었던 경우)[49] 또는 토지소유자가 행위책임자로서 위험을 야기한 경우(예컨대 쓰레기장의 경영과 같은 위험한 방식으로 토지를 사용하는 것을 허락한 경우 등)에는 정화된 토지의 거래가치를 상회하는 비용부담도 원칙적으로 기대가능성이 있는 것으로 간주된다.[50] 한편 소유권자가 토지의 취득 당시에 과실로 그러한 사실을 인식하지 못한 경우에는 과실의 정도(Grad der Fahrlässigkeit)가 고려되어야 한다.[51] 따라서 잔존유해물질의 존재를 알지 못한 것에 중대한 과실이 있는 경우에는 기대가능성이 없는 것으로 보기 곤란하다.[52]

---

47) BVerwG, NVwZ 1991, 475; 1997, 577.

48) 다만 여기서 다루어지는 독일 연방헌법재판소의 결정은 Altlasten과 관련하여 토지소유자에게 정화비용을 부담시키는 것이 문제가 되었던 것이므로(사례3 참조), 이하의 설명 역시 어떤 경우가 토지소유자에게 정화비용을 부담시키는 것이 기대가능성의 한계를 넘어선다고 볼 수 있는지에 관한 것이 주 내용을 이루고 있음을 주의하여야 한다.

49) 이러한 사정은 연방헌법재판소의 결정 이전에도 고려를 요한다는 점이 인정되었었는바, 대표적 예로는 vgl. BWVGH, NVwZ 1986, 325; HessVGH, NVwZ 1990, 381.

50) BVerfGE 102, 1 ff.(21).

51) BVerfGE 102, 1 ff.(22, 25).

52) Götz, a.a.O., §9 Rn.60.

셋째, 예외적으로 토지소유자에게 과해지는 비용부담이 토지의 거래가치를 넘어서지 않는 경우에도 기대가능성이 없는 것으로 간주될 수 있다. 즉, 정화되어야 할 토지가 상태책임자의 재산의 가장 중요한 부분으로서 그와 그의 가족이 삶의 근거를 이루고 있는 경우에는 토지소유자가 그의 경제적 사정을 고려할 때 더 이상 토지를 유지할 수 없는 경우라면 토지소유자에게 정화비용을 부담시키는 것은 기대가능성의 한계를 벗어나는 것이 된다. 다만 오염토지의 정화비용이 정화가 이루어진 후에 토지소유자가 그 토지를 계속 사용함으로써 얻어지는 이익보다 적은 경우라면 토지소유자에게 정화비용을 부담시키는 것은 기대가능성의 한계를 벗어나지 않는 것이 된다.

(2) **결정에 대한 비판**

연방헌법재판소의 이러한 결정에 대하여는 비판론 또한 상당한바, 이하에서는 이러한 비판론의 주요 논지를 밝혀보고자 한다.

첫째, 연방헌법재판소는 경찰행정청과 법원에게 실무상 거의 극복하기 어려운 과제를 부여하고 있다는 지적이 있다. 즉, 연방헌법재판소의 입장에 따르면 경찰행정청은 어떤 조치(예: 정화결정)를 취하기에 앞서 토지의 거래가치를 올바르게 산정하여야 하며, 나아가 경우에 따라서는 토지취득 당시의 토지소유자의 선의(善意, Gutgläubigkeit)와 악의(惡意, Bösgläubigkeit)도 확인하여야 한다. 또한 토지의 정화비용을 예측하여 산정하여야 하며, 경우에 따라서는 토지의 이용을 통하여 얻어지는 재산적 이익이 어떠한 것인지의 문제도 제기된다.[53)]

둘째, 이처럼 경찰행정청에게 어떤 조치를 행하기에 앞서 전술한 바와 같은 심사를 하여야 할 것을 요구한다면 이는 상태책임이란 법제도 자체를 거의 무의미하게 만들 수 있다. 왜냐하면 경찰법에서는 위험방지가 가장 중요한 문제이며, 이를 위하여 행해지는 조치는 그것이 효율적이기 위하여서는 가능한 한 신속하게 행해질 수 있어야만 하기 때문이다.[54)]

셋째, 이러한 방식으로 상태책임의 제한을 인정하는 것은 다른 사람(특히 고의·과실이 없는 행위책임자)에게 그러한 책임의 제한이 인정되지 않는다고 하면 평등의 원칙에 어긋나게 책임을 제한하는 것이 된다.[55)]

---

53) Knopp, Bundes-Bodenschutzgesetz und erste Rechtsprechung. DÖV 2001, 441 ff.(451).
54) Ruder/Schmitt, Polizeirecht Baden-Württemberg, 6. Aufl., 2005, Rn.271.

(3) 소결 – 결정에 대한 평가

과잉금지의 원칙에 근거하여 상태책임자의 실질적 경찰책임을 제한하고자 하는 연방헌법재판소의 결정에 대하여는 '전부 또는 전무'라는 양자택일적 방식을 넘어섬으로써 법정책적으로 만족할 만한 해결을 가능하게 한다는 점을 강조하면서, 이러한 결정을 통하여 어떠한 요건하에 그리고 어느 정도의 범위 내에서 상태책임자에게 비용을 부담시키는 것이 헌법에 합치되는가?라고 하는 경찰법상 상태책임의 범위에 관한 문제가 해결되었다고 평가하는 입장이 있다.[56] 그러나 연방헌법재판소의 결정에도 불구하고 단지 토지소유자만이 이러한 헌법적 차원의 특권을 향유하는 것인지,[57] 아니면 모든 상태책임자의 상태책임이 제한되어야 하는 것인지에 대하여는 결정된 바가 없다는 점은 유의하여야 한다. 결국 헌법재판소의 결정에도 불구하고 상태책임의 제한의 문제는 모두 해결된 것이 아니라고 할 것이다.[58] 더욱이 연방헌법재판소의 결정에 대한 비판론(전술 참조)이 나름대로의 타당성을 갖는 점을 고려하면 연방헌법재판소의 결정에 나타난 입장을 전면적으로 받아들이기는 곤란하다고 생각된다.

4. 연계원칙의 부정에 근거한 견해

전술한 바와 같이 경찰책임론의 체계에 있어서는 '위험방지의무 – 비용부담 – 손실보상청구불가'를 내용으로 하는 연계의 원칙이 오랫동안 지배하여 왔다. 그러나 이러한 연계의 원칙을 고집하는 한 상태책임의 범위에 관한 문제,

55) Gusy, a.a.O., Rn.360. 또한 Gusy는 연방헌법재판소의 이러한 결정으로 인하여 재산권보장이 존속보장(Bestandsgarantie)에서 가치보장(Wertgarantie)으로 회귀하는 것은 아닌가?라는 관점에서도 연방헌법재판소의 결정에 대한 의문을 제기하고 있다.

56) Huber/Unger, Grundlagen und Grenzen der Zustandsverantwortlichkeit des Grundeigentümers im Umweltrecht, VerwArch. 96(2005), 139 ff.; Schenke, a.a.O., Rn.273. 한편 이러한 연방헌법재판소의 판결이 있은 후 그와 같은 취지의 판결이 계속해서 행해지고 있는바, 대표적 예로는 BayVGH, NVwZ 2003, 363.

57) 그렇다고 하면 토지소유권은 동산에 대한 소유권에 비하여 특권을 누리게 되는 것이 되며, 그러한 결론은 평등의 원칙에 배치될 수 있다.

58) 이러한 점을 고려하여 독일의 경우 "상태책임의 한계의 문제는 더 이상 학설에만 맡겨두어서는 아니되며, 법률로 규율하여야 할 때가 도래하였다"라는 점을 강조하는 입장까지 나타나고 있는 실정이다. 이에 관하여는 vgl. Schoch, Polizei- und Ordnungsrecht, in: Schmidt-Aßmann/Schoch, Besonderes Vewaltungsrecht, 14. Aufl., 2008, Rn.149.

특히 상태책임을 무제한적으로 인정하는 경우에 발생하게 되는 불합리성은 극복될 수 없다는 주장이 나타나게 되었는바, 그 가장 대표적인 논자로는 Griesbeck을 들 수 있다. 즉, Griesbeck은 물건에 대한 사실상 지배권을 가지고 있는 자는 경찰권을 발동하는 시점(제1차적 차원)에 있어서는 위험방지에 협력할 의무가 있다는 의미에서 경찰책임자가 되지만, 관계인 간의 이익조정시점(제2차적 차원)에 있어서 그가 비용도 부담하여야 하는지 또는 손실보상을 청구할 수 있는지의 문제는 그에게 책임을 귀속시킬 수 있는 가능성이 있는지 여부에 따라 별도로 결정되어야 한다고 역설한 바 있다.[59] 그리고 이러한 사고에 기초하여 Griesbeck은 물건에 의하여 야기된 위험과 관련하여 1차적 차원에서는 소유자가 언제나 무제한적으로 책임을 지는 것으로 보면서, 경찰이 행한 대집행(또는 직접시행)에 있어서의 비용상환청구는 고도로 제한될 수 있음을 강조하고 있다.[60] Spießhofer[61]나 Kokott[62] 역시 이러한 Griesbeck의 견해와 그 맥락을 같이 하는 것으로 볼 수 있다.

그러나 이러한 Griesbeck의 견해에 대하여는 다음과 같은 2가지 관점에서 비판이 행해질 수 있다. 첫째는 연계원칙을 여전히 신봉하는 학자들의 입장에서의 비판인데, Griesbeck의 이론은 1차적 경찰책임과 2차적 경찰책임(비용상환의무)의 상호관련성을 충분히 고려하지 못하고 있다는 비판이 그것이다.[63] 둘째는 비용부담의무에 관한 것인데 결론에 있어서 이러한 비판은 전술한 Papier의 견해에 대한 비판과 그 내용을 같이한다. 특히 Schenke는 그러한 해결방법은 위험의 제거에 협력하지 못한 관계인에게 자신의 의무에 위반하여 경찰법 위반의 부작위를 범했다는 오명을 과한다는 점을 부기하고 있다.[64]

---

59) Griesbeck, a.a.O., S.39, 56, 104-106.

60) Griesbeck, a.a.O., 105 ff. 한편 상태책임자의 비용부담을 제한한다는 면에서 그 결론을 같이 하는 것으로 볼 수 있는 것으로는 vgl. Spannnowsky, Das Prinzip gerechter Lastenverteilung und die Kostentragungslast des Zustandsstörers, DVBl. 1994, 560 ff.; Hohmann, a.a.O., 998 ff.

61) Spießhofer, Der Störer im allgemeinen und im Sonderpolizeirecht, 1989, S.1

62) Kokott, Die dogmatische Einordnung der Begriffe Störer und Anscheinstörer in einer zunehmend technisierten Gesellschaft, DVBl. 1992, 749 ff.

63) 이러한 관점에서 명시적으로 Griesbeck의 이론을 비판하고 있는 가장 대표적 입장에 관하여는 vgl. Schenke, a.a.O., Rn.275.

64) Schenke, a.a.O., Rn.275.

Ⅳ. 맺으며

상태책임의 범위는 원칙적으로 무제한이라는 전통적 이론과 “경찰책임자의 위험방지의무 ― 비용부담의무 ― 무보상(無補償)의 원칙이 필연적으로 결합된다”는 연계원칙을 결합시켜 이해하게 되면 상태책임자는 스스로 위험을 야기하지도 않았고 또한 사전에 그러한 문제점을 알 수도 없었음에도 불구하고 경찰권발동의 대상이 되어야 할 뿐만 아니라 위험방지를 위하여 필요한 많은 경비를 부담하여야 한다. 그러나 그러한 결론은 구체적인 경우에 있어 (특히 비용부담과 관련하여) 상태책임자에게 가혹한 부담을 과하게 되는 매우 부당한 결과를 가져올 수 있는바, 이러한 문제인식을 토대로 하여 문제해결을 위한 시도가 오래 전부터 행하여져 왔다. 다만 지금까지의 논의는 주로 연계원칙 자체에 대하여는 의문을 제기함이 없이 일정한 경우 상태책임 자체를 부정하거나(Friauf) 과잉금지의 원칙 등을 통하여 상태책임을 제한하는 방법으로(Martens 및 독일연방헌법재판소의 견해) 전개되어 왔는바, 이러한 견해들이 많은 문제점을 안고 있음은 전술한 바와 같다. 이에 연계원칙 자체의 부정을 통하여 문제를 해결하고자 하는 새로운 시도가 Griesbeck을 중심으로 나타나게 되었다.

생각건대 경찰권을 발동하는 시점(제1차적 차원)과 관계인 간의 이익조정시점(제2차적 차원)은 사실상 별개의 원칙이 지배한다. 즉, 전자의 경우에는 위험방지의 효율성이 강조되는 반면, 후자의 경우는 이미 위험방지가 이루어진 후이기 때문에 공평한 부담배분이 강조되어야 하는 면이 있다. 사정이 이러함에도 불구하고 연계원칙은 이처럼 상이한 원칙이 지배하는 2개의 영역을 무리하게 하나로 결합시키고 있는 문제점을 안고 있으며, 여기에 상태책임의 범위(특히 비용부담과 관련하여)에 관한 부당한 결과가 발생하게 되는 원인이 있다고 생각된다. 따라서 상태책임의 범위에 관한 문제를 해결하기 위한 근원적 방안은 연계원칙 자체를 부정하는 것이라고 생각된다. 이러한 입장에 따르게 되면 사례 1의 경우 폭탄투하로 파괴된 가옥의 소유자 A는 그 잔해로부터 발생한 위험에 대하여, 사례 2의 경우 유조차에서 흘러 나온 기름이 스며든 인근 토지의 소유자 B는 지하수의 오염위험에 대하여, 또한 사례 3의 경우 토지소유자 C는 U의 기업활동으로 인한 환경유해물질에 근거한 위험에 대하여 상태책임자로서 위험방지에 협력할 의무를 진다. 그러나 그렇다고 하여 A, B, C가 위험방지에 소요된 비용을 필연적으로 부담하여야 하는 것은 아니고, 비용부담의 문제는 그들 각자의 개인적 책임귀속가능성에 따라 별도로 판단되어야 할 것이다.[65] (서정범)*

65) 상태책임의 제한은 허가(특히 영업허가)가 갖는 합법성효과(合法性效果, Legalisierungswirkung)로부터 도출될 수도 있는데, 이 경우 어느 정도까지 합법성효과가 인정될 수 있는지의 문제는 행정청이 발급하는 허가의 내용과 범위에 따라 정해진다(Schenke, a.a.O., Rn.273). 한편 이러한 허가가 갖는 합법성 효과는 원칙적으로 (그에 관하여 법률이 달리 규정하고 있지 않는 한) 허가의 발급 당시에 인식할 수 있었던 위험에 대하여서만 인정된다는 점이 강조되고 있다[Denninger, in: Lisken/Denninger, Handbuch des Polizeirechts, 4. Aufl., 2007, E Rn.74. 한편 반대의 견해로는 Papier, NVwZ 1986, 256 ff.(257)]. 행정청의 단순한 수인(受忍)은 합법성효과를 발생시키지는 못하지만 과실상계의 법사상에 따라서 행정청이 어떠한 방식으로 개입할 것인가에 관한 재량결정에 영향을 미칠 수는 있다.

* 이 글, "상태책임의 한계에 관한 고찰"은 토지공법연구 제48집에 게재되었던 글임.

제 6 장 다수의 경찰책임자에 관한 법적 문제

Ⅰ. 문제의 제기

경찰은 경찰상 위해에 대하여 책임을 질 지위에 있는 자, 즉 경찰책임자에게만 경찰권을 발동할 수 있다(경찰책임의 원칙)는 것은 주지의 사실이다. 그런데 그 같은 원칙에 따를 때, 현대사회에 있어서의 분업의 증가 및 복잡한 생활관계로 인하여 하나의 경찰상 위해에 대하여 다수의 경찰책임자가 존재하는 경우가 있을 수 있는바,[1] 그러한 유형으로는 ① 다수의 행위책임자가 존재하는 경우, ② 다수의 상태책임자가 존재하는 경우 및 ③ 행위책임자와 상태책임자가 경합하는 경우 등이 있다.[2]

---

1) 다수의 경찰책임자가 존재하게 되는 것은 경찰상의 위험이 ① 동일한 의도를 가진(gleichgerichtet) 다수인의 공동의 행위에 기인하거나(예: 동일한 의도를 가진 집단이 위법하게 가옥을 점거하는 경우) ② 동일한 위험이 협력적이지도 않고 또 이해관계를 같이하지도 않는 다수인의 행위에 기인하는 경우에 발생한다. 한편, 다수의 경찰책임자와 관련하여 특히 문제가 되는 것은 후자의 경우인데, 이런 점을 고려하여 후자를 고유한 의미의 '책임자의 경합'(Störerkonkurrenz)이라고 부르는 입장도 보인다(Lisken/Denninger, Handbuch des Polizeirechts, 1992, S.148).

2) 다만 우리나라의 경우 이 같은 현상을 설명함에 있어, 학자들간 표현상의 차이를 발견할 수 있다. 즉, 다수자책임[박윤흔, 『최신 행정법강의(하)』, 국민서관, 1995, 311쪽], 책임자의 경합[홍정선, 『행정법원론(하)』, 박영사, 1995, 275쪽 이하], 복합적 경찰책임(유지태, 『행정법신론』, 신영사 1995, 800쪽 이하)이라는 용어가 사용되거나, ①②는 복합적 책임, ③은 책임의 경합이라는 제하에 설명되기도 한다(김남진, 『행정법II』, 법문사, 1995, 259쪽). 그런가 하면 "행위책임은 그 책임자의 수에 관계없을 뿐만 아니라, 상태책임의 경우도 질서위반을 야기한 소유자나 관리자의 수에 직접 관계되는 것이 아니라는 점에서 이들을 따로

이처럼 다수의 경찰책임자가 존재하는 경우, 법적 관점에서 다음의 두 가지가 문제로 제기될 수 있다: 즉, ① 이 경우 경찰은 경찰상의 위해를 제거하기 위하여 다수의 경찰책임자 중 누구에게 경찰권을 발동할 것인가의 문제, 환언하면 직접적으로 경찰권발동의 대상이 된 경찰책임자가 그에게 공동책임자(Mitstörer)가 있다는 것을 이유로 어느 정도까지 그에 대한 경찰의 조치에 저항할 수 있는지의 문제와, ② 경찰이 다수의 경찰책임자 중에서 오직 한 사람에게만 경찰권을 발동하였다면, 그 자가 내부관계에서 경찰권이 발동되지 않은 다른 경찰책임자에 대하여 비용상환청구(Ausgleichanspruch)를 할 수 있는지의 문제가 있는 것이다.[3)]

II. 다수의 경찰책임자 중 누구에게 경찰권을 발동할 것인가?[4)]

1. 의무적합적 선택재량

종래의 설명방식에 따르면, 다수의 경찰책임자가 존재하는 경우에 경찰이 경찰상의 위해를 제거하기 위하여 누구에게 경찰상의 조치를 취할 것인가는 원칙적으로 경찰의 의무적합적 선택재량에 달려 있다고 한다.[5)] 따라서 경찰행

다룰 실익이 없다"고 하면서 제3의 유형인 행위책임과 상태책임이 결합되어 질서위반의 상태가 빚어진 경우의 책임을 '혼합책임'이라 하고 그만을 문제시해야 된다는 이론도 있다[이상규, 『신행정법론(하)』, 법문사, 1995, 273쪽].

3) 따라서 다수의 경찰책임자가 존재하는 경우를 논할 실익이 없다고 하는 이상규 교수의 견해(註2 참조)는 무리한 설명이라 생각된다.

4) 이 문제에 관한 자세한 논의는 vgl. Fleischer, Die Auswahl unter mehreren Polizeipflichtigen als Rechtsfrage, Diss. 1980. 한편 이 문제를 포함하여 다수의 경찰책임자에 관한 법적 문제를 포괄적으로 다루고 있는 것으로는 김준현, "수인의 경찰책임자," 공법연구 제35집 3호, 233쪽 이하.

5) Ossenbühl, Der polizeiliche Ermessens- und Beurteilungsspielraum, DÖV 1976, 463 ff.(470 f.); v. Mutius, Der "Störer" im Polizei- und Ordnungsrecht, Jura 1983, 298 ff.(308); Friauf, Polizei- und Ordnungsrecht, in: v. Münch/Schmidt-Aßmann, Besonderes Verwaltungsrecht, 9. Aufl., 1992, S.136; Götz, Allgemeines Polizei- und Ordnungsrecht, 11. Aufl., 1993, S.122; Knemeyer, Polizei- und Ordnungsrecht, 5. Aufl., 1993, S.148; OVG Münster, DVBl. 1973, 924 ff.(928); OVG Saarlouis, DÖV 1984, 471 ff.(472); 小高 剛, 『行政法各論』, 有斐閣, 평성

정청은 그의 선택재량에 따라 택일적으로 한 명에게만, 또는 다수의 경찰책임자 전부에게 동시에 경찰권을 발동할 수 있다.6)

2. 선택재량 행사의 기준

한편 오늘날에 이 경우의 선택재량을 이해함에 있어서는 예전과 차이가 있다. 즉, 종래에는 다수의 경찰책임자가 존재하는 경우에 경찰은 민법상의 연대채무가 존재하는 경우와 마찬가지로 다수의 경찰책임자 중에서 누구에게 경찰권을 발동할 것인가에 관하여 무제한의 선택재량을 갖는다고 보았었다.7) 그러나 근래에는 이 경우의 선택재량도 완전히 자유로운 것이 아니어서 일정한 법적 구속을 받으며, 따라서 법원은 이 경우 재량권행사에 하자가 있었는지 여부를 심사할 수 있다고 한다.8) 그리고 이처럼 선택재량을 축소시키려는 경향은 많은 지지를 받고 있는데, 이때에 적용되는 일반적인 재량권 행사의 기준으로 독일의 학설과 판례를 통해 나타난 것들로는 다음과 같은 것이 있다.9)

(1) 원인을 야기한 정도

위험발생의 원인들에 대한 가치평가에 따를 때 가장 중요한 원인을 제공

2년, 8쪽.

6) Pr.OVGE 90, 326 ff.(324); VGH Bad.Württ., DVBl. 1950, 475 f.; Friauf, a.a.O., S.136; Götz, a.a.O., S.122; Reichert/Röber, Polizeirecht, 3. Aufl., 1988, S.155; Wolff/Bachof, Verwaltungs- recht III, 4. Aufl., 1978, S.71.

7) Anschütz, Die Polizei, 1910, S.21; Jellinek, Gesetz, Gesetzanwendung und Zweckmäßigkeits- erwägung, 1913, S.313. 한편 이것은 프로이센 상급행정법원의 확립된 판례이기도 하다(Vgl. Pr.OVGE 36, 400 ff.; 65, 368 ff.; 105, 229 ff.).

8) Hänsel, Allgemeines Polizei- und Ordnungsrecht, in: R. Fritz(Hg.), Verwaltungs- recht, 1986, S.364. 다만 이 경우 재량결정의 하자 여부를 심사함에 있어서는 경찰은 종종 시간에 쫓기어 결정을 하며, 그 결과 사안을 충분히 조사할 만한 시간적 여유가 없다는 사실에 유의하여야 할 것이다(Reichert/Röber, a.a.O., S.155).

9) 다만 Knemeyer는 학설과 판례에 의하여 발전되어 온 아래와 같은 다양한 재량권 행사의 기준을 비례의 원칙이란 하나의 관점으로 파악하려고 하였다. 환언하면, 판례에 의해 정립되어 온 그 같은 원칙들은 단지 비례의 원칙의 적용례에 불과하다는 것이다(Knemeyer, Der Schutz der Allgemeinheit und der individuellen Rechte durch die polizei- und ordnungsrechtlichen Handlungsvollmachten der Exekutive, in: VVDStRL 35, 221 ff./ 248).

한 사람에게 우선적으로 경찰권을 발동하는 것이 하자 없는 재량행사가 된다.

참고판례: OVG Münster, DVBl. 1973, 924 ff.(928)

[사안] 이 사건은 원고의 피용인(被傭人)들이 타르가 함유되어 있는 폐기물 40통을 W가 경영하는 자갈채취장에 버려(이 경우 1통당 10 DM.를 지불한다는 조건하에 W의 부인의 허가는 받았다고 함) 지하수 표면에 타르가 퍼지게 되자 경찰행정청이 원고에게 그 용기를 수거하고, 부유물을 응고제를 이용하여 응집·흡입하여 제거할 것을 명하고, 그로부터 4일 후에 원고의 비용으로 즉시집행을 하겠다고 통지한 것이 문제가 된 사건이었다.

(2) 원인제공의 시점(時點)

경찰은 다수의 경찰책임자 중 시간적으로 최후의 원인을 제공한 자에게 경찰권을 발동하여야 한다.

참고판례: VG Bad. Württ., DVBl. 1950, 475 ff.

[사안] 이 사건은 주유소이전에 대하여 Württ. 경제장관의 예외적 승인을 받았던 원고(Sh. AG)의 주유소이전을 위한 경찰허가의 신청을 市 당국이 "① 그것이 W상사의 주유소와 너무 인접하게 되고, ② 교통량이 많은 Reich가에 두 개의 주유소가 인접하여 설치되게 되면 진입차량과 출차차량의 동선이 교차하게 되어 교통상 현저한 장해를 초래하게 된다"는 것을 이유로 거절한 것이 문제가 되었던 사건이다.

[주문] 두 명의 경찰책임자의 행위가 결합하여 경찰위반의 상태가 성립한 경우에는, 경찰은 두 번째 경찰책임자에게 경찰권을 발동하여야 한다.

(3) 행위책임과 상태책임의 경합

행위책임과 상태책임이 경합하는 경우에는 행위책임자에게 우선적으로 경찰권이 발동되어야 한다.

참고판례: OVG Rheinland-Pfalz, DÖV 1990, 844 ff.

[사안] 이 사건은 산사태 위험이 있는 경사면에 위치한 나대지의 소유자에게 (그 이전의 소유자가 주택건축을 위한 기초공사를 했다가 중지했는데, 그 후에 기초구에서 토사이동이 있었음) 기초구의 매립을 명한 처분이 문제가 되었었다.
[주문] 건축법위반상태가 현재의 토지소유자 이외의 다른 사람에 의해 초래되고 소유자는 건축시설에 대한 자신의 이익에 대해 아무런 인식이 없는 경우, 건축행정청이 그가 알고 있는 건축주에 대신해서 상태책임자로서의 소유자에게 경찰권을 발동하는 것은 일반적으로 재량권행사에 하자가 있는 것이 된다.

(4) 소위 이중책임자(Doppelstörer)

여러 가지 이유에서 동시에 책임을 지는 사람, 이른바 이중책임자는 단지 하나의 책임근거만을 갖고 있는 사람에 비해 원칙적으로 우선적으로 경찰권발동의 대상이 된다.

참고판례: OVG Berlin, NJW 1953, 198 ff.

[사안] 이 사건은 법으로 정해진 시기에 쥐약을 놓으라는 해충박멸의 의무가 주택관리인에게 부과되었을 때 그 주택의 소유자가 그를 거부한 경우(이 경우 주택의 소유자는 행위책임자인 동시에 상태책임자이다)에, 주택관리인에게 강제금부과결정을 한 것이 문제가 되었었다.

(5) 급부능력, 고의 · 과실 등

또한 경찰행정청은 재량권을 행사함에 있어 경찰책임자가 위험을 제거하기 위하여 투입할 비용이나 재정상의 급부능력을 고려하여야만 하며,[10] 보충

10) Hans J. Papier, Die Verantwortlichkeit für Altlasten im öffentlichen Recht, NVwZ 1986, 256 ff.(262); Drews/Wacke/Vogel/Martens, Gefahrenabwehr, 9. Aufl., 1986, S.305; Friauf, a.a.O., S.137; Schenke, Polizei- und Ordnungsrecht, in: U. Steiner, (Hg.) Besonderes Verwaltungsrecht, 3. Aufl., 1988, S.240; OVG Münster, DVBl. 1973, 924 ff.(928).

적이지만 경찰책임자의 주관적 동기, 즉 고의·과실에 대해서도 고려를 하여야 한다.[11]

3. 결 어

위에서 열거한 선택재량행사의 기준들은 단지 일반적인 경우에 통용되는 지침에 그칠 뿐이며, 엄격히 적용되어야 할 법원칙은 아니다. 즉 다수의 경찰책임자가 존재하는 경우에 누구에게 경찰권을 발동할 것인가에 관해서는 정형적인 원칙은 존재하지 않는다.[12]

그렇다면 과연 구체적 경우에 있어서의 경찰이 다수의 경찰책임자간의 선택을 하여야 할 때, 무엇을 기준으로 할 것인가? 생각건대 경찰이 공공의 안녕·질서에 대한 위험의 방지를 목적으로 한다는 점을 고려할 때, 경찰은 '위험방지의 효율성'을 고려하여 다수의 경찰책임자간의 선택을 하여야 할 것이다. 한편 위험방지의 효율성 여하는 '비례의 원칙'을 고려하여 판단하여야 할 것이다.[13] 그리고 이에 따르게 되면, 전술한 기준에 따른 설명과 전혀 상이한 결과가 도출될 수도 있을 것이다. 이하에서는 그 같은 기준에 의해 경찰의 선택재량이 어떻게 제한을 받게 되는가, 즉 그 같은 원칙을 고려하여 결정을 해야 한다면 경찰은 다수의 경찰책임자 중에서 누구에게 경찰권을 발동해야만 하는가를 구체적으로 논해 보기로 하겠다.

(1) **위험방지의 효율성**(Effektivität)

경찰은 공공의 안녕 또는 질서에 대한 위험의 방지를 그의 목적으로 한다. 따라서 경찰책임자를 선택하는 데 있어서도 어떤 경찰책임자에게 경찰권을 발동하는 것이 위험을 '가장 효과적이고 신속하게' 제거할 수 있는지에 중점을 두어야만 한다 – 효과적이고 신속한 위험방지의 원칙(Der Grundsatz der schnellen und wirksamen Gefahrenbekämpfung).[14] 다만 경찰이 이미 위험을 즉시집

---

11) Drews/Wacke/Vogel/Martens, a.a.O., S.305; Knemeyer, a.a.O., S.148.

12) 유지태, 앞의 책, 801쪽; Drews/Wacke/Vogel/Martens, a.a.O., S.303.

13) 동지: Friauf, a.a.O., S.137.

14) VGH Mannheim, NVwZ 1986, 325 ff.(326); VGH München, NVwZ 1987, 912; Drews/

행(Sofortvollzug)의 방식으로 제거하여 경찰책임자 중에서 누가 사후에 위험방지에 소요된 비용에 대하여 책임을 질 것인가를 결정해야 하는 경우에는, 위험방지의 효율성의 원칙은 책임자의 선택에 있어 아무런 의미도 갖지 못한다.15)

(2) 비례의 원칙

다수의 경찰책임자 중 누구에게 경찰권을 발동할 것인가의 문제를 전술한 바와 같이 위험방지의 효율성이란 관점에서 해결하려고 하는 경우에도 과연 어떠한 조치를 위험방지에 효율적이라고 볼 수 있는가의 문제가 남는바, 이는 결국 비례의 원칙에 따라 해결하여야 할 것이다. 이렇게 볼 때, 비례의 원칙은 전술한 위험방지의 효율성을 보완하는 기능을 한다고 할 수 있다.16)

경찰의 재량결정이 언제나 비례의 원칙에 따라 행하여져야 한다는 것은 널리 인정되어 있다.17) 그렇다면 독일의 판례에 나타났던 경찰의 선택재량권 행사의 기준들은 궁극적으로 비례의 원칙에 포섭되며, 따라서 비례의 원칙 이외에 다른 몇몇 원칙들에 의한 재량권 행사의 제한을 논하는 것은 비례의 원칙의 의미를 분명히 하는 정도의 의미밖에 없다고 생각된다. 이하에서는 비례의 원칙의 내용을 좀더 구체적으로 설명하기로 하겠다.

1) 적합성의 원칙

적합성의 원칙은 여기서는 경찰책임자의 적합성을 문제로 삼게 되는바, 동 원칙이 구체적으로 표현되는 경우를 유형화하면 다음과 같이 된다.

㈎ 경찰책임자의 선택에 있어 수범자(受範者)가 사법상의 처분권이 있는지 또는 그에게 불가능한 것을 요구하는 것인지의 여부가 고려되어야 한다. 즉, 경찰은 법적으로 불가능한 것을 요구하여서는 아니 되는바,18) 예컨대 경찰은

Wacke/Vogel/Martens, a.a.O., S.303; Schenke, a.a.O., S.240. 한편 독일의 경우 이 같은 위험방지의 효율성은 모든 행정작용에 적용되는 일반적인 법치국가원리의 하위징표로 이해되고 있다(Möller/Wilhelm, a.a.O., S.47).

15) Olidiges, Polizeirecht, in: Grimm/Papier, Nordrheinwestfälisches Staats- und Verwaltungsrecht, S.273.

16) Möller/Wilhelm, Allgemeines Polizei- und Ordnungsrecht, 2. Aufl., 1990, S.47; Wolff/Bachof, a.a.O., S.71.

17) Götz, a.a.O., S.122; Knemeyer, a.a.O., S.148 usw.

18) Lisken/Denninger, a.a.O., S.149.; Götz, a.a.O., S.122.

그의 시행에 관하여 사법적 권한을 갖고 있지 못한 토지의 임차인에게 건축물의 개축을 명할 수는 없다.[19]

(나) 위험방지의 긴급한 필요가 있는 경우에는 '현재하는 사람(Anwesende)'에게 '부재중인 사람(Abwesende)'보다 우선적으로 경찰권이 발동되어져야 한다.[20]

(다) 공동의 행위를 통해 경찰상 위험이 야기된 경우, 그 위험이 공동의 힘으로만 방지할 수 있는 것일 때에는 그들 모두에게 동시에 경찰권이 발동되어야 한다.[21]

(라) 새로운 위험을 야기하지 않는 조치가 새로운 위험을 야기하는 조치보다 먼저 취해져야 한다. 즉 다수의 경찰책임자 중 어느 1인에게 경찰권을 발동하는 것이 새로운 위험을 야기하게 되는 경우에는, 그에게 우선적으로 경찰권이 발동되어서는 아니 된다.[22]

2) **필요성의 원칙**(최소침해의 원칙)

최소침해의 원칙이 다수의 경찰책임자 간의 선택에 있어서도 통용되는지에 관해서는 다음과 같은 학설의 대립이 있다.

(가) 부정적 견해 　　Ossenbühl은 "다수의 경찰책임자 중 누구에게 경찰권을 발동할 것인지를 결정함에 있어서도 필요성의 원칙이 적용된다고 하면, 그것은 결국 경찰은 한 명의 경찰책임자를 확정하는 것으로 만족하여서는 아니 되고, 가능한 한 경찰책임자의 총수(總數, Gesamtzahl)를 조사하고 나아가서 그들간의 관계를 분명히 할 것이 요구된다는 결론에 달하게 되는바, 과연 그 같은 요청이 경찰의 목적과 합치하는가가 의문시된다"라고 하여, 최소침해 원칙은 경찰책임자의 선택에 있어서는 커다란 의미를 갖지 못한다는 견해를 제시한 바 있다.[23] 즉, 필요성의 원칙의 적용은 위험의 효과적 제거라는 경찰법의 의의 및 목적에 반한다는 것이다. 그리고 이 같은 논의에 따르게 되면, 경찰권발동의 대상이 된 사람은 설사 다른 경찰책임자에 경찰권을 발동하는 것

19) Vgl. BVerwGE 31, 15 ff.
20) Vgl. Hessen VGH, DÖV 1987, 260 ff.
21) Gusy, Polizeirecht, 1993, S.180.
22) Gusy, a.a.O., S.180.
23) Ossenbühl, a.a.O., 471. 동지: Gusy, a.a.O., S.180.

이 가장 최소침해의 수단이라고 하더라도 다른 경찰책임자에 경찰권을 발동할 것을 주장할 수는 없게 될 것이다.

(나) 긍정적 견해 전술한 바와 같은 Ossenbühl의 설명에 대하여 Knemeyer는 "비례의 원칙은 모든 집행권의 작용에 적용되는 것이며, 따라서 개별적 영역에서 편의상 적용을 배제할 수는 없다"는 비난을 가하면서,[24] 최소침해의 원칙이 다수의 경찰책임자간의 선택에 있어서도 통용되어야 한다고 한다.

(다) 사견(私見) 생각건대, 위험방지라는 경찰과제의 효과적인 이행에 대해서 동일한 가능성이 있는 경우라면, 가장 적은 비용으로 위험을 제거할 수 있는 사람에게 위험방지를 위해서는 보다 많은 비용의 지출(손해)을 요하는 사람보다 우선적으로 경찰권이 발동되어야 할 것이다. 따라서 이 같은 의미에서 최소침해의 원칙은 다수의 경찰책임자간의 선택에 있어서도 나름대로 의미를 갖는다고 볼 수 있다.[25]

3) **협의의 비례의 원칙**

협의의 비례의 원칙은 다수책임자 간의 선택에 있어서 중대한 의미를 갖는다고 한다. 이 경우 동 원칙에 따르면(예컨대, 토지소유자에게 그 토지상의 항공교통의 위험을 수인하여야 할 의무가 부과되어 있는 것처럼) 법질서가 어느 한 사람에게 불가피한 수인의무를 부과하고 있는 경우에는 그에게 경찰권을 발동하는 것은 허용되지 않는다[26]는 결론에 달하게 된다. 즉, 그 같은 경우에는 경찰책임이 수인의무자로부터 행위자에게 이전되며, 그 결과 항공교통으로 인한 위험이 현실적으로 발생하였을 때(예: 항공기의 추락, 저공비행으로 인한 손해 등) 경찰은 토지의 소유자가 상태책임자라는 것을 이유로 그에게 경찰권을 발동하여서는 아니 된다.[27]

---

24) Knemeyer, a.a.O., S.148.
25) 동지: Götz, a.a.O., S.122; Tettinger, Besonderes Verwaltungsrecht, 1986, S.97.
26) Vgl. BVerwG, DVBl., 1989, 522.
27) Gusy, a.a.O., S.181.

Ⅲ. 구체적 문제의 해결

1. 다수의 행위책임자

다수의 행위책임자(예: 다수의 가옥의 불법점유자, 폭력시위대)가 존재하는 경우에는 경찰행정청은 위에서 설명한 것처럼 의무적합적 재량에 의거하여 그들 중 단지 1명에게만 경찰권을 발동하거나, 또는 모든 행위책임자 전체에 대하여 조치를 취할 수 있다. 이 경우 경찰행정청은 어떠한 방법이 위험을 가장 신속하고 효과적으로 방지하는지를 고려하여야 한다.

따라서 시원적(originäre) 책임자(심신장애자, 종업원 등) 외에 부가적 책임자(감독책임자, 사용주 등)가 존재하는 경우에는 일반적으로 후자에게 경찰권을 발동하는 것이 재량권의 행사에 하자가 없는 것이 된다. 이는 예컨대, 어린이에 대한 조치는 위험방지에 전혀 적합하지 않으며, 종업원에게 경찰권을 발동하는 것보다 사용주에게 경찰권을 발동하는 것이 위험방지에 더욱 효과적일 수 있기 때문이다.[28]

2. 다수의 상태책임자

다수의 상태책임자가 존재하는 경우(예: 임차인이 사용하고 있는 건물이 경찰위반상태에 처한 경우)에도 경찰행정청은 의무적합적 재량에 따라 소유권자 또는 사실상의 지배권자에게만, 경우에 따라서는 양자 모두에게 경찰권을 발할 수 있다.[29]

다만, 일반적으로는 사실상의 지배권자를 발견하는 것이 쉽고, 또한 그에게 경찰권을 발동하는 것이 물건에 근거한 위험을 가장 신속하게 제거할 수 있다고 할 수 있다.[30] 이 경우 사실상의 지배권자에게 소유권자와의 관계에 있어서 민법상 금지되어 있는 행위를 하도록 요구하여서는 안 되며,[31] 따라서

28) Hamann, Bescheidtechnik, 1987, S.151 f. Möller/Wilhelm, a.a.O., S.48에서 재인용.
29) Drews/Wacke/Vogel/Martens, a.a.O., S.303.
30) Möller/Wilhelm, a.a.O., S.48.

경찰은 임차인에게 임차토지상의 건축물의 개축 등을 요구할 수는 없다.[32] 그러나 합수적(合手的, gesamthand) 공동체로서의 공동상속인이 상속받은 건물이 건축경찰위반상태를 발생하게 된 경우에 있어서 공동상속인 중의 한 사람에게만 발하여진 건물의 철거처분은 불가능하기 때문에 위법한 것이 아니라 집행에 장해가 있을 뿐이라고 하여야 하며,[33] 이와 같은 장해는 사후에 다른 공동상속인에게 수인처분을 발함으로써 제거될 수 있을 것이다.[34]

3. 행위책임과 상태책임의 경합

甲이란 사람의 행위책임과 乙이란 사람의 상태책임이 경합하는 경우, 즉 갑의 행위로 인하여 을의 물건이 공공의 안녕 · 질서에 대한 위험이 되는 상태에 빠지게 되는 경우(예: 유조차의 사고로 흘러나온 기름이 인근 토지의 지하수를 오염시키는 경우)가 종종 있다. 종래의 지배적인 견해는 이처럼 행위책임과 상태책임이 경합하는 경우에는 "행위책임이 상태책임에 우선한다"는 원칙이 적용되며, 따라서 다른 결정은 재량권의 행사를 하자 있게 만든다고 하였는바,[35] 그 이유로는 자기의 행위에 의하여 경찰위반상태를 야기시킨 자가 상태책임자보다 그 경찰위반의 상태에 대하여 시간적 · 장소적으로 밀접하게 관여하고 있다는 것이 들어진다.[36]

생각건대, 행위책임자와 상태책임자가 경합하는 경우에 경찰이 누구에게 경찰권을 발동할 것인지를 결정함에 있어서는, 개별적인 경우의 모든 상황을 평가하여야만 할 것이므로 이런 원칙을 일괄적으로 적용할 수는 없다고 생각된다.[37] 특히 위에 든 예에서 행위책임이 상태책임에 우선한다는 원칙을 고집

---

31) Vgl. Pr.OVGE 70, 419.

32) Vgl. BVerwGE 31, 15 ff.(16); 이관희, "경찰책임에 관한 연구," in: 『현대공법론』(상원 김이렬 교수 화갑기념논문집), 1989, 삼영사, 249쪽.

33) Vgl. BVerwGE 40, 101 ff.(103).

34) Vgl. VGH Hessen, NJW 1983, 2282.

35) OVG Münster, DVBl. 1964, 683 ff.(684); OVG Münster, DVBl. 1971, 828 ff.; OVG Münster, DVBl. 1981, 841 ff.; VGH Kassel, NJW 1984, 1369 ff.; Willigmann, Gerichtskontrolle des polizeilichen Ermessens beim Zusammentreffen von Handlungs- und Zustandshaftung, DVBl. 1965, 761 f.(761).

36) 이관희, 앞의 글, 250쪽.

하게 되면 흘러나온 기름의 소유자로서 상태책임자인 석유회사 대신에 행위책임자인 가난한 운송회사직원인 유조차운전사가 경찰책임자로서 지하수의 오염을 방지하기 위하여 지출된 비용을 부담하여야 한다는 결론에 이르게 되는데, 이것은 타당하지 않다고 할 것이다.[38] 따라서 행위책임자에게 경찰권을 발동할 수 없거나[39] 행위책임자가 법적·사실적 및 재정적 관점에서 신속하고 효과적인 위험방지를 할 수 있다는 것이 보장되지 않을 경우 등에는 상태책임자가 행위책임자보다 우선하여 책임을 질 수도 있을 것이다.[40] 결국 이처럼 행위책임자와 상태책임자가 경합하는 경우에도 누구에게 경찰권을 발동할 것인가를 결정함에 있어서는 비례의 원칙에 의하여 제한을 받는 위험방지의 효율성을 기준으로 하는 것이 타당하다고 생각된다.[41]

4. 소위 이중책임자(Doppelstörer)의 문제

사실상의 지배권자이기 때문에 상태책임을 부담하는 자가 동시에 행위책임자인 경우처럼 어떤 사람은 두 가지 관점에서 책임을 지고(즉, 소위 이중책임자이고), 이에 반하여 다른 사람은 오직 한 가지 관점에서만 책임을 지는 경우가 종종 있다. 이와 같은 경우에는 이중책임자에게 경찰권이 발동되어야 한다는 견해가 주장되고 있다.[42]

그러나 이 같은 경우에도 위험방지의 효율성을 기준으로 경찰권발동의 대상을 결정하여야 할 것이다. 물론 이중책임자에게 경찰권을 발동하는 것이 대

37) 동지: Götz, a.a.O., S.123; Möller/Wilhelm, a.a.O., S.49; Reichert/Röber, a.a.O., S.156.

38) 물론 행위책임자로서의 운전자와 상태책임자로서의 토지소유자와의 관계에서는, 토지소유자는 단순한 상태책임자가 아니라 그의 소유권에 침해를 받은 희생자(Opfer)라는 점이 경찰의 재량결정에 있어서 상당히 중점적으로 고려되어야만 하므로 행위책임자인 운전자에게 우선적으로 경찰권이 발동되어야 할 것이다(Vgl. Götz, a.a.O., S.123).

39) 경찰행정청이 행위책임자(예: 사고자동차의 운전사)가 누구인지 알 수 없는 경우 및 기타 사실적인 이유로 위험방지를 위하여 행위책임자에게 경찰권을 발동할 수 없는 경우가 그 예이다.

40) Papier, a.a.O., 262; Hänsel, a.a.O., S.364; Schenke, a.a.O., S.240. 관련판례로는 vgl. OVG Rh.Pf., DÖV 1984, 483 ff.(484); OVG NW, DÖV 1988, 87 f.

41) Möller/Wilhelm, a.a.O., S.49; Schenke, a.a.O., S.102, 240; OVG NW, DVBl. 1971, 828 f.(829).

42) Vgl. v. Mutius, a.a.O., 308; VGH München, NJW 1984, 1196 f.

부분의 경우 재량권의 행사를 하자 없게 만들지만, 그것은 그가 이중의 책임 요건을 충족시키기 때문이 아니라 그가 위험에 가장 근접하여 있고, 따라서 그에게 경찰권을 발동하는 것이 위험을 가장 효율적으로 방지할 수 있기 때문이다.[43]

Ⅳ. 비용상환청구의 문제

1. 문제의 제기

다수의 경찰책임자 중 어느 한 사람에게 경찰권을 발동한다는 것은 그가 우선 위험제거에 소요되는 모든 비용을 부담하여야 한다는 것을 의미한다. 따라서 사후적으로 다수의 경찰책임자 간의 비용(부담)의 조절문제가 성립한다. 즉, 경찰이 다수의 경찰책임자 중에서 오직 한 사람에게만 경찰권을 발동하였다면, 그 자가 내부관계에서 경찰권이 발동되지 않은 다른 경찰책임자에 대하여 비용상환청구(Ausgleichanspruch)를 할 수 있는지의 여부가 다투어지고 있다. 이 같은 문제는 특히 재정적 부담이 아주 큰 경우에(예: 대규모의 시위, 가옥의 불법점유, 소위 Altlasten[44]과 같은 환경에 대한 유해한 영향) 관계인들에게 중대한 의미를 가질 수 있다. 그럼에도 불구하고 실정법상 그에 관한 규율은 볼 수 없으며, 따라서 이 문제는 전적으로 학설과 판례에 맡겨져 있다고 할 수 있다.[45] 다만 우리나라에서는 아직 그에 관한 논의가 활발하지 않은 관계로 이하에서는 독일의 학설·판례를 일별해 보기로 하겠다.

---

43) 동지: Möller/Wilhelm, a.a.O., S.49. 이런 관점에서 Götz는 이중책임자라는 불필요한 개념을 사용하여 이들의 우선적 책임을 인정하는 것은 전혀 근거가 없다고 하고 있다(Vgl. Götz, a.a.O., S.122).

44) Altlasten에 관해서는 후술하는 보론 참조.

45) 이 문제에 대해 자세한 것은 vgl. Petersen, Der gesamtschuldnerische Ausgleich bei einer Mehrheit polizeirechtlich verantwotlicher Personen, 1991.

2. 학 설

(1) 긍정설

다수의 경찰책임자 중에서 어느 한 사람에게만 경찰권이 발동된 경우에는 그 자는 경찰권이 발동되지 않은 다른 경찰책임자에게 비용상환청구권을 행사할 수 있다는 견해로, 연대채무에 관한 민법규정의 유추적용을 그의 근거로 들고 있다.[46] 물론 민법상의 연대채무에 관한 규정의 유추적용은 경찰관계법이 연대채무관계를 규정하고 있지 않고, 그 밖의 손해배상청구권도 규정하고 있지 않을 때에만 문제가 된다.[47]

(2) 부정설

다수의 경찰책임자 중 어느 한 사람에게만 경찰권이 발동된 경우에 있어서 그 자는 경찰권이 발동되지 않은 다른 경찰책임자에 대하여 비용상환청구권을 행사할 수 없다. 즉, 이 경우에는 민법상의 사무관리 또는 연대채무에 관한 규정의 유추적용은 불가능하다는 견해로, 종래의 다수의 견해이다.[48] 그의 근거로는 다음과 같은 것이 들어진다. 즉,

1) 사무관리 규정의 유추적용이 불가능하다는 논거: 이 경우에는 경찰권발동의 대상이 된 경찰책임자는 자신의 일을 하는 것이지 다른 경찰책임자의 사무를 대신 수행하는 것이 아니기 때문에 사무관리규정의 유추적용은 불가능하다.[49]

2) 연대채무 규정의 유추적용이 불가능하다는 논거: 경찰행정청의 청구가 없는 경우에는 (경찰권발동의 대상이 된 경찰책임자 이외의) 다른 경찰책임자에게

---

46) Seibert, Gesamtschuld und Gesamtschuldnerausgleich im Polizei- und Ordnungsrecht, DÖV 1983, 964 ff.; Breuer, Altlasten als Bewährungsprobe der polizeilichen Gefahren und des Umweltschutzes — OVG Münster, NVwZ 1985, 355, JuS 1986, 359 ff.(364); Kloepfer/Thull, Der Lastenausgleich unter mehreren polizei- und ordnungsrechtlich Verantwortlichen, DVBl. 1121 ff.(1121); Wecker, Altlasten — eine Renaissance der polizeirechtlichen Gefahrenabwehr?, NVwZ 1987, 781 f.; Friauf, a.a.O., 138; Götz. a.a.O., S.124.

47) Schwachheim, Zum Gesamtschuldnerausgleich unter mehreren Störer, NVwZ 1988, 225 ff.(225).

48) Vgl. Willigmann, a.a.O., 762; Papier, a.a.O., 263; Tettinger, a.a.O., S.97 usw.

49) Papier, a.a.O., 263; Knemeyer, a.a.O., S.149.

연대채무관계가 인정되기 위한 필요적 전제조건인 '의무자로서의 지위(Pflichten-status)'가 결여되어 있으며,[50] 또한 경찰이 임의로 경찰책임자 전부에 대해서 또는 일부에 대해서 이행을 청구할 수 있는 것도 아니기 때문에 연대채무 규정의 유추적용도 불가능하다.[51] 결국 상이한 법적 근거를 이유로 책임을 부담하는 다수의 경찰책임자는 경찰과의 관계에서 연대채무자로서 책임을 지는 것이 아니다.[52]

(3) 절충설

비용상환문제를 다음과 같이 경우를 나누어 고찰할 필요가 있다고 주장하는 견해이다. 즉, "① 다수의 경찰책임자가 존재함에도 불구하고 그 중의 어느 한 사람이 위험방지를 위한 중요한 책임을 갖고 있어서 그에게 경찰권을 발동하는 것만이 재량권의 행사에 하자가 없는 것으로 인정되는 경우에는 그의 비용상환청구권이 부인되어야 할 것이나, ② 이에 반하여 다수의 경찰책임자 중에서 누구에게 경찰권을 발동할 것인지가 행정청의 의사 여하에 달려 있는 경우에는 민법의 연대채무에 관한 규정의 유추에 따른 비용상환청구가 인정되어야 할 것이다"라고 설명하는 견해가 그것이다. 그 논거로는, 특히 ②의 경우 그와 다른 결론을 인정하게 되면 위험방지를 위해 소요된 비용을 누가 부담할 것인가의 문제가 경찰기관의 순전히 우연한 선택에 의존하게 되어 —평등의 원칙이란 관점하에서 수긍하기 어려운— 불합리한 결과가 야기되기 때문이라는 것이 들어진다.[53]

한편, "다수의 교란자가 있는 경우 경찰처분의 상대방인 교란자는 경찰의 하자 없는 재량행사에 따라 위험방지를 위한 광범위한 책임 있는 자로 판단되었기 때문에 다른 교란자에게 상환청구를 할 수 없다고 볼 것이다. … 그러나 경찰처분의 대상으로 정해진 것이 오로지 우연에 의한 것이라면 사정이 다를 것이다"라는 설명[54]도 입장을 같이 하는 것으로 새겨진다.

---

50) 그 같은 지위는 구체적인 경찰처분에 근거한 경찰행정청의 청구에 의하여 비로소 성립하는 것이다(Hans J. Papier, a.a.O., 263).

51) Lisken/Denninger, a.a.O., S.151.

52) Kohler-Gehrig, Der gesamtschuldnerische Innenausgleich zwischen Zustands- und Verhaltensstörer im Polizei- und Ordnungsrecht, NVwZ 1992, 1049 ff.

53) 이상의 설명에 대해서는 vgl. Schenke, a.a.O., S.240.

3. 판 례

독일의 판례는 이 문제에 있어 직접 경찰권발동의 대상이 된 자의 다른 경찰책임자에 대한 비용상환청구를 부정하고 있는바, 대표적 판례로는 다음의 것을 들 수 있다.

참고판례: BGH, NJW 1981, 2457 ff.

[사안] 이 사건은 집수보호구역 내에서 쓰레기처리장을 경영하고 있는 자의 동의를 얻어 자갈채취사업을 하는 자가 채취하는 자갈에 비소폐기물이 함유되어 있다는 혐의가 발생하자, 수질관리행정청이 전자에게 지하수가 오염될 가능성이 있다는 것을 이유로 수질검사를 시행할 것을 요구한 것이 문제가 되었었다.

[주문] 쓰레기처리장을 경영하는 자는 자갈채취사업을 하는 자의 업무를 행하는 것이 아니라 자신의 영업을 하는 것이므로 사무관리는 성립하지 않으며, 또한 연대채무에 관한 민법의 규정은 다수의 책임자 간의 관계에는 적용되지 않는다.[55]

4. 결어(사견)

생각건대, 부정설이 주장하고 있는 바와 같이 다수의 경찰책임자를 둘러싼 법률관계는 틀림없이 사무관리나 연대채무관계와는 법적 성격을 달리하며, 또 다수의 책임자가 존재하지만 그 중의 어느 한 사람에게 경찰권을 발동하는 것만이 재량권의 행사에 하자가 없는 것으로 인정되는 경우까지도 비용상환청구를 인정할 필요는 없다고 새겨지므로 긍정설을 전면적으로 채용하기에는 무리가 따른다고 생각된다. 한편 다수의 경찰책임자 중 누구에게 경찰권을 발동

54) 홍정선, 앞의 책, 276쪽.

55) 동지판례: VGH Kassel, NJW 1984, 1197 ff.; BGH, NJW 1987, 187 ff.(188-189). 한편 다수의 경찰책임자가 존재하는 경우에 누구에게 경찰권을 발동할 것인가의 선택에 관한 위의 설명에 따를 때, 수질관리행정청이 상태책임자인 쓰레기처리장 경영자에게 경찰권을 발동한 것은 합목적적이고, 재량권의 행사에도 하자가 없다고 생각된다. 왜냐하면 그가 토지에 대한 사실상의 지배권을 갖고 있으며, 급부능력이 있고 또한 수질검사를 가장 잘 행할 수 있기 때문이다.

할 것인지가 전적으로 행정청의 의사에 달려 있는 경우에도 부정설에 따라 비용상환청구를 인정하지 않게 되면 평등의 원칙이란 관점에서 수긍하기 어려운 결론에 달하게 될 것이다. 이렇게 볼 때 결국 절충설의 설명이 가장 무리가 없다고 생각된다.

다만 비용상환청구의 문제는 다수의 경찰책임자 중 누구에게 경찰권을 발동하여야 하는가에 관한 선택이 비례의 원칙과 위험방지의 효율성에 의해서도 결정되지 않을 때, 즉 진정한 의미의 경찰의 의무적합적 선택재량이 존재할 때 문제가 되는 것이라는 것을 강조하게 되면 절충설은 사실상 긍정설과 다를 바 없음을 부기해 두기로 한다.

【補 論】: 잔존유해물질(殘存有害物質, Altlasten)

1. 의 의

잔존유해물질(Altlasten)이란 산업생산과 제1 · 2차 세계대전이 환경에 미치는 유해한 영향에 근거하고 있는 토양과 지하수 내의 유해물질을 말하는바,[56] 잔존유해물질이 문제시되는 것은 그것이 중요한 환경문제일 뿐만 아니라, 그와 관련된 책임 때문에 '투자장해'로 기능한다는 사실에 근거하고 있다.[57]

한편 독일의 경우 경찰책임에 관한 특별한 규율을 갖고 있는 현행 환경관계 법규범(오물처리법, 수질관리법, 연방Immission보호법)들은 동 법률들이 시행되기 이전에 잔존유해물질이 이미 발생하고 있었던 경우에는 적용되지 않는다고 한다. 그리고 이처럼 현행의 환경관계법률이 적용될 수 없는 경우에는 일반적인 경찰-질서법에 근거할 수밖에 없게 되는데, 이를 잔존유해물질이란 문제를 통한 경찰법의 예기치 않은 '르네상스'라고 한다.[58]

---

56) 이는 1980. 3. 26의 독일의 Nordrhein-Westfalen 식량 · 경제장관회람에서 내린 정의인바, 이에 관하여는 vgl. NRW MinBl. 1980, 769. 한편 이러한 정의를 고려할 때 Altlasten은 '잔존유해물질(殘存有害物質)'이라고 번역될 수 있을 것 같다.

57) Kloepfer/Kröger, Haftungsfreistellung für "Altlasten" in den neuen Bundesländern, DÖV 1991, 989 ff.(989).

58) Götz, Die Entwicklung des allgemeinen Polizei- und Ordnungsrechts(1984 bis 1987),

2. 1985. 1. 10.의 뮌스터 상급행정법원(OVG Münster)의 결정

잔존유해물질을 둘러싼 문제에 대한 본격적인 논의의 발단은 1985. 1. 10.의 뮌스터 상급행정법원(OVG Münster)의 결정에 기인하는바, 동 결정에 관해 설명하기로 한다.

참고판례: OVG Münster, NVwZ 1985, 355 ff.

[사안] 피청구인인 Dortmund시는 1965. 12.에 청구인인 Essen석탄주식회사로부터 토지를 구입하였는바, 그 토지에서는 1952년부터 1964년까지 석탄부수물인 암모니아, 타르, 벤졸을 얻기 위하여 코크스 제조영업이 행해졌었다. 그 지역이 광업법상의 감독을 받지 않게 되자 Dortmund시는 1979년에 그 지역 내의 약 18ha정도를 건설기본계획에서 주거전용지역으로 지정한 후에, 계획구역 내의 몇몇 지역을 단독주택이나 공동주택의 건축주에게 매각하였다. 1984년 4월에 피청구인으로부터 계획구역 내의 토양의 오염정도를 조사해 줄 것을 위탁받은 감정인은 그 주거지역이 유동성탄소화합물(DCPD, 벤졸 등)에 의해 심각하게 오염되었음을 확인하였다. 또한 그는 DCPD 등은 지표면에 방출되어 인근 주민의 건강에 유해한 영향을 미칠 수도 있다는 것을 확인하였다. 그 후 피청구인은 청구인에게 오염이 심한 지역에 놓여 있는 토지로부터 DCPD 등이 방출되는 것을 저지할 것을 명하고, 그를 이행치 않을 때에는 대집행을 할 것을 계고하였다.

[주문] 제조과정에서 나오는 유독물질로 인하여 토양을 오염시키는 코크스 영업은 광업법상의 감독이 해제되고 또한 토지가 매매된 후에도 여전히 위험의 방지를 위하여 경찰권 발동의 대상이 될 수 있다. 한편, 그 기업이 광업법상의 허가를 받아 영업행위를 하였다고 하여 처음부터 그와 같은 책임이 면제되는 것은 아니다. 또한 그 지역이 건설기본계획에 따라 주거전용지역으로 지정된 것도 —매매의 시점에 의도되었던 공업지역으로 지정되지 않고— 원칙적으로 책임을 배제하는 것이 아니다.

(서정범)*

NVwZ 1987, 858 ff.(861); Breuer, a.a.O., 360;. 이 같은 사정에 관하여는 vgl. Wecker, Altlasten — eine Renaissance der polizei- lichen Gefahrenabwehr, NVwZ 1987, 781 f.

* 이 글, "다수의 경찰책임자에 대한 법적 문제"는 공법연구 제26권 3호에 게재되었던 글임.

제 4 편

제 7 장

다수의 경찰질서책임자이론의 역사적 개관 및 선택재량지도원칙에 관한 연구

Ⅰ. 서론 — 경찰편의주의와 우리의 실정법제

독일, 우리나라 경찰질서행정법상 책임론에서 오랫동안 해결을 기다리는 법이론 문제로 1) 현대사회의 위험개념 확대에 비례하는 경찰질서책임자(앞으로 '경찰질서책임자'[1])라고 함) 범위의 확대의 정당성 문제, 2) 그에 따른 실질적 경찰의무(materielle Polizeipflicht)의 현대적 이해, 3) 경찰책임과 과실(Verschulden)은 무관하다는 독일통설의 타당성에 관한 의문, 4) 위해현장에서의 조치명령에 따른 책임과 사후적 비용/보상논의단계에서의 비용부담책임의 연계성 문제 등이 있었다. 이러한 문제들을 모두 포함하는 주제가 바로 경찰편의주의원칙에 따른 다수의 경찰질서책임자들 사이의 선택재량과 그 제한을 위한 선택재량지

1) 전통적으로 경찰책임자라고 불리었던 이 개념에서 '경찰'은 '실질적 의미의 경찰' 개념으로서 제도적 의미의 경찰기관의 위험방지활동과 질서관청들의 위험방지활동을 포함하므로 전문가들에게 '경찰책임자'라고 해도 큰 문제는 없으나, 우리나라 일상생활에서 '경찰'은 제도적 의미의 경찰기관적 의미로 통용되므로 오해를 불러왔던 것도 사실이다. 그래서 필자는 앞으로 실질적 의미의 경찰개념과 관련될 경우에는 '경찰질서행정법' 등 '경찰'에 '질서'개념을 추가하여 사용하고, 제도적 의미의 경찰기관 중심의 논의를 할 경우에만 '경찰법'이라는 용어를 사용할 것이다. 전자의 경우는 독일의 대표적 교과서들의 제목에서 확인된다(소위 "경찰질서법[Polizei- und Ordnungsrecht]"). 이와 유사한 우리 실정법표현으로는 '원인자'가 쓰이고 있었다. 대표적인 사례가 구 토양환경보전법 제10조의4(오염원인자의 범위)였다. 그런데 최근 개정되어 2015.12.1. 시행되고 있는 현행 토양환경보전법 제10조의4는 '정화책임자'라고 표현을 바꾸었다. 인과관계와 직접적으로 무관한(이설 있음) 상태책임 개념을 고려하면 행위책임 중심의 원인자라는 표현보다 진일보한 것으로 판단된다.

도원칙의 문제이다. 독일, 우리나라 모두 일부 법제(토양보호법) 외에는 이에 관한 명시적인 규율이 희박하고, 일반규정도 없어서, 학설과 판례의 올바른 발전을 기대하고 있다.

경찰관청이나 질서행정관청은 공공의 안녕과 질서에 대한 구체적 위해가 초래된 경우에 그 위해를 제거하기 위하여 필요한 범위 안에서 재량권을 갖는다는 원칙이 바로 경찰질서행정법상 편의주의원칙(Opportunitätsprinzip)[2]이고, 범죄의 수사와 사안해명은 의무라는 형사소송법상 합법성원칙(Legalitätsprinzip)과 구분된다.[3] 특히 위해제거를 위한 다수의 물적 수단이 있을 때 그 선택재량과 수인의 경찰질서책임자가 존재할 경우의 선택재량이 있는데, 여기서 관심이 있는 후자의 경우 지분적 책임을 요구하든지 연대적 책임을 요구하든지 아니면 수인 중 1인만에게 전부 책임을 요구하든지 경찰질서관청에게는 원칙적으로 선택재량이 부여된다고 해왔다.[4]

그런데 우리나라 경찰질서행정법에는 독일 각 주들의 경찰질서법들과 같은 행위책임자, 상태책임자, 비책임자 등 경찰질서책임자에 관한 일반규정과 책임자 선택에 관한 일반규정이 결여되어 있다. 더 나아가 2015년 개정으로 도입된 토양환경보전법시행령 제5조의3("둘 이상의 정화책임자에 대한 토양정화 등의 명령 등")[5]과 같은 법령 이외에는 다수의 경찰질서책임자 간에서의 책임배

---

2) 대표적으로 Wolf-Rüdiger Schenke, Polizei- und Ordnungsrecht, 8. Aufl., C.F.Müller, Heidelberg, 2013, Rn. 93, S. 54; Matthias Wehr, Examens-Repetitorium Polizeirecht — Allgemeines Gefahrenabwehrrecht —, 3. Aufl. C.F.Müller, 2015, Rn. 433, S. 128.

3) Friedrich Schoch, Störermehrheit im Polizei- und Ordnungsrecht, Jura 2012, S. 685 ff., 688; Schenke, a.a.O., Rn. 93, S. 54. 편의주의원칙에 대한 대표적인 국내문헌으로 손재영, 『경찰법』, 제2판, 박영사, 2014, 172쪽; 홍정선, 『경찰행정법』, 제2판, 박영사, 2010, 93쪽 이하. 독일 각 주들의 경찰법률에 대하여 모범을 제공하는 독일경찰법모범초안(MEPolG)은 제3조(재량, 수단의 선택) 제1항에서 "경찰은 의무적합적 재량에 따라 그의 조치를 행한다" 라고 규정하여 그것을 명시적으로 확인하고 있다. 독일 주 경찰법에서 대표적으로 이에 관한 규정으로는 바덴-뷔르템베르크경찰법(BWPolG) 제3조, 바이에른경찰직무법(BayPAG) 제5조 제1항이 있다.

4) 대표적으로 서정범, "다수의 경찰책임자에 관한 법적 문제," 공법연구 제24집 제2호, 한국공법학회, 1996, 385쪽 참고. 우리나라 경찰질서법 문헌은 대체적으로 수인의 경찰질서책임자 중 선택된 책임자가 부담하는 책임은 원칙적으로 전부책임이고 부분적 혹은 지분적 책임이 아니라는 견해를 옹호하고 있다. 대표적으로 손재영, 위의 책, 458쪽; 홍정선, 위의 책, 311쪽 참조. 그러나 독일에서는 이 견해대립이 팽팽하다.

5) 이에 대한 대표적 최신문헌으로 박종원, "복수의 토양정화책임자와 정화조치명령 대상자

분, 우선순위 등 선택재량 지도원칙규정도 가지고 있지 않다. 경찰관직무집행법도 제11조의2에서 손실보상규정을 최근 도입하였지만, 경찰질서책임자,[6] 다수 책임자문제에 관한 한 매우 불완전한 상태이다.[7]

그렇다면 이론과 판례가 그 자리를 보완하여야 하지만, 이에 관한 독일학계의 학설조차 여전히 대립하고 있고,[8] 판례도 개별사례마다 다른 모습을 보여주고 있다. 그리고 우리나라 이론적 문헌은 너무나 적은 상태이며,[9] 그나마 독일의 최근 일부학설의 소개중심으로 되어 있어서 우리나라 행정과 판례실무의 적용이나 입법적 방향제시에 직접적인 도움이 되지 않았고, 민법·형법상

의 선택 ― 2015년 개정 「토양환경보전법 시행령」 제5조의3의 해석과 평가," 환경법연구 제37권 제2호, 한국환경법학회, 2015, 1-25쪽.

6) 이와 달리 경찰관직무집행법 제5조를 경찰일반조항으로 간주하고, 그 제1항 제3호에 있는 "그 장소에 있는 자, 사물의 관리자, 기타 관계인"을 경찰질서책임자로 해석할 수 있다는 견해로 이기춘, 위의 박사학위논문, 326쪽 이하 참조. 이와 반대의 견해로 홍준형, "경찰통합법에 관한 연구," 연구보고서 97-03, 치안연구소, 1997, 190쪽.

7) 경찰관직무집행법 제11조의2(손실보상) ① 국가는 경찰관의 적법한 직무집행으로 인하여 다음 각 호의 어느 하나에 해당하는 손실을 입은 자에 대하여 정당한 보상을 하여야 한다.
1. 손실발생의 원인에 대하여 책임이 없는 자가 재산상의 손실을 입은 경우(손실발생의 원인에 대하여 책임이 없는 자가 경찰관의 직무집행에 자발적으로 협조하거나 물건을 제공하여 재산상의 손실을 입은 경우를 포함한다)
2. 손실발생의 원인에 대하여 책임이 있는 자가 자신의 책임에 상응하는 정도를 초과하는 재산상의 손실을 입은 경우

8) 독일 경찰질서행정법학계에서는 최근에도 다음과 같은 박사학위논문이 나오고 있을 정도로 여전히 시사적이고 발전되고 있는 주제이다. Andreas Nitschke, Die materielle Polizeipflicht im Sinne einer Gefahrenabwehrpflicht als verfassungsrechtliche Grundpflicht, Peter Lang, Frankfurt am Main, 2013.

9) 한국교육학술정보원(RISS)에서 검색한 결과에 따르면 그동안 직접적으로 다수경찰책임자 주제를 다룬 논문을 시기적으로 보면, 서정범, "다수의 경찰책임자에 관한 법적 문제," 공법연구 제24집 제2호, 한국공법학회, 1996, 383-400쪽; 김현준, "수인의 경찰책임자," 공법연구 제35집 제3호, 한국공법학회, 2007, 233-258쪽 정도이고, 경찰책임을 포괄적으로 논의하면서 독일논의 중심으로 수인의 경찰질서책임자 법리를 소개하고 있는 논문으로 정하중, "경찰법상의 책임," 공법연구 제25집 제3호, 한국공법학회, 1997, 109-142쪽; 이기춘, "위험방지를 위한 협력의무로서 경찰책임의 귀속에 관한 연구," 고려대학교 법과대학원 박사학위논문, 2003. 2.; 구형근, "경찰법상 경찰책임에 관한 소고," 토지공법연구 제42집, 한국토지공법학회, 2008, 483-504쪽; 손재영, 『경찰법』, 제2판, 박영사, 2014, 458쪽 이하; 홍정선, 『경찰행정법』, 제2판, 2010, 311쪽 참고. 더 이상의 문헌들을 찾지 못함은 저자의 부족함에 기인한다. 또한 경찰비용문제에 대해서는 이성용, "경찰책임자의 비용상환에 관한 연구," 경찰학연구 제8권 제1호, 경찰대학, 2008, 59-80쪽 참고.

책임문제와 혼란이 빚어져 왔다.[10] 이와 같이 우리나라 행정, 사법과 입법실무에 대한 방향제시를 위한 시사점 발견을 위하여 독일과 우리나라의 고전적, 현대적 이론을 역사적 관점에서 한 번은 재조명하는 취지로 개관할 필요성이 확인된다. 이하에서는 독일경찰질서행정법 역사상 대표적 학자들의 다수의 경찰질서책임자 선택재량과 그 지도원칙들에 관한 견해를 개관하고, 1990년대 이후 독일과 우리나라의 현대적 이론들의 요지와 우리 법제에 대한 시사점을 도출해 볼 것이다.

II. 독일과 우리나라의 다수의 경찰질서책임자이론의 역사적 개관

1. 독일의 고전적 대표학자들의 다수의 경찰질서책임자이론

(1) 고전적 선택재량지도원칙

이러한 선택재량은 '의무적합적' 재량으로서 관련 공사익 등을 적절히 형량하여 하자 없는 재량행사가 되도록 할 의무가 있는 재량이다. 독일의 경찰질서법 학설과 판례는 다수의 경찰질서책임자가 존재할 경우 선택재량의 하자 없는 행사가 되도록 유도하는 지도원칙을 형성하였다. 따라서 이 원칙을 위반하는 경찰질서관청의 재량결정은 위법한 것이 되었다.

이러한 고전적 원칙과 이론으로 ① 다수행위책임자 중 선택재량과 관련하여 다수행위책임자이론으로서 최후의 원인야기자로서 위험에 시간·장소적으로 근접한 자를 우선 선택해야 한다는 원칙, ② 행위책임자와 상태책임자 병존 시 일반인의 정의감정에 따른 행위책임자우선의 원칙, ③ 행위 및 상태책임을 이중으로 부담하는 이중책임자 우선의 원칙 등이 정립되어 독일의 행정과 판례실무를 지배했었다.[11]

---

10) 김현준, 위의 논문, 235쪽.

11) '상태책임자 다수' 시 선택원칙에 관해서는 특별한 논의가 발견되지 않아서 논의초점에서 배제한다. 실제 사례로는 많이 나타나는 것인데, 이에 대해서는 바케 정도가 효과적 위험방지목적에 부합되는 자를 선택해야 한다는 일반적 설명을 하고 있을 뿐이다. 또한 아래 현대적 논의도표에서 쇼흐(Schoch)의 부분(본질적 원인제공책임자를 선택할 것)을 참고하기 바란다.

먼저 이를 아래와 같이 도표로 정리해 보았다.

	다수의 행위책임자 중 선택재량원칙	행위-상태책임자 중 행위책임자우선원칙	이중책임자 우선원칙	비 고
Drews 1931년	단순간접원인제공자는 비책임	○ 경찰의 정의감각	○ 특별한 근거제시가 보이지 않음	
Wacke 1961년	시간적 최후원인자 — 시간 · 장소적 근접성 기준	○ 일반적 정의감정. 2차적으로 과실, 목적의사 등도 고려	○ 반대이유가 있으면 예외	보충적으로 과실, 특별한 위험야기의사도 가치판단기준
Götz 1972년	보다 적은 비용으로 위해제거 가능자를 선택해야 한다는 필요성원칙 강조. 단 효과적 위해제거 전제	△ 법감정 적용불가, 과실도 무관함. 효과성우선. 상태책임자의 희생자적 지위를 고려하거나, 근본적 위해제거를 위해 행위책임자를 우선선택할 수는 있음	○ 1985년 8판부터 × 효과적인 위해제거의 길이 무엇인지가 중요	과실 유무는 무관함을 강조. 1985년 제8판에서, 상태책임자가 희생자지위를 갖거나 비용책임문제에서는 행위책임자우선
Martens 1986년	시간 · 장소적 근접성 기준. 바케의 시간적 최후원인자설을 취하지 않음.	× 파우스트규칙(Faustregel)일 뿐. 신속하고 효과적인 위해제거관점이 중요 (단 경찰에게 시간적 압박이 없으면) 행위책임자를 우선시킬 수 있음	○ 특별한 근거제시가 보이지 않음	'시간적 압박'이 기준. 비책임자는 요건을 갖춘 협력요구시 거부할 수 없고, 이행능력과 적합성, 비책임자에 대한 불이익의 정도 등을 고려해야 한다고 함

(2) 1931년 프로이센경찰행정법 제정까지의 상황과 당시 드레브스(Drews)의 견해[12]

당시 독일의 판례는 "일반적으로 … 토지 위에서의 경찰위반상태의 제거를 위해 이 상태를 야기한 사람도 책임을 지며, 경찰은 자신의 선택에 따라

12) 왜 1931년인지는 서론의 불완전한 우리 실정법제 연구목표와 관련된다. 경찰질서작용의 법치국가적 한계로 높이 평가되는 행위책임, 상태책임, 비책임자 등에 관한 경찰책임규정, 비례성원칙규정, 의무적합적 재량에 관한 규정을 담은 공식적인 독일 최초의 성문경찰법이 나온 시기가 1931년이다. 그런데 현재 우리 경찰관직무집행법은 현저히 효과적 위험방지관점에 초점을 맞춘 법치국가론적으로 불균형적인 입법형태이고, 질서행정법에 관한 한 우리는 일반법을 갖고 있지도 못하기 때문에, 그 참고 필요성을 알리고자 함이다.

제3자에게든 소유자에게든 조치명령을 할 수 있다"라고 하여 경찰기관의 다수책임자 사이의 선택재량권을 확인하고 있다.[13] 그리고 독일에서 다수의 경찰질서책임자 법리는 1931년 프로이센경찰행정법[14] 제정 이전부터 프로이센 고등행정법원의 판례와 학설들을 통해 등장해 있었다.[15] 대표적인 사례로 행위책임자가 다수 존재할 경우인데, 단순한 간접원인제공자(Veranlasser), 소극적 관여자나 효과적 위해대처수단보유자(Inhaber des möglichen oder wirklichen Gegenmittels)임에 그치는 사람은 경찰질서책임자가 될 수 없다는 직접원인설의 법리를 들 수 있다.[16][17]

프로이센고등행정법원장으로서 오랫동안 재직하면서 독일경찰법 판례를 주도하였던 빌 드레브스(Bill Drews)[18]는 자신의 저서 「프로이센경찰법(Preußisches

---

13) 여기 문맥에 '제3자'란 자신의 토지에서 위험이 발생했을 때 당사자를 토지소유자로 보고, 위험야기행위자를 제3자로 이해한 것으로 보인다. PrOVGE 43, 383, 385; 77, 484, 486. Stefan Naas, Die Entstehung des Preußen Polizeiverwaltungsgesetz von 1931, Mohr Siebeck, Tübingen, 2003, S. 149, Fn. 142.

14) 「Das Preussische Polizeiverwaltungsgesetz」. 이 법률은 "독일경찰법의 아버지"라고도 평가되고 있다(Naas, a.a.O., S. 1, 17 f.). 참고로 우리나라에서 유일하게 정면으로 이 법률의 내용을 전체적으로 검토한 문헌으로 김성수, "1931년 프로이센경찰행정법에 대한 한 연구(1) ―그 개관 및 조문내용을 중심으로―," 경찰법연구 제3권 제1호, 한국경찰법학회, 2005, 174-198면; 동인, (2), 제4권 제1호, 2006, 204-222쪽 참고.

15) 20세기 초중반 이 논의의 역사에 대해서는 대표적으로 Fleischer, Herbert, Die Auswahl unter mehreren Polizeipflichtigen als Rechtsfrage, R.G.Fischer, 1980 참고.

16) 대표적으로 Walter Jellinek, "Verwaltungsrecht," 3. Aufl.(1931), Verlag Dr. Max Gehlen, Bad Homburg v. d. Höhe, Berlin, Zürich, Neudruck, 1966, S. 444-445.

17) 이러한 간접원인제공자개념에 의도성을 더하여, 의도적 간접원인제공자(Zweckveranlasser)는 직접원인제공자와 동급에서 행위책임자로서 선택재량권의 대상이 된다는 이론을 만든 학자는 발터 옐리네크이다. W. Jellinek, a.a.O., S. 444 f. 이러한 독일의 의도적 간접원인제공자(Zweckveranlasser) 법리를 국내에 소개한 대표적 문헌으로 이기춘, "의도적 간접원인제공자 개념의 무용성," 공법학연구 제5권 제3호, 한국비교공법학회, 2004, 515-546쪽; 손재영, "경찰법에 있어서 위험귀속의 법리 ―행위책임에 있어서의 위험귀속과 그 한계를 중심으로―," 동아법학 제52집, 동아대학교법학연구소, 2011, 255-284쪽; 최정일, "독일과 한국에서의 경찰책임론의 몇 가지 쟁점에 관한 소고 ―인과관계이론, '의도적 야기자' 개념 및 '잠재적 위험' 개념을 중심으로―," 비교법연구 제11권 제3호, 동국대학교비교법문화연구소, 2011, 73-127쪽 참고.

18) 드레브스는 프로이센경찰행정법의 초안제안자이며, 프로이센고등행정법원장을 1921-1937년 사이 16년간을 역임했으며, 동시에 학자로서도 독일경찰법학의 선구자라고 평가된다. 또한 바케(Wacke)가 잇고, 포겔(Vogel)과 마르텐스(Martens)가 계승한 그 유명한

Polizeirecht)」 1931년판에서 "많은 사례에서 행위책임자와 상태책임자는 동시에 등장한다. 예컨대 어떤 토지 위에 쓰레기가 투기되어 건강에 유해한 상태가 나타난 경우에 경찰질서관청은 자유로운 의무적합적 재량에 따라 양 행위책임자(투기자-필자註)와 상태책임자(토지소유자-필자註)들 중 누구에게 위해제거조치명령을 할 것인지를 결정할 수 있다. 이때 경찰의 정의감각(Gerechtigkeitsgefühl)이 시험대에 오르게 된다. 일반적인 견해에 따르면 우선적으로 행위책임자가 조치명령의 상대방이 될 것이다. 물론 법적·사실적 지배력보유자 스스로가 물건을 위험한 상태로 빠뜨림으로써 양 책임형태를 모두 갖게 되는 경찰질서책임자가 동일한 한 사람인 사례[이중책임자(Doppelstörer) — 필자註]도 많이 나타나는데 이때 경찰은 (이중책임자우선원칙에 따르면 되므로 — 필자註) 선택의 어려움에서 벗어난다."[19)]

여기에서 알 수 있는 것은 1931년 프로이센경찰행정법 제정 당시 이미 행위책임자, 상태책임자가 구분되었고, 양자 중에서 선택문제, 이중책임자의 선택문제 등 다수 경찰질서책임자 논의가 형성되어 있었다는 점이다. 그리고 가장 중요한 점은 경찰질서관청의 일반적 정의감정에 따른 행위책임자우선의 원칙과 이중책임자(Doppelstörer) 우선의 원칙을 드레브스가 확인하고 있다는 점이다.[20)]

그러나 프로이센경찰행정법과 빌 드레브스 자신은 다수의 경찰질서책임자 중 선택재량지도원칙의 체계화와 책임자와 조치명령의 대상이 되지 않은 사람 사이의 내부구상문제 즉 연대책임규정 유추적용가능성 문제에 대해서는 아무런 규정을 두지 않아서, 이것은 학설·판례의 발전에 맡겨졌다.

(3) 바케(Wacke)의[21)] 1961년도 견해

① 첫째, 바케는 다수 행위책임자 중 선택재량의 문제에서,[22)] 원칙적으로

「위험방지(Gefahrenabwehr)」, 9. Aufl, 1986의 제1저자이다.

19) Bill Drews, "Preußisches Polizeirecht," 3. Aufl., Carl Heymanns Verlag, Berlin, 1931, S. 50 f.

20) Fleischer, a.a.O., S. 29 ff.

21) 앞서 본 드레브스는 1927년에 "프로이센경찰행정법" 제1판을 시작으로 1936년 제5판까지 발간하였다. 그리고 이 책은 공법학교수이자 고등행정법원판사를 겸임했던 게르하르트 바케(Gerhard Wacke)가 공저자로 이어받아 제6판이 1952년에 "일반경찰법 —질서법—"이라는 이름으로 출판되었고, 제7판까지 바케가 저술하였다. 즉 경찰법 대저서 「위험방지(Gefahrenabwehr)」, 9. Aufl., 1986의 기틀을 실질적으로 만든 사람이다. 이하는 드레브스와의 공저7판의 내용에 따른다. Bill Drews, Gerhard Wacke, "Allgemeines Polizeirecht

경찰질서관청의 자유재량에 따라 경찰질서책임자 모두를 조치명령의 상대로 할 수 있고, 한 명만을 선택할 수도 있다고 하였다.[23] 그리고 경찰이 손해에 시간적 · 장소적으로 가장 가깝게 있는, 따라서 가장 용이하게 손해를 제거할 수 있는 사람에 대하여 조치명령을 해야 한다는 판례[24]는 일반적 관점이며 그 중에서 특히 경찰비례관점에 따른 것이라고 한다. 따라서 그는 직접원인설의 효과성, 비례성원칙 지향성을 확인하였다. 그리고 그는 경찰책임이론이 경찰질서관청의 재량의 자유를 제한하기 위한 법리임을 밝히고 있다. 위해가 발생한 위치에서 가장 가까운 위치에 있는 사람을 선택하도록 권고한 것은 단순히 경찰재량의 합목적성 목적만을 지키기 위한 것이 아니라고 본다. 물론 신속한 위해제거라는 공익합치방향으로 경찰재량행사를 지도한 것이기도 하지만, 다수의 조치명령대상자 집단에서 대상자가 되는 사람을 '최후의 원인자'로 한정하여 최소화하는 결론을 도출하였다. 따라서 그는 '직접원인설'을 경찰재량권의 법치국가적 제한학설로 평가될 수 있도록 한 사람이다.

② 둘째, 그는 다수의 상태책임자가 존재할 경우에 경제적 능력 여부[25]나 소유권자인지 용익물권자인지[26] 등과 상관없이 효과적 위험방지를 위한 목적에 부합되는 책임자가 선택되어야 한다는 원칙을 천명하였다.

③ 셋째, 행위책임자와 상태책임자가 함께 존재하는 경우에서, 그는 드레브스와 마찬가지로 '일반적 정의감정', '일반적 법견해'임을 근거로 '행위책임자 우선원칙'을 확인하면서도 행위책임자의 위험원에 대한 시간적 · 장소적 근접성을 근거로 추가하였다.

— Ordnungsrecht der Länder und des Bundes —," 7. Aufl., Carl Heymanns Verlag KG, Berlin, 1961, S. 229-230, 244-246.

22) Wacke, a.a.O., S. 229-230의 다수의 행위책임자 부분이다.

23) PrOVGE 90, 326, 334.

24) 바케(Wacke)는 이 판례를 평석하였다(ders., NJW 1953, 198-200). 이 판례는 주민들이 법률로 정해진 기간 안에만 사용해야 하는 쥐약(Rattengift)을 방치하고 있어서, 그 이행강제금을 부과하면서 문제된 것이다.

25) PrOVG, RVBl. 1936, 901. 이 판례는 Wacke, a.a.O.(1961), S. 245에서 인용함. 그 '특별한 사유'란 위해가 긴박하여 조금이라도 대응수단 · 능력을 갖춘 책임자의 협력이라도 필요한 상황일 것이다.

26) PrOVG 70, 419 = RVBl. 1936, 901; VG Karlsruhe, DVBl. 1956, 838. Wacke, a.a.O., S. 245에서 인용함. 위해제거 자체에 있어서는 소유권이 다른 용익물권보다 우선하는 것이 아니라, 효과적 위해제거 위치에 있는 자가 누구인가가 중요하다는 의미이다.

한걸음 더 나아가 그동안 특히 1950년대 비약적으로 발전된 판례들과 자신의 견해를 기초로 다음과 같이 선택재량지도원칙에 관련된 가치판단기준을 보다 구체화시켰다. a) 위험발생의 중심지와의 객관적 · 장소적 근접성, b) 개인적 · 물적인 책임이행능력과 적합성, c) 원인자에게 일어날 불이익과 피해의 대소정도, 그리고 보충적이지만 d) 과실, 특별한 의지 등 주관적 동기[27]까지 선택재량 시 고려할 수 있다고 하였다. 물론 무엇보다도 효과적이고 신속한 위해제거라는 관점이 가장 먼저 고려되어야 한다고 하였다.

④ 넷째, '이중책임자우선원칙'에 대하여 그는 '중첩적으로(kumulativ)' 경찰책임자가 된 자이기 때문에 단순 책임자보다 행위-상태책임자가 동시에 된 책임자에게 우선하여 조치명령을 내려야 한다고 하였다. 극히 특별한 반대이유가 있을 때에만 이와 다른 조치가 허용된다고 하였다.[28]

그는 위 원칙들은 고정된 것이 아니라고 보았고, 다수의 경찰질서의무자들 중에서 선택문제 전체는 하나의 재량과정으로서 비례성원칙의 관점 아래에 있다고 보았다. 그를 통해 독일 행정법원의 판례가 사후에 경찰재량의 한계를 심사하기 시작했음을 보여주었다. 그러나 현실적으로는 당시 경찰질서관청들이 사법심사결과를 받아들여 조치를 교정하는 일은 없었다고 한다.[29]

(4) 괴츠(Goetz)의 1972년도 견해

폴크마르 괴츠(Volkmar Götz)[30]는 1972년 제2판 다수의 경찰질서책임자논의

27) 너무나 중요한 바케(Wacke)의 '과실'에 관한 의견이다. 독일 프로이센경찰행정법 제정 이전부터 ―발터 옐리네크의 유일한 예외자를 별론으로 하면― 독일에서 비롯하여 일본, 우리나라 경찰법에서 깨지지 않는 도그마 중의 하나가 있는데, "경찰질서책임은 '과실(Verschulden)'과 무관하다"는 것이었다. 이에 대해서는 안쉬츠, 오토 마이어 등 초기공법, 행정법 학자들 모두 의심하지 않고 인정했다. 20세기 초반 이 법리역사에 대해서는 Naas, a.a.O., S. 150 f. 특히 S. 151, Fn. 154. 이에 대한 대표적 국내문헌으로 이러한 독일판례의 행위책임자우선원칙에 대한 대표적 한국문헌으로 서정범, 위의 논문(1996), 387쪽 참고.

28) OVG Berlin, NJW 1953, 198(앞에서 다수행위책임자 논의에서 인용된 바 있는, 바케가 평석하였다는 유명한 판결이다). 또한 동일한 것으로 OVG Berlin, DVBl. 1952, 760도 참조. Wacke, a.a.O., S. 246 참고. 이러한 독일판례의 중첩적 혹은 이중책임자우선원칙에 대한 대표적 한국문헌으로 서정범, 위의 논문(1996), 387쪽 참고.

29) PrOVGE 70, 419, 422 (1915년 10월 26일자 판결); PrOVG, RVBl. 1936, 901 (1936년 5월 14일자 판결).

30) 괴츠는 괴팅겐(Göttingen) 대학교수이자 뤼네부르크(Lüneburg) 고등행정법원 판사를 겸했

에서[31] 다음과 같은 의견을 제시했다.

① 수인의 경찰질서책임자 중에서 의무적합적 선택재량에서 최소침해원칙(필요성원칙)에 따라 가능한 보다 적은 비용으로 위해제거가 가능한 사람을 선택하여야 하는 원칙을 제시하였다. 이것은 경제적으로 부유한 자를 의미하는 것이 아니다. 하지만 이러한 자에 대한 조치명령이 효과적 위해제거가 될 수 없다고 판명되면 다른 경찰질서책임자에 대한 조치를 선택할 수 있다.

② 그리고 행위-상태책임자 사이의 선택재량에서 굇츠는 ―유책한 행위책임자에게 행정관청이 조치를 취하는 것이 법감정에 맞고, 상태책임자는 희생자의 역할을 맡게 되어 위해제거를 상태책임자의 비용으로 이행하라고 명령하는 것은 가혹하다는― 과거 판례를 비판하면서, "결론적으로 법감정은 적용되지 않는다"라고 하였다.

③ 그러나 그는 물건의 위험한 상태를 초래하여 경찰질서위해를 야기한 행위책임자가 단순한 상태책임자보다 우선한다는 것은 납득할 수 있다고 본다. 더 나아가 행위책임자의 과실은 고려 되서는 아니 되고, 모든 경찰질서책임사례에서 과실은 무관하다고 하였다.

④ 가장 결정적 재량판단기준은 가장 효과적이고 최적(effektiv und optimal)의 위험방지임무수행가능성이라고 하였다. 행정관청은 위해의 증상만 없애는 쪽이 아니라 근본적으로 제거할 수 있는 개입을 해야 함을 강조하였다. 이러한 관점에서 가능하면 행위책임자를 우선시키되, 행위책임자가 확인되지 않거나 그에 의해 지체 없는 위해제거가 보장되지 않으면 상태책임자를 선택해야 한다고 하였다.

⑤ 그 역시 동일한 위해제거를 할 수 있는 상황이면, 행위책임자를 선택해야 함을 밝혔다. 행위책임자에 대한 조치명령과 비교하여 상태책임자조치명령의 엄격한 보충성은 당시 바이에른형사절차법 제5조 제5항에서도 확인할 수 있다고 하여 근거지었다.

최종적으로 굇츠는 효과적 위험방지를 최우선과제라고 하여 그에 적합한

었다. 그는 1970년에 1판을 낸 후 2013년 15판까지 경찰법저서를 내고 있는 독일경찰법의 대가이다.

31) Volkmar Götz, "Allgemeines Polizei- und Ordnungsrecht," 2. Aufl., Vandenhoeck & Ruprecht, Göttingen, 1973, S. 83 f.

책임자를 선택하여야 하고, 법감정을 근거로 한 행위책임자우선원칙, 이중책임자우선원칙을 선택재량지도원칙으로 인정할 수는 없다고 하였다. 단 상태책임자의 희생자역할, 행위책임자의 시간적·장소적 위험원 근접성 등을 근거로 행위책임자를 우선선택할 수 있음을 부인하지 않았다. 그리고 과실은 경찰책임법과 무관함을 재확인하고 있다.

(5) 마르텐스(Martens)의 견해

위 드레브스와 바케의 경찰법 저서를 이어받은 볼프강 마르텐스(Wolfgang Martens)의 견해는 1977년 제8판[32]의 제2권과 1986년 제9판[33]에 담겨 있다.

① 마르텐스는 선행 공저자들과 달리 경찰긴급상태 시 다수 비경찰책임자 사례도 추가하였다. 일단 다수의 경찰질서책임자사례이든, 비책임자사례이든 중요한 것은 1차적으로 재량결정 시에 위험을 신속하고 효과적으로 제거해 낼 수 있는 사람을 선택하여야 한다는 것이 원칙이라고 하면서, 이러한 효과성원칙을 공식화하였다. 아래는 위 바케와 중복되는 것을 뺀 책임에 관한 마르텐스 고유의 저술내용 요약과 그 평가이다.

② 마르텐스는 다수의 행위책임자의 사례에서 바케의 시간적·장소적으로 가장 근접해 있는 사람을 선택하여 조치명령을 하는 것이 타당하다는 견해를 받아들이고는 있지만, 시간적 최후의 책임자를 선택해야 한다는 바케의 견해를 따르지 않고, 가장 신속하게 효과적으로 위해제거를 할 수 있는 상태에 있는 자를 선택해야 한다고 한다.

③ 다수의 행위 및 상태책임자가 존재하는 사례에서,[34] 과거 교과서 사례인 쓰레기 투기사례에다가 유조차전복사례를 추가하였다. 마르텐스에 따르면, 행위책임자우선원칙은 일반적 정의감정에 부합할지는 모르지만 상태책임자를

---

32) Bill Drews/Gerhard Wacke/Klaus Vogel/Wolfgang Martens, "Gefahrenabwehr — Allgemeines Polizeirecht (Ordnungsrecht) der Länder und des Bundes —, 8. Aufl., Zweiter Band: Wandlungen des Polizeibegriffs, Generalklausel und Spezialermächtigungen, Carl Heymanns Verlag KG, Köln, 1977, S. 182 f.

33) Bill Drews/Gerhard Wacke/Klaus Vogel/Wolfgang Martens, "Gefahrenabwehr — Allgemeines Polizeirecht (Ordnungsrecht) der Länder und des Bundes —," 9. Aufl., Carl Heymanns Verlag KG, Köln, 1986.

34) Martens, a.a.O.(1986), S. 304-305.

행위책임자보다 먼저 조치명령의 상대방으로 삼아서 그 원칙을 따르지 않는다고 하여 바로 하자 있는 재량결정이 되는 것이 아니라고 한다. 시간적 압박이 없어서 이것들을 모두 고려할 수 있는 여유가 있으면 상태책임의 보충성원칙 즉 행위책임자 우선원칙이 지도원칙이 되지만, 시간적 압박이 있는 경우에는 구속력이 없고 참고관점에 불과한 파우스트규칙(Faustregel) 즉 대강적 규칙에 불과하다고 하였다.

④ 바케는 이중 혹은 중첩적 책임자를 단순 행위-상태책임자보다 우선해야 한다는 지도원칙을 정립한 바 있는데, 마르텐스는 1953년 베를린고등행정법원 판결과 그에 대한 평석을 행한 바케의 견해를 특별한 근거 없이 그대로 따르고 있다.

⑤ 원인야기와 무관한 제3자인 비책임자가 다수인 경우에 다른 사람에게 조치명령을 할 것을 들어 자신에 대한 협력요구를 거부할 수 없고, 그들 중 선택기준으로 위해제거수행능력, 적합성(Eignung), 선택되었을 때 그에 대한 불이익의 정도를 들고 있다.[35)]

(6) 총 평

사실 독일경찰질서행정법학계에는 많은 학자들과 문헌들이 존재하고, 다수 존재하는 행정법원의 판례를 망라하여 살펴보는 것은 거의 불가능한 일이다. 그래서 그중에서 독일의 행정, 사법실무와 학설상 가장 많이 인용되는 전설적 대표저술인 1986년도 「위험방지(Gefahrenabwehr)」의 공동저자들의 견해를 정리해 보았고, 이들에 대한 비판적 검토를 행하였다. 그리고 현재까지도 저서를 출판하고 있는 굇츠의 견해도 요약해 보았다.

전체적으로 고전적 이론의 특징을 요약하면, ① 효과적 위험방지와 장해제거를 최우선 과제로 하면서도, 가급적 상태책임자보다는 행위책임자를 우선하는 선택재량권행사가 적법하다는 지도원칙을 독일의 판례와 학설에서 확인하였고, ② 이중책임자는 단순책임자보다 특별한 근거 없이 우선적으로 선택대상이 되어야 적법하다고 하였으며, ③ 경찰법 특히 경찰책임법은 과실과 무관하다고 알려져 있었는 데 반해, 바케나 마르텐스는 의외로 보충적 가치판단기

35) Martens, a.a.O.(1986), S. 306.

준으로 과실이나 특별한 위해야기의사를 선택재량권행사 시 고려할 수 있다고 한 점이다. ④ 마지막으로 마르텐스는 시간적 압박 유무로 관점이 상대화됨을 강조함으로써, 1990년대 이후 정착된 경찰위험-책임의 제1차적 차원(영역)과 위해종료 후 비용-책임과 손실보상문제단계인 제2차적 차원(영역)의 분리이론의 선구적 모습을 보여주었다. 그리고 굇츠도 1985년 제8판에서 유조차전복사례를 설명하면서 이러한 입장을 보여주었다.

2. 현대 경찰질서행정법 학자들의 선택재량지도원칙에 관한 견해

(1) 고전적 선택재량지도원칙을 파우스트공식이라고 한 비판과 그에 대한 생각

그런데 1980년대 중반 이후가 되면서 위와 같은 고전적 경찰질서행정법학자들의 학설과 과거 판례에 따른 선택재량지도원칙들은 추상적인 서열을 보여줄 뿐이고, 효과성원칙과 모순된다는 비판을 받기 시작하였다.[36] 이를 대신한 현대적 통설에 따르면 이 선택재량은 1차적으로 합목적성의 다른 표현인 효과적 위험방지원칙(앞으로 '효과성원칙' 혹은 '효과성관점'이라고 할 것이다)의 지배를 받고[37] 2차적 · 보충적으로 공평부담배분원칙, 비례성(필요성)원칙의 기속을 받는다고 하며, 이 원칙들은 각 사례에 따라 우선순위가 바뀌는 긴장관계에 있다. 경찰질서관청은 재량권을 행사하지만 위의 3원칙을 고려하여 최적의 선택이 되도록 할 의무를 부담한다[이른바 최적화명령(Optimierungsgebot)]. 독일학자들은 이러한 방향결정관점을 "(다수의 경찰질서책임자 중) 선택재량 지도적 관점"이라고 부르기도 한다(앞으로 이를 '선택재량지도원칙'이라고 할 것이다).[38]

---

36) Friedrich Schoch, Störermehrheit im Polizei- und Ordnungsrecht, Jura 2012, S. 685 ff., S. 688, 각주 44에서 다음과 같은 문헌/판례 정보를 재인용함(Schoch, VGH BW NVwZ-RR 1992, 350; NVwZ-RR 1993, 1014 (1016); VBlBW 1995, 281; Erichsen JK 96, Pol.- u. OrdR, Störer/7; VBlBW 1996, 221 (223); BayVGH NJW 2004, 2768 (2770); HessVGH NVwZ-RR 2006, 781; OVG NW NVwZ-RR 1995, 635 = NWVBl 1996, 66 (67); Poscher/Rusteberg JuS 2011, 1082 (1087); Götz POR (Fn. 38) § 9 Rdn. 86; Möller/Warg POR (Fn. 45)Rdn. 141; Pieroth/Schlink/Kniesel POR (Fn. 12) § 9 Rdn. 92 ff.; Schenke POR (Fn. 8) Rdn. 285).

37) Schenke, a.a.O., Rn. 285, S. 191.

38) Schenke, a.a.O., Rn. 285, S. 191("Ermessensleitende Gesichtspunkte bei der Auswahl"); Wehr, a.a.O., Rn. 471, S.136("der das Auswahlermessen leitende Aspekt").

이러한 관점에 따르면 사례의 다양성 때문에 효과성-공평부담배분-비례성(필요성/수인한도)의 3원칙 간 우선순위에 따라 개별사례에서 그때마다 책임자가 결정되는 것이지, 사안과 상관없이 상태책임자보다 행위책임자가 우선하고 이중책임자가 우선되어야 한다는 원칙에 반하는 재량결정은 위법하다는 식의 판단은 지양된다고 한다.

단 고전적 선택재량지도원칙들은 이른바 '파우스트공식(Faustformel)'으로서 각 사례에 따라 참고공식에 불과하다는 것에는 이의가 없다. 독일연방헌법재판소도 너무나 일률적 공식들임을 확인해 주고 있다.[39] 그러나 효과성원칙에 문제가 없을 때 혹은 그에 따른 책임자선택이 불확실할 때, 실질적 정의감정에 합당한, 즉 공평부담배분원칙에 합당한 책임자가 위해제거책임을 비례성원칙에 따라 부담하도록 해야 하므로 이들 관점 중심의 고전적 선택재량지도원칙들이 현대적으로 의미를 완전히 상실한 것은 아님을 유의하여야 한다. 독일의 판례도 특히 상태책임자가 명백히 희생자가 되는 사례에서 이러한 결론을 보여주고 있다. 행위책임자를 우선적으로 선택해야 하는 것은 사실 단순한 정의감정이나 실질적 정의사상에 입각한 것에서 더 나아가, 헌법에 근거한 자기책임원칙에 따른 결론이기 때문이다.

---

39) BVerfG, NJW 2000, S. 2575.

21세기 현대 경찰질서법 학자들과 문헌	1980년 중 · 후반부터 시작된 경찰위험-책임의 제1차적/제2차적 차원 구분에 따른 효과성-공평부담배분-비례성원칙의 상호긴장관계적 우선순위 결정태도가 21세기에 지배적 태도가 됨				
	다수경찰질서 책임자 선택재량지도원칙	행위책임자 우선원칙	이중책임자 우선원칙	현대적 1/2차원구분과 효과성-공평부담배분-비례성	비고 –연대채무 구상청구권 규정 유추가능성
데닝어 (Denninger)[40]	고속도로다중추돌사고–화재발생사례 쓰레기하치장토지소유자–건설폐기물보관수탁자사례	× 파우스트공식 (Faustformel) 일 뿐 효과성원칙을 1차적으로 고려하되, 평등 · 비례원칙 보충적 고려함	× 파우스트공식 (Faustformel) 일 뿐	과잉금지원칙(필요성/수인한도)–평등원칙–효과성사상의 긴장관계 공동원인야기시점 즉 시간적 최후원인자여부 및 지분적 책임은 중요하지 않음 (Giesberts, Jochum이 지분적 책임설로 유명함) 1차적 차원의 위험방지책임과 2차적 차원의 비용책임 구분	Götz의 견해 옹 마찬가지로 상 책임자의 희생 지위고려 2차적 차원에 조정사상으로 대책임구상청 권규정 유추적용
구지(Gusy)[41]	전통적 선택재량지도원칙들은 형식적으로 적용될 수 없다. 사례마다 법률에 근거하여 달리 적용가능함 – 가장 최후의, 중대한 원인야기자 우선원칙은 × – 위해제거의 효과성원칙이 지배. 비례성 중 적합성 원칙과 결합됨 ① 위험지에 있는 자를 우선함 ② 장기간 위험방지성과가 보장되면 상태책임자도 우선 ③ 공동행위자 공동조치명령대상. 공동으로만 방지될 수 있는 한에서 → 우측 보심	× “비법적인 산술적인 사이비객관화“로 선택재량결정이 이루어 질 수는 없다. 행위책임자와 상태책임자의 동가치성 ④ 책임자에게 위험하지 않은 조치우선 ⑤ 행위책임자가 확인되지 않으면 일단 경찰이 긴급임시조치를 우선함 그 다음 필요성 원칙, 이보다 수인한도원칙이 매우 중요함	× 효과성원칙에 따름	Gusy의 선택재량지도원칙 1) 선택의 명령 (Heranziehungsgebote) 재량이 없는 경우. 책임자가 확보되면 책임자에게 조치명령을 하는 것은 재량불인정 / 1차적 책임자에게 과잉금지원칙 등 사유로 조치가 불허사례 2) 선택의 금지 (Heranziehungsverbote) – 물적지배성을 위법하게 탈취당한 상태책임자, 비책임자의 절대적 보충성 책임자–경찰 다음에만 고려	1차적 차원에 위해제거의무 합목적성 즉 효 성원칙이 지배 단 수인의무 시 행능력이 지배 차적 차원에서 용책임문제 시 든 기준고려함 토양보호법과 은 특별법규정 없으면, 민법연 책임규정 직접/ 추적용 불허됨(관된 독일판례) 그러므로 실무 서 누가 조치대 자가 되는지가 우 중요함

21세기 현대 경찰질서법 학자들과 문헌	1980년 중·후반부터 시작된 경찰위험-책임의 제1차적/제2차적 차원 구분에 따른 효과성-공평부담배분-비례성원칙의 상호긴장관계적 우선순위 결정태도가 21세기에 지배적 태도가 됨				
	다수경찰질서 책임자 선택재량지도원칙	행위책임자 우선원칙	이중책임자 우선원칙	현대적 1/2차원구분과 효과성-공평부담배분-비례성	비고 – 연대채무 구상청구권 규정 유추가능성
뷔르텐베르거 (Würtenberger)[42]	의무적합적 재량 경찰법의 수권목적인 가장 신속하고 효과적인 위해 제거가 가능한 책임자를 선택 효과성 하에서 필요성원칙과 공평부담배분원칙(수인한도원칙)을 고려	× 파우스트규칙(Faustregel) 그러나 판례는 1980년 이후에도 계속됨.[43] 상태책임자가 희생자가 되는 경우	× 파우스트규칙(Faustregel) 행위책임자 다수시 시간적 최후원인자, 가장 중대한 원인자우선원칙도 파우스트규칙일 뿐	위험방지단계의 1차적 차원과 경찰비용책임단계의 2차적 차원은 명백히 구분됨 경찰비용상환명령의 2차적 차원에서는 평등원칙에 근거한 공평부담배분원칙의 관점을 중요시함	다수설은 특별규정 없이도 연대채무관계(쉔케). 법률유보원칙과 공법상 불리한 유추적용금지원칙 때문에 구상권유추 부인설 취함. 독일BGH판례를 옹호함.
쉔케(Schenke)[44]	다수책임자의 지분적 책임 부인. 전체 연대책임 가장 신속하고 효과적인 위해제거가 가능한 책임자를 선택할 것 – 시간·장소적으로 위험원에 근접한 자 선택	× 실질적 정의의 명령에 따르면 행위책임자를 우선선택함이 타당하지만, 책임자의 비용소모, 명령수행능력, 민법상 처분권·수익권 등 다양한 관점도 고려해야 하고 일반적으로는 효과성관점에 따라 상태책임자를 선택가능	○ 현대 학자들중에서는 특이하게 이중책임자가 우선함을 비판하지 않음	경찰권 발동현장에서는 효과적 위험방지원칙에 따른 결론을 중시하지만, 비용책임/구상단계에서는 공평부담배분원칙을 강조함	평등원칙과 공평부담배분원칙에 따라 민법전(BGB) 제426조 구상청구권규정 유추적용 가능함
쿠겔만 (Kugelmann)[45]	위험방지의 효과성이 지배적 관점 그러나 일반적으로 책임제한적 지도원칙으로는 비례성 중 수인한도원칙	× 파우스트공식(Faustformel) 일 뿐	× 파우스트공식(Faustformel) 일 뿐	효과성원칙으로 1차적 차원에서 지분적 책임을 부인함 민법전(BGB) 426조 구상청구권규정 유추적용 가능함	쉔케가 구상청구권 유추적용을 근거지으려고 제시한 실질적 경찰의무는 책임 배분을 위해 기여하지 못함. 행정행위로 구체화되어야.

21세기 현대 경찰질서법 학자들과 문헌	1980년 중 · 후반부터 시작된 경찰위험-책임의 제1차적/제2차적 차원 구분에 따른 효과성-공평부담배분-비례성원칙의 상호긴장관계적 우선순위 결정태도가 21세기에 지배적 태도가 됨				
	다수경찰질서 책임자 선택재량지도원칙	행위책임자 우선원칙	이중책임자 우선원칙	현대적 1/2차원구분과 효과성-공평부담배분-비례성	비고 –연대채무 구상청구권 규정 유추가능성
쇼흐 (Schoch)[46]	효과성원칙으로 지분적 책임부인됨 -전체 연대책임	× 파우스트공식 (Faustformel) 일 뿐.	× 파우스트공식 (Faustformel) 일 뿐.	1차적 차원 – 사전적 관점에서 효과성원칙우선 2차적 차원 – 사후적 관점에서 공평부담배분원칙우선	그러나 독일연방통상법 (BGH)은 일관되 부정함. ① 다수 임자와 국가기 간에는 연대채 관계와 유사성 없고, ② 법률유 원칙 때문에민 전(BGB) 426조 상청구권규정 추적용불가함 이러한 사법실 를 행정의 재량 무시할 수 없음 강조함
	경찰법수권목적에 따라 위험방지효과성이 지배적 관점	토양보호법에서도 효과성원칙이 우선함	다수상태책임자의 경우 본질적 원인제공책임자선택		
	1/2차적 차원에서 행위책임자와 상태책임자의 법적 서열규준은 존재하지 않는다.	동일한 효과적 위험방지가 가능하면, 조리상, 공평성 고려에 따라 행위책임자를 우선선택할 것	좌측과 같다면 시간 · 장소적 근접성과 금전적 이행능력자를 우선결정함	연방토양보호법 제24조 제2항 1문 연대채무 및 구상청구권을 규정함 지배설에 따르면 수인의 책임자들은 연대채무부담 그러나 처음부터 지분적으로만 책임을 진다는 반대설도 있음	
포셔 (Poscher)[47]	위험방지의 효과성 명령이 최상위의 명령임. 가장 신속하고 신뢰할 수 있고 또한 근본적으로 행해질 사람을 선택하여야 함. 그러나 일반적으로는 책임제한적 지도원칙으로 비례성 중 수인한도원칙 중시	× 파우스트공식 (Faustformel) 일 뿐	× 파우스트공식 (Faustformel) 일 뿐	비례성과 효과성명령 사이에 존재한다는 긴장관계(데닝어)는 부당하고, 모든 책임자 선택에서 비례성원칙이 선재함 수인한도원칙을 중시하고 공평부담배분원칙과 동일시함. 비용결정의 단계 즉 소위 2차적 차원(영역)에서야 공평부담배분원칙의 관점이 중시	상태책임자의 생자적 지위를 조함. 수인한도 칙과 공평부담 분원칙의 관점 연대채무 구상 부정하는 것은 인한도초과나 평부담배분원 의 위반이 될 가 성
		시간 · 장소적 근접자 우선, 과실책임자 우선함을 인정할 수 없다	법률적 순위관계는 없다. 효과성명령 강조함		
붸어 (Wehr)[48]	위험방지조치에서 1차적인 선택지도 관점은 효과성원칙	× 의문시. 개별적 사정을 호도할 수 있음	논의 없음	효과성원칙의 관점이 제일 우선되고, 가장 먼저 수인한도 내로 들어갈 책임자를 우선함	논의 없음
틸 (Thiel)[49]	다른 잠재적 책임자를 수범자로 했여야 해서 하자있는 재량행사는 아닌지 관건인 문제	× 파우스트공식 (Faustformel) 예: 오염부지 (Altlasten)사례	× 파우스트공식 (Faustformel) -너무 일률적	실정경찰법상 소유자에게 '도'(auch/ebenfalls) 조치를 취할 수 있음을 근거로 상태책임자가 우선할 수 있음을 정당화하는 견해도 있으나,	책임자선택으로 비용이 발생한 경 우 구상청구문제 실정법규정 흠결 독일민법426조 1

21세기 현대 경찰질서법 학자들과 문헌	1980년 중·후반부터 시작된 경찰위험-책임의 제1차적/제2차적 차원 구분에 따른 효과성-공평부담배분-비례성원칙의 상호긴장관계적 우선순위 결정태도가 21세기에 지배적 태도가 됨				
	다수경찰질서 책임자 선택재량지도원칙	행위책임자 우선원칙	이중책임자 우선원칙	현대적 1/2차원구분과 효과성-공평부담배분-비례성	비고 –연대채무 구상청구권 규정 유추가능성
		에서 오염원인 자우선책임. 그러나 사례마 다 차별화필요		법률로 정해진 재량규칙 없음	문의 구상청구권 규정의 유추적용: 부정설/판례 (BGH) 긍정설(쉔케·쇼흐·쿠겔만 등 다수설) – 긍정설타당. 단 효과성명령에 따라 제한적으로만 적용될 수 있음 계약적/불법행위적 청구권도 가능 단 부당이득/사무관리비용상환청구는 소극적(판례도)
				효과성 관점으로 가장 효과적인 책임자를 정할 수 없으면, 비례성에 따라 가장 적은 비용소모를 가져올 책임자를 선택함(필요성원칙)	
	보통 행위책임자가 위험에 근접해 있음. 역시 위험방지 효과성이 지배관점		상태책임자에 대한 조치가 가장 지속적인 성과를 보통약속(효과성)	책임자들 간 비용구상협약이 있는데도 고려하지 않았으면 위법(독일연방행정법원[50])	
				모든 책임자는 원인기여분에 따라 지분적으로가 아니라 전부책임을 짐	

40) Erhard Denninger, in: Hans Lisken/Erhard Denninger (Hrsg.), Handbuch des Polizeirecht, 4. Aufl., Verlag C.H.Beck, München, 2007, Rn. 127-137, S. 353-357.

41) Christoph Gusy, Polizei- und Ordnungsrecht, 9. Aufl., Mohr Siebeck, Tübingen, 2014, Rn. 367 ff., S. 221 ff.

42) Thomas Würtenberger, in: Ehlers/Fehling/Pünder (Hrsg.), Besonderes Verwaltungsrecht, 3. Aufl., C.F.Müller, Heidelberg, 2013, Rn. 277 f., S. 489 f.

43) Würtenberger, a.a.O., S. 489, Fn. 486 참고.

44) Wolf-Rüdiger Schenke, Polizei- und Ordnungsrecht, 8. Aufl., C.F. Müller, Heidelberg, 2013, Rn. 284 ff., S. 190 ff.

45) Dieter Kugelmann, Polizei- und Ordnungsrecht, 2. Aufl., Springer, Heidelberg, 2012, Rn. 73 ff., S. 238 ff.

46) Friedrich Schoch, in: ders.(Hrsg.), Besonderes Verwaltungsrecht, 15. Aufl., De Gruyter, Berlin, 2013, Rn. 225 ff., S. 226 ff.; ders., a.a.O.(Jura 2012), S. 685 ff. 그는 행위책임자다수사례로 장시간에 걸쳐 열 (산업)시설경영자들에 의한 토양오염이나 하수오염케이스를 들고 있고[BVerwG DÖV 1996, 1057 = NVwZ-RR 1997, 267 = VBlBW 1996, 351 (dazu Bespr. Wallerath/Strätker JuS 1999, 127); BayVGH NVwZ-RR 1997, 617; ferner Becker UPR 2004, 1 (5 f.) 각주 15 재인용], 실무에서 유의미한 상태책임자다수사례로 (위험상태에 처한) 다수소유자나 점유자의 토지재산권이 관련되는 케이스(OVG Nds/SH NVwZ 1990, 1001;

(2) 경찰질서행정법상 위험과 책임이론의 어려운 문제해결을 위해 1차적 차원(혹은 제1영역/단계)과 2차적 차원(혹은 제2영역/단계) 분리이론의 통설화

1990년대 이후 경찰위험과 책임문제를 해결하기 위하여 경찰권발동현장에서의 1차적 차원과 위해가 종료된 이후 2차적 차원을 분리하는 이론이 확산되어 갔다. 이 이론에 따라 각 차원에서 상대적으로 강조되고 우선되는 선택재량지도원칙들이 달라지게 되었다. 또한 희생자위치에 있게 되는 상태책임자의 가혹한 책임문제, 외관상 위험/책임자가 책임자임에도 불구하고 왜 사후에 비용책임을 면제받고 경우에 따라 손실보상까지 받을 수 있는지에 관한 문제들을, 경찰발동현장의 1차적 차원[영역]에서 경찰질서책임자가 위해종료 이후 2차적 차원[영역]에서는 비책임자가 될 수 있어서 비용책임은 면제받고, 손실보상을 받을 수 있다[경찰질서책임자-비용책임자-무손실보상의 연계성(Konnexität) 포기]는

OVG LSA NVwZ-RR 2008, 615; VGH BW NVwZ-RR 1998, 553; BayVGH BauR 1990, 202; OVG Berlin DÖV 1991, 557 각주 16, 17 재인용)이고, 행위-상태책임자 다수사례가 실무에서 가장 중요하다고 하며(이에 대한 판례와 문헌으로 VGH BW DVBl 1990, 1046 = NVwZ-RR 1991, 27 (dazu Bespr. Schwerdtner NVwZ 1992, 141); DÖV 1993, 578 = NVwZ 1993, 1014 = UPR 1993, 114; NVwZ-RR 1994, 565 = UPR 1994, 271; VBlBW 1996, 221 = UPR 1996, 196; NVwZ 2000, 1199 = VBlBW 2000, 154 → Schoch JK 00, Pol.- u. OrdR Rechtsnachfolge/7; HessVGH NVwZ-RR 2004, 32; NVwZ-RR 2006, 781; OVG NW NVwZ-RR 1995, 635 = NWVBl 1996, 66 각주 19에서 재인용), 마지막으로 이중책임자사례를 들고 있고(VGH BW NVwZ-RR 1998, 553 (554); BayVGH BauR 1990, 202; OVG NW NVwZ-RR 1995, 635 = NWVBl 1996, 66 (67)를 각주 21에서 재인용), 이중책임자우선선택원칙은 인정되지 않는다는 판례(VGH BW NVwZ-RR 1996, 553 (555) = BauR 1997, 818 (821) 각주 23에서 재인용).

47) Ralf Poscher, in: Bodo Pieroth, Bernhard Schlink, Michael Kniesel, Thorsten Kingreen, Ralf Poscher, Polizei- und Ordnungsrecht — mit Versammlungsrecht —, 8. Aufl., Verlag C. H. Beck, München, 2014, Rn. 86 ff., S. 169 ff.; Poscher/Rusteberg, JUS 2011, S. 1082 ff., S. 1087(가장 신속한 효과적 위험방지 관점 중시).

48) Matthias Wehr, "Polizeirecht — Allgemeines Gefahrenabwehrrecht," 3. Aufl., C.F. Müller, Heidelberg, 2015, Rn. 468 f., S. 136-137; 그의 하빌리타치온(Habilitation) 중 경찰의무 부분으로 ders., Rechtspflichten im Verfassungsstaat, Duncker & Humblot, Berlin, 2005, S. 273 ff. 참고.

49) Markus Thiel, Polizei- und Ordnungsrecht, 2. Aufl., Nomos, Baden-Baden, 2014, Rn. 161 f., S. 142 f.

50) BVerwGE, NVwZ 1990, 474, 475.

이론으로 발전되어, 독일에서 통설이 되어 갔고,[51] 우리나라 경찰질서행정법 전문학자들에게도 기본학설이 되었다.[52] 그러나 이러한 학설이 등장한 배경이 밝혀지지 않은 상태에서 소개되고 도입되다 보니, 우리나라 행정, 사법, 입법 실무는 이러한 태도를 아직도 잘 이해하고 있지 못하여, 적용을 하지 못하고 있다.

특히 환경법상 다수의 경찰질서책임자선택 문제를 공평한 부담배분원칙의 관점을 중심으로 해결하려고 했던 기스베르츠(Giesberts), 환경법상 상태책임과 외관상 책임자이론을 관통하는 책임자선택 문제를 해결하려고 했던 그리스벡(Griesbeck) 등과 같은 당시 신출기에 박사들의 구체화로 확산되었으며,[53] 이제는 독일 일반경찰질서법상 경찰질서책임론의 체계구조이론이 되었다.[54] 위에서 보았듯이, 드레브스와 바케는 이러한 구분을 몰랐으며, 굇츠와 마르텐스는 양 차원의 구분을 공식적으로 행하지 않았을 뿐이지 이미 양 국면에서 우위에 놓일 규칙이 무엇인지를 알고 있었다. 그리고 마르텐스는 1차적 차원 논의 중심으로 전개했을 뿐이다.[55]

1차적 차원에서는 신속하고 효과적인 위험방지를 위해 책임자를 선택하

51) 이러한 태도를 보여준 독일의 대표적 문헌으로 Harald Hohmann, Einschränkungen der Kostentragungspflicht des Grundstückseigentümers, beim Ablagern von Giftfässern, DVBl, 1984, 997 (998). 이를 경찰질서책임자와 관련하여 정리를 한 문헌으로 Josef Franz Lindner, Die verfassungsrechtliche Dimension der allgemeinen polizeirechtlichen Adressatenpflichten — Zugleich ein Beitrag zur Entwicklung einer funktionalen Adressatendogmatik —, Münchener Universitätsschriften: Reihe der Juristischen Fakultät Bd. 126, Dissertation, Verlag C. H. Beck, München, 1997, S. 9 참조. 현재는 독일 경찰질서행정법 교과서나 일반문헌에서도 완전히 자리매김하고 있다.

52) 대표적으로 김현준, 『행정법관계에서의 사인의 권리와 의무』, 법문사, 2014, 149쪽 이하(제1차적 영역과 제2차적 영역); 손재영, 위의 책, 438쪽 이하(제1단계와 제2단계); 이기춘, 위의 박사학위논문, 32쪽 각주94, 147쪽(제1차적 차원과 제2차적 차원) 참조.

53) Ludger Giesberts, Die gerechte Lastenverteilung unter mehreren Störern — Auswahl und Ausgleich insbesondere in Umweltschadensfällen - Schriften zum Umweltrecht Bd. 17 Duncker & Humblot, Berlin, 1990; Michael Griesbeck, "Die materielle Polizeipflicht des Zustandsstörers und die Kostentragungspflicht nach unmittelbarer Ausführung und Ersatzvornahme," Duncker & Humblot, Berlin, 1991 참고.

54) Schoch, a.a.O.(Jura 2012), S. 687.

55) 그것은 다수의 경찰질서책임자 사례에서 책임자간 연대채무와 구상규정을 아주 간단히 거론함에 그쳤던 것으로도 확인된다. Martens, a.a.O.(1986), S. 302.

는 결정을 적법/타당한 것으로 본다. 따라서 '시간적 압박'에 처해 있는 현장에서 신속하고 효과적인 위해제거를 최우선하는 관점[이른바 사전적 관점(ex ante-Sicht)]이 지배하고 선택재량에 따른 경찰질서관청의 결정은 그러한 방향으로 제한된다.

2차적 차원에서는 위해가 종료된 이후 경찰질서관청의 대집행이나 직접시행에 따른 비용부담의 주체를 찾기 위해 책임자를 선택하는 문제가 중심이 된다. 여기서는 시간적 여유에 따라 공평한 부담배분원칙과 비례성원칙의 관점이 중시된다[이른바 사후적 관점(ex post-Sicht)]. 여기서는 공평성(Billigkeit), 수인한도관점(Zumutbarkeit)이 중시되어 행위책임자, 상태책임자에게 고의나 과실, 위해유발목적 유무, 경제적 부담능력 등이 책임귀속기준으로 작용한다. 일례로, 앞에서 바케나 마르텐스가 과실이나 질서교란목적을 고려할 수 있다는 뜻도 이러한 영역에서 이해될 수 있다.

1차적 차원에서 상태책임자, 외관상 책임자가 직접적 원인자인 행위책임자보다 먼저 조치명령대상자로 우선선택될 수 있다는 것은, 자기책임우선의 관점에서 공평성, 비례성원칙의 관점들에 모순되고 법감정에도 부적합한 것으로 보인다. 그럼에도 불구하고 특히 1차적 차원에서 효과성 관점에 비추어 시민에 대한 책임귀속을 정당화하고자 만든 기교적 이론이다.

이 이론에 바탕하여, 소위 외관상 책임자(Anscheinsstörer)에 대하여 위험방지를 위해 적법하게 개입할 수 있게 되었다. 위해 당시 현장에서 경찰질서관청공무원이 (외관상) 경찰질서책임자라고 신빙성 있게 결정하여 조치명령의 대상자로 삼았으면 일단 적법한 조치명령이 된다(1차적 차원). 그러한 위해가 종료되어 비용책임부담과 손실보상측면에서 관계 당사자가 (외관상) 위해를 야기하지 않았음이 판명되면, 그는 (예컨대 대집행이나 직접시행에 따른 경찰질서력투입에 소요된) 비용의 부담의무를 지지 않고 오히려 손실보상을 청구할 수 있다(2차적 차원). 신뢰할 만한 위험의 의심(Gefahrenverdacht)이 있을 때 위험존재확인조치명령(Gefahrerforschungseingriff)와 관련해서도 동일한 논리가 적용된다.

이러한 경찰위험/책임의 귀속을 위한 1차적/2차적 차원의 분리론은 분리기준이 모호하고 복잡한 사례에서 효과성-공평성-필요성 3원칙의 모순적 긴장관계를 설명하기에는 충분하지 못하였다. 특히 행위책임자우선-상태책임자보충원칙이 하나의 규칙으로서 판례와 과거의 전통학설이 취해 온 태도를 비판하면서, 오직 특별한 정당화근거에 관한 추가적 설명 없이 오직 경찰법의 합목적성 이념에 근거한 효과적 위험방지원칙이라는 관점에 근거하여 그 비판태도를 정당화하였다. 그러나 1997년 린트너(Lindner)가 나오면서 모순적 긴장관계에 관련된 사례들을 유형화하고 그 귀속기준과 원칙들을 체계화하면서 2000년대 들어와서 독일의 지배설 즉 통설이 되었고, 우리나라 경찰질서행정법 전문학자들에 의해 채택되기에 이르렀다.

(3) 1990년 기스베르츠(Giesberts)의 2차적 차원과 공평부담배분원칙 중심의 견해와 1991년 그리스벡(Griesbeck), 1997년 린트너(Lindner)의 1차적 차원과 효과성원칙 중심의 견해

기스베르츠에 대해서는 위에서 살펴본 바 있듯이 다수책임자 간 비용책임의 공평부담배분원칙 중심의 선택재량제한문제를 다룬 바 있다. 다수책임자 사이의 책임배분에서 2차적 차원을 중심으로 공평부담배분원칙의 중요성을 강조하고 또한 처음부터 경찰질서책임은 특별법적 근거 없이는 연대책임적 전부책임이 아니라 지분적인 자기책임이 원칙임을 확인하였다. 그리고 대조적으로 그리스벡은 경찰질서책임자 중 특히 상태책임자의 헌법상 기본의무론에 근거한 협력의무로서 실질적 경찰의무와 효과성원칙의 중요함을 강조하였다. 또한 효과성원칙이 지배원칙으로서 귀책사유, 위해대처수단·능력의 보유라는 귀책기준에까지 영향을 미친다는 점을 밝힌 점에서 여전히 유력한 견해로 인용되고 있다.

이를 계승하여 구체화한 현 아우크스부르크(Augsburg) 대학교수인 린트너는 특히 ① 공공의 안녕과 질서라는 보호이익과 위험방지조치명령의 상대방으로서 경찰질서책임자의 방어이익을 형량하고, 공평부담배분원칙에 입각한 단계화된 책임귀속규칙을 마련하였다는 점에서 큰 업적이 있다.[56] 효과성원칙과 충

56) Lindner, a.a.O., S. 117 f. 참고로, 그의 책임귀속을 위한 우선순위의 규칙을 본다. ① 규칙 1: "위법"하게 위험을 야기한 위험방지목적적합수단보유자는 위험을 "적법"하게 야기한 자보다 우선적으로 책임자로 고려된다. ② 규칙 2: 위험을 "위법"하게 야기한 동 수단보유자는 위험발생원인에 관여한 바 없는 수단보유자보다 우선적으로 고려되어야 한다. ③ 규칙 3: 위험을 "위법"하게 야기한 동 수단보유자는 "일반공중"보다 우선적으로 고려되어야 한다. 이 경우 경찰의 개입은 후순위의 것이 된다. ④ 규칙 4: 위험을 "위법"하게 야기한 동 수단보유자는 "어떤 물건과 특별한 관계"에 있는 형태로만 위험발생원인에 관련되어 있

돌되지 않는 한, 공평부담배분원칙과 필요성원칙에 근거한 경찰질서책임 귀속의 우선순위를 따라야 하게 된다.

② 1차적 차원에서 시간적 압박에 처한 경찰질서권발동 현장에서의 지배관점인 효과성원칙과 시간적 압박이 없을 때 1차적 차원, 그리고 2차적 차원에서 중시되는 공평부담배분원칙과 비례성으로서 필요성원칙을 헌법상 원칙으로 근거짓고, 이 원칙을 경찰질서책임 입법, 행정, 사법상 구체적 규율을 위한 지도원칙으로서 정당화시켰다. 특히 1차적 차원 중심으로 논의하면서, 효과성원칙과 공평부담배분원칙 간의 충돌에 관한 일반규칙을 제시하였다.[57]

3. 우리나라의 다수 경찰질서책임자이론의 고찰 – 1990년대 도입과 2000년대의 발전

경찰질서법상 다수자책임문제를 다룬 문헌들은 과거부터 각종 특별행정법

는 자보다 우선적으로 의무를 부담한다(이때 물건이 갖고 있는 전형적인 리스크가 실현되었는지 아닌지는 중요하지 않다). ⑤ 규칙 5: "위험한 물건과 특별한 관계"에 있는 위험방지목적적합수단보유자는 –리스크실현과는 무관하게– "위험발생원인과 무관한" 동 수단보유자보다 그리고 "적법"하게 행위한 것임에도 불구하고 위험을 야기한 동 수단보유자보다 우선적으로 고려되어야 한다. 따라서 행위책임자가 반드시 상태책임자보다 우선하여 경찰권발동의 대상이 된다는 원칙은 타당하지 않게 된다. "위법"하게 위험을 구체적으로 야기한 자가 상태책임자보다 우선한다는 의미일 뿐이지 행위책임자가 상태책임자보다 언제나 우선적으로 고려된다는 것이 아니다. ⑥ 규칙 6: "위험발생원인과 무관"한 동 수단보유자, "위험을 야기하였지만 적법"하게 행위한 수단보유자, "자신의 물건에서 비전형적인 리스크"가 실현된 보유자 등은 "경찰에 의한 자기개입이 불가능"한 경우에 비로소 의무부담자가 될 수 있다.

57) Lindner, a.a.O., S. 147 f. 참고로 그가 제시한 다수책임자 간 선택재량의 일반규칙을 본다. (규칙 1) 효과성원칙과 공평한 부담배분원칙 모두 위험방지목적에 적합한 수단보유자들 간 또는 보유자와 일반공중 간의 서열관계를 근거짓기 위하여 중요한 작용을 한다. (규칙 2) 양 원칙을 모두 고려하였는데, 위험방지목적적합수단보유자들이 동일한 순위가 형성되는 경우에, 양 원칙은 이미 1차적 차원에서 최적화되어 있는 것이며 해소되어야 할 원칙 간 충돌은 존재하지 아니한다. (규칙 3) 양 원칙을 모두 고려했을 때 서로 다른 수범자순위가 정해지는 경우에 효과적 위험방지원칙이 우선되어야 한다. 공평한 부담배분원칙은 1차적 차원에서는 단지 효과적 위험방지의 실현요청을 가능케 하는 한도에서만 고려될 수 있을 뿐이다. (규칙 4) 위 (규칙 3)의 원칙에 따라 효과성원칙이 1차적 차원에서 관철되면, 그 한도에서 실제적 조화에 따른 최적화는 (종국적인) 비용배분과 손실보상에 관하여 결정되는 2차적 차원에서만 이루어질 수 있을 뿐이다.

교과서 등에서 많이 발견되지만, 독일의 판례와 학설을 중심으로 독창적으로 유의미하게 다룬 논문들은 많지 않았는데, 그중에서 서정범, 정하중, 김현준 교수님 세 분의 논문을 소개할 수 있다.

(1) 서정범 교수의 1996년 견해

첫째로 1996년 서정범 교수는 한 논문에서 최초로 이 주제를 깊이 있게 다루었다.[58] 전반부에서 독일판례와 전통적 학설은 행위책임자우선원칙, 이중책임자우선원칙이 경찰질서관청의 선택재량을 제한해 왔음을 밝혔다. 이는 위에서 본 바케(Wacke)의 1961년 논의에서 모두 확인되는 내용들이다.

그는 수인의 경찰책임자 중 선택재량행사의 기준으로 위험방지의 효율성(필자가 사용하는 '효과성'과 같은 의미이므로, 이하 '효과성'으로 바꿔 사용한다)과 이를 보완하는 비례의 원칙을 강조하였다. 그리고 행위책임과 상태책임이 경합하는 경우 위험방지의 효과성을 근거로 행위책임우선원칙이란 독일의 전통적 판례와 학설을 일괄적으로 적용할 수는 없다는 태도이다. 따라서 경제적으로 너무 미약한 행위책임자인 유조차운전자와 이행자력이 충분한 상태책임자인 토지소유자가 경합하는 사례와 같은 경우에는 상태책임이 효율성관점에서 우선될 수 있되, 비례성원칙으로 그 책임내용이 제한된다고 한다. 그러나 행위책임과 상태책임을 모두 부담하는 이중책임자('중첩적 책임자'와 같은 의미이다)가 우선해야 한다는 원칙도 위험방지의 효율성관점과 모순되는 경우 적용될 수 없다고 하여 바케, 마르텐스의 견해와는 모순되고, 귄츠의 견해와 일치한다. 마지막으로 비용상환청구와 관련하여 민법의 연대채무자구상권 규정의 유추적용에 관한 독일학설대립(긍정설, 부정설, 절충설)과 판례(전부책임자의 구상청구 부정)[59]를 소개하고, 절충설을 취하고 있다.

서정범 교수는 다수의 경찰질서책임자와 관련된 논의를 하면서 1차적 차원/2차적 차원의 분리태도를 아직 취하지 않았으며, 위험방지의 효과성이라는 선택재량제한기준을 채택하면서 나머지는 비례성원칙으로 보완한다고 하여 수인한도론을 구체화하지 않았고, 더 나아가 특히 공평한 부담배분원칙과의 긴

---

58) 서정범, "다수의 경찰책임자에 관한 법적 문제," 공법연구 제24집 제2호, 한국공법학회, 1996, 383-400면.

59) 유명한 독일 판례이다. BGH, NJW 1981, 2457 ff. 서정범, 위의 논문(1996), 397쪽 참고.

장관계를 관찰하지 않았다. 1960년대 바케의 설명으로 독일전통적 판례/학설을 보여주고, 1970-80년대 괴츠와 마르텐스의 견해를 취했고 특히 그 당시의 쉔케의 견해의 영향을 많이 받았다고 볼 수 있다. 중요한 출발점을 보여준 문헌이다.

그러나 경찰권발동의 시점에서 효과성관점을 너무 강조하고 있으며, 비용상환청구 문제단계에서 공평한 부담배분관점을 고려하고 있지 않았다는 점에서 아쉬움이 있다고 할 수 있다. 그리고 자기책임원칙과 모순되는 상태책임경합사례(경제적 자력을 고려한 상태책임자우선)를 특별법적 근거도 없이 일반법적 이론으로 우리 실무에서 구속력을 가지는 케이스로 받아들일 수 있는지 의문이 발생한다.

(2) 정하중 교수의 1997년 견해

1997년 경찰법상 책임이라는 제목으로 경찰책임론을 일반적으로 설명한 것으로 많이 인용되고 있는 정하중 교수의 논문에서도 이 주제를 다루고 있다.[60] 역시 지배적 관점은 위험방지의 효과성원칙이라고 한다.[61] 피용자―사용자와 같은 다수행위책임자 경합관계, 부동산소유자―임차인과 같은 다수상태책임자 경합관계, 유조차전복운전사―기름유출토지소유자와 같은 행위책임자―상태책임자 경합관계를 사례로 들고 있다.

첫째, 다수행위책임자 사례에서 경찰권 발동단계에서는 효과성관점에 따른 재량결정이 적법타당하고(위해에 시간적·장소적으로 가장 근접한 사람 우선) 대집행형태 이후 비용결정에서는 평등원칙과 비례성원칙에 따라 위해에 기여한 몫만큼 책임을 지도록 결정해야 한다고 주장하였다.

명시적으로 1차적/2차적 차원을 구분하고 있지는 않지만 경찰권발동이 문제되는 위해의 단계를 경찰권발동단계와 대집행 이후 비용책임단계를 구분하여 전자에는 효과성원칙이, 후자에서는 평등원칙과 비례성원칙에 따른다고 하여, 현대적인 1차적/2차적 차원의 분리와 각 차원에서 중시되는 원칙을 밝힌 것은 진일보한 업적이다. 그러나 현대적 관점에서 보면 위해와 책임이 문제되

---

60) 정하중, “경찰법상의 책임,” 공법연구 제25집 제3호, 한국공법학회, 1997, 109-142쪽. 특히 126쪽 이하 참고.

61) 정하중, 위의 논문, 127쪽.

는 1차적 차원에서의 적용원칙과 2차적 차원에서의 적용원칙 사례는 훨씬 더 복잡한데도 불구하고 너무 단순하게 선택재량의 제한원칙을 설명한 데 그친 것이 아쉽다. 또한 특별한 근거 설명 없이 위해에 기여한 몫만큼만 책임을 지도록 설명함에 그쳤던 것도 이에 관한 연대책임 즉 민법상 구상청구권규정의 유추적용가능성 논쟁[62]이 격심한 것을 고려하면 아쉬운 부분이다.

둘째, 다수상태책임자 사례에서 경제적 이행능력이 충분한 자를 우선하고 특별한 사유가 있으면 경제적 약자에 대하여도 경찰권을 발동할 수 있고, 법적 권한이 없는 사람에게 불가능한 행위를 요구할 수 없다고 한다.[63] 상태책임, 상태책임자 개념 자체가 독일의 경찰법, 위험방지법에서 효과적 위해대처를 위해 탄생한 개념이다. 그런데 긴급한 경찰권발동 단계에서 경제적 능력 유무를 판단하여 이행능력을 충분히 보유한 자를 우선한다는 이론이 타당한 사례도 있지만 부당한 사례도 나타날 수 있다. 반대로 위해가 종료된 이후 대집행비용의 책임단계에서는 효과성원칙의 관점은 중시되지 않음을 밝히고 있지 않다. 너무나 단순한 이론으로 복잡한 수인의 사례를 정당하게 설명하기는 곤란하다.

셋째, 행위책임과 상태책임이 경합하는 경우 위에서 본 것처럼 독일의 전통적 판례와 과거 학설이 추구한 행위책임자우선원칙에 대하여 괴츠와 마르텐스가 비판한 태도를 그대로 따르고 있다.[64] 위험방지의 효과성원칙에 따른 결정이 지배적이라는 관점에 역시 근거하고 있다.

전체적으로 마르텐스와 괴츠의 견해를 요약하여 그 진수를 취하는 모습을 보여주고 있다. 다수행위책임자 부분에서 대표적으로 묵시적으로 1차적/2차적 차원의 분리태도를 보여주고 있고 전자에서는 효과성을, 후자에서는 평등원칙과 비례원칙을 중시하여, 마르텐스의 입장과 연결된다. 그러나 마르텐스가 도입한 비책임자가 포함된 사례, 이중책임자사례에 관한 이론설명을 하지 않았으며, 위험방지의 효과성원칙의 관점을 중시하고, 공평한 부담배분원칙과 비례성원칙들의 관점과 충돌되는 긴장관계에 대한 구체적 설명이 전혀 존재하지

---

62) 이러한 학설과 판례의 논쟁에 대해서는 앞서 본 문헌인 서정범, 위의 논문, 394쪽 이하 참고.

63) 정하중, 위의 논문, 127-128쪽.

64) 정하중, 위의 논문, 128-129쪽.

않는다. 결론적으로 경찰책임이론 도입초기인 당시로서의 명쾌한 설명은 돋보이나 현대적인 복합적 문제사례들의 해결에는 큰 도움이 되지 않는다.

(3) 김현준 교수의 2007년 견해

2007년의 논문에서 김현준 교수는 현대적 다수자 경찰책임과 그 선택재량 문제에 관한 이론과 독일토양보호법의 다수정화책임자규정의 내용을 포함한 2차적 차원에서 민법상 연대채무자 사이의 구상청구권규정의 유추적용가능성 논쟁을 구체적으로 보여주었다.[65] 독일의 1990년대, 2000년대 초반까지 형성된 논의를 스스로의 관점에 따라 학술지문헌 차원에서는 우리나라에서 가장 잘 정리된 논문이라고 생각한다.

특히 효과성-공평부담배분-비례성 경찰질서행정관청들의 선택재량 3원칙을 밝히고 경찰권발동의 제1차적 차원, 비용배분의 제2차적 차원에서 이 3원칙들의 상관관계를 알려주고 있는 점, 민사책임과의 구분이 중요함을 시사하고 있는 점에서 역시 발전된 문헌이라고 할 수 있다.

그러나 동 교수는 경찰책임규정이 없는 우리나라 실정법제상 다수 경찰질서책임자이론에 관한 역사적 검토가 전혀 없이 현대적인 1990년대와 2000년대 초반 사이에 형성된 이론을 집중적으로 정리하다 보니, —본인도 언급한 것과 같이—[66] 경찰책임이 학계/실무계에서 민사책임과 잘 구분되지 않고 있고 경우에 따라 형사책임과도 구별이 잘 이루어지고 있지 못한 상황에서 그의 견해는 전문가들 외에는 역시 이해하기 어려운 주장이 되고 있다.

그리고 실질적 경찰의무론, 효과성과 공평부담배분원칙의 법적 근거 설명, 효과성-공평한 부담배분-비례성 사이의 긴장관계에 따른 구체적 선택재량지도규칙에 관한 언급이 없어서 행정/입법/사법실무에 직접적 실익이 없다는 점, 제2차적 차원에서의 경찰질서책임과 민사책임과의 차이점(경찰질서법에서 1차적으로 중요한 것은 급박한 상황에서 위험방지이고 그러한 성격을 담은 경찰질서책임론은 민/형사책임론과 큰 차이가 난다는 설명, 상대적으로 민/형사책임이 과거를 지향한다면 경찰질서책임은 미래를 지향하고 그에 따른 해석이 되어야 한다는 점 등)에 대한 구체적 언급이 없고 오히려 '수인'의 채권자라는 민법 개념을 가져와서 민

65) 김현준, "수인의 경찰책임자," 공법연구 제35집 제3호, 한국공법학회, 2007, 233-258쪽.
66) 김현준, 위의 논문, 235-237쪽.

사책임과 비전문가들에게 혼동을 가져다 줄 수도 있다는 점, 근본적으로 1차적 차원과 2차적 차원을 왜 구분을 해야 하는지에 관한 의문을 밝히지 않고 독일의 현대적 구분논의를 그대로 도입하고 있다는 점 등에서 아쉬운 점이 발견된다.

Ⅲ. 우리나라 학설과 법제에 대한 시사점

1. 새로운 선택재량지도원칙으로서 효과성원칙, 공평부담배분원칙, 비례성원칙의 의미와 근거 그리고 긴장관계

(1) 효과성원칙

첫째, 효과성원칙(Effektivitätsprinzip)이란 경찰질서관청은 위해현장에서 가장 신속하고 효과적으로 위해를 방지하는 방향의 재량결정을 하여야 한다는 명령을 말하고,67) 국가의 안전임무와 그에 따른 공권력독점원칙(Gewaltmonopol)에 따른 헌법상 일반원칙이라고 할 수 있다.68) 더 나아가 실정헌법상으로는 제37조 제2항의 기본권제한의 목적상 한계표지인 '질서유지'에 근거한다. 지금까지 독일경찰질서법의 수권목적상 지배원칙이고, 구체적 위험상황에서 아래 다른 원칙들과 충돌할 때 이 효과성원칙이 제일 우선한다. 그래서 이 원칙은 "제1의 선택기준"이라고도 일컬어진다.69)

여기서 독일경찰질서행정법의 공익(공공의 안녕 · 질서라는 보호이익) 우선태도가 확인된다. 그런데 경찰질서행정법 지배설에 따르면 경찰책임은 형법/민법상 고의/과실이라는 귀책사유들과 무관하다고 하면서, 공공의 안녕질서에 대한 위해를 야기하거나 자신의 물건에서 위해가 발생한 사람은 효과적 위해방지목적을 위하여 자신을 위한 법적 방어원칙인 아래의 공평부담배분원칙과 비례성 중 필요성원칙의 관철을 단념해야 한다는 것이 된다.

---

67) Schenke, a.a.O., Rn. 285, S. 191.

68) 효과성원칙의 헌법상 근거여부에 대해서는 학설이 대립한다. 이에 대해서는 이기춘, 위의 박사학위논문, 235쪽 이하 참조.

69) Wehr, a.a.O., Rn. 471, S. 136("das primär maßgebliche Auswahlkriterium").

(2) 공평부담배분원칙

공평부담배분원칙(gerechtes Lastenverteilungsprinzip)이란 경찰질서관청은 조치명령 시 평등원칙에 근거하여 가장 공평한 혹은 공정한 부담배분이 될 수 있도록 하여야 한다는 명령을 의미한다. 실질적 정의의 명령(Gebot der materiellen Gerechtigkeit)[70]과 일반적 평등원칙에 근거하므로 헌법 제11조(독일기본법은 제3조 제1항)가 실정법상 근거가 되는 헌법상 원칙이다. 경찰질서관청은 위해제거 조치명령이나 (우리나라에는 아직 인정되지 않지만) 비용부담명령에서 가장 공정한 재량권행사가 되도록 효과적 위험방지가 가능한 한도에서 처음부터 노력하여야 한다. 또한 반대로 불공평한 혹은 불공정한 조치명령도 재량행사 시 고려되어야 할 합리적 차별사유에 의해 정당화될 수 있다.

(3) 비례성원칙 중 필요성원칙과 수인한도원칙

마지막으로 비례성원칙이다. 그중 필요성원칙[71]과 수인한도원칙이 중시된다. 효과성관점 하에서 우선시되는 경찰질서책임자가 특별히 없거나 확인되지 않는 경우라면, 비례성원칙에서 도출되는 차별화공간이 존재한다. 조치명령이 가장 신속하게 수인기대가능한 사람에게 우선하여 조치가 이루어져야 한다.[72] 즉 이것은 수인한도기준(Zumutbarkeitskriterium)이라고 할 수 있는데, 효과성관점에 문제가 없다면, 상태책임자보다 행위책임자에 대하여 먼저 조치명령을 하여야 한다는 규칙은 이러한 수인한도론에 적합한 것이라고 할 수 있다. 그러나 이에 대해서 많은 현대학자들은 후술하는 바와 같이 효과성과 공평부담배분, 비례성이라는 이 3원칙의 긴장관계 안에서 참고를 위한 대강적(혹은 불완전한[73]) 규칙 혹은 공식(Faustregel oder -formel)이라고 평가절하하고 있다.[74]

---

70) Schenke, a.a.O., Rn. 286, S. 192.

71) 필요성원칙을 강조하는 대표적 문헌으로는 Fleischer, Herbert, Die Auswahl unter mehreren Polizeipflichtigen als Rechtsfrage, R.G.Fischer, 1980, S. 72 ff.; Lindner, a.a.O., S. 112 ff.

72) Ralf Poscher, in: Bodo Pieroth, Bernhard Schlink, Michael Kniesel, Thorsten Kingreen, Ralf Poscher, Polizei- und Ordnungsrecht —mit Versammlungsrecht—, 8. Aufl., Verlag C. H. Beck, München, 2014, Rn. 89, S. 170. 여기서 Poscher는 공평부담배분원칙을 이 수인한도기준에서 자리매김하여 3원칙론이 아니라 "효과성-비례성(수인한도론)"이라는 2원칙론을 펼치고 있다.

73) 서정범, 『경찰법 사례연구 —독일이론을 중심으로—』(Franz-Ludwig Knemeyer 저서의 번역

위 세 가지 원칙은 서로 긴장관계에 있어서[75] 경찰권발동 시점, 사후 비용책임이나 손실보상이 문제되는 시점에서 각 원칙에 따라 정당화되는 결론이 달라질 수 있는 관계에 있는 원칙들이며, 이것은 알렉시(Alexy)의 규칙-원칙(Regel-Prinzip)이론, 최적화명령(Optimierungsgebot) 이론에 따라서 설명될 수 있다.[76] 결론적으로 위 3원칙이 충돌하는 경우 위에서 살핀 린트너(Lindner)의 충돌규칙을 참고할 것을 권고한다. 물론 고유한 경찰법문제영역이라고 할 수 있는 1차적 차원에서 그러한 경우이다. 2차적 차원에서는 공평부담배분과 비례성원칙에 따른 결정을 하면 된다.

2. 선택재량지도원칙에 관련된 시사점

(1) 자기책임원칙에 적합한 행위책임자우선원칙 등 파우스트공식은 여전히 의미를 가진다

시간적 압박이 없거나 1-2차원 구분의 필요가 없는 경우에는 '행위책임자'가 우선되어야 한다. 가능하면 2차적 차원에서의 문제를 함께 해결하는 선택이 되어야 한다. 이런 경우가 일반적이므로, 행위책임자우선원칙이라는 고전적 파우스트공식은 여전히 의미를 가진다. 단순히 일반적 정의감이나 법감정만에 근거하는 것이 아니다. 헌법상 자기책임주의의 이념은 여전히 유효하다. 독일 경찰법이 경찰책임은 '과실'과 무관하다고 했지만, 실질적 경찰의무개념을 인정하여 그것을 위반하여 위해를 야기한 자나 자신의 지배물건으로부터 수익을 거두는 자는 거기서 발생한 위해제거의무도 부담한다는 결론을 인정하여 경찰책임 인정에 '과실'요소와 같은 자기책임귀속기준을 형성해 놓고 있었다.[77] 현대 독일경찰법 판례들도 여전히 행위책임자, 이중책임자를 우선하는 판결들을

서), 도서출판 고시연구원, 2001, 48쪽. 여기서 저자는 'Faustformel'을 '불완전한 공식'이라고 번역하고 있다.

74) 대표적으로 손재영, 위의 책, 461쪽. 여기서 저자는 행위책임자우선원칙을 비난하고 있다.

75) Poscher, a.a.O., Rn. 89, S. 169.

76) 이러한 설명으로 이기춘, 위의 박사학위논문, 179쪽 등 참조.

77) 행위책임을 자기책임(Selbstverantwortung)적 의미로 이해하는 견해로 Matthias Wehr, "Polizeirecht — Allgemeines Gefahrenabwehrrecht," 3. Aufl., C.F. Müller, Heidelberg, 2015, Rn. 123, S. 42 참고.

내놓고 있다. 효과성원칙과 충돌하지 않으면, 공평부담배분원칙, 수인한도원칙이 우선하기 때문이다. 이것을 고전적 학설과 판례가 이 원칙들을 '실질적 정의의 명령'이라고 부른 이유이다.

(2) 시간적 압박의 1차적 차원에서 효과성원칙에 따라 책임자가 된 상태책임자, 외관상 책임자는 2차적 차원에서 비책임자로서 손실보상을 받을 수도 있다(1차적/2차적 차원 경찰법상 책임의 연계성 부인)

위와 같은 현장의 1차적 차원에서 다수책임자가 존재하는데 효과적 위해제거를 위한 책임자가 행위책임자가 아니라 상태책임자일 경우에는, 효과성원칙이 작용하여 경찰질서관청은 그에게 조치명령을 내려야 한다. 그러나 그렇게 선택된 상태책임자가 사실상 '희생자'라는 인상이 객관적일 경우 또는 자신의 안전관리의무불이행과 아무런 관련이 없는 '순수한' 상태책임자일 경우에는, 먼저 필요성원칙에 따라 '경찰긴급상태' 법리의 취지에 따라 그에 대한 조치명령은 '비책임자'에 대한 것처럼 수인처분이나 임시적 위해정지조치 등 최소한도의 조치명령에 그쳐야 필요성-공평부담배분원칙을 모두 고려한 것이 된다.

이러한 희생자성격의 상태책임자에 대한 조치명령이 사후에 비용상환책임 문제로 바뀌어도 이 책임자는 '비책임자'로서 비용책임을 지지 않거나 혹은 부담하더라도 그가 그 물건으로부터 거두는 '수익' 이상이 되어서는 곤란하다. 경우에 따라 손실보상도 받을 수 있다. 따라서 1차적 차원에서 시간적 압박에 처해 있는 경우에는 경찰긴급상태 법리가 모델이 되어야 한다.

물론 상태책임자라도 '자기안전관리의무'의 소홀 등이 개입되거나 적어도 그 인상이 객관적이라면, 이중책임자가 되어 사후에 비용상환책임을 행위책임자와 같이 부담하여야 할 것이다.

그리고 경찰질서행정관청은 책임자 선택 시 책임자 중 외관상 위험과 관련된 자이거나 조금이라도 위험/책임에 의문이 있는 경우라면 그를 1차적으로 선택해서는 아니 되며, 불가피하게 선택하더라도 경찰긴급상태법리를 받아들여 그에게는 임시적 위해정지조치명령이나 위해확인조치명령(Gefahrerforschungs-eingriff)에 그쳐야 하고, 불가결함이 더한 경우 전면적 위해제거조치명령을 취해야 하겠지만, 그는 2차적 차원에서 그 의심을 벗어난 경우 절대적으로 비책임자취급을 받아야 한다.

(3) 지나친 효과성원칙의 우위보다 3원칙의 균형적 결정이 우선되어야 한다 — 토양환경보전법과 같은 특별법규정이 없으면 다수경찰질서책임자의 연대채무관계와 구상청구권유추적용은 부정되어야 한다

① 1-2차원의 책임자결정이 달라질 경우, 2차적 차원에서의 책임자선택은 전적으로 3원칙의 균형적 판단으로 행해져야 하며, 1차적 차원에서보다 효과성관점은 훨씬 후퇴한다. 필요성-공평부담배분관점이 전면에 나서게 된다. 특히 마지막 공평부담배분관점에 의거하여 주관적 과실이 있었는지[78] 그에게 이행능력(Leistungsfähigkeit)이 충분한지 등이 중시된다.

그리고 독일의 다수경찰법학자들[79]은 2차적 차원에서도 효과성원칙을 강조하여 다수책임자들 사이의 연대채무규정 적용과 그에 따른 구상청구권을 유추적용할 것을 주장하지만,[80] 독일연방통상법원과 뷔르텐베르거 등의 유력설[81]은 과거부터 현재까지 —연방토양보호법과 같이 특별법규정이 명시되어 있는 경우를 제외하고— 유추의 조건(연대채무와 유사성이 없고, 불법행위가 아니어서 부진정연대조건도 없다)과 법률유보원칙이 충족되지 않았음을 이유로 거부하고 있다. 우리나라도 토양환경보전법 같은 예외적인 특별법 이외에는 연대채무 및 구상청구권 규정이 존재하지 않는다. 2차적 차원에서 독일다수설처럼 연대채무 법리를 일반적으로 인정하는 태도를 우리가 도입할 필요는 없다. 연대채무자 취급을 특별법률 없이 인정하려면, 경찰책임의 확대를 정당화하는 실질적 경찰의무론의 확대논의가 필요하다. 그런데 이 부분이 아직 성숙되어 있지 않다.[82]

---

78) 독일학자들은 최근 유책성적 의미의 책임(Schuld)으로 바꿔 말한다. 아마도 '과실'이란 표현을 쓰기에는 부담이 되어서일 것이다.

79) Schoch, a.a.O.(Jura 2012), Rn. 690; Poscher, a.a.O.(in: Pieroth/Schlink/Kniesel, 2014), Rn. 88, S. 141.

80) 가장 대표적 학자가 쉔케이다. Schenke, a.a.O.(2013), Rn. 288 f., S. 193 f.

81) Thomas Würtenberger/Dirk Heckmann, Polizeirecht in Baden-Württemberg, 6. Aufl., C.F. Müller, Heidelberg, 2005, Rn. 509 ff., 512, S. 240 ff.; Heike Jochum, Die polizei- und ordnungsrechtliche Störermehrheit und die beschränkte Kostentragungspflicht des "Nicht-So-Störers," Warum § 24 II 1 BBodSchG am 16. 2. 2000 obsolet geworden ist -, NVwZ 2003, 526-531.

82) 이 부분에 관한 문제점을 직시하고 있는 것으로 보아 실질적 경찰의무를 과거 "일반적 교란금지의무"의 위반대상으로 이해하던 것을 "위험방지를 위한 협력의무"로 이해하려는 문헌으로 이기춘, 위의 박사학위논문, 207쪽 이하와 Nitschke, a.a.O., 2013, S. 207 ff. 참고.

② 결국 1차적 차원에서는 상대적으로 효과성원칙이 강조되지만, 함께 고려가능할 경우에는 공평부담배분관점의 결론을 선택하여야 하고, 2차적 차원에서는 상대적으로 공평부담배분원칙이 강세를 띤다. 그리고 필요성, 수인한도 등 비례성관점은 처음부터 끝까지 조치명령을 제한하는 원칙들이 된다.

(4) 경찰관청과 질서행정관청의 선택재량과 그 지도원칙의 문제는 구분되어 고찰되어야 한다

제도적인 경찰기관의 선택재량문제와 특별질서행정기관의 선택재량문제는 이제 별도로 발전될 필요가 있다. 그것과 함께 일반경찰질서법상 책임법리가 특별질서행정법의 책임법리로 구속력 있게 보충적용된다는 것은 받아들일 수 없다. 물론 참고대상은 가능하겠지만, 제도적 경찰의 고유활동영역(경직법상 표준조치활동, 특별법 중 교통법, 재난관리법)에서 다수책임자 선택문제에서는 아무래도 상대적으로 시간적 압박이 강해서 합목적성이 강하게 추구하는 효과성관점이 강조될 수밖에 없다.

그러나 시간적 여유가 많고 근본적 문제해결이 중시되는 건축, 환경, 영업분야에서의 조치명령 시에는 공평부담배분관점, 필요성, 수인한도원칙이 전면에 나올 수밖에 없다. 후자의 문제해결에 주된 관심을 쏟고 있는 현대 독일경찰질서법학의 관점만을 그대로 수용할 수 없는 이유이다.

Ⅳ. 결 론

우리나라에는 독일 각 주들의 경찰법과 같은 일반법 기능을 하는 실정법률이 없고, 제도적 경찰활동의 수권규범으로 작용하는 경찰관직무집행법과 특별질서행정법 세계의 건축법, 각종 환경법률들, 영업법, 교통법, 재난관리법들이 별도로 발전되어 온 역사를 가지고 있다. 그리고 경찰관직무집행법에도 다수 경찰책임자 중 선택재량에 관한 일반규정은 존재하지 않으며, 특별법세계에서도 토양환경보전법이나 폐기물관리법 정도 외에는 다수책임자규정은 존재하지 않는다. 이런 상황에서 학설/판례의 발전을 기대하는 것은 당연하다.

따라서 다수책임자에 관한 독일의 고전적 해결모델과 현대적 관점을 비판적으로 검토하여 1차적으로 다수책임자 선택재량을 위한 원칙모델을 나름대로 구성해 보았다. 여기서 더 나아가 현대 독일과 우리나라의 경찰질서법 대표학자들의 주장들을 광범위하게 검토해 보았고, 필자는 현대적인 선택재량지도원칙인 효과성원칙, 공평부담배분원칙, 필요성/수인한도원칙이라는 비례성원칙의 의의와 근거 그리고 상호관계를 설명하였다. 그리고 나서 선택재량의 지도원칙에 관한 시사점을 제시하였다. 이제 이후에는 우리나라 경찰관직무집행법에 대입하여 경찰책임론을 더욱 구체화할 필요가 있고, 가장 최신의 독일경찰법 문헌들이 주목하는 실질적 경찰의무론, 2차적 차원에서 연대채무구상규정의 유추적용가능성, 의도적 간접원인제공자, 도산과 책임승계문제 등이 왜 주목을 새롭게 받아야 하는지, 그 내용은 무엇이고 우리에 대한 시사점은 또한 무엇인지 등에 관한 현대적 경찰질서책임자 논점들을 검토하는 것이 다음의 과제가 될 것이다. (이기춘)*

* 이 글은 이기춘, "다수의 경찰질서책임자이론의 역사적 개관 및 선택재량지도원칙에 관한 연구," 토지공법연구, 제73집 제2호(2016. 2)에 게재된 것임.

제 4 편

제 8 장 경찰책임의 승계

Ⅰ. 문제 제기

공법영역에서 권리 · 의무의 승계 문제는 오랫동안 소홀히 취급되었던 분야에 해당한다.[1] 그 이유는 무엇보다도 이전에는 공법상의 권리 · 의무는 일신전속적인 것으로서 승계가능성이 없는 것으로 보았기 때문이다.[2] 단지 재산권적 지위가 문제될 경우에만 예외적으로 승계를 인정하였다.[3] 이러한 견해는 오랫동안 유지되어 오다가, 독일에서는 1960년대에 들어와 비로소 공법상 의무의 일신전속성이 비판받기 시작하였다.[4]

---

1) 이에 관한 우리의 연구논문으로는 김남진, "행정법상 권리 · 의무승계," 고시계, 90/11, 96쪽 아래; 김남진, "경찰 및 질서행정법상의 의무와 그의 승계 등," 고시연구, 2000. 11, 140쪽 아래; 김남진, "행정제재사유 승계의 능부," 고시연구, 2002. 9, 82쪽 아래; 정하중, "경찰법상의 책임," 공법연구, 제25집 제3호, 1997. 6, 131쪽 아래; 김중권, "공의무 특히 철거의무 및 이행강제금의 납부의무의 승계에 관한 고찰," 공법연구, 제23집 제2호, 1995. 6, 285쪽 아래; 김향기, "과징금부과처분의 승계 여부," 고시연구, 2004. 10, 125쪽 아래; 이현수, "영업양도와 제재처분상의 지위승계," 행정판례연구Ⅹ, 2005, 139쪽 아래; 이영무, "영업양도에 따른 허가권의 이전과 제재사유 또는 제제처분 효과의 승계에 관하여," 법조 2006. 6, 97쪽 아래.

2) 예컨대 BVerwGE 10, 282(285); Otto Mayer, Deutsches Verwaltungsrecht, 3. Aufl., 1924, S.245 ff.; Fleiner, Institutionen des Deutschen Verwaltungsrechts, 8. Aufl., 1928, S.150; Walter Jellinek, Verwalungsrecht, 3. Aufl., 1931, S.211 ff.; Georg Jellinek, System der subjektiven öffentlichen Rechte, 2. Aufl., 1905, S.343.

3) Fleiner, Institutionen des Deutschen Verwaltungsrechts, 8. Aufl., 1928, S.154.

4) 예를 들면 Bettermann, DVBl. 1961, 921.

독일에서 공법상 의무의 승계가능성이 인정되는 계기를 마련한 것은 건축법상 철거명령이 당해 부동산의 매수인에게 미친다는 것을 인정한 1969년 10월 3일 자를란트 고등행정법원(OVG Saalouis)의 판결[5]과 포괄승계(상속)에 의한 상태책임의 승계를 인정한 1971년 1월 21일 연방행정법원(BVerwG)의 판결[6]이었다. 이러한 판례의 입장은 그 후 연방행정법원에 의하여 확인되었다.[7]

공법상 권리, 특히 의무의 승계 필요성은 행정실무상 요청된다. 승계를 인정하지 않는다면 행정기관은 행정절차를 다시 진행해야 하는데, 이는 특히 신속하게 위해가 제거·방지 되어야 하는 경찰행정의 영역에서 곤란한 결과를 가져온다.

현재에는 모든 공법상의 권리·의무가 일신전속적 성격을 갖는 것은 아니라는 점은 일반적으로 인정되고 있다.[8] 행정행위는 더 이상 전적으로 행정청과 상대방 사이만을 규율하는 것으로 이해되지는 않으며, 물적 관련성이 있는 행정행위가 존재함이 인정된다.

따라서 이제는 공법상 의무의 승계가능성을 논의하기보다는, 어떠한 경우에 그리고 어떠한 방법으로 승계가 실현되는지에 대한 탐구가 필요하다.

경찰관직무집행법 등 경찰에 관한 일반법에서는 권리·의무의 승계에 관하여 아무런 규정을 두고 있지 않다. 다만, 행정절차법 제10조에서는 당사자등이 사망하였을 경우, 당사자등인 법인 등이 합병하였을 경우 등 지위승계에 관하여 규정을 두고 있다. 이 규정은 직접적으로는 행정절차법상의 당사자를 대상으로 한 것이나, 다른 법에 특별한 규정이 없고, 법의 흠결이 있는 경우에

---

5) OVG Saarlouis, BRS 22 Nr. 215, S.303 ff. 특정승계(Einzelrechtsnachfolge)가 문제된 판결임. 대부분의 고등행정법원은 이 판례의 입장을 따랐으나(OVG Münster, DVBl. 1973, 226 f.; OVG Koblenz, DÖV 1980, 654 f.; VGH Mannheim, NJW 1977, 861; OVG Bremen, NJW 1985, 2660; OVG Lüneburg, NJW 1980, 78; VGH München, BayVBl. 1981, 371 f.), 다만 카셀 고등행정법원(VGH Kassel)은 경찰법과 건축법 영역에서 의무의 이전을 규정하고 있는 법률이 없다는 이유로 특정승계를 인정하지 않았다(VGH Kassel, DVBl. 1977, 255 ff.; NuR 1986, 126 ff.).

6) BVerwG, NJW 1971, 1624 ff. 포괄승계(Gesamtrechtsnachfolge)가 문제된 판결임. 이 판결에 대한 상세한 평석으로는 Peine, DVBl. 1980, 941(942) 참조.

7) BVerwGE 64, 105 ff.

8) Würtenberger/Heckmann/Riggert, Polizeirecht in Baden-Württemberg, 3. Aufl., 1997, Rdn. 311 참조.

는 행정법 관계 전반에 걸쳐 준용되는 법의 일반원칙을 천명한 규정으로 보아도 좋을 것이다.[9)]

한편, 최근에는 개별법에서 영업양도 등에 따른 영업자의 지위승계[10)]와 제재처분 효과의 승계에 관하여 규정하고 있는 경우가 많아지고 있다. 예를 들면 식품위생법 제39조[11)]와 제78조,[12)] 「석유 및 석유대체연료 사업법」 제7조[13)]와 제8조,[14)] 공중위생관리법 제3조의2와 제11조의3, 도시가스사업법 제7조

---

9) 김남진/김연태, 『행정법 I』, 법문사, 2008, 92쪽.

10) 지위승계의 의미에 대하여는 이영무, 앞의 글, 107쪽 아래 참조.

11) 제39조(영업의 승계) ① 영업자가 영업을 양도하거나 사망한 경우 또는 법인이 합병한 경우에는 그 양수인·상속인 또는 합병 후 존속하는 법인이나 합병에 따라 설립되는 법인은 그 영업자의 지위를 승계한다.
② 제29조 제2항 각호의 어느 하나에 해당하는 절차에 따라 영업 시설의 전부를 인수한 자는 그 영업자의 지위를 승계한다. 이 경우 종전의 영업자에 대한 영업허가 또는 그가 한 신고는 그 효력을 잃는다.
③ 제1항 또는 제2항에 따라 그 영업자의 지위를 승계한 자는 보건복지부령으로 정하는 바에 따라 1개월 이내에 그 사실을 식품의약품안전청장 또는 특별자치도지사·시장·군수·구청장에게 신고하여야 한다.
④ 제1항 및 제2항에 따른 승계에 관하여는 제38조를 준용한다. 다만, 상속인이 제38조 제1항 제8호에 해당하면 상속받은 날부터 3개월 동안은 그러하지 아니하다.

12) 제78조(행정제재처분효과의 승계) 영업자가 영업을 양도하거나 법인이 합병되는 경우에는 제75조 제1항 각호, 같은 조 제2항 또는 제76조 제1항 각호를 위반한 사유로 종전의 영업자에게 행한 행정제재처분의 효과는 그 처분기간이 끝난 날부터 1년간 양수인이나 합병 후 존속하는 법인에 승계되며, 행정제재처분 절차가 진행 중인 경우에는 양수인이나 합병 후 존속하는 법인에 대하여 행정제재처분 절차를 계속할 수 있다. 다만, 양수인이나 합병 후 존속하는 법인이 양수하거나 합병할 때에는 그 처분 또는 위반사실을 알지 못하였음을 증명하는 때에는 그러하지 아니하다.

13) 제7조(석유정제업자의 지위승계) ① 다음 각호의 어느 하나에 해당하는 자는 석유정제업자의 지위를 승계한다.
1. 석유정제업자가 그 사업의 전부를 양도한 경우 그 양수인
2. 석유정제업자가 사망한 경우 그 상속인
3. 법인인 석유정제업자가 합병한 경우 합병 후 존속하는 법인이나 합병으로 설립되는 법인
② 다음 각호의 어느 하나에 해당하는 절차에 따라 석유정제시설의 전부를 인수한 자는 종전의 석유정제업자의 지위를 승계한다.
1. 「민사집행법」에 따른 경매
2. 「채무자 회생 및 파산에 관한 법률」에 따른 환가(換價)
3. 「국세징수법」, 「관세법」 또는 「지방세기본법」에 따른 압류재산의 매각
4. 그 밖에 제1호부터 제3호까지의 규정에 준하는 절차

14) 제8조(처분효과의 승계) 제7조에 따라 석유정제업자의 지위가 승계되면 종전의 석유정제

와 제7조의2, 「먹는 물 관리법」 제25조와 제49조 등이 그에 해당한다. 그 밖에 하천법 제5조,[15] 도로법 제4조 및 공유수면관리법 제11조 등에서는 권리 · 의무의 승계에 대하여 규정하고 있다.

이와 같이 법령에서 공법상 법적 지위의 승계에 관하여 규정하고 있는 경우에 그에 따라 해결하면 되겠지만, 특별한 법규정이 없는 경우에는 일반적인 법원칙에 따라 결정되어야 하는바, 이에 대하여는 다양한 의견이 제시되고 있어[16] 그 해결방안을 찾는 것이 쉽지 않다.

아래에서는 개인의 공법상 권리의 승계문제[17]와 행정의 공법상 권리 · 의무의 승계[18]에 대하여는 논의하지 않고, 개인의 공법상 의무의 승계, 특히 공공의 안녕 · 질서에 대한 위해를 제거해야 할 경찰책임자의 의무가 승계될 수 있는지에 관하여 고찰하기로 한다.

업자에 대한 제13조 제1항에 따른 사업정지처분(제14조에 따라 사업정지를 갈음하여 부과하는 과징금부과처분을 포함한다)의 효과는 처분기간이 끝난 날부터 1년간 새로운 석유정제업자에게 승계되며, 처분의 절차가 진행 중일 때에는 새로운 석유정제업자에 대하여 그 절차를 계속 진행할 수 있다. 다만, 새로운 석유정제업자(상속으로 승계받은 자는 제외한다)가 석유정제업을 승계할 때에 그 처분이나 위반의 사실을 알지 못하였음을 증명하는 경우에는 그러하지 아니하다.

15) 제5조(권리 · 의무의 승계 등) ① 이 법에 따른 허가 또는 승인으로 발생한 권리 · 의무를 가진 자가 사망하거나 그 권리 · 의무를 양도한 때 또는 그 권리 · 의무를 가진 법인의 합병이 있는 때에는 그 상속인, 권리 · 의무를 양수한 자 또는 합병 후 존속하는 법인이나 합병에 의하여 설립되는 법인이 그 지위를 승계한다.
② 제1항에 따라 권리 · 의무를 승계한 자는 국토해양부령으로 정하는 바에 따라 하천관리청에 신고하여야 한다.

16) 독일에서 공법상 권리 · 의무의 승계에 관하여 주장되는 다양한 학설에 대하여는 Riedl, Die Rechts- und Pflichtennachfolge im Verwaltungsrecht, 1998, S.277 ff. 참조.

17) 개인의 공법상 법적 지위가 그의 권리승계인에게 이전되는지의 문제. 이에 대하여는 Peine, JuS 1977, 984 ff.와 이 글의 Fn. 1)에 소개된 문헌 참조.

18) 행정의 개인에 대한 권리 · 의무가 다른 공행정의 주체(담당자)에게 이전되는지의 문제. 이에 대하여는 Peine, JuS 1977, 984, Fn. 2에 소개된 문헌 참조.

II. 경찰책임의 종류

1. 행위책임과 상태책임

공동생활에 있어서 개인은 공공의 안녕 · 질서에 대한 위해가 발생하지 않도록 행동할 것이 요구되며, 또한 자신의 지배력이 미치는 물건으로부터 그러한 위해가 발생하지 않는 상태를 유지할 것이 요구된다. 자신의 행위 또는 자기의 보호 · 감독하에 있는 사람의 행위로 인하여 경찰법적 의미에서의 공공의 안녕 · 질서에 대한 위해가 야기된 경우에 지는 책임을 행위책임이라고 하며, 위험 또는 장해를 야기하는 물건의 소유자, 그 밖의 정당한 권원을 가진 자 또는 사실상의 지배자가 물적 지배력에 근거하여 지는 책임을 상태책임이라고 한다. 양 책임은 한 사람 또는 다수의 사람에게 동시에 발생할 수도 있다.

행위책임은 민사 · 형사상의 책임과 달리 행위자의 의사능력, 행위능력 및 과실 여부를 묻지 않고 객관적인 사실에 기하여 지는 책임이며,[19] 인적인 성격이 강하게 나타나기 때문에 대부분 일신전속적이라는 특징을 가진다. 상태책임은 전통적으로 위험한 물건의 상태가 어떠한 원인으로 발생되었는지에 대한 고려 없이, 즉 소유자나 사실상의 지배자의 행위에 의하든 제3자의 행위에 의하든 또는 자연력에 의하든 상관없이 물건의 소유자 또는 사실상의 지배자가 무제한적인 책임을 부담한다고 보았으나, 상태책임의 범위는 비례성의 원칙을 고려하여 그 물건의 통상적인 관리가능성의 범위로 한정되어야 할 것이다.[20]

2. 구체적 책임과 추상적 책임

경찰책임의 승계를 논함에 있어서는 공공의 안녕 · 질서의 위해에 대한 추

---

19) 정하중, 앞의 글, 112쪽.

20) 상태책임의 제한에 대하여는 이기춘, "독일경찰법상 상태책임의 근거 및 제한에 관한 고찰," 토지공법연구, 제18집, 2003. 6, 405쪽 아래; 서정범, "상태책임의 한계에 관한 고찰," 토지공법연구, 48집, 2010. 2, 479쪽 아래; 정하중, 앞의 글, 118쪽 아래 참조.

상적 책임이 문제되는지, 아니면 경찰조치에 의하여 구체화된 위해제거의무가 문제되는지 구별할 필요성이 있다. 경찰의무는 행정처분에 의하여 구체화되었을 경우에만 이전·승계될 수 있는 것이 아닌지 논란이 있기 때문이다.

구체적 경찰조치가 발해지기 전에는 추상적 책임만이 존재하는데, 이것은 아직 주관적 법적 의무를 근거지우지 못하고 단지 권한 있는 행정청에게 개입의 근거만을 줄 뿐이라는 주장이 제기된다.[21] 이러한 견해에 의하면 추상적인 책임의 승계가능성은 원칙적으로 부인된다.

생각건대, 이 문제는 경찰의무를 어떻게 이해하는지에 달려 있다. 경찰의무는 위해제거를 위한 협력의무라고 보아야 할 것이며,[22] 이러한 의무는 위험 또는 장해가 발생함과 동시에 생겨나는 것이다. 따라서 위해제거에 대한 실질적 의무는 행정처분이 발해지기 전에 이미 존재한다고 보아야 할 것이며,[23] 결국 그 의무는 일반적으로 권리·의무의 승계인에게 이전될 수 있는 것이다. 이와 같이 실질적 경찰의무로 보는 입장에 의하면 위험이 발생한 이후에는 적어도 경찰책임자에게 관념적으로 위해제거의무가 존재하고, 그것은 경찰조치에 의하여 단지 구체화될 뿐이다.

한편, 이와 관련하여 제재사유의 승계와 제재처분 효과의 승계를 구별할 것인지가 우리 판례상 문제되었는바,[24] 대법원은 2001. 6. 29. 선고 2001두1611 판결에서 "공중위생영업에 대하여 그 영업을 정지할 위법사유가 있다면, 관할 행정청은 (영업정지처분 전에) 그 영업이 양도·양수되었다 하더라도 그 업소의 양수인에 대하여 영업정지처분을 할 수 있다고 봄이 상당하다"고 판시하여 제재처분이 부과되기 전에 영업이 양도된 경우에 양도인 또는 그 영업에 대하여 발생한 제재사유가 양수인에게 승계됨을 긍정하고 있다. 그러나 대법원 2007. 11. 29. 선고 2006두18928 판결에서는 "분할하는 회사의 분할 전 법 위반행위를 이유로 과징금이 부과되기 전까지는 단순한 사실행위만 존재할 뿐 그 과징금과 관련하여 분할하는 회사에게 승계의 대상이 되는 어떠한 의무가 있다고 할

21) Papier, NVwZ 1986, 256(262).
22) 이에 대하여는 이기춘, "위험방지를 위한 협력의무로서 경찰책임의 귀속에 관한 연구," 고려대학교 대학원 박사학위논문, 2002, 187쪽 아래 참조.
23) 이러한 생각으로는 Stadie, DVBl. 1990, 501(505); Peine, JuS 1997, 984(987).
24) 이러한 구분에 대하여는 이영무, 앞의 글, 115쪽 아래 참조.

수 없다"고 판시하여 구체적으로 과징금이 부과된 이후에야 승계될 의무가 존재한다는 입장을 취하고 있다. 대법원의 이러한 입장의 차이는 해당 제재처분을 대물적 처분으로 볼 것인지 여부와 연관되어 있다고 볼 것이다. 즉 2001. 6. 29. 선고 2001두1611 판결에서 대법원은 원심[25]과 달리 이 사건 영업정지를 대물적 처분으로 보았는 데 대하여, 대법원 2007. 11. 29. 선고 2006두18928 판결에서 문제된 과징금 부과는 담합행위에 대한 제재처분으로서 대물적 처분으로 보지 않았던 것이다.

III. 경찰책임의 승계 — 그 목적과 한계

1. 승계의 개념과 효과

행정절차법에서는 지위의 승계(제10조), 민법에서는 포괄적 권리의무의 승계(제1005조), 식품위생법에서는 행정제재처분효과의 승계(제61조) 그리고 「먹는물 관리법」에서는 영업의 승계(제25조) 등에 관하여 규정하고 있지만, 승계의 개념정의에 관하여는 아무런 규정을 두고 있지 않다.

일반적으로 권리 또는 의무의 승계란 권리 또는 의무가 귀속되는 법적 지위와 관련하여 권리주체 내지 의무주체가 바뀌는 것을 말한다. 이러한 개념정의는 민법분야와 공법분야에서 마찬가지로 통용된다. 권리 또는 의무가 승계되기 위해서는 우선 권리·의무의 주체에게 권리 또는 의무가 유효하게 근거지워져야 하며, 이전되는 시점까지 유효하게 존재하고 있어야 한다. 승계의 본질은 권리 내지 의무의 주체가 바뀌지만 법적 지위는 그대로 유지된다는 데 있다. 즉 승계되더라도 종전 법적 지위의 내용과 범위에는 아무런 변화가 생기지 않는다.

승계의 법적 효과는 승계의 개념정의로부터 도출될 수 있다. 권리승계의 경우에는 승계인(Rechtsnachfolger)에게 피승계인(Rechtsvorgänger)의 권리가 귀속된

---

25) 원심인 서울고등법원 2001. 1. 30, 2000누11378에서는 이 사건 영업정지의 처분이 오직 물건의 성질이나 상태 등 물건의 객관적 사정에 착안하여 이루어지는 이른바 대물적 처분이라고 보기 어려우므로, 그 효력이 양수인에게 미친다고 할 수 없다고 하였다.

다. 새로운 권리자는 승계에 의하여 자신에게 귀속된 권리를 주장할 수 있게 된다. 의무승계의 경우에 승계인은 피승계인의 의무를 부담하게 되고, 새로운 의무부담자는 그 의무를 이행하여야 한다.

물론 권리·의무 승계의 범위 및 효과는 법규정에 의하여 특별히 정해질 수 있다. 즉 승계의 효력이 미치는 범위에 대하여 법에서 특별히 규정함으로써 일반적 개념정의에서 도출되는 것보다 넓게 또는 좁게 해석되도록 규율할 수 있다. 예를 들면 식품위생법 제61조에서는 영업의 양도 또는 법인의 합병에 있어서 종전 영업자에 대한 행정제재처분 효과의 승계에 관하여 일정기간(처분기간이 만료된 날부터 1년간) 승계된다고 규정하여, 승계의 효력이 미치는 시간적 범위를 정하고 있으며, 다른 한편 양수인 또는 합병 후 존속하는 법인이 양수 또는 합병시 그 처분 또는 위반사실을 알지 못하였음을 증명하는 때에는 승계되지 않는다고 하여, 선의의 양수인 등을 보호하기 위하여 승계의 효력을 배제시키는 규정을 두고 있다.

2. 경찰책임 승계의 목적

(1) 경찰상 위해의 효과적 제거

경찰은 공공의 안녕·질서에 대한 위험방지 및 장해제거를 목적으로 하며, 그 목적을 위하여 가장 효과적인 방법을 선택해야 한다. 다시 말하면 경찰은 일반적으로 위험방지 또는 장해제거를 하는 데 있어서 가장 적합한 상황에 있는 자에게 경찰상의 의무를 부과해야 한다. 따라서 경찰책임 승계의 목적은 우선 효과적인 경찰상 위해의 제거에서 찾아야 할 것이다. 경찰상의 위해는 신속하고 효율적으로 그리고 최소한의 피해를 가져오면서 제거 내지 방지되어야 한다. 이를 위하여 경찰상의 위해에 대하여 가장 밀접한 관계를 가지고 있고 그에 대하여 누구보다도 용이한 관리가능성을 가진 자인 승계인에게 경찰상의 위해를 제거하도록 하는 것이 필요할 것이다.

(2) 행정의 효율성

경찰책임의 승계는 행정의 효율성이라는 측면에서 필요하다. 경찰책임의 승계가 인정되어 피승계인에 대한 처분의 효력이 승계인에게 미치게 된다면 행정절차적 관점에서 효율성이 있다. 만일 승계인에게 다시 행정절차를 진행하여 동일한 내용의 처분을 발해야 한다면, 이는 행정경제에 반하는 것이다. 또한 경찰책임자가 제3자와 공모하여 자신의 경찰상의 의무이행을 의도적으로 회피할 가능성이 있는데, 이러한 경우 경찰의무의 승계가 부정된다면 경찰목적 달성에 현저한 지장을 가져올 것이다.

3. 경찰책임 승계의 한계

책임의 승계는 선의의 승계인에게 예측할 수 없는 손해를 가져올 수 있다. 따라서 승계인의 보호필요성이라는 관점에서 경찰책임 승계의 한계가 도출되어야 한다. 이러한 관점에서 영업의 양도로 영업자의 지위가 승계되는 경우에 양도인의 위법행위로 인한 제재처분의 효과가 양수인에게 승계되는 것으로 규정하고 있는 개별법에서는 양수인이 양수시에 그 처분 또는 위반사실을 알지 못하였음을 증명하는 때에는 양수인의 책임을 배제하는 명시적 규정을 두고 있다.[26] 설사 이러한 규정이 없더라도 선의의 양수인에게 제재처분 효과의 승계를 인정하는 것은 비례성의 원칙에 반한다고 볼 것이다.[27]

한편, 경찰책임의 승계가 부담스러운 경찰의무로부터 벗어나기 위한 수단으로 악용되어서는 안 되며, 경찰책임의 승계에 의하여 승계인에게는 새로운 부담이 지워지게 되는 것이므로 법치국가원리에 따라 경찰책임의 승계에 관한 법적 근거가 요구된다고 하겠다.

그 밖에 책임의 승계를 한계지우는 헌법성의 원칙으로는 신뢰보호의 원칙을 들 수 있다. 신뢰보호의 원칙은 법치국가원리, 그 중에서도 특히 법적 안정성의 원칙에 뿌리를 둔 법원칙으로서 모든 국가권력에 구속력을 가진다. 신뢰보호의 원칙에 의하여 공행정작용을 신뢰한 개인이 보호되어야 하며, 예견하지 못한 불의의 고권적 침해로부터 보호되어야 한다.

---

26) 예를 들면 식품위생법 제61조, 도시가스사업법 제7조의2, 「먹는 물 관리법」 제49조 등 참조.

27) 같은 생각으로는 이영무, "영업양도에 따른 허가권의 이전과 제재사유 또는 제제처분 효과의 승계에 관하여," 법조 2006. 6, 118쪽 아래; 그러나 다른 생각으로는 이영동, "공중위생영업을 정지할 위법사유가 있는 경우 이를 이유로 그 양수인에 대하여 행정처분을 할 수 있는지 여부," 대법원판례해설, 제36호, 2001. 12, 623쪽 아래.

신뢰보호의 원칙은 특히 경찰상의 위험(예컨대 토양오염) 발생이 오래되어 그 동안 권리·의무가 여러 차례 이전된 이후에 최후의 승계인에게 경찰조치를 발할 수 있는지 여부가 문제될 때 책임의 승계를 한계지우는 원칙으로 적용될 수 있다. 신뢰보호의 요건이 충족되기 위해서는 특히 당사자의 신뢰, 신뢰에 기인한 처리 등이 필요한데, 우선 당사자는 자신이 더 이상 경찰의무의 승계인으로서 경찰조치의 상대방이 되지 않을 것이라고 신뢰하였어야 한다. 예를 들면 당사자가 권리·의무의 승계시에 경찰상 위험의 존재에 대하여 알지 못하였거나, 설사 알았다 하더라도 경찰조치가 더 이상 발해지지 않을 것이라고 신뢰할 만한 상황이 존재하였어야 한다. 신뢰에 기인한 처리와 관련하여 당사자는 보호할 가치 있는 신뢰에 기초하여 적극적이거나 소극적인 재산적 처리를 한 것이 요구된다.

4. 경찰책임의 승계가능성

어떠한 법적 지위가 승계될 수 있기 위해서는 우선 그 법적 지위가 일신전속적이지 않아야 한다. 여기서 일신전속적이란 권리·의무의 발생, 효력 및 이행에 있어서 권리자 또는 의무자의 능력이나 특징이 결정적인 기준이 되는 경우를 말한다. 법적 지위가 일신전속적인 경우에는 타인에게 이전될 수 없으므로, 일신전속성은 승계가능성을 부인하는 충분한 조건이 된다. 이는 민사법 영역에서와 마찬가지이다. 공법의 영역에서 사법에서와 달리 판단되어야 할 이유는 없다. 다만, 비(非)전속성은 승계를 위한 필요조건이지, 충분조건은 아니다.[28] 다시 말하면 일신전속적이지 않지만 승계될 수 없는 법적 지위가 있다. 행위의 대체가능성을 충분조건으로 파악하는 견해[29]도 있지만, 제3자가 대신 이행할 수 있으나 일신전속적 성질을 갖는 의무도 있기 때문에 타당하지 않다.[30]

---

28) 대법원은 일신전속적인 성질을 가지는 의무는 승계될 수 없다는 전제하에, 무단형질변경에 따른 복구의무는 타인이 대신하여 행할 수 있는 의무로서 일신전속적인 성질을 가지지 않으므로 상속인에게 승계될 수 있다고 판시한 바 있다(대판 2005. 8. 19, 2003두9817·9824).

29) Ossenbühl, Zur Haftung des Gesamtrechtsnachfolgers für Altlasten, 1995, S.55.

30) 예를 들면 이행강제금이 그에 해당한다.

한편, 행위책임에 의한 실질적 경찰의무의 승계가능성은 승계인에게 행위책임의 귀속을 정당화하는 근거가 유효하게 존재하는가에 달려 있다는 견해가 주장된다.[31] 이러한 견해는 행위책임의 경우 귀속을 정당화하는 근거의 존재 여부는 위험 야기자와의 근접성에 달려 있다고 본다.

그러나 이러한 판단기준은 불명확하다는 비판을 받는다. 즉 언제 위험에의 근접성이 인정될 수 있는지가 명확하지 않다는 것이다. 이러한 문제점 때문에 공법상 권리·의무의 승계가능성을 구체적 권리자·의무자로부터 구체적 권리·의무를 분리할 수 있는지 여부를 기준으로 판단하여야 한다는 주장이 제기된다.[32] 즉 양자가 분리될 수 있는 경우에만 승계가능성이 인정되고, 분리될 수 없는 경우에는 승계될 수 없다고 본다. 분리가능성 여부는 관련 규정의 목적을 기초로 하여 판단하여야 하는바, 법적 지위가 일신전속적이지 않고, 이전될 수 있거나(권리의 경우) 또는 타인에 의해 이행될 수 있는 경우(의무의 경우)에 분리가능성이 인정된다고 한다.[33] 권리의 취득에 있어서, 예컨대 전문지식, 시험합격, 신뢰성 등 개인적 특성이 문제되는 경우에는 분리가능성이 없다. 또한 개인적 관점이 중요한 요소로 고려되는 재량결정에 의하여 권리가 취득되는 경우에도 마찬가지이다. 그에 대하여 전적으로 또는 최소한 중요한 점에 있어서 재산에 관련된 권리와 의무는 분리가능하다고 볼 수 있다. 분리가능성은 승계가능성 여부를 판단함에 있어 상대적으로 명확한 기준으로 적용될 수 있고, 또한 승계가능성의 문제를 통일적으로 파악하게 되는 장점이 있다.[34]

5. 승계가능성과 승계요건의 구별

경찰의무는 일반적으로 이전가능성이 없으므로 항상 일신전속적 성질을 갖는다는 주장도 있지만,[35] 의무의 내용에 따라 구별하여 승계문제를 파악하

---

31) Ossenbühl, 앞의 책, S.69.

32) Peine, DVBl. 1980, 941(944 f.); Schink, GewArch 1996, 50(60).

33) Peine, DVBl. 1980, 941(945).

34) 분리가능성을 기준으로 승계가능성 여부를 판단하는 것이 타당하다는 입장으로는 이영무, "영업양도에 따른 허가권의 이전과 제재사유 또는 제재처분 효과의 승계에 관하여," 법조 2006. 6, 107쪽.

여야 한다는 주장[36]이 타당하다고 생각된다. 의무의 비(非)전속성과 대체가능성[37]을 동일시하여서는 안 된다. 입법자의 의사에 따라 대체가능한 의무의 경우에도 특정인에 의해서 이행될 것을 요구할 수 있는 것이다. 따라서 문제된 의무가 특정인에 의해서만 이행되어야 하는지가 밝혀져야 한다.[38] 이것은 의무의 성질, 의미 및 목적에 따라 결정된다. 이를 판단함에 있어서는 물론 의무의 대체가능성이 중요한 기준이 될 것이다. 예컨대 경찰법 영역에서는 대부분 대체가능한 행위가 문제된다.

어떠한 경찰의무가 이전·승계가능성이 있다면, 그 다음에는 법적 근거로서 승계요건이 충족되어야 한다.[39] 승계요건에 의하여 누구에게 의무가 이전·승계될 것인지가 결정되는바, 이는 법률유보원칙의 당연한 귀결이다. 법률유보원칙이 적용되는 대표적인 영역은 자유 또는 재산권이 제한되는 경우이다. 침해행정인 경찰법 영역에서는 대체로 기본권에 대한 제한이 문제된다. 의무의 승계는 승계인에게 새로운 부담이 되므로, 이전 의무자에 대한 수권규정은 법적 근거로서 불충분하고 승계인에게 의무를 근거지우기 위한 새로운 규범적 근거가 필요하다.

이와 관련하여 지위승계에 관한 행정절차법 제10조 및 개별법의 규정을 승계요건에 관한 근거규정으로 볼 수 있는지가 문제된다. 생각건대, 행정절차법 제10조는 지위승계에 관한 일반원칙을 천명한 규정으로서, 피승계인의 위법행위로 인한 제재사유가 승계인에게 이전 내지 승계된다는 근거규정이 될 수는 없다고 본다. 마찬가지로 지위승계에 관하여 규정하고 있는 하천법 제5조, 도로법 제4조 및 공유수면관리법 제11조 등도 승계요건에 관한 규정으로 볼 수 없다. 이러한 지위승계 규정의 취지는 별도의 허가 등을 받지 않고도 허가 등을 받은 사업자로서의 지위, 즉 허가 등으로 발생한 권리·의무가 승계되어 승계인을 허가 등을 받은 자로 본다는 것일 뿐,[40] 더 나아가 이러한

35) Schenke, in: Steiner(Hrsg.), Besonderes Verwaltungsrecht, 6. Aufl., 1999, Rdn. 188.
36) Drews/Wacke/Vogel/Martens, Gefahrenabwehr, 9. Aufl., 1986, S.299; v. Mutius, VerwArch 71(1980), 93(99).
37) 대체가능성에 대하여는 Drews/Wacke/Vogel/Martens, 앞의 책, S.299 참조.
38) v. Mutius, 앞의 글, 93(99).
39) 이현수, 앞의 글, 154쪽 아래 참조.
40) 대판 1999. 6. 8, 98두1727; 대판 1999. 6. 8, 97다30028 등.

규정에 의하여 피승계인의 위법행위로 인한 제재처분 내지 제재사유가 승계인에게 이전 내지 승계된다고 해석할 수는 없다.[41] 이는 지위승계에 관한 규정 이외에 별도로 행정제재처분 효과의 승계를 규정하고 있는 많은 개별법, 예를 들면 식품위생법 제61조, 「석유 및 석유대체연료 사업법」 제8조, 공중위생관리법 제11조의3, 도시가스사업법 제7조의2, 「먹는 물 관리법」 제49조 등을 볼 때 분명해진다.

Ⅳ. 구체적 사례의 해결

아래에서는 의무승계에 관한 사례[42]를 통하여 문제해결의 실마리를 찾아보기로 한다. 이를 위하여서는 우선 ① 경찰법상의 의무가 경찰조치에 의하여 구체화되었는지, 아니면 경찰조치에 의하여 구체화되지 않은 추상적 의무가 문제되는지, ② 상태책임 또는 행위책임이 문제되는지 그리고 ③ 민법상의 포괄승계 또는 특정승계에 해당하는지에 따라 사례를 나누어 살펴보기로 한다.

1. 추상적 상태책임의 포괄승계

▌사례 1▐ 토양이 오염되었으나 오염사실이 발견되기 전에, 따라서 정화조치가 발해지기 전에 원래의 경찰의무자가 사망하였을 경우에 그의 재산상속인에게 경찰책임을 부담시킬 수 있는가?

경찰조치가 아직 행해지지 않은 추상적 책임의 경우에는, 특히 이미 오래

41) 같은 생각으로는 김향기, 앞의 글, 130쪽. 그러나 대법원은 지위승계에는 종전 사업자가 법규위반행위로 받게 되는 사업정지 등 제재처분의 승계가 포함되어 그 지위를 승계한 자에 대하여 사업정지 등의 제재처분을 취할 수 있다고 본다(대판 2003. 10. 23, 2003두8006 등). 2003두8006에서 문제된 구 석유사업법에서는 석유사업자의 지위승계에 관한 규정(제7조)만을 두고 있었으나, 현행 「석유 및 석유대체연료 사업법」에서는 지위승계에 관한 규정(제7조)뿐만 아니라, 처분효과의 승계에 관한 규정(제8조)을 두고 있어 법률유보원칙상의 문제점을 해결하고 있다.

42) Nolte/Niestedt, JuS 2000, 1071(1073 ff.)에서 제시된 사례를 참고하여 재구성하였음을 밝혀둔다.

전에 오염된 토양에 대한 책임이 문제되는 경우에 중요한 의미가 있다. 오염이 오래 전에 발생한 것이어서 오염사실이 발견되기 전에 그리고 정화조치가 발해지기 전에 원래의 경찰의무자가 사망하였거나 또는 사업자가 변경되어서 행정청이 민법상의 권리·의무승계자에게 조치를 취할 수밖에 없는 경우가 문제된다.

이와 같은 경우에 사망에 의하여 피상속인은 사실상의 물적 지배력을 상실하게 되므로 그의 상태책임은 소멸하게 된다. 따라서 추상적 상태책임의 승계가능성은 관념상 인정될 수 없고,[43] 재산상속의 시점에 위험이 아직 존재하는 한 상속인은 새로운 소유권자로서 스스로 시원적인 상태책임자가 된다고 보아야 할 것이다.[44] 따라서 추상적 상태책임의 포괄승계는 별도로 논할 실익이 없다고 본다.

2. 추상적 상태책임의 특정승계

사례 2 이전 토지소유자의 사업활동에 의한 유해물질의 배출로 오염된 토양으로 말미암아 지하수가 오염되었을 것이라고 의심되는 상황에서 그러한 정을 모르고 그 토지를 매매에 의하여 취득한 소유권자에게 토양조사를 위하여 시추할 것을 명할 수 있는가?

추상적 상태책임의 특정승계의 경우도 앞의 추상적 상태책임의 포괄승계의 경우와 다르지 않다. 위의 사례에서 새로운 토지소유자는 경찰법상 상태책임을 지게 된다. 따라서 이 경우에도 의무의 승계가 논의될 필요가 없다. 새로운 소유자가 토양오염에 대하여 알지 못하였다는 사정은 그의 경찰의무에 아무런 영향을 미치지 않고, 단지 그러한 사정이 개별조치의 비례성 원칙의 부합 여부를 검토함에 있어서 고려될 수 있을 뿐이다.

---

43) Drews/Wacke/Vogel/Martens, 앞의 책, S.299.
44) Papier, NVwZ 1986, 256(262).

3. 추상적 행위책임의 포괄승계

▌사례 3▐ 폐기물 처리업을 운영하던 부친(乙)의 사망으로 그 사업을 상속으로 넘겨받은 甲은 乙이 폐유 찌꺼기를 불법적으로 매립하였던 사실을 알지 못하였고, 토양이 오염되었다는 사실이 밝혀지기 전에 당해 사업을 丙에게 양도하였다. 이러한 경우에 甲은 乙의 상속인으로서 경찰의무를 부담하는가?

▌사례 4▐ 기름의 소유자이며 유조차의 운전자인 乙의 실수로 유조차가 전복되어 기름이 토양에 흘러들어 지하수가 오염될 상황에 놓여 있게 되었다. 이러한 경우에 관할 행정청은 사고시 사망한 乙의 상속인 甲에게 위험방지의무를 부과하고 대집행의 경우 그 비용을 청구할 수 있는가?

(1) 승계가능성

위 사례 3, 4에서 각각 乙은 행위책임자로서 경찰의무를 부담하였어야 한다. 이러한 乙의 경찰의무는 포괄상속에 의하여 상속인 甲에게 승계될 수 있는 것으로 보아야 할 것이다.

대법원도 채석허가를 받은 자가 산림을 무단으로 형질변경을 하였으나 관할 행정청이 복구명령을 발하기 전에 사망한 사건에서 원상회복명령에 따른 복구의무는 타인이 대신하여 행할 수 있는 의무로서 당해 토지의 소유권 또는 점유권을 승계한 상속인이 그 복구의무를 부담한다고 봄이 상당하다고 하여 그 상속인에 대하여 복구명령을 할 수 있다고 판시한 바 있다.[45]

행위책임에 있어서 승계가능성은 우선 위험이 특정인에 의해서 야기되었다는 사실 때문에, 더욱이 승계인이 위험을 야기한 피승계인의 행위를 알지 못하였던 경우에는 의문이 제기될 수 있다. 따라서 최근에는 행위책임에 의한 의무의 승계가능성은 책임을 정당화하는 귀속근거가 승계인에게도 유효하게 존재하는지 여부에 달려 있다고 보는 견해가 주장된다.[46] 그러나 앞에서 언급한 바와 같이, 이러한 주장은 그 기준의 불명확성 때문에 비판을 받고 있다.

승계인은 위험의 한계를 넘은 사실이 없으므로, 즉 위험을 직접적으로 야

---

45) 대판 2005. 8. 19, 2003두9817 · 9824.
46) Ossenbühl, 앞의 책, S.65.

기한 사실이 없기 때문에 행위의무는 승계될 수 없다는 주장도 제기된다.[47] 또한 의무의 내용과 범위를 충분히 예견할 수 없으므로, 법치국가원리의 명확성 원칙에 반하기 때문에 추상적 행위책임의 승계는 부인된다는 주장도 있다.

그러나 승계가능성을 논함에 있어서는 어떠한 의무가 다른 사람에 의하여 이행될 수 있는지가 중요하다고 볼 것이다. 직접적으로 위험을 야기했다는 사실은 행위책임을 근거(begründen)지운다는 점에서만 의미가 있다. 피승계인이 위험의 한계를 넘었다면 행위책임은 발생(entstehen)하게 된다. 위에서 언급한 것처럼, 경찰의무를 위해제거를 위한 협력의무로 보면,[48] 이러한 의무는 위험 또는 장해가 발생함과 동시에 생겨나는 것이다. 의무자는 위험 또는 장해의 발생 시점에 위해제거를 위한 조치의 내용과 범위를 알게 되므로, 추상적 책임의 승계가 법치국가원리에 반한다는 주장은 타당하지 않다.

책임의 귀속과 승계가능성의 문제는 구분되어야 한다. 권리·의무의 승계란 승계인에게 책임귀속의 요건이 충족될 것을 요구하는 것이 아니라, 다른 사람(피승계인)의 권리·의무의 지위를 이어 받는 것을 의미한다. 따라서 행위책임의 일반적인 승계가능성은 승계인이 피승계인의 행위책임에 대하여 알지 못하였던 경우에도 배제되지 않는다.

행위책임자의 포괄승계에 있어서 그의 의무가 승계될 것인지의 문제는 경찰의무를 어떻게 이해하는지에 달려 있다고 볼 것이다. 위에서 언급한 바와 같이 경찰의무를 관계인의 주관적인 법적 의무로서가 아니라 단지 행정청의 개입근거를 의미하는 것으로 이해하는 입장에 의하면,[49] 행정청의 개입에 의하여 구체적인 조치가 발해진 이후에 비로소 경찰의무는 법적 의무가 된다고 본다. 따라서 이러한 견해에 의하면 추상적인 행위책임의 승계가능성은 원칙적으로 부인되며,[50] 단지 명문규정이 있는 경우에만 승계될 수 있다고 볼 것이다.

그러나 위해제거의무는 위험 또는 장해가 발생함과 동시에 생겨나는 것이

47) Papier, DVBl. 1996, 125(128); Ossenbühl, 앞의 책, S.67.
48) 이에 대하여는 이기춘, 앞의 글, 187쪽 아래 참조.
49) Papier, NVwZ 1986, 256(262).
50) 이러한 생각으로는 Denninger, in: Lisken/Denninger, Handbuch des Polizeirechts, 2.Aufl., 1996, Rdn.E 100; Drews/Wacke/Vogel/Martens, 앞의 책, S.297.

므로, 행위책임자의 위해제거에 대한 실질적 의무는 행정처분이 발해지기 전에 이미 존재한다고 보아야 한다.[51] 따라서 그 의무는 일반적으로 권리·의무의 승계인에게 이전된다.

포괄승계인에게는 원칙적으로 모든 권리·의무가 이전되기 때문에 승계인이 경찰의무를 예측했어야 했는지는 중요하지 않다.[52] 승계인이 위험을 야기한 피승계인의 행위에 대하여 알지 못하였으므로, 승계인에게 지워지는 부담은 기대할 수 없는 것이라는 주장은 구체적 조치의 비례성 검토에서 고려될 수 있을 뿐이며, 이것이 책임자의 결정에 영향을 미치지는 않는다.[53]

결론적으로 추상적 행위책임은 포괄승계인에게 일반적으로 승계될 수 있다고 본다.

(2) 승계요건

추상적 행위책임이 포괄승계인에게 승계될 수 있다고 하더라도, 의무의 승계를 위하여는 승계가능성 이외에 승계요건이 충족되어야 한다. 이에 관한 개별법상의 근거가 없는 경우에는 상속에 의한 포괄적 권리·의무의 승계에 대하여 규정하고 있는 민법 제1005조 또는 합병으로 인한 회사의 권리·의무의 승계에 관한 상법 제235조가 법적 근거로 고려될 수 있을 것이다.[54] 공법상 의무, 특히 경찰의무의 승계에 있어서 사법상의 관련규정이 유추(analog),[55] 준용(dem Rechtsgedanken nach)[56] 또는 직접(direkt)[57] 적용되는지에 대하여는 견해가 나뉘지만, 결론에 있어서 사법규정의 공법영역에의 적용에 대하여는 대체로 의견의 일치를 보이고 있다.[58]

---

51) 이러한 생각으로는 Stadie, 앞의 글, 501(505); Peine, JuS 1997, 984(987).
52) 이에 대하여는 Schoch, JuS 1994, 1026(1030).
53) 이러한 생각으로는 OVG Koblenz, NJW 1998, 625.
54) 그러나 다른 생각으로는 김향기, 앞의 글, 129쪽 아래.
55) Bettermann, DVBl. 1961, 921; BVerwG 64, 105(108).
56) VGH Kassel, NJW 1976, 1910.
57) Stadie, 앞의 글, 501(503).
58) 그러나 Peine, DVBl. 1980, 941(946); Peine, JuS 1997, 984(987); Rumpf, VerwArch 78(1987), 269(276 ff.)는 이 경우에 독일 민법 제1922조와 제1967조의 적용을 법방법론적 이유로 배제한다.

4. 추상적 행위책임의 특정승계

사례 5 기름의 소유자이며 유조차의 운전자인 乙의 실수로 유조차가 전복되어 기름이 토양에 흘러들어 지하수가 오염될 상황에 놓였다. 그런데 甲은 행정청의 승인하에 무자력자인 乙로부터 그의 채무를 인수하였다. 이와 같이 당사자간의 합의로 乙의 책임이 甲에게 이전될 수 있는가? 즉 관할 행정청은 채무 인수인 甲에게 대집행의 비용을 청구할 수 있는가?

행위책임의 특정승계는 통상적으로 인정될 수 없다고 보아야 할 것이다. 의무자가 자신의 공법상 의무를 임의로 다른 사람에게 양도할 수 있다면 행정청은 누구에게 그 의무의 이행을 요구하여야 하는지를 알 수 없게 된다. 설사 양도가 행해지더라도 공법상 의무는 이전되지 않는다고 보아야 한다. 경찰의무는 공법상의 의무로서 법률행위(Rechtsgeschäft)에 의하여 제3자에게 전가될 수 없다. 의무자는 원칙적으로 경찰책임에 관한 처분권한이 없기 때문에 행정조치의 거래는 인정될 수 없고, 의무의 거래에 의하여 의무자가 변경될 수도 없다. 다시 말하면 민법상의 권리·의무의 승계가 발생되지 않는다. 따라서 사례 5에서 甲의 특정승계는 원칙적으로 인정될 수 없다.

물론 공법상 의무가 거래에 의하여 승계될 수 없다는 원칙에 대하여, 민법 제453조와 제454조에 의한 채무인수의 경우에 의무자의 변경에 대하여 행정청이 승인한다면 그 예외가 인정될 수 있을 것이다.[59] 민법의 경우와 마찬가지로 공법상 채무자의 변경은 채권자(이 경우에는 행정청)의 승낙이 있어야 효력이 생긴다. 공법에서는 공익이 문제되므로 유추적용의 전제가 되는 유사한 이익관계가 존재하는 것은 아니다. 그러나 공법상 위험방지의 목적은 어떠한 경우에도 달성되어야 하는 것이므로 경찰이 비용부담자를 결정함에 있어서 공공의 이익뿐만 아니라 민법에서 중요한 재정적 관점을 고려할 수 있는 것이다. 그 밖에 경찰법 영역에서 행정청의 승인하에 제3자에게 청구하는 것이 전적으로 생소한 것은 아니다. 소유권자와 행정청이 동의한다면, 소유권자와 중첩적으로 책임을 부담하는 사실상의 물적 지배권자에게만 책임을 지울 수 있

59) 같은 생각으로는 Ossenbühl, 앞의 책, S.35 Fn. 86 참조.

는 것이다. 이 경우에 제3자는 타인의 경찰의무를 넘겨받는 것이 아니라, 행정청의 승인하에 타인 대신에 단독으로 책임자가 되는 것이다. 이렇게 볼 때 사례 5의 甲은 민법 제453조와 제454조의 유추적용에 의하여 乙의 추상적 상태책임을 승계하고, 乙은 행정청의 승인하에 자신의 경찰책임으로부터 면제되는 것이다. 공익, 특히 재정적 이익은 침해되는 것이 아니라, 지불불능의 채무자를 이행능력 있는 자로 변경함으로써 오히려 충족되는 것이다. 사례 5에서 甲은 乙의 특정승계인이 되며, 따라서 甲에게 비용을 청구할 수 있다.

5. 구체적 상태책임의 포괄승계

▌사례 6▐ 乙의 위법한 건축물에 대하여 관할 행정청이 철거를 명하였고, 乙이 이에 대하여 다투지 않아 불가쟁력이 발생하였다. 乙이 사망한 경우에, 그의 유일한 상속인 甲은 乙에 대한 철거명령에 의한 철거의무를 부담하게 되는가?

위 사례에서 甲이 乙에 대한 조치에 구속되지 않는다면, 관할 행정청은 甲에게 새로이 철거명령을 발해야 할 것이다. 만약 甲이 불가쟁력이 발생한 행정처분의 수범자에 포함되지 않는다면, 그는 새로운 철거명령에 대하여 쟁송을 제기할 수 있게 될 것이다. 이와 같이 절차경제적인 측면에서 구체화된 상태책임은 추상적 책임과 달리 승계가능성이 인정될 필요가 있다.

구체적 상태책임의 상속에 의한 포괄승계에 있어서 승계요건은 민법 제1005조에 따르면 된다. 이 규정은 구체적 상태책임의 포괄승계에 관한 법적 근거가 된다. 위 사례에서 甲은 이전의 乙에 대한 철거명령에 따라 철거의무를 부담하여야 할 것이다.

6. 구체적 상태책임의 특정승계

▌사례 7▐ 위법건축물의 소유자 乙은 관할 행정청으로부터 철거명령을 받았다. 그런데 乙이 이 건축물을 甲에게 매각한 경우에 행정청은 새로운 철거명령을 발하지 않고 직접 甲에게 강제집행 조치를 할 수 있는가?

구체적 상태책임의 포괄승계의 경우와 마찬가지로 구체적 상태책임의 특정승계에 있어서도 절차경제적, 소송경제적 측면에서 이전 처분의 효과가 승계인에게도 미칠 필요가 있다. 특히 특정승계에 있어서는 피승계인이 처분의 대상인 물건을 긴급히 매각함으로써 강제집행을 방해할 수 있으므로 이러한 필요성은 더 크다고 할 수 있다. 이러한 이유로 구체화된 상태책임의 승계·이전가능성에 대하여는 이견(異見)이 없는 것 같다.[60] 다만 승계에 관한 특별한 법적 근거가 있어야 하는지에 대하여 의견이 나뉘고 있다.

독일의 판례에서는 구체화된 상태책임의 경우에는 물적 부담이 문제됨을 이유로 경찰의무의 승계를 인정한 바 있다.[61] 즉 물적 관련성 때문에 의무가 이전된다고 보았다. 이러한 견해에 의하면 승계인에게 새로운 조치를 취하지 않아도 되며, 따라서 행정의 집행을 신속하게 할 수 있게 되는 장점이 있다. 의도적으로 위법 건축물의 철거를 지연시키거나 방해하려는 목적을 가지고 당해 건축물을 매각하는 경우에, 이와 같은 견해에 의하면 불합리한 결과를 피할 수 있게 된다. 절차경제적 측면뿐만 아니라, 위험방지의 효율성이라는 측면에서도 이러한 견해를 정당화하는 근거를 찾을 수 있다.

그러나 물적 관련성이 있다는 점은 구체화된 상태책임의 승계가능성을 인정하는 논거가 되지만, 그것만으로 승계가 될 수 있는 것은 아니다. 법률유보원칙상 승계를 위하여는 법적 근거가 필요하다. 구체화된 상태책임의 특정승계에 관한 공법규정이 있다면 직접 적용하거나 또는 유추적용하면 될 것이다. 그에 관한 공법규정이 없다면 민법규정의 유추적용이 고려될 수 있으나, 구체화된 상태책임의 특정승계에 적용할 만한 민법의 규정은 없다.

7. 구체적 행위책임의 포괄승계

▌사례 8▐ 폐기물 처리업을 운영하는 乙은 폐유 찌꺼기를 불법적으로 매립하였다. 이에 관할 행정청은 乙에게 정화조치를 명하였는바, 乙이 그 의무를 이행하기 전에 사망한 경우에, 乙의 상속인 甲은 乙에 대한 정화조치에 구속되는가?

---

60) Drews/Wacke/Vogel/Martens, 앞의 책, S.300; Schoch, 앞의 글, 1026(1030).

61) OVG Münster, NVwZ 1987, 427.

포괄승계에 있어서 행위책임의 승계가능성은 일반적으로 인정된다고 보아야 한다. 만약 승계가능성이 인정되지 않는다면 포괄적 피승계인의 행위책임은 아무 대체됨이 없이 소멸되기 때문이다. 구체적 행위책임의 포괄승계에 관한 법적 근거로는 민법 제1005조가 고려될 수 있다. 이 경우 행위책임과 상태책임의 차이는 존재하지 않는다. 따라서 위 사례 8)에서 乙에 대한 조치는 甲에게도 효력을 갖게 된다.

8. 구체적 행위책임의 특정승계

사례 9 폐기물 처리업을 운영하는 乙은 폐유 찌꺼기를 불법적으로 매립하였다. 이에 관할 행정청은 乙에게 정화조치를 명하였다. 그런데 乙이 자신의 토지를 甲에게 매각한 경우에 甲은 乙에 대한 정화조치에 구속되는가?

추상적 행위책임의 특정승계가 인정되지 않는 것과 마찬가지로 구체적 행위책임의 승계 또한 인정될 수 없다. 위 사례 9에서 乙은 원칙적으로 자신의 경찰의무에 대한 처분권한이 없으므로 자신의 토지를 甲에게 매각함으로써 책임을 넘길 수는 없다. 甲에게 책임이 승계되고 乙이 자신의 책임으로부터 면제되기 위하여는 민법 제453조와 제454조의 유추적용에 의하여 관할 행정청이 의무이전을 승인한 경우이어야 한다. 관할 행정청의 승인이 없다면 乙의 의무는 소멸되지 않는다.

V. 마치며 — 결론 요약

공법영역에서 권리·의무의 승계는 간단히 해결될 수 있는 문제가 아니며, 그에 관하여 다양한 의견이 제시되고 있는 것을 알 수 있다. 위에서 살펴본 바를 요약·정리하면 다음과 같은 결론을 도출할 수 있다.

- 법적 지위의 승계가능성과 승계요건을 구별하여야 한다.
- 일신전속적 의무는 이전·승계될 수 없다. 의무의 대체가능성은 승계가능성의

판단기준으로 충분하지 않다.
- 공법상 의무의 특정승계는 그 의무가 물적 관련성을 가진 경우에만 가능하다.
- 포괄승계에 관한 민법규정은 공법영역에도 적용된다.
- 추상적 상태책임의 경우에는 민법상의 포괄승계인과 특정승계인이 시원적 책임을 부담하게 되므로 승계가 논의될 필요가 없다.
- 행위책임의 경우에 그것이 추상적 책임이든 구체적 책임이든 관계없이 법률에 달리 규정되어 있지 않은 한, 특정승계는 원칙적으로 고려될 수 없다. 물론 예외적으로 민법 제453조와 제454조의 유추적용에 의하여 권한 있는 행정기관의 승인하에 의무의 인수가 허용될 수 있을 것이다.
- 구체적 행위책임의 포괄승계의 경우에 승계인은 민법상의 승계요건, 특히 민법 제1005조에 따라 의무를 부담하게 된다.
- 구체적 상태책임의 포괄승계의 경우에도 마찬가지이다.
- 추상적 행위책임의 포괄승계의 경우에 의무의 승계가능성에 대하여 의견이 나뉘고 있으나, 긍정하여야 할 것이다.
- 구체적 상태책임의 특정승계의 경우에는 승계의 근거가 없는 것이 보통이다. 법적 근거가 없는 경우에 행정청은 새로이 조치를 취해야 할 것이다.

다만, 여기서의 논의는 개별법에서 법적 지위의 승계에 관하여 아무런 규정을 두고 있지 않은 경우에 그 해결방안으로 제시되는 것임을 유념할 필요가 있다. 승계에 관한 특별한 규정이 존재하는 경우에는 그 규정이 적용되어야 함은 당연하다. 한편, 경찰책임의 분류, 특히 행위책임과 상태책임의 분류가 항상 명확한 것은 아니며, 중첩 · 경합하는 경우가 많고, 또한 위에서 제시한 일반적 원칙에 따른 해결이 개별적인 사안에서 불합리한 결과를 가져오거나 입법목적을 달성할 수 없는 경우가 발생할 수 있으므로 궁극적으로는 개별법에서 그에 관한규정을 마련하여 대처하는 것이 필요하다.[62] 이

62) 대판 2001. 6. 29, 2001두1611에서는 공중위생영업에 대하여 그 영업을 정지할 위법사유가 있는 경우에 관할 행정청은 그 영업이 양도·양수되었다 하더라도 그 업소의 양수인에 대하여 영업정지처분을 할 수 있다고 보았다. 이는 승계를 인정하지 않는다면, 법규를 위반한 영업자가 영업을 양도함으로써 법망을 교묘히 피하여 제재처분을 받지 않게 되고 행정법상의 의무를 강제하기 위한 제재수단을 무력화시키는 불합리한 결과를 초래하기 때문이라고 보이지만, 행정제재처분 효과가 승계된다는 명문의 규정이 마련되어 있지 않은 법상태에서 양수인에 대하여 영업정지를 명한 이 사건 처분은 법률유보의 원칙상 법률에 근거

경우에 위에서 제시된 일반원칙이 입법시 참고가 될 것을 기대해 본다.

(김연태)*

를 두지 않은 침익적 처분으로서 위법하다고 보아야 할 것이다. 현행 공중위생관리법은 이러한 문제점을 반영하여 행정제재처분 효과에 대하여 승계를 인정하는 명문규정을 두고 있다(제11조의3).

* 이 글, "경찰책임의 승계"는 고려법학, 제51호(2008. 10.)에 게재되었던 글임.

제 9 장 비책임자에 대한 경찰권발동

▌사례 1▐ 원자력폐기물종말처리장의 착공에 반대하는 10만여 명의 참가가 예정되어 있는 대규모의 집회가 신고되어 있다. 그런데 약 200명의 작은 집단이 적법하게 신고된 위의 대규모집회를 저지하기 위하여 폭력적 행위를 계획하고 있다는 것을 경찰이 알게 되었고, 이 같은 사실에 근거하여 경찰은 적법하게 신고된 위의 대규모집회의 주최자에게 집회의 금지를 명하였다(Vgl. BVerfG, NVwZ 2005, 1055).

▌사례 2▐ 무숙(無宿, Obdachlosigkeit)의 상태에 있는 가정이 새로운 주거를 구할 수도 없고 또한 무숙자들을 수용하는 공공시설도 없는 반면에 개인이 소유하는 주거의 방이 비어 있음을 이유로 하여, 경찰이 지금까지 그가 살고 있던 집에 다시 강제배정을 하였다(Vgl. VGH Mannheim DVBl. 1996, 566).

Ⅰ. 들어가며 — 경찰긴급권의 인정필요성

공공의 안녕 또는 질서에 대한 구체적 위해(危害)에 직면한 경우에 경찰은 원칙적으로 다음과 같은 2가지 방법, 즉 자신의 고유한 수단을 사용하거나 경찰책임자에게 경찰권을 발동함으로써만 그에 대처할 수 있다. 그러나 그 두 가지 방법 중 어느 하나도 공공의 안녕 또는 질서에 대한 급박한 위험을 적시에 방지하기에 적당하지 않은 경우가 있는바, 이러한 상황을 경찰상의 긴급상태(polizeilicher Notstand)라고 한다.[1] 한편 이처럼 경찰상의 긴급상태가 존재하는 경우 경찰이 경찰책임자가 아닌 제3자, 즉 비책임자(非責任者, Nichtstörer)[2]에게 경찰권을 발동함으로써 공공의 안녕 또는 질서에 대한 위험을 방지할 수 있는지가 문제되는바,[3] 전술한 경찰상의 긴급상태하에서 비책임자가 위험을 방지·제거할 가능성을 갖고 있다면 경찰이 비책임자에 대하여 위험방지조치를 취하는 것이 정당화될 수 있다는 것이 지배적 견해이다. 따라서 경찰상의 긴급상태하에서 경찰은 행위책임자도 상태책임자도 아닌 자, 즉 비책임자에 대하여 최후의 수단(ultima ratio)으로서 경찰권을 발동할 수 있는바,[4] 이러한 경찰의 권한을 경찰긴급권(警察緊急權)이라고 한다. 그리고 이 같은 경찰긴급권이 인정될 필요성과 관련하여서는 경찰의 조치에 있어서는 무엇보다도 '효율성'(Effektivität)이 강조되어야 한다는 것이 지적되고 있는바, 여기서 경찰조치의 효율성이란 위험은 가능한 한 신속하고 그리고 종국적으로 제거되어야 한다는 것을 의미한다.[5]

---

1) Ruder/Schmidt, Polizeirecht Baden-Württemberg, 6. Aufl., 2005, Rn. 281; Würtenberger/Heckmann, Polizeirecht in Baden-Württemberg, 6. Aufl., 2005, S.223; 한편 독일의 경우 위에 언급한 사례에서 볼 수 있는 것처럼 ① 집회에 대한 경찰권발동과 ② 무숙자의 (종전 주거에의) 강제배정이 경찰상의 긴급상태가 문제되는 대표적 영역으로 설명되어져 왔다.

2) 경찰책임자가 아님에도 불구하고 경찰상의 긴급상태하에서 위험방지의 수단을 갖고 있음을 이유로 예외적으로 경찰권발동의 대상이 되는 제3자를 지칭하는 용어로 비관여인(Unbeteilgte), 비책임자(Nichtstörer) 등이 사용되고 있는바, 본서에서는 경찰책임자에 대비되는 개념이란 점을 고려하여 일단 비책임자란 용어를 사용하기로 한다. 다만 경찰상의 긴급상태하에서는 책임자가 문제가 되는 것이 아니라, 오히려 (의무가 있는) 협력자(Helfer)가 문제가 되므로 이러한 사람에 대하여 비책임자란 용어를 사용하여서는 안 된다는 반론이 제기되어 있음은 주목을 요한다(Vgl. Möller/Wilhelm, Allgemeines Polizei- und Ordnungsrecht, 2. Aufl., 1990, S.53). 한편 여기서의 비책임자에는 경찰책임자 이외의 모든 자연인과 법인이 속하지만 국가기관은 속하지 않는다는 점이 강조되기도 한다(Vgl. Gusy, Polizeirecht, 4. Aufl., 2000, Rn. 301).

3) 이 문제에 관한 일본에서의 논의에 관하여는 vgl. 柳瀨 良幹, "警察責任," 警察研究, 25권 11호; 土屋 正三, "警察義務 警察緊急狀態," 警察研究, 26권 1호; 東平 好史, "警察責任の 研究(一) (二)完," 神戶法學, 16권 3·4호; 中谷 敬壽, "所謂警察責任について," 佐佐木博士還曆記念論文集 所收.

4) Ruder/Schmidt, a.a.O., Rn. 281. 한편 이 경우에 있어서 제3자의 지위와 관련하여서는 제3자는 위험방지를 행하는 경찰의 도구적 역할을 수행할 뿐이며, 따라서 그 제3자의 행위에 대한 법적 책임은 제3자가 아니라 경찰이 부담하여야 한다는 점이 강조되기도 한다(Vgl. Schmidbauer/Steiner, Polizeiaufgabengesetz, 2. Aufl., 2006, zu Art. 10, Rn. 28).

5) 이러한 사정을 Kugelmann은 경찰이 도보로 은행강도를 추적하고 있는 도중 은행강도가 도주차량에 올라타서 출발하려고 할 때, 그와 전혀 상관없는 차량을 정지시켜 동 차량의

한편 경찰긴급권의 문제를 이해함에 있어서는 다음과 같은 2가지 관점, 즉 만일 경찰이 비책임자에게 경찰권을 발동하게 되면 위험을 효과적으로 방지할 수 있음에도 불구하고 그가 경찰책임자가 아니라고 하여 아무런 조치도 취하지 않은 채 위험을 방관할 수만은 없다는 측면과, 이 경우의 경찰권발동의 대상이 되는 제3자는 어디까지나 비책임자라는 측면이 고려되어야만 한다. 이런 점을 고려하면 비책임자에 대한 경찰권발동과 관련하여서는 결국 다음과 같은 결론이 도출된다. 즉, 경찰책임자가 아닌 제3자에게 경찰권을 발동하는 것은 허용되지만[6] 그것은 경찰책임자에게 경찰권을 발동하는 경우보다 매우 엄격한 전제조건이 충족된 경우에만 가능하며, 그의 내용상의 범위도 제한을 받는다. 나아가 경찰권발동으로 인하여 비책임자에게 발생한 특별한 희생에 대하여는 상당보상이 행하여져야 한다.[7] 이하에서는 이러한 인식하에 ① 먼저 비책임자에게 경찰권을 발동하기 위한 전제조건을 알아보고, ② 비책임자에 대한 조치의 형식·내용·범위 등을 알아본 다음, ③ 끝으로 비책임자에게 발생한 손실의 전보방법을 결과제거의 문제와 손실보상을 망라하여 고찰해 보기로 하겠다.

II. 비책임자에 대한 경찰권발동의 전제조건

비책임자에 대한 경찰권발동은 적법하게 행동하고 있는 사람의 권리를 침해하는 결과를 가져오므로 전술한 바와 같이 매우 엄격한 전제조건하에서만 허용되는바,[8] 이하에서는 이들 전제조건에 대하여 일별해 보기로 하겠다. 다

운전자를 차에서 내리게 한 후 그 차를 가지고 은행강도를 추적하는 경우를 예를 들어 설명하면서, 그러한 경찰의 조치는 동일한 효과를 가져올 다른 수단이 없는 경우에는 적법한 것이 될 수 있다고 하고 있다(Kugelmann, Polizei- und Ordnungsrecht, 2006, S.276).

6) 이처럼 자신의 행위에 의하여 위험상황을 야기하지 않았기 때문에 행위책임도 없고, 또한 위험상황에 대한 상태책임도 없지만 스스로 또는 어떤 수단을 통하여 위험을 방지할 수 있는 자는 소위 긴급의무자(Notstandspflichtiger)로서 경찰권발동의 대상이 될 수 있다(Möller/Wilhelm, a.a.O., S.53).

7) Schenke, Polizei- und Ordnungsrecht, in: Steiner, Besonderes Verwaltungsrecht, 6. Aufl., 1999, Rn. 190; Drews/Wacke/Vogel/Martens, Gefahrenabwehr, 9. Aufl., 1986, S.332; Gusy, a.a.O., Rn. 301.

만 우리나라의 경칠법문헌들은 비책임자에 대한 경찰권발동에 있어 손실보상의 문제를 그것이 허용되기 위한 전제조건으로 설명하는 것이 일반적이라고 할 수 있는바, 손실보상의 문제는 비책임자에게 경찰권을 발동하기 위한 전제조건이라기보다는 그에 대한 구제의 문제로 보아야 할 것이라고 생각한다.

1. 현재의 중대한 위험의 존재

(1) 현재의 위험

경찰책임자가 아닌 제3자, 즉 비책임자에게 경찰권을 발동하기 위하여는 공공의 안녕 또는 질서에 대한 장해가 이미 발생하고 있거나, 현재의 위험(gegenwärtige Gefahr)이 존재하여야만 한다.[9] 여기서 현재의 위험이란 긴급한 손해의 발생이 예견되는 상태, 즉 가까운 장래에 손해가 발생할 고도의 개연성이 있는 상태를 말한다.[10] 따라서 현재의 위험은 손해발생의 '시간적인 근접성'(近接性)과 ② '손해가 발생할 고도의 개연성'을 구성요소로 한다고 할 수 있는바,[11] 그 내용은 다음과 같다.

먼저, 현재의 위험의 중요한 징표는 손해발생의 시간적 근접성이다. 따라서 현재의 위험이 있다고 하기 위하여는 손해가 곧 발생할 것이라는 것이 예견되어 위험이 임박하여야 하는바,[12] 그 결과 손해가 발생할 것이라는 것을 예견할 수 있어도 긴급하지 않은 위험은 현재의 위험을 충족시키지 못한다.[13] 한편 현재의 위험의 존재를 인정하기 위하여서는 시간적 근접성 외에 손해발

---

8) 물론 이들 전제조건은 '중첩적으로(kumulativ)' 이해되어야 할 것이다(Knemeyer, Polizei- und Ordnungsrecht, 9. Aufl., 2002, Rn. 348; Schmidt, Besonderes Verwaltungsrecht II, 11. Aufl., 2007, Rn. 829; Tettinger/Erbguth, Besonderes Verwaltungsrecht, 8. Aufl., 2005, Rn. 558; Rupprecht, Polizei Lexikon, 2. Aufl., 1995, S.45).

9) 현재의 위험은 '목전에 급박한(unmittelbar bevorstehende) 위험'이라는 용어와 거의 같은 의미로 사용되고 있다(Vgl. Drews/Wacke/Vogel/Martens, a.a.O., S.332; Tettinger/Erbguth, a.a.O., Rn. 558).

10) BVerwGE 45, 51 ff.(58). Götz, Allgemeines Polizei- und Ordnungsrecht, 13. Aufl., 2001, Rn. 266; Tettinger/Erbguth, a.a.O., Rn. 558.

11) Tettinger/Erbguth, a.a.O., Rn. 558; Ruder/Schmitt, a.a.O., Rn. 282; Würtenberger/Heckmann, a.a.O., Rn. 474.

12) Vgl. OVG Münster, DVBl. 1973, 922 ff.(924).

13) Vgl. Münster OVGE 8, 239 ff.(240).

생의 고도의 개연성이 요구된다. 즉, 손해의 발생이 거의 확실하여야 하며,[14] 따라서 공공의 안녕에 대한 손해가 발생할 가능성이 있다는 일반적인 추정만으로는 부족하다. 한편 현재의 위험의 개념을 구성하고 있는 이들 두 가지 요소는 각각 독립하여 심사되어야 하며,[15] 엄격한 해석을 요한다.[16]

(2) 중대한 위험

비책임자에 대한 경찰권발동이 인정되기 위하여서는 한층 강화된 위험이 존재하여야 한다. 즉, 비책임자에 대한 경찰권발동은 현재의 위험이 존재하는 것 이외에 부가적으로 중대한 위험(erhebliche Gefahr)이 존재하는 경우에만 허용되는바,[17] 이처럼 방지되어야 할 위험이 중대하여야 한다는 것은 비례의 원칙으로부터 도출될 수 있다.[18] 한편 여기서 위험의 중대성은 손해가 발생하기 이전의 법익의 상태와 손해가 발생한 이후의 법익상태 간의 괴리와 관련되기는 하지만[19] 일반적으로 현재의 위험은 중요한 법익에 대한 위험을 의미하는 것으로 이해되고 있다.[20] 결국 이러한 손해발생의 시간적 근접성과 손해발생의 고도의 개연성 및 피침해법익의 중대성으로 인하여 경찰조치의 급박성이 고조되며, 그 한도에서만 비책임자에 대한 경찰권발동이 인정될 수 있는바, 이

---

14) Vgl. BVerwGE 45, 51 ff.(58); OVG Saarlouis, DÖV 1973, 863 ff.(864). Ruder/Schmitt, a.a.O., Rn. 282.

15) 그러나 손해의 발생이 시간적으로 매우 근접하여 있는 경우에는 위험이 발생할 것이라는 예측의 확실성을 고양시키므로, 즉 손해발생의 고도의 개연성이 존재한다는 것이 인식되게 마련이므로 양자는 때때로 일치되기도 한다[Drews/Wacke/Vogel/Martens, a.a.O., S.332; BVerwGE 45, 51 ff.(58)].

16) 독일의 경우 2차대전 종전 40주년을 기념하기 위하여 정치적 단체가 영국의 사학자를 연사로 초청하여 개최하는 행사를 반대하는 시위대가 행사장소를 공격할 가능성이 문제가 되었던 사건에서 시간적 근접성이나 고도의 개연성이 결여되어 있음을 이유로 비책임자인 적법한 집회의 개최자에게 경찰권을 발동할 수 없다고 판시한 사례가 존재한다(이 판결에 관하여는 VGH Mannheim, JuS 1987, 580 ff.).

17) Pieroth/Schlink/Kniesel, Polizei- und Ordnungsrecht, 4. Aufl., 2007, S.174; Kugelmann, a.a.O., S.277.

18) Schenke, a.a.O., Rn. 192.

19) Gusy, a.a.O., Rn. 302

20) 한편 여기서의 중요한 법익의 예로는 국가의 존속, 생명 · 건강 및 자유, 그리고 형법에 의하여 보호되는 법익이 들어지고 있다(Vgl. Götz, a.a.O., Rn. 266; Schmidt, a.a.O., Rn. 832).

처럼 비책임자에 대한 경찰권발동이 (경찰책임자에 대한 경찰권발동에 비하여) 매우 엄격한 전제조건하에서 인정되는 것은 비책임자에 대한 경찰권발동에 있어서는 책임이라는 요소가 결여되어 있기 때문이다. 이런 점을 고려할 때 법치국가에 있어서 경찰책임자와 비책임자는 엄격히 구분되어져야 한다는 것을 알 수 있다.[21]

2. 비책임자에 대한 경찰권발동의 보충성(Nachrangigkeit)

(1) 개 관

비책임자에 대한 조치는 다른 방법을 통하여서는 위험의 방지 또는 이미 발생한 장해의 제거가 불가능할 것을 전제조건으로 한다. 즉, 경찰은 객관적으로 경찰책임자에게 경찰권을 발동하거나 자기 자신의 고유의 수단을 사용하여서는 장해 또는 위험에 대처할 수 없을 때에만 비책임자에 대하여 경찰권을 발동할 수 있다. 즉, 비책임자에게 경찰권을 발동하는 것은 경찰의 최후의 수단이어야 한다.[22] 환언하면 경찰에게 위험을 방지할 수 있는 아무런 가능성도 남아 있지 않아야 한다. 따라서 경찰은 경찰긴급권을 발동하기에 앞서 경찰 자신의 고유한 수단이나 경찰책임자에 대한 경찰권발동을 통하여서 위험을 방지할 수 있는지 여부를 심사하여야 하는바,[23] 이 경우 경찰 자신의 고유한 수단이나 경찰책임자에 대한 경찰권발동에 의하여서는 위험방지가 불가능하다는 것을 판단함에 있어서는 경찰작용이 행해지는 시점에 있어서 경찰행정청의 합리적인 판단에 따를 때 나타나는 상황을 기준으로 하여야 한다.[24] 따라서 경찰책임자에 대한 조치에 의하여 위험을 제거하는 것이 ―처음에는 인식이 불가능하였다― 전적으로 가능하였었다는 것이 사후에 밝혀진 경우에도 이미 행하여졌던 경찰작용의 적법성에는 아무런 영향을 미치지 못한다.[25]

---

21) Vgl. LVerfG MV, DÖV 2000, 71 ff.(72).

22) Vgl. BGH, DVBl. 1957, 864; OVG Saarlouis, JZ 1970, 283 ff. 아울러 이 문제에 관하여 보다 상세한 것은 vgl. Lisken/Denninger, Handbuch des Polizeirechts, 3. Aufl., 2001, E, Rn. 131 ff.; Mußmann, Allgemeines Polizeirecht in Baden-Württemberg, 4. Aufl., 1994, Rn. 306 f.

23) Götz, a.a.O., Rn. 267; Ruder/Schmitt, a.a.O., Rn. 283.

24) OVG Saarlouis, DÖV 1973, 863 f.(864).

또한 경찰행정청이 적시에 예방조치를 취했더라면 그러한 경찰상의 긴급상태가 발생하지 않았을 것이다라는 것 또한 경찰행정청의 조치에 대한 반대의 논거가 될 수는 없다. 따라서 무숙자를 개인주택에 강제배정한 조치의 적법성에 대하여 무숙자들을 위한 공공의 수용시설을 설치하는 것이 지연되었다는 것을 논거로 하여 문제를 제기할 수는 없다.[26]

(2) 경찰책임자에 대한 조치를 먼저 취할 것

전술한 것처럼 경찰은 원칙적으로 경찰책임자에게만 경찰권을 발동하여야 하며, 비책임자에게는 경찰책임자에게 경찰권을 발동하여서는 경찰상의 위험을 방지할 수 없을 때에만 경찰권을 발동할 수 있다. 경찰책임자가 도대체 존재하지 않을 때,[27] 경찰책임자가 존재는 하지만 경찰책임자에게 경찰권을 발동하는 것을 곤란하게 하는 법적·사실적 장해가 존재할 때,[28] 경찰책임자에 대한 조치를 취하는 것이 고려될 수는 있지만 경찰책임자에 대한 조치를 취하기에는 너무 늦었을 때[29] 또는 경찰의 조치로 인하여 공공의 안녕 및 질서에 대한 다른 종류의 위험이 초래될 경우[30] 등이 그러한 예이다. 한편 (경찰책임자에게 경찰권을 발동하는 것 자체는 객관적으로 가능한 경우라 하여도) 비책임자에게 취해진 조치로 인하여 비책임자에게 발생하는 손해가 아주 사소한 반면 경찰책임자에게 경찰권을 발동함으로 인하여 발생하는 손해는 매우 중대한 경우 역시 경찰책임자에 대한 조치가 법적으로 불가능한 경우, 즉 경찰긴급권에 따라 비책임자에 대한 조치가 허용될 수 있는 경우에 해당한다고 하여야 할 것이다.[31] 이른바 "부진정한 경찰상의 긴급상태"(unechter polizeilichen Notstand)[32]라

25) Schenke, a.a.O., Rn. 193.

26) 즉, 무숙자들의 거주를 위하여 자기 소유의 가옥의 일부를 압류당한 사람은 경찰이 적시에 그들을 위한 수용시설을 설치할 수 있었다는 사실에 근거하여 압류처분을 다툴 수는 없는 것이다. 공공의 수용시설에 무숙자를 수용하는 조치가 경찰상의 긴급상태하에서 갖는 이러한 무가치성에 대하여는 vgl. HessVGH, NJW 1984, 2305.

27) 자연재해가 발생한 경우가 이러한 예에 해당한다.

28) 경찰책임자에게 경찰권을 발동하는 것이 비책임자가 소유 또는 점유하는 토지의 출입을 통해서만 가능할 때 등이 그러한 예에 해당하는바, 이에 관하여는 vgl. OVG Berlin, DÖV 1974, 27 ff.(28).

29) Schenke, a.a.O., Rn. 193.

30) Vgl. Pr.OVGE 78, 279 ff.(282); VGH Stuttgart, DÖV 1954, 221 f.

고 표현되는 이러한 상황에 있어서는 사실상으로는 경찰책임자에 대한 조치에 의하여 위험의 제거가 가능하지만, 법적으로는 그 같은 조치는 과잉금지원칙에 위반되는 것으로 부정되며, 그런 점에서 이 경우에는 다른 방법에 의한 위험방지의 가능성이 객관적으로 결여되어 있다고 할 것이다. 따라서 예컨대 경찰에 의한 화재의 진압이 인인(隣人)의 토지로부터 가능하고 경찰이 인인의 토지에 출입함으로 인하여 인인에게 아무런 손해도 발생하지 않은 경우에는, 인인은 만약 화재의 진압을 위해 울타리가 철거되었다면 화재가 발생한 토지로부터도 위험의 방지가 똑같은 정도로 행해질 수 있었다는 것을 주장할 수 없다.[33] 또한 경찰책임자가 그의 의무를 이행하지 않는다고 하여 경찰상의 긴급상태가 존재하는 것은 아니며,[34] 그 경우에도 경찰은 비책임자에 대한 조치를 취하기 전에 먼저 경찰책임자에 대한 강제수단(특히 대집행)을 고려해야 한다.[35] 따라서 사례 (1)의 경우처럼 신고된 평화적 집회에 반대하는 폭력적 반대시위가 신고된 경우에 있어서는 공공의 안녕 또는 질서에 대한 위험은 그들 반대시위자로부터만 나오기 때문에 경찰권 발동의 대상이 되는 경찰책임자는 반대시위자이다. 따라서 경찰은 반대시위자에게 금지·해산을 명하거나, 필요한 경우 강제수단을 사용하거나 또는 그러한 조치를 가지고서는 공공의 안녕에 대한 현재의 위험을 방지할 수 없다는 것을 구체적으로 인식하기에 앞서 반대시위로부터 발생하는 공공의 안녕·질서에 대한 위험을 방지하기 위하여 적법한 집회의 주최자에게 경찰권을 발동할 수는 없다.[36] 한편 이 문제와 관

---

31) Reichert/Röber, Polizeirecht, 3. Aufl., 1988, S.160; Drews/Wacke/Vogel/Martens, a.a.O., S.334; Götz, a.a.O., Rn. 267; VGH Bayern, DVBl. 1979, 737 ff.

32) 다만 이러한 상황을 나타내는 '부진정한 경찰상의 긴급상태'라는 개념을 독자적으로 정립할 필요성에 대하여는 의문이 제기되어 있는바, 그 이유로는 '부진정한 경찰상의 긴급상태'의 경우에 있어서는 사실상 경찰책임자에 대한 경찰권발동이 가능하다고 할 수 없기 때문이라는 점이 지적되고 있다(Vgl. Pieroth/Schlink/Kniesel, a.a.O., S.176).

33) Schenke, a.a.O., Rn. 193.

34) 즉, 경찰책임자가 그의 의무를 이행하지 않는 것이 비책임자에 대한 경찰의 조치를 정당화시키지는 못한다(Ruder/Schmitt, a.a.O.. Rn. 283).

35) Drews/Wacke/Vogel/Martens, a.a.O., S.333. 이 경우 경찰책임자가 무자력(無資力)이어서 대집행의 비용을 부담할 수 없을 때에는 비책임자에게 경찰권을 발동하기 전에 먼저 경찰이 대집행의 비용을 부담하여야 할 것이다(Reichert/Röber, a.a.O., S.161).

36) Vgl. VGH BW, NVwZ 1987, 237 f; VGH Mannheim, VBlBW 1993, 343; BVerfGE 111, 147(154 f.); BVerfG, NVwZ 2005, 1055 usw.

련하여 신고된 평화적 집회의 주최자를 (원칙적으로) 폭력적 반대집회에 대한 이른바 '의도적 간접원인제공자'(Zweckveranlasser)[37]로 간주하여서는 아니 될 것이라는 점을 밝혀 둔다. 한편 사례 (2)의 경우에는 경찰이 경찰책임자인 무숙자에게 경찰권을 발동하는 것을 통하여서는 경찰목적을 달성할 수 없을 것이라는 것이 쉽게 인정될 수 있으므로[38] '경찰책임자에 대한 조치를 먼저 취할 것'이라는 요건은 사례 (2)의 경우에는 중요한 의미를 갖지 못한다고 할 것이다.

(3) 경찰 자신의 고유한 수단을 먼저 취할 것

경찰책임자에 대한 조치가 불가능하거나 불충분하다고 하여 경찰이 비책임자에게 조치를 취할 수 있는 것은 아니다. 오히려 그 경우에도 경찰은 비책임자에게 경찰권을 발동하기에 앞서서 자신의 고유한 수단으로 위험을 제거할 수 있는지의 여부, 있다면 적시에 제거할 수 있는지의 여부를 확인하여야만 하며, 그것이 불가능한 경우에 한하여 비책임자에 대하여 경찰권을 발동할 수 있다. 다만 여기서 고유한 수단의 개념은 광의로 이해되어져야 한다. 즉, 말 그대로의 경찰고유의 수단(예: 경찰병력, 무장, 비상대피소, 차단장치 등)을 사용하는 경우는 물론 권한의 위임을 받은 자에 의하여 행하여지는 것도 경찰 고유의 수단으로 간주될 수 있으며,[39] 또한 행정절차법에 따른 다른 행정청을 통한 행정응원 또한 경찰행정청의 고유한 수단과 동일하게 이해되어야 한다.[40]

---

37) 의도적 간접원인제공자란 "스스로는 위험을 직접적으로 실현하지는 않았으나, 행위책임을 지게 되는 제3자로 하여금 경찰법에 위반하는 행위를 하도록 한 자"를 말하는바, 의도적 간접원인제공자이론 전반에 관한 우리나라에서의 논의에 관하여는 vgl. 서정범, "경찰권발동에 관한 연구," 고려대학교 박사학위논문, 1992, 86쪽 이하; 이기춘, "위험방지를 위한 협력의무로서 경찰책임의 귀속에 관한 연구," 고려대학교 박사학위논문, 2002, 93쪽 이하. 한편 동 이론에 대하여는 많은 비판도 행해지고 있는바, 특히 행위책임의 귀속이론 자체의 무용성에 기초한 주목할 만한 비판에 관하여는 vgl. Muckel, Abschied vom Zweckveranlasser — zur Entbehrlichkeit einer eigenen Zurechnungstheorie vom Polizei- und Ordnungsrecht, DÖV 1998, 18 ff.

38) Vgl. VG Hannover, NVwZ 1991, 148 ff.(149).

39) Drews/Wacke/Vogel/Martens, a.a.O., S.334; Kugelmann, a.a.O., S.278; Tettinger/Erbguth, a.a.O., Rn. 558. 한편 여기서의 권한의 위임에는 사법상 계약을 통하여 제3자에게 권한의 위탁을 하는 경우도 포함된다(Gusy, a.a.O., Rn. 303; Ruder/Schmitt a.a.O., Rn. 283).

40) Kugelmann, a.a.O., S.278.

이 경우 재정에 대한 고려는 불필요하다. 즉, 예산이 뒷받침되지 못한다는 것을 이유로 또는 그 조치를 위하여 소요되는 재정적 지출을 줄이고자 비책임자에게 경찰권을 발동하는 것을 정당화시키지 못한다. 왜냐하면 그렇지 않게 되면 공재정의 상황에 따라 개인의 주관적 권리를 침해하는 것을 허용하는 결과가 되기 때문이다.[41] 따라서 개별법규에 특별한 규정이 있는 경우를 제외하고는 경찰이 기업에 대하여 사경비업체(private Sicherheitskräfte)로 하여금 그의 제품의 보호를 계속하여 행하게 할 의무를 지우는 것은 원칙적으로 허용되지 않는다.[42] 또한 경찰 자신의 고유한 수단을 사용하는 것이 비책임자에 대하여 경찰권을 발동하는 것보다 많은 비용이 소요된다고 하여 비책임자에게 경찰권을 발동할 수는 없다. 결국 위험의 제거에 소요되는 비용을 고려함이 없이 위험을 경찰 자신의 수단으로 방지하는 것이 불가능할 때에만 비책임자에게 경찰권을 발동할 수 있는 것이다.[43] 또한 경찰이 자신의 고유한 수단으로 위험방지에 충분한 조치를 취할 수 있는 기간이 경과하면 경찰은 비책임자에게 경찰상의 조치를 취하지 말아야 한다. 왜냐하면 경찰의 부작위가 비책임자의 부담으로 귀결지어져서는 아니 되기 때문이다.

따라서 사례 1의 경우처럼 신고된 평화적 집회에 반대하는 폭력적 반대시위가 신고된 경우에 경찰이 집회의 장소를 반대시위자들을 보다 잘 차단할 수 있는 인근 광장으로 이전시킴에 의하여 위험을 제거할 수 있다면 비책임자인 평화적 집회의 주최자 등에게 경찰권을 발동할 수는 없음이 원칙이며,[44] 단지 경찰이 위험방지를 위하여 갖고 있는 모든 병력을 투입하여도 그러한 반대집회에 대한 조치로서 불충분한 한도 내에서만 극히 예외적인 경우로서 경찰긴급권에 의한 집회의 금지가 명해질 수 있다.[45] 이 경우 집회의 보호에 의하여 경찰에게 발생하는 현저한 비용지출을 고려하여 집회를 금지하는 것은 어떠한

---

41) Drews/Wacke/Vogel/Martens, a.a.O., S.334; Gusy, a.a.O., Rn. 303; Kugelmann, a.a.O., S.278; OVG NW, OVGE 14, 265 ff.(270); VG Köln, NJW 1971, 210 ff.(212). 이에 대한 반대의 견해에 관하여는 vgl. Schoch, Polizei- und Ordnungsrecht, in: Schmidt-Aßmann, Besonderes Verwaltungsrecht, 13. Aufl., 2005, Rn. 183.

42) Schenke, a.a.O, Rn. 194.

43) Drews/Wacke/Vogel/Martens, a.a.O., S.335; Möller/Wilhelm, a.a.O., S.54.

44) 이에 관하여는 vgl. OVG Saarlouis, JZ 1970, 283 ff.

45) VGH BW, VBl.BW 1987, 183 ff.; VG Köln, NJW 1971, 210 ff.; VG Gelsenkirchen, NJW 1971, 213.

경우에도 허용되지 않는다.[46] 또한 사례 2의 경우 경찰은 공공의 무숙자수용시설에의 수용가능성이나 호텔 내지 개인주택의 임대가능성 등을 먼저 고려해 보아야 하며, 그것이 불가능한 경우에 한하여 무숙자를 개인의 주거에 강제배정할 수 있다고 할 것이다.[47]

3. 기대가능성 – 경찰목적을 위한 희생의 한계

공공의 안녕의 유지가 공공복리를 위한 것일 수 있음을 고려할 때 경찰은 이를 위하여 국민에게 일정한 희생을 요구할 수 있을 것인바, 그러나 이 경우에도 기대가능성의 한계를 넘어서는 희생을 요구하여서는 아니 될 것이므로[48] 비책임자에 대한 경찰권의 발동은 그것이 기대가능성이 결여되어 있는 경우에는 허용되지 않는다. 즉, 비책임자에 대한 경찰권발동은 그것이 그 자체로서 비책임자의 생명·신체 등에 대한 중대한 위험을 초래하지 않는 경우에만 허용될 수 있다. 따라서 심장병환자에게 심한 육체적 활동을 할 의무를 부과하여서는 아니 되며, 화재가 발생한 병원 안에 있는 거동능력이 없는 환자들을 구조하기 위해 (그의 신체에 대한 침해가능성에도 불구하고) 우연히 자전거를 타고 그 옆을 지나고 있는 자를 정지시켜 불타고 있는 병원건물에 들어가도록 할 수는 없다. 또한 비책임자에 대한 경찰권발동은 그것이 비책임자의 다른 고차원의 의무의 이행에 장해를 가져오지 않을 때에만 가능하며,[49] 따라서 의사의 자동차를 압류함으로써 중환자에 대한 시급한 왕진을 저해하여서는 안된다.

한편 이 경우 '중대한 위험' 또는 '고차원의 의무'가 존재한다고 하기 위하여서는 비책임자의 권리나 의무가 보호되어야 할 법익보다 중대함이 명백하여야 하는바, 그의 판단에 있어 절대적 기준이 존재하는 것은 아니며 형량이 요구된다고 할 것이다.

---

46) Schenke, a.a.O, Rn. 196.

47) Götz, a.a.O., Rn. 268. 아울러 vgl. VGH Mannheim, BWVPr. 1984, 15.

48) Kugelmann, a.a.O., S.278.

49) Vgl. Pieroth/Schlink/Kniesel, a.a.O., Rn. 74; Schmidt, a.a.O., Rn. 844; Tettinger/Erbguth, a.a.O., Rn. 558.

4. 법적 근거의 문제

(1) 개별적 수권조항(Spezialermächtigung)의 문제

비책임자에 대한 경찰권발동을 인정하는 개별적 수권조항(예: "소방본부장 · 소방서장 또는 소방대장은 화재, 재난 · 재해 그 밖의 위급한 상황이 발생한 현장에서 소방활동을 위하여 필요한 때에는 그 관할구역 안에 사는 사람 또는 그 현장에 있는 사람으로 하여금 사람을 구출하는 일 또는 불을 끄거나 불이 번지지 아니하도록 하는 일을 하게 할 수 있다"고 규정하고 있는 소방기본법 제24조 제1항 등[50])이 존재하는 경우, 경찰이 동 조항에 근거하여 비책임자에 대하여 경찰권을 발동할 수 있음은 의문의 여지가 없다. 한편 종래의 통설적 견해는 비책임자에 대하여 경찰권을 발동하기 위하여서는 전술한 비책임자에 대한 경찰권발동의 전제조건을 갖추는 것 이외에 그에 덧붙여 개별적 수권조항이 존재하여야 한다는 점을 강조하여 온 것도 사실이다. 그러나 비책임자에 대한 경찰권발동을 인정하고 있는 개별적 수권조항이 존재하는 경우에는 전술한 제 요건이 충족되었는지의 여부를 심사할 것도 없이 당연히 비책임자에 대한 경찰권발동이 인정되어야 할 것이므로[51] 종래의 통설적 견해에 따를 수 없음을 밝혀 두기로 한다.

(2) 개괄적 수권조항(Generalklausel)의 문제

독일의 경우 개괄적 수권조항에 근거한 비책임자에 대한 경찰권발동을 일찍부터 인정하여 왔으며, 오늘날에는 각 주(Land)의 경찰법에 이에 대한 명문의 근거를 설정하고 있다(바덴-뷔르템베르크 경찰법 제9조 등).[52] 그러나 우리나

---

50) 비책임자에 대한 경찰권발동을 인정하고 있는 개별적 수권조항의 또 다른 예로는 "해양경찰서장 및 소방서장은 수난구호를 위하여 부득이하다고 인정될 때에는 필요한 범위 안에서 사람을 수난구호업무에 종사하게 하거나 선박, 자동차, 다른 사람의 토지 · 건물 또는 기타 물건 등을 일시사용할 수 있다"고 규정하고 있는 수난구호법 제7조 제1항을 들 수 있다.

51) 동지: 김남진/김연태, 『행정법II』, 제11판, 법문사, 2007, 278쪽; 홍정선, 『행정법원론(하)』, 제15판, 박영사, 2007, 436쪽.

52) 다만 비책임자에 대한 경찰권발동의 가능성을 규정하고 있는 동 조항의 의미에 대해서는 이를 개괄적 수권조항에 준하는 수권의 근거로 파악하여서는 아니 되며, 그것은 단지 비책임자가 경찰조치의 수범자(Adressat)가 될 수 있다는 것을 의미할 뿐이라는 견해가 유력하다(Vgl. Wolff/Stephan, Polizeigesetz für Baden-Württemberg, Kommentar, 4. Aufl., 1999, § 9 Rn. 4).

라의 경우에는 (개별적 수권조항의 경우와 달리) 개괄적 수권조항에만 근거하여 비책임자에 대한 경찰권발동이 가능한지 여부에 대하여 "법률에 의한 행정의 원칙에 비추어 볼 때 가장 전형적인 권력작용인 경찰권을 경찰긴급권이라는 단순한 자연법적 근거 또는 개괄조항에 의하여 비책임자인 제3자에 대하여 발동할 수는 없다고 할 것이다"고 하여 부정적으로 보는 견해와[53] "조리상 인정되는 일정한 요건하에 개괄조항에 근거하여 비책임자인 제3자에 대하여 경찰권을 발동할 수 있다"고 하여 긍정적으로 보는 견해[54]가 대립하고 있는 실정이다. 한편 이 문제에 관한 직접적 언급은 없으나 경찰상의 긴급상태에 대한 일반규정을 두는 것이 필요함을 강조하는 견해[55] 역시 개괄적 수권조항에만 근거한 비책임자에 대한 경찰권발동을 전제로 하고 있는 것으로 해석될 수 있을 것이다. 생각건대 이러한 견해의 대립은 무엇보다도 개괄적 수권조항의 인정여부나 필요성 등에 관한 시각의 차이에 기인한다고 보여진다.[56] 즉, 개괄적 수권조항을 긍정하는 입장은 이 문제에 대해서도 긍정적 입장을 취하는 반면 개괄적 수권조항을 부정하는 입장은 이 문제에 대해서도 부정적 입장을 취하는 것이 일반적이라고 할 수 있는바,[57] 위험방지의 효율성 등을 고려할 때 개괄적 수권조항에 근거한 비책임자에 대한 경찰권발동을 긍정할 필요성은 엄존한다고 생각된다. 그리고 전술한 비책임자에 대하여 경찰권을 발동하기 위한 전제조건은 바로 개괄적 수권조항에 근거하여 비책임자에게 경찰권을 발동하는 경우에 문제가 되는 것이라고 할 것이다.

한편 개괄적 수권조항에 근거한 비책임자에 대한 경찰권발동을 인정한다

53) 박윤흔, 『최신 행정법강의(하)』, 27판, 박영사, 2004, 336쪽. 동지: 김동희, 『행정법II』, 제13판, 박영사, 2007, 220쪽.

54) 김남진/김연태, 앞의 책, 278쪽. "제3자에 대한 경찰권의 발동에는 법률의 근거가 있어야 한다. 원칙상 개별법에 근거가 있어야 하지만, 예외적으로 일반조항에 근거하여서도 인정될 수 있을 것이다"라는 설명[박균성, 『행정법론(하)』, 5판, 박영사, 2007, 512쪽] 역시 같은 취지로 해석될 수 있을 것이다.

55) 홍정선, 앞의 책, 435쪽.

56) 개괄적 수권조항에 관한 전반적 논의에 관하여는 vgl. 서정범, "경찰권발동의 근거 -개괄적 수권조항을 중심으로," 중앙법학, 제8집 제1호, 2006, 165쪽 이하.

57) 다만 개괄적 수권조항의 필요성을 긍정하면서도 여기서 논의되는 문제에 관하여는 "개괄적 수권조항은 엄격한 요건을 요구하는 경찰비책임자에 대한 경찰권발동의 근거규정이 될 수 없다"고 하여 부정적 입장을 견지하고 있는 견해(정하중, 『행정법사례연구』, 성민사, 1999, 406쪽)도 있음은 주목을 요한다.

면, 그 다음으로 현행법상 과연 비책임자에 대한 경찰권발동의 근거가 되는 조항을 어디에서 찾을 것인가가 문제된다. 이에 관하여는 '눈·비·바람·해일·지진 등으로 인한 재해 또는 화재·교통사고·범죄 그 밖의 급작스러운 사고가 발생한 때에 그곳에 있으면서도 정당한 이유 없이 관계공무원 또는 이를 돕는 사람의 현장출입에 관한 지시에 따르지 아니하거나 공무원이 도움을 청하여도 이에 응하지 아니한 사람'에 대하여 10만원 이하의 벌금, 구류 또는 과료의 형으로 벌할 것을 규정하고 있는 경범죄처벌법 제1조 제36호를 경찰상 긴급상태의 일반적인 근거규정으로 볼 것이 주장되고 있는바,[58] 이러한 견해에 대하여는 "아주 예외적인 상황에서 가능한 경찰비책임자에 대한 경찰권발동은 개괄수권조항보다 월씬 엄격한 요건하에서만 허용되어야 하기 때문이다"라는 것을 논거로 찬동하기 어렵다는 견해[59] 또한 제기되어 있다. 생각건대 우리나라의 경우 비책임자에 대한 경찰권발동에 관하여 독일과 같은 일반적 근거규정은 갖고 있지 못한 것으로 보여진다. 다만 인명 또는 신체에 위해를 미치거나 재산에 중대한 손해를 끼칠 우려가 있는 천재, 사변, 공작물의 손괴, 교통사고, 위험물의 폭발, 광견·분마류 등의 출현, 극단한 혼잡 기타 위험한 사태가 있을 때에 그 장소에 집합한 자, 사물의 관리자 기타 관계인에게 등에게 위해방지상 필요하다고 인정되는 조치를 하게 할 수 있음을 규정하고 있는 경찰관직무집행법 제5조 제1항은 그 규정방식, 특히 '위해방지상 필요하다고 인정되는 조치' 등의 표현을 고려할 때 비책임자에 대한 경찰권발동의 일반적 근거규정으로 기능할 수 있다고 생각한다.

Ⅲ. 비책임자에 대한 경찰의 조치

1. 조치의 법형식

비책임자에 대한 경찰권발동의 전제조건으로 '현재의 위험'이 문제되는 점을 고려할 때 비책임자에 대한 경찰권발동의 형식으로는 원칙적으로 경찰처분

58) 홍정선, 앞의 책, 435쪽.

59) 정하중, 『행정법각론』, 법문사, 2005, 259쪽.

(Polizeiverfügung), 즉 경찰상의 행정행위의 발급이 문제될 뿐 경찰명령(Polizeiverordnung)[60]의 형식으로 비책임자에 대하여 의무를 부과하는 것은 인정되기 곤란하다. 이는 단순히 경찰명령, 즉 일반적·추상적 규율을 발함으로써 현재의 위험에 적시에 그리고 효과적으로 대처하기 곤란하다는 사정에 기인한다. 다만 특별한 위기상황에서는 비책임자를 수범자로 하는 경찰명령을 예외적으로 발할 수도 있다.[61]

2. 조치의 내용

그의 내용을 기준으로 할 때 비책임자에 대한 조치는 다음의 2가지 유형, 즉 비책임자에게 ① 자신에게 과해지는 이익침해를 수인하도록 하는 수인의무가 부과되는 경우와 ② 작위의무 또는 부작위의무가 부과되는 경우로 나누어 볼 수 있다.[62] 비책임자에 대한 조치가 특히 문제시되었던 영역으로는 다음의 것이 있다.

(1) 무숙(無宿, Obdachlosigkeit)

독일의 경우 무숙의 상태에 있는 자들을 개인소유의 주거에 강제배정하는 것은 2차대전 당시와 그 직후에 경찰긴급권이 논의된 주된 영역이었다.[63] 한편 이 문제를 고찰함에 있어서는 예컨대 임대인의 임대차계약의 해지통고로 인하여 임차인이 무숙의 상태에 빠지게 된 경우 경찰법적 의미에서의 경찰책임자는 해지통고 및 주거의 명도판결의 집행을 통하여 무숙의 상태를 야기한

60) 여기서 경찰명령이라 함은 공공의 안녕 또는 질서에 대한 위험방지라는 경찰목적을 위하여 발해진 법규명령을 말한다.

61) Drews/Wacke/Vogel/Martens, a.a.O., S.336; Götz, a.a.O., Rn. 266; Schenke, a.a.O., Rn. 329; 홍정선, 앞의 책, 437쪽.

62) Drews/Wacke/Vogel/Martens, a.a.O., S.336.

63) 한편 이 문제는 독일의 경우 오늘날에도 여전히 경찰긴급권이 적용되는 중요한 예로 지적되고 있는바, 그 원인으로는 꾸준히 증가하고 있는 망명이나 이민으로 인한 외국인의 유입 및 주택공급정책의 실패가 들어지고 있다(Götz, a.a.O., S.118; Lisken/Denninger, a.a.O., E Rn. 139). 또한 천재지변으로 인하여 다수인이 집을 잃게 될 가능성이 있는 상태(Massenobdachlosigkeit)의 경우에도 경찰긴급권에 의한 개입이 의미를 가질 수 있다(Drews/Wacke/Vogel/Martens, a.a.O., S.337).

종전의 임대인이 아니라 무숙자(즉, 종전의 임차인)라는 점을 전제로 하여야 한다.[64] 따라서 경찰책임자인 임차인이 위험방지를 위한 어떠한 수단도 갖고 있지 못하고 행정청이 그에게 수용시설을 제공할 수도 없음으로 인하여 임차인이 무숙의 상태에 빠질 위험이 있게 되면 경찰은 임차인을 지금까지 사용해 온 주거에 다시 배정할 수 있으며,[65] 심지어 임대인이 그 주거공간에 대한 새로운 임대차계약을 체결한 경우에도 재배정이 가능하다.[66]

또한 이러한 논의는 무숙의 상태가 공공의 안녕을 해치는 것을 대전제로 하는 것인바, 이 문제에 관하여는 자발적(freiwillig) 무숙의 상태와 비자발적(unfreiwillig) 무숙의 상태를 구분하여 고찰할 필요가 있다. 즉, 비자발적 무숙의 상태는 기후여건이 좋지 않은 경우 (특히 야간에는) 비자발적 무숙자의 건강을 해칠 우려가 있으며, 제3자에 의해 가해지는 침해로부터 보호받기 곤란한 점을 고려할 때[67] 공공의 안녕을 침해하는 것이 된다.[68] 이에 반하여 자발적 무숙의 경우에는 이른바 자초침해(自招侵害, Selbstgefährdung)로서 공공의 안녕에 대한 위험이 존재한다고 할 수 없다. 즉, 자발적 무숙은 일반적인 행위의 자

64) 왜냐하면 경찰책임의 귀속원리로서 많은 지지를 받고 있는 직접원인설(경찰책임, 특히 행위책임의 귀속이론으로서의 직접원인설을 비롯한 그 밖의 제 학설의 내용이나 그에 대한 비판에 관하여 자세한 것은 vgl. 서정범, "경찰책임의 귀속원리로서의 원인야기," 강원법학 제10권, 1998)에 따를 때 주거의 임대차계약의 해지가 필연적으로 무숙의 상태를 가져오는 것은 아니며, 임차인이 대체주거를 마련하지 못하였다는 것에 의하여 비로소 직접적으로 위험의 영역으로 넘어 들어가게 되는 것이기 때문이다(동지: Götz, a.a.O., Rn. 269; Möller/Wilhelm, a.a.O., S.56).

65) Greifeld, Obdachlose zwischen Polizei und Sozialhilfe -OVG Berlin, NJW 1980, 2484, JuS 1982, 819 ff.; OVG Berlin, JuS 1981, 154 ff.; VGH Mannheim, NVwZ 1987, 1101 f. 한편 이와 같은 처리방식에 대한 비판에 관하여 보다 자세한 것은 vgl. Schlink, Korrektur von Gerichtsentscheidungen durch die Polizei, NJW 1988, 1689 ff.

66) Schmidt, a.a.O., Rn. 837. 한편 그 이유에 관하여는 "비록 재배정으로 인하여 임대인이 그 간에 타인과 체결한 임대차계약을 이행할 수 없다고 하여도 목전에 급박한 무숙의 위험을 고려할 때, 재배정이 보다 고차원의 의무를 위반하는 것은 아니기 때문이다"라는 식의 설명이 행해지고 있다(Vgl. Möller/Wilhelm, a.a.O., S.56).

67) Vgl. VG Hannover, NVwZ-RR, 1991, 257 f.

68) Schmidt, a.a.O., Rn.837. 이 문제에 관하여 보다 자세한 것은 vgl. Günther/Traumann, Aktuelle Probleme der Wohnraumbeschlagnahme zur Unterbringung Obdachloser, NVwZ 1993, 130 ff.; Reitzig, Die polizeirechtliche Beschlagnahme von Wohnraum zur Unterbringung Obdachloser, 2003, S.39 ff.; Trockles, Polizeirechtliche Gesichtspunkte der Obdachlosigkeit, BWVPr. 1989, 145 ff.

유에 의해 보호되는 것으로 경찰권발동의 대상이 될 수 없다.[69)]

(2) 집회의 금지

적법하게 신고된 평화적 집회에 대한 폭력적 반대집회가 예정되어 있는 경우에 있어 적법한 집회의 주최자에 대한 집회금지가 경찰긴급권이 문제되었던 또 하나의 중요한 영역이다. 이 경우 역시 경찰책임에 관한 귀속이론에 따를 때 경찰책임자는 적법한 집회의 주최자가 아니라 반대집회자들이라는 것이 전제되어야 한다. 따라서 경찰은 원칙적으로 적법한 집회를 금지하여서는 아니 되며, 단지 반대집회자들과의 심각한 충돌이 예견되고 그로 인하여 경찰이 모든 경찰병력을 투입하는 방법을 통하여서도 저지할 수 없는 묵과할 수 없는 인적, 물적 손해가 발생할 위험성이 있는 극히 예외적인 경우에 한하여 평화적 집회를 금지시킬 수 있다.

(3) 공급거부

한편 국민들의 생활에 거의 필수적이라고 할 수 있는 재화나 용역의 공급을 거부하는 것도 경찰상의 긴급상태를 가져올 수 있다. 예컨대 국민이 재화나 용역의 공급조건을 준수하지 않은 경우, 특히 그의 사용료를 지불하지 않은 경우 그를 이유로 사업주체가 수도의 공급이나 하수처리 또는 쓰레기처리를 중단하게 되면 인근 주민의 건강, 나아가서 공중의 건강에 대한 위험이 성립하게 된다. 이 경우 역시 경찰책임의 귀속이론에 따르면 경찰책임자는 사용료를 내지 않은 국민이지 사업주체가 아니다.[70)] 따라서 이 경우 경찰행정청은 원칙적으로 사용료를 내지 않은 자에게 사용료를 지불하여 원상회복을 시킬 의무를 부과하여야 할 것이지만, 예외적으로 그러한 명령이 아무런 효과도 가져올 수 없는 경우에는 비책임자인 사업주체에게 계속하여 수도 등을 공급할 것을 명할 수 있다. 그러나 전화요금의 장기적 미납을 이유로 전화의 접속을

69) OVG Lüneburg, NVwZ 1992, 502 f.(503); Drews/Wacke/Vogel/Martens, a.a.O., S.298; Ruder/Schmitt, a.a.O., Rn.315 ff. 한편 자발적 무숙의 경우에도 생명에 대한 위험이 존재하는 경우에는 공공의 안녕에 대한 위험이 존재한다고 보아야 한다는 견해도 존재하는바, 이에 대하여는 vgl. Erichsen/Biermann, Obdachlosigkeit als Gefahrenabwehrrechtliches Problem, Jura 1998, 371 ff.(373).

70) 동지: Wolff/Bachof/Stober, Verwaltungsrecht, 4. Aufl., 2003, S.332.

끊는 경우에 있어서는 그로 인하여 발생하는 불이익을 현재의 중대한 위험으로 볼 수는 없을 것이므로, 이를 경찰상의 긴급상태로 볼 수는 없다.[71)]

3. 조치의 범위와 기간

경찰상의 긴급상태에 있어서 비책임자에 대한 경찰의 조치는 전술한 비책임자에 대한 경찰권발동의 전제조건이 존재하는 경우에 한하여서만 행해지고 유지될 수 있다. 따라서 비책임자에 대한 경찰의 조치는 물적, 시간적 관점에서 필요한 최소한도에 국한되어야 하는바, 특히 시간적 제약이 문제가 된다.[72)] 즉, 비책임자에 대한 경찰의 조치는 다른 방법으로는 위험방지의 목적을 달성할 수 없는 한도 내에서만, 환언하면 사후에 경찰이 자신의 고유한 수단을 통해서 또는 경찰책임자에게 조치를 취함으로써 위험을 방지할 수 있을 때까지만 적법한 것으로 유지될 수 있다.[73)] 이는 경찰은 비책임자에 대하여 경찰권을 발동한 이후에도 ―계속되고 있는― 위험의 방지를 위한 다른 수단을 강구하여야 할 의무가 있음을 의미한다. 독일의 판례 역시 비책임자에 대한 조치는 처음부터 기한부이어야만 하며, 기한의 산정에 있어서는 엄격할 것을 요구하고 있는바,[74)] 이 같은 점을 고려할 때 비책임자에 대한 경찰권발동은 단지 잠정적(vorläufige) 조치로서의 성격을 가질 뿐이다.[75)] 한편 비책임자에게 조치를 취할 수 있는 전제조건이 소멸한 경우에는 행정청은 그 조치를 폐지(취소·철회)하여야만 한다.[76)]

---

71) 동지: Drews/Wacke/Vogel/Martens, a.a.O., S.338.

72) 이에 반하여 물적 관점에서는 경찰의 비책임자에 대한 조치가 위험방지를 위해 절대적으로 필요하다는 것 이외에는 더 이상의 것이 요구되지 않으므로 물적 제한의 문제는 그리 중요하지 않다(Drews/Wacke/Vogel/Martens, a.a.O., S.338).

73) Möller/Wilhelm, a.a.O., S.54; Tettinger/Erbuth, a.a.O., Rn. 560. 한편 비책임자에 대한 경찰권발동에 있어 존재하는 이러한 시간적 제약은 기본권, 비례의 원칙 및 '시간적 차원에서의 과잉금지의 원칙'으로부터 도출되는 것이라고 설명되고 있다(Schmidt, a.a.O., Rn. 830).

74) BGH, NJW 1959, 768 f.; BGHZ 35, 27 ff.; OVG Berlin, NJW 1980, 2484; BayVGH, BayVBl. 1984, 116.

75) Ruder/Schmitt, a.a.O., Rn. 285. Drews/Wacke/Vogel/Martens, S.338; Pr.OVGE 106, 37 ff.(42); OVG Saarlouis, JZ 1970, 283 ff.(287).

76) Drews/Wacke/Vogel/Martens, a.a.O., S.339.

그러므로 사례 2의 경우 무숙자를 사인(私人)의 주거에 배정하는 것은 임대차계약의 체결 또는 새로운 수용시설의 축조 등의 방법을 통하여 행정청이 무숙의 상태를 객관적으로 제거할 수 있을 때까지만 가능하며,[77] 무숙자를 사인의 주거에 무기한으로 강제배정하는 것은 허용되지 않는다.[78] 같은 취지에서 다른 집에 비어 있는 공간이 있음에도 불구하고 이전에 민사법원에 의하여 명도판결이 행해졌던 가옥의 소유자에게 (다시) 강제배정하는 경우, 그것은 일반적으로 재량행사에 하자가 있기 때문에 위법한 것으로 간주되어야 한다. 또한 지방자치단체의 무숙자수용시설에 배정이 가능하게 되면, 사인의 주거에의 배정처분은 폐지되어야 한다.[79] 이에 반해 사례 1의 경우에는 비책임자인 적법한 집회의 주최자에게 발해졌던 집회의 금지나 해산명령의 폐지라는 문제가 발생하기 곤란한바, 이는 집회의 금지 등의 경우에는 시간의 경과로 인하여 폐지되어야 할 조치가 더 이상 존재하지 않게 되기 때문이다.

Ⅳ. 결과제거와 손실보상

비책임자는 방지되어야 할 위험의 발생에 대한 책임이 없기 때문에 위험방지의 부담을 영원히 수인할 필요는 없다. 따라서 비책임자는 자기에게 발생한 손해의 전보를 경찰행정청에게 청구할 수 있는바, 손해전보의 수단으로는 결과제거청구와 손실보상의 청구가 고려된다. 물론, 경우에 따라서는 양자를 함께 청구할 수도 있을 것이다.[80]

---

77) Drews/Wacke/Vogel/Martens, a.a.O., S.338; BGHZ 35, 27 ff.(29).

78) 독일의 판례의 경우 무숙자의 강제배정은 최장 2개월(VGH München, BayVBl. 1991, 144) 또는 최장 6개월의 한도 내에서만 허용될 수 있는 것으로 판시한 것에서(Vgl. VGH Mannheim, NVwZ -RR 1990, 476) 볼 수 있는 것처럼 일치된 입장을 보이지는 못하고 있다.

79) Vgl. VGH BW, DÖV 1990, 573 f.(574); OVG NW, DVBl. 1991, 1372.

80) Ruder/Schmitt, a.a.O., Rn. 286.

1. 결과제거의 청구

전술한 것처럼 비책임자에 대한 긴급한 처분(예: 무숙자의 강제배정)은 그의 전제조건이 소멸하게 되면 폐지되어야만 한다. 그러나 처분의 폐지만으로는 비책임자에게 아무런 도움도 되지 못하는 경우가 종종 있다. 즉, 무숙자를 사인의 주거에 강제배정한 경우에 있어 강제배정처분의 폐지 후에도 무숙자의 퇴거가 이루어지지 않고 있는 경우처럼 비책임자에 대한 처분이 폐지된 후에도 위법한 권리침해가 여전히 존재하는 경우가 있을 수 있는 것이다. 이런 경우 비책임자는 결과제거청구권(Folgenbeseitigungsanspruch)을 행사하여 권리구제를 도모할 수 있는바,[81] 이는 비책임자는 경찰긴급권에 근거하여 자신에게 발해졌던 조치의 직접적인 결과의 제거를 경찰에게 요구할 수 있는 권리가 있음을 의미한다. 한편 비책임자가 갖는 이러한 결과제거청구권은 행정의 법률적합성의 원칙과 같은 행정법상의 일반원칙에 근거하는 것으로서 그것은 고권적 수단에 의한 원상회복을 목적으로 하는 것으로 이해되고 있다.[82]

따라서 사례 2의 경우 강제배정처분이 폐지되었음에도 불구하고 배정을 받은 자가 그대로 배정받았던 주거에 거주하고 있는 경우에는 주거의 소유자는 배정된 무숙자의 퇴거를 구하는 결과제거청구권을 행사할 수 있다.

2. 손실보상의 청구

공공의 안녕 또는 질서에 대한 위험의 방지를 위하여 비책임자에게 경찰권이 발동된 경우에 있어서는 일반적으로 비책임자에게 특별한 희생을 요구하는 것이 되며, 그 결과 비책임자는 그로 인한 손실, 특히 원상회복이 불가능한 손실(예: 압류기간 중의 영업손실, 물건의 손괴 등)에 대해서 경찰행정청에 금전으로 손실보상을 해줄 것을 청구할 수 있다.[83] 그리고 이러한 내용은 우리나라

81) Lisken/Denninger, a.a.O., E Rn. 140; Schmidt, a.a.O., Rn. 845; Ruder/Schmitt, a.a.O., Rn. 286.

82) 이에 관하여는 vgl. BVerwG, DVBl. 1963, 677 f.(678); BVerwG, DÖV 1971, 857 f.; BVerwGE 28, 1 55 ff.(163 f.); 35, 268 ff.(272 f.).

83) v. Mutius, Der Störer im Polizei- und Ordnungsrecht, Jura 1983, 298 ff.(302); Götz, a.a.O., S.115.

의 실정법에도 이미 반영되어 있다.[84] 한편 경찰행정청이 비책임자에게 손실보상을 해 준 경우, 경찰행정청이 (경우에 따라서는) 경찰상 위험의 원인을 제공한 자에게 구상을 행하는 것이 허용될 수 있을 것이다.

따라서 사례 2의 경우 가옥의 소유자는 가옥에 대한 자신의 처분권의 제한이 발생한 것을 이유로 손실보상을 청구할 수 있으며, 이 경우 손실보상은 일반적으로 지금까지 지급되었던 임대료를 기준으로 하면 될 것이다.[85]

(서정범)*

---

84) 소방활동종사명령에 따라 소방활동에 종사한 사람이 그로 인하여 사망하거나 부상을 입은 경우에 있어 손실보상을 규정하고 있는 소방기본법 제24조 제2항 참조.

85) 이 문제에 관하여 상세한 것은 Cremer, Ansprüche des Wohnungseigentümers gegen den Polizeiträger auf Ausgleich von Schaden infolge einer Obdachloseneinweisung, VBlBW 1996, 241 ff.; BGH, DÖV 1996, 294.

* 이 글, "비책임자에 대한 경찰권발동"은 안암법학, 제25호에 게재되었던 글임.

제 5 편

경찰권발동의 정도

제5편

개관

제5편에서는 한편에서는 서로 연관되어 있지만, 다른 한편에서는 약간의 이질성 또한 띠고 있는 2개의 주제를 '경찰권발동의 정도'라는 제하에 묶어 보았다.

경찰권발동의 요건이 갖추어진 경우 경찰책임자에게 반드시 경찰권을 발동하여야 하는 것은 아닌데, 종래의 경찰법이론은 이것을 경찰편의주의(Opportunitätsprinzip)에 따른 재량과 연관지어 설명하여 왔다. 그러나 일정한 요건하에서는 개입 여부에 관한 경찰의 재량이 영으로 수축될 수 있는바, 그러한 경우에는 경찰의 개입의무가 인정될 수 있다. 문제는 그러한 개입의무가 인정됨에도 불구하고 경찰이 개입하지 않은 경우에 발생하는데, 제1장은 이러한 문제를 '경찰의 불개입에 대한 구제수단'이라는 제하에 논하고 있다.

한편 경찰권발동의 요건이 갖추어져 경찰이 경찰책임자에 대한 조치를 취하는 경우에도 과연 경찰이 어느 정도까지 경찰권을 발동할 수 있는지의 문제는 여전히 남게 되는바, 제2장은 이 문제를 경찰권발동의 정도를 결정하는 원리로서의 경찰비례의 원칙으로 설명하고 있다. 한편 경찰비례의 원칙은 오늘날 적합성의 원칙과 필요성의 원칙 그리고 상당성의 원칙으로 나누어 설명하는 것이 일반적 경향인데, 제2장 역시 이러한 경향에 따르고 있다. 특히 경찰비례의 원칙은 경찰법 전역에 걸쳐 다양하게 적용되므로, 경찰비례의 원칙에 대한 충분한 이해는 다른 영역에서 발전된 경찰법이론을 이해하는 데 많은 도움을 준다.

제 5 편

제 1 장 경찰의 불개입에 대한 구제수단 — 경찰개입청구권을 중심으로

Ⅰ. 들어가며

경찰권을 발동하기 위한 일반적 요건이 충족된 경우, 즉 공공의 안녕 또는 질서에 대한 위험이 존재하는 경우에 경찰은 그에 개입할 권한을 갖는다. 그러나 이 경우 경찰이 그에 개입할 의무를 갖는 것은 아니며, 경찰작용의 범위와 종류에 관한 결정은 여전히 경찰의 의무적합적 재량에 맡겨져 있는 것이 원칙이다. 그리고 이 점을 강조하게 되면 공공의 안녕 또는 질서에 대한 위험이 존재함에도 불구하고 경찰이 개입하지 않아 국민이 피해를 입고 있는 경우에도 국민은 아무런 구제수단을 갖지 못하게 된다. 즉, 경찰에게 개입의무가 없으므로 개입의무를 전제로 한 국민의 경찰개입청구권이 인정될 수 없으며, 또한 개입여부에 관한 재량이 인정되므로 개입하지 않아도 그를 위법하다고 할 수 없어 국가배상청구권도 인정될 수 없는 것이다. 이로 인하여 경찰의 불개입으로 인한 피해에 대한 구제를 어떠한 방법으로 인정할 수 있을 것인가? 라는 문제가 대두되게 되는바, 이하에서는 이 문제를 다음과 같은 순서로 논해보고자 한다. 즉,

먼저 ① 경찰의 불개입에 대한 구제를 곤란케 만드는 요소인 경찰편의주의의 내용을 일별한 후, ② 다음으로 경찰편의주의하에 인정되는 재량을 축소시켜 경찰개입청구권 등을 인정할 수 있게 해 주는 재량권의 영으로의 수축이론을 간략히 소개하기로 한다. 이어서 ③ 일정한 조건하에 재량권의 영으로 수축이 인정되는 경우에 있어서의 어떠한 구제수단이 고려될 수 있는지를 알

아본 후 ④ 끝으로 경찰개입청구권의 문제를 상론하기로 하겠다.

II. 경찰편의주의와 재량권의 영으로의 수축

1. 경찰편의주의

경찰편의주의(Opportunitätsprinzip)[1]란 경찰권발동의 전제조건이 충족되어 있는 경우에도 그에 대한 개입여부는 원칙적으로 경찰의 의무적합적 재량에 따른다는 원칙으로서 형사소추의 영역에서 발전되어 온 합법주의(合法主義, Legalitätsprinzip)와는 확연히 대비되는 개념이다.[2] 이러한 경찰편의주의의 필요성을 Mayer는 "경찰편의주의는 법치국가의 이념과 국가현실과의 필요적 타협의 산물이다. 만일에 법치국가의 원리가 모든 행정법규의 집행을 행정의 의무로 정하게 되면 행정권은 법의 기계적인 집행기관으로 화함으로써 독자적인 존재의의를 잃고 말 것이다. 그러나 법치국가의 이상은 결코 결과를 고려하지 않는 기계적인 법의 적용에 의하여 달성될 수 있는 것은 아니다. 그것은 행정의 책무의 실현을 지향한 법률의 적용을 통하여서만 실현될 수 있는 것은 아니다"라는 서술을 통하여 역설한 바 있다.[3] 또한 이러한 경찰편의주의는 법치주의가 지배하는 오늘날에도 여전히 통용될 수 있는 것으로 이해되고 있는바, Götz는 그 이유로 다음과 같은 것을 열거한 바 있다.[4] 즉, ① 구체적인 직무

---

1) 경찰편의주의와 관련된 일반적인 논의에 관하여는 vgl. Schmatz, Die Grenzen des Opportunitätsprinzips im heutigen deutschen Polizeirecht, Diss. München, 1966; Mayer, Das Opportunitätsprinzip in der Verwaltung, 1963; 김남진, "경찰상의 편의주의," 월간고시, 1978.8, 27쪽 아래.

2) 합법주의란 범죄의 혐의가 있는 경우에 경찰에게는 고유한 결정권한이 인정되지 않으며, 경찰은 그에 대한 수사를 하여야 할 법적 의무를 부담한다는 것을 내용으로 하는바(Drews/Wacke/Vogel/Martens, Gefahrenabwehr, 9. Aufl., 1986, S.370), 합법주의 일반에 관하여 자세한 것은 vgl. Bottke, Grundlagen des polizeilichen Legalitätsprinzip, JuS 1990, 81 ff. 한편 이러한 합법주의의 특색은 '결정의 자동성'(Automatik)에서 찾아볼 수 있다(Mayer, Allgemeines Verwaltungsrecht, 4. Aufl., 1977, S.49).

3) Mayer, a.a.O., S.28.

4) 이하의 설명에 관하여는 vgl. Götz, Allgemeines Polizei- und Ordnungsrecht, 8. Aufl., 1985, S.130.

가 시간적·공간적으로 충돌되거나 인적·물적 수단이 한정된 경우에 있어서 경찰은 보다 중요한 직무를 수행할 수 있어야 한다. ② 경찰은 공공의 안녕 또는 질서의 유지가 자신이 개입하는 것 이외의 다른 방법으로 보장되거나 보장될 수 있을 때에는 개입하지 않을 수 있어야 한다. ③ 사소한 것은 무시될 수 있어야 한다.

2. 재량권의 영으로의 수축

경찰편의주의가 지배하는 결과 공공의 안녕 또는 질서에 대한 위험이 존재하는 경우에도 원칙적으로 경찰의 개입의무는 인정되지 아니하며, 경찰의 개입여부는 그의 의무적합적 재량에 달려 있다. 따라서 원칙적으로 관련된 개인은 경찰권을 발동해 줄 것을 청구할 권리(경찰개입청구권)를 갖지는 못하며, 단지 형식적(formell) 권리로서의 무하자재량행사청구권[5]만을 갖는다.[6]

그러나 경찰이 개입할지 여부, 또는 개입한다면 어떠한 조치를 취할 것인지에 관한 결정에 있어 경찰의 재량이 결코 무제한적인 것은 아니다. 따라서 다른 결정을 행할 사실상의 전제조건이나 법적 근거가 전혀 존재하지 않는 경우라면 단지 하나의 결정만이 의무적합적 재량행사의 요구를 충족시키는 적법한 것으로 간주되고, 다른 모든 결정은 위법한 것이 된다.[7] 이러한 경우를 '재

---

5) 우리나라의 경우 종래 무하자재량행사청구권을 '절차적 권리'로 설명하여 왔다. 이는 독일에서 무하자재량행사청구권이 formelles Recht의 성격을 갖는다는 것이 강조되고 [Bachof, Die verwaltungsgerichtliche Klage auf Vornahme einer Amtshandlung, 2. Aufl., 1968, S.69 f.; Ossenbühl, Der poizeiliche Ermessens- und Beurteilungsspielraum, DÖV 1976, 463 ff.(467)], 일본 학자가 이를 절차적 권리라고 번역한 것에(手島 孝, 『現代行政國家論』, 1969, 228쪽 아래) 기인하는 것으로 보인다. 그러나 독일어의 formell을 '절차적'이란 의미로 이해하여서는 아니 되며, 말 그대로 '형식적'이란 의미로 이해하여야 할 것이 요구된다. 즉, 무하자재량행사청구권은 재량결정의 내용에 관계되는 것으로서 재량의 하자를 회피하는 행정결정과 관계 있다고 하여야 할 것이다(vgl. Pietzcker, Der Anspruch auf ermessensfehlerfreie Entscheidung, JuS 1982, 106 ff.).

6) Martens, Wandlungen im Recht der Gefahrenabwehr, DÖV 1982, 89 ff.(97 ff.); Götz, Die Entwicklung des allgemeinen Polizei- und Ordnungsrecht, NVwZ 1984, 211 ff.(216).

7) Drews/Wacke/Vogel/Martens, a.a.O., S.397. 한편 이와 같은 논리는 이미 Jellinek에 의하여 "경찰의 재량에는 상한(上限)이 존재하여 그것을 넘어서서는 더 이상 경찰이 개입할 수 없을 뿐만 아니라 하한(下限)도 있어 경우에 따라서는 경찰이 개입하지 않는 것이 위법하

량권의 영으로의 수축'[8]이라고 하는바, 그 결과는 다음과 같이 나타날 수 있다.

첫째, 재량권이 영으로 수축된 결과 경찰이 개입하지 않는 것이 단지 유일한 허용되는 재량결정일 수 있다. 그럼에도 불구하고 경찰이 행정행위의 방식으로 개입하였다면 재량행사의 하자가 존재하는 것이고, 따라서 관계인이 당해 행정행위의 취소소송을 제기한 경우에는 취소되어야 한다.[9]

둘째, 이에 반하여 경찰이 개입하는 것만이 단지 유일한 허용되는 재량결정인 경우에는[10] 경찰의 개입의무가 인정되는바, 이러한 경우에는 경찰개입청구권이 인정될 수 있다.[11] 독일의 판례 역시 청구인이 가처분의 방식으로 자신에게 인간의 존엄에 합치하는 수용시설을 알선해줄 것을 요구한 사건에서 "무숙(無宿)의 상태를 제거하기 위한 행정청의 개입에 관한 결정에 있어서 만약 경찰의 재량이 임박한 위험의 범위와 강도로 인하여 영으로 축소되어 경찰의 개입의무가 인정된다면 개인의 무하자재량행사청구권은 경찰개입청구권으로 전화된다"고 판시한 바 있다.[12]

Ⅲ. 경찰의 불개입에 대한 구제수단

공공의 안녕 또는 질서의 유지를 위하여 경찰이 개입하는 것이 단지 유일

게 된다"라는 형태로 주장된 바 있다[Jellinek, Verwaltungsrecht, 3. Aufl., 1931 (Neudruck, 1966), S.432 f.].

8) 재량권의 영으로의 수축이론에 관한 일반적 논의에 관하여는 vgl. Gern, Die Ermessensreduzierung auf Null, DVBl. 1987, 1194 ff.; 原田 尙彦, "野放し野犬幼兒咬殺事件," 昭和 52年度 重要判例解說, シュリスト 666호, 35쪽 아래; 遠藤 博也, "宅地法上の規制制限の不行使と國家責任," 昭和 49年度 重要判例解說, シュリスト 590호, 42쪽 아래.

9) Drews/Wacke/Vogel/Martens, a.a.O., S.397.

10) 예컨대 국민의 생명 · 건강 · 자유 또는 재산 등의 개인적 법익과 국가제도의 기능이 중대한 위협을 받는 경우에 경찰이 다른 동가치의 보호법익을 소홀히 함이 없이 그에 대처할 수 있다면 경찰이 개입하는 것만이 재량의 적법한 행사로 간주될 수 있을 것이다.

11) Erichsen, Der Schutz der Allgemeinheit und der individuellen Rechte durch die polizei- und ordnungsrechtlichen Handlungsvollmachten, VVDStRL 35, 12 ff.(215); Reichert/Röber, Polizeirecht, 3. Aufl., 1988, S.130.

12) Vgl. VGH Kassel, NJW 1984, 2305 ff.

하게 허용되는 조치일 때에는 경찰은 어떠한 방법으로든 개입하여야 하는바, 만일 이러한 경우에도 경찰이 개입하지 않는다면 그것은 독일 연방헌법재판소에 의하여 인정된[13] 국가의 의무, 즉 국민의 안전과 국가제도의 기능에 대한 국민의 신뢰를 보호하여야 할 의무를 간과하는 것이 된다.

그렇다면 그러한 의무에 위반하여 경찰이 법적으로 요구되는 개입을 하지 않은 경우 국민은 어떠한 방법으로 구제받을 수 있는가?의 문제가 대두되게 되는바, 우선 경찰이 법적으로 요구되는 개입을 하지 않았다고 하여 취소쟁송이 행해질 수 없음은 자명하다. 왜냐하면 이 경우에 있어 경찰의 불개입, 즉 부작위는 행정쟁송법상의 처분이 아니기 때문이다. 또한 부작위에 대한 쟁송수단으로 인정되어 있는 의무이행심판이나 부작위위법확인소송도 경찰의 부작위에 대한 효과적인 구제방법으로서 기능하기는 곤란한 면이 있다. 이는 경찰의 부작위에 대한 구제가 문제되는 것은 구제를 필요로 하는 사람이 긴급한 상태에 처해 있을 때인데, 의무이행심판이나 부작위위법확인소송은 그와 같은 긴급한 상태를 해결하기에 적합하지 못하다는 사실에 기인한다.[14] 따라서 경찰에게 개입의무가 존재함에도 불구하고 경찰이 개입하지 않음으로 인하여 국민에게 손해가 발생한 경우에 있어서의 구제수단으로 실질적으로 생각해 볼 수 있는 것은 국가배상청구권[15]과 경찰개입청구권이 있을 뿐인바,[16] 이하에서 이들 문제에 관하여 상설해 보기로 하겠다.

1. 국가배상의 청구

(1) 독일의 경우

독일의 제국법원은 이미 오래전부터 "특히 중대한 위험이 존재하는 경우에는 경찰에게 특별한 의무가 부여되며, 경찰이 그를 위반하게 되면 국가배상청구권이 발생한다"고 하여 경찰의 위법한 부작위에 대한 국가배상책임을 인

13) Vgl. BVerfGE 46, 214 ff.(213).
14) 이순용, "경찰의 부작위와 개입청구권," 사법행정, 1990. 10, 44면.
15) 다만 위험 또는 장해가 계속되는 경우에는 국가배상의 가능성만으로는 피해자구제가 충분하지 못한 경우가 많다는 것에 유의하여야 한다(Drews/Wacke/Vogel/Martens, a.a.O., S.397).
16) Ossenbühl, a.a.O., 467 ff.

정하여 왔다.[17] 이러한 경향의 효시를 이루었던 것은 어느 날 저녁 상인이 눈썰매에 부딪쳐 사망하자 그의 부인이 노상에서 위험한 눈썰매가 다니도록 경찰이 묵과한 것은 경찰의 직무상 의무에 위배한 것이라고 하여 국가배상을 청구한 것이 문제가 되었던 이른바 '눈썰매사건(Rodelfall)'인바, 이 사건에서 독일의 제국법원은 "눈썰매로 인하여 보행자의 생명·신체에 대한 중대한 위험이 존재하는 경우에는 경찰에게 그 위험을 방지할 의무가 인정되어 있음에도 불구하고 경찰이 그 같은 위험방지의 노력을 기울이지 않은 것은 경찰의 직무상 의무위반이 있었다고 할 것이며, 따라서 국가배상책임을 면할 수 없다"고 판시했던 것이다.[18]

한편 독일의 연방최고법원은 이 같은 제국법원의 전통에 따르면서도 보다 강화된 조건하에서 경찰의 부작위에 대한 국가배상책임을 인정하였다. 즉, 동 법원은 모든 하자 있는 재량행사가 직무상 의무위반에 해당하여 국가배상책임을 발생시키는 것이 아니라 특히 중대한 하자 있는 재량행사가 존재할 때에만 국가배상책임이 성립된다고 하였던 것이다.[19] 이에 따르면 결국 국가배상청구권은 자의적(恣意的)인 재량행사가 존재하는 경우에만 인정되게 되는데,[20] 이러한 연방최고법원의 입장은 많은 비판을 받아 왔음에도 불구하고 오늘날까지 여전히 유지되고 있다. 한편 연방최고법원에 의하여 부작위에 대한 국가배상책임이 인정된 그 밖의 사례로는 도로에 석유가 1km나 흘러나왔음에도 불구하고 이에 대해경찰이 단지 불충분한 방지조치만을 취한 경우,[21] 2차대전중에 정원에 매설한 원반형지뢰를 제거하지 않고 방치한 경우[22] 및 경찰공무원이 갱단(gang團)에 대해서 경찰권을 발동하지 않은 경우[23] 등이 있다.

---

17) Vgl. 현저한 위험이 존재함에도 불구하고 경찰이 우회(迂廻)를 안내하는 교통표지판을 설치하지 않은 것이 문제가 되었던 사건에서 부작위를 이유로 국가배상청구권의 성립을 인정했던 JW 1939, 239 ff. 동지의 판례로는 RGZ 99, 254 ff.(256); 121, 225 ff.(232) usw.

18) Pr.VBl. 43, 394 ff. 한편 이 판결에 관하여 보다 자세한 것은 Schmatz, a.a.O., S.94 ff.

19) Vgl. BGHZ 12, 206 ff.; 45, 143 ff.

20) 이른바 '자의(恣意)를 기준으로 하는 판결'(Willkür-Rechtsprechung)에 관하여 자세한 것은 vgl. Bender, Staatshaftungsrecht, 2. Aufl., 1974, S.212 f.

21) BGH VRS 7, 87.

22) BGH VRspr. 5, 319 ff.

23) BGH DVBl. 1953, 676.

(2) 우리나라의 경우

우리나라의 대법원 역시 "지방자치단체가 무허가주택에 대해 관리행정을 실시해 온 이상 그 주택가에 돌출하여 위험이 예견되는 자연암벽이 있으면 당해 자치단체는 이를 사전에 제거하여 할 의무가 있고, 그 의무를 해태한 부작위로 인하여 붕괴사고가 일어나서 주민들이 손해를 입었다면 이를 배상할 책임이 있다"고 판시하여 부작위에 대한 국가배상책임을 인정한 바 있다.[24] 또한 돼지 46마리를 실은 트럭을 억류함에 있어서 사료를 공급하지 않음으로 인하여 돼지가 모두 죽게 된 것이 문제된 경우,[25] 3차에 걸친 공비출현신고를 받고도 즉시 출동하지 않음으로 인하여 공비가 민간인을 살해하고 도주한 경우[26] 등에 있어서도 법원은 부작위에 대한 국가배상책임을 인정하였던바, 이러한 사정은 경찰편의주의 및 반사적 이익론이 수정을 받고 재량권의 영으로의 수축이론의 대두로 말미암아 부작위의 위법성을 논의하기 용이하게 된 것에 기인한다.

이상의 논의에서 보듯이 경찰의 부작위에 대한 국가배상책임을 인정한 독일과 우리나라의 판례들은 중대한 법익에 대한 직접적인 위험이 존재하는 경우에는 피해자에 대한 관계에 있어서 경찰공무원은 적극적으로 어떠한 행위를 할 개입의무가 존재한다는 것에 기초하고 있는바, 이로써 국민에게 경찰개입청구권이 인정될 기반은 조성되었다고 할 수 있다.

2. 경찰개입청구권

(1) 의 의

경찰의 개입의무가 인정됨에도 불구하고 경찰이 개입하지 않고 있는 경우에 국민은 법원에 행정소송을 제기함으로써 경찰개입청구권을 주장할 수 있는바, 여기서 경찰개입청구권이란 경찰의 부작위로 인하여 자신의 권익을 침해당한 자가 경찰에 대하여 경찰권의 발동을 청구할 수 있는 권리를 말한다. 한편 경찰개입청구권을 정의함에 있어 '타인에 대해' 경찰권을 발동해 줄 것을

24) 대판 1980. 2. 26, 79다2341.
25) 대판 1968. 11. 9, 68다1741.
26) 대판 1971. 4. 6, 71다124.

청구하는 권리만을 경찰개입청구권이라고 볼 필요는 없다고 생각한다. 왜냐하면 경찰개입청구권은 자신의 행위로 인하여[27] 또는 물건의 상태로 인하여 권익을 침해당한 사람에게도 인정되어야 하기 때문이다. 따라서 경찰개입청구권의 정의에 있어 '타인에 대해'라는 요소를 불가결의 것으로 볼 필요는 없다.[28]

이러한 경찰개입청구권은 1960년 8월 18일의 독일 연방행정법원의 '띠톱판결(Bandsäge-Urteil)'을 통하여 최초로 인정된 것으로 설명되고 있다. 즉 동 법원은 건축법상 허용되지 않는 주거지역 내에서의 석탄제조 및 운반사업의 경영을 중지시켜 줄 것이 신청된 사건에서 "공공의 안녕 또는 질서에 대한 고도의 장해 또는 위험이 존재하는 경우에는 개입하지 않기로 한 경찰의 결정이 어떤 사정하에서는 재량행사에 하자가 있는 것으로 인정될 수 있다. 그 때문에 법적으로 인정되는 재량행사의 자유가 축소되어 단지 하나의 결정만이, 즉 개입하는 것만이 재량의 행사에 하자가 없는 것이라고 인정될 수 있다"고 판시하였던 것이다.[29]

(2) 성립근거

경찰개입청구권의 성립근거를 자유주의적 법치국가로부터 급부활동을 통한 개인의 자유와 보장을 이념으로 하는 사회적 법치국가로의 변화에서 찾고 있는 견해도 있으나,[30] 독일의 경우 경찰개입청구권의 성립근거에 관하여는 그들의 기본법이 규정하고 있는 국가와 국민 간의 관계로부터 도출될 수 있다고 설명하는 것이 일반적이다.[31] 즉, 국민은 단순한 국가적 배려의 객체가 아

27) 경찰책임자에 대한 배려는 그것이 설사 사회국가적 동기에 의한 경우라 하더라도 경찰의 기능영역을 넘어서는 것이므로 경찰책임자에게는 경찰개입청구권이 성립될 수 없다는 점이 강조되기도 한다(Friauf, Polizei- und Ordnungsrecht, in: v. Münch, Besonderes Verwaltungsrecht. 8. Aufl., 1988, S.229) 반대의 입장에 서 있는 판례로는 vgl. OVG Berlin, NJW 1980, 2484 f.

28) Wilke, Der Anspruch auh behördliche Einschreiten im Polizei-, Ordnungs-, Baurecht, in: FS für Scupin, 1983, S.831 ff.

29) BVerwGE 11, 96 ff.(97). 한편 독일의 연방행정법원은 이러한 입장을 1969년의 판결을 통하여서 확인한 바 있으며(BVerwG VR 20, 588 ff.), 그 후의 학설과 판례도 이러한 입장에 따르고 있다(Vgl. Martens. a.a.O., 89 ff.; Schlink, Die polizeiliche Räumung besetzter Häuser, NVwZ 1982, 529 ff.; OLG Lüneburg, DVBl. 1967, 779 ff.; OVG Berlin, NJW 1983, 777 f.; OVG Münster, NVwZ, 1983, 101 ff.).

30) Erichsen, a.a.O., 215.

니라[32] —적어도 자기의 중대한 이익이 문제가 되는 경우에는— 국가에 대한 주관적 권리의 주체이며,[33] 그 한도에서 국민은 자기의 생활이익을 보호하기 위하여 경찰권을 발동해 줄 것을 경찰에게 청구할 권리를 갖는다는 것이다.

(3) 성립요건

경찰개입청구권도 개인적 공권의 일종이므로 그의 일반적 성립요건이 충족될 때 비로소 성립할 수 있는바, 개인적 공권의 성립요건으로는 ① 행정주체에게 일정한 행위의무를 부과하는 '강행법규의 존재', ② 행정법규가 공익의 실현 외에 사익의 보호도 목적으로 하여야 한다는 '사익보호성(私益保護性)'이 들어지고 있다.[34] 이러한 개인적 공권의 성립요건에 관한 일반론을 바탕으로 하여 경찰개입청구권의 성립요건을 조금 상세히 고찰해 보기로 하겠다.

1) 강행법규의 존재 — 개입의무의 발생

국민에게 경찰개입청구권이 인정되기 위하여는 먼저 경찰에게 공공의 안녕 또는 질서에 대한 위험방지를 위하여 그에 개입하여야 할 개입의무가 발생하여야만 하는바,[35] 경찰편의주의가 적용됨에도 불구하고 일정한 경우에는 경찰의 개입의무가 인정될 수 있다는 것에 대해서는 학설이 일치하고 있다. 그

---

31) Möller/Wilhelm, Allgemeines Polizei- und Ordnungsrecht, 2. Aufl., 1990, S.59.

32) Vgl. "개인은 공권력에 복종한다. 그러나 신민(臣民, Untertan)이 아니라 국민(Bürger)이다. 따라서 국민은 일반적으로 국가작용의 단순한 객체가 될 수는 없다"고 판시한 BVerwGE 1, 159 ff.

33) Bachof, Verfassungsrecht, Verwaltungsrecht und Verfahrensrecht Ⅰ, S.283.

34) 개인적 공권의 성립요건에 관한 이론의 창시자라고 할 수 있는 Bühler는 개인적 공권의 성립요건으로 ① 강행법규의 존재, ② 사익보호성 이외에 제3의 요소로서 개인적 이익을 소송을 통하여 관철시킬 수 있는 '法상의 힘'(Rechtsmacht)을 들었었다(Bühler, Die subjektiven Rechte und ihr Schutz in den deutschen Verwaltungsrechtsprechung, 1914, S.21 ff.). 그러나 오늘날 독일에서는 제3의 요소인 법상의 힘을 개인적 공권성립의 요소로 열거하지 않는 경향에 있는바, 이는 독일의 기본법 제19조 제4항이 "누구든지 공권력에 의하여 자기의 권리를 침해당한 자는 법원에 제소할 수 있다"고 규정하고 있는 것을 그 근거로 한다. 한편 우리나라의 경우 역시 헌법이 국민의 재판청구권을 인정하고, 행정소송의 대상에 관하여 개괄주의가 채택되어 있음을 고려할 때, 개인적 공권성립의 제3의 요소로서의 법상의 힘은 독자적 의의를 가질 수 없다고 할 것이다.

35) 이는 법적 의무를 수반하지 않는 권리란 존재할 수 없기 때문이다(Vgl. Maurer, Allgemeines Verwaltungsrecht, 6. Aufl., 1988, S.123).

러나 그와 같은 경찰의 개입의무가 구체적으로 어느 때 발생한다고 볼 수 있는지에 대해서는 설명이 분명하지 않은데, 이하에서는 경찰의 개입의무가 성립하기 위한 전제조건에 대해 알아보기로 하겠다.

(가) 법익에 대한 위험의 존재 　개입의무의 존재 여부를 판단함에 있어서는 '법익의 종류'와 '위험 또는 장해의 정도'가 고려대상이 되는바, 이와 관련하여서는 전통적으로 고도의 장해 또는 위험이 존재하는 경우 또는 특히 중대한 법익(예: 개인의 생명이나 건강과 같은 고차원의 개인적 법익)에 대한 위험이 존재하는 경우에만 경찰의 개입의무를 인정하는 입장[36]과 권리의 침해가 있는 모든 경우에 경찰의 개입의무를 인정하는 입장[37]의 대립이 있었다. 그러나 전자는 경찰의 개입의무를 너무 제한적으로만 인정하려고 한다는 비판[38]을 면하기 어려우며, 후자의 경우에는 권리의 침해가 있는 경우에도 결정재량을 인정하는 법률이 존재할 수 있다는 사실을 간과하고 있는 문제점을 안고 있다.[39] 이처럼 경찰의 개입의무 인정에 관한 종래의 2가지 견해가 모두 나름대로의 문제점을 안고 있다는 것을 고려하여 절충적인 견해가 등장하였는바, "정당한 재량행사에 의할 때 '위험의 정도가 그다지 크지 않은 경우(geringere Gefahrensintensität)'에는 경찰이 개입하지 않을 수 있지만(즉, 경찰의 개입의무가 부정될 수 있지만), 경우에 따라서는 위험 또는 장해가 존재한다는 것만으로도 '평균적인 강도(mittler Gewicht)'가 인정되어 경찰의 개입의무가 인정되고 따라서 경찰이 개입하지 않는 것이 재량행사의 하자가 될 수 있다"는 견해가 그것이다.[40] 독일의 연방행정법원 역시 근자에는 이러한 입장에 따르고 있는 것으로 보이며,[41] 기타 각급 행정법원 또한 같은 이유에서 비둘기의 사육,[42] 과도한

36) 독일의 연방행정법원의 입장인바, 이에 관하여는 vgl. BVerwGE 11, 96 ff.(97); BVerwGE VR 20, 588 ff.(589). 동지판례: VG Berlin, NJW 1981, 1748 ff.(1749).

37) OVG Saarlouis, DVBl. 1969, 595 ff.; Knemeyer, Der Schutz der Allgemeinheit und der individuellen Rechte durch die polizei- und ordnungsrechtlichen Handlungs- vollmachten der Exekutive, VVDStRL 35, 233 ff.(249).

38) Drews/Wacke/Vogel/Martens, a.a.O., 400.

39) Drews/Wacke/Vogel/Martens, a.a.O., 401.

40) Drews/Wacke/Vogel/Martens, a.a.O., 401.

41) Vgl. 반대편 차선에 주차해 있는 자동차와 충돌함이 없이 차고로부터 출차할 수 있는 가능성이 문제된 사건에서 종전과 같은 엄격한 전제조건을 포기하고 단지 교통상의 장해가 존재한다는 것만으로 경찰개입청구권을 인정한 BVerwGE 37, 112 ff.

교통소음,[43] 또는 무숙의 상태[44]에 대한 경찰개입청구권을 인정한 바 있다.

(나) 보충성의 원칙　　경찰의 개입의무가 성립하기 위한 또 하나의 중요한 전제조건은 구체적인 경우에 있어 경찰의 개입이 허용되어야 한다는 것이다.[45] 예컨대 개인적 법익이 타인에 의해 침해되고 있어 그 법익의 보호가 요구되는 경우라고 하여도 관계인이 다른 방법, 특히 민사소송을 통해 적시에 구제받을 수 있는 경우라면 경찰의 개입은 허용되지 않는바, 이를 보충성의 원칙이라고 한다.[46] 한편 경찰의 개입의무가 인정되기 위한 전제조건으로서의 '법익에 대한 위험의 존재'와 '보충성의 원칙'이라는 요건은 중첩적으로 이해되어야 한다고 한다.[47]

(다) 기　타　　경찰의 개입의무를 인정하기 위한 요건으로는 전술한 2가지 요건 이외에 다음과 같은 것들이 강조되기도 한다.

첫째, 경찰은 다수의 직무를 수행하여야 하므로 경찰은 그 중에서 중요한 직무를 우선적으로 수행할 권한이 있다는 점을 고려할 때, 경찰의 개입의무는 다른 직무가 긴급하지 않을 때에만 존재할 수 있다. 따라서 교통사고를 처리할 경찰의 의무를 행정규칙으로 물적 손해가 일정액을 넘어서는 사건에 국한시키는 것의 타당성이 인정될 수 있다.[48]

둘째, 또한 위험 또는 장해의 강도와 그의 방지를 위해 필요한 지출과의 비교형량이 요구된다. 만일 형량의 결과 특정한 위험 또는 장해를 그보다 피해가 작은 수단으로 제거할 수 있는 경우에는 경찰의 개입의무가 발생하지만, 위험 또는 장해가 단지 매우 중대한 피해를 주는 방법에 의해서만 제거될 수 있을 때에는 경찰의 개입의무가 성립되지 않는다.[49] 이처럼 경찰의 개입의무가 존재하는지 여부를 판단함에 있어서는 언제나 어떠한 법익이 대립하고 있

42) Vgl. OVG Berlin, NJW 1983, 777 f.(778).
43) Vgl. OVG Münster, NJW 1983, 101 f.(102).
44) Vgl. OVG Berlin, DVBl. 1980, 1050 f.; VGH Kassel, NJW 1984, 2305.
45) 물론 이 경우에는 경찰상의 개괄적 수권조항을 적용하기에 앞서 언제나 경찰관련 특별법의 해당규정이 고려되어야 할 것이다(Vgl. OVG Lüneburg, DVBl. 1967, 779).
46) Drews/Wacke/Vogel/Martens, a.a.O., 401; OVG Münster. DVBl. 1967, 546 ff.(547); VG Freiburg, NJW 1979, 2060 f.
47) Ossenbühl, a.a.O., 468.
48) Drews/Wacke/Vogel/Martens, a.a.O., 402.
49) Drews/Wacke/Vogel/Martens, a.a.O., 402.

는지가 중요하다. 따라서 도식적인 재량권의 영으로의 수축이론에 따른 경찰의 개입의무를 인정하여서는 아니 된다고 할 것이다.[50] 따라서 가옥의 불법점유가 문제가 된 사건에서 "행정청은 문제의 확대를 피하고 비권력적인 해결의 기회를 이용할 가능성을 갖는다"고 하여 경찰의 즉각적인 개입의무가 언제나 존재하지는 않는다는 것을 인정한 베를린 행정법원의 판시는 적확한 것으로 이해된다.[51]

셋째, 경찰의 개입의무는 법률규정 등에 의하여 명시적으로도 발생할 수 있음을 유의하여야 한다. 예컨대 도로교통법 제11조 제5항은 "경찰공무원은 교통이 빈번한 도로에서 놀고 있는 어린이, 보호자 없이 도로를 보행하는 영유아, 앞을 보지 못하는 사람으로서 흰색지팡이를 가지지 아니하거나 장애인보조견을 동반하지 아니하는 등 필요한 조치를 하지 아니하고 다니는 사람, 횡단보도나 교통이 빈번한 도로에서 보행에 어려움을 겪고 있는 노인을 발견한 경우에는 그들의 안전을 위하여 적절한 조치를 하여야 한다"고 규정하고 있는데, 이러한 경우에는 경찰이 개입할지 여부는 더 이상 경찰의 의무적합적 재량에 속하지 않는다. 즉, 경찰에게 당연히 개입의무가 발생한다.

2) 사익보호성

한편 구체적인 경우에 재량권이 영으로 수축되어 경찰에게 객관적으로 개입의무가 인정된다는 것으로부터 국민이 법원에 의하여 집행될 수 있는 경찰개입청구권이라는 주관적 공권을 갖는다는 결론이 필연적으로 도출되는 것은 아니다.[52] 오히려 경찰개입청구권은 적용될 법규범이 단지 공익을 보호할 뿐만 아니라 (적어도 동시에) 관계인의 개인적 법익,[53] 즉 사익(私益)을 보호하는 경우에 인정된다.[54] 기차역의 가판대에서 포르노 사진의 판매가 문제되었던

---

50) Götz, a.a.O., S.131. 한편 이러한 문제가 갖는 헌법적 차원에 관하여는 vgl. BVerfGE 46, 160 ff.

51) VG Berlin, NJW 1981, 1748 ff.(1749). 동 판결에 대한 비판으로는 vgl. Degenhart, öffentlichen Fragen der Hausbesetzungen, JuS 1982, 330 ff.(334).

52) Drews/Wacke/Vogel/Martens, a.a.O., 402; Möller/Wilhelm, a.a.O., S.59.

53) 물론 여기서 개인적 법익은 단순한 반사적 이익이 문제되는 것이 아니라 적어도 개인의 권리와 관련 있는 보호이익이 문제된다.

54) Drews/Wacke/Vogel/Martens, a.a.O., 402; OVG Münster, NVwZ 1983, 101 f.

사건에서 "개인은 원칙적으로 공공의 질서에 대한 위험 또는 장해가 동시에 그 자체로서 '보호가 필요한 개인적 법익'과 관련 있는 경우에만 긴급피난에 근거하여 그에 대응할 수 있다"고 판시한 사례[55]는 이러한 사정을 잘 반영하고 있다고 할 수 있다.

한편 적용될 법규범이 '어느 때' 개인적 이익을 보호하기에 적합하다고 할 수 있는지는 그때그때의 해석에 따라 밝혀져야 할 것인바, 그 기준으로는 다음과 같은 것이 제시되고 있다. 즉, 적용될 법규범이 개인적 법익(생명, 건강, 자유 등)의 보호를 목적으로 하는 경우에는 그에 대한 위험이 존재하고 경찰의 개입의무가 인정된다면 언제나 경찰개입청구권의 존재가 긍정되어야 할 것이지만,[56] 이에 반하여 적용될 법규범이 공공의 안녕 또는 질서의 유지라는 공익을 보호이익으로 하는 경우에는 그것이 개인적 법익의 보호에도 기여하는지 여부가 심사되어야 한다.[57] 한편 이와 관련하여서는 종래 오로지 공익만을 보호한다고 해석되어지던 법규범을 개인적 법익의 보호도 목적으로 한다고 해석하려는 노력이 행해지고 있음을 유의하여야 하는바, "건축법과 도시계획법이 주거지역 내에서 일정한 건축을 금지 또는 제한하고 있는 것은 동법이 추구하는 공공복리의 증진을 도모하고자 하는 데 그 목적이 있는 것과 동시에 한편으로는 주거지역 내에 거주하는 사람의 주거의 안녕과 생활환경을 보호하고자 하는 데에도 그 목적이 있는 것으로 해석된다"고 판시한 대법원판결[58]은 이러한 경향을 잘 나타내 준다고 하겠다.

3) 선택재량의 문제

위와 같은 전제조건이 충족된 경우라도 공공의 안녕 또는 질서에 대한 위험방지나 장해제거가 여러 가지 방법에 의해서 가능하다면 경찰은 특정한 조치를 취할 의무를 갖지는 않는다. 따라서 그 한도에서는 경찰에게 여전히 선

55) Vgl. BGH DVBl. 1975, 579 ff.(580).
56) Drews/Wacke/Vogel/Martens, a.a.O., 403.
57) Möller/Wilhelm, a.a.O., S.60.
58) 대판 1975. 5. 13, 73누96: 같은 취지의 판결로는 vgl. "자동차우수사업면허의 기준으로 당해 사업계획이 노선 또는 사업구역의 수송수요와 수송력공급에 적합할 것을 규정하고 있는 자동차운수사업법 제6조 제1호가 업자간의 경쟁으로 인한 경영의 합리화를 보호하는 것도 그의 목적으로 하고 있다"고 판시한 대판 1974. 4. 9, 73누173.

택재량이 인정된다.[59] 이처럼 경찰에게 선택재량이 인정되는 경우에는 경찰개입청구권은 무하자재량행사청구권의 형태로만 존재하게 되는 것이 원칙이다.[60] 이에 반하여 공공의 안녕 또는 질서에 대한 위험방지를 위해 오직 하나의 조치만이 고려될 수 있다면 선택재량도 인정되지 않으며, 이 경우에는 경찰에게 일정한 방식으로 개입해 줄 것을 청구할 권리로서의 경찰개입청구권이 인정될 수 있다.[61]

(4) 경찰개입청구권의 실행방법

개인에게 경찰개입청구권이 인정되는 경우에는 개인은 그에 의거하여 경찰에게 개입하여 줄 것을 직접 청구할 수 있으며, 그러한 청구가 받아들여지지 않은 경우에는 의무이행심판 및 부작위위법확인소송을 통하여 권리를 추구할 수 있다. (서정범)*

59) Drews/Wacke/Vogel/Martens, a.a.O., 403; Reichert/Röber, a.a.O., S.129; OVG Berlin, JuS 1983, 561.

60) BVerwGE 11, 95 ff.(96).

61) Drews/Wacke/Vogel/Martens, a.a.O., 403.

* 이 글은 서정범, "경찰의 불개입에 대한 구제수단," 안암법학 제2집의 게재내용을 일부 수정한 것임.

제 5 편

제 2 장 경찰비례의 원칙

Ⅰ. 들어가며

경찰은 공공의 안녕 또는 질서의 유지를 그의 직무로 하는바, 그러한 직무를 수행함에 있어 개인에게 명령·강제를 행하는 방식으로 개인의 권리를 침해하는 것이 필요한 경우가 있다. 다른 한편 개인의 권리 또한 법질서에 의하여 보장되고, 심지어 헌법상의 기본권으로서 보장된다. 따라서 공공의 안녕 또는 질서의 유지라는 경찰의 직무와 개인의 권리보장이라는 문제를 어떻게 조화롭게 달성할 것인가의 문제가 대두되는바, 이 문제의 해결을 위하여서는 결국 경찰에게 개인의 권리를 침해할 권한은 인정하는 한편, 그 경우에도 경찰은 그의 직무수행을 위하여 절대적으로 필요한 것 이외에는 행하지 않을 의무를 부담한다는 것 또한 인정하여야 할 것이다. 이것이 경찰법의 영역에서 비례의 원칙이 발달하게 된 연유이다.[1)] 즉, 오늘날 비례의 원칙은 행정법의 일반원칙으로서 행정의 모든 영역에서 적용될 수 있는 것으로 설명되고 있지만[2)] 동 원칙은 원래 경찰법의 영역에서 발전되기 시작한 것이며, 경찰작용(특히 재량권행사)에 대한 중요한 한계원리로 기능하고 있다.[3)] 비례의 원칙의 기

---

1) 이러한 사정에 관하여는 vgl. Drews/Wacke/Vogel/Martens, Gefahrenabwehr, 9. Aufl., 1986, S.389. 한편 이러한 의미의 비례의 원칙이 경찰작용에 통용된다는 것은 이미 W. Jellinek에 의해 주장된 바 있다[Jellinek, Verwaltungsrecht, 3. Aufl., 1931(Neudruck, 1966), S.432 ff.].

2) 김남진/김연태, 『행정법 I』, 법문사, 2008, 40쪽 이하 등 참조.

3) 한편 비례의 원칙은 경찰의 선택재량뿐만 아니라 결정재량도 제한하는 기능을 갖는 것으

초가 되는 이념은 매우 오래전부터 발달하여 왔지만,[4] 비례의 원칙의 중심개념인 '비례한다'(verhältnismäßig)라는 개념이 처음으로 명시적으로 사용된 예는 1802년 von Berg의 독일경찰법 교과서에서 찾아볼 수 있다.[5] 한편 비례의 원칙은 오늘날 경우에 따라서 광의로도, 또는 협의로도 사용되고 있는바,[6] 이하에서는 비례의 원칙을 광의의 그것을 뜻하는 것으로 사용하기로 하겠다.

II. 비례의 원칙의 의의

1. 의 의

전통적 견해에 따를 때 비례의 원칙(Grundsatz der Verhältnismäßigkeit)이란 경찰행정청이 실현하고자 하는 경찰의 목적과 그 목적달성을 위한 수단 사이에는 합리적인 비례관계가 유지되어야 한다는 것을 말하는바,[7] 이를 과잉금지의 원칙(Grundsatz der Übermaßverbot)이라고도 한다. 다만 목적을 그때 그때의 행위의 근거가 되는 동기로 이해하고, 수단을 그 동기의 실현을 위하여 선택된 도구라고 이해할 때,[8] 비례의 원칙을 이처럼 목적과 수단의 관계로 파악하는 것은 문제가 있다는 지적이 행해지고 있다. 즉, 인간의 생(生)의 종국적인 목적

로 이해되고 있다(Drews/Wacke/Vogel/Martens, a.a.O., S.389 usw.).

4) 비례의 원칙의 이념의 기원을 심지어는 1215년의 영국의 Magna Charta에서 찾는 견해도 보인다(Vgl. Jakobs, Der Grundsatz der Verhältnismäßigkeit, DVBl. 1985, 97 ff.).

5) von Berg, Handbuch des Teutschen Policeyrechts, 2. Aufl., 1802, S.89 ff. Jakobs, a.a.O., 97에서 재인용. 오늘날에는 다음과 같은 것들이 '비례한다'(verhältnismäßig)와 동의어로 사용되고 있다: 예컨대 과도하지 않다, 상당하다, 합리적이다, 기대가능성이 있다, 필요하다, 불가결하다, 대체가능하다, 비례적이다 등이 그것이다. 이와 같은 사정에 관하여 자세한 것은 vgl. E. Grabitz, Der Grundsatz der Verhältnismäßigkeit in der Rechtsprechung des Bundesverfassungsgerichts, AöR 98, 568 ff.(570).

6) 광의의 비례의 원칙 또는 협의의 비례의 원칙이란 표현은 BVerfGE 27, 211 ff.(219); 27, 344 ff.(352); 28, 264 ff.(280) 등에서 사용되기 시작하였다.

7) Wittig, Zum Standort des Verhältnismäßigkeitsgrundsatzes im System des Grundgesetzes, DÖV 1968, 817 ff.; Gentz, Zur Verhältnismäßigkeit von Grundrechts- eingriffen, NJW 1968, 1600 ff.(1604); Hirschberg, Der Grundsatz der Verhältnismäßigkeit, 1981.

8) Meyers, Enzyklopädisches Lexikon, Bd. 25, 9. Aufl., 1978, 817.

을 제외한다면 모든 목적은 동시에 다른 목적을 달성하기 위한 수단이 되므로 인간의 모든 행위는 그 자체가 목적이 될 뿐만 아니라 다른, 보다 고차원의 목적을 달성하기 위한 수단이 된다는 것[9]을 고려할 때 목적-수단 공식이 사용되는 한 비례의 원칙을 분명하게 규정하는 것은 곤란하다는 것이다.[10] 그리하여 종래의 비례의 원칙의 개념에 대한 비판론을 취하는 입장에서는 비례의 원칙은 '문제가 되는 특정한 행위에 의하여 침해되는 모든 법익과 그에 의하여 증진되는 모든 법익과의 비교'라고 이해하여야 한다는 점을 강조하고 있다.[11]

2. 구분되어야 할 개념

비례의 원칙의 개념적 틀은 그와 유사한 의미를 가진 다른 원칙과의 구분을 통해 분명해질 수 있는바, 비례의 원칙과 구분하여야 할 것 중 주목할 만한 것은 다음과 같다.

(1) 보충성의 원칙(Subsidiaritätsprinzip)

경찰법에 있어서 보충성의 원칙이라고 하면 주로 사법(私法)상의 권리와 이익의 보호는 원칙적으로 법원과 그의 집행기관에 맡겨져 있으므로 경찰은 권리자의 신청에 의하여서만, 그리고 법원에 의한 보호가 적시에 행하여질 수 없고 경찰의 개입이 없이는 그 권리의 실현이 불가능하거나 현저하게 곤란한 경우에만 사법상의 권리와 이익을 보호할 권한이 있다는 것을 의미한다.[12] 따라서 비례의 원칙이 권한행사에 관한 규율, 즉 어떻게 활동할 것인가를 내용으로 하는 것에 반하여, 보충성의 원칙은 권한분배에 관한 규율, 즉 누가 직무를 수행할 수 있는가를 내용으로 하는바, 이러한 점에서 양자는 구분되어야 한다.[13]

---

9) Wolff/Bachof, Verwaltungsrecht Ⅰ, 9. Aufl., 1974, S.8.

10) Vgl. P. Lerche, Übermaß und Verfassungsrecht, 1961, S.23.

11) Jakobs, a.a.O., 98.

12) Drews/Wacke/Vogel/Martens, S.238; OVG Münster, DÖV 1968, 697. 한편 보충성의 원칙은 원래 공공단체 상호간의 관계와 관련하여 "작은 공공단체가 잘 수행할 수 있는 직무는 큰 공공단체가 행할 수 없다"는 내용으로 발전되기 시작하였다고 한다(Isensee, Subsidiaritätsprinzip und Verfassungsrecht, 1968, S.28).

(2) **이익형량**(Güterabwägung)

이익형량은 법질서 전체 내에서 이익 또는 가치의 충돌이 있는 경우 그들 간의 우위를 결정하는 데 기여한다는 점에서 이익형량도 비례의 원칙과 마찬가지로 '충돌을 해결하기 위한 도구(Konfliktlösungsmechanismus)'로서 기능한다고 볼 수 있으며, 비례의 원칙은 결국 이익형량이 적용된 예이다.[14] 따라서 이러한 점을 강조하게 되면 양자는 상당히 유사한 내용을 갖고 있는 것으로 볼 수 있는바, 단지 이익형량이 일정한 형량의 척도에 고정되지 않는 반면, 비례의 원칙은 헌법상의 가치질서라는 척도에 언제나 따르게 된다는 점에서 양자를 구분할 수 있을 것이다.[15]

(3) **수인가능성의 원칙**(Zumutbarkeitsgrundsatz)

수인가능성의 원칙은 구체적인 개별적 상황에 근거하여 개인의 희생의 한계를 확정하는 기능을 갖는바,[16] 이러한 점에서 수인가능성의 원칙은 비례의 원칙과 유사한 면이 있다. 이런 까닭에 독일의 경우 "침해로 인하여 국민에게 부과된 부담이 수인가능한 한계 내의 것일 때에만 비례의 원칙은 보장된다"라는 Erichsen의 설명[17]에서 보듯이 수인가능성의 원칙을 비례의 원칙과 동일시하거나 적어도 양자가 관련이 있다는 것을 인정하여 왔다.[18] 또한 판례 역시 반복하여 양자의 관련도를 인정하였는바, 대표적 예로는 "조세채무자에게 가하여진 수인가능성 없는 부담은 비례의 원칙을 침해한 것이다"라고 판시한 연방최고법원의 판결[19]이나 "병역법 제3조 제1항 제2문에 의한 장비 · 의복의 보관

13) Zück, Subsidiaritätsprinzip und Grundgesetz, 1968, S.112; Isensee, a.a.O., S.149 f.

14) Vgl. H. Schneider, Die Güterabwägung des Bundesverfassungsgerichts bei Grundrechtskonflikten, 1977, S.156 f.; B. Schlink, Abwägung im Verfassungsrecht, 1976, S.15, 38. Michael Ch. Jakobs(Fn.3), a.a.O., 100에서 재인용.

15) Hesse, Grundzüge des Verfassungsrechts der Bundesrepublik Deutschland, 15. Aufl., 1985, S.97.

16) Lücke, Die (Un-)Zumutbarkeit als allgemeine Grenze öffentlichrechtlicher Pflichten des Bürgers, 1973, S.58; Jakobs, a.a.O., 99.

17) Erichsen, Baudispens und Übermaßverbot, DVBl. 1967, 269 ff.(270).

18) 이러한 사정에 관하여 자세한 것은 vgl. Grabitz, Vertrauensschutz als Freiheitsschutz, DVBl. 1973, 675 ff.(683); Isensee, a.a.O., S.91.

19) BGH, JZ 1974, 291 ff.(292). 이 사건에서는 500 DM의 저당권소득에 대한 세금을 납부하지 않았다고 하여 시가 60,000 DM나 되는 원고의 토지를 세무관서가 압류한 것이 문제가

의무는 비례의 원칙에서 파생된 수인가능성의 원칙을 준수한 것이다"라고 판시한 독일 연방행정법원의 판결[20]을 들 수 있다. 독일 연방헌법재판소 역시 비례의 원칙과 수인가능성의 원칙과의 연결을 분명히 한 바 있다.[21]

그러나 이러한 설명에도 불구하고 양자를 완전히 동일시하는 것은 타당하지 않다고 생각한다. 왜냐하면 비례의 원칙을 준수하는 것이 언제나 수인가능성의 원칙을 충족시키는 결과를 가져오지는 않기 때문이다. 즉, 보다 고차원의 법익의 증진을 가져오는 침해는 비록 그것이 중대하다고 하더라도 비례의 원칙에는 합치하지만, 더 이상 수인가능한 것은 아니기 때문이다.[22] 환언하면 비례의 원칙이 '목적과 관련 있는 것(zweckbezogen)'으로서 물적·기능적인 원칙인 것에 비하여 수인가능성의 원칙은 '주체와 관련 있는 것(subjektbezogen)'으로 개인적 가치척도이므로, 양자는 서로 구분하여야만 하며,[23] 따라서 수인가능성의 원칙을 비례의 원칙으로부터 파생된 것으로 이해하는 것은 곤란하다고 생각한다.[24]

Ⅲ. 비례의 원칙의 지위 등

1. 비례의 원칙의 지위

비례의 원칙은 법치국가의 원리와 기본권 자체의 본질로부터 파생된 것으로 법치국가의 원리를 채택하고 있는 나라에서는 헌법차원의 법원칙으로서의 성질과 효력을 갖는다.[25] 따라서 비록 우리의 헌법에 독일의 기본법[26]같이 법

되었었다.

20) BVerwGE 38, 68 ff.(69).

21) Vgl. 포도재배의 제한이 문제가 되었던 BVerfGE 21, 150 ff.(156); 세무사의 영업중지를 강제한 것이 다투어졌던 BVerfGE 21, 173 ff.(183).

22) Jakobs, a.a.O., 100.

23) Lücke, Die Grundsatz der Verhältnismäßigkeit und der Zumutbarkeit, DÖV 1974, 769 ff.(770 f.).

24) 동지: Lücke, a.a.O., 771; BVerwGE 38, 68 ff.(69 ff.).

25) Bullinger, Das Ermessen der öffentlichen Verwaltung, JZ 1984, 1001 ff.; Mayer/Kopp, Allgemeines Verwaltungsrecht, 5. Aufl., 1985, S.297; Drews/Wacke/Vogel/Martens, a.a.O.,

치국가의 원리를 명시한 규정은 없다고 할지라도, 동 원칙이 우리 헌법의 기본원리를 이룬다는 것은 명백하므로 우리나라에서도 헌법적 차원의 법원칙으로의 비례의 원칙의 존재는 승인될 필요가 있다고 할 것이다.[27]

2. 비례의 원칙의 적용영역

비례의 원칙은 주로 경찰법에서 발전하였지만 오늘날에는 행정의 전체 활동영역, 나아가서 입법활동 자체에도 적용된다고 이해되고 있다.[28] 그러나 경찰작용이 본래 국민의 자연법적 의무를 전제로 하고 또한 임기응변의 조치를 포함하는 성질을 갖고 있기 때문에 경찰권이 발동될 경우 및 정도에 관하여 법률의 규정이 명확하지 않은 경우가 많은 점을 고려할 때 비례의 원칙의 적용은 여전히 경찰작용과 관련하여 특히 중요한 의미를 갖는다.[29]

한편 (경찰)비례의 원칙은 개괄적 수권조항에 근거하여 경찰권을 발동하는 경우는 물론 개별적 수권조항에 근거하여 경찰권을 발동하는 경우에도 적용된다. 이 점에서 개괄적 수권조항의 존재를 전제로 한 법원칙인 경찰공공의 원칙이나 경찰책임의 원칙과 구별된다. 또한 비례의 원칙은 개괄적 수권조항의 범위 내에서 선택재량을 행사하는 경우에 있어서뿐만 아니라, 법률의 합헌적 해석이란 의미에서 법개념의 해석에 있어서도 중요한 의미를 갖는다.[30] 또한 비례의 원칙에 위반한 조치는 재량의 외부적 구속에 반하는 것으로 법원에 의해 취소될 수 있으며, 나아가서 조치를 취하는 경찰공무원이 그의 조치가 비례의 원칙에 반한다는 것을 인식할 수 있었다면, 경찰공무원의 직무상 불법행

S.390; 한편 비례의 원칙이 헌법차원의 법원칙이라는 것에 대해서는 의문이 제기된 적도 있으나(Vgl. Peters, Die Verfassungsmäßigkeit der Beförderung von Massengütern im Fernverkehr auf der Straße, 1954, S.12 ff.; ders., Geschichtliche Entwicklung und Grundfragen der Verfassung, 1969, S.248) 받아들일 수 없다.

26) 독일 기본법 제20조 제1항은 "독일연방공화국은 민주적, 사회적 법치국가이다"라고 규정하고 있다.

27) 김남진/김연태, 앞의 책, 79쪽.

28) Vgl. BVerfGE 15, 226 ff.(234); 17, 232 ff.(234); BVerwGE 5, 50 ff.(59); 9, 114 ff.; 26. 305 ff.(309).

29) Vgl. 田上 穰治, 『警察法』, 有斐閣, 平成 元年, 74쪽.

30) Drews/Wacke/Vogel/Martens, a.a.O., S.390.

위로 인한 국가배상청구권이 성립할 수도 있다.[31)]

3. 법적 근거

우리나라의 경우 (경찰)비례의 원칙을 후술하는 비례의 원칙의 내용을 모두 포함하여 명문으로 인정하고 있는 법률은 존재하지 않는다.[32)] 다만 "이 법에 규정된 경찰관의 직권은 그 직무수행에 필요한 최소한도에서 행사되어야 하며 남용되어서는 아니 된다"라고 규정하고 있는 경찰관직무집행법 제1조 제2항은 (경찰)비례의 원칙을 표현하고 있는 것으로 볼 수 있다. 또한 "국민의 모든 권리와 자유는 … 필요한 경우에 한하여 법률로써 제한할 수 있으며…"라고 규정하고 있는 헌법 제37조 제2항 역시 비례의 원칙의 근거조항으로 볼 수 있을 것이다.

Ⅳ. 비례의 원칙의 내용

비례의 원칙은 공공의 안녕 질서에 대한 위험의 방지를 목적으로 하는 경찰조치에 대한 가장 중요한 법적 한계를 이루는바,[33)] 그것은 경찰에 의한 모든 조치에 적용되는 다음과 같은 3가지의 요소, 즉 적합성의 원칙(Grundsatz der Geeignetheit), 필요성의 원칙(Grundsatz der Erforderlichkeit, 최소침해의 원칙) 및 협의의 비례의 원칙(Grundsatz der Verhältnismäßigkeit i.e.S., 상당성의 원칙)으로 이루어져 있다. 이하에서는 비례의 원칙의 요소를 이루고 있는 이들 원칙에 대하여 설명하기로 한다.[34)]

---

31) Vgl. OVG Lüneburg, DVBl. 1957, 275; OLG Celle, DVBl. 1958, 549.

32) 이에 반해 독일의 경우에는 동 원칙이 각 Land의 경찰법에 명문으로 규정되어 있는바, 이에 관하여 자세한 것은 vgl. Drews/Wacke/Vogel/Martens, a.a.O., S.154 f.

33) 우리나라의 경우 종래 경찰비례의 원칙을 경찰권발동의 조건과 경찰권발동의 정도에 관한 원칙으로 설명하여 왔으나, 경찰비례의 원칙을 경찰권발동의 조건과 관련지어 설명하는 것은 경찰비례의 원칙의 본래의 의미와 일치하지 않는다고 생각된다.

34) 비례의 원칙의 내용에 관하여 경찰행정법적 시각에서 상세히 설명하고 있는 것으로는 Vgl. 김대환, "독일경찰행정법상 비례성의 원칙의 내용과 전개," 공법학연구 제5집, 547쪽 이하.

1. 적합성의 원칙

(1) 의 의

적합성의 원칙이란 경찰이 사용하는 수단은 공공의 안녕 또는 질서에 대한 위험을 방지하기에 적합하여야만 한다는 것을 말하는바, 이 경우 경찰이 사용하는 수단이 공공의 안녕 또는 질서에 대한 위험을 완전히 제거할 가능성이 있을 것까지 요구되지는 않으며, 위험을 감소시킬 수 있는 것으로 충분하다.[35] 또한 경찰이 취하는 조치 하나만으로 목적을 달성할 수 있는 것이 아니고 다른 조치와 합쳐져서만 목적을 달성할 수 있는 경우에도 동 원칙은 충족되는 것으로 보아야 한다. 한편 만일 어떤 조치의 적합성 여부가 불확실한 경우에는 이미 알려져 있는 수단이나 이론에 비추어 그의 적합성 여부를 심사하여야만 하며, 그러한 심사가 행하여졌다면 적합성의 요건은 충족된 것으로 보아야 할 것이다. 이미 취해진 경찰의 조치가 부적합함이 판명된 경우에는 경찰은 동 조치를 취소하여야만 하며, 이미 취해진 조치의 원상회복에 노력하여야 한다. 그리고 완전한 원상회복이 이루어질 수 없는 경우에는 최소한 이미 취해진 조치로 발생한 결과를 완화시키도록 힘써야 한다.[36]

한편 경찰의 어떤 조치가 이러한 적합성의 원칙을 준수하였는지의 여부는 구체적인 경우에 있어서의 사실상태에 따라서 결정되는바, 적합성의 원칙에 위반되어 허용될 수 없는 조치로는 다음과 같은 것을 들 수 있다.

1) 경찰의 직무수행에 적합하지 않거나 무용(無用)한 조치

예컨대 나룻배의 사공에게 단지 한 사람씩만 태우고 다니라는 부담을 내용으로 하는 경찰의 조치는 적합하지 못하다. 왜냐하면, 나룻배의 운행으로부터 발생하는 위험은 단지 한 사람씩만 그를 이용하게 함으로써는 제거될 수 없고, 운행을 금지시킴으로써만 제거할 수 있기 때문이다.[37] 또한 금지처분이 그것에 따를 필요가 없는 자에게 발하여졌다면, 그러한 조치도 적합하다고 볼 수 없다.[38]

---

35) Knemeyer, Schutz der Allgemeinheit und der individuellen Rechte durch die polizei- und ordnungsrechtlichen Handlungsvollmachten der Exekutive, in: VVDStRL 35(1977), 221 ff.(243).

36) Mayer/Kopp, a.a.O., S.297; BVerfGE 50, 334 f.; 65, 55 ff.

37) 이러한 예에 관하여는 vgl. Möller/Wilhelm, a.a.O., S.62.

이에 반하여 전기공급에 의한 난방을 행하는 다세대주택의 건축신청에 대하여 각 세대에 비상굴뚝을 설치하라는 부담부 건축허가는 적합하다고 할 수 있다.[39]

2) 사실적으로 또는 법적으로 불가능한 조치

첫째, 이미 멸절(滅絶)된 물건의 인도를 요구하는 것과 같이 사실적으로 불가능한 조치는 적합한 조치로 볼 수 없다.

둘째, 경찰이 수범자(受範者)에게 위법한 행위를 할 것을 요구할 수는 없는바, 그 한도에서는 법적으로 허용되지 않는 것, 즉 법적으로 불가능한 것도 사실적으로 불가능한 것과 동일하게 다루어져야 한다. 따라서 경찰처분이 그 의 수범자가 부과된 의무를 수행하는 과정에서 타인의 권리를 침해하게 되는 것을 내용으로 하거나 또는 수범자가 사법적(私法的)으로 그를 이행할 수 없는 명령을 내용으로 하는 것[40]이라면 그 조치는 부적합하다고 할 것이다. 이 경우 경제적 무자력(無資力)은 법적으로 불가능한 것이 아니다.[41]

(2) 협의의 비례의 원칙과의 구분

적합성의 원칙은 단지 특정한 작용의 착수를 금지시킬 수 있을 뿐이라는 점에서, 특정한 목표의 수행을 금지시킬 수 있는 협의의 비례의 원칙과는 그 성질을 달리 한다.[42]

---

38) Vgl. BVerwGE 42, 161 ff.(165).

39) Vgl. OVG Lüneburg, BRS 25, Nr. 112. 문제가 된 사건에서 Lüneburg 상급행정법원은 주택의 난방이 불가능하게 되는 것이 인간의 건강에 대한 중대한 위험이라는 것을 전제로, 비상굴뚝의 설치명령이 그 같은 위험방지에 적합하다고 판시하였다. 물론 동 법원은 이 같은 판단에 있어 단기간의 전력공급의 중단을 고려한 것이 아니라, 특히 석유수입의 장해로 인한 장기간 계속될 전력의 부족을 고려한 것이었다. 이 판결이 행해진 것은 1972년인데, 다음 해인 1973년에 중동전으로 인하여 세계 도처에서 석유수급에 위기가 발생한 것을 볼 때 시사하는 바 크다고 생각된다(이것에 관하여 자세한 것은 vgl. Götz, a.a.O., S.121).

40) 예컨대 임차인에게 발하여진 건물의 철거처분은 임차인이 건물에 대한 처분권을 갖지 못하고 있음을 고려할 때 부적합한 조치로 보아야 한다. 환언하면 건물의 철거처분은 건축주 또는 소유자에게 발하여져야 적합한 것이라고 볼 수 있게 된다(Vgl. OVG Lüneburg, AgrarR 1977, 241). 이에 반하여 건축물의 명도처분은 건축물의 소유자에게 발하여져는 안 되며, 임차인에게 발해져야 적합한 것이 될 것이다.

41) Götz, a.a.O., S.122; Reichert/Röber, a.a.O., S.123. 이에 반하여 독일의 경우 경제적 무자력의 경우도 불가능의 사유라고 판시한 바 있는데, 대표적 사례로는 vgl. VG Freiburg, DVBl. 1967, 787.

2. 필요성의 원칙

(1) 의 의

필요성의 원칙이란 경찰의 조치는 설정된 목적을 위해 필요한 것 이상으로 행해져서는 안 된다는 것, 즉 공공의 안녕 또는 질서의 유지라는 경찰목적을 달성할 수 있고 또한 그 목적달성에 적합한 다수의 조치가 있는 경우에는 경찰은 그 중에서 공중과 경찰권 발동의 대상이 되는 자에게 가장 적은 피해를 줄 것이라고 예견되는 조치를 선택하여야만 한다는 것을 말한다. 이런 의미에서 필요성의 원칙을 최소침해의 원칙(Grundsatz des geringsten Eingriffs)이라고도 한다. 이 경우 최소침해의 원칙을 충족시켰는지의 여부는 조치의 방법, 기간의 계속(Dauer)[43] 및 대상의 관점에서 파악되어야 한다.[44] 따라서 붕괴의 위험이 있는 건물에 대하여 개수명령으로써도 목적을 달성할 있음에도 불구하고 철거명령을 발하거나 또는 소방도로의 입구에 위법하게 주차되어 있는 자동차를 그로부터 20여 미터 떨어진 주차장에 주차시킬 수 있음에도 불구하고 경찰이 그를 차량보관소로 견인해 가는 것 등은 필요성의 원칙에 반하는 것이다.[45] 또한 공공시설의 사용료를 부과함에 있어서 사용자의 수익을 상회하는 정도의 사용료를 부과하는 것도 필요성의 원칙에 반하는 것이라고 할 수 있다.[46] 이에 반하여 샐모넬렌균에 감염되었다는 혐의를 받고 있는 아르헨티나산 수입 토끼를 절멸시키는 대신에 그 토끼를 다시 수출하거나, 열가공절차를 거쳐 통조림을 만들도록 하는 것은 필요성의 원칙을 충족시킨다.[47]

한편 경찰이 취하는 조치의 필요성은 위험방지의 시점, 즉 조치가 행해지

---

42) Pohl, Ist der Gesetzgeber bei Eingriffen in die Grundrechte an den Grundsatz der Verhältnismäßigkeit gebunden?, 1959, S.23 f.

43) 따라서 목적달성을 위하여 필요한 기간보다 더 장기간의 조치가 행하여졌다면 그 조치는 필요성의 원칙에 반하는 것으로 보아야 할 것이다(Vgl. Möller/Wilhelm, a.a.O., S.63; Schenke, a.a.O., S.248).

44) Reichert/Röber, a.a.O., S.126.

45) 이들 예에 관하여는 vgl. Götz, a.a.O., S.123; Möller/Wilhelm, a.a.O., S.63.

46) Vgl. BVerfGE 20, 257 ff.; BVerwGE 26, 308 ff. 이와 같이 공공시설의 사용료는 사용자의 수익에 비례하여야 한다는 것을 특히 '공조법(公租法)에 있어서의 상당성의 원칙'(Grundsatz der Adäquanz im Gebührenrecht)라고 한다(Mayer/Kopp, a.a.O., S.298).

47) Vgl. BVerwGE 39, 190 ff.

는 시점의 사실상태와 인식상태에 따라서 결정되어야 하며,[48] 경찰이 취한 조치가 이 같은 필요성의 원칙을 준수하였는지의 여부는 경찰의 재량의 문제가 아니라 법적 문제이다. 따라서 어떤 조치가 필요한지에 대한 경찰의 결정은 법원의 무제한적인 심사의 대상이 된다.[49] 따라서 경찰이 실제로 개인이나 공중에게 가장 적은 피해를 가하는 최소침해의 수단을 선택하지 않은 경우에는 관계인은 그에 대해 취소쟁송을 제기하거나, 취소쟁송을 제기하는 대신 보다 침해가 적은 수단을 사용해 줄 것을 신청할 수 있다.[50]

(2) 대체수단의 제공의 법리

최소침해의 원칙에서 파생되는 당연한 법원리로서 경찰책임자 등에 의한 '대체수단의 제공(Angebot des Austauschmittels)'을 인정하고 있는데, 이는 경찰책임자는 경찰에 의하여 자신에게 부과된 위험방지를 위한 수단 대신에 다른 수단을 사용하여 줄 것을 청구할 수 있다는 것을 내용으로 한다. 물론 이러한 대체수단의 제공이 인정되기 위하여서는 그것이 원래 경찰이 의도하였던 결과를 얻기에 적합하고, 공중에게 더 많은 부담이 과해지지 않아야 하며,[51] 이처럼 신청된 수단이 명령된 것만큼이나 효과적이고, 또한 그것이 명령된 것보다 공중에게 많은 부담을 과하지 않는다면 그것은 허가되어야 한다.[52] 따라서 제공된 효과적인 대체수단의 거절은 경찰처분을 위법하게 만들 수도 있다.[53] 한편 경찰상 조치의 수범자는 경찰이 비례의 원칙에 반한다고 생각하여 요구하지 않은, 즉 객관적으로 보아 수범자에게 원안(경찰이 명한 조치)보다 더 강도의 부담을 과하는 수단을 제공할 수도 있는바, 이 경우에도 수범자의 의사가 존중되어야 한다고 새겨지고 있다.[54] 예컨대 가옥의 소유권자는 경찰의 철거명령 대신에 붕괴의 위험이 있는 건물을 많은 비용을 들여 재축할 것을 신청할 수 있다.[55]

---

48) Vgl. BVerwGE 49, 36 ff.; BVerwG, DÖV 1974, 207 ff.(209).
49) Reichert/Röber, a.a.O., S.123; Schenke, a.a.O., S.246; Wolff/Bachof, a.a.O., S.59.
50) Götz, a.a.O., S.123.
51) Götz, a.a.O., S.122 f.; Tettinger, a.a.O., S.98.
52) Möller/Wilhelm, a.a.O., S.65.
53) Drews/Wacke/Vogel/Martens, a.a.O., S.428; Schenke, a.a.O., S.248.
54) Götz, a.a.O., S.123; Schenke, a.a.O., S.248; Tettinger, a.a.O., S.98.

한편 위와 같은 대체수단의 제공신청은 처분의 시행을 위하여 수범자 등에게 허여된 기일 내에서만 가능하다. 그와 같은 기일이 정하여지지 않은 경우에는 처분이 불가쟁력(不可爭力)을 발생하기 전까지, 즉 당해 처분에 대하여 행정쟁송을 제기할 수 있을 때까지만 그와 같은 신청이 가능하다.[56]

(3) 협의의 비례의 원칙과의 구분

필요성의 원칙은 동일한 효과의 달성을 위해 가장 침해가 적은 수단이 어떠한 것인지와 관련된 문제의 해결을 가져오는 반면, 협의의 비례의 원칙은 경찰의 조치가 그에 의해 달성하려는 결과와의 관계에서 얼마나 중요한지의 문제를 해결하려고 한다는 점에서 양자는 구분된다.[57] 적합성의 원칙과 마찬가지로 필요성의 원칙도 특정한 목적의 수행을 금지시킬 수는 없다.[58]

3. 협의의 비례의 원칙

(1) 의 의

협의의 비례의 원칙이란 어떤 조치가 설정된 경찰목적의 실현에 적합하고 필요한 경우라고 하더라도 그 조치를 취함에 따른 불이익이 그것에 의해 초래되는 이익보다 큰 경우에는 그 조치를 취해서는 안 된다는 것을 말하는바,[59] "식품위생법상의 영업정지사유가 발생하였다고 하더라도 영업정지처분을 함에 있어서는 그 사유를 영업정지사유로 한 법취지를 검토하여 그에 의하여 달성하려는 식품위생법상의 공익목적과 영업정지처분에 의하여 개인이 입게 될 불이익을 비교형량하여야 한다"라고 판시한 대법원판결[60]은 이 같은 협의의 비

55) 이러한 사안에 관하여 자세한 것은 vgl. OVG Münster, DÖV 1962, 617.

56) Möller/Wilhelm, a.a.O., S.65. 이에 반하여 경찰처분이 강제집행될 때까지는 대체수단의 제공이 가능한 것으로 보는 견해도 있다(Schenke, a.a.O., S.248; OVG Bremen, DÖV 1986, 704 ff.(705).

57) Bender, Verhältnismäßigkeit und Vermeidbarkeit des Verwaltungshandeln, NJW 1955, 938 ff.(938).

58) Pohl, a.a.O., S.23.

59) Vgl. BVerwGE 39, 190 ff.(195); VGH BW, DVBl. 1952, 212 ff.(218); OVG Münster, NJW 1980, 2210 f.

60) 대판 1982. 9. 28, 82누2.

례의 원칙에 입각한 것이라고 볼 수 있을 것이다. "경찰은 대포로 참새를 쏘아서는 안 된다. 그것이 비록 유일한 수단일지라도"라는 법언으로 대변되는 이 원칙은 상당성의 원칙(Grundsatz der Angemessenheit)이라고도 하는바, 그것은 경찰은 그의 직무인 공공의 안녕 또는 질서에 대한 위험의 방지를 필요한 모든 수단에 의해, 즉 어떤 희생을 치르더라도 행해야 되는 것은 아니라는 것을 의미한다.[61] 따라서 경찰은 위험방지를 위한 조치를 취하기에 앞서서 제 이익간의 형량을 하여야 할 의무를 부담한다.[62]

이와 같이 협의의 비례의 원칙의 적용에 있어 요구되어지는 이익형량을 함에 있어서는, 특히 그때 그때에 위협을 받는 보호법익의 가치(효과)와 경찰의 개입으로 인하여 경찰책임자 또는 공중에게 발생할 것이 예견되는 손해(불이익)의 중요도 및 손해발생의 개연성의 정도가 고려되어야만 한다.[63] 그 결과 그때 그때 위협을 받는 보호법익보다 더 고차원의 이익이 존재하는 경우에는 경찰의 개입이 부적당한 것으로 간주될 수도 있다.[64] 그러나 그 불이익이 경찰이 의도한 결과보다 아주 미미하게(geringfügig) 크다고 평가될 때에는 협의의 비례의 원칙에 위반하는 것이 아니다. 즉, 효과와 불이익이 비례하지 않는 것이 현저할 때에만 비례의 원칙에 대한 침해가 존재하는 것이다. 예컨대, 공장에 그 공장 자체의 가격을 넘어서는 방화시설의 설치를 요구하는 것은 협의의 비례의 원칙에 반하는 것이다. 그러나 금전적인 가치비교가 언제나 가능한 것은 아니어서, 만일 인간의 생명 또는 건강이 문제가 되는 경우에는 금전적 고려가 인간의 생명의 보호라는 고차원의 이익을 배제하면 안 된다. 따라서 공장의 화재로 인하여서 사람의 생명도 위협을 받을 염려가 있다면 방화시설의 설치를 명하는 처분은 협의의 비례의 원칙에 합당하다.[65] 한편 불법주차된 자동차를 강제적으로 견인하는 것이 협의의 비례의 원칙에 합치하는지의 여부는

---

61) Götz, a.a.O., S.123.

62) Drews/Wacke/Vogel/Martens, a.a.O., S.390.

63) Jahn, Präventiv-polizeiliche Abschleppmaßnahmen bei illegalem Gehwegparken, VG Würzburg, NVwZ- RR 1989, 138, JuS 1989, 969 ff.(971).

64) 따라서 경찰상의 조치가 관계인의 생존을 불가능하게 하거나 현저히 곤란케 하는 경우에는 경찰은 개입하지 말아야 한다(Vgl. VGH Hessen, NJW 1949, 637; VG München, NJW 1947/48, 78).

65) Möller/Wilhelm, a.a.O., S.64; Reichert/Röber, a.a.O., S.127.

다툼이 있는데,[66] 불법주차가 실제로 교통상의 장해를 발생시키지 않았음에도 불구하고 경찰이 강제로 불법주차된 자동차를 견인하였다면, 그것은 협의의 비례의 원칙을 위반한 것이 될 수도 있다.[67]

또한 경우에 따라서는 경찰책임에 있어서는 원칙적으로 고려되지 않는 고의나 과실이 협의의 비례의 원칙의 준수 여부를 판단하는 것에 영향을 미칠 수도 있다.[68] 물론 이 경우에도 법익의 중요도가 고려되어야만 한다. 따라서 생명과 건강의 보호를 위한 경찰의 개입은 경찰책임자의 고의나 과실이 결여되어 있어도 협의의 비례의 원칙에 합당하다.[69]

(2) 적합성의 원칙 및 필요성의 원칙과의 관계

광의의 비례의 원칙의 내용을 이루는 제 원칙들은 양자택일적으로 적용되는 것이 아니라 서로 중첩적으로(kumulative) 적용되는 것이다. 즉, 공공의 안녕 또는 질서에 대한 위험의 방지를 위해서 가장 최소의 침해가 되는 조치가 여전히 비례하지 않는 손해를 가져오고, 따라서 협의의 비례의 원칙의 요구에 충돌된다면 경찰은 결코 경찰권을 행사하여서는 안 된다.[70] 한편 위의 제 원칙을 고려하여도 여전히 법률상 허용되는 다수의 조치가 남아 있다면, 경찰은 의무적합적 재량에 따라 이들 중에서 어떤 것을 선택할 수 있다.[71] (서정범)*

---

66) 이 경우 협의의 비례의 원칙을 논함에 앞서, 먼저 불법주차되어 있는 사실 자체를 경찰법상의 위험이라고 볼 수 있는지가 먼저 심사되어야 하는바, 이는 긍정되어야 한다. 왜냐하면 공법규범에의 충돌은 언제나 공공의 안녕에 대한 위험으로 간주되기 때문이다(Schenke, a.a.O., S.183).

67) Vgl. Schenke, a.a.O., S.249; OVG Münster, MDR 1980, 874 ff. 반대의 입장으로는 vgl. OVG Münster, MDR 1982, 1048 f. 한편, 근자에 독일의 연방행정법원은 그 나라의 교통상황을 고려하여 주차시간이 3시간을 넘어선 경우에는, 일반적으로 협의의 비례의 원칙에 반하는 것이 아니라고 판시하였는바(BVerwG, DVBl. 1983, 1066 f.), 이러한 문제에 관하여 자세한 것은 vgl. Kottmann, Das Abschleppen von Fahrzeugen, DÖV 1983, 493 ff.; Jahn, a.a.O., 969 ff.

68) Vgl. OVG Münster, DVBl. 1975, 588 f.(589).

69) Möller/Wilhelm, a.a.O., S.64.

70) Götz, a.a.O., S.120.

71) Vgl. OVG Münster, NJW 1980, 2210 f.(2211).

* 이 글, "경찰비례의 원칙"은 강원법학 제10호에 게재되었던 글임.

제 6 편

경찰작용법

제6편

개 관

본서는 기본적으로 경찰(행정)법의 주요 테마와 관련된 공저자 3인의 논문을 집대성한 것이다. 그러나 공저자들이 처음부터 경찰법교과서의 공동 집필을 염두에 두고 논문을 저술해 왔기 때문에, (적어도 제5편까지는) 단순한 논문집을 뛰어넘어 사실상 교과서로서도 기능할 수 있다고 자신한다. 다만 개별 경찰작용의 범주가 워낙 넓은 관계로 이들 경찰작용을 둘러싼 법적 문제를 망라적으로 고찰하는 것은 사실상 불가능한 측면이 있는바, 이로 인해 제6편의 경찰작용법은 경찰작용의 핵심적 주제에 관한 공저자들의 단편적 관심사에 대한 저술을 모아 놓은 수준에 그치고 있음을 자인한다.

제6편의 경찰작용법은 다음과 같은 것을 그 내용으로 한다.

먼저 제1장은 경찰의 행위형식 가운데 가장 중요한 경찰상의 행정행위를 경찰명령과 구분할 필요성 및 구분기준 등을 다루고 있는바, 이를 통하여 교통표지 등의 법적 성격과 관련된 학계의 논의를 이해할 수 있을 것이다.

다음으로 제2장과 제3장은 경찰작용을 논할 때 빠질 수 없는 핵심적 주제인 정보와 무기의 문제를 다루고 있다. 즉, 제2장은 경찰의 정보관리에 관한 논의를 정보의 자기결정권을 기초로 하여 논하고 있으며(제2장 정보의 자기결정권과 경찰의 정보관리), 제3장은 무기사용의 요건 그리고 그 한계를 경찰관직무집행법의 관련조문을 바탕으로 상세히 고찰하고 있다(제3장 경찰관의 무기사용의 요건과 한계). 아울러 무기사용에 관한 상세한 규정을 갖고 있는 독일의 경찰법과 독일에서의 논의 또한 상세히 소개하고 있다.

한편 경찰(행정)법 이론은 궁극적으로 경찰의 책무인 공공의 안녕 또는 질서에 대한 위험방지를 위한 조치에 소요되는 비용부담이란 문제에 귀착되는바, 이와 관련하여서는 그러한 비용을 국민에게 전가시킬 수 있는지의 문제를 화두로 하여 많은 논의가 전개되고 있는 실정이다. 이러한 경향을 고려하여 제4장은 경찰비용의 국민에의 전가가능성을 개괄적으로 고찰하고 있으며, 제5장은 전가가능성을 전제로 하여 국민의 경찰비용부담이 문제될 수 있는 구체적 영역에 대하여 보다 상세한 고찰을 행하고 있다.

끝으로 제6장에서는 경찰관직무집행법에 관련규정이 설치되면서 시대의 화두로 떠오른 손실보상의 문제를 다루고 있다. 다만 우리나라의 학계에서는 아직까지 이에 관한 논의가 활발하지 못한 면이 있는바, (이러한 인식에 기초하여) 이 문제에 관하여 일찍부터 관련규정이 마련되어 있어서 그에 관한 활발한 논의가 이루지고 있는 독일에서의 논의를 소개한다.

제 6 편

제 1 장 경찰의 행위형식으로서의 경찰상의 행정행위와 경찰명령 – 양자의 구분을 중심으로

Ⅰ. 들어가며

경찰은 공공의 안녕 또는 질서에 대한 위험방지 및 장해제거를 그의 책무로 하고 있는바, 이러한 경찰의 책무를 수행함에 있어 경찰행정청이 취할 수 있는 가장 중요한 수단이 바로 경찰상의 행정행위(Der polizeiliche Verwaltungs-akt)이다. 또한 전술한 바와 같은 경찰의 책무는 경찰명령(Polizeiverordnung)[1]을 통해서도 달성될 수 있는바, 경찰명령에 대해서는 경찰행정청이 행하는 활동 가운데 두 번째로 중요한 형식이라는 평가가 행해지고 있다.[2] 한편 경찰명령과 경찰상의 행정행위(특히 일반처분)와의 구분은 경찰행정법학에 있어 오래 전부터 다루어져 왔던 테마임에도 불구하고 아직까지도 명확한 해결책이 제시되어 있지 않은 실정이며,[3] 여전히 그의 중요성을 잃지 않고 있다.

---

1) '경찰명령'이란 용어는 프로이센 경찰행정법 제24조에 의해 처음으로 사용된 이래 오늘날에도 가장 일반적으로 사용되고 있다. 다만 독일의 경우 각 란트마다 이러한 의미의 경찰명령을 나타내는 용어로 다른 용어가 사용되기도 한다: 즉, 위험방지를 위한 명령(Verordnung zur Gefahrenabwehr, 베를린과 함부르크), 위험방지명령(Gefahrenabwehr-verordnungen, 헤센·라인란트-팔츠 및 작센-안할트), 공공의 안녕을 위한 명령(Verordnungen über die öffentliche Sicherheit, 슐레스비히-홀스타인과 멕클렌부르크-포어폼머른), 질서행정청에 의한 명령(Ordnungsbehördliche Verordnung, 브란덴부르크·튜링엔 및 노르트라인-베스트팔렌) 등의 용어가 그것이다. 이러한 사정에 관하여 자세한 것은 vgl. Schenke, Polizei- und Ordnungsrecht, in: Steiner(Hrsg.), Besonderes Verwaltungs- recht, 5. Aufl., 1995, Rn. 314.

2) Vgl. Drews/Wacke/Vogel/Martens, Gefahrenabwehr, 9. Aufl., 1986, S.357.

이 같은 사정을 고려하여 경찰상의 행정행위와 경찰명령의 구분과 관련된 문제를 다음과 같은 순서로 다루어 보고자 한다. 즉, 먼저 경찰상의 행정행위와 경찰명령의 개념을 명확히 밝힌 후에(II. 경찰상의 행정행위와 경찰명령의 개념) 양자를 구분할 실익(III. 경찰상의 행정행위와 경찰명령의 구분실익)에 관하여 논하기로 한다. 다음으로 양자를 구분할 실익이 존재한다면 무엇을 기준으로 양자를 구분할 것인가의 문제를 다룬 후에(IV. 경찰상의 행정행위와 경찰명령의 구분기준), 끝으로 그의 법적 성격과 관련하여 특히 논란이 많았던 교통표지와 공법적 성격을 가지는 물건의 이용에 관한 규율의 문제를 재검토해 보기로 한다(V. 구체적 문제의 검토).

II. 경찰상의 행정행위와 경찰명령의 개념

1. 경찰상의 행정행위

경찰상의 행정행위란 공공의 안녕 또는 질서의 유지라는 경찰목적을 위하여 경찰행정청이 발하는 행정행위를 말하는바, 경찰상의 행정행위의 종류로는 경찰처분(警察處分, Polizeiverfügung),[4] 경찰허가와 예외적 승인,[5] 경찰면제 등이

---

3) 경찰상의 행정행위와 경찰명령의 구분이 이처럼 어려운 문제를 제기하는 것은 행정행위와 법규범(특히 법규명령)과의 명백하고 종국적인 이론상의 구분이 존재하지 않기 때문이라고 할 것인바, 행정행위와 법규범(특히 법규명령)의 구분에 관한 일반적 논의에 관하여는 vgl. Volkmar, Allgemeiner Rechtssatz und Einzelakt, 1962; v. Mutius, Rechts- norm und Einzelakt, in: FS für Wolff, 1973, S.167 ff.

4) 여기서 경찰처분이라 함은 경찰목적의 달성을 위하여 특정인 또는 특정된 범위의 다수인에게 작위·부작위·급부·수인의 의무를 명하는 행정행위, 즉 행정행위의 형식에 의한 경찰하명을 말하는바(김남진/김연태, 『행정법II』, 법문사, 2008, 282쪽 등), 경찰관이 특정한 상황에서 특정인에게 발하는 명령이 그 전형적 예가 될 것이다.

5) 허가와 예외적 승인은 양자 모두 구체적인 경우에 있어서 법률이 정한 금지를 특정한 경우에 해제하여 특정한 행위를 할 수 있게 한다는 점에서는 그 성질을 같이한다. 그러나 허가가 그 행위가 일반적으로 금지되어야 하기 때문이 아니라 구체적인 경우에 그 행위가 실정법규정에 충돌하는지 여부를 사전에 심사하도록 하여야 하기 때문에 금지되는 것을 해제해 주는 것임에 반하여, 예외적 승인은 그 행위가 사회적으로 유해하거나 바람직하지 못하기 때문에 그를 법률이 일반적으로 금지한 것을 특별히 예외적인 경우에 해제해 주는

있다. 한편 우리나라의 경우 종래 경찰상의 행정행위를 경찰처분이라고 부르기도 하였는바,[6] 행정행위의 형식에 의한 경찰하명에 대해서 경찰처분이라는 용어를 사용하는 것이 일반화되어가고 있는 이상 경찰허가나 예외적 승인, 경찰면제 등까지를 모두 포함하는 의미로 경찰처분이라는 용어를 사용하는 것은 피하는 것이 바람직하다고 생각한다.

2. 경찰명령

경찰행정청은 공공의 안녕 또는 질서에 대한 위험방지를 위하여 법규명령을 발할 수 있는바, 이러한 경찰상의 법규명령을 경찰명령이라고 한다.[7] 즉, 경찰명령은 법규명령으로서 불특정 다수의 경우를 규율하기 위하여 불특정다수인에 대하여 발해지는 것을 그의 특징으로 하는데, 이른바 가언명제적 공식(假言命題的 公式, Wenn-Dann-Schema)[8]에 따른 일반적·추상적 규율이 그 전형적 예가 될 것이다. 이처럼 경찰명령은 법규명령의 성질을 갖는 것만을 의미하므로 원칙적으로 법규의 성질을 갖지 않는 경찰상의 행정규칙인 경찰규칙(警察規則)은 여기서의 경찰명령에 포함되지 않는다.

한편 이러한 경찰명령은 종래 공공의 안녕 또는 질서에 대한 위험방지를 위하여 시간적·공간적으로 탄력적인 법을 정립할 가능성을 경찰행정청에 부여해 준다는 점에서 중요한 의의를 가졌었다. 그러나 경찰명령이 갖는 이러한 의의는 오늘날 점차 반감되어가고 있는 추세에 있는바, 그 이유는 무엇보다도

것이라는 점에서 양자는 구별된다(이러한 설명에 관하여 보다 자세한 것은 vgl. Maurer, Allgemeines Verwaltungsrecht, 10. Aufl., 1995, §9 Rn. 51 ff.).

6) 이상규, 『신판 행정법론(하)』, 법문사, 1994, 371쪽 주1 등.

7) 경찰작용의 보호이익의 하나로 설명되어 온 전통적인 공공의 질서개념에 대한 비판적 시각에 기초하여(공공의 질서의 개념에 대한 비판 및 동 개념의 존치가능성에 관하여 자세한 것은 서정범, "경찰권발동에 관한 연구," 고려대학교 박사학위논문, 1992, 46면 이하 및 본서의 공공의 질서에 관한 부분 참조). 전적으로 공공의 질서의 유지만을 목적으로 하는 경찰명령을 제정하는 것은 허용되기 곤란하다는 견해도 있으나(Götz, Allgemeines Polizei- und Ordnungsrecht, 11. Aufl., 1993, Rn. 466), 공공의 질서의 개념의 존치가능성을 인정하는 본서의 입장에 따르는 경우 그러한 견해는 받아들이기 곤란하다.

8) 여기서 Wenn-Dann-Schema란 "Wenn…, Dann …"(…하면, …한다) 형태의 공식, 즉 X라는 구성요건이 실현되면 Y라는 효과가 발생한다라는 형태의 규율방식을 말한다.

종래 경찰명령으로 규율되던 사항들을 이제는 법률 스스로 규율하고 있는 경우가 많다는 것에서 찾을 수 있다.[9] 그러나 그럼에도 불구하고 일부영역에서는 여전히 경찰명령이 발급될 여지가 남아 있다고 할 것이다.[10]

III. 경찰상의 행정행위와 경찰명령의 구분실익

경찰상의 행정행위와 경찰명령의 구분은 그의 성립요건·효력요건이나, 취하여야 할 형식, 위법성의 효과 및 권리구제의 방식 등과 관련하여 중요한 의미를 가지는바, 이하에서 그 내용을 약술하기로 한다.

1. 성립요건·효력요건

경찰상의 행정행위와 경찰명령은 그것이 성립하여 효력을 발생하기 위한 요건, 즉 그의 성립요건이나 효력요건 면에서 차이가 있다. 즉, 법규명령의 형식을 취하는 경찰명령은 성립에 있어 반드시 조문의 형식에 의할 것이 요구되며, 효력을 발생하기 위하여서는 공포될 것이 요구된다. 이에 반하여 경찰상의 행정행위는 문서에 의하는 것이 원칙이기는 하지만 신속을 요하는 경우 등에는 구술 기타의 방법으로도 행할 수 있으며(행정절차법 제24조 참조), 그 효력발생을 위하여 공포와 같은 절차는 요구되지 않는다.

2. 효 력

경찰명령은 법규명령이므로 그를 구체화하는 행정행위를 통해서 개인에

---

9) 이러한 사정을 독일의 경찰법교과서들은 "역사적으로 경찰명령이 경찰법의 영역에 있어서는 오늘날의 각종 (특별)법률의 선구자적 역할을 수행했었다"라고 기술하고 있다(Vgl. Volkmar, a.a.O., Rn. 468; Würtenberger/Heckmann/Riggert, Polizeirecht in Baden-Württemberg, 3. Aufl., 1997, Rn. 435).

10) 독일에 있어서의 그러한 영역의 구체적 예에 관하여는 vgl. Götz, a.a.O., Rn. 469 ff.; Gusy, Polizeirecht, 3. Aufl., 1996, Rn. 321; Rachor, in: Lisken/Denninger, Handbuch des Polizeirecht, 1992, F Rn. 48 usw.

대해 구체적인 법적 효과를 발생함이 원칙이며, 경찰명령의 실효성은 경찰벌을 통해 확보하는 것이 보통이다. 즉, 경찰명령을 직접적으로 강제하는 것은 허용되지 않는다.[11] 이에 반하여 경찰상의 행정행위, 특히 경찰처분에 포함되어 있는 의무가 이행되지 않는 경우에는 경찰행정청은 강제집행에 의하여 그의 실현을 강제할 수 있다.

3. 하자(위법성)의 효과

경찰명령이 그의 성립요건 내지 효력요건을 결하고 있을 때 경찰명령에 하자가 있다고 하게 되는바, 이 경우 하자 있는 경찰명령의 효력에 관하여는 경찰명령의 하자가 중대하고 명백한 경우에만 무효가 됨을 강조하는 견해와[12] 경찰명령에 하자가 있는 경우에는 언제나 무효라고 하는 견해[13]의 대립이 있다. 판례[14]는 후자의 입장에 따르고 있는 것으로 보인다. 생각건대 우리나라의 경우 경찰명령에 대하여는 취소소송이 원칙적으로 인정되지 않는 점을 고려할 때 경찰명령의 경우에는 유효와 무효의 중간단계인 '취소할 수 있는 법규명령' 이란 존재하지 않으며, 따라서 하자 있는 법규명령은 언제나 무효라고 보아야 할 것이다.[15] 이에 반하여 경찰상의 행정행위에 하자가 있을 때에는 그 하자가 중대하고 명백할 때에는 무효, 그 정도에 이르지 아니하면 취소할 수 있는 것이 된다는 것에 학설이 일치되어 있는 것으로 보인다.

---

11) 김남진/김연태, 앞의 책, 281쪽.

12) 석종현, 『행정법강의 I 』, 삼영사, 1999, 144쪽.

13) 홍정선, 『행정법원론(상)』, 2008, 박영사, 632쪽.

14) 대판 1988. 5. 24, 88누1703; 대판 1979. 2. 27, 77누86 등.

15) 독일의 경우 또한 이러한 입장이 지배적이다(Vgl. Drews/Wacke/Vogel/Martens, a.a.O., S.360; Maurer, a.a.O., § 13 Rn. 15 usw.), 한편 하자 있는 법규명령은 무효이지만 우리나라가 법규명령에 대한 사법적 통제와 관련하여 구체적 규범통제제도를 취하고 있기 때문에 여기서 무효라고 하는 것은 누구에게나 절대적으로 무효가 아니라 법원에 대하여서만, 그리고 당해 사건에 대하여서만 무효인 상대적 무효라는 점이 강조되는 추세에 있다(박균성, "행정입법에 대한 사법적 통제," 고시계, 1996. 12, 75쪽 이하).

4. 권리구제의 방식

법규명령에 대한 사법적 통제와 관련하여 우리 헌법은 "명령·규칙이 헌법이나 법률에 위반되는 여부가 재판의 전제가 되는 경우에는 대법원은 이를 최종적으로 심사할 권한을 가진다"(제107조 제2항)고 하여 구체적 규범통제제도를 취하고 있으며, 행정소송법은 취소소송의 대상을 처분 등에 한정하고 있다(제19조). 따라서 우리나라의 경우 경찰명령의 위법여부가 구체적으로 재판의 전제가 되는 경우에 한하여 간접적으로 그 위법여부에 대한 심사가 허용될 뿐 직접 경찰명령의 효력을 취소소송을 통하여 다투는 것은 허용되지 않는다.[16)]

Ⅳ. 경찰상의 행정행위와 경찰명령의 구분기준

▌사례 1▐ 화력발전소의 냉각탑에서 나오는 수증기로 인하여 화력발전소 주변의 도로가 일정한 기온하에서 결빙될 가능성이 존재한다. 이에 경찰행정청은 전적으로 냉각탑에서 나오는 수증기로 인하여(즉, 자연적인 기상의 영향에 관계없이) 결빙이 되는 날에는 그로 인하여 야기되는 경찰위반의 상태를 제거할 의무를 화력발전소의 경영주에게 부과하였다.[17)]

▌사례 2▐ 유행성전염병인 장티푸스가 발생하여 행정당국이 조사해 본 결과 꽃상추샐러드(Endivien-Salat)가 전염병원일 개연성이 높다는 것이 밝혀졌다. 이에 경찰행정청은 라디오와 TV를 통한 공표를 통하여 꽃상추샐러드의 판매를 금지하였다.[18)]

경찰상의 행정행위와 경찰명령은 양자 모두 경찰행정청에 의하여 발해지고, 또한 외부효(外部效)를 가지는 규율(規律)을 내용으로 한다는 점에서 공통의 성질을 가지므로 양자의 구분은 용이하지 않다. 더욱이 개개의 사안에 대한

---

16) 대판 1987. 3. 24, 86누656 참조. 다만 경찰명령의 형식으로 발하여진 경우에도 그것이 처분의 성질을 가지는 때에는 예외적으로 취소소송의 대상이 될 수 있다(대판 1954. 8. 19, 4286행상37).

17) 이 사례에 관하여 자세한 것은 vgl. OVG Münster, OVGE 16, 289 ff.

18) 이 사례에 관하여 자세한 것은 vgl. BVerwGE 12, 87 ff.

규율로서의 경찰상의 행정행위와 일반적 규율로서의 법규범(즉, 경찰명령)이라는 전통적인 구분에 정확히 들어맞지 않는 다양한 법적 행위들[19]이 등장하고 있는 사실은 경찰상의 행정행위와 경찰명령의 구분을 더욱 어렵게 만들고 있다. 그러나 그럼에도 불구하고 전술한 바와 같이 양자를 구분할 실익이 엄존한다는 점을 고려할 때 양자의 구분을 포기할 수는 없다고 할 것이다. 따라서 논의의 중심은 결국 과연 무엇을 기준으로 하여 양자를 구분할 것인가의 문제, 즉 양자의 구별기준에 놓여지게 된다. 독일의 경우 경찰상의 행정행위와 경찰명령을 구분하는 출발점을 경찰명령에 대한 수권규범인 그들의 경찰법 문언(文言)에서 찾고 있는바,[20] 그에 따르면 경찰상의 행정행위와 대비되는 개념으로서의 경찰명령이 존재한다고 하기 위하여서는 다음의 두 가지 요소가 필요하다: 즉, ① 먼저 규율대상이 불특정 다수의 경우이어야 하며(추상적 규율), ② 다음으로 규율의 상대방이 불특정 다수인이어야 한다(일반적 규율).[21] 이것은 결국 경찰상의 행정행위와 경찰명령의 구분에 있어서는 당해 작용의 형식이 아니라 그 내용이 기준이 된다는 것을 의미한다. 따라서 어떤 조치의 외부적 명칭이나 행정청이 그의 법적 성격을 어떻게 규정하였는가는 원칙적으로 그 조치의 법적 성질을 결정하는 것과 관련하여서는 아무런 의미를 갖지 못한다.[22] 그러나 예외적으로는 행정청에 의하여 선택된 형식이 그의 내용에 영향

19) Maurer는 그러한 법적 행위의 예로 구속적 행정계획, 교통표지, 형식승인(Typenzulassung) 등을 들고 있다(Maurer, a.a.O., § 9 Rn. 21).

20) Schenke, a.a.O., Rn. 319; Würtenberger/Heckmann/Riggert, a.a.O., Rn. 436 usw.

21) 규율(規律, Regelung)은 그에 의하여 규율되는 생활관계를 기준으로 구체적 규율과 추상적 규율로 구분되며, 또한 수범자(受範者)를 기준으로 개별적 규율과 일반적 규율로 구분해 볼 수 있다. 그렇다면 규율은 다음과 같은 4가지 형태, 즉 ① 일반적·추상적 규율, ② 일반적·구체적 규율, ③ 개별적·추상적 규율, ④ 개별적·구체적 규율의 형태로 존재할 수 있을 것이다(이러한 설명방식은 Volkmar에 의하여 처음으로 시도되었는바, 이러한 내용 및 각각의 형태의 규율의 예에 관하여 자세한 것은 vgl. Maurer, a.a.O., § 9 Rn. 35), 한편 이하의 논의를 바탕으로 하면 결국 일반적·추상적 규율의 경우 외에는 단지 경찰상의 행정행위를 발하는 것만이 고려될 수 있다.

22) Reichert/Röber, Polizeirecht, 3. Aufl., 1988, Rn. 348; Schenke, a.a.O., Rn. 319. 한편 "원래 대통령령은 법령의 효력을 가진 것으로서 행정소송상 행정처분이라고 할 수 없다고 해석함이 타당할 것이지만, 법령의 효력을 가진 명령이라도 그 효력이 다른 행정행위를 기다릴 것도 없이 직접적이고 현실적으로 그 자체로서 국민의 권리훼손 기타 이익침해의 효과를 발생케 되는 성질의 것이라면 행정소송법상 처분이라고 보아야 할 것이다"라고 판시한 우리의 판례(대판 1954. 8. 19, 4286행상37) 또한 이와 같은 맥락으로 이해될 수 있을 것으로

을 미치고, 따라서 그의 법적 성격에 영향을 미칠 수도 있는바,[23] 독일의 연방행정법원 역시 "절차규정에 따른 공포가 있었다면 법규명령으로 성격지어졌어야 할 수질보호구역의 설정이 개개인에 대한 송달이라는 행정행위의 형식으로 행해진 경우에는 소송상 행정행위로 다루어져야 한다"라고 하여[24] 이를 긍정하고 있다.

이하에서는 경찰상의 행정행위와 경찰명령의 구분기준에 관한 문제를 전술한 경찰명령의 개념적 요소를 중심으로 하여 설명해 보기로 하겠다.

1. 추상적 규율

경찰명령은 추상적 규율(abstrakte Regelung), 즉 불특정 다수의 경우에 반복하여 적용되는 것을 내용으로 한다. 그리고 바로 이 점에서 구체적 규율(konkrete Regelung), 즉 시간적·공간적으로 특정한 사안에 적용되는 것을 내용으로 하는 경찰상의 행정행위와 구분된다. 이 경우 특정된 하나의 사안이 문제되거나, 또는 처음부터 다수의 특정된 사안이 존재하지만 그의 존재에 대하여 하나의 법적 효과만이 결부되는 경우에는 항상 구체적 규율이 존재한다고 할 수 있다. 한편 구체적 규율의 존재를 판단함에 있어서는 관계인의 범위가 처음부터 특정되었는지의 여부는 기준이 되지 못한다.[25] 따라서 예컨대 특정한 날, 특정한 장소에서의 집회금지는 이에 관련된 사람의 수가 처음부터 특정되었는지의 여부와 상관없이(따라서 불특정 다수인에 대한 것일지라도) 언제나 구체적 경우를 규율하는 것으로 평가되어야 하며,[26] 반대로 집회를 전반적으로 금지시키고 있다면 그에 의하여 규율되는 사실관계는 원래 시간적으로도 공간적으로도 구체화될 수 없기 때문에 불특정 다수의 경우를 규율하는 규범, 즉 경찰명령이 존재하는 것이다.

결국 추상적 규율과 구체적 규율의 구분에 있어서는 전적으로 그것이 구

생각한다.

23) 이러한 경우를 예외적 현상으로 이해하면서, 그처럼 형식의 남용이 있는 경우에 있어서의 권리구제에 관하여 상설하고 있는 것으로는 Schenke, a.a.O., Rn. 319.

24) Vgl. BVerwGE 18, 1 ff.

25) Schenke, a.a.O., Rn. 320.

26) Schenke, a.a.O., Rn. 320; Würtenberger/Heckmann/Riggert, a.a.O., Rn. 436.

체적 경우에 국한되어 적용된다는 것이 어느 정도까지 규율 속에 포함되어 있는지가 기준이 된다.[27] 다만 특정한 상황하에서 어떠한 규율이 구체적인 경우를 규율하고 있는지 여부를 판단하는 것은 상당한 어려움을 제공하는바, 이는 기초가 되는 관점에 따라서 구체적인 경우에 관한 규율로도, 불특정 다수의 경우에 관한 규율로도 규정될 수 있기 때문이다. 그리고 이처럼 (인식론적 관점에서 볼 때) 추상적 규율과 구체적 규율을 구분하는 것 자체가 불가능하다는 점에 기초하여 경찰상의 행정행위와 경찰명령은 결국 단지 한 가지 관점, 즉 '수범자의 범위가 특정될 수 있는지 여부'를 기준으로 구분하여야 한다는 견해가 등장하게 되었는바, 그러한 견해에 따라 경찰상의 행정행위와 경찰명령을 구분하게 되면 어떤 조치를 행함에 있어서 수범자의 범위가 특정되어 있으면 경찰상의 행정행위, 수범자의 범위가 여전히 특정되어 있지 않으면 경찰명령이라는 결론에 달하게 된다.[28] 생각건대 이러한 견해는 Mauer가 지적하고 있듯이[29] 경찰상의 행정행위와 경찰명령의 구별기준이 명확하게 된다는 장점이 있기는 하지만, 이른바 물적 행정행위를 효과적으로 설명할 수 없다는 이론적 약점을 안고 있다. 더욱이 우리나라의 경우 행정소송법 제2조가 처분을 "행정청이 행하는 구체적 사실에 관한 법집행으로서…"라고 규정하고 있는 점을 고려할 때 우리나라에서는 받아들이기 곤란하다고 생각한다. 이러한 점을 고려할 때 추상적 규율과 구체적 규율의 구분은 그것이 구체적 경우에 국한되어 적용된다는 것이 어느 정도까지 그 규율 속에 포함되어 있는지를 기준으로 하여야 하며, 이 경우 그 규율이 구체적인 경우를 규율하고 있는지 여부를 판단

---

27) "구체적인 경우와 불특정 다수의 경우의 구분은 구체적 위험과 추상적 위험의 구분과 정확히 일치한다"고 하여 추상적 규율과 구체적 규율의 구분을 어떤 경찰상의 규율이 구체적 위험에 근거하여 발해진 것인지의 여부를 기준으로 설명하는 견해(Götz, a.a.O., Rn. 481; BVerwGE 12, 87, 89)도 있으나, 비록 경찰명령의 제정을 위해서는 추상적 위험이 존재하는 것만으로 충분하다고는 하더라도 그것이 구체적 위험이 존재하는 경우에 경찰명령을 발하는 것까지 부인하는 것은 아니라는 점을 고려할 때 그러한 견해는 받아들이기 곤란하다(동지: Schenke, a.a.O., Rn. 320), 한편 구체적 위험과 추상적 위험의 구분에 관하여 자세한 것은 vgl. Walker, Abstrakte und konkrete Gefahr, 1994.

28) Drews/Wacke/Vogel/Martens, a.a.O., S.359 ff.; v. Mutius, a.a.O., S.201 ff.; Obermayer, Das Dilemma der Regelung eines Einzelfalls nach dem Verwaltungsverfahrens- gesetz, NVwZ 1980, 2386 ff.

29) Maurer, a.a.O., §9 Rn. 18.

함에 있어 어떠한 관점을 기준으로 삼아야 할 것인가는 그때 그때의 규율의 설정목적을 고려하여 결정할 수밖에 없을 것이라고 생각한다. 이를 전술한 사례를 들어 설명하면 다음과 같다.

먼저 사례 1의 경우는 '빙판이 질 때마다, 언제나'라는 시간적 관점에서 볼 때는 불특정 다수의 경우에 관한 규율이지만, 이를 '의무가 이행되어야 할 장소'라는 공간적 관점에서 보게 되면 구체적 경우에 관한 규율이 되는 것이다.30) 그러나 이 경우는 위험상황이 빙판이 질 때마다 야기되는 점에 중점을 두어야 할 것이므로 불특정 다수의 경우에 관한 규율로 보는 것이 타당하다고 생각한다.31)

다음으로 사례 2의 경우는 앞으로도 다수의 꽃상추샐러드가 판매될 것이 예상된다는 관점에서 보면 불특정 다수의 경우에 관한 규율이지만,32) 장티푸스의 감염이라는 구체적 위험상황이라는 관점에서 보게 되면 구체적 경우에 관한 규율이 존재하는 것이 된다. 그러나 이 경우는 이미 발생한 장티푸스의 확산을 방지하기 위한 것으로 단지 1회적인 사실상의 사건을 그 대상으로 하는 것에 중점을 두어야 할 것이므로 구체적 규율의 성격을 갖는 것으로 보아야 할 것이라고 생각한다.33)

---

30) Vgl. 군사시설보호구역의 지정을 그의 공간적 측면에 착안하여 경찰상의 행정행위의 성격을 갖는 것으로 판시한 바 있는 BverwG, NVwZ 1985, 39 f.

31) 다만 동 조치의 상대방이 특정인이기 때문에 경찰명령의 요건을 충족하지는 못하며, 따라서 동 조치는 경찰상의 행정행위의 성격을 갖는다고 할 수밖에 없다(OVG Münster, OVGE 16, 289 ff.; v. Mutius, a.a.O., S.201 ff.; Volkmar, a.a.O., S.150; Wolff/Bachof/Stober, Verwaltungsrecht Ⅰ, 10. Aufl., 1995, S.386).

32) "사례를 자세히 고찰해 보면 장티푸스의 감염은 꽃상추샐러드 판매금지라는 규율을 행하게 된 동기일 뿐이고, 규율의 대상은 꽃상추샐러드의 판매이므로 추상적 규율이 존재한다"라는 설명(Maurer, a.a.O., §9 Rn. 17)은 이 같은 점에 착안한 것이다. 동지의 견해로는 Drews/Wacke/Vogel/Martens, a.a.O., S.359; Vogel, Die Lehre vom Verwaltungsakt nach Erlaß der Verwaltungsverfahrensgesetz, BayVBl. 1977, 617 ff.(620).

33) 동지: Götz, a.a.O., Rn. 481; Würtenberger/Heckmann/Riggert, a.a.O., Rn. 436. 한편 이 사건이 문제되었던 독일의 경우 연방행정법원 역시 같은 취지의 판결을 행한 바 있는데, 이에 관하여는 vgl. BVerwGE 12, 87 ff.(89).

2. 일반적 규율

경찰명령은 일반적 규율(generelle Regelung), 즉 수범자가 불특정 다수인일 것을 그 내용으로 한다. 이는 경찰명령은 장래에 그의 요건을 충족시키는 모든 사람에 대한 것, 즉 경찰명령의 수범자는 장래에 향하여 완전히 개방되어 있다는 것을 의미한다.[34] 따라서 경찰명령을 발하는 시점에서 수범자가 태어났는지 여부 또는 그가 경찰명령의 내용에 관하여 통지를 받았는지 여부는 중요하지 않다.[35] 이처럼 경찰명령은 일반적 규율을 그 내용으로 한다는 점에서 개별적 규율(individuelle Regelung)을 내용으로 하는 경찰상의 행정행위와 대비된다. 이 경우 어떤 규율이 한 사람에 대한 경우뿐만 아니라, 특정된[36] 또는 특정될 수 있는 인적 범위에 관한 것일 때에도 개별적 규율이 존재한다는 것이 인정되어 있다. 따라서 일반적 규율과 개별적 규율을 단지 사람의 수(數)를 기준으로 구분하여서는 아니 되며, 어떤 규율을 발하는 시점에 있어서 그와 관련된 인적 범위가 적어도 객관적으로 특정될 수 있는지 여부를 기준으로 구분하여야 한다.[37] 그러므로 경찰목적을 위한 조치의 인적 범위가 특정될 수 없다면 그것은 불특정 다수인과 관련된 것으로서 경찰명령이 된다. 한편 불특정 다수인을 수범자로 하는 경우에도 그것이 구체적인 경우를 대상으로 하는 경우에는 경찰명령이 존재하기 위한 또 하나의 불가결의 요소인 추상적 규율이 결여되어 있으므로 경찰상의 행정행위로 인정되어야 한다.[38] 결국 경찰명령이

34) Scholler/Schloer, Grundzüge des Polizei- und Ordnungsrecht in der Bundesrepublik Deutschland, 4. Aufl., 1993, S.297.

35) Möller/Wilhelm, Allgemeines Polizei- und Ordnungsrecht, 2. Aufl., 1990, S.100.

36) 이와 관련하여 어떤 경우에 수범자가 특정되었다고 볼 수 있는가의 문제가 있는바, Obermayer는 ① 그의 이름이 거명되거나, ② 이름 이외의 다른 징표에 따를 때 의문의 여지없이 인식될 수 있거나, ③ 경찰관이 어떤 장소에서 퇴거를 명하는 경우에 있어서처럼 직접적으로 상대방에게 어떤 것을 요구하여야 수범자가 특정되었다고 할 수 있다고 한다 (Obermayer, a.a.O., S.2387).

37) Schenke, a.a.O., Rn. 321; Maurer, a.a.O., §9 Rn. 16.

38) 한편 이러한 설명에 대하여는 "인식론적 관점에서 볼 때 도대체 일반적·구체적 규율이 존재할 수 있는지가 의문시된다. 왜냐하면 수범자의 범위가 개방되어 있다는 사실은 필연적으로 장래에 향하여진 규율을 내용으로 하고, 따라서 불특정 다수의 경우를 규율하게 마련이다"라고 하여 일반적·구체적 규율의 존재 자체에 대하여 부정적 입장을 보이는 학자(Maurer, a.a.O., §9 Rn. 17)도 있음을 부기해 두기로 한다.

일반적 규율을 내용으로 한다고 할 때 그것은 적어도 일반적 규율을 요소로 하지 않으면 경찰명령의 성질을 가질 수 없다는 소극적 의미를 가질 뿐이라고 이해하여야 할 것이다.[39]

3. 결 어

지금까지의 논의를 종합해 보면 경찰상의 행정행위와 경찰명령은 다음과 같은 기준에 의하여 구분할 수 있을 것이다. 즉,

(1) 먼저 시간적·공간적으로 특정된 경우에 적용되는 것, 즉 구체적 규율은 개별적인지, 일반적인지 여부를 불문하고 모두 경찰상의 행정행위의 성격을 가진다.[40]

(2) 추상적 규율을 내용으로 하는 경우에도 개별적 규율은 경찰상의 행정행위의 성격을 가진다.[41]

(3) 추상적·일반적 규율의 성격을 가지는 것은 경찰명령이 된다.

Ⅴ. 구체적 문제의 검토

1. 교통표지

▌사례 3▐ 설계 당시에는 최고 120km/h로 건설된 고속도로상에서의 최고속도를 소음 발생 및 교통상의 안전을 이유로 80km/h로 제한하면서, 고속도로상에 274개의 속도제한 교통표지를 세웠다.[42]

교통표지(交通標識)의 법적 성격을 다룸에 있어서는 우선 교통표지를 안전표지(安全標識)와 신호기(信號機)로 나누어 고찰할 것이 요구된다.[43]

---

39) 즉, 일반적 규율을 내용으로 하는 규율이 언제나 경찰명령의 성질을 가지는 것은 아니다.

40) 이렇게 해석하는 것이 우리나라의 행정소송법 제2조상의 처분개념과도 조화를 이룰 수 있을 것이다.

41) 왜냐하면 경찰명령이라고 하기 위하여는 불특정 다수인을 수범자로 하여야 하기 때문이다.

42) 이 사례에 관하여 자세한 것은 vgl. BVerwGE 59, 221 ff.

(1) 안전표지

안전표지란 교통안전에 필요한 주의 · 규제 · 지시 등을 표시하는 표지판이나 도로의 바닥에 표시하는 기호 · 문자 또는 선 등을 말하는바(도로교통법 제2조 제16호), 도로교통법시행규칙 제8조는 안전표지를 다시 주의표지 · 규제표지 · 지시표지 · 보조표지 및 노면표지로 나누어 놓고 있다. 다만 여기서는 그 중에서 주의표지 · 규제표지 · 지시표지의 법적 성격만을 고찰하기로 한다. 왜냐하면 보조표지는 주의표지 · 규제표지 또는 지시표지가 갖는 주의 · 규제 · 지시의 주기능을 보충할 뿐이므로 독자적으로 논할 실익이 없으며, 노면표지는 단지 그것이 노면에 기호 · 문자 또는 선으로 표시되어 있다는 점에서 주의표지 · 규제표지 · 지시표지와 구별될 뿐 그 역시 주의 · 규제 · 지시를 내용으로 하므로 그들 내용에 따라 법적 성격 또한 결정될 수 있기 때문이다.

1) 주의표지

주의표지(注意標識)란 도로상태가 위험하거나 도로 또는 그 부근에 위험물이 있는 경우에 필요한 안전조치를 할 수 있도록 이를 도로사용자에게 알리는 표지를 말하는바(도로교통법시행규칙 제8조 제1호, 예: 낙석주의, 미끄럼주의, 급경사, 이중으로 굽은 길 등의 표지), 이러한 표지는 '규율'의 성격이 결여되어 있으므로 단순한 사실행위에 불과하다고 하여야 할 것이다.[44]

2) 규제표지/지시표지

규제표지(規制標識)란 도로교통의 안전을 위하여 각종 제한 · 금지 등의 규제를 하는 경우에 이를 도로사용자에게 알리는 표지(도로교통법시행규칙 제8조 제2호, 예: 주 · 정차금지, 우선멈춤 등의 표지)를 말하며, 지시표지(指示標識)란 도로의 통행방법 · 통행구분 등 도로교통의 안전을 위하여 필요한 지시를 하는 경우에 도로사용자가 이에 따르도록 알리는 표지를 말한다(도로교통법시행규칙

43) 독일의 도로교통법시행령은 교통표지를 신호기(Lichtzeichen, 제37조), 위험표지(Gefahrzeichen, 제40조), 규제표지(Vorschriftzeichen, 제41조), 지시표지(Richtzeichen, 제42조)로 나누어 규정하고 있는바, 이 같은 유형별로 나누어서 각각의 교통표지의 성격에 대하여 자세히 설명하고 있는 것으로는 Drews/Wacke/Vogel/Martens, a.a.O., S.361 ff.

44) 이 점에 있어서는 독일의 경우 학설의 대립이 없는 것으로 보인다.

제8조 제3호, 예: 일방통행표지, 우선표지 등). 이러한 규제표지나 지시표지는 전술한 주의표지와 달리 명령이나 금지를 내용으로 하므로 '규율'의 성격을 가지고 있으며,[45] 따라서 그의 법적 성격 여하가 중요한 문제로 대두되고 있다. 결국 교통표지의 법적 성격을 둘러싼 논의는 규제표지와 (명령, 금지를 내용으로 하는) 지시표지에 관한 것이라고 할 수 있는데 오늘날 이들 표지는 경찰상의 행정행위로 간주되는 경향에 있으며, 그의 논거로는 이들 표지는 경찰관에 의해 행해지는 교통규율과 같은 기능을 갖는다는 점과 그것이 장소적 측면에서 볼 때에는 구체적 규율의 성격을 갖는 것으로 볼 수 있다는 점이 들어지고 있다.[46] 이 밖에도 독일의 경우에는 일반처분을 "일반적 징표에 의하여 확정된 또는 확정될 수 있는 인적 범위에 대해 발해지거나 또는 물건의 공법상 성질이나 일반공중에 의한 이용에 관하여 규율하는 행정행위"라고 정의하고 있는 독일 연방행정절차법 제35조 제2항 역시 그 논거로 들어지고 있다.

한편 이러한 규제표지 등이 행정행위의 성격을 갖는다는 것이 긍정되게 된 배경은 이른바 물적 행정행위(物的 行政行爲, dinglicher Verwaltungsakt)의 개념[47]의 도입에 있다고 보여지는바, "물적 행정행위라는 개념이 인정되지 않는다면 교통표지를 통해 구체화되는 명령은 법규명령이라고 보는 것이 보다 당연하다고 할 것이다. 왜냐하면 그것은 장래의 불특정 다수의 교통과정에 대하여 불특정 다수인을 규율하기 위한 것이기 때문이다"라는 Götz의 설명[48] 역시 이 같은 사고에 근거하고 있다고 볼 수 있다. 또한 이러한 규제표지 등의 법적 성격을 행정행위로 이해할 필요성을 교통법의 특별한 요구 및 위법한 행위에 대한 권리구제와 관련하여 설명하는 입장도 있는바, 그에 따르면 규제표지 등을 경찰상의 행정행위로 보는 것이 일련의 규제표지 등을 급히 변경할 필요

---

45) 다만 지시표지 중에서도 단지 교통의 원활한 소통을 위한 정보제공에 그치는 표지(예: 방향표지, 고속도로상에서의 출구표지 등)는 규율의 성격을 가진다고 보기 어려우므로 단순한 사실행위에 지나지 않는다고 보아야 할 것이다.

46) BverfG, NJW 1965, 2395; BVerwGE 27, 181 ff.; Götz, a.a.O., Rn. 482; Schenke, a.a.O., Rn. 268 usw.

47) 물적 행정행위란 공물의 공용지정(Widmung)이나 여기서 다루고 있는 교통표지(특히 규제표지)처럼 어떤 조치의 직접적인 규율대상은 물건이며, 사람은 그에 의해 간접적으로 규율을 받을 뿐인 것을 말하는바, 동 개념은 Niehues의 학위논문인 Dinglichkeit im Verwaltungsrecht, 1963에 의해 확립된 것으로 설명되고 있다.

48) Götz, a.a.O., Rn. 482.

성이 있는 경우에 간략한 절차를 보장하며. 또한 행정행위는 그것이 위법한 경우에도 효력을 가지므로 규제표지 등의 유효성을 신뢰한 도로사용자를 보호하는 것이 된다고 한다.

결국 이상의 논의를 바탕으로 할 때 사례 3의 경우 속도제한을 내용으로 하는 교통표지는 규제표지로서 경찰상의 행정행위의 성격을 갖는다고 볼 수 있을 것이다.

(2) 신호기

신호기란 도로교통에서 문자 · 기호 또는 등화(燈火)를 사용하여 진행 · 정지 · 방향전환 · 주의 등의 신호를 표시하기 위하여 사람이나 전기의 힘으로 조작하는 장치를 말하는바(도로교통법 제2조 제15호), 신호기를 통한 교통신호 역시 경찰상의 행정행위의 성격을 갖는다는 것에 학설은 비교적 일치되어 있다. 다만 신호기를 ① 교차로 등에서 우리가 흔히 볼 수 있는 신호기의 경우처럼 정지 → 직진 → (좌)회전 등으로 변하는 신호기[49]와 ② 각각의 차로 위에 설치되어 단지 어느 한 방향으로만 진행을 허용하면서 그 내용이 변하지 않는 신호기[50]로 구분한 후, 전자에 대해서는 행정행위성을 긍정하지만, 후자에 대해서는 행정행위성을 부인하는 견해[51]도 있음을 부기해 두기로 한다.

2. 공중이 이용하는 물건에 대한 이용규율

예컨대 호수에서 윈드서핑, 스킨스쿠버 다이빙 및 수영을 금지시키는 경우에 있어서와 같이 공법적 성격을 가지고 있는 '물건의 이용에 대한 규율(Benutzungsregelung)'을 어떠한 법적 형식으로 발할 것인가가 오래전부터 다투어져 왔는바, 경찰상의 행정행위와 경찰명령의 구분기준에 대한 전술한 논의를 바탕으로 할 때 다음과 같이 결론지을 수 있을 것이다.

작은 호수에서의 수영 등을 금지시키는 경우에 있어서 그러한 규율의 인적 범위는 특정될 수 없으므로 그러한 규율의 법적 성격은 그것이 구체적 경

---

49) 독일에서는 이를 특히 Wechsellichtzeichen(도로교통법시행령 제37조)라고 부른다.
50) 독일에서는 이를 특히 Dauerlichtzeichen(도로교통법시행령 제38조)라고 부른다.
51) Drews/Wacke/Vogel/Martens, a.a.O., S.362 ff.

우를 규율하는 것인지, 아니면 추상적 경우를 규율하는 것인지 여하에 따라 결정될 수밖에 없다. 다만 전술한 바와 같이 구체적 규율인지 여부는 그 기초가 되는 관점에 따라 달라질 수 있음을 유의하여야 한다. 즉, ① 시간적 관점(앞으로 사람들이 호수를 이용하려는 경우, 언제나)에 착안하면 추상적 규율이 되지만,[52] 이에 반하여 ② 공간적 관점(의무가 이행되어야 할 장소)에서 보게 되면 공간적으로 제한된 위험상황과 관련이 있으므로 구체적 규율이 될 것이다.[53] 그리고 이 경우에도 양자 중 어느 관점을 기준으로 그 규율의 성격을 판단하여야 하는가는 그때그때의 규율의 설정목적을 고려하여 결정하여야 할 것이다. (서정범)*

52) 즉, 시간적 관점에서 보면 그러한 규율은 불특정 다수의 경우에 반복하여 적용되어야 할 것이고, 따라서 그러한 경우를 규율하기 위하여서는 경찰명령이 적법한 법적 도구가 될 것이다(Vgl. VGH Mannheim, NVwZ 1988, 168 ff.).

53) 따라서 이 경우에는 경찰상의 행정행위(일반처분)의 성격을 갖는다고 보아야 할 것이다(Vgl. VGH Mannheim, VBlBW 1987, 377 ff.). 한편 동 판결에 관하여 비판적인 것으로는 Bier, Benutzungsregelung durch Allgemeinverfügung und Rechtsverordnung, VBlBW 1991, 81 ff. 다만 광대한 장소적 영역을 규율하는 경우라면 장소적으로 구체적인 위험상황이 존재하지 않으므로 일반처분이 발하여질 수는 없을 것이다(Würtenberger/Heckmann/Riggert, a.a.O., Rn. 437).

* 이 글, "경찰의 행위형식으로서의 경찰상의 행정행위와 경찰명령"은 안암법학, 제8집 게재 내용을 일부 수정한 것임.

제 2 장 정보의 자기결정권과 경찰의 정보관리

Ⅰ. 문제 제기

경찰[1]이 발생된 문제를 분석하고 사안을 해결하기 위하여서는 자세한 정보가 필수적이다. 정보수집과 처리는 경찰영역에서 전혀 새로운 것이 아니다. 경찰작용은 지금까지 계속해서 정보와 밀접한 관련을 맺어 왔다. 위험방지 또는 범죄수사를 위한 조치를 함에 있어서 개인관련 정보가 없다면 직무수행은 불가능할 것이다. 즉 정보수집과 처리는 경찰작용의 핵심이라고 할 수 있다. 그러나 경찰의 정보수집과 처리가 학문적 관심의 대상이 된 것은 그리 오래되지 않는다. 과거에는 국가가 필요한 정보를 수집하는 것은 국가의 당연한 권리로 여겨졌던 것이다. 그러다가 최근에 이르러서 위험방지를 위한 정보의 수집과 처리에 대하여 법적인 관점에서 관심을 기울이기 시작하였다. 이러한 상황은 독일의 경우도 마찬가지이다. 물론 이전에 경찰의 정보처리에 대한 연구가 있었지만,[2] 본격적인 논의의 출발점이 되고 일련의 법제정과 개정을 촉발한 것은 1983년 독일 연방헌법재판소의 인구조사판결이라 할 수 있다. 인구조사판결은 경찰에 직접 관련되는 것은 아니지만, 경찰 직무수행의 핵심영역에

1) 경찰의 개념은 법적으로 정의되지 않고 있고, 제도적 내지 형식적 의미 또는 실질적 의미 등 다양한 의미로 사용되고 있다. 본 논문에서는 경찰개념을 제도적 의미로 사용하기로 한다.

2) 이에 대하여는 Schatzschneider, Ermittlungstätigkeit der Ämter für Verfassungs- schutz und Grundrechte, 1979, S.5 ff. 참조.

중대한 영향을 미치는 내용을 담고 있다. 독일 연방헌법재판소에 의하여 제시된 원칙들은 국가의 정보수집 및 처리 영역을 넘어서 모든 공행정 분야에서 준수되어야 하지만,[3] 특히 경찰영역에서 중요한 의미가 있다.[4]

독일에 있어서는 오래 전부터 학설, 판례 및 입법에서 정보보호의 문제에 대처해온 데 비하여 우리나라의 경우 이에 대하여 지금까지 충분한 논의가 진행되어 왔다고 할 수 없다. 독일의 연방정보보호법(Bundesdatenschutzgesetz)에 대응하는 개인정보보호법이 2011년 9월 30일부터 시행되고 있을 뿐이다(개인정보보호법의 전신은 1994년에 제정되어 1995년 1월 8일부터 시행되었던 「공공기관의 개인정보보호에 관한 법률」이었다). 독일에서는 모든 주의 경찰법에서 개인관련 정보의 수집 및 처리에 관한 권한규정을 두고 있는데, 우리의 경찰관련 법률에 정보보호에 관한 규정은 아직까지 결여되어 있다. 법률유보원칙에 따라 위험방지를 위한 정보적 활동에 의해 개인의 권리가 침해되는 경우에는 그에 대한 법적 근거가 필요하다. 따라서 우리나라의 경우 경찰의 정보수집과 처리를 위한 법적 근거의 정비가 시급히 필요한 상태이다. 이에 대한 경찰관련 법률의 제정에 있어서 독일에서의 논의와 입법은 우리에게 중요한 참고가 될 수 있을 것이다.

아래에서는 우선 독일 연방헌법재판소의 인구조사판결의 분석을 통하여 정보의 자기결정권의 내용 및 한계를 도출한 후, 그것의 경찰영역에서의 적용과 경찰 정보처리에 대한 귀결에 대하여 고찰해 보기로 한다. 그 다음에 경찰정보관리의 법적 근거에 대한 독일에서의 논의와 입법을 고찰한 뒤, 우리나라의 법제현황을 살펴보기로 한다. 마지막으로 지금까지의 논의를 토대로 경찰의 정보처리에 대한 입법에 있어서 고려해야 할 사항을 제시하고자 한다.

---

3) Hufen, Das Volkszählungsurteil des Bundesverfassungsgerichts und das Grundrecht auf informaionelle Selbstbestimmung - eine juristische Antwort auf 1984, JZ 1984, 1072 참조.

4) 이에 대하여는 Kowalczyk, Datenschutz im Polizeirecht, 1989, S.1 참조.

II. 정보의 자기결정권

1. 독일 연방헌법재판소의 인구조사판결

독일 연방헌법재판소는 1983년 인구조사법[5]에 대하여 내린 결정(인구조사판결: Volkszählungsurteil)에서 이른바 '정보의 자기결정권(Recht auf informationelle Selbstbestimmung)'을 일반적 인격권의 구체화로 인정함으로써 정보의 자기결정권과 정보보호에 헌법적 가치를 부여하였다. 물론 정보의 자기결정권이 인구조사판결에 의하여 새로이 형성된 개념은 아니다. 정보의 자기결정권이란 표현은 연방헌법재판소의 인구조사판결 이전에도 전자정보처리가 도입된 이후에 정보처리로부터 개인을 보호하기 위한 맥락에서 이미 여러 문헌에서 사용되고 있었다. 즉 슈타인뮐러(Steinmüller)[6]가 1971년 처음으로 '정보의 자기결정'이란 표현을 사용한 이후에 이러한 표현을 학자들이 받아들여서 사용하기 시작하였다.[7] 연방헌법재판소도 인구조사판결에서 처음으로 정보의 자기결정권을 일반적 인격권의 한 부분으로 인정하였지만, 일반적 인격권에 대한 결정에서 이미 인구조사판결의 기초를 논증적으로 제시하고 있었다.[8] 다만 이 판결에서 처음으로 현대적 정보처리의 위험성을 지적하고 정보보호에 관한 전문적인 용어를 사용하면서 정보의 자기결정권을 자세히 근거 지었으며 그의 효력에 대하여 구체적으로 살펴보았다는 데 의의가 있다.

이 판결의 중요한 판시사항은 그 후 연방헌법재판소에 의하여 재차 확인

---

5) 독일 연방의회는 1982년 3월 25일 인구조사법(Volkszählungsgesetz)을 통과시켰는데, 이 법에 따라 인구조사를 하면 개인은 性, 생년월일, 가족상황, 종교단체에 소속 여부, 국적, 주거상황 등 6가지 질문에 답하여야 했다. 그런데 인구조사법이 인격권을 침해한다고 하여 헌법소원이 제기되었던 것이다. 인구조사판결의 경위에 대하여는 김일환, 『개인정보보호법제의 정비방안에 관한 연구』, 한국법제연구원, 1997, 78쪽 아래 참조.

6) Steinmüller, Grundfragen des Datenschutzes, BT-Drucks. VI/3826, 88.

7) 예를 들면 Schwan, Datenschutz, Vorbehalt des Gesetzes und Freiheitsgrundrechte, VerwArch. 1975, 120(131); Mallmann, Datenschutz in Verwaltungs- und Informations-systemen, 1976, S.47 ff.; Denninger, Die Trennung von Verfassungs- schutz und Polizei und das Grundrecht auf informationelle Selbstbestimmung, ZRP 1981, 231.

8) BVerfGE 54, 148(155); 65, 37(41 ff.); 63, 131(142 f.).

되어,[9] 이제는 확고한 연방헌법재판소의 입장이 되었다. 인구조사판결은 정보의 자기결정권의 내용과 제한가능성에 대한 일반적인 사항 및 정보수집에 관한 법률이 지켜야 할 조건들에 대한 내용을 포함하고 있다. 개인정보의 무제한적인 수집, 저장, 사용 및 전달로부터 개인의 사적 영역을 보호하기 위한 기본원칙을 제시하였다.

인구조사판결은 직접적으로 경찰에 관련된 것은 아니지만, 그 판결은 경찰직무수행의 핵심영역에 영향을 미치는 내용을 포함하고 있다. 인구조사판결은 통계목적의 정보수집과 정보처리의 영역을 넘어서 모든 공행정 영역에서 고려해야 할 원칙들을 내포하고 있다.[10] 특히 인구조사판결은 공공의 안녕과 질서유지와 관련하여, 즉 경찰영역에서 중요한 의미를 갖는 원칙들을 포함하고 있다.[11]

2. 정보의 자기결정권의 헌법적 근거

(1) 일반적 인격권과 사생활의 비밀과 자유

독일의 경우 연방차원에서 정보보호권(Grundrecht auf Datenschutz)[12] 내지 정보의 자기결정권을 명문으로 인정한 기본권 조항은 없다.[13] 독일의 연방헌법재판소는 정보의 자기결정권의 근거를 일반적 인격권에서 찾고 있다. 현대적 정보처리의 조건하에서 인격의 자유로운 발현은 개인정보의 무제한적인 수집, 처리, 제공 등으로부터 개인을 보호하여야만 가능한데, 이러한 보호는 기본법

---

9) BVerfGE 69, 315 ff.; 78, 77 ff.; 67, 100(144).

10) Hufen, 앞의 글, 1072(1075).

11) Kowalczyk, 앞의 책, S.1.

12) 정보의 자기결정권 대신에 정보보호권으로 표현한 경우로는 BVerfG, NJW 1991, 2129 (2132) 참조.

13) 그러나 몇몇 주의 헌법에서는 정보보호권에 대한 규정을 두고 있다. 예를 들면 베를린 헌법 제21b조, 브란덴부르크 헌법 제11조, 니더작센 헌법 제64a조, 노르트라인-베스트팔렌 헌법 제4조 2항, 자를란트 헌법 제2조 2항 · 3항, 작센 헌법 제33조, 튀링엔 헌법 제6조 등. 특히 노르트라인-베스트팔렌은 연방헌법재판소가 인구조사판결을 하기 5년 전인 1978년 12월 19일의 헌법개정에 의하여 주의 헌법으로는 처음으로 정보보호에 관한 기본권을 명문으로 규정하였다. 즉 제4조 2항에서 "모든 사람은 자기관련 정보의 보호에 대한 권리를 갖는다. 이에 대한 침해는 법률에 근거하여 중대한 공공의 이익이 존재하는 경우에만 허용된다"고 규정하였는데, 이 조항은 그 후 다른 주 헌법규정의 모델이 되었다.

제1조 1항과 결합하여 기본법 제2조 1항의 일반적 인격권에서 도출된다고 한다. 즉 일반적 인격권은 개인에게 원칙적으로 자신에 관한 정보의 공개 및 사용에 대하여 스스로 결정할 권한이 있음을 보장한다고 한다.14)

우리나라의 경우 일반적 인격권은 헌법 제10조의 행복추구권에 포함되는 것으로 볼 수 있으며, 이로부터 정보의 자기결정권을 도출할 수 있을 것이다. 그러나 우리의 경우 독일과 달리 사생활의 비밀과 자유, 다시 말하면 프라이버시권을 헌법에 명시적으로 규정하고 있으며(제17조),15) 이 권리가 소극적으로 사생활비밀의 불가침, 사생활자유의 불가침을 내용으로 할 뿐만 아니라 적극적으로 자기정보통제권을 보장하는 것으로 이해할 때,16) 개인의 정보적 자기결정권의 직접적 근거는 우선적으로 헌법 제17조에서 찾아야 할 것이다. 사생활의 비밀과 자유로부터 개인정보의 보호에 대한 직접적인 근거를 찾을 수 있는 한 개인의 정보적 자기결정권의 직접적 근거로서 일반적 인격권을 언급할 필요는 없을 것이다.17)

대법원은 군 정보기관이 법령에 규정된 직무범위를 벗어나 민간인에 대한 정보를 비밀리에 수집·관리한 것이 문제된 사건에서 헌법 제10조는 "모든 국민은 인간으로서의 존엄과 가치를 가지며, 행복을 추구할 권리를 가진다. 국가는 개인이 가지는 불가침의 기본적 인권을 확인하고 이를 보장할 의무를 진다"고 규정하고, 헌법 제17조는 "모든 국민은 사생활의 비밀과 자유를 침해받지 아니한다"라고 규정하고 있는바, 이들 헌법 규정은 개인의 사생활 활동이 타인으로부터 침해되거나 사생활이 함부로 공개되지 아니할 소극적인 권리는 물론, 오늘날 고도로 정보화된 현대사회에서 자신에 대한 정보를 자율적으로 통제할 수 있는 적극적인 권리까지도 보장하려는 데에 그 취지가 있는 것으로

---

14) BVerfGE 65, 1(43).

15) 독일은 프라이버시의 권리를 헌법에 명시적으로 규정하고 있지 않지만, 인간의 존엄성과 연결하여 인격의 자유로운 발현권(기본법 제2조 1항)을 주된 근거로 들고 있다. 그 밖에 주거의 자유(기본법 제13조), 통신의 자유(기본법 제10조), 종교·양심의 자유(기본법 제4조 1항과 3항), 혼인과 가족(기본법 제6조 1항) 등도 그 근거규정으로 보고 있다[이에 대하여는 계희열, 『헌법학(중)』, 박영사, 2000, 343쪽 참조].

16) 홍성방, 『헌법학』, 현암사, 2008, 459쪽.

17) 그러나 김철수 교수는 사생활의 비밀과 자유권을 소극적 권리로 보고, 정보에 대한 자기결정권은 헌법 제10조에서 보장된다고 한다(김철수, 『헌법학개론』, 박영사, 2007, 725쪽).

해석된다고 판시하여, 자기정보통제권 또는 정보의 자기결정권을 헌법적 권리로 인정하면서 그의 근거를 헌법 제10조 및 제17조에서 찾고 있다.[18]

그러나 위에서 언급한 바와 같이 헌법 제10조의 행복추구권의 내용으로서 일반적 인격권을 들 수 있고, 이로부터 정보의 자기결정권을 도출하는 것이 가능하다고 할지라도, 행복추구권은 포괄적인 기본권으로서 개별 기본권의 보호영역에 의하여 포섭되지 않는 경우에만 적용되는 것이다. 즉 사생활의 비밀과 자유로부터 정보의 자기결정권이 보장된다면 특별법우선의 원칙에 따라 개별 기본권이 적용되고 일반적 인격권, 즉 행복추구권은 적용되지 않는다고 보아야 할 것이다.[19]

그 밖에 경찰상의 정보수집은 다양한 방법과 수단에 의하여 행해지므로 사생활의 비밀과 자유 이외에 다른 기본권이 관련될 수 있다. 부분적으로 정보의 자기결정권과 관련될 수 있는 헌법적 조항으로는 주거의 자유를 규정한 제16조(주거 안에서의 사생활 영역을 보호), 통신의 비밀을 보호하는 제18조, 양심의 자유를 보호하는 제19조, 종교의 자유를 규정한 제20조, 표현의 자유, 집회·결사의 자유를 규정한 제21조 등을 들 수 있다.

(2) 주거의 자유

주거의 자유에 대한 불가침은 인간의 존엄과 가치 및 행복추구권을 보장하는 헌법 제10조와 밀접한 관련이 있다. 모든 사람은 자신의 주거공간에서 아무런 방해를 받지 않고 평온하게 지낼 수 있는 권리가 있다. 주거의 개념은 넓게 해석하여 모든 공간적인 사적 영역을 의미하는 것으로 이해해야 한다. 가택은 국가의 침해로부터 보호되는 가장 전형적인 주거공간에 해당한다. 그 밖에 사무소, 공장, 학교, 호텔방, 창고 및 잠시 사람이 머무를 수 있는 자유스러운 공간은 모두 주거의 개념에 포함된다.

주거의 자유에 대한 압수·수색 및 그 밖의 침해는 특별한 법적 요건을 충족한 경우에만 허용된다. 주거에 대한 압수·수색은 검사의 신청에 의하여 법관이 발부한 영장을 제시하고 공개적으로 행해져야 한다. 주거의 자유는 법적 근거 없이 감청하거나 사진촬영에 의하여 주거로부터 정보를 수집하는 것

---

18) 대판 1998. 7. 24, 96다42789.

19) 홍성방, 앞의 책, 394-395쪽 참조.

을 금지한다. 주거의 자유는 주거에 출입하는 것에 의해서뿐만 아니라 특별한 기계시설에 의하여 주거 안을 감시하거나 관찰하는 것에 의하여도 침해될 수 있다. 주거 안 또는 주거 밖에서 은밀한 수단에 의하여 정보를 수집하는 것은 주거의 자유에 대한 중대한 침해에 해당한다. 독일 각주의 경찰법에서 주거에의 출입·수색 및 주거에서의 정보수집에 대하여 규율하고 있는 것은 바로 이러한 이유 때문이다.[20]

다만 주거의 자유에 대한 제한은 개인의 생명·신체 또는 불특정 다수인의 생명·재산에 대한 위험을 방지하기 위하여 허용될 수 있다. 또한 공공의 안녕과 질서에 대한 급박한 위험을 방지하기 위하여도 허용될 수 있을 것이다. 여기서 급박한 위험이란 어떠한 사실상태가 그 진행을 방해받지 않는 경우에 중대한 법익에 대한 손해가 발생할 것이라는 충분한 개연성이 있는 것을 말한다.[21]

(3) 통신의 자유

헌법 제18조는 편지를 쓰거나 전화를 걸며 E메일 등 통신매체를 이용하는 경우 국가로부터 방해를 받지 않고 자신을 표현할 수 있도록 보호해 준다. 즉 제18조는 제17조의 사생활의 비밀과 자유 및 제21조의 표현의 자유를 보충하여, 보호되는 사적 영역을 공간적으로 확장하며 개인의 인격의 자유로운 발현에 기여한다.

우편물의 검열이나 전기통신의 감청 등은 기본권에 대한 침해로서 형식적 법률의 근거가 있는 경우에만 허용된다.[22] 경찰법상의 개괄적 수권조항은 원칙적으로 충분한 법적 근거가 될 수 없고 개별적인 법적 근거가 필요하다. 통신비밀보호법 제5조·제6조·제7조·제8조 및 제14조 등은 우편물검열, 전기통신감청, 대화를 녹음·청취할 수 있는 요건과 절차에 대하여 규정하고 있다. 그에 의하면 제5조에서 정하는 범죄를 계획 또는 실행하고 있거나 실행하였다고 의심할 만한 충분한 이유가 있고 다른 방법으로는 그 범죄의 실행을 저지

---

20) 이에 대하여는 Vahle, Staatliche Eingriffe in die durch das Wohnungsrecht(Art. 13 GG) geschützte Privatsphäre, Datenschutz und Datensicherheit, 1995, 388(391 f.) 참조.

21) BVerwG, NJW 1975, 130 참조.

22) 통신비밀보호법 제3조 참조.

하거나 범인의 체포 또는 증거의 수집이 어려운 경우에 한하여 우편물검열, 전기통신감청, 대화의 녹음·청취를 허가할 수 있는데(제5조), 이 경우에 필요한 조치의 종류·그 목적·대상·범위·기간·집행장소와 방법 및 허가요건 충족사유 등의 청구이유를 기재하여 검사는 법원에 대하여 허가를 청구하고, 사법경찰관은 검사에 대하여 허가를 신청하고 검사가 법원에 대하여 그 허가를 청구하여야 한다. 또한 대통령령이 정하는 정보수사기관의 장은 국가안전보장에 대한 위해를 방지하기 위하여 이에 관한 정보수집이 필요한 경우에는 우편물검열, 전기통신감청, 대화의 녹음·청취를 할 수 있도록 규정하고 있다(제7조). 통신비밀보호법은 이러한 통신제한조치 등으로 취득한 내용을 사용할 수 있는 경우를 제한적으로 열거하고 있으며(제12조),[23] 그 이외의 경우에는 이를 다른 기관 또는 외부에 공개하거나 누설할 수 없도록 하고 있다(제11조).

(4) 양심의 자유

헌법 제19조는 특정한 활동을 보호하는 것이 아니라 개인의 생각, 신념, 확신 등 국가가 간섭할 수 없는 개인의 내부적 영역을 보호하는 것이다. 개인의 내부적 사고의 형성, 확신 등에 대하여 국가는 어떠한 영향도 미칠 수 없다. 양심의 자유는 자신의 사고 내지 신념을 적극적으로 나타낼 자유를 포함할 뿐만 아니라,[24] 소극적으로 자신의 신념과 확신에 대하여 침묵할 권리도 포함한다. 따라서 특정 종교에의 소속에 대한 질문은 그것이 법률에 규정된 통계 목적의 정보수집을 위하여 필요한 경우에 한하여 허용된다고 보아야 할 것이다.

---

23) 통신제한조치의 집행으로 인하여 취득한 우편물 또는 그 내용과 전기통신의 내용은 다음 각호의 경우 외에는 사용할 수 없다:

1. 통신제한조치의 목적이 된 제5조 제1항의 규정된 범죄나 이와 관련되는 범죄를 수사·소추하거나 그 범죄를 예방하기 위하여 사용하는 경우
2. 제1호의 범죄로 인한 징계절차에 사용하는 경우
3. 통신의 당사자가 제기하는 손해배상소송에서 사용하는 경우
4. 기타 다른 법률의 규정에 의하여 사용하는 경우.

24) 양심의 자유에 양심표현의 자유가 포함되는지 여부에 대한 논의에 대하여는 홍성방, 앞의 책, 472쪽 아래 참조.

(5) 언론 · 출판의 자유

헌법 제21조의 언론 · 출판의 자유 또는 표현의 자유는 사상 또는 의견의 자유로운 표명의 자유와 전달의 자유뿐만 아니라 정보의 자유도 보장한다.[25] 여기서 정보의 자유란 단순한 정보의 수집뿐만 아니라 적극적으로 정보를 창출하고 선택하는 것도 포함한다. 정보의 자유에 의해 국가는 정보원에의 접근을 어렵게 하거나 불가능하게 하여서는 안 된다. 그러나 정보의 자유는 본질적으로 침해배제청구권이므로,[26] 그에 의해 국가 또는 공공기관에게 일반적으로 접근 가능한 정보원으로 만들어 달라고 요구할 수는 없다. 물론 그렇다 하더라도 일반인이 접근 가능한 정보원에 해당하는지 여부가 국가의 자의적인 판단에 맡겨져서는 안 된다. 정보의 자유에 의해 개인은 일반적으로 접근 가능한 정보원으로부터 정보를 얻을 수 있는 권리가 보장된다. 따라서 정보의 제공을 방해하거나 금지함으로써 개인의 정보의 자유를 제한하는 조치는 기본권에 대한 침해가 될 수 있는 것이다.

---

25) 헌법재판소도 정보에의 접근 · 수집 · 처리의 자유는 표현의 자유에 당연히 포함된다고 한다(헌재 1989. 9. 4, 88헌마22; 헌재 1991. 5. 13, 90헌마133; 헌재 1992. 2. 25, 89헌가104).

26) 우리나라에서의 학계의 다수견해(계희열, 앞의 책, 385-386쪽; 홍성방, 앞의 책, 485쪽; 허영, 『한국헌법론』, 박영사, 2008, 544-546쪽)와 헌법재판소(헌재 1991. 5. 13, 90헌마133; 헌재 1994. 8. 31, 93헌마174)의 입장은 알권리 또는 정보의 자유를 정보의 수집 내지 취재활동에 대한 침해배제권과 정보공개청구권을 구체적 내용으로 하는 권리로 보면서, 그의 법적 근거를 헌법 제21조에서 찾고 있다. 그러나 개인적으로 포괄적인 내용을 가진 정보공개청구권의 근거를 헌법 제21조의 언론 · 출판의 자유에서 찾는 것은 지나친 확장해석이라고 생각한다. 헌법 제21조의 언론 · 출판의 자유는 의사표명의 자유, 전달의 자유, 정보의 자유 및 언론매체에 대한 자유를 내용으로 하는데, 여기서 정보의 자유란 정부가 보유하고 있는 정보에 대한 국민의 알권리, 즉 국민의 정보에 대한 일반적 정보공개를 구할 권리(헌재 1989. 9. 4, 88헌마22 참조)라는 의미로 파악해서는 안 되고, 단지 일반적으로 접근 가능한 정보원으로부터 의사형성에 필요한 정보를 자유롭게 수집하고 수집된 정보를 선택할 수 있는 권리로 이해해야 한다. 공공기관이 보유하는 정보는 공개적으로 접근할 수 있는 문서 또는 목록에 편입되어 있지 않는 한, 여기서 말하는 접근 가능한 정보원에 해당하지 않는다. 따라서 공공기관이 보유하고 있는 정보에 대한 열람 내지 공개청구는 헌법 제21조를 근거로 할 것이 아니라, 개인의 사적 영역에 관한 정보가 문제되는 한 헌법 제17조에 의하여 보장되는 정보의 자기결정권을 근거로 하여야 하며, 그 이외의 정보의 경우에는 헌법 제10조와 헌법 제37조 1항의 결합에 의한 일반적 인격권에 의하여 보장되는 것으로 보아야 할 것이다. 다만 후자의 경우 일반적 인격권에 근거하여 모든 경우에 공공기관에게 정보공개를 청구할 수 있는 것은 아니며, 공개의 기관, 대상, 범위, 절차 등에 있어서 광범위한 입법재량이 인정된다고 보아야 할 것이다.

(6) 집회 · 결사의 자유

헌법 제21조의 표현의 자유와 밀접한 관련이 있는 집회의 자유는 집단적인 의견의 표명을 보호한다. 집회의 자유는 국가의 침해로부터 집회의 개최를 보호할 뿐만 아니라 국가에게 집회의 진행이 가능하도록 배려할 의무를 부여한다.

시위란 공개적인 의견표명을 의미하는데, 이로부터 또는 시위의 참가자로부터 정보를 수집하는 것은 통상적으로 별 어려움이 없이 행해진다. 시위를 신고함에 있어서 이미 주최자, 연락책임자, 질서유지인, 연사 및 참가예정단체 등에 대한 정보가 알려진다. 신고서의 접수관청은 통상적으로 관할 경찰서장이 된다.

결사의 자유는 오랜 역사를 가진 기본권으로서 자유로이 선택된 특정한 목적을 가진 지속적이고 조직화된 결합체를 공권력의 침해로부터 보호한다.[27] 결사의 자유는 자유로운 사회적 집단의 형성을 보호하고 개인의 자유의 실현에 기여한다. 표현의 자유와 함께 집회 · 결사의 자유는 의사소통의 기회를 보장하는 기본권으로서 민주주의의 실현을 위하여 없어서는 안 될 기본권에 해당한다.

표현의 자유와 집회의 자유는 과도한 관찰(Observation) 및 기록화로부터 개인을 보호한다.[28] 어떠한 집회 또는 시위에 참가하는 것이 행정기관에 의하여 기록되고 그에 의하여 위험한 상태에 놓일지도 모른다는 생각이 들면 사람들은 집회 · 시위의 자유를 포기하려 할 것이다. 따라서 경찰에 의한 정보수집활동(예컨대 관찰, 감청, 비디오촬영 등)은 정보의 자기결정권에 대한 침해에 해당하는 것이다. 집회의 자유는 집회의 준비 및 개최에 있어서 방해받지 않을 자유와 집회에서의 자유로운 의사소통을 보장한다. 즉 집회의 자유는 집회 및 시위의 준비단계 및 진행 중에 국가기관에 의한 관찰, 사진촬영, 녹음 및 참가자의 리스트 작성 등으로부터 개인을 보호한다. 결국 집회에서 또는 집회와 관련하여 사진촬영이나 녹음을 하는 것은 정보의 자기결정권에 대한 침해인 동시에 집회의 자유에 대한 침해에 해당한다. 더 나아가 비디오촬영에 의한

27) Badura, Staatsrecht, 1986, S.117 f. 참조.

28) BVerfGE 69, 315(349); Kniesel/Tegtmeyer/Vahle, Handbuch des Datenschutzes für Sicherheitsbehörden, 1986, Rdn. 702 참조.

'모든 시위참가자의 파악'은 집회의 자유의 본질적인 내용에 대한 침해에 해당하기 때문에 법률에 의하여도 허용될 수 없다. 집회의 자유에 대한 침해는 공동의 의사형성 또는 의사표현을 완전히 불가능하게 하는 정도가 아닌 단지 어렵게 하는 정도의 경우에만 허용될 수 있는데, 그러한 침해를 정당화하기 위하여서는 명백한 권한규범이 필요한 것은 물론이다. 그러나 집회의 참여를 방해하기 위한 목적이 아닌, 공공의 질서유지를 위하여 집회를 감시(Beobachtung) 하는 것은 평화적인 집회의 진행을 보장하는 것으로 집회의 자유에 대한 침해에 해당하지 않는다.

3. 정보의 자기결정권의 내용

독일 연방헌법재판소의 견해에 의하면 정보의 자기결정권은 "개인은 원칙적으로 자기 개인정보의 제공과 이용에 대하여 스스로 결정할 권한이 있다"는 것을 내용으로 한다.[29] 자유로운 사회의 구성원으로서 개인은 자유롭게 스스로 결정할 권리가 보장된다. 여기에는 개인이 다른 사람에게 어떻게 행동할 것인지에 대하여 결정할 자유가 포함된다. 이것은 다시 다른 사람이 자기를 어떻게 인식하고 있는지를 파악할 수 있다는 것을 전제로 한다. 대화 상대방의 인식을 제대로 파악할 수 없는 사람은 독자적인 자기결정을 계획하고 결정하며 그에 따라 행동할 자유를 침해받게 되기 때문이다.[30] 누가, 무엇을, 언제, 왜 자기에 대하여 알고 있는지를 개인이 알 수 없는 사회는 정보의 자기결정권과 조화될 수 없다.[31] 즉 언제, 어떠한 한계 내에서 개인의 신상에 관한 사항이 공개될 것인지에 대하여 스스로 결정할 수 있어야 한다. 따라서 제한 없는 개인정보의 수집 · 저장 · 이용 · 제공으로부터 개인을 보호하는 것은 현대적 정보처리의 조건에 포함되는 것이다.[32]

현대적 정보처리는 더 이상 이전처럼 수작업으로 이루어진 카드나 서류에 의하여 행해지지 않고 개인정보가 컴퓨터에 의하여 저장되며 거리에 상관없이

---

29) BVerfGE 65, 1(42).

30) BVerfGE 61, 1(43).

31) BVerfGE 65, 1(43).

32) BVerfGE 65, 1(42 f.).

신속하게 불러낼 수 있게 되었다. 따라서 오늘날에는 자동화된 정보처리로부터 개인을 보호하는 것이 특히 문제된다. 이러한 상황하에서는 개인정보를 일반이 열람하고 영향을 미칠 위험이 증가하게 되는데, 이것은 자기의 정보가 공중에 개방되어 있다는 심리적 압박에 의하여 그의 행동에 영향을 미칠 수 있게 된다. 따라서 자신에 관한 개인정보의 이용과 제공에 대하여 스스로 결정할 개인의 권리는 자동화된 정보처리에 있어서 특별한 보호를 필요로 하게 된다.

물론 정보의 자기결정권에 대한 보호의 필요성이 자동화된 정보처리에 한정되는 것은 아니다. 개인적 권리가 침해될 수 있는 한 그의 보호가 문제되는데, 정보에 대한 개인의 권리는 자동화된 정보처리에 있어서뿐만 아니라 전통적인 수작업에 의한 정보작성의 경우에도 침해될 수 있는 것이다.

4. 정보의 자기결정권의 한계

정보의 자기결정권은 아무런 제한 없이 보장되는 것은 아니다. 자기 자신의 정보에 대한 절대적이고 무제한적인 지배권은 개인의 공동체 관련성과 구속성 때문에 인정될 수 없다. 개인은 독립적 존재로서가 아니라 사회의 구성원으로 존재하는 것이다. 헌법은 공동체에 관련되고 그에 구속된 개인을 전제로 한다(개인의 공동체 관련성과 구속성). 헌법은 폐쇄된 개인이 아니라 공동체에서 성장하고 다른 사람과 어울리는 인격체를 대상으로 한다. 즉 개인은 사회적 공동체의 구성원으로서 서로 의사소통하며 발전하는 인격체이다. 따라서 개인은 자신의 정보에 대하여 절대적이고 무제한적인 지배권을 가질 수는 없으며, 중대한 공공의 이익을 위하여 정보의 자기결정권에 대한 제한을 받아들여야 한다.[33] 사회적 공동체의 구성원으로서 공동체의 안전과 질서를 원하는 자는 중대한 공동체의 이익을 위하여 개인적 권리에 대한 제한을 감수하여야 한다. 그렇다고 하여 공동체의 이익이 항상 정보의 자기결정권에 대한 제한을 정당화할 수 있는 것은 아니다. 서로 상충되는 권리·이익은 정당하게 형량되어야 한다. 즉 개별적인 경우에 정보의 자기결정권에 대한 제한의 정도

33) BVerfGE 65, 1(42 f.).

와 그를 정당화하는 이익 등을 비교형량 하여야 한다.

이러한 내용은 인구조사판결의 핵심적 내용으로 당연한 것으로 인식되고 있는데, 중요한 것은 정보의 자기결정권을 제한할 수 있는 조건과 그의 법적 근거이다. 정보의 자기결정권에 대한 제한은 헌법에 적합하며 규범명확성의 원칙에 부합하는 법률의 근거가 있어야 한다.[34] 특히 그 제한은 비례의 원칙에 위반되어서는 안 되기 때문에 중대한 공익을 위하여 필요한 한도를 넘어서는 안 된다. 또한 명확성의 원칙에 따라 법률규정은 명확하여야 한다. 법규명령에 위임함에 있어서는 그 범위를 명확히 하여야 하며, 시민에게 의무를 부과함에 있어서는 법률로부터 그 의무가 도출될 수 있어야 한다. 규범명확성의 원칙은 관련자가 자기에 관한 정보가 어떤 구체적인 목적을 위하여 필요한지를 명확하게 인식할 수 있어야 한다는 것을 뜻한다. 따라서 개인정보를 이용하는 목적이 구체적이고 정확하게 법률상 규정될 것을 요구한다. 즉 정보의 자기결정권에 대한 제한의 조건과 범위가 명확하여야 한다.

5. 인구조사판결의 경찰영역에의 적용

독일 연방헌법재판소의 인구조사판결의 대상은 1983년의 인구조사법이다. 경찰영역에서의 정보처리는 이 판결의 직접적인 대상은 아니다. 그러나 판결이유에서 정보처리에 대한 일반적인 내용을 담고 있는 한, 그 한도 내에서 경찰의 정보처리에도 간접적으로 관련이 된다고 볼 수 있다. 이러한 점에서 인구조사판결이 담고 있는 정보처리에 대한 요구가 경찰영역에도 적용될 수 있는지가 밝혀져야 한다.

연방 헌법재판소법 제31조 1항에 의하면 연방 헌법재판소의 결정은 연방 및 주의 헌법기관, 모든 법원 및 행정청을 기속한다. 결정의 주문과 주된 이유[35]는 기속력을 발휘한다. 인구조사판결에서는 다음과 같은 표현이 빈번히 사용되는 것을 발견할 수 있다: "개인은 자기에 대하여 누가 무엇을 언제 어떠한 이유로 알고 있는지를 알고 있어야 한다. 자기의 일탈된 행위가 언제나 기

34) Riegel, Datenschutz bei den Sicherheitsbehörden, 2. Aufl., 1992, S.8.

35) 주된 이유란 그것을 간과하였을 때 결정의 의미가 상실될 정도의 가치를 지니는 이유를 말한다.

록되고 저장되며 사용되거나 다른 기관 등에 제공될지 모른다는 것에 대하여 불안해하는 사람은 순응된 행위를 하려고 노력할 것이다. 그것은 개인의 권리를 축소시킬 뿐 아니라 구성원의 행위가능성과 협력가능성에 의존하고 있는 자유민주적 기본질서에 대한 위험을 의미한다."[36] 이러한 내용은 특히 경찰행정과 관련하여 의미가 있다. 경찰행정기관에 의한 정보처리는 인격의 자유로운 발현과 능동적인 기본권실현을 위축시키는 효과를 가져올 수 있기 때문에 경찰행정기관은 정보의 자기결정권을 특히 준수해야 한다.

경찰의 정보수집은 강제적으로, 다시 말하면 관계자의 의사에 반하여 또는 관계자 모르게 행해지는 경우가 많다. 이것은 예컨대 정보의 획득을 목적으로 행해지는 주거수색, 압수, 검문 또는 수색 등과 같이 형사소송법의 전통적인 침해권한을 행사하는 경우에 명백해진다. 정보가 비밀리에 수집되는 경우, 예컨대 관찰, 경찰의 감시, 컴퓨터에 의한 범죄혐의자의 검색·조사에 의하여 또는 신분위장자의 배치에 의하여 관계자 모르게 수집되는 경우에 관계자는 자기의 정보결정권의 행사를 방해받게 되는 것이다. 비밀리에 이루어지는 정보수집은 누가 어떠한 이유로 자기에 대한 정보를 수집하는지를 알 수 있어야 한다는 관계자의 권리에 정면으로 배치되는 것이다.[37] 따라서 인구조사판결은 완전한 범위에서 경찰의 정보처리에 적용되며, 강제적인 정보수집의 경우에는 더욱 엄격한 요건을 요구한다.

6. 인구조사판결의 경찰 정보처리에 대한 귀결

인구조사판결로부터 정보의 자기결정권을 준수해야 하는 입법자 및 경찰행정기관에게 다음과 같은 결론을 도출할 수 있다. 정보의 자기결정권에 대한 제한은 중대한 공익이 존재하는 경우에만 허용되고, 정보처리가 목적달성을 위하여 적합하고 필요한 경우이어야 한다. 중대한 공익은 통상적으로 사회적

---

36) BVerfGE 65, 1(43).

37) Rogall, Strafprozessuale Grundlagen und legislative Probleme des Einsatzes verdeckter Ermittler im Strafverfahren, JZ 1987, 847(851). 그러나 다른 생각으로는 Rebmann, Der Einsatz verdeckt ermittelnder Polizeibeamter im Bereich der Strafverfolgung, NJW 1985, 1(4).

관련성 있는 정보에만 존재하게 된다. 개인은 자기에 관한 정보의 공개에 대하여 결정할 권한을 가지고 있는 반면에, 공동체의 구성원으로서 자기의 정보에 대한 절대적이고 무제한적인 지배권을 가지는 것은 아니다. 양자의 조정, 즉 기본권 보장과 질서유지 사이의 조정은 입법자에 의하여 행해져야 한다. 정보처리의 투명성은 정보의 자기결정권의 본질적 구성요소이므로, 정보의 자기결정권에 대한 제한은 법률에서 명확히 규정하여 개인은 자기의 정보결정권에 대한 제한을 예측할 수 있어야 한다.

입법자는 정보처리를 위하여 필요한 조치를 개별 영역별로 명확하게 규율해야 한다. 경찰영역에 있어서는 경찰의 직무수행, 즉 위험방지, 범죄예방, 범죄수사에 있어서의 정보처리를 위하여 그에 대한 개별적인 수권이 필요하다.[38] 필요성의 원칙과 관련하여 예방과 진압의 경우를 비교해 보면 명확해지듯이 직무영역별로 상이한 정보처리의 수권을 요구하게 된다. 예방은 공공의 안녕 · 질서에 대한 장애를 방지하는 것이며, 범죄수사는 이미 행해진 범죄행위의 진상을 규명하고 그에 대하여 벌을 과하는 것을 목적으로 한다. 위험방지에 있어서 경찰은 경찰법을 근거로 하여 자율적으로 활동하는 데 대하여, 범죄수사에 있어서는 형사소송법을 근거로 하고 검사의 지휘를 받는다. 예방을 독자적인 제3의 직무영역으로 따로 구분하여 취급할 것인지에 대하여는 논란이 있지만,[39] 여하튼 예방이라는 직무수행을 위하여서는 그것이 위험방지 또는 범죄수사에 관련된 것인지, 아니면 독자적인 영역에 관한 것인지를 불문하고 그를 위해 필요한 정보처리에 관한 자세한 규율이 있어야 한다. 예컨대 이미 행해진 범죄행위 이후에 계속되는 다른 범죄행위를 저지하거나 또는 추가적인 손해의 발생을 방지하여야 하는 경우, 위험방지와 범죄수사의 관점에서 동일한 사실관계가 경찰로부터 병렬적으로 처리될 수 있다. 그러나 개별적인 경찰조치는 구체적인 경우에 양 업무영역 중 어느 하나에 귀속되어야 하며 법적으로 명확하게 확정되어야 한다. 정보수집에서부터 삭제에 이르기까지 정보처리를 위한 조치를 위하여 양자는 명확히 구별되어야 한다.

---

38) 다른 생각으로는 Götz, Die Entwicklung des allgemeinen Polizei- und Ordnungsrecht, NVwZ 1987, 858 ff.

39) 이에 대하여는 Bäumler, in: Lisken/Denninger, Handbuch des Polizeirechts, 2. Aufl., 1996, J. Rdn. 524 ff.

특정한 목적을 위하여 수집한 정보를 다른 목적으로 사용할 수 있는 요건이 무엇인지 또한 밝혀져야 할 문제이다. 이에 대하여는 입법자가 명확히 규율해야 한다. 관련된 정보의 종류와 정보획득을 위하여 사용된 방법상의 차이를 고려하지 않고 일괄하여 동일하게 취급하는 것은 잘못이다.

규범명확성의 원칙에 따라 침해의 수권규범은 가능한 한 자세하게 규정되어야 한다. 일반조항의 사용이 완전히 배제되는 것은 아니지만, 그렇다고 입법자의 자의에 맡겨져 있는 것은 아니다. 입법자는 가능한 한 자세하게 규율하려고 노력하여야 한다. 이것이 사실상 불가능한 경우에 한하여 일반조항의 사용이 허용된다. 물론 너무 자세하게 규정하는 것이 오히려 규범명확성의 목적에 반하는 경우가 있을 수 있음을 주의해야 한다.[40]

불특정한 목적 또는 아직 확정할 수 없는 목적을 위하여 특정인에게 관련되거나 또는 관련 지울 수 있는 정보를 미리 수집하는 것은 금지된다. 정보의 저장은 그 개념상 장래의 사용을 위하여 미리 준비해 놓는다는 의미가 내포되어 있으므로, 미리 정보를 수집하는 것 자체가 금지되는 것은 아니다. 단지 사용목적이 명확히 확정되어 있지 않다는 점이 문제되는 것이다. 입법에 의하여 사용목적이 구체적으로 특정되고 정보의 사용이 그에 한정된다면, 장래의 목적을 위한 정보의 저장도 허용될 수 있다.

입법자는 은밀한 정보의 수집을 허용할 것인지, 허용하는 경우 그 범위에 대하여 신중하게 판단하여야 한다. 은밀한 정보수집은 정보의 자기결정권에 정면으로 배치되는 것이므로, 공개된 정보수집에 의하여서는 중대한 공적 업무의 수행이 불가능하거나 거의 가능성이 없는 경우에 한하여 고려될 수 있는 것이다. 단순히 편리하다거나 관행이라든가 또는 합리성이라는 측면은 중대한 공익을 근거 지우는 데 충분하지 않다. 또한 적법하게 은밀한 조사가 행해진 경우에도 사후에 이를 관계자에게 알리는 등 최소한의 조정이 행해져야 한다.[41]

---

40) 이에 대하여는 Vogelgesang, Verfassungsrechtliche Aspekte der Informations- gesellschaft, in: Heymann(Hrsg.), Informationsmarkt und Informationsschutz in Europa, 1995, S.10 f. 참조.

41) 경찰조사의 공개성에 대하여는 Deutsch, Die heimliche Erhebung von Informationen und deren Aufbewahrung durch die Polizei, 1991, S.28 ff. 참조.

입법자는 침해의 수권규정과 함께 설명의무(Aufklärungspflicht), 고지의무(Auskunftspflicht) 및 삭제의무(Löschungspflicht) 등 절차법적 보호조치를 마련해야 한다. 삭제의무와 관련하여 볼 때, 정보는 언젠가 삭제되어야 한다는 것은 정보처리 그 자체를 위하여도 당연한 것이다. 수집된 정보를 활용하고 관리하는 것은 많은 비용과 노력을 필요로 하며, 설문조사와 탐구조사의 경우 중요하지 않은 정보도 많이 제공되기 때문에, 지나치게 광범위하게 정보를 수집하는 것은 비생산적이다. 인구조사판결에서는 삭제의 의무를 관계자의 이익을 위한 특별한 보호장치의 하나로 언급하고 있다. 가능한 한 장기의 저장을 원하는 정보저장기관의 이익과 부담적 정보의 경우 가능한 한 조속한 삭제를 원하는 관계자의 이익 사이에 조정이 필요하다. 입법자가 정보저장기간에 대하여 결정해야 하는데, 일률적으로 결정할 문제는 아니다. 필요성의 원칙에 따라 혐의의 정도, 수집방법 및 저장된 정보의 내용에 따라 유형별로 삭제기간을 상이하게 정해야 한다. 정보를 수집함에 있어서 경찰이 관련자에게 법적 근거를 알려주도록 하는 것은 설명의무에 해당한다. 비밀에 의한 정보수집에 대하여 사후에 통지하는 것도 정보의 자기결정권에 대한 침해를 완화시킬 수 있는 방법이 될 것이다.

Ⅲ. 경찰의 정보관리에 대한 법적 근거

1. 독일에 있어서 경찰의 정보관리에 관한 법적 근거

(1) 법적 근거의 필요성

1983년의 인구조사판결 이전에 독일 연방헌법재판소는 개인정보의 수집·처리를 침해적 활동이 아닌 것으로 보았었다. 그러나 현재 행정기관에 의한 개인정보의 처리에 의해 기본권에 의하여 보호된 법익이 침해될 수 있다는 것은 일반적으로 받아들여지고 있다.[42] 즉 독일 연방헌법재판소의 인구조사판결

---

42) 이에 대하여는 Kowalczyk, 앞의 책, S.65 f.; Götz, Allgemeines Polizei- und Ordnungsrecht, 12. Aufl., 1995, S.72 참조.

에서 확인된 것처럼 개인정보에 대한 국가의 수집·처리활동은 통상적으로 정보의 자기결정권에 대한 침해를 가져오며, 그에 대하여는 형식적 법률에 의한 특별한 법적 근거가 마련되어야 한다. 물론 국가에 의한 모든 정보수집·처리에 대하여 특별한 법적 근거가 필요한 것은 아니다. 법적으로 의미 있는, 정보의 자기결정권에 대한 침해를 가져오는 정보수집·처리의 경우에 법적 근거가 요구되는 것이다. 예컨대 우편배달부가 새로 이사 온 이웃사람의 이름을 물어 보는 것은 정보의 자기결정권에 대한 침해가 아니다.[43]

법적 근거의 필요성 여부를 판단함에 있어서 정보의 종류는 중요하지 않다. 정보보호에 있어서 정보의 종류 또는 내용이 중요한 것이 아니라 정보의 이용가능성이 문제가 된다. 현대의 자동화된 정보처리에 있어서 다른 정보와의 결합, 연결가능성 때문에 중요하지 않은 정보란 없기 때문이다.[44] 따라서 개인의 생활영역에 따라 보호의 필요성과 정도를 나누는 영역이론(Sphärentheorie)[45]을 정보보호에 있어서 적용하는 것은 타당하지 않다. 법적 보호의 정도를 판단함에 있어서 정보가 어떠한 생활영역에 속하느냐보다는 정보의 수집 목적, 이용가능성, 처리방법 등이 중요한 기준이 된다. 영역이론은 다만 불가침의 사생활의 내적 영역은 일반적 인격권의 본질적 내용 내지 핵심영역으로서 공권력이 절대 개입할 수 없다는 점에서 그 의미가 있을 뿐이다.

(2) 통일경찰법모범초안에 대한 개정초안

인구조사판결에서의 연방헌법재판소의 요구에 따라 독일에서는 개별적인 영역에서 정보보호에 관한 규정을 두고 있으며, 경찰관련 법률에서도 정보수집과 처리에 관하여 포괄적인 규율을 하고 있다. 주의 새로운 경찰법이나 입법을 위한 제안들은 대부분 통일경찰법모범초안의 개정을 위한 초안(VE ME PolG: 아래에서는 '통일경찰법모범초안에 대한 개정초안')에 따르고 있는데, 「통일경찰법모범초안에 대한 개정초안」을 내놓게 된 동기는 1984년 10월 31일의 첫

---

43) 이에 대하여는 Vogelgesang, Verfassungsrechtliche Aspekte der Informations- gesellschaft, in: Heymann(Hrsg.), Informationsmarkt und Informationsschutz in Europa, 1995, S.13 참조.
44) BVerfGE 65, 1(45).
45) 이에 대하여는 Pieroth/Schlink, Grundrechte, Staatsrecht II, 9. Aufl., 1993, Rdn. 434 f.; Kunig, in: von Münch/Kunig(Hrsg.), Grundgesetz Kommentar, 4. Aufl., 1992, Art. 2 Rdn. 41; Kunig, Der Grundsatz informationeller Selbstbestimmung, Jura 1993, 595(602) 참조.

번째 초안에서 밝힌 바와 같이, 1983년의 인구조사법에 대한 연방헌법재판소의 판결에 있다. 연방헌법재판소의 인구조사판결은 국가의 정보수집 및 처리에 대한 법률규정의 허용성에 관하여 많은 헌법적 요구를 내포하고 있는데, 그에 의하면 그때까지의 경찰법상의 일반조항은 경찰의 정보관리에 대한 근거규정으로 불충분하고 따라서 법률에서 침해의 요건에 대하여 가능한 한 구체적이고 자세한 규정을 두는 것이 필요하게 되었다. 「통일경찰법모범초안에 대한 개정초안」은 그때까지 경찰업무의 수행을 위하여 행해져온 정보관리활동의 필요성을 전제로 하고, 그 법적 근거로서 그때까지는 대부분 행정규칙에서 규율되었던 것을 법률에서 명확하게 규정하는 것을 그 내용으로 한다.[46]

「통일경찰법모범초안에 대한 개정초안」에는 기존의 표준적인 직무조치(신원확인, 감식조치, 소환)를 넘어서는 광범위한 정보의 수집과 처리에 관한 법률규정을 매우 상세하게 규율하고 있다.[47] 기존의 표준적인 직무조치는 해당규정에 의하여 또는 직무범위 내에서 비권력적인 사실행위로서 언제나 허용될 수 있는 정도의 것으로 정보보호의 필요성 범위 내에 있지 않은 것으로 볼 것이며, 형사소송절차로써 이루어지는 모든 작용들은 별도의 형사소송법의 규율을 받기 때문에 정보보호적 차원에서 규제의 대상이 되는 것은 위의 영역 사이에 존재하는 것들에 관한 것이라고 할 것이다.

(3) 수권규정으로서의 정보보호법?

경찰영역에서의 정보는 대부분 강제적으로 또는 비밀리에 수집되기 때문에 그를 위하여서는 특별하고 자세한 법적 근거가 있어야 한다. 이에 대한 충분한 법적 근거가 마련되어 있지 않은 상황에서는 일반적인 정보보호법이 그에 대한 법적 근거가 될 수 있는지를 살펴보아야 한다.

연방과 주의 정보보호법은 자연인의 개인관련 정보만을 보호한다. 연방정보보호법은 연방의 다른 법규정이 개인정보와 그의 공개에 적용되지 않는 한

46) Neumann, Vorsorge und Verhältnismässigkeit, 1994, S.35.

47) 당초의 통일경찰법모범초안에서는 정보수집, 정보처리 및 정보이용 등에 대한 특별규정을 두고 있지 않았다. 그러나 인구조사판결에 의하여 개인정보의 수집, 처리 및 이용이 정보의 자기결정권을 침해하는 것이 인정되어 그에 관하여 구체적이고 자세한 규정이 필요하게 되었다.

(법 제1조 4항 1문), 연방의 공공기관에 의한 개인정보의 수집, 처리 및 이용에 적용된다(법 제1조 2항 1호). 이전에 정보저장과 정보제공에 대한 정보보호법상의 일반조항(예컨대 연방정보보호법 제14조, 제15조)에서 개인의 법적 지위에 대한 제약(Eingriff)의 근거를 도출할 수 있다는 주장이 있었으나,[48] 타당하지 않다. 정보와 관련하여 개인의 이익을 보호하려는 정보'보호법'으로부터 모든 경우에 적용 가능한 침해의 수권규정을 도출할 수 있다는 전제부터 잘못된 것이다. 연방정보보호법 제14조는 저장하고자 하는 기관의 권한에 속하는 직무수행을 위하여 필요한 경우에만 정보저장이 허용된다고 규정하고 있으므로, 우선 특별법에서 저장하려는 기관의 직무수행을 위하여 정보저장이 필요함을 규정하고 있어야 한다. 이러한 해석은 인구조사판결에서도 확인되었다. 따라서 경찰이 개인관련 정보를 저장·처리함에 있어서는 구체적이고 자세한 법적 근거가 있어야 한다는 것은 의문이 여지가 없게 되었다.

(4) 개괄적 수권조항에 의한 정보수집

주의 경찰법에 규정되어 있는 '표준권한(Standardbefugnisse)'은 대부분 개인정보의 수집을 목적으로 한다.[49] 그 이외에 개괄적 수권조항(Generalklausel)에 근거하여 어느 정도로 정보수집이 행해질 수 있는지가 문제될 수 있다. 적어도 표준권한에 규정되어 있는 방법은 그에 근거하여서만 가능한 것이고 개괄적 수권조항을 근거로 실행될 수 없다는 점에 대하여는 의견의 일치를 보고 있다. 예컨대 감식사무의 처리(Erkennungsdienstliche Behandlung) 또는 신원확인심사는 전적으로 특별권한에 근거하여 행해져야 하며 개괄적 수권조항을 근거로 할 수 없다.

경찰상의 개괄적 수권조항은 현존하는 구체적 위험을 방지하기 위하여 경찰책임자(예외적으로 비책임자)에 대한 권리제한의 권한을 부여한다. 이것은 경우에 따라서는 정보의 수집보다 강력한 조치에 대한 수권도 포함하는 것이다. 따라서 제한의 정도에 있어서 정보수집은 개괄적 수권조항에 근거하여 행해질 수 있는 조치의 범위 내에 있는 것이다.[50] 그러나 정보의 자기결정권에 대한

48) Auernhammer, Bundesdatenschutzgesetz, 2. Aufl., 1981, Einf. Rdn. 37, § 9 Rdn. 2.

49) 이에 대하여는 Rachor, in: Lisken/Denninger, Handbuch des Polizeirechts, 2. Aufl., 1996, F. Rdn. 1 ff. 참조.

제한은 규범적으로 명확한 법적 근거를 요한다. 그렇다고 하여 개괄적 수권조항의 적용이 원천적으로 배제되는 것은 아니다. 독일에 있어서 경찰상의 개괄적 수권조항은 오랜 동안의 판례와 실무에서 구체화되었고 시민의 법의식에 굳게 자리잡고 있는 것이다. 시민들은 경찰에게 허용되는 것과 허용되지 않는 것이 무엇인지를 알고 있다. 그로부터 정보의 자기결정권에 대한 제한의 한계가 도출될 수 있는 것이다.

그러나 경찰법에서 공공의 질서유지를 경찰의 직무에 속하는 것으로 규정하고 있는 한 의문이 제기될 수 있다. 공공의 질서가 무엇인지는 그 당시의 사회관 · 윤리관에 따라 상이하게 나타난다. 따라서 시민들은 어떠한 조건하에 경찰이 공공의 질서유지를 위하여 정보를 수집할 수 있는지를 명확하게 예견할 수 없다. 그러한 한도 내에서 개괄적 수권조항은 법적 근거에 대한 명확성의 요구를 충족하지 못하는 것이 된다.[51] 다만 그에 대한 명확한 법적 규정이 마련될 때까지는 헌법에 더욱 합치되지 않는 상황이 발생하는 것을 피하기 위하여 개괄적 수권조항을 과도기적으로 법적 근거로 볼 수 있다고 해야 할 것이다. 그러나 그러는 사이에 몇몇 주에서 공공의 질서유지를 경찰의 직무범위에서 완전히 삭제해 버렸기 때문에 그와 같은 주장을 하는 것도 어렵게 되었다. 따라서 개괄적 수권조항에 근거하여 공공의 질서유지의 목적으로 개인관련 정보를 수집하는 것은 (과도기적으로도) 허용되지 않는다.

공공의 안전에 대한 구체적이고 직접적인 위험이 존재하는 경우에는 개괄적 수권조항에 근거하여 정보수집이 행해질 수 있다. 이와 같은 경우에 위험방지를 위하여 필요한 경찰책임자에 대한 개인정보가 수집될 수 있는 것이다. 비책임자에 대한 정보수집은 더 엄격한 요건하에 허용될 수 있다.[52] 따라서 제3자에 대한 정보의 수집, 예컨대 부상자, 의지할 데 없는 자 또는 행방불명

50) 외관상 위험(Anscheinsgefahr)과 위험의 의심(Gefahrenverdacht)의 경우에 있어서 정보수집에 대하여는 Deutsch, 앞의 책, S.210 f. 참조.

51) Knemeyer, Datenerhebung und Datenverarbeitung im Polizeirecht, NVwZ 1988, 193(195); Kowalczyk, 앞의 책, S.77; Lisken, Über Aufgaben und Befugnisse der Polizei im Staat des Grundgesetzes, ZRP 1990, 15(17). 다른 생각으로는 Drews/Wacke/Vogel/Martens, Gefahrenabwehr, 9. Aufl., 1986, 245 ff. 참조.

52) 그 요건에 대하여는 Knemeyer, 앞의 글, 193(195) 참조. 다른 생각으로는 Krüger, Informationelle Selbstbestimmung und Kriminalaktenführung, DÖV 1990, 641(645).

된 자와 그의 가족, 법정대리인 또는 상담역, 위험에 처한 자, 증인 또는 참고인 등에 대한 정보수집은 비책임자에 대한 경찰권 발동의 요건이 충족되지 않는 한 배제된다.

개괄적 수권조항에 근거하여서는 단지 구체적 위험의 제거를 위한 권리제한만이 허용되므로, 예방목적을 위한 정보수집은 고려될 수 없다. 그러나 독일에 있어서 개괄적 수권조항이 경찰의 정보처리에 관한 조치의 법적 근거로서 인정될 수 있는지에 대하여는 더 이상 논의의 실익이 없다. 왜냐하면 모든 주의 경찰법에서 정보수집에 대한 일반적인 수권규정을 두고 있기 때문이다.

2. 현행법상 경찰 정보수집 · 처리의 법적 근거

(1) 경찰의 직무범위와 권한

경찰관직무집행법 제2조에 의하면 조직적인 의미의 경찰은 범죄의 예방 · 진압 및 수사, 경비 · 요인경호 및 대간첩작전수행, 치안정보의 수집 · 작성 및 배포, 교통의 단속과 위해의 방지, 기타 공공의 안녕과 질서유지라는 형식적 의미의 경찰활동을 직무범위로 한다. 경찰권의 행사와 관련되는 규범은 그 직무에 관한 규범(직무규범 또는 임무규범: Aufgabennorm)과 구체적인 행위에 관한 권한규범(Befugnisnorm)으로 구분할 수 있는데, 경찰이 경찰권을 발동하기 위하여서는 직무규범으로 충분한 것인지, 아니면 직무규범 이외에 별도의 권한규범이 필요한 것인지가 문제된다. 이와 관련하여 우리의 경찰관직무집행법 제2조 6호의 '공공의 안녕과 질서유지'에 관한 조항을 개괄적 수권조항으로 보아, 개별적인 근거규정이 없을 때에는 이 조항에 의거하여 경찰권을 발동할 수 있다고 보는 견해가 있다.[53]

---

53) 김남진/김연태, 『행정법II』, 법문사, 2008, 259쪽; 김남진, 『행정법의 기본문제』, 법문사, 1994, 698쪽; 김남진, "경찰상의 개괄적 수권조항," 고시연구, 1994. 7, 175쪽; 서원우, "경찰법상의 개괄조항," 월간고시, 1980. 6, 62쪽; 이명구, "경찰작용과 공공질서," 고시연구, 1984. 1, 58쪽 아래; 신보성, "경찰권의 근거와 한계," 월간고시, 1987. 12, 162쪽; 이순용, "경찰의 부작위와 개입청구권," 사법행정, 1990. 10, 40쪽; 강구철, "경찰권의 근거와 한계," 고시연구, 1991. 9, 80쪽; 서정범, "경찰권발동에 관한 연구," 고려대 박사학위논문, 1992, 26쪽; 남승길, "경찰관직무집행법," 공법연구, 제25집 제3호, 1997, 91쪽 아래; 오병주, "경찰권의 근거와 한계," 법조, 1998. 2, 73쪽 아래; 김해룡, "경찰권발동과 행정상 손실보상," 고시계,

대법원은 1986. 1. 28. 선고 85도2448 판결에서 "청원경찰법 제3조는 청원경찰은 청원주와 배치된 기관, 시설 또는 사업장 등의 구역을 관할하는 경찰서장의 감독을 받아 그 경비구역 내에 한하여 경찰관직무집행법에 의한 직무를 행한다고 정하고 있고, 한편 경찰관직무집행법 제2조에 의하면 경찰관은 범죄의 예방·진압 및 수사, 경비·요인경호 및 대간첩작전수행, 치안정보의 수집·작성 및 배포, 교통의 단속과 위해의 방지, 기타 공공의 안녕과 질서유지 등을 그 직무로 하고 있는 터이므로 경상남도 양산군 도시과 단속계 요원으로 근무하고 있는 청원경찰관인 공소 외 김창성 및 이성주가 … 허가 없이 창고를 주택으로 개축하는 것을 단속한 것은 그들의 정당한 공무집행에 속한다고 할 것이므로 이를 폭력으로 방해한 피고인의 판시 소위를 공무집행방해죄로 다스린 원심조치는 정당하고, 이에 소론과 같은 위법이 있다고 할 수 없다"라고 판시하고 있다. 이 판결이 직무규정인 경찰관직무집행법 제2조를 경찰권행사의 일반적 수권조항으로 보는 것인지[54] 또는 경찰관직무집행법 제2조를 권한규범으로서의 성격을 아울러 가지는 것으로 보는 것인지는 명백하지 않으나,[55] 적어도 경찰관직무집행법 제2조가 경찰권 발동의 근거가 되는 것으로 본 것만은 분명하다. 즉 경찰관직무집행법에 경찰관이 불법적인 건축행위를 단속할 수 있다는 규정이 없음에도 불구하고 공공의 안녕과 질서유지를 규정하고 있는 경찰관직무집행법 제2조 7호를 우리나라의 실정법상의 경찰에 대한 개괄적 수권조항으로 해석하고 있다.

그러나 동 조항은 경찰관의 직무를 정하는 규범일 뿐이지 구체적인 경우에 경찰이 직무수행을 위하여 개인의 권리·이익에 대한 침해까지 가능하게 하는 규정으로 볼 수 없다. 경찰법에 있어서 위험방지임무와 위험방지를 위한 개인의 권리에 대한 침해의 권한과는 구별하여야 한다. 위험방지를 위하여 개인의 권리를 침해하는 것은 위험방지임무의 수행에 해당한다. 개인의 권리침해는 특별한 조건을 갖춘 경우에만 허용되는 것이다. 즉 침해에 대한 특별한 수권이 있거나 또는 개괄조항에 의한 수권이 있어야 한다. 위험방지를 위한 경찰의 직무에 해당하더라도 이러한 수권이 없으면 개인의 권리를 침해할 수

1998. 4, 64쪽 아래; 김재호, "경찰권의 근거," 저스티스, 제32권 제2호, 6쪽 아래.

54) 김재호, 앞의 글, 18쪽.

55) 김남진, 앞의 글, 175쪽; 김남진/김연태, 앞의 책, 259쪽, 각주2 참조.

는 없는 것이다.

법률유보의 원칙은 경찰이 공공의 안녕과 질서유지를 위하여 개인의 권리를 침해하게 되는 경우, 침해의 근거로서 권한규범에 의한 수권을 요구한다. 경찰권 발동의 법적 근거로서 개괄조항을 인정할 때, 여기서 개괄조항이란 단순히 경찰의 임무규정을 말하는 것이 아니고 권한규정을 말하는 것이다. 이러한 의미에서의 개괄조항의 입법례로는 1931년의 프로이센 경찰행정법 제14조 1항을 들 수 있다. 동조는 "경찰행정청은 공공의 안녕 또는 질서를 위협하는 위험(Gefahren)으로부터 공중 또는 개인을 보호하기 위하여 실정법의 범위 안에서 의무에 적합한 재량에 따라 필요한 조치(die nach pflichtmäßigen Ermessen notwendigen Maßnahmen)를 취하지 않으면 안 된다"고 규정하여 위험방지에 대한 개괄적 수권조항(Generalklausel)을 채택하였다. 이 규정과 우리나라의 경찰관직무집행법 제2조 또는 경찰법 제3조[56]의 경찰관의 직무에 관한 규정을 비교할 필요가 있다. 결국 우리나라의 경우에도 권한규범의 성격을 갖는 일반적 조항을 두어 개괄적 수권조항이 필요한 현실에 입법적으로 대응하는 것이 요청된다.

또한 개괄적 수권조항의 존재가 인정되는 경우에도 개괄적 수권조항은 경찰법상의 개별적 수권조항 및 경찰관계법 이외의 다른 법률상의 개별적 수권

56) 우리 문헌의 일부에서는 경찰법 제3조도 경찰권 행사에 관한 개괄적 수권조항에 해당한다는 주장을 발견할 수 있다[석종현, 『일반행정법(하)』, 삼영사, 2005, 298쪽; 강구철, 앞의 글, 80쪽]. 이에 대하여 헌법재판소는 1991년 5월 10일 국회 본회의에서 통과되고 같은 달 31일 공포된 경찰법에 대한 위헌심사에서 "'경찰법'은 경찰의 기본조직 및 직무범위 등을 규정한 전형적인 조직법으로서 원칙으로 그 조직의 구성원이나 구성원이 되려는 자 등 외에 일반국민을 수범자로 하지 아니한다. 그러므로 일반국민인 청구인들은 위 경찰법의 공포로써 자기의 헌법에 보장된 기본권이 현재 직접적으로 침해되었다고 할 수 없다. 청구인들은 위 법률에 의하여 설치된 경찰기관의 경찰권 행사로 인하여 언제든지 기본권을 침해받을 가능성이 있다고 주장하나, 그러한 기본권 침해는 경찰관직무집행법이나 형사소송법 등에 따라 행해지는 경찰권 행사라는 별도의 공권력의 행사에 의한 것이지 조직법인 위 법률에 의하여 직접 이루어지는 것이라고 할 수 없고, 또 청구인들이 주장하는 기본권 침해의 가능성은 잠재적인 우려에 불과한 것이다"라고 판시하였다(헌재 1994. 6. 30, 91헌마162). 이로써 헌법재판소는 조직법으로서의 경찰법 제3조가 경찰권 발동의 개괄적 수권조항이 될 수 없음을 분명히 하고 있다. 그 밖에 경찰관직무집행법 제2조 7호가 개괄적 수권조항에 해당하는지에 대하여는 언급하고 있지 않지만, 작용법인 경찰관직무집행법과 조직법인 경찰법은 경찰권 행사에 있어서 다르게 취급하여야 한다는 점을 전제하고 있다.

조항이 존재하지 않을 때에만 보충적으로 적용되는 것이다. 즉 이들이 경합할 때에는 언제나 개별적 수권조항이 우선적으로 적용되는 것이다. 위의 대법원 판례의 경우 구 건축법 제42조 1항(1998. 12. 31. 폐지됨. 현행 건축법 제69조 1항)에 의하여 위법한 건축행위에 대하여 단속할 권한은 시장 또는 군수에게 있는 것이다. 만약 이 사안에서 불법적인 건축행위를 단속한 청원경찰이 경상남도 양산군 도시과 단속계 요원으로 근무하고 있었으므로 당해 청원경찰이 시장·군수의 단속권한을 행사한 것이라면 정당한 직무집행에 해당하는 것으로 볼 수 있을 것이다. 그러나 이 경우에도 단속의 법적 근거는 구 건축법 제42조 1항이 되므로 경찰관직무집행법 제2조를 근거로 보는 것은 개괄적 수권조항의 보충성에 반하는 것이다.

(2) 경찰 정보수집·처리를 규율하는 법률규정

경찰의 정보활동에 있어서 정보의 자기결정권에 대한 침해가 있는 경우에는 그에 대한 법적 근거가 있어야 함은 이미 살펴보았다. 즉 경찰영역에서의 개인정보가 강제적으로 또는 비밀리에 수집되는 경우에 그를 위하여서는 특별하고 자세한 법적 근거가 있어야 한다. 아래에서는 경찰의 정보수집·처리의 법적 근거로서 논의될 수 있는 법률규정을 살펴보기로 한다.

1) 경찰작용법

㈎ 경찰관직무집행법 제2조 4호: 정보수집·처리의 법적 근거?

경찰관직무집행법 제2조에서는 경찰의 직무범위를 국민의 생명·신체 및 재산의 보호, 범죄의 예방·진압 및 수사, 범죄피해자의 보호, 경비·주요인사 경호 및 대간첩·대테러 작전수행, 치안정보의 수집·작성 및 배포, 교통 단속과 교통위해의 방지, 외국 정부기관 및 국제기구와의 국제협력 그 밖에 공공의 안녕과 질서유지로 정하고 있다. 여기에서 '치안정보의 수집·작성 및 배포'가 경찰이 직무를 수행함에 있어서 정보수집·처리의 근거규정으로서 역할을 하는 것인지가 문제된다. 그 동안 무리한 수사와 권한남용 등으로 끊임없이 인권침해의 논란을 빚어 온 이른바 '사직동팀(경찰청 조사과)'[57]은 대통령 친인

57) 사직동팀(경찰청 조사과)은 2000년 10월 24일 경찰청 직제에서 폐지되었다.

척 및 고위공직자 관련 비위에 대한 내사와 첩보수집 등의 업무를 맡아 왔는데, 이 기관의 법적 근거가 경찰관직무집행법 제2조 4호의 치안정보의 수집·작성 및 배포에 대한 규정에 있다고 한다.

그러나 이 규정이 정보기관으로서 경찰이 '개인정보'를 수집·처리하는 데 대한 법적 근거가 될 수 있는지는 의문이다. 경찰관직무집행법 제2조 4호에서는 치안정보의 수집·작성 및 배포가 경찰관의 직무범위에 속함을 명시하고 있을 뿐이다. 이 규정은 단지 직무규정으로서 직무수행을 통한 개인의 권리에 대한 제한 내지 침해의 근거규정이 될 수 없다. 치안정보의 수집 등에 의하여 개인의 권리에 대한 침해를 가져오는 경우에는 권리침해에 대한 수권규정이 있어야 한다. 결국 경찰관직무집행법 제2조 4호의 규정은 단지 치안정보의 수집 등이 경찰의 직무범위에 속함을 규정한 포괄적인 직무규정으로서 개인의 정보적 자기결정권에 대한 제약을 가져오는 구체적인 개인정보의 수집·처리에 대한 근거가 될 수 없다고 하겠다.

결국 우리나라에서 경찰작용에 관한 일반법으로서 기능하는 경찰관직무집행법은 개인정보의 수집·처리에 관한 법적 근거규정을 결여하고 있다고 보아야 한다.

㈏ 그 밖의 경찰관직무집행법 규정 경찰관직무집행법에서는 위험방지를 위한 구체적인 조치에 대한 근거규정을 두고 있다. 예컨대 제3조의 불심검문, 제4조의 보호조치, 제5조의 위험발생의 방지조치, 제6조의 범죄의 예방과 제지, 제7조의 위험방지를 위한 출입, 제8조의 사실의 확인 등을 규정하고 있는데, 이러한 경찰작용과 관련하여 정보의 수집·처리가 행해질 수 있으나, 그에 대하여는 명확한 규율을 하고 있지 않다. 따라서 이에 대한 입법적 조치가 마련되어야 하며, 법적 규율을 함에 있어서는 정보의 수집·처리에 관한 일반원칙이 중요하게 고려되어야 할 것이다. 예를 들면 정보의 수집은 관계인으로부터 행해져야 하며, 법률에 다른 규정이 없는 한 공개적으로 행해져야 하고, 관계인에게 정보수집의 법적 근거 및 정보제공의무 또는 거절의 자유가 있음을 적당한 방법으로 알려주는 것이 특히 중요한 의미를 가진다.

㈐ 개별적인 경찰작용법 경찰작용법은 경찰관직무집행법 이외에 많은 개별법의 집합체라고 할 수 있다. 사법경찰 분야에서 수사활동에는 형사소송법 규정이 적용됨에 반하여, 행정경찰 분야에서는 실질적인 의미의 경찰활

동을 규율하는 모든 법률이 경찰작용법에 포함될 수 있는데, 이는 다시 직접 경찰이 관할권을 가지고 경찰작용을 행하는 근거가 되는 경찰작용관련 법률과 일반 행정기관에게 다른 행정작용과 관련하여 발생하는 사회공공의 안녕·질서에 대한 위험을 방지하도록 수권하는 개별법으로 구분할 수 있다. 경찰작용 관련 법률에는 예컨대 집회 및 시위에 관한 법률, 용역경비업법, 청원경찰법, 청소년보호법, 사격 및 사격장 단속법, 총포·도검·화약류 등 단속법, 사행행위 등 규제법, 사행행위 등 규제 및 처벌 특례법, 도로교통법, 풍속영업의 규제에 관한 법률, 전당포영업법 등이 있다. 이들 법률에서 경찰의 정보수집·처리에 관한 규정을 두고 있으면 그에 따르면 되는데, 대부분 그에 관한 규정을 두고 있지 않은 상태이다.

2) 경찰작용법 이외의 법률

㈎ 개인정보보호법 「개인정보보호법」은 개인정보의 처리 및 보호에 관한 사항을 정함으로써 개인의 자유와 권리를 보호하고, 나아가 개인의 존엄과 가치를 구현함을 목적으로 한다. 그리고 그를 위하여 동법은 그 취급에 관하여 필요한 사항, 즉 개인정보의 처리(제3장)와 제4장 개인정보의 안전한 관리(제4장) 및 정보주체의 권리 보장(제5장) 등에 관하여 규율하고 있다. 한편 개인정보보호에 관하여는 「정보통신망 이용촉진 및 정보보호 등에 관한 법률」, 「신용정보의 이용 및 보호에 관한 법률」 등 다른 법률에 특별한 규정이 있는 경우를 제외하고는 개인정보보호법이 우선적으로 적용되므로(동법 제6조) 경찰작용과 관련하여 처리되는 개인정보에 관하여는 동법의 적용을 받게 된다.

다만 동법은 제58조 1항에서 국가안전보장과 관련된 정보분석을 목적으로 수집 또는 제공요청되는 개인정보의 보호에 관하여는 이 법을 적용하지 아니한다고 하여 오히려 개인의 정보에 관한 기본권 침해의 우려가 가장 큰 국가정보기관의 정보수집·처리에 대해 동법의 적용을 배제하였고, 제32조 1항에서 공공기관의 장이 개인정보파일을 운용하는 경우에 행정안전부장관에게 등록할 것을 규정하면서 제2항에서 ① 국가 안전, 외교상 비밀 그 밖에 국가의 중대한 이익에 관한 사항을 기록한 개인정보파일 및 ② 범죄의 수사, 공소의 제기 및 유지, 형 및 감호의 집행, 교정처분, 보호처분, 보안관찰처분과 출입국관리에 관한 사항을 기록한 개인정보파일, ③ 조세범처벌법이나 관세법에 따른 범칙행위 조사에 관한 사항을 기록한 개인정보파일, ④ 공공기관의 내부적 업무처리만을 위하여 사용되는 개인정보파일 및 ⑤ 다른 법령에 따라 비밀로 분류된 개인정보파일의 경우는 그 적용을 배제함으로써, 결국 경찰작용 분야에서는 교통행정 등 순수 행정작용만이 동법에 의한 완전한 통제가 가능할 뿐이고, 국가정보기관으로서의 작용과 범죄수사 분야에 대하여는 통제영역 밖에 놓이게 되는 문제가 있다.[58]

㈏ 공공기관의 정보공개에 관한 법률 1996년에 제정된 「공공기관의 정보공개에 관한 법률」은 헌법상 권리인 국민의 알권리를 보장하고자 공공기관이 보유·관리하는 정보의 공개의무 및 국민의 정보공개청구에 관하여 필요한 사항을 정하고자 하는 데 목적이 있다. 이 법은 공공기관의 정보공개에 대한 일반법의 위치에 있다. 동법에 의하여 경찰이 보유한 정보는 원칙적으로 공개되어야 하며, 이를 통하여 국민의 알권리를 충족함과 동시에 부적절한 행정작용에 대한 통제장치적 역할을 수행하게 된다.

㈐ 형사절차법과의 관계 우리나라 경찰은 행정경찰작용과 사법경찰작용 양자를 아울러 관장함으로 인하여 형사소송법 등 수사절차에 관한 법률이 경찰의 정보수집·처리에 관한 근거법이 될 수 있다. 실제로 경찰전산망에 의하여 운영되는 상당부분의 데이터는 범죄의 예방, 진압, 수사라는 범죄투쟁을 위해 수집되었거나 그 과정에서 수집된 자료가 많은데, 경찰이 가지고 있는 방대한 데이터들이 행정경찰작용에 의해 처리되는 것인지 또는 사법경찰작용에 의해서 처리되는 것인지는 명백하지 않은 경우가 많다.

독일의 경우 연방헌법재판소의 인구조사판결의 영향을 받아 형사소송법에서도 일련의 조문들을 마련하였는데, 예를 들면 전산망입력(독일 형사소송법 제163조의d), 전산망검색(제98조의a 및 b), 정보의 비교조사(제98조의c)에 관한 상세한 규정들이 그에 해당한다. 이에 비하여 우리나라 형사절차법에서는 임의수사의 원칙과 강제수사 법정주의에 의하여 개인의 기본권을 제한하는 처분은 강제처분이라고 하여 법률에 특별한 규정이 있는 경우에 예외적으로 인정하

---

58) 「공공기관의 개인정보보호에 관한 법률」이 시행되던 당시에 행정자치부 장관이 1998. 11. 공고한 개인정보파일 목록집에 의하면 경찰청 소관업무에 대하여 행정자치부 장관에게 통보한 개인정보파일은 운전면허 결격자 관리, 운전면허 대장관리, 자동차운전 기능검정원·강사자격증 관리, 병원관리 프로그램에 불과하다.

고, 임의수사에 있어서 구체적인 방법은 수사기관에서 결정하도록 하되, 다만 형사소송법은 이 중에 공무소 등에의 조회(형사소송법 제199조 2항), 피의자신문(제200조, 제241조 아래), 참고인조사(제221조 전문), 감정 · 통역 · 번역의 위촉(제221조 후문) 등에 관해서만 특별한 규정을 통하여 그 절차적 규율을 하고 있을 따름이다.[59)]

3. 소 결

경찰은 업무의 특성상 개인정보를 비롯한 많은 정보를 필요로 하게 되며, 정보통신의 발전과 사회의 다원화에 따른 정보의 컴퓨터를 통한 처리가 경찰 목적 달성을 위해 많이 활용되게 되었는데, 이와 함께 이에 의한 국민의 정보적 기본권 침해의 우려도 확대되었다.

경찰의 정보수집 · 처리는 경찰작용에 내재된 것으로 별도의 절차를 규정하지 않는 것은 우리나라가 계수한 독일법의 경우도 마찬가지였으나 정보의 자기결정권에 관한 독일 연방헌법재판소의 인구조사판결을 계기로 독일의 경찰법 및 형사소송법이 정보수집 · 처리에 관한 상세한 별도의 규정을 두게 되었음에 반하여, 우리나라의 경찰관련법에서는 여전히 입법상 공백을 두고 있다.

경찰의 직무규범은 국민에 불이익을 주지 않는 범위 내에서 경찰작용의 근거가 될 뿐이므로 국민의 정보적 기본권을 제한하는 경우에는 별도의 수권규정을 필요로 한다.

경찰관직무집행법에서는 제2조의 직무규정을 두고 있을 뿐 정보수집 · 처리에 관하여 전체 경찰작용을 규율하는 조문은 두고 있지 않다. 경찰관직무집행법을 비롯한 개별적인 경찰작용법에서 근거규정을 찾을 수 있으나, 이 경우에도 정보처리에 관하여 별도의 자세한 규정을 두고 있지 않은 상태이다. 사법경찰 분야에 적용되는 형사소송법의 경우에도 사정은 다르지 않다.

「개인정보보호법」, 「공공기관의 정보공개에 관한 법률」 등은 부분적으로 국민의 정보적 기본권을 보장하는 측면에서 경찰의 정보수집 · 처리 내지 그에

---

59) 배종대/이상돈, 『형사소송법』, 홍문사, 2006, 213쪽 아래.

대한 통제에 관한 규율을 하고 있으나, 적용배제조항에 의하여 통제영역 밖에 놓이는 경우가 많다.

Ⅳ. 경찰의 정보관리에 대한 법적 규율

위에서 살펴본 것처럼 우리나라의 경우 경찰의 정보수집·처리에 대하여 별도의 자세한 규정을 두고 있지 않다. 그러나 경찰의 정보수집·처리에 의한 개인의 권익침해의 우려가 크기 때문에 그의 통제를 위하여는 자세하고 구체적인 규율을 두는 것이 필요할 것이다. 아래에서는 경찰의 정보처리에 대한 입법에 있어서 고려해야 할 사항을 살펴보기로 한다.

1. 정보처리에 관한 일반적인 규정

(1) 경찰의 직무범위

경찰의 직무에 대하여는 경찰관직무집행법 제2조에 규정하고 있다. 즉 경찰관직무집행법 제2조에서는 ① 국민의 생명·신체 및 재산의 보호, ② 범죄의 예방·진압 및 수사, ③ 범죄피해자 보호, ④ 경비·요인경호 및 대간첩작전수행, ⑤ 치안정보의 수집·작성 및 배포, ⑥ 교통 단속과 교통 위해의 방지, ⑦ 외국 정부기관 및 국제기구와의 국제협력, ⑧ 그 밖에 공공의 안녕과 질서유지를 경찰관의 직무범위로 규정하고 있다. 그러나 이 조항은 너무나 일반적으로 규정되어 있어 이를 구체적으로 명확하게 규정할 필요가 있다. 참고로 독일의「통일경찰법모범초안에 대한 개정초안」제1조 1항에서는 경찰은 공공의 안녕·질서에 대한 위험방지 업무를 수행한다고 하면서, 이 범위 내에서 범죄행위가 발생한 경우에 형사소추에 대비하고 범죄행위의 발생을 예방하며 (이른바 '예방적 범죄투쟁') 및 장래의 위험을 방지하기 위하여 준비하여야 한다고 규정하여 경찰의 직무범위를 명확하게 규정하고 있다. 이 규정에 의하여 범죄행위를 범할 우려가 있는 자에 대한 정보와 장래의 범죄행위의 발생을 방지하기 위한 정보를 수집하며, 또한 장래의 위험발생에 대비하기 위하여 정보를 수집하는 것이 경찰의 직무범위에 속함이 명확해진다.

그러나 이러한 규정은 경찰의 직무범위를 확정하는 것으로 그러한 직무수행에 의한 기본권의 침해를 정당화해 주는 것은 아니다. 즉 법률유보원칙에서 요구하는 침해의 수권규정은 아닌 것이다. 기본권 침해의 수권규정은 따로 규정하여야 한다. 독일의 「통일경찰법모범초안에 대한 개정초안」에서는 제8조 이하에서 수권규정을 두고 있다.

우리나라의 경우 지금까지 경찰은 경찰관직무집행법 제2조의 '치안정보의 수집' 규정에 의하여 또는 정보수집이 경찰의 직무수행에 당연히 내재하는 것으로 보아 직무에 대한 규정을 근거로 여러 가지 정보수집활동을 수행해 왔는데, 경찰 정보수집의 범위를 명확히 할 필요가 있으며, 그로 인한 개인의 권리제한 및 침해에 대한 수권 규정을 두는 것이 개인의 기본권보장과 법치주의원칙, 특히 법률 명확성의 원칙 및 법률유보원칙에 부합하는 것이 될 것이다.

(2) 다른 행정기관과의 관계

공공의 안녕 · 질서의 유지작용 모두가 경찰의 직무범위에 속하는 것은 아니다. 예컨대 위생 · 건축 · 산업 등과 관련하여 발생하는 공공의 안녕 · 질서에 대한 위험의 경우처럼 다른 행정작용에 관련해서 일어나는 위험을 방지하는 것은 경찰기관이 아닌 다른 행정기관의 권한으로 규정되어 있다. 그런데 해당 행정기관이 적시에 위험방지업무를 수행하지 못하는 경우에 그러한 위험상태를 방치할 수도 없는 긴급한 경우에는 보충적으로 경찰이 위험방지업무를 수행할 수 있어야 할 것이다. 이에 대한 명문 규정이 필요하며, 또한 이와 관련된 정보수집 및 처리에 대하여도 명확한 규정을 두어야 할 것이다.

참고로 독일의 「통일경찰법모범초안에 대한 개정초안」 제1a조에서는 경찰과 다른 행정기관의 관계에 대하여 규정하고 있다. 이에 의하면 경찰은 다른 행정기관의 직무에 속하는 위험방지가 적시에 행해지기 어렵고 위험방지를 위한 조치가 불가피한 경우에는 그 방지활동을 할 수 있으며, 이러한 경우 경찰은 즉시 다른 행정기관에게 그 기관의 업무수행을 위하여 중요한 의미가 있는 모든 과정을 통보하도록 되어 있다. 다만 위험방지 업무수행을 통해 경찰이 획득한 개인관련 정보가 있는 경우에 이를 다른 행정기관에 전달하기 위하여서는 정보제공의 요건을 충족하여야만 한다.

(3) 비례의 원칙

경찰법상 명문규정이 없더라도 비례의 원칙은 법치국가원리의 한 구성부분으로서 헌법적 지위를 갖고 모든 국가작용에 적용된다. 경찰작용은 주로 개인의 자유의 제한을 내용으로 하기 때문에 비례의 원칙은 경찰권의 발동에 있어서 특히 중요한 의미를 갖는다. 그러한 이유로 경찰관직무집행법 제1조 2항은 "경찰관의 직권은 그 직무수행에 필요한 최소한도 내에서 행사되어야 하며 이를 남용하여서는 아니 된다"고 하여, 경찰권발동에 있어서의 비례원칙을 명시적으로 규정하고 있다.

비례의 원칙이 경찰의 정보처리에 있어서 적용되어야 함은 당연하다. 비례의 원칙은 정보처리에 관한 법률규정의 해석과 구체적 적용에 있어서 그 의미를 가진다. 비례의 원칙이 적용되는 결과 부담적이거나 개인의 사생활에 속하는 정보는 자의적으로 수집되어서는 안 되고 개별적인 경우에 그에 대한 필요성의 심사 후에 수집될 수 있는 것이다. 다시 말하면 필요성의 원칙에 따라 정보처리는 적법한 직무수행을 위하여 필요한 범위 내에서만 허용된다. 수단에 의하여 달성하려는 목적보다 그로 인한 불이익이 더 커서는 안 된다는 좁은 의미의 비례원칙으로부터 저장의 필요성이 크지 않거나 경찰책임자 또는 혐의자가 아닌 일반인에 대한 정보의 저장이 문제되는 경우에, 개인의 인격을 나타내거나 개인의 사생활에 속하는 정보는 저장되어서는 안 된다는 결론이 도출된다.

자동화 장치에 의하여 저장된 정보의 경우 수작업에 의하거나 서류의 형태로 저장된 정보보다 이용될 가능성이 높고 그에 따라 위험에 노출될 가능성이 많기 때문에 저장의 형태를 선택하거나 서류형태를 자동화된 데이터로 저장방식을 바꿈에 있어서 그에 대한 판단이 저장기관의 자의에 맡겨져서는 안 된다. 정보처리의 자동화는 수행해야 할 직무와 관련자의 보호법익을 고려할 때 그것이 적합한 경우에만 고려될 수 있는 것이다.

2. 개별적인 정보처리시 준수해야 할 원칙

(1) 정보수집

1) 정보수집에 대한 수권조항

정보수집에 대한 명확한 수권규정을 둘 필요가 있다. 경찰은 직무수행을 위하여 필요한 경우에는 개인정보를 수집할 수 있다고 일반적인 수권조항의 형식으로 규정하고, 정보수집의 대상자 및 정보수집의 종류·형태에 대한 자세한 규정은 하위 법령에 위임하면 될 것이다. 정보수집의 범위와 관련하여 경찰은 목적달성을 위하여 필요한 범위 내에서 개인정보를 수집할 수 있음은 비례의 원칙이 적용되는 결과 당연한 것이다.

관련자의 자유로운 진술에 의하여 정보를 수집하는 것은 침해에 해당하지 않으므로 이를 위하여 수권규정이 필요하지는 않다. 그러나 관련자에 대한 정보를 제3자로부터 수집하는 것은 정보의 자기결정권에 대한 침해에 해당하므로 수권규정이 있어야 한다.

정보수집의 권한규정으로부터 당사자의 정보제출의무가 도출되는지에 대하여는 논란의 여지가 있으므로 법적 명확성의 관점에서 정보제출의무의 요건에 대하여 규정할 필요가 있다.

2) **정보수집의 일반원칙**

개인정보는 원칙적으로 공개적이며 관련자로부터 수집되어야 한다. 다만 예외적으로 관련자로부터 수집하는 것이 불가능하거나 또는 과도한 비용이 요구되는 경우와 다른 방법으로는 경찰의 직무수행이 현저히 곤란하게 되는 경우에 한하여 개인정보를 다른 행정기관, 공공단체 또는 제3자로부터 수집하거나 또는 은밀한 방법으로 수집할 수 있다.

정보의 자기결정권은 모든 사람에게 자신에 대한 정보제공에 대하여 스스로 결정할 권리를 부여한다. 제3자로부터의 정보수집은 특별히 중요한 사유가 존재하는 경우에만 고려될 수 있다. 간편함 또는 행정의 간소화 등의 사유만으로는 기본권 침해를 정당화시킬 수 없다. 구체적인 경우에 일반적인 비례원칙의 적용이 고려되어야 한다. 제3자로부터 정보수집의 허용 여부는 정보의 종류·내용에 따라 달리 판단하여야 한다. 예컨대 위험상황에 대비하기 위하여 수집되는 정보와 같이 비교적 무해한 정보의 경우에 있어서는 질병, 특별한 행동양식 또는 사생활에 관한 정보와 같은 민감한 정보의 경우보다 제3자로부터 수집되는 것에 대한 허용가능성이 크다고 할 것이다.

원칙적으로 정보수집은 공개적으로 행해져야 한다. 공개적이라 함은 자기에 대한 정보수집에 관하여 관련자가 알고 있어야 함을 의미한다. 정보수집시에 관련자는 정보제공의 의무가 있는지 또는 정보수집에 자발적으로 응할 수 있는 것인지에 대하여 알고 있어야 한다. 정보수집에 동의하는 경우 공개성의 요구는 충족되는데, 동의를 하기 위하여서는 관련자가 자기에 대한 정보수집의 목적과 범위에 대하여 알고 있는 것을 전제로 하여야 한다.

공개적인 정보수집의 원칙은 개인의 정보적 자기결정권과 관련하여 중요한 의미를 갖는다. 은밀한 정보수집은 정보의 자기결정권에 완전 배치되는 것이다. 은밀한 정보수집이 아니라면 경찰의 직무수행이 곤란해진다라는 단순한 사실만으로는 그를 허용하는 충분한 근거가 될 수 없다. 경찰직무의 수행이 거의 불가능해진다거나 비공개에 의한 정보수집이 예외적으로 관련자의 이익에 합치되는 경우에만 고려될 수 있을 뿐이다. 그러나 이로부터 은밀한 정보수집에 대한 명확한 한계를 도출할 수 있을지는 의문이다. 개별적인 경우 비공개에 의한 정보수집을 필요로 하는 직무의 중요성과 관련자의 이익이 비교형량 되어야 한다. 비교형량 함에 있어서는 정보의 종류가 중요한 의미를 갖는다. 또한 형량에서는 은밀한 정보수집이 장기적으로 시민과 경찰의 관계에 어떠한 영향을 미칠 것인지가 고려되어야 한다. 경찰에 대한 신뢰는 경찰의 원칙적인 공개성을 전제로 한다. 공개는 민주국가의 본질적인 요소이다.

정보의 자기결정권에 대한 침해를 완화하고 권리보호를 위한 방안으로 저장기간이 3년을 넘게 되면 관련자에게 그 사실을 통지하도록 하는 것을 고려해볼 수 있다.[60] 그 밖의 경우에는 은밀한 수집의 사유가 소멸된 이후에 비례의 원칙에 따라 관련자에게 사후에 통지하는 것이 필요한지 여부가 심사되어야 한다. 비공개 수집이 관련자의 이익을 위하여 행해진 경우에는 그에게 통지될 수 있는 것이다.

3) 공개된 행사, 모임 및 집회에서의 정보수집

평화적인 집회·시위도 경우에 따라서는 감정의 자극 등에 의하여 폭력적인 집회·시위로 발전되는 경우가 많다. 이러한 경우에 경찰은 비디오카메라 등을 사용하여 그 현장을 촬영하고 그에 의하여 폭력행위자 등을 선별하게 되

60) 이러한 입법례로는 헤센의 경찰법 제20조 9항 참조. 슐레스비히-홀슈타인에서는 정보가 공개적으로 수집되지 않은 경우에 그 저장에 대하여 관련자에게 알려주도록 하고 있다(§ 178 Abs. 2 SHLVerwG 참조).

며 이후 형사소추에 있어서 증거자료로 활용하게 된다.

경찰이 공개된 행사, 모임 또는 집회를 단순한 관찰자의 눈으로, 망원경에 의하여 또는 사진촬영이나 녹음에 의하여 감시하는 것은 단순한 사실행위로서 침해에 해당하지 않는다. 그러나 그에 의하여 특정인의 신원을 확인할 수 있게 된다면 특별한 법적 근거가 필요한 침해에 해당한다. 따라서 이에 대한 법적 근거로서 경찰은 공개된 행사, 모임 및 집회에서 또는 그와 연장선상에서 주위의 사정을 합리적으로 판단하여 범죄행위 또는 중대한 질서위반행위를 하려 하고 있다고 의심할 만한 상당한 이유가 있는 자에 대하여 사진촬영, 비디오녹화 또는 녹음을 할 수 있다는 규정을 두어야 한다. 또한 그에 의한 필름 및 녹화·녹음테이프와 그로부터 수집한 개인정보는 형사소추 또는 질서위반행위의 조사를 위하여 필요한 경우와 법적 분쟁의 대상이 되는 경우를 제외하고는 늦어도 2개월이 지난 후에는 삭제되어야 한다. 공공의 안녕·질서에 대한 위험이 발생하지 않은 경우에 행사, 모임 및 집회에서 수집된 자료는 삭제되어야 할 것이다.

(2) 정보의 처리

1) 저장 및 목적구속의 원칙

개인정보의 저장과 이용은 수집목적을 위하여만 허용됨을 분명히 하여야 한다. 개별적인 경우에 있어서 목적이 무엇인지가 밝혀져야 한다. 경찰의 일반적인 직무영역인 위험방지, 범죄수사 및 예방의 영역에서 그 목적이 자세하게 구체화되어야 한다. 예를 들면 위험방지영역에서 '증인'으로서 어떠한 사람에 대한 정보가 수집된 경우, 비록 위험방지의 목적을 위한 것이라 하더라도 '경찰책임자'로서의 정보로 저장되어서는 안 된다. 마찬가지로 범죄수사의 영역에 속하지만, 접촉한 사람으로서의 정보를 범죄혐의자의 정보로 이용하여서는 안 된다.

다만 정보가 다른 목적으로도 수집될 수 있었던 것이라면 다른 목적으로 저장되는 것이 허용될 수 있어야 할 것이다.[61] 정보가 다른 목적으로 수집될

61) 이러한 독일의 입법례로는 § 20 Abs. 3 S.2 HSOG, § 22 Abs. 1 SOG LSA, § 37 Abs. 2 PolG BW, § 42 Abs. 2 ASOG Berl 참조.

수 있었느냐, 즉 수집 당시의 시점을 기준으로 허용성 여부를 판단하여야 할 것이다. 그 밖에 '동일한 수집방법'으로 수집할 수 있었는지 여부도 허용성을 판단함에 있어서 고려하여야 한다.

정보의 저장과 관련하여 목적구속의 원칙 이외에 비례의 원칙도 중요한 의미를 갖는다. 즉 비례의 원칙에 따라 정보의 저장기간은 필요한 범위로 제한되어야 한다. 이를 위하여 정보의 저장이 계속해서 필요한지 여부에 대하여 정기적으로 심사해야 한다. 저장의 필요성에 대한 심사결과에 따라 정보를 계속 저장할 것인지 또는 삭제할 것인지가 결정되어야 한다.

2) 아동에 대한 정보의 저장

아동[62]에 대한 정보의 저장에 대하여는 특별규정을 둘 필요가 있다. 저장기간을 제한한다거나,[63] 고지에 의하여 직무수행이 현저히 곤란해지는 경우가 아니거나 또는 고지가 해당 아동에게 중대한 불이익을 가져다주는 것이 아닌 한, 보호자 또는 후견인은 아동정보의 저장에 대하여 고지를 받도록 하는 것이 필요할 것이다.

이러한 규정을 두는 것이 오히려 경찰은 일정한 유보하에 아동에 대한 정보를 아무 어려움 없이 저장할 수 있다는 생각을 야기할 수도 있을 것이다. 그러나 아동에 대한 정보의 저장을 위한 요건이 충족되는 경우는 극히 드물 것이다. 아동이 경찰법상의 원인자가 될 수 있지만, 그에 대한 정보의 저장은 위험방지를 위하여 통상적으로 필요하지 않을 것이다. 예외적으로 저장이 필요한 경우에도 비례의 원칙에 대한 합치 여부를 신중하게 심사해야 할 것이다. 형사소추와 관련하여서는 사실관계를 규명하기 위하여 아동에 대한 정보가 수집될 수 있고 검사에게 전달될 수 있다. 범죄의 예방을 위하여 아동에 대한 정보를 수집·저장하는 것은 단지 제한된 범위 내에서만 고려될 수 있다. 아동은 형사미성년자이기 때문에 장래 범죄의 '행위자'로서 중요한 의미를 가지고 고려되는 경우는 극히 드물 것이다. 물론 범죄예방의 범위 내에서 행

62) 여기서 '아동'이라 함은 만 14세 미만의 자를 말한다.

63) 독일에 있어서 아동에 대한 정보의 저장기간은 통상적으로 2년을 넘을 수 없도록 되어 있다. 이에 대하여는 §38 Abs. 2 Nr. 2c SPolG, §22 S.5 PolG NW, §27 Abs. 4c HSOG, Art. 28i Abs. 2 S.3 BayPAG 참조.

위자 이외의 '제3자'로서 아동에 대한 정보가 저장되는 것이 극히 엄격한 조건하에서, 또한 저장된 정보의 사용을 위한 요건을 갖춘 경우에 한하여 고려될 수 있을 것이다.

(3) 정보제공

정보제공은 두 가지 측면에서의 고찰이 필요하다. 우선 정보제공기관의 입장에서 정보제공은 저장된 정보의 이용에 해당하고, 제공받는 기관에게는 정보수집의 형태에 해당한다. 따라서 정보제공의 경우에도 목적구속의 원칙이 적용되어야 함은 분명하다. 다만 정보가 '위험'방지를 위하여 없어서는 안 되며, 다른 방법으로는 전혀 또는 적시에 얻을 수 없거나 막대한 비용·노력에 의하여만 얻을 수 있는 경우에 한하여 예외가 인정될 수 있을 것이다. 그러한 경우에도 비례의 원칙에 따라 방지되어야 할 위험과 제공된 정보의 내용이 비교형량 되어야 한다. 직업상 또는 특별한 직무상의 비밀에 속하는 정보의 경우, 직업상 또는 직무상 비밀준수의무가 있는 자로부터 경찰에 제공된 것이라면, 경찰이 그 정보를 입수한 목적과 동일한 목적을 위하여 필요한 경우에만 경찰은 다시 정보를 다른 기관에 제공할 수 있다고 보아야 한다.[64] 제공받는 자는 제공자가 정보를 수집한 방법과 동일한 방법으로 그 정보를 수집할 수 있어야 하며, 또한 제공받은 목적에만 사용할 수 있다.

정보제공의 적법성에 대한 책임은 제공기관이 부담한다. 정보제공의 요청이 있는 경우에 요청을 받은 기관은 요청의 이유에 대하여 문의하는 등 정보제공 여부에 대하여 심사하여야 한다. 정보제공은 개인의 권리에 대한 제약을 의미하므로 개별적인 경우마다 그 요건의 충족 여부를 판단하여야 한다.

경찰관청 사이에는 직무수행을 위하여 필요하다면 정보가 제공될 수 있다. 정보제공에 대한 일반적인 원칙은 이 경우에도 적용됨은 당연하다. 정보를 경찰의 통합정보처리시스템에 저장하는 것은 개념적으로 제공에 해당하는 것은 아니지만, 제공받는 기관이 정보를 사실상 불러내는 시점에 그에 대한 통제의 가능성이 없으므로 통합시스템에 정보를 저장할 때에 미리 통상적인 정

---

64) 사적 기관에 제공하는 경우에는 부가적으로 비밀준수의무 있는 자의 동의가 있어야 할 것이다.

보제공에 있어서 심사되어야 할 사항을 심사하여야 할 것이다.

경찰이 직무수행을 위하여 필요한 경우이거나, 제공받는 기관이 위험방지의 직무를 수행하기 위하여 필요한 경우에는 다른 행정관청 또는 공공단체에 정보를 제공할 수 있을 것이다.

외국기관, 특히 외국의 경찰기관에 정보를 제공하는 것은 경찰업무와 관련한 국제적 협력이 필요하다는 측면에서 점점 그 의미가 증대되고 있다. 그에 따라 제공받는 자의 고유한 직무수행을 위하여 필요하거나 또는 중대한 위험을 방지하기 위하여 외국기관에게 정보를 제공할 수 있을 것이다. 다만 외국기관에 대한 정보제공에 의하여 국내법에 반하는 결과를 가져오거나 관련자의 보호할 가치 있는 이익이 침해된다고 판단되는 경우에 제공이 허용되어서는 안 될 것이다. 정보의 자기결정권은 이 경우에도 보호되어야 한다.[65]

그 밖에 경찰이 사인에게 정보를 제공하는 경우를 생각해 볼 수 있다. 독일의 경찰법에 의하면 경찰은 직무수행을 위해서나 공공복리에 대한 현저한 장애를 방지하기 위하여 또는 개인의 권리에 대한 중대한 침해를 방지하기 위하여 필요한 경우에는 사인에게 정보를 제공할 수 있다고 한다.[66] 이러한 경우에는 경찰이 직권으로 정보제공을 하는 것인데, 그 이외에 경찰은 사인의 신청에 의하여도 정보를 제공할 수 있다고 한다. 즉 경찰은 제공받는 자에게 정보제공에 대한 법률상 이익이 있으며 비밀유지에 관한 관련자의 이익이 더 크지 않은 경우와 제공이 오히려 관련자에게 이익이 되고 그가 알았다면 그에 대하여 동의하였을 경우에는 사인의 신청에 의하여 정보를 제공할 수 있다고 규정하고 있다.[67] 이와 관련하여 관련자의 동의를 받을 수 있는 경우에는 동의를 받도록 하는 것이 해석상의 어려움을 해결하는 방법이 될 것이다. 독일의 헤센 주에서는 정보제공에 대하여 기록하여야 하며, 관련자가 제공에 동의

---

65) 참고로 독일의 경찰법에서는 정보의 자기결정권에 대한 침해가 문제될 수 있는 경우로 ① 제공받는 국가에 정보보호법이 존재하지 않는 경우, ② 정보보호법이 있지만 법규정이 제공받는 기관에는 적용되지 않는 경우, ③ 관련규정에 의한 보호 정도가 독일법규정에 비해 현저히 낮은 경우, ④ 제공받는 자에 의한 정보처리에 대하여 효과적이고 독립된 통제장치가 마련되어 있지 않은 경우 및 ⑤ 관련자에게 고지, 정정 및 삭제청구권이 인정되지 않는 경우 등을 들고 있다.

66) 예를 들면 § 23 HSOG, Art. 28m Abs. 1 BayPAG 참조.

67) § 29 Abs. 2 PolG NW, Art. 28m Abs. 2 BayPAG, § 44 Abs. 2 PolG BW 참조.

하지 않은 경우에는 사후에 정보제공에 대하여 알려주도록 하고 있는데,[68] 우리의 입법시에 참고가 될 수 있을 것이다.

(4) 정보의 정정 · 삭제 · 차단

개인정보의 정정 · 삭제 · 차단에 대한 구체적인 규정이 필요하다. 부정확한 정보는 더 이상 이용되지 않아야 한다. 그를 위해 저장된 개인정보가 정확한 것이 아니라면 정정되어야 한다. 또한 정보저장이 허용되지 않는 경우이거나 저장기관의 직무수행을 위하여 더 이상 필요하지 않게 된 경우에는 저장된 정보는 삭제 · 파기되어야 한다. 그러나 삭제 또는 파기가 관련자의 보호가치 있는 이익에 대한 침해를 가져오거나 정보가 현재의 입증의 곤란을 해소하기 위하여 없어서는 안 되는 경우이거나 또는 학술적인 목적으로 정보의 이용이 필요한 경우에는 예외적으로 삭제 · 파기되지 않는다. 이러한 경우에 해당 정보는 차단되어야 하며, 정보의 이용이 예외가 인정된 목적에 한정되어야 할 것이다. (김연태)*

68) § 23 Abs. 4, § 22 Abs. 2 S.2 HSOG 참조.

* 이 글, "정보의 자기결정권과 경찰의 정보관리"는 고려법학, 제36호(2001. 4.)에 게재되었던 글임.

제 3 장 경찰관의 무기사용의 요건 및 한계

Ⅰ. 문제 제기

최근의 범죄양상은 그 양이 증가할 뿐만 아니라, 질적으로 흉포화, 조직화, 기동화되어 가고 있는바, 이와 같은 최근의 범죄양상에 적절히 대응하여 시민의 생명·신체와 재산을 보호하고 공공의 안녕·질서를 유지할 뿐만 아니라, 공권력 행사자인 경찰관 스스로를 보호하기 위하여 무기 등 범죄진압장비의 사용이 불가피하다는 데 이론이 있을 수 없다. 그러나 관련 법규의 흠결·미비 및 교육훈련의 부족 등으로 경찰관의 무기사용에 의하여 인명피해가 발생하거나 과도한 총기사용이 문제된 사례가 빈번히 나타나는 등 그 부작용으로 인한 피해가 더 노출되고 있는 실정이다.[1]

경찰관이 구체적인 상황에서 무기사용 여부를 결정함에 있어서는 그 적법성에 대하여 충분히 고려할 시간적 여유가 없는 것이 보통이다. 그리하여 경찰관이 상황을 잘못 판단한 경우에, 잘못된 판단의 결과에 대한 책임(내부적 징계책임 및 중과실의 경우 손해배상책임 등)은 그 경찰관 스스로 부담하게 된다. 이와 같이 무기사용에 있어서의 부작용 및 그 결과에 대한 비난이 있다고 하더라도 근본적으로 경찰관의 무기사용을 완전히 배제할 수는 없는 것이고, 그 사용을 인정한다면 경찰목적 달성과 그 부작용의 최소화라는 측면에서 발전적

1) 예컨대 2003년 5월 11일 인천공항고속도로 톨게이트 인근에서 신호위반 후 정지지시를 무시하고 달리던 승용차를 향해 공포탄 2발과 실탄 5발을 발사하며 추격하여 운전자를 검거한 경찰관에 대하여 과잉 검거의 논란이 있었다(동아일보 2003. 5. 12).

인 방향으로 개선이 필요하다고 하겠다.

무기사용의 요건과 한계는 경찰관직무집행법에 규정되어 있다. 그러나 법 규정의 불명확성 때문에 무기사용이 문제되는 경우, 특히 그에 의하여 사람이 사망하는 결과가 발생하는 경우에는 무기사용 자체가 허용되는 것인지, 그 사태를 진압하기 위하여 필요한 것이었는지, 아니면 경찰관에게 다른 완화된 수단을 활용할 가능성이 있었는지에 대하여 의문이 항상 제기된다.

아래에서는 무기사용의 법적 요건과 한계에 관한 현행 법규상의 문제점을 살펴보고, 외국의 입법례를 검토하여 그 개선방안을 제시하고자 한다.

II. 무기 및 무기사용의 개념

1. 무기의 개념

무기는 대체로 사람을 살상하는 성능을 가진 기구 일반으로 총칭되는데, 성질상의 무기와 용법상의 무기로 구분할 수 있다. 성질상의 무기란 사람을 살상하는 용도에 이용할 목적으로 제작된 기구를 말하고, 용법상의 무기란 제작목적과 상관없이 그 용법에 따라 사람의 살상에 이용할 수 있는 기구를 말한다.[2] 경찰관직무집행법 제10조의4에서의 무기의 개념에 대하여 성질상의 무기만을 의미한다는 견해[3]와 성질상의 무기뿐만 아니라 용법상의 무기 또한 무기의 개념에 속한다는 견해[4]가 있다.[5] 후자의 견해는 제작목적이 인명의 살상이 아니라 하더라도 통상적인 사용방법을 벗어나 인명의 살상을 가져오는 경

2) 장영민/박기석, "경찰관직무집행법에 관한 연구," 한국형사정책연구원, 1995, 188쪽.

3) 이기호, "경찰활동과 무기사용에 관한 연구," 한국형사정책연구원, 1993, 53쪽 아래.

4) 장영민/박기석, 앞의 글, 188쪽.

5) 참고로 무기의 개념에 관하여 일본에서는 ① 사람을 살상하기 위하여 제작된 기구(소위 흉기)라는 견해, ② 사람을 살상하는 성능을 가진 것으로서 주로 사람을 살상하는 용도에 제공할 목적으로 제작된 것이라는 견해, ③ 제작의 목적과는 상관없이 상당한 정도의 살상능력을 가지는 것으로서 병기와 흉기의 중간 정도에 위치하는 것이라는 견해 등이 주장된다. 이에 대하여는 김일무, "경찰권발동의 관련성에서 본 경찰관의 무기사용의 한계," 동국대학교 석사학위논문, 1990, 35쪽 참고.

우에는 이를 규율할 필요가 있다는 점 등을 근거로 하나, 경찰관직무집행법 제10조의4가 무기의 사용을 특별히 규율하는 이유는 본래 인명의 살상용으로 제작된 총기나 도검 등 무기의 위험성에 비추어 그 사용요건을 강화하기 위한 것으로, 같은 법 제10조의2 등에서 경찰장구의 사용에 관한 요건을 따로 정하고 있을 뿐 아니라, 제10조의4는 위해를 가하는 경우와 그렇지 않은 경우의 사용요건을 따로 정하고 있는바, 용법상의 무기는 위해를 가하지 않는 경우에는 무기에 해당할 수 없으므로 그 의미가 없고, 또한 제10조의2를 적용하더라도 충분히 그 규정 및 비례성 원칙에 의하여 규율이 가능하므로, 여기에서의 무기는 성질상의 무기로 제한함이 옳다고 생각된다.

더욱이 경찰관직무집행법 제10조의4 제2항과 「경찰장비의 사용기준 등에 관한 규정」은 "무기라 함은 인명 또는 신체에 위해를 가할 수 있도록 제작된 권총·소총·도검 등을 말한다"라고 규정하고 있고, 「경찰장비의 사용기준 등에 관한 규정」에서 경찰장비는 '통상의 용법'에 따라 사용할 것을 일반적인 사용기준으로 명시하고 있는 것으로 볼 때, 경찰관직무집행법상의 무기는 성질상의 무기만을 의미하는 것으로 보아야 한다.

따라서 용법에 따라서는 사람에게 심각한 위해를 가할 수도 있는 수갑·포승·경찰봉 등 경찰장구, 최루탄 등 화학적 공격수단, 경찰견, 오토바이 등도 그 사용에 따라서는 예외적으로 경찰관직무집행법 제10조의4의 적용대상이 될 수 있다고 보는 견해[6]는 이러한 직접강제수단을 별도로 규율하고 있는 현재에는 과거의 것이 되었다. 따라서 인명살상용 이외의 경찰장비의 사용은 무기에 관한 엄격한 조항의 통제를 받지 않게 되므로, 사안이 갖고 있는 중대성과 인명에 대한 위험성, 강제력 행사의 모습, 그 정도 및 침해되는 법익과 보호이익 간의 균형 등을 기준으로 허용될 수 있는지 여부가 판단되어야 할 것이다.[7]

성질상 무기의 개념요소인 '살상'에 대하여는 하한인 상해의 정도를 어디까지로 볼 것인지가 문제되는데, 경미한 상해를 입힐 가능성이 있는 경우까지를 이에 포함시키게 되면,[8] 다소간의 상해의 결과가 생길 수 있는 수갑, 포승,

---

6) 장영민/박기석, 앞의 글, 189쪽; 경찰대학, 『경찰보안론』, 1991, 126쪽.
7) 이기호, 앞의 글, 54쪽.
8) 송달룡, "경찰관의 무기사용의 한계," 서울대학교 석사학위 논문, 1984, 107쪽.

경찰봉까지 모두 무기에 속하게 될 수밖에 없다. 그러나 이는 경찰관직무집행법 규정의 취지에도 벗어날 뿐만 아니라 사회의 통념과도 거리가 있는 것이다. 더욱이 무기의 사용에 의해 신체에 위해를 가하는 경우는 예외적인 경우로서, 실제로는 위해를 가하지 않는 사용을 원칙으로 하고 있다. 대표적으로 위협목적으로 사용하는 것이 그에 해당한다. 이러한 사정을 고려할 때 적어도 그 도구를 사용할 수 있음을 경고하는 방법만으로 상대방이 생명이나 신체에 대한 위해의 위협을 느낄 정도의 살상력을 갖추고 있는 도구만을 무기로 함이 타당하다고 할 것이다. 따라서 여기서의 상해라 함은 중대한 신체적 침해를 의미하는 것으로 이해하여야 할 것이다.

경찰관직무집행법이 권총·소총·도검을 무기의 예로 열거하고 있는 데 대하여, 「경찰장비의 사용기준 등에 관한 규정」(대통령령) 및 경찰장비관리규칙(경찰청훈령)에서는 권총·소총·기관총(기관단총을 포함)·산탄총·유탄발사기·박격포·3인치포·함포·크레모아·수류탄·폭약류 및 도검을 무기에 해당하는 것으로 열거하고 있다.

독일에서는 경찰봉, 권총, 연발권총, 소총 및 자동권총을 경찰의 무기로 허용하고 있다.[9] 그러나 무기의 종류를 열거함에 있어서 독일의 모든 주가 통일경찰법모범초안(제36조 제4항)을 따르고 있지는 않다. 예를 들면 브레멘, 노르트라인-베스트팔렌 주에서는 기관총과 수류탄을 무기로 허용하고 있지 않은 데 대하여, 바이에른 주에서는 통일경찰법모범초안과 마찬가지로 그 이외에 기관총과 수류탄의 사용을 허용하고 있다.[10] 이와 같은 규율의 차이는 공공의 안녕에 대한 입법자의 평가가 다르기 때문에 나타난다. 한편으로는 테러에 대한 경험에 의하여 생명을 위태롭게 하는 위험을 방지하기 위하여는 강력한 무기(특별무기)의 사용을 포기할 수 없다고 주장한다. 그러나 다른 한편으로는 이

9) Rachor, in: Lisken/Denninger(Hrsg.), Handbuch des Polzeirechts, 3. Aufl., 2001, S.533 Rdn. 796 각주의 입법례 참조.

10) 노르트라인-베스트팔렌 주의 경찰법(제58조 제5항)에서는 일정한 요건하에 연방국경수비대에 의한 기관총 및 수류탄의 사용을 허용하고 있을 뿐이다. 그에 대하여 작센 주의 경찰법(제31조 제3항)은 기관총과 수류탄을 경찰무기에서 완전히 배제하고 있다. 바덴-뷔르템베르크 주의 경찰법(제50조 제2항)에서는 경찰직무상 사용가능한 무기의 종류를 내무부에 위임하고 있고, 이에 내무부는 경찰법의 시행을 위한 행정규칙에서 기관총과 수류탄을 더 이상 허용된 무기로 규정하고 있지 않다.

전에 중대한 테러활동이 있었음에도 그와 같은 강력한 무기의 사용이 필요한 상황은 존재하지 않았다는 점을 강조한다. 경찰의 전형적인 무기로는 중대한 위험을 진압하기에 충분하지 못하다는 반론 또한 명백하지 않다고 한다. 자를란트의 주법은 기관총과 수류탄은 그 결과를 통제할 수 없는 무기이므로 허용될 수 없다고 한다.11)

경찰관직무집행법에서는 대간첩·대테러작전 등 국가안전에 관련되는 작전을 수행할 경우에 개인화기 이외에 공용화기를 사용할 수 있다고 규정하면서, 개인화기와 공용화기에 대하여 아무런 규정을 두고 있지 않다. 다만 경찰장비관리규칙에서 권총·소총(자동소총 및 기관단총을 포함) 등을 개인화기로, 유탄발사기·중기관총·박격포 등 부대장비를 공용화기로 규정하고 있을 뿐이다.

생각건대 사람의 생명을 박탈하거나 중대한 신체상의 침해를 가져올 수 있는 무기는 법에서 명시적으로 열거하여야 한다. 하위의 명령이나 행정규칙에서 그 범위를 확대하는 것은 법률유보원칙에 위배된다고 볼 수 있다. 생명·신체에 대한 중대한 손상을 가져올 수 있는 경찰장비의 본질적 사항에 대하여는 법률로써 규정해야 할 것이다. 또한 사람을 살상하는 것이 우선적인 목적인 군대식 무기(예컨대 유탄발사기, 박격포, 수류탄 등)와 통상적인 경찰무기(권총, 소총, 도검 등)를 구별하여 전자에 대하여는 더욱 엄격한 요건하에 그 사용을 통제하여야 할 것이다.

2. 무기사용의 개념

무기를 '사용한다'라고 함은 통상의 용법에 따라 직접 사람 또는 물건에 실력을 가하여 경찰목적을 달성하는 것을 말한다. 무기를 사용하는 것은 개인의 신체 또는 재산에 실력을 가하는 권력적 작용으로 개인의 권리·이익에 대한 침해가 항상 우려된다. 따라서 무기의 사용은 범인의 체포·도주의 방지, 자기 또는 타인의 생명·신체에 대한 방호, 공무집행에 대한 항거의 억제 등 일정한 목적에 한정되어야 하며, 법이 정한 요건을 충족한 경우에도 그 정도에 있어서 필요한 최소한도의 범위 안에서 사용되어야 한다는 제한을 받는다.

경찰관직무집행법에서는 무기사용과 관련하여 사람의 신체에 위해를 주는

11) 자를란트 경찰법 제49조 제5항에 대한 입법이유, LT-Drucks. 9/1929.

경우와 위해를 주지 않는 경우를 구별하여 사용요건을 정하고 있다. 신체에 위해를 주는 경우는 사람에 대하여 생명이나 신체에 대한 중대한 침해를 가하는 목적하에 사용하는 경우를 말하므로, 사용의 의미와 관련하여 문제될 것이 없다. 그에 대하여 경찰관직무집행법상 무기의 사용은 원칙적으로 신체에 위해를 가하지 않는 경우를 예정하고 있는바, 신체에 위해를 가하지 않는 사용이란 어떤 것을 의미하는지가 문제된다.

무기를 사용하는 것은 사람을 향해 직접 총기를 발사하거나 칼을 사용하는 등 신체에 대한 직접적인 위해를 가하는 행위뿐만 아니라, 예컨대 도주하는 차량의 타이어에 총기를 발사하여 도주를 저지하는 경우와 같이 그 도구의 성질에 따른 효과를 발생시키는 모든 경우를 포함한다.[12] 또한 사람을 향해 총기를 겨누거나 공중을 향해 공포탄 내지 위협발사 하는 등 살상기능이 있음을 드러내어 상대방에게 경고 내지 위협하는 행위 등도 무기사용에 해당한다.[13] 그러나 단순히 무기를 소지하거나 총집에서 꺼내는 것만으로는 일반적으로 무기를 사용한다고 할 수 없다. 구체적으로 격발의 전단계로 총기의 발사를 예상케 하여 상대방으로 하여금 그 행위로 인하여 스스로 신체적인 제약을 일으키게 하거나 직접적으로 제약을 가하는 정도에 이르러야 비로소 사용한다고 할 수 있을 것이다. 또한 예를 들어 총기의 개머리판으로 사람을 가격하는 경우와 같이 통상적인 사용방법 이외의 방법으로 사용하는 것은 법에서 규정한 사용의 경우는 아니라고 할 것이다.

Ⅲ. 무기사용의 요건상의 문제점

1. 무기사용의 일반적 요건

(1) 경찰강제의 일반적 요건

경찰목적을 위하여 직접 사람 또는 물건에 대하여 신체적 실력행사를 하

12) 도주하는 차량에 대한 총기사용이 위해를 수반하는 총기사용에 해당하는지에 대하여는 Ⅳ. 3. (3) 도주저지를 위한 차량에 대한 총기사용 참조.

13) 경고사격과 위협사격의 구별에 대하여는 Ⅲ. 1. (2) 경찰강제의 계고 참조.

거나 경찰장비를 사용하는 경찰작용을 경찰강제라 하는데, 이러한 경찰강제는 개인의 신체 또는 재산에 실력을 가하는 권력작용이기 때문에 개인의 권리·이익에 대한 침해가 항상 우려된다. 따라서 경찰강제를 위하여는 권한규범에 의한 법적 근거가 마련되어 있어야 하며, 보다 완화된 다른 수단으로는 경찰목적을 달성할 수 없는 등 일정한 요건을 갖춘 경우에 고려될 수 있다.

경찰이 직접적으로 강제수단을 취하기 위하여 갖추어야 할 요건으로는 다음과 같은 것을 들 수 있다: 강제수단이 ① 위험방지를 위하여, ② 필요하며, ③ 경찰책임자에 대한 조치에 의하여는 목적을 달성할 수 없거나, 적시에 달성할 수 없는 경우이거나 또는 ④ 경찰책임자가 이행하지 않을 것이 명백한 경우이어야 하며, 마지막으로 ⑤ 강제조치가 경찰의 권한의 범위에 속해야 한다.

1) 위험의 존재

경찰이 강제조치를 취하기 위하여는 우선 구체적 위험이 있어야 한다. 구체적 위험이란 장소와 시간이 특정된 또는 특정될 수 있는 구체적 사안에서 존재하는 위험을 말한다. 그에 대하여 손해가 발생할 가능성은 있지만 아직 구체화되지 않은 것을 추상적 위험이라고 부를 수 있는데, 이는 특정한 사안이 아닌 일반화된 전형적인 사안에서 일반적으로 공공의 안녕·질서에 대한 손해를 가져올 개연성이 있는 것을 말한다.[14] 이러한 경우에는 경찰은 일반적-추상적 명령과 금지를 발할 수 있으며, 위험방지뿐만 아니라 범죄행위에 대한 예방적 대처 및 위험방지의 준비를 위하여 활동할 수 있다. 그러나 경찰이 강제조치에 의하여 개입하려는 경우에는 공공의 안녕·질서에 대한 구체적 위험이 존재하여야 한다.

2) 필요성

경찰이 취하는 강제의 수단은 위험방지를 위하여 필요한 것이어야 한다. 여기서 '필요성'이란 비례성 원칙에서의 '필요성'을 의미하는 것이 아니라, 위험

---

14) 구체적 위험과 추상적 위험에 대하여는 Knemeyer, Polizei- und Ordnungsrecht, 8. Aufl., 2000, Rdn. 88 ff. 참조.

이 경찰의 직접적인 강제수단에 의해서만 제거될 수 있다는 의미로 이해하여야 한다. 의무를 명하는 것으로는 위험방지의 목적을 달성할 수 없거나 오히려 방해가 될 수 있는 경우이다.

3) 경찰책임자에 의한 조치의 실현 불가능 내지 기대 불가능

경찰책임자가 위험을 방지할 수 없거나 또는 적시에 방지할 수 없는 경우이어야 한다. 경찰책임자가 그 장소에 없거나 또는 그 장소에 있더라도 객관적으로 위험을 제거할 상태에 있지 않기 때문에 위험방지를 위하여 경찰책임자를 끌어들일 수 없는 경우이다.

예를 들면 투견이 어린아이를 공격하여 중대한 신체상의 상해를 가져오는 경우에 개 주인이 그 장소에 없다면 경찰은 즉시 총기를 사용하여 투견을 사살할 수 있을 것이다. 이러한 경우에 그 장소에 없는 개 주인에게 위험을 제거하도록 요구하는 것은 불가능하고, 공격을 시작한 투견에게 경찰관이 공격을 그만둘 것을 명령한다고 하여 효과가 발생하지도 않을 것이므로(기대 불가능), 경찰관이 즉시 총기를 사용하는 것은 허용될 것이다. 설사 개 주인이 그 장소에 있다 하더라도 개가 주인의 명령을 따르지 않거나 따를 수 없는 상황이라면 마찬가지이다.

4) 목적 달성의 불가능

위의 3)의 요건, 즉 경찰책임자를 끌어들이는 것이 불가능한 경우 이외에, 경찰책임자에 의한 조치가 원칙적으로 가능한 경우라도 객관적으로 목적을 달성할 수 없음이 명백하다면 경찰의 직접적인 강제조치는 허용된다. 경찰하명이 이행되지 않을 것이 분명한 경우 또는 경찰하명이 오히려 상황을 악화시킬 수 있는 경우가 여기에 해당한다.

5) 권 한

마지막으로 경찰의 강제조치가 그의 권한의 범위 내에 있어야 한다. 이 요건과 관련하여 행해지지 않은 (허구의) 경찰하명의 적법성이 심사된다. 즉 강제조치의 시점에 경찰하명이 발하여졌다면 그 경찰하명은 법적으로 허용되는 것인지가 문제된다. 경찰하명이 경찰의 권한의 범위 내이고, 문제된 사안이 경찰의 위험방지 임무에 해당하고, 그에 대한 권한규범이 존재하며, 상대방의 지정이 올바르며, 비례성 원칙이 준수되었다면 적법성은 긍정된다.[15]

(2) 경찰강제의 계고

강제수단의 사용에 대한 요건이 충족되었을 경우에, 경찰은 그 수단을 사용하기 전에 그에 대한 계고를 하여야 한다. 다만 구체적인 상황에서 즉시 강제조치를 취하는 것이 위험방지를 위하여 필요한 경우에 계고는 생략될 수 있다. 무기사용에 있어서 계고 내지 경고의 생략은 특히 엄격한 요건하에서만 가능하다고 보아야 한다. 즉 생명·신체에 대한 위험이 급박한 경우에 한하여 경고가 생략될 수 있다.

계고 없이 즉시 강제수단을 사용하는 것이 필요한지에 대하여 경찰관에게 재량이 부여되는데, 경찰관은 결정하는 시점에서의 주위의 사정을 합리적으로 판단하여 재량결정을 내려야 한다. 경우에 따라서는 계고를 발하지 않는 것이 유일한 하자 없는 재량결정일 수 있다. 강제수단의 계고에 의하여 오히려 상황을 악화시키게 되는 것이 예견되는 경우에 그러하다. 예를 들면 실행의 의지가 확고한 인질범이 일정한 시점까지 자신의 요구를 들어주지 않으면 인질을 사살하겠다고 위협하는 경우, 인질범이 자신의 단호한 의지를 보여주기 위하여 인질의 다리를 쏘았고 경찰관이 이러한 상황을 알고 있다면 계고 없이 강제수단을 사용하여 사태를 진압하여야 할 것이다. 이러한 경우에 경찰관이 인질극을 끝내기 위하여 무기사용을 경고한다면, 예측할 수 없는 결과를 가져올 개연성이 상당히 높다. 사태를 원만하게 해결하기 위하여 행해진 계고가 오히려 인질에 대한 위험을 증폭시키게 될 것이다. 비례성의 원칙에 비추어 볼 때, 이러한 경우에 계고는 객관적으로 목적을 달성할 수 없는 수단이므로 계고 자체가 위법하게 된다.

그러나 구체적 상황에서 계고가 가능하고, 계고에 의하여 목적을 달성할 수 있는 경우에 계고를 생략하여서는 안 된다. 경찰관이 무기를 사용할 수 있는 경우는 크게 도주를 무력화하기 위한 경우와 공격을 무력화하기 위한 경우로 나눌 수 있다. 무기사용에 있어서 계고 내지 경고를 생략할 수 있는 경우

---

15) 이에 대하여는 Gusy, Polizeirecht, 4. Aufl., 2000, Rdn. 351 참조.

란 생명·신체에 대한 급박한 위험을 방지하기 위한 경우에 한하므로, 결국 공격을 무력화하기 위한 경우에만 경고의 생략이 가능하다고 보아야 한다. 도주를 무력화하기 위하여 무기를 사용하는 경우에 경고를 생략하는 것은 정당화되기 어렵다.

「경찰장비의 사용기준 등에 관한 기준」은 경찰관이 경찰관직무집행법 제10조의4의 규정에 의하여 사람을 향하여 권총 또는 소총을 발사하고자 하는 때에는 미리 상대방에게 경고를 하여야 한다고 규정하면서, ① 경찰관을 급습하거나 타인의 생명·신체에 대한 중대한 위험을 야기하는 범행이 목전에 실행되고 있는 등 상황이 급박하여 특히 경고할 시간적 여유가 없는 경우와 ② 인질·간첩 또는 테러사건에 있어서 은밀히 작전을 수행하는 경우에는 예외적으로 경고를 생략할 수 있다고 한다.[16] ①의 경우는 생명·신체에 대한 급박한 위험을 방지하기 위하여 경고를 할 시간적 여유가 없는 경우이며, ②의 경우는 경고에 의하여 목적을 달성할 수 없는 경우에 해당한다.

무기사용에 있어서 경고는 구두로 행해져야 하는 것은 아니다. 오히려 무기사용의 경우에 구두로 경고를 하는 것이 불가능한 경우가 많을 것이다. 따라서 무기사용에 있어서는 경고사격을 경고로 간주하여야 한다.[17] 물론 경고사격도 무기사용에 해당하므로 무기사용에 대한 요건을 충족하여야 한다. 경고사격과 위협사격[18]이 구별되어야 함은 물론이다. 경고사격은 상대방이 경찰하명에 따르지 않을 경우 무기를 사용할 것이라는 뜻을 알리는 것으로, 그로 인해 상대방에게 어떠한 위해도 발생하지 않는 방법으로 하여야 한다. 따라서 경고사격은 상대방을 향해서는 안 된다. 경고사격의 기능은 탄환의 폭음, 즉 음향효과에 있다. 그에 대하여 위협사격은 상대방을 살상할 목적은 없지만 외포케 하기 위한 것으로 경찰관의 실수 등으로 상대방 또는 제3자에게 위해가

---

16) 참고로 독일의 통일경찰법모범초안에서는 생명·신체에 대한 현존하는 위험을 방지하기 위하여 총기사용이 필요한 경우에 한하여 경고 없이 총기를 사용할 수 있다고 규정하면서(제39조 제2항), 다수의 군중 속의 사람에게 총기를 사용하는 경우에는 예외 없이 경고가 선행되고 되풀이되어야 함을 명시하고 있다(제39조 제3항). 이러한 규정은 비관여자의 보호를 위한 것이며, 그가 적시에 그곳을 빠져나갈 수 있도록 하기 위함이다.

17) 독일 각 주의 경찰법들은 경고사격을 총기사용의 경고로 간주한다는 명문규정을 두고 있다. 이에 대하여는 Rachor, 앞의 책, S.542, Rdn. 829의 입법례 참조.

18) 위협사격의 문제점에 대하여는 송달룡, 앞의 글, 123-124쪽 참조.

발생할 가능성을 전혀 배제할 수 없는 것으로 경고의 단계를 넘어서는 본격적인 총기사용이라 할 것이다.

강제수단의 계고는 상대방에게 경고의 의미가 있어야 한다. 상대방에게 그의 행동을 다시 한 번 뒤돌아보고 경찰의 하명에 따를 것인지를 숙고할 기회가 주어져야 한다. 무기를 보여주는 것이 모두 경고의 의미를 가지는 것은 아니다. 예를 들면 폭력범죄가 발생한 후에 경찰이 자동차 검문을 실시하는 경우, 경찰관이 운전자에게 신분증 제시를 요구하는 동안 다른 경찰관이 검문하는 경찰관의 안전을 위하여 권총에 손을 갖다대는 것을 무기사용의 경고의 의미로 볼 수 있는지가 문제된다. 검문을 받는 자는 자신이 항거하는 경우에 경찰관이 즉시 권총을 발사할 수 있는 상태에 있음을 알 수 있는데, 이러한 경우 권총에 손을 갖다대는 것은 경고의 의미를 갖지는 않고 단지 위협의 수단으로 보아야 한다. 경찰관이 자신의 동료의 안전을 위하여 권총을 뽑아 지면을 향하고 있는 경우에도 마찬가지이다. 권총에 손을 갖다댄다든가 총을 뽑아 지면을 향하도록 갖고 있는 경우에는 그 위협의 정도에 있어서 아직 기본권의 침해를 가져올 정도는 아니라고 볼 것이다.

그에 대하여 총으로 상대방의 다리를 지향하거나 또는 상대방의 공격을 저지하기 위하여 즉시 사용할 수 있는 상태로 들고 있는 경우에는 상대방의 자유로운 의사활동에 영향을 미치는 것으로 기본권 침해를 긍정할 수 있다. 경찰조치에 항거하는 경우 상대방은 총기가 사용될 것임을 인식하게 된다. 결국 이러한 경우에 총기는 경고의 기능을 가진다고 보아야 하며, 그에 따라 총기사용의 요건을 충족하여야 한다. 총기사용의 요건을 충족하지 못한 경우에 경찰이 위와 같은 자세를 취하는 것은 위법하게 된다.

2. 경찰관직무집행법상의 무기사용의 요건

경찰관이 무기를 사용하기 위하여는 경찰강제의 일반적 요건 이외에 경찰관직무집행법상의 무기사용의 요건을 충족하여야 한다. 아래에서는 경찰관직무집행법상의 무기사용의 요건 중 해석상 논란이 있거나 불명확한 부분 및 개정의 필요성이 있는 부분에 대하여만 선별적으로 고찰하기로 한다.

(1) 위해를 수반하지 않는 무기사용의 원칙

경찰관직무집행법은 위해를 수반하지 않는 경우와 위해를 수반하는 경우를 나누어 무기사용의 요건을 규정하고 있는데, 기본적으로 위해를 수반하지 않는 무기사용을 원칙으로 한다. 무기는 본래 사람을 살상하기 위한 용도로 만들어진 것이다. 그러나 경찰관직무집행법상 경찰관의 무기사용은 사람에게 위해를 가하지 않고 사용하는 것을 통상적인 것으로 상정하고 있다. 즉 경찰관은 무기를 본래의 목적인 살상용이 아니라 무기사용에 대한 경고의 수단으로 사용하거나 살상용이 아닌 다른 용도로 사용함으로써 경찰상의 목적을 달성하는 것을 원칙으로 한다.

경찰관직무집행법은 단서조항을 통하여 예외적으로 위해를 주는 사용의 허용요건을 개별적으로 규정하고 있다. 그에 따라 사람에게 위해를 주는 무기의 사용은 제10조의4 본문과 단서를 모두 충족시키는 상황에서 사용되었을 경우에만 정당화된다고 할 것이다.

여기에서 위해란 사람의 생명이나 신체에 대한 직접적인 침해를 뜻하는 것으로 보아야 한다. 위해는 사람에 대한 것이어야 의미하므로 재산상의 손해를 발생하는 것, 예를 들면 광견을 향하여 총을 발사하는 것은 위해를 수반하지 않는 무기사용에 해당한다. 또한 위해를 수반한다는 것은 생명·신체에 대한 중대한 장해가 발생하는 경우를 의미하므로 경고의 목적으로 사람을 향하여 총을 겨눈다거나, 공중을 향하여 경고사격을 하는 것 등은 위해를 수반하는 무기사용에 해당하지 않는다. 그에 대하여 상대방을 살상할 목적은 없고 단지 외포케 할 목적으로 위협사격을 하는 것이 위해를 수반하는 무기사용에 해당하는지에 대하여 논란이 있으나, 경찰관의 실수 등으로 상대방 또는 제3자에게 위해가 발생할 가능성을 전혀 배제할 수 없는 위협사격은 위해를 수반하는 무기사용으로 보아야 할 것이다.

'사람에게 위해를 주어서는 아니 된다'는 의미는 결과적으로 위해를 주지 않으면 괜찮다는 것이 아니라, 위해를 주는 방법으로 무기를 사용해서는 안 된다는 취지로 해석되어야 한다. 한편 무기사용의 요건이 충족되어 있고 사람에게 위해를 줄 우려가 없는 필요최소한도의 방법으로 무기를 사용한 것이라면, 다른 원인에 의하여 예상과 달리 사람에게 위해를 주는 결과가 발생하여도 경찰관의 과실이 없는 한, 위해요건이 충족되어 있지 않아도 당해 무기사용이 위법하게 되는 것은 아니라고 보아야 할 것이다.

일본의 경찰관직무집행법 제7조도 사람에게 위해를 가하지 않는 무기사용과 사람에게 위해를 가하는 무기사용을 구분하여, 후자의 경우에는 엄격한 요건을 부가하고 있음은 우리 경찰관직무집행법과 마찬가지이다. 그에 비하여 독일의 경우에는 물건에 대한 총기사용과 사람에 대한 총기사용을 구분하여, 전자가 우선함을 원칙으로 하고 있다. 즉 물건에 대한 총기사용은 사람에 대한 총기사용에 비하여 완화된 수단으로서 물건에 대하여 총기를 사용하는 것으로 목적을 달성할 수 있는 경우에는 사람에 대한 총기사용은 허용되지 않는다. 물건에 대한 총기사용은 우리의 사람에게 위해를 수반하지 않는 무기사용에, 사람에 대한 총기사용은 사람에게 위해를 수반하는 무기사용에 상응하는 것이지만, 양자가 완전히 일치하는 것은 아니다. 독일에 있어서 사람에 대한 총기사용은 사람에게 위해를 수반하지 않는 경우도 포함하고 있다고 보아야 하기 때문이다.

물건에 대한 총기사용을 위하여는 그로부터 사람에 대한 위험이 예견될 수 있는지가 항상 심사되어야 한다. 물건에 대한 총기사용에 있어서 사람에 대한 위험을 완전히 배제할 수 없다면 사람에 대한 총기사용의 요건을 충족하여야만 한다.

그런데 물건에 대한 총기사용으로 목적을 달성할 수 있음으로 인하여 사람에 대한 총기사용을 필요 없게 만드는 경우가 실제에 있어서 생각만큼 그렇게 많은 것은 아니다. 범죄행위 후 범인이 자동차를 타고 도주하는 경우에 자동차의 타이어를 향해 총기를 발사하는 것을 물건에 대한 총기사용의 예로 드는 문헌이 있으나,[19] 이를 물건에 대한 총기사용으로 볼 수는 없다. 은행강도가 도주를 위하여 은행 앞에 자동차를 세워두고 있는 경우에 경찰이 도주를 막기 위하여 서 있는 자동차에 총기를 발사하는 것은 그에 해당될 수 있다. 그러나 범인이 자동차를 타고 도주하는 경우에는 이에 관한 특별훈련을 받지 않은 보통의 경찰관에게 달리는 자동차의 타이어를 정확히 맞춘다는 것을 기대하기는 어렵다. 달리는 자동차 안에 타고 있는 사람이 다칠 위험이 항상 존

19) 예를 들면 Meixner, §60 HSOG, 8. Aufl., 1998, Rdn. 2; Rommelfanger/Rimmele, §33 SächsPolG, 2000, Rdn. 5.

재하기 때문에 원칙적으로 사람에 대한 총기사용으로 보아야 하며, 그에 대한 요건이 충족되어야 한다.[20] 특히 범죄행위에 관여하지 않은 사람이 타고 있는 경우에는 더욱 엄격한 요건이 필요하다. 즉 생명에 대한 현존하는 위험을 방지하기 위하여 총기사용이 유일한 수단인 경우에 예외적으로 허용된다.

더욱이 총기사용으로 자동차의 엔진에 이상을 가져오는 등 자동차를 통제할 수 없게 되는 경우에는 운전자에 대한 위험뿐만 아니라 비관여자에 대한 위험이 발생할 수 있음을 고려하여야 한다. 따라서 공로상에서 달리는 자동차에 총을 사용하는 것은 현존하는 생명에 대한 위험을 방지하기 위하여 그것이 유일한 수단일 경우에만 허용될 수 있다.

결론적으로 사람에 대한 위험이 완전히 배제되는 물건에 대한 총기사용은 실제에 있어서 그 적용사례가 그리 많지 않을 것이다.

(2) 무기사용의 목적

무기사용의 목적은 상대방의 공격 내지 도주를 저지하는 데 있다. 독일의 통일경찰법모범초안 제41조 제2항 제1문에서는 공격 내지 도주를 무력화하기 위하여만 사람에 대하여 총기를 사용할 수 있다고 하여 사람에 대한 총기사용의 목적을 명시하고 있다. 그에 비하여 우리의 경찰관직무집행법은 무기사용의 목적을 명시하지는 않고 무기사용이 허용되는 경우를 열거하고 있을 뿐이지만, 그것은 공격과 도주를 무력화하기 위한 경우를 구체화한 것이며, 비례성원칙이 적용되는 결과 무기사용의 목적이 공격과 도주의 무력화에 한정되는 것은 당연하다고 볼 수 있다.

무기를 사용하는 것이 구체적인 상황에서 공격을 물리치거나 도주를 저지하는 데 적합한 수단이어야 함은 물론이다. 범인의 대퇴부를 쏨으로써 공격을 무력화시킬 수 있음에도 경찰관이 범인의 머리를 향하여 발사하였다면, 당해 경찰관의 총기사용은 비례성 내지 과잉금지의 원칙에 반하여 위법하게 된다. 즉 상대방을 사망케 할 목적으로 무기를 사용하는 것은 원칙적으로 배제된다.

---

20) Roos, §63 RhPfPOG, 2. Aufl., 2000, Rdn. 8; Tegtmeyer, §63 PolGNW, 8. Aufl., 1995, Rdn. 5. 특히 노르트라인-베스트팔렌 주 경찰법 제63조에 대한 행정규칙 63.12에서는 일반적으로 자동차에 대한 총기사용은 사람에 대한 총기사용의 요건을 충족한 경우에만 허용된다고 명시하고 있다.

그러나 의도하지 않은 사망의 결과를 가져오는 경우를 상정할 수 있다. 이러한 경우는 사망의 결과를 의도하지 않았다는 점에서 뒤에서 살펴볼 의도된 치명적인 총기사용과 구별되는바, 공격 내지 도주를 무력화하기 위하여 더 완화된 수단이 없었던 경우라면 그 조치를 위법하다고 볼 수 없다.

또한 범인의 공격 내지 도주를 무력화시킨다는 목적 이외에 다른 목적, 예컨대 범인에게 정당한 처벌을 가한다거나 장래를 위하여 그의 위해력을 제거하기 위하여 무기를 사용하는 것은 정당화되지 않는다.

(3) 정당방위와 긴급피난의 경우

형법 제21조 제1항은 "자기 또는 타인의 법익에 대한 현재의 부당한 침해를 방위하기 위한 행위는 상당한 이유가 있는 때에는 벌하지 아니한다"고 규정하고 있다. 정당방위가 인정되는 요건 등은 형법의 일반이론에 따를 것이지만, 특히 경찰관직무집행법 제10조의4 제1항 단서에서 이를 규정한 것은 경찰관이 범인의 체포·도주의 방지, 자기 또는 타인의 생명·신체의 방호, 공무집행에 대한 항거의 억제 등 정당한 직무를 집행하기 위해 부득이 무기를 사용하지 않을 수 없는 때에는 그 위법성이 조각됨을 명백히 한 것이다.

그러나 정당방위나 긴급피난이라는 일반적 정당화 사유를 무기사용에 대한 법적 근거로서 무비판적으로 인정하는 것[21]은 제한된 요건하에서만 무기사용을 허용하고 있는 경찰관직무집행법의 규율을 무의미하게 할 우려가 있고 헌법상의 비례성의 원칙 또한 의미를 잃게 될 수 있다.[22]

국가의 권력작용이 아니라 개인적 이익의 방어차원에서 시민간의 관계를 규율함을 목적으로 하여 긴급권으로 인정되는 정당방위의 경우 엄격한 이익형량이 이루어지지 않아서 과잉금지의 요청이나 기타 국가작용의 기본권적 한계가 충분히 고려되지 않게 된다.[23] 경찰법을 포함하여 엄격한 고권적 행정작용

---

21) 경찰청, 『경찰관직무집행법해설』, 2001, 147쪽.

22) 이에 대하여는 서정범(역), 『독일경찰법론』, 세창출판사, 2001, 258쪽 참조.

23) 물론 이것은 긴급피난과 비교하여 정당방위의 경우 不正 대 正의 상황이라는 것에서 비롯된 것이지만, 정당방위의 경우에도 비례성 원칙에 따른 제한이 일정 부분 가해진다는 것은 분명하다. 즉 필요성 원칙과 상당성 내지 기대가능성 원칙은 형법학에서 방위행위의 균형성과 사회윤리적 제한이라는 표현으로 작용하고 있다. 그러나 보충성 원칙의 제한이 없다는 점은 여전하다. 이에 대하여는 김일수, 『형법총론』, 박영사, 1998, 284-285쪽.

영역에서 국가에 의한 자유권침해는 예견가능성을 위하여 원칙적으로 경찰관련 법률에 명확하게 수권되어야 한다. 따라서 무기사용이 정당방위의 요건을 충족하는 경우에[24] 경찰관은 개인으로서 민·형사상의 책임으로부터 벗어날 수 있을지는 몰라도, 정당방위에 관한 규정이 무기사용의 법적 근거로 기능할 수는 없는 것이다.

경찰관의 정당방위에 있어서 '타인의 법익'은 경찰관이 직무수행상 보호해야 할 법익이 될 것이므로, 타인의 법익의 개념 속에 개인의 법익뿐 아니라 사회적 법익이나 국가적 법익도 포함되어야 하는지가 문제되나, 보호해야 할 법익과 이의 보호를 위하여 침해되는 상대방에 대한 위해와의 이익형량을 통하여 구체적인 상당성을 갖춘 경우에 허용되는 것이라고 보아야 할 것이다. 형법상으로는 일반적으로 재산적 법익의 보호를 위하여도 정당방위가 허용된다고 보나, 사람에게 위해를 가하는 무기사용의 경우에는 엄격히 해석하여 자신 또는 타인의 재산적 법익의 보호를 위하여는 무기사용이 부정되어야 할 것이다.

긴급피난은 정당방위와는 달리 위법하거나 부당한 위난에 한정되지 않는 점에서 그 성립을 위하여는 보다 엄격한 법익형량이 요구된다. 또한 긴급피난으로 인정되기 위해서는 주관적인 피난의사와 객관적으로 상당한 이유가 있어야 한다. 이러한 점에서 볼 때 생명·신체에 대한 법익이 충돌하는 경우, 사람에 대한 위해를 수반하는 무기사용은 매우 제한적인 범위 내에서 긴급피난에 의한 정당화가 가능할 것이다.

(4) 중범죄 혐의자의 체포와 이를 위한 경찰관의 직무집행에 항거하는 경우

경찰관직무집행법은 ① 사형·무기 또는 장기 3년 이상의 징역이나 금고

---

24) 판례는 의문이 있는 총기 등 무기사용에 대하여 정당방위의 인정에 소극적이다. 대판 1999. 2. 22, 98다61470; 1991. 9. 10, 91다19913 등 참조. 특히 뒤의 판례에서 대법원은 "정당방위에 있어서는 반드시 방위행위에 보충의 원칙은 적용되지는 않으나 방위에 필요한 한도 내의 행위로서 사회윤리에 위배되지 않는 상당성 있는 행위임을 요하는 것인바, 위 설시와 같은 총기사용의 경위에 비추어 정○○ 순경의 행위는 상당성 있는 행위라고 볼 수 없어 정당방위에도 해당하지 않는다"고 하여 상당성을 엄격하게 요구하고 있음을 보여주고 있다.

에 해당하는 죄를 범하거나 범하였다고 의심할 만한 충분한 이유가 있는 사람이 경찰관의 직무집행에 항거하거나 도주하려고 할 때, ② 체포·구속영장과 압수·수색영장을 집행하는 과정에서 경찰관의 직무집행에 항거하거나 도주하려고 할 때 또는 ③ 제3자가 ①②에 해당하는 사람을 도주시키려고 경찰관에게 항거할 때에 이를 방지 또는 체포하기 위한 경우에 다른 수단이 없다고 인정되는 상당한 이유가 있을 때에는 사람에게 위해를 수반하는 무기사용을 허용하고 있다. 대상범죄는 형사소송법 제200조의3 긴급체포를 할 수 있는 경우와 같다. 그러나 그 대상범죄는 지나치게 포괄적이며, 무기를 사용해야 하는 급박한 상황에서 경찰관이 사형·무기 또는 3년 이상의 징역이나 금고에 해당하는 범죄가 문제되는지를 명확하게 판단하는 것은 매우 어렵다는 점을 감안할 때 그 범위를 제한하고 구체화할 필요가 있다. 참고로 일본 경찰관직무집행법 제7조에서는 '흉악한 죄'라는 표현을 사용하고 있으며, '경찰관 권총·경봉 등 사용 및 취급규범' 제2조 제3항에서 '흉악한 죄'를 열거하고 있는데, 대체로 내란·외환·소요 등 민심에 현저한 불안을 발생하게 하는 죄, 살인·상해 등 사람의 생명·신체를 직접적으로 침해하거나, 강간·강도·방화·야간주거침입절도·특수폭행 등 사람의 생명·신체를 침해할 우려가 있고 사람을 현저히 외포시키는 방법으로 행해지는 범죄가 포함되어 있다.

'의심할 만한 충분한 이유'에 있어서 긴급체포의 요건에 관한 형사소송법 규정하의 '의심할 만한 상당한 이유'에 비하여 의심의 정도가 보다 분명하고 객관적으로 나타나는 경우에만 무기사용이 가능하다는 견해[25]와 형사소송법의 긴급체포의 요건에서 필요로 하는 범죄혐의와 구별을 둘 필요가 없다는 견해[26]가 주장된다. 생각건대, 긴급체포에 비하여 위해를 수반하는 무기사용의 경우 생명·신체에 대한 침해의 결과가 더욱 심각하다고 볼 수 있으며, 경찰관직무집행법에서 불심검문의 경우에는 범죄를 의심할 만한 '상당한 이유'를 요구함에 대하여(제3조 제1항), 위해를 수반하는 무기사용의 경우에는 범죄를 의심할 만한 '충분한 이유'가 있어야 한다고 표현한 것으로 볼 때, '충분한 이유'에 있어서는 '상당한 이유'에 비하여 그 이유의 존재가 명백할 것을 요구하는 것이라 해석하여야 할 것이다.

25) 장영민/박기석, 앞의 글, 198쪽.
26) 이기호, 앞의 글, 23쪽.

영장 없이 인신을 구금할 수 있는 경우는 긴급체포 이외에도 현행범인의 체포의 경우가 있으나(형사소송법 제212조), 장기 3년 이상의 형에 해당하지 않는 경우라면 체포를 위해서 위해를 수반하는 무기의 사용은 허용되지 않는다. 예컨대 음주측정에 불응하고 도주하는 경우 2년 이하의 징역이나 500만원 이하의 벌금형에 처하게 되어 있으므로 위해를 가하는 총기사용은 할 수 없다. 다만, 음주로 인하여 타인의 생명, 신체에 위해를 가할 객관적 위험이 있다면 긴급피난이나 정당방위에 해당될 수 있는지가 고려될 수 있을 것이다.

(5) 위험한 물건소지 범인의 경우

범인 또는 소요행위자가 무기·흉기 등 위험한 물건을 소지하고 경찰관으로부터 3회 이상의 투기명령 또는 투항명령을 받고도 이에 불응하면서 계속 항거하여 이를 방지 또는 체포하기 위하여 무기를 사용하지 아니하고는 다른 수단이 없다고 인정되는 경우, 위해를 수반한 무기사용을 할 수 있다. 범인이란 무기·흉기 등을 소지한 현행범과 준현행범[27]을 말한다.[28] 소요행위자라 함은 다중이 집합하여 폭력을 행사하는 등 소요행위를 직접 하거나 이를 지휘하는 자를 말한다. 따라서 무기 등을 소지하고 있지 않은 범인 또는 소요행위자나 무기 등을 소지하고 있으나 현재 범죄를 범하고 있지 않은 자와 소요행위에 가담하지 않은 자는 본호의 대상이 아니다.

무기·흉기 등 위험한 물건이라 함은 생명·신체 또는 중대한 재산적 법익에 대한 손상을 가져올 수 있는 도구를 말하는데, 본래의 용도에 의해서만 판단되는 것이 아니라 사용방법에 따라서 위험한 물건이 될 수 있다. 형법상 소지라 함은 저장, 은닉, 진열 등 어떠한 형태로든 자기의 지배하에 두는 것을 의미하는 데 대하여, 여기에서의 소지는 반드시 현실적으로 들고 사용하는 경우만을 의미하는 것은 아니나, 적어도 사용가능하도록 가까운 위치에 두는 것을 의미한다. 즉 현실적으로 위험을 야기할 수 있는 개연성이 높은 상태를 말

---

27) 현행범이란 범죄의 실행중이거나 실행의 즉후인 자를 말하며, ① 범인으로 호창되어 추적되고 있는 때, ② 장물이나 범죄에 사용되었다고 인정함에 충분한 흉기 기타의 물건을 소지하고 있는 때, ③ 신체 또는 의복류에 현저한 증적이 있는 때, ④ 누구임을 물음에 대하여 도망하려 하는 때에 이에 해당하는 자는 현행범인으로 간주한다(형사소송법 제211조).

28) 이기호, 앞의 글, 24쪽.

한다.[29]

3회 이상의 투기명령에 있어서 3회 이상이란 3회 이상의 투기의 기회를 주는 것을 말하므로 시간적인 간격 없이 연속하여 투기할 것을 명령하는 것은 1회의 투기명령으로 보아야 한다.[30] 그런데 범인이나 소요행위자가 무기나 흉기를 투기하거나 투항하는 데 항상 3회에 걸친 명령을 통하여 생각할 여유를 주어야 하는지에 대하여는 의문이다. 단지 3회에 걸친 명령을 하지 않았다는 이유로 국가의 배상책임을 인정한 사례가 많은바, 범인 등이 무기를 들고 항거하는 경우 당연히 급박한 상황일 것인데 투기명령을 일률적으로 횟수를 두어 3회 이상으로 한정할 필요는 없다고 생각된다.[31] 일본의 「경찰관 권총·경봉 등 사용 및 취급규범」에서도 "특히 경고할 여유가 없는 경우를 제외하고는 미리 권총의 발사를 상대방에게 경고하여야 한다"고 규정하고 있을 뿐이다(제10조).

Ⅳ. 무기사용의 한계에 관한 논의

경찰관직무집행법은 위해를 수반하지 않는 무기사용의 경우에는 '필요하다고 인정되는 상당한 이유'가 있을 때, 위해를 수반하는 무기사용의 경우에는 '무기를 사용하지 아니하고는 다른 수단이 없다고 인정되는 상당한 이유'가 있을 때에 무기를 사용할 수 있다고 규정하고, 또한 무기사용이 허용되는 경우에도 그 사태를 합리적으로 판단하여 '필요한 한도 내'에서만 무기를 사용할 수 있다고 규정하여, 무기사용에 있어서의 법익침해의 위험성을 고려하여 비례성 원칙을 구체화하고 있다.[32] 아래에서는 무기사용의 한계와 관련하여 이

29) 장영민/박기석, 앞의 글, 200-201쪽.

30) 장영민/박기석, 앞의 글, 201쪽.

31) 3회 이상의 명령을 할 여유 없이 상대방의 공격이 있는 경우에는 묵시적인 명령이 있는 것으로 보아야 한다는 견해도 주장된다(이기호, 앞의 글, 24쪽).

32) 경찰조치에 비례성의 원칙이 적용되어야 함은 명문의 규정이 없더라도 헌법상의 법치국가원리에서 직접 도출될 수 있다고 보는 것이 일반적인데, 경찰관직무집행법은 제1조 제2항에서 경찰관의 직무수행에서 준수하여야 할 원칙으로 규정하면서 무기사용의 경우 이를 재차 강조하고 있다.

규정의 의미에 대하여 간략히 살펴보고, 그 다음에 실제상 무기사용의 적법성이 문제되는 구체적 사례로 자주 등장하는 도주하는 사람 내지 차량에 대한 총기사용과 칼을 들고 항거하는 경우의 총기사용의 한계와 총기사용에 대한 「경찰장비의 사용기준 등에 관한 규정」상의 한계로서 비관여자에게 위해를 가져오는 총기사용과 14세 미만의 자 등에 대한 총기사용에 대하여 살펴보기로 한다. 마지막으로 의도된 치명적인 총기사용이 허용될 것인지에 대하여 고찰하기로 한다.

1. 최후의 수단으로서의 무기사용

법이 인정하는 무기사용의 목적상의 요건이 현실적으로 존재하더라도 그 목적의 달성을 위하여 무기를 사용하는 것이 불가피한 경우이어야 한다. 무기보다 경미한 다른 수단을 사용하여 목적을 달성하지 못하였거나 목적을 달성할 수 없음이 명백한[33] 경우이어야 한다. 경미한 수단을 사용하여 목적을 달성할 수 있는 가능성이 있다면 무기사용에 착수하여서는 안 된다. 이러한 내용은 비례성의 원칙 중 특히 필요성의 원칙에 관한 것이다.

경찰관직무집행법 제10조의4는 일본의 경찰관직무집행법 제7조와 마찬가지로 위해를 수반하는 무기사용에 대하여 무기사용이 최후의 수단임을 강조하고 있으나, 위해를 수반하지 않는 무기사용의 경우에는 '필요하다고 인정되는 상당한 이유'가 있을 때에 무기사용이 허용된다고 하여 완화된 표현을 사용하고 있다. 여기서 '필요하다'라는 것은 공무집행에 대한 항거 등의 정도, 태양으로 미루어 보아 강력한 수단인 무기를 사용하지 않으면 그 항거의 억제와 동시에 공무의 집행을 완수하지 못하는 상황을 의미한다. 위해를 수반하는 경우에 있어서의 '다른 수단이 없다'라는 문언과 다른 표현을 사용하고 있는 것으로 볼 때 무기사용이 유일한 수단일 것까지 요구하는 것은 아니라고 해석되고 있다.[34]

33) 무기보다 경미한 다른 수단으로는 목적달성이 어려울 것이 '예상'된다는 정도로는 부족하다.

34) 古谷洋一 編著, 『注釋 警察官職務執行法[改訂版]』, 平成15年(2003), 357쪽; 安田博延, 『武器使用の要件, 限界』, 刑事裁判實務大系 10(警察), 215쪽. 단, 「경찰관 권총·경봉 등 사용 및

생각건대 무기사용은 경찰의 개입수단 중 가장 강력한 수단으로서 필요성의 원칙은 무기사용에 있어서 반드시 갖추어야 할 요건이므로, 이 원칙이 위해를 수반하지 않는 사용의 경우에도 준수되어야 함은 당연하다고 보아야 한다. 독일의 각 주의 경찰법에서는 총기는 다른 직접강제 수단이 효과가 없었거나 효과를 발휘할 수 없음이 명백한 경우에만 사용할 수 있다고 규정하여,[35] 총기사용은 경찰의 개입수단 중 최후의 수단으로 고려됨을 명시하고 있다.

필요성의 원칙에 의하여 무기사용보다 완화된 수단으로 위험이 방지될 수 있다면 그 수단을 취해야 한다. 경찰봉 또는 최루제를 사용하여 위험을 방지할 수 있음에도 무기를 사용하였다면 그것은 위법한 것이 된다. 예를 들면 은행강도가 자동차를 타고 도주하는 것을 저지하기 위하여 도로를 차단함으로써 도주로를 봉쇄하는 방법이 고려될 수 있다면, 경찰은 무기를 사용하여서는 안 된다.

필요성이 있는지 여부는 범인의 체포 등의 현장상황에 직면한 경찰관이 판단하는 것인데, 경찰관의 자의적인 판단이 아니라 사회통념에 비추어 객관적인 견지에서 판단할 때 그 필요성이 인정되어야 한다. 필요성에 대한 경찰관의 판단이 당시의 상황에서 합리적인 이유에 의하여 근거 지워진다면, 사후에 결과적으로 경찰목적의 달성을 위해 다른 경미한 효과적인 수단이 있었음이 밝혀지더라도 그 당시의 경찰관의 판단이 존중되어야 할 것이다. 두려움 또는 과중한 부담감 때문에 잘못된 결정을 내린 경우에는 통상적으로 위법성이 긍정될 것이다. 다만 경험 많고 사려 깊은 경찰관도 합리적인 판단을 내리는 것이 기대하기 어려울 정도로 예외적인 상황이었을 경우라면 그 조치의 위법성이 배제될 수 있을 것이다. 일반적으로 경찰관에게는 사인에 비하여 높은 위험부담의 의무가 부과됨을 고려하여야 한다.

취급규범」 제7조 본문은 권총의 사용에 대하여 다른 수단이 없을 때에만 사용될 수 있다고 한다.

35) 이에 대하여는 Rachor, 앞의 책, S.542, Rdn. 832의 각주의 입법례 참조.

2. 무기사용의 정도

무기사용이 허용되는 경우에도 그 사태를 합리적으로 판단하여 필요한 한도 내에서만 가능하다. 무기사용에 의하여 달성하려는 목적과 그 수단은 적절한 비례관계에 있어야 함은 비례성의 원칙이 적용되는 결과 당연하나, 경찰관직무집행법은 이를 무기사용에 있어서 명시하고 있다. 즉 경찰관직무집행법 제10조의4에 의하면 경찰관은 범인의 체포·도주의 방지, 생명·신체에 대한 방호 및 항거의 억제를 위하여 '필요한 한도 내'에서만 무기를 사용할 수 있으므로, 그 필요한 정도를 넘어서 상대방의 생명·신체에 대한 침해를 발생케 하는 것은 원칙적으로 배제된다. 따라서 범인의 대퇴부를 쏨으로써 공격 내지 도주를 무력화시킬 수 있음에도 머리 또는 몸통을 향하여 무기를 사용하는 것은 허용되지 않는다. 그러나 합리적인 판단에 따른 필요한 한도 내의 무기사용이라도 그에 의하여 의도하지 않은 사망의 결과가 발생할 수 있는데, 이와 같은 경우에 무기사용의 요건과 그 정도를 준수하였다면 그 결과만을 놓고 위법하다고 할 수 없을 것이다.

독일의 판례상 범인의 체포를 위하여 사람의 몸통을 향하여 총기를 발사하는 것은 그의 위험성 때문에 비례성 원칙에 반한다고 판시한 바 있다.[36] 도주를 저지하기 위하여 사람에 대해 총기를 발사하는 것은 예방경찰적 관점하에서만 정당화될 수 있는데, 그에 따라 도주하는 범인이 일반 공중에게 위험을 야기하게 될 때에만 총기사용이 허용된다고 본다. 단지 국가형벌권을 관철하기 위한 목적만으로는 사람에 대해 총기를 사용하는 것에 대한 충분한 근거가 될 수 없다고 한다. 총기사용에 의한 치명적인 위험이 현실화된다면 형벌권은 더 이상 집행될 수 없기 때문이다. 체포를 피하여 도주하는 것을 저지하기 위하여 사람에 대하여 총기를 사용함에 있어서 형사소추와 형집행은 단지 경찰개입의 동기에 불과할 뿐, 총기사용의 근거는 행위자에 위험성에 있다고 보는 것이다.[37]

---

36) BGH, NJW 1999, 2533.

37) 독일의 경찰법상 형사소추를 위하여 경찰관이 사람에 대하여 총기를 사용할 수 있는 범죄행위는 중범죄와 경범죄 양자를 모두 포함하는데, 경범죄가 문제되는 경우에는 범인이 총기 또는 폭발물을 휴대하고 있는 경우에 한정된다. 이것은 총기사용의 이유가 행위자의

3. 도주를 저지하기 위한 총기사용

경찰관직무집행법은 범인의 체포·도주의 방지를 위하여 필요한 경우에 무기를 사용할 수 있도록 수권하고 있다. 특히 중범죄 혐의자의 경우와 영장집행의 경우 및 위험한 물건을 소지한 범인의 경우에는 사람에게 위해를 수반하는 무기사용을 허용하고 있다.

그런데 실제에 있어서 경찰관의 불심검문에 불응하고 도주하는 사례에 있어서 경찰관의 무기사용이 허용될 수 있는지가 문제된다. 또한 범죄의 혐의가 명백한 자가 도주하는 경우 그에게 또는 범죄와 무관한 사람에게 위해가 발생할 개연성이 큰 때에 총기사용이 허용될 수 있는지도 검토되어야 한다.

(1) 불심검문에 불응하고 도주하는 경우

경찰관의 불심검문에 불응하고 도주하는 경우 도주를 방지하기 위하여 총기를 사용할 수 있는지가 문제된다. 도주하는 자를 따라잡을 수 없고 무기를 사용하여야만 검거할 수 있는 경우, 이른바 준현행범인의 예에 의하여 도주자의 범죄혐의를 인정할 수 있다면 무기사용을 고려할 수 있을 것으로 보인다. 준현행범인이란 현행범인은 아니지만 형사소송법에 의하여 현행범인으로 간주되는 자를 말하는데, 이에는 '누구인지 묻는데 도망하려 하는 자'가 포함되며, 경찰관의 불심검문에 불응하고 도주하는 자는 준현행범인에 해당하는 것으로 보고 있다.[38] 그러나 이 경우에도 범행에 대한 직접 관련성이 희박할 수 있으므로 다른 상황과 종합하여 충분히 죄를 범하였다고 인정할 객관적인 상당한 이유에 근거하여야 하는 것이므로 무조건 불심검문에 불응하고 도주한다고 하여서 준현행범인으로 판단해서 무기를 사용해서는 안 될 것이다.[39] 또한 무기사용이 허용되는 경우라도 위해를 수반하지 않는 무기사용으로 엄격히 제한될 것이며, 위해를 수반하는 경우라면 좀더 구체적인 중범죄의 혐의가 있는 경우

위험성에 있는 것이고, 형사소추는 단지 경찰개입의 동기에 불과하다는 것을 보여준다.

38) 장규원, "체포제도에 관한 연구," 한국형사정책연구원, 1988, 142쪽.

39) [판례]: "경찰관의 정지명령에 응하지 아니하고 계속 도주하였다는 사실만으로 경찰관직무집행법 제10조의4에서 규정하는 범죄를 범하였거나, 범하였다고 의심할 충분한 이유가 있다고 보기 어렵다"(대판 1999. 6. 22, 98다61470).

이어야 할 것이다.[40)]

차량검문에 불응하고 도주하는 경우에 있어서 도주를 저지하기 위하여 도주차량을 향하여 총기를 발사하는 사례가 있으나, 뒤에서 살펴보는 바와 같이 차량에 대한 총기사용의 경우 사람에게 위해를 발생하지 않고 차량을 정지시키는 것을 상정하기란 어렵다는 점에서 도주자에게 구체적인 중범죄의 혐의가 있어 체포하여야 할 필요가 있는 경우가 아니라면 이는 허용될 수 없다고 생각된다.

(2) 도주하는 중범죄 협의자에 대한 총기사용

경찰관직무집행법 제10조의4 제1항 단서 제1호에서 규정한 중범죄를 범하고 도주하는 경우에 경찰관은 원칙적으로 범인의 도주를 방지 또는 체포하기 위하여 무기를 사용할 수 있을 것이다. 다만 중범죄를 범하였거나 범하였다고 의심할 만한 충분한 이유가 존재하는 경우라도 경찰봉이나 가스총을 사용하거나 공포탄을 발사함으로써 도주를 방지할 수 없음이 명백한 경우에 비로소 총기의 발사가 허용될 수 있으며, 이 경우에도 도주하는 자의 하체부위를 향하여 정조준 발사하여야 할 것이다.

그런데 달려가는 사람을 향하여 총기를 발사하는 경우에는 치명적인 결과를 가져올 위험이 상존하는 것이다. 따라서 위와 같은 경우에는 항상 구체적 상황에 따른 수단과 결과의 관계에 대하여 세심한 심사가 행해져야 한다. 중범죄의 구성요건이 충족되었다 하더라도 범인의 도주를 저지하는 목적[41)]이 전적으로 국가의 형사소추권을 보장하기 위한 경우라면, 총기사용으로 인해 범인에게 중대한 침해가 발생하는 것이 정당화될 수는 없을 것이다.

---

40) 대법원은 차량 충격음을 듣고 경찰관이 사고를 낸 자를 검문하려는 순간 그가 도망가자 도망가는 모습을 보아 틀림없이 차량절도일 것으로 믿고 추격하면서 멈추지 않으면 총을 발사할 것을 경고하고 그에 불응하자 공포 1발을 발사하였으나 효과가 없었고, 경찰관에게 항거하면서 계속 도망가자 다리를 향하여 1회 권총을 발사하여 상해를 입힌 사건에서, 체포를 면탈하기 위하여 항거하며 도주할 당시 그 항거의 내용·정도 등에 비추어 소지하던 가스총과 경찰봉을 사용하거나 다시 한 번 공포를 발사하여 제압할 여지가 있었다고 판단하여, 다리를 향하여 권총을 발사한 행위를 총기사용의 허용범위를 벗어난 위법한 행위라고 판시하였다(대판 1993. 7. 27, 93다9163).

41) 범인의 도주를 저지하는 데에는 두 가지 목적이 있다. 그 하나는 국가의 형사소추권을 보장하는 것이고, 다른 하나는 위험한 범인으로부터 일반 공중을 보호하는 데 있다.

참고로 독일의 통일경찰법모범초안은 사망의 결과를 가져올 개연성이 높은 총기사용은 생명·신체에 대한 중대한 침해에 대한 현재의 위험을 방지하기 위하여 유일한 수단일 경우에 한하여 허용한다고 규정하여(제41조 제2항), 치명적인 결과를 가져올 사람에 대한 총기사용을 엄격히 규제하고 있다.

대법원은 "경찰관의 명령에 따라 순순히 손을 들고 나오면서 그대로 도주하는 범인을 경찰관이 뒤따라 추격하면서 등 부위에 권총을 발사하여 사망케 한 경우, 위와 같은 총기사용은 현재의 부당한 침해를 방지하거나 현재의 위난을 피하기 위한 상당성 있는 행위라고 볼 수 없다"고 판시한 바 있다.[42)]

(3) 도주저지를 위한 차량에 대한 총기사용

범인이 차량을 타고 도주하는 경우 또는 검문에 불응하고 도주하는 차량의 경우, 차량을 정지시키기 위하여 타이어를 향하여 총기를 사용하는 것이 허용될 것인지가 문제된다.

파출소 업무편람(경찰청, 1997. 12, 103쪽)은 검문불응 도주차량에 대하여 1차 공포탄발사 후, 계속 불응시 2차에 차체의 하부(타이어)에 발사하여 차량을 정지시킨 후 검거하도록 규정하고, 파출소 근무요령집(서울경찰청, 1998. 1, 63쪽)에서는 검문불응 도주차량의 타이어에 대한 실탄사격을 위해를 수반하지 않는 총기사용으로 분류하고 있다.[43)]

그러나 도주하는 차량의 타이어를 향하여 총기를 사용하여 위해를 수반하지 않고 차량을 정지시킬 수 있는지는 의문이다. 예컨대 경찰관이 현행범인의 도주를 저지하려는 경우에, 그는 붙잡히지 않기 위하여 온 힘을 다하여 빠른 속도로 달아날 것이다. 그가 자동차를 타고 빠른 속도로 달아나는 경우에 타이어를 향해 총을 발사하여 자동차를 멈추게 하는 것은 거의 불가능하다. 왜냐하면 탄환이 타이어에 맞는다고 하더라도 타이어의 공기압이 순간적으로 떨어지지는 않기 때문이다. 그 이외에도 총기를 사용하는 경찰관의 심리적·신체적 측면에서 위의 경우 총기사용은 객관적으로 목적달성에 적합한 수단이 아니라고 할 수 있다. 물론 예외적으로 타이어에 총알이 관통하여 타이어가

---

42) 대판 1991. 5. 8, 91다10084.

43) 안정규, "경찰상 대인적 강제에 관한 연구," 한양대학교 대학원 박사학위 논문, 2001, 195쪽 참조.

갈기갈기 찢어지고 그에 따라 자동차가 곧 정지하게 되는 상황을 생각할 수도 있다. 그러나 이러한 예외적 상황을 상정하여, 적합성을 원칙적으로 긍정할 수는 없다. 수단의 적합성은 사전에 판단되어지는 것이므로, 결과적으로 목적이 달성되었다 하여 그에 대한 판단이 달라지는 것은 아니다. 결과가 수단을 정당화할 수는 없다.

결론적으로 달리는 자동차를 정지시키기 위하여 타이어를 향해 총을 발사하는 것은 적합성의 원칙에 반하여 허용되지 않는다고 보아야 할 것이다. 더욱이 달리는 자동차의 속도가 어느 정도 이상이 되면 자동차의 타이어를 적중시키는 것은 거의 불가능하게 되고, 자동차 안 또는 주변에 있는 사람에게 맞을 위험이 항상 존재한다. 이와 같은 경우에는 위해를 수반하는 총기사용이 허용되는지가 검토되어야 한다.

무장강도사건이 발생한 후 강도가 총기로 택시기사를 위협하여 택시를 타고 도주하려고 하는 경우를 예로 들어보면, 이 경우에 범인의 도주를 저지하기 위하여 경찰관이 범인에게 총기를 발사할 수 있는지가 문제될 수 있다. 총기사용으로 범죄와 전혀 무관한 비관여자에게 위험이 발생할 개연성이 큰 경우에 사람에 대한 총기사용은 원칙적으로 허용될 수 없다. 다만 예외적으로 현존하는 생명에 대한 위험을 방지하기 위하여 그것이 유일한 수단인 경우에만 허용될 수 있을 것이다. 위의 예에 있어서 총기사용의 목적은 전적으로 강도의 도주를 저지하는 데 있고, 현존하는 생명에 대한 위험을 방지하기 위하여 총기사용이 문제되는 것은 아니라고 볼 것이다. 또한 택시기사가 강도사건과 무관하며, 택시운행이 그의 의사에 반하여 행해지는 것이 명백하다. 즉 택시기사는 경찰법상 비관여자에 해당한다. 따라서 위의 예에 있어서 경찰의 총기사용은 (좁은 의미의) 비례성 원칙에 반하는 위법한 것이 된다.

4. 칼을 들고 항거하는 경우의 총기사용

칼을 들고 경찰관의 직무집행에 항거하는 경우에 이를 저지하기 위하여 총기를 사용할 수 있는지가 문제된다. 경찰관직무집행법 제10조의4 제1항 단서 제3호는 이에 관한 규정을 두고 있는데, 무엇보다도 '무기를 사용하지 아니하고는 다른 수단이 없다고 인정되는 상당한 이유'가 충족되어야 한다.

칼을 들고 경찰관에게 달려드는 경우에 생명의 위험이 있다는 것은 일반적으로 인정되고 있기 때문에, 생명의 위험에 처한 경찰관은 그에 대응하여 생명에 위험을 줄 수 있는 방어수단의 사용이 허용된다. 생명을 위협하는 공격에 대한 방어수단에 대하여 독일의 판례는 다음과 같이 판시한 바 있다. “위법한 공격을 받는 자는 원칙적으로 즉각적이고 종국적으로 위험을 제거할 수 있는 방어수단을 선택할 권리를 갖는다. 덜 위험한 방어수단이 있을지라도 그의 효과가 의심스러운 경우에는 반드시 그 수단을 사용해야만 하는 것은 아니다. 다수의 효과적인 수단 내지 방법이 있고 방어하는 자에게 위험을 평가하고 수단을 선택할 시간이 있는 경우에, 그는 덜 위험한 수단을 선택해야 한다. 그러한 수단이 위험을 즉시 종국적으로 제거하기에 적합한지 여부는 개별적인 위험상황에 달려 있다.”[44]

구체적인 상황에서 경찰관이 상대방의 공격을 저지하기 위하여 총기 이외에 사용할 수 있는 다른 수단이 있는지, 다른 수단을 사용할 시간적 여유가 있는지가 검토되어야 한다. 공격의 수단인 칼의 위험성 일반뿐만 아니라 공격자와의 거리, 공격자의 폭력성, 신속함 및 칼 다루는 솜씨 등이 고려되어야 한다.[45]

경찰봉, 전자충격기, 가스분사기 또는 가스발사총 등 총기보다 완화된 수단으로 상대방의 공격을 저지할 수 있다면 총기사용은 허용되지 않는다.[46] 다른 수단들이 위험을 제거하기에 적합하지 않은 경우에 비로소 총기가 최후의 수단으로 사용될 수 있는 것이다. 칼을 들고 경찰관에게 항거하는 경우 통상

44) BGH, STV 1990, S.543.

45) 창원지법은 범인이 칼을 소지하고 있다고 믿었고 또 믿을 만한 사유가 있었으며, 힘이 세고 건장한 체구의 범인을 쉽게 제압할 수 없는 상황에서, 범인 밑에 깔린 동료 경찰관을 범인이 칼로 살해할 수도 있고 권총을 탈취하여 다수의 인명을 살상할 수도 있다고 판단한 경우에 동료 경찰관을 구출하고 발생할지 모를 다수의 인명피해를 저지하기 위하여 범인에게 권총을 발사한 것은 정당한 직무집행에 해당한다고 판시한 바 있다(창원지법 2003. 11. 14, 2002가합1454).

46) 대법원은 야간에 술이 취한 상태에서 병원에 있던 과도로 대형 유리창문을 쳐 깨뜨리고 자신의 복부에 칼을 대고 할복 자살하겠다고 난동을 부린 자가 출동한 2명의 경찰관들에게 칼을 들고 항거한 사례에서 경찰관이 공포탄을 발사하거나 소지한 가스총과 경찰봉을 사용하여 항거를 억제할 시간적 여유와 보충적 수단이 있었다고 보여지므로, 칼빈소총을 1회 발사하여 가슴 아래 부위를 관통하여 사망케 한 경찰관의 총기사용행위는 총기사용의 한계를 벗어난 것이라고 판시한 바 있다(대판 1991. 9. 10, 91다19913).

적으로 경찰봉은 효과적인 수단이 되지 못하며, 총기는 공격자에게 중대한 결과가 발생하는 것을 피할 수 없을 것이다.

상대방이 칼을 들고 경찰관을 단지 위협하는 경우이거나 점점 가까이 다가서는 경우에는 우선 투기명령 또는 투항명령이 행해져야 하지만, 근접한 거리에서 신속하게 칼로 공격해 오는 경우에는 이를 생략할 수 있다고 보아야 할 것이다.

5. 비관여자에게 위해를 가져오는 총기사용

비관여자가 위험에 처할 고도의 개연성이 있는 경우에 원칙적으로 총기사용은 허용되지 않는다. 「경찰장비의 사용기준 등에 관한 규정」은 범죄와 무관한 다중의 생명·신체에 위해를 가할 우려가 있는 때에는 권총 또는 소총을 사용하여서는 안 된다고 규정하고 있다. 이 규정은 '범죄와 무관한 다중'에 대한 총기사용을 제한하고 있는데, '다중'으로 한정하는 것은 타당하지 않다. 단 한 사람이라도 범죄와 무관한 사람에게 위해를 가할 우려가 있는 총기사용은 제한되어야 한다. '범죄와 무관한'의 개념은 명확하지 않다. 독일의 통일경찰법 모범초안에서도 비관여자에게 위험을 가져오는 총기사용을 원칙적으로 금지하고 있는데(제41조 제4항 1문 참조), '비관여자'에 대한 법적인 개념정의는 존재하지 않는다. 일설에 의하면 비관여자란 경찰의 조치가 행해지는 대상 행위에 협력하지 않은 모든 사람을 말한다고 한다. 여기서 협력이란 대상 행위를 말로써 또는 행동으로써 도와주는 것을 의미하는 것으로 본다.[47] 그에 대하여 다른 견해는 총기사용의 요건을 갖추지 않은 모든 사람을 비관여자로 보아야 한다고 한다.[48]

「경찰장비의 사용기준 등에 관한 규정」은 타인 또는 경찰관의 생명·신체에 대한 중대한 위험을 방지하기 위하여 총기사용이 불가피한 경우에는 예외를 인정하고 있는데, 신체에 대한 위험을 방지하기 위한 경우까지 예외에 포함시키는 것은 비관여자에게 위해를 가져오는 총기사용을 금지하는 원칙을 상

---

47) Honnacker/Beinhofer, PAG, 17. Aufl., 1999, Art. 66 Anm. 8.

48) Ley/Burkart, Polizeilicher Schusswaffengebrauch, 5. Aufl., 2001, S.86; Rasch, ME, § 41 Rdn. 8; Wagner, PolG NW, § 41 Rdn. 8; Roos, POG RP, § 63 Rdn. 17 f.

대화하는 것이 된다.[49] 생명에 대한 현존하는 위험을 방지하기 위하여 총기사용이 유일한 수단일 경우에만 비관여자에게 위해를 가할 우려가 있는 총기사용이 허용되어야 할 것이다.

독일의 많은 주의 경찰법에서는 비관여자에게 위험을 초래하는 총기사용 이외에 다수의 군중 속의 사람에 대한 총기사용에 관한 특별규정을 두고 있다.[50] 그에 의하면 경찰관이 비관여자가 위험에 처할 고도의 개연성이 있다는 것을 인식할 수 있는 경우에 다수의 군중에 대한 총기사용은 금지된다. 다만 총기사용이 현존하는 생명에 대한 위험을 방지하기 위한 유일한 수단인 경우에는 예외를 인정하고 있다.

다중에 대한 총기사용에 관한 특별규정에서는 비관여자에 대하여 개념정의를 내리고 있는데, 일반적인 용어사용에 비하여 좁게 이해하고 있는 점이 특이하다. 이 규정에 의하면 다중 속에서 폭력을 행사하거나 행동으로 이를 용인 또는 방조하는 자가 반복된 총기사용의 경고에도 불구하고 집단을 이탈하지 않는 경우에는 관여자에 해당된다(통일경찰법모범초안 제43조 제2항 참조). 그러나 이와 같이 비관여자를 좁게 파악하는 것은 다중에 대한 총기사용을 금지하는 원칙을 상대화하는 것이 된다.

6. 14세 미만의 자 등에 대한 총기사용

14세 미만의 자에 대한 총기사용의 제한도 대인적 한계로서 논의되고 있다. 「경찰장비의 사용기준 등에 관한 규정」은 14세 미만의 자 및 임산부에 대하여 총기를 발사하여서는 안 된다고 규정하고 있다. 이 규정은 총기 또는 폭발물을 가지고 대항하는 경우에는 예외를 허용하고 있는바, 어린 아이에 의한 폭력행위가 증가하고 있는 상황을 고려할 때 예외규정을 두는 것은 피할 수 없다. 예외가 적용되는 경우에도 비례성의 원칙에 의한 제한을 받게 됨은 당연하므로, 단지 총기를 가지고 대항하였다는 이유만으로 14세 미만의 자에게

49) 참고로 독일에서는 14세 미만의 자에 대한 총기사용이 예외적으로 허용되는 경우와 달리 이 경우에는 예외를 생명에 대한 현존하는 위험에 한정하고 있다. 즉 신체에 대한 위험을 방지하기 위한 경우에는 예외가 허용되지 않는다.

50) 이에 대하여는 Rachor, 앞의 책, S.544, Rdn. 837의 각주의 입법례 참조.

제한 없이 총기를 사용할 수 있다고 해석할 수는 없을 것이다. 다만 명확성을 위하여 이를 명시하는 것이 필요하다고 생각된다. 즉 총기 등을 가지고 대항함으로 인해 발생할 수 있는 위해의 가능성을 고려하여, 생명·신체에 대한 중대한 위험을 방지하기 위하여 총기사용이 유일한 수단일 경우에만 예외를 허용하여야 할 것이다.[51] 이 경우에는 총기 등을 가지고 대항하는 자에 대한 총기사용이므로 위의 비관여자에게 위해를 가져오는 총기사용과 달리 신체에 대한 위험을 방지하기 위한 경우에도 예외에 포함시키는 것이 타당할 것이다.

법문상으로는 명시되어 있지 않지만, 14세 미만에 대한 판단은 외견상의 나이를 기준으로 하여야 할 것이다.[52] 즉 경찰관이 실제 나이를 잘못 판단하였다고 하여 바로 총기사용이 위법하다고 볼 수는 없는 것이다.

7. 의도된 치명적인 총기사용

독일에서는 경찰관의 '의도된 치명적인 총기사용'[53]을 허용할 것인지에 관하여 논란이 있었다. 절대적으로 허용해서는 안 된다는 주장으로부터, 가치 있는 물건을 보호하기 위하여도 의도된 치명적인 총기사용을 허용하자는 견해까지 다양한 의견의 대립이 있었다.

일련의 인질사건과 테러활동 등의 영향으로 연방은 1976년의 통일경찰법

51) 한견우, 『현대행정법II』, 연세대학교출판부, 2000, 348쪽 참조.

52) 참고로 독일의 통일경찰법모범초안 제41조 제3항은 '외견상 14세 미만으로 보이는 자'에 대한 총기사용을 제한하고 있다.

53) '의도된 치명적인 총기사용'(der gezielt tödliche Schuß)이란 표현 대신에, 이에 의하여 사람을 사망케 할 의도를 가지는 경우가 있으므로 이를 '의도적 사살(der gezielte Todesschuß)'이라고 표현하기도 한다. 이는 특히 의도된 치명적인 총기사용을 반대하는 입장에서 사용하는 표현이며, 반면에 이의 필요성을 긍정하는 입장에서는 '최후의 구호발사'(der finale Rettungsschuß)라고 표현한다. 이러한 입장은 경찰의 총기사용에 의하여 사람의 사망을 의도하거나 감수하여야 할 경우가 있을지라도 원인자의 사망이 총기사용의 본래의 목적이 아니므로 '사살(Todesschuß)'이라는 표현은 적합하지 않다고 주장한다. 경찰의 총기사용의 일차적인 목적은 위험방지에 있음을 강조하는 입장이다. 그러나 이러한 용어사용에 대한 논란은 그 허용성 내지 필요성이라는 문제의 핵심을 벗어난 것으로 어떤 유용한 결과를 가져오는 것은 아니다(Krüger, Polizeilicher Schußwaffengebrauch, 1979, S.103 참조). 따라서 여기서는 중립적인 견지에서 '의도된 치명적인 총기사용'이라는 표현을 사용하기로 한다.

모범초안에 의도된 치명적인 총기사용에 관한 규정을 두었고, 몇몇 주(예컨대 바이에른, 니더작센, 라인란트-팔츠 등)의 경찰법에서도 통일경찰법모범초안과 마찬가지로 일정한 요건하에 사망의 결과를 가져올 개연성이 높은 총기사용을 허용하고 있다. 반면에 노르트라인-베스트팔렌의 주 의회는 1980년에 새로이 경찰법을 제정함에 있어서 의도된 치명적인 총기사용에 관하여 명시적인 규정을 두는 것을 반대하였고,[54] 브레멘의 경우에도 1983년의 새로운 경찰법에서 이에 관한 규정을 두지 않았다.

통일경찰법모범초안 제41조 제2항 제2문에 의하면 사망의 결과를 가져올 개연성이 높은 총기사용은, 그것이 현존하는 생명에 대한 위험 또는 현존하는 신체의 불가침성에 대한 중대한 침해를 방지하기 위하여 유일한 수단일 경우에 한하여 허용된다. 의도된 치명적인 총기사용은 최후의 수단으로서 다른 수단으로 생명·신체에 대한 위험을 방지할 가능성이 있다면 그것은 허용되지 않는다. 의도된 치명적인 총기사용에 있어서 경찰관은 현존하는 생명·신체에 대한 위험이 존재하는지, 그러한 위험을 방지할 다른 수단은 없고 오직 치명적인 총기사용에 의하여만 가능한지에 대한 신중한 판단이 요구된다. 즉 치명적인 총기사용의 결과는 되돌릴 수 없는 것이므로 그 요건의 충족 여부의 판단에 신중함이 요구된다.

우리나라 헌법은 독일[55]과 같이 생명권 및 신체불가침에 대한 권리를 기본권으로 명시하고 있지는 않지만, 생명권이 헌법상의 권리라고 보는 데에는 이견이 없다.[56] 헌법재판소는 생명에 대한 권리는 인간의 생존본능과 존재목

---

54) 노르트라인-베스트팔렌에서는 주 경찰법 제63조에 대한 행정규칙에서 비로소 치명적인 총기사용의 가능성을 명시하였다. 63.22 VVPolG NW: "경찰법 제63조 제2항은 사람의 생명·신체에 대한 현존하는 위험을 방지하기 위한 경우에 최후의 수단으로서 일반적 경험칙상 즉시 치명적인 결과를 가져오게 되는 공격자를 지향한 총기사용을 포함한다." 그러나 이 규정은 형식적 법률의 권한규정을 확장하는 것이 아니라, 단지 치명적인 총기사용은 전적으로 공격을 무력화하기 위한 목적으로만 허용된다는 점을 명시한 것으로 이해되어야 할 것이다. 그렇지 않고 치명적인 총기사용이 이 규정에 의하여 비로소 허용되는 것이라면, 행정규칙에서 그에 대하여 규정할 수는 없는 것이기 때문이다.

55) 독일 기본법 제2조 제2항: "누구든지 생명권과 신체를 훼손당하지 않을 권리를 가진다. 신체의 자유는 불가침이다. 이 권리들은 법률에 근거하여서만 제한될 수 있다."

56) 생명권의 인정근거에 대해서는 학설이 대립하는데, 신체의 자유에 포함시키는 견해(허영, 『한국헌법론』, 박영사, 2008, 346쪽), 인간의 존엄과 가치에 속한다고 보는 견해(김철수, 『헌법학개론』, 박영사, 2007, 495쪽; 홍성방, 『헌법학』, 현암사, 2008, 376-377쪽), 인간의

적에 바탕을 둔 선험적이고 자연법적 권리로서 헌법에 규정된 모든 기본권의 전제로서 기능하는 기본권 중의 기본권이라고 본다.[57] 이러한 최상의 가치를 가지는 생명권을 제약할 수 있는 조치를 법률에 근거하여 취할 수 있는지에 대해서는 의문의 여지가 있을 수 있으나,[58] 이에 대해서는 헌법재판소가 사형제도의 위헌성 문제를 다루면서 타인의 생명을 부정하거나 중대한 공공이익을 침해하는 경우에는 생명권도 역시 헌법 제37조 제2항의 일반적 법률유보의 대상이 될 수밖에 없다고 하여 이를 명백히 하였다.[59]

여하튼 최상의 가치를 가진 기본권으로서 생명권 및 신체불훼손권을 침해할 가능성을 가지는 경찰관의 치명적인 무기사용은 그 상대방에게 예상되는 심각한 침해정도로 인하여 항상 다른 수단의 사용이 성과가 없거나 목적을 실현시킬 수 없음이 명백한 경우에만 최후의 수단(ultima ratio)으로서 고려되어야 한다. 예컨대 비행기납치나 암살계획, 인질극 등의 사례에서 설득을 한다거나 납치범 등에 대한 속임의 행위 또는 최루 등의 작용제의 사용 등 가능한 일반적 수단을 사용하였으나 효과를 거두지 못하였거나 또는 효과를 거두지 못할 것이 명백한 경우에 마지막 수단으로 생각할 수 있는 것이 치명적인 총기의 사용이다.

그런데 이러한 치명적인 강제수단의 사용에 대하여 그 동안 우리나라에서는 헌법 내지 기본권적인 고찰이 등한시되어 왔다. 우선 이러한 경우에 법적인 측면에서 언제나 고려되어야 할 것은 납치범 등 범죄인들도 헌법상 생명권과 신체불훼손권을 향유하는 자들이라는 점이다.[60] 특히 범죄인들도 자신의 범죄행위로 인하여 인간으로서 갖는 존엄과 가치를 바로 상실하는 것은 아니라고 보아야 한다. 원칙적으로 이러한 권리는 어느 누구도 박탈할 수 없는 것

존엄과 신체의 자유 및 헌법 제37조 제2항에서 근거를 찾고자 하는 견해(권영성, 『헌법학원론』, 법문사, 2008, 407쪽) 등이 있다.

57) 헌재결 1996. 11. 28, 95헌바1.

58) 독일기본법은 제2조 제2항 3문에서 그 가능성을 헌법 차원에서 열어두고 있다.

59) 헌재결 1996. 11. 28, 95헌바1. 이에 덧붙여 헌법재판소는 "생명권에 대한 제한은 곧 생명권의 완전한 박탈을 의미한다 할 것이므로, 사형이 비례의 원칙에 따라서 최소한 동등한 가치가 있는 다른 생명 또는 그에 못지 아니한 공공의 이익을 보호하기 위한 불가피성이 충족되는 예외적인 경우에만 적용되는 한, 그것이 비록 생명을 빼앗는 형벌이라고 하더라도 헌법 제37조 제2항 단서에 위반되는 것으로 볼 수 없다"고 하였다.

60) Drews/Wacke/Vogel/Martens, Gefahrenabwehr, 9. Aufl., S.547.

이다.

그러나 다른 측면에서 국가는 그들로부터 피해를 입고 있는 사람과 그의 권리를 보호해줄 의무 또한 가지고 있는 것이다(국가의 기본권보호의무). 일반시민들이 자신의 권리나 이익을 스스로 관철하는 자력구제는 금지되고, 이러한 권력적 요소를 국가가 독점한다는 명제는 국가가 일반시민의 보호의무를 부담할 때에만 정당화된다. 만약 위와 같은 위험사례에서 국가가 시민의 보호의무를 이행하지 않는다면, 국가는 시민 스스로 무기를 휴대하여 자신을 방어하려고 나서는 것을 허용해야 할 것이다. 이것은 원시적인 자연상태로 복귀하게 됨을 의미하며 이러한 결론은 타당하지 않다.

이러한 양 측면의 충돌상황은 절충적 방법으로 해결될 수밖에 없다. 즉 생명권은 절대적 기본권으로서 보장되어야 하지만 타인의 생명을 부정하거나 중대한 공익을 침해하는 경우 국가는 무엇인가 해결기준을 마련하여 제시하여야 한다. 직접적인 강제수단 중 가장 강력한 효과를 가지는 무기사용에 대해서는 법률에서 명확하게 그 해결기준을 정해야 할 것이다. 특히 사망의 결과를 가져올 수도 있는 중대한 조치의 경우 그 허용성 여부는 명백하고 일의적으로 표현되어야 할 것이며, 불명확한 형태로 경찰에게 법적 요건의 판단의무를 귀속시킬 수는 없다. 생각건대 독일의 입법례와 마찬가지로 사망의 결과를 가져올 개연성이 높은 무기사용에 관한 명시적 규정을 두어, 현존하는 생명·신체에 대한 중대한 위험을 방지하기 위하여 치명적인 무기사용만이 유일한 수단일 경우에 한하여 그것을 허용하여야 할 것이다.

Ⅴ. 무기사용에 관한 개선방향

1. 무기사용에 관한 규정의 명확화

무기사용은 경찰강제수단 중 가장 강력한 결과를 가져오는 것으로 그에 관하여는 상세한 규정을 두어, 무기를 사용하는 경찰관의 행위를 지도하는 기능을 가질 수 있어야 한다. 그런데 현행 경찰관직무집행법의 무기사용에 관한 규정은 명확성의 요구를 충족하지 못한다. 경찰관의 총기사용에 의한 과잉대

응이 문제되는 사건의 이면에는 법률규정의 불명확성이 그 한 원인으로 자리 잡고 있기 때문에, 이미 오래 전부터 무기사용에 관한 법률규정의 개정이 주장되어 왔던 것이다.

생명 · 신체에 대한 중대한 침해를 가져올 수 있는 무기의 종류는 법에서 명시적 · 제한적으로 열거하여야 한다. 하위 법령에서 무기의 범위를 확대하는 것은 본질적인 사항은 법률로 정할 것을 요구하는 법률유보원칙에 위배된다고 보아야 할 것이다.

위해를 수반하는 무기사용 요건인 범죄는 사형 · 무기 또는 3년 이상의 징역이나 금고에 해당하는 범죄로서 지나치게 포괄적이어서 단순 절도, 사기, 횡령, 배임 등 재산범죄까지도 포함하고 있으므로 그 범위를 흉악 내지 강력범죄로 제한할 필요가 있다. 무기를 사용해야 하는 급박한 상황에서 경찰관이 위해를 수반하는 무기사용이 허용되는 범죄가 문제되는지를 쉽게 판단할 수 있도록 대상범죄를 구체화해야 할 것이다.

경찰관직무집행법 제10조의4 제1항 단서 제3호에서는 3회 이상의 투기명령 또는 투항명령을 요구하고 있는데, 범인이나 소요행위자가 무기나 흉기를 투기하거나 투항하는 데 항상 3회에 걸친 명령을 통하여 생각할 여유를 주어야 하는지에 대하여는 의문이다. 범인 등이 무기를 들고 항거한다면 당연히 상황은 급박할 것인데 투기명령을 일률적으로 횟수를 두어 3회 이상으로 한정할 필요는 없다고 생각된다.

무기사용의 정도와 관련하여 경찰관직무집행법은 '필요한 한도 내에서' 무기를 사용할 수 있다고 규정하고 있을 뿐, 그 구체적 내용에 대하여는 언급하고 있지 않다. 경찰장비규칙(경찰청 훈령) 제74조 제1항에서는 총기사용 안전수칙의 하나로 대퇴부 이하를 조준할 것을 요구하고 있다. 경찰관이 필요한 정도를 넘어서 상대방을 사망케 하는 것은 무기사용의 목적에서 원칙적으로 배제된다. 따라서 사람의 머리 또는 몸을 향하여 무기를 사용하는 것은 원칙적으로 허용되지 않는다.

그러나 상대방의 다리를 향하여 무기를 사용하는 것으로는 자기 또는 타인의 생명 · 신체를 방호하기에 충분하지 않은 경우가 있을 수 있다. 이와 같은 경우에는 다리 이외의 몸을 향하여 무기를 사용하는 것이 경찰관직무집행법상의 '필요한 한도 내'에 해당하는 것으로 해석하는 것도 가능하다고 볼 수 있을 것이다. 그러나 상대방의 사망의 결과를 가져올 수 있는, 즉 중대한 기본권의 침해를 가져오는 무기사용에 대하여 명확한 규정을 두지 않고 해석에 의하여 그 길을 열어두는 것은 헌법상의 법치국가원리에 반하는 것이다.

이를 명확히 하기 위하여, 또한 사망의 결과를 가져올 개연성이 큰 무기사용을 일정한 목적으로 한정하기 위하여 그에 대한 명시적인 규정이 필요하다. 즉 사망의 결과를 가져올 수 있는 무기사용을 예외적으로 허용하며, 이를 경찰관 자신 또는 타인의 생명 · 신체에 대한 급박한 위험을 방지하기 위하여 다른 수단이 없다고 인정되는 상당한 이유가 있을 경우에 한정하여야 할 것이다. 범인의 체포 · 도주의 방지를 위하여 또는 단순한 공무집행에 대한 항거의 억제를 위하여 사망의 결과를 가져올 개연성이 큰 무기사용은 허용될 수 없다.

「경찰장비의 사용기준 등에 관한 규정」은 범죄와 무관한 다중의 생명 · 신체에 위해를 가할 우려가 있는 때에 총기를 사용하여서는 안 된다고 규정하고 있는데, 총기사용의 제한을 범죄와 무관한 '다중'에게 위해를 가져오는 경우에 한정하는 것은 타당하지 않다. 단 한 사람이라도 범죄와 무관한 사람에게 위해를 가져올 우려가 있다면 그러한 총기사용은 제한되어야 할 것이다. 또한 '범죄와 무관한'의 개념을 명확히 할 필요가 있다.

또한 「경찰장비의 사용기준 등에 관한 규정」은 타인 또는 경찰관의 '신체'에 대한 위험을 방지하기 위한 경우에까지, 비관여자에게 위해를 가져오는 총기사용을 금지하는 원칙에 대한 예외를 인정하고 있는데, '생명'에 대한 현존하는 위험을 방지하기 위하여 총기사용이 유일한 수단인 경우에 한정하여 비관여자에게 위해를 가할 우려가 있는 총기사용을 허용하여야 할 것이다.

그 밖에 「경찰장비의 사용기준 등에 관한 규정」은 14세 미만의 자에 대한 무기사용을 제한하고 있는데, 경찰관이 실제 나이를 잘못 판단할 수 있음을 고려하여 외견상의 나이를 기준으로 한다는 점을 명시할 필요가 있다.

2. 총기 이외의 범죄진압장비의 도입

경찰의 무기사용으로 인한 피해와 부작용에 대한 우려가 심각한 현재의 상황에서, 경찰목적을 동일하게 달성할 수 있으면서 전통적인 경찰무기에 비하여 위험성이 적은 대체장비의 개발이 필요한 것은 물론이다. 그러한 수단의 개발을 위한 정부의 적극적인 노력과 재정지원이 필요한 실정이다.

그런데 새로운 진압용장비가 등장하는 경우 이를 어떻게 규율할 것인지가 문제된다. 경찰관직무집행법이 제정된 이래로 현재까지의 법개정의 상황을 보면, 경찰장비규정의 확대 및 구체화의 과정을 나타내고 있다고 볼 수 있다. 즉 1980년대 최루탄이나 경찰봉의 남용으로 사람의 생명이 위태롭게 되는 사정이 있은 후 한동안 최루탄 등이 무기에 속하는 것인지가 논의되다가,[61] 무기와 같은 조항에 넣을 수 없는 성질상의 차이를 고려하여 새로운 조항을 두었고, 경찰장구요건도 추가하고 있으며, 경찰장비의 구체적 용법에 관하여 법규명령으로 정할 것을 위임하고 있다(1999년 대통령령인 「경찰장비의 사용기준 등에 관한 규정」 제정). 따라서 새로운 대체장비의 출현에 대해서는 경찰에 의하여 실제로 한참 사용되다가 사용상 문제가 발생한 뒤에야 입법논의를 하기보다는 빨리 그 효용성, 신체에 미치는 영향력, 사용할 수 있는 요건 및 정도 등에 관한 공론화를 거친 뒤 그 사용에 대하여 법률로 규율하는 것이 타당할 것이다. 현재 「경찰장비의 사용기준 등에 관한 규정」에 32종의 경찰장비를 나열하고 그 사용기준을 마련해놓고 있으나, 구체적이지 않으며, 생명 및 중대한 신체적 손상을 발생시킬 수 있는 경찰장비의 본질적인 사항에 대해서는 법률로 규율하는 것이 바람직하다. 그리고 이때 개별 장비의 성능, 영향력, 진압정도 등을 고려하여야 할 것이다. 즉 사람에게 위해를 미치는 무기의 사용요건을 최대한 엄격하게 보아야 하는 것과 비례하여 그보다 완화된 영향을 주는 경찰장비의 경우에는 그 사용요건도 완화될 수 있을 것이다. 이러한 판단을 위하여는 전문가들의 신중한 조사와 사용규칙설정에 관한 외국의 사례 등이 검토되어야 할 것이다.

무기를 대체하는 범죄진압장비의 사용요건과 한계를 규율함에 있어서는, 현행법상의 문제점에 대한 분석과 이의 개정을 위한 작업 또한 행해져야 한다. 구체적으로 경찰장구 중 인신구속의 수단이 아닌 상대방을 물리적으로 제압하기 위한 수단(예컨대 경찰봉 등)의 경우에는 무기보다 완화된 실력행사의 수단으로 사용하는 것이므로, 현행범인 이외의 범인의 체포·도주의 방지를 위

61) 송달룡, 앞의 글, 110-114쪽 참고.

한 경찰장구의 사용을 사형·무기 또는 장기 3년 이상의 징역이나 금고에 해당하는 죄를 범한 범인에 한정하는 것은 위해를 수반하지 않는 무기사용에 있어서 범인을 중범죄인에 한정하지 않는 것과 비교해 볼 때 균형이 맞지 않는다.

또한 분사기 등의 사용은 그 목적에 있어서 공무집행의 항거의 억제를 위하여 필요한 경우를 제외하고 있으며, 생명·신체에 대한 방호를 불법집회·시위로 인한 경우로 한정하고 있는데, 분사기 등의 사용목적을 이와 같이 한정해야 할 필요성이 없으며, 무기를 대체하는 완화된 수단으로 사용할 수 있는 길을 열어놓기 위하여도 그 사용목적을 제한하는 것은 타당하지 않다.

그 밖에 새로운 경찰장비를 도입함에 있어서 고려해야 할 사항으로는 다음과 같은 것이 있다. 우선 범죄진압장비의 사용은 그 일반적 한계로서 비례성 원칙이 준수되어야 하므로, 새로운 범죄진압장비는 경찰목적, 예컨대 공격자의 공격행위나 도주를 불가능하게 할 목적을 달성하기에 적합한 수단이어야 하며, 의도하는 목적달성에 비하여 그 수단의 사용으로 인한 상대방 및 일반공중에 대한 피해발생의 우려가 크지 않아야 한다.

새로운 경찰장비의 효과와 관련하여, 특히 무기를 대체하는 수단의 도입에 있어서는 그에 의하여 즉각적으로 범죄자의 저항을 무력하게 할 수 있는지 여부가 중요하게 고려되어야 한다. 범죄자에게는 효과를 발생하고, 비관여자에게는 위험을 야기하지 않아야 하며, 가능한 한 경찰관의 안전을 보장할 수 있어야 한다. 상대방에게 위협적인 효과를 갖는 것이 필요하지만, 오히려 상대방의 폭력을 유발하는 수단이어서는 안 된다. 또한 사용방법에 따른 영향을 별로 받지 않고 효과를 발생할 수 있을 것이 요구되며, 먼 거리에서도 동일한 효과를 가질 수 있어야 하며, 다루는 것이 쉽고 안전하며, 사용자의 행동의 자유를 제약하지 않아야 할 것 등이 고려되어야 한다.

3. 무기사용에 관한 교육·훈련의 개발

그 밖에 명확하고 상세한 법규정을 두는 것 이외에 무기사용에 대한 충분한 교육이 뒷받침될 것이 요구된다. 무기사용이 필요한 상황에 처한 경우에, 통상적으로 경찰관에게는 무기사용의 법적 요건이 충족되었는지를 판단하기 위하여 단 몇 초간의 시간만이 주어질 것이다. 경찰관이 처음으로 그러한 상황에 처했거나 그러한 상황에 대처하는 방법에 대하여 교육을 받지 않았다면 무기사용에 있어서 실수가 발생할 것은 충분히 예상할 수 있다. 따라서 무기사용에 관한 법적 규율을 명확히 하는 것 및 무기를 대체하는 완화된 수단을 도입하는 것과 함께 경찰관의 무기사용에 관한 교육과 훈련을 개발하여 구체적 상황에 적정하게 대처할 수 있는 능력을 배양하는 것이 효과적인 범죄진압을 위한 방법이 될 것이다.

독일의 경우 한편으로는 무기사용의 요건을 구체화하고 엄격하게 함으로써 잘못된 총기사용을 막고, 다른 한편으로는 경찰관의 교육과 훈련의 방법과 내용을 개발하여 다양한 상황에 대처할 수 있는 능력을 배양하는 데 주력하고 있으며, 미국의 경우에는 비치명적인 범죄진압장비의 사용을 늘림으로써 총기사용으로 인한 부작용을 줄이고자 노력함과 동시에 총기사용에 대한 교육·훈련을 개선함으로써 총기사용의 피해를 최소화하려는 노력을 병행하고 있는바, 적정한 무기사용을 가능하게 하고 무기사용으로 인한 부작용과 피해를 최소화하기 위한 방안이 무엇인지를 잘 나타내고 있다고 생각된다. (김연태)*

---

* 이 글, "경찰관의 무기사용의 요건 및 한계"는 인권과 정의, 제335호(2004. 7.)에 게재되었던 글임.

제 6 편

제 4 장 경찰비용의 국민에의 전가가능성에 관한 법적 고찰

▌사 례▌ 甲은 만취상태에서 스크린경마장에 입장하려 했으나 술에 취하였다는 이유로 입장을 제지당하였다. 이에 화가 난 甲은 공중전화를 이용하여 서울지방경찰청 112지령실에 스크린경마장에 폭발물을 설치했다는 내용의 신고를 하였다. 서울지방경찰청 112지령실로부터 위와 같은 사실을 통보받은 K경찰서 소속 40여 명의 경찰관들은 현장에 출동하여 약 2시간여에 걸쳐 스크린경마장의 내·외부에 대한 대대적인 수색과 검거활동 및 사후조사를 실시하고 시민들을 대피시키는 등의 조치를 취하였으나 폭발물을 발견하지는 못하였으며, 甲의 신고가 허위였다는 것이 밝혀졌다.[1] 상황이 종료된 후에 K경찰서장은 이러한 경찰활동에 소요된 비용을 甲에게 부과하는 처분을 행하였던바, K경찰서장의 처분은 적법한가?

Ⅰ. 들어가며

근래에 들어 앞에서 제시한 사례와 유사한 사례와 관련하여 허위신고를 한 자에 대한 민·형사책임을 묻는 법원의 판결이 잇따르고 있다.[2] 또한 최근

1) 이 사례는 최근에 있었던 하급심판결(서울남부지방법원 2014. 4. 30 판결, 2013가소477694)의 대상이 되었던 사례로, 당시 재판부는 甲의 허위신고로 경찰은 현장출동차량의 유류비를 지출하게 되었고, 출동 경찰관들이 위 수색작업에 투입된 후 고도의 긴장상태에서 폭발물 발견을 위한 탐문수사 및 검거활동을 실시함으로써 정신적인 고통을 입은 사실을 인정하여 甲에게 총 685만원의 손해를 배상할 책임이 있다고 판시하였다.

2) 술집에 도둑이 들었다고 허위로 신고해 경찰력 낭비를 불러일으킨 자에 대하여 형사처벌

에는 20대 여성이 모텔에 납치감금되어 있다는 허위신고를 받고 소속 경찰관 96명을 시내 전역에 배치하여 모텔을 대대적으로 탐문수색하고 모텔 주변에서 불심검문을 실시했던 군산경찰서가 허위신고자를 위계에 의한 공무집행방해죄로 형사처벌하는 것과는 별개로 "신고를 받고 출동한 경찰관들이 혹시 모를 상황에 대비해 극도의 긴장감 속에서 수색·검문하고, 이 과정에서 시민들의 거친 항의를 받고 허위신고임이 판명된 후의 허탈감과 추후 다른 신고를 받고 출동 시 의구심을 갖게 되는 등 정신적, 육체적 손해를 받게 됐다"는 것을 이유로 전주지방법원 군산지원에 허위신고자에게 총 1600만 원을 배상하라는 손해배상청구소송을 제기하여 배상판결을 이끌어 낸 바 있다.[3)]

위에서 제시한 사례들에서 볼 수 있듯이 사례와 같은 허위신고에 대한 우리나라의 경찰기관의 대처방식은 주로 허위신고를 하여 경찰력을 동원하게 만든 자의 민·형사상 책임을 묻는 것에 시종하고 있다. 그러나 이러한 사례들을 시각을 조금 달리하여 일반화시켜 바라보게 되면 경찰의 임무수행을 필요하게 만든 원인을 제공한 자에게 그러한 임무수행을 위하여 경찰이 지출한 비용을 부담시킬 수 있는가? 라는 관점에서의 접근이 가능하다.

경찰이 그의 목적인 공공의 안녕 또는 질서에 대한 위험을 방지하는 활동을 수행하기 위하여서는 필연적으로 많은 재원을 필요로 한다. 특히 잔존유해물질(殘存有害物質, Altlasten)[4)]이나 공항·원자력발전소에 대한 테러 등과 같이 근래에 새롭게 논의되기 시작한 경찰법상의 위험을 효율적으로 방지하기 위하여서는 말 그대로 천문학적 비용이 소요된다.[5)] 그러나 그럼에도 불구하고 지

과 함께 출동경찰관에 대한 손해배상책임을 인정한 사례나 살인사건이 발생했다고 신고해 경찰관 20명을 출동하게 만든 자에 대한 벌금형이 확정된 사례들이 그 예인데, 이들 사례에 관하여는 다음의 인터넷문헌 참조: http://news.naver.com/main/read.nhn?mode=LPOD&mid=sec&oid=001&aid=0007162203&isYeonhapFlash=Y(최종방문일: 2014년 12월 17일).

3) 이 사례에 관하여는 다음의 인터넷문헌 참조: http://www.jjan.kr/news/articleView.html?idxno=529576)9 (최종방문일: 2014년 12월 17일).

4) 독일어의 Altlasten은 산업생산과 1, 2차 세계대전이 환경에 미치는 유해한 영향에 근거하고 있는 토양과 지하수 내의 오염물질을 말하는바, 그 의미를 적확하게 나타내는 용어가 적당하지 못한 면이 있어 종래 Altlasten이란 독일어를 그대로 사용하여 온 것이 우리나라 행정법학계의 일반적 사정이다. 다만 개인적으로는 그 의미를 고려할 때 '잔존유해물질'이라고 번역할 수 있다고 생각되어, 이 글에서는 잔존유해물질이라는 용어를 사용하기로 하겠다.

5) 이러한 문제는 비단 경찰활동과 관련하여서만 제기되는 것은 아니며 국가의 모든 행정활동과 관련하여 논의될 문제이다, 따라서 국가가 어떠한 방법으로 그의 과제수행에 필요한

금까지 (적어도 국내에서는) 그 재원을 어떻게 마련할 것인가의 문제에 대한 논의는 그리 활발하지 못한 면이 있었던바, 아마도 그 가장 커다란 이유는 경찰의 활동에 소요되는 비용은 전적으로 국가가 부담하는 것이 당연하다는 인식이 우리 사회를 광범위하게 지배하고 있었다는 것에서 찾을 수 있을 것이다.

그러나 근래에 들어 이러한 인식에 미약하나마 변화가 일어나고 있음을 감지할 수 있다.[6] 이러한 변화가 우리나라에서도 경찰비용의 국민에의 전가의 문제가 독자적인 경찰법적 테마로 논의될 수 있는 장을 제공하였으며, 근래에 들어 우리나라의 경찰법학계에서도 경찰비용 전반에 걸친 총론적 논의가 활발해지고 있다.[7] 뿐만 아니라 경찰비용의 부담이 문제되는 개개 사안에 대한 각론적 논의 또한 태동하고 있다. 경찰비용의 부담에 관한 논의가 유의미한 것이 되기 위하여는 무엇보다도 그의 정당성이 인정되어야 한다. 필자는 경찰비용의 국민에의 전가가능성을 부정시하던 견해들의 문제점을 적시함으로써 매우 엄격한 조건하에 제한적으로나마 경찰비용을 국민으로 하여금 부담하도록 하는 것이 인정될 수 있는 법이론적 근거를 제시함으로써 이러한 문제에 답하고자 한다. 한편 현실적으로 경찰비용의 국민에의 전가가 이루어지는 것이 가

재원을 조달할 것인지에 관하여는 이미 활발한 논의가 행해져 왔던바, 이러한 논의 전반에 관하여 자세한 것은 vgl. Sacksofsky, Staatsfinanzierung durch Gebühren, in: Sacksofsky/ Wieland, Vom Steuerstaat zum Gebührenstaat, Interdisz. Studien zu Recht und Staat, Bd.14(2000), 188 ff. 한편 이러한 논의과정에서 행정과제의 수행에 소요된 비용을 조세 이외의 수수료나 부담금의 형태로 개인이 부담하도록 하는 제도가 나타나게 되었는바, 이러한 제도는 국가의 모든 핵심적 책무가 일반적으로 무비용으로 행해지는 것은 아니라는 것을 잘 보여준다. 한편 재판수수료(裁判手數料, Gerichtsgebühr)를 징수하는 것의 합헌성에 관한 독일에서의 논의에 관하여는 vgl. BVerfGE 31, 137(139); BVerfG NStZ-RR 1999, 255.

6) 위에서 제시한 사례들은 이러한 인식변화를 단적으로 보여주고 있는 예들이라고 할 수 있다.

7) 즉, 경찰비용의 부담에 관하여 1980년대에 문제가 제기된 이래(김남진, "경찰상의 손해보전 · 비용상환," 월간고시, 1988. 1, 166쪽 아래; 김남진, "경찰비용의 상환," 고시연구, 1984. 8, 220쪽 아래 참조) 한동안 답보상태에 머물러있던 이 문제에 관한 논의가 근래에 들어 질적으로나 양적으로 풍성해지고 있는바, 우리나라에서 경찰비용에 관하여 행해진 선행연구로 주목할 만한 것으로는 다음과 같은 것이 있다: 손재영, "외관상 경찰책임자의 경찰법상 책임," 경찰학연구 제10권 제1호(2010), 3쪽 아래; 이기춘, "집회의 자유와 경찰비용," 한국비교공법학회 제57회 학술대회 발표요지, 19쪽 아래; 이성용, "경찰책임자의 비용상환에 관한 연구," 경찰학연구, 제8권 제1호(2008), 59쪽 아래.

능하기 위하여서는 무엇보다도 우리사회 일반이 경찰비용에 관하여 지금까지 갖고 있던 인식의 틀에서 벗어나야 한다는 점에 주목하여야 하는바, 이 글은 이 문제에 관한 우리사회의 일반적 인식의 전환을 가져오는 데 조금이나마 도움이 되기를 바라는 마음에서 쓰여졌다.[8)]

II. 경찰비용이란 무엇인가?

우리나라의 경우 경찰비용(Polizeikosten)의 개념은 법률에 규정되어 있지는 않으며, 학문상으로는 "경찰기관이 위험방지사무를 위해 지출한 인적·물적 비용"을 의미하는 것으로 이해되고 있다.[9)] 한편 독일의 경우에는 경찰비용의 개념 자체가 법률에 규정되어 있는 경우가 많은데, "일반 경찰행정청과 집행경찰을 위한 직접적 또는 간접적인 인적 지출과 물적 지출"이라고 정의하고 있는 바덴-뷔르템베르크주 경찰법 제82조 제3항이 그 대표적 예이다.[10)] 바덴-뷔르템베르크주 경찰법상의 개념규정을 토대로 할 때 경찰비용의 양태는 직접적 지출과 간접적 지출, 그리고 인적 지출과 물적 지출이란 2개의 기준을 가지고 고찰할 것이 요구된다.

---

8) 이러한 문제에 일찍부터 천착하여 뚜렷한 학문적 성과를 이루어 낸 분들이 없었다면 필자의 이러한 글은 탄생할 수 없었을 것인바, 지면으로나마 그분들에게 감사의 마음을 표한다. 한편 우리사회 일반이 경찰비용의 부담에 관하여 갖고 있는 인식의 전환을 위한 노력은 지금도 후학들에 의하여 계속되고 있는데, 이 문제에 관한 외국에서의 논의를 자세히 소개하고 그에 대한 비교법적 관점에서의 고찰을 행하고 있는 김형훈 박사의 역저(김형훈, 『경찰비용법 ―경찰법의 완성으로서―』, 좋은 땅, 2013)는 그 대표적 예이다.

9) 홍정선, 『경찰행정법』, 박영사, 2007, 453쪽.

10) 독일의 경우 경찰비용은 '위험방지를 위한 인적·물적 지출'(헤센주 「공공의 안녕과 질서에 관한 법률」 제104조) 또는 단순히 '위험방지임무를 위한 비용'(니더작센주 「공공의 안녕과 질서에 관한 법률」 제105조 제1항, 작센-안할트주 「공공의 안녕과 질서에 관한 법률」 제103조 제1항)이라고 정의되기도 한다.

1. 경찰비용의 양태

(1) 직접적 지출과 간접적 지출

'직접적 지출(비용)'이란 경찰관의 봉급이나 업무용차량의 구입비 등처럼 구체적인 경찰의 업무와 무관하게 경찰조직의 유지를 위하여 기본적으로 지출되는 비용을 말한다. 그리고 이러한 점에 착안하여 Würtenberger/Hekmann은 그들의 경찰법 교과서에서 이를 '기본적 비용(Grundkosten)'이라고 부르고 있다. 한편 이러한 기본적 비용과 관련하여서는 처음부터 그러한 비용을 경찰책임자 등에게 부담시킬 수 있는지 여부에 관한 문제가 발생하지 않으며, 그들 비용은 오직 조세수입을 통하여서만 충당될 수 있을 뿐이다.

이에 반해 '간접적 지출(비용)'이란 교통법규에 위반하여 주차된 차량의 견인비용이나 감정(鑑定)비용처럼 경찰상의 평온상태를 창출하기 위해서 행해지는 경찰작용으로 인하여 야기되는 지출을 의미한다. 경찰비용 가운데 경찰책임자 등에게 비용상환을 청구할 수 있는지 여부에 관한 이하의 논의는 바로 이 간접적 지출(비용)을 중심으로 행해지게 마련이다.

(2) 인적 지출과 물적 지출

'인적 지출'이란 경찰의 교육비나 봉급과 같은 것을 말하며, '물적 지출'이란 유니폼이나 자동차의 구입·유지를 위한 지출을 말한다. 한편 지금까지의 논의를 토대로 하여 경찰비용의 양태를 도표화하면 다음과 같다.

	인적 지출	물적 지출
직접적 비용 = 경찰조직의 유지를 위한 비용	직접적·인적 지출 (봉급, 연금, 보조금, 교육비)	직접적·물적 지출 (업무용 차량 등의 장비나 제복의 구입 유지비 등)
간접적 비용 = 외부에 대한 경찰활동으로 인하여 발생한 비용	간접적·인적 지출 - 견인업체와 같이 계약을 통해 경찰의 업무를 수행하는 제3자에 대한 지출 - 경찰력의 투입장소까지의 이동에 소용된 경비	간접적·물적 지출 - 자동차검문 시에 행하는 혈액채취와 혈액검사에 소요되는 경비 - 경찰작용에 투입되는 차량의 유지비

2. 수수료와 경비의 구분

독일의 경우 행정작용에 소요되는 비용을 다시 수수료(手數料, Gebühren)와 경비(經費, Auslagen)로 구분하여 설명하는 것이 일반적이라고 할 수 있는데. 여기서 수수료는 공법상의 금전급부의무로서 개인에게 귀속될 수 있는 공적 활동을 이유로 징수하는 것을 의미하며, 경비는 경찰이 위험방지를 위하여 제3자에게 지출하거나 또는 자기집행(自己執行, Selbstvornahme), 직접강제, 직접시행(直接施行, unmittelbare Ausführung)을 위하여 경찰이 스스로 지출하는 비용을 말한다. 또한 경찰이 스스로 행하는 지출은 경찰이 그의 통상적인(normal) 인적, 물적 장비를 넘어서는 특별한 (특정될 수 있는) 지출을 행하는 경우를 의미하는 것으로 이해되고 있다. 한편 이처럼 경비와 수수료를 구분하여 고찰하는 이유는 수수료가 ―주로 경찰책임과 무관하게― 특정한 재화나 용역의 제공에 대한 반대급부적 성격을 갖는 것에 반하여, 경비는 ―주로 경찰책임자에게― 경찰작용으로 인하여 발생한 비용의 상환청구와 관련깊다는 점에서 그 성격을 달리하는 측면이 있다는 것에서 찾을 수 있다. 독일의 연방행정집행법(Verwaltungsvollstreckungsgesetz) 역시 수수료와 경비를 구분하고 있으며,[11] 몇몇 주의 경찰-질서법 역시 연방행정집행법의 개념규정을 그대로 받아들여 양자를 구분하고 있다.

Ⅲ. 경찰비용의 국민에의 전가가능성

우리나라의 경우 경찰비용의 국민에의 전가를 인정하고 있는 것으로 볼 수 있는 실정법적 규정은 그리 많지 않다. 그리고 이것이 우리나라에서 아직까지 경찰비용의 부담이란 문제, 특히 경찰비용의 국민에의 전가(轉嫁)가능성에 대한 논의가 그리 활발하지 못한 이유의 하나이다. 물론 예컨대 불법축조된 건축물에 대한 철거명령을 건물주가 이행하지 않는 경우 행정청이 스스로 의무자가 하여야 할 행위를 하거나 제3자로 하여금 하게 한 다음 그 비용을 의

11) 독일 연방행정집행법 제19조.

무자로부터 징수하는 경우(행정대집행법 제2조 참조) 또는 불법주차되어 있는 차량의 견인비용을 자동차의 소유자나 운전자로부터 징수하는 경우(도로교통법 제35조) 등에서 볼 수 있듯이 경찰비용을 개인이 부담하는 것은 우리나라의 법제상으로도 이미 상당부분 확립되어 있으며, 국민들 역시 그러한 비용부담은 너무나도 당연한 것으로 받아들이고 있다.

다만 문제는 그것을 '경찰'비용의 부담으로 인식하지 못하고 있다는 것이다. 즉, 개인이 경찰활동에 대하여 비용을 부담할 수도 있다는 것 자체에 대한 인식이 현저히 부족하다. 아니 어쩌면 경찰비용을 개인이 부담하는 것은 있을 수도 없고, 있어서도 안 되는 일이라는 사고가 우리나라 사람들의 머리를 지배하고 있는지도 모를 일이다. 그리고 이것이야말로 경찰비용의 국민에의 전가에 관한 논의가 활발하게 이루어지지도 않고, 그에 관한 실정법적 규정이 마련되지도 못하는 진정한 이유일 수도 있다.

그렇다면 경찰비용의 국민에의 전가에 관한 논의가 이루어지고, 궁극적으로 그의 가능성이 인정되기 위하여서는 경찰활동에 소요된 비용을 개인이 부담할 수도 있다는 인식이 사회전반에 걸쳐 형성되어야 할 것이다. 그러나 이러한 인식의 전환은 어느 시점을 기준으로 단시일 내에 이루어질 수 있는 것이 아니다. 따라서 일단 이하에서는 종래 경찰비용의 국민에의 전가를 부정시하던 견해가 갖고 있는 문제점을 적시하여 경찰비용의 국민에의 전가가능성이 법이론상으로도 충분히 인정될 수 있다는 것을 밝힘으로써 이 문제에 관한 우리사회 일반의 인식의 전환을 가져오는 데 도움이 될 수 있는 법이론적 토대를 제공하는 선에서 논의를 맺고자 한다.

1. 수수료개념으로 인한 한계

(1) 수수료의 개념

후술하는 바와 같이 수수료의 개념 자체가 경찰비용, 특히 수수료징수의 내용적 한계로 기능할 수 있으므로 논의의 전제로서 수수료의 개념을 약술하기로 한다. 행정법학에 있어 수수료의 개념은 '행정작용에 대한 대가'를 그 개념적 특징으로 하는 것으로 이해되어 종래 "국가 또는 지방자치단체가 특정인에게 대하여 제공하는 인적 역무에 대한 반대급부로서 징수하는 요금"이라고 정의되어 왔다.[12] 그러나 근래에 독일의 판례[13]를 통하여 '형식적 수수료 개념(formeller Gebührenbegriff)'[14]이 등장하면서 수수료의 개념적 윤곽에 변화가 일어나게 되었는바, 이러한 형식적 수수료개념은 '개인에게 귀속될 수 있는' 공행정작용을 이유로 하여 공법규범 또는 그 밖의 고권적 조치에 의하여 수수료채무자에게 부과되며, 이러한 행정작용과 관련하여 발생한 비용의 전부 또는 일부에 충당하기 위하여 징수하는 것이라는 점을 그 특징으로 한다.[15] 그리고 이러한 형식적 수수료 개념에 따르는 경우 수수료의 징수는 더 이상 수수료채무자(Gebührenschuldner)의 순수한 경제적 이익 또는 공행정작용에 대한 반대급부와 필연적으로 결부될 필요가 없게 된다.[16]

(2) 수수료징수의 타당성

오늘날 통용되고 있는 형식적 수수료개념에 따를 때 비용을 발생시키는 행정작용과 수수료채무자 사이에 특별한 관계, 즉 당해 행정작용을 수수료채무자에게 귀속시킬 수 있게 하는 특별한 관계가 존재할 것(만)이 수수료징수의 전제조건이 된다. 따라서 수수료징수의 법적 타당성, 즉 직무수행에 소요된 비용을 조세가 아니라 수수료채무자의 특별부담으로 충당하는 것에 대한 정당성은 이른바 '개인적 귀속가능성(individuelle Zuechenbarkeit)'에서 찾을 수 있다.[17] 환언하면 수수료징수의 법적 정당성에 대한 근거로는 단순히 개인적 귀속가능성 있는 원인야기행위를 통하여 비용책임 또는 비용지출을 필요하게 만든 원인야기(Verursachung)가 있었다는 것(만)으로 충분하다.[18] 이렇게 볼 때 수수료개

12) 김남진/김연태, 「행정법 II」, 법문사, 2008, 517쪽.

13) Vgl. BVerfG, DVBl. 1220 f.; BVerwGE 109, 272(275 ff.).

14) 이에 관하여는 vgl. Weyreuther, UPR 1997, 261(262).

15) Vgl. BVerfG, DVBl. 1998, 1220 f.

16) 이러한 형식적 수수료 개념이 등장함으로 인하여 국가의 행정작용과 국가의 행정작용으로 인하여 얻어진 이익에 대한 대가로서의 수수료 간에 인정되던 원래의 전형적인 관련성은 의미를 잃게 되었다.

17) 이러한 점에 관하여 자세한 것은 vgl. Sailer, Haftung für Polizeikosten, in: Lisken/Denninger, Handbuch des Polizeirechts, 4. Aufl., 2007, M Rn.6.

18) Vgl. Vogel, Vorteil und Verantwortlichkeit, in: FS f. Geiger, 1989, S.518(524, 532). Vogel은 이미 수수료의 정당성에 관하여 Martens 교수의 추모논문집에 게재된 논문에서 상세히 논한 바 있는데(Vogel, Das ungeschriebene Finanzrecht des Grundgesetzes, in: GS f. Martens, 1987, S.267, 277 ff.), 이곳에서 소개하고 있는 1989년의 논문을 통하여 그를 일부

념에 내재하는 본질적 한계로 인하여 공익을 위한 경찰의 직무활동에 대하여 수수료를 징수하는 것이 절대적으로 제한을 받는 것이 아니라는 점은 분명하다.[19]

한편 개인적 귀속가능성과 관련하여서는 입법자에게 광범위한 형성의 자유가 인정된다는 것에 주의하여야 한다. 이는 극단적으로 말하자면 입법자가 관계인에게 귀속시키지 않은 작용은 개인적 귀속가능성이 없다는 것, 그리고 입법자가 개인에게 귀속시킨 작용만이 개인적 귀속가능성이 인정된다는 것을 의미한다.

(3) 수수료징수의 가능성 여부

이상의 논의를 토대로 할 때 수수료의 징수가능성은 다음과 같이 말할 수 있다. 즉,

첫째, 개인적 귀속가능성이 있는 행정활동의 경우에는 설사 그것이 '주로' 공익을 위하여 행해지는 경우라 하여도 수수료를 징수할 수 있다고 생각하며, 이에 관한 한 사실상 이론(異論)이 없는 것으로 보인다.[20]

둘째, 이에 반하여 '전적으로' 공익을 위하여 행해지는 직무활동의 경우에는 수수료를 징수할 수 없다.[21]

보완 수정하고 있다. 한편 근래의 독일의 판례들은 '개인적 귀속가능성'이란 기준이 종래 수수료징수에 관한 원칙으로 거론되어 왔던 그 밖의 많은 원칙들, 즉 원인자책임의 원칙(Veranlassungsprinzip), 수익자 또는 수혜자부담의 원칙(Vorteils-oder Begünstigungsprinzip) 및 이익의 원칙(Interessenprinzip)을 대체하거나 그들 원칙을 포괄하는 것으로 보고 있다(Wilke, Gebührenrecht und Grundgesetz, 1973, S.84 f.).

19) Vgl. Wilke, a.a.O., S.76 f.: BVerwGE 95, 188(201); BVerfG, DVBl. 1998, 1220(1221); VGH Mannheim, NVwZ-RR 2003, 712.

20) 그리고 이로부터 경찰법의 영역에서 입법자가 수수료징수의 요건을 규정함에 있어서 수수료가 수수료채무자에게 개인적으로 귀속될 수 있는 사안과 관련되는 경우에는 수수료개념에 의한 구속을 받을 필요가 없다는 결론이 도출된다(Sailer, a.a.O., Rn.7). 한편 Sailer는 그러한 경우의 예로 수수료채무자의 행위 또는 그에 대하여 그가 책임져야 할 물건으로부터 발생한 위험이나 장해를 제거하는 경우에 있어 수수료를 부담하게 하는 경우를 들고 있다.

21) 대표적인 것으로는 vgl. Zugmaier, Zur Verfassungsmäßigkeit der Flugsicherheitsgebühr, DVBl. 1998, 1221(1222).

2. 위험방지라는 공익성으로 인한 한계

(1) 공익성으로 인한 한계

경찰은 공공의 안녕 또는 질서에 대한 위험을 방지하고 그에 대한 장해를 제거함으로써 공중 또는 개인을 보호하는 것을 그의 직무로 한다. 그런데 공공의 안녕의 개념에 개인적 법익도 포함되기 때문에[22] 개인적 법익의 보호는 경찰의 직무에 속한다. 다만 이처럼 경찰이 개인적 법익의 보호를 위하여 활동하는 경우라 하여도 그러한 경찰의 활동은 사인의 신청에 의하여 사인의 사적 이익을 위하여서 행해지는 것이 아니라, 단지 또는 적어도 우선적으로는 공익을 위하여 행해지는 것이다. 따라서 공공의 안녕 또는 질서의 유지라는 공익을 위한 경찰활동의 비용은 국가가 부담하는 것이 원칙이라는 점을 강조하면, 경찰비용을 개인으로 하여금 부담하도록 하는 것은 인정되기 곤란하다는 결론에 달하게 된다.[23]

물론 입법자가 공익을 위한 경찰의 활동에 대하여 비용(특히 수수료)을 징수할 수 있도록 하는 특별한 규정을 마련할 수도 있다.[24] 그러나 적어도 그러한 특별규정에 근거하여 공익을 위한 경찰활동의 비용을 징수하는 것은 특별규정에 따른 것일 뿐이며, 따라서 그러한 특별법규정의 존재를 근거로 공익을 위한 경찰활동의 비용징수가 이론상 인정될 수 있는 것이라고 단언할 수는 없다. 오히려 공익을 위한 경찰활동에 소요된 비용의 징수를 규정하고 있는 특별법이 있다면 그러한 규정정립의 타당성을 심사해 보아야 할 것이라고 생각한다.

---

22) 경찰법에 있어서 공공의 안녕은 "개인의 생명 · 신체 · 명예 · 자유 · 재산과 같은 주관적 권리와 법익, 객관적인 성문의 법질서, 국가의 존속 · 국가 및 그 밖의 공권력주체의 제도 및 행사가 아무런 장해도 받고 있지 않은 상태"를 의미하는 것으로 이해되고 있다. 이러한 개념정의에서 볼 수 있듯이 개인적 법익의 보호는 공공의 안녕의 가장 중요한 개념적 요소를 이루고 있다. 공공의 안녕의 개념에 관하여 자세한 것은 서정범/김연태/이기춘, 『경찰법연구』(제2판), 세창출판사, 2012, 87쪽 이하 참조.

23) 공익을 위한 경찰활동에 대하여 비용을 징수하는 것은 원칙적으로 법치국가원리에 반한다고 보는 것에 관하여는 vgl. Albrecht, Probleme der Kostenerhebung für polizeiliche Maßnahmen, in: FS f. Samper, 1982, S.165(179).

24) 이러한 경우에서 보듯이 전술한 수수료개념에 내재하는 본질적 한계로 인하여 공익을 위한 경찰의 직무활동에 대하여 수수료를 징수하는 것이 제한을 받는 것은 아니다. Vgl. Wilke, a.a.O., S.76 f.; BVerwGE 95, 188(201); BVerfG, DVBl. 1998, 1220(1221); VGH Mannheim, NVwZ-RR 2003, 712.

(2) 비용부담의 허용성

전술한 바와 같이 경찰활동이 공익을 위한 것이라는 사실이 인정되는 경우 그에 소요된 경찰비용을 개인에게 전가시키는 것이 —적어도 부분적으로나마— 위법한 것이 될 수 있다. 그러나 경찰의 조치가 공익을 위한 것이라는 사실 그 자체만으로 경찰비용을 경찰책임자 등이 부담하도록 하는 것, 즉 경찰비용의 전가가 절대적으로 허용될 수 없다는 결론이 필연적으로 도출되는 것은 아니다. 즉, 공익을 위한 경찰의 직무활동에 대하여 비용(특히 수수료)를 징수하는 것이 헌법 내지 법의 일반원칙에 의하여 금지되는 것은 아니며, 따라서 일정한 조건하에 경찰활동과 수수료를 결부시키는 것이 법적으로 허용될 가능성은 충분히 존재한다.[25]

생각건대 경찰활동의 형식으로 이루어지는 국가작용에 소요된 비용을 개인이 부담하도록 하기 위한 필수불가결의 전제요건은 무엇보다도 그 경찰활동이 비용을 부담하게 되는 자에게 귀속될 수 있다는 것, 즉 '개인적 귀속가능성'이다. 그리고 이런 전제에 입각하면 논의의 중점은 과연 어떠한 경우에 그러한 개인적 귀속가능성이 인정될 수 있는지에 놓여지게 될 것이다.

우선 경찰활동이 전적으로 공익을 위하여 이루어지는 경우에는 개인적 귀속가능성이 인정되기 곤란하다는 것은 자명하다.[26] 그러나 이와 달리 경찰활동이 주로 공익을 위하여 이루어지지만 동시에 사익을 위한 측면, 즉 사적 유용성(私的 有用性, Privatnützigkeit)도 아울러 갖고 있는 경우에는 개인적 귀속가능성이 인정될 수 있다. 즉, 주로 공익을 위하여 경찰활동이 이루어지지만 경찰의 조치에 의하여 —예컨대 개인시설의 안전을 유지하기 위한— 개인이 자기가 부담하여야 할 비용을 절약하게 되는 경우처럼 개인이 경찰활동에 의하여 직접적으로 그리고 개인적으로 경제적 이득을 얻는 경우라면 그 부분에 대하여는 수수료를 통한 비용전가가 가능해질 수 있다. 왜냐하면 그러한 경우까지 조세를 통하여 당해 경찰조치에 소요된 모든 비용을 충당하여야 한다고 하면,

---

25) 이에 대하여는 vgl. BVerfG, DVBl. 1998, 1220 ff.; Würtenberger, Erstattung von Polizeikosten, NVwZ 1983, 192(196).

26) 경찰활동이 주로 또는 전적으로 사익(私益)을 위하여 행해지는 경우에는 개인적 귀속가능성이 쉽게 인정될 수 있다. 그러나 여기서는 공익을 위한 경찰활동의 비용을 국민에게 전가시킬 수 있는지를 논의의 대상으로 삼고 있으므로 이 문제에 관한 상론은 약하기로 한다.

일반의 납세자와의 관계에 있어서 부담배분이 공평하지 못하게 되는 결과를 초래하기 때문이다. 프로야구 한국시리즈나 한국과 일본의 축구경기처럼 국민들의 관심이 매우 높아서 많은 관중이 운집할 가능성이 높은 대규모의 스포츠 행사[27] 또는 유명한 대중가요가수의 콘서트의 경우[28]에 경찰이 질서 내지 안전을 유지하기 위한 활동을 행하는 경우가 이 같은 논의가 적용될 수 있는 대표적 사례에 해당한다고 생각되며, 따라서 전술한 사정하에서는 수익자부담의 원칙에 따라 경찰비용을 징수하는 것이 정당화될 수 있다.[29] 다만 이러한 경우에 해당하여도 경찰비용을 징수하기 위하여서는 반드시 별도의 법적 근거가 있을 것이 필요하며, 법적 근거가 되는 규정은 경찰비용징수의 요건과 관련하여 비용부담의무가 부과되는 작용을 정확히 적시할 것이 요구된다. 즉, 예컨대 "위험방지를 위한 경찰조치에 대하여 수수료를 징수할 수 있다"라는 식의 비용징수에 대한 개괄조항(Generalklausel)은 허용되지 않는다.[30] 왜냐하면 경찰의 모든 활동을 비용징수와 결부시키는 것은 경찰의 직무와 합치되지 않는 면이 있기 때문이다.

다만 주로 공익을 위하여 이루어지는 경찰활동이기는 하지만 그것이 아울러 사적 유용성을 갖고 있는 경우에도 판단의 관점에 따라 종종 개인적 귀속가능성이 결여되어 있는 것으로 판단될 때가 있다는 점은 유의하여야 한다. 이와 관련하여서는 독일의 연방행정법원이 공익을 위하여 행해지는 경찰활동

---

27) 독일에서는 이러한 문제에 대하여는 실증적 사례연구도 행해지고 있는바, 이를 간단히 소개해 보기로 한다. 독일의 경우 대도시에서 분데스리가 축구경기가 있는 경우에는 도로상에서의 교통규율, 팬들에 대한 관찰과 호위, 축구경기장 내외에서의 비디오감시, 난동을 부리는 자에 대한 조치, 경기종료후의 행진의 안전 등에 이르는 많은 업무를 수행하기 위하여 보통 100명에서 200명에 이르는 경찰관이 10시간 가량 투입된다고 한다(Sailer, a.a.O., Rn.57). 또한 2부리그의 경기에도 보통 10~30명, 그리고 2부리그경기라고 하여도 상위팀간의 경기에는 150명에 이르는 경찰관이 투입되며, 이 경우 순수한 인적 비용만 하여도 매 경기당 수만 Euro에 이른다고 한다(Lege, Polizeieinsätze bei Fußball-Bundesligaspielen, VerwArch. 89(1998), 71(72). 이 문제에 관한 보다 구체적 사례에 관하여는 Nirschl, Kosten der Polizei- und Sicherheitsbehörden in der Systematik des deutschen Abgabenrechs, 1993, S.72)

28) Lege, a.a.O., 76, Fn.27에 따르면 3일간에 걸친 록 페스티발의 경우 경찰비용은 200만 DM를 초과하였었다고 한다.

29) 이에 대하여는 vgl. Sailer, a.a.O., Rn.9.

30) OVG Lüneburg, DVBl. 1984, 57; Nirschl, a.a.O., S.68 f.

에 대한 비용책임이 비용(수수료)채무자의 부담으로 평가되어서는 아니 되는 경우에는 위험방지를 위한 공익이 비용책임을 제한하는 의미를 독자적으로 갖는다는 것을 확인하는 판결을 행한 바 있음은 주목을 요한다.[31]

이상의 논의를 고려할 때 경찰활동이 주로 공익을 위하여 이루어지지만 동시에 사적 유용성도 아울러 갖고 있는 경우에 개인적 귀속가능성의 인정여부는 구체적 사정에 따라 달라질 수 있으며, 따라서 일의적(一義的)으로 확정짓기 곤란한 면이 있다고 할 것이다.

(3) 비용징수의 한계 ― 기본권과의 관계

주로 공익을 위하여 이루어지는 경찰활동이기는 하지만 그것이 사적 유용성 또한 갖고 있는 경우에는 그에 소요된 경찰비용을 국민에게 전가시킬 수도 있음은 전술한 바와 같다. 그러나 그러한 비용의 전가가능성이 인정되는 경우에도 국민의 기본권이 그러한 전가가능성의 한계를 형성한다는 것에 유의하여야 한다.

개인의 기본권 행사가 공익의 일부분을 이루고 있으므로 개인의 기본권행사에 아무런 장해가 없도록 하는 것 또한 경찰의 직무에 속한다. 따라서 개인에게 경찰비용을 부담시킴으로써 개인의 기본권 실현이 곤란해지거나 방해받아서는 아니 되는바,[32] 이는 개인이 기본권 보호를 위하여 경찰의 조치를 요구할 수 있는 경우에 그에 대한 대가로서 비용부담이 과해져서는 안 된다는 것을 의미한다.[33] 즉, 개인이 자신의 기본권을 행사하는 것을 공공의 안녕 또는 질서에 대한 위해(危害)로 간주하여, 그에 대하여 비용을 부담시키는 것은 허용되지 않는다. 왜냐하면 그것은 비용부담이라는 방법을 통하여 사실상 기본권행사에 대한 장벽을 높이는 것이 될 수 있기 때문이다. 따라서 헌법상의 기본권으로서 종교의 자유와 집회의 자유가 보장되므로 ―그것이 기본권행사의 한계를 벗어나지 않는 한― 종교적 행사와 정치적 행사에 있어서는 어떠한 경우에도 비용부담의무를 부과하는 것이 금지된다.[34]

---

31) Vgl. BVerwGE 112, 194(205 ff.).

32) Albrecht, a.a.O., 176.

33) Gusy, Polizeikostenüberwälzung auf Dritte, DVBl. 1996, 722(726).

34) 이에 반하여 상업적 행사의 경우에는 비용부담이 고려될 수 있음이 원칙이다[Lege,

한편 비용부담의무의 내용과 범위를 정함에 있어서도 비례의 원칙이 적용되는바, 동 원칙은 비용부담을 통하여 기본권행사에 제한을 가하는 것에 한계를 설정하는 기능을 가진다.

3. 대가성 원칙에 의한 한계

(1) 대가성의 원칙의 의의

대가성의 원칙(對價性의 原則, Äquivalenzprinzip)이란 법치국가의 원리에 기초한 비례의 원칙으로부터 도출되는 원칙으로서[35] 수수료 등의 형식을 통한 국민의 비용부담과 구체적인 경찰활동이 현저하게 불균형을 이루어서는 안 된다는 것, 즉 양자의 가치가 적절한 비례관계에 있어야 한다는 것을 의미한다. 이러한 대가성의 원칙은 국민보호라는 차원에서 비용과 관련하여서는 '행정비용의 과다징수금지의 원칙(Verbot der Überschreitung der Verwaltungskost)'이라는 형태로 나타나는바,[36] 적정대가의 원칙(Kostendeckungsprinzip)이라는 용어가 사용되기도 한다.[37]

(2) 대가성의 원칙에 따른 비용부담의 한계

구체적인 경찰활동에 비하여 비용부담이 과도하다면 그러한 비용징수는 대가성의 원칙에 반하는 것이 되며, 이로 인하여 대가성의 원칙이 국민에게 비용을 부담시키는 것을 제한하는 원칙으로 기능할 수 있다는 것이 강조되기도 한다. 그러나 다음과 같은 이유에서 대가성의 원칙을 비용징수 자체를 부

---

a.a.O., 71(89)]. 한편 상업적 행사가 집회로서의 성격을 가질 수 없다는 것에 관하여는 vgl. OVG Berlin, NJW 2001, 1740; BVerfG, DVBl. 2001, 1351; Wiefelspütz, Ist die Love-Parade eine Versammlung?, NJW 2002, 274 ff.

35) Vgl. BVerwGE 26, 305(309); 79, 90(91); 80, 36(39).

36) Sailer, a.a.O., Rn.14.

37) 독일의 연방행정법원은 이러한 적정대가의 원칙을 이유로 항공안전수수료에 대하여 이의를 제기한 바 있다(Vgl. BVerwGE 120, 227(229 f.); BVerwG, NVwZ 2004, 991 f.). 한편 Wild는 연방행정법원의 동 판결로부터 수수료에 관하여 일반적인 과다비용징수금지의 원칙을 도출해 내고 있는 것에 대하여 문제를 제기한 바 있는데, 이를 포함하여 이 문제에 관하여 보다 자세한 것은 vgl. Wild, Renaissance des Kostendeckungsprinzips, DVBl. 2005, 733(734, 737).

정 내지 제한하는 것으로 보기는 곤란하다고 생각한다. 즉,

첫째, 경찰활동이 비용부담의무자 개인에게 귀속될 수 있는 한 비용을 징수하는 것 자체가 헌법적으로 문제되지는 않는다.[38] 즉, 헌법에 규정되어 있지도 않은 동 원칙은 비용(특히 수수료)의 본질에 관한 원칙이 아니라 개별법에 명시적으로 규정되어 있을 때에 한하여 수수료 징수를 제한할 뿐이라는 것, 환언하면 즉 비용징수 자체를 금지하는 것이 아니라 단지 그 액수를 제한할 수 있는 것에 그친다고 보는 것이 지배적 견해이다.[39] 이는 대가성의 원칙은 단지 국민이 부담하여야 할 비용이 경찰활동 그 자체가 갖는 가치를 상회하는 경우,[40] 그 한도에서 비용징수를 배제할 뿐이라는 것을 의미한다.

둘째, 대가성의 원칙은 개념적으로 볼 때 처음부터 문제점을 안고 있다고도 할 수 있다. 특히 얻어진 이익에 대한 순수한 대가로서의 비용(수수료)이 문제되는 것이 아니라 —이익에 대한 대가로서의 성격이 없는— 수수료채무자에 의하여 야기된 국가의 직무수행에 대한 비용(수수료)이 문제되는 경우에는 그러한 문제점이 뚜렷하게 나타난다.[41] 왜냐하면 그러한 경우에는 국가의 활동이 갖는 측정가능한 경제적 유용성이 그리 중요하지 않기 때문이다.[42]

셋째, 국민의 비용부담과 구체적인 경찰활동이 과도하게 불비례 관계에 있을 경우에만 대가성의 원칙에 반하는 것으로 보기 때문에 대가성의 원칙은 실제에 있어서 국민에게 비용을 부담시키는 것을 제한하는 원칙으로서의 의미가 그리 크지 않다.[43]

---

38) 독일의 경우 특히 (중대한 공익을 위하여 징수되는) 항공안전수수료와 관련하여 항공안전수수료가 수수료채무자에게 충분히 개인적으로 귀속될 수 있기 때문에 항공안전수수료의 징수에 대하여 헌법적으로 이의를 제기할 수 없음이 강조되고 있는바, 이에 관하여는 vgl. BVerfGE, DVBl. 1998, 1220 f.

39) Vgl. BVerfGE 50, 217(226); BverwG, NVwZ-RR 1993, 662(663); Weyreuther, a.a.O., 261; Gramm, Ersatz von Polizeikosten, in: Sacksofsky/Wieland, a.a.O., S.181.

40) 실제 행정비용은 최대 2250DM이 소요될 뿐인데 1000만 DM이 넘는 행정수수료가 부과된 경우가 이에 대한 예가 될 수 있는바, 이러한 예에 관하여는 vgl. BVerwG, NVwZ 2003, 1385.

41) 이러한 점에 관하여는 Sailer, a.a.O., Rn.12.

42) Vgl. Vogel, Vorteil und Verantwortlichkeit, in: FS f. Geiger, 1989, S.518(534 f.).

43) Hendler, Gebührenstaat statt Steuerstaat?, DÖV 1999, 749(751).

4. 조세국가원리에 의한 한계

(1) 의 의

경찰비용의 부담에 대한 헌법적 제한은 조세국가(Steuerstaat)의 원리로부터도 도출될 수 있는바. 여기서 조세국가의 원리란 국가는 국가과제의 수행을 위하여 필요한 재원을 원칙적으로 조세로 충당하여야 한다는 원리를 말한다.[44] 이러한 조세국가의 원리는 헌법적 차원의 법원리로 이해되고 있다.[45]

(2) 비용징수의 정당성

조세국가의 원리에 따르면 국가는 원칙적으로 국가의 행정과제의 수행에 필요한 재원(예컨대, 경찰비용)을 원칙적으로 조세징수의 방법을 통하여 획득하여야 하며, 조세 이외의 다른 공조(公租, 예컨대 수수료 등)를 통하여 비용을 조달하는 것은 예외적으로 그를 정당화시키는 사유가 존재하는 한도에서만 허용될 수 있다.[46]

그렇다면 어떠한 경우에 조세국가의 원리가 지배함에도 불구하고 조세 이외의 방법으로 경찰비용을 징수할 수 있는지, 환언하면 어떠한 경우에 조세 이외의 방법으로 일반 개인에게 경찰비용을 부담시키는 것이 정당화될 수 있는지가 문제되는데, 경찰의 조치가 필요하게 된 상황이 특정인에 의하여 야기된 경우가 그러한 경우에 해당한다고 볼 수 있다. 물론 이러한 경우까지도 경찰의 조치가 필요한 상황을 야기한 개인은 그 경찰비용을 이미 조세를 통하여 부담하였다는 점을 들어 비용징수에 대하여 부정적인 견해가 제기될 수 있다. 그러나 경찰활동을 위하여 조세를 사용할 것인지 아니면 비용의 전부 또는 일

44) 조세국가에 대하여는 vgl. Isensee, Steuerstaat als Staatsform, in: FS f. Ipsen, 1977, S.409 ff.; Kirchhof, Die Steuer als Ausdruck der Staatsverfassung, in: FS f. Sendler, 1991, S.65 ff.; 아울러 조세국가의 개념이 갖고 있던 원래의 역사적 의미에 관하여 자세한 것은 vgl. Sacksofsky, a.a.O., S.197. 한편 독일의 경우 실제로 예산상의 전체수입 중 조세가 차지하는 비율이 연방의 경우 90%, 주의 경우 70%에 이르고 있다고 한다(1995년 기준). 그리고 이러한 통계를 토대로 하여 독일이 실제로 조세국가임을 강조하는 견해도 있다(Sacksofsky, a.a.O., S.196, 198; Isensee, a.a.O., S.420).

45) Sailer, a.a.O., Rn.16.

46) 이들 요건에 관하여 자세한 것은 vgl. Sailer, a.a.O., Rn.16; BVerfGE 93, 319(342); BVerfG NVwZ 2003, 715.

부를 조세 이외의 다른 수단에 의하여 조달할 것인지는 원칙적으로 입법자의 정책적 판단에 맡겨져 있다고 할 것이므로 조세국가의 원리로 인해 경찰활동에 소요된 비용을 개인으로부터 징수하는 것 자체가 절대적으로 허용되지 않는다고 할 수는 없다. 즉, 결론적으로 개인에게 귀속될 수 있는 경찰활동에 대하여는 그 비용을 그 개인으로부터 징수하는 것이 허용될 수 있다고 생각된다.[47]

5. 헌법상 국가의 보호의무에 의한 한계

국가의 자유권(Freiheitsrechte) 보호의무는 경찰작용과 관련하여서는 국가의 공공의 안녕보장의 의무로 나타나는바, 이러한 국가의 보호의무는 모든 법치국가의 존립을 위한 근본조건을 이룬다. 또한 ―원칙적으로 모든 국민에게 동일하게 행해져야 하는― 공공의 안녕의 보장을 위한 약속은 국가만이 할 수 있다는 점을 고려할 때 '공공의 안녕'은 시장경제에 맡겨질 수 없는 재화(財貨, Gut)라고 할 수 있다.[48] 그런데 이러한 공공의 안녕의 보장을 위한 경찰의 활동을 반대급부의 지급에 의존시키게 되면, 즉 경찰활동의 소요비용을 수수료 등의 형태로 징수하게 되면 지불능력을 갖지 못하고 있는 국민은 국가의 보호조치를 받을 수 없게 되는 결과를 가져오게 되는 문제가 있다.[49] 생각건대 경찰활동을 통한 보호가 필요함에도 불구하고 그에 소요되는 비용을 부담할 수 없다는 이유로 보호를 받을 수 없다는 것은 헌법적으로 받아들일 수 없는 결과이며, 사회정의에도 반할 소지가 많다.[50]

그러나 이처럼 위험방지라는 공적 과제의 수행은 지급능력이 없는 자가

47) 동지: Schenke, Erstattung der Kosten von Polizeieinsätzen, NJW 1983, 1882(1884).

48) Gramm, a.a.O., S.184.

49) Gramm, a.a.O:, S.183. Gramm의 이러한 지적은 공공의 안녕의 보장을 위한 경찰활동을 필요로 하는 사람이 그에 대한 비용을 부담할 수 없는 경우가 있음을 고려하여야 할 때도 있음을 전제로 한 것인데, 이러한 점을 명시적으로 밝히고 있는 것으로는 vgl. Birk/Eckhoff, Staatsfinanzierung durh Gebühren und Steuern Vor- und Nachteile aus juristischer perspektive, in: Sacksofsky/Wieland, a.a.O., S.54(65). 아울러 Birk/Eckhoff는 비용을 부담할 수 있는 사람이 공공의 안녕의 보장을 위한 경찰활동을 필요로 하지 않을 수도 있는 점도 적절하게 지적하고 있다.

50) 동지: Sailer, a.a.O., Rn.20.

필요로 하는 경우에도 보장되어야 한다는 것이 경찰비용을 국민으로 하여금 부담하는 것을 절대적으로 불가능하게 만드는 요소는 아니라고 생각된다. 그것은 결국 경찰비용의 부담이 인정되기 위하여는 그를 정당화시키는 엄격한 전제조건이 충족되어 있어야만 한다는 것을 의미한다.

6. 평등의 원칙

특정한 경찰활동에 대한 대가로서 비용을 징수하는 것에 대하여 평등의 원칙의 관점에서 의문이 제기되기도 한다. 즉 유사한 다른 국가작용에 대하여는 비용을 징수하지 않는데, 특정한 경찰활동에 대하여만 비용을 징수하는 것은 평등의 원칙에 어긋난다는 것이다.

그러나 비용(징수)에 관한 사항에 대하여 입법권을 가진 입법권자에게 광범위한 형성의 자유[51]가 인정되어 있음을 고려할 때 적어도 특정한 경찰작용에 대한 수수료를 징수할 수 있는 요건을 입법자가 법률로 규정하는 것을 평등의 원칙에 위반하는 것으로 볼 수 있는 경우는 거의 없다고 할 것이다.[52] 한편 이와 같은 형성의 자유는 어떠한 (개인에게 귀속될 수 있는) 국가작용에 대하여는 비용을 징수하고, 어떠한 국가작용에 대하여는 비용을 징수하지 않을 것에 대해서까지 미친다고 한다.[53]

7. 소 결

경찰활동에 대하여 비용(수수료 등)을 징수하는 것 자체의 허용성과 관련하여 그를 부정시하는 견해가 주장된 바 있다. 그러한 견해들은 다양한 관점, 즉 수수료의 개념, 위험방지라는 공익, 대가성의 원칙, 법치국가의 원리와 결부된 조세국가의 원리와 국가의 보호의무, 평등의 원칙 등을 그 논거로 제시한 바 있으며, 그러한 논거는 나름대로의 타당성을 갖고 있다. 그러나 그러한

51) 이처럼 입법권자에게 광범위한 형성의 자유가 인정되는 것에 대하여는 특히 vgl. Wilke, a.a.O., S.88.
52) 동지: Sailer, a.a.O., Rn.15.
53) Sailer, a.a.O., Rn.15.

논의로부터 경찰비용을 국민에게 부담시키는 것이 절대적으로 허용되지 않는다는 결론이 필연적으로 도출되지는 않는다.[54] 그렇다고 하여 모든 국민이 국가의 '기본적 배려(Grundversorgung)'의 보장을 위하여 이미 조세를 납부하였다는 사실 또한 무시되어서는 아니 될 것인바, 이러한 사정을 고려할 때 경찰의 직무활동에 대하여 비용을 징수하기 위하여서는 이를 정당화시키는 사유가 필요하다고 할 것이다. 결국 지금까지의 논의를 바탕으로 할 때 경찰비용징수의 가능성 내지 정당성의 문제에 대하여는 다음과 같이 답할 수 있다. 즉,

첫째, 위험방지라는 경찰활동의 핵심영역에서는 비용징수를 통하여 재원을 조달하는 것보다 조세에 의해 재원을 조달하는 것이 우선한다.

둘째, 위험방지라는 경찰활동의 핵심영역 이외의 영역에서는 입법자가 개인에게 귀속될 수 있는 작용에 대하여 비용징수를 규정하고 있는 경우에는 법률이 정하는 기준에 따라 비용을 징수하는 것이 헌법적으로도 허용될 수 있다.

한편 이러한 논의가 이론상으로나 실무상으로 유용한 것이 되기 위하여서는 이른바 핵심영역과 핵심영역 이외의 영역을 구분할 수 있어야 하는데, 양자를 명확하게 구분하는 것은 상당히 어려운 것이 사실이다. 생각건대 원칙적으로 사인에게 위임할 수 없고 전적으로 경찰이 하여야 할 작용이라면 위험방지라는 경찰활동의 핵심영역에 속하는 것으로 보아야 할 것이며, 그 결과 그러한 영역에서의 경찰의 조치는 국민으로부터 비용을 징수할 수 없는 '기본적 배려조치(Grundversorgungsmaßnahme)'로 보는 것이 타당하다.[55] 이에 대하여 다분히 서비스적 성격이 강한 경찰활동은 위험방지의 핵심영역 이외의 영역에 속하는 것으로 보아야 할 것이며, 그 결과 그러한 영역에서의 경찰의 조치는 기본적 배려조치의 영역 밖에 위치하는 것으로서 비용을 징수할 수 있는 조치로 보아야 할 것이다.[56]

---

54) Gusy, a.a.O., 723.

55) Gramm, a.a.O., S.185; Gusy, a.a.O., 723.

56) 이러한 점은 그것이 수익자에게 직접적인 재정적 이익을 제공한다는 점을 고려하면 쉽게 이해될 수 있을 것이다.

IV. 맺으며

헌법적 시각에서 경찰비용의 징수를 제한하고자 하는 여러 시도들은 비용(수수료) 개념의 징표를 이루는 개인적 귀속가능성을 좁게 해석하거나, 또는 주로 공익을 위하여 행해지는 경찰의 조치에 대하여는 수수료면제를 규정하고 있는 법률들을 그에 상응하게 해석하는 방법으로 무장하고 있었다. 그러나 전술한 바와 같이 그러한 주장들은 법이론적으로 볼 때 더 이상 그대로 유지되기 곤란하다는 시각이 점차 지지를 얻어가고 있는바, 이는 경찰비용의 국민에의 전가가능성을 긍정할 수 있는 이론적 토대가 마련되었음을 뜻한다. 이러한 경찰비용의 국민에의 전가가능성이 긍정된다면 앞에서 제시한 사례에 있어 甲의 허위신고를 받고 출동하여 행한 경찰활동에 소요된 경비를 甲에게 부과하는 K경찰서장의 처분은 적법한 것으로 판단될 수 있다.

그러나 이러한 법학적 논의가 현실에 영향을 미쳐 경찰비용의 국민에의 전가가 —매우 엄격한 전제조건하에— 이루어지기 이해서는 또 하나 넘어야 할 산이 있는데, 그것은 바로 이 문제에 관한 국민들의 의식의 변화이다. 굳이 "법이란 민족과 더불어 생성되고, 민족과 더불어 발전한다"고 설파한 역사법학자 Savigny의 말을 떠올리지 않아도 사회생활이나 국민의식과 괴리된 법 내지 법이론은 성립될 수 없으며, 설사 성립하여도 유지될 수 없다. 따라서 지금까지의 모든 논의는 이 문제에 관한 국민의 인식전환이 이루어지지 않는다면 공염불에 그치게 될 공산이 크다. 모쪼록 이 글이 이 문제에 관한 국민들의 인식전환에 작으나마 기여할 수 있기를 바라며 글을 맺는다.

(서정범)*

* 이 글, "경찰비용의 국민에의 전가가능성"은 홍익법학 제15권 제4호(2014)에 게재되었던 글이다.

제 5 장 경찰비용의 부담

Ⅰ. 문제 제기

행정수요의 증가에 의해 재정지출이 확대됨에 따라 국가 등 행정주체가 그의 과제를 수행하는 데 필요한 비용을 어떠한 방법으로 조달할 것인지가 문제되는바, 이에 관한 논의는 경찰법 영역에서도 마찬가지로 필요하다. 그러나 우리나라에서 그에 대한 논의는 아직 활발히 전개되고 있지 않다.[1] 그 이유는 경찰은 원칙적으로 공익을 위하여 활동하므로 그 비용은 일반의 부담으로 하는 것이 타당하다고 생각하는 등 개인의 경찰비용부담에 대한 인식이 부족하기 때문으로 보인다.

경찰법상 책임자에 해당하는 자는 경찰위반의 상태를 자신의 비용으로 제거해야 한다. 그런데 경찰책임자가 이러한 의무를 이행하지 않고, 그 대신에 경찰 또는 제3자가 위해를 제거한다면, 그는 그로 인하여 경제적 이득을 얻게 되는 것이다. 이러한 이익을 조정하기 위하여 경찰책임자에게 비용을 상환해야 할 의무를 부과하는 것이 고려될 수 있다.[2]

---

1) 이에 관해 우리나라에서 처음으로 문제 제기한 논문으로는 김남진, "경찰상의 손해보전·비용상환," 월간고시, 1988. 1, 166쪽 아래; 김남진, "경찰비용의 상환," 고시연구, 1984. 8, 220쪽 아래 참조.

2) 독일은 이미 프로이센 경찰법 제55조 제5항에서 경찰책임자의 비용부담의무를 규정한 바 있다. 또한 최근에는 유조차의 전복으로 인한 기름의 제거, 오염지(Altlasten) 제거의 경우 등과 관련하여 비용부담의 문제가 활발히 논의된 바 있다. 이에 관하여는 Oerder, Ordnungspflichten und Altlasten, NVwZ 1992, 1031(1036 ff.); Spannowsky, Das Prinzip

이러한 경찰비용의 부담이 우리에게 완전히 생소한 것은 아니다. 우리의 현행법에서도 일정한 경찰활동에 대하여 그 비용을 개인으로부터 징수하는 법적 근거를 찾아볼 수 있다. 예를 들면 행정대집행법은 타인이 대신하여 행할 수 있는 행위를 의무자가 이행하지 아니하는 경우에 행정청이 스스로 의무자가 하여야 할 행위를 하거나 또는 제3자로 하여금 하게 한 다음 그 비용을 의무자로부터 징수할 수 있다고 규정하고 있는데(제2조), 경찰기관이 동 규정이 정하고 있는 요건에 해당하는 일을 하고 그 비용을 징수하는 것을 생각해 볼 수 있다. 다만 경찰작용의 대부분은 즉시강제의 성질을 가지므로 행정대집행법이 적용될 수 있는 사례는 그다지 많지 않을 것이다.[3)]

그런데 경찰비용의 부담이 문제되는 것은 경찰책임자 대신에 경찰 또는 제3자가 위해제거조치를 취한 경우에 한정되는 것은 아니다. 그 이외에도 경찰조치를 야기한 자에게 그 비용의 전부 또는 일부를 부담시킬 수 있는지가 논의될 수 있으며, 경찰이 개인의 신청에 의하여 개인의 이익보호를 위하여 활동하는 경우 또한 경찰비용의 전가가 고려될 수 있을 것이다. 예컨대 사적인 행사의 질서유지를 위하여 경찰이 투입된 경우에 그 비용부담의 문제, 즉 질서유지를 위해 대규모 경찰력의 동원이 필요하고 그에 따라 많은 경찰비용을 야기하는 대규모 행사의 주최자에게 적어도 일정 부분의 비용을 부담하게 할 수 있는지가 논의될 수 있다. 이러한 논의는 중요시설의 경비 또는 위험영역에 대한 통제 등 공행정 과제의 수행에 있어서 발생하는 비용을 수혜자에게 부담시킬 수 있는지의 문제와도 연결된다.

그 밖에 금지된 시위 또는 해산명령이 내려진 시위에 있어서 그 해산을 위하여 시위 참가자에게 경찰조치가 행해진 경우에 그들에게 경찰력 투입의 비용을 부담시킬 수 있는지가 논의될 수 있다. 이것이 긍정되는 경우 개개인은 연대채무자로서 경찰력 투입의 전체 비용에 대한 책임을 부담하는 것인지 아니면 비용의 일부만을 부담하게 되는지가 문제된다.

경찰의 개입을 야기한 자 또는 수혜자에게 경찰비용을 부담시키는 것은

---

gerechter Lastenverteilung und die Kostentragungslast des Zustandsstörers, DVBl. 1994, 560 ff. 참조. 근래의 문헌으로는 서정범, "경찰비용부담의 법리에 관한 연구," 경찰과 사회, 제5집(2010), 55쪽 아래.

3) 김남진, 앞의 글, 고시연구, 1984. 8, 221쪽.

해결해야 할 여러 법적 문제를 내포하고 있는데, 아래에서는 우선 경찰비용을 전가하는 것의 허용성과 관련하여 그 내용적 한계를 살펴본 후, 경찰비용의 부담을 구체적인 예를 들어 고찰하기로 한다.

II. 경찰비용징수의 내용적 한계

경찰비용을 전가하는 것이 허용될 것인지의 여부는 우선 일정한 내용적 한계에 부딪힌다.

1. 수수료 개념에 의한 한계

국가 등 행정주체가 직무수행의 반대급부로서 수혜자 또는 수익자에게 금전 등을 징수하는 방법으로는 수수료 또는 수익자부담금 등을 부과하는 것이 있다. 일반적으로 수수료는 국가 또는 지방자치단체가 특정인에게 대하여 제공하는 인적 역무에 대한 반대급부로서 징수하는 요금을 말하며, 부담금은 특정의 공익사업과 특별한 이해관계를 가진 자에 대하여 그 사업에 필요한 경비를 부담시키기 위하여 과하는 금전지급의무라고 말한다.[4] 수수료는 직무수행과 특별한 관계에 있는 자에게 그 직무수행 비용의 전부 또는 일부를 부과하는 것으로서, 세법이 규정한 과세요건이 충족되어 납세의무가 발생한 모든 자에게 과해지는 조세와 구별된다.

이전에는 아무런 반대급부 없이 과해지는 조세와 달리 수수료는 반대급부로서의 성질을 갖는다고 보았는데, 현재에는 수수료 개념을 수혜자 또는 수익자에 대한 직무수행의 반대급부의 성질을 갖는 것으로 한정하지 않고, 수익과 관계없이 부과될 수도 있는 것으로 파악하는 경향에 있다.[5] 이렇게 볼 때 수수료 개념의 결정적 징표는 수수료 부과와 결부된 직무수행의 개인적 귀속가능성이라고 할 것이다.

결국 경찰의 직무수행과 관련하여 발생하는 비용을 경찰조치의 야기자 또

4) 김남진/김연태, 『행정법II』, 법문사, 2008, 517쪽.
5) 이에 대하여는 Wilke, Gebührenrecht und Grundgesetz, 1973, S.66 ff. 참조.

는 수혜자에게 징수한다면 이는 수수료에 해당하는 것으로 볼 수 있는데,[6] 수수료 부과의 입법을 함에 있어서 입법자의 형성의 자유는 직무수행의 개인적 귀속가능성이라는 수수료 개념의 징표에 의한 제한을 받게 된다.

2. 위험방지의 공익성으로 인한 한계

공공의 안녕 · 질서의 유지는 국가의 기본적 기능이며 법치국가의 전제이다. 따라서 공공의 안녕 · 질서의 유지를 위한 비용은 국가가 부담해야 하는 것이 원칙이다. 경찰은 공공의 안녕 · 질서를 위협하는 위험으로부터 공중 또는 개인을 보호하고, 공공의 안녕 · 질서에 대한 장해를 제거하는 것을 목적 내지 직무로 한다. 개인적 법익의 보호도 경찰의 직무에 포함되지만, 경찰에 의한 개인적 법익의 보호는 적어도 우선적으로는 관계인의 사익을 위하여 행하여지는 것이 아니라, 반드시 공공의 이익과 관련성이 있어야 한다. 즉 경찰은 공공의 이익을 위하여 필요한 경우에만 활동한다. 다만 예외적으로 법원에 의한 구제가 적시에 행해질 수 없으며 경찰의 도움이 없다면 권리의 실현이 불가능하거나 또는 중대한 어려움에 놓이게 될 경우에 개인의 권리보호를 위하여 경찰권이 발동될 수 있을 뿐이다. 경찰은 경찰권 발동의 요건이 충족된 경우에 그의 개입을 개인의 신청 또는 비용부담을 조건으로 하여서는 안 된다.

그러나 일반적으로 경찰조치가 공익에 봉사한다는 사실 자체만으로 경찰비용의 전가가 허용될 수 없다는 결론이 도출되는 것은 아니다. 공익을 위한 직무활동에 대하여 그 비용을 징수하는 근거법규를 마련하는 것이 생소하고 적어도 중대한 공익상의 필요에 의한 활동에 있어서는 적합하지 않은 것이 사실이지만, 그렇다고 하여 그것이 수수료의 본질에 반하는 것은 아니다.[7] 헌법상 또는 법의 일반원칙에 의하여 중대한 공익을 위하여 행해지는 직무행위에 대하여 수수료 부과를 결부시키는 것이 금지되는 것은 아니며, 일정한 요건하에 허용될 수 있는 것이다.[8] 예를 들면 경찰이 불법 주 · 정차된 차량을 견인

6) 정확히 말하면 경찰 스스로의 조치에 대하여 수혜자에게 비용을 징수하는 것이 수수료에 해당하며, 경찰의 직무수행이 제3자에 의하여 행해진 경우에는 비용상환이 문제되는 것이다.

7) Götz, Kostenrecht der Polizei und Ordnungsverwaltung, DVBl. 1984, 14(18).

8) 이에 대하여는 BVerfG, DVBl. 1998, 1220 ff.; Würtenberger, Erstattung von Polizeikosten,

하는 것은 중대한 공익을 위한 활동이라 할 수 있는데, 이에 대하여 수수료를 부과하는 것은 오히려 당연한 것으로 받아들여지고 있다. 물론 응급의 구호를 요하는 경우에 경찰이 보호조치를 취함에 있어서 피구호자에게 수수료를 부과하는 것은 허용되지 않을 것이다.

생각건대, 경찰활동에 대하여 비용부담의 의무를 부과하기 위하여는 그 경찰활동이 급부의무자 개인에게 귀속될 것이 필요적 조건으로 고려되어야 할 것이다. 경찰활동이 주로 개인의 이익을 위하여 행해지는 경우가 그에 해당됨은 분명하다. 그에 대하여 공익목적을 위하여 행해지는 경찰조치에 있어서 그것이 동시에 사익보호의 효과를 가져오는 경우에 그 경찰조치가 개인에게 귀속된다고 볼 수 있는지가 문제되는바, 주로 공익적 목적을 위해 행해지는 경찰조치는 대체로 개인에게 귀속된다고 할 수 없을 것이다. 그러나 중대한 공익을 위한 경찰활동이라 하더라도 개인에의 귀속성을 인정할 수 있는 경우를 상정할 수 있다. 예컨대 경찰조치에 의하여 사적 시설의 안전을 위한 비용지출을 절약하게 되는 경우와 같이 개인이 경찰활동에 의하여 직접적·개인적으로 경제적 이득을 얻는다면, 당해 경찰조치가 중대한 공익을 위한 활동이라는 점이 비용의 전가를 방해하지 않는다. 자신의 상업적 행사의 안전을 위한 비용지출을 다른 경업자와 달리 스스로 부담하지 않고 경찰력의 도움을 받아 해결한 경우에 그 경찰비용을 전가하지 않는다면 이는 오히려 공정하지 못한 것이다. 국가적 활동으로부터 개인적 이득을 얻은 자에게 비용을 징수하는 것은 정당화될 수 있다. 다만 비용징수의 근거규정에서 비용부담의무가 부과되는 직무행위가 정확히 적시될 것이 요구된다. 위험방지를 위한 경찰조치에 대하여 비용을 징수할 수 있다는 개괄조항은 허용되지 않는다.[9] 모든 경찰활동을 비용징수와 결부시키는 것은 경찰의 임무·기능에 모순되기 때문이다.

한편, 경찰활동에 대하여 비용을 징수할 것인지 여부는 헌법상의 기본권 보장의 측면에서 고찰이 필요하다. 비용부담에 의하여 기본권의 실현이 곤란해지거나 방해받아서는 안 되며,[10] 개인이 기본권 보호를 위하여 경찰의 조치

NVwZ 1983, 192(196) 참조. 그러나 Albrecht는 경찰의 직무수행에 대하여 비용을 징수하는 것은 원칙적으로 법치국가원리에 반한다고 본다(Albrecht, Probleme der Kostenerhebung für polizeiliche Maßnahmen, in: Festschrift für Rudolf Samper, 1982, S.179).

9) OVG Lüneburg, DVBl. 1984, 57.

를 요구할 수 있는 경우에는 비용부담이 과해져서는 안 된다.[11] 예를 들면 종교의 자유, 집회의 자유가 보장되는 결과, 종교적·정치적 행사는 어떠한 경우에도 비용부담의무가 부과되어서는 안 된다. 그에 비하여 상업적 행사의 경우에는 비용부담이 고려될 수 있을 것이다.[12] 그 밖에 비용부담의무의 내용과 범위를 정함에 있어서는 비례성의 원칙이 준수되어야 할 것이다.

3. 대가성 원칙에 의한 한계

국가 등 행정주체가 공행정 과제를 수행함에 있어서 그 비용을 징수하는 것이 헌법적으로 허용되는지 여부에 대하여 의문이 제기될 수 있으나, 대가성 원칙(Äquivalenzprinzip)에 비추어 볼 때 그 과제의 수행이 비용부담의무자 개인에게 귀속될 수 있는 한 헌법적으로 문제되지 않는다고 볼 것이다. 대가성의 원칙은 그와 같은 경우에 비용징수 자체를 금하는 것이 아니라 단지 그 액수를 제한하는 데 그친다.

대가성의 원칙은 법치국가원리에 뿌리를 둔 비례성의 원칙으로부터 도출되는 원칙으로,[13] 행정의 역무제공과 상대방의 비용부담 사이에 적절한 비례관계에 있을 것을 요구한다. 따라서 역무제공에 비하여 비용부담이 과도하다면 그러한 비용징수는 대가성의 원칙에 반하는 것이 된다. 그런데 양자가 과도하게 불비례 관계에 있을 경우에만 대가성의 원칙에 반하는 것으로 보기 때문에 실제에 있어서 수수료 부과를 제한하는 원칙으로서의 의미는 크지 않다고 본다.[14]

4. 조세국가원리에 의한 한계

오늘날 국가는 국가과제의 수행을 위하여 필요한 재원의 대부분을 조세에

---

10) Albrecht, 앞의 글, S.176.

11) Gusy, Polizeikostenüberwälzung auf Dritte, DVBl. 1996, 722(726).

12) Lege, Polizeieinsätze bei Fußball-Bundesligaspielen, VerwArch. 89(1998), 71(89) 참조.

13) BVerwGE 26, 305(309); 79, 90(91); 80, 36(39).

14) Hendler, Gebührenstaat statt Steuerstaat?, DÖV 1999, 749(751).

의하여 조달하고 있다. 이러한 점에서 현대국가는 조세국가라 할 수 있다.[15] 조세국가원리에 의하면 원칙적으로 공행정 과제의 수행에 필요한 재원은 우선적으로 조세에 의하여 획득하여야 한다. 수수료를 부과하는 등 비용징수를 통하여 조달하는 것은 예외에 해당하며, 그에 따라 그를 정당화시키는 사유가 존재하여야 한다.

공익을 위하여 행해지는 경찰활동의 경우에 그 비용은 일반적으로 조세에 의하여 확보되어야 할 것이다. 그에 대하여 경찰조치가 특정인에 의하여 야기된 경우에 그 비용은 일반이 아닌 개인에게 부과되는 것이 고려될 수 있을 것이다. 그러나 이 경우에도 경찰개입을 야기한 개인은 경찰활동의 비용을 이미 조세에 의하여 부담하였다는 반론을 제기할 수 있을 것이다.

경찰활동을 위한 재원은 우선적으로 조세에 의하여 조달하여야 할 것이다. 그러나 조세는 그 사용에 있어서 원칙적으로 목적에 구속되지 않는다. 어떠한 국가과제의 수행을 위하여 조세를 사용할 것인지, 국가활동을 위한 비용의 전부 또는 일부를 다른 수단에 의하여 조달할 것인지는 원칙적으로 입법자의 정책적 판단에 맡겨져 있는 것이다. 따라서 개별적인 경찰활동에 대하여 그 비용을 개인으로부터 징수하는 것 자체가 허용되지 않는 것은 아니다. 개인에게 귀속될 수 있는 경찰활동에 대하여는 그 비용을 징수하는 것이 고려될 수 있는 것이다.[16]

5. 헌법상 국가의 보호의무에 의한 한계

개인의 기본권으로부터 도출되는 자유권 보호에 관한 국가의 의무는 공공의 안녕·질서의 보장에 관한 의무로 나타난다. 이러한 국가의 의무는 현대국가의 존립의 조건이다. 내부 질서의 유지는 국가에 의하여만 보장될 수 있으며, 시장경제에 맡겨질 수 없는 것이다. 경찰의 활동을 반대급부에 의존시키는 것은 지급능력이 없는 경우에는 국가에 의한 보호조치를 받을 수 없게 되는 결과를 가져온다. 즉 사회적 약자의 경우 위험방지의 핵심영역에서도 경찰권

15) 조세국가에 대하여는 Isensee, Steuerstaat als Staatsform, in: Festschrift für Hans Peter Ipsen zum 70. Geburtstag, 1977, S.409 참조.

16) Schenke, Erstattung der Kosten von Polizeieinsätzen, NJW 1983, 1882(1884).

발동을 청구하는 것이 어렵게 될 것이다. 경찰의 개입의 필요함에도 비용부담을 할 수 없다는 이유로 경찰권 발동을 요구할 수 없게 된다면, 이는 사회적 정의에 반하는 것이다. 위험방지라는 공적 과제의 수행은 그를 필요로 한다면 지급능력이 없는 경우에도 보장되어야 한다.

6. 소 결

공공의 안녕·질서의 유지는 공행정 과제이다. 따라서 경찰비용은 원칙적으로 국가 등 행정주체가 부담하여야 한다. 그러나 이러한 원칙에 대하여 예외가 허용될 수 있다. 다만 그것은 예외에 머물러야 하며, 그를 정당화하는 사유가 존재하여야 한다.

조세국가원리, 헌법상의 국가의 보호의무 등에 의하면 공공의 안녕·질서의 유지를 위한 경찰의 직무수행은 통상적으로 비용징수가 아닌 일반적인 조세에 의하여 재원을 조달할 것이 요구된다. 물론 조세국가원리 및 국가의 보호의무로부터 경찰작용에 대하여 비용을 징수하는 것 자체가 일반적으로 허용되지 않는다는 결론이 도출되는 것은 아니다. 그러나 국가에 의한 기본적 배려활동에 대하여 국민은 조세를 납부한다는 점을 고려할 때, 경찰의 직무수행에 대하여 비용을 징수하기 위하여는 이를 정당화하는 사유가 존재하여야 한다. 적어도 경찰에 의한 위험방지의 핵심영역에서는 비용을 징수하는 것보다 조세에 의해 재원을 조달하는 것이 우선한다. 그 이외의 영역에서는 개인에게 귀속될 수 있는 활동에 한정되는 한 법적 근거에 의해 경찰비용을 징수하는 것이 고려될 수 있을 것이다. 그러나 그 경계가 명확한 것은 아니므로 양자를 구분하는 것이 쉽지 않을 것이다. 원칙적으로 사인에게 위임할 수 없고 전적으로 경찰의 작용으로 행해져야 하는 것은 비용징수가 적절치 않은 기본적 배려조치(Grundversorgungsmaßnahme)에 해당하는 것으로 볼 수 있다.[17] 그에 대하여 기본적 배려활동의 영역 밖에 있는 경찰의 역무제공으로 수혜자 개인에게 직접적인 재정적 이득을 가져다준다면 비용징수가 허용될 수 있을 것이다.

---

17) Gusy, 앞의 글, 722(723).

Ⅲ. 경찰비용 부담의 구체적인 예

1. 대집행에 있어서 경찰책임자의 비용부담

(1) 경찰책임자의 비용부담의 의의

경찰은 공공의 안녕·질서를 유지하기 위하여 필요한 조치를 경찰책임자(행위책임자 또는 상태책임자)에게 발하는 것을 원칙으로 한다. 단지 예외적으로 경찰비책임자에게 경찰권을 발동하거나 또는 스스로의 인력으로 경찰위해를 제거할 수 있다. 이와 같이 통상적인 경우 경찰책임자 스스로 위해를 제거하도록 경찰권이 발동되므로, 경찰비용은 발생하지 않는다. 그러나 경찰책임자가 위해제거의무를 이행하지 않거나 또는 적시에 이행하지 않음으로써 경찰 스스로 또는 제3자의 도움으로 위해를 제거하게 되는 경우 경찰비용이 발생하게 되는데, 이러한 비용이 경찰책임자에게 전가되어야 함은 당연하다. 자신에게 부과된 제거의무를 이행하지 않은 경찰책임자가 경찰비용을 부담하게 되는 것은 비용유발자의 관점에서 또한 이익조정의 관점에서 정당화된다.

경찰책임자의 비용부담은 이익조정의 측면뿐만 아니라 제재의 성격을 아울러 가진다고 볼 수 있다. 경찰책임자가 법질서에 대한 위해를 야기한 데 대한 제재로서 그 제거를 위한 비용을 부담하게 되는 것으로 볼 수 있다.[18] 비용부담의 이익조정의 측면과 제재의 성격은 서로 분리되지 않고 밀접한 관련

---

18) Gusy, 앞의 글, 722(724). 그러나 제재의 수단으로서 경찰비용을 징수하는 것의 문제점에 대하여는 v. Brünneck, Die Kostenerhebung der Polizei bei Demonstrationen, NVwZ 1984, 273(277 ff.) 참조. 그는 제재의 수단으로서 경찰비용을 징수하는 것은 전통적인 형법·질서위반법상의 제재수단에 비하여 상대방에게 더 큰 부담이 될 수도 있음을 지적한다. 즉 경찰비용은 엄격히 규정되어 있는 형법·질서위반법의 구성요건에 기속되지 않고, 공공의 안녕·질서에 대한 위해가 존재하면 부과될 수 있으며, 형법·질서위반법상의 제재의 경우에는 고의 등 주관적 요건을 요구하나, 비용부담은 고의·과실과 관계없이 부과될 수 있다. 또한 질서위반행위에 대하여 부과되는 금전적 제재(질서위반금: Bußgeld)는 일정액 이하로 제한되는 데 비하여, 경찰비용의 부과는 그러한 제한을 받지 않으며, 그 밖에 형벌 내지 질서위반금을 정함에 있어서는 의무위반의 정도, 질서위반의 의미 및 관계자의 개별적 사정 등을 고려하는 데 대하여, 경찰비용의 경우에는 개인적 기여도 및 사정을 고려하지 않고 전체의 비용에 대한 연대채무를 부담하게 된다는 점을 지적하고 있다.

을 갖는 것이 대부분이지만, 불법 주정차의 견인에 있어서 비용부담의 경우처럼 이익조정의 측면보다는 제재의 성격이 강한 경우도 있다.

경찰책임자의 비용부담은 원칙적으로 위해제거조치의 비용 그 자체에 한정된다. 경찰인력의 투입으로 인한 인적 비용은 특별한 규정이 없는 한 포함되지 않는 것이 일반적이다. 다만 여기에서 경찰책임자는 스스로 위해제거조치를 취하지 않음으로써 절약한, 다시 말하면 스스로 위해제거를 하였다면 지불하였을 비용을 부담하는 것이 아니라, 경찰이 위해제거조치를 함에 있어 실제 들어간 비용을 부담하게 될 것이다. 따라서 정확한 의미에서 경찰책임자의 이익에 대한 조정이 행해지는 것은 아니다. 그러나 어떠한 조치를 실제 취하지 않은 자가 그러한 조치를 취했다면 지불하였을 비용을 확정한다는 것이 어렵다는 점을 감안한다면 완화된 의미에서 이익의 조정에 해당하는 것으로 볼 수 있다.[19]

(2) 다수인의 경찰책임에 있어서 경찰비용의 부담

경찰비용을 징수하게 되는 경우에 다수의 경찰책임자가 존재한다면 누가 경찰비용을 부담하게 되는지가 문제된다. 이 문제를 해결함에 있어서는 우선 경찰권 발동의 문제와 비용징수의 문제를 구별하여야 한다. 다수의 경찰책임자가 존재하는 경우에 누구에게 경찰권을 발동할 것인가를 정함에 있어서는 위해를 신속하고 효과적으로 방지 내지 제거하는 것에 중점을 두어야 한다. 손해와의 시간적·장소적 근접성, 손해의 원인을 야기한 정도, 경찰책임자의 고의·과실 및 위해의 제거에 의해 발생할 불이익 등이 고려되어야 하지만, 무엇보다도 위해방지 내지 제거의 효율성이 최우선적으로 고려되어야 한다.[20] 위해제거를 위한 경찰권 발동의 대상자를 선정하는 문제가 그 후의 경찰비용 부담자, 비용부담의 정도 및 부담부분의 결정에 필연적으로 영향을 미치는 것은 아니다. 다시 말하면 위험방지의 책임과 비용책임이 필연적으로 결부되어야 하는 것은 아니다. 위해제거를 위한 경찰권 발동의 대상자가 경찰비용을 부담해야 하는 것은 아니며, 반대로 경찰비용을 부담해야 할 책임자에게 반드

19) Gusy, 앞의 글, 722(723), 각주 10 참조.
20) Garbe, Die Störerauswahl und das Gebot der gerechten Lastenverteilung, DÖV 1998, 632(633).

시 위해제거의 경찰권이 발동되어야 하는 것은 아니다. 구체적 위험에 대한 책임의 정도와 관계없이 위험방지 내지 제거의 효율성 때문에 그 제거의 경찰하명을 받은 경찰책임자가 최종적으로 전부의 비용을 부담하게 되어서는 안된다.

경찰비용의 부담에 있어서는 위험방지의 효율성 이외에 다른 요소가 고려되어야 하는데, 우선 비례성의 원칙이 준수되어야 한다. 경찰위반의 상태에 대하여 책임이 있는 자의 경우에도 비용부담은 그의 개인적 책임과 능력에 비추어 적절한 비례관계에 있어야 한다. 경찰책임자에게 비용을 부담시키는 것이 적절한 비례관계에 있지 않은 경우에는 경찰비용을 일반의 부담으로 전가하는 것이 고려되어야 한다. 예를 들면 오염된 토양을 정화하는 비용이 토지의 거래가격을 상회한다면 토양오염의 원인과 무관하며[21] 그러한 사실을 알지 못했던 토지소유자에게 그 비용의 전부를 부담케 하는 것은 기대가능성의 범위를 넘는 것이다.[22]

결국 다수의 경찰책임자 사이에 경찰비용의 부담을 조정함에 있어서, 비례성의 원칙에 비추어 경찰비용을 경찰책임자에게 귀속시킬 수 없다면 그 비용은 경찰 스스로 부담하여야 할 것이다. 반면에 경찰책임자에게 귀속될 수 있는 비용은 일반에게 전가되어서는 안 되며, 다수의 책임자 사이에 내부적으로 적절한 조정이 행해져야 한다. 다수의 경찰책임자 사이에 비용부담을 내부적으로 조정함에 있어서는, 물론 비판적인 견해가 제기되기도 하지만,[23] 연대채무에 관한 민법규정의 유추적용에 의한 해결이 평등원칙에 비추어 불합리한 결과를 피하는 방법이 될 것이다.

참고로 독일의 통일경찰법모범초안에서는 다수의 경찰책임자가 존재하는 경우에 그들은 연대채무자로서 책임을 진다는 규정(제24조 제3항, 제50조)을 두고 있다.[24] 그러나 이와 같이 연대채무에 관한 민법규정을 준용한다는 명시적

---

21) 토양오염이 자연현상 내지 일반에게 귀속될 수 있는 원인에 의하여 또는 사용권이 없는 제3자에 의하여 야기된 경우가 그에 해당할 것이다.

22) 이에 대하여는 Müggenborg, Zur Begrenzung der Zustandshaftung bei Altlasten, NVwZ 2001, 39 참조.

23) 비판적 견해의 소개로는 Garbe, 앞의 글, 632(633 ff.) 참조.

24) 통일경찰법모범초안 제24조 제3항은 물건의 영치 또는 임치에 있어서 그 비용은 경찰책임자의 부담으로 하며, 다수의 경찰책임자가 존재하는 경우에 그들은 연대채무자로서 책임

규정이 없더라도 그들 규정이 유추적용 되는 것으로 보아야 할 것이다.[25] 경찰은 다수의 경찰책임자 중 누구에게 경찰권을 발동할 것인지에 관한 선택재량을 행사함에 있어서 위험의 상황과 효율성의 측면만을 고려하여 결정하게 되는데, 경찰권이 발동되지 않은 다른 경찰책임자의 경우 책임자로서의 지위에 변동이 생기는 것은 아니므로 경찰권 발동으로 위해제거의 전 비용을 부담하게 된 사람은 다른 경찰책임자에 대하여 내부적으로 비용상환을 청구할 수 있어야 한다.

민법상의 연대채무관계에 있어서는 이행을 청구할 채무자의 선택이 완전히 자유로운 데 비하여, 경찰권 발동에 있어서는 의무에 적합한 재량권 행사에 의하여 경찰권 발동의 대상자를 선택하게 된다는 점에서 양자는 차이가 있으므로 민법상의 연대채무규정의 유추적용이 불가능하다는 견해도 제시된다.[26] 그러나 이러한 견해에 의하면 경찰권 발동의 대상으로 선택된 사람은 다른 경찰책임자에게 민법상 비용상환을 청구할 수 없게 되는데, 이러한 결론은 타당하지 않다. 또한 이 견해에 따른다면 누구에게 경찰권을 발동할 것인지 결정함에 있어서 사후적인 비용부담까지 아울러 고려해야 하는데, 경찰권 발동의 시점에 비용부담의 문제까지 고려해야 한다면 신속하고 효과적인 위험방지에 관한 경찰 실무상의 요구를 충족시키지 못하게 될 것이다.

2. 사적인 행사 주최자의 비용책임

대중 콘서트, 운동경기 등 사적인 행사[27]의 안전·경비를 위하여 경찰력

을 진다고 규정하고 있다. 제50조에서는 비책임자에 대한 조치로 인해 손해전보가 행해진 경우에 경찰책임자에 대하여 구상권을 행사할 수 있는데, 다수인이 책임을 부담하는 경우에 그들은 연대채무자로서 책임을 진다고 규정하고 있다. 또한 독일의 일부 주의 경찰법에서는 이에 덧붙여 경찰이 직접시행의 조치를 취함에 있어서 발생한 비용의 상환의 경우에도 마찬가지 규정을 두고 있다. 예를 들면 헤센 경찰법 제8조 제2항, 라인란트-팔츠 경찰법 제6조 제2항 등 참조.

25) 이러한 견해로는 Kloepfer/Thull, Der Lastenausgleich unter mehreren polizei- und ordnungsrechtlich Verantwortlichen, DVBl. 1989, 1121(1125); Garbe, 앞의 글, 632(634) 참조.

26) 예컨대 BGH, NJW 1981, 2458.

27) 여기에서 '사적인 행사'의 의미는 그 참여가 일반에게 공개되었느냐 아니면 폐쇄적으로 특

이 투입된 경우에 그 비용을 행사 주최자에게 부담시킬 수 있는지가 논의된다. 이와 같은 경우에 행사 주최자에게 비용부담의무를 부과하는 것은 대집행에 있어서 비용을 징수하는 것과 법적으로 전혀 다른 상황임을 유의하여야 할 것이다. 대집행의 경우에는 의무자가 스스로 이행했어야 할 행위에 대한 비용을 부담하는 것이다. 그런데 사적 행사의 질서유지를 위하여 경찰력이 투입되는 경우에 경찰은 행사 주최자의 질서유지의무를 대행하는 것은 아니다. 물론 예외적으로 경찰이 행사 주최자에게 요구되는 질서유지를 경찰력에 의하여 대신하는 경우를 상정할 수 있겠지만, 대체로 대규모 경찰력이 투입되는 경우에 경찰의 보호조치는 행사 주최자의 의무를 대신 이행하기 위하여 행해지는 것이라고 볼 수 없다. 예컨대 도로교통의 질서유지와 같은 경찰의 보호조치는 행사 주최자에게 요구될 수 없는 것이기 때문이다.

이와 같은 경우에 행사 주최자에게 비용부담의무를 부과하는 법적 근거를 마련하고 있는 입법례는 그리 많지 않다. 독일에 있어서 대부분의 주와 달리 바덴-뷔르템베르크 주 경찰법은 사적 행사 주최자의 비용부담에 관한 규정을 두고 있었는데, 그 내용은 다음과 같다(동법 제81조 제2항): "사적 행사에 대한 경찰조치의 비용이 그 지역의 통상적인 임무수행을 위한 경찰력보다 많은 경찰이 필요하게 됨으로써 발생한 것이라면 행사 주최자에게 부담시킬 수 있다."[28] 그 당시 독일에 있어서도 경찰비용 징수에 관한 유일한 규정이었던 동 규정은 법적 허용성 여부에 대한 논란[29] 및 다른 주와의 형평성 문제 때문에 1991년 폐지되었다. 그러나 축구경기(분데스리가) 등 대규모 행사가 점점 상업화됨에 따라 경찰비용의 징수는 다시금 논란의 대상이 되었다. 작센 주에서는 위 규정

정 범위의 사람들에게 한정되었느냐와 관련되는 것이 아니다. 모든 사람에게 공개된 행사의 경우에도 비용부담의 문제가 발생할 수 있다. '사적인 행사'는 우선 행사 주최자가 사인인지, 공행정 주체인지에 따른 구분으로 볼 수 있다. 공적인 손에 의하여 조직된 행사에 대하여 경찰비용을 징수하는 것은 사실상 무의미하기 때문이다. 그 밖에 행사의 목적, 즉 상업적·정치적·종교적·학술적 또는 문화적 행사인지에 따라 비용부담의 허용성 여부가 검토되어야 할 것이다.

28) 원문: "Für die Kosten polizeilicher Maßnahmen bei privaten Veranstaltungen kann von dem Veranstalter Ersatz verlangt werden, soweit sie dadurch entstehen, dass weitere als die im üblichen örtlichen Dienst eingesetzten Polizeibeamten herangezogen werden müssen."

29) 이러한 규정의 도입이 헌법적으로 허용되는지 여부에 대하여는 Lege, 앞의 글, 71 ff. 참조.

과 법적인 구성체계에 있어서는 다르지만 결과에 있어서 유사한 내용을 담고 있는 규정을 1997년에 마련하였다.[30] 즉 공로에서의 아마추어 스포츠 행사와 전통적인 지역축제의 경우를 제외하고 경찰이 사적인 목적을 위하여 차단·보호조치를 한 경우에 그에 대하여 수수료를 부과한다는 규정을 두고 있다.

아래에서는 사적인 행사 주최자에게 경찰비용을 부담시키는 것이 경찰법상 허용되는지, 수수료의 형태로 부과하는 것이 가능한지를 살펴보기로 한다.

(1) 경찰법상 행사 주최자의 비용책임

경찰활동으로 인하여 이익을 받은 자에게 비용을 전가해야 할 필요성은 특히 상업적 행사에 있어서 그 안전을 위하여 경찰력이 투입되어야 하는 경우에 문제된다. 그런데 사적인 대규모 행사의 안전(경비)을 위한 경찰비용을 경찰법상 그 행사 주최자에게 전가할 수 있는지 여부를 규명하기 위하여는 먼저 행사 주최자가 경찰법적인 의미에서 책임자 내지 위험야기자(Störer)에 해당하는지가 밝혀져야 한다.

일반적으로 행사의 주최자는 행사진행을 위하여 다중을 모이게 할 의도를 갖고 있다고 볼 수 있다. 그런데 행사 주최자는 단지 제한적으로만 다중을 통제할 수 있다는 점을 고려해 본다면, 그럼에도 의도적으로 다중을 모았다는 사실에서 경찰상의 위험에 대한 직접적인 원인야기를 찾을 수 있다는 견해가 주장될 수 있다.[31] 그러나 행사장소의 내부 또는 외부에서 경찰의 개입을 필요로 하는 혼란이 발생하는 경우에 그 혼란을 행사 주최자가 직접적으로 초래한 것이라고 볼 수 있는 경우는 많지 않을 것이다.

개별적 참가자의 경찰위반행위에 대하여 비록 행사 주최자가 그 행위 자체를 의욕한 것이 아닐지라도 의도적 원인야기자(Zweckveranlasser)[32]의 개념을 받아들여 책임귀속을 근거지우는 것을 생각해 볼 수 있을 것이다. 즉 행사진행의 결과로서 참가자들의 행동에 의하여 발생한 경찰위반의 상태가 행사 주최자에 의해 필연적으로 야기된 것이라면 의도적 원인야기자의 이론에 따라

---

30) § 1 Abs. 1 Zweites Sächsisches Kostenverzeichnis(GVBl. 1997, 133).

31) Lege, 앞의 글, 71(75 ff.).

32) 이에 대하여는 Denninger, Polizeiaufgaben, in: Lisken/Denninger(Hrsg.), Handbuch des Polizeirechts, 3. Aufl., 2001, E Rdn. 68 ff. 참조.

행사 주최자가 의도한 것으로 볼 수 있을 것이다.[33] 그 밖에 특정한 행사에 있어서 참가자들의 행동이 이미 알려졌거나 관례화되었다고 볼 수 있는 경우에, 그 행사의 주최자는 행사의 통상적인 진행을 고려하여야 하며 그 결과를 받아들여야 한다는 주장도 제기될 수 있다.[34]

그러나 모든 행사의 주최자를 의도적 원인야기자라고 일반적으로 평가할 수는 없을 것이다. 행사 주최자는 경찰의 개입이 없다면 오히려 잠정적으로 방해를 받을 자로서 자신의 기본권적 자유를 행사함에 있어서 경찰작용에 의하여 보호받아야 할 지위에 있는 것이다. 참가자들의 난동이 있는 경우에 행사 주최자가 경찰책임자 내지 위험야기자(Störer)에 해당하는지 아니면 오히려 방해받고 있는 자(Gestörter)인지를 명확히 구별할 수 없는 경우가 많을 것이다.[35]

다른 한편, 행사 주최자가 의도적 원인야기자에 해당하여 경찰책임자로서 원칙적으로 경찰조치의 상대방이 될 수 있는 경우라 하더라도, 이와 같은 경우에 경찰력 투입으로 인한 비용의 부담이 자동적으로 행사 주최자에게 귀속되는 것인지는 의문이다. 경찰권 발동의 측면과 비용부담의 측면은 구분되어야 한다. 비용부담을 위하여는 비용이 소요되는 구체적인 경찰상의 조치를 취하도록 행사 주최자에게 요구할 수 있는 경우이어야 한다. 다시 말하면 경찰이 행한 강제조치를 행사 주최자에게 적법하게 요구할 수 있는 경우에만 그 비용을 부담시킬 수 있는 것이다.[36] 예를 들면 운동경기를 주최한 자에게는 운동장 밖에서 관중을 동행하고 관찰하며 공공도로상의 교통을 규율할 의무가 없고 또한 법적인 권한도 없으므로 질서유지를 위한 경찰의 인적·물적 비용은 행사 주최자에게 전가될 수 없는 것이다.[37] 소란을 피우는 자에 대한 경찰강제의 비용을 주최자에게 부담시키는 것 또한 그에 대한 경찰법상의 의무가 존재하지 않기 때문에 배제된다. 결론적으로 경찰력 투입의 비용을 행사 주최자에게 부담시키는 것은 경찰법상 그가 경찰책임자 내지 위험야기자에 해당하

33) Schenke, 앞의 글, 1882(1883) 참조.
34) Lege, 앞의 글, 71(82) 참조.
35) Gusy, 앞의 글, 722(725).
36) Sailer, Haftung für Polizeikosten, in: Lisken/Denninger(Hrsg.), Handbuch des Polizeirechts, 3. Aufl., 2001, M Rdn. 61.
37) Schenke, 앞의 글, 1882(1883); Götz, 앞의 글, 14(17); Lege, 앞의 글, 71(87 ff.).

는지 여부에 관계없이 배제된다고 말할 수 있다.[38]

(2) 수수료에 의한 행사 주최자의 비용부담

위에서 살펴본 바와 같이 사적인 행사와 관련하여 발생한 경찰비용을 행사 주최자가 부담해야 한다는 경찰법상의 원칙은 도출되지 않는다. 그러나 수수료의 형태로 경찰비용의 일부를 행사 주최자에게 부과하는 것을 가능할 것이다. 물론 수수료의 부과가 가능하다고 하더라도 그것이 아무런 제한 없이 허용될 수 있는 것은 아니다.

행사 주최자에게 수수료를 부과하기 위하여는 우선 그에 대한 법적 근거가 있어야 하며, 더 나아가 명확성의 원칙에 따라 그 요건과 정도가 명확하게 규정되어야 한다. 행사 주최자의 기본권 보호와 법적 안정성의 측면에서 비용부담의 정도가 확정될 것이 요구된다. 그런데 행사 주최자는 행사 개최 이전에 어느 정도의 경찰비용이 자신에게 전가될 것인지를 예측할 수 없는 것이 보통이다. 경찰비용은 질서유지가 곤란한 상황의 발생에 대한 예측적 평가와 그에 대한 인적 비용에 의하여 정해지는데, 이는 효과적인 위험방지라는 경찰의 임무수행의 관점에서 결정되기 때문이다.

공과행정의 영역에 있어서 비용부담의 예측가능성이 보장되어야 하는 것은 법치국가원리의 한 내용으로서, 이는 수수료 부과에 있어서도 중요하게 고려되어야 한다. 조세에 있어서 과세요건 명확주의가 요구되는 것[39]과 마찬가지로 수수료를 부과함에 있어서도 그 요건이 명확하여야 한다. 발생할 비용을 예측할 수 없다는 것은 헌법적으로 보장된 행동의 자유권을 실현하는데 방해가 될 수 있다는 점을 유념하여야 한다.[40] 법적으로 상한액을 정하거나 신청이 있으면 행사 개최 전에 경찰이 행사 주최자에게 발생이 예상되는 비용의 액수를 제시하여야 할 의무를 부담하도록 규정하는 것을 생각해 볼

---

38) Sailer, 앞의 글, M Rdn. 64; Götz, 앞의 글, 14(17).

39) 관련 판례: "조세법률주의는 과세요건 법정주의와 과세요건 명확주의를 그 핵심적 내용으로 삼고 있고 따라서 조세감면 규정은 지나치게 추상적이고 불명확하여 과세관청의 자의적인 해석과 집행을 초래할 염려가 없도록 그 규정내용이 명확해야 한다"(헌재 1997. 2. 20, 95헌바27).

40) 비용의 예측가능성에 대하여는 Götz, 앞의 글, 14(15, 18); Gusy, 앞의 글, 722(726 ff.); Lege, 앞의 글, 71(89).

수 있다.[41)]

한편, 상업적 성질을 갖지 않는 정치적·종교적·학술적 행사와 노동조합의 집회의 경우에 수수료를 부과함으로써 경찰비용을 전가하는 것은 헌법상 허용되지 않는다.[42)] 상업적 행사의 경우와 달리 그와 같은 행사의 주최자는 비용을 입장료 등의 징수에 의하여 전가할 수 없다. 따라서 수수료를 부과하는 것은 그와 같은 행사의 개최를 현저히 곤란하게 하거나, 경우에 따라서는 전혀 불가능하게 하는 것이므로, 결과적으로 그것은 경찰이 보호해야 할 개인의 주관적 권리의 행사를 방해하는 것이 되며 기본권을 박탈 또는 제한하는 효과를 갖는다.[43)]

수수료 부담자는 경찰작용의 원인자나 수혜자가 됨이 보통이다. 원인자 또는 수혜자는 수수료의 개념적 징표인 개인적 귀속가능성을 잘 나타내 준다. 개인적 귀속가능성에 의하여 직무행위에 대한 비용을 일반적인 조세를 통하여 조달하는 것이 아니라 그 전부 또는 일부의 재원을 수수료 부담자의 특별부담으로 마련하는 것이 정당화된다. 다시 말하면 경찰의 개입에 대한 공익이 존재함에도 불구하고 원인자 부담의 원칙(Veranlassungsprinzip) 또는 수익자 내지 수혜자 부담의 원칙(Vorteils- oder Begünstigungsprinzip)에 의하여 수수료의 형태로 상업적 행사의 주최자에게 경찰활동의 비용을 부담시키는 것이 정당화된다. 상업적 행사의 주최자는 경찰의 안전조치에 의하여 그것이 없었다면 스스로 지불하였을 비용을 절약하고 경제적 이익을 증가시키는 등 직접적으로 또한 상당한 정도로 이득을 얻게 되기 때문이다. 따라서 수수료 징수는 경제적 이익을 부분적으로 조정하는 것이라 할 수 있다.[44)]

이와 같이 상업적 행사의 주최자에게 경찰조치에 대한 수수료를 부담시키는 것은 이익조정의 측면이 있기 때문에 정당화될 수 있으며, 조세국가원리 및 법치국가원리에 반하는 것이 아니다. 수수료 액수 등 수수료 부과요건을 정함에 있어서는 등가성의 원칙(Äquivalenzprinzip)이 준수되어야 한다. 수수료와 경찰급부의 가치는 적정한 비례관계에 있어야 하는데, 경제적 이득을 상한선

41) 이에 대하여는 Schenke, 앞의 글, 1882(1885).
42) Schenke, 앞의 글, 1882(1887); Lege, 앞의 글, 71(89).
43) Gusy, 앞의 글, 722(726).
44) Sailer, 앞의 글, M Rdn. 67.

으로 하거나 행사의 성격 또는 예상되는 상업적 가치에 따라 적정한 수수료의 정액을 규정한다면 논란의 여지가 없을 것이다.[45] 그러나 경찰의 전 비용을 수수료로 대체하거나 수수료와 경찰급부가 현저한 불균형 관계에 있다면 등가성의 원칙에 반한다고 할 것이다.

3. 금지 또는 해산명령된 시위에 있어서 비용책임

자유민주주의국가에 있어서 시위는 중요한 의미를 가진다. 시위는 '이동하는 집회'[46]로서 집회의 개념에 포함되며, 집단적으로 사상 또는 의견을 표현하는 수단이다. 집회의 자유와 언론의 자유는 민주정치체제의 기본적이며 불가결한 조건이다.

시위로 인한 경찰비용을 그 참가자에게 징수함에 있어서는 집회·시위의 기본권 관련성을 고려하여야 한다. 기본권은 개별법의 형성에 영향을 미치므로, 비용징수에 관한 법형성에 있어서는 특히 언론의 자유와 집회의 자유를 고려하여야 한다.[47] 비용징수에 관한 법적 규율이 기본권의 실현을 방해하거나 억제적 효과를 갖는다면 이는 허용되지 않는다. 일반적으로 시위로 인한 경찰비용을 그 참가자에게 부담시킨다면 참가자는 예상할 수 없는 높은 비용부담의 위험 때문에 시위에의 참가를 주저하게 될 것이다. 결국 시위는 헌법에 의하여 보장된 기본권의 실현과 관련하여 중요한 의미를 가지므로 시위에 있어서의 경찰비용은 원칙적으로 일반적 재원, 즉 조세에 의하여 지불되어야 할 것이다.[48] 따라서 시위 참가자의 적법한 행위에 대하여 경찰비용을 징수하는 것은 허용되지 않는다고 볼 것이다.

경찰비용 징수의 문제는 시위 참가자의 위법한 행위가 존재하고 그에 따라 경찰이 적법하게 개입하여야 하는 경우에 발생한다. 이 경우 비용징수와 관련하여 경찰책임의 원칙을 적용함에 있어서는 주의를 요한다. 시위가 금지되거나 해산이 명령되지 않는 한, 시위의 주최자는 일부 참자가의 질서위반으

---

45) Lege, 앞의 글, 71(89 ff.).
46) 헌재 1992. 1. 28, 89헌가8 참조.
47) 이에 대하여는 v. Brünneck, 앞의 글, 273(275); Schenke, 앞의 글, 1882(1883).
48) Sailer, 앞의 글, M Rdn. 72.

로 또는 교통질서의 유지를 위하여 경찰개입이 필요하게 된 경우라도 직접적인 경찰책임자가 아니며 또한 의도적인 원인야기자로서의 책임자에 해당하지도 않으므로 경찰비용을 부담하게 되지는 않는다. 시위의 주최자는 기본권을 행사하는 것이므로 경찰법상 위법한 행위를 하는 것은 아니다. 더욱이 주최자는 경찰비용을 야기하는 조치, 예컨대 차단, 질서위반자의 체포 등의 조치에 대한 권한을 갖고 있지도 않다. 그러나 사적인 행사의 주최자와 마찬가지로 시위 주최자 또한 경찰이 그에게 적법하게 위임할 수 있었던 조치를 그가 집행하지 않은 경우에는 경찰책임자로서 비용을 부담하여야 할 것이다.[49]

시위 참가자의 경우도 원칙적으로 기본권을 행사하는 것이므로 위법하지 않고, 따라서 경찰법상 책임자에 해당하지 않는다. 다만 집회 전체 또는 참가자의 일부가 기본권으로 보장된 자유의 범위를 넘어서는 경우에는 다르다. 시위 참가자가 경찰법상 책임자에 해당하며 경찰의 개입을 야기한 경우에는 그에게 경찰비용이 전가될 수 있을 것이다. 예컨대 적법하게 집회가 해산된 이후에 퇴거할 수 있음에도 퇴거하지 않은 참가자는 경찰법상 책임자가 되므로, 그에게 경찰비용이 징수될 수 있으며 직접강제 조치를 취할 수 있을 것이다. 그런데 실제에 있어서 적법한 참가자와 위법한 참가자의 경계가 명확하지 않은 경우가 많을 것이다. 기본권과의 관련성 때문에 의심스러운 경우에는 적법한 참가로 평가되어야 하며, 비용책임에 있어서도 이를 고려하여야 할 것이다.[50]

그 밖에 경찰개입으로 인한 비용의 귀속범위가 문제되는데, 시위로 인한 비용부담은 그 가능성 및 정도를 사전에 예측할 수 없기 때문에, 적법한 시위에 참가 자체를 제한하게 됨을 고려하여야 한다. 즉 비용책임의 범위를 정함에 있어서는 과잉금지의 원칙과 기본권의 방사효(Ausstrahlungswirkung)가 고려되어야 한다. 경찰책임자로서 비용부담의 의무를 지는 개개의 참가자가 경찰개입의 전체, 즉 경찰비용의 전부를 야기한 것은 아니다. 따라서 위법한 참가자 개개인은 자신에게 귀속되는 행위로 인해 야기된 경찰비용만을 부담하게 되며, 다른 참가자에 의해 야기된 경찰강제의 비용을 부담하게 되어서는 안 된다.[51]

49) Sailer, 앞의 글, M Rdn. 73; Lege, 앞의 글, 71(87 ff.) 참조.
50) Sailer, 앞의 글, M Rdn. 74.

집회 · 시위에 있어서 그 참가자들 사이에는 연대채무관계를 인정할 수 없다.[52] 연대채무는 각각의 채무자가 원칙적으로 위험의 가능성을 높이거나 줄이는 등 조정할 수 있음을 전제하는데, 불특정 다수의 인원이 참가하는 집회 · 시위의 경우에 그 전제가 충족될 수 없다. 더욱이 연대채무관계를 인정한다면 개개의 참가자는 통제할 수 없으며 예측할 수 없는 비용부담의 위험을 짊어지게 되는데, 이는 기본권의 행사를 제한하는 결과를 가져오므로 허용될 수 없는 것이다.[53] 결론적으로 집회의 자유를 고려할 때 시위 참가자 개개인에게는 그에게 귀속되는 위법한 행위로 인하여 직접 야기된 경찰비용만이 부과될 수 있을 것이다.

4. 불법점거의 해산에 있어서 비용책임

가옥 등의 불법점거에 있어서 점거자를 해산시키기 위하여 경찰이 개입하는 경우에 그 비용부담의 문제도 검토를 요한다.[54] 우선 경찰이 공익상 공동체 또는 개인에 대한 위험의 방지를 위하여 개입하는 것인지 아니면 사적인 권리의 보호를 위하여 개입하는 것인지를 구별하여야 한다. 후자의 경우는 권리자의 신청이 있어야 하며, 보충성의 원칙이 적용된다. 즉 법원에 의한 권리구제가 적시에 행해질 수 없으며, 경찰의 개입이 없으면 권리의 실현이 불가능하거나 현저하게 곤란해질 위험이 존재하여야 한다. 이와 같이 사적인 권리보호를 위하여 경찰이 개입하는 경우에 경찰비용은 권리자가 부담하여야 한다. 또한 가옥 등의 불법점거에 대하여 경찰이 위험방지라는 공익을 위하여 개입하는 경우에도 불법점거자가 경찰책임자로서 경찰비용을 부담하여야 할 것이다. 불법점거자가 다수인 경우에 그들이 공동의 목적을 가지고 행동한 것이라면 경찰비용에 대한 연대채무를 지게 된다. 그에 대하여 여러 단체가 서로 상이한 목적과 행동방식으로 점거한 경우에는 경찰개입의 개인적 귀속가능성을 고려하여 비용의 분담이 행해져야 할 것이다.

---

51) v. Brünneck, 앞의 글, 273(276); Schenke, 앞의 글, 1882(1889 ff.).
52) v. Brünneck, 앞의 글, 273(276); Gusy, 앞의 글, 722(724).
53) Sailer, 앞의 글, M Rdn. 76.
54) 이에 대하여는 Sailer, 앞의 글, M Rdn. 78 ff.

5. 자동차 견인에 있어서 비용책임

공로상에 교통법규에 반하여 주차된 차량은 성문의 법규범을 위반하여 공공의 안녕을 해치는 것이므로 견인될 수 있음은 당연하다. 더 나아가 예외적으로 사유지에 위법하게 주차된 차량의 견인 또한 허용된다. 보행자 전용도로, 주·정차금지구역, 장애인 주차구역, 소방차 진입도로, 자전거 도로, 거주자 주차구역 등에서는 비록 다른 교통참가자를 구체적으로 방해하지 않고 잠시 주차한 경우라도 일반 예방적 효과를 위하여 경찰이 개입하는 것이 정당화된다. 이때에 운전자를 쉽게 찾을 수 있어 차량을 신속하게 이동시킬 수 있는 특별한 경우가 아니라면, 경찰은 견인업체에 견인을 요청하거나 스스로의 장비로 견인하기 전에 차량 운전자 또는 보유자를 찾기 위하여 노력해야 하는 것은 아니다.

불법 주차된 차량의 견인·이동·보관에 있어서 차량의 소유자 또는 관리자는 상태책임자로서, 그리고 운전자는 행위책임자로서 비용부담의 책임을 지게 된다. 이 경우 원칙적으로 불법 주차한 운전자가 우선적으로 책임을 져야 할 것이나, 견인 등의 비용을 부과하기 위하여 경찰에게 운전자를 찾아야 할 의무를 지우는 것은 효율성이라는 측면에서 적합하지 못하다. 소유자로부터 쉽게 운전자에게 전달될 수 있는 한, 소유자에게 경찰책임이 부여되어야 할 것이다. 도로교통법 제31조 제6항은 주차위반 차의 이동·보관·공고·매각 또는 폐차 등에 소요된 비용은 그 차의 사용자(소유자 또는 그 소유자로부터 차의 관리에 관한 위탁을 받은 사람)의 부담으로 한다고 규정하고 있다.

6. 잘못된 경보에 있어서 비용책임

경보오류(Fehlalarm)와 허위경보(Falschalarm)에 있어서 비용부담은 여러 어려운 문제를 내포하고 있다.[55] 우선 이 경우에 문제되는 경찰비용은 경찰의 기본적 임무의 범위에 속하는 경찰활동과 관련하여 발생한 것이라는 점에서 비용전가에 대하여 의문이 제기될 수 있다. 국가의 기본적 의무의 이행을 위하

55) 이에 대하여는 Sailer, 앞의 글, M Rdn. 94 ff. 참조.

여 필요한 재원은 일반적인 조세에 의하여 마련할 것을 요구하는 조세국가원리 및 법치국가원리에 따르면, 이와 같은 경우에 특별부담에 의하여 비용을 전가하는 것은 예외에 해당하므로 이를 정당화하기 위한 특별한 사정이 존재하여야 한다. 일반적으로 중대한 공익을 위하여 행해지는 행정작용에 대하여는 수수료를 부과하지 않음이 보통이다. 그런데 경보오류, 즉 이유 없는 또는 원인이 밝혀지지 않는 경보에 있어서는 그러한 경보장치가 개인의 재산권을 보호하기 위하여 그보다 더 많은 비용이 소요되는 다른 안전조치에 대한 대안으로서 설치된다는 점을 고려할 때, 경찰개입에 대한 중대한 공익이 존재한다고 볼 수는 없다.[56)]

그 다음으로 어떠한 경우에 경보오류가 있다고 할 것인지가 문제되는데, 경보가 있었으나 경찰상 위험한 상황이 존재하지 않는 경우를 의미하는 것으로 파악할 수 있다. 침입을 시도한 흔적이 있는 경우에 경보오류가 아님은 분명하다. 그러나 범행 장소에 아무런 흔적도 없으며 경보가 울리게 된 과정에 대하여 증인의 진술도 존재하지 않는 등 경보발령의 원인을 알 수 없는 경우가 문제된다. 이러한 경우에 독일의 판례는 경보장치 사용자에게 입증책임이 있다고 보아, 그가 경보가 울린 원인을 입증할 수 없는 경우에는 경보장치 사용자의 불이익으로 판단하는 경향에 있다.[57)]

객관적으로 경찰상 위험이 존재하지 않는 경우, 다시 말하면 경찰에 경보가 울린 것에 대한 정당한 사유가 존재하지 않는 경우에 경보장치 사용자가 비용을 부담하여야 한다는 데에는 의문의 여지가 없다. 예를 들면 부주의한 행인이나 주취자로 인하여 또는 경보장치의 기술적 결함에 의하는 등 경찰법적인 원인이 아닌 사유로 경보가 울린 것이 증인의 진술에 의하여 입증되는 경우가 그러하다. 사용자의 비용부담은 경찰조치가 그에 의하여 야기되었고(원인자 부담의 원칙), 그의 이익을 위한 것이며(수혜자 부담의 원칙), 경보장치의 설치로 자신의 재산을 보호하기 위하여 다른 보호조치를 취해야 하는 비용을 절약함으로써 생긴 이익을 조정한다는 측면에서(이익조정의 원칙) 정당화될 수 있

---

56) VGH München, BayVBl. 1999, 278; OVG Hamburg, DVBl. 1998, 844; OVG Münster, DVBl. 2000, 1635 참조.

57) OVG Bremen, DVBl. 1983, 462; OVG Lüneburg, NJW 1986, 2007; VGH Mannheim, NVwZ 1988, 271; OVG Bremen, NJW 1994, 1170 참조.

다. 이와 같은 경우에 수수료를 부과하지 않는다면 모든 기계장치에서 발생 가능한 오작동의 위험을 합리적 이유 없이 일반인의 부담으로 전가하게 된다는 점에서 문제가 있다. 원인자 부담의 원칙, 수혜자 부담의 원칙 및 이익조정의 원칙 등은 비용부담이 수반되는 행정의 급부활동의 개인적 귀속가능성을 나타내 준다. 경찰의 기본적 임무수행은 일반적인 조세에 의하여 행해지는 것이 통상적이지만, 경찰상 위험이 존재하지 않음이 밝혀진 경우에 경보장치 사용자가 비용을 부담하는 것은 예외적으로 정당화될 것이다.[58]

그러나 경보발령의 원인을 입증할 수 없는 경우, 이와 같은 주장이 쉽게 관철될 수 있는 것은 아니다. 경보장치 사용자가 경찰책임자에 해당하는지는 확정되지 않았으며 경찰의 기본적 임무수행에 관련되기 때문에 사용자의 비용부담을 위하여는 특별한 정당화 사유가 있어야 한다.

가택, 영업소 또는 자동차에 경보장치를 설치하는 목적은 침입 내지 절도 행위에 대하여 적시에 신고하고, 가능한 한 그의 실현을 저지하며, 간접적으로 처음부터 그러한 행위를 시도하는 것 자체를 막고자 하는 데 있다. 따라서 기능적인 측면에서 볼 때 경보장치의 사용은 넓은 의미에서 경찰의 직무범위에 속하는 것이라고 할 수 있다. 다른 한편 경보장치의 제조, 기능, 설치, 관리, 작동 등은 경찰의 영향력이 미치는 범위 밖에 있는 것이므로, 대부분의 경보오류의 원인이 되는 경보장치 및 그 설치의 결함은 경찰이 아닌 사용자에게 귀속되어야 한다. 이 경우 누구에게 책임이 있는지는 원칙적으로 중요하지 않다. 기술적 장비로서 경보장치는 일정한 정도 이상의 모든 외부적 영향에 대하여 아무 구별 없이 반응하고 사용자는 바로 이러한 특성을 이용하는 것이다.

장치의 결함을 증명할 수 없고 외부의 침입 흔적 또한 없는 경우에, 기능적으로 경찰은 경보장치의 도움으로 직무를 수행한다는 점을 고려한다면 원인이 밝혀지지 않은 경보오류는 경찰의 책임범위에 속하며 따라서 비용도 부담하는 것으로 보아야 할 것이다. 이와 같은 결론은 경보오류의 원인에 대한 입증책임을 사용자에게 지우는 명문의 규정이 없는 경우에 정당화될 수 있을 것이다. 그에 대하여 경보발령을 정당화하는 사유가 존재하지 않는 경우에 수수료를 부과한다는 규정이 있다면 입증책임이 전환되어, 결과적으로 경보발령의

58) Sailer, 앞의 글, M Rdn. 98.

원인이 입증되지 않는 경우에는 수수료 부과의 요건이 충족되는 것으로 보아야 할 것이다.[59] 이 경우에 사용자는 경보장치를 적정하게 관리·점검하였음을 주장하여 그러한 결론은 뒤집을 수는 없다.[60]

독일의 연방행정법원은 경보오류에 있어서 사용자의 수수료 부담을 경보장치의 결함 또는 설치상의 하자의 경우뿐만 아니라 원인이 밝혀지지 않은 경우에 있어서도 인정하였다.[61] 기계장치에 있어서 오작동의 가능성은 사용자에게 귀속시킬 수 있으며, 경보장치의 보유자는 잠재적 상태책임자로 볼 수 있기 때문이다. 또한 경보장치의 사용은 재산을 보호하기 위하여 필요하였을 사적인 보호조치를 대체한다는 점에서 원인이 밝혀지지 않은 경보오류에 대하여도 일정한 법적 한계 내에서 사용자의 비용부담을 인정하는 것은 정당화될 수 있다. 더욱이 수수료 부과는 경보장치의 설치 및 관리에 있어서 정상적인 작동을 위한 노력을 유인하는 긍정적인 측면이 있다.

개인이 그릇된 정보를 제공한 경우(허위경보)와 달리 경보오류의 원인이 밝혀지지 않은 경우에 사용자가 비용을 부담하도록 하는 것이 평등원칙에 반하는 것은 아닌지 의문이 제기될 수 있다. 범죄에 대한 그릇된 정보를 제공한 경우에는 사실오인에 대한 책임이 인정되어야만 비용이 부과될 수 있을 것이다. 즉 그릇된 정보제공에 대한 고의 또는 중대한 과실이 인정되어야 할 것이다. 경찰이 일반 국민으로부터 적시에 필요한 정보를 얻기 위하여는 정보제공자의 경과실의 경우에 비용책임을 과하여서는 안 될 것이다. 이 경우 정보제공자는 공익을 위하여 활동하며, 일정 부분 경찰의 직무를 수행하는 것으로 볼 수 있다. 따라서 공무원의 직무상 불법행위로 인한 손해배상에 있어서 공무원에게 고의 또는 중과실이 있는 때에만 국가 등이 그 공무원에게 구상할 수 있는 것과 마찬가지로 여기에서도 책임의 제한이 행해져야 한다. 엄격한 비용책임을 부과한다면 신속하고 효과적인 위험방지를 위하여 필요한 일반 국민의 도움을 기대하기 어려워질 것이다. 그 밖에 경보오류에 있어서 그 장치의 사용자와 비교하여 그릇된 정보를 제공한 자를 달리 취급하는 것은 후자의

59) OVG Bremen, DVBl. 1983, 462; OVG Lüneburg, NJW 1986, 2007; VGH Mannheim, NVwZ 1988, 271; OVG Bremen, NJW 1994, 1170 참조.

60) Sailer, 앞의 글, M Rdn. 101.

61) BVerwG, NJW 1992, 2243.

경우 경찰이 정보제공자에 대한 질문을 통하여 위험상황을 파악하고 위험의 존재 여부에 대하여 고려할 수 있는 기회가 주어지므로 필요 없는 경찰력 발동을 스스로 회피하거나 감소시킬 수 있는 가능성이 있다는 점에서 정당화 된다.[62)]

Ⅳ. 결론 요약

공공의 안녕·질서의 유지는 국가의 기본적 과제이며, 따라서 그 비용은 국가가 부담해야 하는 것이 원칙이다. 경찰은 공익을 위하여 활동하므로, 그것이 동시에 개인적 법익을 보호하는 효과를 갖는 경우에도 경찰비용을 개인에게 전가하는 것은 원칙적으로 허용되지 않는다.

그러나 경찰법상의 책임자가 경찰위반의 상태를 제거해야 할 의무를 이행하지 않아 경찰 또는 제3자가 위해를 제거한 경우에 그 비용은 경찰책임자가 부담하여야 할 것이다. 또한 경찰작용이 그 원인자 또는 수혜자 개인에게 귀속되는 경우에는 예외적으로 경찰비용을 징수하는 것이 허용될 수 있다. 즉 경찰의 활동이 관계인의 신청에 의하여 또는 관계인에 의하여 야기된 경우에 그것이 중대한 공익을 위하여 행해져야 하는 것이 아니라면, 그 비용을 징수하는 것이 허용될 것이다.

경찰비용을 징수하는 것이 허용되더라도 다음과 같은 적법성의 요건을 충족하여야 한다. 즉 비용징수에 관한 법적 근거가 있어야 하며, 비용징수가 헌법상의 제 원칙에 위반되어서는 안 되며, 법규정은 명확성의 요청을 충족하여야 한다. 비용부담의 요건과 의무자가 명확하고 예측가능하며, 부담하게 될 액수도 사전에 예측할 수 있어야 한다. (김연태)*

62) Sailer, 앞의 글, M Rdn. 106.

* 이 글, "경찰비용의 부담"은 공법연구, 제34집 제4호 제2권(2006. 6.)에 게재되었던 글임.

제 6 장 독일경찰법상 손실보상에 관한 연구

Ⅰ. 서 론

2013. 4. 5. 우리나라 경찰관직무집행법에 손실보상 규정이 도입되었고, 2014. 4. 6.부터 제도가 시행된 것은 주지의 사실이다[1]. 개선되어야 할 본질적인 점들이 존재하기는 하지만, 이 규정의 도입은 매우 긍정적이라고 평가할 수 있다. 「경찰관직무집행법」이라는 법명과 일반조항적 성격이 매우 강한 표준적 경찰조치수권규정들의 존재에서도 드러나듯이, 과거 경찰관직무집행법은 효과적 위험방지원칙 실현을 중심으로 한 법률이었다. 하지만 이 규정의 도입으로 이제 경찰법상 책임과 손실의 공평부담의 원칙, 비례성원칙이라는 법치국가적 경찰권 제한원칙의 실정법적 고려를 통한 시민의 방어이익 보호의 창

1) 제11조의2(손실보상) ① 국가는 경찰관의 적법한 직무집행으로 인하여 다음 각 호의 어느 하나에 해당하는 손실을 입은 자에 대하여 정당한 보상을 하여야 한다.
1. 손실발생의 원인에 대하여 책임이 없는 자가 재산상의 손실을 입은 경우(손실발생의 원인에 대하여 책임이 없는 자가 경찰관의 직무집행에 자발적으로 협조하거나 물건을 제공하여 재산상의 손실을 입은 경우를 포함한다)
2. 손실발생의 원인에 대하여 책임이 있는 자가 자신의 책임에 상응하는 정도를 초과하는 재산상의 손실을 입은 경우

② 제1항에 따른 보상을 청구할 수 있는 권리는 손실이 있음을 안 날부터 3년, 손실이 발생한 날부터 5년간 행사하지 아니하면 시효의 완성으로 소멸한다.
③ 제1항에 따른 손실보상신청 사건을 심의하기 위하여 손실보상심의위원회를 둔다.
④ 제1항에 따른 손실보상의 기준, 보상금액, 지급절차 및 방법, 손실보상심의위원회의 구성 및 운영, 그 밖에 필요한 사항은 대통령령으로 정한다.

구가 공식적으로 열렸다는 점에 의의가 있다. 더 나아가 경찰법상 '책임'을 논할 수 있는 실정법적 근거가 만들어졌다는 것에도 큰 의의를 부여하고 싶다.

현실적으로 적법한 직무집행 중 발생한 손실에 대하여 경찰관들이 개인비용으로 보상하는 사례가 빈번하였다.[2] 그리고 시민의 피해구제를 위한 목적에서 법원판례가 국가배상법의 위법성 개념을 넓게 인정함에 비례하여 국가배상소송이 증가해 왔다.[3] 이러한 사정들의 문제점에 관한 연구보고가 증가함에 따라 국회는 2013년 드디어 경찰관직무집행법 안에 손실보상규정을 도입하였다.[4] 경찰청 내부자료에 의하면, 손실보상심의위원회는 2014년도 시행 이후(4.6~12.31.) 총 84건을 심의하여 74건 보상되어 39,461,546원이 지급되었고 10건이 기각되었으며, 2015년도(1.1.~12.31.)에는 총 259건을 심의하여 235건이 보상되어 86,890,130원이 지급되었고, 따라서 두 해에 걸쳐서 총계 126,351,676원이 보상금으로 지급되었다. 그리고 심의건수로는 2014.4.6.~2015.12.31. 기준으로 경기청이 111건, 서울청이 57건, 인천청이 39건, 부산청이 26건이었고, 보상금액도 그 순위에 유사하였다.

이하에서 서술하겠지만, 우리의 손실보상 규정은 경찰위험, 경찰책임, 경찰비용 법리와 체계적으로 연계되어 100여 년 전개해 온 독일 경찰법도그마틱, 실정 경찰법률, 판례들이 기초가 되어 그들의 법질서와 문화와 관습이 버무려져 형성된 독일 경찰법의 손실보상에 관한 지배법리를 수정하여 그 일부만 입법으로 도입한 것이다. 그런데 그 기초가 형성되지 않은 채 우리가 그들의 입법형태와 해석법리를 수용하는 태도에는 문제가 있다. 우리가 후발주자로서의 이익을 누리려면 독일 경찰법리의 지배설과 판례법리를 전제해 놓고 논의를 시작할 것이 아니라 그 정확한 내용을 파악하고 우리 법제원형에 접목시키려는 노력이 필요할 것이다.[5]

---

2) 경찰관이 개인비용으로 보상한 것이 실제 보상건수 32건 중 16건이나 된다고 한다. 경찰청 내부자료 참고. 이러한 자료에 대해서는 별도로 김태진, "경찰관직무집행법상 손실보상의 정책적 개선방안," 한국공안행정학회보 제52호, 한국공안행정학회, 2013, 43쪽 표1(출처: 국회 안전행정위원회, 2013, "「경찰관직무집행법」 일부 개정법률안 심사보고서", http://www.assembly.go.kr/2013.7.15.)에서 확인할 수 있다.

3) 국가 및 경찰관 상대 손해배상소송 사례도 2010년에 335건, 2011년에 370건, 2012년에 397건에 달한다. 경찰청 내부자료 참고.

4) 자세한 입법경과에 대해서는 김태진, 앞의 논문(각주 2), 45쪽 이하 참고.

독일 경찰법의 '손실보상' 그 자체에 관해서는 유력한 선행연구물들이 존재하고 있고 사실 큰 비판을 할 필요 없을 정도로 매우 유익한 것이라고 평가할 수 있다 그러나 그 논의들에서 보이지 못한 독일 실정경찰법제의 연혁적 고찰과 함께 독일 경찰법상 손실보상규정의 전제가 된 경찰책임론에 관한 비판적 접근을 통해 장래 우리 경찰관직무집행법 손실보상 규정의 합리적인 해석과 추가적 입법방향에 기여하고 싶은 것이 본 연구발표의 목적이다.

II. 국내 선행연구의 검토

2000년도에 적법한 경찰작용에 따른 피해의 보상이라는 주제로 독일 경찰법제의 손실보상 제도를 소개하고 그 도입을 주장한 논문이 발표되었다.[6] 저자는 독일의 비책임자, 국외자, 장해자, 경찰협조자의 손실보상청구권 논의를 소개하고 우리 형태로의 전용가능성을 검토하였다. 이러한 논의방식은 현대적 독일경찰법문헌에서도 계속 유지되고 있다. 여기서 그는 독일의 희생보상사상의 헌법적 지위를 주장하였고, 특히 자발적 경찰협조자의 보상청구권의 근거를 희생보상이 아니라 '사회국가사상'에서 찾았는데, 이 부분은 매우 발전적인 지적이라고 할 수 있다. 그리고 2008년에는 이 보상규정 도입논의가 진행되고 있을 때 독일 법제를 비판적으로 검토하고 규정예시까지 구성하여 제시한 주목할 만한 논문이 발표되었다.[7]

---

5) 김중권, 『행정법기본연구 II』, 법문사, 2009, 202쪽.

6) 조태제, "적법한 경찰작용에 따른 피해의 보상," 한양법학 제11집, 한양법학회, 2000, 57쪽 이하.

7) 김병기, "경찰상 권리구제 확대방안으로서의 손실보상제도의 법제화," 행정법연구 제22호, 행정법이론실무학회, 2008, 105쪽 이하. 이 논문에서 저자는 이 제도가 특별한 손해에 대하여 전체적인 평등부담의 견지에서 행해지는 재산적 보상임을 밝히고, 안전확보나 위험방지라는 소극적 목적을 위해 불가피하게 발생한 재산상의 침해이거나 적법한 경찰조치 과정에서 발생한 의도하지 않은 부수적 피해, 수용유사침해/수용적 침해보상, 비재산적 법익에 대한 희생보상청구권에 관한 논의를 전개하였다. 그리고 주목할 만한 대법원 2000.11.10. 선고, 2000다26870, 26814 판결을 평가하고, 공적 부담 앞의 평등, 헌법 제10조, 특히 제11조 등에 근거하여 특별희생에 대한 보상원칙의 헌법상 일반원칙으로서의 기능이 가능함을 보였다. 더 나아가 소위 '표현책임자'(일반적으로는 '외관상 책임자')의 보상청구권, 비경찰책임자의 보상청구권, 국외자의 보상청구권-수용적 침해/희생보상, 경찰협조자의 보상청구권

그리고 경찰관직무집행법에 손실보상규정이 도입되고 난 후 이 조항의 문제점을 피력한 논문이 있었다.[8] 이 논문의 비판적 접근내용을 정리하면, ① 모델이 된 독일경찰법 법리상 보상에서 배제되어 온 '경찰책임자'에 대한 보상가능성의 문제점과 개괄적 수권조항의 허용문제를 지적하였다. ② 경찰법상 책임론과 관련하여 행위책임인지 상태책임인지 불문하고 '책임'을 논하고 있는 점, 그리고 경찰긴급상태의 비경찰책임자에 대한 보상에서 법률행위가 아닌 사실행위로 인한 권리제한행위가 포함될 수 있는지를, 경계/분리이론을 통한 검토와 분리이론에 따를 때 의도되지 않은 재산권침해와 관련된 사례에서 이 법조항의 도입을 통해 재산권의 내용한계규정에 해당하는 조정적 보상문제(Ausgleichsentschädigung)로 해결되었음을 보인 점, 그리고 경찰책임자에 대해서도 비례원칙을 초과한 부분에 대한 보상가능성을 검토하였다. 또한 ③ '재산상 손실' 개념의 불명확성을 거론하고, ④ '외관상 책임자' 개념과 관련된 새로운 이해의 도입필요성을 제기하였으며, ⑤ 위법한 경찰작용을 배제하고 있는 규율태도에서 '위법/적법' 구분이 곤란하고, 공법상 위험책임론, 수용유사침해보상이나 희생보상청구권으로 구제흠결을 보충하여야 한다는 '위법·무책'의 침해에 대한 손해전보는 그러한 희생보상의 관습법을 갖고 있지 못한 우리 법제에서는 경찰관직무집행법 제11조의2를 유추하는 것도 의문이므로, 개별 법률규정이 별도로 필요하다는 점을 밝혔다. 마지막으로 ⑥ 비재산적 법익침해나 정신적 피해보상이 불가능하고, 이를 위한 독일식 '희생보상청구권'의 헌법에서의 도출은 우리 법제에서는 무리이고 역시 전통적으로 보상의 이념적 근거가 된 '공평부담'의 원칙도 헌법상 법치국가원리, 사회국가원리, 평등원칙의 근거설명을 통해서도 그 구체적 보상을 인정하기 위한 근거로 삼기에는 역부족이므로, 역시 별도의 규정도입이 중요하다는 의견제시를 하였다. 매우 날카로운 지적과 적절한 대안제시라고 할 수 있다.

더 나아가 경찰의 무기사용과 관련하여 적법한 총기사용에 대한 손실보상

을 논의하고, 이 제도 도입을 위해 개괄적 수권조항 및 경찰책임에 관한 입법론적 해결이 선행될 것을 요청하였다. 마지막으로, 보상규정의 대안으로서 독일입법례를 참고한 우리의 보상규정이 될 모델을 제시하였다.

8) 정남철, "경찰작용과 손실보상 – 특히 경찰관직무집행법 개정조항의 문제점을 중심으로," 행정법연구 제41집, 행정법이론실무학회, 2015, 141쪽 이하.

이론의 필요성을 강조한 논문이 있었고,[9] 역시 무기사용에 따른 희생보상청구권의 적용가능성을 밀도 있게 검토한 선행논문이 있다.[10] 그리고 미국에서는 판례로 공평과 정의(fairness and justice)를 실현하는 차원에서 손실보상을 실천해 왔다는 유익한 정보를 제공하는 논문[11]도 있다.

그리고 우리 일반 경찰법교과서들은 규정도입 이전에는 보상규정 없는 경우 보상가능성 논의로서 행정법학설들인 직접효력설, 유추적용설, 위헌무효설 등과 수용유사침해/수용적 침해보상법리와 희생보상청구권 법리를 제시하는데 머물렀다.[12] 그나마 최근 독일 경찰법제의 손실보상 법제와 이론을 소개하는 문헌들이 출현하였다.[13] 하지만 이 규정 도입 이후 경찰법교과서에서도 이 규정의 요건과 효과에 대하여 고찰하고 기존 보상법리와의 결합가능성을 검토하는 문헌들이 출현하고 있다.[14]

Ⅲ. 독일 경찰법상 손실보상 법제의 연혁[15]

1. 20세기 전 프로이센 시대

독일에서 경찰손실보상 발전의 시초는 모든 시민의 부담은 공평하게 분배되어야 한다는 1794년 제정된 「프로이센 일반주법(Preußen ALR)」이었다. 동법

9) 김기재, "경찰상 무기사용에 관한 연구," 영산법률논총 제9권 제2호, 영산대학교법학연구소, 2012, 3쪽 이하. 특히 이 논문 23쪽에서 대법원 2008. 2. 1.선고, 2006다6713 판결, 24쪽에서 대법원 2004. 3. 25.선고, 2003도3842 판결, 25쪽 대법원 2008. 2. 1.선고, 2006다6713 판결 등을 제시하여 평석하면서 우리 판례의 진전사항을 보여주면서, 보상의 필요성을 강조하였다.

10) 박병욱, "위해수반 총기사용의 요건으로서의 정당방위, 긴급피난 규정의 문제점과 총기사용으로 인한 비재산적 피해에 대한 손실보상," 경찰학연구 제15권 제1호, 경찰대학, 2015, 67쪽 이하.

11) 김태진, 앞의 논문(각주 2)의 논문, 42쪽.

12) 대표적으로 박균성/김재광, 『경찰행정법』, 박영사, 2010, 493쪽 이하.

13) 대표적으로 홍정선, 『경찰행정법』, 제3판, 박영사, 2013, 384쪽 이하.

14) 최영규, 『경찰행정법』, 제4판, 법영사, 2013, 433쪽; 홍정선, 『행정법원론(하)』, 제24판, 박영사, 2016, 505쪽.

15) 이 부분에 관해서는 Vogel, Klaus, § 33 Sonstige Ausgleichansprüche, in: Drews/Wacke/

제75조는 "국가는 자신의 특별한 권리와 이익을 공동체이익을 위해 희생한 사람에게 보상을 행하여야 한다."라고 규정하였다.[16] 그리고 판례와 학설을 통해 다음과 같은 공식이 도출되었다고 한다.

손실을 입은 자는 다음의 요건하에서 국가에 대하여 금전의 보상청구권을 갖는데, ① 현재의 그리고 다른 방법으로는 방지할 수 없는 위험에 근거한 적법한 개입(Eingriff)이 있었던 경우, ② 재산적 손해에 대하여, ③ 독립적인 즉 개괄적 수권조항[17]에 근거한 경찰처분에 의하여, ④ 실제로 희생된 가치를 한도로 한다는 것이었다.[18]

2. 20세기 후 독일의 경찰보상법제

(1) 특히 1931년 프로이센경찰행정법(PVG) 제70조 이하[19]

20세기에 들어서 1926년 6월 10일 튀링엔 주행정법 제50조 제1항과 1931년 6월 1일 프로이센경찰행정법 제70조 제1항 1문이 경찰손실보상을 규범화하였다.[20]

Vogel/Martens, Gefahrenabwehr, 9. Aufl., 1986, S.649 ff.; Treffer, Christian, Staatshaftung im Polizeirecht, Duncker & Humblot, SÖR Bd. 641, 1993, S.11 ff.; Naas, Stefan, Die Entstehung des Preußischen Polizeiverwaltungsgesetzes von 1931, Mohr Siebeck, 2003, S.162 ff.(프로이센 일반란트법 이전 상황), S.166(Bill Drews의 성문화노력), S.327 ff.(1931년 프로이센경찰행정법 제70-73조 손해보전 규정 도입)의 문헌의 내용을 요약하여 주제에 맞게 옮긴 것이다.

16) 그리고 1842년에는 「경찰처분에 관한 소송의 허용성에 관한 법률」이 있었는데, 동법은 "경찰처분으로 인해 공동체이익을 위해 개인의 권리와 이익을 희생한 사람이 있을 때 이에 관한 소송은 침해나 개입(Eingriff)이 현존하는지 여부와 보상이 어떠한 기여에 대하여 지급되어야 하는지에 관하여 행해진다. 이런 결정이 경찰행정청의 재량에 따라 허용되지 않을 경우에 이러한 사안에서 과거상태의 원상회복은 청구될 수 없다."고 규정하였다.

17) 직무조항으로서 그 유명한 프로이센일반란트법[ALR] 제10조 제2항 17인데, 이 조항은 현재 개괄적 수권조항의 효시가 된 조항이다.

18) Treffer, 앞의 책(각주 15), S.12.

19) 국내에서 이 법에 대한 대표적 연구로는 김성수, "1931년 프로이센경찰행정법에 대한 한 연구(1) – 그 개관 및 조문내용을 중심으로," 경찰법연구 제3권 제1호, 한국경찰법학회, 2005.10, 174쪽 이하; 동인, "1931년 프로이센경찰행정법에 대한 한 연구(2) – 그 개관 및 조문내용을 중심으로," 경찰법연구 제4권 제1호, 한국경찰법학회, 2006.12, 204쪽 이하; 동인, "1931년 프로이센경찰행정법에 대한 연구(3) – 그 일반론 및 조문내용을 중심으로," 경찰법연구 제6권 제1호, 한국경찰법학회, 2008.6, 260쪽 이하 참조.

튀링엔 주행정법 제50조 제1항은 “경찰처분에 의해 야기된 손해에 대하여 피해자는 —독일민법전(BGB) 제839조(공무원의 직무상 의무위반으로 인한 손해배상 청구권 규정)가 적용되지 않는 한— 그 방지를 위하여 경찰처분을 발령하게 만든 위험이 자신의 행위에 의하여 또는 자신이 책임을 져야 할 사람의 행위에 의하여 또는 자신이 책임져야 할 물건을 통해 야기된 것이 아닌 경우에만 보상을 청구할 수 있다.”라고 규정한 바 있다.

그런데 그 몇 년 후 현대 독일경찰법의 모델이 된 프로이센경찰행정법 제70조 제1항은 “제21조(경찰긴급상태에서 비경찰책임자에 대한 위해제거명령규정)의 사안에서 다른 법률이 보상의무를 규정하지 않는 한 경찰조치명령의 상대방이 된 사람은 그 조치로 인해 그에게 발생한 손실의 보상을 청구할 수 있다. 그러나 그 사람이나 그의 재산의 보호를 위해 조치가 행해진 경우에는 그렇지 않다.”라고 규정하였다. 그리고 제71조는 보상지급주체를 규정하였고, 제72조는 경찰책임자에 대한 구상권을 규정하였고, 제73조에 따라 이에 대한 관할은 민사법원이 갖는다는 것이 확정되었다.[21]

제12장 경찰명령에 따른 손실보상청구권

제70조(손실보상) 제21조(경찰긴급상태에서 비책임자에 대한 위해제거조치명령)의 사안에서 다른 법률에 보상의무를 규정하지 않는 한 경찰조치의 상대방이 된 사람은 그 조치로 인해 발생한 손실의 보상을 청구할 수 있다. 그러나 그 사람이나 그의 재산의 보호를 위해 조치가 행해진 경우에는 그렇지 않다.

제71조(손실보상의무) 제70조에 따라 경찰조치가 실행된 경찰관구(Polizeibezirk)의 간접적 경찰비용의 부담주체가 손실보상의 의무를 부담한다.

제72조(구상권) 제70조 제1항에 따른 손실보상의 의무기관은 민법전 사무관리규정에 따라 이 법 제18-20조에 따른 경찰책임자(행위/상태책임자)에게 구상을 청구할 수 있다.

제73조(관할) 제70-72조에 근거한 청구권에 관해서는 통상적 권리구제의 길에서 [민사통상법원(BGH)이] 관할한다.

20) Treffer, 앞의 책(각주 15), S.13 f.

21) Trubel, Hans, Das Preussiche Polizeiverwaltungsrecht, 5. Aufl., Verlag Deutsche Polizei GmbH, 1956, S.109 f.

(본래 각 조문에는 제목은 없으나, 독자의 이해를 위하여 우리 법제에 맞춰 임의로 기재한 것임)

위 규정에 따르면 ① 비경찰책임자(Nichtstörer)만이 청구권의 주체가 될 수 있다는 점, ② 그에 대한 '적법'한 조치명령만이 요건이 된다는 점, ③ 손실을 초래한 것은 경찰조치명령 즉 경찰'처분'만이 고려되고 있다는 점 ④ 비경찰책임자의 신체나 재산보호를 위해 조치명령이 행해진 경우 보상청구를 배제하였다는 점을 알 수 있다. 그리고 이 규정에 대한 해석론으로 ⑤ 독일민사통상법원(BGH)은 '주관적 권리'에 대한 침해 혹은 개입(Eingriff)일 것을 요구하였으며,[22] ⑥ 보상을 '직접적 손실'에 한정하여 기대이익이나 정신적 손실에 대한 보상은 배제되었고, ⑦ 구상권 규정을 두고 있음이 확인된다.

이에 대하여 당시 ②에 대해서는 민사법원이 적법성 판단을 할 수 없다는 문제가 피력되었었으나, 행정법원의 선결적인 위/적법 판단 없이도 민사법원은 보상을 위한 중요한 요건인 조치명령의 적법성 판단을 할 수 있는 것으로 극복되었다고 한다. 그리고 ③에 대해서는 '경찰처분'만이 아니라 '경찰법규명령'도 포함시켜야 한다는 견해와의 논쟁이 있었으나 비경찰책임자의 경우 그러한 경우를 상정할 수 없다는 논거가 설득력을 얻어 개별구체적 조치명령만이 여기에 포함되는 것으로 정리되었다고 한다.[23]

(2) 우리 경찰관직무집행법 제11조의2와의 비교

위 ①에 대해서는, 우리 경찰관직무집행법 제11조의2 제1호의 '손실발생의 원인에 대하여 책임이 없는 자'와 같은 개념으로 이해될 수 있다. 그리고 위 ②는 아마도 '행정행위의 구성요건적 효력(Tatbestandswirkung)' 때문이라고 생각되는데, 우리 경찰관직무집행법의 보상규정도 '적법'한 직무집행을 규정하고 있고 상호권한존중의 원칙에 근거한 동 효력을 인정하는 우리 법제로서도 큰 문제가 없다고 생각된다. 위 ③도 비경찰책임자 사례는 경찰긴급상태에서 개괄적 수권조항에 근거하여 긴급하게 위험방지/장해제거를 필요로 하는 상황이므

22) 대표적으로 BGHZ 7, 96 (98)[Treffer, 앞의 책(각주 15), S.15, 각주 18)에서 재인용].
23) Treffer, 앞의 책(각주 15), S.13 f.

로, 상정하기 힘든 긴급처분적 법령에 따른 것이 아닌 한 개별구체적 조치명령만으로 한정하는 것은 우리에게도 받아들여질 수 있을 것이다. 우리 경찰관직무집행법 제11조의2 제1항은 경찰관의 적법한 '직무집행'으로 규정하고 있기 때문이다. 위 ④의 경우는 우리 보상규정이 갖고 있지 않다. 이에 대해서는 공평분담사상에 따른 손익상계법리에 따른 판례형성으로 보완되어야 할 것으로 보인다. 위 ⑤에 관해서도 우리 법상 보상원인인 '손실'이라는 개념도 법익침해라고 이해할 수 있으므로 큰 문제가 없으며, 위 ⑥에 대해서도 우리 보상규정은 '재산상의 손실을 입은 경우'라고 규정하여 기대이익 손실이나 정신적 손실을 배제하는 태도에서는 큰 차이가 없다.[24] 그러나 '직접적'인 손실에 한정하는 것에 대해서는 비정형적·부수적 손실에 대한 '수용적 침해' 보상이론의 관점에 따라 우리 보상규정의 해석론에 포함시켜야 한다는 주장[25]과 충돌하게 된다. 물론 그 수용적 침해보상이론 자체가 독일에서 20세기 중반 이후 출발하여 우리에게 도입된 것이므로 여기서 큰 의미를 갖지는 못한다.

3. 1950년대 이후 보상규정의 개혁노력

위 튀링엔 주 행정법 제50조 제1항 그리고 프로이센경찰행정법 제70조 제1항 1문의 보상규정은 여러 관점에서 너무 좁은 보상규율을 담고 있다는 논의가 확산되어, 희생보상사상과 수용유사침해의 판례에 기대어 그 확대를 위한 개혁논의가 이루어지게 되었다.

이 논의를 정리하면,[26] ① 물론해석방법(Erst-Recht-Argument)을 통한 비경찰책임자(Nichtstörer)에 대한 위법하지만 무책의 조치명령으로의 구성요건 확대가 가능한지, ② 위법-유책한 조치명령도 해석을 통해 포함시킬 수 있는지, ③ 자발적 협조자를 비경찰책임자와 동일시하여 포함시킬 것인지, ④ 사건발생과 무관한 사람(소위 '국외자')의 손실을 포함시킬 것인지 즉 비의도적 침해에 근거한 우연적 손해를 포함시킬 것인지(예컨대 유탄사고로 인한 피해)를 주제로 한 것이었다.

---

24) 최영규, 앞의 책(각주 14), 434쪽.
25) 최영규, 앞의 책(각주 14), 434쪽.
26) Treffer, 앞의 책(각주 15), S.16 ff. 참고.

이러한 확대논의가 포괄적 입법에 대한 자극제가 되어 경찰법초안작성을 위한 1952년 연방과 주들 법사위원회가 열리게 되었고 그 결과 연방내무부장관초안[27]과 프랑크푸르트모델이라는 두 개의 초안이 만들어졌다.[28] 논의의 중심이 된 후자의 제52조 제1항은 "경찰긴급상태와 비경찰책임자조치명령수권규정에 따라 위해방지명령을 받은 사람이 경찰관청의 조치에 의해 손실을 입은 경우에, 다른 방법으로는 보상받을 수 없는 경우에 한하여 보상받을 수 있다. 이것은 유책 또는 무책의 위법한 요구에도 적용된다."고 규정하였고, 동조 제2항은 "경찰책임(행위/상태책임)규정에 따를 때 책임이 없는 사람이 그의 권리의 침해를 통해 손실을 입은 경우에는 상당한 보상이 이루어져야 한다(Schaden angemessen zu ersetzen). 단 피해자가 특별희생을 입은 경우에 한한다."라고 규정하였다. 이러한 경향에 따라 일반적인 무과실의 결과불법책임을 도입한 첫 번째 주는 노르트라인-베스트팔렌 주이다.[29] 브레멘 주가 뒤를 이었고,[30] 그 다음이 연방국경보호법이었다[31](경찰/질서관청의 '위법한 조치'를 통해 발생한 손실의 보상).

이에 대하여 파피어(Papier) 같은 학자는 수용유사침해보상판례, 법치국가적 사상, 법정책적 요청에 따른 진부한 근거들을 제시한 것이라고 비판하면서, "경찰법적으로 특별한 보상책임요건의 범위확대는 최고법원법관들의 선의에 따라 받아들여졌던 것일 뿐이다. 경찰질서법 입법자들은 직무책임을 통한 일반적인, 연방법적 국가불법책임의 의의를 약화시키고, 연방민사통상법원(BGH)이 실패한 시도를 승인한 것이 된다. 법정책적으로 시급하게 필요한 연방법 차원의 국가책임법(Staatshaftungsrecht)으로의 개혁노력을 간과하였다."고 비난하였다고 한다.[32]

---

27) "경찰긴급상태와 비경찰책임자규정에 따라 협력명령을 받은 사람이 손실을 입거나 혹은 사망하거나 상해를 입거나 형평성 있게 수인기대가능하지 않은 기타 손실을 입은 경우, 경찰의 조치명령에 의해 발생한 손실은 피해자가 다른 방법으로 보상받을 수 없는 한도에서 보상된다".

28) 이 초안에 대해서는 Peters, Hans, Ein Modell-Polizeigesetz, DÖV 1953, 385 ff.; Wacke, Gerhard, Das Frankfurter Modell eines Polizeigesetzes, DÖV 1953, 388 ff. 참조(Treffer, 각주 15)의 책, S.17에서 재인용).

29) 1956년 10월 16일 노르트라인-베스트팔렌 질서관청법(OBG) 제42조 제1항.

30) 1960년 7월 5일 브레멘 경찰법(PolG) 제52조 제1항 lit. b.

31) 1972년 8월 18일 연방국경보호법(BGSG) 제34조 제2항 1호. 현재는 폐기되어 있다.

그 이후 경찰의 결과불법에 대한 보상책임은 특별희생론, 수용유사침해보상 판례법리와 분리되어 멀어졌고, 1981년의 「국가책임법」이 사후에 입법관할 문제로 위헌이 된 이후,[33] 위와 같은 경찰/질서법률상 보상요건규정의 확대노력은 입법적으로는 '위법'한 고권적 경찰활동에 대한 단체주의적 공평부담책임 사상의 창조를 위한 유일한 가능성이 되었다.[34]

4. 1973년 모범초안과 그 대안(Muster- und Alternativentwurf)

마지막으로 경찰법모범초안이 보상책임의 범위확대를 촉발시켰다. 독일연방과 각 주정부는 각 경찰기관들의 협력을 제고하고 법치국가적으로 경찰권의 위상이 제고될 것으로 기대하여, 1973년 독일연방과 각 주의 내무부상설위원회와 연방과 각 주의 상원의원들에 의해 작성된 '독일연방공화국의 내적 안전을 위한 프로그램'을 통해 각 주들이 도입할 수 있는 통일경찰법안의 마련이 촉구되었다. 주된 논의 대상은 특히 개괄조항, 무기사용, 개인통제 및 정보처리 규정의 도입이었고, 그에 따라 통일경찰법모범초안(이하 '모범초안'이라고 한다)이 작성되었다.

통일경찰법모범초안(MEPolG)의 손실보상규정[35]

제45조(손실보상의무의 요건) ① 제6조(비경찰책임자규정)에 따른 적법한 협력요구를 통해 손해를 입은 사람에게는 상당한 보상이 보장된다. 경찰의 위법한 조치를 통해 손해를 입은 경우에도 동일하다.

② 경찰의 동의에 따라 자발적으로 경찰의 직무수행에 협력하거나 물건을 처분하고 이때 손해를 입은 사람에게도 보상이 보장된다.

③ 그 밖의 배상청구권 특히 직무상 의무위반에 따른 배상청구권에 영향을 미

32) Papier, Hans-Jürgen, Die Entschädigung für Amtshandlungen der Polizei, DVBl. 1975, 567 (575) 참고(Treffer, 각주 15)의 책, S.18에서 재인용).

33) BVerfGE 61, 149 ff.

34) Treffer, 앞의 책(각주 15), S.19.

35) 이에 관한 문헌으로는 서정범, 『경찰법사례연구 －독일이론을 중심으로－』, (도서출판)고시연구원, 2001, 191쪽 이하.

치지 아니한다.

제46조(손실보상의 내용, 종류, 범위) ① 원칙적으로 재산적 손해에 대해서만 보장된다. 통상적인 임금이나 사용대가의 상실분을 초과하는 기대이익과 질서관청이나 경찰의 조치와 직접적으로 무관한 불이익에 대해서는 가혹함을 방지하기 위하여 필요한 경우에 한해서만 손해보전이 행해진다.

② 신체나 건강의 침해 시 또는 자유박탈 시 재산적 손해가 아닌 손해도 상당한 보상이 행해지며, 이 청구권은 양도나 상속이 될 수 없다. 단 이 청구권이 소송계속 중이었거나 계약에 의해 승인되었다면 그러하지 아니하다.

③ 손해보전은 금전으로 행해진다. 보전의무를 발생시키는 조치가 생계능력의 상실이나 감소 또는 생필품의 증대를 가져오거나 혹은 부양권의 상실 또는 침해를 가져오는 경우, 손해보전은 (연금식)정기금(Rente)의 지불을 통해 보장된다. 민법전(BGB) 제760조[종신정기금(Leibrente)]가 적용된다. 중대한 사유가 존재하면 정기금 대신에 일시불로 지급할 수 있다. 타인이 피해자에게 부양을 보장하여야 함에 의하여 청구권이 배제되지 않는다.

④ 피해자에게 제3자에 대한 청구권이 인정되는 경우, 이 청구권이 그 내용과 범위에 따라 보상청구권에 합치하는 한도에서, 제3자에 대한 청구권을 포기한 경우에만 보상이 보장된다.

⑤ 보상액 산정에서 특히 손해의 종류와 예견가능성과 피해자 또는 그의 재산이 질서관청이나 경찰의 조치에 의하여 보호된 것이 있는지 등 모든 사정이 고려되어야 한다. 피해자가 주장하여야 할 사정들이 손해의 발생 또는 확대에 영향을 끼쳤다면, 보상의 의무와 범위는 특히 손해가 주로 피해자에 의하여 또는 질서관청이나 경찰에 의해 야기되었는지에 달려 있다.

제47조(간접적 피해자의 청구권) ① 살해의 경우 제46조 제5항의 범위에서 매장비용을 부담할 의무를 부담하는 주체에게 장례비용이 보상되어야 한다.

② 피살해자가 침해의 시점에 그가 제3자에 대하여 법률에 따라 부양의무가 있었거나 또는 부양의무자로 될 수 있었던 관계에 있는 경우에는, 그 제3자는 제46조 제5항의 범위에서 그 피살해자가 그의 생존추정기간 동안 부양의 보장의무를 부담할 경우에 그 한도에서 상당한 보상을 청구할 수 있다. 제46조 제3-5항이 준용된다. 손해발생 시에 태아였던 사람도 (*아직 태어나지 않았어도) 보상을 청구할 수 있다.

제48조(보상청구권의 소멸시효) 피해자가 ―제47조의 사안에서는 청구권자가―

손해와 보상의무자를 안 날로부터 3년, 손해발생으로부터 30년이 지나면 시효로 소멸한다.

제49조(보상의무주체, 상환청구권) ① 조치를 취한 사람이 직무상 소속한 공공단체(Körperschaft)가 보상의무를 부담한다.

② 공무원이 다른 공공단체의 관청을 위해 행동한 경우라면, 그 타 공공단체가 보상의무를 부담한다.

③ 제2항의 경우 오직 문제된 조치의 실행종류와 방법만을 원인으로 보상이 보장되는 경우라면, 보상의무를 부담하는 타 공공단체는 공무원의 본래 소속 공공단체에 대하여 그의 비용의 구상을 청구할 수 있다. 단 그 공공단체 스스로 조치실행의 종류와 방법에 관하여 책임을 부담하는 경우에는 그러하지 아니하다.

제50조(경찰책임자에 대한 구상) ① 공공단체가 제45조 제1항 1문 또는 제2항에 근거하여 보상을 한 경우에, 제49조에 따라 보상의무를 부담한 공공단체는 제4조[행위책임(자)] 또는 제5조[상태책임(자)]에 따른 책임자에 대하여 비용의 구상을 청구할 수 있다.

② 다수인이 병존적으로 책임을 부담하는 경우에, 그 다수인은 연대채무자로서 책임을 부담한다.

제51조(관할) 손실보상청구권에 관해서는 통상법원이 결정하고, 제49조 제3항 또는 제50조에 따른 비용의 상환이나 구상청구권에 관해서는 행정법원이 결정한다.

모범초안(MEPolG) 제45조 이하들은 위험방지조치의 상대방으로 손실을 입은 비경찰책임자의 손실보상청구권(제45조 제1항 1문) 외에 다음과 같은 내용을 도입하였다. ① (무과실의) 위법한 경찰조치에 대한 보상의 명시적 규율(제45조 제1항 2문), ② 행정관청의 동의로 활동하는 자발적 협조자의 청구권(제45조 제2항), ③ 통상적 임금을 초과하는 한도에서 기대이익에 대한 보상가능성(제46조 제1항 2문). 물론 가혹한 경우에만 긍정됨, ④ 민법전(BGB) 제847조에 근거하여 신체나 건강의 침해 또는 자유박탈의 경우 비재산적 손실의 보상(제46조 제2항), ⑤ 민법전 제843조에 근거하여 생계능력이나 부양권 침해 시 (연금형태의) 정기금(Geldrente) 지급의무의 성문화(제46조 제3항 2문), ⑥ 민법전 제844조, 제846조에 근거하여 살해사건에서 간접적 피해자의 청구권 규정(제47조) 등이 그것이다.

이 초안은 베를린 주[1975년 2월 11일 일반안전질서법(ASOG)], 바덴-뷔르템베르크 주[1976년 경찰법(PolG)의 다수개정], 바이에른 주[1978년 8월 24일 경찰직무법(PAG)], 노르트라인-베스트팔렌 주[1980년 3월 25일 경찰법(PolG)], 라인란트-팔츠 주[1981년 8월 1일 경찰행정법(PVG)], 니더작센 주[1981년 11월 17일 안전질서법(ASOG)] 등에서 일정한 수정과 변형작업을 거쳐 도입되었다.

그런데 1977년 이래로 저명한 경찰법/행정법학자들인 데닝어(Denninger), 호프만-리엠(Hoffmann-Riem) 등이 중심이 된 경찰법연구회가 위 모범초안에 비판을 가하였다. 이 모임은 1979년에 대안(Alternativentwurf)을 공표하였다. 1983년 3월 21일 브레멘 주 경찰법이 본질적으로 이 대안을 따랐다. 모범초안에 상응한 규정들을 보완하여 위 교수들의 대안은 아래의 특별한 점들을 담고 있었다.[36)]

- 제65조 제1항 2호에 따라 형법전 제323c조(구조의무와 그 위반)에 따라 구조협력 시 사고가 발생한 경우 협력자에게 보상청구권을 부여한다. 사회부조적 국가보험급여가 너무 미미하고 사무관리에 근거한 청구권은 그 실현에서 불확실하다고 판단되기 때문이었다.
- 대안 제65조 제1항 4호("경찰조치를 통하여 자신의 권리에 침해를 받은" 사람이 보상받는다)를 통해 객관적 (결과)불법책임은 주관적 권리의 침해에 대한 책임에서 실현된다. 이 책임은 이 요건하에서 행위 및 결과불법의 모든 사례들을 포함한다.
- 대안 제66조 제1항에 따라 원칙적으로 금전보상은 전 액수를 한도로 개입조치에 따른 비용부분과 기대이익을 포함하여 지급된다.
- 대안 제66조 제3항 1문에 따라 피해자가 유책하게, 형식적 권리구제방법 즉 소송제기 등을 통해 손해방지를 소홀히 한 경우에는 청구권이 인정되지 않는다. 이때 소송이 종료되어 있을 필요는 없다.
- 대안 제67조에 따라 자신의 권리가 행정청에 의해 개인정보의 위법한 취급으로 침해된 사람은 보상을 청구할 수 있다.
- 대안 제69조 제1항은 마지막으로 보상의무를 부담하는 공공단체로 하여금 다른 보상의무자들과 함께 연대채무책임을 지게 한다.

36) Treffer, 앞의 책(각주 15), S.20 f.에서 인용함.

이러한 경찰관청의 손실발생이라는 결과불법이 다른 고권주체들의 불법보다 더 보상이 필요하다는 것이 분명하지 않음에도 불구하고, 왜 이러한 특별책임이 경찰법에서만 자리를 확실히 잡았는지는 입법자의 비밀로 남아 있다고 한다.[37] 하지만 연방과 주의 입법자는 실정 경찰/질서법률을 일반적 희생보상사상에 입각한 기존의 연방민사통상법원(BGH) 판결들과 조화시키려는 입장에서 있음이 분명했다.

IV. 현행 독일 각 주들의 경찰보상규정 및 보상법리의 정리와 우리 경찰관직무집행법과의 비교

1. 오센뷜(Ossenbühl)/코르닐(Cornil)의 분석

이들의 공저에서 아래와 같이 독일 각 주들의 손실보상에 관한 경찰법제가 개관되고 있다.[38]

- 1유형: 비경찰책임자에 대한 적법한 조치명령 외에 위법한 조치명령의 경우에도 보상을 하는 유형
  - a) 광의의 요건[비경찰책임자, 경찰협조자 외 위험과 무관한 제3자(소위 국외자. 예, 유탄피해자), 형법전 제323c조에 따른 구조의무자 보상포함]과 법효과(재산상 손해와 생명·신체건강 등 비재산적 손실, 기대이익 상실과 경찰조치와 직접적으로 무관한 불이익도 보상가능)를 인정하는 유형[39]
  - b) 협의의 요건[비경찰책임자 외 오직 경찰협력인만 보상하고, 위험과 무관한 제3자(소위 국외자)는 불포함]과 법효과(재산상 손해와 비재산적 손실, 기대이익 상실과 경찰조치와 직접적으로 무관한 불이익도 보상가능)를 인정하는 유형[40]

---

37) Treffer, 앞의 책(각주 15), S.22.

38) Ossenbühl, Fritz/Cornils, Matthias, Staatshaftungsrecht, 6. Aufl., Verlag C. H. Beck, 2013, S.487 f. 참고.

39) 연방경찰법(BPolG) 제51-56조(1994. 10. 19. 시행), 베를린일반안전질서법(ASOG Bln) 제59-65조(1992. 4. 14. 시행).

40) 라인란트-팔츠경찰질서법(POG Rhld.-Pf.) 제68-74조(1993. 11. 10. 시행); 헤센안전질서법

c) 최협의의 요건(경찰협조자 보상조차 인정안 함)과 법효과(오직 재산상 손해만 보상)를 인정하는 유형[41]

■ 2유형: 협의의 희생보상을 포함하되, 위법한 조치명령의 경우는 제외하는 유형

a) 바이에른 주: 비경찰책임자, 위험과 무관한 제3자(소위 국외자)의 청구권을 인정하고, 법효과에서는 재산상 손해와 비재산적 손해와 자유박탈에 대한 배상금을 인정하는 유형[42]

b) 메클렌부르크-포어폼메른 주: 비경찰책임자, 위험과 무관한 제3자(소위 국외자)의 청구권을 인정하고, 법효과에서는 오직 재산상 손해만 보상하는 유형[43]

c) 함부르크 주: 비경찰책임자, 경찰협조자의 청구권만 인정하고, 법효과에서는 구체적으로 정하지 않고 '상당한 보상(angemessene Entschädigung)'만 규정하는 유형[44]

d) 쉴레스비히-홀슈타인 주: 비경찰책임자, 위험과 무관한 제3자(소위 국외자)를 인정하고, 법효과로서 오직 재산상 손해만 보상하는 유형[45]

e) 작센 주: 비경찰책임자의 청구권만 인정하고, 법효과에서 재산상 손해와 기본법 제2조 제2항의 침해 시 정신적 손해를 보상하는 유형[46]

f) 바덴-뷔르템베르크 주: 비경찰책임자에 대해서만 인정하고, 법효과에서 '발생한 손해에 대한 상당한 보상'으로 포괄적으로 규정하는 유형[47]

(HSOG) 제64-70조(2005. 1. 14. 시행); 니더작센경찰질서법(Nds.SOG) 제80-86조(2005. 1. 19. 시행); 자를란트경찰법(SPolG) 제68-74조(1989. 11. 8. 시행); 튀링엔경찰직무법(ThürPAG) 제68-74조(1992. 6. 4. 시행) 및 튀링엔질서관청법(ThürOBG) 제52조; 작센-안할트안전질서법(SOG LSA) 제69-75조(2003. 9. 23. 시행); 브레멘경찰법(BremPolG) 제56-62조(2001. 12. 6. 시행).

41) 노르트라인-베스트팔렌질서관청법(OBG NRW) 제39-43조(1980. 5. 13. 시행) 및 노르트라인-베스트팔렌(PolG NRW) 제67조(2003. 7. 25. 시행); 브란덴부르크질서관청법(BbgOBG) 제38-42조(1996. 8. 21. 시행) 및 브란덴부르크경찰법(BbgPolG) 제70조(1996. 3. 19. 시행).

42) 바이에른경찰직무법(BayPAG) 제70-73조(1990. 9. 14. 시행)와 바이에른 주 공공의 안녕과 질서에서의 주형법과 법규명령법(LStVG-Gesetz über das Landesstrafrecht und das Verordnungsrecht auf dem Gebiet der öffentlichen Sicherheit und Ordnung) 제11조(Entschädigung). 그리고 자유박탈의 경우 독일연방형사소추조치의 보상에 관한법률(StrEG) 제7조를 준용함.

43) 메클렌부르크-포어폼메른안전질서법(SOG M-V) 제72-77조(1998. 3. 25. 시행).

44) 함부르크안전질서법(SOG HH) 제10조 제3-5항(1966. 3. 14. 시행).

45) 쉴레스비히 주행정법(LVwG Schl.-H) 제221-226조(1992. 6. 2. 시행).

46) 작센경찰법(SächsPolG) 제52-58조(1999. 8. 13. 시행).

47) 바덴-뷔르템베르크경찰법(PolG BW) 제55-58조(1992. 1. 13. 시행).

2. 독일 경찰보상법리의 정리

(1) 국가책임법적 관점에서 본 독일경찰보상법제

독일에서 판례법적으로 형성되고 특히 관습법에 의해 효력을 갖는 국가적 손실보상제도는 위의 입법과정을 거쳐 독일 각 주들의 경찰법률에 규정되었다. 그리고 구성요건적으로 '과실'을 전제하지 않음으로써 주관적 귀책사유를 요구하지 않는다. 그리고 법효과로서는 금전의 보상만이 규정되어 있다. 따라서 보상청구권과 무관한 공법적 상환청구권이나 결과제거청구권과 같은 특정사실상태의 원상회복청구권 같은 것들은 제외되어 있다. 또한 이 경찰/질서법률상 손실보전청구권의 근거는 본질적으로 희생보상(Aufopferung) 사상으로 소급한다. 또한 공평부담배분 사상이 고려된 것인데, 이것이 경찰법상 책임(Verantwortlichkeit)과 비용상환규정들의 해석기초로 기능하고 있다. 손실이 위법한 위험방지조치로부터 발생하여 특별한 희생이 발생한 경우 또는 피해자가 적법한 조치에서 위험에 책임이 없는 상태에서 특별한 희생을 입은 경우가 주된 사례가 된다.[48]

독일 경찰법률들의 손실보상규정의 개요[49]

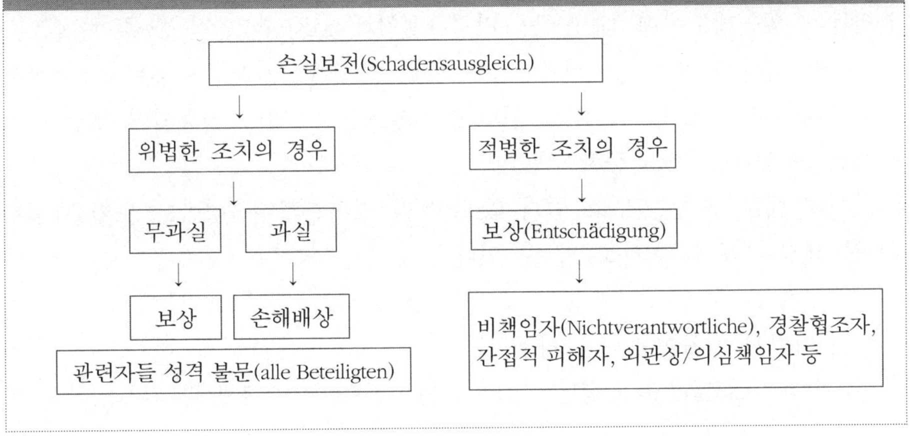

48) 대표적으로 Wehr, Matthias, Examens-Repetitorium Polizeirecht — Allgemeines Gefahrenabwehrrecht, C.F.Müller, 2015, S.157, Rn. 535-539.

49) Pieroth, Bodo/Schlink, Bernhard/Kniesel, Michael, Polizei- und Ordnungsrecht — mit Versammlungsrecht, Verlag C. H. Beck, 8. Aufl., 2014, S.417, § 26 Rn. 6에서 옮겨온 것임.

(2) 적법한 조치의 경우 손실보상청구권

1) 비책임자로서 긴급상태의무자의 보상청구권

독일의 모든 주 경찰/질서법률들은 예외 없이 경찰긴급상태에서 행위책임자뿐만 아니라 상태책임자가 아닌 비경찰책임자로서 적법한 공권력발동의 대상이 되어 손실을 입은 자에 대한 손실보상청구권을 규정해 놓고 있다.[50] 우리 경찰관직무집행법 제11조의2 보상규정과 차이가 없다. 단지 규정형식상 차이가 있다면 우리에게는 없는 경찰법상 행위/상태책임자가 아닌 자이어야 함을 강조하고 있다는 점이 다르다.

2) 위험과 무관한 국외자 혹은 간접적 피해자의 보상청구권

많은 독일 주 경찰법률들은 위험야기와 무관하게 피해를 입은 제3자 즉 국외자에 대한 보상규정들을 갖고 있는데, 이 국외자란 비경찰책임자로서 의도적으로 조치명령의 수범자로 취급되지 않고 위험과 무관하게 손실을 입은 사람을 말한다. 따라서 적법한 조치의 비의도적 부수결과(unbeabsichtige Nebenfolge)에 대한 보상책임제도이다. 경찰에 의해 발사된 유탄으로 인해 피해를 입은 사람이 그 사례이다.

위 오센뷜/코르닐의 정리에서 보듯이 이 보상유형을 인정하지 않는 주 경찰법들이 있는데, 이에 대해서는 비경찰책임자 보상규정들을 유추적용할 수 있고, 더 나아가 생명 및 신체건강에 대한 손실에 대해서는 일반행정법에서조차 판례법리로 긍정되고 있는 일반적 희생보상청구권이 적용되어 보상이 이루어질 수 있다는 것이 중론이다.[51]

이에 대한 규정을 두고 있지 않은 우리 경찰관직무집행법도 도입을 검토해 볼 규정과 해석론이라고 할 수 있다.

3) 자발적 경찰협조자의 청구권

자발적으로 그리고 위험방지청의 동의를 통해 자기에게 부여된 임무의 실

---

50) 대표적으로 Pieroth/Schlink/Kniesel, 앞의 책(각주 49), S.417 f.; Wehr, 앞의 책(각주 48). S.158.

51) Ossenbühl/Cornils, 앞의 책(각주 38), S.499-503; Pieroth/Schlink/Kniesel, 앞의 책(각주 49), S.419; Wehr, 앞의 책(각주 48). S.159.

현에 기여하고 그 때 손해를 입은 사람도 청구권을 갖게 된다는 규정을 일부 주가 도입하고 있다.[52] 이 부분은 우리 경찰관직무집행법 보상규정에도 도입되어 있어서 입법적으로 해결이 되어 있다.

4) 경찰책임자의 청구권

경찰책임자는 원칙적으로 보상청구권을 행사할 수 없다. 오히려 그는 경찰비용환수규정을 두고 있는 독일법제에 따라 위험방지의 비용을 부담해야 한다. 그러나 특별한 입법정책적 이유를 근거로 특별규정으로 원인자나 상태책임자를 위해서도 보상규정들을 둘 가능성이 배제되지는 않는다고 한다.[53] 그러한 사례로 독일감염병예방법(제56조), 구 가축전염병예방법(제66조 제1호)을 들 수 있는데, 현 동물건강보호법(제15조)은 귀책사유 있는 자에 대한 보상예외규정을 둠으로써 그 보상가능성이 매우 적어졌다고 한다.[54]

우리 경찰관직무집행법 제11조의2 제1항 2호는 "손실발생의 원인에 대하여 '책임이 있는 자'가 자신의 책임에 상응하는 정도를 초과하는 재산상의 손실을 입은 경우"를 포함시킴으로써 어떻게 보면 독일보다 진일보한 규정을 도입하고 있다. 특히 이는 상태책임자의 과도한 희생을 고려한 것으로 판단되고 과잉금지원칙의 관점에 따른 적절한 규정이라고 평가된다.

5) 외관상 위험과 위험의 의심에서 청구권

우리와 마찬가지로 독일 경찰법제에서도 외관상 위험과 위험의 의심의 사례에서 보상규정은 명문화되어 있지 않고, 학설/판례의 발전에 의존하고 있다. 비용부담의 문제에서 공정한 부담배분과 관련하여 외관상 위험과 위험의 의심 사례들에서 제기되는 고찰들은, 손실보상의 문제와 관련해서도 중요하다. 외관책임자 혹은 의심책임자의 요건하에서 비용부담의무로부터 면제받게 되는 그러한 자는 비경찰책임자와 같이 취급되며 그와 같이 손실보상청구권을 보유한다는 것이 지배적 견해와 독일 판례의 태도이다[55]. 그러나 이에 대해서는 이

---

52) Ossenbühl/Cornils, Staatshaftungsrecht, 앞의 책(각주 38), S.496-499.

53) Pieroth/Schlink/Kniesel, 앞의 책(각주 49), S.419 f.; Wehr, 앞의 책(각주 48), S.159.

54) 정남철, 앞의 논문(각주 8), 148쪽 참고.

55) 이에 대해서는 Ossenbühl/Cornils, Staatshaftungsrecht, 앞의 책(각주 38), S.503-511;

렇게 도식적으로 이해해서는 안 된다는 반대논의가 유력하다. 이에 대해서는 후술한다.

(3) 위법한 조치의 경우 손실보전청구권

위법한 국가조치의 결과로 손해를 입은 사람은 항상 특별한 희생자라고 간주하는 것이 독일 법제의 태도이다. 그것은 책임자, 비책임자, 관련자 및 비관련자도 동일하다고 한다. 특별한 청구권의 근거가 없는 독일의 주들의 경우에도, 배상청구권의 존재는 긍정되고 있다. 그리고 이러한 위법한 조치사례에서 보상청구권의 근거를 비책임자에 대한 청구권근거규정의 유추적용에서 찾든지 아니면 일반적인 국가책임법상 청구권근거에서 찾든지 하는 것에 관해서는 다툼이 있다. 유추를 위한 전제조건으로서 이해관계상황의 충분한 유사성이 의문시될 수 있기 때문이다.[56] 이 사례를 위한 명시적 규정이 없는 주나 우리나라에서도 일반적 희생보상청구권이나 수용유사침해로 인한 보상청구권의 법리를 적용할 수 있다고 본다.

(4) 손실의 귀속과 그 밖의 규정들

1) 경찰조치에 의한 손실의 직접적 귀속

'손실' 그 자체와 관련하여, 독일의 주 경찰/질서법률들은 법효과측면에서 원칙적으로 재산적 손해에 한정하고 있는 경우가 많다. 더 나아가 일부 주에서 자유침탈(Freiheitsentziehung)의 경우 비물질적 손해나 생명·신체 손해도 보전되는 것으로 규정되고 있다. 그러나 우리 경찰관직무집행법은 재산상의 손실에 한정하고 있어서 문제이다. 이에 대한 입법적 보완이 필요하다고 보인다. 독일과 같은 관습법상 희생보상청구권 법리를 일반화시켜 도입할 수 없다는 우리나라 학자의 견해[57]가 있는 것을 보아도, 헌법 제10조와 사회국가원리에 입각하여 입법으로 해결되어야 할 것으로 판단된다.

손실에 대한 보상청구권의 전제요건은 발생한 손실이 조치명령을 통해 야

Pieroth/Schlink/Kniesel, 앞의 책(각주 49), S.420 f.; Wehr, 앞의 책(각주 48), S.159.

56) Ossenbühl/Cornils, Staatshaftungsrecht, 앞의 책(각주 38), S.511-525; Pieroth/Schlink/Kniesel, 앞의 책(각주 49), S.421 ff.; Wehr, 앞의 책(각주 48), S.160.

57) 정남철, 앞의 논문(각주 8), 141쪽 이하.

기되었고 따라서 경찰/질서관청에 귀속될 수 있어야 한다는 점이다. 이때 '조치(Maßnahme)'에 해당하여야 하므로 그 개념이 개별구체적 규율의 의미로서 그 손해귀속가능성의 판단을 위한 1차적 필터가 된다. 더 나아가 독일 각 주 경찰법률들은 보상이 이루어지는 손실은 원칙적으로 그 조치와 직접적으로 관련된 재산적 불이익에 국한된다고 대개 명시하고 있다. 연방민사통상법원(BGH)에 의하여 이 "직접성(Unmittelbarkeit)" 개념은 수용적 침해 및 수용유사침해에 따른 보상청구권을 제한하고 손실의 가치판단적 귀속을 위한 인과관계기준으로 이해되고 있다.58)

이와 관련하여 우리 경찰관직무집행법은 '조치'라 하지 않고 '직무집행'이라고 하고 있는데 그 의의는 그리 다르지 않은 것이다. '처분'이 아니라 '조치', '직무집행'이라고 규정된 데에는 경찰기관에 의한 손실발생이 주로 현장에서의 권력적 사실행위로서 즉시강제의 형태로 이루어질 것이라는 점에 원인이 있을 것이다. 여기엔 별문제가 없고, 위의 '직접성' 개념 즉 직접적으로 손실이 발생하였다는 직접원인설적 손실야기기준은 우리 법에 도입되어 있지 않으나, 제11조의2 제1항이 "국가는 경찰관의 적법한 직무집행으로 '인하여' … 정당한 보상을 하여야 한다."라고 함으로써 직접적 손실에 한정하는 태도로 해석할 수 있는 여지는 충분하다고 본다.

2) 그 밖의 규정들

독일 주 경찰법률들은 대부분 공평부담사상에 입각하여 공동과실의 경우 피해자가 기여한 만큼 보상액을 제한하는 규정과 피해자가 보호를 받았을 때 손익상계적 규정들을 갖고 있고, 구상권과 소멸시효 및 관할규정을 갖고 있다. 과실상계와 손익상계적 규정들을 두지 않고 있는 주의 경우에도 민법전 제254조 등을 유추하여 적용되고 있다고 한다.59)

우리 경찰관직무집행법의 보상규정에 소멸시효 규정 외에는 위 규정들을 두고 있지 않은바, 실제 판결에서 문제가 되었을 때 법원은 민법의 법리를 유

58) Wehr, 앞의 책(각주 48), S.160 f. 경찰책임 특히 행위책임에서 행위와 위험야기 사이에서 위험을 귀속하기 위한 지배적 기준으로 직접원인설이 통용되고 있는 것과 무관하지 않다.

59) Wehr, 앞의 책(각주 48), S.161 f.

추적용할 가능성이 크겠지만 명시적으로 도입하는 것이 공평부담사상에 적합할 것으로 생각된다. 소송관할규정과 관련해서도 보상청구 그 자체의 분쟁은 민사법원에서 해결하게 됨은 우리와 현재 마찬가지이지만,[60] 구상권이나 각종 비용상환의 문제가 발생했을 때에는 행정법원에서 관할한다는 규정은 미래에 참고할 만하다.

Ⅴ. 경찰손실보상과 직결된 경찰법적 논쟁의 검토

1. 경찰법상 개괄조항과 보상규정 도입의 관계[61]

경찰/질서행정법상 개괄적 수권조항 또는 개괄조항, 일반조항이 필요한지 여부, 우리나라 경찰관직무집행법과 각종 질서행정법의 일반법상 존재하는지 여부에 관하여 여러 견해가 있어 왔다.

법률유보원칙에 근거한 명확성원칙과 모순되어 위헌성이 강하고 경찰공권력의 부적절한 강화를 우려하는 부정설이 있었다. 그리고 긍정설로서 직무규범으로부터 개괄적 수권을 이끌어 내온 독일 프로이센 일반주법(ALR)의 역사를 논거로 한 경찰관직무집행법 제2조 제7호 '기타 공공의 안녕과 질서유지'라는 직무규정설(대표적으로 김남진), 제5조설(위험발생의 방지)(대표적으로 홍준형), 제2조 제7호 직무규정(제1의 개괄적 수권조항) – 제5조 '위험방지'규정(제2의 개괄적 수권조항) – 제6조 '범죄의 예방과 제지'규정(제3의 개괄적 수권조항)설[대표적으로 박정훈(朴正勳)][62] 등이 있었다. 마지막으로 필요하지만 우리나라에 독일식 개괄조항은 존재하지 않는다는 부정설(대표적으로 홍정선) 등의 다툼이 있어 왔다.[63]

---

60) 당사자소송론은 여기서는 논외로 한다.

61) 개괄적 수권조항과 표준적 조치권한규정들의 관계에 대한 국내의 대표적 문헌으로 권배근, "표준권한규범과 일반권한규범의 관계에 관한 소고," 경찰법연구 제5권 제1호, 한국경찰법학회, 2007. 6, 68-93쪽; 이성용, "경직법상 경찰수권 규정체계의 입법적 개선," 경찰법연구 제14권 제1호, 한국경찰법학회, 2016. 6, 251-272쪽 참조.

62) 박정훈(朴正勳), 『행정법의 체계와 방법론[행정법연구 Ⅰ]』, 박영사, 2005, 391-394쪽, 특히 392쪽 참고.

필자는 일단 경찰관직무집행법에 한해서만 볼 때, 구체적 위험을 유형화하여 표준적 조치권능을 부여하고 있는 경찰관직무집행법에 이미 존재하고 있는 일반조항적 성격의 규정들(대표적으로 제5조, 제6조 등)의 요건들과 일부 규정의 효과측면[64]을 종합하여 볼 때 우리나라는 불완전하지만 개괄적 수권조항을 갖고 있는 나라라고 볼 수 있겠다.[65] 만약 전통적 '공공의 질서' 개념으로 포용되는, 실정법질서에 의해 포함되지 않는 새로이 보호되어야 할 다수인의 가치관 또는 현대적 '공공의 질서' 개념[66]으로 포용되는 객관적 법령에 의해 보호되지 않는 이익이지만 헌법적으로 보호가치성이 있어서 보호되어야 할 이익(전통적 공공의 안녕개념에 포섭가능함)에 대한 구체적 침해상황이 있어서 잠정적으로나마 위험방지조치가 필요할 경우에 한하여 직무규범인 경찰관직무집행법 제2조 제7호 직무규범을 근거로 조치권능의 정당성을 인정할 수 있다고 본다.

여하간 우리나라 경찰관직무집행법상 개괄조항의 존재여부에 대한 논쟁이 끊이지 않고, 학계가 독일식 입법이 필요함을 제기한 지도 수십 년이 지나는데도 입법자가 꼼짝하지 않고 있는 이유가 있다고 본다. 그것은, 공권력 확장에 대한 우려에 대한 일반시민들의 법감정도 이유가 될 수 있지만, 그동안 개괄조항에 의한 포괄적 수권에 따른 경찰권 확대를 비례성이나 공평부담요청으

---

63) 정남철, 앞의 논문(각주 8), 145쪽. 정남철교수는 여기서 사회의 다양하고 신속한 변화에의 행정적 대응필요성과 비례성원칙에 의한 통제가능성, 사법심사가능성 등을 들어 허용된다고 보고 있다.

64) 경찰관직무집행법 제3조(불심검문) 제1항의 불확정법개념의 요건(수상한 거동, 상당한 이유 등), 제4조(보호조치) 제1항의 요건(수상한 거동 기타 주위의 사정, 상당한 이유), 제5조 제1항의 요건(기타 위험한 사태라는 포괄적 개념)과 동조 제3호의 효과(기타 관계인에게 위해방지상 필요하다고 인정되는 조치), 동조 제2항의 요건(진압을 위하여 필요하다고 인정되는 상당한 이유가 있을 때), 제4항의 효과(적당한 조치), 제6조(범죄의 예방과 제지) 제1항의 요건과 효과(범죄행위가 목전에, 예방하기 위하여 관계인에게 필요한 경고), 제7조(위험방지를 위한 출입)의 요건(제5조 제1항 · 제2항 및 제6조 제1항에 규정한 위험한 사태가 발생하여 인명 · 신체 또는 재산에 대한 위해가 절박할 때에 그 위해를 방지하거나 피해자를 구조하기 위하여 부득이하다고 인정할 때), 제8조(사실의 확인 등)의 요건(직무수행에 필요하다고 인정되는 상당한 이유가 있을 때), 제10조(경찰장비의 사용 등) 제1항에는 아예 요건규정이 없고 효과로서 직무수행 중 경찰장비를 사용할 수 있다고만 규정하고 있다.

65) 종합적 긍정설이라고 할 수 있을지 모르겠지만, 거의 경찰권발동과 관련된 일반조항의 근거는 이미 가지고 있다고 보는 것이 필자의 견해이다.

66) 이기춘, "독일경찰질서법상 공공의 질서개념에 관한 논쟁의 개관과 평가," 토지공법연구 제30집, 한국토지공법학회, 2006, 369쪽 이하 참고.

로 균형지을 법치국가적 필터역할을 할 '손실보상규정'을 갖고 있지 못했었기 때문일 것이다.

그래서 이 손실보상 규정의 도입은 불완전할지 몰라도 위와 같은 이해에서 볼 때 위험방지의 효과성에 몰입된 기존 경찰관직무집행법질서에 공평부담원칙과 비례성원칙으로 균형을 맞추게 되는 법치국가적으로 큰 의의를 갖게 된다. 또한 비경찰책임자 중심의 보상문제에서 전제가 되는, 꼭 법률행위가 아니라 딱히 표준화할 형체가 없는 많은 사실행위들을 통해서도 의도적으로 조치명령의 이행을 '요구'하는 비경찰책임자에 대한 경찰권발동과 외관상 경찰책임자에 대한 조치권능의 근거의 흠결문제를 해결하게 되는 실천적 의의도 역시 인정된다.

2. '외관'상 위험-책임법리와 보상규정의 관계

경찰/질서행정법의 제1원칙이라고도 하는 효과적 위험방지원칙에 입각하여 형성된 외관상 위험개념에 관한 독일경찰법리를 '표현(表見)'위험으로 부르며 독일의 지배설인 (객관적 사실에 입각한) 주관설과 '정의'·'형평'을 주된 이념으로 하는 공평부담배분원칙을 상대적으로 강조하는 객관설을 비판적 시각으로 소개하고 나름의 주장을 편 바 있었다.[67]

이 외관상 위험사례의 경찰법리적 이해의 어려움 때문에 독일에서는 경찰/질서공권력 발동의 제1차원(단계)(Primärebene)/제2차원(단계)(Sekundärebene) 체계론이 등장하여 현재 다수설[68]이 되어 있다. 그 도움으로 경찰관직무집행의 현장(ex-ante)에서의 합리적 근거에 따른 보호이익침해의 충분한 개연성이라는 구체적 위험요건 존재에 관한 주관적 판단에 따른 직무집행은, 사후에(ex-post) 객관적으로 위험이 존재하지 않은 상황에서의 조치였다고 하여도 '적법'의 세계로 편입되고, 그 요건충족에 후속논리소재인 경찰책임자 인정으로 나아갈

67) 이기춘, "경찰질서법상 위험개념 및 표현위험과 위험의 의심 – 독일경찰법학의 위험개념 검토를 중심으로," 공법연구 제31집 제4호, 한국공법학회, 2003, 363쪽 이하.

68) 현재 독일과 우리나라 경찰/질서행정법학자 지배적 다수가 이 단계구분론을 따르고 있다. 이에 대해서는 대표적으로 Ossenbühl/Cornils, 앞의 책(각주 38), S.505 ff.; Pieroth/Schlink/Kniesel, 앞의 책(각주 49), S.72 ff. 참고.

수 있었다(제1단계 경찰관직무집행현장에서의 위험-책임판단). 위험상황이 종료된 후 납득할 수 있는 착오였던 경우에는 '적법'함은 유지되지만, 경찰비용책임을 부과받지 않게 되고 '비경찰책임자'에 준한 취급을 받게 되어 오히려 손실보상 청구권을 행사할 수 있는 지위로 바뀌게 된다(제2단계 즉 위험종료 이후 비용/보상결정단계에서의 위험-책임판단). 이러한 판단은 위험 자체가 아니라 경찰책임과 관련해서도 그대로 통용된다(제1단계 외관상 책임자-제2단계 비책임자).[69]

그러나 이러한 다수설에 대한 반대의 견해로, 위험과 경찰책임의 판단에 착오가 있으면 법치국가원리, 법률적합성원칙, 정의를 추구하는 공평부담배분 원칙에 근거하여 처음부터 잘못된 공권력발동으로서 '위법'하고 그에 대해서는 제1차적 권리구제로서 취소소송으로 해결되어야 하고 소의 이익이 없으면 무과실의 경우 '보상(Entschädigung)', 과실이 인정되는 경우 직무책임의 효과로서 '손해배상(Schadensersatz)' 청구권으로 해결한다는 '객관설'이 존재해왔고, 현재에도 매우 유력한 학자가 이를 주장하고 있다.[70]

그는 위 주관적 위험개념하에서는 위험이 존재한 바 없었는데도 경찰/질서관청의 활동은 적법하게 되며, 시민들이 위험야기행위와 물적 위험상태에 책임을 부담할 필요가 없음에도 불구하고 시민들의 자유와 재산이 '적법'하게 침해받는다는 문제점을 지적하고 있다. 그는 외관과 현실의 분리, 위험의 외관 및 의심과 현실적 위험의 분리가 객관적 위험개념에 입각하면 국가의 부담이 되는 반면에, 주관적 위험개념하에서는 시민의 부담으로 전가된다는 점을 강조한 것이다.

결국 효과적 위험방지의 이념과 결합되는 공동체 및 그 개별시민의 안전이라는 경찰보호이익과, 공평한 부담배분의 이념이 결합되는 경찰조치 상대방 시민의 방어이익 간의 형량문제로 귀결된다. 양자의 가치를 적절히 고려하는 경우에는, 위험외관형성에 책임이 없다면 즉 그 외관형성에 기여한 바 없어서 비난할 수 없다면 사후에 즉 제2단계에서 손실발생 부분에 보상이 이뤄져야 할 것이고, 그 기여책임이 있다면 보상에서 배제되든지 보상액이 감액될 수 있을 것이다. 어쨌든 이러한 의미로 이해된 주관설에 따르면 전통적인 한 번 경찰책임자면 끝까지 책임자로 취급되어야 한다는 연계원칙은 차단되게 된다.

---

69) Pieroth/Schlink/Kniesel, 앞의 책(각주 49), S.146 ff. 참고.
70) Poscher, in: Pieroth/Schlink/Kniesel, 앞의 책(각주 49), S.75 ff. 참고.

마지막으로 외관상 위험-책임사례에서 위험의 외관형성에 기여한 사람은 경찰책임자가 되고 상황이 종료된 이후에도 그는 보상청구를 할 수 없을 뿐만 아니라 오히려 경찰비용책임자가 되고, 외관상 위험사례에서 외관형성에 비난가능한 기여를 하지 않았다면 처음부터 비경찰책임자(Nichtstörer)가 되어 경찰긴급상태요건을 충족하여야 경찰권발동의 대상이 되고, 사후에는(ex-post) 완전한 손실보상청구권을 부여받을 수 있다는 유력한 견해도 있다.[71]

쉔케(Schenke)의 사상을 이어받은 것으로 보이는 이 견해는 외관상 경찰책임자라는 개념의 사용을 지양하고, 경찰책임자-비책임자 이분법, 경찰책임자에 대한 무보상원칙 즉 전통적인 경찰책임자-경찰비용책임자-손실보상청구 불가라는 연계원칙을 유지하려는 이론이다. 특히 위험의 외관형성에 기여한 사람은 진정한 위험을 야기한 자로서 진정한 경찰책임자이므로 보상이 아니라 경찰비용을 부과받아야 할 사람인데, 주관설이나 지배설에 따르면 위험방지에 소요된 경찰비용의 상환을 청구할 수 없게 된다는 논거를 강조하고 있다.[72]

그러나 이 견해에 대해서는 효과적 위험방지와 정의에 입각한 공평부담배분사상을 균형 있게 보장하려면[73] 이단계적 해석방법론이 타당하다는 반론을 무시할 수가 없다.[74]

이러한 사전적/사후적 즉 이단계적 관찰방법(ex-ante/ex-post Betrachtung)의 필요성은 1단계에서는 위험방지의 효과성사상이, 2단계에서는 공적 부담의 평등이 강조되어야 한다는 논리에서 긍정된다. 하지만 더 나아가 우리 경찰관직무집행법 제11조의2 규정을 보면 '위험야기자'로서의 행위책임과 위험야기물건의 지배권자로서의 상태책임을 규정한 독일경찰법과 달리 '손해발생의 원인에 대하여 책임이 없는 자' 그리고 '손해발생의 원인에 대하여 책임이 있는 자가 자신의 책임에 상응하는 정도를 초과하는 재산상의 손실을 입은 경우'라 하여 '손해발생의 원인에 대하여 책임'이라는 사후적 관점의 요건을 두고 있기에 이

---

71) 손재영, "외관상 경찰책임자의 경찰법상 책임," 경찰학연구 제10권 제1호, 경찰대학, 2010, 21쪽.

72) 손재영, 앞의 논문, 22쪽.

73) 물론 인위적이고 비현실적일 수 있다는 비판은 일원적 접근법인 객관설(처음부터 끝까지 위법)과 외관형성책임기준설(처음부터 비/책임자면 끝까지 비/책임자)을 설득력 있게 만들기는 한다.

74) Ossenbühl/Cornil, 앞의 책(각주 38), S.503 ff.

규정의 이해를 위해서 더욱 필요할 것으로 생각된다.[75)]

예컨대 위험-책임의 사전적 관찰방법이 강조되는 1단계에서는 경찰책임 성립에 '과실(Verschulden)'은 전혀 문제되지 않는다는 점에는 독일과 우리 학설상 아무런 의문이 없지만, 사후적, 즉 2단계에서는 자신의 리스크지배영역의 법익보호의무나 안전확보의무의 소홀함을 통한 (객관적) 의미의 과실은 손실보상책임의 성립 자체나 보상액 결정에 큰 작용을 하게 될 것이다. 독일의 쾰른 고등행정법원(OLG Köln)과 같은 경우 외관상 위험야기에 유책하게 기여한 자에 대하여 공동과실(Mitverschulden)을 인정함으로써 과실상계로 보상액이 2/3 감면된 유명한 자동타이머 사건이 이러한 사례가 될 것이고,[76)] 우리에게도 큰 참고가 될 것이다.

3. 상태책임의 존재에 대한 의문

독일과 우리나라 헌법재판소에 의하여 직/간접적으로 확인된 바에 따르면, 경찰/질서법상, 환경법상 상태책임규정과 법리는 공법상 위험책임사상을 가미한 재산권의 사회적 기속규정으로부터 근거지어지고 있다고 볼 수 있다. 즉 자신이 법적/사실적으로 지배하는 물건으로부터 이득을 거두고 있는 사람은 그 물건의 위험으로부터의 책임의 귀속자가 되어 그에 따른 부담이나 불이익도 함께 져야 한다는 사상에 입각한 것이다.[77)] 그리고 상태책임으로써 비용부담자가 되어 과도한 위해제거비용책임의 부담자가 될 경우 비례성원칙 내지 수인한도원칙으로 통제하면 된다는 생각이다. 이러한 상태책임법리가 프리아우프(Friauf)로부터 시작되어 현재에 이르는 지배적 이해라고 할 수 있다.

---

75) 자세한 근거설명은 없지만, 위험야기자로서의 책임자와 우리 경찰관직무집행법 제11조의2 제1항의 '손해발생의 원인에 대하여 책임이 있는 자' 개념이 과연 동일한지 의문을 표시한 문헌이 있어서 주목된다. 김태진, 각주 2)의 논문, 60쪽 참고.

76) VG Berlin, NJW 1991, 2854. 이 사건에 대해서는 Wehr, 앞의 책(각주 48), S.155 ff. 참고.

77) 이에 대해서는 이기춘, "독일경찰법상 상태책임의 근거 및 제한에 관한 고찰," 토지공법연구 제18집, 한국토지공법학회, 2003, 405쪽 이하; 판례를 통해서 본 토지임대인에 대한 폐기물처리책임 귀속의 문제, 환경법연구, 제34권 제3호, 한국환경법학회, 107쪽 이하; 김현준, "경찰법상의 상태책임," 토지공법연구, 제22집, 한국토지공법학회, 2004, 363쪽 이하 참고.

그러나 독일에서 특유하게 효과적 위험방지라는 미명하에 현실적으로는 시민에게 위해제거의 부담을 전가하기 위하여 형성된 경찰/질서법적 개념인 발전된 상태책임 제도는 요건측면에서 재산권을 보유하지 않은 사람이 지배하고 있을 경우 모순이 발생하며, 또한 효과측면에서 과도한 위해제거비용책임으로 연결되어 희생자(Gestörte) 문제로 비화할 가능성이 커서 독일 경찰법학자들 내부에서도 이 문제가 완전히 해결되지 못한 상태로 남아 있다.

더 나아가 자신의 지배물건에 대하여 위험방지의무를 부담하고 그 위험방지의무 내지 안전확보의무를 이행하지 않은 부작위상태로 인하여 위험을 야기하였다면, '부작위'라는 '행위'에 대한 경찰책임으로서 행위책임자로 다루면 충분할 것인데 별도로 이러한 입법을 하고 있는 독일의 태도를 순수하게 이해하기 곤란하다.

따라서 독일 경찰/질서법의 전통적 법리인 책임자-비책임자 이분법사고, 책임자-비용책임자-손실무보상원칙, 다수 행위/상태책임자 중 행위책임자우선의 원칙을 부정하는 현대적 태도에서 벗어나, 별도의 입법이 되어 있는 독일경찰/질서법률과 우리의 토양환경보전법상 '원인자'개념조항과 같이 입법자의 재량으로 효과적 위험방지/안전 또는 토양환경보호라는 입법목적을 달성하기 위하여 도입한 경우를 제외하고는, 행위책임자로 간주될 수도 있는 위험방지의무나 안전확보의무를 이행하지 못한 상태책임자는 행위책임자로 취급하고, 그렇지 않은 위해제거수단과 능력을 갖춘 상태책임자는 비경찰책임자로서 취급하여 엄격한 경찰긴급상태 요건하에서만 협력요청의 대상으로서 형식적 경찰의무자가 되며, 그에게는 경찰비용이 아니라 오히려 손실보상청구권을 인정하는 방향으로 나아가야 할 것이다.[78]

VI. 결 론

위 고찰을 통해 파악된 입법적 개선안을 제시한다면 가장 시급한 것은 경

---

78) 이에 대해서는 이기춘, "다수의 경찰질서책임자이론의 역사적 개관 및 선택재량지도원칙에 관한 연구," 본서 412쪽 이하 참고.

찰책임규정의 도입이고, 더 나아가 생명·신체에 대한 보상규정의 보완이 요구되며, 경찰비용청구의 도입논의가 이루어진다면 그와 함께 이 보상규정 안에 책임자에 대한 구상청구권 규정 도입가능성, 그리고 위험과 무관하게 피해를 입은 제3자(소위 국외자) 보상규정의 도입도 함께 검토되어야 할 것이다. 그리고 손실보상의 범위와 보상액의 구체적 기준을 제시하여야 한다는 것까지 설득력이 있는 개선방안을 제시하는 문헌[79]에 주목된다. 또한 개괄적 수권조항 도입문제의 보상규정의 의의와의 관계, 외관상 위험-책임법리의 합리적 도입, 상태책임규정의 위험성 등에 관한 논의가 우리 경찰관직무집행법의 손실보상규정의 해석을 구체화시키는 데 유익하기를 바라는 마음이 크다. 결론적으로 어렵게 도입된 우리의 보상규정이 너무 간략해서 문제가 될 수 있지만, 오히려 선불리 체계에 안 맞는 제도가 일제히 수입되는 것보다는 미래의 발전을 위해 더 좋다는 생각이 든다. 이 논문에서는 독일법제중심으로 하여 관련되는 부분에서 우리의 보상규정과 비교하는 데 그쳤으므로, 우리 경찰관직무집행법 제11조의2 손실보상 규정의 직접적 해석론에 대해서는 미래의 과제로 남겨 두기로 한다. (이기춘)*

79) 김태진, 앞의 논문(각주 2), 53쪽 이하.

* 이 논문은 2016. 10. 8. 한국경찰법학회/행정법이론실무학회 공동학술대회("경찰행정법의 현재와 미래")에서 발표한 것을 수정 및 보완한 것임.

찾아보기

저자소개

서정범

고려대학교 법과대학(법학사)
고려대학교 대학원 석사과정, 박사과정(법학박사)
독일 Mannheim Uni. 에서 Post Doc.(국비유학)
현) 국립경찰대학 법학과 교수

행정법총론(공저)(2017), 세창출판사
바이에른 집회법(2010), 세창출판사
경찰법 사례연습(2006), Book Plus
쿠겔만의 독일경찰법(2015), 세창출판사
경찰법에 있어서 공공의 안녕의 개념(2008) 외 논문 다수

김연태

고려대학교 법과대학(법학사)
고려대학교 대학원(법학석사)
독일 Osnabrück 대학교 법과대학(법학박사)
변호사시험, 사법시험, 행정고시, 외무고시, 입법고시, 지방고시 등 시험위원
현) 고려대학교 법학전문대학원 교수, 고려대학교 법무대학원 경찰법학과 주임교수

행정법 I (공저), 법문사
행정법 II (공저), 법문사
행정법사례연습, 홍문사
세법(공저), 법문사
행정법 객관식 연습(공저), 박영사
환경보전작용연구, 고려대학교 출판부
치안정보의 효율적인 관리방안에 관한 연구, 치안연구소

이기춘

고려대학교 법과대학(법학사)
고려대학교 법과대학원(법학석사)
고려대학교 법과대학원(법학박사)
독일 Heidelberg Univ. 초빙교수(2015년)
한국해양대학교 해양경찰학과 조교수(2003-2007)
부산광역시, 울산광역시 행정심판위원회 위원 역임

현) 한국비교공법학회, 한국환경법학회 총무이사
현) 부산대학교 법학전문대학원 교수
위험방지를 위한 협력의무로서 경찰책임의 귀속에 관한 연구(고려대학교 박사학위 논문), 독일경찰법상 상태책임의 근거 및 제한에 관한 고찰(2003) 외 논문 다수

제3판 경찰법연구

2009년 3월 2일 초 판 발행
2018년 8월 30일 제3판 발행

저 자 서정범 · 김연태 · 이기춘
발행인 이 방 원
발행처 세창출판사
서울 서대문구 경기대로 88 냉천빌딩 4층
전화 02-723-8660 팩스 02-720-4579
E-mail: edit@sechangpub.co.kr
Homepage: www.sechangpub.co.kr
신고번호 제300-1990-63호

정가 40,000 원

ISBN 978-89-8411-768-6 93360